지구화 시대의 미학교육

탈경계인문학 번역총서 4

지구화 시대의 미학교육

2017년 1월 20일 초판 인쇄
2017년 1월 25일 초판 발행

지은이 | 가야트리 스피박
옮긴이 | 태혜숙
펴낸이 | 이찬규
펴낸곳 | 북코리아
등록번호 | 제03-01240호
주소 | 13209 경기도 성남시 중원구 사기막골로 45번길 14
우림2차 A동 1007호
전화 | 02-704-7840
팩스 | 02-704-7848
이메일 | sunhaksa@korea.com
홈페이지 | www.북코리아.kr
ISBN | 978-89-6324-264-4 (94100)
978-89-6324-261-3 (세트)

값 43,000원

탈경계인문학 번역총서 4

지구화 시대의 미학교육

가야트리 스피박 지음 | 태혜숙 옮김

북코리아

서문

이 책은 최소한 23년에 걸쳐 내가 쓴 글들의 모음집이다. 돌아보건대 이 글들에서 나는 데리다의 『영혼』의 서문에서 언급된 소위 '흐트러진 이론'(théorie distraite)을 발견한다. 그때 데리다는 자신의 책에 모아 놓은 에세이들에서 서로 공유되고 있는 이론적 모티브들을 발견했었다.[1] 나는 이 책의 서문을 쓴 후에 이중구속을 다루는 흐트러진 이론(볼품없지만(poor) 정확한 번역)을 나의 책에서 적극 찾아보았다. "여러분이 문학비평에서 뭔가를 찾을 때, 그것을 찾는다."는 원칙에 따라 나는 그것을 찾았다. 물론 여기서 요점은 이제 내가 이중구속을 찾았다는 제안 이상으로 여러분은 이중구속을 연출할(play) 수 있다는 것이다(우연히 그것은 '본질주의의 전략적 사용'과도 관련되는 문제였다).

내가 「서론」에서 말하고 있듯이, 인문학은 이중구속들을 연출함으로써 해결하는 법을 어쨌든 배울 수 있도록 한다는 제안이 종종 나온다. 나는 (텍사스-오스틴 대학에서 1978년에 학부 과목을 가르치면서 쓰게 된) 「세 여성의 텍스트와 제국주의 비판」, 비판적 서론을 곁들인 「드라우파디」의 영역본(소설 본문과 비판적 서론 모두 '프랑스' 전문가라는 나에 대한 인정을 반대하는 가운데 쓰였다), 마지막으로 「서발턴은 말할 수 있는가?」는 내 사유 방향의 새로운 출범을 나타낸다고 종종 시사했다.[2] 이 책에 실린 첫 번째 에세이 「영문학의 짐」은 고국을 향한 그러한

1) Jacque Derrida, *Psyché* (Paris: Galilée, 1987), p. 9.

2) 나는 가장 최근에(2010년 1월 25일에) 에티엔 발리바르(Etienne Balibar), 라 메를르 모퀘르(La Merle Moqueur)와 함께 「포스트식민 시대의 여성, 언어, 문화, 정치」에 대해, 〈파리 고등사범학교〉의 에릭 파신(Eric Fassin)과 함께

선회의 책임을 지는, 인도의 고등전문대학에서 했던 나의 첫 번째 전문적인 발표를 나타낸다. 여기서 이중구속은 또한 필수적으로 인종과 계급으로 이해되는, 카스트와 계급 사이에 있다. 이중구속은 희망보다는 의심 사이에, 잔여적인 것보다는 고대적인 것 사이에 있기 마련이다. 그때 우리는 이중구속을 볼 수 있거나 말할 수 있을까? 하지만 서론이 우리를 그곳으로 데리고 간다.

이렇게 인도 고등전문대학에 처음으로 침입한 것은 이 책의 두 번째 에세이 「누가 대타성을 주장하는가?」로 즉각 나타났다. 이 에세이는 내 고향 캘커타에서 발행되는 가장 오래된 일간 신문 『정치인』(*The Statesman*)의 청탁을 받아 인도 독립 40주년을 기념하기 위해 쓰였다. 나의 기사는 어떤 모호한 이유로 말미암아 그 신문이 원했던 게 아니라는 생각이 든다. 나는 〈디아 예술재단〉(Dia Art Foundation*1974년에 론스타 재단으로 시작되었는데 예술 기획들을 지원해주는 비영리조직으로 주로 뉴욕, 롱아일랜드, 서부 미국의 특정 프로젝트들을 지원해 왔음)의 '역사를 재형성하기'라는 시리즈에 발표하기 위해 이 기사를 확장했다. 많은 사람들이 입장권을 샀고 나는 그때 피츠버그에서 지내고 있었다. 당시 청중 가운데 있었던 미국 작가, 영화제작자, 시각 예술가 게리 인디애나(Gary Indiana)가 기억난다. 첼시(Chelsea*보스턴 교외의 도시)가 그 매력적인 슬픈 거리의 모습을 아직 유지하고 있었을 때, 첼시의 군중은 모델 마이너리티(그 용어가 발명되기 전이었지만)에 속하는 한 사람의 자가비판에 당혹스러워 했다. 이렇게 서로 불일치하는 게리와 스피박이라는 두 손님은 대타성(alterity)이라는 주제를 놓고 서로 경쟁하는 메트로폴리스 소수자와 포스트식민 다수자 시각 사이의 이중구속에 신경을 썼던 셈일까?

다음에 나오는 3장 「'문화적으로 다른' 책을 어떻게 읽을 것인가?」는 한 개인의 요청에 대한 반응으로 쓰인 글이다. 당시 해크니(Hackney)에 있는 공립초등학교에서 가르치고 있었던 파키스탄계 영국인 바드렐 영(Badrel Young)에게는 다문화 교실을 위한 텍스트로서

「서발턴의 말: 페미니즘과 포스트식민주의의 문화정치」에 대해 미간행 강연을 했다. 최근에 나는 비밀스런 기원일지도 모르는 것을 발견했지만 내가 그것을 인지하려고 한 것인지 모르겠다. 나야니카 무커리지(Nayanika Mookerjee)의 책 『괴기한 상처: 성폭력, 공적 기억, 1971년 방글라데시 전쟁』(*The Spectral Wound: Sexual Violence, Public Memories and the Bangladesh War of 1971*, Durham, NC: Duke University Press, 2011)에 나오는 복구 프로그램에 관한 장 참조. 「국제적 틀에서 본 프랑스 페미니즘」과 「드라우파디」는 가야트리 차크라보르티 스피박의 『다른 세상에서: 문화정치학 에세이』(New York: Routledge, 2006), pp. 184-211, 245-269에 실려 있다. 「세 여성의 텍스트」와 「서발턴은 말할 수 있는가?」는 둘 다 많이 수정되어 스피박의 『포스트식민 이성 비판: 사라져가는 현재의 역사를 위하여』(Cambridge, MA: Harvard University Press, 1999), pp. 113-148, 246-311에 실려 있다.

R. K. 나라얀(Narayan)의 『안내자』(*Guide*)가 배당되어 있었다. 그녀는 나더러 배경으로서의 '힌두 신화학'을 제공해달라고 요청했다. 3장은 이 요청에 부응해 출현했던 셈이다. 나의 포스트식민 입장을 비판하는, 델리 대학의 영문과 교수인 하리시 트리베디(Harish Trivedi) 교수는 내가 『안내자』를 '인도' 소설로 다루지 않는다고 불평을 털어놓았다. 나는 그렇게 하는 방법을 모른다. 그것이 이중구속일까? 목차의 연대기 순서를 좀 일그러뜨리는 5장 「문화: 페미니즘을 위치 짓기」에서 나는 이중구속을 "문화는 그 자체로 환원 불가능한 대항 사례"라는 말로 명확하게 설명한다.

루에디 쿠엔즐리(Ruedi Kuenzli*아이오와 대학에서 현대 이론, 19세기 및 20세기 문학과 문화, 아방가르드를 가르치고 있으며 *Dada/Surrealism*의 편집장을 지냈다.)는 1991년 〈중서부지역 현대언어학회〉에서 기조 발표를 해 달라고 내게 요청했다. 루에디는 엄청나게 신중한 사람이다. 그의 요청에 부응하는 길은, 캘커타 인과 뉴요커 사이의 이중구속에 거주하고 있는 나 자신을 생각하며 필사적으로 정직할 수밖에 없겠다는 느낌이 들었다. 그때 막 컬럼비아 대학으로 자리를 옮겼던 나는 이미 뉴욕의 유혹을 느끼고 있던 참이었다. 2011년 3월에 이르면 나는 캘커타보다 뉴욕에서 더 오래 살았다. 나는 청중 가운데 있던 나의 컬럼비아 동료 레너드 고든(Leonard Gordon)을 기억한다. 그가 미국에 있는 벵골 학문 공동체와 접촉하고 있다는 사실을 나는 알고 있었다. 좀 비합리적일지 몰라도 나의 준비된 지적들에 벵골 정체성 중심주의의 흔적은 전혀 없다는 점을 그가 깨달았으면 했다.

지구화의 윤곽 속에서 이러한 문화적 곤경을, 자본의 당대성을 감출 수 있도록 재현되는 '이중구속'으로 인식하지 않고 수행적 이중구속으로 인식하는 것은, 피해대책(damage control)을 인정하기를 거부하는 셈이다.

7장 「행동하는 부분들/정체성 토크」는 〈싱가포르 국립대학〉에 의해 주선된 학술회의를 위해 쓰였다. 그때의 싱가포르 방문은 나의 친구 비말 크리슈나 마티랄(Bimal Krishna Matiral)의 죽음 때문에 내게 영원한 표식을 남긴다. 나는 방글라데시(나의 '액티비스트'로서의 삶은 1986년에 시작되었다)로부터 싱가포르로 가고 있었다. 나는 미국을 떠나 방글라데시로 가기 전에 비말과 이야기도 나누었는데 내가 방글라데시 농촌 지역에 가 있는 바람에 전화를 걸 수 없었다. 내가 싱가포르에 도착하자마자 전화했을 때 그는 이미 고인이 되어 있었다.

7장 에세이에는 좀 허세 같은 것이 있다. 이것은 물론 당혹스럽다. 어떤 남아시아 교수가 나의 발표를 듣고 나서 방귀를 뀌어 대는 것 같다고 혹평했던 소리를 들었던 기억이 새삼스럽다. 나의 문화적 기입에 대한 남자들(가끔 여자들)의 적대감에 나는 익숙해져 있다. 나는 당시에 나의 감정을 털어놓지 못했지만 지금은 이렇게 쓸 수 있다.

비말 마티랄은 복합 골수종으로 죽었다. 임종 마지막 무렵에 그의 흉곽은 무너졌고 폐를 압박하고 있었다. 그가 할 수 있는 한 나는 그와 함께 작업하고자 했지만, 그의 정신은 흐릿해지곤 했으며 그는 나한테 노래를 불러달라고 했다. 이러한 시간 내내, 그의 폐에 대한 압박 때문에 계속해서 차올랐던 가스가 그를 상당히 힘들게 했다는 생각이 든다. 나는 그를 편안하게 해주기 위해 방귀에 관해 쓰고 있는 주네(Genet)를 논평하는, 『글라』에 나오는 구절 — "존재론은 방귀를 붙들고 있을 수 없다" — 을 언급했다. 비말은 『프라나야마』(prānāyāma)에 나오는, 육체의 호흡능력에 관한 논의를 끄집어냈다. 이것은 육체와 정신 사이의 이중구속, 성숙한 레비나스의 불가능한 윤리의 장소, 태어나자 죽음이 표시되는 아기이기도 하다.[3)]

나는 6장 「시대를 가르치기」를 리버사이드(Riverside) 캘리포니아 주립 대학에 방문 교수로 체류했던 학기에 썼다. 그곳의 분위기는 데리다에 대한 열기로 가득 차 있었다. 8장 「마르크스주의를 대리보충하기」도 거기서 썼다. 그것은 아주 특별한 청중을 대상으로 하고 있었다. 나는 듀 보이스(Du Bois)에 관한 얇은 책을 인쇄차 출판사로 넘긴 후 데리다에 관한 책을 쓰고 싶었다. 나는 「해체주의에 감동받아」(2000)와 「자크 데리다에 대한 헌사 노트들」을 이 특별한 청중(나의 '학교동료들')을 염두에 두고 썼는데, 이 두 글은 거기서 제자리를 발견할 것이다.[4)] 여기서 이중구속은 자아와 타자이다. 나는 다음 9장에 「이론에 남은 것은 무엇인가?」를 배치했다. 이 글은 세상을 변화시키기 위해 만들어진 이론을 배우면서 접하는 대항-직관적인 것과 직관적인 것 사이의 엄청난 이중구속을 제공하기 때문이다.

---

3) Emmanuel Lévinas, *Otherwise than Being, or, Beyond Essence*, trans. Alphonso Lingis (Pittsburgh: Duquesne University Press, 1998).

4) 「해체주의에 감동받아」("Touched by Deconstruction," *Grey Room* 20, Summer 2005: 95-104); 「자크 데리다에 대한 헌사를 향한 노트들」("Notes toward a Tribute to Jacques Derrida," *differences* 16.3, Fall 2005: 102-113)은 내용을 좀 추가하여 코스타스 두지나스(Costas Douzinas)가 편집한 『데리다에게 작별을 고하며』(*Adieu Derrida*, London: Palgrave Macmillan, 2007, pp. 47-60)에 재수록되었다.

9장은 〈영문학 연구소〉(English Institute*가장 유명한 문학 연례 학회를 주최하는 기관으로 1939년에 설립되어 컬럼비아 대학에서 첫 학회가 있었고 1972년 이후 지금까지 하버드 대학의 기금으로 학회가 유치되고 있다.)에 논문을 발표해 달라는 주디스 버틀러의 초대에 응하여 좀 급하게 쓴 것이다. 그때 학기 중이라 바빴지만, 그동안 많은 작업을 이끌어 왔고 앞으로도 그러할 버틀러에 대한 나의 깊은 의리 때문에 나는 그녀의 첫 번째 요청에 응하게 되었다. 그러나 내가 이 기관에 과장된 경의를 갖고 있다는 점 또한 언급되어야 한다. 나는 이 기관을 전문적인 학문 분야의 최고 정점이라고 늘 생각하고 있다. 나는 학부 시절부터 지적인 불안정이라는 짐을 지고 다녔다. 카리스마 있어 보이는 여성들에게 특히 적용되는 일상적인 성차별주의의 결과 때문이다. 나는 이 기관의 초대를 거절할 수 없었다.

하지만 나는 발표문을 준비할 시간이 거의 없었다. 그래서 나는 당시 나의 마르크스 세미나에서 가르치고 있었던 교훈을 붙잡고서 그것이 이끄는 대로 나를 끌고 가도록 했다. 그 교훈이 나를 교실 밖으로 인도했던 것은 전혀 놀랍지 않다. 교육기관을 안에서부터 바깥으로 향하게 하는 이러한 반복된 제스처로 인해 나는 흥하기도 하고 망하기도 한다.

나는 오스틴의 텍사스 대학에서 가르치기 시작했던 1970년대 후반 이후 강의를 내내 개설하고 있었다. 우리는 독어판과 영어판을 나란히 놓고서 여러 텍스트들로부터 뽑아낸 약 천 쪽에 달하는 분량을 읽어냈다. 그러한 읽기의 개요란, 어떤 문화이론을 기획하는 데 필요해서 마르크스 텍스트를 읽는 게 아니라 마르크스 텍스트를 글쓰기에 나오는 텍스트적 비유로 생각하자는 것이다. 나는 여러 곳에다 나의 수업 경험을 이래저래 써 왔다. 하지만 항상 말하는 바이지만 수업을 통해 책을 쓴다는 상상을 나는 할 수 없다. 사회주의 윤리라는 것이 거기에 있을 수 있는가? 아직까지 나는 "내가 알고 있는 그것을 상상할 수 없다."[5]

1981년에 사랑하는 파트너를 잃은 후 황폐해져 있던 나는 크리스토퍼 래쉬의 『나르시시즘의 문화』에 배어 있는 젠더 부정의에 관해 〈예일 대학 휘트니 인문학센터〉에서 강연을 했다.[6] 2년 후에 나는 랄프 코헨(Ralph Cohen)의 초대에 부응해 그 강연을 조금 확장시

5) Percy Bysshe Shelley, "A Defence of Poetry," in Bruce K. McElderry Jr. ed., *Shelley's Critical Prose* (Lincoln: University of Nebraska Press, 1967), p. 28.

6) Christopher Lasch, *The Culture of Narcissism: American Life in an Age of Diminishing Expectations* (New York: Norton,

킨 판본(10장「에코」)을 버지니아 대학에서 발표했다. 나는 청중 가운데 재클린 로즈(Jacqueline Rose)가 있으리라는 것을 알고 있었다. 나는 가능한 한 조심스럽게 내 방식으로 프로이트를 읽었다. 나는 1985년부터 비말 크리슈나 마티랄과 진중한 우정을 쌓아 왔었다. 마티랄 교수는 인도식 합리적 비판에 대해 그저 문화적 가공물이라기보다 철학화하는(philosophizing) 도구라고 생각했다. 내가 그와 나누었던 지적 대화는 나로 하여금 좀 더 관대한 방식으로 프로이트를 오비드(Ovid*로마의 시인 오비디우스)의 맥락에서 이해(혹은 상상)하게끔 해 주었다. 나는 육체-정신의 철학자로서 프로이트 읽기를 시작할 수 있었다.

1992년에 또 한 사람과의 우정이 시작되었다. 아씨아 제바르(Assia Djebar*1936년 알제리 태생으로 소설, 시, 극작품 등 다양한 형식의 글들을 쓰고 있으며 영화 작업도 하고 있다.)와 나는 서로 공명하는 바를 인정했다. 그녀는 지중해 알제리에 관해 쓰는 작가였으며 베르베르(Berber*북아프리카 원주민의 한 종족) 언어의 역사에 매혹되었던 무슬림 페미니스트였다. 내게 '기원에 있는 메아리'에 대한 감각을 제공해 주었던 것은 바로 그녀였다. 우리는 7장「행동하는 부분들/정체성 토크」에서 이미 그녀를 만난 적 있다.

프랑스를 통해서만 무슬림 유럽을 접한다니 내가 그러한 것을 이론이라고 부를 수 있을까? 10장에서 내가 사용하는 정신분석학의 용도는 묘사적인 분류법이라는 정신분석학의 용도와 다르다. 여기서의 이중구속은 좀 더 명확하며, 내가 서론에서 말하는 남-용(abuse)하라는 명령과 관계가 있다.

나는 이러한 남-용의 한 가지 결과를 '고향을 바라보기'(looking homeward)라는 것으로 이미 소개했다. 다음 11장「문화로서의 번역」은 양쪽으로 이중구속이 전개될(play) 수 있다고 시사하는 바로 그런 구조화 속의 이중구속을 주제로 삼는다. 한편으로 대학에서 영문학을 가르치는 '디아스포라' 선생이, 다른 한편으로는 상층 힌두 카스트이자 급진적인 정신을 지닌 인도 시민이 있는 셈인데 말하자면 둘 다 흔해빠졌다. 그저 인용된 이 고의적인 목소리의 변천이 지닌 예상치 못한 불균형을 파악하는 것은 물론 독자들의 몫이다. 11장 1부는 스페인 오비에도(Oviedo)에서 열린 〈연방문학 국제학회〉(International Association of Commonwealth Literature)의 연차 총회 때 기조연설로 발표되었다. 11장 2부의 출처는 2부의

1979).

시작 부분에서 설명된다.

나는 12장으로 「영어로 번역하기」를 배치했다. 거기서 이중구속이란, 출간된 책의 내포 독자가 우리일 때 우리는 그 독자다운 위치(readerly position)에 어떻게 서식할 것인가를 둘러싼 것이다. 물론 그 이중구속은 모국어를 지구적 관용어구로 바꾸어버리는 무서운 것이기도 하다. 나는 13장으로 「민족주의와 상상력」을 배치했다. 그렇게 하는 것이 이러한 불균형들을 생생하게 상기시켰기 때문이다. 〈연방문학 국제학회〉(IACL)의 모임은 인도 하이데라바드(Hyderabad), 즉 홈그라운드에서 열렸다.[불가리아에서 연설하기 위해 수정된 판본인 『민족주의와 상상력』은 2010년에 시걸(Seagull) 출판사에서 영어로 간행되었고 2011년에 파요트(Payot) 출판사에서 불어 번역본이 발간되었다.] 거기서 묘사되고 있는 이중구속은 민족주의에서 파생되지 않은 사적인 것과 민족주의의 엄청난 공적 기능 사이에 있다. 여기서 문제는 우리가 그러한 인정되지 않은 이중구속에 서식한다는 점이다. 그 이중구속을 인정하는 것은 그러한 서식을 파괴할 터인데 지구성을 보충하도록 이중구속을 사용해야 하는 이유들 중 하나라고나 할까. 희망을 거스르는 희망.

내가 1961년에 폴 드 만과 처음 했던 세미나에서 나는 라빈드라나트 타고르에 관한 논문을 제출했다. 타고르는 해외에서나 고국에서나 벵골인들에게 변함없는 자원이다. 여러분이 알아차렸을 텐데, 내가 인도했던 첫 번째 강연의 주제는 타고르였다. 내가 지금껏 기술하고 있었던 모든 이중구속들을 보건대, 나는 타고르의 모든 산문 소설 중에서도 『고라』(*Gora*)에 가장 큰 감동을 받는다. 물론 『킴/고라』를 짝으로 놓기를 시도하지 않는다는 것은 내게는 있을 수 없는 일이었다. 『고라』는 항상 나를 화나게 한다. 산문과 시에서 보여준 타고르의 다양한 이력 바깥에서 이 소설이 그저 전형적인 민족주의 서사라고 무심한 영어로 가르쳐질 때 그렇다. 하지만 벵골어 가르치기의 전통이 없는데 달리 어쩔 도리가 있겠는가?

나는 컬럼비아 대학의 학부 서사 수업에서 『킴/고라』를 가르치는 용감한 시도를 했다. 그런데 나는 식민담론에서 보통 사용하는 진부한 용어보다 훨씬 더 많은 것을 전달할 수는 없었다. 그 점에는 추호도 의심의 여지가 없다.

〈컬럼비아 대학의 특별회원 협회〉(The Society of Fellows at Columbia)는 상당히 전통적인 조직이다. 그런 만큼 그 활동에 나를 개입시키지 않고자 했다고 말하는 편이 상당히 정확하다. 미시간 대학의 니콜라스 더크스(Nicholas Dirks)의 제자인 앤 워터스(Ann Waters)는 어느 한 해에 그 조직의 회원이었다. 그녀의 초대를 받아 나는 처음이자 마지막으로 그 협회에서 발표를 했다. 그 발표문은 『킴/고라』를 다루었던 수업에 대한 설명을 담고 있었다.

터프츠(Tufts) 대학에 있는 수가타 보스(Sugata Bose)가 아마르티아 센(Amartya Sen, 케임브리지의 트리니티 대학에서 유일한 유색인종으로서 석사학위를 받고자 하버드 대학을 떠나려고 하고 있었다)을 위한 고별 학회에 발표할 논문을 제출해 달라고 내게 요청했다. 14장 「거주 이방인」은 그 요청에 유일하게 적합한 글이었다. 그런데 센과 내가 둘 다 미국에 거주하는 이방인이었다는 생각이 나의 뇌리를 스쳐 지나갔다. 남아시아주의 역사가들과 사회과학자들이 모여 있는 자리에서 그 발표문은 그들을 당혹스럽게 할 것 같았다. 그래서 나는 15장 「윤리와 정치」를 거기에 내놓았다. 이 글은 센과 타고르 둘 다의 위치를 규정짓기 때문이다. 역사의 이중구속은 액티비스트 교육의 예상치 못한 결과인 전미래(the future anterior)에 박혀 있을 뿐만 아니라, 가르치기에 있는 강제와 동의 사이의 진동에도 박혀 있다. 이것이야말로 가장 큰 이중구속이며 정의로운 사회의 가능성에 반하는 가장 큰 증거이다. 그것은 '전위주의가 보충될 수 있을까?' 라는, 대답되지 않은 질문으로서 나의 삶을 지탱해준다.

타고르는 『고라』를 힌두 전위주의로부터 제거함으로써 전위주의를 보충한다는 것을 『고라』의 주제로 삼고 있다. 그러나 『고라』는 위로부터 행해진 거주자 이방인의 재현으로 남는다. 다음 16장 「행성을 다시 상상하라는 명령」에서 나는 시민이 되고자 하는 거주자 이방인들을 아래로부터 상상하기를 시도한다. 이것은 다른 종류의 부름에 대한 반응이며 「시대를 위한 가르치기」와는 다른 상상하기이다.

1997년 12월에 나의 친애하는 친구 윌리 코츠켈(Willi Goetschel)은 인종 학살 피난처로부터 이주민 다문화주의를 향하는 〈스티프퉁 디아로지크〉(Stiftung Dialogik)라는 재단의 선회를 출범시키는 강연을 내게 요청함으로써 나에 대한 엄청난 경의를 표했다. 코츠켈은 지금 그 재단의 회장이지만 당시 재단을 창립한 회장은 헤르만 레빈 골드슈미트(Hermann Levin Goldschmidt)였다. 그의 아내 메리가 애초에 이 특별한 피난처를 설립했으며 그녀는 아직 살아 있었다. 나는 재단이 원했던 바를 나의 강연에서 말하지 않았다. 그러나 내가

16장에서 이야기하고 있듯, 골드슈미트의 천재성은 나로 하여금 그러한 간극에 반응하도록 한 셈이었다.

반복하건대 나는 나의 특별한 디아스포라성에 관해 계속 말하는 게 지겨울 정도다. 어쨌건 나는 소위 '두뇌 유출'이라고 불렸던 바를 추방이라고도, 디아스포라라고도 생각할 수 없다. 나는 문학의 지식인으로서 나의 상상력을 사용하라고 여기 있을 뿐이라고 느낀다. 디아스포라, 추방, 피난의 곤경을 상상하기 위해서뿐만 아니라, 미국의 명백한 운명이 세계에 피난처를 제공하는 것(것처럼 보이는)이라는 점을 완강히 거부하기 위해서 말이다. 그런 만큼, 나는 나 자신의 집단이 아닌 집단들을 '대변하는' 문제와 종종 직면해야 한다.

나는 이 문제에 아주 많은 반응을 보여 왔기 때문에 특별한 참고자료를 들이대는 것은 어리석을 것이다. 하지만 나의 말은 전혀 들리지 않는 것 같다. 그렇다면 나로 하여금 반복하게 해 달라. (사람들을 '대변하는' 하나의 구성인자를 나타내는) 대의제 민주주의의 이와 같은 계몽주의 모델은 왜 디아스포라의 학문 작업을 거부하기 위한 주인-모델이 되었을까? 왜 타자를 책임성 있게 상상하라는 명령은 일소되고 말았을까? 독자 여러분이 이 섹션을 읽을 때, 제발 그 대답을 숙고해 보라. 이러한 청원은 10년이나 된 이 책의 초판본에 이미 나와 있었다. 오늘 나는 인간 삶의 무용함(행성성)과 유용하라는 압박(세속성) 사이에 이 이중구속을 놓는다.

1998년 봄에 나는 읽기(reading)에 관한 4학년 세미나 수업을 했다. 그 수업은 특별한 초점을 갖고서 아주 영리한 소규모 학생들과 함께 진행되었다. 뒤따라 나온 『루시』 읽기는, 그 수업에서 진행된 소설 읽기의 방법에 관한 설명이기도 하다. 「'문화적으로 다른' 책을 어떻게 읽을 것인가?」가 '다문화 교실을 위한' 상상력을 복원하는 양식으로 읽는다면, 「문화적 문제를 상상하기」는 영문과 학생을 위해 형식주의 양식으로 읽는다. 이 글은 내가 비행기를 타고 방글라데시로 갈 수 있도록, 다카(Dhaka)로부터 홍수가 물러나가기를 기다려야 했던 대략 예정된 아흐레의 나날들 중에 런던의 〈대영 도서관〉에서 쓰였다. 그 글의 현재 형태인 「스튜어트 홀과 함께 '순수' 문학 용어로 읽기」가 스튜어트 홀의 작업과 관계가 있게 된 것은, 그 글이 홀 페스츄리프트(Hall Festschrift)에서 뒤이어 발간되었기 때문이다. 내가 영문학비평을 학부 수업에서 가르치자고 주장하기 시작했던 것은 1996년이었다. 캘커타 대학에 있는 나의 선생님들이 그 분야에서 나를 훈련시켜 주었다. 그것이 괜찮은 움직임이었는지 여러분이 판단해 볼 일이다. 여기서 이중구속은 '진리'와 수사 사이에 있다.

처음엔 「도덕적 딜레마」라고 했던 4장 「이중구속이 끼어들기 시작한다」는 좀 더 선생다운 이러한 선회의 틀을 만들어낸다. 내가 정규 개관을 가르칠 수 없는 이유를 학생들에게 설명하기 위해 이 글의 일부를 '문학비평사'라는 나의 학부 수업 시간에 읽을 수 있었다. 그 점은 일반 독자의 관심을 끌 만하다. 또한 나는 1998년에 이 수업을 들었던 학생 에밀리 도널드슨에게 감사하고 싶다. 그녀는 "스피박 교수님, 교수님 수업에서는 A는 말할 것도 없고 B도 받기 힘들어요."라고 말함으로써 내게 영감을 주었다. 뒤이어 나의 더 유명한 동료들이 학부 개관 수업들을 가르칠 때, 그 수업들을 "과제가 별로 없는 쉬운 수업들"로 가르쳐서 '더 힘든' 전공 학생들 혹은 앞으로 법학과 의학을 전공할 학생들로 하여금 그냥 쓱싹 학점을 받아가도록 한다고 학생들은 내게 털어놓았다. 이것은 인문학의 사소화와 상상력의 사유화를 가동시키는 그러한 작동들이 얼마나 통절한 것인지를 깨닫도록 하는 열쇠를 내게 제공했다. 나는 내 수업에 있었던 크리스토퍼 브래디라는 학생에게 또한 감사하고 싶다. 그는 내 수업의 요구 사항이 너무 많아 겨우 통과하든가 낙제 학점을 받든가 어느 하나를 선택하지 않을 수 없었지만 그 수업에 끝까지 남아 있었던 유일한 과학(생물학) 전공 학생이었다. 여러분이 이러한 이중구속에 서식할 수도 없고, 그 구속을 지루한 수업내용과 바꿀 수도 없다는 것은 자명하다.

뒤따르는 에세이들은 서론에서 부상하는 일종의 의심 속에 결국 포함되어 있었다. 여기서 나는 그 일람표를 좀 더 쉽게 작성할 수 있겠다. 18장 「테러: 9 · 11 이후의 연설」은 현존하는 세속적인 법의 모델들과 초월적인 것의 직관 사이에서, 19장 「할렘」은 발전과 저항충동 사이에서(2009년 11월에 하버드 대학에서 진행된 나의 듀 보이스 강연에서, 더 완전한 진술을 발견할 것이다), 20장 「서발턴과 인민에 관한 산만한 고찰」은 정체성 없는 하나의 위치로서 서발터니티와, 서발터니티의 구체적 사례들과의 인식론적 관여로부터 일어나는 묵직한 정체성 중심주의적 정동 사이에서 말이다. 21장 「세계체계와 크레올」과 23장 「비교주의를 다시 생각하기」는 비교주의의 핵심에 있는 이중구속을 명확하게 해준다. 나는 이중구속에 대한 바로 그러한 더욱 극단적인 감각 때문에 분과학문의 죽음을 생각한다. 22장 「세계문학의 이해관계」

에서 이중구속을 명확히 하고 그 이중구속을 책에 나오는 다른 모든 이중구속들로서 반복하는 것은 서발턴의 노래이다.

24장 「기호와 흔적」과 25장 「낮의 껍질을 찾아서」는 카탈로그 에세이들이다. 둘 다 흔적에 서명하고 싶어 하는 욕구 속에 있는 이중구속을 명확히 한다. 흔적에 대한 서명은 말로써 표현하는 가운데 그 출구를 찾아내겠지만 결코 완벽한 성공을 거두지는 못한다.

젠더가 마지막 단어이다. 젠더에 있는 단순하면서도 금지하는 이중구속들을 그려보자.

CONTENTS

서론

지구화는 오로지 자본과 데이터에서만 발생한다. 그 밖의 모든 것은 피해대책(damage control)이다. 정보 명령은 앎과 읽기를 망쳐 놓았다. 그러므로 우리는 정보를 갖고 무엇을 할지 정말로 알지 못한다.[1] 분석될 수 없는 기획들이 그저 정보가 거기 있다는 이유만으로 존재하게 된다. 패거리 부품조달이 민주주의를 대신한다. 대학들은 소위 국제시민사회라 불리는 것의 종속물이 되고 있다. 인문학과 상상적 사회과학들은 굴욕을 당한다. 이러한 지점에서 우리 중 몇몇은 유럽 계몽주의의 유산은 의심(doubt)이라는 점을 스스로 상기시킨다. 우리 세계의 많은 부분이 지금 서 있는 곳은, 희망(혹은 희망의 결핍)과 감상적인 민족주의(혹은 감상적인 포스트국가주의적 지구주의)이다. 이 책은 유럽 계몽주의의 또 다른 유산인 미학적인 것을 생산적으로 풀어가기라는 주제를 다룬다. 생산적인 풀어가기란 어려운 과제이다. 그 과제는 비난하지도 변명하지도 않으면서 그러한 행위의 누전선들을 사용할 목적으로 주의 깊게 점검되어야 한다. 그것이 나의 사상과 동떨어진 것은 결코 아니다. 하지만 나는 희망의 진언(眞言)의 이 시대에 의심의 사촌인 미학적인 것에 대한 해제야말로 이 책의 다른 장들보다 이 서론을 덜 앞서 나가게 만든다고 고백해야만 하겠다. 이 책에서는 암흑시대에 희망이야말로 여전히 가치 있는 대안처럼 보였다.

1) 대중 미디어로부터 보자면 "오프라인에서 우리를 강요하는 것이 진정한 지식으로 향하는 경로일지도 모른다."는 페기 오렌스타인(Peggy Orenstein) 참조(「지금 우리 삶의 방식: 당신의 검색 엔진들을 멈추어라」, 『뉴욕 타임스』, 2009년 10월 25일자, 11쪽).

각 장들 자체는 이중구속에 관해 그저 배우는 게 아니라 이중구속 자체를 배우는 것을 상찬하고 있다. 학계에서 지지받는 인문학의 필요성을 보건대, 이렇게 일관성 있는 상찬이야말로 인문학은 이중구속들을 전개(play)함으로써 해결하는 법을 어쨌건 배울 수 있게 한다는 신념을 종종 유도했다. 하지만 그러한 신념들은 인문학에서뿐만 아니라 다른 영역들에서도 공유되고 있다는 사실, 즉 지식관리의 다른 방식들이 전자 자본주의의 공리와 더욱 일관되게 만들어질 수 있다는 사실은 이러한 신념의 바탕(ground)을 변천시켜 왔다.

오늘날 가장 해로운 가정은 우리 삶의 모든 양상에서 지구화가 행복하게 일어났다는 것이다. 지구화는 자체의 사라지는 윤곽들 안에 내포되지 않는 한, 경험하는 존재의 감각장치에서는 결코 일어날 수 없다. 오로지 미학교육만이 근대/전통, 식민/포스트식민과 같은 멋진 양극성에 의해 더 이상 해석될 수 없는 불균등하고 외관상으로만 접근 가능한 당대성(contemporaneity)을 사유하며 우리를 그런 지구화에 계속 대비할 수 있게 한다.[2] 그 밖의 모든 것은 거기서 시작한다. 합리적 선택의 치명적이고 애처로운 위안에 둘러싸인 채, 우리를 특이하고(singular) 입증할 수 없는 것 안에 생존하도록 허용하는 그러한 공간에서 말이다. 다른 종류의 제도권 지식들은 이 토대(base)를 암암리에 당연하게 여긴다. 이러한 미학교육의 본성은 무엇인가? 그것에 대한 지구적 규정은 있을 수 없다. 고등교육기관에 있으면 가장 편안해지는 나는 실러(*J. hann Christoph Friedrich von Schiller, 1759-1805: 독일의 시인, 철학자, 역사학자이자 극작가로 독일의 대문호 괴테와 함께 독일 고전극 문학의 거장)를 방해한다고 묘사될 수 있을 하나의 개념을 이 책에서 제시한다.[3]

---

2) 클라우스 오페(Claus Offe)는 이러한 당대성을 알고 있다. 그는 동유럽을 '독특한 예'로 생각하면서 동유럽을 동시성이자 딜레마라고 부른다. 지구화 중에 모든 장소는 당대적이면서도 독특하다. 그러므로 우리는 그것을 이중구속이라고 부른다. 오페는 소위 '미학교육'의 필요성을 또한 알고 있지만 물론 그렇다고 말할 수도 없다. 그렇게 되는 방식들은 다음과 같다. "거대 사건들이 엄청난 속도를 당연하게 여겨 왔던 만큼, 인내심을 갖고 기다리는 고통스런 과제는 개인들에게 맡겨진다. 그런데 정치적 자원들과 제도적 개혁들을 사려분별 있게 사용한다고 해서 이러한 종류의 인내심과 문명화된 행위를 발생시킬 수 있을까?"(「민주적 디자인에 의한 자본주의? 동 중앙 유럽의 3중적 과도기에 직면한 민주주의 이론」, *Social Research* 58.4, 1991년 겨울: 869, 872, 887, 888)

3) 데리다는 현대의 대학은 어디서나 중세 유럽 모델의 변주라고 제대로 쓰고 있다. Jacques Derrida, "The University without Condition," in *Without Alibi*, trans. Peggy Kamuf (Stanford, CA.: Stanford University Press, 2002), pp. 202-237. 여기서 케랄라에 있는 〈마하트마 간디 대학〉의 매력적인 부총장에게 내가 보낸 이메일의 내용을 조금 언급하면 다음과 같다. "영어(내 생각에 또한 인도어인)가 이해될 수 있는, 인도의 3차 및 포스트 3차 엘리트 교육기관들에 내가 초대된 것은 최근의 일이었을 따름입니다. 그곳에 사날 모한(Sanal Mohan)과 토머스 조지프(Thoma Joseph)와 같은 비판적 지성인들(확실히 그들 외에도 많은 다른 이들이 있다)이 있어서 그런지 나는 그곳에서 가

이러한 변천하는 바탕들 위에서 지식관리는 이중구속을 풀고자 시도하며 그러한 시도를 지속 가능성의 실천이라고 부르면서 그 밖의 어떤 것의 최대치를 행하기 위해 어떤 것의 최소치를 행한다. 그때 지식관리란 칸트의 비판 철학에 대한 실러의 변형을 전위하는 것이다. 그렇게 위에서 아래로 균형을 맞추는 계산들이야말로 칸트가 '단순한 이성'을 도덕적으로 나태한 것이라고 부르는 이유이기도 하다. 세계는 욕망들을 재배치할 인식론적 변화를 필요로 한다.[4] 지구적 당대성이 그것을 요구한다. 이것 또한 이 책에서 내가 갖는 관심사의 일부이다.

초기에 지속 가능한 인문학적 판본은 상상력의 훈련을 최대화하고, 정신을 마비시키는 지구화의 획일화 경향을 최소화하는 것이었다(이 판본의 실마리는 영국 낭만주의 운동에서 발견될 수 있다). 우리가 이것을 성취하고자 애쓰고 있었을 때, 점점 더 기업화된 야심찬 지구주의적(globalist) 미국 대학은 특정 지구화 판본의 최대치를 성취하기 위해 인문학과 사회과학의 최소화를 관리했다.[5] 이 에세이들이 정교하게 다듬어졌을 때, 그러한 최소화 경향은 자체적으로 완전히 꽃을 피우지는 못했다. 우리 중 일부는 그 스펙트럼의 두 끝에서 희망과 조심스런 확신을 갖고 제도 구축을 시작하는 지점에 있었다. 걸프전(1991)과 이라크전(2003-)이 발발하고 있었지만, 냉전의 기이한(peculiar) '끝장' — 소련의 내파로부터 너무 재빨리 도출된 결론 — 은 여전히 작동 중인 것 같았다. 오늘날 그러한 추측은 움직여 나갔고, 지구적 사회운동들은 북반구의 봉건성과 제휴하기까지 충분히 국제화되었다. 인문학과 사회과학

장 편안하답니다. 하지만 나는 바로 그 이유 때문에 그곳에서 머뭇거리고 있을 수 없습니다. 실러 또한 거기서 편안한데요. 긍정적인 사보타지라고나 할까요."

4) 이것에 대한 오바마의 최소주의적 인정은, 소비자의 욕망을 변화시키려는 행위주의 경제학자들을 지명한 데서 드러난다(Benjamin Wallace-Wells, "Cass Susstein Wants to Nudge Us," *New York Times Magazine*, May 16, 2010, pp. 38-44).

5) 좀 더 넓은 반경에서 보면 우리의 공감들은 루치오 플라비오 핀토(Lúcio Flávio Pinto) 같은 사람한테 가 있을 것이다. 핀토는 "'지금까지 불쾌한 것을 괜찮게 하고, 국제적 여론을 완화하곤 했던' 또 브라질 내부와 외부에 있는, 자신을 '식민적' 소비자들이라고 부르는 사람들의 양심을 위로하곤 했던, '이데올로기에 지나지 않는다고' 스스로 간주하는 '지속 가능한 개발'에 대한 틀에 박힌 당대의 문구를 의심한다. 그는 '아마존 강을 파괴하지 않고' 아마존 강을 '이용하는 법'을 사람들로 하여금 배울 수 있게 하는 것을 그 권역에서 최대로 큰 도전이라고 말한다(리드 존슨(Reed Johnson), 「아마존에서 일하다: 브라질 언론인은 살아남거나 감옥에서 나와 있는 동안 잘못을 바로잡기 위해 40년 이상을 보냈다」("On the Beat in the Amazon: Brazilian Journalist Has Spent More than Four Decades Trying to Right Wrong While Staying Alive and Out of Jail," *Los Angeles Times*, May 18, 2008, p. F8)." 핀토의 지적은 실제적인 인식론적 기획을, 커다란 도전을 함축한다.

은 가장 주변적인 것이다. 나한테 유일한 희망은 서발턴 쪽의 끝에 있다. 그런데 그것은 대학출판부 책에서는 나올 수 없다! 여기서 그 유일한 연계는 그람시와의 특정한 작업이겠지만 그 작업은 이 에세이들 이후에 나온다. 여기서 나는 그 작업을 언급할 터인데, 이 책의 행간들 사이에서 그것을 세밀히 살펴보는 작업은 독자의 과제일 것이다.

이 책의 몸체에서는 역사에 도전하는 선주민의 독창성에 대한 검토되지 않은 확신이 때때로 나온다. 나는 원시주의자의 시혜에 지나지 않는 '봉건적' 보호와 보존으로부터 그러한 확신이 나왔으리라는 점을 그 이후로 깨닫게 되었다.

여기서 내가 개요를 그려주었던 재고(再考)들과 깨달음들은 이 서론에 반영되어 있는데 책의 본체에서는 항상 그렇지는 않다. 평상시처럼 나는 상호작용하는 독자를 요청한다. 이 서론은 이중구속과 더불어, 모순적인 가르침들과 함께 사는 법을 배우기와 더불어 시작된다. 서론은 칸트-실러-마르크스-드 만의 궤도 — 거기서 이 유럽인들의 이름들은 시대의 변화들을 가리키는 환유체이다 — 를 추적한다. 끝으로 가면서 서론은 이중구속을 전개하는 기술을 습득하는 미덕과 모순되는 장소로, 재영토화되고 재코드화되는 비유로서의 정신분열증으로 움직여 나간다. 서론은 다음과 같은 그람시의 권고로 끝난다. 서발턴과 지식인 모두에게 있는 윤리적인 것을 섬기기만 하기보다 인식론적 변화를 생산한다는 이해관계 속에서 지식인을 도구화하라는 권고 말이다.[6] 나는 서론의 틈새들 속에서 세계를, 경험적으로 이미 주어진 검토되지 않은 것이라고 환기하였다.

가장 만연하는 이중구속은 사유를 경유해, 죽음을 경유해 개인적-집단적 이분법의 빗장을 푼다. 그것은 또한 인간-동물의 이분법도 풀 것이다. "인류의 일반적 미래는 개인의 삶 — 그 유일하게 확실한 미래는 죽음인 — 에 제공할 아무것도 갖고 있지 않다."[7] 내가 다시 쓰고 싶은 책이 있다면 나는 틸리 올슨의 『수수께끼를 내 주세요』와 크리스틴 브룩-로즈의 『후기』와 『삶, 그 끝』[8]에 관한 읽기들을 넣을 것이다. 이 소설들은 텍스트적 실천과

---

6) 나는 그람시를 자유주의적 민주주의자라기보다 민주적 공산주의자로 생각한다. 여기 그람시에 대한 나의 언급들로부터 그 점이 분명해지기를 나는 바란다. 그람시의 자유주의적 전유를 비판하는 글로는 Georgio Barratta, "Gramsci among Us: Hall, Said, Balibar," *Anglistika* 9.1 (2005): 9-43 참조.

7) Hannah Arendt, *On Violence* (New York: Harcourt, Brace, Jovanovich, 1970), p. 26.

8) Tillie Olsen, *Tell Me a Riddle* (New York: Dell, 1961); Christine Brooke-Rose, *Subscript* (Manchester, UK: Carcanet, 1999)와 *Life, End of* (Manchester, UK: Carcanet, 2006). 올슨 읽기는 『듀 보이스가 역사를 다시 쓰다』(*Du Bois Re-*

아무 관계없이 나이 먹기, 죽어가기, 이야기하기와 함께 일반적인 윤리적-정치적인 것을 대담하게 무대화한다. 이 소설들이 여성 노인들의 텍스트라는 것은, 폐경기 여성들이 재생산적 규범성에 차가운 시선을 돌릴 수 있다는 보보-요인(Bobo-factor*여기서 보보란 삶에 지쳐 있으나 돈은 많은 사람을 가리킴) 때문일까? 포스트-규범적인 퀴어다움(queeredness) 때문일까? 쿠체(J.M.Coetzee)가 자신의 『철의 시대』와 엘리자베스 코스텔로의 텍스트들에 있는 작가의 흔적으로서 나이 든 여성 주인공들을 선택한 이유도 바로 그것일까?[9] 아마도 바로 이 영역에서 문학적인 것은 여전히 무엇인가를 할 수 있을 것이다. 그렇지 않을 수도 있겠지만 말이다.

여러분이 이 책을 읽을 때, 서론과 책 사이에 있는 이러한 이중구속과 작업하기를 부탁하는 바이다. 나는 하나의 지적 궤도를 그려주는 서문을 제공했다. 우리는 위기에 의해 무거워진 이전-이후-얼굴을 한 지식인의 비관주의를, 또는 이 에세이들의 의지에 담긴 낙관주의를 신뢰할 것인가? 여기에 그 어떠한 지속 가능성도 없다. 시대를 보건대 이기는 자가 지는 자이다.

나는 1992년에 아파르트헤이트(*남아프리카공화국의 극단적인 인종격리정책)가 청산된 이후 케이프타운 대학에서 첫 번째 데이비(T.B. Davie*남아프리카공화국의 저항적 지식인인데 그를 기념하는 강연이 케이프타운 대학에서 열림) 기념 강연을 요청받고서, 우리는 아래로부터 유럽 계몽주의를 사용하는 법을 배우자고 제안했다.[10] 나는 '아래'보다 라틴어 접두어 'ab'가 훨씬 더 많은 것을 말해주기 때문에 '남-용'(ab-use)이라는 표현을 사용했다. '남-용'이라는 표현은 '움직여 나감'과, '노예들의 의무들'뿐만 아니라 '지지하는' '행위능력, 기원의 지점' 둘 다를 가리키면서,

---

writes History, Cambridge, MA: Harvard University Press, 근간)에 들어가 있다.

9) 자크 데리다의 『박차들』(*Spurs*, trans. Barbara Harlow, Chicago: University of Chicago Press, 1979)에서 인용되고 논의된, 프리드리히 니체의 『유쾌한 과학』(*The Gay Science,* trans. Walter Kaufmann, New York: Vintage, 1974) 참조. 이 견해에서 보면 섹슈얼리티의 유혹들을 넘어선 시든 성기를 지닌 여성 노인들은 남성의 속박에서 자유롭기 때문에 인간성에 대해 현명하다. 니체는 알렉산드리아의 클레먼트 — 데메테르(Demeter*농업, 풍요, 결혼의 여신)의 특별한 의식의 원천이기도 한데 확정적인 것은 아닌 — 로부터 자신의 정보를 받았던 것 같다(Clement of Alexandria, *Exhortation to the Greeks*, Trans. G. W. Butterworth, Cambridge, MA: Harvard University Press, 1968, pp. 41-43); 그 의식의 의심스러운 출처에 대해서는 G. E. Mylonas, *Eleusis and the Eleusinian Mysteries* (Princeton, NJ: Princeton University Press, 1961); J. M. Coetzee, *The Age of Iron* (New York: Random House, 1990); Coetzee, *The Lives of Animals* (Princeton, NJ: Princeton University Press, 1999); Coetzee, *Elizabeth Costello* (New York: Viking, 2003); Coetzee, *Slow Man* (New York: Viking, 2005) 참조.

10) 「젠더화된 식민성에서의 학문적 자유를 사유하기」(Gayatri Chakravorty Spivak, "Thinking Academic Freedom in Gendered Postcoloniality," *Space and Place*, Kolkata: Seagull Books, 근간).

계몽주의와 관련해 포스트식민지 사람과 메트로폴리스의 이주민 사이의 이중구속을 멋지게 포착한다. 우리는 계몽주의를 둘러싼, 공공영역의 이득들과 사적 영역의 제약들을 원한다. 하지만 우리는 다음 사실들을 저지하기 위해 '우리 자신의 역사'와 관련된 무엇인가를 또한 발견해야만 한다. 즉 계몽주의가 파괴적인 '자유 무역'을 지지하기 위해, 식민주의를 통해 식민자와 피식민자에게 똑같이 왔다는 사실, 계몽주의 원칙들을 위에서 아래로 파괴하는 정책은 예외라기보다 더욱더 많이 법칙이라는 사실 말이다.[11] 이것은 우리의 노력들을, 유럽 계몽주의를 비판적으로 사용하려는 근대 유럽적 시도 중 최선의 것 — 우리가 공감하고 있어 충분히 전복할 만한 — 과 구분시켜 준다![12] 그러나 '남-용'은 잘못 인도하는 신조어가 될 수 있고 그저 '남용'을 뜻하게 될 수도 있다. 그것은 우리의 의도와 너무나 동떨어져서 나는 정확성과 범위를 희생시키는 단순히 '아래로부터'라는 말을 쓰자고 생각했다. 이것은 '우리' — 그 우리가 누구이건 간에 — 로 하여금 계몽 수준에 못 미치는 아래에 있다는 것을 당연하게 여기도록 하기 때문에 또한 가슴에 맺힌다. 다시금 이중구속에 처한다.[13]

'이중구속'이라는 관용구는 1972년에 초판본이 나왔던, 그레고리 베이트슨의 『정신 생태학의 단계들』[14]에서 유래한다. 우선, 베이트슨에게 이중구속은 아동기의 정신분열증

11) 흑인 민중이 자유, 평등, 우애를 확립했던 아이티를, 테러와의 전쟁에서 우리 파트너인 우즈베키스탄을 고려하라. 아이티 사례에 관한 간략한 요약으로는 「아이티의 교훈」("Haiti's Lesson," *Economic and Political Weekly* 45.5, January 30, 2010, pp. 5-6) 참조. 우즈베키스탄을 위해서는 크레이그 머레이의 『사마르칸트의 살인: 테러와의 전쟁에서 독재에 대한 한 영국 대사의 논쟁적인 도전』(Craig Murray, *Murder in Samarkand: A British Ambassador's Controversial Defiance of Tyranny in the War on Terror*, London: Mainstream, 2006) 참조.

12) 이에 대한 명민한 토론으로는, 다이애나 리스의 『계몽주의를 재생산하기: 몸 정치적 삶의 역설들: 1800년 근방의 문학과 철학』(Diana K. Reese, *Reproducing Enlightenment: Paradoxes in the Life of the Body Politic: Literature and Philosophy around 1800*, London: Mainsteam, 2006) 참조.

13) 계몽주의의 남-용은 세계의 상이한 부분들에 파벌 정치의 비정기적이지만 집요하고 잔여적인/지배적인 현존이라는 견지에서 사유되어야 한다. 캐서린 콜린스는 『중앙아시아의 족벌 정치와 체제 이동』(Katherine Collins, *Clan Politics and Regime Transition in Central Asia*, New York: Oxford University Press, 2006)이라는 책에서 도발적인 요약을 제공해 준다. 고대적/잔여적/지배적/부상하는/대립적/대안적/미리 부상하는 것들의 춤이라는 레이먼드 윌리엄스의 문화모델은 남-용하는 자의 이질성을 이해하는 데로 확장될 필요가 있다(Raymond Williams, *Marxism and Literature*, New York: Oxford University Press, 1977, pp. 121-127). 우리는 또한 다양한 제국주의들의 '능력을 부여하는 침범들'의 비정규성에 대해서도, 일종의 수혜자들인 역사적으로 특정한 집단들과 더불어 이 불균등한 지형에 미치는 지구-로서-미국화의 영향에 대해서도 생각해야 한다. 이 주마등같이 변하는 광경에서 지식인은 어디에 있는가? '자유주의' 소설가인 칭기즈 아이트마토브(Chengiz Aitmatov)가 아카에브(Akaev) — 물리학자인데 점점 당파를 관리하는 독재자로, 고문-승인자로 바뀐 — 를 지지했던 것은 또 무엇이란 말인가?

14) Gregory Bateson, *Steps to an Ecology of Mind* (Chicago: University of Chicago Press, 2000), p. 272(이후 이 텍스트에서

을 질적으로 이해하는 하나의 방식이었다. 그러나 베이트슨은 "그 삶이 트랜스-맥락적인 재능들에 의해 풍요로워진 자들과 트랜스-맥락적인 혼란에 의해 피폐하게 된 자들은 한 가지 점에서는 모두 같다. 그들에게는 항상 혹은 종종 '이중 포획'이 있다는 점에서 말이다. 다른 말로 표현하면 이중구속은 그 스펙트럼의 양쪽 끝에 서식하면서 일반화될 수 있었다. 한쪽 끝에는 치료 필요성이, 다른 쪽 끝에는 치유자에 대한 인식이 있다. 베이트슨은 또한 문자 그대로의 지시물이 있을 수 없는 오어법적 개념-은유들에 대한 필요성도 인식하고 있었다. '놀이와 판타지 이론'에 관한 자신의 에세이에서 베이트슨은 우리가 미학교육이라고 부르는 바로부터 결코 멀지 않은 "어떤 경우에 처한 두 개인의 놀이" — 놀이와 치료 — 를 "하나의 집합-이론적 도표"를 경유해 정의한다. 치료전문가가 '추상적인' 것과 '구체적인' 것의 이중구속의 한계들과 더불어 작업해야 하는 방식의 윤곽을 베이트슨이 체계적으로 그려주는 것은 "수학적 유추가 무너질" 때이다(EM, pp. 186-187). 당대 맥락에서 우리는 이것을 단독적인 것(the singular)을 보편화할 가능성의 이중구속이라고, 민주주의의 핵심에 있는 이중구속이라고 부를 수 있다. 이 이중구속한테 미학교육은 하나의 인식론적 준비가 될 수 있다. 미학적인 것을 가르치는 선생들인 우리가 계몽주의로부터 유래하는 것과 공동서식하면서, 저항하면서, 수용하면서 그 권역(the region)에 의한 역사적 표식을 지니는 자료들을 사용할 때 말이다. 심지어 이것은 위와 아래에서 수긍된 관료주의 정신에 의해 좌절된, 제도를 바꾸자는 엄청난 발의들을 요구하기도 한다. 하지만 집단성으로 가는 와중에 "좋은 선생님", "좋은 학생"이 있다. 의심과 희망….[15]

베이트슨은 자신의 에세이에서 상호 성찰들의 무한정한 연속인 심연의 한가운데(a mise-en-abyme)라는 것의 견지에서 상상력의 훈련을 상세하게 설명한다. 그는 "정신분열증의 맥락에 국한되지 않는 … 딜레마[들]"(EM, p. 258)에 관해 말하면서 "배움이라는 사실로 사람과 … 로봇 사이를 … 하나의 해결을 선행했던 것보다 더 선호할 만한 또 하나의 해결

의 인용은 EM 다음에 쪽수를 본문 중에 병기하기로 함).

15) 예컨대 「공통의 도덕성을 향하여」에서 분명하게 밝혀졌듯, 여기서 신경과학은 우리를 도울 수 없다. 신경과학이 자유의지의 그럴듯함을 확고하게 손상한다고 해도 그렇다 (2009년 9월 11일, 유엔). 우리는 개인 주체의 훈련에 고착된다. 인용된 그 경우에. 이 주제와 관련해 가장 설득력 있는 사람은 시드니 대학의 신경과학 교수인 맥스웰 베네트(Maxwell R. Bennett)였다.

을 항상 선택하면서 해결로부터 해결로 통과시키는 것과 구분한다."(EM, p. 240) 그는 "메시지, 메타메시지, 메타-메타 메시지 등으로 구성될 위계적 시리즈"를 경유하여 "배움의 개념 내부에 포함될 만한 것의 범위를 확대한다."(EM, pp. 247-248) 미학교육의 보루인 이러한 '훈련'은 습관적으로 종교와 민족주의와 더불어 실패한다. "예술, 마술, 종교가 만나고 겹치는 저 흐릿한 지대에서 인간존재들은 '의미를 갖게 되는 은유'를, 사람들이 목숨을 내놓고 지킬 깃발을, '우리에게 주어진 외부의 가시적인 신호' 그 이상이라고 느껴지는 성채를 진화시켜 왔다."(EM, p. 183) 프로이트가 「물신주의」에서 "권좌와 제단"이라는 동일한 두 항목을 물신주의적 비논리의 감독자로서 언급하는 것은 흥미롭다.[16)]

미학교육인 놀이 훈련(play training)은 깃발과 성채, 권좌와 제단과 더불어 습관적으로 실패한다. 베이트슨은 전혀 감상에 빠지지 않고 습관을 묘사한다. 여기서 한 실천가의 노선은 자신을 『서정담시집』(Lyrical Ballads) — 신생 자본주의의 인식적/정동적 결과들을 해결하는 데 관심을 갖는 — 의 워즈워스(Wordsworth)와 연결시킨다. 또한 그 실천가는 당파 정치로 알려져 있었던 장소와 시대에 "대중 소속인 사람"으로부터 서발턴 지식인을 생산하고자 유의한 그람시를 연결시킨다.[17)] 베이트슨은 다음과 같이 말한다.

> 우리는 정신적 과정이라는 영역에서 '시행착오의 적응성'이라는 경제학과 매우 친밀한데, 사실 주요하고도 필요한 하나의 절약은 습관 형성의 이 친밀한 과정에 의해 성취된다. 먼저 우리는 추측통계학적인 작동의 범위로부터 그것들을 끄집어내어, 우리가 '습관'이라고 부르는 더 깊고 덜 유연한 메커니즘에 해결책들을 양도함으로써 주어진 문제를 해결할 수 있을지도 모른다.(EM, p. 257)

앞의 대목은 1959년에 쓰였다. 10년 후에 이중구속에 관한 어느 심포지엄에서 베이트슨은 습관을 일반화한다. 여기서 그 실천가/철학자는 쾌락 원칙을 넘어 좀 더 일반적인

16) Sigmund Freud, "Fetishism," in *The Standard Edition*, vol. 21, trans. James Strachey (New York: Norton, 1961), p. 152 (여기서부터 이 텍스트에서의 인용과 각주는 권수와 쪽수와 함께 SE라고 본문 중에 표기함).

17) William Wordsworth, *The Prose Works of William Wordsworth*, ed. Warwick Jack Burgoyne Owen and Jane Worthington Smyser (Oxford: Clarendon Press, 1974)(이후 이 텍스트에서의 인용은 쪽수와 함께 LB라고 본문 중에 표기함).

"유전 현상들과 발생학적 사실들에 놓여 있는 유기적 반복 충동으로 가고자 시도했던 프로이트와 연결된다." 여기서 베이트슨을 다시 인용한다.

> 우리[와 모든 다른 생물학적 체계들]는 많은 피드백 고리들을 겹쳐 놓고 상호 연결시킴으로써 특정한 문제들을 해결할 뿐만 아니라, 우리가 여러 등급의 문제들을 해결하는 데 적용하는 습관들을 형성한다. 문제들의 전체 등급이 그 등급을 구성하는 멤버들보다 숫자가 더 적을 때, 그 문제들의 전체 등급은 가정들이나 전제들의 견지에서 해결될 수 있는 것처럼 우리는 행동한다. 달리 표현하자면 우리(유기체들)는 배우기를 배운다. … 적응의 위계 상 습관들의 지위에 필요한 당연한 결과로서 '습관들'의 경직성이 뒤따른다. 습관 형성에 의해 성취되는, 시행착오의 바로 그러한 경제는 습관들이 비교적 "힘들게 프로그램으로 만들어지기" 때문에 가능해진다. … 습관이 사용될 때마다 습관의 전제들을 재검토하지도 재발견하지도 않는 데서 그 경제는 정확하게 존재한다. 이러한 전제들이 부분적으로 '무의식적'이라고, 혹은 괜찮다면 그 전제들을 검토하지 않는 습관이 발전된다고 우리는 말할 수 있다.(EM, p. 274)

미학적인 것은 전제들을 검토하지 않는 이러한 습관을 동요시키는 과제를 아마도 좌절시킬 것이다. 우선 나는 초기 단계에서 우리의 모델을 찾을 수 있는 것은 영국 낭만주의에서라고 말했다. 그러나 우리가 문학적인 것을 좋은 사유의 실재적인 원천이라고만 취한다면, 우리가 제안 중인 미학교육의 과제, 즉 어떤 희생을 치르고라도 또 다른 텍스트에 입장하는 과제에서는 실패할 것이다. 그렇게 하지 않는다면 윌리엄 워즈워스의 기획이 깊숙이 계급-표식을 지닌다는 점을, 그가 습관을 판단하지 않는다는 점을 우리는 알아차릴 것이다. 너무 강한 상상력의 재능을 갖고 있어 다른 사람들의 습관들을 조직할 수 있는 시인이라는 존재야말로 다른 존재들보다 우월하다는 점을 워즈워스는 명확히 한다. 워즈워스는 서발턴들의 '현실(real)' 언어의 힘을 확실하게 인정하고 있지만, 서발턴들과 더불어 작업하기에 대한 그의 관심은 부족하다. 그 점을 보여주기 위해 나는 좀 길게 인용할 것이다. 워즈워스의 주된 관심은 시 독자들의 취향을 바꾸는 데 있다. (저자의 흔적인?) '바로 그 시인의'

재능들에 대한 워즈워스의 확신은 다음 구절들에서 정교하게 표현되고 있다. 다시금 '사람들'의 '현실' 언어의 (비자의식적인?) 힘이 인식되고 있기는 해도 그러하다.

> 우리 감정의 지속된 유입들은 실로 우리의 모든 과거 감정들을 재현하는 우리 사유에 의해 수정되고 인도되기 때문에, 우리는 이 일반적인 재현물들(representatives)의 상호 관계를 명상함으로써 인간에게 정말로 중요한 것을 발견한다. 그리하여 이러한 행동의 반복과 지속에 의해 우리의 감정들은 주요한 주제들과 연결될 것이다. 마침내 우리가 많은 감수성을 독창적으로 소유하게 된다면, 그러한 정신 습관들이 생산될 것이다. 말하자면 우리는 그러한 습관들의 충동에 맹목적으로 또 기계적으로 복종함으로써 그러한 자연의 대상들을 묘사할 것이며 감성들을 발언할 것이다. 그리하여 각각의 관련 속에서 독자의 이해는 일정 정도 필수적으로 계몽되고, 독자의 애정은 강화되고 순수하게 될 게 틀림없다.(LB, p. 126)

> '시인'은 사람들에게 말하는 사람이다. 시인은 더 많이 생생한 감수성, 더 많은 열의와 부드러움을 부여받은 사람이라는 것은 사실이다. 그는 인류에게 보통 있다고 가정되는 것보다 인간 본성에 관한 더 위대한 지식을, 더 포괄적인 영혼을 갖고 있다. 시인은 자신의 열정과 의지에 기뻐하며 자신 안에 있는 삶의 정신(spirit)에 다른 사람들보다 더 많이 기뻐한다. 그는 우주의 일들에서 나타나는 유사한 의지들과 열정들을 명상하는 것을 즐거워하며 자신이 그것들을 발견하지 못하는 곳에서는 그것들을 창조하고자 하는 충동에 습관적으로 휩싸인다. 이러한 자질들에다 시인은 부재하는 것들을 마치 현존하는 양 함으로써 다른 사람들보다 영향을 더 많이 받는 성향을 추가시켰다. 실로 현실 사건들에 의해 생산되는 열정들과 동일하지 않은 열정들을 자신 안에서 길어 올리는 능력은 (특히 기쁘게 하고 즐겁게 하는, 일반적인 공감의 그러한 부분들에서) 현실의 사건들에 의해 생산되는 열정들과 거의 더 많이 닮아 있다. 다른 사람들이 자체적인 정신들의 움직임들로부터만 자신들 속에서 느끼게끔 습관이 되어 있는 어떤 것보다 더 많이 말이다. 그때부터 시인은 자신이 생각하고 느끼는 것을 표현하는 더 큰 신축성과 힘을 실천으로부터 획득하여 왔다. 특히 자신의 선택에 의해서건 자신의 정신 구조로부터이건 즉각적인 외부적 흥분 없이 자신에게서 일어나는 저 생각

들과 감정들을 표현하는 데서 말이다. … (LB, p. 138)

그러나 가장 위대한 시인이라면 소유하고 있다고 우리가 가정할 수 있는 이러한 능력의 부분이 어느 쪽이건 간에, 그 능력이 시인에게 제시할 언어는 현실 삶의 사람들 — 그러한 열정들로 또 시인이 그렇게 생산한다고 혹은 생산된다고 느끼는 일정한 그림자들로 실제 압박을 받고 있는 — 에 의한 발언과는 그 생기와 진실에서 한참 떨어질 게 틀림없다. 이 점에는 추호도 의심의 여지가 있을 수 없다. 우리가 시인의 인물됨에 관하여 얼마나 고양된 개념을 품기를 원하건 간에, 시인이 열정을 묘사하고 모방하는 동안에 현실의 실질적인 행동과 고통의 자유와 힘과 비교하면, 시인의 상황이 비굴하고 기계적이라는 점은 명확하다. 그래서 짧은 시공간에서 자신을 온전한 환각 속에 빠트려 심지어 자신의 감정들을 사람들의 감정들과 혼동하고 동일시하게끔, 자신이 묘사하고자 하는 감정들을 지닌 사람들의 감정들 가까이 자신의 감정들을 갖고 가는 것이야말로 시인의 소망일 터이다. 시인 자신에게 제시된 언어를 하나의 특별한 목적, 즉 쾌락을 준다는 목적을 위해 시인이 묘사하던 고찰로써 수정하면서 말이다. … (LB, pp. 138-139)

그러나 모든 경우에 현실의 열정 자체가 제시하는 대로 시인이 그 열정에 정교하게 맞는 언어를 생산하는 것은 불가능하므로, 시인은 자신을 번역가의 상황에 있다고 고려하는 편이 적절하다고, 앞 문단에 나온 지적들의 일반적 정신에 반대하지 않는 자들은 말할지도 모른다. 여기서 번역가란 자신에 의해 획득될 수 없는 탁월함을 또 다른 종류의 탁월함과 대체할 때 자신을 정당하다고 여기는 사람이다. 또 그 자신이 승복해야 한다고 느끼는 일반적인 열등함을 좀 수정하기 위해 자신의 원전을 때로 능가하고자 노력한다.(LB, p. 139)

그리하여 시인은 "사람들에게 말하는 사람"일지도 모르겠다. 그러나 시인에게 포이어바흐에 관한 마르크스의 제3 명제는 아무런 호소력도 지니지 못했을 것이다. 선생과 가르쳐지는 사람 사이에 있는 지식의 간극이 회피될 수 없는 만큼, 이것을 권력의 간극으로 진전시키지 않는 것은 사회를 해방에 필요한 격변 상태로 한사코 두려는 부단한 과제이다 (격변(Umwälzung)의 영어 번역어 upheaval — Umwälzung은 보통 '격변'이라기보다 '혁명'이다 — 은 교육자가 교육받아야 한다는 마르크스의 중요한 경고를 파괴한다).[18] 워즈워스의 낭만적인 창조적 상상력이라는 깊숙이 개인주의자적인 이론은 반-제도적인 것으로 남을 게 틀림없다.[19] 이와 대조적으로 그람시의 전체 에너지는 '새로운 지식인'을 도구화함으로써 서발턴 지식인을 생산하는 데 헌신하고 있다.

> 산업화의 역사는 인간 안의 '동물성'에 맞서는 (오늘날 더욱 두드러지고 엄격한[rigorosa] 형태를 띠는) 지속적인 투쟁이었다. 그 역사는 자연적(즉 동물적이고 원시적인) 본능들을 질서, 엄밀성, 정확성을 추구하는 영원히[sempre] 새롭고 더 복잡하고 경직된 습관들에 종속시키는 중단 없는 종종 고통스럽고 피비린내 나는 과정이었다. 산업 발전의 필수적인 결과인, 집단적 삶의 점점 가중되는 복잡한 형태들을 가능하게 하면서 말이다. 외부로부터 부가된 이러한 투쟁과 현재까지의 그 결과들은 즉각적인 커다란 가치를 지니고 있을지는 몰라도 대체로 기계적이다. 그 새로운 습관들은 아직 '제2의 본성'이 되지는 못했다. … 지금까지 존재 양식과 삶의 양식들에 일어난 모든 변화들은 야만적인 억압을 통해 생겨났다. …새로운 문명 형태들과 새로운 생산 형태들에 적응된 사람들의 선택이나 '교육'은 믿을 수 없는 동물적 행위 수단들에 의해 일어났다. 그 행위들은 약자들과 비-순응주의자들을 버려진 자들의 연옥으로 몰아갔거나 모두 제거해 버렸다.[20]

(그람시는 모든 '교육' 기획이 행하는 바, 즉 동질적인 '동물성'과 구별되는 점을 확립할 필요성을 표명하는데, 여기서 그 점은 언급되어야 한다. 데리다는 그 점을 자신의 『그래서 바로 나 자신인 동물』[21]에서 길게 분석하였다. 이

---

18) Marx, "Theses on Feuerbach," in *The German Ideology* (New York: International Publishers, 1988), p. 121. 이제 나는 이것이 엥겔스의 복된 죄(felix culpa)(W. R. Haug, "Gramsci's 'Philosophy of Praxis,'" *Socialism and Democracy* 14.1, Spring-Summer 2000: 1-19 참조)라는 점을 이해한다. 더모 라이언은 혁신적인 교육 체계들에 대한 워즈워스의 관심을 지적했다(Dermot Ryan, "Writing, Imagination, and the Production of Empire from Adam Smith to William Wordsworth," Ph. D. dissertation, Columbia University, 2007).

19) 콜리지는 여기서 좀 더 민주적이었을지도 모른다. 상상력에 관한 그의 인문주의적 이론은 일반적인 인간존재를 위한 인간-이기(being-human)를 묘사하고 있기 때문이다.

20) Antonio Gramsci, *Selections from the Prison Notebooks*, ed. and trans. Quintin Hoare and Geoffrey Nowell Smith (New York: International Publishers, 1971), p. 298(이후 여기서의 인용은 쪽수와 함께 본문 중에 SPN으로 표기함).

21) Derrida, *The Animal That Therefore I Am*, trans. David Wills (New York: Fordham University Press, 2008).

것은 우리가 회피할 수 없는 타협이다. 우리는 그 점을 데리다의 에세이 「조건 없는 대학」에 나오는 수사학적 무대화에서 간파한다.[22]) 교육과 치유에 관심을 갖는 그람시와 베이트슨은 인식론적 변화의 바탕 이상인 습관에만 만족할 수 없다. 실로 베이트슨은 치유 자체를 이중구속의 일종으로 생각하기 시작했다. "치료적인 구속 상황과 원래의 이중구속 상황 사이의 차이는 부분적으로는 치료자는 스스로 삶과 죽음의 싸움에 개입하지 않는다는 사실이다. 그러므로 치료자는 상대적으로 시혜적인 구속들을 세울 수 있고 환자가 그 구속들로부터 해방되는 것을 점차 도와줄 수 있다."(EM, pp. 226-227) 또한 치료자의 과제는 인식론적인 것이라기보다 심리적인 것이므로, 치료자는 습관은 질문을 하지 않는다는 점을 아주 명확하게 하는 데서 베이트슨은 멈춘다. 대중들 중 한 사람이 시민이 되고자 교육을 받을 때, 한 가지 논의의 전제들이 실로 그 베이트슨은 사람에 의해 '재발견 가능한', '재검토 가능한' 것이어야 한다고 함축적으로나마 주장하는 사람이 그람시이다. 나는 나 자신을 감히 인용한다.

> 우리가 '세상을 변화시키고' 싶다면, 대안-지구주의는 계급투쟁이라는 이해관계를 갖는 이중구속에 사심을 갖지 않는, 권리를 빼앗긴 자들의 교육에 대해 생각해야 한다. 그람시는 "민주주의란… 그저 비숙련 노동자가 숙련 노동자가 될 수 있다는 것을 뜻할 수는 없다"고 쓰고 있다. "민주주의는 모든 '시민'이 '통치할' 수 있다는 것을 뜻해야 하고, 사회는 민주주의의 성취를 위한 일반적 조건 속에 그 시민을 추상적으로라도 두어야 한다는 것을 뜻해야 한다."[23])

---

22) Derrida, *Without Alibi*, trans. Peggy Kamuf (Stanford, CA: Stanford University Press, 2002), p. 202. 데리다는 이것을 "신앙의 표명"(profession of faith)이라고 부르면서 우리를 루소의 『에밀』(*Émile*)에 원래 나오는 「신앙의 표명」의 미로 같은 틀을 따르도록 초대한다. 데리다는 인문학에 관해 말할 때 휴머니즘의 한 판본을 회피할 수 없지만 상호텍스트적 초대로써 그러한 궁지를 축출하라고 우리에게 요청하고 있음에 틀림없다.

23) 「서구 마르크스주의와 새로운 사회운동들의 유산」(Western Marxism and the Legacy of the New Social Movements)은 2007년 10월 5일 파리-소르본느 대학에서 열린 '대안근대성/대안자본주의'와 관련된 '실천 마르크스' 학술회의에 발표된 논문이다. 이것은 2007년 11월 7일에 런던 대학 산하 골드스미스 대학의 〈문화연구 센터〉에 「포스트식민주의를 다시 방문하기」로 발표되었다. 그람시로부터의 인용 구절과 관련된 서지사항은 다음과 같다. Antonio Gramsci, "The Problem of the School," in David Forgacs, ed., *The Antonio Gramsci Reader: Selected Writing 1916-1935* (New York: NYU Press, 2000), p. 40. 이 서지사항을 "오늘날 우리는 시민들을 함께 묶어주고 그들의 정부와도 묶어주는 '사회적 계약'이 있다는 점을 인식한다."(Joseph Stiglitz, *Globalization and Its Discontents*, New York: Norton, 2003, p. 78)와 비교하여 보라. 내가 '미학교육'이라고 부르는 바에 의해 깨어질 계급차별을 통해 시민들은 만들어진다.

그람시는 마르크스에 관한 중요한 논평에서 심리적인 것, 도덕적인 것(우리의 단어로는 아마 '윤리적인'), 인식론적인 것 사이를 구분한다. 우리의 과제는 이 논평의 (감옥에서 쓴 그람시 저작의 많은 부분이 잘못 전달하고 있는) 체계적 확신으로 보이는 것을 변명할 게 아니라 '남-용하는' 것이다. 바로 그 확신을 비난하기 위해서가 아니라, '읽기 중인 역사'와 더불어 그람시를 읽는 한 가지 방식을 인식론적인 것을 첨가하는 데서 찾기 위해서 말이다.[24)]

> 『정치경제학 비판에 대한 기여』(*A Contribution to the Critique of Political Economy*)의 서문에 포함된 제안은, 이데올로기 수준에서 구조적인 갈등들에 관한 의식을 사람들이 획득하는 결과를 낳는다. 이 제안은 그저 심리학적 도덕적 가치만이 아니라 인식론적 가치를 긍정하는 것으로 고려되어야 한다. 이로부터 헤게모니의 이론적-실천적 원칙은 또한 인식론적인 의미심장함을 갖게 된다. 또한 실천 철학에 대한 일리히(Ilyich, 레닌)의 가장 위대한 이론적 기여(즉 마르크스주의)가 탐색되어야 하는 것도 바로 여기에서이다. 이런 견지들에서 레닌이 정치적 교리와 실천을 진전시켰던 한, 철학으로서의 철학을 진전시켰다고 우리는 말할 수 있다. 헤게모니 장치가 새로운 이데올로기적 지형을 창조하는 한, 그 장치의 실현은 의식의 개혁과 지식 방법의 개혁을 결정짓는다. 그것은 지식상의 사실이자 철학적 사실이다. 크로체 식으로 말하자면 우리가 세상의 새로운 개념화에 부합하는 새로운 도덕성을 소개하는 데 성공할 때, 우리는 또한 그 개념화를 소개함으로써 완성한다. 달리 말하자면 우리는 철학 전체의 개혁을 결정짓는다.[25)]

교육과 윤리적인 것의 습관 사이의 이러한 관계는 책임과 선물 사이의 관계없는 관계와 같다. 여기서 선물은 책임을 설명하기 위해 우리가 상상해야만 하는 것인데, 제한되지 않는 초월적 연역이라고 해도 괜찮다.[26)] 윤리적인 것의 습관에 대한 훈련은 인식론적

---

24) 나는 이렇게 지고한 규정을 제시해준 스타시스 구르구리스의 책(Stathis Gourgouris, *Dream-Nation: Enlightenment, Colonization, and the Institution of Modern Greece,* Stanford, CA: Stanford University Press, 1996, p. 45)을 고맙게 생각한다.

25) SPN, p. 366.

26) "그러므로 나는 개념들이 대상들과 선험적으로 관계 맺을 수 있는 방식에 대한 설명을 대상들의 초월적 연역이라고 부르며, 이 초월적 연역을 경험적(증거의) 연역과 구별한다."(Kant, *Critique of Pure Reason*, trans. Paul Guyer and

관여의 체계적 과제에 유의하기를 통해 작업될 수 있을 뿐이다. 우리는 역사적-문화적 텍스트 — 그 안에 일정한 학생 그룹의 자리가 놓여 있을 수 있는데 — 로부터 가르치는 법을 "배우는 것을 배운다."(베이트슨의 좀 더 일반적인 어구) 그리하여 그람시는 다음을 환기한다.

> '지식인'이 수정하자고 제안하는 문화적 환경과 지식인 사이에 존재하는 적극적인 관계를 말이다. 환경은 철학자에게 반작용을 가하고 철학자에게 지속적인 자기비판 과정을 부가한다. 환경은 철학자의 '선생'이다. … 앞에서 언급된 일반적 의미에서의 스승과 제자 사이의 관계는 오로지 이러한 정치적 조건이 존재하는 곳에서 실현되기 때문이다. 또 그때에만 우리는 새로운 유형의 철학자의 '역사적' 실현에 이른다. 우리는 그를 '민주적 철학자'라고 부를 수 있겠다. 자신의 인격이 한 육체적 개인으로서의 자신에 국한되지 않고 문화적 환경의 수정이라는 적극적인 사회적 관계라는 점을 확신하게 된 철학자라는 의미에서 말이다.27)

미학교육은 인문학을 모든 주체란 '오염되어 있다'는 식으로 가르친다. 나는 현 맥락에서 이러한 가르치기에 큰 희망을 걸고 있지는 않다고 반복해서 말했다. 나로 하여금 그람시의 희망만은 언급하게 해 달라.

> 새로운 지식인의 존재 양식은 더 이상 달변에 놓여 있을 수 없고…, 추상적인 수학적 정신보다 우월한 … 실천적 삶에 대한 적극적인 참여에 놓여 있다. 작업 — 으로서의 — 기술로부터 우리는 과학 — 으로서의 — 기술로, 역사에 관한 인문학적 개념화로 나아간다. 이러한 진전 없이는 우리는 '전문가'로 남을 뿐 '방향을 잡는' (전문화된 정치적인) 사람은 되지 못한다.28)

Allen W. Wood, Cambridge: Cambridge University Press, 2000, p. 220)(이후 이 텍스트와 각주들에서의 인용은PR과 함께 쪽수를 본문 중에 표기하기로 한다. 내가 이 책에서 이 구절을 사용할 때 항상 이와 같은 의미로 그렇게 한다.)

27) SPN, pp. 365-366.

28) Ibid., p. 10.

나는 그람시의 "추상적인 수학적 정신보다 우월한 기술적-과학적 교훈"을 나중에 언급할 것이다. 지금은 미래의 작업을 위해 자신에게 쓴 노트인 옥중수기가 텍스트의 프로토콜에 대한 주의 깊은 지식을 요구하며 불가피하게 열린 형태로 되어 있다는 점을 기억하도록 하자. (미학교육을) 전개하도록 주체를 가르칠 수 있는 상상력의 훈련은 또한 우리로 하여금 종교와 민족을 초월하지 않을 수 없도록 하는 습관의 전제들을 (이론적으로나 실천적으로나) 발견할 수 있게끔 주체를 가르칠 수 있다고 나는 제안하고 싶다(베이트슨과 프로이트 둘 다 지적하였듯이 말이다). 그러나 이것이 '욕망의 재배치'나 교육실천적인 날쌘 재주를 통해 한 가지 습관을 또 다른 습관으로 대체하는 것에 지나지 않는다면, 인식론적 노고의 지속성을 위해 그러한 발견을 복원할 수 있을 만한 능력이라곤 없을 것이다. 우리는 그런 인식론적 차이에 폭력을 행사하는 법을 배워야 하며, 이것이 교육의 '현황'이라는 점을 기억해야 하며, 그리하여 믿음을 상상력의 지형으로 전위하는(displacing) 작업을 계속함으로써 그 에피스테메에 접근하기를 시도해야 한다. 믿음을 상상력의 지형에 전위하는 것은 가장 건강한 의미에서의 읽기를 묘사할 수도 있다. 그러한 전위 또한 미학교육의 환원 불가능한 요소이기도 하다. 21세기가 시작되는 맥락에서 종교와 민족(의 탄생)을 상상의 영역 속에서 탈초월화하는 법을 배우는 것은 아주 귀중한 선물이다, 그러나 읽기의 이렇게 특수한(particular) 기능은 또한 일반적이고도 지속적인 방식으로 중요하다. 다른 곳에서 나는 사회적 맥락에 대한 치밀한 고찰과 함께 하는 이런 유형의 교육이야말로 실질적이라기보다 더욱 형식적이기도 한 초등학교 수준에서부터 교육의 일부가 될 수 있다고 논의하여 왔다. 이 책에서 그러한 논의는 여기저기 스쳐 지나가지만, 그 일반적 지형은 시민들과 선생들을 재생산하는 3차(중등 이후) 교육 및 대학원 수준의 교육이다. 이곳에서 우리는 이중구속에 대한 견해에 따라 계몽주의의 유산을 활용하고 초월적인 것을 믿음(belief)으로부터 재위치화하며, 믿음을 사유화하고 초월적인 것을 합리화하라는 더 단순한 해결책을 생산한다. 이렇게 특수한 해결은 본연의 인문 교육으로 제시되며 자본주의와 더 잘 맞는다.

우리는 제한된 맥락이나 정신적 '질병'이라는 좁은 의미로부터 이중구속을 끌어내는 베이트슨의 방법을 짤막하게 살펴보았다. 실로 그에게 이중구속은 자본주의로부터 상류로 흘러온 모든 행동, 행동으로서 모든 사유, 모든 자기-의식적 삶, 정도의 문제 등이 되었을 법하다. 모순적인 가르침들은 늘 우리에게로 온다. 우리는 그것들을 듣는 법을 배우고 게임 속에 남아 있다. 그러므로 우리가 결정할 때, 또 우리가 결정하는 대로, 우리가 그 이중구속을 말하자면 하나의 구속으로 부수어버렸다는 것을 안다. 또한 우리는 곧 변화에 착수해야 한다는 점을, 혹은 과제이건 사건이건 일들이 바뀔 것이라는 점을 안다. 이 점을 알 때, 윤리적, 정치적, 법적, 지성적, 미학적 결정들을 수반하는 전형적인 정서는 후회와 가책, 적어도 불편함이라는 스펙트럼이다. 그렇지 않으면 부인이나 당혹에 뒤따르는 자화자찬이다. 이것은 오늘날 미국에 있는 많은 지구주의자와 대안-지구주의자의 사업을 활성화하고 있는 지구적 엘리트들의 검토되지 않은 희망과는 다르다.

내가 지구적 당대성의 불균등한 통시적 변화를 항상 염두에 두고서 나의 논의를 펼칠 때, 그람시-베이트슨 모델에 따라 유럽 계몽주의에 대한 우리의 관계를, 또 '남-용'과 '아래로부터의 사용'에 대한 우리의 관계를 생각하고자 한다. 이것은 영국 낭만주의와 독일 낭만주의의 유산에 대한 주저 없는 강조를 수정하거나, 지구적 남반구의 중세적이고 시혜적인 원시주의를 수정한다. 실로, 나의 논의는 윤리적 사고방식(reflex)에 직접 접근하는 데서 발휘되는 확신이라는 철학적 실수를 또한 수정한다. 나의 논의는 관계없는 관계의 가능성에 대한 인식론적 준비를 고집하지 않는 편이다. 그래서 여기서는 욕망들에 대한 성찰적 재배치, 가장 위대한 선(善)으로서 매개되지 않은 사이버 읽기능력에, 최대치 자본주의의 이해관계에 맞서, 마음과 정신에 도달하는 영어 선생들의 조달을 말한다. 실러에 대한 나의 재-영토화가 그러한 한 가지 예가 될 것이다. 계몽주의에 대한 젠더화된 접근은 종종 토착적 젠더화로부터 빠져나오는 한 가지 방식이었는데, 그러한 접근이 가능하다면 이중구속 위로 이중화된다는 점을 또한 기억하라.

물론 계몽주의도 통제의 강한 요소를 가지고 있었고, 인식론적으로 백과사전적 충동을 품고 있었다. 이 충동은 고전 과학의 가장 강력한 미덕인 것처럼 보이는 분류 충동에 필적했다. 문학연구는 이것을 또한 무비판적으로 사용할 수 있다. 백과사전처럼 모으고 분류하는 행위가 반드시 나쁜 것만은 아니지만, 지구화는 대리보충으로서의 미학교육으로부터 그 행위를 필요로 하는 것은 아니다.

문학연구가 식민주의와 동시적으로 분과학문이 되었다는 것은 잘 알려져 있다. 넓게 보면, 분과학문과 연구의 대상으로서 문학연구의 구축은 또한 그것들의 고갈을 출범시키는 것이기도 했다. 문학연구는 자본의 자기-결정에 점점 덜 유용하게 됨에 따라, 다양한 과학주의로써 자체를 합법화하기 시작했다. 노골적인 구조주의와 담론 분석은 1940년대 이래로 이러한 경향의 일부였다. 문학의 양적 분석을 향한 현재의 경향은 이와 동일한 충동에 속한다. 물론 문학은 우리가 원하는 대로 많은 방식들로 연구될 수 있다. 그러나 미학교육의 목적은 보호주의적 과학주의에 의해 채워지지 않는다. 모든 이중구속들은 과학적으로 보이는 통제하에 거기서 잘 확립된다.

때때로 문학비평 장면의 이러한 과학자들은 면밀한 독자들이야말로 '작가 기능'을 강조하고 있다고 말한다. 이와 대조적으로, 이중구속을 펼치는 상상력을 연습하기 위해 문학을 면밀하게 읽고 있는 독자들은 베이트슨처럼 작가보다는 형식에 관심을 갖는다. (맥락상의 정확성을 문학비평으로 확립하는 데서) 작가(의 권위)의 죽음은 (읽기 실천에 집중하는) 독자의 탄생이기도 하다. 이것은 1960년대로부터 생겨난 좋은 규정인데, 더 빈약한 시대인 오늘날 유용한 것으로 남아 있다. 우리는 이 규정을 영역 싸움으로 이해하기보다 이중구속으로 사용할 것이다.

편리함을 위해 유럽 계몽주의는 베스트팔렌 평화조약(*1648년에 30년 전쟁을 종결짓기 위해 독일, 프랑스 등 유럽 여러 국가가 독일 베스트팔렌 지방의 뮌스터와 오스나르뤼크에서 맺은 강화조약)과 칸트에 의해 민족-국가들의 성실성과 자기-억제적인 이성의 공적 사용을 가리키는 철학적인 환유가 될 수 있다고 가정하여 보자. 이러한 연구에 뒤따르는 또 다른 한계가 여기 있다. 계몽주의에 대한 다른 상상들은 다른 서사들을 발생시킬 것이다. 나의 논의는 좀 변경을 가하면 다른 상상들과 다른 서사들과 더불어 작업할 수 있겠다는 것이 나의 신념이다.[29]

베스트팔렌 평화조약은 우리를 유럽 제국주의로서, 하나의 사회구성체로서 인정하라

---

29) 유럽과 백인 미국을 형제애로 연합하기를 바라는 헤르베 드 카르모이와 같은 보수적 작가는 우리의 제안을 부서진 거울인 양 여전히 말한다. 그는 이렇게 선호된 주체들이 18세기 스타일로 합리적인 인식론적 변혁을 꾀하여 세계를 구원할 수 있기를 원한다(Hérve de Carmoy, *L'Euramerique*, Paris: PUF, 2007, pp. 9, 57, 65, 76). 제한받지 않는 변증법으로 지양되어 항상 당혹한 상태에 있는, 전미래의 견해로 보자면 상실 중인 이러한 기획을 우리는 탈안정화하고 재위치화하고자 노력할 것이다. 스리니바스 아라바무단(Srinivas Aravamudan)의 근간 『계몽주의 오리엔탈리즘』(*Enlightenment Orientalism*)은 로맨스, 소설, 문학의 제도화를 통해 동양에 대한 계몽주의의 욕망에 대한 감을 우리에게 제공해준다. 남-용으로, 또 조심스럽게 조절된 세속적 실천으로 전위된 계몽주의에 대한 우리의 욕망과, 그러한 집합과 아라바무단의 논의에 나오는 미학교육의 자리 사이의 관계 또한 물론 '해독되어'(cracked) 있다.

고 배워 왔던, 유럽에 편파적이고 민족-국가에 특정한 지구성의 머나먼 가능성을 공표한다. 우리가 '역사'라고 부를 법한 것은 무엇이건 간에 가장 광범위한 환유적 일반화들에 의해서만 하나의 연속적인 서사가 된다. 그러한 양식을 통해 우리는 '제국'이라는 단어의 의미에 일어난 변화라고 자체를 환유할 수 있는, 바로 구석 언저리에 있는 구세계의 상징적 종말을 공표하는 베스트팔렌의 자기-의식적 제스처를 또한 읽을 수 있다. 신성로마 제국이 무엇을 의미하여 왔건 간에 그것은 1795년에 끝장났다는 것을 의미했을 법하다. 연대기 상으로는 100년도 지난 이후이지만, 그 기호학적 변화는 볼테르의 캉디드의 출생지인 베스트팔렌과 더불어 출범되었다고들 한다. 그런데 다른 방식으로 '총괄적'인 오스만 제국구성체들과 러시아 제국구성체들은 바로 이 서사와 점차 어긋나게 되었다. 물론 똑같이 환원적으로 자본주의의 자기-결정이라고 계산될 수 있는 것을 수반했던 두더지 같은 기호학적 재코드화로부터 점차 어긋나게 되었던 셈이다.[30] 포스트-소비에트 국면에서 오스만 제국과 러시아 제국은 오늘날 그 통시성 속에서 우리에게 경고하는 신호가 되었다. 우리가 일반화할 때 말이다. 이렇게 확장된 규범 형태와 더불어, 외부에 있는 인식론적 구성체들은 예외적인 것이 되었고 '알려질' 때에는 인류학처럼 되었다. 이것은 지구적 당대성에서는 해제되지 않은 채 나타나지만 우리의 전제들을 포함해 지배적인 전제들은 동일한 것으로 남는다. (대안적인 비-유럽적 에피스테메를 제안하는 것은 오랜 인류학주의의 한 가지 변형이다.) "제국 공간 내부에 있는 로컬 주체성들은 부차적인 것으로 [남는다]."[31] 그리하여 지구적 당대성에서 '민주화'하는 한 가지 방식은, 자본/데이터 운동의 동시성을 이용하면서 악한 자본주의(rogue capitalism)를 위한 공간을 만드는 것이다. 그러한 공간 만들기가 제국주의로부터 발전에 이르는 변혁적 기획들을 수반하는 문명화 사명의 아우라를 실어 나르면서, 군사적 혹은 당파/파벌(party/clan)의 폭력을 뜻한다고 할지라도 말이다. 이 아우라는 발전된 시민사회들 내부에 있는 소수자 권리 문제로 옮겨 간다. 그러한 시민사회에서 그 문제는 좀 더 정치적인 종류의 포스트식민 급진주의에 관여한다. 반면 '다수자'와 '소수자'는 민주주의를

30) 볼테르의 책 『캉디드』(Voltaire, *Candide*, trans. Theo Cuffe, London: Penguin, 2009)는 이러한 변화에 임할 준비가 되어 있는 담론 장의 지도 제작법을 제공해 준다.

31) Denis Cosgrove, *Apollo's Eye: A Cartographic Genealogy of the Earth in the Western Imagination* (Baltimore, MD: Johns Hopkins University Press, 2001), p. 19.

사망자 수로서 이야기하는 구미(歐美)의 구축물이다. 마르크스가 지적했듯, 자본은 환원이다. '제국'의 의미에서 일어나고 있는 그러한 변화는 '세계의 다른 쪽'에, 즉 유럽 민족에 의한 민족에 접근할 가능성을 열어주고 있으며, 역설적으로 특정 계급에 의한 세계시민주의라는 꿈을 개시하고 있다.

괴테와 마르크스가 세계문학에 대해 썼을 때, 그들은 문학적인 것의 원천으로서 전체 경험적 세계라기보다 세계에 대한 이렇게 특히 유럽적인 접근을 가정했다. 괴테는 문학적인 것을 향한 '분투'를 주장함으로써 그 아포리아적인(*aporia:방치해둘 수 없는 논리적 난점) 본성을 포착했을지도 모른다.[32] 칸트가 철학자로서라기보다 공공 지식인으로서 썼을 때, 그 또한 세계에 대해 그렇게 말했다. 그 세계란 세계의 통치를 위한 하나의 정체(constitution, 구성)인 코스모폴리테이아(cosmopolitheia)에 관한 자신의 사상이 서식하는 곳이다. 우리는 이러한 맥락들에서 국가-형성이야말로 자본을 통해 파벌을 극복하는 주요한 요인들 중 하나인 민주화를 선행했다는 점을 우리는 상기해야만 한다.[33]

유럽 계몽주의를 향한 '세계'의 이중구속을 이해하기 위해, 코스모폴리테이아를 위한 칸트의 노력을 담고 있는 문서를 다시 보도록 하자. 「영구 평화를 향하여」는 베스트팔렌 평화조약의 부산물로 고려될 수 있는 것으로서, 즉 바젤 조약(Basel Treaty*프랑스 혁명전쟁의 강화조약 중 하나, 1795)에 대한 고려된 반작용으로서 부상한다.[34] 우리는 '세계'에 대한 '유럽적' 접근의 원천-서사(sauce-narrative)를 접하는 중이다. 식민주의의 견지에서 이 서사에 대한 칸트의 이해는 처음엔 전형적인 것으로 보인다. 하지만 그 나머지 논의도 우리한테는 덜 흥미롭기는 하지만 또한 전형적인 것으로 보인다. 칸트는 명백히 아이러니를 갖고 자본(그는 이것을 '돈'이라고 부르지만 그의 논의에는 실수가 없다)을 위대한 평형 장치로서 자본으로 보며, 암암리에 정복자(master) 나라들의 세계 통치 — 전쟁 허가뿐만 아니라 봉쇄에 입각한 — 를 제안한다. 평등을 확립하는 그 어떤 다른 방법도 제안되고 있지 않으니 그렇다. 20세기 말에 시작되어 21

32) 나는 이 점을 (이 책의 22장인) 「세계문학의 이해관계」에서 다시 언급한다.

33) 캐서린 콜린스는 『파벌 정치』에서 이러한 노선들에 따라 구-미와 '나머지 세계' 사이의 대립을 해소한다. 그 과정에서 그녀는 민주주의적 공산주의와 파벌 사이의 관계를 특별하게 파악했을 법한 그람시 논의의 내부에 있는 역사적 틀을 분명하게 한다. 이로써 그람시는 오늘날 아주 적절하게 등장하는 셈이다.

34) Immanuel Kant, "Toward a Perpetual Peace," in Political Writings, trans. H. B. Nisbet (Cambridge: Cambridge University Press, 1991), pp. 93-130(이후 여기서의 인용은 PP와 함께 쪽수를 표기하기로 한다).

세기에도 계속된, 이라크에 대한 미국의 개입과 같은 어떤 것에 대한 칸트의 금지("어떤 국가도 다른 국가의 헌법과 정부에 무력으로 개입해서는 안 된다")는 기이하다. 하지만 다음 또한 허용된다.

> 상업[Handelsgeist] 정신은 조만간 모든 사람을 휘어잡을 것이며, 전쟁과 나란히 존재할 수 없을 것이다. 또한 사람들은 국가들의 권력을 처분하는 모든 권력들(혹은 수단들) 중에서 재정능력[Geldmacht]에 사람들은 아마 가장 많이 의존할 것이다. 그리하여 국가들은 평화라는 고상한 대의를 촉진하지 않을 수 없는 스스로를 발견한다. 도덕성의 샘[Tribfeder]으로부터 나온 것은 정확하게 아니더라도 말이다. … 이렇게 본성은 인간 성향의 실제 메커니즘에 의해 영구적 평화를 보장한다.(PP, p. 114)

맥도널드식 지구화를 인간의 본성으로, 상업자본주의와 협동하는 본성으로 보는 이러한 초기 진술에서 그 연결성은 기계적이고, 토크는 부적절한 샘에서 나오고 있다.

쉽게 놓치는 이러한 세부사항, 그 서두의 구절이 지닌 아이러니, 마지막의 권고가 지닌 철학적 예리함은 우리의 남-용(남용이 아니라) 과제가 지닌 다급함을 향하고 있다. 그 텍스트는 자체의 해결과 재-위치화를 신호하고 있다. 우리가 유의한다면 그렇다.

문단을 열어주는 구절은 술집-간판의 '문학적' 환기인데, 유일한 영구적 평화 — '영원한 평화'(*der ewige Friede*)가 더욱 관용적인 표현일 터인데 — 는 죽음의 평화라는 점을 시사한다. 마지막으로 환기하는 대목에서 내가 염두에 두는 문장은 이것이다. "그러나 구린[*lichtscheu*] — 칸트의 표현은 대부분의 영어 번역들보다 더 강력하다 — 정치[*Politik*]의 기만은 철학의 공리들을 공표함으로써[*von der Philosophie durch die Publicität jener ihrer Maximen*] 쉽게 좌절될[*vereitelt*] 것이다. 철학자로 하여금 그 자신의 공리들을 공표하는 것을 감히 허용한다면 말이다."(PP. p. 130)

잠시 '공리'라는 단어에 초점을 맞추어 보자.

> 나는 대상의 본성[*Beschaffenheit*]으로부터가 아니라 대상 인식의 구체적인[*gewiss*] 가능한 완벽함과 관련하여 이성의 이해관계로부터 발견되는[*hergenommen*] 모든 주관적인 바탕의 명제

들[*Grundsätze*]을 이성의 공리들이라고 부른다. 그리하여 사색적인 이성의 공리들이 있게 된다. 이 공리들은 이성의 사색적인 이해관계에 의해 지지받지 못한[*lediglich*] 채 남아 있다. 그 공리들이 객관적인 원칙들[Principien]처럼 보일지라도 그렇다.

내가 이 인용문과 더불어 계속하기 전에, 그 인용문에서 내가 했던 번역 수정들에 관해 논평하고 싶다. 정상적으로 이것은 「번역자의 말」의 일부를 이룰 텐데 나는 이것을 텍스트 안에서 제기하고 있다. 그 이유는 칸트의 지속된 실천의 뉘앙스들을 번역하는 어려움으로 말미암아 나와 같은 보통 독자나, 문학비평 책의 독자와 같은 사람은 가치들의 사적 문법을 놓치기 때문이다. 물론 지속적인 번역 가능성에 관한 일반적인 가정은 내가 집요하게 환기하는 우리 지구의 통시적인 이질성에 의해 요격을 받는다. 예컨대 칸트는 명제들[*Gundsätze*]과 원칙들[*Principien*] 사이를 계속 구분하여 왔다. 내가 '의도된 실수'라고 부르는 것 안에서 명제들은 진리로서 철학화하는 윤곽 내부에 속한다. 그것들은 철학화하기의 바탕을 이루는 명제들이다. 원칙들은 순수이성의 객관 세계의 일부이다. 증거를 생산하는 능력이 없어 순수이성이 철학자에 의해 초월적으로 추론될 때 말이다. 실로, 우리 구절에서의 *Gegenstand*라기보다 *Objekt*로서 '대상'이라는 단어의 두 가지 용법에서처럼, 칸트는 라틴어 표기를 사용할 때마다 그렇게 구분을 한다. 대부분의 영어 번역본들에서 *Gundsätze*와 *Principien*은 둘 다 '원칙들'로 번역된다. 이것은 계획되고 '의도된 실수'에 의해 철학화하는 철학자와, 순수이성 개념들의 특징들을 초월적으로 추론함으로써 철학을 위기로 몰고 가는 철학자 사이의 구분을 지운다. 실러와 같은 독자는 아포리아를 역전 가능한 교차대구법들(chiamuses)로 변화시킬 때 이 구분의 결정적인 차이를 무시할 게 틀림없다. 나는 또한 '취해지는(taken)'을 '발견되는(found)'으로 바꾸었다. 철학화하는 주체에게 이미 규정되거나 계획된 어떤 것이라는 개념은 발견되는 *hergenommen*에 있는 독일어의 깊은 배경에서 이용 가능해지고 '취해지는'이라는 뜻이 유보된다면 더욱 적극적인 것이 되기 때문이다. 나는 탁월한 케임브리지 번역판에 나오는 영어 단어들 중 어느 것도 '틀린' 것이 아니라고 주장하고 싶다. 여기서 놀랍게도 영어 단어들은 칸트의 사적 문법과의 공감이 생산했을 직역주의를 실천하지 않은 것처럼 보인다고 해야 공정하다. 나는 (이 책의 12장인) 「영어로 번역하기」에서 이 점에 관해 썼다. 번역 수정에 관한 나의 논평을 계속하기 위해, *lediglich*를 '지지받지 않은'(unsupported)이라고 번역한 요점을 말하고자 한다. '유일하게'가 좀 더 관용어적인 표현이다. 그러나 우리가 '유일하게'로만 읽어낸다면, *lediglich*라는 단어가 실어 나르는, 한 단일한 개인에서처럼 커플이 되지 않은(uncoupled)이라는 개념은 상실된다고 나는 생각한다. 이러한 방식으로 우리는 *Gundsätze*와 같은 명제들은 주관적이고 *Principien*과 같은 원칙들은 객관적이라는 점을, 명제들은 객관적인 것으로 보이더라도 — 이것은 중요하다 — 객관적인 것으로 취해질 수 없다는 점을 볼 수 있다. 칸트가 정치인들에게 하고 있는 충고에 대한 감각을 우리는 얻기 시작하고 있는가? 정치인들의 작업은 이성적이라기보다 이해관계를 갖는다는 점을 이해하기 위해서? 칸트의 철학 텍스트들의 규약(프로토콜)에서 몇몇 단어들은 철학화하는 이성, 좀 변경을 가하자면, 단순한 이성의 계획된 다급함과 연관된다. 다른 단어들은 순수이성의 기능화에 대한 묘사와 관련된다. 단순한 이성은 종종 독일적이고 더욱 일상적인 반면, 순수이성은 라틴적이고 더욱 형식적이다. 그리하여 이것은 명제(Gundsätz)와 원칙(Princip)에서도 마찬가지다. 그래서 둘 다 '원칙'으로 번역하는 것은 중요하고도 지속적인 하나의 뉘앙스를 상실하는 셈이다.

칸트 읽기를 계속해 보자.

> 만약 그저 [이것이 칸트의 지식체계론 내부에서 '단순한' 이성의 자리를 유지하여] 바탕의 규제적인 명제들[*Gundsätze*]이 구성적인 것으로, 그래서 객관적인 원칙들[*Principien*]로 간주된다면, 그것들은 갈등을 일으킬 수 있다. 그러나 우리가 그것들을 **그저**[추가된 강조] 공리들로 간주한다면, 사유 방식들 사이의 [*lediglich*에서 이미 사용 가능해진, 계획된 결혼의 메타포인] 이혼을 발생시키는[*verursacht*] 것은 그저 이성의 다른 이해관계일 뿐이다. 이성은 단일하고 통합된[*einig*] 이해관계만 가지며 그 공리들 사이의 갈등은 하나의 변형일 뿐이고, 그 이해관계에 충분하도록[*ein Genüge zu tun*] 시도하는 방법들의 상호적 한계일 뿐이다.[35]

본연의 이성 이론 없이 칸트 식으로 이성의 단일한 통합된 이해관계를 주장하는 것은,

35) Kant, PR, p. 602.

계획되고 의도된 실수 내부에 있다고 읽힐 수(혹은 읽히지 않을 수) 있다. 이것은 실러가 피해야 하거나 놀이로 끝나는 일련의 균형들로 바꾸어야 하는 피할 수 없는 하나의 이중구속이다.

그렇다면 하나의 '공리'는 철학의 기원에 있는 초월적인 간극과 타협하기 위해 철학자에 의해 고안되는 어떤 것이다. 좁은 의미에서 기껏해야 '합리적인' 정치인의 행실은 이렇게 자기를 틀 짓는 조심스럽고 미리 조심하는 간극을 인식할 수 없다.

나는 「영구 평화를 향하여」의 이러한 틀을 우리가 텍스트를 허가 쪽으로 선회시킬 수 있는 칸트 내부에 있는 장소라고 생각하고 싶다. 여기서 허가란 마비된 계몽주의를 변명하거나 비난하기 위한 것이 아니라, 마비된 계몽주의를 자기-기만적인 것으로, 바보들을 위한 술책으로, 변명의 장소로, 사용(남-용)하거나 취하기 위한 것이다. 미적인 것은 위기로써 계몽될지도 모른다. 우리는 미적인 것을 통한 교육이 정치적인 것의 합리적 선택을 보호할 수 있기를 희망할 수 있다. 합리적 선택을 이성의 우월함에 대한 자명한 확신으로 보기보다 공리들에 대한 철학자들의 방법론적 필요성에 의해 생산되는 것으로 이해함으로써 말이다. 그러한 이해는 희망, 바람일 뿐 아무런 보장도 없다. 윤리적인 것의 엄청난 불확실성을 조망하면서 정치적인 것의 가능성을 책임성 있게 보강하는 길뿐이다.

이것은 정치체(constitution)에 관한 플라톤의 책을 시대에 맞게 가져오려는 칸트의 노력이었다. 결국 플라톤은 도시-국가를 알고 있었을 뿐이며 칸트는 세계를 지녔다. 그리스 식민주의들과 계몽주의 식민주의들은 서로 각기 다르게 재현했다. 데리다는 '경계 없는' 세계와 진리의 무조건적 감독에 대한 칸트의 요구 사이에 있는 모순을 지적한다.[36]

코스모폴리테이아의 이러한 규정은 세계를 손아귀에 놓고 명상하는 제국주의와 연계되어 있는 것 같아서 우리를 혼란스럽게 한다. 다른 한편 우리는 정치에 대한 가장 거친 정의로부터 문학이론의 가장 신비한 범위에 이르기까지 우리에게 어울리도록 그 규정을 다시 쓰기를 원한다. 우리 중 어느 누구도 하나의 정의로운 세계에 대한 사유를 향한 번역을 수행할 수 없다. 계급과 젠더는 자본과 파벌의 자비로운 선구자들에 의해 그토록 착취되면

---

36) Derrida and Anne Dufourmentelle, *Of Hospitality*, trans. Rachel Bowlby (Stanford, CA: Stanford University Press, 2000). 나는 헝가리에 있는 '경계 없는 도시'(Pecs)에서 열린 2010 유럽 문화 자본 모임의 기조 연설자로 초대되었는데, 내 여권을 하루 동안 분실하는 바람에 비자 문제로 큰 곤란에 처했다! 확실히 이것은 진리-말하기를 감독하는 또 하나의 변주이다.

서도 유지되고 있는데 과연 투쟁이 가능할까? 전위주의는 시민의 일반 문화를 알리도록, 고등 및 포스트-고등 기관에서 성숙한 미학교육(준비)에 의해 집요하게 보충될 수 있을까?

우리가 특히 철학자로서 글을 쓰는 칸트를 항상 자신들에게 상기시키는 것은 바로 이러한 질문들을 염두에 둘 때이다. 칸트는 믿음에서부터 철학화하는 이성에 이르기까지 초월적인 것을 관리하는 우리의 선생이다(여기서 철학화하는 이성은 칸트에 의해 결코 그렇게 이름 붙여지지 않았던 능력이다. 하지만, 그것은 초월적 영역을 경유하는 사유 — 빈틈없이 수용된 칸트의 *Einbildungskraft*과 혼동해서는 안 되는 — 와 거의 구분할 수 없는, 상상력이나 '부재하는 것들을 사유하기'에 관한 나의 광범위하고도 통속적인 '정의들' 내부에 수용될 수 있는, 『순수이성 비판』을 추동시키는 주제들 중 하나이다).[37] 나는 (이 책의 18장인) 「테러」에서 칸트가 은총 자체를 하나의 '효과' — 성공적으로 사유 속에 병합될 때 우리로 하여금 단순한 이성을 극복하게 허용할 수 있는 — 로 바꾸는 경위에 관해 논평했다. 나는 상상력에 관한 나의 조야한 정의 내부에서 이 마지막 (비)능력을 환영했다. 이러한 통속화의 동일한 정신에 따라 칸트는 초월적 연역으로부터 귀결되는 변증법을 채워주는 것을 '환상'이라고 부른다. 철학을 역사로써 채우는 헤겔식의 유럽 중심적인 목적론이 여기서 선취된다는 점을 나로 하여금 지적하게 해 달라. 그 내용은 초월적 변증법에 관한 칸트의 사유에서는 환원 불가능하게 부재한다. 따라서 '부재하는 것들을 사유하는 능력'은 너무 멀리 나아간 것은 아니라고 나는 느낀다.

철학자로서 칸트는 파열된 목소리로 썼다. 물론 칸트는 이것을 인정하지 않았다. 그러나 그것은 또 다른 이야기이다. 예컨대 칸트는 순수이성의 실천적 기능이라는 맥락에서 '세계'에 관해 다음과 같이 썼다.

> 순수이성의 실행은 항상 한계와 결점을 지니지만, 결정될 수 없는 그래서 항상 하나의 절대적인 완벽함이라는 개념이 발휘하는 영향하에 있다. … 그것[실천적 개념] 안에서 순수이성은 실제로 … 모든 가능한 목적들의 필수적인 통합 개념을 산출하는 인과성을 갖기도 한다. 순수이성은 실천적인 모든 것을 위해 독창적이고 한계 짓는 전체 조건으로서 봉사해야

37) Kant, PR, pp. 219-221. '민주주의'는 파벌 정치에서 '종교'와 결합한다. 다음 인용 구절은 본 역서 579쪽에 나온다.

한다.(PR, pp. 402-403)[38)]

그러나 우리가 본연의 실천 이성을 사용할 때, 우리는 다음과 같은 방식으로 나아가야 한다.

> 그러나 이상 자체가 (자유에서)[*in der Freiheit*] 결정짓는 원으로 간주되는 곳, 즉 실천적 원칙들의 경우에 우리는 우리 앞에 감각의 대상이 아니라 순수 이해의 대상을 가지고 있는 것처럼 나아가야 한다. … 또한 일련의 국가들의 출범은 (인지할 수 있는 대의를 통해) 절대적인 [*schlechthin*] 것처럼 간주될 수 있다.(PR, p. 613)[39)]

순수이성에 관해 '~것처럼'을 쓰고 또한 그냥 '세계'가 아니라 '자기'라고 쓰는 것은, 경험과 철학화 둘 다를 가능할 수 있도록 하는 데 필요한 것들을 분명하게 보여준다. 이것이 유럽 계몽주의의 최선이다. 자체 능력의 한계들을 신학화하거나 병리화하지 않고서 그 한계들을 인식하는 것 말이다. 절대적 지식을 유혹하는 사이렌들 가운데 있는 율리시즈(*그리스 신화에 나오는 영웅 오디세우스의 라틴어 이름) 격이다.[40)] 니체는 "진리란 실수가 없으면 일정한 종류의 삶의 존재가 살 수 없는 그런 실수의 일종이다. 삶의 가치는 궁극적으로 결정하는 것이다"라고 쓴다. 그때, '실수'라는 단어가 지닌 수사학적 힘과, 의식적으로 철학화하는 정

---

38) 나는 워너 플루하르의 번역본(Werner S. Pluhar, Indianapolis, IN: Hackett Publishing, 1996, p. 372)에서 나온 자료를 끼워 넣었다. 가이어와 우드의 번역본은 칸트의 텍스트로부터 벗어난 것같이 보이기 때문이다(나는 나를 그렇게 유도한 패트리샤 키처(Patrichia Kitcher)에게 감사한다). 일반적인 개념은, '자유 속에' 있는 순수이성이야말로 인과성을 초래한다는 바로 그 점으로 인해 실제적인 개념을 제한한다는 것이다.

39) 나는 '절대적'이라고 번역되는 두 가지 독일어를 제시하여 왔다. 독일어로 철학적인 단어 *absolut*의 첫 번째 용법에서 우리는 순수이성에 의해 부가되는 제한 조건을 그 실천적 기능에서 바라보고 있는 셈이다. 첫 번째 용법은 그것을 보여주기 위한, 달리 말해 순수이성의 행위 방식을 보여주기 위한 것이다. 두 번째 경우, 일상적인 독일어 *schlechthin*은 철학적으로 설명하려는 우리 인간들의 행위 방식과 관련된다. 그것은 하나의 미학적 계기이다. 나는 그 텍스트로 하여금 말하게끔 밀어붙인다. 순수이성은 실천이성의 프로그램인 '~하는 듯'을 위한 대상을 전혀 제공하지 않는다.

40) 존 엘스터의 『율리시즈와 사이렌들: 합리성과 비합리성 연구』(Jon Elster, *Ulysses and the Sirens: Studies in Rationality and Irrationality*, Cambridge: Cambridge University Press, 1984). 물론 나는 또한 젠더 정치(남자들을 유혹하는 여자들)와 계급정치(선원들은 율리시즈를 묶고 자신들의 귀에 왁스를 발라야 한다)를 언급해야만 한다. 내가 율리시즈의 앞선-투신을 유럽적 이상의 특징으로 받아들인다면 말이다.

신과 다른 무엇에 대한 분명한 결정적 지명이 지닌 수사학적 힘은 우리로 하여금 니체의 진술과 칸트의 개념 사이의 가족적 유사성을 놓치게 한다. 인간존재가 (칸트에게는) 자신의 경험을 갖는다고 생각하기 위해서는 하나의 '단어'와 하나의 '자기'(self)가 가정되어야 한다는 칸트의 개념 말이다. '~것처럼'은 진리만큼이나 실수이다. 여러분의 이해관계가 어느 단어를 사용할지 여러분으로 하여금 결정하게 만든다. 또한 계획하기와 유사하게 다가오는 *Anlage*라는 단어에 대한 칸트의 용법은 의식으로서의 정신의 외부에 있는 행위능력 개념을 실어 나르고 있다. 우리가 '아래로부터'라는 이 단어를 사용(차라리 남-용)할 수 있다면, 우리는 단순한 대립이 아닌 하나의 계몽된 실천을 할 수 있다.

다시금 이중구속이다.

학계의 기계적인 마르크스주의자들은 '윤리적'과 '미학적'이라는 단어들을 미신처럼 다룬다. 학계의 기계적인 페미니스트들을 모호하게 '생물학'으로 이해하곤 했듯 말이다.

나는 생물학을 윤리적 기호현상의 지형으로 확립하고자 한 멜라니 클라인에 관해 종종 언급해 왔다. 여기서 국가의 통제나 강요 없이 재분배하려는 충동을 생산하는 데서 그 명확하게 실패한 마르크스주의를 나로 하여금 지적하게 해 달라. 마르크스주의적 실험의 첫 번째 물결은 인민들과 똑같이 자본주의의 유혹을 거치는 가운데 붕괴된다. 그 붕괴는 대중교육의 인식론적 기획에서 드러난 공산주의의 윤리적 양상들의 부재와 무슨 관계가 있을지도 모른다. 윤리와 미학에 일정한 국가-형성과 구조와 경제적인 것의 일정한 관리에 국한되는 정치적인 것이 없거나 그 정치적인 것과 대립하는 것으로 윤리와 미학이 정의된다면, 우리는 공산주의 제도를 위해 짧거나 강요된 삶을 희망할 수도 있다. 지구화된 사회주의 제도, 무조건적 윤리, 열린 미학 사이의 관계가 기껏해야 이중구속이라는 사실은, 그 문제를 제거하지 못한다. 양화된 문학비평은 상황의 심각함과 비교되면 응접실의 게임에 지나지 않는다. 이러한 고려들은 소위 '교육'의 인식론적 기획들로 인도한다. 그렇지 않으면 우리는 오일 피크 콤플렉스(Peak Oil Complex*석유 생산량이 기하급수적으로 확대되었다가 특정 시점을 정점으로 급격히 줄어드는 현상인데, 이는 석유의 매장량이 아닌 석유의 채굴 여부와 관련이 있다.)의 맥락에서 조지 카펜치스(George Caffentzis)에 의해 지적된 바에 더 넓은 시야를 제공하지 않을 수 없을 것이다. 카펜치스는 "일견하여 보면, '그것'은 … '반자본주의' 운동 슬로건의 양식을 '다른 세계는 가능하다'로 부터 '세계가 존재하기 위해 다른 세계가 필요하다'로 변형할 수 있다"고 말한다. 그러나 그는 결국 "대부분, 그것은 대안 사회 없는 대안 에너지 정치"라고 말하지 않을 수 없다.[41)]

우리가 칸트의 철학적인 글들을 그의 정치적인 글들과 관련시켜 본다면, 현 세계시민 정치의 이중구속들은 더 명백해진다. 앞서 언급되었듯, 칸트는 이성을 철학화하면서 경험을 필수적인 것으로 확립하려는 논쟁적 사실들을 그저 명민하게 일람할 뿐 철학의 주제를 결코 정의 내리지 않았다. 이것은 가장 스펙터클한 이중구속 장면이다. 우리 자신의 더욱 일상적이고 일반적인 경향은 이중구속을 부인하는 것이다. 우리가 집요하게 울타리 쳐지는 단기간의 단 하나의 구속에 의해 이중구속을 실천하는 와중에 교묘하게 관리하더라도 그렇다. 그러한 부인은 이중구속의 진동 중 단 하나의 극단(pole)을 정확한 해결책으로서 강조하는 형태를 취할 수 있다. 롤스(Rawls)로부터 카브카(Kavka)에 이르는 합리적 선택이나 국가에 관한 유럽 중심적 비전들은 너무 많아 언급할 수가 없는데 아무튼 인권과 대안-지구화로 나아가는 중이다. 혹은 그것은 균형을 하나의 가능한 해결책으로 제안할 수 있도록 한다. (내가 서두에서 언급했듯, 우리를 가장 설득력 있게 균형 잡는 현재의 행위는 '지속 가능성'이다.)

프리드리히 실러는 『미학교육에 관하여』에서 '놀이 충동'(Spieltrieb)을, 사회를 구원하는 균형 잡는 행위로서의 예술을 제안함으로써 정신과 육체의 이중구속을 풀고자 시도했다.[42)] 실러는 칸트의 영향을 받은 것으로 보통 이해되고 있다. 비철학자인 실러는 철학의 일반적인 독자가 필수적으로 저지르는, 즉 철학에 기입되는 욕망을 철학의 성취로 바꾸는 실수를 저질렀기 때문에, 나는 실러에 좀 강박되어 있다. 실러는 칸트에 대해서도 같은 실수를 저질렀을 뿐만 아니라 그 실수와 똑같이 만연된 칸트를 철학화하는 실수를 저질렀기 때문에 폴 드만의 질책을 받아 왔다(칸트를 철학화하는 이런 실수가 너무나 만연된 칸트 오독이라서 초기의 해체 공식이 거기에 적용될 수 있다는 점을 덧붙여야겠다. 그러한 철학화를 허용하는 뭔가가 텍스트에 있음이 틀

---

41) George Caffentzis, "The Peak Oil Complex, Commodity Fetishism, and Class Struggle," *Rethinking Marxism* 20.2 (2008): 313, 317. '다른 세상은 가능하다'는 〈세계사회포럼〉의 가장 유명한 슬로건이다.

42) Friedrich Schiller, *On the Aesthetic Education of Man: In a Series of Letters*, trans. Elizabeth M. Wilkinson and L. A. Willoughby (Oxford: Clarendon Press, 1982)(이후 이 텍스트와 각주들에서의 인용은 AE와 함께 쪽수를 표기하기로 한다). Schleswig Holstein-Augustenburg의 공작인 프리드리히 크리스천에게 보내졌던 이 서신들을 기억하는 것은 중요하다.

림없다. 우리는 그러한 '오'독들의 가능성을 발생시키는, 텍스트들에서의 그 장소들을 지적해야 하겠지만 변명을 해서는 안 될 것이다. 그 장소들을 다루는 칸트 자신의 방식 또한 주목하라. 기능적인 주체에 대한 칸트의 궁극적으로 기계적인 직관이 거기서 펼쳐지기 때문이다. 우리의 과제는 실러의 실수를 반복하고 이중구속의 열린 시리즈에 그 균형의 변화를 주면서 일정 정도 '철학화하는' 것이기도 하다).[43]

우리의 현재 목적들을 위해 우리는 이중구속의 위기를 관리하는 칸트의 방식에 오로지 주목할 필요가 있다. 나는 『포스트식민 이성 비판』의 1장에서 하나의 사례에 주목하여 왔다.[44] 이 서론에서 나는 다른 큰 위기 — 일반인은 철학화할 수 없어서(오성understanding은 순수이성의 개념들에 접근할 수 없다) 내가 철학화해야 하는 — 가 초월적 연역에 의해 관리되고 있다는 점을 시사하고 있는 중이었다. 나는 그 중요한 구절을 상술한다. "그러므로 나는 대상들과 관계 맺을 수 있는 개념들의 방식에 대한 설명을 대상들의 초월적 연역보다 선험적인 것이라고 부르고, 선험적인 연역을 경험적인[증거의] 연역과 구분한다."(PR, p. 220) 내가 이미 지적했듯이, 칸트는 이 간극을 우리가 내용으로 채우는 것을 금지하고 그러한 움직임들을 "바탕의 원칙들[Grundsätze]에 영향을 끼칠 뿐, 그 용도를 경험을 위한 것으로 결코 의도치 않는 초월적 환상"(PR, p. 385)이라고 부른다.

실러는 이중구속의 해결에 대해 다음과 같이 명료하다.

> 철학의 세계에 늘 만연했고 일정 정도 오늘날도 여전히 만연하는 미의 개념을 둘러싼 온갖 논쟁들은 그 밖의 다른 원천을 갖지 않는다. 즉 그 검토가 충분히 엄격한 구분을 갖고 시작되지 않았거나 순수하고 완벽한 종합에 이르도록 수행되지 않았거나 하는 점 말이다.(AE, p. 125)

형태를 향한 충동과 물질을 향한 충동은 "서로를 취소해 버리고 그 의지는 둘 사이에 완벽한 자유를 유지한다."(AE, p. 135) "두 대립하는 근본적인 충동들이 그 내부에서 적극적인 순간에 둘 다 그것들의 강박충동을 상실하고, 두 필요성들의 대립이 자유를 발생시킨

---

43) (이 책의 12장인) 「영어로 번역하기」에서 자세히 논의된다.

44) Spivak, *A Critique of Postcolonial Reason: Toward a History of the Vanishing Present* (Cambridge, MA: Harvard University Press, 1999), p. 22.

다."(AE, p. 137) 또한 칸트에 대한 실러의 길들이기는 미학적인 것의 유명한 정의에서 가장 분명해진다. "우리가 감각적 결정의 조건을 육체적인 것이라고 부르고자 한다면, 또 합리적인 결정의 조건을 우리와 함께 논리적이거나 도덕적이라고 부르고자 한다면, 우리는 실재적이고 적극적인 결정능력의 조건을 미학적인 것이라고 불러야 할 것이다."(AE, p. 141) 여기서부터 미학적인 것은 교육에 대한 이상화된 설명의 한 단계일 뿐이며 그람시-베이트슨 모델의 끈질긴 노력과 아무런 유사성도 없다.

> 그는 좀 더 고상하게 욕망하는 법을 배워야 한다. 그리하여 그는 숭고하게 의지를 발휘할 필요가 없도록 말이다. 이러한 배움은 인간 행위의 모든 영역 — 자연법도 합리적인 법도 인간의 변덕에 구속받으며, 인간 행위가 외부 삶에 부여하는 형태로 이미 내부를 열어주는 — 을 미의 법칙에 종속시키는 미학교육에 의해 발생된다.(AE, p. 169)

하지만 여기저기서 19세기 독일의 아포리아적 직관이 등장한다. 예컨대 미학적인 것을 부상하게 하려는 노력에 대해 실러가 "… 아직 보이지 않는 도덕성의 감각적 세계를 보증하는 역할을 할지도 … 모르는"(AE, p. 15) 어떤 것이라고 말할 때 말이다. 그러나 그 유명한 열한 번째 서한이 보여주듯, 실러는 자기를 분화시키지 않은, "시간을 폐기할" 수 있거나 "[자체의] 통일성에 세계의 여러 겹의 다양성을 종속시킬"(AE, p. 77) 인정되지 않은 파열된 칸트식 주체의 철학적 엄밀함은 여기서는 발견되지 않는다. 이러한 종류의 확신은 우리가 풀고자 시도하는 검토되지 않은 희망의 시기에 완전히 공감을 표하는 것 같다. 우리의 사회적 문제는 실러에 의해 아주 정확하게 요약되는 것 같다! "도덕적 가능성은 결핍되어 있으며, 준비되지 않은 한 세대는 기회로 가득한 한 계기의 가능성을 받아들일 준비가 되어 있지 않음을 발견한다."(AE, p. 25)

칸트와 실러는 이중구속 중에 살아가기의 두 다른 방식들을 각기 보여준다는 점을 그 이유로서 들 수 있을 것이다. 그렇다면 이러한 계몽을 남-용하기는 '하나의 의도된 실수'로써 이 이중구속의 범위를 확장시키고자 하며, 그 실수에 하나의 지리(geography)를 남기고자 한다. 나는 이 책의 장들(chapters)이 그러한 실수들의 예라고 주장할 수 있다. 실러는 자신의 실수를 의도하지 않았다. 그는 칸트주의자였다. 우리는 의도의 가치에 투여되어 있지 않다. 하지만 내가 오랫동안 주장해 왔듯이, 행위능력의 영역에서는 의도라는 연약한 도구가 우리를 몰아간다. 그러므로 우리 자신들을 실러와 구분할 수 있게 하는 것은 의도된 실수 대 의도되지 않은 실수라는 바탕 위에서다.

실로, 칸트 자신의 텍스트도 하나의 의도된 실수라고 묘사될 수 있다. 그 실수에서 의도란 이성의 프로그램이고 '실수'는 칸트에게 열려 있는 유일하게 정확한 절차이다. 칸트의 세계에서 이러한 단계는 적용되지 않을 것이다. 칸트는 초월적 연역을 통해 그러한 적용을 조심한다. 우리가 살펴보았듯이, '실수'의 가능성에 맞서 선택된 보증은 입증되기에는 적합지 않다. "그것들의 용도에 자격을 부여하기 위한 분명한 법적 바탕은 경험 혹은 이성으로부터 나오지 않는다."(PR, p. 220) 여기서 '실수'는 하나의 오어법으로 사용될 수 있을 뿐이며, 의도는 이성의 표식으로서 기안된다. 내가 쓰고 있듯, 이러한 스타일의 읽기가 계몽주의와 맺는 관계는 '실수들'을 명명하는 한 가지 방식이다. 칸트의 의도되면서도 관리되는 실수, 실러의 의도되지 않은 실수, 의도되고 인정된 우리의 실수, 전미래성(future anteriority)의 일반적인 명명법의 규칙에 종속되는 모든 실수들을 보라. 이와 대조적으로 계몽주의의 스타일은 자기-동일적인 합리적 규범에 대한 접근이라고 일반적으로 인식된다. 이것이 역사적으로 우리의 역할이 될 수 있을까? 정의를 위한 공간을 만들어내고자 계몽주의를 하나의 (남)-용에 개방되도록 만들기 위해서? 그러한 개방이 보증들의 절대성을 치워버리고 그 절대성을 『캉디드』(*Candide** 프랑스의 작가 볼테르가 1759년에 쓴 철학적 풍자소설로, 당시 지배계급이었던 로마 가톨릭 교회 예수회와 종교재판소와 성직자들의 부패상을 묘사해 큰 파문을 일으킴.)의 음울한 풍자로부터 확보하기 때문이라면서 말이다.

인도의 경제학자인 프라바트 파트나익(Prabhat Patnaik)은 앞서 나온 이해할 수 없는 '포스트모던'과 같은 문단을 찾고자 할 것이다. 그는 자신이 '실수했다'고 여겨진다면 분개할 것이다. 하지만 일반교육의 영역에서 그가 그람시를 환기하며 다음과 같이 쓸 때, 그는 우리와 함께 한다.

> 그러나 고등교육의 '민족건설' 과제(내가 다른 곳에서 안토니오 그람시를 따라 인민의 '유기적 지식인'

을 창조하는 과제라고 부른)가 뜻하는 바는 이러한 제안들과 아주 많이 다른 어떤 것이다. 그 '민족건설' 과제는 실로 지식을 향한, 탁월함을 향한 분투이지만, 전형적으로 선진국들에서 나오는 현존하는 개념들의 헤게모니에 의해 제약을 받지 않는다. 물론 현존하는 이 개념들이 관여되어 있을 게 틀림없지만 개발도상국에서의 고등교육은 선진국에 존재하는 것을 단순히 모방하는 상태로 남아 있을 수는 없다. 개발도상국 사회들은 인민의 필요들을 설명하기 위해 선진국들에 확립되어 있는 학식의 중심들에 의해 확립된 연구 의제들을 단순히 모방하는 것을 넘어서야 한다.[45]

우리는 충분히 다른 우리 자신의 방식들로 유럽/비유럽의 정확성의 경제를 전위할 것을 요청하고 있다. 나는 이것을 하나의 '실수'라고 부른다. 그람시는 이것을 올바른 길이라고 부를 수 있겠다. 이것은 인문학과 사회과학 사이의 학문적 차이가 될 수도 있으며 오늘날 미학교육의 비밀이 될 수도 있다.

나는 '새로운 계몽주의'를 향한 데리다의 마지막 지구화의 움직임을 경유해 폴 드 만에게로 움직여 나갈 것이다. 데리다의 이 움직임은 처음 움직임을 해체한다(비록 그는 계몽주의의 제약들이라고 내가 부른 바를, 완전히 항복하지 않은 채 해체의 사이렌 노래를 불러오는 중세 율리시즈를 다중비유화하는(polytroping) 가운데 결코 포기하지 않으면서도 말이다). 이 움직임은 보편화(1968년에 유행하던 학문적 전문어로서 '지구화')를 그 흔적의 수단으로써 전혀 제어하지 못한 바 있다! 나는 데리다의 새로운 계몽주의와 내가 제안 중인 남-용 사이에 차이가 있다고 생각한다. 하지만 독자의 판단을 위해 나는 『악한들』(*Rogues*)의 몇몇 쪽들에 대한 독자의 관심을 끌어내야 하겠다.[46] 그 쪽들은 데리다의 저작들 내내 나오는 계몽주의에 대한 주장을 계속하는데 이제는 아마 해체 프로그램의 내부에 내포된 '다른' 의도로부터 그렇게 할 것이다.

데리다는 자신의 경력 초반에 흔적 사유가 칸트식 초월적 연역의 의도되지 않은 '초월화'를 중지시킬 것이라고, (이미 메타렙시스의 비유를 직역하는) 원인 없는 결과로부터 전위된, 원

45) Prabhat Patnaik, "Challenges before Higher Education in Developing Societies," *Social Scientist* 37, 434-435, (2009): 21-32.

46) Derrida, *Rogues: Two Essays on Reason*, trans. Pascale-Anne Brault and Michael Nass (Stanford, CA: Stanford University Press, 2005).

인 없는 원인으로의 언어에 대한 구조적 변형을 중지시킬 것이라고, 그리하여 '인간'에 대한 확정적 서술의 확보를 중지시킬 것이라고 느꼈던 것 같다. 이러한 사유와 병행해 나는 이성의 경계 내부에 있는 칸트 철학을 설명하는 한 가지 중요한 예는 어떠한 필수적인 심리학적 형상화 없이 흔적의 작동 표식들을 내포할 것이라고 제안해 왔다.[47]

칸트는『순수이성 비판』의 첫 번째 판본(PR, pp. 305-311)에 열네 문단에 걸쳐 나오는 하나의 문장을 집어넣었다. 그는 두 번째 판본에서 두 개의 서두 문단을 추가했는데, 열네 문단은 폐기된다는 표시를 한 채 그대로 유지하였다. 나의 공상으로는 열네 문단은 영원히 '삭제 하에' 있다. 칸트의 언어는 하나의 방법에 좀 더 철학화하는(심리학화하는 것은 아니지만) 유형을 보통 제공하는데, 그 방법의 기계적인(18세기?) 뒷받침들을 가시화하면서 그렇게 한다.[48] 또한 칸트가 철학자로서 자신의 과제야말로 흔적처럼 결정적이지 않은 어떤 것을 통제한다는 점을 인정하는 듯 보이는 것도 바로 이 대목에서이다.

> 뒤따르는 어떤 것(something)이 여전히 있으므로, 나는 그것을 일반적인 그 밖의 어떤 것과 반드시 연결시켜야만 한다. 어떤 것은 그 밖의 어떤 것에 따라 하나의 규칙에 일치하도록, 말하자면 필수적으로 뒤따르며, 그리하여 그렇게 조건 지워지는 대로 그 발생(occurrence)은 어떤 조건의 안전한 표시를 산출한다. 하지만 그 발생을 결정짓는 것은 후자[조건]이다.

(여기서 '발생'이 각주 48번에서 인용된 구절에 나오는 *was da geschieht*라기보다 주어진 것a given이라는 함의를 갖는 *Begebenheit*라는 점을 우리는 주목해야 한다.)

칸트는 연속을 인과성으로 이해하기에 관해 말하고 있다. 철학자는 객관적인 연속에

---

47) 뒤이은 다섯 문단은 다음 출처로부터 나온다. Spivak, "Notes toward a Tribute to Jacques Derrida," *differences* 16.3 (Fall 2005): 104-106; 좀 더 내용이 추가된 판본은 Costa Douzinas, ed., *Adieu Drrida* (London: Palgrave Macmillan, 2007), pp. 49-51에 실려 있다.

48) 물론 번역자들은 칸트의 이 특수한 양상 때문에 곤란을 겪는다. 그러나 이 문단들의 여정 중에 가장 명민한 번역자들조차도 신기한 결정들을 내린다. "그리하여 무엇인가가 자체를 출범시킨다"(*so stellet sich etwas vor*)인데 우리가 읽는 것은 "나는 무엇인가를 재현한다"이다. "*was da geschieht*"는 "거기서 일어나는 일"이라기보다 "하나의 사건"(PR, p. 310)이 된다. 다음의 중요한 문장에서 "*Anschauung*"은 "직관"이라기보다 "경험"으로 번역된다. "일련의 가능한 지각들에 있는 바로 그 동일한 질서와 일정한 연관이 오성이라는 수단에 의해 생산되고 필요하게 된다. 그 질서와 연관은 내면의 직관(시간) 형태로 선험적인 것으로 마주치게 될 것이다."(PR, p. 311)

대한 이해를 지니고 있는 게 틀림없다. 그렇지 않으면 연속에 대한 주관적 이해가 "전적으로 손상될"(PR, p. 307) 것이기 때문이다. 이 열네 문단의 메마른 논리로써 칸트는 전적으로 비개인적인(impersonal) 하나의 답을 제공한다. "[이해력(apprehension)을 다른 모든 이해력과 구분시켜주는] 그 필수적인 규칙의 조건을 포함하는 것이 외양(appearance)인데 거기에 있는 것이 바로 대상(object)이다."(PR, p. 307) 우리는 흔적을 손상시키는 위험의 관리에 유의하고 있는 중이다. 후기 칸트는 우리한테 실재적 객관성을 제공할 대상은 "어떤 경험을 통해서는 제공될 수 없다"고 우리에게 말할 것이다. 또 그는 "감각 세계의 사물들이 '이성을 합리적으로 기능하게 함으로써 창조되는 하나의 실체' 속에 그 지반을 갖듯이 그 사물들의 모든 순열[*Verknüpfung*]을 주시해야 한다."(PR, p. 611)고 우리에게 말할 것이다.

우리가 이러한 노선의 사유, 말하자면 흔적 사유를 따르기를 원한다면, 데리다가 흔적을 초월적 연역의 자리에 두고 있다고 제안할 수도 있다.

> '공간, 시간, 오성 개념'의 경험적 영역을 탐색하는 것은 전혀 쓸데없는 일이 될 것이다. 그것들의 본성상, 그것들이 사유[*Vorstellung*]를 위해 경험으로부터 아무것도 빌려오지 않으면서도 그 대상들과 관련되어 있다는 바로 그 특징 때문이다. 그리하여 그것들의 연역이 필요하다면, 그것은 항상 초월적인 것이어야 한다. … 개인적 지각들로부터 일반적 개념들로 상승하는 우리 인식능력의 첫 번째 분투들[*Bestrebungen*]의 흔적을 추적하는[*Nachspüren*] 것은 틀림없이 크게 유용하다. … 하지만 순수한 선험적 개념들의 연역은 이런 방식으로는 결코 성취될 수 없다. 그 연역은 전혀 이런 경로에 놓여 있지 않다. 경험과는 전적으로 독립적이어야 하는 그런 개념들의 미래 용도와 관련해 경험들로부터 발생하는[*Abstammung*] 것의 출생증명서와는 완전히 다른 출생증명서가 생산되어야 한다.(PR, pp. 220-221)

경험적 출생의 단순한 추적보다 더 나은 출생증명서(초월적 연역)를 확보하는 문제가 그다지 분명하지는 않다. 그렇다고 우리가 그 점을 주목할 수 없는 것은 아니다. 어머니의 생산(engendering)이 아니라 아버지의 기원 말이다.

1968년에 데리다는 "이러한 틀의 폐쇄로부터 빠져나가는 출구를 나는 '흔적'을 경유해 나타내고자 시도하여 왔다"고 썼다. 그때 데리다는 원인 없는 효과로서 언어를 신봉하는 소쉬르(*1857-1913, 스위스의 언어학자. 언어를 하나의 사회현상이자 공시적, 통시적으로 볼 수 있는 구조적인 체계로 보았다.)에 대해 명시적으로 말하고 있었다. "언어 자체 안에, 거기 소속되어, 그 텍스트 바깥에서*[hors texte]* 필요한 위반을 작동하는 것으로 충분하지 않다"[49]고 그 문단은 끝난다. 나는 '초월적 연역'이 '위반'의 자리에 놓일 수 있으며 그것은 말이 된다고 제안한다. 칸트는 초월적 연역에 의해 흔적을 닫아버리기(틀의 폐쇄) 때문이다.

데리다는 거의 40년 후에 「사건의 중립화」라는 부제가 붙은 섹션에서 '세계구획'이나 '지구화'에서의 '세계' 개념 자체가 칸트의 사유에서 건축학적(architectonic) 흔적을 중지시키고, 사건을 중립화하는 '~하는 것처럼' 중 하나라고 쓴다. 내 생각에 데리다를 그렇게 만든 것은, 초월적 연역의 좀 더 확실한 출생증명서를 위해 그 흔적-구조의 억압을 '~하는 것처럼'(as if)과 연결하여 철학의 수행적 관습들을 확립한 때문이다.[50]

그렇다면 나는 흔적 작업은 형상화에 저항한다고 제안하는 셈이다. 또한 나는 '인간적인' 것의 충동은 흔적을 기호로 바꾸고자 한다고, 형상과 그 직역화에 관한 논쟁에서부터 상승된다고 제안할 것이다. 데리다는 이성의 범위를 확장하고 "이성의 영예를 구하기" 위해 새로운 계몽주의를 향한 마지막 움직임을 행함으로써 '모두-인간적인-너무-인간적인' 자신의 성향을 모방한다. 데리다의 사후에 간행된 『동물, 고로 나는 존재한다』 혹은 『그래서 나라는 동물』*(The Animal That Therefore I Am)*에서 그는 인간적인 것 자체를 '아니모'(animot*동물 animal+단어mot의 합성어)에다 틀 짓기는 하지만 말이다.[51]

『미학 이데올로기』라는 책에 나오듯, 드 만(Paul De Man*1919-1983, 벨기에 태생의 문학이론가이자 비평가) 자신의 실러 읽기는 초월적 연역에 묶여 있는 철학을 교차대구법적 역전성(chiastic reversibility)으로 바꾸는 실러를 구체적으로 언급한다. 이것은 심리학에 관한 칸트의 오어법적 사용을 심리학적 발전에 관한 언급으로 실러가 받아들이기 때문이다. 이렇게 의도되지 않은 '실수들'(실러는 자신이 칸트를 제대로 읽고 있고 심지어 칸트에게서 실제적으로 나아가고 있다고

---

49) Derrida, "Difference," in *Margins of Philosophy*, trans. Alan Bass (Chicago: University of Chicago Press, 1982), p. 12.

50) Derrida, *Rogues*, p. 121.

51) Derrida, *The Animal*, p. 48.

생각했다)과 더불어 부상한 것은 균형의 철학이었다.

드 만은 마지막 심급까지 철학화에 의해 철학화가 위협받고 있다고 인식하는 철학자로서 칸트를 읽는다. 실러 자신이 '미학적'이라고 생각했던 것을 재-가치화하기 위해 드 만은 칸트의 비평적 예리함을 길들인 사람으로 실러를 읽는다.('미학'에 대한 칸트 자신의 용도는 일종의 애매모호한 피난처로서 더욱 복잡하다. 이 피난처는 (매력적인 이름인) '진리'라는 어구 속에서 아름답게 포착된다. 칸트는 이 어구를 어떤 섬 이름으로 사용하는데, 그 섬 안에 있던 호수는 사이렌들 사이로 여행하던 율리시즈처럼 칸트가 여행하다가 맞닥뜨린 곳이다(PR, p. 354). 우리는 율리시즈의 위치를 수정한 데리다를 상기한다.) 결국 드 만은 아포리아적인 것(the aporetic)을 다루는 한 가지 방식으로서 집요한 길들이기를 지적하는 방식을 발견한 셈이라고 나는 제안할 것이다. 물론 나는 칸트에게 철학화는 불안정한 것이라고 제안할 정도로까지 멀리 나아가고 있다. 철학화 또한 합리적 존재의 바로 그 본성에 의해 계획된 일종의 길들이기일지도 모르기 때문이다.[52] 드 만은 이것을 자체의 비평적 무게하에 붕괴되고 있는 칸트의 체계라고 묘사한다(AE, p. 134). 드 만은 *Spieltrieb* 혹은 '놀이 충동'이 교육을 위해 균형 감각을 복합화하더라도, 칸트의 체계 전체가 은연중 전제할 수 없었던, 언어와 '인간' 사이의 연속성을 항상 당연하게 전제한다고 실러를 비난한다. 칸트의 체계가 자체의 비평적 무게하에 항상 붕괴되려고 한다면, 실러는 극에서 극으로 부드럽게 움직인다. 오늘날 인문학에 대한 찬양은 이러한 특정시장 분야의 판매를 강조하는 실수를 저질러서는 안 된다. 칸트는 법과 더불어 작업하고 실러는 충동과 더불어 작업한다. (명제와 같은 단어들에 대해 우리가 앞서 내린 논평은, 초월적으로 연역된 법들의 난공불락을 입증하는 증거에 맞서 칸트가 조심스럽게 지지하는 철학을, 법의 의도를 포착하는 오성에 의한 '의도된 실수'(과연 그런가?)로서 지적한다.) 칸트의 역동적인 숭고는 이러한 상상력의 한계들을 상연한다. 실러는 이론적 실천적 숭고로서 수학적 숭고와 역동적 숭고 사이의 차이를 다시 쓰며, 칸트의 어려움이라고 자신에 의해 감지된 바를 다시 쓰는 데에 가치를 부여한다. 평상시 칸트에게서 상상력은 능력들의 건축학에서 계획된 기능들과의 구조적 계기인데, 실러에게 그것은 현상적인 인간능력이다. 그러므로 상상력에 대한 그들의 기대는 상이하다. 칸트에게서 지성은 상상력을 짓

52) David Golumbia, *The Cultural Logic of Computation* (Cambridge, MA: Harvard University Press, 2009), p. 16. 이 책은 나의 이해에 깔려 있는 정신을 잘 포착하고 있다.

밟고 비칸트적 자유 개념을 누리는 위계를 지니는데, 실러는 이 위계를 놓친다. (칸트에게 자유의 환기는 실천 이성의 계획된 기계적인 성격 안에 겹쳐져 있다. 이것을 드 만은 "실러는 칸트 비판 철학의 이데올로기로서 나타난다"고 말함으로써 요약해준다.[53]

드 만의 기획된 책 『미학, 수사학, 이데올로기』 중의 이론적 결론 「수사학/이데올로기」에 함축되어 있었던 대로, 안드레즈 와민스키(Andrej Warminsky)는 드 만의 이데올로기 개념을 조심스럽게 붙들고 늘어지고자 시도한다. 그럼에도 나는 여기서 하나의 논평, 하나의 질문, 하나의 전위를 넘어서는 다음 문장의 의미를 다음과 같이 숙고하지는 않을 것이다.

그 논평은, 여기서 '이데올로기'는 이상주의와 좀 관계가 있다는 것이다. 드 만은 실러더러 이상주의에 의지함으로써 칸트의 비판 철학을 해소한다고 거듭 비난한다.

그 질문은, 드 만 식으로 가능한 이데올로기 이론을 붙들고 진전시키기 위해 적절하게 섬세하고 학식 있는 비판적 지성에 그 이론을 남겨둔다면 우리는 여기 이미 존재하는 것으로부터 경험에 의거한 눈대중(a rule of thumb)을 끌어낼 수 있을까 하는 것이다. 수사학에 대한 그러한 관심이 비판적인 것을 전복하는 이상주의의 상연에 우리를 일깨울 것인가? 바로 그러한 관심이 이데올로기 비판이다. 또한 우리가 그것을 이데올로기가 우리를 살도록 허용한다는 포스트-알튀세르 식 결론과 결합시킨다면, 그것은 우리를 '의도된 실수'의 책임성으로 인도할지도 모른다.[54]

그러한 의도된 실수로의 전위는 서론의 마지막에 나타날 것이다. 우리는 '놀이'에 대한 베이트슨의 취급을 경유해 실러식의 균형을 하나의 이중구속 속에서 흔들어버리는 시도를 할 것이다. 그리하여 우리는 계몽주의의 남-용에 이를 것이다.)

이제 여기에 내 서론의 마지막 움직임이 있다. 나는 그 이중구속의 모순적 진동으로 움직일 것이다. 또한 유럽 철학 중 최고의 교훈은 오늘날 기억될 수 없다고 나는 말할 것이다. 자본에 의해 인간적인 것의 핵심에 있게 된 (필요성과 만듦 사이에 있는) 차이의 용도에 상응하는 우연에 의해서만은 아닌 가장 최고인 교훈 말이다. 또 나는 영리한 작업, 구원하는 작

53) Paul de Man, *Aesthetic Ideology* (Minneapolis: University of Minnesota Press, 1996), p. 147.

54) "이데올로기는 개인들의 실제 실존 조건들에 대한 개인들의 상상적 관계를 재현한다." Louis Althusser, "Ideology and Ideological State Apparatuses (Notes towards an Investigation)," in *Lenin and Philosophy, and Other Essays*, trans. Ben Brewster (New York: Monthly Review Press, 1971), p. 162. 알튀세르는 신경증의 일반 원리를 이데올로기적 생존으로 확장하고 있는 것 같다. Freud, "Formulation on the Two Principles of Mental Functioning," SE 12, pp. 213-225. '기능화'(functioning)라고 번역된 단어는 *Geschehens*인데, 사건들(occurrences)이나 발생들(happenings)과 더욱 유사한 어떤 것이다. 물론 우리는 칸트에서의 철학적 설명을 이러한 '사건들' 중 하나로 간주할 수 있다고 제안하는 중이다. 칸트는 이 '사건들'을 비판으로 텍스트화하고 있는데, 그것은 합리적이다.

업은 여러분이 그 한계를 알 때 애석하게도 자동-면제된 지식과 더불어 온다고 말할 것이다. 인터넷은 그 안에서 파우스트식의 약속을 감지한 인간의 상상력에 기생하는 상태로 남아 있다. 오늘날 생태주의자들이 단일문화들과 싸우면서 생물다양성을 위해 전 세계를 불러 모을 수 있는 것은, 우리 좌파의 횃대로부터 볼 때 경이로운 것 같다. 자본주의가 유기적 세계를 전유하고 있지만 그것이 아마도 공정한 싸움일까? 정신의 단일문화들이라는 메타포가 언어적 다양성의 지형에 그 충분한 잠재력을 부여할 때, 우리는 그 상황의 붕괴를 본다. 정신과 감각-지각적인 세계 사이에 그 어떠한 적절한 유비적 적합성이라곤 없다. 자연 세계나 감각-지각적 세계는 정신에 접근하기 위해 자본-용도의 도움, 즉 그 획일성을 필요로 한다. 정신이 적절하게 사회적인 자본의 용도를, 따라서 지구의 윤리적 용도를 받아들일 수 있도록 되기 위해서는 자본의 보편화로부터 떨어져 나와 성장할 필요가, 텍스트 결의 특이성을 구애할 필요가 있다. 그리하여 구조들이 효율적으로 작동할 수 있도록 말이다.

언어학적 다양성은 지구적인 것을 제어할 수 있을 뿐이다. 『분과학문의 종말』은 너무 희망적인 책이었다.[55] 인문학과 양적 사회과학은 '지구적'으로 되라는 잔인한 추동 속에서 기껏해야 '비교주의적'이며 더 이상 움직이는 인식론적 힘이 아니다. 인문학과 양적 사회과학은 점점 오페라처럼 될 것이며 사회의 주변적인 기능에 복무할 것이다. 그 분과들이 오페라 — 그 광휘는 인문학과 사회과학의 커리큘럼과 필적하기를 희망할 수 없을 정도인데 — 만큼 많은 기업 자금을 끌어올 것인가의 여부는 고찰될 문제로 남아 있다. 자금을 얻고 있는 것은, 이미 상대적으로 화려한 싱크 탱크들과 단일 언어로 된 '상호분과학문성(interdisciplinarity)'(말하자면 위축되는 다양성과 미국화된 단일문화)이다. 미국의 '핵심 커리큘럼들'은 다시금 영어로 번역된 '다문화' 고전들을 포함함으로써 '정치적으로 정확한' 것인데 국제적으로 여행 중이다. (이 리스트의 최고 후보자가 제국적 공익을 핵심으로 하는 커리큘럼들의 이천 년 전통을 지닌 중국이라는 것은 아이러니하다.)

이러한 분위기에서 미학교육을 위한 청원은 동아리 청중 이상을 희망할 수 없다. '장차 도래할'이라는 수사학을 통해, 아포리아적인 것과 이중구속에 관한 인식을 통해, 필사적으로 손을 뻗으며 불가능한 정의로운 세계를 희망하며 '대중 문화주의자들'로 위장하는

55) Spivak, *Death of a Discipline* (New York: Columbia University Press, 2003).

오페라 관람객들 말이다. 억센 마르크스주의자들은 디지털을 확신하는 대안지구주의자들의 중세성 — 기업 자금을 받은 — 에 굴복하고 있는 중이다. 깊이 있는 언어 학습과 무조건적 윤리는 이 엄청나게 강력한 새로운 신세계-기계와는 너무 어긋나는 바람에 우리 같은 사람들이 이러한 청원을 한다. 우리한테 달리 방도가 없기 때문에, 자본주의를 젠더화된 사회적 정의 주변으로 돌리는 데 필요한 인식론적 혁명을 일으킨다는 희망은 모든 희망에 맞서 여전히 생생하게 살아 있어야 한다고 우리의 공유된 강박관념이 선포하기 때문에 말이다. 이 책에 실린 에세이들은 가장 최근의 이러한 진전들이, 이중구속의 모순적 진동이 일어나기 전에 대부분 쓰였다. 그렇다면 이 서론을 하나의 후기로 다루는 가운데 나로 하여금 결론에서 도식화하도록 해 달라.

칸트는 한계를 아는 '의도된 실수'로서 정신노동을 우리에게 제시했다. 이것은 자본의 사회적 생산성이 갖는 질문하지 않는 비개인적이고 외견상 합리적인 확신을 손상시킬 정도로는 충분하지만, 생산성에서의 합리적 확신을 수반하는 환원할 수 없는 개인적 자기-이해관계와 관련해서는 부적절하다. 그러므로 앞에서 우리가 지적했듯, 칸트 자신이 상업적 이해관계 속에 있는 폭력의 부재라는 부적합성을 정의로운 사회의 윤리적 표식으로 논평하지 않으면서도 평화를 가져오는 상업에 대한 확신을 갖는다는 것은 그다지 놀랍지 않다. 사회적 생산성의 비밀이 드러난다면 노동자들의 자기-이해관계는 쇠퇴하리라고 생각한 데서 마르크스는 실수를 했다. 어떤 사람들은 윤리적인 가르침에 해결책이 놓여 있다고들 생각했다. 요점은 테제 3에 지렛대를 삽입하고, 그 기획을 인식론적으로 만들고, '혁명적' 주체를 프롤레타리아트-서발턴 지식인으로 생산하기 위해 새로운 지식인을 도구화함으로써 마르크스를 해체하는 것이었다. 지금까지 혁명들의 즉각적인 여파에 수반된 전위주의에 변함없이 빠져 있었던 새로운 지식인 말이다. 사심 없는 에피스테메는 윤리적인 것의 간섭을 허용할 수 있고 견딜 수 있다. 그람시는 휴머니즘을 연구하라고 말했다. 우리 중 일부가 깊이 있는 언어 학습과 문학적 텍스트성이야말로 윤리적인 반사체(ethical reflex)를 훈련시킨다고 말할 때와 같은 정신으로 말이다.

그 사이 목장에 돌아온 실러는 지반의 실수를 역전 가능성으로 바꿈으로써 칸트의 용기를 중립화했다. 모든 '사이'의 해결책들은 이렇게 움직인다. 폴 드만은 인문 프로그램의 일부인 유희충동(Spieltrieb*쉴러[Schiller, 1759~1805]의 용어)이 얼마나 멀리 떨어져 있건 간에 칸트의 '어쩔 수 없는 철학화' 시나리오와 관계된다는 점을 주목한다. 이것은 역전 가능성으로부터 이중구속으로 실러를 해체하도록 그 지렛대를 삽입할 수 있는 지점이다. 실로, 의도가 하나의 충동인 '의도된 실수'로서 칸트의 철학화는 진리와 거짓으로서의 철학과, 형상이나 문자로서의 심리학 사이의 이중구속 시나리오로서 또한 읽힐 수 있다. (드 만은 "형상 외에 아무것도 없다"고 말한다. '외에 아무것도'라는 것은 역전에 의한 합법화이며, 이중구속이다.)

이 모든 것은 본 서론의 시작에 거의 아무것도 첨가하지 못한다. 그 시작으로부터 또 다른 항목을 끌어당김으로써 논의를 진전시켜 보도록 하자. 실러의 유희충동은 베이트슨의 '놀이'와 공통된 무엇을 갖고 있다는 항목 말이다. 그것은 주체를 정신분열로서의 이중구속으로부터 보호해준다. 이 서론의 결론은 유럽 계몽주의를 남-용하는 상승된 포스트식민 과제로부터 우리 시대 구-미(Euro-U.S.) 학계의 황량한 풍경으로 우리를 데리고 갔다. 계몽주의의 행복한 주체인 '학자'(*Gelehrt*)를 인식론적으로 도전받는 시장 분석가로 판명하면서 말이다. 계몽주의는 고향에서 병들어 있다. 지구화가 그 당대적 형태로 움직이기 시작했던 1970년대로부터 나온 메시지를 이제 재코드화하고 재영토화할 시점이다. 구-미 주체는 정신분열을 형상으로서 구애할 게 틀림없다.[56] 우리의 점점 작아지는 독방에서 우리는 사회적 생산성의 망각되고 의무적으로 무시된 양-극성(bi-polarity)을, 또 자본과 자본주의

---

56) 나는 특별히 데리다식 용법으로부터 형상(figure)에 대한 나의 감을 잡는다. 데리다는 헤겔을 논의하면서 일정한 지점에서 문학적인 것으로 움직인다. 데리다는 헤겔에 있는 이중구속을 억압하기 위해 형상으로 작업 중인 것으로서 가족을 확인하고 있는 중이다. "지금 가족을 결정하는 이러한 계기가, 이러한 유한성이 형상으로 나타나며" 데리다의 괄호 "(지금 나는 형상이라는 단어를 활짝 열어둔다)는 그 체계의 전체성을 형상화한다." 데리다에게 헤겔의 이중구속을 가리키는 이름은 유대인인데, 나한테 그 (보편적인 구-미) 주체의 이중구속은 특히 지구화와중의 정신분열이다. 데리다가 그 형상을 재생산적 이성애 규범성(reproductive heteronormativity)의 견지에서 계산하는 것은 흥미롭다(RHN, 이 책의 5장 「페미니즘을 위치 짓기」 참조). "유한한 가족이 은유적 모델이나, 철학적 설명 언어에 관한 편리한 형상화나, 교수법상의 편안함이나, 가족 의미화의 친숙함과 유희를 벌이는 동안 학생에게 추상적인 것들에 관해 말하는 좋은 방식을 제공한다고 누군가가 성급하게 말할 때…. 그런 때라도 가족 의미화의 절대적인 친숙함이라는 것은 인지되어야만 한다." 거기에 RHN이 있다. 왜 모든 사람이 그것을 알고 있을까? 어떤 것의 절대적 친숙함이라는 것은 무엇일까? "그것이 가족 없이 사유될 수 있고 이름 붙여질 수 있다면, 우리는 문제의 그 유한 가족이 이미 무한한 것도 아니며 그 경우에 단언된 은유가 형상화되는 것은 이미 그 은유 중에 있을 것이라는 점을 확실하게 할 필요가 있다." (가족의) 단언된 은유가 형상화되는 것은 이미 은유 중에 있다는 것이다. 나는 가장 엄밀한 유비로 말하면서도 모든 유비들 또한 불가피하게 궁극적으로는 그릇된 것이라는 점을 명심하면서, (은유로서 인정되지 않은, 진리로서 받아들여진 보편적인 구-미 주체의) 단언된 은유가 형상화하게 되는 것(주체의 근본적인 상실로서 정신분열증)은 이미 은유 중에 있다고 말한다.

의 사회적 파괴성을 탐사해야 한다. 우리는 남/녀 서발턴이 말하는 장소들에서 들리지 않는 세계의 서발턴들을 깊이 있는 언어 학습, 양적 사회과학들, 무조건적 윤리로의 철학화를 경유해 탐사해야 한다. 인터넷의 모든 '윤리적' 용도 이면에 가족적으로 문화적으로 제도적으로 '좋은' 교육이, 우리의 의미로는 '미학'교육이 있다. 이렇게 미리 설정된 좋은 교육 없이는 한쪽 끝의 이민문학과 운동, 그 대안으로 중국-아랍-인도 문명의 황금주의, 디지털 민주주의의 꿈들, 세계 사회 포럼의 봉건제도 없는 봉건주의라는 양편 모두 자기 잇속만 차리며 막다른 길에 처한다. 이러한 양-극성에 대한 두려움은 분명 대립되는 현재의 두 가지 경향을 산출한다. 몇몇 공통된 공감들을 공유하며 제국과 대안-지구화를 찬양하는 것 말이다.[57] 각 정체성중심주의적(identitarian) 집단이 자체의 근거지(enclave)에 남아있는 대신에 우리 중 일부가 서로 대화를 나누기 위해 능력을 갖게 하는 우리 식민 과거의 침범을 남-용하는 데 관여한다면, 우리는 지구화를 돌릴 수 있을 뿐만 아니라 언어적 다양성으로써 지구화의 필연적인 획일화를 보충할 수 있을 것이다. 그러나 그러한 희망마저 어긋나고 있으니 차라리 의심하는 편이 더 낫겠다.

가르치기에 관해서 미학교육, 희망에 맞선 희망, 교실의 관용어 등을 유념하도록 하자. 린 헌트와 마사 누스바움과 같은 학자들은 인문학에 의해 초래될 계몽에 대해 확신한다. "당신은 논의를 할 수 있다. 그렇다, 나는 어쨌건 논의할 수 있다." 찰스 이셔우드는 다음과 같이 쓴다.

> (2008년의) 서브프라임 모기지 위기에 의해 야기된 대혼란 중 일부는, 인간의 본성에 대한 강국들의 집단적 기억상실증으로 추적될 수 있다. 어느 한 시점에서 앨런 그린스펀(Allan Greenspan)은 그 재난을 야기했던 것은 규제의 부족이 아니라 월스트리트에 난무하는 탐욕의 과잉이었다고 논의했다. 그는 그러한 탐욕의 도래를 보지 못했던가? 상층부 경제학자들 사이에 있는 우리의 더 비열한 본성에 관한 이렇게 명백한 무지야말로 더 많은 문제들이 생겨나지 않도록 재빨리 치료되어야 한다. 그래서 나는 문명의 제약들이 붕괴할 때, 남녀가 어떤 사람들이며 살아남아 번성하기 위해서 무엇을 하고자 할지 가르치는 속성 수업

57) 각주의 분량이 너무 길어 서론의 끝부분으로 옮김.

을 그들에게 추천하고자 한다. 나는 「무일푼」(Blasted)이라는 끔찍한 작품과 함께 하는 저녁 시간을 처방한다.[58)]

여러분은 찰스 이셔우드나 마사 누스바움이나 린 헌트의 감정을 느끼기 위해 「무일푼」을 (읽기를 원하도록/읽는 법을) 배워야 한다. 그렇지 않으면 여러분은 그 글에, 다양한 탐욕에 투자하기를 그저 바랄 뿐이다. 실러의 칸트 이해는 정말로 틀렸다. 그러나 누군들 정확하게 맞겠는가? 실러의 문제는 그의 칸트 이해가 틀렸다는 데 있었던 것이 아니라 칸트, 니체, 데리다가 각기 상이한 방식으로 그랬던 것처럼 자신의 잘못에 대한 자신의 판본과 함께 하지 않았다는 데 있었다. 자기와 소통하는 행동을 포함해 모든 소통 행위는 오류의 운명을 지고 간다. 이것은 너무 상식적인 요점이라 지적할 가치도 거의 없다. 하지만 이 요점을 이론 속에 주입시키도록 만드는 것은 아주 어렵다. 우리는 행복한 사례들을 보전하기 위해 방향의 오류를 무시하지 않을 수 없는 것 같다.

차라리 우리는 특정 텍스트에 가하는 우리의 실수를 알아야 하며 또한 우리로 하여금 살게끔 허용하는 것으로서의 실수를 방어하는 법을 배워야 한다고 나는 제안하고자 한다. 물론 나는 하나의 텍스트를 파악하는 나의 과정을 잘못-받아들이고(mis-take) 있다고 여긴다. 우리가 서발턴을 향해 움직일 때, 우리는 실수를 통해 배울 수 있을 뿐이다. 그렇게 머나먼 우발성에나마 도착한다면 말이다.

이제 그람시의 "수학적 추상보다 우월한" '테크노-과학적' 지식으로 화제를 돌려보기로 하자. 그러한 지식과 그러한 추상은 노동자들에 대한 마르크스 메시지의 비밀로 읽힐 수 있으며, 그람시에게 그랬던 것처럼 공장 조직에 개입된 모든 지도자한테 요구되는 교훈이기도 하다. 그런데 이 교훈은 당의 조직에만 또는 학문적 텍스트 논쟁에만 개입된 마르크스 독자들에 의해 종종 놓쳐진다. 이 교훈은 정치경제를 이해하는 데서, 노동의 양화(quantification*마르크스에 나오는 '추상적 평균')가 지니는 동종요법 혹은 약/독약의 성격을 이해하는 데서, '도약 지점'(Spreng-punct)이 된다.[59)] 요점은 간단하다. 능력 만들기와 욕구 만들기 사이

58) Charles Isherwood, "A Healthy Dose of Misery for Company," *New York Times*, October 26, 2008, p. 6.

59) Marx, *Capital*, vol. 1, trans. Ben Fowkes (London: Penguin, 1990), pp. 131-132.

에서 확정적인 인간적 차이에 의해 발생되는 잉여가 사회적 복지의 용도로 그들의 노동을 기꺼이 양화하려는 노동자들에 의해 사용된다면, 우리는 과학적 사회주의를 갖게 될 것이다. 여기서 의지와 동의의 이 모델은 단순하다. 단순성을 투표권의 행위능력 개념과 공유할 때 말이다. 데리다는 "얼마나 많은 투표권들이 무의식으로부터 연유할까"라고 물으면서 라이히(Reich)와 낭시(Nancy)를 이중구속 속에서 수정한다.[60] 여기서 요점은 마르크스는 이 행위주체의 위치를 발전된 주체 이론 속에서 규정하지 않았다는 것이다. 1970년대의 프랑스 프로이트-마르크스주의자들은 우리에게 프로이트는 마르크스와 유사했고 그 과정에서 마르크스를 복합화했다고 말했다.[61] 페리 앤더슨은 마르크스가 혁명적 주체를 이론화하지 않았기 때문에 포스트구조주의가 발생할 수 있었다고 불평했다.[62] 다른 한편, 소외-물화 진영 전체는 사실 마르크스가 자유로운 주체의 가능성을 적어도 이론화했으며 자본주의 비판을 산 노동보다 죽은 노동으로 양화(추상적 평균)하는 것에 대한 비판으로서 대충 출범시켰다고 은연중 가정했다.[63] 사실, 마르크스가 이론화하지 않았던 것은 (포스트/초(para)) 혁명적 주체였다. 자본주의로부터 행위자가 누리는 의도의 자유를 위해 사용되는 양화로서 '사회적인 것'의 행위자들이 이제 자유롭게 된 그들의 의도를 왜 복지사회를 건설하는 데 헌신해야만 하겠는가? 복지사회에서 '사회적인 것'은 마르크스와 마르크스주의자들에 의해 일반적인 휴머니즘적 의미로 이해되고 있다(들뢰즈와 가타리의 '사회성'(socius)은 읽기의 알레고리로서 정신의학을 갖는데 그 자체를 다른 종류의 교정책으로 본다. 이 교정책은 중요하기는 하지만 여기서는 적절하지 않다).[64] 여기서 '사회적'이라는 단어의 유희는 한편으로 파르마콘(pharmakon*약

---

60) Derrida, *Rogues*, p. 54; Wilhelm Reich, *The Mass Psychology of Fascism* (New York: Farrar, Straus & Giroux, 1970). 그러한 실제 경과는 아마도 특이성들의 공동체라는 장-뤽크 낭시(Jean-Luc Nancy)의 개념에 다정하게 화답한 것이리라.

61) Jean-Francois Loytard, *Libidinal Economy: Theories of Contemporary Culture*, trans. Lain Hamilton Grant (Bloomington: Indiana University Press, 1993); Jean-Joseph Goux, "French Freud: Structural Studies in Psychoanalysis," *Yale French Studies* 48 (1972): 38-72.

62) Perry Anderson, *In the Tracks of Historical Materialism* (Chicago: University of Chicago Press, 1984).

63) 훨씬 더 긴 리스트라면 들어가야 할 책으로는 다음을 들어야 할 것이다. Harry Braverman, *Labor and Monopoly Capital: The Degradation of Work in the Twentieth Century* (New York: Monthly Review Press, 1974); Georg Lukacs, *History and Class Consciousness: Studies in Marxist Dialectics*, trans. Rodney Livingstone (London: Merlin Press, 1967).

64) Gilles Deleuze and Felix Guattari, *Anti-Oedipus: Capitalism and Schizophrenia*, trans. Robert Hurley, Mark Seem, and Helen R. Lane (Minneapolis: University of Minnesota Press, 1992).

물, 약품, 치료, 독, 미술, 물약 등의 상반된 의미를 갖고 있는 용어. 플라톤은 글을 망각의 치유라고 언급하면서 '약(치료제)'과 '질병'이라는 의미를 동시에 지니는 파르마콘이라고 말한다.)으로 양화된 노동에 근거한 결사체라는 의미에서의 gesellschaftlich 혹은 vergesellschaftet라는 잔인한 원래 형용사들과, 다른 한편으로 루이스 모건(Lewis Morgan)과 같은 인류학자들의 이론에 그 깊은 배경을 둔 채 겨우 이론화된 분명치 않은 명사 사이에서 일어난다.[65] 프롤레타리아들은 첫 번째 교훈만 배우면 된다. 바로 이곳에 그람시는 발걸음을 내딛는다. 그는 추상적이고 수학적인 기술-과학적 교훈은 충분하지 않다는 점을 깨닫는다. 새롭게 도구화된 지식인은 더욱 많은 것을 해야 한다. 그람시는 자신의 지성, 경험, 강요된 여가를 통해 사회적인 것을 파르마콘으로 생각할 수 있었던 마르크스의 측면을 깨닫게 된다. 마르크스 자신이 자신의 인문주의적 교육을 통해 사회적인 것을 다양한 계급 집단들의 동의된 복지라고 이해했기 때문이다. 여기서 프롤레타리아(또 서발턴)는 인문주의적 교육의 주체가 될 필요가 있다는 그람시의 주장이 나온다.[66] '진보적 부르주아지'(혁명적 전위의 역사적 동맹자를 가리키는 레닌의 유명한 어구)의 모든 절대적인 지원, 짧게 말해 헤게모니와 국가의 벤 다이어그램(Ven diagram*서로 다른 집합들 사이의 관계를 보여주기 위한 그림)은 파르마콘들로 이해되어야 하는 것도 바로 인문주의적 교육을 위해서이다.[67]

(이 책의 8장인) 「마르크스주의를 대리보충하기」에서 사회적인 것의 옛말 사용(paleonymy)이라는 문제에 대한 이해는 윤리적인 것의 처방으로 귀결된다. 이것은 내가 지나가면서 언급했던 선주민의 접근 가능한 독창성에 대한 나의 확신과 관련되어 있었다. 중세적으로 '보존된' 선주민 공동체라기보다 현대 인도의 서발턴 집단과 함께 하는 나의 일을 확장하다 보니 나는 다음을 깨닫게 되었다. 윤리적인 것은 '현대화할 준비가 되어 있는 문화적 순응주의'라고 단순하게 생각되었기 때문에 요청될 수 있다는 나의 생각은, 다음 사실에 의존하고 있었다는 것을 말이다. 나의 첫 번째 학교들은 한층 더 '후진적인' 구역에 있었고, 거기 있는 서발턴들은 서발턴을 향한 의무를 당과 중세주의적 문화주의적 작가(나는 그 작가

65) Lewis H. Morgan, *Ancient Society* (Cambridge, MA: Harvard university Press, 1965).

66) 나는 인문학(humanities)에 들어 있는 '인문적인 것'과 관련해 데리다의 딜레마를 각주 22번에서 언급했다.

67) V. I. Lenin, "Draft Theses on National and Colonial Questions for the Second Congress of the Communist International," in *Collected Works*, trans. Julius Katzer (Moscow: Progress Publishers, 1965), vol. 31, pp. 144-151; Lenin, *Imperialism, the Highest Stage of Capitalism* (New York: International Publishers, 1937); Christine Buci-Glucksmann, *Gramsci and the State*, trans. David Fernbach (London: Lawrence and Wishart, 1980).

의 작품을 번역하여 왔다)와 싸우는 것으로만 이해했던 자비로운 주인에 의해 박물관에 있듯 잔인한 '문화적 고립' 속에 가두어져 왔다는 사실 말이다. 달리 말하면, 구조 가능한 윤리적 퇴적물의 때 묻지 않아 보이는 현존은 자비로운 독재주의하에 체계적으로 종속되어온 결과였다. 몇몇 소년들이 심지어 소녀들을 로봇으로 만들기도 했던 비체계적인 방식이기는 했지만 권위에 질문하기 시작했다. 그 때문에 저 특정 학교들이 문을 닫았을 때, 나는 비로소 그(자비로운 독재주의자)를 이해하게 되었다. 그람시는 인식론적 기획을 사유한 점에서 옳았다. 우리는 윤리적인 것의 간섭에 주의를 기울여야 한다. 이것은 직접적으로 한 가지 계획의 일부가 될 수는 없지만 말이다.

앞에서 나는 바우보(Baubo*그리스 신화에 등장하는 엘레우시스에 사는 디사울레스의 아내)의 영역에서는 아마도 문학적인 것은 여전히 무엇인가를 할 수 있다고 말했다. 혹은 아마 그럴 수 없을지도 모른다. 그렇다면 나로 하여금 젠더로써 서론을 끝내도록 해 달라. 재생산적 이성애 규범성(reproductive heteronormativity)은, 자본이 그 잘못으로부터 부상하기 오래전에, 생산과 욕구 사이의 공간을 우리더러 확보하게 한 세계적인 것(the world thing)이다. 오이디푸스의 탄식을 회상하여 보자. "오 결혼이여, 결혼이여, 네가 우리를 자연 속에 가두었고 다시 우리를 정체시켰고 씨앗을 역행시켰고, 아버지들, 형제들, 아이들, 뒤섞인 혈연들, 신부들, 여자들, 어머니들을 색인 속에 넣고 말았으니 인간의 작품에 뒤섞인 앎이 수치스럽도다."[68] 이차적 수정으로서 혈연 기입의 추상성 없이 우리가 그저 동물들이기만 했다면, 죄라는 것도 없었을 것이다.

젠더는 우리의 첫 번째 추상화 도구이다.

(이 책의 5장인) 「문화: 페미니즘을 위치 짓기」가 명백히 밝히듯, 내가 여러분에게 문화에 관해 작업 중인 작은 정의를 제시한다면, 여러분은 감을 잡을 것이다. 문화를 느슨하게 윤곽 지어진 집단에 의해 느슨하게 유지되는, 대체로 인정되지 않은 가정들의 패키지로 생

68) Sophocles, *Oedipus the King*, 1403-1407 참조. 내가 번역하였는데 가능한 한 직역을 한 것은, 결혼은 인간의 혈연을 기입해 근친상간을 가능하게 만든다는 오이디푸스의 비난을 보여주기 위해서이다. 소포클레스는 오이디푸스를 아버지의 법을 배우지 못한 사람으로 무대에 올린다. 오이디푸스로부터 하나의 본보기를 만드는 과제를 맡게 되는 것은 연극마다 고용되는 코러스이다. 『오이디푸스 왕』은 이성애적 결합의 외부에 있는 신화적인 집단적 탄생을 언급하는 것으로 시작된다. 『오이디푸스 왕』은 법의 일반적 적용성에 대한 도전이 거의 거기 있는 것처럼 군다. 법은 바탕에 있는 실수가 될 수 있을 뿐인데 말이다.

각하도록 하자. 신성한 것과 불경스런 것 사이의 협상들을, 양성 사이의 관계 지도를 그리면서 말이다. 우리는 추상적인 것 안에서 이론화하기 위해 차이를 필요로 한다. 우리가 감각적인 것과 지성적인 것을, 추상적인 것과 구체적인 것 등을 얼마나 철학적으로 해석하든 간에, 우리가 실질적으로 지각하는 첫 번째 차이는 성차이다. 성차는 많은 형식들과 형태들로 추상화하기 위한 우리의 도구가 된다. 영어를 말하는 민족들이 200년 동안 '문화'라고 불러 왔던 느슨하게 지지된 가정들과 전제들의 수준에 부단한 변화가 일어난다. 그러나 그렇게 변화하는 와중에 이 부지불식간의 전-제들은 믿음 체계가 되고, 조직된 가정들이 된다. 의식들(rituals)은 믿음과 가정들을 조화시키고 지지하며 진전시키기 위해 연합한다. 그러나 이 전제들은 또한 우리에게 우리의 세계를 변화시키고 혁신하고 창조할 수단을 제시한다. 대부분의 사람들은 문화적 상대주의자들일 때에도 (혹은 아마 특히) 창조와 혁신은 그들 자신의 문화적 비밀이라고 믿는다. 그들의 문화들에 의해 '타자들'은 결정된다고 믿으면서 말이다. 이러한 습관은 피할 수 없고, 지난 40년간 영어를 말하는 페미니스트들이 '젠더'라고 부르기 시작했던 어떤 것 속에 지속된 성차의 도움을 받아 평가된다. 그러나 우리가 세계의 시민이 되고자 열망한다면, 창조와 혁신을 우리 자신의 문화적 비밀이라고 생각하는 습관과 싸워야 한다. 뿐만 아니라 우리는 또한 젠더를 평가하는 우리의 판본이 세계의 판본이라고 생각하는 습관을 흔들어버려야 하며, 우리가 여성들과 퀴어들에 관해 구체적으로 말하고 있지 않다면 젠더를 그저 무시해야 할 것이다.

추상화의 도구로 생각된 젠더는, 사실 정체성 없는 하나의 위치(퀴어 연구를 경유해 데이비드 핼퍼린(David Halperin)에게서 나온 통찰)인데, 정체성은 문화적 실천 중에 성적 특성을 부여받는다(sexualized).[69] 그러므로 우리는 젠더의 추상화하는 도구성을 결코 충분하게 생각할 수 없다. 이 짧은 서론과 더불어 나는 드 만의 「칸트와 실러」의 결론을 언급하고 이 서론을 끝맺을 것이다.

이것이 본 역서의 55쪽에 공표된 전위이다.

드 만은 젠더와 상관하지 않았다. 하지만 그는 미학적인 것에 젠더를 부여하는 실러의 한 구절을 골라내고는 아무렇지도 않게 그냥 그대로 남겨둔다. 좀 긴 다음 인용문을 나

---

69) David Halperin, *Saint Foucault: Towards a Gay Hagiography* (New York: Oxford University Press, 1995), p. 62.

더러 인용하도록 해 달라.

칸트에게 현재법(Hypotyposis*박진법, 공상법, 현사법이라고도 하며 역사적 현재법이라고도 불린다. 과거의 사건이지만 현재형처럼 서술하는 기법)은 … 철학 담론을 다시금 위협하는 아주 어려운 문제이다. 반면 여기서 (「아름다운 형식들의 용도에 필요한 경계들에 관하여」) 그것은 실러에 의해 하나의 해결책으로 제공된다. … 감각적인 것은 … 이성의 메타포가 된다. 이것은 인간성으로 확장되며, 인간성은 전적으로 폐쇄의 원칙을 따르지 않는다. 인간성은 단일하지 않고 양극성을, 그 양극성에 거주하는 남성의 극과 여성의 극을 갖기 때문이다. 바로 이것이 그 문제를 다루는 실러의 방식이다. 실러는 여성, "다른 성은 남성과 과학적 지식을 공유할 수도 없고 공유해서도 안 된다. 그러나 과학적 지식의 형상적 재현을 경유해, 다른 성은 남성과 진리를 공유할 수 있다. 남성은 내용에 형식을 희생시키는 경향이 있다. 그러나 여성은 가장 풍요로운 내용이 현존하는 데서조차도 방치된 형식을 용인할 수 없다. 그리고 여성 존재의 완전한 내면적 형상화는 이 엄격한 요구를 할 자격을 여성에게 부여한다. 그러나 진실로 여성은 이 기능에서 진리의 자료를 획득할 수 있을 뿐, 진리 자체를 획득할 수 없다. 그러므로 다른 성인 여성에게 허용되지 않는 이 과제는 남성에 의해 이중으로 착수되어야 한다. 그가 이 중요한 양상에서 여성과 동등하기를 원한다면 말이다. 그러므로 그는 자신이 통제하고 지배하는 추상적인 것의 영역으로부터 가능한 한 많은 것을 상상력과 감수성의 영역 속으로 이전할 것이다. 취향은 양성 간의 자연스런 지적 차이를 포함하거나 숨긴다. 취향은 여성적 정신을 남성적 정신의 산물로써 영양을 주고 꾸미게 하며, 아름다운 성에게 그것이 미처 생각하지 못했던 것을 느끼게 하고, 그것이 자체의 노력으로써 생산하지 못했던 것을 즐기게 한다."(Werke, 21: 16-17) 그것은 여성에게 좀 과하다. 여기서 실러의 인문주의는 그 한계를 일부 보여주고 있다. 아무튼 이 구절의 이론적 결론은, 감각적인 것이 긴장 없이 이성을 위한 메타포가 되듯, 실러에게서 여성들은 억압 없이 남성을 위한 메타포가 된다는 것이다. 여성과 남성의 그런 관계는 메타포와 그 메타포가 가리키는 것과의 관계이거나, 감각적 재현과 이성의 관계이기 때문이다.

똑같은 방식으로 교육에 관한 실러의 고찰들은 메타포로서, 철학의 대중화로서 예술 개넘을 유도한다. 여러분이 보았듯, 철학은 남성의 영역이다. 기본적으로 아름다운 것을 말하는 예술은 여성의 영역이다. 그 관계는 메타포의 관계이다.[70)]

나는 좋은 젠더 정치 — 그것이 무엇이건 — 속에서 실러나 드 만을 구조하는 데에 아무런 관심도 없다. '여성화'(feminization)가 되받아치기라는 것은 비밀이 아니다. 하지만 '여성화' 자체만으로는 반드시 되받아 치기가 될 수 없다. 또한 실러에게 미학적인 것은 세계를 자체로부터 구할 수 있는 왕자들에게 적합하고 강력하다. 여성을 놓고 이렇게 특이하게 전개되는 것들은 전위를 요청하는 위반의 계기들이라는 점은 부인될 수 없다. 나의 과제 또한 그러한 전위에 착수하는 것이다.

'여성'이 정체성 없는 위치가 될 때까지 우리가 고대의 이분법에 대한 역전과 전위를 시도한다고 가정하여 보자. 내가 '시도한다.'고 말하는 것은 그 노고의 힘이야말로 읽기와 사유하기의 힘이기 때문이다. 성차에 의해 결정되는 이해관계가 사라질 수 없는 한 그렇다. 이 점을 염두에 두고 나는 학계 페미니즘의 초반에 계속 각기 영원히 필요하기 때문에 일회성이면서도 반복되는, 남성의 과제들과 가정의 (여성적, 봉사하는) 과제들을 구분하느라 우리가 했던 노력들을 회상한다. 말하자면 남성의 과제들은 요리와 청소와 대립된다고 여러분이 각주를 달 수 있는 어떤 것으로 말이다. 실러의 여성은 첫눈에 상층 계급이다. 그러나 여러분이 드 만에 의해 인용되는 구절을 자세히 살펴본다면, 진리에의 접근과 형상화에의 접근 사이의 구분은 일회성과 반복성 사이의 구분을 전위한 것임을 알게 될 것이다. 여기서 우리는 일회성을 남성에게, 반복성을 여성에게 역사적으로 배당된 것으로 논의했다. 우리가 합리적 선택에 의해, 또 전자적인 것의 극단적으로 추상적인 합리성에 의해 뒤틀린 세계를 지지하는 데 유용한 것으로서 미학적인 것의 자리를 생각하기 위해, 바우보(Baubo)에 여성의 개념-은유를 덧붙일 수 있다는 것은 바로 그러한 의미에서이다. 그 뒤틀린 세계에서는 상상력 자체가 합리적인 프로그래밍 속에서의 경험이 되는데, 심지어 사건으로서의 상상력이 어쩔 수 없이 도망칠 때에도 그렇다. 이것은 그람시의 속기 어구인 '인문주의 역사'

70) De Man, *Aesthetic Ideology*, p. 154. 실러가 여성에 관해 보통 하는 지적들의 좋은 예는 AE, p. 213 이후 곳곳에서 발견될 것이다.

가 오늘날의 맥락 속에 확장될 수 있는 방식, '장차 도래할'이라는, 아포리아적인(aporetic*동전의 앞면과 뒷면처럼 섞일 수 없는데도 하나의 개념 속에 포함되어 당혹감, 혼란을 야기하는) 양식으로 좋은 세계를 희망하는 가운데 우리가 자신들을 새로운 지식인으로 도구화해야 하는 방식이기도 하다. 앞서 나온 책에서 나는 죽음을 알렸고 여기서 나는 희망 없음을 알린다. 삶과 희망은 단순한 이성 진영에 의해 너무 손쉽게 주장되고 있기 때문이다. 아마 이 서론을 실러의 의미와 나의 의미에서 하나의 불가능한 '여성적'(female) 과제와 더불어 끝맺는 편이 더욱 적절하겠다.

나는 자크 데리다의 『불량배들』의 결론에 나오는 그러한 여성적 과제를 환기하는 것으로 서론을 끝맺고자 한다. 그 과제는 배은망덕한 과제가 아니라 젠더화된 과제로, 좋은 이론의 일회성을 확보하기보다 차이를 필수적으로 반복한다. 그 과제에서 젠더는 정체성 없는 하나의 위치이며, 미학적인 것을 여성화하라는 권고이며, 나에게 바치는 마지막 최상의 선물이다. 나의 창피당한 선생 폴 드 만에 의해 비위에 거슬리게 계승된, 그의 첫 번째 박사학위 여성인 나에게 말이다.

여기 이중구속이 있다. "책임성 있다는 것은 … 계몽과 이성이라는 두 합리적이고 보편적이면서도 모순적인 긴급함들 사이에서 결정짓기 위한 거래의 공리들(maxims)을 발명하는 것이다." 여기서 '공리들'이라는 단어에 주목하라.

여기 그 과제가 있다. "번역하는 법은 이성의 영예를 구하는 것으로 알려진 채 남아 있다. 예컨대 합리적이라는 단어를 보자. 누군가에게 경의를 표하는 법과 라틴성을 넘어 하나 이상의 단어로 이성적인 것과 합리적인 것 사이의 미약한 차이를 … 환영 … 하는 법."[71]

드 만은 『읽기의 알레고리』 서문에서 하나의 '끝'이 아니라 하나의 '이동'을 묘사한다. "내 세대에 전형적인 … 읽기의 원인들보다 그 결과에 더 많은 흥미를 갖는 … 읽기의 문제틀에 대한 역사적 정의로부터의 이동." 이는 조심스런 단어들인데, '원인들'을 '흥미 없는'으로 위장한다.[72] 하지만 선생이 가르쳤던 '호전적인 직역주의'는 학생으로 하여금 바로 그러한 원인들을 비웃게 만든다. 1920년대 유럽에서 태어난 세대를 역사적 정의로부터 읽기의 문제틀로 이동시킨 셈이다. 그 세대 사람들에게는 문학사의 정전 원리들 내부에 포함된

71) Derrida, *Rogues*, pp. 156, 159.

72) De Man, *Allegories of Reading: Figural Language in Rousseau, Nietzsche, Rilke, and Proust* (New Haven, CT: Yale University, 1979), p. lx.

채 남아 있었던 읽기의 문제틀 말이다.

물론 비평가들은 이러한 단어들에 주목하여 왔으며 역사와 언어 사이의 대조를 보여주는 다른 예들과 더불어 그 단어들을 끼워 맞추어 왔다. 그러나 드 만이 그저 자신에 대해서가 아니라 자기 세대에 관해 말하고 있는 중이라는 점을 누구도 주지하지 못했던 것 같다. 드 만의 세대가 역사로부터 읽기로라는 이동의 흥미 없는 원인이었던 파시즘과 장난치고 있었을 때, 나의 세대는 태어났다. 우리는 유럽 외부에서 성년에 이르렀다. 그때 우리가 우리 주인들을 위해 싸웠던 그들의 전쟁은 영토 제국주의의 종말을 개시하였다. 지금 나는 드 만이 죽었을 때의 나이보다 몇 살 더 먹었다. '나의 세대에 전형적인 것'은 지구화와 직면하여 포스트식민성의 꿈들을 보전하기에 대한 이러한 관심이다. 폴 드 만이 나한테 준 가장 지속적인 교훈은 바로 파라바시스(parabasis*고대 그리스 연극 중 특히 희극에서 관객을 향해 부르는 합창) 이야기이다. 폴 드 만의 교훈을 또 다른 무대로 전위하는 것 말이다.

드 만은 자신의 세대에 전형적이었던 '역사'로부터 '읽기'로의 이동에 관해 "이 책에서 그 원리들 자체의 전위를 시작하는 지점으로서 여전히 복무할, 문학사의 정전 원리들을 넘어 도달하는 읽기의 수사학을 원칙적으로 유도할 수 있었다."[73]고 계속해서 말한다. '넘어 도달하기'(Reaching beyond). 다른 곳으로 전위된 채. 얼마나 멀리 넘어갈까? 이 시대에 내가 끌어당기는 만큼 멀리? 그 밖의 다른 곳으로 함께? 최상의 대학들도 학생들에게 그들의 논문을 시장의 요구에 맞추라고 충고하는 형편인데, 미학교육을 불가피하게 메타-직업의 기능을 가진다는 식으로 이해하기까지?

그렇다면 뒤따르는 에세이들을 도구화하라. 그 에세이들이 지배적인 것으로부터 또 그 속에서 자료들을 사용하도록 편안하게 저주받은 만큼, 그 에세이들은 서발터니티로 가는 도중에 해제될 게 틀림없다. 또한 합리적이고도 이성적인 서발터니티 속에서 차이로서 얼씬거릴 그 에세이들을 명심할 때 말이다. 어떤 독자이건 서발터니티의 집단적 예들의 욕망들(욕구들이 아니라)을 분석하는 법을 배운다고 시간을 낭비하기를 바라는 것은 나의 그릇된 희망이다.

---

73) 이와 거의 동일한 진술이 『낭만주의의 수사학』(*Rhetoric of Romanticism*, New York: Columbia University Press, 1984)의 서론(pp. vii–ix)에 나온다. 이 서론에는 생성적인generational 서지사항은 없지만 "형상적 언어의 문제들에 대한 좀 더 이론적인 탐색들"로 "은둔하기"라는 신랄한 은유가 작동되고 있다.

각주 57번

이런저런 많은 형태들로 제국을 권고하는 우리 시대 사상가들 중에 그 한쪽 극단에는 말하자면 제국을 위한 제국을 그저 권고하는 사상가들이 있다. 이들은 강한 국가가 전쟁에 승리함으로써 평화를 가져오기 때문에, 미국은 좀 더 제국처럼 굴어야 한다고 말한다. 니올 퍼거슨이나 마크 폰 하겐의 역사적 분석들은 '능력을 부여하는 침범'으로부터 초래된 논의를 띠울 수 있다(Niall Ferguson, *Colossus: The Rise and Fall of the American Empire*(『거상(巨像): 미 제국의 흥망성쇠』, New York: Penguin Books, 2005); Jane Burbank & Mark von Hagen, "Coming into the Territory: Uncertainty and Empire"(「영토로의 진입: 불확실성과 제국」, 미간행 원고)). "민족주의자와 마르크스주의자의 상투어에도 불구하고, 최초의 이러한 자유주의 질서(영국 제국)는 특히 가장 가난한 국가들은 물론이고 전 세계에 엄청나게 유익했다."고 말하는 디팍 랄은 '능력을 부여하기'는 이해하지만 '침범'은 이해하지 못한다(Deepak Lal, *In Praise of Empires: Globalization and Order*(『제국을 찬양하며: 지구화와 질서』, New York: Palgrave, 2004, p. 207)). 랄에게 우드로 윌슨(Woodrow Wilson)은 베스트팔렌을 전복시켰던 사람이다(p. 192). 랄은 "인권, 민주주의, 자유"를 "이러한 서구 지하드"(p. 209)의 함성이라고 제쳐 버린다. 나 자신은 국제시민사회와 거기서의 인권 부문을 종종 비판하여 왔다. 극단들은 서로 만나기 마련이다. 인식론적 문제는 "서구화하지 않고 근대화하라"(p. 203)는 간단한 공식에 의해 조심스럽게 다루어진다. 랄의 해결책은? "몇몇 기술적인 다자간 기구들의 다국적 관료주의들은 이 새로운 제국(미국)의 관료주의 속에 흡수될 수 있다"(p. 75). 이런 것들이 소망-충족적인 꿈인 만큼, 랄은 그러한 어떤 노력에건 함축되어 있는 엄청난 이중구속에 대해 전혀 사유할 수 없다.

퍼거슨의 경우, 자본/자본주의의 양극성에 대한 무시에 배어 있는 냉소주의가 또한 두드러진다. 퍼거슨은 "제국의 성취들에 있는 어려움은 그것들을 제국의 죄악이라기보다 당연한 것으로 더 많이 받아들인다는 데 있다"(p. xxi)는 점을 인정하면서 "포함(砲艦) 없이 지구화를 할 수 있겠는가?"(p. xix)라고 질문을 던진다. 그는 351쪽 분량인 자기 책의 말미에 이르러 "비공식 제국으로부터 공식 제국으로 변천하는 미국" — 그것이 "아프가니스탄에서와 같이 많은 작은 전쟁들"을 뜻한다고 하더라도 — 을 선호하는 결론에 도달한다(p. 314). 퍼거슨이 오스트레일리아나 아프리카, 또 물론 인도에서의 시민권 훈련 기획에 주목하는 것도 바로 제국에 대한 이러한 신념의 맥락 안에서이다. 여러분은 침범 중인 이러한 능력 부여를 무시할 수 없다. 이것은 모클로스(mochlos*지렛대)인데, 자본의 추상들과, 계급을 무시하는 문화주의적 정체성주의 사이의 협력을 생산적인 남-용으로 전환하는 지렛대이다. 다시 한 번 말하지만, 실재적인(real) 인식론적 노고로서의 사유가, 그 노고에 대한 어떤 사유가 그 노고를 시행하는 데에 개입된다면, 그 의지를 욕망 속으로 가져오는 데서 법의 가능성은 상상 가능할 게 틀림없다!

조지프 스티글리츠의 인기 있는 세 권의 저서는 복지국가의 자유주의 입장을 대표한다. 그는 '개발도상국'을 공정한 지구화 속에 통합하는 것을, 따라서 스스로를 변혁하는 것이 '선진국'의 책임임을 당연하게 여긴다. 그는 분명 IMF의 '식민주의'와 WTO의 불공정함을 비판한다(Joseph Stiglitz, *Globalization and Its Discontents*(『지구화와 그 불만들』), New York: Norton, 2003, pp. 39-42, 71; Stiglitz and Andrew Charlston, *Fair Trade for All: How Trade Can Promote Development*(『모두를 위한 공정무역: 무역이 개발을 증진할 수 있는 방법』), New York: Oxford University. Press, 2005). 하지만 선진국 사람들의 짐(burden)에 대한 일반적인 태도는 확실히 우리가 바랄 수 있는 최선인 '좋은' 제국주의를 유도한다. 그의 저서 『지구화와 그 불만』은 분명 '개발'의 정도들에 대한 사고방식(mind-set)의 변화를 추구하고 있다. 하지만, 내가 '좋은 제국주의'라 칭하는 것은 그 책의 216쪽에 나오는 "가장 큰 도전은 … 사고방식에 있다"로 시작하는 대표적인 문단을 보면 명확해진다. 우고 마테이는 "제국주의적 욕망은 정부의 가치, 정부의 근본구조, 사유의 양식들을 전 지구적으로 부과하고자 시도한다."(Ugo Mattei, *A Theory of Imperial Law: A Study on U. S. Hegemony and the Latin Resistance*(『제국 법이론: 미국 헤게모니와 라틴 저항에 대한 연구』), *Indiana Journal of Global Legal Studies* 10.38, 2003: 401-402)고 적고 있다. 인식론적 변화의 가능성을 규정하는 우리의 방식은 『미학교육』에 포함되어 있다.

스티글리츠의 '정보 불균형'(asymmetries of information)(p. xi) 개념은 정보 통제(information control)와, 정보건 그 무엇이건 읽는 법을 배우기 사이의 차이를 주목할 때 우리의 길을 인도할 수 있다. 그것은 인식론적 성과의 변화로 이어질 수 있다. 그의 교육 개념은 물론 일자리 접근(job-access)에 머물러 있다(p. 59). 그는 고르(Gorz, *Critique of Economic Reason*(『경제적 이성 비판』), London: Verso, 1989)를 취할 수는 있지만 우리가 남-용하고자 바라보는 케인즈의 블룸즈베리(Bloomsbury*1906년부터 1930년까지 활동한 영국의 지식인들과 예술가들이 모여 살았던 거리 이름) 그룹 측면은 피해간다. 그러나 『지구화를 작동하게 만들기』로써 스티글리츠는 경제 분야와 '기본적 가치들'(basic values) 사이의 균형을 창출하기 위해 자신이 수합해 왔던 많은 우수한 정책적 제언들을 시행하는 쪽으로 자신의 강조점을 옮긴 것으로 보인다(Stiglitz, *Making Globalization Work*, New York: Norton, 2006, pp. 129-132, 155 및 그 외 여러 곳).

하지만 이러한 기본적 가치들이란 무엇인가? 어떻게 이러한 가치들이 만들어지는가? 이러한 질문들이 우리를 추궁하지만 스티글리츠는 우리를 위해 그렇게 할 시간이 없다. 그의 개념은 '좋은 행위'(good behavior)를 시행하자는 것이다(p. 159). 이러한 변화는 지역적으로 또 지구적으로 펼쳐지는 인권 로비의 성급함에 대한 정당화와 유사해지기 시작한다. 인권 로비 또한 점차 실질적인 실행 쪽으로 기울기 시작하고 있다. 금융 분야는 '강제되지' 않는 한 자체를 감독할 수 없다는 일반적 가정을 명확하게 만들어주는 것은, 견실한 공식토론과 광범위한 비공식 질문들이다. 나는 포스트식민주의의 도시 하층 계급(underclass)에서 출발하여 일반화된 이러한 종류의 확신에 근거한 '정치적 사회'(political society)를 묵시적으로 정당화하는 중상층 계급 이론가들을 참을 수 없다. 다른 한편으로 '공공선을 위한 짐을 지고서'(bearing burdens for the common good) 정부로 하여금 서발턴을 공정하게 대우하게끔 할 수 있다는 찰스 틸리의 확신은 실로 "변혁과 향상"을 유도한다. 그러나 우리는 그러한 변혁과 향상이야말로 시민권의 내부적인 조건들에 대한 인식론적 생산을 불가피하게 요구한다는 점을 재빨리 요약해 보여주어야 한다. 시민권은 끝없는 글로벌 자비 없이도, 또 그 실행만을 의문 없이 주장하는 태도 없이도 그 외부적 조건들을 떼어버릴 수 있는 잠재력을 갖기 때문이다(Charles Tilly, *Democracy*, Cambridge: Cambridge University Press, 2008, pp. 96, 185).

혹자는 안토니오 그람시(Antonio Gramsci)와 듀 보이스(Du Bois)와 더불어 사물들을 다른 관점에서 바라보고자 할 수도 있다. 집요하게 또 인식론적으로 기입되는, 법의 불가능한 의지를 향한 욕망을 재배치하지 않고서는, 정의로운 사회를 기대할 수 없다고 말이다. 오늘날 법은 집행(enforcement)의 수단에 지나지 않는 것으로 간주되고 있다. 케인즈는 블룸즈베리 그룹 내부에서 이 점을 문제시했다. 미국이 세계 무역을 규제하기 위해서 국내법을 국제적으로 부과한다는 것은 잘 알려진 사실이다. 수전 마크스(Susan Marks)는 자신의 논문「법의 제국」(Empire of Law)에서 이 사실을 제국주의와 제국의 단절에 대한 마이클 하트(Michael Hardt)와 안토니오 네그리(Antonio Negri)의 선언으로 통합시키는 방법을 분별력 있게 설명한다(*Indiana Journal of Global Legal Studies 10*, 2003: 446-449). 물론 집행이 실제적이고 단일한 목표가 아니라는 점은, 인식론적 재배치 작업을 하는 이들에게는 매우 분명하다. 이 지점에서 하트와 네그리 또한 보수적인 태도를 유지한다(Michael Hardt & Antonio Negri, *Multitude: War and Democracy in the Age of Empire*(『다중: 제국 시대의 전쟁과 민주주의』), New York: Penguin, 2004, 247 외 여러 쪽). 이 책에서 민주주의에 대한 그들의 개념은 플라톤에서 간디에 이르기까지 민주주의를 이끌어온 자신의 자신됨(ipseity)과 대타성(alterity) 사이의 이중구속을 간과하고 있다. 전쟁의 부재를 민주주의라고 정의할 수 없다. 나는 이 두 동료 여행객들에게 현혹되기도 하지만 아메리칸 드림을 지양하는 제국이라고 하는, 동시대의 장면에 대한 그들의 개념을 완전히 받아들일 수는 없다. 그 제국이 스스로 나타날 다중에 의해 지양된다고 하니 말이다. 하지만 그들이 "다중은 자발적인 정치적 주체가 아니라 정치적 조직화의 기획이며, 따라서 논의는 단순히 다중이 되는 것에서부터 다중을 만들어가는 것으로 옮겨 간다"고 말하는 한, 나는 그들과 함께할 수 있다. 비록 나에게 인식론적인 전환은 하나의 정치적 조직이라기보다는 하나의 준비이지만 말이다. 나는 이러한 다중이 건실한 여타의-도덕 감각에 실제로 현존하는 연방체(commonwealth)를 향한 욕망보다 실재적인(real) 공동체를 향한 욕망을 생산하는 가운데 "집단적인 자기변혁의 중단 없는 과정" 속에서 스스로를 "산출한다."(Hardt & Negri, *Commonwealth*, Cambridge: Harvard University Press, 2009, pp. 169, 173)는 것을 절대 받아들일 수 없다. 자기 산출은 현실의 통제를 필요로 한다.

대학들은 아직 불태울 준비가 되어 있지 않다. 인문학은 원리상 아직 쓸모없는 것이 되지는 않았다. 고도(Godot*20세기 후반 영국 부조리극 작가인 사뮈엘 베케트의『고도를 기다리며』(*Waiting for Godot*)에 나오는 주인공 이름)는 도착하지 않았고 도착하지 않는다. 포스트휴머니즘은 성취되지 않았다. 우리는 영원히 그 도중에 있을 수 있을 뿐이다. "생산적인 언어 네트워크의 우주"(『제국』, Cambridge: Harvard University Press, 2000, p. 385)라는 하트와 네그리의 어구는, 세상의 엄청난 언어학적 풍요로움 때문에 우리는 항상 서로를 이해할 수 없다(이것은 단일 언어로 하는 성공적인 인간 소통에 있는 환원 불가능한 오해를 넘어선다)는 점을 설명해 내야 한다. 어떤 이들은 지구화된 자본의 데이터에 기초한 명확성과 대면하는 그러한 신비를 세상에 도움이 되도록 보존하고자 할지도 모르겠다. 그런데 우파에 의해 영원히 찬양받는 서비스 부문에 '비물질적 노동'이라는 새로운 멋진 이름을 그냥 부여할 수는 없다! 만약 하트와 네그리가 미래의 정의로운 세계에 관심이 있다면, 주디스 버틀러의 "삶이란 무엇인가?"(Judith Butler, *Frames of Life: When Is Life Grievable?*, New York: Verso, 2009, p. ix)라는 질문을 묻고 싶어질지도 모르겠다. 또한 그들처럼 (적어도 그들의 세 권의 도전적인 저서에서는 잘못 정의된) 생명정치에서 신체는 곧 정신이라고 함축하는 것으로는 충분하지 못하다(하트와 네그리, 『'다중』(*Multitude*), p. 337 및 그 외 여러 쪽). 게놈 및 신경에 대한 기술적 연구가 급증하는 시대에 이러한 입장을 견지하는 것은 더 이상 특별히 급진적인 견해도 아니다.

민주적인 성찰 습관(나는 『다중』[p. 197과 다음 두 쪽]에 나오는 이 습관에 대한 그들의 경축에 동의한다) 없이는, 민주주의도 없다. 서로 상이한 종류의 맥락(텍스트)에 구체적인 미학교육이야말로 바로 이러한 습관의 장기적으로 움직이는 진지로 남을 것이다. 영원히 아직 하나의 지구는 아닌, 이 변화무쌍한 세상에서 말이다. 소쉬르에 이미 함축된, 새무얼 아이젠스타트(Samuel Eisenstadt)의 '다중적 근대성들'(*Daedalus* 129.1, Winter 2000: 1-29) 개념은 지구화의 당대성과 좀 더 일관성을 갖는 것 같다. (소쉬르에서 "각 공시적 위치의 전체론적으로(holistically) 체계적인 성격은 그 위치에 도달되도록 했던 앞선 움직임들의 연속에 의해 그 위치를 부적절하게 만든다. 이 문제는 그 자체를 위해서는 흥미롭겠지만 게임의 주어진 공시적 상태와 아무런 상관이 없다." 보리스 가스파로프(Boris Gasparov)의 「자유와 신비」(미간행 원고)가 지구화의 당대성과 좀 더 일관성을 갖는 것 같다.)

존 솔로몬(John Solomon)은 "미국 좌파들 사이를 순환하는 제국적 민족주의"에 관해 그럴듯하게 썼는데 "금융자본주의의 폭력에 대한 우리의 접근에서 주권 범주와 문명적 차이 범주를 넘어 보기"(미간행 이메일)를 권고했다. 인터넷과 네트워크를 다중을 읽어내는 그들의 알레고리로 받아들인다면, 많은 것이 배제된다. 세계사회포럼(World Social Forum)으로 말할 것 같으면, 그 많은 구성원들이 이미 그 점을 알고 있다. 그들의 문제는 (자본주의적) 지구화를 당연하게 간주함으로써 필수적인 그 양극성을 간과할 위험에 동참한다는 점이다. 호세 코레아 라이테(Jose Corrêa Leite)의 탁월한 저서 『'세계사회포럼: 저항의 전략』(*The World Social Forum: Strategies of Resistance*, trans Traci Romine, Chicago: Haymarket, 2005)에 분석되어 있듯, 세계사회포럼은, 칸트의 '선한 제국주의' 노선에 남아 있다.

이러한 가능성을 놓고 볼 때, 노동자들이 엔론(Enron, pp. 189-191)의 길을 가지 않으리라는 것을 우리는 어떻게 알 것인가? 내가 다른 곳에서 반복해서 논의했듯이, '의식화'는 인내심을 갖고 인식론에 주의를 기울이는 것을 대체하지 못한다. 딴 방법으로는 피억압자를 '무엇으로부터의 자유'에서 '무엇을 향한 자유'로 부상하게 하는 훈련이라는 것을 없게 한다. 이 책에서 내가 하는 논의는 상층 사람들(top)에게 미학교육이 필요하다는 것이다. 딴 방법으로는 다음을 인식할 정도로 상상력이 강하게 훈련되지 못한다. '사회운동들'은 다른 의제들을 갖는 국가들과 엘리트들에 의해 끊임없이 접수된다. 라이테(Leite)가 세계사회포럼(WSF) 자체가 아예 국가/지역에 접근할 수 없다는 점을 애석해하는 것은 사태를 올바로 파악한 셈이다. 하지만 뭄바이를 "서구 정치 문화에서 멀리 떨어진 곳"이라고 환유하는 것은, 푸코가 고대 그리스에서 자신의 타자를 찾는 것과 같은 아우라를 내뿜는다! 하지만 나오미 클라인(Naomi Klein)의 날카로운 비판(p. 174)은 오랜 사회주의적 비판과 거의 구별할 수 없을 정도이다.

이 지점에서 우리는 국제적인 사회주의의 몰락으로부터 교훈을 얻으며 그람시에게로 돌아간다. 우리는 오늘날의 세계사회포럼(WSF)으로써 '다른 세상'을 만들 수 없다. 이성의 공적 사용이라는 계몽주의의 목표를 완전히 뒤엎었던 마르크스의 19세기적 비전은, 인식론적인 짐을 지고 있는 것으로 간주되어야 한다. 지금쯤 독자는 일요일자 『뉴욕 타임스』에 나오는 우둔한 이데올로기적 지혜에 감동받은 상태라고 추측하면 틀림없을 것이다. 나는 비실용성과 고급 이론에 대한 학문적 불평과 싸우기 위해 거기서 계속 인용한다. 집행만 하는 것으로는 불충분한 경위에 대한 논평이 여기 있다. "수십 건의 역사적 갈등에서 끌어온 매뉴얼(미 육군과 해군이 2006년에 채택한 반 봉기 현장 매뉴얼)의 최상 결론은, 적군 투사들에게 직접 가하는 공격들이 얼마나 효과적이건 간에 일반 인구를 보호하면서 그들에게 승리를 거두지 않고서는 봉기들을 물리칠 수 없다는 주장이다(James Glanz, "Historians Reassess Battle of Agincourt," *New York Times*, October 25, 2009)." 또한 여백에 내가 손으로 쓴 "그렇게 전쟁이 성공한다면, 분명 평화도 성공한다."는 메모를 보라.

물론 우리의 입장은 자본과 데이터만이 지구화할 수 있다는 것이다. 그 밖의 모든 것은 어리석은 피해대책에 악하게 구는 재-코드화이다. '동시성의 딜레마'에 직면해 클라우스 오페는 "거대사건들은 완벽하게 의도된 방식으로 가격과 재산 개혁을 수반할 '창조적 파괴'를 방해하지 않도록 믿을 수 없는 속도, … 개별 행위자들 … 필요 … 인내를 당연하게 여겨 왔다. 그들은 새로 획득한 시민권을 활용함으로써 그러한 개혁을 행하고자 하겠지만 말이다(Claus Offe, "Capitalism by Democratic Design? Democratic Theory Facing the Triple Transition in East Central Europe," *Social Research* 58.4, Winter 1991: 887)." 찰스 틸리는 오페의 글을 읽고 나서 "일정 수준의 신뢰는 민주주의의 필수 요건"(*Democracy*, p. 93)임을 자신에게 일러준다고 말한다. 인내와 신뢰와 같은 미덕들은 어디서 나오는가? 누가 이 미덕들을 더 이상 훈련하고자 하겠는가? 그런데 대학들은 인문학을 억제하고 있다. 전문적인 만큼 허구적인 사회학자가 사용할 수 있는 양식으로, "거의 입증되지 않은 일련의 추측들"로 말이다. 틸리는 전진을 다음과 같이 제시한다. "이러한 추측들이 대충이라도 정확하다면, 우리는 흥미로운 정치적 변혁 집합(set)이 아니라 인간의 능력과 복지를 향상하는 경로를 밟아오고 있었던 셈이다(pp. 184, 185)." 미학교육이라는 경로 말이다.

1.
영문학의 짐: 마이트레이 찬드라(Maitreyi Chandra)를 위해

나는 델리(*현 인도의 수도 뉴델리 이전에 수도였던 도시)의 엘리트 여대인 미란다 하우스(Miranda House)에서 인도에서는 처음으로 전문적인 발표를 했다. 당시 학장이었던 롤라 차테르지 박사(Dr. Lola Chatterjee)는 그 여대를 급진적인 학식을 갖춘 기관으로 변형시켰다. 미란다 하우스에 재직 중인 나의 동료들이 크리슈나(V. S. Krishna) 교수를 기념하는 첫 번째 강연을 해 달라고 나를 초대해 주어 나는 실로 영광스러웠다. 크리슈나 교수는 모든 면에서 본보기가 되는 선생이자 학자였다. 나는 그녀를 알지 못했지만 그녀의 친구들과 대화를 나누는 가운데 그녀가 어떤 사람인지 인식하게 되었고 너무 일찍 사라진 그녀의 그림자와 인사하고 싶을 정도로 그녀의 현존을 충분히 느꼈다. 우리의 삶을 함께 결속시켰던 주제, 즉 식민지에서의 영문학연구가 지고 있는 짐은, 그녀와 나를 만나게 한 환영 인사였던 셈이다. 크리슈나 교수는 식민 맥락에서 가르치기라는 경험을, 결코 내가 제대로 습득하지 못했던 경험을 더 많이 했던 분이다. 나 스스로 문화적 이중구속을 막 출범시키고자 하던 당시에, 나는 그녀의 과거와 나의 미래에 공통된 어떤 짐을 지고 있다는 느낌이 들었다. 나는 '짐'이라는 단어를 적어도 다음과 같은 두 가지 주요한 의미로 사용했다. 첫째, 하나의 노래나 설명의 내용인데, 이 경우 그 은유를 확장하면 식민지에서 영문학을 가르치고 연구하는 과제라는 의미를 지닌다. 두 번째는 특별한 방식으로 지고 갈 특이한 짐을 말한다.

나는 영어 정책에 관해서가 아니라 특히 영문학 가르치기에 관해서 말하고 있는 중이다. 응구기 와 티옹오(1938-현재*케냐의 소설가, 수필가, 극작가로 식민지에서의 문화충돌, 기독교의 역할, 키쿠유 족 및 키쿠유 어에 대한 영국의 탄압, 식민 지배에 대항한 마우마우 반란 등을 작품의 소재로 삼고 있으며 1987년에 대표작 『마티가리』를 발표했고 키쿠유 어로 된 문학 활동을 주장하고 실천하고 있다)의 『정신을 탈식민화하기』에 나오는 한 구절로부터 시작해 보자. 포스트식민 인도에서 처하게 되는 영문학 가르치기의 곤경은 말하자면 포스트식민 케냐에서의 상황과 명백하게 다르면서도 또 얼마나 많이 유사한가를 보여주기 위해서다.

> 케냐어와 아프리카어들에 관한 많은 훌륭한 작업이 나이로비 대학의 언어학 및 아프리카 언어학부에서 수행되어 왔다…. 그들은 … 케냐의 어린이들한테 세 개의 언어가 존재하는 현실을 인정한다. 많은 애국적이고 민주적인 케냐 인들이 이제 논의하고자 하는 이러한 현실은, 사회의 공식 정책 속에 번역되어야 한다. 키스와힐리(Kiswahili) 어는 모든 케냐인의 국어로 공식 언어가 될 것이다. 다른 민족어들은 학교에서 제각기 올바른 자리를 차지할 것이며, 영어는 국제적 소통을 위해 케냐 인들의 언어로 남을 것이다. 그러나 나는 언어정책들보다 아프리카 작가들의 언어 실천을 다루고 있다.[1)]

나도 역시 정책이 아니라 실천을 다룬다. 하지만 인도 작가의 언어 실천은 아니다. 오히려 나는 선생들의 언어 실천을, 영문학을 가르치는 인도 선생들의 상황을 다루고 있는 중이다.

소통의 도구로서 제2의 언어를 가르치는 것과, 학생의 문학 감식능력을 키워주기 위해 같은 언어를 가르치는 것 사이에는 어떤 기본적인 차이가 있을까? 아무리 성공적인 경우라고 해도 그 차이는 쉽사리 간파되지 않을 거라고 확실히 주장할 수도 있다. 그러나 언어 교실과 문학 교실 사이의 방향성에는 일정한 차이가 있다. 언어 교실에서의 목표는 언어

1) Ngũgĩ wa Thiong'o, *Decolonizing the Mind: The Politics of Language in African Literature* (Portmouth, NH: Heinemann, 1986), p.xi.

역학(mechanics)을 적극적으로 또 성찰적으로 사용하는 것이다. 문학 교실에서의 목표는, 최소한 학생의 정신이 문학 텍스트의 소위 내포 독자(implied reader*실재하는 독자가 아니라 허구적 텍스트에 이미 상정되어 있는 수신자의 정신 구조를 지니는 독자)의 정신을 닮을 수 있도록 학생의 정신을 형성하는 것이다. 그 문학 텍스트가 역사와 거리가 있는 문화적 허구일지언정 말이다. 내포 독자라는 형상은 문화적 재현의 공고한 체계 내부에서 구축된다. 이러한 맥락에서 적절한 문화란, 고려 중인 해당 문학에 있는 토착적인 것이라고 가정된다. 우리의 경우, (물론 서유럽을 뜻하는) 유럽인다움, 헬레니즘과 헤브라이즘, 구미주의(歐美, Euramericanism)의 출현이나 영연방 문학의 추세 등과 거래 중인 영국, 심지어 대영제국이라고 불리는 모호한 공간의 문화다.

'지구적 영문학'은 아직 등장하지 않았다. 대영제국 문학을 공부하는 우리의 이상적인 학생은, 문학 교수법 중에 가장 소박한 수준의 교수법 용어들을 사용하자면, '텍스트와 관계를 맺거나' 텍스트와 '동일시할' 수 있을 정도로 문화적 자기-재현의 이러한 전개를 내면화하리라 기대되었다. 이러한 용어들이 순진하기는 해도, 가장 미묘한 종류의 문화적 인식론적 변형을, 일종의 상향하는 인종-이동성을 묘사한다. 그러한 이동성은 단순히 민족적인 '인도인'다움과는 좀 동떨어지긴 해도 지정학적인 '인도인'다움에는 입장하는 셈이다. 나라얀(Narayan*인도 동남부 첸나이 태생으로, '말구디'라고 불리는 인도의 가상 도시를 배경으로 하는 소설을 많이 썼다. 인도 문학을 영어로 번역해 전 세계에 보급하는 데 기여했으며 영어로 작품을 쓴 최초의 인도 문학가이다.)이 인도 관광부의 잘 육성된 판본에 의해 정렬된 즐거운 사냥여행(사파리)인 양 '인도의 영문학'을 말할 수 있는 것은, 바로 이 토대(base)로부터이다. 역으로 식민 담론에 대한 비판적 연구의 구축 가능성 또한 바로 이러한 토대 위에 확립될 수 있다.[2)]

탈식민화된 많은 지식인들이 다음과 같이 느끼는 것도 바로 이 점을 염두에 둘 때이다. 즉 탈식민화의 무대에서 영문학을 가르친다는 단도직입적인 이상은, 변화된 지구적 맥락에서 시대에 뒤떨어진 영국 문화원 스타일의 식민 부르주아지 생산 과정을 지속한다는 감정 말이다.

사회적 기회(그것이 무엇이건 간에)라는 일반적인 인도 맥락에서 영문학을 하나의 연구

---

2) R. K. Narayan, "English in India," in *A Story-Teller's World* (New Delhi: Penguin India, 1989), pp. 20-23; Ngũgĩ wa Thiong'o, *Decolonizing the Mind: The Politics of Language in African Literature* (Portmouth, NH: Heinemann, 1986), p.xi.

영역으로 선택하는 학생의 유형을 보건대, 나는 이러한 이데올로기적 생산의 성공적 수행을 전혀 암시하지 않는다. 식민지에서 '일반적인 문화 참여자'에 대한 요구는 여하튼 실제(actual) 영토 제국주의의 해체와 더불어 변화하여 왔다. 오늘날, 좀 더 수입이 나은 다른 연구 과정을 찾을 수 없어 영문학을 선택한 인도 영문학도는 특수한(particular) 방식으로 자기 일에서 소외되어 있는 셈이다. 그/그녀를 '미학교육'의 주체로 삼는 것은 특이한(peculiar) 문제가 된다.

여기에 계급 논의가 숨어 있다는 점은 무시될 수 없다. 그 계급 논의는 1950년대 중반에서 후반에 이르는 나의 학창 시절과는 상당히 바뀌었지만 말이다. 영문학 텍스트들에서 분명 아무런 즐거움도 얻지 못하는 사람이 영문과 우등생이 되기로 선택하는 이유들은 너무 복합적이어서 여기서는 살펴볼 수 없다. 여하튼 영문과 우등생이라는 선택에 깃든 계급-가치는 젠더화되어 있고, 메트로폴리스, 도시, 교외, 농촌 순으로 매겨지는 교육기관들의 서열에 따라 달라진다. 똑같은 분류법이 하나의 패스 과목(우등생 과목 공부를 완성하는 일반과목, 혹은 비-우등 일반 학사학위의 일부)으로서 영문과 학생들 사이에 작동할 때, 또 대영제국 문학으로서 영문학 내부에 수용될 교사의 자격도 점점 덜 규범적인 것으로 되어갈 때, 그 분류법은 인구통계학적으로 또 정치적으로 훨씬 더 흥미롭게 된다. 그 분류법을 연구할 기술을 가지고 있지 않은 나는 좀 더 문학-비평적인 화제로 방향을 돌려 '내포 독자'에게로 돌아갈 것이다. 세월이 흘러 내가 미학교육을 위한 준비라는 거창한 문제와 대면하게 되었던 것도, 바로 서발턴의 초등교육 수준에서이다. 그러나 당시에 나는 그것을 알 턱이 없었다.

내포 독자는 사람들, 장소들, 시간들에 관한 기본적인 혹은 세련된 전제들에 따라 가장 단순한 읽기에서도 상상되고 있다. 쓰인 것이건 말해진 것이건 그것이 여러분을 향하고 있다고, 여러분을 그 내포 독자라고 적어도 은연중 가정하지 않고서는 그것을 인식할 수 없다. 문학 전통의 텍스트들에 잠재된 운명에 대한 이러한 감각이 분과학문의 노선들을 따라 진전될 때, 자의식적인 목적에 따라 영문학연구를 하러 온 학생들(대부분 여학생들) — 미란다 하우스의 모든 학생들은 여기 포함되어야 할 것이다 — 조차도 아무리 최선의 환경하에 있더라도 여전히 다음과 같은 상황에 노출될지도 모른다. 즉, 역사적 계기와 맞지 않는 우리를 소외시키는 문화적 주입 상황에 말이다. 그들 중 최고인 사람들이 토착 문화를 해외에서 전달하는 자가 될 때, 그러한 주입은 더욱더 의심스러운 것이 된다.

나는 이러한 소외에 대한 몇몇 문학적 형상들을 먼저 살펴보고 싶다. 다음으로 나는 이러한 현상과 협상하는 몇몇 방식들을 구상하여 보기를 원한다. 내가 이미 제안하였듯이, 이러한 소외는 독이자 약이며, 엘리트주의와 비판 둘 다를 구축할 수 있는 토대이기도 하다. 제도권의 교과과정은 그것의 이용과 남용에 대한 규제를 시도할 수 있다.

나는 인도에서 영문학을 성공적으로 가르치는 일에 끈질기게 수반될지도 모르는 점진적인 문화적 소외의 몇몇 문화적 형상화들을 논의할 것이다. 여기서 나는 '문자 그대로'(literal)와 대립되는 '형상적'(figurative)이라는 단어로부터 나온 '형상'이라는 단어를 이용한다. 한 편의 산문이 하나의 요점을 논의할 때, 우리는 이것을 문자 그대로의 메시지로 이해한다. 한 편의 산문이 그 형식, 이미지, 은유들, 실로 그 일반적인 수사적 속성을 통해 이 요점을 진전시킬 때, 우리는 그것을 형상화 혹은 형상화로 제시하기(figuring-forth)라고 부른다. 이러한 견해에서 보자면 수사학은 그저 장식(alamkāra)만은 아니다. 문자적인 것과 형상적인 것은 서로 간섭할 때조차도 서로서로 의존한다. 그것들은 따로 정의될 수 있지만 각각을 작동하게 만들기도 한다.

실로, 문학은 이데올로기적 변형을 가장 잘 보충하는 것이 될지도 모른다. (오늘날 '일지도 모른다(might)'의 힘은 흔들리고 있다.) 성공적인 독자는 형상들을 조작하는 법을 배움으로써 문학에 의해 형상으로 제시되는 가치체계와 은연중 동일시하는 법을 배운다. 합리적인 동의를 구할 목적으로 드러내놓고 문자 그대로의 논의를 실행하기(혹은 실행에 덧붙이기)보다 말이다. 문학은 거의 비밀스런 방식으로 여러분의 동의를 구매하며, 그래서 정신을 점진적으로 변형하는 탁월한 도구이기도 하다. 좋건 나쁘건 간에 말이다. 아마 항상 조금은 약이거나 조금은 독일 것이다. 그저 선생은 비밀스런 것과 협상해야 하고 그것을 가시화해야 한다.

내포 독자가 문학에 제공하는 동의가 그저 이성적인 것 이상이라는, 실로 아마도 비밀스런 것이라는 나의 요점을 강조하기 위해, 내가 제시할 첫 번째 예는 아마 나 자신이 그 전형-사례(type-case)가 될 하나의 텍스트이다. 하나의 문화 텍스트로 쓰여 들어간 '나 자신'을 만들어내는 것, 소외시키는 동의의 예를 드는 것은 '불신의 의도적 정지'라는 헤게모니적 개념에 대한 직접적 도전이기도 하다. 이 개념은 영국계-미국인 엘리엇(T. S. Eliot*1888-1965,

현대인의 정신적 폐허 상태를 그린 장시 『황무지』를 썼으며 1948년에 노벨 문학상을 수상함. 미국 태생인데 1927년에 영국에 귀화함), 영국인 리처즈(I. A. Richards*1893-1979, 현대문학비평 영역을 출범시켰으며 『의미의 의미』, 『문학비평의 원리들』을 썼다), 유럽계-미국인 허버트 마르쿠제(Herbert Marcuse*1898-1979, 독일 출생의 미국 철학자로 프랑크푸르트 학파의 사상가)와 같은 영향력 있는 인사들을 경유해 여전히 적극적인 정통성을 발휘하고 있다.

내가 예로 드는 것은 영어로 쓰인 텍스트가 아니다. 여러분 중 몇몇은 무차별적인 영어 번역본을 읽었을지도 모른다. 그것은 라빈드라나트 타고르(*1861-1941, 콜카타 태생이며 1877년에 영국에 유학하여 법률을 공부하며 유럽 사상과 친숙하게 되었다. 귀국 후에는 벵골어로 작품을 발표하는 동시에 자신의 작품 대부분을 영역하였다. 1909년에 출판한 시집 『기탄잘리』로 1913년에 아시아인으로는 최초로 노벨 문학상을 수상함)의 단편소설 「디디」(DiDi), 즉 「누나」이다.[3] 여기서 나의 요점은, 내포 독자가 문화적 가치 패턴들 속에 끌려들어가는 방식을 예증하는 것이다. 내포 독자가 하나의 텍스트에 동의해 그 텍스트의 판단들에 '그렇다'고 말할 때, 달리 말해 그 텍스트를 즐겁게 읽을 때 말이다. 문화적으로 이질적이면서 헤게모니적인 텍스트들을 내포 독자에게 즐겁게 읽으라고 우리 학생들에게 가르칠 때, 그때의 동의는 어느 정도 소외를 초래할지도 모른다.[4]

「디디」는 간단한 이야기이다. 쇼쉬(Shoshi)는 어느 노부부의 외동딸이었다. 그녀의 남편 조이고팔(Joygopal)은 장인 장모의 재산을 상속받기를 희망했다. 쇼쉬의 부모는 중년이 넘어 아들 하나를 얻었다. 부모님이 돌아가신 후 쇼쉬는 고아가 된 어린 남동생을 자신의 아들들보다 더 애지중지하며 가슴에 끌어안고 좋아했다. 조이고팔은 자신이 유산을 못 받게 된 데 화가 치밀어 그 고아 소년에게서 유산을 빼앗고자 온갖 일을 도모하는데, 처남의 중병을 방치함으로써 그 죽음을 앞당기고자 무진 애를 쓴다. 이 시점에서 영국인 관리가 그 구역을 감찰하러 오고 쇼쉬는 남동생을 그 관리에게 넘긴다. 그녀는 곧 미스터리 같은 죽음을 맞이하고 밤새 화장된다.

---

3) Rabindranath Tagore, "Didi," in *Galpaguchchha* vol. 2 (Calcutta: Visva-Bharati, 1975). 스피박의 번역임.

4) 나는 「포스트-식민적인 진부한 것 속으로의 또 한 번의 도약」(Once Again a Leap into the Post-Colonial Banal, 1991년 3월 1일에 프린스턴 대학 〈역사학 연구를 위한 데이비스 센터〉에서 발표된 논문)에서 교실 바깥에서의 이러한 소외에 대한 역사적 설명을 제시했다. 이 설명은 마리네나 차우이(Marilena Chaui)의 『순응과 저항 사이에서』(*Between Conformity and Resistance*, trans. Maite Conde, New York: Palgrave, 2011)에 나오는 소외에 관한 또 다른 명민한 설명에 의해 수정될 필요가 있다.

나는 이 이야기를 수차례 읽었다. 나는 이 이야기의 내포 독자일 뿐만 아니라 성공적인 내포 독자이다. 이 이야기를 그렇게 많이 읽었는데도 그때마다 그 멋진 감상적인 결말에 나는 울컥해진다. "쇼쉬는 헤어지는 자리에서 우리는 다시 만날 거라고 남동생에게 말했다. 그 약속이 어디서 지켜졌는지 나는 모르겠다."(p. 290) 달리 말해 이러한 동의는 하도 강력해서 내가 이제 시작할 분석과 예전에 실행했던 분석으로도 그것을 심각하게 막을 수 없다. 바로 이 점으로 인해 문학은 이데올로기적 변형의 탁월한 도구가 된다. 좋건 나쁘건, 약이 되건 독이 되건 말이다.

우선 읽기에 대해서도, 또 무엇인가를 읽는 것에 대해서도 '그렇다'고 긍정함으로써 더 많은 그러한 주제가 공고하게 될 수 있고 견실하게 될 수 있으며 무한정 '그렇다'고 말할 수 있다. 그런데 그것은 나의 계급과 경향(pravritti)의 여성들이기 때문이다. (다른 계급들 혹은 다른 경향들을 위해서는 중심에서 작동하는 다른 재현체계들이 있다. 그 짜임새(weave)는 개입과 우연의 작업에 의해 간섭을 받기도 한다. 다른 계급, 다른 역사, 다른 경향들의 한 세트 중 그 한 가지 예를 제시하여 보자. 젊은 여성 — 그 계급-가족-경향으로 말미암아 자신을 〈라쉬트리야 세비카 사미티〉(Rashtriya Sevika Samiti * 〈국립 여성 자원봉사자 위원회〉라는 힌두 여성의 기구)에 가입시킨 — 의 동의를 얻어내게 하는 것은, 개념과 은유로서 '시민권'이라는 잠재적인 기호-체계 속에 던져진 '종교'이다.)[5]

그렇다면 이 이야기에 대한 나의 동의는 어떻게 주어지는가? 나는 무엇에 동의하는가? 내가 이 이야기를 나의 문화적 자기-재현 안에서 즐겁게 읽을 수 있도록, 내포 독자로서 나는 어떻게 역사적으로 구축될 수 있는가? 혹은 구축되었던가?

타고르의 단편소설들 중에는 해방된 여성에 관한 것들이 많다. 이 이야기도 남동생에 대한 사랑으로 말미암아 해방된 마을 여성에 관한 것이다. 이 여성은 자신의 이기적인 인도 남편보다 공평무사한 백인 식민관리가 더 좋은 부모(ma-baap)가 되리라는 것을 간파하기에 이른다. 하지만 여성으로서 그녀는 자신을 백인 식민관리에게 바치는 쪽을 선택할 수 없다. 그녀는 뒤에 남기를 선택하는가? 혹은 그녀는 스스로 가부장적 제도에 갇히는 포로인

---

5) 나는 소위 문화적 이중구속을 해결할 게 아니라면 완벽하게 불필요한, 환상적인 '인도' 청중을 위해 쓴다는 이 애처로운 시도를 너무 손쉽게 유지하여 왔다. 〈라쉬트리야 세비카 사미티〉는 모성, 사회적인 일, 리더십이라는 이상을 갖고 1936년에 세워진 힌두 민족주의 여성 조직이다.

가? 그녀가 영국인을 자신의 아버지로 배당함으로써 남동생을 구원하게 되는 바로 그 가부장적 제도 말이다. (여기서 이슈는 유산과 자산의 이동이므로 영국인에게 아버지의 이름을 제공하는 것은 물론 핵심적인 가부장적 주제이다.) 아무튼 나는 벵골 도시 중상층 여성해방의 딸이라는 위치를 잠시 점유하는 내포 독자인 만큼, 쇼쉬가 가부장제의 포로로 남아 있기를 선택한 것인지 혹은 그녀 자신이 포로가 되기를 선택한 것인지, 이러한 상황 속에서 그녀가 어디쯤 서 있는 것인지 확신할 수 없다. 이는 미낙쉬 무케르지(Meenakshi Mukherjee*여러 인도 언어와 영어에 능통한 학자로 인도의 포스트식민 연구 분야를 형성하는 데 큰 역할을 한다. The Perishable Empire라는 저서를 썼으며 네루 대학에서 영문학을 가르쳤다)가 하나의 "흥미롭지만 포착하기 어렵고 입증할 수 없는 진술"이라고 잠정적으로 부른 상태로 남아 있을 게 틀림없다. 나는 반대감정의 병존이 일으키는 전율에 관해 나중에 말할 것이다. 여기서 내가 말해야 할 모든 것은, 이야기에 동의하고 제대로 된 읽기로부터 쾌락을 끌어내기 위해서는 어쨌건 전체 식민 제도를 토착 가부장제로부터 빠져나오는 하나의 길이라고 보아야 한다는 점이다.[6] 나는「서발턴은 말할 수 있는가?」에서 1829년에 과부의 자기-화형을 폐기하는 문제를 놓고서 벌어진 이러한 확신의 문화정치에 관해 썼다. 대부분의 산문에서 타고르는 그저 이야기를 하는 것도 아니고 어떤 요점을 제시하는 것도 아니지만, 새로운 벵골 산문을 또한 만들어내고 있었다.[7] 그러므로 여러분은 산문의 여러 수준에 있는 결(texture)이야말로 내포 독자의 동의를 주조하는 데서 강력한 역할을 한다는 제안을 수긍할 것이다.

타고르는 쇼쉬에게만 완전히 만개한 주체성을 부여한다. 타고르가 이 시기의 자기 글을 나타내는 표시인, 산스크리트어(Sanskrit*범어(梵語)라고도 하는데 BC 4, 5세기경부터 오늘날에 이르기까지 종교, 철학, 문학 용어로서 지식인들 사이에 사용되어 왔다.)와 일상 벵골어의 놀라운 혼합을 전개하는 것도 바로 만개한 주체성이라는 주제의 구축을 돕기 위함이다. 인도 결혼 제도를 굳건하게 하는 정서의 합법적 모델은 여전히 아닌 낭만적 사랑, 즉 프렘(prem)의 주체-행위자로서 쇼쉬를

6) 데이비드 하디먼(David Hardiman)은 영국인들이 농민들로 하여금 정의로서의 복수에 직접 접근하게 할 것이라는 농민들의 잘못된 믿음에 관해 논평한다(1991년 4월 12일에 프린스턴 대학의 〈역사학을 위한 데이비스 센터〉에서「고리대금업에 대한 농민 경험: 19세기 서부 인도」가 발표된 이후의 토론).

7) 나는 유명한 사람들을 언급할 때 인도 청중의 아우라를 보존하기 위해 성보다 이름을 거명하는 인도 관습을 유지했다. Rudyard Kipling, "The White Man's Burden," *McClure's* 12 (February 1899).

창조하는 데에는 어떤 문화적 불일치가 있다. 타고르는 이것을 비라호(biraho), 즉 고전 산스크리트어에서 풍부하게 이용 가능한 부재-중인-사랑(love-in-absence)이라는 모델의 능숙한 조정을 통해 가져온다. 조심성 있는 독자라면 쇼쉬의 주체성을 구축하는 데서 나타나는 이 표시를 간파할 것이다.

프렘의 행위자로서 쇼쉬 주체성의 산스크리트화에 개입된 불일치는 타고르에 의해 결코 아이러니하게 다루어지고 있지 않다. 그녀의 남동생 닐모니(Nilmoni)를 희생시킴으로써만 자비로운 아이러니를 출현시키는 것도, 스네호(sneho) 즉 애정의 주체 혹은 행위자로서 쇼쉬를 구축하기 위함이다. 그 예들은 많이 나온다. 나는 그저 그 텍스트의 즐거움을 나 자신에게 상기하기 위해 미미하나마 그 일부를 인용할 것이다. "*krishokaay brihatmastak gombheermukh shyambarno chheleti.*"

순수 산스크리트 음성학으로부터 출발함으로써 읽기를 거의 불가능하게 하는, 형용사들의 이 환상적인 모음이야말로 타고르에게 자신의 산문이라는 도구를 연주할 수 있게 하는 아이러니와 진중함을 나타내는 척도이다. "머리가-무거운, 심각한-얼굴을 한, 거무스름한 아이"라고 할 만한 번역에는 그 음성의 역학을 포착할 희망이라곤 물론 없다.

우리가 영문학 가르치기에 관해 생각하는 마당에 왜 고급문화의 토착어 텍스트를 읽는가?라는 물음으로 되돌아가 보기로 하자. 문학이라는 것을 가르치는 목표는 인식론적인 동시에 인식소적인(epistemic) 것이기도 하다. 지식의 대상들이 구축되는 방식을 변형하고 또한 아마 주체에 있는 욕망들을 변천시키는 것이 그 목표인 셈이다. 지식의 한 가지 대상, 아마도 그 주요 대상은 어쩔 수 없이 젠더화되어 있는 인간존재이다. 우리가 내포 독자에 근접하기 시작하는 것은 항상 이러한 에피스테메적 변형들을 통해서이다. 우리의 경우, 그 근접은 심오한 제국주의 아이러니를 지닌 이 작가한테 '벵골 르네상스'(Bengal Renaissance*19세기와 20세기 초에 걸쳐 인도의 벵골 주에서 펼쳐진 사회문화적 종교적 개혁 운동을 가리키며 힌두교의 여러 악습을 개혁하기 위해 우파니샤드의 가르침들과, 기독교와 서구 교육을 따르고자 함)라고 기술될 그러한 만남에 의해 비밀이 된(secreted) 새로운 자국어(vernacular) 문학들로써 매개된다. 그렇게 특수한 매개는 지겹도록 논평되어 왔으며, 인도 문화사에서 실로 진부하기 짝이 없다. 대부분의 상투어처럼, 이것도 인도의 문화적 자기-재현의 '진실' 중 일부가 되어 왔다.

타고르의 가장 의미심장한 에피스테메적 간섭 중 일부는, 여성과 관계된다. 그러한 '정신들'로 구성되고 그 정신들을 구성하는 여성들은 '내포 독자'를 문화적으로 대표하게 된다. 그러므로 영문학 가르치기의 문제는 식민주의의 진전과 분리되지 않는다. 게다가 남성에 의해 재현될 때, 여성은 악명 높게도 문화적 주체성의 고정되지 않은 부분이 된다. 그리하여 식민지의 자국어 문학에서 여성적 주체의 구축은, 문학 형식에 보전되어 교실에서 형성되는 정신들에 대한 감각을 우리에게 제공해 줄 수 있다. 이런 방식으로 식민지에서의 대영제국 문학을 위한 토대를 준비하는 작업으로서, 또 식민지에서의 대영제국 문학에 의해 준비되는 것으로서 식민지의 자국어 문학을 읽는 것은, '서구' 식민 담론 연구에서 종종 행해지는 다음과 같은 대조에 도전하는 셈이다. 즉 '중심'으로서의 '서구' 문학과 '주변부' 혹은 '부상하는' 제3세계 문학 — 이 경우, '인도' 문학(!) — 사이의 대조 말이다. '친밀한 적'이라는 아시스 난디(Ashis Nandy)의 개념이나 나 자신의 개념인 '침범하여 능력을 갖게 하기'(violating enabling)를 확장하여 양편 모두의 이질성을 고려하는 편이 더욱 생산적일 것이다. 제도를 변화시키기 위해서는 제도의 명명법이 우리에게 필요하다. 우리는 그러한 신념을 갖고서 중심/주변 혹은 지배적인/부상하는 것 사이의 대립을 해제하는 두 가지의 불연속적 방식들은 젠더와 계급이라는 점을 반복해서 주장해야 한다. 그리하여 농촌 여성을 경유해 에피스테메적 변형 기획에 참여하는 타고르를 살펴보는 것은 중요하게 보인다. 이것은 내포 독자를 구축하는 데서 더욱 흥미롭게 된다. 중심인물인 쇼쉬가 '동시대'의 그 이야기를 행복해하며 읽을 여성들의 계급에 속하지 않는다는 바로 그 이유 때문이다. 이와 같은 계급-분리는 협상 지점으로서 에피스테메적 변형의 더욱더 유연한 도구로 보이는 차이-속의-동일성(identity-in-difference)에 대한 감정을 허용한다. 예외적인 언더클래스(underclass)인 여성 자신이 영문학의 창조적 독자일 때 일어날 일은, 다음 섹션에서 고려될 것이다.

쇼쉬는 자유로운 간접 스타일(free indirect style)의 낌새는 전혀 없는 묘사적인 3인칭으로 된 우아한 산스크리트 산문에서 낭만적 사랑의 행위자로서 전개되고 있다.[8] 달리 말해 그 텍스트에서 수사학적으로 그녀는 산스크리트의 영향을 받은 주체성과 접근하지 않는 인

8) 보도된 직접 또 간접 스피치와 스타일의 배당이 갖는 중요성에 대해서는 V.N. Vološinov, *Marxism and the Philosophy of Language*, trans. Ladislave Matejka and I. R. Titunik (Cambridge, MA: Harvard University Press, 1986), part III 참조.

물로 제시된다. 그녀의 경우, 남편에 대한 사랑, 즉 프렘(Prem)을 고아 동생에 대한 애정, 즉 스네호(sneho)에 종속시키는 모습만 나타난다. 쇼쉬 자신의 변형되지 못한 결혼의 인식론뿐만 아니라 식민지의 기능인들을 포함하는 인도 가부장제의 전체 네트워크는, 그녀 남편의 부속물로서 쇼쉬를 젠더화된 사적 영역에 두고 싶어 할 것이다. 쇼쉬는 대영제국 식민 당국과의 직접적인 접촉을 확립함으로써 공공영역에 입장하며, 가부장적 폐쇄로 다시 입장한다. 그녀는 이러한 선택에 의해 파괴된다.

우리는 식민주체 생산의 이러한 알레고리 내부에서 대영제국 문학의 내포 독자와 관계 비슷한 것을 맺으면서 만개된 미래의 식민주체로서 고아 남동생을 본다. 이 주체는 누나를, 자신의 개인적 과거를 애도하지만 영국 나리의 왼팔에 에워싸이는데, 그 오른팔은 역사적 미래를 은연중 가리키고 있다. 그러나 아직 형성되지 못한 어린 남성을 역동적인 식민 미래 속으로 보내면서 자신은 그 정태적 문화 속에 남기를 선택하며 그 그림을 보충하는 것은 쇼쉬이다. 이러한 식민독자의 젠더화된 모델은 '실제' 독자와 동일하지 않으며 그래서 가부장적 셈법의 제도에서는 더욱 '여자'답다.

그렇다면 우리는 도시의 중산층 남녀 모델을 어떻게 구축할 수 있을 것인가? 이 남녀들은 이와 똑같은 재료의 똑같은 흐름들에 의해 짜이고 조합되며, 그 이야기의 쪽들에서 펼쳐지는 주체를 흥분시키는 차이-속의-동일성이라는 정신 틀(mind-set)로 읽어낸다. 쇼쉬는 토착 가부장적 구조들 내부에 남아 그녀의 영웅주의의 또 다른 지표인 양아버지로서 치안판사(Magistrate)에게 확신을 갖는, 풍부하게 구축되고 찬양받는 여성주체이다. 이것이야말로 이 이야기에 대한 그 어떠한 적절한 이야기이든지 간에 지니게 될 조건이자 효과인 태도들의 복합체이다. 그 구조는 살아남는다. 마두 키쉬와르(Madhu Kishwar*인도 여성운동의 기수)는 자신을 '페미니스트'라고 부르지 않을 것이다. 그 단어는 서양의 티를 너무 많이 내기 때문이다. 하지만 그녀는 (다른) 여성들의 권리들을 위한 일을 한다.[9]

그 치안판사는 이러한 반대감정의 병존이 일으키는 전율에 내밀하게 관여할지도 모르는 주체로서 구축된다. 그 가능성은 다음의 대화에 박혀 있다. "백인 나리는 '어디로 갈 거냐'고 물었다. 쇼쉬는 '나는 남편 집으로 돌아갈 거예요. 걱정거리는 하나도 없을 테니까

9) Madhu Kishwar, "Why I Do Not Call Myself a Feminist," *Manushi* 61 (November-December 1990): 2-8.

요.'라고 말했다. 백인 나리는 살짝 웃었다. 어떤 출구도 볼 수 없었다…."

이와 대조적으로 이웃인 타라(Tara)는 이야기의 시작 부분에서 남편들이 악당들이면 남편들에 맞서고, 끝에 가서는 자신의 분노를 터뜨린다. 하지만 그런 타라는 아픈 남동생을 돌보기 위해 남편 집을 떠나는 쇼쉬를 불쾌하게 여긴다. "네가 남편과 싸워야 한다면 왜 집에서 싸우지 않느냐, 집을 떠나는 이유가 무엇이냐? 남편은 남편이야"(p. 288)라고 타라는 말한다.

그 치안판사(대영제국 문학)는 쇼쉬가 그녀 자신의 문화에 자신을 희생시켜야 한다는 점을 (아마도) 가장 잘 이해하면서도 (미확정 미래) 닐모니를 책임진다. '최상의' 학생들이 다루고 있는 우리 대영제국 문학 수업들에서 그 치안판사(대영제국 문학)는 쇼쉬의 기능을 '긍정하고' '부정하는' 조야하면서도 인식 가능한 모델이다.

이제 나는 내포 독자권(implied readership)에 대한 이렇게 불가피하게 제한되고 분리된 동의가 키플링(Rudyard Kipling*1865-1937, 인도 뭄바이 태생으로 여섯 살 때 영국의 한 가정에서 양자로 지내며 학교를 다녔고 1882년에 인도로 돌아갔으며 그 뒤 중국, 일본, 미국, 아프리카 등을 여행했고 1890년에 영국으로 귀국해 작품 활동에 몰두했다. 1901년에 『킴』을 발간했고 1907년에 노벨 문학상을 수상함)의 『킴』(「디디」가 출간된 후 5년 안에 나옴 *인도에서 태어나고 자란 백인 소년 킴은 부모를 일찍 여의고 고아가 되지만, 백인이라는 특권으로 친구들 사이에 군림하며 지내다가 라마승을 알게 되어 그를 보좌하며 인도 북서부지역을 여행한다. 이 여행 중 킴은 '위대한 게임'이라고 이름 붙은 영국 식민 정부의 첩보활동에도 참여하며 영국인 성직자의 도움으로 학교 교육을 받기도 한다. 제국주의적 성장 소설의 틀을 따르고 있으며 인도는 영국의 식민통치를 받는 것이 좋다는 견해가 소설 곳곳에 배어 있지만 여행 중에 만나는 인도인들과 그들의 생각, 인도의 풍물 등은 이 작품에서 큰 부분을 차지한다.)에서 패러디되는 경위를 보여주고 싶다. 대영제국 문학과 인도 문학을 자비로운 정신에서 '중심'과 '주변'으로 구별하지 않을 필요가 특히 있다는 것은 바로 다음과 같은 이유 때문이다. 즉, 식민적인 상투적인 것의 역전에 의한 합법화 말이다. 거기서 일어나는 실재적 전위(real displacement)는 데사니(G. V. Desani*1909-2000, 케냐 태생인데 영국에서 교육받은 인도 작가이자, 불교 철학자이며 『하테르에 관한 모든 것』(*All about H. Hatterr*)이라는 소설을 썼다.)나 루쉬디(Rushdie*1947-, 인도 봄베이의 부유한 이슬람교도 가정 출신으로 14세 때부터 영국에서 공부하며 케임브리지 대학에서 역사학을 공부했다. 그는 이슬람 근본주의와 영국의 인종차별주의 둘 다 비판하며 인도계 영국, 인도계 미국 작가로 『한밤중의 아이들』, 『악마의 시』, 『치욕』 등을 썼으며 그 반이슬람적인 내용으로 인해 영국 경찰의 보호 아래 런던에서 숨어 지내다가 2002년부터 뉴욕에서 지낸다)와 같은 이주민 문학의 격렬한 조롱에서 나타난다. 다음 인용문은 『킴』에서 나온다.

> 캘커타 대학에서 석사를 받은 … 후레이 춘데르 무케르지(Hurree Chunder Mookerjee)는 교육의 이점들을 설명할 것이다. 라틴어와 워즈워스의 소풍에 대한 정당한 관심에 의해 획득될 표식들이 있었다. … 또한 무케르지 자신이 보여주었듯 『리어왕』과 『줄리어스 시저』와 같은 연극들에 엄격한 관심을 기울임으로써 더 멀리 나아갈지도 모르겠다. 그 책값은 4아나(anna)였지만 보우 바자(Bow Bazar)에서는 2아나 주면 중고를 살 수 있었다. 워즈워스나 버크(Burke)와 헤어(Hare) 같은 뛰어난 작가들보다 여전히 더욱 중요한 것은, 멘스의 기술과 과학이었다. … 후레이 바부(Hurree Babu*영국을 위해 일하는 벵골 첩보원, 킴의 직속상관)는 자신에게 확신을 주기 위해 영어로 담소하면서 "절대로 존재하지 않는 것을 어떻게 내가 두려워한단 말인가?"라고 말했다. 여러분이 경멸하면서도 마술을 탐구하는 것은 여전히 두렵고 끔찍한 일이다. 어둠의 모든 권력들에 대한 생생한 믿음을 갖고서 〈왕립 학회〉를 위해 민속을 모으느라고 말이다.[10]

이와 대조적으로 타고르는 선택된 생산적 모순으로서 주인공 여성 인물의 분명한 에피스테메적 변형을 재현함으로써, 부모를 대신하는(loco parentis) 식민주의자에게 그녀의 미래를 전승시키는 동안 여성의 문화적 자기-희생을 그 서사에서 수행하고 있다. 반면 키플링은 『킴』에 나오는 중요하지 않은 남성 인물에게 큰 소리로 숭고한 원칙을 말하면서 돈을 탐하는 미신적인 토착 문화에 대한 속박을, 식민주체의 독특한 실패를 보여주고 그것들을 비생산적인 모순으로서 묘사한다. (키플링은 예전의 중세적인 기호계에서나 있을 법한 좋은 인도인을 이해하고는 있었지만, 인도 여성을 심오한 내적 변화의 주체나 행위자로서 생생하게 그릴 수 없었다는 점을 우리는 알고 있다).

여기서 적어도 두 가지 요점을 말할 수 있겠다. 물론 키플링도 내 편에서 보면 이해관계에 따른 선택이지만, 키플링과 대조적으로 (타고르의 복잡하고도 공모적인 구조는) 식민지에서의

10) Rudyard Kipling, *Kim* (New York: Viking Penguin, 1987), pp. 210-211.

동의 양식으로서 더 선호될 수 있는 것으로 남는다. 그렇지만 토착 계급과의 제휴와 젠더화의 틀에서 보면 그 구조는 의심스러운 것이 된다. 영문학을 가르치는 액티비스트 선생은 우리의 제도권에서 수립되고 있는, 영문학과 토착 문학 사이의 분할을 해제하는 작업을 할 때라야만, 그 구조와 협상할 수 있다. (여기 예전의 제도에서 나는 (문학 가르치기를 통해) 이중구속을 활용할(play) 것을 권고하고 있는 중이다. mirabile dictu!) 선생은 자신의 토착 언어 기술을 사용할 수 있고, 수업 중인 학생들의 다언어적 기술을 끌어올 수 있다. 더욱 중요하게는, 〈근대 인도 문학 학부〉, 〈각 주의 방언 문학 학부〉, 〈비교문학 학부〉들은 영국과 토착 사이의 인위적인 분할을 해소하도록 함께 작업해야 한다.

나는 대영제국 문학과 식민/연방 문학들을 융합하자는 것이 아니라는 점을 분명하게 밝히고 싶다. 나는 경계들의 붕괴를 제안하고 있는 것도 아니다. 나는 협동적/기생적/대조적/저항적인 문학들 사이의 복잡한 관계가 문학 교수법에서도 드러나도록 하자고 제안하고 있다. 그 문학들은 서로 다르면서도 공모한다. 다시 한 번 나는 이 후렴구를 암송할 것이다. 이것은 공통된 오해이기 때문이다.[11]

나는 타고르의 계급-분할적인 젠더화와 대조되는 것으로서 비노디니 다시(Binodini Dasi)의 『나의 이야기』[12]를 끌어올 것이다. 식민주체한테 있는 생산적인 모순의 행위능력을 부인하는 키플링과 달리, 나는 타고르의 『고라』(*타고르의 대표적인 장편소설일 뿐만 아니라 인도의 으뜸가는 장편소설 중 하나이다. 또한 새롭게 등장한 지식인층의 사회의식과 지적 각성을, 큰 혼란의 도가니 속에 빠져 있던 인도 근대사의 중요한 과도기를 형상화한 일대 서사시이기도 하다)를 『킴』에 대항하는 작품임을 지적할 것이다.[13] (『고라』는 14장에서 더 논의될 것이다.)

『고라』(영국 인명인 토머스의 애칭인 토미에 적용되는 단어인 '휘트니'가, 여기서 완벽하게 받아들일 수 있는 가우르모한(Gaurmohan*북인도의 한 종족)의 애칭임)는 『킴』(1901)이 출간된 지 5년 후에 등장했다. 두 소설의 주인공들은 세포이 항쟁(the Indian Mutiny*동인도회사를 통해 인도의 부와 자원을 무자비하게 약탈하

---

11) 철학과 문학 사이의 관계와 관련하여 최소한의 자료 작업에 근거한 그러한 오해의 한 가지 예로는, Jurgen Habermas, *The Philosophical Discourse of Modernism: Twelve Lectures* (Cambridge, MA: MIT Press, 1987) 참조.

12) Binodini Dasi, *My Story and My Life as an Actress*, trans. Rimi Bhattacharya (New Delhi: Kali, 1998). 여성 자서전이라는 맥락에서 이 텍스트를 읽는 글로는 Partha Chatterjee, "Their Own Words: An Essay for Edward Said," in Michael Sprinker, ed., *Edward Said: A Critical Reader* (Oxford: Blackwell, 1992) 참조.

13) Tagore, *Gora*, trans. Sujit Muherjee (India: Sahitya Akademi, 1997). 인용된 그 구절은 477쪽에 나오며 수정된 번역임.

던 영국의 횡포와 인도의 문화와 종교에 대한 무지에 맞서 1857년 5월에 북부 인도의 작은 도시 밀라트에서 동인도회사에 고용된 인도인 병사들인 세포이들이 일으킨 항쟁을 가리킨다.) 동안의 아일랜드 출신 고아들인데 인도인이 되었다. 그러나 두 소설 사이의 차이는 거기서 끝난다. 고라는 민족주의자 인도인이자 엄청나게 정통적인 브라만이 된다. 그 소설의 결말에 이르러 그는 자신이 브라만이 아닐 뿐만 아니라 출생상 힌두인도 인도인도 아니라는 점을 발견한다. 그 자신이 인도인이 되기로 선택했으니 자신이야말로 가장 진정한 인도인임을 깨닫는 것은 바로 그때이다. 그의 깨달음은 여성 담론에 박혀 있다. 먼저 그의 (양)아버지와 달리 카스트 차이를 준수하지 않았던 그의 (양)어머니와 인도를 동일시하는 고라의 태도가 그렇다. "어머니, 당신은 카스트 원칙도, 혐오도 경멸도 갖고 있지 않아요. 당신은 나의 인도입니다." 그때 지금까지 쫓겨나 있던 불가촉천민(untouchable*카스트에 따른 인도인의 신분은 브라만(승려), 크샤트리아(왕이나 귀족), 바이샤(상인), 수드라(피정복민 및 노예, 천민), 수드라 아래에 '닿기만 해도 부정해진다'는 불가촉천민이 있다. '카스트를 부여받지 못하고 그 바깥에 있다'고 하여 아웃카스트(outcaste)라고도 불린다. 오늘날에는 이런 차별적 호칭을 쓰는 것은 법적으로 금지하고 있어 마하트마 간디가 '신의 아들'이라는 의미로 쓰기 시작한 하리잔(Harijan)이나 이에 반발하여 생겨난 스스로를 핍박받는 자라는 뜻을 지닌 달리트(Dalit), 혹은 정부의 공식 호칭인 예정 카스트(scheduled caste)라고도 한다. 불가촉천민은 카스트 제도 밖의 구성원이라 인간사회의 한 부분이 아닌 그 아래에 있는 무엇으로 여겨지며 오물 수거, 시체 처리, 가죽 가공, 세탁, 도기 제조 등에 종사했다.) 하인을 불러들이는 일이 다음과 같은 방식으로 진행된다. "이제 너의 라츠츠미아(Lachchmia)를 부르렴, 나한테 물 한 잔을 가져다 달라고 하면서 말이야." 또한 해방된 브라만 여주인공을 인정하라는, 고라에 대한 어머니의 요청은 결국 "고라야, 이제 베노이(Benoy)를 부르렴"(p. 572)이라고 하는, 남자 친구를 부르라는 요청으로 완곡하게 표현된다.[14] 이것은 『킴』의 끝부분에 나오는, 언덕 꼭대기에 있는 라마(Lama*높은 사제)에 대한 킴 오하라(Kim O'Hara)의 역사적 '느낌'과는 다르다고 하겠다.

〈혼합된 카스트의 '진정한' 인도인이라는 주제〉에 대해 내가 논평하고 있다면, 나는 이 형상을 마하스웨타 데비의 메리 오라온(*데비의 「사냥」에 나오는 여주인공)과 대조해야 할 것이다. 그러면 계급과 젠더의 영역들(물론 식민성과 포스트식민성)이 다시금 작동할 것이다.[15] 그러

14) 내가 갖고 있던 『라마』를 다른 곳에 두었고 도서관에도 그 책이 없었을 때, 이 문단을 나한테 읽어준 라네스 차크라보르티에게 감사한다.

15) Masweta Devi, "The Hunt," in *Imaginary Maps: Three Stories*, trans. Gayatri Chakravorty Spivak (New York: Routledge,

나 우리는 카스트가 섞인 메리와 키플링의 인도인인 아일랜드인(Irish-as-Indian) 주인공을 대조하면서, 거기서는 중세적인 공리를 여기서는 민족주의적 공리를 주목해야 할 것이다. 가능한 역동적 미래와 대립되는 코드화된 과거라는 것을 말이다. 킴은 E. M. 포스터(Forster)의 필딩(Fielding*포스터의 『인도로 가는 길』에 나오는 인도에 사는, 인도에 우호적이라고 하는 영국인 의사)에 의해 다시 한 번 돌아온다. 킴과 필딩의 미래는 식민지들에 의해 심각하게 표시되지 않는다. 고라에게 행위능력은 민족으로서의 식민지에 의해 하사된다. 선택의 주제는 여기서도 중요하다.

그러나 고라는 쇼쉬처럼 분할된 주체가 아니다. 그가 문화로의 복귀를 선택한다면, 그는 또한 미래의 계승자이기도 하다. 희생의 주제는 덜 양가적(ambivalent)이어서 고라에게 덜 흥미롭다. 식민독자(the colonial reader*오늘날 식민 시대를 읽는, 여성으로 형상화된 독자)는 쇼쉬와 계급적으로 분할되어 있는 만큼이나 인종으로도 젠더로도 분할되어 있다. 바로 그러한 인종으로 또 젠더로 거리를 두고 있는 위치로부터 보자면, 식민 독자가 찬성하는 재현체계는 그녀 자신의 정체성을 무대화할 때에도 다시금 상당히 접근할 수 없게 된다. 그러나 이번에는 토착 여성의 경우에서처럼 '위로부터'가 아니라, '아래로부터'이다.[16] 문화적 선택과 미래의 유산은 인도인이 되기로 선택한 백인 남성이라는 똑같은 환상적 인물에 속할 수 있다.[17] 독자권의 이러한 진전은 위로부터건 아래로부터건 영웅과 독자 사이에 무대화되는 차이와 연기 속에 번창한다. 예전의 식민지에서 제국 문학과 식민 문학을 제도권에서 가르치는 선생은 제국 문학과 모국어(들)로 된 식민 문학(들) 사이의 제도적 차이를 끈질기게 해소함으로써만 (결코 동일성이 아니라) 차이의 이 공간을 열 수 있다. 젠더, 계급, 인종을 협상하는 이러한

1993), pp. 1-6). (이후 이 텍스트에서의 인용문은 쪽수와 함께 본문 중에 IM이라고 표기하기로 한다.) 또한 이 책의 2장 참조.

16) 제국주의적 유혹의 일반 텍스트에 나오는 문화적 선택과 승리를 나타내는 농촌 여성으로서 사라다 데비(Sarada Devi)의 우아하게 무대화된 재현은, 우리가 논의하고 있는 주제에 관한 복잡한 하나의 변주이다. (Swami Gambhirananda, *Srima Sarada Devi*, Calcutta: Udbodhan, 1954, pp, 1-6). 나는 이 점을 「문화가 아니라 상상: 특이한 예」("Imagination, not Culture: A Singular Example," William James Lecture, Harvard Divinity School, April 10, 2008)에서 좀 더 자세하게 논의했다.

17) (덜 고양된 영역에서 말할 것 같으면 요리하는 중간 계급 남성처럼) 대단한 이름을 날린(publicity), 이 장르로 특출한 백인들이 좀 있다. 그들은 문화적 재현을 위해 열렬히 파악된(grasped) 비축(eodur)을 알리바이로 제공한다. 우리는 리처드 애튼버러(Richard Attenborough)의 『간디』(1982)에서, 『늑대와 춤을』(1990)의 주인공에 관한 개념에서, 독자가 채울 수 있는 다른 수많은 나중 영화들에 나오는 그들의 역할에 관해 생각해 본다.

차이들의 적극적 벡터들이 나타나기 시작하는 것은 바로 그때이다.[18)]

이제 식민시기 동안 공연하는 바로 그 집에서 일어난, 이러한 해소의 공연을 고려하여 보자. 나는 19세기 말 캘커타의 전문적 무대를 언급하고 있는 중이다. 제도권의 차이를 해소하는 한 가지 예를 들기 위해 나는 비노디니(Binodini Dash*1862-1941, 캘커타에 기반을 두었던 여배우. 매춘에 의해 태어난 그녀는 열두 살부터 캘커타 국립극장의 설립자 기리쉬찬드라 고쉬의 조언과 지도하에 벵골어로 연기를 시작했는데 23살에 갑작스럽게 연기 생활을 끝냈고 1931년에 자서전을 펴냈다. 그녀는 벵골 극장의 선구적인 사업가로 일했고 유럽 양식과 토착 양식의 혼합을 통해 무대구성의 근대적 기교들을 도입했지만 그녀의 하찮은 태생 때문에 인정받지 못했다. 그녀의 자서전은 명료하며 가정 영역에서의 여성종속에 대한 의식과 자각을 드러내고 있다.)의 『나의 삶』을 길게 인용할 것이다.

> 기리쉬-바부(뛰어난 배우 기리쉬찬드라 고쉬(Girishchandra Ghosh, 1844-1912)는 나한테 각 배역을 수행(performance)하는 법을 아주 세밀하게 가르쳤다. 그의 가르치는 방법은 경이로웠다. 우선 그는 각 배역의 본질[bhab-bhava]을 설명해 주었다. 그런 다음 그는 우리한테 그것을 암기하라고 청하곤 했다. 그런 다음 시간이 났을 때 그는 우리 집에 와서 암리트 미트라(Amrit Mitra), 암리트-바부(Amrit-Babu)(부니 바부(Bhuni-bubu))와 다른 사람들과 함께 앉아 있곤 했다. 그는 우리에게 많은 다른 영국 여배우들의 글들과 셰익스피어, 밀턴, 바이런, 포프(Pope)와 같은 유명한 영국 시인들의 글들을 이야기인 양 우리에게 말해 주곤 하였다. 때때로 그는 책들을 큰 소리로 읽고 설명하곤 했다. 그는 다양한 동작들과 제스처들 [hab-bhab]을 하나하나씩 가르쳐 주었다. 이러한 세심함 때문에 나는 지식과 지성을 갖추고 연기를 배우기 시작했다. 전에 내가 배웠던 것은, 앵무새들의 영악함 같은 것이었다. 나는 별다른 경험도 하지 못했다. 나는 논쟁이나 추론을 갖고 뭐라고 말할 수도, 이해할 수도 없었다. 이제 나는

18) 식민적(대략 영국)과 신식민적(대략 미국), 이주민과 포스트식민 사이의 이러한 인위적 분리는 광범위한 장을 망라한다. 예컨대 하워드 위넌트는 **"당대 미국의 포스트모던 정치적 틀에서 헤게모니는 인종과 계급의 절합에 의해 결정된다"**(Howard Winant, "Postmodern Racial Politics in the United State: Difference and Inequality," *Socialist Review* 20. 1, January-March, 1990: 137. 원문의 강조임)고 주장한다. 여기서 '포스트모던'은 근대화 단계 이후의 것일 뿐만 아니라 정통 사회주의적 급진주의 이후의 단계에 진입하는 신식민주의라는 (나한테는) 불만족스런 의미로 사용되고 있다. 여기서 제안되고 있는 커리큘럼 상의 재-배치는 우리의 상상보다 더욱 광범위한 의미를 함축할지도 모른다.

선택된 배역을 나 스스로 어떻게 연기할 것인지 가늠할 수 있었다. 영국의 거물급 배우들이나 여배우들이 왔을 때, 나는 열렬히 그들의 연기를 보고자 했다. 그리고 극단의 감독들은 나한테 영국 무대를 보여주려고 나를 데리고 가는 수고를 마다하지 않았다. 내가 집에 돌아왔을 때, 기리쉬바부는 "자, 이제 네가 본 것에 관해 좀 들어 보자꾸나"라며 청하곤 했다.(pp. 78-79; 수정된 번역임)

여기서 실로 수행할 가르치기가 나온다. 남자들은 여자들을 잡아두는 자들(*남자들)의 '내부' 술수를 여자들에게 가르친다. 남자들 자신이 '외부'를 일반적으로 해독하기 위해, 더 깊숙한 '내부' 속에서 발생된다는 도구들을 갖고 그 '내부'를 코드화할 때 말이다. 이때 외부란 영국 관객을 말한다. 영국 관객은 인도 남녀들에 의해 유지되는 '내부들'과 상당히 다르다고 확고하게 간주되는 '내부들'을 소유하고 있다고 가정된다. 그러나 경건한 식민주체, 보편주의의 점잖은 얼간이는 그 술수를 완벽하게 배우겠다는 생각만 한다. 가르치기와 배우기의 수행은 그저 모방이 아니다. 전미래에 무엇인가를 생산하는, 고의적이고 기이하며(canny) 대대적인 에피스테메적 변형(의 재현)이야말로 여기서 우리가 목격하고 있는 것이다. 이것은 부드럽게 된 『나티야 사스트라』[19]가 아니다. 서구의 도제살이 수련이 암기식 학습 대신에 분석적 학습을 도입한다는 개념은, 19세기의 교육을 둘러싼 논쟁들에 철저하게 깃들어 있었던 감성이며 오늘날까지 지속되는 감성이다. 나는 이러한 지적을 어떤 인도 여성 무용수로부터 들었다. 그녀는 구식 인도 남성 선생한테서 자신의 춤을 배웠지만 기리쉬바부와 같은 방법을 쓰는 유럽 남성 감독과 협동하는 데로 진출했다.[20]

---

19) 『나티야 사스트라』(*Nātya Sāstra*)는 극작법, 연극, 음악, 춤 등에 관한 간명한 텍스트인데 200 BCE와 200 CE 사이의 여러 손들에 의해 쓰인 것이다. 나의 경멸적인 음조는 모든 것을 '전통'으로 되돌려 언급함으로써 인도 공연의 근대성을 부인하는 비평가들을 향하고 있다. 이 텍스트에 대한 좀 더 많은 지적이 이 책의 3장 「'문화적으로 다른' 책을 어떻게 읽을 것인가?」에 실려 있다.

20) 이 논쟁에 대한 진지한 설명으로는 J. P. Naik and Syed Nurullah, *A History of Education in India*, 2nd 수정본(London: Macmillan, 1951) 참조. 가장 최근의 서지사항은 산주크타 파니그라히(Sanjukta Panigrahi)에 대한 것인데, 1991년 2월 20일에 벨라조(Bellagio)에서 열렸던 상호-문화적 공연에 관한 학술회의에서 유지니오 바르바(Eugenio Barba)와 함께 한 강연 후 있었던 토론 내용이다. '암기식' 학습을 '분석적' 앎과 대립된다고 폄하하는 것은 더 이상 그 의제에 분명하게 올라가 있지 않으며, 19세기 제국주의적 보편주의를 질문하지 않고 이데올로기적으로(또 그래서 종종 부지불식간에) 수긍하는 증거를 보여주는 셈이다. 그 기획은 영국 화행 이론에 도전하는 어떤 인도 화행 언어학에서 제안된 이해 이전의 지식이 지니는 전제들을 재-기입하려는 것이다(Bimal Krishna Matilal, "Knowledge

더 나중에 나오는 한 대목은 에피스테메를 재현하는 인식론적 기획에 합리적인 학습 원칙이 얼마나 완벽하게 영향을 미치는지 우리더러 감지하도록 해 준다.

대화의 다른 토픽들은 내게 별로였다. 나는 위대한 대영제국 배우들과 여배우들에 대한 기리쉬-바부의 설명들과 그가 내게 읽어주었던 책들만 좋아했다. 시드니스(Sidnis)(시돈즈 Siddons) 부인이 무대 일을 그만두고 10 년간 결혼 생활을 한 다음 무대로 돌아왔을 때, 비평가들이 간파한 그녀 연기의 결점들, 그녀 연기의 탁월했거나 부족했던 면면들, 이 모든 것들을 그는 나한테 일일이 읽어주면서 설명해 주었다. 그는 또한 어느 대영제국 여배우가 자신의 목소리를 숲 속 새의 노래와 혼합시키는 목소리를 어떻게 냈는지 나한테 말해 주곤 했다. 엘렌 테리(1847-1928*19세기 최고의 영국 여배우)의 의상은 어땠는지, 브랜드먼이 햄릿 역할을 어떻게 했는지, 오필리어의 의상은 꽃들 사이에서 어땠는지, 반킴찬드라의 『두르게슈난디니』(*Durgeshnandini*)는 어떤 책을 모방했는지, 영어 책 『라자니』(*Rajani*)는 그 아이디어들[bhab=생각들]을 어떻게 얻었는지를 말이다. 나는 이렇게 많은 것들을 어디서부터 시작할지 모르겠다. 존경받는 기리쉬-바부와 다른 여러 다정한 친구들의 사랑과 관심 덕분에, 나는 더 위대한 영국, 그리스, 프랑스, 독일 작가들의 이야기들을 얼마나 많이 들었는지 헤아릴 수도 없을 정도였다. 나는 그 이야기들을 들었을 뿐만 아니라 거기서부터 아이디어들[bhab=분위기]을 수합했고 그것들을 끊임없이 성찰했다. 이렇게 한 결과, 내가 정원을 보러 갔을 때, 나의 본성 [shabhāb-swabhāva]은 거기 있는 건물들을 좋아하지 않았고 야생 꽃들로 빛나는 은둔 지점들을 찾고자 할 정도가 되었다. 아마도 내가 저 숲속에 살았을 거라고, 나무들로부터 영원히 자양분을 받고 있다고 느끼곤 했을 것이다! 모든 식물과 봉우리로 친밀하게 뒤섞인 아름다움을 보는 동안 나의 마음은 자체를 어딘가에 던져 놓곤 했다. 나의 영혼이 기쁨으로 춤추는 것 같았다고나 할까! 내가 때때로 강둑에 나갔을 때, 나의 마음은 파도로 가득 찬 양, 이 강물의 파도 속에서 내가 영원히 놀고 있었던 것 같은 느낌을 받곤 했다. 쿠치비하르에 있는 강둑의 모래는 가장 사랑스러운 돌비늘(mica)로 가득 차 있었다. 나는 나의 거주지에서 상당히 떨어진 그 강둑에 혼자 종종 가서 모래 위에 누워 파도를

---

from Linguistic Utterances," in *The World and the World*, Delhi: Oxford University Press, 1990).

바라보곤 했다. 파도들이 나한테 말을 걸고 있는 듯 나는 느끼곤 했다.(pp. 80-81, 수정된 번역)

이렇게 확장된 대목의 수사학은 제국적 텍스트의 모순적인 내포 독자로서 식민주체의 구축 과정을 펼쳐준다. 실로 비노디니는 어느 대학생도 그렇게 하지 못할 방식으로 영문학과 유럽 문학 교육을 받고 있었다. 잘 읽는 법을 배우는 것은, 텍스트에 '아니오'라고 말하기 위해서만, 달리 말해 부정을 수행하기 위해서만, 결을 거스르기 위해서만 '그래요, 그렇지요'라고 말하는 것임이 확실하다. 그러나 수행의 그러한 일반적 의미와 모방하기 위해 수행한다는 좁은 의미 사이에는 엄청난 정도의 차이가 있다. 비노디니는 자신의 정보를 올바르게 하지 않으면 안 되었다. 고유명사는 종종 잘못 쓰여 있다. (엘렌 테리는 벵골어로 'Ellentarry'라는 단수로 나오며, '오필리어'는 밴드먼(Bandman) 씨와 시드니스 부인과 같은 현실의 영역에 거주한다.) 하지만 여기서 우리는 앎과 배움 사이의 차이를 본다. 엘렌 테리는 반킴(Bankim*1838-1894, 캘커타 태생으로 근대 벵골 문학의 아버지로 불린다. 부유한 가정에서 태어나 어릴 때부터 영어교육을 통해 서구문학의 영향을 받았으며 1872년에 월간지 작업을 통해 벵골인의 문화적 향상을 꾀하는 동시에 운문 대신 산문을 문학 용어로 확립하고자 애썼다.)과 자신을 동일시한다. 반킴은 벵골의 바로 그 바부-문화에 의해 성공적인 식민주체로 인정되는 대가-창조자(master-creator)인데, 키플링은 그를 조롱한다. 반킴이 대영제국 문학의 분위기(bhab)를 받아들였다면, 엘렌도 그러할 것이다. 반킴은 쓰기 위해서, 엘렌은 공연을 통해 해석하기 위해서 말이다. 반킴 자신이 인식하듯, 공연-중인-읽기는 글쓰기의 일종이다.

> 어느 날 반킴-바부는 자신의 『므리나리니』(*Mrinalini*)를 보러 왔고, 나는 그때 '마노라마'(Manorama) 역할을 하고 있었다. 반킴-바부는 마노라마 역을 보더니 다음과 같이 말했다. "나는 책에 마노라마의 성격을 쓰기만 했지 나 자신의 눈으로 그것을 보리라고는 결코 생각하지 못했다. 오늘 마노라마를 보면서 나의 면전에서 나의 마노라마를 보고 있다는 생각이 들었다."(p. 81, 수정된 번역)[21]

21) 바로 마노라마의 역할을 하는, 모욕받은 아내의 연기에 대한 비노디니의 증언적 재현과 타고르의 문학적 재현 사이의 대조를 보기 위해서는 "Manbhanjan," in *Rabindra Racanabali*, vol. 7 (Kolkata: Paschim Banga Sarkar, 1961), pp. 282-289 참조.

이 긴 구절에서 보듯 전문적인 무대라는 공공영역과 자아라는 사적 영역은 교실에서 일어날 수 있는 일의 좀 더 명확하고 좀 더 강한 모델로 상호 침투한다. 이 재능 있는 여성 장인 비노디니의 더할 나위 없는 수사에서 에피스테메적 시뮬라크럼(simulacrum*원본이 아닌 허구, 가상이미지, 실재의 모방)은 고집스럽게 유지된다. 번역자는 모든 '~하는 양'을, 모든 '아마도'를 보전하고자 주의했다. (그러한 표현 없이 벵골 문장들을 구축하는 것도 가능하기는 했을 터이다.) 비노디니가 영원한 자양분의 자리로서 상상한 것은 '실재적' 본성이 아니다. 오히려 그것은 온실에 심어져 있는 나무들이다. 파도에 관한 문구에서 파도의 위치는 미확정적인 것으로 잘 만들어져 있다. 하지만 사실 드러내놓고 융합하는 도구인 파도들은 강과 가슴 사이의 분리를 보전하면서도, 형상에서 형상으로 그 분리를 탈구시킨다. 이러한 수사학적 분출은 비노디니의 죽은 보호자를 찬양하는 제의적 언어 — 그 내부에서 자서전의 틀이 세워진다 — 와의 동행을 깨뜨리지 않는다. 우리가 내포 독자로서의 식민주체 모델을 탐색하던 와중에, 이렇게 철저하게 자비롭고 완전히 지배적인 남성 독자의 기능에 연루되어야 하는 것은 적절하게 보인다.

비노디니는 농촌의 서발턴이 아니었다. 그녀 자신이 다음과 같이 말하고 있다. "나는 캘커타라는 이 위대한 도시에서, 자원도 자산도 없는 가정에서 태어났습니다. 그러나 가난에 찌들었다고 할 정도는 아니었습니다. 좀 고통스럽긴 해도 우리는 함께 먹고는 살았습니다. … 나의 할머니, 나의 어머니, 우리 남매가 말입니다."(p. 61, 수정된 번역)

여자들로 된 가정은 결혼을 그저 소비하기 위한 교환의 사회-경제적 제도로 볼 수 없는 다른 담론 구성체 안에 있다. "그러나 우리의 지각력과 더불어 가난의 고통은 커져 갔고 우리 할머니는 다섯 살짜리 아이인 남동생과 두 살 반 먹은 소녀(아이Shishu와 소녀Baika를 구분하는 비오다니의 유희) 사이의 결혼을 성사시켰고, 소녀 어머니에게 얼마 되지 않는 예물을 혼수로 가지고 오게 했다. 그런 다음 우리는 그 예물을 팔아 생계를 유지했다."(p. 61, 수정된 번역)

비노디니가 47쪽에 쓰고 있듯, 그 모든 의미에서 여성 개인주의자로서 자신을 무대화하려는 그녀의 명민하지만 좌절된 시도는, 그녀를 좌절시켰던 실용적인 가부장적 문화와 별로 각을 세울 필요도 없이 편안하게 함께 하도록 한다. 그녀에게서 표현되고 있는 감성들은 가부장적 문화에서 나오는 것도 아니다. 그러한 점을 신호하는 것은, 쉬슈와 바이카 사이의 유희만이 아니다. 다음 몇몇 문장들은 바로 그 점을 강조한다. 기억에 남는 것은, 완전하지 못한 아동 결혼이라기보다 나이 든 여자들의 정(sneho)이기 때문이다. "나의 할머니와 존경받는 어머니는 가장 다정한 [snehomoyee] 사람들이었다. 그녀들은 대장장이의 가게에 가서 예물들을 하나씩 하나씩 팔아 온갖 종류의 음식을 우리에게 먹이곤 하였다. 그들은 그 예물에 대해 전혀 유감스럽게 여기지 않았다."

남동생은 결혼 후 곧 죽었다. 다른 여자들의 생계를 위해 자신의 예물을 빼앗긴 그 여아 신부에게 무슨 일이 생겼을까? 우리는 알 수 없다. 하지만 페미니즘의 비극은 비노디니의 야망에 대한 명확하고도 가시적인 남성주의적 억압에서만이 아니라, 기억되지 못한 아동 과부의 무명성과 자서전 작가의 교묘한 층위를 지닌 회상록 사이에서 넓어져 가는 간극에도 있다. 그것에 의심의 여지가 있을 리 없다.[22] 경쟁적인 여성에 대한 남성의 억압은 신랄한 이야기이다. 거기서 정치적으로 올바른 판단이란 사소하게 명확한 것일 뿐, 식민성이라는 맥락에서 그 판단은 전부가 아니게 된다. 페미니스트는 여성공간에서 바로 그러한 분할을 표시하겠다는 의심스런 과제를 안고 있다. 타고르는 소외된 아내 쇼쉬를 만개한 식민주체로 연출하고, 그녀를 내포 독자권의 모순 속에 완전히 집어넣어, 그녀를 sneho와 prem 둘 다의 행위자로 만드는 것이 어려운 일임을 발견했을지도 모른다. 그러나 매춘-수행자인 비노디니는 그 간극에 편안하게 걸터앉는다. 식민적으로 파열된 무대 공연을 통해 매춘은 지양되고 라시아(lasya *힌두 전통 신앙에서 부드럽고 여성적인 춤으로 표현되는 미의 여신)에 있던 오랜 교훈은 파괴되는데, 그 교훈은 prem이라는 또 하나의 영역에 보전된다.[23] 비노디니는 애지중지하던 〈스타 극장〉의 일부를 그녀의 소유로 만들어주겠다는, 실로 그 극장을 알고 있는 자들에게만 알려진 기이한 제유(提喩)인 'B-극장'이라는 이름을 붙임으로써 그녀의 이름을 보전해 주겠다는 남성들의 약속 불이행을 쓰라린 심정으로 경멸한다. 그렇지만 그녀가 무

22) 19세기 식민 시대에 페미니즘적 야망은 경쟁뿐만 아니라 계급-야망에도 틀림없이 관여했다는 주장은, 페미니즘을 폄하하기 위한 것은 아니다. 서구 맥락에서 이 점을 논의하는 책으로는 Elizabeth Fox-Genovese, *Feminism without Illusions: A Critique of Individualism* (Chapel Hill: University of North Carolina Press, 1991) 참조. 여기서 식민지와 서구 사이의 관계 또한 그저 대립적인 것만이 아니라 복잡하다. 권력을 가진 남자들이 비노디니의 야망을 억압했다는 사실은 페미니즘과 자본주의 비판 사이의 또 다른 복잡한 관계를 가리킨다.

23) 육욕의 극적 재현과 고유의 드라마 사이의 연관은 다모다르굽타(Damodargupta)의 『쿠티니마탐』(*Kuttinimatam*)에서 역으로 이용 가능하다(Mandakranta Basu, "*Lasya*: A Dramatic Art?," in Bimal Krishna Matilal and Purushottam Bilimoriya, eds., *Sanskrit and Related Studies: Contemporary Researches and Reflections*, Delhi: Sri Satguru, 1990 참조).

대를 떠난 오랜 세월 동안 그녀의 동반자이자 죽은 보호자에게 바치는 고양된 헌신의 특별한 언어는 더 큰 애정과 공명한다. 남성 애인의 행위능력은 남성적 불성실의 토포스(topos* 세계에 대한 통찰과 동시에 하나의 가치체계를 구성하는 금언들과 전제 요건들의 조직체인 topoi의 복수형. 문학 텍스트에 자주 나타나는 모티프의 고정된 형태)에 필요한 정도로만 현존할 뿐이다. 그녀의 독특한 연애시의 명백한 (자가) 에로티시즘이 그렇듯 말이다. 여성이 인식론적으로 파열되어 있을 때, 결혼은 여성을 무너뜨리는 제도일지도 모른다. 하지만 (옮겨 다니기보다) 상주 형태의 매춘은 기이한(peculiar) 자유로서 다시 코드화될 수 있다. 우리는 이것을 식민적 읽기의 알레고리로서 어느 정도로 받아들이고 싶을 것인가?

오늘날 영문학 교실에서는 하니프 쿠레이시(1954-*파키스탄 이주민 2세로 영국 켄트 지역에서 태어나 자랐으며 런던의 킹스 칼리지에서 철학을 전공했다. 영화와 연극, 소설에 이르기까지 전방위 문필가로서 왕성한 활동을 펼치고 있는, 현대 영국 문단의 주요 작가이다. 『나의 아름다운 세탁소』(1984)라는 각본은 영화로 널리 알려졌으며 루쉬디는 이 작품을 영국에서 활동 중인 신세대 유색인종 작가의 작품 중에서 가장 세련된 작품이라고 평가했다. 소설가로서 그의 존재를 알린 작품이 『시골뜨기 부처』이다.)의 『시골뜨기 부처』를 통해 한 가지 대답을 할 수 있겠다.[24] 그사이 100년에 걸쳐 식민성은 포스트식민성을 거쳐 이주로, "런던의 킹스 칼리지에서 철학을 읽었던" 남성 작가에 의한 문학적 재현"(책 표지의 선전 문구)으로 변천되어 갔다. 여기서 또한 토착민과 이주민 사이의 불편한 대립은 해소될 수 있거나, 삭제하에 (빗금을 그어 삭제를 가시화하는) 놓일 수 있다.[25] 다시금 혼융은 아니다. 아마 재배치의 바로 그 충격이 '진리들'을 터뜨리

---

24) Hanif Kureishi, *The Buddha of Suburbia* (New York: Viking Penguin, 1991). *이 소설은 1990년에 출간 즉시 영국과 미국의 언론으로부터 호평을 받으며 최고의 신인 작가에게 주어지는 '휘트브레드 상'을 받았다. 작가 자신의 분신이기도 한 주인공 카림 아미르를 통해 영국 내 이민자 소년의 성장을 따라가는 이 소설은 이민 2세로서 어쩔 수 없이 감당해야 하는 인종적 편견, 문화와 가치의 충돌 또한 예리하게 포착해낸다. 소설의 서두에 다음과 같은 카림 아미르의 독백이 나온다. "내 이름은 카림 아미르이고, 영국인으로 태어나 거의 그렇게 자랐다. 종종 내가 좀 웃기는 영국인이라는 생각이 든다. 뭐랄까, 말하자면 서로 다른 두 가지 역사적 배경을 가진 신종 영국인이라고나 할까?" 이처럼 런던의 변두리 지역에서 태어나고 자라서 인도어라곤 한마디도 못하는 처지임에도 그에게는 언제나 '카레 칠을 한 얼굴'에 따라다니는 또 다른 '카림'이 존재한다. 게다가 그에게는 요가와 명상 모임을 주도하며 일종의 '부처'로 추앙받는 아버지와 이미 부부라 할 수 없는 관계의 어머니, 아버지의 열렬한 지지자인 에바로 인한 가정불화까지 더해진다. 또한 당대가 환호하는 패션과 음악, 마리화나, 반항아와의 동성애, 여자들과의 섹스, 사회를 향한 불만과 일탈 욕구 등으로 카림의 하루는 좇아가기 버거울 정도로 다채롭다. 그런데도 시종일관 희극적이다. 마침내 교외 생활에서 벗어나 런던으로 입성한 카림에게 연극배우의 기회가 와서 키플링의 『정글북』의 모글리 역을 맡아 공연하게 된다. 그 공연에서 카림에게 쏟아내는 찬사 혹은 비판은 바로 영국 사회에 존재하는 다양한 목소리들이다.

25) 그 점은 「위치, 개입, 통약 불가능성: 호미 바바와의 대화」("Location, Intervention, Incommensurability: A Conversa-

도록 만든다. 오늘날 이중구속의 전개에는 그 어떠한 확신도 없다, 독자여.

카림(Karim)이라는 중심인물은 영국인이 되도록 허용되지 못할 것이다. 비노디니도 극장 건물을 짓느라 머리에 벽돌을 이고 다녔지만 사업가나 전문적인 개인주의자가 되도록 허용되지 못했던 것처럼 말이다. 그는 "영국인으로 태어났고 양육되었으니 나는 거의 … 영국인이다(나는 그 점을 자랑스러워하지 않는다), 나는 남부 런던 교외 출신인데 어디론가 자꾸 가고자 한다. 아마 나를 불안정하게 하고 쉽게 지겨워하도록 만드는 것은, 대륙들과 혈연, 이곳과 저곳, 소속과 무소속의 기이한 결합일 것이다."(p. 3)

이것은 쿠치비하르 강의 반짝이는 모래밭에서 비노디니가 보여준 불안정한 자기-분리를 가볍게 다룬 셈이다. 비노디니와 쿠레이시 사이의 차이는, 인도와 영국 사이의 차이만이 아니라 낭만주의와 실존주의적 모더니즘 사이의 스타일 차이(『호밀 밭의 파수꾼』, 『그물 망 아래서』에 나오는 소문자 e, 소문자 m)일 것이다.[26] 학생들이 영국 감독과 미국 감독으로부터 공연에 대해 배울 때, 카림은 '인도인'이냐는 질문을 받고 있거나 이주민들을 우호적으로 그리고 있다는 점을 학생들에게 주목시키도록 하자. 키플링의 『정글 북』에 나오는 모글리(Mowgli)의 역할이 카림에게 주어질 때, 카림은 자신의 피부색을 더 갈색으로 물들이고 (그의 어머니는 노동-계급 영국인이다) '인도 억양'을 내려고 할 게 틀림없다. 그런데 그는 결국 공연 중에 어쩌다가 런던내기 억양을 '내보내기' 시작한다.[27] 무대 바깥에서 그는 당대 런던의 인종차별주의라는 믿기 어려운 폭력 속에 여전히 살고 있다. 쿠레이시의 소설에서 이 폭력은 생생하게 묘사되어 있다.

카림의 아버지는 무슬림인데 스스로 행하라(do-it-yourself)는 부류의 책들로부터 불교 신도가 되며 '예술가' 여성에게서 성취감을 찾는다. 하지만 그에게는 진정한 양식(良識)과 진정한 비세속성이 있으며, 그들 사이의 사랑에는 달콤하면서도 성차별적인 면모가 있다.

지배적인 영국 사회는 인종차별적인 폭력과 '진정한' 인도인의 승인 사이를 왕복한다. 다시 한 번 말하는데 여기서 부인되는 것은, 식민적 · 포스트식민적 · 혼종적 주체의 생산

tion with Homi Bhabha," *Emergences* 1.1, 1989: 63-88)에서 민감하게 논의되고 있다.

26) J. D. Salinger, *The Catcher in the Rye* (Boston: Little, Brown, 1951); Iris Murdoch, *Under the Net, a Novel* (New York: Viking Prss, 1954).

27) Rudyard Kipling, *The Jungle Book* (New York: Penguin, 1987).

적인 인식소적 파열음이다. 예상되는 것은 키플링의 모글리나 교외의 부처이다. 아버지의 변형은 1인칭으로 제시된다. 행동하는 법을 배우기에 대해 아들이 1인칭으로 말하는 내용을 고려해 보도록 하자.

여기서 '인도'는 물질적 흔적들을 갖고 있는 상상된 요소인데, 혼종적 정체성을 주조하는 생존 기술의 측면에서 중요하다. 악의가 있는 인종차별적 영국 언더클래스와는 다른 정치적 충동을 갖고서, 우리 또한 '진정한' 인도인과 이주 '인도인' 사이의 분할을 잘 지키고 싶어 할 것이다. 우리가 그 차이를 붕괴하지 않고서 비노디니의 상상된 '영국'과, 카림의 상상된 '인도'의 재현 둘 다에 강박되어 있으며 둘은 '창조된' 것이라는 사실에 주의를 기울인다면 어떨까? 그때 우리는 대안적인 문학사 편찬을 고안하기 시작할 것이다. 비노디니는 그 강박을 상상적 자유라고 생각했다. 카림이 자신의 무대를 인도적인 것으로 꾸밀 때, 그가 창조적이고 행복한 사람으로 재현된다는 데 우리는 놀라지 않는다. 친숙한 적이자, 능력을 갖게 하는 침범인 셈이다. 예전의 식민지들에서 대영제국 문학을 가르치던 선생은 그 얽혀 있는 차이들의 모습이 드러나도록 이 현상을 조심스럽게 살펴보아야 한다.

그렇다면 『시골뜨기 부처』에서 나온 다음 구절들을 보기로 하자. 인도 이주민에 대한 애초의 부정적 재현 때문에 비판받아 왔던 카림은 그 인도인 성품을 다시 사유하고 있는 중이다.[28] "밤에 나는 집에서 창지에(Changez)의 삼보(*인디오와 흑인의 혼혈아를 지칭하는 말인데 검둥이를 가리키는 말로 사용됨) 같은 걸음걸이, 못 쓰게 된 손, 백인들 귀에는 이상하고도 우스꽝스러우면서도 인도의 특징을 나타내는 것처럼 들릴 억양에 대해 작업하고 있었다."(p. 188)

카림은 아버지의 가장 친한 친구 안와르(Anwar)(두 사람은 오래전에 봄베이에서 영국으로 건너왔더랬다)의 장례식에 참석 중이다.

> 인도인들 중 한 사람이 간편한 나침판 하나를 끌어내더니 그 구멍이 정면으로 메카를 향하도록 파여 있지 않았다고 알렸을 때 작은 소동이 일어났다. … 그러나 나는 이 이상한 피조물들, 즉 인도인들을 바라보면서 어떤 면에서 이들은 내 민족인데, 나는 그 사실을 부인하

---

28) 그 비판은 정치적으로 성숙한 아프리카계-영국 여성인 트레이시(Tracey)로부터 나온다. 우리는 백인의 욕망과 의미심장하게 다른 이러한 비판의 요점을 우리의 교실에서 진전시켜야 할 것이다.

거나 회피하면서 나의 삶을 허비하여 왔다고 느꼈다. 나는 나 자신의 반쪽이 사라지고 있었던 것처럼, 나의 적들 — 인도인들이 백인들처럼 되기를 원했던 백인들 — 과 공모하고 있었던 것처럼, 수치스럽고 불완전하다는 느낌을 동시에 받았다. 이 점에 대해 나는 부분적으로 아버지를 비난했다. 결국 아버지는 자신의 삶 대부분 동안 안와르처럼 인도에 돌아가는데 추호도 관심을 보여주지 않았다. 아버지는 이 점에 대해 항상 정직했고 모든 면에서 영국을 선호했다. 일들도 잘 진행되었고 날씨도 덥지 않았으며, 당신이 손 놓고 있을 수밖에 없는, 거리의 끔찍한 일들을 보지 않아도 되었다(이것은 런던의 인종차별적 폭력에 관한 생생한 묘사들과 모순된다). 아버지는 자신의 과거를 자랑스러워하지 않았지만 그렇다고 창피하게 여기지도 않았다. 과거는 그냥 존재했다. 몇몇 자유주의자들과 아시아 급진주의자들이 하고 싶어 했듯, 과거의 물신화엔 어떠한 중요성도 없었다. 그래서 내가 인도의 과거에서 나오는 인격을 덤으로 갖기를 원했더라면, 나는 그것을 창조해야 할 것이다.(pp. 212-213)

식민적 맥락에서 상상된 '백인 이주민'에게 접근 가능한 과거라는 덫없는, 어떤 문화권의 농촌 여성이나 그 물신화되지 않은 선택에는 '비창조적인' 희생적 선택이 강요되고 있다. 이런 선택과 카림 아버지의 선택은 무척 다르다! 다시 말하는데 차이에 관해 여유 있게 수업 시간에 고려하는 것은, '인종', '젠더화', '종교/문화'의 재현들이 탈구들의 연쇄 — 그 위에 이러한 재현의 예들이 배치될 수 있다 — 를 구축하는 경위를 드러내 줄 것이다. '민족국가'와 '계급'은 다른 추상화의 수준들에서 이 연결들과 연루된다.

비노디니에게 전문적 무대는 상주하는 성매매에 의해 부인되는 페미니즘적 개인주의에 대한 접근을 약속했었다. 탈구들의 연쇄를 따라 내려가 보면, 임시 매춘과 무대는 쿠레이시의 인물 카림에게 혼란스러운 것이 되고 말았다. '실재' 세계에서 직업적 매춘은 언론매체에 구속되는 관계를 여전히 맺고 있지만 말이다. 아무튼 무대에서 만들어지는 정체성은, 나중에 명예로운 상주 매춘이라고 회상되는 것을 통해 비노디니의 정체성을 스스로 무대에 올려 조직하기에 이르렀다. "그녀의 연기 배역은 그 정박지를 상상했고 실제 삶 속으로 표류했다."[29] 카림의 재현에는 그러한 피 흘림이 전혀 없다. 성적인 장(sexual field)을 연

29) Martin Amis, *London Fields* (New York: Harmony Books, 1989). 나는 이것을 최근에 유행하는 좀 살벌한 영국 소설

기하는 인물은 파키(Paki)이다. 그가 "인도 과거에서 덤으로 생기는 인격을 갖기를 원할" 때, 그는 자기 보호자의 요구를 역전시키며 '창조한다.'

> 내가 많이 애호하는 일들 중에 창지에 타리크의 발명만 한 것은 별로 없었다. …나는 나 자신의 정신 속에 있었다는 것을 전혀 모르고 있었던, 개념들, 연관들, 발의들을 드러냈다. … 나는 정기적으로 작업했고 일기를 계속 썼다(『나의 이야기』) … 나는 나의 정신이 마치 명멸하는 숱한 인상들과 정서들을 담아내는 일종의 영화 같다고 느꼈던 게 아니라, 나 자신을 더욱 견고하다고 느꼈다. 이것은 그럴 만한 가치가 있었으며 의미를 지녔고 내 삶의 요소들을 첨가하도록 해 주었다. 파이크(Pyke)(감독)가 나한테 가르쳤던 것도 바로 그것이었다. 창조적인 삶이라는 것이 무엇일 수 있었는지 말이다. … 나는 낭만적인 실험가인 그의 존재를 위해 대가를 지불할 준비가 되어 있었다. 그는 자신이 알고 싶었던 바를 추구해야 했고, 감정들이 이끄는 곳마다 그 감정들을 따라가야 했다. 심지어 내 엉덩이나 내 여자 친구의 성기에 대한 감정까지도 말이다.(p. 217)

카림은 책 속에 등장하는 인물이다. 창조성과 일관성 있는 정체성의 발견에 관한 이 구절은, 분할된 자기-창조에 관한 비노디니의 구절보다 우리의 주의를 훨씬 덜 끈다. 이러한 사실은 메트로폴리스에 대한 식민독자의 갈망과 자신의 뿌리에 대한 이주민의 환상 사이의 차이를 재현한다고 간주될 수 없다. 우리 학생들은 『고라』, 『킴』, 『정글 북』을 포함할 탈구들의 연쇄에다 그저 그 차이를 놓으라고 고무될 뿐이다. 그 연쇄에 있는 각 연결고리의 수사학적 행위에 대한 관심을 통해, 해당 학생은 공모 중인 젠더와 계급 차이를 혼융하거나 반대하기 위해서가 아니라 형상화하기 위해서 이제 명확해진 것을 호되게 다루라고 고무될지도 모른다. 2장에서 우리는 「사냥」(The Hunt)에 나오는 반-카스트(half-caste) 부족 여성이 (개인적 주체보다) 대상을 위해 정체성을 주조하는 계기에 관심을 가질 것이다. 그 토착 착

가에게서 인용한다. 에이미스 또한 이주민들에 의해 변형된 세계 속에 있기 때문이다. 그의 악한은 여자들을 선택하는 데서 '다인종적'이다. 그러나 이주하는 정체성의 무대화는 에이미스의 짐이 아니다. 따라서 삶과 연기(acting)에 관한 이 문장은 다인종적 성격에 밀착되어 있지 않다. 여성들은 희생자들로 남는다. 최고로 훌륭한 우리 학생들은 식민독자의 인식소적 분열이 더 이상 주변적인 사건이 아니라는 사실을 포착하게 될 것이다.

취자를 오라온(Oraon*부족 여성의 성)의 수행 대본 안에 구축시킬 단어를 읊조림으로써 말이다. 마하스웨타는 이주성에서 서발터니티로 가는 연쇄 와중의 한 고리를 제공한다.

그렇다면 포스트식민 맥락에서 내가 제안하고 있는 것은, 영문학 가르치기는 모국어(들)로 된 문학 혹은 문화 생산물 가르치기와 긴밀하게 연계되어야만 비판적인 것이 될 수 있다는 점이다. 그렇게 집요하게 비대칭적인 친밀함 속에서 다양한 형태로 언어 배우기라는 토포스(topos)는 특히 생산적인 지점이 될 수 있다. 여기서 나는 메트로폴리스에서 철저하게 모국어에 무지한 자들의 이익 — 우리 중 많은 이들이 그 유혹에 빠져든다 — 을 위한 '숙련가' 되기에 관해 말하고 있는 것이 아니다. 나는 훨씬 덜 실천적인 일, 오랫동안 확립되어온 제도적 분할들과 시험적 요구사항들의 면전에서 '비교주의적'이 아니라 '상호-문학적'(inter-literary)으로 되기에 관해 말하고 있는 중이다. 그 일은 일종의 동종요법 제스처이다. 하나의 언어를 하나의 '인식소적 체계'라고 어색하게 가정함으로써, 또 키플링과 타고르, 디디와 비노디니, 메리 오라온과 카림 사이의 공모를 무대화함으로써 그 인식소적 파열을 건드리는 것 말이다. 행복한 내포 독자권을 함양하는 일의 권위는 그러한 가르치기와 배우기의 와중에 문제시된다. '정확한' 읽기들이 아무리 많다고 하더라도 바로 여기서 비로소 세심하게 가르쳐질 수 있다. 독자의 모국어 공간이 반복된 식민적 · 포스트식민적 만남들을 경유해 또 그 만남들 중에 하나를 경유해, 인용 부호들을 확실하게 하리라는 확신을 일정 정도 가짐으로써 말이다.

많은 토픽들이 이러한 스타일의 가르치기를 따라다닌다. 교실에서 벌어질 주체성에 대한 접근과 타자의 언어에 대한 접근이 그 덩어리들 중 하나다. 그러한 토픽들은 우리를 다양한 토착 전통들이나 출현들에 접근하지 못한 채 영연방 문학 속을 부유하도록 한다. 이렇게 부유하는 읽기에서 나오는 특이한 권위는 그러한 접근을 할지도 모를 우연한 독자에게서 나온다. 그 텍스트가 영어로 되어 있기 때문에 간섭적인 권위 말이다. 다시금, 만개한 지구화 속에서 말하기와 영문학의 지구성이라는 시나리오는 서로 어긋나는 것 같다.

하나의 예로서 네이딘 고디머의 『줄라이의 사람들』[30]이라는 소설의 마지막 장면을 살

30) Nadine Gordimer, *July's People* (New York: Viking Press, 1981). 네이딘 고디머(1923-*구소련 리투아니아 태생의 유태인 아버지와 영국계 유태인 어머니의 백인 중산층 가정의 자녀로 요하네스버그 교외에 위치한 탄광촌 스프링스에서 태어났다. 보석상을 하는 아버지 덕택에 경제적 어려움 없이 평탄하게 자란 고디머는 어려서부터 글쓰기

펴보자. 남아프리카공화국에서 성공적인 흑인 봉기가 일어난다. 예전에 하인이었던 줄라이의 마을로 한 백인 가족이 들어가 보호를 받는다. 장벽들이 무너지고 사람들은 인간되기, 권력의 본성, 젠더화되기, 주인-하인의 변증법에 관해 배운다. 줄라이의 원래 이름 므와와테(Mwawate)의 출현 자체가 '내포 독자'의 중심화된 자리를 흔드는 토픽의 일종이다. 프라이데이라는 남자가 하나의 역사를 가지고 있듯이 말이다. 사람들의 껍질이 상당히 벗겨질 때, 우리가 책의 앞부분에서라면 상상하기 불가능한 하나의 사건과 만난다. 므와와테는 권위와 위엄과 흥분을 내뿜으며 자신의 언어로 책의 중심인물인 자신의 예전 여주인에게 말을 건다. 나는 먼저 그 예비적 순간들을 인용할 것이다. "그녀는 그의 넓혀진 콧구멍을 알아보았다. 줄라이는 그녀에게 가라고, 언덕 위에 있는 오두막집으로 가라고 의지를 갖고서 강단 있게 말했다. 자기 아내에게 하듯. … 그녀로부터 벗어나는 유일한 길은 … 자신의 것인 이 장소를 그녀에게 넘기는 것이었다."(p. 152)

그런 다음 그가 사소한 것들을 훔쳤던 이유, 그녀가 그에게 쓰레기 같은 것을 주었던 이유, 그가 쓰레기를 받았던 이유에 관해 영어로 나누는 격렬한 대화가 이어졌다. 그 대화는 얀 네데르빈 피에테르스가 '테러의 변증법'이라고 불렀던 바와 좀 우습게 닮아 있었다. "… 인권을 부인하고 (제국주의적) 점령을 부인하는, 제도적 폭력을 포함한 애초의 … 테러는 논의되지 않고 있다."[31]

와 책읽기를 좋아했는데 대학을 중퇴한 다음 남아프리카공화국의 정치 현실에 눈뜨기 시작했고 1953년에 첫 소설 『거짓의 나날들』에서 인종차별정책에 반대하는 입장을 드러냈다. 1979년대에 고디머는 요하네스버그에서 벗어나 아프리카의 신생국들과 미국, 유럽을 떠돌며 인종분리정책의 철회와 민주인사 석방 및 탄압 금지 등을 요구하는 정치적인 행보를 계속했다. 1981년에 나온 『줄라이의 사람들』이 그렇듯, 그녀의 주요 작품들에서 주인공들은 안락하지만 무기력하고 고립에 시달리는 백인 자유주의자들과 불신에 시달리는 흑인들이다. 그녀의 소설 세계는 주로 사회정책과 제도라는 외부적 요인이 개인들의 내적 고뇌를 형성하고, 그것이 다시 외부적 갈등으로 이어지는 구조로 되어 있다. 그녀는 이런 이야기들을 뛰어난 언어감각을 통해 아프리카 토속 설화와 영어의 교차 구사, 환상 기법, 뛰어난 심리묘사 장치들을 이용해 서정적이고 예술성 높은 작품으로 승화시켰다. 1991년에 그녀는 노벨 문학상 수상자로 선정된다. 『줄라이의 사람들』은 1980년 모잠비크의 남아프리카공화국 공격에 이은 가상의 내전을 배경으로 하고 있다. 도시들이, 집들이 불타는 가운데 모린과 밤 스메일즈 부부, 그들의 아이들이 픽업 트럭을 타고 하인 줄라이와 함께 그의 고향으로 향한다. 모린은 시골 생활에 잘 적응하지만 라이플 총이 없는 밤은 그러지 못하며, 하인이었던 줄라이에게 의존하며 백인문화를 잃어가면서 줄라이와의 관계도 날이 갈수록 난감해진다. 소설의 마지막에 헬리콥터가 착륙하는데 모린은 정부군의 헬리콥터인지 반군의 헬리콥터인지 확인도 하지 않고 달려 나간다. 무너져 내리기 쉬운 백인 자유주의의 실상이 생생하게 드러난다.

31) Jan Nederveen Pieterse, *Israel's State Terrorism and Counterinsurgency in the Third World* (Kingston: NECEF Publications, 1986), p. 4. 나의 외삽들은 이스라엘과 팔레스타인의 특정한 경우를 참조한 것이다. 다시금, 학생은 국제적인 출

므와와테는 이와 같이 좌절을 안겨주는 대화에 반응하며 다음과 같이 말한다.

> 당신 — 그는 자신의 무릎을 뻗더니 양 무릎에 양손을 각기 펼쳐 얹었다. 갑자기 그는 자신의 언어로 그녀에게 말하기 시작했다. 그의 얼굴은 크게 흔들리고 있었다. 무거운 억양이 그녀를 감싸고 있었다. 지구는 사라지고 있었고 멀리서 온 얕은 달빛이 하늘로 뻗친 낙하산-비단 모양의 아지랑이를 희미한 분홍색으로 물들이고 있었다. 그녀는 한마디도 알아듣지 못했지만 그의 말을 이해했다. 그녀가 생각하는 그가 되게끔 했던 모든 것이, 그가 되어야 했던 상태가, 그를 위해 그녀 스스로 은폐했던 경위가 모두 이해되었다. 그러나 그녀를 위해 지성적이고 정직하며 위엄을 갖춘다는 것이 그 자신에게는 아무것도 아니었다. 한 남자로서 그의 척도는 다른 곳에서 또 다른 사람들에 의해 택해졌다. 그녀는 그의 어머니도, 아내도, 자매도, 친구도, 동포도 아니었다. 그는 영어에 소속된 것을 영어로 말했다. 다니엘이라는 그는 도시 사람들과 함께 가고 함께 한다. 그는 합류한다. 자격은 없지만(unqualified) 합류한다는 동사가 매장 사회에, 광산이나 설탕 대농장의 노동 계약에, 지문 찍힌 고용 구매 협약에 모든 종류의 헌신을 바치도록 했다.(p. 152)

고디머는 언어들의 장소에 가해진 변형들의 전체 집합을 에피스테메로 작동시키고 있다. 먼저, '당신'이라는 대명사로 하는 언급을 명령조로 격렬하게 하는 제스처를 보자. 그렇지만 "가라, 그는 의지를 작동시켰다"(Go, he willed, 추가된 강조)에서 보듯, 전에도 므와와테의 '내면'이 갑작스레 소설 속에 비밀스럽게 끼어든 적이 있다. 대명사로 시작되는 그런 언급은 접속사 없이 절을 늘어놓은 채 남아 있으며, 백인 여성 주인공에 관해 글을 쓰는 백인 여성 작가의 손에서는 구문에 맞게 무대화될 수 없다. 므와와테도 고디머도 고통스럽게 정치적으로 정확하다는 바로 그 이유 때문이다. 그것을 가능하게 한 변천 도구인 '당신' — 영어를 불완전하게 말하는 화자인 므와와테에 의해 선언된(작가에 의해 그렇게 무대에 올려진) — 이 나온 이후에야 비로소 그 문장들은 시작될 수 있다. 이러한 토포스를 다른 많은 방식들

판사를 자서전, 대영제국 문학, 토착 문학과 연결시킬 수 있다. 선생이 피에테르스의 구절을 채운다면 말이다. 페다고지적 관심은 세력과 다투기보다 연관된 차이들을 지적함으로써 항상 그 짐을 지구화하고 정치화하기 위한 것이다.

로 사용하는 우리 시대 예술가들 — 토니 모리슨, 쿠체(J. M. Coetzee), 기예르모 고메스 페냐(Guillermo Gómez-Peña), 자멀리 하산(Jamelie Hassan) — 의 스펙트럼에다 '당신'을 놓아보도록 하자.[32] (*이름들 사이의 간격 조절 필요)

고디머와 같은 급진적인 크레올(creol*원래는 신대륙에서 태어난 순수 스페인 사람을 의미했으나, 북아메리카, 라틴아메리카, 서인도 제도 등에서 태어난 스페인인, 프랑스인, 혹은 이들과 신대륙의 흑인 사이에서 태어난 혼혈을 일컫는 말로 확대됨) 작가의 수중에서 백인 텍스트에 내포된 흑인 독자는 하나의 주체-위치에, 심지어 쇼쉬의 독자와 같은 타협된 주체-위치에 있을 수 없다. 그 텍스트는 토착 화자(native speaker)에게 소속되어 있지만 그 텍스트의 수사학적 진행은 그러한 소속을 많이 손상시키며 복잡하게 한다. 급진적인 토착 화자의 욕망은 "그녀는 한마디도 알아듣지 못했지만 이해했다."는 바로 그 문장에 들어가 있다. 아무런 보장도 없다는 그 문장의 논리는 얼마나 취약한 것인지 모른다. 그것은 마치 '언니'의 위치에 있는 그 백인 관리가 쇼쉬의 양가성 — 남성 식민주체로 분류된 그 작가가 자신의 가벼운 미소를 재현하며 분명하게 밝히는 — 을 이해하고자 하는 욕망을 선언해야 하는 것과도 같다. 고디머의 텍스트에는 그녀가 므와와테의 단어들에 지워진 '짐'을 이해한다기보다, 그의 언어로 그가 언급하는 기이한 상황이야말로 바로 그들 사이의 소통의 부적절함에 관한 서사를 고디머가 이해하고 있음을 강력하게 제안하는 측면이 있다. 므와와테의 척도는 그 밖의 다른 곳에 있었다. "그는 영어에 속하는 것을 영어로 말했다."

므와와테의 주체-공간이 소설의 수사에서는 구문론적으로 접근 불가능한 만큼, 고디머가 이해한 것을 여러분에게 말해주는 그 구절로부터 떨어져나간 '이해'에 대한 의심스런 주장도 접근 불가능하다. 덧붙여 영어와 다른 타자의 언어인 자신의 모국어를 말하는 남자도 자연물의 환유로써 고의적으로 거리를 두도록 한다. 눈을 깜빡이는 므와와테는 달이나

---

32) 나는 이 일군의 무리를 1991년 2월 24일에 토론토의 파워 플랜트 갤러리에서 했던 강연 「전쟁과 문화들」에서 논의했다. 라스 잉글은 프로이트식 '기괴함'을 특징적으로 분출하는 것으로서 이 구절을 설득력 있는 사례로 만들고 있다(Lars Engle, "The Political Uncanny: The Novel of Nadine Gordimer," *Yale Journal of Criticism* 2.2, 1989: 120f). 그러나 친숙한 일상의 껍데기 하에 항상 있는 과거, 현재, 미래에 거주하는 것으로 '기괴함'을 간주하는 편이 더 생산적이라고 나는 생각한다. 연속적인 서사 시간 속에 현존하는 미래로 상상되는 '포스트-혁명적인' 미래로 그 '기괴함'을 간주하기보다 말이다. 나는 또한 '줄라이'의 진짜 이름을 우리가 주지해야 한다고 생각한다. 므와와테가 자신의 주인들에 의해 줄라이라고 불리던 그 껍데기 속에서 항상 살아가고 있듯, 기괴함은 그 일상의 껍데기 아래에 잠복하고 있다.

낙하산 모양의 비단 구름과 가깝다. 이것을 비노디니의 자기-무대화에 나오는 자연과 정신의 깔끔한 분할적 위치들과 함께 하는 스펙트럼에 놓아 보라!

므와와테가 영어로 말하고 있는 내용은 도대체 무엇일까? 그것은 공적 조직들의 문제이다. "그는 합류한다." 이것은 하나의 '실수'가 아니다. 돕디 메즈헨(Dopdi Mejhen)의 '대항'이 실수가 아니듯이 말이다.[33] 그 심오한 비문법성을 통해 므와와테의 영어는 지배적 언어를 풀고, 오로지 피진(pidgin*혼합어, 엉터리 영어)만이 할 수 있듯 그 경계들을 밀어붙인다. 이렇게 차분한 접근을 키플링의 조롱, 루쉬디의 기형학, 타고르의 식민지 산문과 함께 하는 스펙트럼에 놓아 보라.

그것은 '국외거주 영문학 교수'에게는 가능하지 않다. 마두 자인(Madhu Jain)은 인도에서 영문학 가르치기의 짐에 관한 무게 있는 분석을 산출하기 위해 1990년 겨울판『오늘날의 인도』에서 나를 '국외거주 영문학 교수'라고 묘사했더랬다. 나는 국제적 대화의 매체로서 영문학의 중요성이라는 것을 논평하고자 시도하지 않았다. 나는 그 점을 나의 독자들에게 상기하고 싶다(1986년에서 1990년의 기록을 보면 델리 대학에서 영문학 우등생 비율은 각각 602/13,900, 580/15,700, 660/17,300, 748/18,800, 845/19,800이다).[34] 내가 하고자 했던 모든 것은, 문학을 에피스테메들의 무대화된 전쟁터로 봄으로써 몇몇 토착 제도들의 구분들뿐만 아니라 중심과 주변이라는 수입된 구분을 풀자는 비실제적인 제안들을 제공하는 일이다.

포진된 지역 선생이 나의 제안을 처음 얼핏 볼 때 그런 것만큼, 그것은 비실제적인 것이 아닐지도 모른다. 결국 나는 수업 자료들에 대한 우리의 접근법뿐만 아니라 그 배치를 흔드는 작업에 관해 말하고 있는 중이다. 이것은 식민적 교과과정의 배치에 지독한 충성을 기대하며 시험 준비를 해야 하는 학생의 이해관계와 맞서는 일이기도 하다. (이것은 좀 변경을 가해 말하자면 미국의 이중언어주의 견지에서 우리가 매일 직면하는 논의이다. 1960년대와 1970년대에 그것은 흑인 영문학이었다.) 우리가 정규 시험 준비를 하는 학생들과 이 딜레마를 공유할 수 있을까? 페다고지를 통해 정치화하라는 오랫동안 존중받아온 전략이라는 것이 있다. 여기서 이에 대항하는 논의는, 제3차 교육기관에서 영문학 배우기가 1970년대의 응구기에 의해서는 상상

33) Spivak, "'Draupadi' by Mahasweta Devi," in *Other Worlds: Essays in Cultural Politics* (New York: Routledge, 2006), pp. 253, 266.

34) 1991년 5월 9일에 〈대학 기금 위원단〉(University Grants Commission)으로부터 받은 숫자들임.

도 할 수 없는 방식으로 콜센터 스타일로 넘어가 버린 민주화된 사회 속 학생들의 냉소주의다. 역설적으로 영문학은 바로 그러한 정치화에 가장 영향을 받기 쉬운 학생들한테 가장 배우기 어려운 것으로 남는다. (미국에서 이것은 문화연구라는 전채 요리를 향하는 도시 언더클래스 학생들의 정당화된 냉소주의로 이전해 간다. 모든 이전이 그렇듯 불완전하게 말이다.) 애석하게도, 그 문제에 대한 답들은 교실의 교환들에서 상실되거나 발견되며, 상실되고 발견되기도 한다. 나는 바로 이와 같은 우리 분야의 가장 실제적인 양상에다 나의 사색을 바친다.

그러한 가르치기의 기술은 근대 문학 바깥에서 작동할 것인가? 만약 그렇다면 아디바시(adivasi, 인도 선주민이라고 하는 사람들을 가리키는 형식적 이름)의 창조-신화들과 함께, 당대 아프리카 작가들과 영화제작자들에 의한 아프리카의 신화적 전통들을 다시 주장하는 것은 어떨까? 혹은 『베어울프』(*Beowulf*, 베어울프는 영국의 고대 서사시에 등장하는 영웅 이름이다. 이 서사시는 2부로 되어 있으며 고대 영어로 쓰인 두운시이다.)와 『마하바라타』(*Mahabharata* *고대 인도의 바라타 족의 전쟁을 읊은 대사시(大史詩)라는 뜻으로 오랜 세월에 걸쳐 구전되어 오는 중에 정리, 수정, 증보를 거쳐 4세기경에 지금의 형태를 갖추게 된 것으로 추정된다.)만을 갖고 하는 것은 어떨까? 우리는 '영연방'의 위계적 흔적을 비판하는 포스트식민성의 대안적인 문학사 편찬을, 혹은 오늘날처럼 포스트식민적인 것을 문화정치의 역사 중 한 계기로 위치시키는 사유를 기대한다.

1장에 언급되는 주요 작가들 · 작품들 소개

포스터(E. M. Forster, 1879-1970)
런던에서 건축가의 외아들로 태어나 케임브리지 킹스 칼리지를 졸업했다. 『전망 좋은 방』(1909), 『하워즈 엔즈』(1910)를 연이어 내놓아 평단과 대중으로부터 호평을 받았다. 이후 포스터는 로저 프라이, 버지니아 울프 등과 함께 블룸즈베리 그룹의 일원으로 활동하며 1924년에 마지막 소설 『인도로 가는 길』을 발표하여 커다란 성공을 거둔다.

『인도로 가는 길』(*A Passage to India*)
이 소설의 중심인물들은 영국인 휴머니스트 무어 부인과 시릴 필딩, 갓 결혼해 무어 부인과 인도로 여행 온 아델 퀘스테드, 필딩과 친하게 지내는 인도인 의사 아지즈 박사이다. 아지즈 박사와 마라바르 동굴로 들어가게 된 아델은 동굴 안에서의 사건을 명확히 하지 않고 영국인들은 아지즈가 아델을 겁탈했다고 여기는데 법정에서 아델은 고소를 철회함으로써 영국인들로부터 비난을 받는다. 포스터의 자유주의적 시각은 아지즈, 무어 부인, 필딩 사이의 우정과 유대를 그리는 한편, 마라바르 동굴들의 거대한 공허함 혹은 인도에 대한 영국 작가의 이국적인 환상을 드러내게 한다.

마하스웨타 데비(Mahasweta Devi, 1926-)

인도 동벵골 지역의 다카(현 방글라데시의 수도)에서 태어났다. 힌두교 브라만 카스트 가문 출신인데 아버지는 주반나시와라는 필명을 쓰는 저명한 시인이자 소설가였고, 어머니 역시 작가이자 사회운동가였다. 그들 가족은 1947년 영국으로부터 분리 독립 당시 인도를 택해 서벵골 지역으로 건너왔다. 데비는 라빈드라나트 타고르가 세운 산티니케탄의 비쉬바라티 대학에서 영문학을 전공했고, 이어 캘커타 대학에서 영문학 석사학위를 받았다. 그녀는 저명한 극작가인 비욘 바따차르야와 결혼했는데, 아들 역시 현재 인도를 대표하는 소설가들 중 한 사람인 나바룬 바따차르야이다. 데비는 1959년에 이혼했고 1964년부터 캘커타 대학에서 강의하기 시작했다. 그 무렵부터 저널리스트인 동시에 작가로도 활발한 활동을 전개했다. 아울러 그녀는 비하르, 마드야 프라데시, 차티스가르 등지의 원주민 권리 운동에 열정적으로 뛰어들었다. 그녀의 벵골어 소설들은 원주민들이나 불가촉천민들에 대한 지방의 토호나 독선적인 상층 카스트 지주들, 고리대금업자들, 부패한 정부 관리들의 야만적 탄압과 착취 상황을 적극 반영했다. 그녀는 특히 카스트와 젠더가 중첩되어 삼중적 차별을 받는 대부분의 원주민 여성들에 대해 깊은 관심을 표명했다. 1976년에 사히티야 아카데미(인도 문예원) 상을 시작으로, 주난피트 상(1996), 라몬 막사이사이 상(1997), 파드마 비브후샨 상(2006) 등 여러 상을 수상했다. 고령이 된 최근까지도 데비는 자신이 살고 있는 서벵골 지역의 무분별한 개발정책을 신랄하게 비판하고, 많은 작가와 예술가들과 함께 꾸준히 항의운동을 전개하고 있다.

토니 모리슨(Toni Morrsion*1931-)

1931년 2월 18일 미국 오하이오 주 로레인에서 출생하였다. 하워드 대학교(워싱턴 D.C.)와 코넬 대학교를 졸업하였다. 2년 동안 텍사스 서던 대학교에서 교편을 잡은 뒤, 모교 하워드 대학교에서 영문학을 강의했다(1957-1964). 『가장 푸른 눈』(1970), 『술라』(1973), 『솔로몬의 노래』(1977)를 출간한 뒤 전국적인 관심을 끌었다. 『빌러비드』(*Beloved*, 1987)는 사랑하는 딸이 노예가 되는 것을 막기 위해 딸을 죽이는 흑인 여성의 이야기를 다룬 소설이다. 이 작품으로 모리슨은 퓰리처 상을 수상했다. 1989년부터 프린스턴 대학의 고전 문학 교수이자 랜덤 하우스 출판사의 편집자로, 세 자녀의 어머니로 지내고 있다. 1993년에 노벨 문학상을 수상했다.

존 맥스웰 쿠체(John Maxwell Coetzee, 1940-)

1940년 남아프리카공화국 케이프타운의 우스터에서 네덜란드계 백인의 아들로 태어났다. 어린 시절 부모의 영향으로 아프리카어와 영어를 동시에 익히며 자란 뒤, 1964년에 영국으로 이주해 컴퓨터 프로그래머로 활동하였다. 이어 세계 각지를 돌아다니며 다양한 경험을 쌓은 뒤, 언어학으로 방향을 바꾸어 1969년 미국 텍사스 대학교에서 박사학위를 받았다. 1971년 남아프리카공화국으로 돌아온 뒤부터 케이프타운 대학교, 미국 뉴욕 대학교, 시카고 대학교, 호주 애들레이드 대학교에서 창작과 대학 강의를 병행하였다. 그는 남아프리카공화국의 극단적인 흑백 인종차별 정책인 아파르트헤이트에 직접 대항하기보다 그 혼란스런 사회상을 간접적으로 다루면서 그 근본 원인을 잔인하고 야만적인 서구문명의 이데올로기에서 찾고자 했다. 쿠체는 1980년 『야만인을 기다리며』(*Waiting for the Barbarians*)로 세계적으로 이름을 알리게 되며, 1983년 『마이클 K의 삶과 세월』(*Life and Times of Michael K*)과 1999년 『치욕』(*Disgrace*)으로 부커 상을 두 번 받는 최초의 작가가 된다. 1986년에 발간된 『적』(*Foe*), 『철의 시대』(*Age of Iron*)도 널리 인정받은 작품들이다.

기예르모 고메스 페냐(Guillermo Gómez-Peña)

멕시코시티에서 태어났으며 1978년에 미국으로 이주했다. 미국에서 그는 행위예술가, 작가, 운동가, 교육자로서 자신을 확립시켜 나갔다. 그는 행위예술, 실험적 라디오, 비디오, 행위사진, 설치미술을 비롯한 다양한 매체를 개척했다. 그의 저서 여덟 권은 영어, 스페인어, 스페인식 영어(spanglish)로 되어 있으며 에세이, 실험적인 시, 연대기들을 포함한다. 그의 예술적 지적 작업 대부분은 북(미국)과 남(멕시코)의 인터페이스, 국경 문화, 갈색 몸의 정치에 관련된다. 그의 독창적인 상호학제적 예술 프로젝트들과 책들은 두 나라, 즉 주류 미국과 다양한 라티노 문화들 사이의 물리적이고 문화적인 경계들을, 즉 미국-멕시코 경계 자체, 이민, 횡단문화적이고 혼종적인 정체성들, 문화들, 언어들, 인종들 사이의 대면과 오해들을 탐색한다. 그의 미술품과 문학 또한 라티노 시각으로부터 언어의 정치, 세계화의 효과, '극단적 문화', 새로운 기술들을 탐색한다.

자멀리 하산(Jamelie Hassan)

캐나다 온타리오 주 런던 태생이며 시각 예술가이자 활동가이며 1970년대 이후 그녀는 캐나다를 비롯해 국제적으로 광범위한 전시회를 열어 왔고 강의자, 작가, 독립 큐레이터로 활약 중이다. 그녀는 캐나다, 미국, 멕시코, 쿠바, 트리니다드, 유럽, 중동, 아프리카, 아시아를 여행하며 그곳에서 작업하곤 했다. 그녀의 작품들은 매킨토시 갤러리, 웨스턴 온타리오 대학, 런던 박물관, 캐나다 국립 갤러리, 온타리오와 토론토 미술관, 모리스와 헬렌 아트 벨킨 갤러리, 밴쿠버의 컬럼비아 브리티시 대학교, 뉴욕의 현대미술의 새로운 박물관과 같은 수많은 컬렉션들 중 한 부분을 차지하고 있다. 그녀는 1993년, 2001년, 2006년에 많은 상들을 받았다.

오라온(Oraon)

오라온족은 인도의 대표적인 원주민으로, 크루크 족이라고도 하는 이 종족은 곤드어를 비롯해 인도 중부의 여러 부족들이 쓰는 언어와 연관된 드라비다어 계통의 언어를 쓴다. 한때는 로타스 고원 남서쪽에 살았으나, 다른 부족들에게 쫓겨나 초타나그푸르로 옮겨 문다어를 쓰는 부족들의 영토 가까운 곳에 정착했다. 주로 인도 비하르 주 초타나그푸르에 사는 원주민 부족이다. 오라온어를 쓰는 인구는 124만 명 정도이지만 이들 중 도시 거주민으로 특히 기독교도인 사람들 가운데는 힌디어를 모어(母語)로 쓰는 사람들이 많다. 동물, 식물, 광물 등의 여러 토템을 중심으로 여러 씨족으로 나뉘며, 마을마다 추장과 세습 사제가 있다. 이웃 마을들이 동맹체를 이루며, 대표회의에서 동맹체의 일을 다룬다. 오라온족 마을에는 결혼하지 않은 남자들을 위한 독신자 합숙소가 있다. 이 독특한 제도는 호족, 카리아족, 곤드족을 포함한 인근의 여러 부족들 사이에서도 발견할 수 있다. 오라온족은 이를 존케르파 또는 둠쿠리아라고 하는데, 독신자들은 보통 마을 변두리에 있는 둠쿠리아에 합숙을 한다. 여자들을 위한 집도 따로 있다. 오라온족 사회에서 합숙제도는 젊은이들을 사회화하고 훈련시키며, 사회적 의례적 의무에 대한 전통적인 관습, 일, 성적 행위를 가르치는 방법이기도 하다. 이들의 종교는 최고의 신인 다르메스에 대한 숭배, 조상 숭배, 여러 수호신과 귀신에 대한 제사로 이루어져 있다. 힌두교가 오라온족의 종교의식과 신앙의 내용 일부에 영향을 끼쳐 왔다. 그러나 교육을 받은 대다수를 포함한 오라온족 상당수는 기독교로 개종했다.

불가촉천민(untouchable)

카스트에 따른 인도인의 신분은 브라만(승려), 크샤트리아(왕이나 귀족), 바이샤(상인), 수드라(피정복민 및 노예, 천민), 수드라 아래에 '닿기만 해도 부정해진다'는 불가촉천민이 있다. '카스트를 부여받지 못하고 그 바깥에 있다'고 하여 아웃카스트(outcaste)라고도 불린다. 오늘날에는 이런 차별적 호칭을 쓰는 것은 법적으로 금지하고 있어 마하트마 간디가 '신의 아들'이라는 의미로 쓰기 시작한 하리잔(Harijan)이나 이에 반발하여 생겨난 스스로를 핍박받는 자라는 뜻을 지닌 달리트(Dalit), 혹은 정부의 공식 호칭인 예정 카스트(scheduled caste)라고도 한다. 불가촉천민은 카스트 제도 밖의 구성원이라 인간사회의 한 부분이 아닌 그 아래에 있는 무엇으로 여겨지며 오물 수거, 시체 처리, 가죽 가공, 세탁, 도기 제조 등에 종사했다.

2.
누가 대타성을 주장하는가?

포스트식민 시대 사람으로서 나는 '대안적 역사' 혹은 '역사들'을 전유하는 데 관심을 갖는다. 나는 역사가로서 훈련받은 사람은 아니다. 역사를 다시 쓴다는 의미로 역사를 재형성하는 일에서 내가 분과학문상의 전문가인 양 주장할 수는 없다. 그러나 나는 역사적 서사가 어떻게 협상되는지를 보여줄 하나의 예로 사용될 수 있다.[1] 내 부모보다 세세대대 앞선 부모들은 언제나 그들이 동의하지 않은 것은 아닌, 영국 제국주의의 정치적 · 재정적 · 교육적 개입에 의해 양도되었고 나는 지금 독립한 상태이다. 그리하여 나는 그 가장 엄격한 의미에서 포스트식민 시대 사람이다. 나는 제국주의 문화에 항상 최고로 훌륭한 접근 또는 가장 특권적인 접근을 한 것은 아니지만, 카스트(caste*인종, 혈연, 순수한 혈통을 의미하던 용어인데 인도와 그 주변의 전통적인 힌두교에 기초한 사회조직체제를 뜻하는 것으로 바뀜) 힌두로서 그 문화에 접근했다. 그렇다면 나로 하여금 독립한 인도의 시민으로서 여러분에게 말하고, 대안적 역사들의 그릇된 주장을 비판하고 경계하는 목소리를 높이게 해 달라. 그릇된 주장들과 그릇된 약속들은 우리를 행복하게 하는 토픽들은 아니다. 또한 나는 구식 마르크스주의자인 동시에 페미니스트이다. 그러한 면면은 대안적 역사 편찬의 문화정치에 관한 이 논의 안에 들

1) 나는 『교육기계 안의 바깥에서』(Spivak, *Outside in the Teaching Machine*, New York: Routledge, 2009, pp. 58-85)에서 그러한 협상의 윤곽들을 말했다(이후 이 책에서의 인용은 쪽수와 함께 본문 중에 표기함).

어가게 될 것이다.

역사적 서사들은 어떻게 함께 묶이는가? 그러한 질문에 대한 답 비슷한 어떤 것에 이르기 위해 나는 가장 일반적인 의미에서 글쓰기와 읽기라는 개념들을 사용할 것이다. 우리는 사회적인 것(the socius) — 그것에 기반해 우리의 생산물은 읽힐 수 있는, 다소간 연속적이고 통제 가능한 부분들 속에 쓰여 들어간다 — 을 변형함으로써 역사적 서사들과 역사적 설명들을 생산한다.[2] 이러한 읽기들이 어떻게 부상하며 어느 읽기들이 인정받는가 하는 것은 모든 가능한 수준에서 정치적 함의들을 갖는다.

인도의 탈식민화와 연루된 핵심어들(masterwords)은 제국주의 문화를 경유해 민족 부르주아지들에 의해 공고하게 된 커다란 네 가지 합법화 코드들 즉 민족주의, 국제주의, 세속주의, 문화주의를 제공했다. 이러한 코드들에 의해 작동되는 특권적인 주체가 대안적 역사의 주체로 위장한다면, 우리는 단순히 그들의 가면극을 역사적 설명으로 읽기보다 (우리가) 어떻게 쓰이고 있는지를 조정해야만 한다.

그러한 일반적인 의미에서 글쓰기와 읽기는 '존재'의 불균등한 많은 가닥들과 관련하여 서로 다른 두 가지 위치를 표시한다. 글쓰기는 한 그물망에서 그것을 짜내는 사람의 부재가 구조적으로 불가피한 위치이다. 읽기란 내가(혹은 나와 하나의 정체성 수준을 공유하는 우리 집단이) 이러한 익명의 그물망을 자신의 것으로 만드는 위치이다. 내가 우리 중 한 사람으로서 나의 실존에 대한 보증을 그 그물망 안에서 발견할 때조차도 그렇다. 이러한 두 가지의 위치 사이에서 하나의 대표적인 자기(self)를 만들기 위한 탈구들, 공고화들, 이접이 일어난다(고독이라는 것도 부재하는 타자들의 재현 안에서 그 틀을 담지하게 된다). 역사, 인류학, 문화연구에서 또 그 분과학문적 조건과 효과를 갖는 문화정치의 각축장에서 이와 같은 이접/연접(disjunction/junction)은 종종 무시된다. 사회적인 것(the socius)은 글쓰기의 서술에 짜여 들어가지 않는다고, 텍스트적인 것이 아니라고 주장된다. 우리는 자신들을 혹은 우리 연구의 대상들을 대안적 역사의 행위자로서 앞을 향해 밀어붙이기도 한다. 그때, 우리 자신이 주장들의 법정 속에 출현하는 것은, 글쓰기를 읽을 만한 무엇인가로 변형하거나 탈구하는 데 달려 있지 않

2) 여기서 나는 평상시처럼 질레스 들뢰즈와 펠릭스 가타리의 『안티-오디이푸스: 자본주의와 정신분열』(*Anti-Oedipus: Capitalism and Schizophrenia*, trans. Robert Hurley, Mark Seem, and Helen R. Lane, Minneapolis: University of Minnesota Press, 1992, p. 10)에서 끌어오고 있다.

다. 바로 그러한 추론에 따르면, 우리는 사회적인 것을 단지 발견하거나 발견하지 못할 뿐이며 지식에 대한 주장을 통해 문화적 혹은 종족적 권력의 근거를 확보한다. 바로 그러한 추론에 따르면, 권력은 집단적이고 제도적이며 정치적인 정당화 기제이다. 나는 권력에 대한 이렇게 실제적인 개념을 포기하자고 충고하지 않는다. 그러나 우리가 집단적 정당화라는 권력에 관한 이렇게 제한된 개념을 통해서만 '역사를 재형성한다'면, 우리 스스로를 구식 제도들을, 구식 정치의 위기를 관리하는 도구가 되도록 허용할지도 모른다. 우리는 앞서 나온 텍스트와도, 정당화를 향한 우리 욕망의 글쓰기와도 어긋나 있음을 위험하게도 망각한다. 우리가 이 글쓰기를 포착할 수 있는 길은, "의심의 여지 없이 유명론(唯名論*명목론이라고도 하는데 보편을 이름이나 기호에 지나지 않는, 따라서 실재하지 않는 추상물이라고 보면서, 보편의 실재를 인정하는 실재론에 반대하며 진실로 존재하는 것은 개개의 사물이라고 주장함)자"가 되어 "권력을 하나의 제도도, 구조도 아니며, 얼마 동안 부여받는 일정한 힘도 아니며, 특정 사회에서 복잡한 전략적 상황에 혹자가 빌려주는 이름으로 보는 것이다."[3]

곧 이러한 관점에서 나는 인도의 포스트식민성을 논의할 것이다. 그러나 먼저 나는 마르크스를 경유하여 잠깐 우회할 것이다.

젠더, 인종, 종족성, 계급과 같은, 대안적 역사들을 진전시키기 위한 모든 도구들 중에 분명히 계급이 가장 추상적이다. 우리가 계급-분석을 본질주의적인 것이라고 제쳐 놓을 수 있는 것은 우리가 계급의 추상성을 망각할 때뿐이다. 『자본론』에서 마르크스는 그저 구체적인 비참함으로서 고통을 받는 데 머물지 말고, 역사를 재형성하는 데 개입되는 계획된 변화의 예비 단계로서 고통의 추상적인 결정 요인들을 포착할 것을 독일 노동자에게 요구한다.[4] 내가 사용하여 왔던 언어로 말하자면, 우리는 자본주의 논리란 관계들의 특정한 집합의 직조물처럼 사회적인 것을 짠다고 마르크스를 요약할지도 모르겠다. 이러한 사회적인 것 내부의 권력과 정당화는 그물망을 부인하고, 그것을 '자연스런' 읽기 가능성 속으로 변형/탈구함으로써 확보된다. 내가 읽기와 글쓰기의 이렇게 일반적인 의미들이 작동하는

---

3) Michel Foucault, *The History of Sexuality*, vol. 1: An Introduction, trans. Robert Hurley (New York: Pantheon, 1978), p. 93. 수정된 번역임.

4) Marx, *Capital*, vol. 1, trans. Ben Fowks (London: Penguin, 1990), p. 143(이후 여기서의 인용은 C 1과 쪽수를 각주에 표기하기로 한다).

모습을 예컨대 다음 예에서 본다고 말해도 그것은 지나치지 않다고 생각한다. 즉, 마르크스가 노동자에게 그/그녀가 생산하는 코트를 그 자체로서보다 더 많은 의미작용을 갖는 것으로 이해하도록(읽도록?) 요청할 때 말이다. 얼마간은 우리 자신들을 위해, 더 많은 것은 다른 사람들을 위해 사용하기 위한 물건들을 생산한다는 견지에서, 우리 자신을 위해 더 많은 것을 갖도록 충분한 돈을 갖지 못한다는 견지에서, 읽어서는 안 되는 하나의 글쓰기가 바로 자본이다. 마르크스는 자본주의의 아카이브를 읽으면서 문화적 정치 비판이 아니라 경제적 정치 비판, 즉 정치경제 비판 혹은 정치적 경제주의 비판을 생산한다.[5] 현재의 지구적 포스트식민 맥락에서 우리 모델은 정치적 문화 비판 혹은 정치적 문화주의 비판이 되어야 한다. 그러한 비판의 도구는 주류이건 대안이건 읽을 수 있는 역사들의 글쓰기이다. 나는 권력을 다음과 같은 방식으로 사용하는 마르크스의 방식에 대해 유용하다고 생각한다. "'사회'는 가치생산의 (한) 특정한 양식(들)을 지배하기 위한 속기이다. 그러한 특정한 사회를 형성하는 복잡한 전략적 상황에, 생산의 사회적 관계에 귀속시키는 이름이 바로 권력이다."

가치를 생각하는 가장 유용한 방식은, 인간의 신체/정신 기계에 의해 생산되는 것을 측정하는 가능성의 이름이라고 가정되어야 할 "내용 없고 간단한" 어떤 것으로, 순수한 형태가 아니며 스스로 등장할 수 없고 즉각 코드화되는 것으로 보는 것이다.[6] 한편에서 게일

---

5) 나는 가치 이론의 견지에서 마르크스식 기획들과 푸코식 기획들을 점점 더 연관시키려는 경향을 지닌다. 마르크스는 다른 형태들의 결합을 발견하고서 화폐-형태라는 것이 필요하다고 보았다. 푸코는 마르크스의 결합을 발견하고서 기호계적 연쇄들이 생겨나고 해소되는, 총체적 형태 혹은 확장된 형태라고 마르크스가 부르고자 한 바를 필요하다고 보았다. 1987년에 이것은 다음과 같이 요약된다. 뒤따르는 구절에 나오는 '발언'(utterance, énoncé)에 대한 푸코의 용법은 분명 언어학적인 것은 아니다. 그러한 상황하에서 발견될 수 있는 것은, 최고의 차용어인 하나의 '이름'(발언이 이름 붙이는 것과 동일하지는 않은, 그리하여 보통 명사로서 '오어법적'인)이다. 그런 만큼, 수준들과 전략들 사이의 관계는 복잡하지만 그 발언이 마르크스의 자본과 자본주의 분석과 일치하지 않는 것은 아니라는 점을 보여줄 수 있다. 푸코와 마르크스 사이의 관계에 대한 푸코 자신의 파악이 가장 흥미로운데, 더 오랜 지성사의 방법들에 따라 검토되어야 한다. 이 점을 염두에 두면서 내가 '아카이브'라는 용어를 사용할 때는 다음과 같은 의미에서 그렇게 한다는 점을 덧붙이게 해 달라. 즉 "아카이브는 특수한 수준을 정의한다. 발언의 다중성을 그렇게 많은 정규적 사건들로서 부상하게 하는 실천의 수준 말이다. … 전통과 망각 사이에서 아카이브는 발언들을 살아남게 하고 정규적 수정을 가할 수 있게 하는 실천의 규칙들을 드러낸다. 아카이브는 발언들의 형성과 변형을 일삼는 일반적 체계이다(Foucault, *The Archaeology of Knowledge and the Discourse on Language,* trans. A. M. Sheridan Smith, New York: Harper Torchbooks, 1972, p. 130. 수정된 번역임). 그 관계에 대한 또 다른 견해를 보려면, Barry Smart, *Foucault, Marxism and Critique* (London: Routledge, 1983) 참조. 경제적인 것과 정치적인 것이 마르크스 안에 필연적으로 얽혀 있다는 논의로는 Michael Ryan, "The Limits of Capital," in his *Marxism and Deconstruction: A Critical Articulation* (Baltimore, MD: Johns Hopkins University Press, 1982), pp. 82-102 참조.

6) "가치-형태의 충분히 진전된 형상이 화폐-형태이다. 화폐형태(오늘날 '가상 화폐'는 '화폐 자체'의 가능성을 여전

루빈이, 다른 한편에서 질 들뢰즈와 펠릭스 가타리가 서로 매우 다른 방식들로 제안하여 왔듯, 이러한 코드의 작동은 그저 경제적인 것만은 아니며 젠더화와 식민주의의 영역들에서 이해될 수 있다.[7] 읽을 수 있음(readability)의 유일한 어휘로서도 '가치'는 계급-분석을 읽을 수 있음의 유일한 도구로 삼는 생산양식의 진화 서사에 대한 충성에 관여하지 않는다. (마르크스주의자들이 성차별주의를 다루는 전략으로 말할 것 같으면, 비 혹은 반마르크스주의자들이 성차별주의를 다루는 전략과 크게 다르지 않은 것처럼 보인다.)

하지만 가치에 대한 이렇게 대항직관적인 사유가 실재적인 것(the real)을 기입하는 우리 자신의 코드들을 회피할 수 있다고 우리로 하여금 상상하게끔 만들어서는 안 된다. 우리는 역사에 관한 서사들을 다루어야 하며 심지어 그 서사들을 믿을 수 있어야 한다. 사실, 마르크스의 방법론적인 미묘함보다 그의 역사적 열정을 믿는 편이 더 쉽다. 우리 중 많은 사람들이 어떤 것에는 '이데올로기'라는 명칭을 붙이고 다른 것에는 '과학'이라는 명칭을 붙이는 태도야말로 정치적인 계산을 하는 상황에서는 잠정적으로만 정당화된다고 느낄 뿐이다. 『자본론』 2권에 붙여 찬사를 받은 발문(跋文)에서 마르크스는 우리에게 하나의 역사적 서사를 제공한다. 그는 18세기 후반과 19세기 초반에 독일은 산업자본주의 발전의 첫 단계들에 참여하지 않았기 때문에 정치경제학이라는 분과학문을 그다지 진전시킬 수 없었다고 논의한다. 따라서 독일은 산업자본주의의 이데올로그들이었던 성의 있는 정치경제학자들을 갖지 못했다. 독일 학자들이 정치경제학에 대해 말했을 때, 그들은 이상한 지식들의 뒤범벅을 생산했다.

> 그러므로 (독일에서는 자본주의적 생산양식의 적대적 성격이 이미 드러나게 되었던 이후에 그 생산양식이 성숙하게 되었다는) 독일 사회의 기이한 역사적 발전은, 독일에 있던 '부르주아' 경제의 어떠한 독창적 발전도 배제하였다. 그렇지만 그 발전은 부르주아 경제 비판을 배제하지는 않았

히 통과해야 한다는 점 때문에, 무한히 확장하는 주식 시장이 또 다른 의미에서 '가치'를 상실하기도 한다)는 내용 없고 단순하다."(C 1, pp. 89-90)

7) Gayle Rubin, "The Traffic in Women: Notes on the 'Political Economy' of Sex," in Rayana B. Reiter, ed., *Toward an Anthropology of Women* (New York: Monthly Review Press, 1975), pp. 157-210. 들뢰즈도 가타리도 루빈도 가치를 탐색하지 않는 것은 신기한 일이다.

다. 그러한 비판이 하나의 계급을 대표하는 한, 자본주의적 생산양식을 전복하고 모든 계급의 최종적 폐기를 그 역사적 과제로 삼는 계급, 즉 프롤레타리아트를 대표할 수 있을 뿐이다.(C 1, pp. 95, 98. 스피박의 강조)

'서발턴 연구'를 하는 역사가 집단의 작업에 함축된 입장은 다음과 같다. 식민지들은 산업-자본가 계급의 차별화(differentiation)를 진전시키는 무대가 아니었다. 그런 만큼, 포스트식민 지식인들이 계급-분석 담론과 계급-투쟁 담론을 엄격하게 고수한다면, 그들은 이상한 지식들의 뒤범벅을 생산하리라는 것이다. 그러나 식민 사회의 기이한 역사적 발전이 읽기의 도구를 규범적으로 부과하는 계급-분석 비판을 배제하는 것은 아니다. 그러한 비판이 하나의 이름을 가진 하나의 집단을 대표한다면, 그것은 서발턴이다.[8)]

탈식민화된 공간에서 박탈당한 여성은 그 공간에 의해 이중으로 탈구되는 바람에 순수한 계급-분석 비판을 적절하게 이행한다. 그 점은 우리 중 일부에게 명백한 것 같다. 젠더화된 서발턴이라는 이 형상(figure)은 주류 페미니즘으로부터 분리되자 특이하고도 단독적이다.[9)] 이 글이 강연으로 처음 발표되었던 방에 있던 우리 중 누군가가 그러한 형상으로 재현될 수 있다고 치자. 우선 그 형상은 지식의 대상으로서 재현되며 더 나아가 구술사들의 토착-정보원 스타일의 주체 — 우리를 향해 선심 쓰며 전략을 실행할 수 없다는 식으로 간주되는 — 로서 재현된다. 마지막으로 그 주체는 문학의 실재적 영역에서 상상된 대상으로서 재현된다. 그러나 이보다 더 음흉한 네 번째 방식이 있다. 그것은 젠더화된 서발턴이라는 형상과 해외의 토착 엘리트 여성 사이의 차이들을 지우고, 내가 앞서 환기한 일반적 의미에서 오로지 쓰이기만 하고 아직-읽을 수는 없는 대안적 역사의 주체인 양, 그 주체

8) '서발턴'에 대한 정의로는, Ranajit Guha, "On Some Aspects of the Historiography of Colonial India," in *Selected Subaltern Studies*, ed. Ranajit Guha and Gayatri Chakravorty Spivak (New york: Oxford University Press, 1988), pp. 37-44 참조.

9) 이 젠더화된 여성은 아주 조심스럽게 쓰인 사회과학 문헌조사의 틈들 속에서 인지되지 않고 함축된 채 있다. 예컨대 칼파나 바르단(Kalpana Bardhan)의 촘촘하게 짜인 에세이 「여성, 노동, 복지, 지위: 인도에서의 전통의 힘과 변화」("Women, Work, Welfare and Status: Forces of Tradition and Change in India," *South Asia Bulletin* 6, 1986: 9)참조. 나는 더 앞선 판본에서 "소설은 그녀를 가시화한다."고 썼더랬다. 스피박, 『포스트식민 이성 비판: 사라져가는 현재의 역사를 위하여』(Cambridge, MA: Harvard University Press, 1999), pp. 406-409(이후 CPR, 쪽수 형태로 본문 중에 인용됨).

신분(subjectship)을 주장하는 것이다. (이것은 지금 지구화와 대안-지구화의 와중에 더욱 구체화되고 있다.)

네 번째에 해당하는 이는 국제시민사회에 전형적으로 참여하는 '포스트식민 디아스포라' 혹은 포스트식민 세계시민주의자이다. 그녀는 누구이며 어떤 사람인가? (마하스웨타 데비의 「사냥」의 중심인물은 앞에서 묘사된 두 형상과는 전적으로 다르며, 이 글에서 말하는 역사를 재형성하는, 나의 주된 문학적 예이다. 그 인물은 역사적으로뿐만 아니라 철학적으로 자신에게 접근 가능하지 않은 하나의 공간을 협상한다.)

우리 모두 신식민주의가 시작된 1940년대 중반의 세 가지 신분(estate) 모델에 따라 세계가 세 개로 구분되었다는 것을 알고 있다.[10] 우리는 독점 자본주의적 영토 정복과 정착이라는 바로 앞선 시대의 와중에 외국 지배자들과 피지배자들 사이의 완충 역할을 했던 기능적인 인텔리겐치아 계급이 종종 생산되었다는 점 또한 알고 있다.[11] 이들은 변함없이 그런 것은 아니지만 일반적으로 토착 엘리트 출신으로 다양한 정도로 성공한 자들로 구성된 '식민주체들'이다. 탈식민화에 이르러 이들은 바로 '민족 정체성들'로부터 조각할 손을 갖고 '민족 부르주아지'라는 '계급'이 된다. 이 계급은 지배자와 지배받는 자 사이의 '민족적' 완충 역할을 한다는 앞서의 배분(dispensation)을 통해 그들에게 하나의 에피스테메를 제공했던 재현체계를 형식적으로는 깨뜨릴 수 없는 방법들로써 민족 부르주아지가 된다. (내가 앞에서 지적한 바, 식민지에서의 계급-형성은 메트로폴리스에서의 계급-형성과 같지 않다.)

포스트식민성에 추정된 파열(disrupture)에 있는, 식민적 에피스테메의 이러한 반복 중 많은 부분이 마하스웨타의 이야기에 작동할 것이다. 우선 탈식민화는 식민화된 사람들에게 하나의 파열을 상당히 심각하게 나타낸다는 사실을 붙들고 늘어지도록 하자. 그 파열의 반복적 협상들을 지적하는 것은 대항직관적인 일이다. 그러나 역사가 다시 만들어진다고들 하고, 단순한 정치적 독립이 특정 계급에 가져다주는 자유에 대한 직관 때문에 하

---

10) Carl E. Fletscher, "The Three Worlds, or the Division of Social Scientific Labor, circa 1950 to 1975," *Comparative Studies in Society and History* 23.4 (October 1981): 565-590. 1955년의 반둥 회의로부터 부상한 비동맹 국가들의 '제3의 힘'에 관한 대안적 자기-개념화를 위해서는 Nigel Harris, *The End of the Third World: Newly Industrializing Countries and the Decline of an Ideology* (London: I. B. Tauris, 1986) 참조. 지구를 남반구-북반구로 구분하는 개념은 대부분의 비전문가들에게서는 1989년에 베를린 장벽이 붕괴될 때까지 유행하지 않았다.

11) Gauri Viswanathan, *Masks of Conquest: Literary Study and the British Rule in India* (New York: Columbia University Press, 1989) 참조.

나의 파열이 너무 쉽게 선포될 때, 포착되어야 하는 것은 이러한 대항직관적 상상하기들(imaginings)이다. 그러한 포착들은 우리더러 신식민주의를 식민주의에 의해 세워진 옛날의 노선들 중 많은 부분에 대한 전위된(displaced) 반복으로 감지하게 할 것이다. 또한 그 포착들은 우리로 하여금 포스트식민 세계의 이야기들(혹은 역사들)이 '내부 식민화'로부터 비롯되는 이야기들과 반드시 동일하지는 않다는 점을 깨닫도록 할 것이다. 여기서 '내부 식민화'란 메트로폴리탄 나라들이 그 내부의 박탈된 집단들을 차별하는 방식이다.[12] 그리고 지구화의 당대성이야말로 이러한 분석 도구들의 연대를 규정하여 왔다. 포스트식민 디아스포라들은 메트로폴리스의 이 세 가지 측면을 혼융하는 경향을 (나는 서둘러 덧붙이는데 가장 종종 부지불식간에) 이용할 수 있다. 그리하여 대안적 역사의 행위자로서 신원이 확인되고 환영받는, 자주 (변하기도 하지만) 순진한 정보원은 실로 이중적 모순을 횡단시키는 교차대구법(chiasmus)의 지점이 될 수도 있다. 여기서 이중적 모순이란 국내 민족 부르주아지의 생산 체계를 '내부 식민화'의 기호계로써 신식민주의를 나타내는 해외의 경향을 말한다.

내가 자주 환기하는 하나의 현상을 이 교차대구법적 장(field) 속에 던져 넣어 보자. 이 현상이란 거대 주식 교환의 컴퓨터화를 통해 1970년대 초반에 초국가주의로 변천한 것을 가리킨다(이것은 1980년대 초반의 '지구화'를 예감하는 나의 방식이었다).[13] 물론 가치생산 양식에서 일어난 변화들은 그에 필적하는 변화를 주체 구성에 초래하지는 않는다. 그러나 그 책략들이 문화정치 — 주체-생산을 코드화하는 데 개입하는 영역인 — 에 얼마나 깔끔한 변화를 갖고 오는지 주목하노라면 종종 놀랍다. 그리고 대학들, 저널들, 연구소들, 전시회들, 출판사의 시리즈들은 대놓고 여기에 개입한다. 초국가적 사회의 문화적 장치가 갖는 진부한 예측

---

12) 그런 단계에서 나는 사미르 아민의 견지에서만 내부 식민화를 여전히 생각하고 있었다(Samir Amin, *Unequal Development: An Essay on the Social Formations of Peripheral Capitalism*, trans. Brian Pearce, New York: Monthly Review Press, 1976, p. 369). 『스피박 독본』에 실려 있는 「차이 속의 유대」("Bonding in Difference," *The Spivak Reader*, Donna Landry and Gerald Maclean eds., New York: Routledge, 1996, pp. 23-25)에 이르러서야 나는 내부 식민화 이야기의 시야를 깨닫기 시작했다. 이러한 현상의 불연속성들, 비틀림들, 불균형들은 이제 내 작업 중 상당히 큰 부분을 형성하고 있다.

13) 이것은 스피박의 『다른 세상에서』(*In Other Worlds: Essays in Cultural Politics*, New York: Routledge, 2006, pp. 212-242)에 나오는 「가치문제에 관한 단상들」(Scattered Speculations on the Question of Value)에서 가장 정교하게 다루어지고 있다. 1989년 2월 24일에 워싱턴에서 발간된 국가 통치자들의 보고서가 좀 더 많은 언어 학습을 하지 않으면 미국이 "경쟁에서 뒤질" 것이라며 언어 학습을 요청하고 있다는 점은 흥미롭다. 뒤따르는 문화 전쟁들의 맥락에서나, 지구적 주체에 대한 끊임없는 착취로부터의 적자라는 맥락에서 마지막 지적은 오늘날 좀 기묘하게 보인다.

가능성을 확고하게 염두에 둘 때, 초국가주의로의 변천은 구미 학계에 더욱 유연하고 선심 쓰는 제3세계주의를 초래했다고 할 수 있다. 이것은 구제국들에 대한 처음의 와해에 필적했던, 기본적으로 보수적인 사회과학적 접근으로부터 초래된 되풀이(ricorso)였다. 포스트식민 디아스포라들이 이데올로그 역할을 할 수 있게 된 것도 바로 이렇게 더욱 새로워진 맥락에서이다. (여기서 우리는 하나의 주체-위치에 이름을 붙이고 있을 따름이지만) 이 '사람'은 기본적으로 협력적인 엘리트에 속하는데, 새로운 3세계의 주민이라고 해서 의문의 여지 없이 선심의 대상이 되는 데는 상이한 이유들이 있으며 그 때문에 불편할 수도 있다. 그(그녀)는 거의 이음새 없는 민족 정체성을, 일종의 '회고적 환각'[14)]을 모두 지속하며, 문화적이고 종족적인 특수성과 연속성을 합법화하는 서사들에 의해 구성된, 더 오랜 세계의 효과를 생산하고 흉내 내는 데서 더욱 편안함을 느낀다.

이 문화적이고 종족적인 특수성은 초국가적 포스트모더니티, '기층의 활동', '부상하는 담론들'을 위해 편안한 '타자'를 생산한다. 이 급진적 비평가는 대안적 역사의 이름으로 포스트모더니티를 꾸짖는 하나의 억류된 공간을 찾기 위해 그녀의 관심을 이 초실재적인(hyperreal) 3세계로 돌린다. 사실, 극소 전자적 초국가주의에 의해 기입된 정보-명령 텔레마티크(*전화와 컴퓨터를 결합한 정보 서비스 시스템) 사회에서 대부분의 포스트식민 영역들은 특정 계급에 의해 접근된다. 또한 실로 앞에서 그 윤곽을 그려준 노선들에 따라 초국가적 소비를 위해 꾸려지는, 문화적 특수성과 차이 담론들도 바로 이 특정 계급에 의해 종종 전개된다. 이 광범위한 그림에 의해 위장되는 것은 특히 여성공간을 비롯한 포스트식민 공간의 엄청난 복잡성이다.[15)]

내가 반복해야 하듯, 역사를 재형성하는 것은 커다란 질서이며 우리는 그 유일한 보증으로서 집단적 열정이나 신념을 채택해서는 안 된다. 나는 이 요점을 강조하기 위해 고백

---

14) 이후, 소설 영역에서 그러한 회고적 환각들은 커다란 진전을 보여주고 있다. Spivak, "Bajarer Opor...," *Ananda Bazar Patrika* (August 1, 1999) 참조. 그 구절의 출처는 Jean Baudrillard, "The Precession of Simulacra," in *Simulations*, trans. Paul Foss, Paul Patton, Philip Beitchman (New York: Semiotext[e], 1983), p. 22이다. 다음 문단은 분할된 지구에 대한 보드리야르의 일반적인 논의에서 끌어온 것이다.

15) 이러한 논의 또한 이제는 완전히 낡은 것이다. 공간 외에 아무것도 환기하지 않음으로써 역사를 부인하는 초국가적인 최신 유행의 다문화주의적 포스트식민성을 보려면 「이론에 남은 것은 무엇인가?」(이 책의 9장)에 나오는 '인구통계학적 변경들'에 관한 논의 참조.

양식에 빠져들어, 그 특정한 역사적 계기에 정치적 독립에 의해 제공된 자유를 맛보는 것이 어떤 '느낌'인지 그 내부자의 견해를 여러분에게 제시하고자 한다.

지금 일흔에 접어든, 인도에 있는 나의 학문 세대는 인도가 독립할 당시 아동이었다. 그러니 독립과 더불어 태어났던, 그래서 살만 루쉬디로 하여금 그 자체를 파열로만, 기괴한 탄생으로만 보게 한 새로운 국가의 혼란을 상징하도록 도왔던 '자정의 아이들'[16]과 우리는 달랐다. 중간 계급의 이 아이들은 대학의 선생들, 문화 활동가들, 공무원들, 정치적 액티비스트들, 여성운동이나 전문직 혹은 예술에 발을 담고 가정을 관리하는 여성들이 되었다. 놀랍게도 나는 오랜 친구들이기는 하지만 장관 등 요직에 있는 관리들이나 과학자들을 별로 잘 알지 못한다. 나의 어린 시절과 젊은 시절은 상승의 행진으로 다시 정렬되어야 했던 소멸하는 추락(a dying fall)으로 표시되었다. 더 나중까지도 우리는 그 시나리오의 세부사항들을 분석하거나 실로 때로는 잘 알 정도로 충분히 나이를 먹지 않았던 셈이다. 그 세월들은 19세기 자유주의의 유산 — 거기서부터 탈식민화를 위한 민족주의적 알리바이가 힘겹게 주조되어 왔다 — 이 붕괴되는 시점을 표시했다. 19세기 자유주의가 우리의 뼛속 깊이 양육되고 있었다. 하지만 당시에 우리는, 사람들이 하나의 민족처럼 행동하지 않고 있었다는 것을, 분리와 폭력이 거의 관리되지 않은 채 1947년의 의심스런 행복감이 일종의 자와할랄의 슬픔(the Sorrow of Jawaharlal)으로 바뀌고 있었다는 것을 알 수 없었다. 다른 종류의 운전수가 〈인도 연합〉(Indian Union *1947년에 영국에서 독립하여 1950년에 인도 공화국이 선포되기까지 존재했던 인도(영연방) 자치령인데 이로써 영국령 인도(British India)로부터 분할된 파키스탄 자치령이 생기게 되었다.)이라고 불리는 민족의 자동차를 자와할랄의 슬픔으로부터 새롭고 변화된 공간으로 몰고 갈 거라고 했다.[17] 다음 사실을 이해하는 것은 우리의 능력을 벗어나 있었다. 즉 제국주의하에서 불가피하게 수상쩍은 좌파(분열되지 않은 인도 공산당) 내부에 있던 국제주의적 '민족주의적' 투신의

---

16) 이것은 조금 다른 형태로 1987년 8월 15일자 *The Statesman*에 실렸다.

17) 문자 그대로 산스크리트어로 말하면 '자와할랄의 슬픔'이다. 자와할랄 네루(*1889-1964)는 독립 인도의 첫 번째 수상이었다. 힌두교적 실천의 권위 있는 텍스트인 『바가바드기타』(*Bhagavadgītā*)에서 '아르주나의 슬픔'(*Arjunavisādayoga*)이 행위를 개시한다. 신의 육신인 크리슈나는 아르주나의 전사인데 자신을 이승에서의 삶에 대한 은유인 정의로운 전쟁의 여정으로 몰고 간다. 이 은유는 1992년 이래 새로운 생명을 획득하여 왔다. 그때 재정 장관 만모한 싱(Manmohan Singh)은 네루식 보호 경제를 '해방시켰고', 국가의 윤곽들이 느슨해졌을 때 '민족'의 이데올로기적 대표자들로서 얼마 안 되는 소비주의자와 더 적은 수의 관리 계급을 창출하면서 인도를 국제적 자본의 황폐화에 개방시켰다.

장엄함은, 어쩔 수 없이 대의 정치로 쪼개져 들어가고 말았다는 사실 말이다. 하지만 우리 인문주의적 학문 세대는 이러한 변화의 정치적 우울을 감내하고자 했던 셈이다. 우리는 간디(*1869-1948)의 살해 시점에 우리 학교 잡지에 에세이들을 썼다. 하지만 우리는 아이들의 신기한 논리 속에서 (독립 시기에 힌두와 무슬림 사이의) '분할 폭동'(partition riots)은 (제2차 세계대전 동안 군인들을 먹이느라 영국 정부가 인위적으로 조작한) '43년의 기근'처럼 우리의 현재에 의해 확고하게 되돌려졌던 하나의 과거를 표시한다고 이미 단정했었다. 달리 말해 중간 계급 아동들과 젊은이들로서 나의 학문 세대는 새로운 역사를 협상하면서 역사를 다시 형성하는 공간에 밀어 넣어져 있었다. 이것이 탈식민화 중인 민족 부르주아지 아동들의 주체-위치이다. 젊은이의 상상력은, 그(녀)가 새로 태어난 공기 속으로 도약할 때 다음과 같이 설득될 수 있었다. 즉, 과거를 혼란스럽게 상기시키는 것들은 피닉스에 의해 뒤에 남겨진 재에 지나지 않는다고 말이다. 우리는 이렇게 변명하는 구조(민족주의의 검토되지 않은 알레고리들을 생산하는 구조)에 의해 이미 표시되고 있었다. 그때, 사회구성체로서 종교적 근본주의의 견지에서 선포된 과거와의 결별이란 것은 전부 또 항상 하나의 반복이라는 것을 다른 모든 사람들처럼 우리도 감지했다. 그 '분할'을 형언할 수 없는 것으로 오늘날 기념하면서도 관리할 수 없게 문화적-협상적인 것이라는 이유로 동인도의 분할(the partition of East India)을 제쳐버리는 것은 그러한 구조를 전위하는 것처럼 보인다.

그 세대 출신인 잠재적 행정 관료들, 과학자들, 전문가들은 미국으로 처음 건너갔던 커다란 두뇌 유출이었다. 아동들과 청년들로서 그들이 앞서 내가 언급한 것과 동일한 모순들을 겪었다면, 그들은 그 모순들을 깨어진 약속들이라는 견지에서 더욱 많이 이해했을 거라고 나는 생각한다.

대부분 남자들인 이들은 미국에서 잘나갔다. 그들은 미국의 1960년대와 70년대의 투쟁들에 대체로 신경 쓰지 않았다. 야망을 가지고 있었고 영리했던 그들은 열심히 일했고 무엇보다 계급 상승을 향해 이동했다. 그들은 자신들은 참여하지 않았던 투쟁들로부터 몇몇 혜택들을 받았다. 미국 땅에서 억압의 역사를 가지고 있지 않았던 유일한 유색 공동체(예전에 분포된 식민주체처럼 기본적으로 백인들과 동일시했던)로서 그들은 종종 미국의 차별철폐 조처와 입학허가 대상이었다. 흑인들, 히스패닉들, '아시아계-미국인들'(중국 및 일본 혈통의 미국 시민들을 뜻한다)은 회피되는 곳에서도 말이다. 아프로-카리브 해(Afro-Caribbean*아프리카계 카리브, 16세기와 19세기 사이의 노예무역 시대에 많은 아프리카인들은 카리브 해에 끌려왔고 영국, 스페인, 네덜란드, 프랑스 식민 권력에 의해 통제되는 농장들에서 노예로 일했다.)와 대영제국에 있는 인도 디아스포라 노동 계급이자 소부르주아지들 중 얼마간은 받아들여지기 시작하면서 인도 공동체의 구성은 급변하고 있다. 그럼에도 막 대학에 입학해 종종 순진하게 자신의 '뿌리들'과 '유산'을 탐색하는 첫 세대 인도계-미국인들이야말로 내가 그동안 묘사해 왔던 사람들의 후손들이라고 말할 수 있겠다. 이 젊은 남녀들 중 일부는 앞으로 3세계주의적인 대안 역사들에 어떤 고백적인 진정성을 틀림없이 부여할 것이다. (그들에게는 인도의 내부 식민화에 개입하는 것이 더 흥미로울지 모르겠지만, 당시 요점을 빗나간 그러한 제안이 '인도의 상승'과 더불어 지금 일어나고 있는 중이며, 좀 다른 방식으로 2장의 요점과 여전히 빗나간다.)

언더클래스 영국 아대륙 문화 — 영국의 인도 학문 공동체와 엄격하게 구분되는 — 가 지닌 엄청난 활력의 원천들은 아대륙에서 서발턴 의식의 힘이기도 했던 일종의 분파적인 '가내' 종교에서 발견될 것이다.[18] 이 공동체(언더클래스 영국 아대륙인들)의 아이들은 그 기원의 정치학에서 미국의 재즈나 소울과 비교될 수 있는 '인도 팝'이나 '판자비(panjabi*인도-유럽 어족) 뉴 웨이브' 음악을 지금 생산하고 있는 중이다. 지금 이 집단들은 펑키한 잡지들, 전국적 일간지들의 주일 보급판들에서 기사화되고 있으며 도시 전광판에 올라가고 정치적 극단(theatre)과 영화에 나오고 있다.[19]

---

18) 나는 2장을 처음 발표할 당시, 살만 루쉬디 사건에서 전개된, 계급-상향적인 영국 무슬림 공동체의 특별한 사회적 힘이야말로 미국과 영국에 거주하는 아대륙 디아스포라 사이의 구분이 더 이상 명백하지 않다는 점을 보여주었다고 말했다. 오늘 나는 빌 클린턴에 대한 토니 블레어의 사랑에 의해 또한 전개된, 영국에서 일고 있는 일반적인 미국적 선회의 견지에서 이 논의를 할 생각이다. 이번 미국 선거(1999)에서 블레어의 미래는 정치적 숙고의 흥미로운 제분용 곡물을 제공한다. 나는 국제적 디아스포라 공동체의 큰 부분에 의해 지지되는, 인도에서의 힌두 민족주의 혹은 힌두트바(*Hindutva*)의 발흥이라는 견지에서 미국 선거와 블레어의 미래 사이를 연관지어보고자 한다. 우리 그룹이 그러한 현상에 관해 조사했던 작업 중 일부는 미국의 주도적인 다문화 저널에 의해 이유를 알 수 없이 거절되었다. 내가 설명을 요청했을 때, 우리 집단의 또 다른 멤버에게 내가 언급되고 있었다. (디아스포라들에 대한 순수한 비판은 그 저널의 편집 정책과 잘 맞지 않았을 것이라고 나는 추측한다.) 나는 그 글 「바수다이바 쿠툼바캄: 인터넷 힌두」(Vasudhaiva Kutumbakam: The Internet Hindu)가 조만간 『서발턴 연구』에 실리기를 바란다. 나는 그 책의 서론에서 이러한 종류의 불편함에 관해 말했다(원서 19쪽 참조).

19) 존 후트닉(John Hutnyk)은 남아시아에 진지를 둔 디아스포라 음악의 저항적 잠재력을 지적하는데, 그것에 붙이는 나의 묘사적인 꼬리표들은 그에게는 부적절하다고 하겠다. Sanjay Sharma, John Hutnyk, Ashwani Sharma eds., *Dis-Orienting Rhythms: The Politics of the New Asian Dance Music* (Atlantic Highlands, NJ: Zed Books, 1997) 참조.

인도계-미국인들 중 힌두파의 상당수가 기이한 방식으로 근본주의적이다. 그들은 소위 우파니샤드(*옛 인도 철학서)를 따르는 종교의 근본을 증진한다. 그 종교는 19세기에 짜인, 위생처리된 힌두교의 한 판본인데, 그 가장 놀라운 성취는 개인적 알레고리로서 읽히는 다신론과 공존한다는 점이었다. 그 자체의 시대에 있는 이러한 혁신의 해방적 에너지를 부인하는 것은 헛된 일이다. 동시대 미국에서 이러한 해방적 힘은 '우리 인민'(We the people*미국 독립선언문의 선언 조항을 시작하는 문구) 속으로의 입장을 재코드화하는 데로 방향 지어져 있다.[20] 그리하여 평균적인 교양을 갖춘 '세속주의적' 힌두 인도계-미국인들이 기회의 땅이라는 미국의 환상에, 법과 인민의 명령에 의해 통치되는 자유로운 사회라는 환상에 참여하는 가벼운 움직임으로서 환상적인 힌두의 문화적 유산을 선전하는 데 종종 관여한다. 토착 정보원으로서 포스트식민 디아스포라는 비-거주 인도인(non-resident Indian, NRI), 지금은 PIO(Person of Indian Origin, 시민권 외의 모든 것을 하사하는 여권을 지니고 다닌다.)라고 인도에서 특권화된 집단에게서 그들을 함양하고 확증해줄 공간을 발견한다. 비-거주 인도인은 인도의 정신적 유산에 따라 마약에 초대받을 뿐만 아니라 투자 중의 휴식을 얻기도 한다. 바로 이 점이 지배층에 있는 세속주의인데, 세탁된 유대-기독교 속에 지속적으로 다문화적으로 끼어드는 지점을 제공한다.[21]

문화적 재현과 자기-재현의 이러한 체계가 시민권과 종족성(에스니시티)이라는 미국의 기호계적 장이다. (영국인들과 프랑스인들을 포함하여) 미국에 있는 특출한 '종족 집단'의 기원에 관한 문화적 환상들과 그 기원이 되는 나라들에 새겨진 그 자국들은 잘 알려져 있다(이스라엘, 아일랜드, 폴란드, 쿠바는 다른 네 가지 예들이다).[22] 이 모든 집단들(영국인들을 제외하고)은 그 환상들에 효력을 제공했던, 미국 땅에서의 다양한 억압의 역사를 지녀 왔다. 인도의 경우, 내가 앞서 그 윤곽을 제시해왔던 이유들 때문에 수출-수입에 박차가 가해졌다.

이제 나의 어린 시절에 그림자를 드리우는 독립의 역사에 관한 우울한 이야기로 돌아

20) 「문화연구의 문제에 관한 단상들」("Scattered Speculations on the Question of Cultural Studies," in OTM, pp. 287-320) 참조.

21) 그 드문 논의를 보려면, 「『악마의 시』 읽기」(OTM, pp. 244-272)의 결론 참조.

22) 포스트소비에트 세계에서 미국에 의해 수용소의 문화정치가 그 명백한 운명의 일부로서 사용될 때 이 목록은 폭발하고 말았다.

가 본다면 우리는 다음 사실을 보기 시작한다. 즉, 아대륙에 토착적인 문화적 · 공동체적 (종교적) · 계급적 이질성이 민족주의, 세속주의, 국제주의, 문화주의라는 개념-은유들에 근거한 여러 측면에서 통합의 희망을 지녔음에도 각기 자체를 주장하고 있다는 사실 말이다.

탈식민화하는 와중에 역사를 재형성하는 작업을 둘러싼 여하한 확장된 논의라도 이 개념-은유들의 위험한 취약성과 집요함을 고려해야만 한다. 짧게 말해, 하나의 대안과 아마 똑같이 취약한 네 가지 개념-은유들에 대한 저항 양식은, 아대륙에 토착적인 복수성과 이질성의 원심적 잠재력을 전략적으로 받아들임으로써만 나타날 수 있다고 말할 수 있을 것 같다. 하지만 인도와 실로 전 지구의 얼마 전 과거가 보여주었듯이, 이질성이란 (메트로폴리탄 '의회주의'나 학문 공간 외에는) 붙잡기 어려운 양가적 자원이다. 선거나 외교 결과들에 대한 직접적인 조정은 황폐함을 구성한다. (상업적 이해관계에서의 조정은 역동적인 '공적 문화'를 유도할 수 있다.)

제도권의 문화 활동가들이 예언적으로 말할 의무를 갖는 것도 바로 이와 같은 상황에서일 뿐이다. 우리가 유일하게 기여할 바는, 사실 역사를 재형성하는 기획이나 영원히 변천하는 목소리들을 유지하는 기획이 대안적 위력을 갖도록 신중하게 개입하는 길뿐이다. 어떤 의미에서 우리의 과제는 사람들로 하여금 들을 준비를 하도록 만드는 것인데, 그것은 논의에 의해 결정되지 않는다. 간접적인 데다 미칠 정도로(maddeningly) 느린 데다, 선생과 학생의 속기 쉬운 허영과 계급 이해관계들로 뒤섞인 민중 선동과 강압의 위험이 계속 감수되기도 한다. 사람들로 하여금 듣기를 원하도록 만드는 장기간의 집단적 방법은 인문 과학에서의 제도화된 교육뿐이다. 내가 간파할 수 있는 한, 역사(라는 분과학문)를 재형성하기야말로 이토록 무미건조하고 종종 지겨운 영역에 있는 유일한 기회이다.[23)]

그러므로 나는 세속과 비세속, 민족과 서발턴, 국가와 국제, 문화와 사회-정치 사이에

---

23) 문화와 전쟁을 포함해 모든 사건들은 역사의 재료를 다시 만든다. 역사 자체를 다시 만든다는 그러한 일은 없다. 역사라는 분과학문은 역사 그 자체를 다시 만드는 헤게모니적 작업들을 공고하게 한다. 인도에서 역사 분과는 그 감성에서는 급진적일 때라도 정전의 방법을 선택하는 데서 보수적이다. 그러한 분과는 특히 그 분과의 외부로부터 그 분과의 방법을 다시 만들려는 노력에 저항한다. 하나의 예를 대충 들어보자. "객관적 역사를 다른 어떤 예술과 같은 형태학적 훈련 속에서 제시하려는 것은 무엇이건, 점잖은 역사가들의 전체 학파를 재현의 스타일, 형식, 기교들과 연루시키는 전문가들의 행렬로 바꿀지도 모른다는 두려움을 야기한다(K. M. Panikkar, "History from Below," *Hindustan Times*, February 26, 1989)." 이것은 그냥 메트로폴리스 중심주의와 싸우는 것과는 다른 싸움이 있다는 점을 다시 상기시킨다. 또한 이것은 내부 식민화와 탈식민화 사이의 차이이기도 하다.

있는 대립들의 잠정적인 해결들에 유의하는 교육 전략과 교실 페다고지의 끈기 있는 확립과 재확립을, 그러한 교육 전략과 교실 페다고지를 푸는 데서 반복되는 공고화를 제안한다.[24] 그러한 전략들 중의 전략은 해방적인 지배 서사들 '내부로부터' 말하되 그 서사들로부터 거리를 취해야 한다는 것이다. 그러한 전략은 '서사에 대한 허가'의 역사적 보류를 은연중 명예롭게 하는, 환상적이고 헤게모니적이며 토착주의적인 대항서사들로부터 단호하게 물러서야 한다. 기본적으로 엘리트주의적인 문화 산업 내부에서 작업하면서도 서구화에 의해 손때 묻지 않은 토착 전통의 연속성을 주장하는 새로운 문화주의적 알리바이는, 그것이 싸우자고 주장한 바로 그것을 합법화한다. 서구화의 실패들을 은폐하는 것을 토착 전통이 도와줄 수 있다면서 말이다.

좀 더 긴 글에서 이런 논의는 그 한 부분을 이룬다. 나는 기술 교육에 대한 당대 인도의 강조를 계속 다루는 가운데 몇몇 대안들을 제안한다. 그 논의는 행위능력의 역사적 공간으로서 인도와 더불어 '역사를 재형성하기'에 관한 논평들에 적합할지도 모른다. 그러나 그 논의가 여기서는 적합하지 않다는 것을, 완벽하게 적절한 우리의 선집이 '편협한 탈정전 논쟁' 내부에 있다는 점을 우리에게 상기시켜야 하겠다.[25] 그렇다면 내부 식민화에 의해 협상된 재현체계(들) 내부에 좀 완고하게라도 남아, 더 긴 글에서 내가 관여한 바 있는 예언적 페다고지 같은 것도 언제고 도래하리라는 점을 나더러 지적하게만 해 달라.

미래의 현재(a future present)가 아닌 미래의 그 특이한 공간은 배리(背理)적인 형상들에 의해 거주될 수 있다.[26] 나는 『포스트식민 이성 비판』의 3장에서 그러한 두 가지 배리적 형상들에 주의를 기울였다. 2장에서 나는 포스트식민적 주체들 내부에서 서발턴 여성이 특히 의미 있는 것같이 보이는 이유를 밝혀 왔다. 그러므로 이제 나는 앞서 내가 제기했던 읽기와 글쓰기의 강력한 의미들에 따라 종족성을 다시 쓰고 인종을 적절하게 읽는 배리적인

24) 이렇게 어색하고 무거운 문장은 교실에서의 해석학적 예화(instantiation)를 위해 쓰인 셈이다. 내가 다른 곳에서 논의했듯, 이와 대조되는 명확하고도 우리를 분기시키는 글들은 요리법에서처럼 만들어가는 재료들의 목록들로 남아 있다. 그 예로 Nancy Fraser, "Solidarity or Singularity? Richard Rorty between Romanticism and Technocracy," *Praxis International* 8.3 (October 1988), 268-270 참조.

25) "Editor's Comments," *Public Culture* 1.1 (Fall 1988): 3.

26) 나는 '배리적'이라는 용어를 장-프랑수아 리오타르에 의해 제시된 의미로 사용한다. Jean-Francois Lyotard, *The Postmodern Condition*, trans. Geoff Bennington and Brian Massumi (Minneapolis: Univeristy of Minnesota Press, 1984), p. 61.

문학의 사례를 살펴볼 것이다.

나는 마하스웨타 데비의 「사냥」[27]을 다시 살펴보고자 한다.

앞서 나는 토착주의적 종족중심적 문화주의의 이름으로 포스트식민성을 부인하는 것은 특히 그 선심 쓰는 예에서 보듯 신식민주의와 모종의 협력 관계에 있다고 제안하여 왔다. 다른 편의 실수를 간파할 수 없는 무능력은 선심 쓰는 신식민주의적 의식의 오만함을 먹여 살린다. 이와 대조적으로 마하스웨타의 이야기는 그녀를 생산했던 폭력 및 침범 구조들과 포스트식민적인 것 사이의 협상이라는 제안을 가시적인 것으로 만든다.

역사는 향수로부터 역전될 수도, 삭제될 수도 없다. 역사를 재형성하기는 개인을 역사의 행위자로 생산했던 구조들과 다시 협상하기에 연루시킨다. 「사냥」에서 이러한 협상을 위한 형상(figure)은 종족성과 강간의 전유를 다시 쓴다. 이러한 재형성의 행위자 이름은 메리 오라온이다.

'형상'에 관해 한마디 하겠다. 나는 메리를 포스트식민적인 것의 대표자로서나 직접 모방 가능한 정확한 실천의 예로서 읽을 생각은 없다. 대신 나는 그녀의 형상화 논리를, 메리라고 불리는 인물의 주조 공학을 관찰하고 있는 중이다. 나는 또한 이 서사의 주조를 다음과 같은 방식으로 읽을 것이다. 우리의 평상적인 읽기 방식은 인물과 플롯을 포함한다. 우리가 이 두 가지를 좁은 의미에서의 알레고리로 읽는다면, 우리는 종종 우리의 읽기를 '정치적'이라고 부른다. 메리의 형상화와 그녀의 이야기에 관한 나의 읽기는 이러한 실천들과 무관하지는 않지만, 미학과 정치를 가르는 선은 확고하지도 직선적이지도 않다는 점을 고려하고자 노력한다.[28]

메리 오라온. 오라온은 인도의 삼백여 남짓 되는 큰 부족들 중 하나의 이름이다. 부족들은 인도 국어인 힌두어로 아디바시스(adivasis, 본 역서 486쪽 각주 9번에 나오는 나의 논평 참조*인도의 선주민 인구라고 주장되는 이질적인 종족 집단 및 부족 집단 집합을 가리키는 포괄적인 용어임)라고 불린다. 영어로 인도 부족들은 집단적으로 '지정'(指定) 부족들(scheduled tribes*인도의 최하층 카스트인 '불가촉천민'이라는 호칭 대신에 쓰이는 공식 호칭)이라고 언급된다. 인도의 최하층 카스트들(추방당한 카스트들, outcastes)

27) Mahasweta Devi, "The Hunt," in *Imaginary Maps: Three Stories*, trans. Gayatri Chakravorty Spivak (New York: Routledge, 1993), pp. 1-18(이후 여기서의 인용은 본문 중에 IM과 함께 해당 쪽수를 표기함).

28) 나는 서론의 각주 56번에서 '형상'에 관한 데리다의 용법을 설명했다. 그 의미는 여기서도 울려나온다.

인 이 '지정' 카스트들과 함께, 원주민들이 인도 공화국의 공식 서발턴들이다. 그들은 정치적 액티비스트들일 뿐만 아니라 정부의 언어로는 지정 부족들(SCSTs, Scheduled Castes/Scheduled Tribes, 여기서 'schedule'은 '지정'을 나타낸다)이다. 그들은 인도 국가에 열거된, 힌두교, 불교, 시크교, 자이나교(Jainism*불교와 힌두교의 공통 교의를 따르는 인도의 한 종파), 조로아스터교, 이슬람교, 기독교라는 일곱 개의 종교들 외부에 있다. 그렇다면 메리는 자신의 부족 정체성을 그냥 물려받은 오라온인데 기독교의 세례를 받아 메리가 된 셈이다. 그녀의 아버지는 인도를 떠나 오스트레일리아로 가기 전에 메리의 어머니를 강간했던 백인 농장주였다. 우리가 포스트식민적인 것을 강간에서 태어난 살아 있는 아이로 형상화해서 생각한다면, 메리의 형성은 문자 그대로 그 강간의 형상인 셈이다. 그녀는 '진정한' 부족민이 아니다.

힌두 카스트 가문의 하녀인 메리는 기독교인이면서도 아니다. 모든 적절한 범주들이 포스트식민성에서는 혼란스럽게 된다.[29] 독립한 세속적 농촌 인도의 어느 힌두 카스트가 카스트의 오염을 두려워해서 메리의 어머니를 고용하지 않으려고 할 때, 메리의 어머니는 기독교인이 되기를 그만둔다. 메리는 무슬림과 결혼할 것이다. 이와 같은 '종교들'의 협상 가능성은 공식적인 포스트-계몽적 세속적 의제와 좀 다르다. 내가 앞서 언급했던, 인도 땅의 폭력적인 공동체주의에 의해 황폐해진 그 의제 말이다.

마하스웨타의 이야기에서 심문되어야 하는 것은, 제국주의 문화를 통해 정의된 세속주의뿐만 아니라 능력을 갖게 하는 침범의 산물로서 포스트식민성의 재기입이다. 그러한 재기입은 부르주아 지식인의 자리에 있는 호전적인 '부족'을 그러한 지식인의 대표적인 형상으로 제시하기 때문이다. (오늘날 세속주의는 나한테는 하나의 이중구속이다. 교육받은 유대-기독교도, 교육받은 무슬림-불교도-힌두교도 등이 물려받은 휴머니즘 — 법의 규칙을 선호해 자체를 사유화하는 것처럼 보이는 — 을 통해 초월적인 것의 직관에 대한 보호를 당연하게 받아들였던 세속주의 법을 제자리에 둘 필요성 때문이다.)

그러한 형상화에 나오는 모든 세부사항은 '문자적인 것'과 '은유적인 것' 사이를 왕복한다. 예컨대 백인의 용기에 대한 찬탄은 서발턴 레퍼토리의 일부분이다. 그리하여 메리

---

29) 나는 이 요점을 「포스트구조주의, 주변성, 포스트식민성, 가치」라는 글에서 좀 더 길게 논의했다. Spivak, "Post-structuralism, Marginality, Postcoloniality and Value," in Peter Collier and Helga Geyer-Ryan, eds., *Literary Theory Today* (Cambridge: Polity Press, 1990), pp. 219-244. 이 글은 다음 출처들에 재수록되어 있다. *Sociocriticism* 10 (1989): 43-81; Padmini Mongia, ed., *Contemporary Postcolonial Theory: A Reader* (New York: Arnold Press, 1996), pp. 198-264; Diana Brydon, ed., *Postcolonialism: Critical Concepts* (New York: Routledge, 2000), pp. 57-84.

의 남자 친구인 자림(Jalim)은 그저 동거하기보다 결혼에 투신하기를 주장하는 메리에 대해 "그래, 메리한테는 뭔가 진실한 것, 오스트레일리아 혈통의 힘이 있단 말이야"(IM, p. 3)라고 논평한다. 메리 자신은 탈코드화를 위한 텍스트를 제공할 수 있는 자신의 어머니한테 분노를 느낌으로써 자신의 힘을 표현한다. "어머니가 백인 딸을 보았을 때, 바로 죽여 없애야죠. 그렇게 했으면 아무 문제도 없잖아요." 부족 소년 중 한 명이 "어머니가 죽었으면 넌 어떻게 할 건데?"라고 묻는다. "난 이 세상에 없었겠지."(IM, p. 5)

마하스웨타는 작가의 위치에서 메리의 사고틀(mind-set)을 다음과 같이 그린다. "그들이 그들 사회의 가혹한 명령들을 메리한테 부과했더라면, 메리는 반항했을 것이다. 그들이 그렇게 하지 않아서 그녀는 불행하다. 그녀의 마음 깊숙한 곳에서는 오라온 부족의 일부가 되고 싶은 갈망이 있다. 메리가 열서넛 살이었을 때 어떤 용감한 오라온이 그녀에게 결혼하자고 끌어당겼더라면, 몹시 기뻐했을 것이다."(IM, p. 6)

마하스웨타는 메리의 이러한 사고틀을 추방의 표현이나 그녀의 반(半)-부족 목소리-의식의 표현으로 바깥에서 먹어치우는, 자기-주변화하는 혹은 자기-인류학화하는 종족적 기획 속에서 특권화하지 않으려고 조심한다. 이러한 시나리오와 이러한 감성들의 출처는 메리가 보았던 한두 편의 힌두 영화이다. 사랑을 위해 카스트와 신앙의 장벽들을 극복하는 것은, 엄청 생산적인 힌두 영화 산업 — 좀 잘못된 것이기는 하지만 지금 발리우드(Bollywood*인도 '뭄바이'의 옛 이름 '봄베이'와 '할리우드'의 합성어로 인도 영화산업을 뜻한다. 발리우드 영화의 스토리는 대부분 남녀 간의 애절하면서도 격정적인 사랑, 악인에 대한 철저한 응징, 주인공이 난관을 극복하고 성공하는 해피엔딩 등으로 이루어지며 뮤지컬 형식의 영화가 많다.)라고 불리는 — 의 기본 주제들 중 하나이다.[30]

메리의 일상 삶은 (토리Tohri라는 이름 없는 농촌 읍에 의해 대표되는) '외부 세계'와 (부족민들이 살고 있는 변경 지방의 작은 공동체인) 쿠루다(Kuruda)라는 억류된 공간 사이의 다리로서 묘사된다. 그러한 메리의 일상 삶은 여성, 노동자, 포스트식민 시대 사람으로서의 메리를 경험적으로 인가하도록 합주되어 있다. 나는 그 풍부한 텍스트를 통과해 다음 순간에 초점을 맞출 것이다. 즉 "어느 날 갑자기 기차가 멈추더니 수세관(收稅官) 싱(Singh)이 프라사드지(Prasadji)의

30) 이것들 중 하나 — 라즈 카푸르(Raj Kapur)에 의한 「바비」(Bobby) — 에 관한 묘사가 Clark Blaise and Bharati Mukherjee, *Days and Nights in Calcutta* (Garden City, NY: Doubleday, 1977), pp. 143-146에 나온다. 이 책의 3장인 「'문화적으로 다른' 책을 어떻게 읽을 것인가?」 또한 참조.

아들과 함께 내린다. 그러자 메리의 삶은 혼란스러워지며, 메마르고 조용하던 쿠루다의 현존에 폭풍우가 몰려온다."(IM, p. 6)

백인 농장주들이 쿠루다에 살았던 대영제국 인도 시절에는 쿠루다에 기차가 섰지만 이제 더 이상 기차는 쿠루다에 멈추지 않는다. 기차는 영토 제국주의의 통합 기획을 위해, 포스트식민 시대 사람인 메리의 '식민주의'의 통합 기획을 위해, 광범위하게 통용되는 환유체이다.[31)]

대영제국의 지배하에 보잘것없는 세금 징수원이었던 '세수관'은 이제 고유명사나 묘사적인 경칭이 될 수 있었다. 그 사람은 루카치가 '전형성'이라고 불렀을 그런 것을 갖고 행동한다. 그는 그 구역의 살(sal*사라쌍수(紗羅雙樹)) 숲을 팔고, 소지주들에게 정당한 가격을 속임으로써 땅을 침범한다. 그는 부족민들을 살인적으로 착취되는 임금노동자로 고용함으로써 그들을 침범하며, 그들에게 많은 술을 먹이고 소위 상업화된 서구 대중문화의 희화를 받아들이도록 한다. 사실 말 없는 살 숲의 이야기는 다음에 보듯 또한 조심스럽게 절합된 역사적 환유체이다.

사라쌍수의 생태학은 전자본주의적 공동체 경제와 부족들의 사회적 관계들과 철저하게 서로 엮여 있다. 그 생태학이 식민적인 항구적 자본으로 변형하는 것은 백인 농장주와 부족 하인의 정교한 사회적 관계들의 부과와 생산을 통해 수행되었다. 포스트식민성에서 일어나는 제국주의 문화의 변형은 큰 농장 집들의 도처에 살고 있는 무능하지만 선량한 성품을 지닌 인도인들에 의해 형상화된다. 제국주의적 경제 텍스트의 실제 유산 수령인은 야비한 수세관 싱이다. 그는 상층 부르주아지로부터 하찮은 부르주아지로 가는 필연적인 궤도상에 있다. 그는 사라쌍수 숲을 항구적 자본으로 재동원하며, 부족민들을 일반화된 상품 교환 속에 삽입하지 않고 가변적인 자본으로 재동원한다.[32)] 100년 전에 마르크스는 이것을 "자본의 생산양식을 갖추지 않은, 자본의 착취양식"[33)]이라고 기술했다. 상당히-부족

---

31) 이러한 연관에 관한 마르크스와 엥겔스 묘사를 보려면, V. G. Kierman, *Marxism and Imperialism* (Edinburgh: Edward Arnold, 1974), p. 188 참조. E. M. 포스터(Forster)와 사티야지트 레이(Satyajit Ray)를 포함해 많은 예술가들이 이 연관을 만들어내고 있다.

32) Amin, *Unequal Development*, p. 380 참조.

33) Marx, *Capital*, vol. 3, trans. David Fernbach (New York: Viking Books, 1981), p. 732. 이 서사와 더불어 마르크스는 고리대금업자의 자본을 묘사하고 있다.

민도-아니고 상당히-인도인도-아닌 메리 오라온은 이러한 연속적 착취 서사를 도태시킬, 상당히-자의식적이지도 않고, 상당히-자기-동일적이지도 않은 행위자이다.

나는 그 이야기의 이러한 양상에 초점을 맞추지 않을 것이다. 우리의 현재 목적들을 위해서 나는 상당히-남성적이지 않은 것으로서 강간 구조에 대한 메리의 전유에 집중해야 한다. 여기서 중요하게 되는 세수관 싱의 양상은 메리를 성적으로 침범하려는 그의 시도뿐만 아니라 메리와 연관된 그의 다양한 교환들이다. 이러한 시퀀스의 서사적 해결은 오라온 부족의 봄 축제 기간 중의 낮과 밤에 일어난다.

땅과 민족을 침범하는 것을 경계하고 날카롭게 비판하는 사람으로서 메리는 그 축제를 다시 쓰고, 사냥감에서부터 사냥으로 그 축제를 바꾸어 놓는다. 그녀는 축제를 위기로 몰아가며 그 은유를 문자 그대로 표현하자면 행동할 수 있게 된다. 부족민들의 '진정한' 판본은 과거를 기념하는 것이다. 그곳에서는 행위능력의 성적 구분에 때가 묻어 있지 않다. 남자들은 알고 있고 여자들은 위장한다. "그들(여자들)은 왜 그들이 사냥하는지 그 이유를 모른다. 그들은 이날까지 수백만의 달들을 위해 사냥 놀이를 하여 왔다. 일단 숲에 동물들이 있다면, 삶은 야생적이었고 사냥 게임은 의미를 지녔다. 지금 숲은 비어 있고, 삶은 낭비되고 말라버렸고 사냥 게임은 무의미하다. 그날의 즐거움만이 진짜다."(IM, p. 12)

남자들에게는 사냥 의식이 기능적인 은유처럼 보였고, 여자들에게는 12년마다 그 사냥을 수행하도록 허용되었다면, 그 의식은 오어법(catachresis*어색하거나 무리한 은유 또는 혼합 은유나 함축적 은유에서 흔히 보이는 잘못된 단어 용법, 즉 말의 오용이나 비유의 오용)으로, 접근 가능한 역사적 혹은 문학적 극단(pole) 없는 유추로, 고전 수사학에서는 남용 중인 은유로 무대화될 수 있다. 그런데 메리는 이 젠더화된 대립을 풀어버린다. 그녀는 침범 그 자체인 강간 구조와 협상함으로써 사냥의 문자적 오어법을 역동적으로 문자 그대로의 것으로 만들어 그것을 하나의 무기로 전유한다. 그녀에게 숲은 동물을 지키고자 있는 것이며, 그날의 기쁜 현실은 '실재적'이고 '의미로 충만한' 것이다. 그녀는 어떻게 이것을 작동시키는가? 그녀를 위해 그 세수관을 동물로 다시 쓰고 그를 희생물로 합법화하는 것은 바로 그 사냥 축제이다.

몇 년 전에 나는 『제인 에어』에 관해 쓰면서 제인이 처음으로 버사 메이슨(Bertha Mason *가정교사 제인에게 청혼하는 로체스터가 카리브 해의 자메이카에서 데려와 다락방에 가둬 놓은 미친 부인)과 맞닥뜨리는 장면을, 인간과 동물 사이의 차이를 미결정적인 것으로 만들어 그 서사가 제인을 문자로부터 법의 정신으로 이동할 수 있게끔 한 상황이라고 묘사했더랬다(CPR, p. 121). 메리의 경우는 그러한 '미결정적인 것으로 만들기'가 아니라 오히려 그 반대이다. 그 텍스트를 고려하여 보자. 메리는 일을 마치고 돌아오고 있는 중인데 단조로운 축제 음악이 울려 퍼지고 있고 세수관은 그 외로운 길에서 그녀에게 다가와 말을 건다.

> 처음에 메리는 깜짝 놀랐다. … 상당한 실랑이가 있은 후, 메리는 그의 손아귀에서 뛰쳐나올 수 있었다. … 긴 구레나룻, 긴 머리칼, 폴리에스터 바지들, 뾰족구두들, 그의 등에 걸쳐 있는 암적색 셔츠, 봄 노래들을 배경으로 메리는 그를 한 마리의 동물이라고 생각했다. An-i-mal. 그 음절들이 그녀의 정신에 울려 왔다. 갑자기 메리는 미소를 지었다.(IM, p. 13)

메리는 그를 죽일 생각으로 그와의 만남을 주선한다. 그러나 그녀는 기입하는 힘 혹은 의식(ritual)으로부터 도움을 받지 않고서는 그를 죽일 수 없다. 한 번의 협상과 변형이 일어난다. 사냥이 끝난 후 함께 소풍 온 부족 여성들은 바로 그 순간에 세수관이 기증한 술에 취하고 있는 중이다. 그는 메리를 위해 '수입 술'을 만남의 자리에 가지고 오는데, 이 술은 축제의 음악을 대신하며 메리는 술을 마시기 시작한다. "그렇다. 그 얼굴은 쫓기는 동물의 얼굴처럼 보이기 시작한다." 실로 메리는 그 얼굴을 변형한다. 그녀는 "그의 얼굴을 애무하고… 그의 입술을 깨물며 사랑을 표현한다. 세수관의 눈이 이글거리고 그의 입은 벌려 있으며 그의 입술은 침으로 젖어 있으며 그의 이는 번득거리고 있다. 메리는 바라보고 또 바라보고 있으며 그의 얼굴은 바뀌는데 무엇으로 바뀌는가? 그렇다, 동물이 되고 있다."(IM, p. 16)

우리는 "이제 나를 덮칠 건가요?"라는 다음 질문을 누가 하는지 확신하지 못한다. 이 미결정성의 순간에 메리는 강간을 전유한다. 그녀는 그를 붙잡아 쓰러뜨린다. 그 검은 침범의 남근이 된다. 의식용 동물의 죽임은 그 민족에, 땅에 침범한 벌이기도 하다. 또한 메리의 탄생을 침범하기 위해 역사적으로 전위된(displaced) 회귀이기도 하다. "메리가 그 검을 올리고 낮추며 올리고 낮춘다."

모든 세부사항은 '의미'로 가득한 것 같다. 메리는 침범하면서 성적인 충만감을 느낀다. 이것은 그저 남성으로의 위장이 아니라 남근과의 협상이다. 메리는 세수관을 죽이기 전에 춤추면서 "부드니(Budhni*나이 든 부족 여성)를 붙잡고 '내가 사냥 놀이를 한 후 당신과 결혼할 거야'라고 말했다." 메리가 그 죽임으로부터 돌아와서, "메리는 씻지 않은 자신의 입으로 부드니에게 키스한다."

마하스웨타는 협상적이고 전략적인 포스트식민적인 것을 표명한다. 우리는 그 표명에 대해 젠더화된 서발턴의 형상으로써 훨씬 더 많은 것을 말할 수 있다. 다음 구절에서 보듯, 내가 '야생적'이라고 번역해 왔던 본노(bonno)라는 단어의 용법에 관해 논평 정도밖에 하지 못할 것이다. "그녀의 피 속에 일어나는 춤에 대한 몹시 목마른 갈증. 세수관, 세수관, 내가 거의 거기 있다. 세수관은 그녀를 많이 원한다. … 세수관은 얼마나 많은 폭력을 행사해야 그녀를 얻을 수 있을까? 세수관은 화씨로 어느 정도일까? 그의 피는 메리의 피처럼 야생적일까? 용감할까?"

어떤 피가 여기서 '야생적'이라고 불리는 것일까? 숲에 거주하는 부족민들의 피는 그럴까? ('본노'라는 단어는 직역하면 '숲의'를 뜻한다.) 혹은 침범하는 오스트레일리아 인들의 피일까? 자체의 자리에 대한 종족주의적 자부심으로 강력하게 무장된 부르주아 페미니스트 영문학 교수들, 지식인들, 조직 액티비스트들 집단은 본노라는 단어가 부족적 진정성에 대한 메리의 귀환을 뜻할 수 있을 뿐이라고 생각했다.[34] 마하스웨타가 기이하게 지고 있는 짐은, 피의 야생성이 메리와 오라온 둘 다이며 순수하게 둘 다 아니기도 하다는 점일지도 모른다.

그날 저녁 디아(Dia) 예술재단에 모인 뉴욕 청중 앞에 내가 차지했던 자리에서 인도 부족민만이 인도 부족을 위해 인도 부족민으로서 그들의 법정에서 말할 수 있어야 한다는 요구야말로, 이 책에서와 같은 그러한 공간 생산의 공학을 맹렬하게 비가시화하도록 애쓴다. 나는 지금쯤 그 점이 분명해졌기를 바란다. 부족민에 관해 글을 쓰는 마하스웨타 데비의

34) 그러한 판단이 '권위적'일 수 있게 되는 것은, '내부 식민화'와 그 당연한 결과인 '통합된 종족의 목소리'가 그 전제들이라는 조건에서만 그렇다. 그리하여 응구기 와 티옹오는 다음과 같이 말한다. "신식민주의 시기에 문화제국주의는 더 교묘한 형태를 취하며 전투적인 아프리카 민족주의 아래, 또 죽은 진정한 문화적 상징주의의 외침 아래, 다른 토착 인종차별주의적 자기주장의 깃발 아래로라도 숨을 수 있기 때문에 더 위험한 암이라는 점을 우리가 이해하는 것은 중요하다. 응구기의 『정치 중의 작가들』에 실린 「문학과 사회」("Literature and Society," *Writers in Politics*, London: Heinemann, 1981, p. 25)참조.

경우, 점잔 빼는 가야트리 스피박은 바로 그러한 요구들에 의해 기껏해야 카타르시스를 느낄 수 있을 뿐이다. 차라리 다음에 유의하라. 포스트식민 사람이라는 나의 계약된 상황이란, 대안적 역사들의 주체권에 대한 주장들이 도래하되 종종 검토되지 않은 방식으로 요청되는 모습을 보고 있는 어떤 장소에 있다는 점에 말이다. 텍스트들을 조심스럽게 선택하는 문학 페다고지는 적어도 또 다른 공간을 준비할 수 있다. 즉, 유럽 계몽주의의 슬로건들인 민족주의, 국제주의, 세속주의, 문화주의는 텍스트들을 파괴하는 데 참여하지 않는 토착주의의 성채라고도 할 만한데 바로 이 슬로건들에 있는 누전 선들을 가시화하는 공간 말이다. 이러한 가시화는 엄격히 말해 파괴적(해체적) 페다고지이다. 인문학에서의 모든 훌륭한 가르치기처럼, 이 페다고지는 희망적이고 끝날 줄 모른다. 이 페다고지는 성취된 연대의 전미래를 가정하고 기대하고, 그리하여 '현재'를 돌본다. 그렇다면 (배)리적인 것의 가장 엄밀한 의미에서 형태-발생적(morpho-genetic)인 것(가장 강력한 의미에서 읽기, 글쓰기, 가르치기의 새로운 방식들을 발생시키는)에는 종착점을 갖는 목적론적 혁신이라곤 없다. 그 형태-발생적인 것의 '현재'란, 경제적인 것에 논리적으로(반드시 연대기적으로) 선행하지 않는 '가치'라는 의미에서 가치 코드화의 장이다. 즉 정치적인 것, 경제적인 것, 정동적인 것은 거기서 서로 얽혀 있다.

그날 저녁 혹은 이 책에서 화자와 청중을 묶어 주었던 계약 지점에서 역사를 재형성하기란 집요한 비판이며, 현실에 대한 가정된 설명에 지속적으로 부상하는 이분법적 대립들과 연속성들을 조용히 깎아내리는 것이다. 반복의 문화정치학은 '탈식민화'를 위한 최소한의 조건인 정치적 독립에 수반되는, 전략적으로 필요한 파열(rupture)의 제스처 정치와 함께 작동 중이다. 그런 일이 일어날 때, 그러한 이전(transition)에 걸터앉은 '나 자신의 세대'(나는 이론적으로 정확한 친구들로부터 '본질주의'의 순수파 중얼거림을 들을 수 있다)와 같은 세대들, 나 자신의 집단(또다시!)과 같은 집단들, '내부 식민화'의 패턴들 내부에서 순환하는 디아스포라들은 다음과 같이 할 수 있다. 즉 그들이 진지한 메트로폴리탄 급진주의자들로 된 '그러한 청중'(다시 또다시!)과 같은 집단에게 말할 때, 그 연사들이 문화 작업이라는 분야에 속할 때, 그 의제에 한 가지 항목을 올릴 수 있다. 나는 신식민적 지구에서 포스트식민 엘리트의 특권을 집요하게 잊으며 배우기(unlearn)라는 것을 반복한다.

지금 내가 반복하는데, 그릇된 희망 말이다.

3.
'문화적으로 다른' 책을 어떻게 읽을 것인가?

다문화적 정전에 대한 요구가 고통스럽고도 더디게 초래한 결과들 중 하나는 대학 커리큘럼에 지구적 영문학을 포함시킨 것이다. 이 불확실한 승리의 결과들은 종종 수상하다. 선생도 학생도 그 텍스트들을 역사적으로 또/혹은 정치적으로 받아들일 준비가 통상 되어 있지 않기 때문이다. 3장은 나라얀(R. K. Narayan*1906-2001, 남부 인도의 가상 도시 말구디(Malgudi)를 배경으로 한 작품들로 가장 잘 알려져 있는 인도 작가이다. 그의 작품들로는 『스와미와 친구들』, 『문학 학사』, 『영어 선생님』, 『재정 전문가』가 있으며, 사히티야(Sahitya) 아카데미 상을 수상하고 브로드웨이에서 각색된 영화 『안내자』가 있다. 『안내자』는 허구의 마을 말구디를 무대로 한 소설 중 가장 인기가 많은 작품이다.)의 『안내자』[1]라는 명석한 소설을 통해 양심적인 선생의 길을 가고자 하는 시도이다.

'인도계-앵글로'(Indo-Anglian)라는 용어는 영어로 쓰인 인도 글쓰기를 묘사하기 위해, 편집자 P. 랄(Lal)의 권한하에 있던 캘커타의 〈작가 워크샵 단체〉(Writers' Workshop Collective)에 의해 1950년대 후반에 만들어졌다. 이 용어는 국제적으로 통용되지는 못했지만 자체를 묘사하기에는 유용하다.

인도계-앵글로 소설에 관해 우선 물어야 할 질문은 남성/여성 작가가 토착어의 창조적 용법과 맺는 관계이다. 이 질문은 이 책의 1장에서 언급된 응구기 와 티옹오의 질문과

1) R. K Narayan, *The Guide* (New York: Penguin, 1980)(이후 본문 중에 인용 쪽수만 표기함).

동일하지 않다.

영어와 키쿠유(Gikuyu*케냐 지방의 키쿠유 족)어 사이의 관계에 대한 응구기의 무대화는 지배 문학과 종속적 구전성(orature) 사이의 관계를 또한 연루시키고 있어서 복잡하다. 그러한 평행을 명백히 비대칭적인 방식으로 끌어내기 위해 우리는 인도 선주민들의 수천 년간 억압된 구전 문화들을 고려해야만 할 것이다. 우리는 부족 출신의 인도계-앵글로 소설 작가를 아직 보지 못했고, 그 혹은 그녀의 구전 전통으로 돌아간 작가를 보는 것과도 거리가 멀다. 실로, 소위 인도적 유산으로부터 축출된 부족 문화의 가혹한 역사를, 서명 위나 아래에 나오는 진짜임을 밝히는 부족의 맺음 장식을 인도 정체성으로부터 삭제한 역사를 알고 있는 사람은 누구라도 이 경우를 상상하기 어렵다는 점을 알게 될 것이다.

이와 대조적으로, 인도계-앵글로 산문 작가나 시인이 하는 모국어 문학 활동은 보통 많은 편이다. 인도계-앵글로 문학 작가는 지역 공공 문화의 이러한 역동적인 토대를 대표할지도 모른다. 그 토대가 사적 교환의 매체인 양, 혹은 진정한 공공영역의 기이한 시뮬라크럼인 양 말이다. '방언' 문학 작가들과 인도계-앵글로 문학 작가들 사이의 관계는 계급-문화적 투쟁 지점이다. 이 투쟁은 개인적 대면에서는 반영되지 않는다. 실로, 인도계-앵글로 글쓰기와 방언 글쓰기 영역들은 진지한 접촉을 보통 하고 있지 않다. '계급-문화적 투쟁'이란 문화적 혹은 문화-정치적 정체성을 생산하는 데서 일어나는 투쟁을 뜻한다. 문학이 문화적 자기-재현의 도구라면, 인도계-앵글로 소설에 의해 또 좀 완곡하게 시에 의해 투사되는 '인도의 문화적 정체성'은 수많은 인도 문학들에서 단편적으로 재현되는 수많은 '인도들'의 심각성과 당대성을 암시하는 이상을 제시할 수 없다.

사실, 1960년대 후반 이래 리처드 호가트의 『읽기능력의 용도들』에 의해 출범되고 스튜어트 홀의 능력 있는 지도하에 지속된 메트로폴리탄 (다)문화연구가 버밍엄 학파의 훌륭한 작업들을 통해 자체를 확립하기 시작했을 때, 인도계-앵글로 작가는 문화적 자기-재현의 증가하는 '포스트식민' 아우라를 획득하고 전송하기 시작했다.[2)] 이러한 종류의 국제적

2) Richard Hoggart, *The Uses of Literacy: Aspects of Working-Class Life* (New York: Oxford University Press, 1970); Stuart Hall, *Culture, Media, Language: Working Papers in Cultural Studies* (London: Hutchinson, 1980). 초기에 영향력 있었던 『제국이 되받아치다: 70년대 영국의 인종과 인종주의』(*The Empire Strikes Back: Race and Racism in 70s Britain*, London: Hutchinson, 1982)와 같이 흑인 영국 주체-위치로부터 생산된 책은, 포스트식민적 자기-재현에 미친 효과와는 특이하게 다른 아우라를 인도계-앵글로 글쓰기에서 내뿜는다.

문화 교환은 어떻게 작동하는 것일까? 이 질문은 재빨리 답해질 게 아니라 계속 살아 있어야 한다. 문화적 정체성에서 일어나는 신식민적 거래와 이주민 목소리의 더디고도 고뇌로 가득한 승리에 대한 감각 없이, 소설을 문화적 의식의 직접적 표현으로 간주하는 재빠른 대답이 있다. 그 대답은 소설들을 그저 포스트식민 자아들, 포스트식민주의, 심지어 포스트식민적 저항의 저장소들로 간주하겠다는 것이다.

이 현상을 고정시켜 이름을 붙이는 일이 아무리 어렵다고 해도, 우리는 그것을 조심스럽게 고려할 것이다. 그 현상의 속도가 대중문화의 충분히 전자화된(컴퓨터화되고 비디오화된) 회로들에서 일어나는 문화적 왕복의 부메랑 효과와는 너무 다르기 때문이다. 뉴욕에 있는 메렝게(merengue*아이티, 도미니카의 무용 및 그 곡)를 살펴보자. 그 예술가들은 산토도밍고(*도미니카 공화국의 수도)에 있고, 그 시장은 뉴욕에 있는 도미니카 인들에 의해 지원되고 있으며, 그 경향은 여러분에 의해 헤아려질 수 있을 만큼 빠른 속도로 원곡의 '순수한' 가락에서부터 바뀌고 있다. 남아프리카공화국의 랩을 살펴보자. 남아프리카공화국의 가수들 스스로 미국의 영향을 인정하고 아프리카 집단과 미국 집단의 소리 내는 방식에 주목한다. 남아프리카공화국의 뉴스 해설자는 이것을 아프리카적 기원의 문화적 전유라고 간주하며, 미국 집단은 남아프리카공화국 집단의 영어가 '아프리카 억양'을 거의 갖고 있지 않고 참으로 잘 이해된다고 칭찬한다. 이 책의 6장 「시대를 가르치기」에서 논의되는 멕시코 예술가 기예르모 고메스 페냐(Guillermo Gomez Peña)의 치카노-아메리카노(Chicaricano) '경계예술'을 살펴보라.

이러한 전자적 템포로 쓰인 유일한 인도계-앵글로 포스트식민 소설은, 피터 브룩의 『마하바라타』에 의해 영감 받은 샤시 타루르(*인도의 외교관, 저술가, 1956년 런던 태생, 미국 터프츠 대학에서 공부했고 유엔의 주요 직책을 거쳤다. 『위대한 인도 소설』을 비롯해 영어로 된 여러 권의 소설을 썼다.)의 『위대한 인도 소설』이다. 브룩의 책으로 말미암아 타루르는 처음으로 『마하바라타』를, 브룩의 서사시 공연을 위해 연극-대본용으로 압축된 영어판으로 읽게 되었다.[3] 타루르의 소설은 인도 독립 운동 당시 위대한 민족주의자들 사이의 투쟁을 고대 서사시의 핵심에 있는 가족 불화에 덧붙인 재미있는 연재만화 시리즈이다. 여기서 번역은 즉각 이루어진다. '마하'는 문자 그

3) Shashi Tharoor, *The Great Indian Novel* (New York: Arcade, 1989). 이 정보는 뒤표지 안쪽에 나오는 저자 소개에 나온다.

대로 '위대한'이며, '바라타'는 역사와 지리의 온갖 복잡성들은 망각된 채, 인도에 해당하는 당대(힌두) 이름과 같은 것으로 받아들여질 수 있다. 마하-바라타=위대한 인도. 이는 현재를 신성한 과거와 동일시하여 역사의 영도(at degree zero of history)에서 정체성의 정치를 위한 표식(mark)을 얻으려는 포스트식민 정치가들의 환상인 셈이다.

이러한 예는 변칙으로 남는다. 그 눈속임은 영연방 문학의 국제적 독자권에게는 접근 불가능하다. 그리고 지구적 '키치'이건 토착적 '민속'이건 인도계-앵글로 소설은 단순히 아대륙(*남아시아에서 인도, 파키스탄, 방글라데시 등의 나라가 위치한 지역, 지리적으로 북동쪽은 히말라야 산맥, 서쪽은 아라비아 해, 동쪽은 벵골 만으로 둘러싸인 지역) '대중'문화의 일부가 아니다. 심지어 공격적인 포스트식민적 표명들 속에서조차 인도계-앵글로 소설을 '대중적인' 것으로 생각하는 것은 『아들과 연인』을 국제적 노동 계급의 소설로 생각하는 것과 마찬가지이다. 『악마의 시』의 비극(혹은 신랄한 소극?)은, 그 소설이 다루었던 '인민'(people)에 의해 읽히지 않았는데도 인도의 선거 조작을 통해 인민에게 이용 가능하게 되었다는 점이다.

이와 대조적으로, 인도와 인도 독자권에서 인도계-앵글로 소설에 일어난 변화의 여정 중에 양방향 거래의 일반적인 템포는 제도권에서건 여타의 것에서건 좀 당차다. 우리가 1970년대 초반에 감지하기 시작한 그 변화는 토착 언어의 재현을 왕성하게 조롱하는 것이다. 다양화된 디아스포라들의 파도들을 타고 거품처럼 달리는 지구적 세계시민주의적 정체성들에 일어난 재빠른 변화의 자국을 좇아, 더 상승하려는 상층 계급이었던 것 혹은 민족적 주변부 공간의 방언과의 (상승을 열망하는) 사적 관계였던 것은 문자 그대로 '재-영토화'된다. 조금 덜 새로운 이주민들에 의해 새로운 이주민을 위해 준비되는 영역으로부터 그 혹은 그녀의 담론 전략을 빌려오는 신참 이주민 작가들이 메트로폴리탄 공간에서 실행하는 종족적 정체성의 공적 선언으로서 말이다.[4] 『악마의 시』가 이 재영토화의 고전적인 경우인데, 그 독자권이 준비되기 이전에 이정표 격인 텍스트는 데사니의 『하테르에 관한 모든 것』이다. 이 거장의 소설에서는 통상 작가의 표준 영어의 바다에서 나오는 직접적인 기

4) 디페쉬 차크라바르티(Dipesh Chakrabarty)는 자신의 글 「열린 공간/공적 공간: 쓰레기, 근대성, 인도」("Open Space/Public Space: Garbage, Modernity and India," *Economic and Political Weekly* 27.10-11, March 7-14, 1992, pp. 541-547, RFF)에서 이 분리를 지적하지만 설명하지는 않는다. "살만 루쉬디가 그 무대에 도착해 근대 인도의 지적 혼란을 외부자에게 더욱 잘 보이게 만들었을 때까지."

괴한 스피치의 섬들보다 방언의 지속적인 문학 번역 기술을 통해 '영어'가 인도 언어들 중 하나라는 (민족적 언더클래스에 속하는) 자체의 지위를 주장하고자 시도한다.[5)]

나라얀(나얀타라 세갈, 카랄마 마르카난데야, 구스 프라와르 야브와라, 물크 라지 아낭, 라자 라오 등)과 같은 작가들은 이동하는 정체성을 위한 하이퍼리얼한 이러한 쟁탈을 앞서 적는다.[6)] 이 쟁탈의 '내부적 증거'는 그 작가들이 종종 재현하기를 선택하는 농촌 혹은 언더클래스 사람들 사이에 일어나는 대화의 과장된 영어, 소위 자유 간접 스타일로 그러한 인물들의 주체성을 재현하는 과장된 영어이다.[7)] 언더클래스 혹은 농촌 인물들의 상황 혹은 그들의 자유 간접 스타일 상황은 방언들에서는 상당히 다르게 다루어진다. 그렇다면 이 초기의 보도적인 리얼리즘 작가들 집단과 더불어, 우리는 방언과의 관계를 특별히 인지해야만 한다.

이 집단은 1947년에 인도가 독립하기 전에 영어로 소설을 발간하기 시작했다. 나라얀의 첫 번째 책 『스와미와 친구들』은 1935년에 발간되었다. 좀 더 젊은 집단에 의해 '포스트식민적'이라고 인식될 수 있는 정체성의 생산양식이 출현한 것은, 모국어의 사적 공간이라는 거친 배경을 뜻했다. 협상된 정치적 독립은 이 초기 집단으로 하여금 출현하는 포스트식민적인 기괴한 흐름으로부터 표류하도록 했다. 그들은 하이퍼리얼한 것이라기보다 지방색으로서, 향수적인 것으로서의 민족 소설가들이 되었다.

『안내자』에 나오는 사원 춤꾼의 재현은 포스트식민 정체성의 격랑과 멀리 떨어진 향수의 소형(축약된) 세계에서 눈에 띈다. 감옥에서 출소해 이미지 없는(imageless) 어느 사원에 은신하고 있는 남성 선도자의 자서전 사이로 성자로서의 자신의 지고한 행복을 진정한 것으로 만들어주는 열성적인 신도에 이르기까지 그의 플래시백으로 제시된 이야기는 다음

---

5) G. V. Desani, *All About H. Hatterr* (New Paltz, NY: McPherson, 1948).

6) '하이퍼리얼'(hyperreal)에 관해서는 Jean Baudrillard, "The Precession of Simulacra," in *Simulations*, trans. Paul Foss, Paul Patton, and Philip Beitchman (New York: Semiotiext[e], 1983), p. 2 참조. (*실재가 실재하는 것이 아닌 파생실재로 전환되는 작업이 '시뮬라시옹'이고, 모든 실재의 인위적 대체물이 '시뮬라크라'이며, 현대인들은 가상실재인 시뮬라크르의 미혹 속에서 살아가고 있다. 이처럼 가상실재가 실재를 지배하고 대체하며 재현과 실재의 관계가 역전됨으로써 더 이상 모사할 실재가 없어진 시뮬라크르들은 실재보다 더 실재 같은 하이퍼리얼리티를 생산한다.)

7) 볼로시노프는 말(스피치)의 보도라는 견지에서 문학 형식을 분류할 것을 제안했다(V. N. Vološinov, *Marxism and the Philosophy of Language*, trans. Ladislaw Matejka, Ann Arbor: University of Michigan Press, 1973, pp. 115-123). 나는 이 책의 1장 「영문학의 짐」에서 네이딘 고디머의 『줄라이의 사람들』과 관련하여 주체성의 이중언어적 재현 문제에 관해 논평했다.

과 같이 요약될 수 있다.

철도역이 생기자 라주(Raju) 아버지의 가게 등급이 올라간다. 아버지의 죽음과 더불어 라주는 이 상승의 움직임에 대응할 수 있게 된다. 그는 철도 상점의 주인이 되었을 뿐만 아니라 지역의 아름다운 곳들로 택시를 운전해 투어를 하는 폼 나고 재기 있는 가이드가 된다. 그러한 투어 중에 그는 사원 춤꾼(따라서 주님의 여성 종복인 데바다시devadāsi)의 딸 로지/나리니(Rosie/Nalini)를 만난다. 나리니는 첫째는 정치학 석사학위를 따도록 자신을 다그치는 개인적 야망에 의해, 둘째는 고고학자이자 미술사를 하는 남편에 의해 자신의 핏속을 흐르는 충동을 엄격하게 억압한다. 안내자 라주는 그녀를 유혹하고 그녀는 그와 함께 살러 오게 되고, 라주의 어머니는 추문에 휩쓸린 라주의 삼촌과 함께 집을 떠난다. 라주는 나리니를 춤꾼으로 내세우고 그녀의 대리인이 됨으로써 엄청나게 돈을 벌어들이는데, 그녀와 남편 사이의 재결합을 막으려고 나리니의 사인을 위조하다가 감옥에 간다. 그녀는 그 장면에서 사라진다. 라주는 잠깐 감옥살이를 한 후, 그 지역에 나타나 사원에 은신한다. 그는 한 명의 추종자를 끌어들이는데 그 결과 마을 전체가 신도들로 가득 찬다. 그 지역의 가뭄을 끝내기 위해 금식하고 12일 동안 무릎 깊이의 물속에 서 있으라는 압박을 받자, 라주는 자신의 추종자인 베란(Velan)에게 자기 이야기를 하기 시작한다.

소설은 이렇게 직설적인 방식으로 정렬되어 있지는 않다. 이 소설은 사원에서 라주가 베란에게 말하는 장면으로 시작된다. 라주의 이야기가 고백인지 어떤지 우리는 알지 못한다. 두 모순적인 동기, 즉 금식과 참회와 같은 고행의 회피와 '강요된 성자다움'의 회피는 서로서로를 물어뜯기 때문이다.[8] 우리는 소설의 말미에 가서야 이 동기들을 알아차릴 뿐이다. 그러는 사이 몇몇 장들은 정기적인 플래시백으로써 서사의 틀 바깥으로 움직이기 시작한다. 그것을 코드로 표현하면, 독자는 현재의 인물과 거의 닮지 않은 과거 인물의 악한 같은 성격에 빠져들어 라주의 과거에 '그렇군요'라고 말하기 시작한다. 이것이야말로 자유간접 스타일(free indirect style)로 이야기하기에 역사적으로 확립되어 있는 힘이다. 독자는 실험에 익숙해지기 위해 자신의 정신을 훈련할 필요가 없다. 그 이야기가 베란에게 별로 대수롭지 않을 때, 독자는 또한 그 대수롭지 않음에 '그렇군요'라고 말할 수 있다.

---

8) R. K. Narayan, *My Days: A Memoir* (London: Penguin, 1989), p. 167.

(1세계-3세계, 자기-타자 등과 같은 원초적인 구분들을 보건대, 나는 좀 덜 조야한 상투형들로 독자들을 분류하는 경향을 지닌다. 그러한 정신에서 또 상상력을 탈식민화한다는 엄밀한 이해관계에서 다음을 제안하게끔 해 달라. 즉, 메트로폴리스의 독자나 영연방 문학을 읽거나 가르치는 선생에게 이러한 스타일의 명쾌한 지방색 산문은 상당히 만족스러운 것이라고 말이다. 인도계-앵글로 소설의 좀 특별한 인도 독자권한테, 이러한 계급적 거리를 갖는 하이퍼리얼한 것은 아마 거리를 둔 동일시의 편안한 느낌을, 그리하여 차이-속의-동일성을 전달하기 때문에 또한 만족스럽다. 재미로 '대중적인' 방언 문학을 읽는 사람은 『안내자』를 읽지 않을 것이다. '고급' 방언 문학의 독자가 자신의 안테나를 갖고 영문학을 읽는다면, 자유 간접 스타일에 의해 열리는 '주체성'에 불만을 느낄 것이다. 그 명쾌한 산문이 좀 '비현실적'인 것처럼, 정박되지 못한 채 임시변통으로 국제적 청중에 정향된 여행객이 손쉽게 찾는 편의인 것 같이 보이기 때문에 그렇다.)

나라얀은 그 소설을 캘리포니아 주의 버클리에 있는 호텔 방에서 썼다고 우리에게 말한다. 해외에서 다양한 방언 문학들을 집필하는 전위된 작가들의 작품이 상당히 많다. 그렇지만 『안내자』는 그러한 관습을 활용할 필요가 없다는 식으로 독자들을 분류하는 것은 우연성을 거부하는 셈이다. 이러한 거부는 문학 이야기를 나눌 때는 특별한 손실인 것처럼 보인다. 해체주의가 우리에게 가르쳐 왔던 것은, 우연성에 대한 설명은 당혹스럽게만 할 문체를 주조하느라 엄청난 노고를 수반한다는 점이다.[9] 문학연구가 기성 메트로폴리탄 식민 역사와 더불어 작업하는 것이라면, 우리가 합리적 행위능력의 윤곽들과 함께 머물되 단순한 합리성이라는 피폐한 관습들에 따라 포스트식민 이질성을 암시하는 편이 최상인 것처럼 보인다.

그렇다면 이러한 가짜 성자는 하나의 희생물이 된다. 무엇에 대한 희생이란 말인가? 결국 신앙은 합리적인 것이 아니다. 미덕과 미덕의 지속된 위장 사이의 구분선(이 있다고 주장함으로써 무엇인가를 발생하게 만드는)은 최종적으로 고정하기가 어렵다. 아마도 그것은 결국 불가능할 것이다. 그래서 아마 그 책은 라주를 결국 기적을 만드는 자라고 제안할 수 있다.

---

9) 이 점에서 『글라』(trans. John P. Leavey Jr. and Richard Rand, Lincoln: University of Nebraska Press, 1986)의 가시적 '난해함'은 『정신에 관하여: 하이데거와 그 문제』(Geoffrey Bennington and Rachel Bowlby, Chicago: University of Chicago Press, 1989)의 철학적 산문보다 덜 '당혹스럽다'. 『정신에 관하여』에서 데리다는 자신의 사유에서 전개되는 스타일의 모든 원칙을 너무 은연중 "따른다". 그리하여 제대로 교육받지 못하거나 너무 성급한 읽기는, 말년의 정치에서 자신을 스스로 배반한 하이데거에 대한 데리다의 신중한 부인(否認)을 하나의 변명으로 해석할 수 있고 종종 그렇게 해석하기도 한다!

"라주는 자신의 눈을 떴고 주위를 바라보았고 '베란, 언덕에 비가 오는구려, 나는 내 발바닥 아래로, 내 다리 위로 비가 오는 것을 느낄 수 있다네'라고 말했다. 그는 축 늘어졌다."(p. 220) 거기에 있는 통제된 미결정성의 멋진 한 부분은 가장 확고하게 확립된 유럽 문화 관습들 중 하나에, 즉 기독교 정신전기로부터 낭만적 상상력으로의 전이(transition)에 의거해 있다.[10)]

(좀 더 넓은 장에서 보면 그것은 기독교의 '세속' 윤리로의 변형, 신학의 철학으로의 변형으로 보인다. 특히 미셸 드 세르토와 미셸 푸코는 이러한 변화들과 자본주의로의 선회 사이의 관계에 대해 고찰하여 왔다.[11)] 인도의 지배적인 힌두 '식민주체'는 (종종 비밀스럽게) 이러한 변천에 의해 허용된 에피스테메적 술수의 도움을 받아 자신의 힌두교와 타협을 이룬다. 그리하여 그 식민적 한계에서 신성한 지리는 내면의 풍경이 되었다. 비합리적인 신앙의 문제는 그 가장 편협한 의미에서의 알레고리 속으로 내부화되었다. 문화적 알레고리로서 종교는 첫 번째 양상의 인도계-앵글로 작가로 하여금 인종차별주의나 착취 문제에 말려들지 않으면서 즉각 접근 가능한 '타자'를 생산하도록 했다. 라자 라오가 아마 가장 눈에 띄는 예일 것이다.)

우리는 밀턴(John Milton*17세기 영국 시인, 대표작으로 대서사시 『실낙원』(1667), 『복낙원』(1671), 『투사 삼손』(1671)을 발간함)을 다시 쓴다는 19세기 기획을 경유하여 이러한 전이 혹은 변형을 영문학사에서 블레이크(William Blake*1757-1827), 워즈워스(William Wordsworth*1770-1850), 셸리(Percy Bysshe Shelley*1792-1822)와 더불어 읽는다. 워즈워스의 「당신, 우라니아를 환영하라」(Hail to thee, Urania!)에서 상상력은 결국 승리하는 것으로 가정된다.

애석하게도 내포 독자가 문화적 기입 안에 있는 것처럼, 문학 생산도 그와 똑같은 문화적 기입 안에 있다. 그런 만큼 상상력이라는 이 고결한 영역은 식민주체의 인식론적 술수들 때문에 활용될 수 없다. 나라얀 세대의 어떠한 인도계-앵글로 작가도 영문학을 공부한 자신에 대해 부드러울지언정 자기-아이러니 없이 말할 수 없다. 나라얀은 자신의 『나의 나날들: 회상록』 중 4, 5, 6장에서 자신이 받은 영문학 교육에 관해 생생하게 아이러니한 설명을 제공한다. 이 책을 통해 우리는 자신의 토착 타밀어(*인도 남부에서 사용된 드라비다 족의 언어. 타

10) 이 논의의 가장 유명한 정교화는 『거울과 램프』(M. H. Abrams, *The Mirror and the Lamp: Romantic Theory and the Critical Tradition*, New York: Oxford University Press, 1971)에서 발견된다.

11) 이것은 담론구성체들의 연대기적 서사에 관심을 갖는 푸코 작업의 바로 그 대목을 지지하는 논의들 중 하나이다. 그 논의는 미셸 드 세르토의 글(Michel de Certeau, "The Formality of Practices: From Religious Systems to the Ethics of Enlightenment (the Seventeenth and Eighteenth Centuries)," in *The Writing of History* (New York: Columbia University Press, 1988, pp. 147-205)에서 가장 설득력 있게 나온다.

밀나두(옛 이름은 마드라스) 주의 공용어이다.)로 할머니나 거리-사람들과 대화를 나누었을 나라얀을 상상하기란 어려울 것이다. "그리하여 마드라스(Madras*첸나이(Chennai)의 이전 명칭. 인도 타밀나두 주의 주도. 벵골 만에 위치함. 1639-40년에 영국 동인도회사가 요새 겸 무역기지를 건설했던 어촌)의 한 남자로서 내 삶의 한 단계는 끝났다. 나는 이후 마이소르(Mysore*인도 남부 카르나타카(옛 이름은 마이소르) 주의 중남부 마이소르 행정구의 행정 중심 도시. 차문디 구릉 북서쪽에, 해발 고도 770m 고지의 기복이 심한 데칸 고원 위로 흐르는 코베리 강과 카바니 강 사이 중간쯤에 자리 잡고 있다. 1799-1831년에 마이소르 주의 주도이기도 했으며, 오늘날은 방갈로르에 이어 카르타나카 주에서 두 번째로 큰 도시이다.) 사람이 되었다."[12] 이것은 한 청년에게 타밀어로부터 칸나다어(Kannada*카르나타카 주의 공용어. 칸나다에는 수많은 지역 방언이 있는데 계층 방언도 적어도 세 가지(브라만, 비브라만, 하리잔 방언)가 있다.)로 이중적인 언어 이동을 뜻했다. 우리는 그러한 이중언어로의 움직임을 대체로 영어로 말하는 나라얀에게 대수롭지 않았다고 가정할 수 있을까? 우리는 물론 그의 회상으로부터 그가 『안내자』를 쓸 당시, 실로 『안내자』의 자족적인 작은 도시 세계로부터 타밀은 인도에서 가장 오래 지속된 문학들 중 하나를 지니고 있다거나, 타밀과 칸나다 둘 다 문학 생산과 실험에 적극적이었을 거라고 추측할 수 없다.[13] 예컨대, 현 국면에서 칸나다 소설가인 아난타 머시(Anantha Murthy*1932-. 칸나다어를 쓰는 현대 작가이자 비평가이며 나브야(Navya) 운동의 선구자 중 한 사람이다.)가 살았던 문학적 문화적 정치적 우주는 남김없이 찢긴 민족 정체성의 직조물을 함께 짠다는 견지에서의 '구체성'과 많이 동떨어져 있다. 이 경우, 타밀 문학과 칸나다 문학의 토착 독자들은 타밀 작가들과 칸나다 작가들에 의해 생산된 인도계-앵글

12) Narayan, *Memoir*, p. 48.

13) 그리하여 나라얀은 매콜리(Macaulay)식의 가치가 있는 이렇게 싸잡는 일반화를 할 수 있다. "인도에서의 모든 상상적인 글쓰기는 『라마야나』(*Rāmāyana*)와 『마하바라타』(*Mahābhārata*)에 그 기원을 두어 왔다(Narayan, "The Problem of the Indian Writer," in *A Story-Teller's World*, New Delhi: Penguin India, 1989, p. 14)." '인도에서의 영문학' 문제는 인도관광부의 더 잘 키워진 판본에 의해 조정된 즐거운 사냥 여행이 된다. 나라얀은 다음 구절에서 순진한 것인가 아이러니한 것인가? "미국과 인도가 서로의 가치들을 보충할 수 있다면 좋겠지만 최종 분석에서 미국과 인도는 기본적으로 다르다. … 우리는 (미국에서 성장한) 인도인들의 다음 세대가 미국적 분위기를 자연스럽게 받아들임으로써 또는 대안적으로 다른 삶을 살기 위해 인도로 귀향함으로써 더 잘해 나가기를 희망할 수도 있다."(ibid., p. 30) 나라얀이 라즈(Raj)에서만 강경하게 건방진 자세를 갖는다는 것은 의미심장하다. "라즈 개념은 좀 엉터리로 뭔가에 홀린 낭만화된 시기의 한 부분을 나타내는 그저 유치한 헛소리 같다."(ibid., p. 31) (아마 우리는 이 글이 미국 『TV 가이드』에 처음 실렸다는 사실을 용인해야만 할 것이다.) "모든 자극제가 제거됨과 더불어(독립 시기에), 두 나라 사이에 상호 선의의 시기가 시작되었다."(ibid., p. 33) 갈등을 이렇게 일반적으로 회피한 결과로서 나라얀은 영국의 언더클래스 다문화 교실에서 선호되는 작가가 될 수 있다(옥스퍼드의 바다르 니샤르 칼레(Badar Nissar Kaler)로부터 받은 정보이다).

로 글쓰기와 방언 문학들 사이에 인정되지 않은 구린 일방적인 거래가 있었을지도 모른다고 제안한다. 타밀어도 칸나다어도 모국어가 아닌 나라얀은 자신의 영역에 정통하더라도 광범위한 연구 없이 이러한 판단을 단언할 수는 없다.

적어도 나라얀 자신의 평가에서 그 소설의 핵심은 남성 지도자의 곤경이다.[14] 그러므로 로지/나리니는 서사를 진전시키는 단순한 도구일 뿐이다.

이러한 도구성을 고려하는 나의 방법은 그 가장 평범한 의미에서 '알레고리적'(우리가 말하곤 하듯, 일 대 일로 호응하는)이거나, 그 가장 공식적인 방식으로(이것은 저것을 '뜻한다.'는 식으로) 기호계적일 것이다. 이것은 문학비평가가 문화연구를, 또 식민주의의 여파와 포스트식민적인 현재에 대한 역사적 연구를 도울 수 있는 유일한 방식일 것이다. 그것은 능력을 갖게 하는 한계(an enabling limitation), 분과학문들을 위해 오리고 붙이는 일(découpage)이다.[15]

그렇다면 로지/나리니는 라주에게 강요된 신성함과 멀리 동떨어진 도구이다. 나라얀은 라주의 변형 서사를 드러내기 위해 그녀를 어떻게 재현하고 있는가? 먼저 그녀는 실제 변형에는 부재하는, 프레임-서사의 현재라는 점에 주목하도록 하자. 로지/나리니는 라주를 감옥에 가게 하는 도구일 뿐이다. 그러한 사건들의 연쇄로부터 풀려나고 감옥살이로부터 풀려나는 길은 신성함으로 가는 길에서 돌아서는 것이다.

그러나 그 이야기는 그저 소년-소녀 이야기는 아니다. 또한 그것은 민속-종족성(folk-ethnicity, 이미 언급된 저 멋진 미결정성에 의해 보호받는)에 대한 점잖게 침묵된 이야기이기도 하다. 여기서 프레임 서사의 주된 부담은, 라주가 로지를 나리니 혹은 로터스(연꽃)로 변형한다는 데 있다. 그러나 그것은 민속-종족성으로 진정성 없이 입장하는 것으로 재현되고 있다. 작가는 그러한 시도가 계급-이동성을 위해 문화를 통속화하는 것임을 분명하게 한다. 라주는 로지를 나리니 양으로 변형하며, 그녀의 흥행주로서 돈과 그것에 수반되는 사회적 권력에 자신이 접근하게 됨으로써 멍해진다. 인도계-앵글로 소설의 축약된 장 내부에서 이러한 작가적 판단은 감식할 만한 거리에서 그 독자권이 독실하게 승인할 수 있는, 근대성보다 전통을 찬양하라는 것이다. 그리고 라주의 강박이 로지에 대한 그의 강박적 사랑에

---

14) Narayan, *Memoir*, pp. 168-169.

15) découpage에 대해서는 데리다의 「나의 기회들」("Mes Chances," in Joseph Smith and William Kerrigan eds., *Taking Chances*, Baltimore, ME: Johns Hopkins University Press, 1984), p. 28. 참조.

간섭한 이래, 그 강박은 또한 소년-소녀 영역에도 울린다. '사랑'에 의해 촉발된 그의 위조(그는 로지를 그녀의 남편과 더 이상 접촉하지 못하게끔 만들고 싶어 한다.)가 '돈에 대한 사랑'으로 오인된 것은 바로 깔끔하게 접근 가능한 아이러니에 의해서이다.

로지는 제도권의 서구 교육의 길을 감으로써 가부장적 종족성(ethnos)으로부터 자신을 일소하고자 노력했다. 그러나 그녀의 핏속에는 춤추기가 흐르고 있다. 진보와 계급-이동성의 선구자로서 열차가 제국주의 문학의 상투적인 문구라면, 나우치(nautch, 춤) 소녀는 대영제국의 인도를 상상하게 하는 상투적인 문구이다. 라주는 그녀의 핏속에 흐르는 리듬감을 나타내는 일절(a passage)에서 처음으로 그녀에게 사로잡힌다.

> 그(어느 버려진 코브라 남자)는 자신의 호리병박 플루트를 끄집어내더니 그것을 날카로운 소리로 연주했고 코브라는 자신을 일으키더니 여기저기 나대고 흔들었다. … 그녀는 황홀한 듯 코브라의 흔드는 모습을 관심있게 지켜보았다. 그녀는 자신의 팔을 약간 내뻗더니 코브라의 동작들을 흉내 내며 팔을 흔들었다. 그녀는 리듬에 맞춰 자신의 몸 전체를 잠시 흔들었다. 그러나 그것만으로도 그녀가 어떤 존재였는지를 그 세기의 가장 위대한 춤꾼임을 내게 말해 주기에 충분했다.(p. 58)

그러나 사업가인 라주는 나리니에게 삶을 가져다줄 수 없다. 그녀를 적어도 정신적으로나마 되찾고자 하는 사람은 신사이자 고고학자인 그녀의 남편이다. 그들의 문화적 노력에 대한 그들의 열정을 통해 그들 사이에는 서로 유대가 맺어져 있다. 나라얀은 자신의 이야기에 결론을 내리지 않으려고 하는 모더니즘적인 문학적 재주를 지니고 있고, 그것에 관한 라주의 마지막 말은 그 신비한 유대를 포착할 수 없는 그의 무능력을 보여준다. 라주의 비서 마니(Mani)는 감옥에 가서 라주에게 보고하면서 다음과 같이 설명했다.

> 그녀가 집에서 가지고 나왔던 유일한 물건은 책(동굴들에 관한 그녀 남편의 책, 우리가 결코 읽게 되지 않을 대항적-안내자)이었다. … 마니는 "그 사건 이후 그녀는 차에 탔고 집에 갔으며 남편은 자기 차에 탔고 철도역으로 갔다. 그들은 만나지 못했다."고 말했다. "그녀는 노력하지도 그

의 발밑에 다시 떨어지려고도 하지 않을 자존감을 지니고 있었다."고 나는 말했다.(p. 205)

로지는 나라얀 책의 마지막 단계에서, 문화를 넘어서는 에스니시티의 단계에서 아무 필요가 없다. 인도는 민속-키치(folk-kitch*미학에서 보기 괴상한 것, 조속한 것과 같은 사물을 뜻하는데 본래 '존재하지 않는 조합'이지만 단순히 엽기적인 것만은 아니다.)이다. E. M. 포스터는 이러한 신념 속에서 「사원」 섹션(*『인도로 가는 길』의 3장)[16]을 썼던 것이다.

그 춤꾼이 소설의 핵심은 아닐지라도 (혹은 아마도 아니기 때문에) 미국의 페미니스트 독자나 선생은 로지/나리니의 재현을 파악하기 위해 사원 춤꾼에 관해 좀 더 알고 싶어 할 것이다.

그녀가 가장 쉽게 구할 수 있는 자료는 프레데리끄 마글린(Frédérique Marglin*모로코 탕헤르에서 고등학교를 마쳤고 브랜다이스 대학에서 인류학 박사학위를 받은 다음 인도에서 여러 해 살았다. 그녀는 인도 고전춤(오디시)을 배운 첫 번째 학생이었고 70년대 중반에 오리사의 자가나스 성전 춤꾼들을 현장 조사했다. 이후 페루와 볼리비아에서 활동하며 생명과 문화 재생을 위한 지역 단체와 함께 활동한다.)의 『신-왕의 아내들』[17]이라는 책이다. 영연방 문학의 대부분 메트로폴리탄 선생들에게 『안내자』의 지형은 '인도'로서 존재하지만, 독자는 그 내부적 외부적 신호들로부터 그것을 남부 인도로 스스로 구체화하였을지도 모른다.[18] 마글린이 자신의 현장 작업을 했던 주는 나라얀의 남부가 아니라, 동남쪽이 북동쪽과 만나는 오리사(Orissa)이다. 오리사의 데바다시(devadāsi 혹은 데이(dei)*사원의 무희)는 '전통'과 '근대'를 독특하게 조합하여 섞는 젠더-위계에서 자신의 사원 여성 공동체에 감금되어 있다. 그러한 오리사가 마이소르(Mysore*주도(州都) 방갈로르의 남서쪽 138km에 위치한 도시인데 구마이소르 번(蕃) 왕국의 주도로 발달한 도시)나 방갈로르(Bangalore)에, 남부에 있는 그녀의 대응물과 어떻게 소통하는 것일까? 확실히 그들의 모국어로 소통하는 것은 아니다. 사실, 그들 사이에 실제로 소통하는 상황이 있을 거라는 생각도 비현실적이다. 이들은 비조직화된 전자본주의 노동을

---

16) E. M. Forster, *A Passage to India* (New York: Harper Torchbooks, 1952), pp. 283-322.

17) Frédérique Apffel Marglin, *Wives of the God-King: The Rituals of the Devadasis of Puri* (Delhi: Oxford University Press, 1985). 이 책은 인도 학자들에 의해 비판되어 왔지만 그러한 비판의 정치 자체가 해석을 위한 하나의 텍스트이다.

18) 나라얀은 그렇지 않아서 『신-왕의 아내들』을 좋아할 것이며(After the Raj, in *A Story-Teller's World*, New Delhi: Penguin India, 1989, p. 32), 말구디(Malgudi)의 소설들은 어떤 구체화되지 않은 지역의 특수성을 지닐지도 모른다. 그렇지만 『안내자』는 특수한 지역의 신호들을 나타내지는 않는다.

하는 서발턴 여성들이며, 그들을 저항하는 인도 집단성으로 사유하는 것도 아직 가능하지 않다. 인도 헌법은 그들을 희생자 집단이라고 적절하게 생각하고 있으며 그리하여 개별 주에서 결코 충분히 실행되었던 적이 없는 교정책을 제공하기는 하지만 말이다. 실로, 여러 구역들의 여성운동 조직과 방향을 따르는, 이러한 논점을 둘러싼 현 페미니즘적 액티비즘은 오리사보다 마하라슈트라, 카르나타카, 타밀나두 주(대충 나라얀의 구역)에서 훨씬 더 강력하고 가시화되어 있다. 그 인도계-앵글로 작가로 하여금 그 서발턴 여성들 중 한 사람을 개연성 없는 우리의 로지로서 바로 재현하게 할 언어-장벽들은 로지를 고립된 공동체에 감금시킨다. 라주가 결국 그 사원을 성자로서 점유할 수 있도록『안내자』에 배어든 가부장 제도가 그 사원을 그녀의 감옥으로 만든다.

(위대한 예술가가 되는 사원 춤꾼들의 딸들 이야기는 아주 별 볼 일 없는 것들에서부터 풍부한 것들도 있겠지만, 로지에 대한 나라얀의 초점은 너무 미약해서 이것을 그녀를 재현하는 요점이라고 할 수 없다. 그 점을 강조하기 위해 2차 교육 및 2차 이후 교육에 대한 로지의 입장이 극화되어야 할 것이다.) 여기서 문학은 역사적으로 혹은 정치적으로 정확해야 하는가? 그렇지 않기 때문에, 이러한 종류의 문학비평은 범주적 오류이며, '정치적으로 정확한' 것으로 조롱받는다. 그러나 문학은 또한 즐겁게 하기 위해 형식적으로 탁월해야만 하는 것은 아니라는 점 또한 고려되어야 한다. 비판적 평가는 대중문화의 실제 소비자들에 의해 '현학적'이라고 무시된다. 다시금 여기에는 계급-협상이 있다. 그 문화적 정치적 영역을 지적하는 이러한 방식의 읽기는 다음과 같은 구체적인 상황에서 유용하게 될 수 있다. 거기서는 식민 역사의 세부사항들이 전문적으로 인지되기는 하지만 포스트식민성에 있는 식민화된 자들의 이질적인 행위능력은 상상될 수 없다고 한다.

페미니스트 독자가『신-왕의 아내들』속으로 움직일 때, 그녀는 데바다시의 성매매를 보도하는 데 깃든 특이한 유순함을 감지한다. 문화 상대주의라고 변함없이 불리면서 이처럼 이상한 변명조로 판단하는 기교는 신식민적 지식의 위험들에 민감하면서도 그것과 타협하려는 현장-조사자를 피할 수 없이 드러내어 왔다. 이것은 이제 중간 계급과 중상층 계급의 자산이 된 예술적 공연(이 경우 오디시(Odissi) 춤*오디샤(Odisha) 주에서 생긴 고전 춤)으로서 사회적 실천을 배우는 그 조사자에 의해 아마도 더 악화될 것이다.[19] 여성의 춤을 남성의존적인

19) 춤추기를 어엿한 경력으로서 받아들일 수 있는 것으로 만들고 '오디시'를 고전 레퍼토리에 끼워 넣는 것은 서발터

성매매로부터 해방된 공연으로 변형하는 것은, 토착 식민 엘리트로 하여금 황금시대를 생산하는 '역사적 (히스테리한) 회상' 시리즈에 관여하게 하는 것을 돕는다.[20) 『안내자』에서 라주는 어떠한 특징적인 역사적 두께 없이 환각에 입장하는 것으로 재현되어 있다.

마글린 박사의 책에 인정되어 있듯, 위대한 많은 인도 남성들과 페미니스트 독자 사이의 소통(traffic)은 데바다시 제도의 학생 혹은 오디시(Odissi) 학생과의 교환으로 코드화되어 있다. 이러한 코드화는 우리 유산을 함께 칭찬할 만한 백인들의 관심에 반응하는 열렬한 문화적 자기-재현인데, 마글린 박사의 오싹한 산문에 묘사된 남녀 사이의 소통과는 좀 다르다. 이러한 설명을 듣고도 페미니스트들은 재생산이라는 여성의 역할에 관한 견해에 맞서 국제적으로 싸웠고 지금도 싸우고 있다는 것을 의심할 수는 없다.

> 사원 브라만들의 아내들이 지녀야 할 정조란 중요한데, 카스트와 쿨라(kula)의 특징들을 그들의 자식들에게 전송하는 것이 그들이기 때문이 아니라, 다른 어떤 종자의 산물도 수확되지 않도록 하고 정조 속에 뿌려진 씨앗 종자의 산물만이 수확되도록 보장하기 위해서 그렇다. 하나의 들판처럼 한 여성은 잘 간수되어야 한다. 하나의 들판에서 수확되는 산물은 그 소유자에게 속하는 만큼, 다른 사람이 심어 온 것이 아니라 자신이 심은 것을 수확하기를 우리가 원하기 때문이다. 이러한 개념은 오래전에 마누(Manu)에 의해 표현되었다. … 고대의 법-제출자에 의한 이러한 이론은 오늘날 푸리(Puri)에서의 경우와 확실히 잘 일치한다. … 여성은 대지와 같고 그 대지는 많은 다른 유형들의 남자들에 의해 소유되고 있지만 말이다. … 궁정의 하녀(dei)는 (멘스 의식에 관한) 자신의 물음에 자기 어머니가 … 다음과 같은 방식으로 대답했다고 나한테 말했다. "신은 (네 안에) '피난를 택하였다." … "너는 결혼했고 신의 일을 행할 것이다…." 어머니가 말했던 '신의 일'과 '신의 피난처'는 그 이후 딸이

니티와 상당히 다른 공간에서 자체의 '페미니스트' 역사들을 갖는 셈이다. 내가 이미 언급했던, 나 자신의 세대와 계급에 속하는 오디시 무희인 산주크타 파니그라히(Sanjukta Panigrahi)와 내가 나눈 대화는 나에게 다시 한 번 이 점을 절실히 느끼게 했다. 이러한 역사가 먼저 일어나도록 용인되어서는 안 된다. 또한 장면들 이면에서 거창한 혁신성과 더불어 작업하며 자신들의 딸들의 경력-자유를 가능하게 만들었던 이 세대의 조용한 원형-페미니스트 어머니들의 역할은 딸들의 투쟁들을 설명하는 가운데 지워져서는 안 된다.

20) Baudrillard, "Precession," p. 16.

궁정에서 자신의 의식을 치르기 시작하며 왕의 첩이 되리라는 사실을 언급했던 셈이다.[21)]

『신-왕의 아내들』은 철저하게 조사된 유명한 책이다. 이 책이 1985년에 출간되었다고 상상하기란 힘들다! 마글린은 오리엔탈리스트와 부르주아지 둘 다에 의한 황금시대에 대한 환기를 액면 그대로 받아들인다. 무슬림의 지배하에 인도(힌두 아리안으로 읽히는) 문화의 쇠퇴와 그것에 따른 창녀로 악화되는 데바다시들에 대한 평상시의 반무슬림적 설명은 마글린으로부터 다음을 끌어낸다.

이러한 견해는 대부분은 아니겠지만 오늘날 영어로 교육받은 많은 인도인들을 대표한다. 앞의 진술을 확증하거나 논박하는 데 필요한 역사적 탐구는 나의 능력을 넘어서는 일이었다. 설령 그 기록들이 이용 가능하다고 할지라도 그 신빙성은 몹시 떨어진다. 내가 받은 훈련은 종족학(ethnography)을 하도록 나를 준비시켜 왔는데, 푸리의 특정한 역사적 상황들이 다행히도 그것을 가능하게 만들었다.[22)]

'고대의 원전들'이 너무 정기적으로 주장되고 있으니 탐구적인 우리 페미니스트 문학비평가는 아마 주눅이 들 것이다. 특히 포스트식민적 경건함이 반복되어 온 만큼, 또 마글린 박사가 100년 전에 태어났더라면 그녀의 견해가 유명한 견신론자(見神論子*보통의 신앙이나 추론(推論)으로는 알 수 없는 신의 심오한 본질이나 행위에 관한 지식을 신비한 체험이나 특별한 계시에 의해 알게 되는 철학적 종교적 지혜 및 지식을 중시함. 종교적 신비주의, 신플라톤 학파, 불교나 힌두교의 영향을 받아 인간이 윤회를 거듭하면서 죄를 씻고 신과 합일한다는 생각을 갖는 사람)인 애니 비선트(Annie Besant, 1847-1933*영국의 유명한 사회주의자, 신지론자(theosophist), 여성인권운동가, 작가, 연설가로, 아일랜드와 인도 자치의 지지자였다. 그녀는 〈피의 일요일〉 시위와 1888년 런던 파업, 페이비언 협회와 마르크스주의 사회민주연맹(SDF)의 선두 연설가였다. 그녀는 영국 신지학 협회의 회원으로서 유명한 강연자였고 1898년에 중앙 힌두 대학 설립을 돕기 위해 인도로 갔으며 〈인도 국민회의〉의 의장으로 선출되었다. 그녀는 자신이 죽을 때까지 신지학을 조직하기 위해 인도 독립을 위한 캠페인을 계속하였다.)의 반복들과 일치했으리라는

21) Maglin, *Wives*, pp. 67, 73.

22) Ibid., p. 11.

주장이 있어온 만큼 그렇다. 페미니스트 검토자는 비선트 부인의 전기를 살펴봄으로써 이 주장을 확인하고자 할 것인가? 암리타 스리니바산(Amrita Srinivasan)은 춤꾼보다 춤을 구해 내는 데 대한 견신론적 관심사와, 춤을 가르치기 위한 서구 스타일의 기숙학교 설립 사이의 관계에 대한 훌륭한 분석을 제시하였다. 그 기숙학교의 예로는 토착 엘리트가 세운, 첸나이(당시 마드라스)에 있던 (문학예술 분야의) 카락셰트라(Kalākshetra *인도 전통 예술을 보전하기 위해 1936년에 설립된 문화 아카데미)가 있다.[23)]

마글린에 나오는 여성들을 『안내자』의 세계와 연결시키는 것은, 이 불운한 여성들 중 한 명의 딸이 자기 어머니의 선한 바람들만을 자원으로 삼아 교육 제도에 들어갈 수 있었다고 상상하는 외에는 아무것도 없는 것 같다.

또한 미국 페미니스트의 '토착 정보원'인 인도 동료나 친구가 해방된 부르주아지 출신의 전형적인 여성이라면, 그녀 자신의 불균등한 해방 작업은 우리 논의의 토픽이기도 한, 신식민적 전위 중인 제국주의의 느린 문화변용에 의해 착수되었을 것이다. 이렇게 상상적

---

23) Amrita Srinivasan, "Reform or Conformity? Temple 'Prostitution' and the Community in the Madras Presidency," in Bina Agrwal, ed., *Structures of Patriarchy: State, Community and Household in Modernizing Asia* (Delhi: Kali for Women, 1988)(이후 이 텍스트에서의 인용은 쪽수와 함께 AS로 본문 중에 인용표시를 한다). 우리가 비선트 부인과의 유대에 대한 마글린의 주장을 얼마나 심각하게 검토해야 할지 궁금하다. 애니 비선트(1847-1933)는 기독교, 무신론자적 세속주의, 사회주의, 견신론/인도 각각을 위해 끈질긴 액티비즘과 특별한 열정을 견지한 명민한 여성이었다. 인도를 위한 그녀의 목표는 "제국 내부에서의 자치"(Raj Kumar, *Annie Besant's Rise to Power in Indian Politics 1914-1917*, New Delhi: Concept, 1981, p. 139에 수록된 「선언」)였던 점은 잘 알려져 있다. 실로, 그녀의 견신론적 천년왕국주의는 "그 견고하고 현명한 통치하에 남성들이 형제들로서 행동하지 않을 수 없는, 보편적인 신정정치적 국가를 발생시키는 것이었다(Anne Taylor, *Annie Besant: A Biography*, New York: Oxford University Press, 1992, p. 277)." 테일러가 좀 더 논평하듯, 그녀의 "인도의 정신적 과거에 대한 설명은 힌두교에 대한 심한 편견에 물들어 (있었고) … 유럽인들뿐만 아니라 인도인들도 인종적 증오와 카스트 증오를 자극한다고 그녀를 비난했다. … 그녀는 일찍이 1908년에 '다수표에 의해 통제되고 숫자에 의해 인도되는 민주적 사회주의는 결코 성공할 수 없다'고 썼다. 의무에 의해 통제되고, 지혜에 의해 인도되는 진정으로 귀족적인 사회주의"(pp. 311, 327, 313) 운운했다. 인도 여성들에 대한 테일러의 태도는 "영국적 방식들과 정치적 방식들에 대한 지식은 인도를 강하게 이끌 것"(Kumar, *Besant's Rise*, p. 102)이라는 그녀의 확신과 공명했고, 그녀의 "통치받을 준비가 되어 있고, 그 연장자들의 우월성을 인정할 준비가 되어 있는 아이의 상태에 있는 프롤레타리아트에 대한 인정"(Taylor, *Besant*, p. 313)과 공명했다. 나는 인도 여성의 교육에 대한 그녀의 태도에 대한 감각을 위해 비선트의 『깨어라, 인도』(*Wake Up, India*, Adyar: Theosophical Publishing House, 1913)와 같은 자료를 살펴볼 것을 추천한다. "빅토리아 시대와 에드워드 시대의 페미니스트들은 제국의 이데올로기 작업에 협조했고 제국의 도덕 담론을 재생산하고 그 담론 내부에 페미니스트 이데올로기를 박아 넣었다(Antoinette M. Burton, "The White Woman's Burden: British Feminists and the Indian Women, 1865-1915," *Women's Studies International Forum* 13.4 1990: 295). 마글린의 주장이 심각했다면, 자신과 비선트 사이의 1세기 차이에 대한 마글린 자신의 환기는 제국주의와 신식민주의, 자유주의적 휴머니즘과 문화적 상대주의 사이의 관계를 고려하도록 유도했을 것이다. 누가 어떻게 탈식민화하는가?

인 정보원이 춤-형식을 조심스럽게 배우는 학생이라면, 그녀는 그 전체 사회적 제식(ritual)을 그렇지 않았더라면 '근대적'일 실존 속에 경건하게 박제된 제식으로서 배워 왔던 셈이다. 그녀는 그 춤을 바로 그 안무법에 있는 여성적 저항을 직접 표현하는 것으로 볼지도 모른다. 이렇게 순진한 종족적 합법화의 결과는 알리바이로서 '문화연구'이다.

그렇다면 우리가 그 소설을 읽고 배경을 찾아보는 것은 계급에 관해 경계하는 것이다. 필수 영문학 과정에 대해 인내심 없는 비-전공 학생들은 즐거움을 위해 그냥 읽을 수는 없느냐고 종종 중얼거린다. 그들의 선생들은 미국 신비평으로부터 위안을 제공하도록 교육받았고 게임의 규칙들을 안다고 해서 쾌락으로부터 멀어지는 것도 아님을 알고 있다. 그러나 '문화연구' 스타일로 읽고 형식과 정보의 계급-영역을 관찰하는 것은 쾌락을 증진시켜 주지 않을지도 모른다. '문화연구'가 할 수 있는 최대치는, 식민주의의 여파 속에 '사명감의 충동'을 은밀하게 삼키며 타자에 대한 너무 손쉬운 열정을 막는 일에 열쇠를 제공하는 것이다. '문화연구'가 자기 분야의 건방짐에 미숙하게 저항하고자 할 때도 그러하다.

일상의 과학으로서 인종차별주의의 가장 지긋지긋한 양상들 중 하나는, 문화적 타자에 의해 수행되는 삶 혹은 정신의 모든 당대 행위를 여성의 문화적 기원으로 언급할 필요성이다. 마치 그 기원이 역사에 의해 오염되지 않은 주권적인 현존인 양 말이다. 나라얀의 소설과 얼굴을 맞대고서 그러한 추세를 저지하기 위해 고대 텍스트들에 대한 어떤 짤막한 비전문가 논평들이 아래에 제공된다. 여기서 나는 그 텍스트들을 논의하는 데 도움을 준 만다크란타 바수(Mandakranta Basu) 박사에게 고마움을 전하는 바이다.

『나티야 사스트라』(*Nātya Sāstra**연극, 춤, 음악을 망라하는 공연 예술에 관한 고대 인도의 문헌인데 인도 기원전 200년과 서력기원 200년 사이에 바라타무니에 의해 쓰였다. 이 문헌은 연출 기법과 함께 음악, 고전 인도 춤, 문학 등을 광범위하게 다고 있는데, 당시의 음악과 악기에 대한 세부사항을 제공하는 유일한 텍스트라서 인도 고전음악사에서 아주 중요하다.)와 『아브히나야 다르파나』(*Abhinaya Darpana*)와 같은 춤 이론과 춤 실천에 관한 사업 토크(trade-talk)를 다루는 가장 오랜 책들 중에, 사원에서의 춤추기를 직접 언급하는 대목들에 관해서는 알려진 바가 없다. (현 논쟁은 춤과 드라마 사이의 경계가 어디서 고정되는가 하는 데 있는 것 같다.) 『나티야 사스트라』(2세기 혹은 3세기)에는 몸을 글쓰기와 윤회의 공간으로 변형하는 방법을 언급하는 한 구절이 나온다. 춤을 몸에 묶는 것은 아크사라(aksara*'불멸의', '파괴할 수 없는', '고정된',

'불변의'라고 번역되는 산스크리트 용어이다. 이것은 산스크리트어 문법 전통과 베단타 철학이라는 그 주요한 두 가지 응용 영역을 갖는다.) 혹은 문자로서의 몸에 의해 기호로 되는 것을 향해 효율적으로 나아가기 위함이다. '향해 나아가다'(abhinaya)는 영어 번역자들에 의해 '드라마'로 조야하게 번역되는 바람에 데바다시(*인도 남부에 많은 사원이 지어졌던 9, 10세기에 생겨난, 신에게 여성을 제물로 바치는 인도의 관습)가 없어도 우리는 미메시스라는 아리스토텔레스의 문제틀 속에 빠져 들어간다. 이 초기 텍스트에서는 사원-춤추기에 관한 언급은 나오지 않는다. 기호화하고-재현하는 몸의 부적절한 용법과 적절한 용법 사이의 흥미로운 구분이 각각 신성화된 육욕(lust)과 매혹(attraction)의 공고화 속에서 나오고는 있다.[24)]

천 년이 지난 후 『나티야 사스트라』는 『산기타라트나카라』(*Sangitaratnākara* *13세기에 사른가데바가 썼는데 인도 전국의 음악 이론을 집대성한 가장 오래된 음악책으로 인도 음악이 남북으로 분리되기 이전의 상황을 어느 정도 자세히 제공하고 있다.)에 나오는 신성한 지식 혹은 『베다』로서 합법화되고 있는 중이다.[25)] 라샤(Lāsya) 혹은 육체의 애정(carnal affection)은 신들의 발생 계통 속에 복원되고 있는 중이다. 그 단어는 어근 las와 관계되는데, 그 뜻이 상당히 희박해진다고 해도 '빛나며 나타난다'는 의미를 지닌다. '현상성' 자체는 고전 그리스어로 대충 '나타나러 온다'는 것을 뜻하는 독일어 'Erscheinung'에서 포착된다.

『산기타라트나카라』가 비인격적(impersonal) 경우들보다 춤이 적절한 사회적 경우들의 목록을 또한 제공한다는 점은 놀랍지 않다. 대관식, 큰 축제들, 여행들, 정기적 축제들 후에 신성한 이미지들에 바치는 고별식들, 결혼식들, 사랑하는 자들과의 만남들, 도시로 들어가기, 아들의 탄생 등을 말이다. 춤은 이러한 행위들의 상서로움을 향상시킨다. 어느 사원의 춤꾼들은 아직 그렇게 하지 못한다. 라샤는 왕들과 좋은 위치에 있는 가구주들의 제식적인(ceremonial) 삶에 속하는 춤만을 여전히 뜻할 수도 있다.

사원 춤추기에 관한 첫 번째 언급은 『카타사리트사가라』(*Kathāsaritsāgara*) 혹은 『이야기의 바다』라고 불리는 중세 이야기 모음집에 나타난다.[26)] 아파르나 차토파드햐이(Aparna

24) Manavalli Ramakrishna Kavi ed., *Natyasatra: With the Commentary of Abhinavagupta*, vol. 1 (Baroda: Central Library, 1926), V. 103-125.

25) Hari Narayan Apte, ed., *Sangitaratnākara*, vol. 7 (Gwalior: Anadasrama, 1897), pp. 3-16.

26) Aparna Chattopadhyay, "The Institution of 'Devadasi' According to the Kathasaritsagara," *Journal of the Oriental Institute*

Chatopadhyay)는 서구와 중앙아시아의 유래에 관한 이론을 제공하며 고린도와 페니키아와의 연관들을 제공한다. 그리하여 '베다적' 기원에 의한 합법화는 더욱더 흥미롭게 된다.

다모다르굽타(Damodargupta)가 쓴 『쿠티니마탐』(*Kutnimatam*, 유혹하는 여자의 기술)은 특히 흥미롭다. 여기서의 몸동작들을 통한 유혹의 스타일화는 하나의 실천으로서 더 나이 든 창녀에 의해 더 어린 창녀에게 가르쳐진다.[27]

라샤(Lāsya)가 육욕의 기술(art)로 바뀌는 경위에 관한 한, 누군들 정확하게 알겠는가? 무슬림의 정복은 국제적 유대인 음모만큼 유용하다. 단어들은 조금씩 변화하며, 여기서는 과도하고 저기서는 부족하다. 우리는 '가장 빠른 용법'의 화석들을 발견하며, 언어적 변화의 이렇게 친밀한 신비를 표명과 은폐라는 이해할 수 없는 사회적 장으로부터 편안하게 긴장감을 유지시킨다. 또 우리는 그러한 신비를 사전의 한 행 속으로 지양시킨다.[28] 서발턴 여성의 억압 서사를 상상하고자 하는 어떠한 역사이건, 그렇게 친숙한 사전 편집 공간을, 사전에 나오는 그러한 행을 친숙한 것 속의 기괴한 것(the uncanny) 속에서 상상할 게 틀림없다. 그러한 공간은 복화술사가 된 여성을 라샤를 위한 한 명의 '행위자'로 행동하기 시작하게끔 하는 과정을 말없이 가리키는 서명(signature)이기도 하다. 상상력에 대한 이렇게 고통스런 초대가 역사라는 분과학문의 글쓰기를 생산하지 않는다면, 그때 한 명의 변명하는 외부인으로서 나는 그 글쓰기야말로 역사 분과를 강하게 하여 자체를 하나의 한계로서 인식하도록 할지도 모른다는 점을 인정할 것이다.[29]

예비적인 현장 탐구의 일부로서 나는 비나 세티(Veena Sethi) 박사에 의해 촬영된 다큐멘터리 장면을 관람했다. 1987년에 그녀는 〈자가 고용 여성 관련 인도 국민 위원단〉과 함께

16.3 (March 1967): 216-222. 칼리다사(Kalidasa)의 『메가두타』(*Meghaduta*)에 나오는 이 유명한 언급은 반드시 그 기관을 언급하는 것은 아니다.

27) Mandakranta Bose, "Lāsya: Dance or Drama?," in Bimual Krishuna Matilal and Purushottama Bilimoria, eds., *Sanskrit and Related Studies* (Dehhi: Indian Books Centre, 1990), pp. 125-134. 아직 출간되지 않은 자료를 나에게 요약하도록 허락해 준 보스 박사에게 감사드린다.

28) '지양'은 더 낮은 방식을 파괴하는 동안 더 높은 방식으로 보전한다는 일상 독일어의 아우라를 보전하지 못한 채 극복이나 폐기라고 보통 번역되는 'Aufhebung'의 새로운 번역어이다.

29) 개인적 병리학으로부터 언어의 역사를 거쳐 문화의 역사에 이르는 유추의 테크닉은, 이 과제를 성공적으로 수행할 불가능성을 형상화할 수 있을 뿐이다. 이 영역을 과감하게 답사하기 위해 우리는 젠더화의 문화사 바로 앞에 여전히 멈춰 서는 '언캐니'(uncanny)라는 단어에 관한 프로이트의 에세이를 검토할지도 모르겠다(Freud, "The Uncanny," in *The Standard Edition*, vol. 17, trans. James Strachey, New York: Norton, 1961-, pp. 218-256).

여행 중이었다. 1990년 12월에 나는 인도에서 연구 여행을 하던 중에 이 촬영 사진(footage)의 존재를 발견했다. 그 자료에서는 사원의 뜨쟁이들 면전에서 데바다시들과 액티비스트들이 토론을 벌이고 있다. 그 대화에서는 재정착에 대한 어떤 저항이 감지될 수 있다. 이것은 뚜쟁이들의 현존 탓일지도, 액티비스트와 서발턴 사이의 계급-분리 탓일지도, '장소에서 새로운 삶의 방식'을 유지하기 위한 사후조치의 부재 탓일지도, 가부장적 복화술 탓일지도 모른다.[30]

데바다시가 아직 구축되지 못한 서발턴주의자적(subalternist) 역사에 말을 걸 수 없고 인도계-앵글로 소설의 기업가적 판타지에 빠져 있다면, 그녀는 또한 자본의 논리를 통과해 말할 수 없다.

스람샤크티(Shramshakti, 노동-력)라는, 〈자가 고용 여성 관련 인도국민 위원단〉의 묵직한 보고서는 1988년에 출간되었는데, 데바다시들과의 만남을 예비적 자료에 나오는 몇몇 문단들에서 언급하고는 '정규' 창녀들에게로 넘어간다.

> 이 푸네(Pune) 모임을 대표하는 또 하나의 여성 집단은 여기 있는 많은 데바다시들이었다. 그녀들 중 대부분은 자신들의 딸들을 신을 섬기는 데 바쳐온 가난하고 땅 없는 낮은 카스트 가족 출신의 소녀들이다. 그녀들의 '섬김'은 상층 계급 남성들에 의해 당연하게 취급된다. 이러한 실천이 전통과 종교에 의해 인가되고 있어도, 이 여성들은 보통 매춘이나 구걸로 삶을 마무리한다. 그녀들이 늙으면 자신들을 돌봐줄 아무도 없고 수입의 원천도 없다. 그녀들 중 몇몇은 치료받지 못한 채 병을 키운다. 이 모임에서 그녀들은 딸들을 위한 교육을, 노인들을 위한 집을, 수입 생성 프로그램을 요청했다. 한 맹인 여성은 맹인들을 위한 보호구역을 일자리로 요구했고, 전화 교환이나 분필 만들기나 지팡이 만들기를 위한 특별 훈련을 요구했다. 〈콜하푸르 데바다시 비카스 센터〉에는 50명의 데바다시들이 있었다. 샨티바이(Shantibai)는 자신의 아버지가 아들을 얻으면 데비에게 그녀를 바칠 것을 (신에게) 약속했기

30) 갼 프라카쉬(Gyan Prakash)는 이러한 저항을 자신의 책 『저당 잡힌 역사들: 식민 인도에서의 노예노동의 계보들』(*Bonded Histories: Genealogies of Labor Servitude in Colonial India*, New York: Cambridge University Press, 1990)에서 전자본주의/전식민주의 담론 생산물들과 자본주의/식민주의/포스트식민주의 담론 생산물의 견지에서 (젠더를 참조하지 않고서) 이론화했다. 이 영역에서 행동주의자들은 '저항'을 여러 방식들로 해석한다. 거리를 두고 보면(from a distance) 이 영역은 종족적/인종적 집단들, 계급들, 젠더들의 '타고난' 열등함에 대한 이론들을 발생시킨다.

때문에 데비에게 자신을 바쳤다고 말했다. 이제 그녀의 아버지는 노인인데다 장님이며 그 아들은 감옥에 있다. 그 위원단은 아들 대신 신에게 바쳐졌던 수많은 딸들의 비슷한 경우들에 관해 들었다. 츠하야바이(Chhaybai)와 라트나바이(Ratnabai)는 순전히 가난 때문에 자신들은 데바다시가 되었다고 말했다. "모든 식구가 먹고 살 정도로 집에는 먹을 것이 충분하지 않았다." 그래서 그녀들은 사원에 살았고 거기서 먹고 지내게 되었다. 그녀들은 13살의 어린 나이에 남자들과 함께 데비를 섬기기 시작했고 아이들을 낳기 시작했다. 어떠한 경우이건 남자들은 데바다시나 아이들과 함께 기거하지 않는다. 그러니 데바다시들은 구걸에 의존해야 한다. 그녀들은 사원들 근처에서 화요일과 금요일에 구걸 시주로부터 얼마간의 수입을 얻는다. 그러나 일반적으로 그녀들은 고된 정직한 노동을 통해 돈을 버는 능력을 상실했다. 그녀들의 일차적인 관심은 아이들을 위한 교육인데 바로 거기에 문제가 있다. 아버지의 이름이 주어지지 않아서 아이들이 입학을 하지 못하는 경우가 허다하기 때문이다.[31])

이 보고서는 마글린의 책이 나온 지 3년 후에 발간되었다. 이 대화들의 음조는 마글린의 책에서와는 좀 다른 것 같다. 독자는 미국 인류학자와 인도 액티비스트 사이의 대조에 확신을 갖는다. (단 하나의 예가 하나의 경우를 입증하지 못한다고 하더라도 하나의 대항-예가 인간의 일반화들을 불완전하게 만든다.) 그럼에도 나는 세와(SEWA, Self-Employed Women's Association: 자가 고용 여성 연합)처럼 사려 깊게 조직된 단체의 노력조차도 데바다시의 행위능력을 출현시킬 수 없다고 주장하고 있는 중이다. 왜냐하면 데바다시는 조직 노동이나 비조직 노동, 자가-고용이나 타자-고용(더 폭넓은 영역에서는 자기중심주의 대 외향성), 즉 자본의 논리라는 관용어구 속에 쓰여 있지 않기 때문이다.[32]

그 보고서의 본론에 나오는 많은 도표들에서 데바다시라는 '직업'은 나타나 있지 않다. 「인구통계학적 경제적 프로파일」이라는 제목을 가진 장에 포함되어 있는 장인-목록(master-list)은 서른 개의 '기술 유형'을 포괄한다. 마지막 두 개의 유령은 '타자들'과 '기술 없

31) *Shramshakti* (New Delhi: National Commission on Self Employed Women & Women in the Informal Sector, 1988), p. liii.

32) 세와(SEWA, Self-Employed Women's Association)에 관해 좀 더 알려면, Sheila Allen and Carol Wolkowitz, *Homeworking: Myths and Realities* (London: Macmillan, 1987), p. 149 참조.

음'이다. 퍼센트 배분율은 농촌 0.97과 89.69이며, 도시 3.26과 69.48이다. 데바다시는 이 일람표에 어떻게 기입될 것인가? 육욕을 설득력 있게 재현하는 라샤가 여전히 그녀의 기술인가?

이 지점에서 데바다시들의 행위능력(여기서 요구가 나온다)에 관한 미미하지만 의미심장한 보고서를 신뢰하지 않을 이유란 없다. "그들의 우선권은 교육이다." 그들에 의해 자본의 논리 바깥에서 (몸으로만 축소되는) 여성 프롤레타리아화의 사악한 난국을 빠져나오는 한 가지 방식으로서 교육이 감지되고 있다는 데에 의심의 여지가 없다. R. K. 나라얀이 이 흐름을 똑바로 알아내는 것은 그다지 어렵지 않다. 그러나 우리는 또 다른 이야기에 관심을 기울인다. 즉, '교육'(국제 학술회의들)에 의해 표시되는 궤도와 완전히 동떨어진 다른 끝에서 우리는 '상상력을 탈식민화하는' 문제에 여전히 관여해야 한다는 이야기 말이다. 나는 데바다시 구역들에서 지역 여성운동들의 주요한 과제들 중 하나는 '아버지의 이름'이 갖는 치명적인 요구에 반대하며 조직화된 방식으로 싸우는 것이라고 곧바로 말할 수 있어야 하겠다. 소설은 이 장애물을 무시할 수 있고, 라주의 어머니에게서 나온 그 질문을 제시할 수 있다. 그런데 그 질문은 라주 자신에 의해 즉시 비껴가게 된다. 이것은 그의 남성적 교묘함을 입증한다. 그러나 우리의 상상력을 탈식민화하려는 우리가 이 불운하고 나약한 데바다시들의 상상력 속에서 이러한 첫 번째 장벽을 합당하게 넘어서더라도, 교육이야말로 상승하는 계급-이동성의 한 가지 도구라는 점을 인정해야만 한다. 이 여성들은 다음을 감지하는 데서 정확하다. 즉 여성에게 가부장제 안에서의 '자유'를 주고 (또 페미니즘에 대한 접근을 선택의 문제로) 제시하는 것은 계급-상승이라는 점 말이다.[33] 그녀들의 딸들과 손녀들이 이주 노동으로서 '새로운 유럽'에 등장할 때에만 지배와 착취의 대상으로서 '새로운 유럽'을 위해 부상한다면, 이 나약한 데바다시들의 행위능력이라는 모호한 계기(그녀들의 우선권은 그녀들의 아이들을 위한 교육이다)는 사소한 의제의 무시할 만한 부분으로 남는다. 서발턴 혹은 하위-프롤레타리아트의 우선권에 '기원을 두는' 교육개혁을 위한 가장 심각한 필요성으로 남는다고

33) "여기서 나는 '페미니즘'이라는 용어를 느슨한 의미로 사용하고 있다. a) 여성의 착취에 기반해 그것을 영구화하는 사회적 실천들을 제거하기 위한 작업, b) a)의 실행이 남성주의적이고 계급적인 보복을 통해 불가능하게 되지 않도록 할 후속적 지원, c) 남녀가 젠더-편견들에서 자유롭기를 원하여 남자답게 또 여자답게 처신하는 젠더-자유의 결과를 그 사회의 직물(fabric)을 파괴하는 것으로 반드시 고려하지는 않도록 하는 교육이라는 뜻으로 말이다." Spivak, "Marxist Feminism," *Frontier* 23.24 (January 26, 1991), pp. 68-69.

말하기보다 말이다. 이것은 '억압받는 자들의 (지역화된) 페다고지'의 호전적인 센터들 문제가 아니라 일반적인 민족 교육에 있는 전제들을 철저히 조사하는 문제이다. 당대의 데바다시가 그 한 가지 예이기도 한 서발턴이 그저 희생자로서가 아니라 행위자로서 들린다면, 우리는 위로부터의 끝없는 탈식민화를 포스트식민 비평의 새로운 학파들을 위한 의제들로서 연습하지 않아도 될 것이다. 그러나 서발턴의 말은 들리지 않고 탈식민화에 관한 가장 흥미로운 철학적 질문들 중 하나가 남는다. 누가 탈식민화하며 어떻게 탈식민화할 것인가?

우리 페미니즘 선생의 궤적으로 돌아가 보자. 그녀는 '실제'(actual) 데바다시에 관한 논쟁과 만날 것이다. 그 '실제' 데바다시는 "자유로운 여성이자 예술가"였던가? 그녀의 현재 조건은 여성의 몰락에 의해 이익을 얻는, 여성 자신의 공동체 남성들의 지지를 받는 식민주의 개혁가들과 민족주의 개혁가들이 서로 공모한 결과인가?

암리타 스리니바산은 이 질문에 하나의 긍정적인 대답을 진척시킨다. 그녀는 식민개혁을 '인류학화할' 것을, 그 개혁이 자체의 대상을 다시 썼던 방식들을 고려할 것을 우리에게 요구한다. "희생적인 유아 살해와 사티가 '살인'이라고 일찍이 금지되었다면, 19세기 후반에 이르러 사원-춤꾼들은 '창녀'로, 여성의 조혼은 '강간'이자 '아동-희롱'이라고 제시되고 있었다."(AS, pp. 178-179) 스리니바산은 마글린에 의해 언급된 접신술 충동을 다음과 같은 상황에 놓는다. "영국 정부 관리들과 선교사들은 인도 민족주의에 대한 비-브라만적 의심을 발동시키는 데서 느리지 않았다. 그 의심이 대체로 브라만이 지배한 접신술 모임들과 의회로부터 나왔는데도 말이다.(AS, p. 197) 마글린은 오리사를, 스리니바산은 타밀나두(R. K. 나라얀의 마드라스)를 다루고, 스리니바산은 엘리트에 의한 춤 형식의 전유를 목표로 삼는다.

> 1947년에 이르러, 인도의 고대 고전 춤인 바라타나티암(Bharatanatyam)으로서 사디르(sadir, 타밀 데바다시들의 춤-형식 이름)의 생존 프로그램은, 인도의 모든 부분들로부터 도출된 엘리트 인도인들의 브라만 지배적인 의회 로비들의 후원 및 지원과 더불어 이미 잘 진행되고 있던 중이었다.(AS, p. 197)

"그 모든 정치적 상업적 문화적 양상들에서 종교적 사회적 삶의 살아 있는 중심으로서 사원의 효율성"(AS, p. 184) 내부에서 식민지 이전 데바다시를 통제하는 입장에 대한 스리니바산의 분석은 실로 상상력을 탈식민화하려는 한 가지 시도이다. 그 탈식민화가 "바크티(bhakti*힌두교에서 중요한 개념인데 최고의 인격신에게 육친을 대하는 것 같은 사랑의 정감을 담으면서도 절대적으로 귀의하는 것이며, 보통 신애(信愛)라고 번역된다. 이로써 베다나 우파니샤드와 달리 일반 민중에게 열린 종교로서 힌두교가 급속히 발전하는 기반이 형성된다.) 종파 여성들에게 가혹했던 청교도적 금욕적 이상을 (데바다시 편에서) 의식적으로 신학적으로 거부한 것은 과부의 형상에 있는 가정적 금욕주의의 엄격함을 데바다시한테서 완화했으며, 또 자이나(Jain)교(*불교와 같은 시대에 인도에서 창시된 종파인데 가장 오랜 종교 중 하나임. 교조인 바르다마나는 붓다와 동시대 사람으로서 왕족 출신이었다고 하는데 13년의 고행 끝에 크게 깨달아 지나(Jina, 승자)라고 일컬어졌다. 자이나교는 신이 없는 게 특징이며, 금욕적 수행과 해탈, 고행을 강조한다.)와 불교의 여승 형상에 있는 종교적 금욕주의를 완화했다"(AS, p. 191)는 점에 동의하는 것은 어렵겠지만 말이다.

여기서 우리가 의식적인 행위능력을 보아야 한다면, 자본가가 자본의 주체를 움직인다는 마르크스의 제안에 대해 생각해 볼지도 모르겠다. 왜냐하면 스리니바산 자신이 우리에게 데바다시의 예외적인 성적 지위가 경제적 생산을 위해 단단하게, 또 젠더-분할적으로 통제되었다는 데 의심의 여지가 없다는 것을 보여주기 때문이다. 타밀나두에서 데바다시는 결혼과 살림에서 자유로웠다는 것이 틀림없는 사실이기는 하지만 말이다.

> 나게스와람(nāgeswaram) 전통에서 그 집단의 여성들은 공적이고 전문적인 삶으로부터 조심스럽게 배제되었다. … 고전적 사원 춤과 그것과 연계된 음악의 전문적 습득은 결혼한 젊은 여성들에게 허용되지 않았다. … 데바다시들은 행운의 배지를, 사원에 의해 시민사회에 배당된 영예의 형식을 대표했다. … 데바다시는 신성(deity)에 대한 경제적 정치적 정서적 '투자'를 초대함과 동시에 영예, 신성한 수락, 경쟁적 보상의 통로로서 행동했다.(AS, pp. 186, 183: 강조는 추가됨)

이러한 맥락에서 다음과 같이 주장하는 것은 생산력과 생산 관계들로부터 고립된 사회적 생산성을 강조하는 셈일지도 모른다. 즉 "데바다시는 좀 독특하고 전문화된 사원 예술가 공동체의 근간을 이루고 있었다. 이 공동체는 세련되고 전문적이며 예술적인 행위를 고무하는, 실용적이고 경쟁적이며 경제적인 고려들의 작동을 그 내부 조직에서 전개했다"(AS, p. 192)는 주장 말이다. 아마도 스리니바산은 식민적-민족주의적 엘리트 협력에 맞서는 가운데 정태적인 유토피아적 과거를 또한 조금 창조한 셈이었다. 데바다시의 경제'력'을 깨뜨릴 수 있도록 식민개혁들을 밀어붙인 엘리트 집단 남성들의 이해관계를 알아차린 점에서 스리니바산은 확실히 옳다. 그러나 이러한 힘들을 자유롭게 기능하는 구조에 대한 단속인 양 지각하는 것은, 신빙성이 없는 것 같다. 게일 옴베트(*미국에서 태어났으나 인도 시민이 된 사회운동 활동가이면서 네루기념박물관 선임연구원. 인도에 관한 책을 주로 펴냈으며 최근에는 인도인 남편의 도움으로 마라티어 문헌을 영어로 번역하고 있다.)가 표현하듯, "가부장제 사회에서 어느 특별한 여성들의 섹션인들 가부장제로부터 자유로울 수 있단 말인가?"[34]

이렇게 독신을 고수하는 경쟁적인 창녀들에 대한 스리니바산의 유토피아적 연대(인도-중심적인 '독신'에 대한 그녀의 재정의는 그녀의 가장 용감한 시도로서 우리의 상상력을 뒤흔든다)는 또한 검토되어야 할 당대 대중문화에 대한 경멸과 결합되어 있다.

> 오늘날 춤 직업을 둘러싼 통속성의 새로운 형식들(상업 영화와 같은) 와중에, 엘리트 학교들에 의해 고대의 순수한 『바라타나티암』(*Bharatanatyam*)을 대표한다고 선전되는 것은 데바다시 전통 뿐이다. … 데바다시의 춤이 보전할 만한 가치를 지닌 신성한 전통이고, (반-매춘의 근거에서 정당화되는) 법제화가 일반적인 창녀들이 아니라 데바다시만 벌주러 내려왔다면, 데바다시가 갈 필요가 왜 있겠는가?(AS, p. 198)

이러한 질문은 홀로 제기될 수 없고 좀 더 광범위한 질문들의 맥락에서 제기되어야 한다. 즉, 전자본주의적 제도들은 왜 제국주의하에서 사라졌던가? 데바다시는 오늘날 자본의 논리에 충분히 포획될 수 없는가? 스리니바산은 자신의 경제적 논의를 통해 이러한 식민시기 이전의 경제적 제도는 자본-구성체에 의해 '대리보충되었다'고 제안한다. 데바다시는 여성의 정조 개념들에 도전했던 비기독교 여성 예술가 공동체의 한 구성원이었기 때문에(스리니바산의 논의), 또 그 공동체에서 생산 구조와 경쟁 구조는 전자본주의적이었기 때문에

34) Gail Omvedt, "Devadasi Custom and the Fight against It," *Manushi* 19 (1983): 17.

(스리니바산의 논의), 데바다시는 가야만 했다. 자신의 기능주의적 유토피아주의 때문에 스리니바산은 상업 영화에서 예술을 하는 여성 몸의 상업화가 상업적인 사원에서 하는 여성 몸의 불완전한 상업화와 다르지 않다는 점을 볼 수 없다. 예술 영화와 사원에서 동시에 일어나는 여성 몸의 상업화는 자본주의적/식민주의적 생산을 치환하는 연쇄고리에 있는 두 가지 연결지점이다.

이렇게 연속되는 치환을 계급-성층화(class-stratification)의 교차 섹션에 투사하도록 시도하여 보자.

a) 게일 옴베트가 제안하듯, 데바다시의 당대 곤경은 자본주의를 섬기도록 압박받는 사회적 전통이다(봄베이 매춘 산업의 뚜쟁이들은 헌신 의식을 위해 돈을 지불하고, 봄베이의 상업적 매음굴에 소녀를 직접 충원시키기 위해 소녀의 부모들에게 종종 얼마간 지불한다).

b) 오디시(Odissi)와 바아타나티암(Bhāatanātyam*바라사리스와티의 용어인데 신체를 통해 정신을 드러내는 예술적 요가이다. 이것은 남 인도에서 가장 인기 있는 인도 고전 무용인데, 가장 오래된 고전 무용 형식이다.)의 데바다시 춤 형식들은 '고급' 문화 공연들에서 최상의 스타들을 상업화하는 것을 그 지고한 목표로 삼는다.(어느 데바다시의 아들이라는 평판에 따라 권위 있던 한 남성 무용수는 이제 고전 무용의 정규 선생인데, 그 데바다시들의 실제 공연은 훨씬 더 즉흥적이었다. 그 춤의 여러 단계들은 고정되어 있지 않았다.)

c) 뮤지컬 영화의 관습에 따른 데바다시 춤 형식들은 '대중'문화 공연에서 여성의 몸들을 상업화한다. 이러한 기획과 더불어 데바다시에 관한 논쟁은, 문화적 타자에 관한 메트로폴리탄 정보의 원전만큼 충분히 여성들의 계급-성층화에 기입될 것이다.

데바다시들은 상업 영화를 방문하는가? 그들은 『안내자』의 영화 판본에 관해 무슨 생각들을 하여 왔을까? 그 질문을 마글린의 정보원들 중 한 명이자 가난과 질병에 찌든, 푸리(Puri*인도 오리사 주의 벵골 만에 면한 도시. 도시의 중앙에 있는 가자나트 사원은 힌두교 비슈누 파의 성지로서 유명하다.)에서 가장 고령인 데바다시한테 묻는 것은 부적절하고 실로 불합리하기까지 하다.

그 영화는 나라얀의 소설을 토착적으로 번역한다. 그것은 엄청나게 인기 있고 국제적으로 배급되는, 많은 영화를 만들어내는 봄베이 영화 산업의 일부이기도 하다. 여기서 『안내자』는 또한 좀 더 폭넓은 화폭으로 상승된다. 아래에 기술되는 그 영화의 거의 모든 세부 사항은 소설에서는 나오지 않으며 소설의 정신과 모순된다.

나이지리아 출신의 유명한 무용수인 폴라보 아자예(Folabo Ajayi)는 오디시의 국제적으로 유명한 문화 공연자인 산주크타 파니그라히(Sanjukta Panigrahi*1944-1997, 인도 고전 무용 오디시를 주창한, 가장 유명한 인도 무용수인데 오디시 춤을 전 세계적으로 공연함)에게 자신이 보았던, 인도 춤의 많은 영화적 재현들로 인해 파니그라히의 라이브 공연을 관람할 준비가 부분적으로 되어 있다고 말했다.[35] 그리하여 그 인도계-앵글로 소설가에게서 조롱받고 그 혹은 그녀의 인도 독자권에 의해 재미있는 경멸거리로 취급된 그 '대중성'이야말로 실천 중인 예술가들 사이의 관계를 매개할 수 있게 된다.

인도계-앵글로 소설이 그런 것처럼, 영화도 그렇게 인도를 위해 말한다. 부재하는 타밀-칸나다 구체성의 힌디어 번역은 데바다시의 그러한 물질적 상황을 무의미하게 만든다. 그 영화의 지형은 이제 라자스탄(*라자스탄 주는 인도에서 가장 면적이 넓은 주이다. 서쪽에는 파키스탄과 국경을 접하고 있으며, 남서쪽에 구자라트 주, 남동쪽에 마디아프라데시 주, 동쪽에 우타르프라데시 주, 북동쪽에 하리아나 주, 북쪽에 펀자브 주와 맞닿아 있다. 주도는 자이푸르이다.)인데, 그 구역은 긴 치마 의상이라는 규정을 대중적인 것이라며 힌두 영화에 허용한다.

애석하게도 나라얀은 변명조이기는 하지만 다정한 논평자인 '민중'과 떨어져 있다. "그는 인도 영어의 괴상한 면을 결코 놓치지 않는다."라는 문구가 런던의 『타임』 지에 표지 추천사로 제공된다. 『안내자』의 힌디어 영화 판본은 대중적인 목소리의 조건이자 효과이다. 그런 만큼 그 영화는 (지금은 불안정한) 공식적인 인도의 자기-재현의 다문화주의를, 1960년대 네루의 정치적 분위기에 여전히 이데올로기적으로 작동되었던 힌두 다수자의 종교적 관용을, 사랑과 공연 중인 여성의 보호받는 주체/대상 지위를 뚜렷하게 부각한다. (그 영화의 라주(Raju)는 최대한 다른 공연의 역사를 지닌 두 유명한 인도 무용수들을 언급하면서 "당신들의 카스트는 우다

35) 파니그라히의 공연에 관한 토론은 1991년 2월 18일 이탈리아의 벨라조(Bellagio)에서 열렸던 상호-문화적 공연에 관한 학술회의에서 나온다. 아자예(Ajayi) 양의 질문이 가장 통찰력 있었고, 공연자와 학계 이론가 사이의 접근법에서 차이가 드러났다. 그 영화와 관련된 대목은 유일하게 나의 논의와 관계된다.

이 샹카르(Uday Shankar*1923년에 영국 유학 중 파블로바의 요청으로 〈라다 크리슈나〉와 〈인도의 결혼〉 안무를 맡았으며 화가를 포기하고 무용가로 전향함. 근대 인도 무용의 창시자)와 샨타 라오(Shantha Rao)의 카스트와 같단 말이야"라고 말한다). 이러한 문화적 일반화들은 특히 처음의 두 구역에서 독립 후 즉각 탈식민화 되리라는 꿈의 누더기들에 여전히 매달렸던 포스트식민 역사 속의 한 계기를 포착한다. 영어 소설의 (적절한 방언이 아니라) 민족어 번역에 일어나는 폭력은 제국과 민족을, 영어와 힌디어 사이의 계주를, 또 그 경쟁을 공개적인 곳으로 밀쳐 넣는다.

이러한 단계에서 나이 어린 미국 여성 리포터는 여전히 야비한 외부자이다. 죽어가는 성스러운 라주에게 질문하는 그 리포터의 시퀀스는 애튼버러(Attenborough) 감독의 〈간디〉에서 반복되고 있다. 하지만 물론 우리는 애튼버러 감독이 『안내자』를 인용하고 있다고 감히 말하지는 않는다.

소설은 영어로 되어 있고, 영화는 영어와 (두 가지 의미에서) 싸우고 있으며 어느 시나리오도 인도 문학의 다른 흐름을 포착하지 못한다. 영화는 추한 미국인을 조롱하며, 어떤 짤막한 계기 중에 다문화 국가의 온정주의적 팔 아래 있는 지방의 이질성에 은신처를 제시한다. 이러한 제안들은 항상 논쟁의 소지를 갖고 있지만 다음을 제안하는 것은 가능하다. 즉, 1975년의 비상사태, 연방구조의 무마, 대의 정치의 조작, 권력의 중앙 집중화 시도, 힌두 근본주의의 발흥뿐만 아니라 대립들의 단편적인 공고화(들)라는 새로운 정치의 부상 이후로, 방언들(vernaculars)의 보호자로서 다문화성과 힌디어를 제시하는 것은 인도에서 통용되는 '번역가의 과제' 중 일부는 아니라고 말이다. 지배적인 지구적 자본 내부에 다시 프로그램으로 안착된 다문화성이라는 첫 번째 항목은 이제 이주하는 포스트식민성의 공간으로 움직여 나갔다. 『악마의 시』는 1960년의 영화 〈슈리(Shri) 420〉에 나오는 노래를 암송하는 대목으로 시작하는데, 거기서 다양성 속의 통일성을 환기하는 것은 더욱 광범위한 시야를 보여주는 셈이다.[36]

『안내자』의 영화 판본이 시작되는 부분에서 우리는 후추-잎 상인이 그 작은 후추-잎 양념 팩에 들어 있는 성분들의 출처 목록을 빠른 말로 지껄이는 장면을 본다. 호두는 마이

36) Srinivas Aravamudam, "Being God's Postman Is No Fun, Yaar: Salman Rushdie's *The Satanic Verses*," *Diacritics* 9.2 (Summer 1989): 3-20.

소르산, 잎사귀는 캘커타산, 셰리주는 비카네르(*인도 라자스탄 주 타르 사막에 있는 도시)산, 생고무는 봄베이산이라고 말이다. 라주는 그 남자에게 당신은 당신의 양념 가판대로부터 민족의 통일성을 함양하고 있는 것 같다고 응수한다. 바로 다음 시퀀스에서 최소한 두 가지 인도 언어와 영어를 재치 있게 구사하는 가이드 라주의 모습이 보인다.

민족의 통일성에 관한 이 두 장면의 환기는 말하자면 '분위기를 조성하기' 위해 영화의 서두에 나온다. 그러나 이 심각하게 도덕화된 이야기가 관객을 가로지르도록 만들 때, 영어와의 싸움이 하나의 통합 역할을 맡는다. 처음으로 라주가 거룩한 사람으로 확립될 때, 두 마을 사제들은 산스크리트 슐로카(sloka*네 구절로 이루어진 시로, 1구(句)는 8음절로 되어 있어 음절은 모두 32개이다. 불교의 가르침을 운문으로 짧게 표현하여 암송하기 쉽고 다른 사람에게 말하기 쉽게 함) 혹은 2행 연구(連句)로써 라주에게 도전한다. 라주는 물론 산스크리트어를 모른다. 그는 놀라서 잠시 가만히 있다가 그들을 영어로 되받아친다. "여러 세대 동안 당신들은 이 순진한 사람들을 속여 왔습니다. 이제 그 짓을 끝장낼 시간이군요!"라고 말이다. 사제들은 영어를 모르기 때문에 라주에게 지고, 마을 사람들은 기뻐하며 라주는 합법화된다.

물론 라주 자신도 사기꾼이기는 마찬가지이다. 이야기가 변형의 이야기로 남으려면 라주는 사기꾼이 되어야 한다. 그러나 영어 메시지의 심각함은 단순한 스토리 라인을 가로지르며 하나의 주요한 주제를 나타낸다. 신생 국가는 서구적 이성의 빛을 통해 종교적 편협을 제거하리라는 주제 말이다. 이제 서구는 종속적인 것이라기보다 평등한 것으로 사용될 터이다. 이것은 식민주의와 제국주의 사이의 다른 계주에 의해, 또 서구를 침략자로만 놓는 고립주의적 근본주의의 발흥에 의해 즉각 깨어진 탈식민화의 약속이기도 하다.

대중의 역사에 대한 메트로폴리탄 초점은 탈식민화에 대한 처음의 이러한 확신으로 가득한 희망을 부인한다. 우리에게서는 초강력 권력 대 게릴라 대항전이라는 일반적인 장면과 자국 내부의 혼란과 폭력이라는 특정한 장면들이 초래되었다. 그렇게 되었던 것은, 포스트식민성과 이주성을 통해 지구적 자본과 인종차별주의에 의한 이러한 희망의 부정과 그 부정의 산포라고 또한 논의될 수 있다.

이러한 상황을 도식적으로 논평하여 보자. (a) 젠더화된 서발턴 여성인 당대의 데바다시는 가장 큰 어려움에 처한 행위자로서 '실제적인'(practical) 정보를 제공할 수 있다. 이 여성을 묘사하는 방법들이 이미 제자리를 잡고 있어서 그런 것은 적어도 아니다. 인류학자의 검토 대상과 대화하는 액티비스트들 사이에는 고착된 간극이 있다. 데바다시는 문화상대주의와 자본의 논리 둘 다를 통과해 미끄러져 나간다. (b) '대중' 영화는 즉각적인 포스트-탈식민화 국가의 논점들을 시야에 밀쳐 넣는다. 그 영화가 재현과 자기-재현을 위해 자체를 헌법상의(constitutional) 주제로 구성할 때, 인민(people)에게 말하고 '인민'으로부터 말하기 때문이다. 또한 그 영화는 배급 회로를 통해 자체를 그것의 비대칭적 반대로 변형시킨다. 상품으로서 그 영화는 인도를 국제적인 (상호-국가적인 것은 아닐지라도) 청중에게 재현하는 기능을 수행한다. (c) 식민적 양식의 인도계-앵글로 소설은 그 분명한 접근성에 의해 (b)를 덮어버린다.

또한 '인도' 논평가라고 해서 반드시 도움이 되는 것은 아니다. '인도'라는 위치는 민족의 기원을 물화하고 식민주체의 역사적 생산을 부인한다. 인도계-앵글로 소설과 영연방 문학은 이제 인도 영문과에서 하나의 분과로 되었다. 식민지에서 대학의 역사와 관리는 대체로 보수적이다. 여기 예컨대 어느 명망 있는 인도 대학에 있는, 아무 문제 없는 보통의 『독자 가이드』와 같은 '영문학 독자'(a Reader in English)를 예로 들어보자.

> 우리 연구에서 다음으로 중요한 소설은 『안내자』가 되어야 할 것이다. 이 소설은 아마 나라얀의 작품들 중에서 가장 널리 논의되고 있을 텐데, 좀 이상하게 보이는 이야기의 한계들을 희극적 비전의 성숙성과, 자기 주제를 다루는 데서 드러난 나라얀의 (초기 소설들에서 결핍되고 있었던) 예술적 세련됨이라는 양면에서 초월하고 있다. 나라얀은 마을 사람들과 무용수 로지의 속기 쉬운 성향을 갖고 장난치는 정도의 술수 외에는 그 어떤 특별한 성격도 보여주지 않던 평범한 여행 안내자인 라주를 진정성있게 다룬다. 그러한 진정성은 라주를 성자로 투사할 때 발휘된 나라얀의 예술적 자제력을 보여준다. 라주의 사람됨과 나라얀의 예술을 신빙성 있게 보이도록 만드는 것은 바로 이러한 자제력이다.[37]

이 구절을 쓴 저자는 영화와 관련된 질문을 받자, 소설에 충실하지 못하다고 영화를

37) C. N. Srinath, *The Literary Landscape: Essays on Indian Fiction and Poetry in English* (Delhi: Mittal, 1986), pp. 7-8.

제쳐버렸다.[38] 물론 이 말은 사실인 동시에 잘못된 것이기도 하다. 그의 구절에서 영화 제작 부분은 괄호로 처리되는데, 앞의 에세이에 나오는 누군가의 논의는 바로 『안내자』와 그 괄호 사이의 관계를 다룰 것이다.

영화의 결말에서 성스럽게 승리한 라주는 영어를 저지한다. 라주는 금식 중이며 창백하고 덥수룩한 수염에 붕대를 감고 있다. 몇몇 쇼트는 해방된 힌두교의 가장 잘 인식된 아이콘들 중 하나인 19세기에 인기 있던 몽상가 스리 라마크리슈나(Sri Ramakrishna *캘커타 북쪽 마을에서 1836년에 가난하지만 매우 독실한 집안에서 태어났으며 노래와 그림에 재능이 있었고 영적이고 종교적인 분위기에 심취하는 종교적인 경향을 지녔다.)가 서 있는 사진처럼 보이도록 의도적으로 구성되어 있다. 화해된 로지(여기서 영화는 거칠게 소설에서 벗어나고 마는데)는 라주를 붙잡고 있으며, 엄청난 군중이 모여든다. 미국인 리포터가 나타난다. 그녀는 사파리 옷을 입고 있다. 그녀는 "당신은 과학을 믿나요", "당신은 사랑에 빠진 적이 있나요" 등 몇몇 공허한 질문을 한다. 그 죽어가는 성자는 통역자에게 힌디어로 대답하다가 마지막에 영어로 대답함으로써 리포터를 깜짝 놀라게 한다. 애석하게도 그 미국인은 "영어를 할 줄 아는군요!"라며 여전히 전형적인 기쁨을 표출하며 화답한다. 그 저널리스트는 식민지의 진보적인 부르주아지를 원시적인 것으로 편리하게 오인함으로써 또한 역사를 부인한다.

영화에 의해 그 미묘함을 상실하게 된 또 다른 중요한 주제는 대문자 여성이다. 로지는 『안내자』에서 문화의 근대화에 실패한 부문을 가리킨다. 영화에서 로지는 비현실적으로 풍요롭고 선한 창녀 데바다시 어머니의 집에 등장한다. 그 어머니는 결혼을 통해 자신을 주류에 집어넣는다.

탈식민화의 도덕극에 필요한 문체상의 요구들에 대응하듯, 로지의 남편은 가장 큰 정체성의 변화를 겪는다. 그는 데바다시의 딸의 사회적 해방을 위한 외설적인 도구가 된다. 소설에서 그는 자기 아내의 의심스런 직업 때문에 혼란에 빠지는 좀 이상하고 강박적인 고고학자이다. 그는 라주에 의해 사적으로 '마르코'로 세례를 받는데, 작은 마을 가이드의 진부한 형상인 마르코 폴로에 대한 로지 남편의 강박이 라주를 마음속에 품도록 했기 때문이다. 영화에서 로지의 남편은 저 변칙적이고 혐오받는, 유라시아 인도인(우리가 항상 '서구와

38) 나라안은 이러한 감정을 승인할 것이다. Narayan, "After the Raj," in *A Story-Teller's World*, p. 32 참조.

평등한' 것은 아니라는 점을 상기하는)이 된다. 그의 성은 '마르코'가 되고 로지는 나리니 양이 되기 전에 로지 마르코이다.

라주와 나리니의 사랑이 진전됨에 따라, 그들은 당시 유행하던 델리와 봄베이 학부학생과 젊은 중역과 점점 더 닮아간다. 실로 영화의 마지막은 새로운 민족주의라는 견지에서 이데올로기적으로 가장 만족스럽다. 하지만, 라주와 나리니의 러브 스토리는 맥락상 당시의 트렌드를 일부 설정한다.

이것은 또한 민족의 자기-재현에 있는 누전선들을 시각의 영역에 제시하기 위해 '형식'과 '내용'을 대상으로서의 여성이라는 견지에서 정확하게 분리시키는 장이기도 하다. 특히 1960년대에 뮤지컬 영화라는 장르야말로 노래와 춤을 위해 항상 정교하게 무대화되는 프레임이기 때문이다. 바로 봄베이 뮤지컬들은 할리우드 뮤지컬의 영화적 관습들을 적극 변형하고 그 과정에서 인도의 신화를 재-코드화한다. 이후 세월이 흘러 다른 나라에서도 계급들, 젠더들, 민족들을 가로지르며 기억되는 것은, 유명한 남배우들과 여배우들에 의해 립싱크된, 유명한 예술가들의 노래들과 영화 『안내자』에 나오는 스펙터클한 솔로와 그룹 댄스 형상들이다. 여기서 문화적으로 좋은 것은 진정성을 벗어나 가장 가시적으로 다시 영토화된다. (교환을 위해 생산된 산물인) 인도의 세 가지 고전적 무용 전통들과 다중적 민속 형식들은 가장 엄밀한 의미에서의 상품인 양 제분기에 넣어져 자유로운 형식의 뮤지컬 구조화와 함께 한 바퀴 빙 돌려진다. 지구적 '인도'를 생산하기 위해서 말이다.

인도 고전 무용에서 습관적으로 지적되는 가장 진부한 항목들 중 하나는 무드라(mudrā), 즉 표현적인 손-머리-눈 동작들의 범위이다. '무드라'라는 산스크리트어는 또한 동전이기도 한데, 화폐-형태와 스타일이 된 제스처의 단순한 기호계에 걸쳐 있는 보통의 개념-은유이기도 하다. 이 개념-은유는 상당한 정교화를 거칠 수 있게 되지만 우연성을 병합할 수는 없다. 또한 '무드라'는 특징적이게도 흔적을 새겨 넣는다는 단어이기도 하다. 교환될 준비를 한 '인도'라는 고유명사와 더불어, 문화적으로 표시된 할리우드 뮤지컬의 표현적인 레퍼토리가 돌진해 들어온다. 그러한 돌진이 이미 제자리를 잡고 있는 이러한 가치-형태를 거친다는 것은 우연이 아니다.

영화는 손쉬운 이중적 형태로 짜여 있다. 라주가 감옥과 가뭄을 통해 정화된다면, 나리니는 라주에 대한 그녀의 탐색과 발견을 통해 정화된다. 그러한 과정은 평상시의 가부장적 방식으로 보이지 않고 영화에 내포되어 있다. 그 과정을 서사의 플래시백 시간성을 통하기보다 우리 영화의 '실재적'(real) 시간의 몇몇 계기들을 통해 고려해 보도록 하자.

라주가 모범수로 6개월을 감옥에서 지낸 후 출소할 때, 마을로부터 맨발로 온 라주의 어머니와 막 런던에서 귀국한 나리니는 서로 상반되는 모습으로 감옥 문 앞에 도착한다. 그들의 화해는 플래시백을 시작하게 한다. "네가 이렇게 나올 거라면 왜 결혼을 하지 않았니?"라는 어머니의 질문에 반응하면서 말이다.

플래시백에서 나리니의 춤-충동은 자신의 요청에 따라 개시된다. 영화의 스틸들 중 하나는, 농촌의 뱀-춤꾼의 맨발에 의해 틀을 갖추게 된 도표상의(graphic) 상징이 여성(female sex)처럼 보이는 춤꾼의 시선에 사로잡힌 커플을 우리에게 보여준다. 그 커플의 집중된 시선이 어느 곳을 향하는지는 미결정적이다.

그러나 춤추기 자체는 이 영화의 로지에게 중요하지 않다. 마르코(Marco)가 로지한테 아이를 줄 수 없기 때문에 로지가 춤을 출 필요가 있다는 것은, 로지와 마르코 사이의 대화(거기서 조각과 같은 춤꾼들과 로지의 병치는 마르코가 삶과 접촉하지 못하고 있다는 요점을 확실하게 한다.)를 통해 드러난다. 그리하여 이 영화의 문화정치는 춤-여성의 상품 가치를 현란한 오락(distraction) 이상의 어떤 것이 되는 것을 허용하지 않는다. 그 오락이야말로 진보주의와 향수로부터 '민족 정체성'을 주조하는 힘들의 영향을 전혀 받지 않은 채, 민족 외부에서 민족적 정보를 제공하는 셈이다. 소설의 기능(그 역사적 생산에 대한 관심 없이 정보를 제공하는)은 그 영화의 틀이 지닌 역동적 키치와의 공통점을 우리 생각보다 더 많이 갖고 있다. 고전적인 무드라(표현적 등가성의 화폐-형태)의 뮤지컬 어휘로의 변형은 영화의 중심 부분 마지막에 나오는 댄스에서 클라이맥스에 도달한다. 이 마지막 댄스에서 와히다 라만(Waheeda Rahman*50, 60, 70년대 초반을 풍미한 성공적인 인도 발리우드 영화들에 출연했던 유명한 인도 여배우)의 눈들, 팔들, 손들은 (속박된) 전통적 어휘의 흔적들을 갖는그 무드라의 제스처에 대한 표현적(혹은 자유로운) 이해를 결합한다. 이 제스처는 점점 강해지는 음악과 박자를 통해 가시화된다. 와히다 라만이 후렴구를 "애통하게도, 애통하게도 (내) 연인이 반역자(라니)"라는 반복된 결론으로 몰고 갈 때 말이다. 그 눈들이 무엇을 하건 간에, 고뇌 혹은 분노의 직접적 표현과 춤의 분리를 신호하는 구강(rictus) 속에 입이 고정된다. 관점들을 복합적으로 모아보건대, 이것은 자신의 기술에 경악할 정도로 전문가로서의, 또 살아 있는 인형으로서의 데바다시이다. 여기서 다시금 라샤(lāsya)의 재현은 실로 스크린 작업에 의해 거리를 두도록 하는 하나의 기술이다.

이 에세이의 첫 번째 판본은 뉴저지의 프린스턴에서 쓰였다. 내가 이 영화의 비디오테이프를 구했던 프린스턴 쇼핑몰의 비디오테이프 순회도서관은, 미국 전역을 가로질러 또 실로 웬만한 규모의 인도 이민자들이 현존하는 모든 나라들을 가로질러 퍼져 있다. 이질적인 계급으로 된 이주민들의 하위 문화권에서 이 영화가 지니는 가치는, 자체의 여정을 지속하는 초창기의 국제적인 대중적 현존과는 다르게 이 영화를 지구화하여 왔다. 인도에서 '민족적' 정체성을 만들어가고 있는 현 상황이야말로 이 영화를 시대착오로 만든다는 점은 이미 시사되어 왔다. 이 새로운 지구화는 이 영화를 민족-무대로부터 분명하게 끌어내며, 『악마의 시』의 근본적인 불협화음과 다른 쪽 끝에 있는 세계시민주의적 디아스포라 문화 공간 속에다 끌어넣는다. 이 영화의 중심적 움직임(나리니 양의 춤 경력)이 시작되는 시퀀스의 끝부분에서 상을 받는 나리니가 보이며, 흡족해하는 라주의 얼굴 장면이 나온다. 애초의 영상이 희미해지는 곳에서 우리는 다음 메시지를 읽는다.

세계적 배급
에스콰이어 전자 회사
홍콩

'에스콰이어'가 미국에 진지를 둔 남성 잡지의 판권 인쇄 면에 있다는 것은 좀 모호하더라도 적절한 인쇄상의 교묘함처럼 보인다.

세와 집단에 의해 만나게 된, 마라티 어(Maharashtrian*인도 서부 마하라슈트라에서 사용되는 언어)를 사용하는 젊은 데바다시가, 젠더화된 서발턴이, 그 스펙트럼의 한쪽 끝에 있다. 그렇다면, 그 스크린에 있는 이 메시지는 다른 쪽 끝에 있는 거대한 네트워크를 영화의 외부에서뿐만 아니라 내부에서 가리킨다. 둘 사이에 있는 공간은 연속적이지 않다. 희화화된 근대 이전의 것은 포스트모더니티의 회로 속에서 근대화의 실패를 가리킨다. 그러한 횡단면을 제공하는 것이 바로 이 메시지이다. 그러는 동안 소설의 말없는 모더니즘은 교실 안에 있다. 복수주의적(pluralistic) 학계에서 전통적인 분과학문적 지배소를 주조하는 교실 말이다.

영화는 소설에서 부재하는 힌두-무슬림 세속주의를 향한 두 번의 대수롭지 않은 완전한 구식 제스처를 수용한다. 라주가 어머니와 나리니의 팔에 안겨 누워 있을 때, (그의 가이드 시절부터 택시 운전사였던 무슬림인) 가푸르(Gaffur)가 소문을 듣고 도착한다. 마을 사람들은 그를 들어가지 못하게 하지만, 라주는 가푸르를 들어오게 하자고 주장한다. 그들은 포옹한다. 좀 더 분위기 있게 비를 기원하는, 당시 동파키스탄(지금은 방글라데시)이었던 곳에서 나온 대중 포크송이 영화의 다른 힌디어 노래 트랙(song track)으로 연주된다. 방글라데시는 아대륙 중 무슬림이 다수인 구역인 만큼, 알라신에게 기도가 바쳐지며, 찬송가의 한 행이 힌두스탄 어로 통할 정도로 우르두어로 완전히 바뀌게 된다. 한 단어만 수정될 필요가 있었는데, 방출된 그 음절의 공간에 라마의 이름이 삽입된다. 라마는 간디의 토템이었던 힌두 신-왕이다. 1990년대에 인도는 라마의 이름으로 그 무슬림 인구를 "인종적으로 청소하는" 중이다. 최근에는 선거의 승리로 좀 절제한 후에, 고의적으로 '인도다움'(Indianness)으로 잘못 번역된 힌두트바(hindutva) 속에서 라마의 이름으로 인도가 주장되고 있는 중이다. 가푸르의 포옹 속에서 19세기 라마크리슈나가 흘깃 보인다면, 노래에서 일어난 알라와 라마의 커플화는 마하트마 자신을 상기하게 한다. 동시대의 종교적 분쟁이라는 맥락에서 이렇게 중층 결정된 계기들은 억압되거나 정교하게 다루어져야 할 것이다.

4.
이중구속이 끼어들기 시작한다

나는 사시나무 포플러 속의 부족민들과 함께 지내면서 교사들을 훈련시켰던 적이 있다. 그때 나는 이중구속을 규명하는 글을 처음 썼는데 그것이 4장이다. 그 시절에 나는 4장 원고의 초판본을 조합하기 시작하던 중이었다. 그때 나는 이중구속에 관한 사유를 여전히 정교하게 다듬어 내지 못했더랬다. 나의 직업에서 외로움을 느끼던 와중에 신기하게도 이중구속은 나한테 능력을 부여하는 무엇이 되었다. 이제 이중구속을 하나의 딜레마로 정의하도록 출현시키는 경위를 살펴보다니 꽤 흥미로울 것 같다. 나는 나의 현재 입장을 가동 중인 부가적 논평으로서 끼워 넣었던 셈이다.

내가 현장에서 얻은 배움과 생계를 위한 나의 가르치기를 서로 화해시키는 것은 어떻게 가능할까? 4장은 실천 속에서 그 하나의 대답이 자체를 규정하여 온 것처럼 보이는 경위를 드러낸다. 그 대답은 선주민에 대한 문화적 일반화가 잘못되었기 때문에 틀렸다. 하지만 그것은 토대에 있는 실수이다. 화해는 파열된다. 내가 현장에서 배운 것을 '가르치기'(학문적인 용도를 위해 코드를 전환하기)로 결정했더라면 그 문제는 좀 더 쉽게 풀렸을 것이다. 여러분이 다음 내용을 읽고서 '가르치기'가 나 자신에 대한 나의 상투형을 위한 선택이 아닌 이유를, 그 비일관성보다 '가르치기'가 나로서는 더욱 문제의 일부를 이루어 왔을 법한 이유를 해명하기를 바라는 마음이다. 나는 그러한 딜레마를 그 딜레마의 화해로서 여러분에게 제시한다. 4장의 첫 번째 섹션은 내가 현장에서 배운 것, 즉 다른 여성들을 다룬다. (이제 나는 아래로부터 배우는 법을 배우고자, 내가 「잘못을 바로잡기」1)에서 사용했던 '꿰매기' 은유와 그다지 다르지 않은 서발터니티(subalternity)에 관여하고자 한다고 말할 것이다.) 4장의 두 번째 섹션은 그러한 배우기가 생계를 위해 내가 가르치는 문학비평을 어떻게 바꾸어 놓았는가를 다룬다. (이제 '생계'의 의미는 좀 더 절박한 글자 그대로의 뜻으로 확장되었다.)

우선 몇 가지 전제를 이야기해 보자. 급진적 대타성(radical alterity), 즉 전적인 타자(the wholly other)는 이미지화를 통해 거듭 사유되어야 한다. 인간으로 태어난다는 것은 한 타자와 타자들을 향해 태어나는 것이다. 이것을 설명하기 위해 인간존재는 상당한-타자(quite-other)를 전제한다. '상당한-타자'는 윤리적 관계 속에 있는 존재로서 인간존재의 바닥선(bottom line)이다. 정의상, 우리는 '상당한-타자'에 도달할 수 없다. 어느 자아도 그럴 수 없다. 그리하여 윤리적 상황은 불가능한 것의 윤리적 경험에서 형상화될 수 있을 뿐이다. '상당한-타자'란 모든 행동이나 말에, 가장 특별하게는 우리가 이해하기로 윤리적인 것에, 즉 역사적인 것과 정치적인 것(the historico-political)에 가장 가까운 행동이나 말의 창설적인 간극(founding gap)이다. 우리는 역사적인 것과 정치적인 것을 뒤에 남겨두려고 하지 않을 터이다. 어쨌건 우리는 그 간극을 대리보충하고자 시도해야 한다. 역사적이고 정치적인 것에 기초를 두고 있는 간극에 대한 대리보충을 시도하는 것이 바로 하나의 집요한 비판이다. 『여성을 의제에 올려놓기』의 편집자인 수전 바질리는 "현 남아프리카의 분위기 속에서 우리는 법의 미래를, 또 그것과 여성의 관계를 결정하는 과제에 직면해 있다. 그 과제를 맡기 위해 우리는 법과 정의 사이의 간격 좁히기에 관해 항상 인식하고 있어야만 한다."[2]고 쓰고 있다. 나는 바로 그러한 정신에 따라 우리도 그 간격을 대리보충하고자 노력한다고 생각한다.

1) Gayatri Chakravorty Spivak, "Righting Wrongs," in *Other Asias* (Oxford: Blackwell, 2008), pp. 14-57.

2) Susan Bazilli, *Putting Women on the Agenda* (Johannesburg: Ravan Press, 1991), p. 15. 바질리와 나 사이의 실제적인 일치를 발견하기 위해서는 약간의 읽기 작업이 전개되어야 한다.

내가 현장에서 배운 것: 타자(other) 여성들

(지금 나는 '타자들의 아이들'이 하나의 개념-은유임을 발견한다. 계급-젠더, 도시-농촌, 북반구-남반구 분할을 가로지르는 민주적 충동을 가리키는 속기로서 긴박함을 갖고 작동하는 개념-은유 말이다. 이 개념-은유는 재생산적 이성애 규범성(heterosexual normativity)의 순전한 이기심이라는 토대에 있는 현존(grounding presence)과 협상하면서 그 현존을 말하자면 타자를 향해 방출시킨다.)

당시 내가 이해했던 대로, 법과 정의 사이의 간격을 좁히는 것은, 역사적-정치적인 것과 윤리적인 것 사이에 처음부터 있던 간격을 집요한 비판 속에서 대리보충하기와 관계 비슷한 무엇을 갖는다. 역사적-정치적인 시나리오를 경유해 그 점에 도달하도록 해보자. 상당한-타자에 대한 일반적인 불가능한 형상화 말고 그 타자에 대한 특정한 이미지화를 고려해 보자. 차라리 타자 여성(the other woman)과 이해관계를 갖는 근대적인 구축들을 생각해 보자. 이 규정에서 '근대적'이라는 용어는 제2차 세계대전에 의해 열린 '근대화' 시기를 뜻할 것이다. 근대화는 브레턴 우즈 조직들(Bretton Woods Organization), UN, 관세와 무역에 관한 일반 협정(General Agreement on Tariffs and Trade)을 설립함으로써 1945년과 1948년 사이에 시작되었다. 이 설립은 유럽 식민주의의 종식을 개시하는 것이었다. 20세기 중반은 신식민주의가 시작되는 시기이다. 식민주의는 정착의 문명화 사명을 지녔고 신식민주의는 발전의 근대화 사명을 지녔다. 1970년대에 지배적 자본의 회로들은 전자화되었다. 우리는 '포스트근대화'의 국면에 진입했다. 전 미국 노동부 장관 로버트 라이시(Robert B. Reich *미국 신경제를 주도한 인물로서 미국을 비롯한 세계 자본주의 경제와 사회의 중요한 변화를 신속하고 예리하게 진단함)는 이것을 '전자 자본주의'라고 불렀다.[3] (바로 이러한 사안들이 지금 우리가 지구화라고 부르는 바를 시작한 셈이다.)

물론 영토 식민주의가 끝난 것은 아니다. 그렇다고 민족해방 투쟁들과 그것들의 이미지-만들기도 더 이상 지배적인 양식은 아니다. 레이먼드 윌리엄스가 제안하듯, 내가 반복해서 사용하는 규정에서 '근대화' 시기에 민족해방 담론들이라는 이 잔여적 담론들이 대안적 혹은 저항적인 것으로 부상할 여부는 사례마다 다르다. 이것은 1989년 이래 포스트

---

3) 「매트릭스 속에서」("Into the Matrix," http://www.reach.com/matrix/meme2-02.html)에 나오는, 로버트 라이시와 데이비드 벤나훔 사이의 대화. 라이히로부터의 다음 인용 또한 이 자료에 나와 있다.

근대화라는 새로운 양상, 즉 새로운 경제적 세계 질서의 출범 이후 특별히 진실로 드러났다. 1975년에 여성의 이름으로 유엔이 발행한 〈멕시코 선언〉(Declaration of Mexico)을 유도했던, 멕시코시티에서 열린 〈세계여성협의회〉(World Conference on Women)에 관한 보고서가 선포하듯, "여성들이 새로운 국제적 경제 질서를 확립할 책임을 남성들과 나누지 않는다면 진정한 평화는 성취될 수 없다."[4] 10년 후에 〈여성들의 향상을 위한 나이로비의 장래 전략들〉(Nairobi Forward-looking Strategies for the Advancement of Women)은 내가 듣기로 벨라 압주그(Bella Apzug)가 '지구적 페미니즘의 시작'으로 묘사한 계획을 공고하게 했다. (기민한 독자는 우리를 베이징, 베이징+15, '행동을 위한 플랫폼'이라는 제목들로써 '여성들의 현실'을 분류하는 데로 데려갈 것이다. 이 제목들은 아주 효율적이고도 자비롭지만, 그보다 훨씬 덜 용감하고 자신감 없으면서 훨씬 더 현명한 미학교육의 전제들에 이중으로 구속되어 있다.)

나는 〈멕시코 선언〉과 〈나이로비 전략들〉의 의도는 실로 〈행동을 위한 플랫폼〉처럼 여성들에게 일반적으로 공평한 것이었다고 믿는다. 그러나 새로운 세계 경제 질서를 확립하는 과제는 지배적인 위치에 있는 여성들에게서만 진전될 수 있을 뿐이다. 그리고 "자본주의적 생산양식에 호응하지 않는 생산양식은 소득의 형태들 하에 포섭될 수 있기(일정한 지점에 이르기까지 이것은 부정확하지 않다) 때문에 자본주의적 관계들은 모든 생산양식의 자연스런 조건이라는 환상이 더욱 강화된다면, 다음 사실은 부인될 수 없다." 즉, 이 환상을 충분히 이해하지 않은 채 행하는 이러한 국제적 노력들은 지배적 페미니스트들과 그녀들의 선의의 대상 사이에 모종의 윤리적 관계를 반드시 창조하지는 않았다는 사실 말이다.[5] (2010년에 나는 에코 마을들에 관해 논평하는 에스토니아[Estonia*발트 해 연안에 있는 공화국, 1991년 소련의 붕괴로 독립함]의 엄청나게 자비로운 젊은 여성 사회학자에게 이 점을 상기시키지 않을 수 없었다! 구공산주의 블록은 자본주의적 장면에 진입해 아무것도 변화시키지 못했다.)

우리가 젠더 이데올로기의 영역에서 포스트모던 전자 자본주의에 접근하고 있음을 1985년에는 충분히 인정하지 못하고 있었다. 국제 페미니스트 정치는 여전히 근대화의 조건 속에 있었다. 타자 여성들을 구축하는 조건과 효과는 '발전 중인 여성들'이었다. 포스트

---

4) 『유엔과 여성의 진전: 1945-1995』(*The United Nations and the Advancement of Women*, New York: United Nations, 1995), p. 180.

5) Karl Marx, *Capital*, vol. 3, trans. David Fernbach (New York: Viking Books, 1981), p. 1015.

모던한 것이 지구화하는 와중에 여성은 '젠더와 발전'이라는 더욱 추상적인 틀 속에 착근된다. 이 틀이야말로 내가 앞에서 언급한, 우리의 '근대성'을 출범시키는 기관들의 현 슬로건이다.

근대화는 국제적인 것이었다. 포스트모던화는 지구적인 것이다. 이제 민족-국가들의 경계들은 점점 더 서로 불편하기 짝이 없는데도, 특정 시민사회의 한계들과 개방들은 국가에 의해 고정되기 때문에 여전히 고려되어야만 한다. 자본의 지구화는 포스트-국가 체계를 요구한다. 그 체계를 확립하는 데서 여성의 용도는, 유엔을 점점 더 그 도구로 삼고 있는, 페미니즘의 보편화에 있다. 이러한 재영토화 중에 협동적인 국제적 비정부기관들(NGOs)은 점차 국제적 시민사회라고 불리고 있는 중이다. 이 국제적 시민사회야말로 바로 사회적 재분배의 대행자로서 국가의 역할을 삭제한다. 사스키아 사센은 권력과 합법화의 새로운 '경제적 시민권'을 금융자본 시장에다 두어 왔다.[6] 그리하여, 새로운 디아스포라들로 이루어져 상층으로 유동하며 일반적으로 학계 소속인 엘리트 여성들은 소위 개발도상국의 비슷한 여성들과 함께 손을 잡는다. 종종 '타자'로서 언더클래스(underclass)나 농촌 빈민의 이름으로 새로운 지구적인 공적 혹은 사적 '문화'를 찬양하기 위해서 말이다. (이제 나는 이 현상을 페미니즘을 훨씬 넘어서는 '봉건주의 없는 봉건성'이라고 부른다.)

이상은 '타자 여성을 위한 윤리를 사유하는 문제'의 한 지점이다. '젠더와 발전'을 작동시키는 자들로 하여금 윤리를 하나의 창설적 간극 혹은 상당한 타자라는 불가능한 형상으로서 경험하도록 하기 위해 우리는 그들을 어떻게 초대할 수 있을 것인가?

식민적 모험의 주인공은 유럽이었고, 그 유럽은 영국, 네덜란드, 벨기에, 스페인, 프랑스, 포르투갈, 독일, 이탈리아(대충 그 순서)로 이해되었다. 신식민주의의 계기에서 그 계주는 미국으로 넘어갔다. 포스트모던 전자 자본주의 시대에 동질적이라고 상상된 미국조차도 타자를 야기하는 자아의 장소라고 구체화될 수 없다. 타자 기계를 돌리는 자아는 너무 다양화되어 있어서 여러분은 그것에다 하나의 대륙이나 하나의 나라 이름을 거의 부여할 수 없다. 로버트 라이시는 "전자 자본주의는 가장 성공적인 사람들을 나머지 사회로부터 분리할 수 있도록 해준다. 이제 최상층 관리자들, 전문직 종사자들, 기술자들은 전 세계에 있는

6) Saskia Sassen, *Globalization and Its Discontents* (New York: New Press, 1998).

그들의 대응물들과 직접 소통할 수 있다."고 말한다. 이러한 국면에서 북반구와 남반구, 자아와 타자는 미결정적인 것이 된다. (다시금 사회의 밑바닥 층에서 그 문제는 여성보다 더 크다고 하겠다. 봉건적 급진주의를 위한 알리바이로서 여성들의 유용성은 손대지 않은 채 남아 있지만 말이다.)

새로운 북반구-남반구 분할이 경제적 재구조화의 힘들에 의해 악화되고, 전 세계에 획일적인 교환체계를 공고화하고 '편평한 놀이터'를 드러내 놓고 확립하고자 제도화되고 있다. 그럴 때에 유럽 중심의 경제 이주가 부상하기 시작하지만, 식민주의와 포스트식민성 사이에 서사적 연속성을 전제하는 것은 무역보다 금융에 치중하는 고유의 지구화에 속하지 않는다. (오늘날, 당대성을 향한 이데올로기적 변천은 엄격하게 정의된 포스트식민주의의 부적절함을 강조한다. 지구화의 유기적 지식인들은 대안적-지구주의자들이다.) 신식민주의의 침해들에 의해 지구적 노동 수출 속에 밀쳐져 나왔던 것은 구식민주의들의 잔해였다. 그러한 경향들은 '다문화주의'를 예전에 결코 없었던 북서유럽의 한 쟁점으로 만들었다. 유럽연합에서 각 민족-국가는 그 옛날의 식민 경험이나 난민 회로에서의 자기 위치를 거론하면서 그 쟁점에 각기 직면했다. 오스트리아는 알바니아를, 네덜란드는 수리남을, 스웨덴은 에스토니아를 갖고 있다. 이러한 상황의 '문화적인 단기 추락'은 이 지역들에서의 학계 '포스트식민주의'의 출범 속에서 그 모습을 드러내고 있다.

우리가 이와 같은 좀 초기 영역(field)을 미국에서 추적하고 싶다면, 미국에서의 포스트식민주의의 발생은 1965년에 린던 존슨이 쿼터제를 완화한 후에 소위 성년기에 접어든 새로운 이민에 대한 애초의 반응이었음에 주목할 것이다. 물론 그 영역은 북서유럽의 경우에서처럼 기본적으로 똑같은 경향을 따르는 경제 이주와 피난처-찾기라는 정규 흐름들과 뒤섞여 있었다. 그러나 (더욱 학문적인) 미국 포스트식민주의의 결과들과 (더욱 사회정치적인) 다문화주의는, 특히 아프리카계-미국인들과 히스패닉들과 같은 더 오랜 소수자들의 요구들과 갈등을 일으킨다고 감지되어 왔다. 그리하여 포스트식민주의와 다문화주의의 가치 코드화는 유럽 공동체와 미국에서 똑같은 것이 될 수 없다. 둘 다 종속된 자들의 지배적인 이미지들이 여전히 피부색으로 코드화될 수 있는 제한된 현상들이기는 하지만 말이다. 물론 피부색의 코드화는 글로벌 남반구에서는 일어나지 않는다. 포스트모던한 지구적 프레임에서 유럽, 미국, 그들의 타자들은 더 이상 명쾌한 쟁점이 아니다. 내가 그 프레임을 언급하는 것은 바로 피부색-코드화에 대한 이러한 비판을 경유해서이다.

우리가 전자적 지구성에서보다 유럽 중심적인 경제 이주에서 계급을 따라 내려가 볼 때, '민주주의'의 추상적인 합리적 구조들에 있는 문화적 주체권을 교묘한 유럽-미국 행위 주체에게 부인(否認)하는 것은 반동적인 것이 아니라 적극적인 것이 된다. 또한 그러한 부인은 문화적 '자아'의 이미지로서, 자아 안의 타자로서 여성의 몸을 기입하고 새긴 것을 보전하라는 요구들 속으로 가치 전환시키고 전위시키는 것이 된다. 이러한 심연의 그림자 게임들은 또한 여성에 관여하면서도 반드시 유럽적 이미지들이거나 유럽-미국 이미지들은 아니다. (이러한 형편은 지금 프랑스와 네덜란드에서는 마구 바뀌어 왔다.) 이 형편은 토착 가부장제 내부에서 발생한다. 또한 그 이미지들은 근대성과 친밀하게 연관되어 있는데도, 전통의 이름으로 공고화된다. (이것이 지금의 담론상으로 더욱 편리하다. 근대성/전통의 이분법은 담론상으로 덜 편리하게 되어 가고 있다.) 여성들 자신들이 이러한 움직임들에 양면적일지라도, 말없는 희생자로 종종 간주되고/간주되거나 다양성을 대변하는 계몽된 주체로 간주되기도 한다. 그런 만큼 여성들은 이것을 반식민주의로 보아야 하는 문화적 상대주의자들뿐만 아니라, 그들의 '문화'로부터 그들을 구원하고 싶어 하는 문화적 절대주의자들을 위한 알리바이를 제공한다. 이는 (인정되지 않은) 하나의 이중구속이다.

그러한 상황들에서 '유럽'이나 미국을 자아의 자리에 놓는 재현은 이와 상당히 다른 방식으로 의심스러운 것이 된다. 문화적 아이콘으로서 여성 몸의 기입과 새김을 요구하는 남녀들 자신들이 최근에 하이픈 그어진 사람들이지만 그들 또한 새로운 유럽이나 새로운 미국이기 때문이다. 미국에서 이 점은 더욱더 문제적이다. 소위 유럽-미국인들 자신들이 하이픈 그어져 있으며 토착민들은 '타자화'되어 왔으니 말이다. 이것조차도 이야기의 전부는 아니다. 물론 하이픈 그어져 있는 유럽인이나 미국인에게 젠더와 계급은 분리되어 있다. 자동차 광고에서부터 전쟁, 지구화 자체에 이르기까지 모든 종류의 사회적 행동들을 인가하기 위해 가장 많이 인용되며 인용 부호 안에 설정되는 것은 바로 여성이다. 그러므로 상층으로 유동하는 혼성적 유럽 혹은 미국 여성은 환상적인 유럽의 이름으로, 혹은 이 경우 미국을 위해 행동하는 젠더화된 문화적 주체의 이름으로, 계급 분리와 심지어 인종 분리와도 협상할 수 있다. 이민자는 자본주의하에서 정의에 대한 기대에 실망한 언더클래스 속에서, 상당한 타자와 타자 사이의 창설적인(founding) 간극의 원래 형상화인 '문화'에 의존한다. 반면 가부장제 속에서 이러한 문화적 형상화는 남성과 여성에 의해 각기 달리 내면화된 하나의 젠더화이다. 이 점 또한 '타자 여성을 위한 윤리를 사유하는 문제'의 일부이다.

우리는 위로부터의 차별, 또 애석하게도 미국 민족화의 오랜 역사와 함께 한 소수자들로부터의 차별이라는 양쪽과 부당하게도 직면해 있다. 그런 우리가 특히 가부장적 형상화들의 역사와 성차의 윤리의 (불)가능성을 보건대, 창설적인 간극의 폭력에 대한 체계적 형상화가 윤리의 (불)가능성을 가로막는다는 점을 어떻게 이민자나 난민에게 설득할 수 있을 것인가?[7] 이민자와 난민의 학계 챔피언들이 된 우리가 무차별적인 댐 건설, 토착 지식의 특허권, 약품 덤핑, 무역 관련 지적 재산권 조치들, 생물해적질, 문화-어장, 관리국가에 의한 복지국가의 대체와 같은 지구화의 황폐함들이, 한곳에 머물렀던 자들을 건드리고 있다는 점을 어떻게 스스로 상기하도록 할 수 있을 것인가? 바로 그 점에 대해 〈내부 전위에 관한 브루킹스 기관 프로젝트〉(Brookings Institution Project on Internal Displacement)의 로버타 코헨은 우리에게 다음과 같이 말하고 있다. "내부적으로 전위된 사람들의 가장 현실적인 숫자는 … 2천 만에서 2,500만 명에 달한다. 아프리카에서 900만 명에서 1천만 명, 아시아에서 500만 명, 유럽에서 500만 명, 아메리카에서 200만 명이다. 그 숫자는 이제 난민의 숫자를 능가한다."[8] 조앤 트론토는 "모든 인간이 번창하기 위해서는 자유롭고 민주적이며 복수주의적인 사회가 필요하다는 가정에서부터 나는 출발한다."고 쓰고 있다. 그러한 그녀에게 그러한 사회들은 또 하나의 세계를 희생시킨 대가로 세계의 한 부분에서, 박탈당한 자들을 희생시킨 대가로 하나의 지구화된 국가 내부에서 번창할 수 있으며, 자본주의적 지구화가 이것을 더 악화시켜 왔다고 우리가 어떻게 말할 수 있겠는가?[9] 그러므로 나는 "20세기 후반 미국 사회가 … 전통적으로 여성과 연상되는 … 돌봄의 가치를 … 점점 더 진지하게 여기면

7) 나는 (원래 판본에서는 서두 문단이었던) 두 번째 문단에 나오는 그 사유를 (불)가능성의 지형학 속에서 압축하고자 노력하는 중이다. 물론 이 왜곡된 능력 부여(enablement)가 하나의 타당한 선택사항이기는 하지만 지금 나는 그것은 세상에 아무런 효과도 대체로 발휘하지 못한다고 느낀다.

8) "Forum," *National Geographic* 195.2 (February 1999), n.p.

9) C. Tronto, *Moral Boundaries: A Political Argument for an Ethic of Care* (New York: Routledge, 1993), 그다음 구절은 203쪽에 나온다. 여러분이 Rebecca Whisnant and Peggy DesAutels eds., *Global Feminist Ethics* (Lanham, MD: Rowman & Littlefield, 2008)에 나오는 논쟁을 본다면, 본연의 주류 여성은 기본적으로 구미 앵글로 복제물로서 여전히 정의된다는 점을 깨달을 것이다.

서", 지배와 착취의 모든 쓰레기 하에 이제 복지국가가 민족경제와 국제경제 사이의 장벽으로 출현하는 것을 허용하지 않는 사회들로부터 빛나는 미덕들을 점점 덜 배우고 싶어 하리라는 점이 무섭다. 그러한 사회들에서 바로 이 미덕들은 '젠더 훈련'이라는 이름으로 함양되기보다 참을성 없이 손상될 게 틀림없다. 그 미덕들이 발생시켜 왔던 천년의 젠더-타협은 흐트러진 채 말이다.

한편으로 지구성과 발전, 다른 한편으로 이민과 다문화주의 사이에는 차이가, 거의 파열(rupture)이 존재한다. 종종 언더클래스 이주자보다 덜 젠더화되어 있으며 지구적인 것과 직접 대면하는 지역의 젠더화된 서발턴은 이 파열을 그르치기도 한다. 첫째, 상층의 혼종적 여성은 오늘날의 '경제적 시민권'을 섬기는 국제시민사회를 위한 여성이다. 여기서 '경제적 시민권'이란 발전 사업에 임하는 금융자본 시장을 말한다. 두 번째, 그녀는 포스트식민 다문화주의 이론의 주체로서의 '여성'이다. 마지막으로 그녀는 타자 여성들로 하여금 선심(benevolence)의 자격을, 윤리적-정치적 행동이라고 느슨하게 코드화되는 '발전'의 자격을 갖춘 '여성'이 되도록 그녀들을 훈련시키는 '여성'이다.

오늘날 우리가 경제적 서사를 잊어버릴 수밖에 없는 것은 바로 이 여성들과 메트로폴리탄 페미니즘 사이의 동맹을 위해서이다. 원래 글로벌 남반구 출신이자 혼종적인 포스트모던 북반구 출신인 이 여성들은 남반구의 토착 엘리트 여성들과는 구분된다. 민족 정체성에 관한 조야하고도 무계급적인 이론에 의해, 또 편견 있는 문화 상대주의와 함께 하는 페미니즘적 연대의 보편주의 정치에 의해, 기부 기관들은 점점 더 남반구의 토착 엘리트 여성들에게 의존하고 있는 중이다. 25년 전에 사미르 아민은 "레반트 상인 군주들"에 관해 쓰면서 하나의 나라를 그들에게 맡기는 일의 어려움을 언급했다. 북반구 여성들은 이 상인들의 현대판 이데올로기적 대응물인데, 그 경제적인 대응물인 남녀들은 유리 천장과 이성애적 '사랑'의 봉건주의를 끌어들인 분리주의적 공동체를 이룬다. 이 공동체에 대해서는 로버트 라이시가 묘사한 바 있다.

이 경제적 서사를 그저 자세히 이야기하는 것이 오늘 나의 계획이라면, 나는 유엔의 블루 북스(Blue Books) 시리즈 중 6권에 나오는 승리주의와, 〈행동을 위한 플랫폼〉(Platform for Action)의 괄호로 가득한 제대로 편집되지 못한 판본들 사이의 날카로운 대조를 끌어낼 것이다. 〈블루 북스〉는 (내가 이미 인용한 바 있는) 『여성들의 향상, 1945-1995』이라는 제목을 지닌 689쪽짜리 문건이며, 〈행동을 위한 플랫폼〉은 1995년 세계여성회의에 의해 여성의 억압을 코드화했던 문건이다. 전 세계로부터 와서 최종 판본을 조정하느라 모든 "합의를 깨뜨린" 여성들이 말했던 모든 내용을 집어넣은 괄호들에 관해 나는 논평할 것이다. 나는 정부와 비정부 대표단들과 대변인들에 의해 조직되어 왔고 조직되고 있는 절차들에 관해 나는 논평할 것이다. 나는 미세(micro) 사업이라는 이름으로 하부구조 없이 이루어지는 여성들의 신용-미끼의 효율성을 분석할 것이다. 그러나 우리의 과제는 대리보충이다. 그래서 나는 이 서사를 마음속으로 계속 구상하라고 여러분에게 청함으로써 가지 못한 길을 되짚어 추적하고자 한다.

급진적 대타성(radical alterity)은 불가능한 것으로서 윤리적인 것을 형상화하는 하나의 이미지화를 요구하는 것 같다고 말할 수 있겠다. 윤리가 지식의 문제라기보다 관계의 문제라고 파악된다면, '선물'을 '주어진' 것(데이터)으로 바꾸어 효율적인 데이터베이스를 구축하는 것으로는 충분하지 않다. 그 데이터에 기반을 두고서 '원조'가 계산되기 때문이다. 이 여성을 하나의 자아일 뿐만 아니라 하나의 타자로서 상상할 필요가 있다. 엄밀히 말해 이것은 불가능하다. 상상력은 구조적으로 입증 가능하지 않다. 그리하여 지식이나 지식의 부재를 대리보충하는 상상력에 의해 생산된, 자아로서 타자라는 이미지는 윤리적인 것을 완전히 실현할 수 없는 불가능성을 가리키는 하나의 형상(figure)이다. 우리가 정치적인 것과 법적인 것에 대한 우리의 계산들을 출범하는 것은 (논리적으로 가능하지 않은) 이 형상의 이와 같은 경험이라는 관점에서다. 그렇다면 우리의 예측할 수 없는 현재로서, 죽음뿐만 아니라 삶의 계기로서, 타자의 부름에 의해 거리를 둘 뿐만 아니라 타자의 부름에 의해 환영받는 계기로서 파악되는 시간이라는 선물은, 회복, 책임, 책무로서 출범된다고 하겠다.

이것은 멜라니 클라인, 에마뉘엘 레비나스, 자크 데리다, 루스 이리가라이의 사유 속에서 명확해지는 윤리적인 것의 이중구속에 대한 설명이기도 하다.[10] 우리가 이중구속들과 아포리아들에 관해 말하기로 결정할 때, 모든 결정에 있는 결정할 수 없는 것의 환영이

---

10) 나는 이 책의 11장 「문화로서의 번역」에서 클라인의 입장에 대한 나의 이해를 규명했다.

우리에게 출몰한다.[11] 그 출몰이 우리의 정신을 채운다고 하더라도 우리는 그 출몰에 신경을 쓰지 않을 수 없다. 그렇다면 내가 사용하고 있는 출몰이라는 단어의 좀 더 좁은 의미를 묘사하게끔 해 달라. 우리가 둘 다 옳은(혹은 둘 다 잘못된) 두 단호한 결정의 주체 위치에 있는 자신을 발견할 때, 두 결정 중 하나가 다른 것을 취소할 때, 우리는 정의상 가로지를 수 없는 아포리아 혹은 이중구속 상태에 놓인다. 하지만 아포리아나 이중구속에 남아 있는 것은 가능하지 않다. 이것은 모순, 딜레마, 역설, 이율배반과 같은 논리적 혹은 철학적 문제가 아니다. 이중구속은 하나의 경험으로서 묘사될 수 있을 뿐이다. 이중구속은 가로지르는 가운데 자체를 드러낸다. 심지어 우리가 결정하지는 않더라도 일상적으로 알고 있듯이, 옳거나 잘못된 두 가지 결정 중 하나는 선택되고, 아포리아 혹은 이중구속은 남는다. 다시금 바로 이것이야말로 결정 가능성의 조건이라는 점이 주장되어야 한다. 아포리아 혹은 이중구속 속에서 무엇인가를 결정하는 것이 바로 책임의 짐이다. 윤리적 감성의 활자케이스는 자축이 아니라 회한이다.

나는 윤리적인 것의 일반적인 아포리아에 관해 한 가지 설명을 제시했다. 이제 자본과 문화 사이에서 포스트모던한 지구적인 것 속에 철저하게 전면화되어 있는 외견상으로만 좀 더 제한된 아포리아를 묘사해 보도록 하자. 내가 말하여 왔던 대로, 지구화는 지구의 금융화를, 획일적인 교환체계의 확립을 함축하며 본연의 추상적인 것 속에 지구를 계산해 넣는다. 마르크스가 헤겔적 체계에서의 관념의 자리에다 자본을 두었을 때, 그는 이미 그것을 알고 있었다. 그러나 포스트모던 전자 자본주의에서 지구화하는 자본, 즉 금융자본은 또한 가상적이다. 여러분은 지구화에 맞설 수 없으며, 지구화를 위기에 추동되는 지구화라기보다 전략에 추동되는 지구화로 선회시키기 위해 집단적으로 또 집요하게 작업할 수 있을 뿐이다.

그렇다면 이렇게 특수한 상황에서 지구화는 또한 잠재적으로 올바른 결정을 위한 지점이기도 하다. 이러한 지구화 비판을 작동시키기 위해 우리는 추상적인 것을, '가상 화폐'

11) 나쁜 출몰(haunting)의 예를 위해 Wen Heatherley, "Lash Out and Cover Up: Austerity Nostalgia and Ironic Authoritarianism In Recession Britain," *Radical Philosophy* 157 (September-October 2009): 4 참조. 우리가 출몰학(hauntology)의 공들인 훈련을 단순한 향수나 이데올로기 생산과 혼동하지 않는다는 조건하에서 말이다.

의 가상성을 붙잡고 늘어져야 한다.[12] 내가 앞에서 묘사했던 지구적 페미니즘의 선심은 보통 '발전'으로서의 이러한 추상화를 코드화하는 데 대체로 만족하며 탈코드화하는 법을 배우지 않는다.

이렇게 희박하게 된 마르크스주의 이해 속에서 지구화, 즉 지구를 금융화하는 자본은 본연의 추상적인 것이자, 가상적이고 순수한 구조로서 추상적인 것이다. 이와 대조적으로, 문화는 환원할 수 없이 텍스트-적(text-ile)인데 거기서 우리가 짜여 들어간 옷감의 끝자락은 영원히 앞선 미래 속에서 항상 미리 펄럭거린다. 내가 거듭 말할 터인데, 살아 있는 문화는 항상 달리고 있는 중이다. 대조의 연속성을 위해 우리는 그것을 본연의 구체적인 것이라고 부를 수 있겠다. 그러나 사실상 문화는 전자적 가상으로서의 자본과 불연속적이다. 사실이 있고 난 이후에 문화는 언어보다 덜 조직화된 관용구의 혼성적 얽힘 속에 항상 정화시키듯 사로잡힌다. 문화는 항상 경제적인 것을 코드화하는 데 봉사하며 경제적인 것의 구조를 항상 빌려온다. 문화는 포스트모던한 지구적인 것 속에 어떻게 전면화되며, 타자 여성을 상상하기와 어떻게 연결되는가?

한 걸음 물러서서 가차 없이 서사화하여 보자. 식민주의를 행정과 문명으로 코드화하는 식민주체의 구축은, 식민화된 사람들과의 계급 제휴를 우세하게 형성하도록 했다. 에드워드 사이드와 가야트리 스피박을 생산해냈던 것도 바로 이러한 종류의 제휴였다. 젠더와 민족주의의 비극들은 우리로 하여금 젠더 문제들이 민족주의에 포섭되었다는 결론을 내리도록 한다. 나는 이후 〈가족법〉(Family Law)과 '관습'을 짤막하게 논의할 것이다.

포스트식민주체는 탈식민화의 실패를 메트로폴리탄 공간에서의 다문화주의로 코드화하는 가운데 구축되었다. 인종은 그 공간의 주체로서 환상적인 민족 정체성으로 다시 쓰였다. 그래서 첫 번째가 계급이었다면 두 번째는 문화적 권리로서, 즉 문화로서 인종이다. 계급과 젠더가 민족적 · 포스트민족적 정체성이라는 이러한 개념에 포섭된 채 남아 있는 한, 정체성 중심주의 정치는 계속된다.

다른 한편, 지구화된 주체는 젠더 제휴를 주조함으로써 구축된다. 지구화의 여성주체/행위자는 일반화된 윤리적 의제의 이름으로 종종 집단적으로 자체를 합법화한다. 이로

12) Elinor Solomon Harris, *Virtual Money* (New York: Oxford University Press, 1997).

써 그 여성은 자본 편에서 자본/문화의 아포리아를 가로지른다. 하지만 하나의 원칙으로서 지구적 정의를 위해 일하는 것은 전략에 추동된 지구화를 위해 일하는 만큼 권리를 결정하기도 한다. 그러나 위로부터의 지구화와 아래로부터의 지구화의 이해관계들은 서로를 각기 취소한다. 이것 또한 타자 여성을 위한 윤리를 사유하는 문제에 기여한다.

1998년에 『내셔널 지오그래픽』(*National Geographic*)은 아이들을 많이 낳지 않겠다고 맹세하면서 그라민 은행의 남성 현장 활동가들을 환영하는 여성들의 사진들을 보여주었다.[13)] 그라민이 좀 더 분별력을 갖는다고 하더라도 주류 페미니즘은 이러한 문화적 주입 모델을 언제쯤 비판적으로 사유할 것인가?

〈세계여성은행〉(Women's World Bank)의 다른 직원들은 찬양받는 세와(SEWA*Self Employed Women's Association)의 한 구성원인 찬드라 벤(Chandra Behn)이 자신들을 합법화해준다고 보고 그녀를 반복해서 환기한다. 동시에 그들은 "가난한 남반구 여성들을 국제적인 상업 섹터로 열어줄 커다란 미개발 시장"의 개장에 대해 말한다. 세와가 1960년대 초반에 설립되었을 때, 그 창립자인 엘라 바트(Ella Bhatt)는 그러한 야망을 품지 않았다. "세계은행의 '극빈자를 돕는 상담 그룹'은 … 그 자체로 하나의 목적으로서 소액융자에 초점을 좁게 둔 것 같다. 비평가들은 그 목적을 이루게 할 수단이 세와와 같은 '힘 기르기(empowering) 지도부'에게 이익보다 손해를 더 많이 입힐지도 모른다고 비난한다."[14)]

이것은 남반구의 극빈 여성들을 금융자본의 괴기한 격자에다 두도록 했다. "매주 지불하라, 그렇지 않으면"이라는 것은 다시금 몸을 도구화하는 것이자 추상적인 것의 이해관계 속에 있는 화폐-형태에 머무를 뿐이다. 세와는 서발턴 여성들에게 그들 자신의 은행을 협동적으로 소유하도록 만들었다. 그녀들의 삶에 일어나기 시작한 변화는 상업자본의 약탈을 정확하게 우회하기 위한 것이었다. 그녀들은 전략에 따라 추동 중이었으며 위기-관

---

13) Erla Zwingle, "Women and Population," National Geographic 4 (October 1998): 44-45. 이 글의 일반적 감성은 모두 감탄할 만하다. "한 전문가가 '사람들을 개미 더미처럼 보지 말라'고 촉구했다. '이들은 개개인들이니' 말이다." (p. 38) 나의 지적들은 그러한 진술에 수반되는 책임성을 신호할 수 있을 뿐이다.

14) *Ecologist* 27.2(march-april 1997): 42. 세와에 대한 저항은 1990년대에 이미 확실히 진행 중이었지만 방글라데시의 노벨상 아우라가 그것을 가라앉혔다. 나는 저항과 발맞추기 위해 구식 〈지역연구〉 연구자들과 똑같은 방식으로 당시 지역 신문을 읽는다. 다카에 진지를 둔 『데일리 스타』(*Daily Star*)와 『인키라브』(*Inkilab*)는 전자대출(microlending)에 보복하는 사람들을 보도하는데, 세 명의 여자와 한 아이가 죽은 이후 전자대출 불이행으로 체포된, 세계은행의 후원을 받는 엔지오(Proshika)를 보도하는 뉴스 아이템도 갖고 있었다.

리에 의해 추동되지 않았다. 창립자인 엘라 바트의 격렬한 좌파-노동 간디주의 하에, 문화적 정체성의 자유로운 선택은 반포드주의적이며 이원-종교적(무슬림/힌두)인 노동자의 자부심이었다. 노동 계급 힌두 여성들 사이에서 오늘날 일정한 불안감은 감지되지만 "라 일라하(la ilaha)…"(신은 없으면서도 있다는 무슬림 신조)를 선포하는 데서 그 자부심은 오늘날까지 지속된다.

애초에 그라민 은행(Grameen Bank*인도의 가난한 이들을 위해 1983년에 설립된 소액대출은행)은 당시 자꾸 높아져 가는 상환 금리 때문에 여성들에게 융자해 주기 시작했던 것으로 추정된다. 내가 그녀들의 회의주의(scepticism)에 동의하자 50명의 묘한 농촌 여성들은 나한테 자발적으로 그들의 증언을 털어놓았다. 나는 이 증언을 제대로 살펴볼 요량으로 간직하고 있다.

1971-1972년에 설립된 방글라데시는 전자 자본주의의 개시로써 투하되었는데 미국의 군사적 정치적 '편의의 식민지'로는 좀 적게 인지된 편이었다. 토착 사업체인 그라민이 피치를 올렸던 것은 1976년의 이와 같은 활동 무대에서이다. 엘라 바트는 여성 액티비스트 노동 변호사였다. 그라민 은행의 창립자인 무함마드 유누스(Muhammad Yunus)는 치타공(Chittagong) 대학의 경제학과 교수였다. 그라민 은행의 대부(loan) 캠프에서는 여성들을 '훈육' 속에 코드화했다. (나의 농촌 정보원에 따르면 임신 말기의 여성들도 그랬다.) 방글라데시 여성들은 가파른 곳에서 운동도 하고 경례도 했는데 서구 복장의 두 방글라데시 남자들이 항상 은행의 현장 활동가로 있었기 때문이다. 거기서는 선택의 자유라는 코드가 없었고, 누구도 '훈육' 속에서 하는 신기한 훈련을 따라잡지 못했다. 좀 나중에 〈수출 추진 구역〉(Export Processing Zones) 내부에 위생 습관들이 부가되었지만 일상생활에서는 실행되지 않았다. 이러한 형편은 농촌의 여성 의료 현장 활동가들에 의해 실천된 농촌의 1차적 보건과도 실로 대조를 이루었다. 바로 이것이야말로 『내셔널 지오그래픽』에 의한 재생산권의 재코드화에서 연유한다.

세와는 여성들이 이미 거주했던 노동-상황을 재코드화하여 여성들을 자가 고용된 노동자로 보고 그러한 대중의식을 고양하는 일과 연루되어 있었다. 마르크스가 생산의 행위자로서 공장 노동자를 재코드화한 것처럼 말이다. 애초에 그라민은 여성의 좋은 상환 기록을 바탕으로 설립된 은행이었다. 손재주 좋은 레이스공들은 신분증 없이 전자 노동자-위치로 이동해 '발전 중인 여성들'이라는 문화적 코드화를 끌어냈다. 그런 여성들의 봉건적 충성은 은행 채무자로서의 충성(지금은 재생산의 자유를 자유롭게 선택하는 자들로서의 충성) 속으로 이동했다. 채무(credit)와 전자-사업(micro-enterprise) 사이의 연관성은 정부 및 비정부 자료들로부터 외부적으로 밝혀지지 않는다면, 꼭 감지되는 것은 아니었다. 여성들의 소액-융자(micro-credit)가 자체적으로 "상업 부문을 위한 시장"을 생기도록 했던 것은 완전한 지구화의 가능성을 좇아서였다. 이제 〈세계은행〉은 그 모든 프로젝트들에 젠더라는 요소를 집어넣고 있다. 여성들의 소액-융자 조직들은 곳곳에서 생겨나고 있다. 그러한 위치화의 '문화적' 재코드화는 여성-다움(woman-ness)의 문화이다. 내가 앞에서 언급했듯이, 지금 핵심 구절은 '젠더와 발전'이다. '여성'이라는 단어가 '문화적으로' 협상되기 때문이다. "각각 평균 300달러에 달하는 융자가 20만 건"에 달했던 몹시 가난한 이 여성들은 그 괴기한 네트워크의 격자에 따른 "95%가 넘는 상환율"과 화폐로부터 화폐의 존재를 거듭 비워내는 금융자본의 빠른 회전율과 더불어 명멸하게 된다.[15] 〈여성들의 세계적 뱅킹〉(Women's World Banking)의 현장 활동가들은 여성해방을 하나의 기민한 뒷거래로서 설교한다. '훈육'의 신비한 의식들보다 "자유로운 여성성의 자유로운 선택"과 같이 좀 더 접근 가능한 뒷거래로서 말이다. 그들 또한 지금 그 노선 속에 밀쳐 들어가고 있기는 하다. 이제 유누스 교수도 여성해방의 견지에서 말할 수 있을 것이다.

(그는 노벨상을 받은 후 지구적으로 유명해진다. 이전에는 그의 수익자들이 끼어 있었던 자본의 회로만 지구적이었다. 그의 의도들은 예외적이지 않다. 그는 거의 엉터리에 가까운 사적 부문의 사회주의를 설교한다.)

페미니즘적 문화연구가 더 오랜 근대성-전통 운운의 대체물인 지구-지역의 이분법 혹은 진부함 속에 떨어지지 않고서 이 회로에 접근하는 것은 어렵다. 나는 '문화적' 코드화를 필요로 하는, 추상적 자본의 축에 위치하는 여성들에 관심을 기울임으로써 그 이분법 항목들을 계속 전위하자고 제안하는 중이다.

적어도 이것은 아주 명백하다. 타자를 또 다른 자아로 형상화하거나 상상하기 위해 문화가 그 흔적을 관용구 속에 남길 때, 여러분은 문화의 움직이는 모서리에 관여할 필요가 있다. 문화를 언어로, 언어로서 조직된 기호계적 체계로 축소하는 것은 구조주의의 꿈이었

15) 〈세계여성은행〉의 홍보 전단, 1998.

다. 그러나 구조주의자인 검토자의 주체-위치가 무엇이건 적어도 그 검토에는 엄밀함이 있었다. 구조주의자의 템포는 지구적 자본을 재코드화하는 보편주의적 페미니즘의 조급함과는 다른 것이었다. 현존하는 증거로 볼 때 개인의 권리를 주장하는 보편주의적 페미니스트들은 농촌의 남반구를 개인의 권리 모델 속에서 성급하게 다시 주조하고자 농촌 남반구의 젠더화를 침투시킨다. 그녀들은 식민화된 문화들이 불가피하게 가부장적이라는 점을 단순하게 당연시한다. 나는 역사적 사색에 들어가지 않을 것이며, 포스트식민성에서 매장되지 못한 채 죽은 자로서 과거라는 하나의 형상(figure) 혹은 토포스(topos)로 피난할 것이다. 식민주의에 의해 침입된 타자의 체계가 자체를 부과할 때, 이 과거는 적절한 애도를 받지 못했으며, 죽은 자들을 위한 의식(儀式)도 제공받지 못했다. 식민주의에 의해 초래된 다른 제도가 자체를 부과했을 때 말이다. 하나의 과거가 아무 표식 없는 하나의 근대성 속에 연속적으로 자기 껍질을 벗어버리는 경우는 없었다.

나는 그러한 연속성이 있으리라는 제안을 반드시 하고자 할 생각은 없다. 그러한 연속성에 대한 감각이 다른 방식들로 전체 문화에 부재할 때, '지역적'이라는 형용사에 의해 표시되지 않는 근대성 안에서 자유를 실천하는 것은 엄청난 문제들을 야기한다. 이후의 장들에서 나는 불운하거나 애도되지 못한 근대성들의 이러한 곤경들에 관해 말하기 위해 카레드 지아데(Khaled Ziadeh)와 파라드 마자르(Farhad Mazhar)를 언급할 것이다.

정치 문화의 영역에서 전략에 추동되는 지구화에 관여하기 위해, 서구에 의해 영원히 표시되지 않고 정적인 것으로 반드시 정의되는 전통과 대조되는 근대성에 발을 디디기 위해, 포스트식민적인 사람들이 접근하고자 긴장해야 하는 것은 매장되지 못한 채 죽은 자들이 불러내는 과거이다.

(그 사이의 세월 중에 여기서 이중구속으로 재현되는, 그 스펙트럼의 양 끝에 있는, 욕망들의 비강제적 재배치라는 특정한 과제 속에 나는 점점 더 많이 뛰어들었다. 그러면서 내가 깨달았던 것은, 전략에 추동되는 지구화는 지구적인 것 속에 재코드화되는 국제적 사회주의의 오랜 목표이며, 모두를 위해 집요하게 반복되며 다양화되는 미학교육에 의한 대리보충을 여전히 필요로 한다는 점이다. 하지만 나는 앞서 나가고 있다.)

남자들과 여자들 모두 과거란 당대성에 대한 또 하나의 접근 — 똑같지는 않더라도 — 임을 이해할 수 있도록 과거를 경청하는 이러한 상황 속에 놓여 있다. 왜냐하면 첫 번째로 계급을 가로질러 반드시 정체하는 전통문화의 표식들을 보유하라고 일반적으로 요청받는 것은 여자들이기 때문이다. 두 번째로, 지배의 진정한 원천과 대면할 수 없어서 지구성에 의해 좌절된 언더클래스 남성이 자신의 좌절을 터뜨리는 대상은 사적 영역에 길들여진 여성이기 때문이다. 마지막으로, 역동적으로 탄력적이라기보다 엄격하게 코드화된, 식민지 이전 시절의 법들인 가족법이, 토착 가부장제를 만족시키기 위해 식민화 권력들에 의해 번성하도록 허용되는 바람에 여전히 이민자의-여성화된 노동 수출 분할 구도를 가로질러 제 기능을 행사하기 때문이다. 그리하여 불평등한 젠더화는 식민주의하에서, 뒤이어 언더클래스 이주성에서 악화되며, 지구화의 허술한 지역에서는 자유의 당혹스런 모사체 속에 밀쳐지게 된다. 이러한 상황은 국제적 페미니스트를 취약한 가족 속에 데려와 임시방편의 젠더 훈련을 시킨다고 해소될 문제가 아니다.

아씨아 제바르는 이 메타포를, 죽은 자들을 위해 수행되지 못한 장례식에서 여성들을 위한 하나의 적극적인 시각을 확보하는 이중적 어려움과 복합적으로 연결시킨다. 제바르에게 옛날 문화는 새로운 문화에 외견상 접근하는 식민 문화였다. 제바르의 허구적 페르소나(persona)는 제 차례가 되자 고뇌 속에서 울음소리를 드높인다. 그녀는 "내가 저 특이한(singular) 여자들 중 한 사람을 욕망을 갖고 점유할 수만 있다면"[16]이라고 쓰고 있다. 새로운 삶을 시작할 수 있도록 과거를 애도하기 위해 하나의 문화적 과거를 다시 포착할 수 없는 불가능성의 경험이라는 하나의 비유(figure)가 여기 있다.

하지만 나는 불가능한 것의 경험이라는 비유가 뭔가를 결정할 수 있는 조건이기도 하다는 점을 또한 논의하여 왔다. 아포리아 혹은 이중구속의 와중에 결정한다는 것은 책임이라는 짐을 지는 것이기도 하다. 포스트식민성의 애도 작업이 비유로부터 책무(accountability)로 미끄러질 때, 그것을 어떻게 볼 수 있을까? 수전 바질리의 책을 다시 열어보기로 하자. "우리는 법과 정의 사이의 간격을 좁히는 일을 항상 인식하고 있어야 한다." 이 구절을 염두에 두고 메리 마보레케(Mary Maboreke)의 에세이 「포스트독립 시기 짐바브웨에서의 여성

16) Assia Djebar, "Forbidden Gaze, Severed Sound," in Djebar, *Women of Algiers in Their Apartment*, trans. Marjolijin de Jager (Charlottesville: University Press of Virginia, 1992), p. 141. 나는 이 구절을 버소 출판사가 간행할 「하기만 한다면」(If Only)이라는 나의 회상록 제목에서 기억해 냈다.

과 법: 경험들과 교훈들」[17]로 돌아가 보자. 당시 메리 마보레케는 하라레(Harare)에 있는 짐바브웨 대학에서 법학과 교수로 가르치고 있었고 젠더에 민감한 헌법에 관여하고 있었다. (그녀는 현재 아디스아바바에 본부를 둔 〈아프리카 국가들 조직의 여성들, 젠더, 발전 이사회〉의 이사장이다.) 그녀는 남아프리카에 있는 다른 페미니스트 헌법주의자들처럼 새로운 국가의 헌법 주체가 서발턴을 헤게모니의 회로 속에 끼워 넣을 수 있도록 관습법을 재발명하는 데 관여하고 있다. 그녀의 프로젝트는 오늘날 지구화하는 페미니스트들에 의해 착수되는 성급한 젠더-훈련의 반대편에 있다. 눈에 보이지 않는 수선을 하듯 문화적 관용어와 함께 작업하자는 나의 주장은 바로 이러한 반대와 관련된다. 젠더화된 '관습'의 재발명이란 권리-주장들을 강요하는 것과는 좀 다르다. 이것은 특히 중앙아프리카와 남아프리카에 적절하다. 그곳에서 '관습'은 여성을 규제하기 위해서뿐만 아니라 부족 추장들의 손에 권력을 응결시키기 위한 대체로 식민적인 구축물이었기 때문이다.[18]

관습법이 여성을 별개의 주체로 구축해 왔던 방식은 탈식민화의 실패가 곪기 시작할 수 있는 쐐기를 창조했다. (이제 좀 영리한 어느 PR 사람은 자신의 얼굴 위로 "나는 힘 있어"라고 새김으로써 자신을 국제시민사회의 성공으로서 재구축한다.) 이러한 예들은 예전에 식민화된 나라들을 모두 가로지르며 많이 나올 수 있다. 이러한 상처를, 4장의 서두에 내가 한 말에서 언급된 기초적인 간극의 폭력을 치유하는 것은 인간-되기(being-human)에서 상당한 타자(the quite other)가 갖는 중요성을 상기시킬 게 틀림없다. 상업 부문을 유지하기 위한 위로부터의 선행에는 윤리적인 것의 흔적이라곤 없다.

미완의 애도에 의해, 매장되지 못한 사자(死者)의 문화적 토포스에 의해 생산된 그 비유는 파열된 근대성에 상당히 일상적인 방식으로 거주한다.

> 대부분의 아프리카 사람들은 관습적인 (여기서의 '관습적'이라는 것은 관습법이다) 삶의 방식으로부터 완전히 떨어져 나오지도, 그 안에 단호히 뿌리를 내린 채 남아 있지도 못했다. 대부분의 경우, 그들은 각 세계에 한 발씩 걸쳐 두고 있다. 아주 종종, 수도의 거리를 말쑥하게 움

17) Bazilli, *Putting Women on the Agenda*, pp. 217-247.

18) Mahmood Mamdani, *Citizen and Subject: Contemporary Africa and the Legacy of Late Colonialism* (Princeton, NJ: Princeton University Press, 1996) 참조.

직이곤 하던 현대의 중역은 조상을 경배하는 전통주의자로 밤새 '변형된다'. 그 혹은 그녀가 어떤 불운 속에 빠진 게 틀림없다고 믿도록 하는 기분 상한 조상이나 복수의 혼령을 누그러뜨리기 위해 농촌 구역으로 고향에 가서 말이다.[19)]

여러분은 타자와 관여하지 않고서는 자신과도 관여할 수 없다. 이것은 당대성의 이데올로기에서 시급하게 되었다.

2) 생계 때문에 가르치는 나의 분야: 문학비평

행위자로서 우리가 갖추고 있는 것을 갖고 이제 여기서 행해져야 할 것은 무엇일까? 나는 제도적으로 정당화된 행동이라는 행위능력(agency)에 대한 가설적 정의를 사용한다. 그 한계선에서 주체와 행위자 사이의 구분은 붕괴된다. 저 기초적인 간극을 가로지르는 주체의 탄생은, (어쩌다가 나의 조상들이 대타성 혹은 아트만ātman의 공기를 사용하는 폐 체계의 공시성에 위치시킨) 상당한 타자(the quite-other)와의 종합 프로그램은, 우리를 주체권 속에 유지하도록 하는 하나의 제도화일 것이다. 행위능력에 관한 각 사유에 현존하는 그러한 주변부의 일반적 계기가 부족하므로, 우리는 가능한 한 가장 좁은 의미에서 다음과 같이 말할 수 있겠다. 즉, 우리가 미국 학문 제도에 의해 영문학 선생으로서 정당화되는 것은 우리 학생들의 동의하에 그들의 감수성에 비강제적으로 영향을 미치기 위해서라고 말이다. 그런 만큼 무엇이 행해져야 할 것인가? 내가 이렇게 실천적인 방식으로 타자 여성(the other woman)을 위한 윤리를 사유하는 문제를 보지 않는다면, 나는 그 문제의 게토화에 기여하는 셈이다. 동시에 나

19) Bazilli, *Putting Women on the Agenda*, p. 220. "Debate Regarding the Evidence in Me IIamo Rigoberta Menchú," *Journal of Latin American Cultural Studies* 6.1 (1997):93-103에서 고든 브라더스턴(Gordon Brotherston)은 과테말라에서의 그러한 혁신적인 혼종적 실존에 관해 논평한다. 페기 록먼 나팔이자리(Peggy Rockman Napalijarri)와 리 카탈디(Lee Cataldi)는 『유미키르리: 왈피리의 꿈꾸기와 역사들』(*Yimikirli: Warlpiri Dreamings and Histories*, San Francisco: HarperCollins, 1994)의 서문 중 pp. xvii-xxiv에서 중앙 오스트레일리아의 왈피리족 사이에 있는 혼종적 실존에 관해 말하고 있다.

는 그 문제가 지적 갈취의 도구로 전개되는 것에, 윤리적 초점의 희화에 기여하는 셈이다.

여기서 내가 관심을 갖는 것은 창설적인 간극의, 상당한 타자의 불가능한 형상으로서의 윤리를 경험하는 데 열려 있는 정신 습관의 증진이다. 그러한 정신 습관이 동시에 생산되지 않는다면, 타자 여성에 의한 또 타자 여성을 다루는 자료를 읽는다는 동반 과제는 자기-확대를 유도할 수 있다. 이 엄청난 두 가지 문제는 양쪽 세계에 발을 딛고 있는 나와 같은 사람들에 의해 직면되고 있다. 첫 번째 문제는, 영문학 수업에 들어오는 진지한 학생들은 일반적으로 타자 여성 수업에 들어오는 진지한 학생들이 아니라는 점이다. 두 번째 문제는, 대항지구화에 임하는 타자 여성들에 의한 적절한 자료나 타자-여성다운 역할은 잘 조사된 구술사의 인터뷰에 있다기보다 액티비스트의 현장 보고서에 있다는 점이다. (오늘날, 정신 습관을 증진하려는 노력은 양 부문에 걸쳐 있다. 두 부문 사이의 간극은 자본주의적 지구화의 서발턴화하는-기계 속에서 계속 확장 중인데 그 연결들은 계속 강력해지고 있다. 이중구속이 아닌 것도 아니다.)

이제 나는 안식과 애도를 받아야 하는 것은 식민화된 자들의 과거만이 아니라는 신념을 갖고 나아간다. 이미 나는 메트로폴리탄 공간에 있는 사람의 상황, 메트로폴리탄 공간에 있는 정치적으로 정확한 여성의 상황 또한 위험에 처해 있다고 시사한 바 있다. 특히 뉴욕과 같은 장소에서는 무지한 것이 선호되기 때문에, 선함(to be good)은 더 이상 가능하지 않다. 뉴욕을 세계라고 생각하라는 외견상 엄청 자비로운 격려도 있기는 하다. 전체 지구적 상황은 뉴욕의 이주민 상황으로 바뀔 수 있다. (다른 수도들도 마찬가지다.) 우리가 빌딩의 높이와 (그 하위구분들이 토대 수준에서) 지역화되는 방식 사이에 있는 비율을 고려한다면, 뉴욕은 초대형 도시가 아니다. 이렇게 자비롭지만 부당한 승리주의에 맞서, 나는 영문학 전공 중 문학비평을 다루는 연속 강좌들을 선택해 가르치기 시작한다. 그런데 나는 하나의 도구로서 초기 근대 영문학비평을 사용해 정전을 달리 가르친다.

이 학생들은 학부학생들이다. 나는 『서정담시집』(*Lyrical Ballads* *1798년에 새무얼 콜리지와 윌리엄 워즈워스가 함께 쓴 시집으로 영국 낭만주의 운동의 시작을 알림)의 서문에서 시작해, 『전기 문학』 중 13장과 14장[20)]을, 「시의 변호」를 가르친다.

---

20) Samuel Taylor Coleridge, *Biographia Literaria*, ed. John Shawcross, Oxford: Oxford University Press, 1907, 재판(1967), 13장 「상상력 혹은 Esemplastic Power에 관하여」, 1권 195-202쪽; 14장 「서정담시집의 경우」, 2권, 5-12쪽.

우리는 이 세 텍스트(다른 텍스트들도 있었다)를 다음과 같이 이해하고자 시도한다. 즉, 산업혁명에 수반된 경제제도가 황폐하던 초기에 우리 자신을 타자화하는 우리의 뿌리 깊은 능력인 상상력이 아마 다른 사람들을 내면으로부터 이해하도록 이끌 수 있다고, 그래서 상상력 프로젝트는 자기-풍요(self-enrichment)에 대한 열광을 통해 정치체(polity)와 사회를 완전히 파괴하지는 않을 것이라고 말하고 싶어 한다고 말이다. (나는 베이트슨과 그람시를 경유해 이제 그들의 열정을 그들의 역사적 계기에 놓을 수 있다. 이는 내가 이 책의 서론에서 피력한 희망이기도 하다.)

콜리지는 우리더러 상상력에 대한 문학비평 행위자의 접근을 빗장을 건 파열(a barred rupture)이나 창설적인 간극으로서 고안해 보도록 허용한다.[21] 워즈워스는 우리에게 작은 자극과 연결된 열정의 중요성이라는 토픽, 즉 실재적인 가상성(virtuality)으로서의 상상력이라는 토픽을 제창하도록 허용한다. 그런 다음 "우리는 우리가 아는 바를 상상할 수 없다"는 정보 폭발에 관한 셸리의 분석으로 나아갈 수 있다. 또한 우리는 오늘 고안된 대로 가상적 실재의 실존적 피폐함과 〈상상력〉의 실재적 가상성을 대조할 수 있다. 마침내 우리가 "우리의 삶을 확장하고 더욱 건강한 육체적 구성을 획득하는 방식으로서 적절한 계산 기계 속에 우리 자신을 '업로드하는 것'"을 배울 때까지 말이다. "…여러분은 존재로부터 로봇으로 이전할 것이다."[22]

우리는 지구화와 또 우리 자신의 연결들과 동격을 확립하기 위해 이러한 형상들의 식민적 연결들을 다룬다. 그럴 때라도, 나는 좀 떨어져 있는 시골 문화의 상상적 숙달을 향한 텍스트적 형상인 '워즈워스'의 찬탄이 원시주의의 일종은 아니게 되는 경위를 밝히는 데 시

---

21) 내가 오래전에 Spivak, "The Letter as Cutting Edge," in *Other Worlds: Essays in Cultural Politics* (New York: Routlege, 2006), pp. 3-19에서 이 점에 관해 썼던 대목이 여기서 도움이 된다. 셸리의 구절은 다음 글에 나온다. Percy Bysshe Shelley, "A Defence of Poetry," in Bruce R. McElderry Jr., ed., *Shelley's Critical Prose* (Lincoln: University if Nebraska Press, 1967), p. 28.

22) 〈뉴욕 타임스 인터넷 아카이브〉로부터 검색된 Colin McGinn, "Hello HAL," *New York Times Book Review* (January 3, 1999). 이 기사는 레이 커즈와일(Ray Kurzweil)의 『정신 기계들의 시대: 컴퓨터가 인간의 지능을 능가할 때』(*The Age of Spiritual Machines: When Computers Exceed Human Intelligence*, New York: Viking, 1999), 한스 모라벡(Hans Moravec)의 『로봇: 정신을 초월하는 단순한 기계』(*Robot: Mere Machine to Transcend Mind*, New York: Oxford University Press, 1999), 네일 게르셴펠트(Neil Gershenfeld)의 『사물들이 생각하기 시작할 때』(*When Things Start to Think*, New York: Henry Holt, 1999)에 대한 서평을 싣고 있다. 대중적 자료의 이러한 부류는 지난 10년 동안 기하급수적으로 증가했다. 데이비드 골럼비아(David Golumbia)의 『컴퓨터 계산의 문화논리』(*The Cultural Logic of Computation*, MA: Harvard University Press, 2009) 참조. 나는 여기서 제공되고 있는 최종심급으로서 인간과 로봇 사이의 이분법을 반드시 받아들이지는 않는다. 그러나 그것은 또 다른 이야기이다.

간을 쓴다. 이제 나는 그 시간 중 약간을 식민적 연결들에 대한 관여가 부족한 워즈워스의 면모를 지적하는 데 쓰고자 한다. (나중에 우리가 야콥슨의 '시적' 기능과 대조해 볼) 시적 기능에 대한 셸리의 확장은 은유를 상상력의 도구로 보며, 유사하지 않은 것들 사이의 연결을 상상력의 도구로서 확립한다. 또한 도덕의 비밀인 '사랑'이라는 바로 그 이름은 메트로폴리탄 문학 비평으로 하여금 윤리적 관점의 또 다른 이름인 타자화를 사유하게 했던 경위를 수업을 통해서 보도록 허용한다. 바로 그 사랑이 경제 성장에 의해 달리 보내진 신호인 도덕적 피폐함으로부터 세상을 구할지도 모른다. 나는 이 세상에서 선을 행하려는 학생들 자신들의 욕망과의 이러한 연결을 살아 있도록 유지한다. 셸리의 환희에 찬 음조에 싫증 난 학생 한 명은 최근에 자신이 정말로 즐거웠던 어떤 일을 묘사해보라는 요청을 받는다. 나는 그 학생의 환희에 찬 음조를 가능한 한 정확하게 흉내를 낸(디스하지는 않고) 다음, 기분 상하게 하는 셸리의 구절을 읽는다. 등등. 그저 학생들에게 묘사할 도구를 갖도록 하기보다 타자화하는 정신적 습관을 갖도록 훈련시키는 트릭이라면 무엇이든 쓸 것이다.

하지만 그 위대한 실험은 제대로 작동되지 않았다. 시인들은 하부구조와 실재적인 관여를 하지 않았다. 우리의 상황은 더욱 나쁘다. 우리에게는 열정도 그다지 없기 때문이다. 우리는 시인들과 비슷한 국면에 처해 있다. 그 시인들이 산업자본주의 초기에 있었던 것처럼 우리는 지구화의 초기에 있으니 말이다. 여러분이 콜리지, 워즈워스, 셸리가 죽은 백인 남자라고 생각한다면, 여러분은 피부색을 색채로만 사용하는 색채주의자가 되어 가고 있음을 기억하라. 이 교실에는 우리가 정상적인 백인이라고 부르는 연분홍빛 갈색이 아닌 앵글로-복제들이 있다. 또한 여러분은 생식기주의자들이며 페미니즘을 여러분에게 있는 성기의 일종으로 환원시키고 있다. 그들이 하고 있는 일을 본다면, 여러분은 오늘 그들로부터 배워야 한다. 시는 일종의 나르시시즘이 되어 가고 있지만, 우리는 시각 예술의 견지에서도 여전히 그 점을 생각한다. 큐레이터들이 거리를 초대해 바리오(barrio 혹은 브릭 레인(Brick Lane))를 쇼로 만드는 박물관들이 있다. 그 박물관들에서 쇼를 시작하도록 도와달라는 큐레이터들의 요청을 나는 계속해서 받고 있다. 그것은 초기의 시도와 정확하게 같다. 자아를 타자화해서 자아로서 타자에 가능한 한 가깝게 접근할 수 있도록 하는 데서 말이다. (여러분이 시와 더불어 상상력을 연습할 수 있고 ('공공 취향'인) 윤리 속에서 훈련할 수 있다는 워즈워스와 셸리의 신념보다 좀 덜 이론화되어 있다는 점만 제외하면 말이다.)

그런 다음 우리는 아놀드와 페이터를 읽는다. 콜리지, 워즈워스, 셸리, 아놀드, 페이터 사이에 일어났던 것은 대학에서 가르쳐질 수 있는 하나의 주제로서 영문학의 제도화라는 현실이다. 하나의 주제로서 (말하자면) 하나의 학부로서 영문학을 처음으로 가르친 것은 영국에서가 아니라 인도에서였다. 그것은 인도에서였을 뿐만 아니라 바로 나의 대학에서였다. 나는 인도 사람들에게 내가 그들의 토착 정보원이라고 말한다. 시인-비평가들의 첫 번째 그룹은 불가능한 것을 형상화하고 있었다. 아놀드와 같은 사람들은 상상력의 힘을 식민지에서의 토착 상층 계급에 속박시킨다. 그저 학문적이라기보다 훨씬 더 강력한 페다고지적 동기에 의해 자극받은 나의 선조들은 자신들을 타자화했고 식민주체들이 되었다. 워즈워스는 산업혁명에 의해 오염되지 않았던 사람들의 정신들에 입장할 수 있도록 자신이 투명하게 되기를 원한다. 또 그는 자신이 하나의 통로가 되어 적극적으로 독자의 열정에 입장하며, 도시에서의 끔찍한 공장 생활 때문에 외부의 자극 없이는 더 이상 흥분될 수 없는 사람이 상상력을 통해 이러한 타자화를 실행함으로써 타자를 건강하게 상상하는 윤리적 훈련을 성취하기를 바란다. 또한 셸리는 로마법을 자신의 확대된 의미에서 '시적'이라고 말한다. 이로써 영국 시인들은, 내가 읽고 있는 방식대로 읽는다면, 불가능한 것의 경험을 여전히 형상화하고 있는 셈이다.

(공유된 이중구속들에 두 가지 종류의 작업이 얽혀 있었던 가로놓인 세월 중에, 나는 영국 낭만주의자들 자체가 서발턴에 개의치 않았다는 점을 깨달았다. 비록 그들이 전체 세상을 돕기를 원하는 뉴욕 학생들에 의해 수행되는 개인적 의지에 대한 확신을 풍기는 바람에 유용한 것 같기는 했지만 말이다. 워즈워스는 그저 서발턴을 이용했다. 나한테 교훈은 바로 거기에 있었는데, 그 교훈은 지금도 여전히 내가 배우고 있는 곳으로 나를 이끌었다. 18세기나 19세기에 생겨난 시는 지구화의 인식소적-인식론적 위기를 어떻게 하지 못할 것이다. 마르크스는 포스트혁명의 충동을 당연하게 받아들인다. 나는 베이트슨, 듀 보이스(Du Bois), 그람시와 마주쳤지만 여전히 서발턴주의자들 사이에 젠더-이해관계는 없었다. 관습법을 다시 쓰는 아프리카 법률가들은 뉴욕과/또는 베레라(Belera)의 '근대적' 교실 속에서 상상력을 훈련하는 데로 옮겨가지 않는다. 그러나 나는 남-용을, 사보타지(sabotage*불어 사보(나막신)에서 나온 말. 중세유럽농민들이 영주의 부당한 처사에 항의하여 수확물을 사보로 짓밟은 데서 유래함. 주로 태업으로 번역됨)를 배워왔다. 홍콩은 미건 모리스(Meaghan Morris*1950-, 호주 출신의 문화연구학자)를 "자기를 섬기는 서구 비판은 … 영어

의 단일하게 지구적인 지위와 (그렇게 상정되는) 새로운 세계 질서를 지도 그리는"[23] 급진적인 게토로부터 데리고 나가는 것 같다. 그러나 그 지구주의자의 서발턴 바닥(floor)은, 인식할 수 없는 손가락 규칙들 속에 비틀어 넣어진 〈유럽 계몽주의〉를 더 잘 사용할 수 있다. 그저 내용이 아니라 실천을 읽는 셈이다. 우리는 이것을 알고 있었지만 '형식주의'라고 간과해 버렸다. 지금 그것은 너무 늦은 것처럼 보인다. 내가 십진법의 시와 같은, 마을의 왜곡들에 관해 쓰지 않으려는 것은 안된 일이다. 그러나 나는 연대를 외치는 여행객들을 환대하지 않을 것이다. 나는 나 자신을 앞서 나가고 있다. 이 괄호 이후에 나오는 내용을 정신 차려 읽으시라.)

오랜 이야기로 돌아가 보자. 아놀드와 페이터가 글을 쓰던 때에 이르러 '불가능한 것의 경험'이라는 형상(figure)은 식민주체를 생산하는 제도적 실천 속에서 변형되어 왔다. 우리는 형상에서 계산으로 움직여 갔다. 워즈워스나 셸리는 시를 하나의 명제의 주제로서 사용하며 콜리지가 상상력을 그렇게 사용할 때, 아놀드와 페이터는 정신이나 정신 현상의 능력들을 묘사하고 있다. 그들은 개인의 의지를 비판하고 있다. 그들은 사실 개인의 의지와 유사할 수 없는 어떤 것으로서 시적 감수성에 관해 말한다. 왜냐하면 시적 감수성이란 의지의 윤곽들보다 더 큰 주체의 원리와 능력에 양도되기 때문이다.

다른 한편 아놀드가 명제들의 주제로서 '문화'라는 단어를 사용할 때, 정신의 극장 이론을 갖고 있는 것은 아니다. 완벽함에 대한 연구는 정신의 다른 능력을 제창하는 일에 개입하지 않으며 읽기 목록에서의 변화를 제창한다. 아놀드가 '문화'라는 단어를 하나의 주제로서 사용할 때, 사실 그것은 문화의 수호자들이 있어야 한다는 요구를 가로 막는다. 동사들은 모두 강압(coercion)의 동사들이다. 타자화하는 동사는 없으며 실로 비개인적 주체들은 모든 심리적 현상들처럼, 고요함 속에 회상된 정서라는 시처럼, 정신의 초개인적인 심지어 하부개인적인(super-and supra-individual) 능력들을 가리키는 이름들이 아니다. 여기 아놀드가 있다. 강압의 동사들을 주시하라. 또 문화 수호자들의 집단성을 (아주 그렇지는 않지만 그럼에도) 분명하게 가로막는 주제로서 문화의 용도를 주시하라. 제한된 민주주의를 관리하는 완벽함을 주시하라.

23) Meaghan Morris, "On English as a Chinese Language: Implementing Globalization," in Brett de Bary, ed., *Universities in Translation: The Mental Labour of Globalization* (Hong Kong: Hong Kong University Press, 2010), p. 188.

문화로서의 완벽함은 그 자체를 상상하며 개인이 고립되어 남아 있을 때는 가능하지 않다. 개인이 완벽함을 향한 자신의 행진 중에 자신과 더불어 타자들을 수행하기를 불복종한다면, 자신의 발전에서 저지되고 나약해지는 고통하에 있도록 요구된다. 저쪽을 휩쓰는 인간의 큰 흐름을 확대하고 증가시키기 위해 자신이 할 수 있는 모든 것을 계속해서 하기.[24)]

이제 문화에 의해 사람들을 하나의 흐름 속에 끌어들임으로써 상상된 완벽함의 강압을 받는 개인이라는 개념은, 시적 감수성과는 상당히 다르다. 산업혁명이나 과거에 의해 여전히 오염되지 않은 주체들과, 세상이 아는 바를 상상할 수 없어 이런 방식으로밖에 배울 수 없는 우리 세상 사이에 있는 하나의 타자화하는 중개자로서 시적 감수성 말이다. (그 다른 쪽 끝에 비공식적인 세계 통치의 행위자들에 의해 구축되는 여성들이 있다. 서발턴들조차도 '서발턴'을 봉건적인 선심의 이해관계 속에 두지 않았다. 당시에 나는 역사에 의해 오염되지 않는 것은 하나도 없다는 점을 알지 못했다. 서발턴은 그저 시정할 접근 방법 같은 것을 갖고 있지 않다. 나는 그것을 알고 있었다. 그러면서도 나는 그 스펙트럼의 두 끝 사이의 이중구속 — 혼합된 비유라서 유감인데 — 이 그저 과장된 '도덕적 딜레마' — 수정되지 않은 4장의 처음 제목 — 처럼 보였기 때문에 사용할 수 없었다.) 이로써 내가 얼마나 많이 빙 돌아 제자리로 왔는지를 보고 싶다면, 다음을 주목하겠다고 나는 학생들에게 말한다. 즉, 사람들이 오늘 말고는 이것을 더 이상 믿지 않을 것 같아서가 아니라 사실 이 역사의 환경 파괴로부터 우리의 몸들을 회복할 수 있도록, 지구화를 유도하는 산업혁명 서사에 의해 거의 오염되지 않은 소위 원시 부족들의 DNA에 마침내 특허를 냄으로써 행해진다고 말이다. 사람들은 사실 정신의 견지에서 역사를 다루고자 노력하고 있으며 그들이 오로지 정신의 견지에서만 그렇게 하기 때문에 실패한다. 그럼에도 그들은 불가능한 것을 형상화했다. 제도화 이후에 정신은 아놀드(Arnold)와 만나며 더 나은 읽기 자료를 제공한다는 아놀드의 프로젝트는 정전을 확장하고자 하는 우리의 시도와 비슷하다. 식민주체를 생산하는 데서 아놀드가 거둔 성공은, 페미니즘적 원조가 나머지 세상을 우리처럼 만들 것이라는, 지배적인 지구적 페미니스트가 공유하는 신념과 유사하다.

나는 페이터를 좋아한다. 분명 나는 애정을 갖고 그를 즐겁게 가르친다. 그러나 나는

---

24) Matthew Arnold, *Culture and Anarchy* (New York: Bobbs-Merrill, 1971), p. 37.

브래스노스 대학(Brasenose College)에서 주는 장학금으로 그의 생계를 이어갔다는 점을 지적하는 바이다. 그는 부자도 아니었으며 아주 주요한 인사도 아니었다. 그는 소심했으며 나이 든 매슈 아놀드와도 같지 않았다. 그는 그저 아주 영리한 남자였다. 우리가 컬럼비아 대학에서 세상을 구하고자 하듯, 그는 대학의 포도주 저장실에 있는 포도주를 마시고 〈고결한 식탁〉(High Table)에서 식사를 하면서 단단한 보석의 불길처럼 타오를 수 있었다.

"이러한 황홀을 유지하는 것이 삶에서의 성공이다. 어떤 의미에서는 우리의 실패가 습관을 형성한다고까지 말해질지도 모른다. 왜냐하면 결국 습관은 상투화된 세상에 상대적인 것이며 그 사이 어느 두 사람, 사물들, 상황들을 똑같은 것처럼 보이도록 만드는 것은 거칠어진 눈일 뿐이다."[25)]

이제 "우리의 실패는 습관을 형성하는 것"이라는 구절은 시가 현실로부터 친밀성의 베일을 걷어간다고 하는 탈친밀화(de-familiarization)에 관한 셸리의 담화를 생각나게 한다. 그러나 셸리의 최종적 요점은 우리의 인간성을 은유화함으로써 우리가 어떻게 타자들을 유사한 존재로 감지할 수 있는가를 우리에게 보여주는 것이다. 사실 타자들이 이성적으로나 데이터베이스로나 유사하지 않을 때에 말이다. 이것은 친밀한 것의 탈친밀화가 지니는 가벼운 면이다. 왜냐하면 가장 잘 알려진 우리의 자아와 환경은 타자화되어 있기 때문이다. 다음은 셸리의 논의이다. 공통 언어의 은유적 본성을 회복하고 친밀함의 베일을 걷어냄으로써 여러분은 모든 인간존재들 사이의 연관을 은유화할 수 있다. 반면 페이터의 논의는 탈친밀화를 통해 어느 두 사람도 유사하지 않다는 점을 파악하게 된다는 것이다.

한 바퀴 모두 돌았지만 그 바퀴는 우리의 당면 문제를 포함하고 있지 않았다. 이 책의 23장 「비교주의를 다시 생각하기」에서 볼 터인데, 인간성을 '은유화하기'는 파괴할 만한 것이다.

학생들이 나에게 정전을 가르치는 이유를 물을 때, 정전을 변명하기 위해서도 비난하기 위해서도 아니라고 나는 그들에게 말한다. 우리는 우리의 공모성을 보아야 한다. 슈퍼파워의 한복판에 있으면서 선해지고 싶어 하는 똑같은 종류의 상황 속에 우리가 있다. 우리는 아놀드가 처해 있는 곳에 있다. 우리는 문화의 후견인이 되고 싶어 한다. 우리는 정전

25) Walter Pater, *The Renaissance* (London: Collins, 1961), p. 222.

을 확장하고 싶어 한다. 이 다문화 자료가, 이 페미니즘적 자료가 정전 속에 들어오지 못한다면, 문화는 완벽하지 못할 것이다. 그리하여 우리의 평상시 급진적 프로젝트는 모두 그다지 다르지 않다. 그러므로 우리는 이 사실로부터 배워야 한다. 우리는 아놀드처럼 식민주체의 반복된 구축에 가담하지 않으려고 적어도 노력해야 한다. 그러한 구축, 강화, 확장, 변화는 영국의 상층 계급들의 구성을 둘러싼 것이기 때문이다. 그렇게 가담하기보다 셸리, 워즈워스, 콜리지에 나오는, 불가능한 것을 상상력으로 형상화하는 데서 나오는 차이로부터 배워야 한다. 그런 다음 제도적 실험, 식민주체의 생산, 이 경우 포스트식민주체의 생산, 초강력 파워를 누리는 자비로운 사소한 휴머니즘적 주체로부터 배워야 한다. 우리에게 다문화적 페미니즘적 대항 정전은 아놀드의 '달콤함'(sweetness)과 '빛'(light)이다. 다음에 나한테 말해 달라. 여러분의 프로젝트, 여러분의 제도권 프로젝트가 좀 달라 보일 수 있도록 여러분이 여러분의 과거를 어떻게 중지시킬 수 있을 것인가에 대해서 말이다.

물론 나는 학생들에게 데리다와 바르트, 라캉과 이리가라이, 호텐스 스필러스와 재클린 로즈, 소쉬르와 야콥슨 등을 가르친다. 그러나 관용어구를 거쳐 타자를 사유하기라는 학생들의 방향 설정을 하기 위해 나는 영문학비평에서 최상의 것을 젠더와 인종을 위해 수정하는 작업을 통해 그들에게 개입한다. 그들이 '반응할 수 있는', 내가 그들과 공유하는 유일한 언어가 영어이기 때문이다. 나의 학생들은 자신들을 생산하기 위해 역사가 발생했다는 것을 믿지 않을 수 없다. 자신들이 최상이나 최악이 아니라 그 사이 어딘가에 있다고 생각하는 이 고상하게 실패한 실험의 역사 속으로 나는 학생들을 초대한다. 문학적 상상력은 실패하도록 프로그램화되어 있지만 불가능한 것을 형상화할 수 있다.

(여기서 나는 속을 썩이는 해체로부터 우리가 배운 것 중 많은 것 — 전부는 아닌 — 이 마을 학교들에서 이해하고 작업하는 가운데 여행하고 살아남는다는 것을 언급해야 하겠다.)

이러한 전통 내부에 있는 젠더-민감성을 위해 나는 버지니아 울프를 개시한다. 여기서 내가 장차 도래할 독자들을 위해 '아마도'(perhaps)를 여는 것은 어떤 본질화된 혹은 자연화된 혼성물에 국한되지 않는다. 울프는 "'나'는 아무런 실재적 존재를 갖고 있지 않은 누군가를 가리키는 편리한 용어일 뿐입니다."라고 자신의 가장 설득력 있는 텍스트들 중 하나에서 쓰고 있다. "거짓말들이 내 입술에서 흘러나오겠지만 아마도에는 거짓말들과 뒤섞인 어떤 진실이 있을 겁니다. 이 진실을 찾아내고 그중 어느 부분이 지킬 가치가 있을지 결정하는 것은 여러분입니다."[26)]

울프는 "나는 거짓말을 할 겁니다"라는 고전적 역설 속에 우리를 놓고서 독자에게 "아마도"라고 쓴다. 울프가 그저 관습에 지나지 않는 '나'에게 메리 비턴(Mary Beton)이나 메리 시턴(Mary Seton)과 같은 이름을 아무렇게나 제공하는 것도 바로 이 양식 속에서다. 또한 울프가 메트로폴리탄 행위능력의 타협된 근거들을 인정하는 것도 바로 이 양식 속에서다. 메리 비턴은 제국주의에 500파운드를 빚지고 있는데 그녀의 이모가 "봄베이에서 바람 쐬러 말을 타고 나갔다가 말에서 떨어져 죽었고" 그녀 자신은 민주주의보다 돈을 더 나은 대안이라고 본다(『자기만의 방』(*A Room of One's Own*), p. 37) 최종적 움직임에서 울프는 허구에서만 가능한 '아마도'라는 불가능하면서도 가능한 곳으로 우리를 데리고 간다. 울프는 메리 비턴을 쉬게 하고(RO, pp. 104-105) "나 자신이 직접 나서서"(RO, p. 105) 말한다. 울프는 작가가 되고자 열망하는 모든 여성들에게 셰익스피어의 여동생이라는 환영을 끊임없이 떠올릴 것을 청하고 "1년에 500파운드를 내는 나만의 방"을 포기하라고 마지막 구절에서 청한다. "우리가 셰익스피어의 여동생을 위해 작업한다면, 그녀가 오리라고, 그래서 가난과 무명 속에서조차 작업하는 것은 가치가 있다고 주장합니다."(RO, p. 114. 스피박의 강조)

내가 처음에 문화연구를 위해 개시한 인종-민감성 때문에, 타자를 은유화하는 아프리카계-미국인으로서 듀 보이스는 "나는 셰익스피어와 함께 앉아 있는데 그는 꿈쩍도 하지 않는다."고 썼다. 계속해서 듀 보이스는 (노예화되기보다) 식민화된 주체를 「흑인 정신이 뻗쳐 나간다」에서 묘사하는 데로 나아갔다.[27)] 나는 치누아 아체베의 「아프리카의 한 가지 이미지」[28)]를 포스트식민 비평의 첫 번째 의미심장한 에세이라고 간주하는데 그 에세이를 듀 보이스에 의해 묘사된 역전된-타자화의 틀 내부로부터 읽는다. 우리가 하나의 정신적 반영

26) Virginia Woolf, *A Room of One's Own* (New York: Hartcourt, 1929), pp. 4-5; 스피박의 강조(이후 본문 중에 RO와 함께 인용 쪽수만 표기함). 울프에 관한 이 부분의 논의는 Spivak, "Arguments for a Deconstructive Cultural Studies," in Nicholas royle, ed., *Deconstructions: A User's Guide* (Oxford: Blackwell, 2000), pp. 14-43에서 가져옴.

27) W. E. B. Du Bois, *The Selected Writings of W. E. Du Bois*, ed. Walter Wilson (New York: Mentor, 1970), p. 51; "The Negro Mind Reaches Out" in Alain Locke, ed., *The New Negro: An Interpretation* (New York: Arno Press, 1968), pp. 392-397.

28) Chinua Achebe, "An Image of Africa: Racism in Conrad's *Heart of Darkness*," in *Hopes and Impediments* (New York: Doubleday, 1988), pp. 1-20.

체로서 가르치고자 노력하는 것은, 시정을 요구하는 타자화된 주체이다.

(서론의 각주 57번이 입증할 터인데 지금 나와 함께 앉아 있는 듀 보이스는 앞에서와는 다른 듀 보이스이다.)[29]

그래서 나는 정말로 정전을 변화시키는 데 개입하는 정신의 변화를 배우기 위해서는 200년 된 각 민족어의 관용어구성(idiomaticity)에 입장할 것을 학생들에게 요청한다. 내가 항상 지녀왔던 바, 우리가 우리의 대가들을 무시하는 척하기보다 전위해야 한다는 신념을 나는 따른다. 나는 영문학을 가르치면서 영문학 가르치기가 안고 있는 문제들을 해소하기 위해 그 역사를 사용해야만 한다. 그 가장 큰 문제들 중 하나는 4장의 원래 제목인 도덕적 딜레마이다. 나는 전위 속에서 남-용을 향한 첫 번째 움직임을 만들어나가고 있었다. 그리고 이중구속의 형태를 갖춘 그 딜레마는 처음에는 능력을 부여했지만 지금은 그렇지 않다.

결론에서 할 한마디는 4장 에세이에 있는 파열 혹은 비일관성을 다른 방식으로 상기한다. 내가 두 번째 섹션에서 묘사한 것은, 교실에서 하는 상상력의 형식상의(formal) 훈련을 집요하게 시도하자는 것이다. 그 시도에 실체 채우기는 우리를 첫 번째 섹션으로 데려갈 것이다. 두 섹션 사이의 명백한 간극은 학계의 강의는 말할 것도 없고 학문적 노력만으로는 채워질 수 없다. 그렇다, 나는 나의 더 초기 자아한테 말하고 있다.

---

29) 또한 Gayatri Spivak, *Du Bois Rewrites History* (Cambridge, MA: Harvard University Press, 근간).

5.
문화: 페미니즘을 위치 짓기

나는 2001년의 발표문 중에 끼워 넣었던 에세이를 여기 5장에 배치했다. 이 에세이가 독자로 하여금 앞서 나온 이 책의 내용을 가차 없는 도구로 삼도록 해 줄 것이기 때문이다. 문화적 차이를 설명하는 프로젝트는 서발터니티(subalternaity)에 유의하는 데로 옮겨 갔다. 여성 문제가 자체를 변형시켜 왔기 때문이다. 4장 에세이는 (나 자신과 세상의) 일들이 변화해 왔던 지점들과 그렇지 않았던 지점들에 대한 감각을 제공한 셈이다.

나는 9 · 11 사건 바로 직전에 어떤 영국 싱크 탱크를 위해 쓰였던, 「문화」에 대한 간략한 묘사를 먼저 제시하고자 한다. 그런 다음 나는 정의를 내리는 하나의 문장을 갖고 와서, 이 책의 「서문」을 더 진전시켜 줄 상투화된 외견상 자전적인 증언들을 경유해 페미니즘의 당대성을 자세히 언급할 것이다. 우리가 6장 「시대를 가르치기」와 마주할 때쯤, 미국 대학의 한계들은 더욱 분명하게 밝혀질 것이다.

5장에서 '문화'는 다음과 같이 언급된다.

문화에 관한 모든 정의 혹은 묘사는 검토자의 문화적 가정들로부터 촉발된다. 적절한 차이들을 지닌 모든 곳의 엘리트 학계 문화에 의해 공유되는 구미(유럽-미국) 학계의 문화는 너무나 광범위하고 강력해서, 모든 문화를 보고할 수 있는 투명한 것처럼 여긴다. 그러나 구미 학계의 문화는 자체적으로 생산되는 묘사들과 정의들을 나타내는, 다형태의 문화적 체계이기도 하다. 문화적 정보는 변화되는 이해에 항상 개방되어 있으니 변화되기 쉬운 것으로 진취적으로 수용되어야 한다. 전문가는 투명하다고 밀쳐지거나 인정받지 못하는 그 혹은 그녀의 문화적 토대의 계속 움직이며 계속 변화하는 지반(ground)으로부터 말한다.

문화는 신성한 것과 세속적인 것 사이의 협상들과 양성 간의 관계를 지도 그리면서 느슨한 윤곽을 지닌 집단의 사람들에 의해 느슨하게 유지되는 대체로 인정받지 못한 가정들의 꾸러미이다. 바로 이 느슨하게 유지되는 가정들과 전제들의 수준에서 변화는 끝없이 일어난다. 그러나 그 전제들과 가정들이 변화함에 따라, 이 부지불식간의 전제들은 신념체계들, 조직된 가정들이 된다. 의식(儀式)들은 신념들과 전제들을 필적하고 지원하고 진전시키기 위해 연합한다. 그러나 이러한 전제들이야말로 우리의 세계를 변화시키고 혁신하고 창조할 수단을 또한 우리에게 제공한다. 대부분의 사람들은 스스로 문화 상대주의자이면서도 창조와 혁신은 그들 자신만의 문화적 비밀인 반면, 다른 사람들은 자신들의 문화들에 의해 결정될 뿐이라고 (혹은 아마 특별히) 믿는다. 이러한 습관은 피할 수 없다. 하지만 우리가 이 세상의 시민들이고자 열망한다면, 우리는 이 습관과 싸워야 한다.

우리 자신의 문화는 역동적인 반면 다른 문화들을 정적이라고 생각하는 경향은, 약한 집단에 대한 강한 집단의 특정한 태도에 의해 표현될 때 하나의 정치적 문제를 발생시킨다. 이 문제는 구식민지들로부터 이주가 크게 증가했던 1960년대에 표면에 떠올랐다. '문화연구'라는 새로운 하위 분과가 처음에는 영국에서 다음에는 미국에서 출현했고 지금은 전 세계의 대학들에서 이용 가능하다. 이것은 학계의 문화 내부에서는 하나의 해프닝이다. 〈문화연구〉라는 위치는 대략 다음과 같이 요약될 수 있다. 식민주의자들은 식민주체들을 알기 위해 인류학을 창설했고, 〈문화연구〉는 그 주인들을 심문하고 바로잡기 위해 식민화된 사람들에 의해 창설되었다. 인류학과 〈문화연구〉라는 두 분과 모두 문화를 연구하는데, 식민주의 문화연구는 타자들의 문화를 정적이고 결정되는 것으로, 피식민 문화연구는 자신들의 집단 문화를 역동적이고 진화하는 것으로 연구한다. 이러한 양극화의 결과로 인류학은 포괄적인 자가비판을 출범시켰다.

이러한 자가비판에도 불구하고 인류학은 문화체계들의 자의식적 부분을 연구할 수 있을 뿐이며 그 부분을 문화 실천가들보다 더욱 학술적인 결론들로부터 끌어온다. 인류학이 〈문화연구〉로 기울어 피에르 부르디외(Pierre Bourdieu) 식으로 메트로폴리스의 문화 양상에 초점을 맞출 때도 그렇게 학술적이기는 마찬가지다. 연구되는 문화 내부에 있는 검토자는 적어도 실제적인 문화적 변화를 위해 그러한 자의식적 부분을 작동시키고 있는 것처럼 〈문화연구〉를 연구한다. 그러나 변화를 위해 작동되는 그 부분은 문화적 동력 연구를 피해간다. 살아 있는 문화는 항상 진행 중이라 그 자체가 환원 불가능한 대항-사례(counter-example)이다. 〈문화연구〉 검토자들에게 그러한 통약 불가능한 부분은 그녀/그가 인류학자와 공유하는 학계 문화나, 그녀/그가 참여자로서 입장했던 메트로폴리탄 문화의 움직이는 쐐기에 맡겨진다.

근대성이 출현하기 이전에 농촌에서 도시로의 이동, 들판에서 법정으로의 이동, 커다란 무역 노선들에 따른 이동은, 문화적 변화의 진정한 동력일 바로 그 동일한 문화 내부에서의 내부 분열(split) 같은 것을 창조하기 위해 작동했다. 그러한 변화의 스펙트럼을 가로질러 항상 문화의 정의들과 묘사들보다 한 발짝 앞서 문화의 리듬들을 명확하게 써 내는 것은, 신성한 것과 세속적인 것 사이의 관계와 성차(sexual difference)의 협상이다.

'문화'라는 단어는 서유럽 언어들의 역사들에 속한다. 우리가 문화적 차이의 변천하는 내부적 노선 아래로 내려가 다른 장소들의 그토록 파악하기 어려운 현상 속으로 이동하고 싶다면, 우리는 '문화'라는 단어의 번역들과 유사물들을 찾지 않을 것이다. 그러한 동의어들은 유럽어로부터 번역한다는 충동을 등에 지고 다닌다. 그 충동은 제국주의하에서 식민화된 인텔리겐치아들의 특징을 이루며 그리하여 그러한 내부적 차이를 가리키는 노선의 효과일 뿐만 아니라 조건이기도 하다. 그들은 우리로 하여금 그 노선 아래로 내려가도록 하지는 않을 것이다. 차라리 우리는 유럽 언어에 대한 우리의 준비를 언급하지 않으면서도 비유럽 언어에 충분히 입장할 수 있도록 비유럽 언어를 배워야 한다. 그러면 우리는 우리의 논의를 복잡하게 만들어 줄 '문화'라는 단어의 크레올 판본들과 마주할 수 있을 것이다. 그러나 그 판본들은 문화와 똑같은 단어도 아니고, 그것의 번역도 아니다.

인류학자들과 비교주의 역사가들은 현장의 언어들을 배우지만, 그 언어들이 기준 언어가 될 정도로 그 언어들에 습관적으로 입장하지는 않는다. 전형적으로 〈문화연구〉 검토자들은 그들의 토착 언어들이나 그들과 즉각적이거나 조금 떨어진 기원 언어들을 참고 언어들(languages of reference)로서 말하지 않는다. 참고 언어로서 이 언어들을 배우는 유일한 길은, 이 언어들로 언어 예술을 읽는 데서 얻는 가르침, 즉 그 언어들에 있는 윤리적 체계들을 통해 철학화하는 데서 얻는 가르침을 통해서이다. 이것은 교육개혁을 요구할 터이다.

그러한 노력들은 심지어 신념-체계와 의례 부문에서도 일어나고 있는 모든 문화적 과정도 움직이기 마련이라는 점을 우리로 하여금 깨닫게 할지도 모른다. 인간존재들이 철학을 확장시키는 합리적 허구들을 포함해 모든 종류의 허구들을 상상하고 창조하니까 말이다. 또 우리로 하여금 우리 중 누구한테도 세상의 모든 문화를 낱낱이 인식하는 것은 가능하지 않다는 점을 깨닫게 할지도 모른다. 메트로폴리탄 공간에 있는 다양성을 연구하는 것은 우리로 하여금 메트로폴리스 외부에 있는 문화적 정보 생산에 주어진 한계들을 인식하게 할 것이다.

이제까지 내가 말해온 모든 것을 살아 있는 문화 영역에는 아무런 착오도 없다는 나의 제안으로써 한정하게 해 달라. 문화적 변화에 의해 가능하게 된 문화적 연속성이란 내부자와 외부자, 지배자와 지배받는 자의 모든 측면에서 비롯되는 문화적 설명들에 의해 확실하게 된다. 문화들에 대한 연구는 문화의 일부이다. 여러분이 읽고 있는 이러한 단어들뿐만 아니라 젊은 남녀들을 처음 가르치는 연장자들에 대한 인류학자의 묘사를 보면 그렇다. 문화란 인종들과 계급들만이 아니라 젠더들과 세대들에 의한 서로 다른 설명들이 항상 충돌하는 장소이다. 문화는 자체에 대한 설명들인 셈이다. 하나의 문화를 공유하는 집단성이 있다는 가정은 본질적인 진리가 아니라, 설명할 필요가 있는 천년의 누적물이라고 할 수 있다.

이제 '페미니즘을 위치 짓기'에 관한 2010년의 강연에 가까이 접근해 보자. 이 과제는 쉽사리 수행된다. 사명감을 갖고 식민성과 지구화를 통해 여행하면서 자본주의와 마르크스주의 양쪽의 역사에 착근되어 있는 유럽(앵글로)에 특수한 모델의 승리를 그저 자세히 이야기해 보자.

그러나 이 책의 서두에서부터 명백하듯, 나는 듀 보이스-그람시 전통 속에 있다. (사실 듀 보이스와의 연결은 나의 다음 책에서 분명하게 나타날 것이다.) 나는 모든 사람을 위한 미학교육을 믿는다. 이 책의 서론에서 내가 말했던 내용 전체는 다음과 같이 요약될 수 있다. 즉 내가 말하는 미학교육이란 인식론적 수행을 위해 상상력을 훈련하는 것이다.

내가 「문화」에서 주장했듯, 문화의 정의나 묘사는 검토자의 문화적 전제들로부터 나온다. 특히 페미니즘의 문제는 이러한 일반화에 개입한다. 그렇다면 나 자신의 상투형을 중간 계급에 속하는 1950년대의 캘커타 소녀라는 것으로 위치 짓게 해 달라.

내가 50년대 캘커타에서 나 자신의 문학 집단에 진입하고 있었을 때, 그 스마트한 문학 집단 가운데 페미니즘은 퍼져 있었다. 나는 '텍스트'를 우리가 삶이라 부르는 것의 망 혹은 짜기라고 생각하는 학파에 속한다. 그리하여 내 삶의 상투형 속에 있는 '페미니즘'을 가리키는 이러한 현상은 나한테 '텍스트적'이다. 혹자는 특히 『제2의 성』[1)]과 같은 책들 이름을 계속 거론하고 있었다. 그렇지만 영어 단어인 '페미니즘'이 나한테는 아마도 학구적인 문제는 아니었다고 말함으로써, 그것을 좀 더(또 좀 덜) 이해할 수 있는 방식으로 표현할 수도 있었을 것이다.

이제 나는 특히 페미니즘이라고 불리는 어떤 망 속에 내가 짜여 들어갔던 것은 바로 나의 부모님 덕분이었음을 깨닫는다. 나의 부모님은 원형적인 페미니스트였다. 두 분은 대가족으로부터 치욕을 감내하면서 소녀들을 소년과 똑같이 키웠고 결혼 준비보다 지적 성취를 강조했던 한 그랬다. 우리 자부심의 가장 커다란 원천은 어머니 세대와 계급에 속한 여성들과 달리 우리 어머니가 24살이었던 1937년에 벵골 문학 석사학위를 땄다는 점이었다.

내가 열세 살이었을 때 아버지가 돌아가셨다. 아버지는 나와 나의 자매들을, 아마도 일반적인 여성들을 행위자로서 인식하자는 주장을 했더랬다. 사실 나는 열다섯 살까지는 여자다운 여자로 살았는데 그 이후로 어머니는 집안에 의해 조정된 중매결혼의 가능성으로부터 나를 벗어나도록 했다. 어머니는 스스로 모범을 보임으로써 그러한 일이 어떻게 가능한가를 나한테 보여주었다. 다른 여성 조직들과 더불어 어머니는 여행, 도덕적 향상, 빈곤한 과부들의 고용을 위해 열심히 일했을 뿐만 아니라 1950년대와 60년대 캘커타에서 일하는 여성들의 호스텔을 세우고자 지칠 줄 모르고 일했다. 또한 어머니는 최초의 제도적인 라마크리슈나 미션 수녀원을 설립하기 위해 비밀 활동이라고 불릴 수밖에 없을 일을 했

1) Simone de Beauvoir, *The Second Sex*, trans. H. M. Parshley (New York: Knopf, 1953).

고, 어떤 이유에서건 가부장적 삶을 그만두고 싶어 했던 지적 여성들을 위한 임시 거주지를 마련하는 일을 했다.

다시 한 번 나는 책을 읽고 있었던 게 아니라, 하나의 삶을 형성하는 데에 상호텍스트적으로 개입하고 있었다. 직접적인 가족에 함축된 페미니즘적 통찰들과, 동료 집단에서 명시화된 '페미니즘적' 위치화 사이의 상호텍스트성 말이다.

영향력 있는 첫 번째 텍스트는 아마도 엥겔스의 『가족의 기원』[2]이었을 것이다. 나와 밀접한 두 번째 텍스트는 베티 프리던(1921-2006, 미국의 페미니스트이자 사회심리학자. 1963년에 『여성의 신화』를 출간하고 1966년에 전국여성조직 NOW의 창설을 주도해 미국뿐만 아니라 전 세계의 여성해방운동에 커다란 영향을 끼쳤다.)의 『여성의 신화』[3]였다. 그렇게 된 것은 1960년대 중반에 아이오와 대학에서 당시 20대의 조교수였던 나한테 프리던을 소개해 달라는 요청이 들어왔기 때문이다. 그 이후 무엇이 나한테 영향을 끼쳤는지 말하기란 어렵다. 나는 어떤 영향력을 인식할 수 있기 전에 이미 페미니즘을 행하고 있었고 페미니즘적 텍스트들을 생산하고 있었다.

그러나 식수의 「메두사의 웃음」[4]은 처음부터 감동적인 것이었다. 나는 단일 이슈 중심의 페미니스트가 아니었다. 게일 루빈의 '성-젠더 체계'는 조금 변화시켜 새로 조합하면 오늘날까지 유용한 것으로 남는다.[5]

나한테 페미니즘에 관해 좋은 것들 중 하나는, 마르크스주의처럼 그 기원에 유명한 책 한 권만을 갖지 않는다는 점이다.

페미니즘을 위해 작동 중인 매우 일반적인 정의 중 하나는, 그동안 인류가 각기 다른 방식들로 여성들과 퀴어들을 잘 대우하지 않은 경위를 연구하고, 한편으로 승인된 폭력 구조와 다른 한편으로 개입주의적인 사명감을 지닌 충동의 알리바이 구조를 작동시키는 경위를 간파하는 것이다. 그러한 정의는 페미니즘으로 하여금, 세상이 리더십이라는 역할 모델의 기도문(mantra)을 경유해 또 실로 강행(enforcement)을 경유해 법의 지배를 해소함에 따

2) Frederick Engels, *The Origin of the Family, Private Property, and the State* (New York: International Publishers, 1972).

3) Betty Friedan, *The Feminine Mystique* (New York: W. W. Norton, 1963).

4) Hélène Cixous, "Laugh of the Medusa," in Isabelle de Courtivron and Elaine Marks, eds., *New French Feminisms* (Amherst: University of Massachusetts Press, 1980), pp. 245-264.

5) Gayle Rubin, "The Traffics in Women: Notes on the 'Political Economy' of Sex," in Rayna Reiter, ed., *Toward an Anthropology of Women* (New York: Monthly Review Press, 1975), pp. 157-210.

라 애국주의와 섞이는 것을 또한 허용한다.

이제 '문화'로 돌아가서 또 하나의 작은 것을 빌려오도록 하자. 문화란 느슨하게 윤곽 그어진 사람들의 집단이 신성한 것, 세속적인 것, 양성 간의 관계 사이의 협상들을, 협상의 주요 기호학적 도구로서 젠더/젠더화 속에 불균등하게 추상화되는 성차와 더불어 그 지도를 그리는 가운데 유지하는, 대체로 인정되지 않은 가정들의 집합이라고 가정하도록 해 보자. 민족주의와 종교가 여기서 작동하게 된다. 바로 이 점과 관련해 우리는 이미 그레고리 베이트슨과 지그문트 프로이트의 동의(agreement)를 살펴보았다(서론 5쪽 참조).

이러한 것들은 우리의 처분 하에 있는 코드화하는 원료들(허용 가능한 서사들) 가운데 있다. 성차와 재생산적 이성애 규범성(reproductive heteronomativity, RHN)은 환원 불가능하다. 짧게 말해서 이것은 정상/퀴어/트랜스로부터 거슬러 올라가는 흐름이다. 여기서 '이성애'는 '자가'(auto)의 반대말이다. 예컨대 임신의 퀴어 용법은 차이의 도덕적 용도 이외의 여분의 것이다. 나는 내 책의 이탈리아어 번역자들부터 다음과 같은 이메일을 받았다. "'재생산적 이성애 규범성' 개념은 이탈리아어로 한 번도 번역된 적이 없는 것 같고 번역된다면 'esteronomativvità riproduttiva'라고 발음될 터인데, 이 용어는 그다지 명쾌하지 않습니다. 나는 '전통적인' 이성애적 성교를 통한 '재생산' 개념에 더 가까울 'riproduzione etero-normata'가 더 나을 것 같다고 생각합니다." 나는 "유감이지만 '재생산적 이성애 규범성'은 '전통적인 이성애적 성교'를 통한 '재생산' 개념을 뜻하지 않습니다. 그 용어는 영어로도 생경하지요. 나는 처음의 좀 어색한 이탈리아어 표현을 당신이 유지하기를 희망합니다."라고 답했다. 우리는 우리 섹슈얼리티들의 다양성을 통해 RHN에 이중으로 구속되는 상태에 놓여 있다. 이 규범성은 그 모든 정신적 용도들을 갖는 재생산으로 확대된다. 그리하여 '인간적'이라는 것은 존재들을 경험하는 데서부터 확립될 수 있고 구분될 수 있다. 여기서 '규범들'이 나온다. 또한 기호현상을 생산하는 것으로서 차이와의 유추로 말할 것 같으면, 그것은 실체적이지 않은 형식적인 논의이다. 나한테 '규범'은 승인이 아니라 성차별주의들에 대한 나의 투쟁에 틀을 지어주는 묘사이다.

이제 차이의 한 가지 코드화를 문화적 사실로 받아들이는, 공고화된 젠더문화라는 다른 쪽 끝으로 움직여보도록 하자.

"그들(알카에다)은 왜 우리를 증오하는가?"라는 질문을 반복해서 하는 헬렌 토머스에게 반응하기 위해 나는 다음과 같이 썼다.

> 1916년에 프랑스, 러시아, 영국은 자신들이 전쟁에서 이길 것이라는 가정하에 프런티어를 끌어들여 중동을 창조하면서 600년 된 오랜 오스만 제국의 잔해를 분할했다. 레바논과 이라크는 직접 통제되었고 다른 나라들은 영향력 있는 권역으로 지켜졌다. 하이파, 가자(Gaza), 예루살렘은 연합국이 '공동으로 통치하는 지역'이었다. 무기 통제는 엄격하게 유럽적이었다. 아랍국들은 이것에 대해 전쟁 막바지인 1917년에야 배우게 되었다. 아랍에 독립을 확보해주던 예전의 합의들은 사라진 것 같았다. 문화적 기억의 형성들.
>
> 오스만 제국은 타락 상태였지만 아르메니아 대량학살과 같은 초점 있는 예들을 제외하고는 종교적 차이를 향해 갈등을 일으키면서도 상호 공존하는 태도를 일반적으로 지니고 있었다.[6] 이제 어떠한 사회적 계약 없이 종종 원격 조정에 의해 지역들을 통제하고 체계화하는 자체를 정당하다고 분명하게 생각하는 지배 인종이 오스만 제국에 발을 내딛는다. 이러한 구체적인 변형과 토대(ground) 수준에서 싸울 수 없는 사람들에게서 조직화되지 않은 적개심이 시작된다. 여성들은 이 적개심을 전통 사회 속에서 강하게 느낀다. 여성들은 전통 사회 속에서 남자들이 자신들의 위엄을 담지하고 있다고 생각하기 때문이다. 문화적 기억들은 쌓여 간다.

임시변통의 젠더 정치는 이 적개심을 폐기하고 그것을 여성적인 자기-이해관계로 변형하고자 시도할 뿐이다. 중동, 특히 팔레스타인의 무대에서는 그러한 간섭을 위한 여지가 그다지 많지 않지만 말이다. 그러나 '재생산적 이성애 규범성'이 우리에게 성적/젠더적 차이성을 조직화하는 하나의 복잡한 기호체계를 제공한다고 우리가 이해한다면, 한 사람의 위엄을 자신의 파트너에게 둔다는 것이, 반드시 남성에게 위임된 위엄일 필요는 없으며(견

---

6) 다른 한편 우리가 이렇게 타락한 오스만 인들과 우리 자신을 도도하게 구분한다면, 우리가 해야 할 모든 일은 제임스 글란츠(James Glanz)의 「거짓 탐색들이 이라크 프로젝트의 착오들을 가리킨다」(Fraud Inquiries Point to Lapses in Iraque Projects)와 같은 기사들과, 연방 정부, 주 정부, 국가를 둘러싼 추문들(『뉴욕 타임스』, 3월 14일, 2010, 1쪽)을 보는 것이다. 기사들과 추문들 사이의 차이는 우리의 강요 여하에 있다. 미학교육을 선호하는 나의 주된 논의들 중 하나는, 강행(enforcement)은 소위 자유로운 사회의 표식이 될 수 없다는 것이다.

디지 못하게 되는 것은 그의 위엄일 수도, 그녀의 위엄일 수도 있다) 반드시 사회적 억압의 직접적인 반영일 필요도 없다는 것이다. 실로, 이러한 욕망은 재배치될 수 있다. 나는 독자에게 미학교육에 대한 나의 묘사를 상기시킨다. 욕망들의 재조정을 통한 인식론적 수행에서 얻게 되는 상상력의 훈련이라는 묘사 말이다.

그러나 물론 한 사람의 파트너에 자신의 존엄을 두라는, 열정을 통과한 요구의 이런 스펙트럼 또한 폭력을 수용할 수 있다. 그러나 여러분이 선행을 하기보다 용도를, 물질적 구원보다 인식론적 관여를 가르치고 있다면, 무엇이 약이 아니고 무엇이 독이 아닐까? 여기서 문제는 미결정성의 문제다. 폭력이란 욕망, 쾌락, 교육의 한 부분으로 들어가 있기 때문이다. 그러나 폭력에 대한 깨달음은, 그것이 없었더라면 틀을 고정시켰을 바로 그 기제를 흔들어 놓는다. 페미니즘의 문제에 초월적인 것에 대한 직관이 들어오는 것은 바로 여기에서다.[7)]

나는 이 구절을 그녀/그가 하나의 확신을 위한 적절한 증거를 제공할 수 없다는 그 논쟁자의 뜻을 의미하도록 사용한다. 우리가 서론에서 주목했듯, 칸트는 이것을 초월적 연역(transcendental deduction)이라고 이론화한다. 대부분의 우리는 우리 확신들의 증거능력을 확신하지만, 증거능력과는 다른 무엇이 있다는 조직화되지 못한 감정들(일반적으로 부인된, 따라서 직관)을 여전히 갖는다.[8)] 이 직관이 없다면 우리는 애도할 수도 판단할 수도 없다.

민주주의와 국가와 같은 추상적인 구조들과 자본은 이러한 직관을 그 자체로 수용할 수 없다. 국가는 지구적 자본을 관리하는 가운데 철저하게 타협된다. (용어상으로 모순인) 다문화 민주주의와 국제시민사회 둘 다 자본의 사회적 생산성만 환호하며, 모든 구조적 제약들은 방해물로서 일소되고, 곤궁한 사람들은 개인적인 경우들로만 파악된다. 처음부터 나는 여성과 퀴어를 향한 인간의 행동은 폭력에서부터 알리바이라는 범주에 걸쳐 있다고 언

---

7) 발터 베냐민은 교육을 '신성한 폭력'이라고 부름으로써 이것에 착수한다(Benjamin, "Critique of Violence," in M. Bullock and M. W. Jennings, eds., *Selected Writings of Walter Benjamin*, vol. 1: 1913-1926, Cambridge, MA: Harvard University Press, 1996, pp. 236-252). 지식에 대한 욕망과 파괴적이고 가학적이며 통제적인 충동을 반복해서 병치하는 멜라니 클라인의 측면은 그 요점을 드러내는 경우이다. 지형학과 공간, 역사와 시간이라는, 주체의 프로그램화가 지닌 메타심리학성(metapsychologicality)은 초월적인 것의 장소이다(Melanie Klein, *The Psycho-Analysis of Children*, trans. Alix Strachey, New York: Free Press, 1975, pp. 174, 245. 그 외 여러 곳).

8) 입증의 속성을 띠는 것(앎)과 직관적인 것(본능) 사이의 구분을 명민하게 은유적으로 기술하는 대목을 위해서는 Lacan, Écrits, trans. Bruce Fink (New York: W. W. Norton, 2006), p. 680 참조.

급했다. 사회체(the socius)를 형성하는 것은 바로 이 폭력과 알리바이라는 대안들 사이의 불균형들이다.

오늘날 사회운동을 명령하는 자본의 추상화들과 더불어, 폭력과 알리바이는 초월적인 것들의 직관을 위한 공간을 틀림없이 남길 불균형의 수수께끼라는 비판적인 한 쌍으로서보다 하나의 교차대구법에서 공존한다. 옳건 그르건, 푸코는 그 초월적인 것들 자체를 하나의 환원 불가능한 얼굴 대 얼굴 속에 조직화하는 것 같다.[9)]

이렇게 성취된 교차대구법의 예로서 나는 학계 페미니스트들의 전자적인 일상의 작은 조각을 인용할 것이다. (여기서 세상의 전제들은 거의 변하지 않았다. 앞선 에세이가 나온 이래 자본주의의 도구들은 날카로워졌지만 말이다.) 나는 자전적인 것으로써 끝낼 터인데 그 레이더 아래에서 여러분은 여성들의 '힘기르기'만을 선택할 수는 없다는 요점에, 폭력은 그런 방식으로 해소되지 않으리라는 요점에 이를 것이다.

나는 독자에게 자신의 존엄을 타자에게 둔다는 나의 논의를 상기시킨다. (이것은 물론 하나의 예에 지나지 않지만, 내가 그것을 선택한 것은, 국제시민사회 내부로부터의 페미니즘적 개입과 대조되는 미학교육의 부분으로서 그 논의를 다룰 우리의 다른 방식들을 가리키기 위한 것이다.) 내가 나의 짤막한 리스트를 생산할 때, 다음 두 가지를 주목하라. (1) 열거된 개입들은 아래의 여성(the woman below)에게서 자기-이해관계를 개발하는 데 급급할 것이다. (2) 그러한 개입들은 위로부터(from above) 문제들을 해결하려는 것이어서 욕망에 관해 사색하기보다 인내심 없이 욕구(만)를 위치시킴으로써 과거의 더욱 공고화된 식민주체 대신에 단서 없는 일종의 지구적 주체를 생산할 것이다.

그렇다면 내가 지난주에 접했던 공고들 중에 아무렇게나 고른 전형적인 리스트로부터 뽑은 내용이 여기 있으니 살펴보도록 하자. 우리는 그러한 공고들을 국제시민사회의 페미니즘적 액티비즘을 입증하는 증거라고 당연하게 여기면서도, 그 공고들은 '미학교육'에 대한 나의 정의가 갖는 필수성을 상상할 수 없다는 점을 보통 주목하지 못한다.

---

9) 이것에 대한 나의 논의를 보려면 "More on Power/Knowledge," in Spivak, *Outside in the Teaching Machine* (New York: Routledge, 2009), pp. 27-57 참조.

1. 첫 번째 공고는 갈등 중인 성폭력을 다룰 새로운 특별 대표단(SRSG, Special Representative of the Secretary General)의 임명을 알리고 있다. 스웨덴 출신인 마르고트 발스트룀(Margot Wallström)은 장관이자 CEO로서 스웨덴에서 가장 인기 있는 여성이자 〈세계여성지도자협의회〉(Council of Women World Leaders) 의장이다. 그녀는 "여성에 대한 폭력은 가장 흔하면서도 가장 약하게 처벌받는 범죄"라고 정확하게 말하면서 전쟁 중의 성폭력을 전쟁범죄로 인식하도록 로비를 하겠다고 덧붙였다. 또한 그녀는 그러한 결정 절차에서 여성들의 증가하는 역할이야말로 자신이 우선권을 둘 분야가 될 것이라고 덧붙였다. 그녀의 이메일은 "젠더 정의를 옹호하는 자들에게 SRSG의 임명은 유엔 의장과 소통할 중요한 채널을 여는 것이다. SRSG들이 전 세계 여성들에 의해 직면되는 도전들에 대한 다양한 이해관계자들의 헌신과 폭넓은 협의를 종종 수행함에 따라 그렇다."고 쓰고 있다.

이제 여성들에 대한 폭력을 범죄로 정의하고 그 범죄를 영구화하는 자들을 처벌하려는 것은 탁월한 자세이다. 그러나 나는 이미 「서발턴은 말할 수 있는가?」에서 여성들의 주체성이 관여되고 있지 않으니 아무리 좋은 법인들 아무런 효력도 없다고 시사하고 있었다. 이러한 시사는 오늘날 더욱 중요하다. 우리가 통치하고자 시도하는 것은 하나의 세상이니까 말이다. 이것은 서론의 긴 각주에서 강행(enforcement)으로서의 법에 관해 내가 논의했던 바로 그 방식이다. 이제 데이비드 리빙스턴이 말한 이야기 하나를 인용할 때인 것 같다. 리빙스턴은 어느 강력한 아프리카 추장에 관해 말하는데, 그 추장의 말인즉 기독교는 자신의 영역에서 반박할 여지 없이 확립될 거라고 리빙스턴을 확신시키더라는 것이다. 그 추장이 자신의 회초리를 갖고서 기독교를 강행하도록 하는 것이 허용된다면 말이다.

> 그(바쿠에나Bakuena의 추장인 시체레Sechele)는 자기 민족이 예수의 말씀을 믿을지 걱정하는 나를 보면서 "이 사람들에게 그냥 말만 해서 이들을 믿게 할 거라고 당신은 상상하나요? 내가 회초리로 그들을 매질해야만 그들로 하여금 무엇이건 할 수 있게 만들 수 있답니다. 당신이 원한다면, 내 수족들을 불러서 우리 리투파(Litupa*코뿔소 가죽으로 만든 채찍들)를 갖고서 곧 그들 모두를 믿도록 만들 텐데요."[10)]

10) David Livingstone, *Missionary Travels and Researches in South Africa* (London: John Murray, 1857), p. 10.

그 '이해관계자들 혹은 회초리를 든 자들'이 그곳에 있는 이유는 여성들은 "자신들을 재현할 수 없고 재현되어야만"[11] 하기 때문이다.

2. 두 번째 이메일은 〈여성, 평화, 안전〉에 관한 NGO 활동 집단이 새로운 월간 정책 노트를 출범한다고 알리고 있다. "2월 MAP[Monthly Action Policy, 월간 행동 정책]는 근자에 〈안전 보장 회의〉(Security Council)의 회장직을 보유한 프랑스에 대한 호소를 포함하고 있는데, 그 호소의 목적은 여성의 권리 지지를 확실하게 하겠다고 진술된 그 의회의 투신(commitment)을 기념하기 위한 것이다." 어느 알제리계-프랑스 액티비스트는 컬럼비아 대학의 여학생들에게 프랑스의 포스트식민성에 관해 용감하게 말하고자 했는데 그때의 여대생들과 관련해 쓰라린 심정으로 나한테 불평을 털어놓았다. 그렇다면 국제시민사회는 어떠한가? 그 이메일은 "이 보고서들이 여성의 권리들을 보호하는 데 적절할 주요한 고려들을 포함하되 성폭력에 관한 포괄적인 전략을 명백하게 하도록 할 방식을 지적하라"고 말하고 있다. 언어 배우기를 통한 인식론적 수행을 하기 위해서는 상상력을 훈련해야만 추상적인 단어들을 의미의 힘으로 채울 수 있다. 그들의 다음 '권고'와 관련해 우리는 더욱 힘 있게 그렇다고 말할 수 있다. "갈등 중인 성폭력에 대한 유엔의 반응을 강화하기 위한 제안들뿐만 아니라 〈전문가 팀〉(Team of Experts)을 발전시키라"는 권고 말이다. 이 전문가들은 아마 지역의 언어들을 알고 있을 것이다. 그러나 여기서는 계급은 물론 문화적 차이가 움직이기 시작한다. 봉건주의 없는 봉건성이 조급한 이해관계자의 선심으로서 작동한다. 내가 앞서 본 역서 198-199쪽에서 언급한 '문화'에 대한 묘사 중에 나오는 또 다른 구절을 참조하도록 하자.

그렇다고 출신 민족 가운데 일반적인 학계 문화와 분리된 사회적 계층에 남아 있었던 그러한 문화 출신인 사람들이, 문제의 그 문화를 더 많이 진정으로 대표한다고 말하고자 하는 것은 아니다. '동일한 문화' 내부에 있는 문화적 차이의 내부적 노선이 있다고 말하려는 것이다. 이것은 출신 민족뿐만 아니라 그 문화적 소수자더러 이민을 오게 했던 국가한

11) 이것은 마르크스의 「브뤼메르 18일」("The Eighteenth Brumaire of Louis Bonaparte," in *Surveys from Exile*, trans. Ben Fowkes, New York: Vintage, 1974, p. 239)에서 발견되는, 유명하지만 종종 오해된 깊은 아이러니를 지닌 지적이다. 나는 이 지적을 나의 「뒤를 돌아보며 앞을 내다보며」("Looking Back Looking Forward," in Rosalind Morris, ed., *Can the Subaltern Speak?: Reflections on the History of an Idea*, New York: Columbia University Press, 2010, pp. 227-236)에서 논의했다.

테도 유효하다. 학계는 상층 계급-이동성의 장소이며 이러한 내부적인 문화 차이는 계급 차이의 역학과 관련된다. 학계는 새로운 지구적 관리 및 금융 문화의 형성과 또 그 문화에 부착된 가족들의 형성과 관련되어 있다. 그 문화는 인터넷과의 접근을 나타낸다. 또한 그 문화는 발전과 인권에 관여된, 국제적 비정부 조직들의 새로운 문화를 나타낸다. 그 조직들은 개발도상국의 사회적 층위 중 최하위에서 작업 중이다.

3. 세 번째 이메일은 여성, 평화, 안전을 다루기 위한 〈유럽연합〉과 〈나토〉의 회합을 알려주고 있다.

> 〈유럽연합〉의 노력들은 여성, 평화, 안전을 놓고 〈아프리카 연합〉(African Union)과 벌일 상호 작전의 개시를 포함할 것이다. 〈유럽연합〉은 또한 여성의 권리들을 가장 심각하게 위배하는 행동들에 책임을 지려는 파트너 나라들의 능력 구축을 지원할 정부들과 행위자들을 향한 양방향 노력들을 강화할 것이다. 3월 3일에 유엔에서 있을 우리의 연례 모임에서 점심을 먹을 텐데 그 자리에 우리와 합류해 달라.

그렇다, '능력 구축'은 좋은 목표이다. 그러나 〈유럽연합〉과 〈나토〉가 아프리카 나라들을 위해서 능력을 구축한다고 할 때, 우리는 그 코드를 깨고 젠더의 분류법에 알리바이로서 집어넣어야 한다. 악명 높게 정치화된 미 법무부의 (미국을 제외한) 국가 서열 체계라는 우리의 가이드와 함께 말이다.[12] 우리가 주요 손님의 자격들을 감지할 때 우리는 또한 도움을 받는다.

> 우리의 특별 게스트 연사는 마이크로 금융 기관들과 은행들의 세계 최대 네트워크인 〈세계여성은행〉(WWB, Women's World Banking)의 회장이자 CEO인 엘렌 이스켄드리언(Ellen Iskenderian)이다. 〈세계여성은행〉은 1975년에 멕시코시티에서 열렸던 제1차 세계여성

12) 예컨대 Madhu Bhushan, ed., *Casting Curious Shadow in the Dark: The South Asia Court of Women on the Violence of Trafficking and HIV/AIDS* (Bangalore: W. Q. Judge Press, 2003).

협의회에 따라 설립되었다. 그때 이후로 이 기관은 개발도상국 여성들에 대한 소액융자(microcredit)의 지도부가 되었다.

2006년에 WWB에 합류한 이스켄드리언은 발전하는 개발도상국 전역을 통해 지구적 금융 체계를 구축하느라 20년 이상의 경험을 쌓아 왔다. 그녀는 여성의 리더십과 마이크로 금융(microfinance) 참여를 외치는 지도자이며, 그 부문에서 자본 시장의 역할을 강력하게 변화시키는 사람이다.

나는 다른 곳에서 신용-미끼(credit-biting)에 대해 길게 썼다.[13] 여기서는 내가 서론에서 경계했던 바, 사회적 생산성의 불가피하게 망각되고 의무적으로 무시되는 양극성을, 또 자본과 자본주의의 사회적 파괴성을 기억하자는 말을 반복하도록 하자.

4. 네 번째 이메일은 작동 중인 알리바이를 우리에게 보여준다. 그것은 〈여성 연구를 위한 국가 위원회〉(National Council for Research on Women)에서 나온 공고이다("그것이 여성에게 중요하다면, 모든 사람에게 중요하다."고 하는데 여기에는 인종-계급-젠더에 대한 고려가 전혀 없다!).

우선 이 위원회의 미션을 알리는 공고 하나를 보자. "100명이 넘는 지도자들의 미국 연구, 변호, 정책 센터들의 네트워크인데 지구적 범위를 확보하고 있다. 이 위원회는 여성들과 소녀들을 위한 좀 더 포괄적이고 공정한 세계를 구축하기 위해 충분한 정보를 갖춘 토론, 정책들, 실천들을 확실하게 하기 위해 그 네트워크의 자원들을 동력화한다." 그 가장 온건한 목표는 정보 검색이다.

다음으로 "2010년 3월 3일 수요일 오후 3시-5시에 '격동에서부터 변혁으로'"라는 시간과 제목이 나온다. 그런 다음 장소가 나온다. "딜로이트(Deloitte)에 의해 후원받은 뉴욕 시 2층 강당, 프런트 가 올드 슬립 32번지, 골드만 삭스." 미국과 전 세계가 뉴욕의 투자 은행가들에게 격분하고 있던 당시에, 그들은 젠더를 알리바이로 삼는다. 나는 1980년대에 이런 방식으로 PLATO에 관해 말했다.[14] 아무것도 변화하지 않은 셈이다. 이것이 바로 알리

---

13) Spivak, *A Critique of Postcolonial Reason: Toward a History of the Vanishing Present* (Cambridge, MA: Harvard University Press, 1999), p. 223.

14) PLATO라는 두문자어(頭文字語)에 관해서는 나의 「페미니즘과 비평이론」("Feminism and Critical Theory," in *In*

바이의 생산이다. 뒤따라 나오는 약속은 깊은 공포와 아이러니로써 읽힐 수 있을 뿐이다.

이렇게 결정적이면서도 전도유망한 역사적 순간에, 우리 시대의 가장 시급한 이슈들에 관해 깊이 있게 탐색하기 위해 비전을 지닌 지도자들이 참여하고 있는 우리 패널에 합류하라. 여성과 소녀를 위한 더 나은 세계를 창조하기 위해 현실적이고 실질적인 사회 변화를 진전시키기 위한 도전들과 기회들은 무엇일까? 패널에 참석한 분들은 지역적으로, 민족적으로, 지구적으로 좀 더 공정하고 포괄적인 사회들을 증진하는 데 필요한 그들의 비전, 전략들, 행동 단계들을 공유할 것이다.

그런 다음 우리는 세 여성 기업인 이름과 시민사회 사업에 투신한 젠더화된 조직들의 이름을 본다. 몸의 계정(body count)으로서 자본주의적 페미니즘은 젠더화된 서발턴을 위한 미학교육으로부터 멀어져 있었던 세월들을 가볍게 다룬다.

- 골드만 삭스의 인적 자원 관리부의 전무이사이자 글로벌 수장(head)인 이디스 쿠퍼(Edith Cooper)
- 지역 프로그램을 가로지르는 UNIFEM의 이사인 레티 치와라(Letty Chiwara, 초대됨)
- 서클 금융 그룹(Circle Finance Group)의 설립 파트너인 재키 체너(Jacki Zehner, 사회자)
- 공동 후원자들: Americans for UNFPA, Center for Women in Government & Civil Society at SUNY Albany, John Jay College of Criminal Justice Gender Studies Program, New York Women's Social Entrepreneurs, The White House Project, Women's Forum Inc., US National Committee for UNIFEM

"이번 이벤트는 무료이며 대중에게 개방된다."는 것은 그 완전히 함축적인 무게를 지니는데 무엇을 "뜻하는가?" 자본주의는 여분의 경제적 강제는 제공하지 않으며 지배 대 착취를 제공한다는, 흔히 나오는 마르크스주의적 진술이 떠오른다. "안전이라는 목적을 위

Other Worlds: Essays in Cultural Politics, New York: Routledge, 2006, pp. 89-92 참조.

해 RSVP(*초대장을 받으면 참석 여부를 알리는 회답을 하기)가 요구된다."는 것은 투자 은행가들에게 격분했던 세계와 일치한다. '무료로 개방'하니 여러분이 입장료를 낼 필요도 없지만 (외견상 물론) 초대받아야 할 필요도 없다.

이렇게 아무 리스트나 대충 훑어본 페미니스트의 일상적 이메일들은 내 책에서의 제안과 얼마나 동떨어지고 말았는지를 우리한테 보여준다. 여러분이 이렇게 제한된 스펙트럼의 다른 쪽 끝을 향해 움직여 나가고 싶다면, 『뉴욕 타임스』 2010년 2월 21일판을 보면 된다. 거기에는 볼테르의 『캉디드』에 나오는 "하지만 우리는 우리 정원을 가꾸어야 한다."[15]는 유쾌한 충고를 문자 그대로 사용했던 여성들, 즉 '페미보르들(femivores)'을 찬양하는 어리석은 기사가 나온다. 그녀들은 기업 세계로부터 움직여 나오지 못했다. 그녀들은 그 세계에 포섭되고 만 셈이다.[16]

페미니스트로서 우리는 이렇게 기이한(peculiar) 자본주의의 효력 속에 살고 있기 때문에, 프리가 하우그(Frigga Haug)에 대한 나의 증언(나의 상투형)은 바로 이 매트릭스에 집중했다.

봉급생활자인 나는 어떠한 페미니스트인가? 나는 어떻게 참여하며 얼마나 지적인 사람인가? 내가 했던 첫 번째 참여의 예는 우리가 내키지 않으면서도 먹고살기 위해 어떤 선택을 해 왔던가 하는 데 있는 것처럼 보인다. 그러한 생활 수단을 갖고 있어야 우리는 외부적으로 참여하는 페미니스트 지식인이 될 수 있다고 생각한 때문이다. 나는 내 뼛속 깊이 페미니즘이 스며 들어가 있다고 종종 생각하지만 그 페미니즘이란 도대체 어떤 페미니즘인가? 여기서 내가 이 질문을 숙고하고자 한다면, 나는 페미니스트로서의 사회적 참여에 관해 말하지는 않을 것이다. 반복하건대 여러분은 먹고살기 위해 어떤 선택을 했는지 생각해보아야만 한다. 여러분 자신도 모르는 사이, 바로 그러한 선택이 — 여러분이 선택했던 바에 따라 — 여러분 자신을 자본의 추상적 회로 속에 끼워 넣었던 경위이자, 여러분 행동의 반향들이 여러분의 '참여적' 일을 결정하는 경위이다.

근대성의 정당화에서 가장 강력한 행위자가 자본이라면, 또 예전의 제국적 구성체들과 상업적 구성체들이 자본주의적 생산양식으로 변화한 17세기 이후 그래 왔다면, 바로

---

15) Peggy Orenstein, "The Femivore's Dilemma," *New York Times Magazine* (March 14, 2010), pp. 11-12; Voltaire, *Candide* (1759), trans. Theo Cuffe (New York: Penguin, 2005), p. 95.

16) Karl Marx, *Capital*, vol. 3, trans. David Fernbach (New York: Viking Books, 1981), pp. 1015-1016.

이곳에서 나는 정당화의 훨씬 더 오랜 행위자인 '재생산적 이성애 규범성'에 의해 지탱된다. 자본의 주요한 재코드화 도구로서 철저하게 내면화된 재생산적 이성애 규범성과, 근대성으로서의 자본주의라는 이 두 가지 사이에서 페미니스트의 참여가 왔다 갔다 한다고 말하도록 하자.

직업은 삶의 양식에 대한 모든 사람의 선택이다. 많은 '참여적인' 사람들처럼, 나도 이러한 선택 바깥에 있는 또 하나의 직업을 갖고 있다. 그것은 서벵골의 후진적 구역에서 내가 참여하고 있는 최대한의 교사 훈련인데, 이제 20년이 넘었다. 서두에서 나는 '현실적인'(real) 직업을 선전하느라 봉급 받는 직장을 도구화하는 것은 아마도 그다지 '지적'이지 않다고 말했다. 게다가 우리는 페미니즘적 지식인에 관해 말하고 있는 중이다. 우리는 두 가지 '직업' 사이에서 참여를 관계나 비관계의 견지에서 깊이 사유해야만 한다. 그 관계가 도구화를 위한 것이라면, 나는 마지못해 선택된 자의 종종 더 큰 사회적 역할을 부인하고 싶어 하는 '반동 형성'(reaction formation)이 거기 있다고 생각한다. 이것은 결혼과 같은 봉건적 직업에 적용되는 것처럼 봉급 받는 직업에도 적용된다. '선택의 자유'가 지니는 의미를 조심스럽게 꿰뚫어 보면서 사유하도록 하자.

'선택의 자유'는 인종-계급-젠더와 타협한 사람에게는 부인되는 어떤 것이다. 그러므로 우리의 액티비즘에서 우리는 최고로 가능한 사회적 정치적 하부구조를 구축하고자 분투해야 하는 바람직한 기회로서 '선택의 자유'를 무시할 수 없다. 그러나 '선택의 자유'를 상세하게 설명하는 억압으로부터의 자유는 그 자체로 하나의 목적이 될 수는 없다. 그 목적은 다음을 이해할 수 있도록 하는 자유라는 점을 우리는 명심해야 한다. 즉 성취된 사법적-법적인, 사회적-정치적인 '선택의 자유'가 개인으로 하여금 바로 이 개념-은유야말로 근대성 서사에서 행복의 추구로서 위장된 자본주의와 깊숙이 겹쳐지도록 해 왔다는 점을 말이다. 애석하게도, 사실 우리 삶에서 선택의 자유가 지니는 한계들을 우리가 또한 실연하는(act out) 것은, 마지못해 선택되고 지키는 '직업'이라는 영역에서이다. 또 이 '직업'이야말로 바로 우리 참여의 진실이 놓여 있는 곳이기도 하다. 이 환원 불가능한 타협은 최소한의 액티비즘을 성취하기 위한 최대치의 타협인 지속 가능한 액티비즘보다 우리의 참여에 관해 더 많은 것을 우리에게 말해 준다.

우리가 페미니즘이라고 인식하는 것이 하나의 참여로서 작동하도록 하기 위해 우리는 사회주의 규범들을 전제해야 한다. 이 규범들은 자본주의 내부에 쓰여 있다. 왜냐하면 사회주의는 자본의 용도를 자본주의적 용도로부터 사회주의적 용도로 그냥 바꾸는 것을 의미하기 때문이다. 그러한 전환의 행위능력이 없는 원격으로 희생된 자들에 의해 초기 형태 이외에는 자본주의의 발전이 인지될 수 없는 곳에서 그러한 전환 과제는 오늘날 국제시민사회에 의해 채택되어 왔다. 나는 이것을 많은 경우들에서 "자가-선택된(self-selected) 도덕적 기업가들"이라고 묘사해 왔다. 이들은 젠더화 현상을 세계 거버넌스 스타일의 문서들에 의해 제공되는 일반적인 용어들로써 접근 가능하다는 견지에서 젠더 시정(gender redress)을 셈할 수 있다고 확신한다. 그 문서들에 나오는 모든 단위는 예비 위원회 모임에서 논란을 거치는데, 모든 것이 아주 단순하게 이해된다. 파워포인트 발표, 지식관리 계획들, 주체-참여보다는 논리에 의한 결정들에서 보듯 말이다. 이 부문에 어쩌다가 모습을 바꾸며 현존하는 반자본주의의 일종은 여기 진취적인 사회주의의 대체물인 기업 펀딩(corporate funding)에 종종 또 행복하게 의존한다. 실재적인 장기간의 변화가 구상될 수 있도록 문화적 하부구조들에 대한 접근을 동반할 게 틀림없는 더디면서도 깊이 있는 언어 학습이란 대체로 없다. 문제 해결과 욕망들의 비강제적 재배치 사이의 구분, 가령 〈국경 없는 의사들〉과 일차적 보건 사이의 구분은, 이 영역에서는 거의 보편적으로 무시된다. 이런 종류의 '페미니즘적 참여'는 유독 '지적'으로 보이지 않는다. 지성인이라는 것이, 완전히 다른 자본주의 사회 수준에서 사람들에 의해 확립된 격자를 봄으로써 하나의 '사례'로서 구축되어 왔던 문제를 해결하는 편리한 도구를 선택하기에 앞서 현존하는 상황을 분석하는 사람이라면 말이다.

이러한 종류의 레이더 아래에 있는 동인도 농촌 상황(그 농촌 상황은 또 다른 문제이다. 국제시민사회와 글로벌 남반구의 선심 쓰는 봉건적 페미니즘 사이의 제휴 때문에 우리는 너무 빨리 일반화하는 경향이 있다)에서는 적어도 문제-해결형 접근은 명백하게 눈에 보이는 가정 폭력 사례들에 적용될 수 있다. 지역과 군소 단위의 행정에 위계적으로 짜여 있는 전체 인프라 구조를 감안해 볼 때, 당사자들이 어쩔 수 없이 그 지역을 떠나버리거나 원칙을 따르지 않는다면, 다시 말해, 깊이 있는 언어 학습이 지지하는 참여가 없다면, 정답을 가지고 있다는 생각을 단념하지 않는다면, 여기서 이룬 어떤 것도 지속되지 않을 것이다. 그러한 문제-해결형 작업은 천년 동안 확립된 감정과 욕망의 구조들을 액티비스트들에 의해 공유되는 그러한 구조들만큼 집요한 것임을 인정하지 못한다. 이것이 바로 이 구역들에서 우리가 건강과 교육을 위해 어른들보다 아이들에 관여해야 하는 이유이다. 우리가 기성 젠더의 내면화된 행위 패턴들을 탈안정화하려면 말이다. 또 민주 국가에 대한 직관들을 전개하도록 욕망들이 재배치됨과 동시에 그 패턴들은 탈안정화될 게 틀림없다. 진정한 변화는 학교뿐만 아니라 가정에서도 그저 인식론적인 것이라기보다 인식소적인(epistemic) 것이어야 한다. 그러므로 우리는 참여적인 지식인에 의해 아주 조심스럽게 착수되는 이 모든 노력들이 초래할 수 있는 결과도, 서발턴 가구의 윤리적 인식소적 기호계의 발전에 의해 상쇄된다는 점을 기억하지 않을 수 없다. 서발턴 가구는 천년 동안의 계급 차별과 젠더 분리의 교훈들에 너무나 깊이 개입되어 있는 종종 트라우마로 가득한 육아로 에워싸여 있다. 그래서 서발턴 가구는 우리가 해결하고자 노력하는 문제를 계속 만들어낸다. 여기서 계급 차별은 젠더 분리보다 서발턴 가구를 더욱더 불구로 만든다. 여러분이 서발턴 공간으로부터 농촌 중간 계급에 입장할 때, 육아는 그 계급의 더 추한 얼굴을 보여준다.

그러므로 교훈적 양식으로보다 자전적으로 또 고백적으로 나는 다음과 같이 말하겠다. 나는 메트로폴리스에서 현장의 남근 중심주의, 최근에 내면화된 포스트페미니즘, 재생산적 이성애 규범성의 형태학을 재생산하고 사법적-법적 투쟁을 계속하는 주류 게이 운동들과 대면하면서, 글로벌 남반구의 봉건성과 연합된 국제시민사회의 기저에 있는 검토되지 않은 젠더-선심과 맞닥뜨린다. 그러면서 나는 서발턴 기저에서의 한 가지 상황을 목도하게 된다. 여성들과의 개입은 즐겁지만, 여성들의 즐거운 반응이 성공적 참여의 증거라고 생각될 수 없는 그런 상황 말이다. 인간의 평등이 인간의 동일성으로 너무 쉽게 가정되기 때문에 반복되는 실수들에 의해 손상된 시간과 기술을 제공하는 가운데, 나의 페미니즘적 참여는 예비적인 행동의(pre-active) 계기로 진입한다. 그리하여 남아와 여아는 같으면서도 다르다는 것을 간단하게 배울 수 있게 된다. 그들은 무에서 출발하지만 남근과 질에 의해 탄생되며, 남근과 질과 더불어 젖가슴으로, 또 간계로 양분을 얻고, 육체적 폭력과 복종에 의해 보호되고 파괴되니까 말이다.

나는 이제 끝내야 한다. 내가 짐을 꾸리지 못한다면, 나는 기차를 놓친다. 강렬한 노동으로 점철된 이 정기적인 10일간의 여행은 봉급 받는 일과 여행 비용을 충당하는 강연 회로들에 의해 예약 완료된 상태이다. 나는 다른 쪽 끝인 미국 국세청(Internal Revenue Service)으로부터 정기적으로 받는 괴롭힘 외에는 달리 재정 승인을 받을 게 없어 기쁘다. 적어도 내 수입에서 여행 비용을 제할 수 있도록 내가 생산해야만 했던 것으로써, 해마다 심의를 받지 않도록 질서 있게 요구되었던 내 일상의 자세한 셈으로써 끝내도록 해 달라.[17]

마을 연구 프로젝트(미국 국세청을 위해 씀)

지적 자유를 보전하기 위해 쓰인 기금 제안서들은 없다. 스피박 교수의 프로젝트는 민족 해방이 항상 좋은 민주 사회를 유도하지는 않는다는 사실과 관련된다. 그 분야에서의 최근 연구(파리드 자카리아(Fareed Zakaria), 잭 스나이더(Jack Snyder) 등)는 일정한 자본 수준 이하의 어떠한 사회도 "민주주의를 할 준비"가 되어 있지 못하다고 진술한다.[18] 그 분야에서 자카리아, 스나이더 및 다른 사람들은 사회과학자들이다. 케냐의 존 식크와티(Shikwati)와 같은 드문 사상가들의 작업을 상술하는 스피박 교수의 연구는 그들 의견의 근거를 탐색한다. 기성의 민주주의적 하부구조가 부재하는 가운데, 새로 해방된 나라는 전위의 수중에 입안(planning)과 발전을 두지 않을 수 없다. 이것은 전형적이다. 민주주의의 습관들을 교육받은 사람들이 부재하는 가운데, 전위에 제약을 가할 자도 없다. 사회과학자들이 그곳을 "민주주의를 위한 준비가 안 된" 곳이라고 선포하는 것도 아마 바로 그 이유 때문일 것이다. 인권 NGO들의 관대함은 이 문제에 직면하지 못하고 그것을 교육의 '인권'이라고 지각한다. 그러한 작업은 기금 조성, 학교 짓기, 교과서 제공과 같은 평화적 실행 부문을 수행하기로 끝난다. 스피박은 교육의 질에 초점을 두어야 한다고 주장한다. 여기 세 가지 요점이 있다. (a) 깊이 있는 언어 학습과 장기간의 노력이 없다면 어떠한 문화적 하부구조도 접근될 수 없다. 여기서 〈비교문학과 사회 연구소〉의 구성원으로서 스피박의 봉급 받는 일(그녀는 45년 동안 미

17) 정확하게 똑같은 항목들이 확실한 보장도 없이 다시금 조사받고 있는 중이다.

18) 많은 예들 중에 두 가지를 보기 위해서는 Fareed Zakaria, "Illiberal Democracy," in T*he Future of Democracy: Illiberal Democracy at Home and Abroad* (New York: Norton, 2003), pp. 89-118과 Hack Snyder, *From Voting to Violence* (New York: Norton, 2000) 참조.

국 대학들에서 전임 교수로 가르쳐 왔다)은, 오늘날의 속도 지향적인 지구화된 세계에서 무시되고 있는 깊이 있는 언어 학습에 대한 주장과 더불어 그녀의 농촌 연구와 합류시킨다. (b) 교육적 성공의 현 양화된 테스트들은 여기서는 결과들에 접근할 수 없다. (c) 가장 커다란 투표권자의 이 부문들은 (인도나 중국의 경우에서처럼) 천년왕국 때문에 때때로 억압받아 왔기 때문에, 그 인식적인 메커니즘들도 손상되어 왔고, 듀이나 몬테소리와 같은 교육적 일반화들은 적용되지 못한다. 파울로 프레이리의 초기 시도들과 같은 연구는 사람들로 하여금 억압을 인식하게 만드는 것과 관련된다(프레이리의 단어는 '의식화'이다).[19] 스피박은 정치적 운동을 발전시키기보다 어려운 상황들하에 있는 아동들의 지적 습관들을 바꾸어냄으로써 아동들에게서 민주주의적 습관들과 시민권 제도들이 발전된다고 믿는다. 이것을 초래하기 위해 스피박은 또한 극단적인 가난 속에서 '녹색' 습관들을 발전시키는 데, 국가 지도자들 및 농촌 향사층과 상호작용하는 데 관심을 기울인다. 그러한 교육적 노력들이 안정될 수 있는 방법을 찾아보기 위해서이다. 스피박의 연구지도하에 그러한 노력들은 중국과 아프리카에서 시작되고 있는 중이다.

현재 스피박의 연구 토대는 7개의 촌락이다. 매번 연구 여행 때마다 스피박은 촌락마다 두 가지의 훈련 세션에 참석하며 진전을 가늠하기 위해 마지막 날에 집단적으로 교육자들과 만난다. 얼마간의 시간이 사회적 상호작용과 '녹색' 습관들을 모니터하는 데 쓰인다. 이 엄청난 프로젝트는 직접적인 간행물로 귀결될 정도인데 아직 충분히 진전되지 않은 상태이지만 임시 간행물은 모두 그곳에 나가 있다.

내가 앞서 언급했듯, 소녀들과 소년들은 가능한 한 평등한 관심을 받아야 한다는 주장과 별도로, 또 내가 말할 수 없는 다른 어떤 개입들과 별도로, 나는 아동의 수준에서는 거의 아무것도 할 수 없다. 나한테는 세 분의 경이로운 여선생들이 있다. 그녀들은 가난한 농촌 향사 출신인데 자신들의 출신에 대한 뿌리 깊은 편견들과 맞서느라 좀 불편하게 협동하고 있다. 나는 그녀들을 추천하며 그녀들을 사랑한다고 말할 정도로 더 나아갈 수도 있다.

---

19) Paulo Freire, *Pedagogy of the Oppressed* (London: Continuum, 2000), p. 35와 그 외 여러 곳. 프레이리의 'conscientização'가 초창기에 '의식화'라고 번역된 것은 유명한데, 30주년을 기념하는 새 판본에서는 '비판적인 의식'이라고 제시되어 있다. 이 개념에 대한 논의는 3장에 나온다.

농촌의 성인 여성 인구 수준에서 이 모임들에 가장 활동적인, 성인 남성들의 아내 두 사람이 있다. 이 두 사람은 처음부터 나왔고 나를 손발로 도와줌으로써 내 친구가 되었다. 그녀들은 마을 삶의 최하층 출신인데 훌륭한 믿음을 지니고 있었다. 나는 그녀들더러 같은 모기장 아래에 있는 내 침대로 와서 함께 자게 했다. 그것은 그녀들에 의해 용인되었던 가장 이례적인 행동 중 하나였다. 그러나 그녀들이 달리 쉽게 방문할 수 없는 다른 마을들을 방문하고 여러 학교들로 정말로 갈 수 있도록 하려면 많은 불필요한 비용을 감수해야만 한다고 나는 점차 느꼈다. 또한 이러한 방문들과 별도로 우리 모두를 위해 식사를 준비했던 그녀들의 존재는 그저 편의에 지나지 않았다. 나는 양면적 감정을 크게 느끼면서 어떤 시점에 이르자 위원회가 열리는 집에 더 이상 오지 말아 달라고 그녀들에게 부탁했고 물론 그녀들은 상처받았다. 하지만 그녀들과의 내 우정은 계속되었다. 내 학교들 중 하나가 그녀들의 거주 부락에 있었기 때문이다. 마지막 날에 나는 점심 식사 후 열리는, 모든 교사들을 위한 일반적인 훈련 모임에 그녀들을 '초대하는' 실천을 제도화했다. 남자들이 식사 준비를 하는 동안, 그녀들은 나와 함께 의자에 앉아 담소하며 즐거워한다. 우리는 반복해서 이 점을 지적하며, 대단한 일이라며 함께 웃는다.

정부는 '할당된 여성'을 위한, 연구와 경험을 갖춘 프로그램을 운영하고 있다. 그 프로그램은 실천되어야 한다. 하지만, 우리가 먼 미래에 멀리서 상황을 변화시킬, 인식론적 수행을 위한 상상력의 실천과 추천과 훈련은 일종의 보충에 지나지 않는다. 그것은 그 순간에 너무나 많은 것이 남성의 수중에 있기 때문이다.[20] 예외적인 여성의 예들은 제출될 수 있다. 나는 그녀들을 축하하며 내가 가능할 때 그녀들과 친구가 될 것이다. 그러나 애드리언 리치가 1979년에 스미스 대학에서 했던 졸업 연설에 따라, 예외적인 여성들이 규칙을 입증하는 것은 아니라는 소중한 교훈을 나는 반복한다.[21] 그렇지 않으면 개인의 은행 계좌를 개설하는 쪽으로 향하는 소위 자조(自助) 집단들을 위한 프로젝트들만 있을 뿐이다. 하나의 목적 자체로서 은행 계좌를 열고 오두막 산업이나 일반적인 농촌 활동들과 같은 환상적인 일들에 참여하는 것은, 우리가 생각하는 페미니즘적인 체계적 변화를 가져오지 못할

---

20) Medha Chandra, "Grassroots Environmental Claim Making and the State: The 74th Constitutional Amendment Act in Kolkata, India," Ph.D. thesis (University College London, 2006).

21) "Commencement Address to Smith College Class of 1979," *Smith Alumnae Quarterly* 70 (August 1979), pp. 8-10.

것 같다. 나한테 그런 경험이 있다는 점에 유념하라.

그 사이, 내가 말하고 있는 중인 두 여성—재생산적 이성애 규범성의 이데올로기적 피난처에 깊이 싸여 있던—중에 에너지가 더욱 넘치는 한 여성이 내게 종종 화를 낸다. 내가 그녀의 아들 둘을 선생의 자리에서 해고시켰기 때문이다. 그들은 여러 달을 비효율적이고 부주의하게 가르치는 바람에 아이들에게 해를 끼쳤던 것이다. 나는 그녀의 둘째 아들과 나쁜 가르치기에 관해 논의하지 않을 수 없었다. 그는 소도시 수준의 '생활 영어'나 '컴퓨터 훈련'을 통해 자신의 소속 집단으로부터 도망치겠다는 아주 큰 야망을 품고 있었다. 그것은 취업 준비로서는 애처롭기 짝이 없지만 누가 그를 비난할 수 있겠는가? 그는 아이들에게 전혀 관심을 기울이지 않고 조급하게 아이들을 제치듯 가르치면서, 자신이 더 나은 일자리를 찾을 때까지 월급을 받는다는 이유만으로 그 일을 유지한 셈이다. 그의 어머니는 다시 한 번 내게 화를 낸다. 당 사무실의 하위 수준 일꾼인 남편과 교사 아들들로부터 자신의 정체성을 도출하여 온 그녀는 아들의 해고를 자신의 자긍심에 대한 공격으로만 감지할 수 있을 뿐이기 때문이다. 내가 앞에서 지적했듯이. 내가 젠더 훈련을 행하고 있다면, 거기서 욕망들은 적대적인 감성들을 생산하기보다 아주 부드럽게 바뀔 필요가 있다. 그러나 나는 인식소적 미래를 유일하게 보증할 수 있는 아동들에게 초점을 맞추어야 한다. 이제 나는 자신의 분노를 표현할 수 있는 그녀의 현실을 평등의 확립이라는 한 걸음 진전된 것으로 간주한다. 단일 이슈 페미니즘의 한계에 대한 이렇게 부조리한 이야기와 더불어, 나는 나의 마지막 예로부터 끌어온, 다음과 같은 주저하는 지적들로 5장을 끝맺고자 한다.

그렇다면 나는 나의 반복된 좌절을, 또한 지금 나의 모든 작업을 위한 가능성의 조건을, 서발턴 무대에서는 할 수 없는 일반화를 주장하겠다.

일반화의 위로들로, 일반화에 의해 유지되는 전체 젠더 메커니즘을 지탱하기로, 즉 다른 사람들의 아이들에게로 돌아가 보자. 분과학문의 변화라는 나의 생각들은 재생산적 이성애 규범성과의 이중구속 속에서 '다른 사람들의 아이들'에게 그 기초를 두고 있다. 여러분이 23장에서 보게 될 터인데, 나는 이러한 연관을 또한 포스트 3차 엘리트 교육에서 일고 있는 비교주의를 재사유하기와도 연결시킨다.

나는 세상의 문제들을 해결하는 '좋은' 부자들의 필요성을 우회하는 것을 조금 이해하고(모두 이해하는 것은 불가능하므로) 싶다. '좋은' 부자들은 세상의 문제들을 해결하느라 사용할 돈 때문에 나쁜 사람들에게 의존한다. 또한 '좋은' 부자들의 돈은 나쁜 부자들에게 대부분 흘러간다. 거지들은 일정 정도 물질적 상품들을 받지만 거지로 남는다.

나의 욕망은 문제들을 해결하기보다 문제 해결자들을, 달리 말해, 인식소적-인식론적 변화를 생산하려는 것이다.[22] 이것을 위해 나는 '좋은' 부자들을 생산하는 학교들(컬럼비아 대학)과 거지들을 생산하는 학교들에서 현재와 미래의 교사들을 헌신적으로 또 집중적으로 계속 가르쳐야 한다. (거지들을 생산하는 학교들은, 서벵골의 한 구역인 농촌 비르붐Birbhum에 있는 이름 없는 일곱 개의 초등학교들이다. 이 일은 통역자와 할 수 있는 일이 아니다. 인도는 다언어 국가이다. 그래서 나는 나의 모국어를 말하는 서벵골에 국한된다.)

나는 그들의 욕망들(그들의 필요가 아니라)을 이해해야 한다. 또한 이해와 사랑으로써 그 욕망들을 바꾸고자 해야 한다. 그것이 인문학 교육이다.

최근에야 나는 인도의 엘리트 3차 및 포스트 3차 교육기관들에 참여하도록 초대받았다. 그 기관들에서 영어(인도 언어라고 내가 또한 믿는)는 모두 잘 이해될 수 있다. 나는 비판적 지성의 현존 때문에 아주 편안한 느낌을 갖지만, 거기서 머뭇거릴 수는 없다.

내가 죽기 전에, 모든 측면에서의 억압에 맞서는 정당화된 자기-이해관계와 상당히 다른, 민주적 판단과 같은 어떤 것을 진전시키는 학생이 한 명이라도 있다면 아마 희망이 있을 것이다. 다른 구역에 그런 소년이 한 명 있었고, 내가 아동교육을 시작했던 훨씬 더 '후진적' 구역에서도 그런 소년이 한 명 있었다. 내가 없는 동안, 시대에 뒤떨어진 그 지역의 봉건적 우두머리가 그곳에 있던 네 학교를 폐쇄해 버렸고 20년의 작업을 파괴해 버렸다. 그 우두머리가 판단해서 문제를 해결한 것을 제외하면, 이 '좋은' 부자의 지역민들을 위협했던 것은 하나도 없었다. 그 소년은 막 시작했던 것을 유지하는 이상으로 더 멀리 나아

---

22) 하이데거에서의 존재적-존재론적 차이(ontico-ontological difference)는, 우리가 일상적 존재의 매개되지 않은 세부사항을 존재의 철학에 포함시킬 수 없다는 직관에 의거해 서술된다. 하나의 상응하는 인식적-인식론적 차이(epistemo-epistemological difference)는, 지식의 대상을 구축하는 방법은, '알려질' 수 없는 정신 집합에 의해 결정된다는 직관에 의거해 서술될 것이다(예컨대 우리가 워즈워스나 그람시에게서 하나의 정신 습관을 만날 때 그렇다. 원서 6쪽 참조). 그 개념은 사고틀이나 인식소 개념과 유사하다. 욕망을 재조정하는 것은 이 수준의 정신에 관여하고자 시도하는 셈이다. 그 수준에서 학생은 앎을 위해, 또 물론 행동하기 위해 하나의 '세상'을 구축하고 있는 중이다.

가지 못했다. 그는 농촌의 빈민층으로 추락해 갔다. 나의 모범적이었던 지역 조수의 삶은 그렇게 파괴되었다.

이곳은 내가 가장 수긍하기 어려운 정체성 중심주의로부터 떨어진 지역이다.[23] 나는 여성이며 그래서 여성들이다. 여러분이 바로 그 작업을 하리라.[24]

---

23) 반면 나의 책 『다른 여러 아시아』(Oxford: Blackwell, 2008)에서 나는 서발턴을 위해서나 서발턴에 의해서건 원칙을 고수하는 비정체성주의 입장을 취할 수 없다. 또 하나의 대조를 위해 미국 맥락에서 유능하게 글을 쓴 크리스틴 부미에(Christin Bumiller)의 책 『남용하는 국가에서: 신자유주의는 성폭력에 반대하는 페미니즘 운동을 어떻게 전유했는가』(*In an Abusive State: How Neoliberalism Appropriated the Feminist Movement against Sexual Violence*, Durham, NC: Duke University Press, 2008)를 읽고서 그 책을 스예드 무즈타바 알리(Syed Mujtaba Ali)의 생각들과 견주어 보라. 아프간 여성들에게 의술을 훈련시키고자 했다고 아프간 부족 남성들이 아마눌라(Amanullah)를 폐위시키고 있었을 때 말이다. 아프가니스탄에 관한 무즈타바 알리의 책이 번역되지 않았던 만큼 그 전체 구절은 인용할 만한 가치가 있다. "그러나 문제는 아마눌라(1919-1929년의 아프가니스탄 왕)가 진실로 이단자라는 점일까? 무슬림 선생들이 지금 진전시키고 있는 엄청난 논의는 신와리(Shinwari)나 쿠기아니(Khugiani)가 하는 한마디 말에 의해 감내될 수 없었다. 선생들은 다음과 같이 말했다. '여러분은 두 눈을 뜨고도 아마눌라가 무스타파 카말(터키 대통령)에게 보낸 스무 명의 카불 처녀를 보지 못했단 말입니까? 그 처녀들이 잘랄라바드(Jalalabad)에서 하룻밤을 보냈을 때, 여러분은 바로 시장 한가운데를 행진하는 자동차 사이로 들어갔다 나갔다 하며 수치심 없이 베일을 쓰지 않은 피조물처럼 구는 그 처녀들의 모습을 보지 못했습니까?' 많은 신와리 사람들과 쿠기아니 사람들이 그 장날에 잘랄라바드에 왔더랬고 베일을 쓰지 않은 카불 여성들을 보았던 게 사실이다. 또 한 가지 무스타파 카말 파샤(Gazi Mustafa Kamal Pasha)가 아프간 선생들로부터 **품행 단정 상**(원본의 강조)을 결코 받지 못했던 것도 더 진척된 사실이다. 한 '바보'는 여전히 그 처녀들은 의술을 배우러 터키에 오고자 했다고 분명히 말했다. 신와리 사람들은 이 말을 듣자 크게 웃으며 '여의사라니! 여자가 의사가 될 수 있다는 소리를 누가 들어본 적이 있었던가? 그 처녀들이 수염을 기르려고 터키로 오고자 한다고 왜 말하지 않는가!'라고 분명히 말했다. 그렇다면 누가 신와리 사람들의 눈을 뜨게 할 것이며, 누가 그들에게 신와리 여자들은 들판과 헛간에서 베일을 쓰지 않은 채 일한다는 것을 상기할 것이며, 늙은 할멈이 인도산 새를 붙들거나 이마에 거머리를 붙이는 데 남자들보다 더 능숙한데, 카불 여성들이 의술을 배울 수 없는 이유를 누가 설명할 것인가? 그러나 이것들은 어리석은 논쟁들이며, 결실 없는 논의들이다. 그들 중 일부는 그 진짜 이유를 언급했다. 하지만 그것이 어떻게 진실인가에 관해서 연구는 아무것도 드러낼 수 없었다. 분명 아마눌라는 왕국의 수입을 증가시키기 위해 각 아프간 사람에게 5냥의 세금을 부과했다(Ali, "Deshe Bideshe," in *Racanabali*, Kolkata: Mitra o Ghosh, 1974, p. 29. 스피박의 번역)."

24) 이것은 자기-비판이지 자축은 아니지만 누군들 알겠는가? 하나의 미로이다. … Derrida, *The Animal That Therefore I Am*, trans. David Wills (New York: Fordham University Press, 2008), p. 82.

6.
시대를 가르치기

6장은 이 '시대'를 미국의 3차 및 포스트 3차 교육에 속하는 것으로 놓는다. 이것은 특히 페미니즘에 대한 지각(perception)에서 보면 맞다. 그렇다면 뒤따르는 내용을 상황적으로 도구화하라. 또한 민족주의는 거칠게 재발하는 것임을 명심하라. 민족주의가 리좀적으로 와해되었다고 더 많이 주장하면 할수록, 그것은 반복을 더 많이 은폐한다. 게다가 변화란….

미국은 애초부터 이민자들의 나라였다. 첫 번째 유럽 이민자들 집합 중에 승자(영국)는 산업혁명이 자신들의 호주머니에 있었기 때문에 그 땅은 자신들에게 속한다고 종종 폭력을 동원하며 주장했다. 또한 미국의 기원에 관한 이야기는 일반적인 토크빌 방식으로 낡은 봉건주의로부터 탈출한 것으로 재현되어 왔다.[1] 노예들을 부(富)로서 재현하는 문제를 해결하기 위해 건국 헌법에서 아프리카 노예들과 원래의 민족들(Original Nations)이 재산으로 각인되었다는 점은 잘 알려져 있다. 부(富)로서의 노예란 남부 투표자들에게 여분의 대표 자격을 부여해야 함을 수긍함으로써 미국 헌법의 핵심 속에 노예제도에 대한 승인을 구축했던 셈이다.[2]

---

1) 이 요점에 관한 더 진척된 논의를 위해서는 Spivak, "Constitutions and Cultural Studies," *Yale Journal of Law and the Humanities* 2.1 (Winter 1990): 133-147 참조.

2) Robin Blackburn, *The Overthrow of Colonial Slavery*, 1776-1848 (London: Verso, 1988), pp. 123, 124.

여기서 우리는 용어 자체가 누설하는 주변화의 극단적인 경우들을 본다. 탈인간화, 수송, 민족근절을 보라. 나는 그러한 폭력 장면에서 시작하기보다, 문서화된 '새로운' 이민 중에 '모델 소수자'(model minority)라고 감지된 지배소에 우리더러 대립하지 못하도록 만들었던 현상과 함께 시작할 것이다.[3)]

'문화적 정체성'을 '민족적 기원의 정당화'로서 다시 쓰도록 하자(지구적 당대성은 국가로부터 정박된 환상적인 '민족주의들'을 구축함으로써 자체를 관리한다!). '문화적 정체성'을 차이에 대한 허용으로도, 유럽 중심적 경제 이주(와 궁극적으로는 정치적 추방)가 자본주의하에서 정의의 희망 속에 있다는 것을 부인하는 도구로서도 사용하지 말도록 하자. 그렇게 인정되지 못한 수치스러운 비밀이 우리 통합성의 근거이다. 이 근거를 재발명하도록 하자. 이 시대를, 이 장소를 대위법적으로 강조하는 가르치기를 위한 도약대로서 말이다. 이러한 재발명 작업이 더욱 중요하다. 정전을 심문하는 문화 및 문학 선생들로 된, 위협받고 있으면서 증가하는 저 모호한 몸체인 '우리'가 대립적이기만 한 것은 더 이상 아니기 때문이다. 우리는 적극 저지되고 있는 중이다. 남성 지배적이고 유럽 중심적인 백인 목소리라는 지배적인 문학적-문화적 목소리였던 것이, 자체를 형성하던 그 구성적 권위가 사라져가고 있음을 스스로 분명하게 느끼고 있기 때문이다. 이제 우리가 부상하는 지배자로서 감지되는 것 같다. 이렇게 부상하는 지배적인 선생의 역할과 과제는 무엇인가? 3차 및 포스트 3차 교육의 주요 기능들 중 하나가 고용을 용이하게 하는 것인 만큼, 부상하는 지배적 영역의 교육자들을 교육시키는 문제들을 또한 고려해 보도록 하자. 다시 말해 학부와 대학원 교과과정 둘 다를 고려해 보자. 나는 서론에서 언급된 바 있는, 우리에게 가능한 (그릇된 희망이여!) 메타-직업적인 유용함을 불가피하게 다루어볼 것이다.

3) 특히 동아시아 기원의 '모델 마이너리티'를 위해서는 Colleen Lye, *America's Asia: Racial Form and American Literature, 1893-1945* (Princeton, NJ: Princeton University Press, 2005) 참조. 『포스트식민 이성 비판』의 주된 논의는 메트로폴리스에서 상층으로 유동하는 포스트식민 사람들에 의한 토착 정보원 입장의 전유였다(Spivak, *A Critique of Postcolonial Reason: Toward a History of the Vanishing Present*, Cambridge, MA: Harvard University Press, 1999 참조)(이후 이 책에서의 인용은 본문 중에 CPR과 함께 쪽수를 표기함). 나는 상층으로 이동하는 포스트식민 집단에 공감하지 않는 것은 아니지만 자기를 주변화하는 전유라는 견지에서 자가비판을 요청하는 바이다. 이것은 6장의 전제로서 이해되어야 한다.

학부 교과과정에 대한 보편적/민족적 기원의 정당화에 접근하기

조앤 월락 스콧은 프린스턴 대학의 〈고등연구기관〉(Institute for Advanced Study)에서 '정치적 정확함에 반대하는 캠페인'을 다루는 강력한 글을 발표했다. 거기서는 20세기 말에 자체를 구축했던 부상하는 지배자와 대립하는 그럴듯한 기술들이 드러난다.

> 그 사기를 이해하기 위해 진지한 지식인들은 해체, 정신분석학, 페미니즘에 관한 자기 확신에 찬, 가망 없이 잘못된 정보로 가득한 그저 잘못된 묘사들이나, 드수자(D'Souza), 리처드 번스타인, 데이비드 레먼, 로저 킴벌, 힐턴 크레이머, 조지 윌 같은 부류들에 의한 여타의 진지한 이론을 읽어보기만 하면 된다. … 그들이 모방하고자 갈망하는 바로 그 학자들에 대한 그들의 분노는 … 일부 구역들에서 작동해 왔던 것 같다. 그것은 부분적으로는 정치평론가들 부류가 지식인의 인격(페르소나) 옆에 또 하나의 인격을 띠어 왔기 때문이다. 엘리트주의자들로서 그들은 스스로 보통 사람들을 대변하는 것처럼 굴면서도 그들을 혐오한다.[4)]

이렇게 명민하고 날카로운 글은 10년 전의 미국 장면에 초점을 맞추고 있다. 오늘날의 대립은 인문학 내부에서 부상했다. 우리는 조앤 월락 스콧에 의해 정확하게 드러날 수 있었던 10년 전 장면에 남아 있도록 하자. 그녀가 정확하게 드러낸 것은, 정치적 정확함에 대립하는 자들이야말로 내가 보기에 이미 그들의 손아귀를 빠져 나갔던 '보편성'을 절망적으로 주장하고 있었다는 점이다. 조앤은 "차이와 갈등을 '우리'에 의해 공유되는 역사의 핵심으로 만들고자 복수주의(pluralism)라는 대안을 요청하는" S. P 모한티(Mohanti*1928-, 인도계 미국 여성으로서 포스트식민 여성주의 및 초국가적 여성주의 이론가)를, 또 "분리하고 나누기 위해 … 프랑스 단어 partage(의미)"를 공동체를 알리는 메타포로서 제공하는 크리스토퍼 핀스크를 인용한다.[5)] 나는 이러한 제안들을 염두에 둘 터인데, 오늘날 가장 강력한 사람들로부터는 이렇게 훌륭한 목소리들을 듣지 못한다는 점을 반드시 지적하면서 말이다. 기껏 불안정한 지

---

4) Joan Wallach Scott, "The Campaign against Political Correctness: What's Really at Stake?" (「정치적 정확성에 반대하는 캠페인: 무엇이 정말로 관건인가?」), *Change* (1991년 11월/12월): 39, 43.

5) Ibid.

배자로 부상해 봐야 미국에서 일고 있는 민족-기원의 정당화에 맞선 우리 싸움이 끝났다는 것을 뜻하지도 않는다. 그러한 부상은 주변인들의 집단체로서 우리가 이제 다른 위치로부터 싸우고 있음을, 6장 서두에서 내가 나타내고자 했던 새로운 방식들로 우리 자신들을 공고하게 할 필요에 직면해 있음을 그저 뜻할 뿐이다. 지배자에 대한 반작용은 더 이상 유일한 이슈가 되지 못한다. 나는 스콧과 모한티와 핀스크의 일반적 요점, 즉 갈등, 관계성, 분리, 공유에 동의한다. 이것들은 미국 맥락에서 좋은 행진의 질서들로 남는다. 그러나 차이와 갈등은 어려운 명령들이다. 차이는 경쟁이 되며, 그 때문에 우리는 초민족적 자본주의 경제에 정박된 제도들 내부에서 살면서 이견을 가진 자들로서도 참여한다. 우리에게 "관건이 되는 것의 제한된 물리적 공급은, 경제 게임의 기능화 자체가 그 게임에 대한 충실성과 그 이해관계들의 가치에 대한 믿음을 전제한다는 사실을 쉽게 간과하도록 만든다."[6]

나의 요점은 문제의 그 이해관계들이 그저 제도적인 것만이 아니라 일반적으로 사회적이라는 것이다. 비판적인 대중으로서 유럽 중심적 경제 이주는 자본주의하에서의 정의에 대한 희망에 근거해 있다. 선생의 과제는 불확실한 만큼 중대하기도 하다. 선생의 과제를 안다고 해서 그것에 따라 행동할 수 있다는 보장은 없기 때문이다. 앞서 나온 부르디외로부터의 인용과 더불어 계속해 보자.

> 경쟁에 의존하지 않고서 개인화를 재생산하지 않고서 경제적 생산의 조건인 최소한의 투자 생산이 어떻게 가능할 것인가?(달리 말해 순수한 사회주의는 가능한가?) 사회적 게임들의 논리가 명백하게 인식되지 않는 한(또 그것이 인식된다고 해도…) 외견상 가장 자유롭고 가장 창조적인 행동들도 물화된 역사와 체현된(embodied) 역사 사이의 만남에 … 행위자가 그런 것으로 구성하는 필요성에, 그(그녀)가 실제로 행동의 주체가 되지 않고서도 행동 장면을 제공하게 하는 그런 필요성에 지나지 않는다.

이 경우에 '물화된 역사'는 기적같이 된(miraculated) 저항적 혼종성 개념들과 결합된, 기

6) Pierre Bourdieu, "The Philosophical Institution," in Alan Montefiore, ed., *Philosophy in France Today* (Cambridge: Cambridge University Press, 1983), p. 2.

원에 관한 우리의 기념비적 민족적-문화적 역사이다. '체현된 역사'는 선택된 우리 민족-국가의 현재 역사 내부에 있으면서 우리를 부인시킨 절합이다. 이러한 '만남'은 6장의 서두에 내가 제쳐 두었던, 기원에 있는 폭력 장면으로 번역되지 않는다.

강의실에서 나는 "또 그것이 '인식된다'고 해도"라고 부르디외가 조심스럽게 말하는 대목에 시간을 좀 쓴다. 나는 그 대목을 알기와 배우기 사이의 차이 속에 끄집어 넣는다. 나는 말하고/행하는 두 가지 방식인 사실확인적인(constative) 것과 수행적인(performative) 것 사이의 냉철한 구분을 너무 엄격하게 고수하는 데로 빠지지 않으면서 무엇에 관해 알기와 무엇을 하기 위해 배우기 사이에 작동하는 차이에 여전히 기대어야만 한다.[7] 대립 공간에서부터 부상하는 지배자가 위협받는 공간으로 움직일 때, 우리에게 알기와 배우기 사이의 관계는 결정적인 것이 된다.

한 권의 책에 나오는 한 장은 교실의 명상 속도를 허용하지 않을 것이다. 그러므로 잠시 나 자신을 제도에 국한시키면서 부르디외의 괄호를 무시하고 부르디외의 논점을 강조하게 해 달라. 나는 나중에 자본주의 안에 있는 새로운 이민의 좀 더 일반적인 요점으로 돌아갈 것이다.

우리가 고용과 해고, 기금과 할당, 예산, 새로운 직업 묘사를 위한 기금 조성, 급진적인 텍스트 발간, 종신 재직권을 위한 싸움, 일자리 추천에 이해관계를 갖고 있고 또 그래야만 하는 한, 우리는 자본주의 안에 있고 경쟁과 개인화를 피할 수 없다. (메타-직업의 용도는 '순수' 사회주의의 가능성과 관련되며 항상 '장차 도래하는' 것이다.) 이러한 환경들 하에 차이를 본질화하는 것은, 우리가 아무리 차이를 세련되게 다룬다고 하더라도 우리 자신들 사이에 비생산적인 갈등을 유도할 것이다. (내가 20장 「서발턴과 인민에 관한 흩어진 단상들」에서 논의하듯, 그것은 언더클래스에서는 다르다.) 우리가 더 이상 그저 대립하기만 할 요량이 아니라면, 우리는 차이의 이름으로 이해 집단 속에 무너짐으로써 권력 속으로 약진할 우리의 가능성을 상실해서는 안 된다. 우리는 통일을 위한 어떤 근거를 찾아야 한다. 상황적 통일성에 대한 탐색은 해체의 교훈을 거스른다고 시사하는 것은, 철학을 희화화하고 철학을 정책 만들기의 직접적인 청

---

7) 수행적인 것과 사실확인적인 것을 위해서는 물론 J. L. Austin, *How to Do Things with Words* (Cambridge, MA: Harvard University Press, 1962) 참조.

사진으로 전환하는 짓이다. 우리가 지배자로 부상하는 우리를 하나의 상황으로 감지한다면, 그 상황에 따른 하나의 통일성을 발명하는 일의 중요성을 감지할 것이다. 나는 상황주의적 상대주의자가 아니다. 어떠한 상황도 포화되어(saturated) 있지 않다. 하지만 명령들은 상황들에서 나오며, 좀 생각 없이 보여도 우리는 명령들을 상상함으로써 행동한다. 그러므로 우리는 행동하기 위해서 하나의 상황을 신중하게 상상해야 한다. 순수한 차이는 나타날 수 없다. 차이는 적절한 실천 이론을 제공할 수 없다. "(여기서는 차이에 대한 정의로서) 헤아릴 수 없고 베푼다는 정의 개념이 그냥 그 자체로 남겨질 때, 나쁜 것에 심지어 최악의 것에 항상 가장 가깝다. 왜냐하면 그러한 정의 개념은 가장 왜곡된 계산에 의해 항상 다시 전유될 수 있기 때문이다."[8)]

나는 이러한 논의를 수긍할 수 있는 것으로 만드는 데 필요한 몇몇 훌륭한 철학적 움직임들을 간결함 때문에 무산시키고 있는 중이다.[9)] 나는 여러분에게 그러한 움직임들을 행할 수 있다고 믿으며 받아들이라고 요청할 수 있을 뿐이다. 나에게 중요한 것은 순서상 나중에 6장의 2부에 나온다. 나에게 중요한 것은, 우리 혹은 미국의 소위 대립 담론들이 설혹 그릇된 희망을 키운다고 할지라도 지구적 당대성 속에서 통일성을 위한 실천적 근거를 찾아야 한다는 신념이다.

조앤 월락 스콧도 인용한 바 있는, 조너선 컬러(Jonathan Culler)의 훌륭한 다음 구절을 고려해 보자.

> 문학, 역사, 인류학의 특별한 미덕은 타자성(ohterness)을 가르쳐준다는 데 있다. 문화들, 풍습들, 가정들, 가치들에 있는 차이들의 생생하고도 강력한 증거로서 타자성 말이다. 최선의 상태에 있는 문학, 역사, 인류학은 타자성을 감지할 수 있게 해준다. 또 그것들은, 보편화하는 휴머니즘이 그렇게 하라고 위협하는 것과 달리, 타자성을 동일한 것의 열등한 판본으로

8) Jacque Derrida, "Force of Law:'Mystical Foundation of Authority,'" in "Deconstruction and the Possibility of Justice," *Cardozo Law Review* 6.5-6 (July-August 1990): 971.

9) 이러한 철학적 움직임들의 몇몇은 불가능한 것의 경험과 정치적인 것의 가능성 사이의 아포리아에 대한 논의에서 발견될 것이다. 이 논의는 데리다의 『다른 표제: 오늘날의 유럽에 관한 성찰』(*The Other Heading: Reflections on Today's Europe*, trans. Pascale-Anne Brault and Michael B. Naas, Bloomington: Indiana University Press, 1992, pp. 45-46)에 나온다. 나는 거기 나오는 저자 데리다의 자기-무대화에 비판적이다.

환원시키지 않으면서 타자성을 이해할 수 있도록 해준다.

나는 좋은 말들을, 우리가 확실히 제휴해야 할 말들을 반복한다. 하지만 특히 오늘날, 우리는 다음과 같이 또한 물어야 한다. 여기서 누가 말하는가? 누가 이 문학의 내포 독자이며, 누가 이 역사의 연구자인가? 누가 이 인류학의 검토자인가? 누구의 이익을 위해 이러한 지식이 생산되고 있는가? 그 혹은 그녀가 '최고로 훌륭한' 문학, 역사, 인류학을 연구하기로 선택함으로써, 우리의 타자성을 그들의 동일성의 한 열등한 판본으로 환원시키지 않으면서 감지할 수 있고 이해할 수 있는 것으로 과연 만들 수 있을 것인가? 오늘날 우리는 다음 약속에 만족할 것인가? 즉 동일자의 자리에 있는, 지금은 진부하게 된 보편적 휴머니즘을 갖고 우리를 타자성의 예로서 연구하는 이 분과학문들이 '최고로 훌륭한' 상태로 남을 것이라는 자유주의적 다문화주의의 약속 말이다. 아니면 우리는 1960년대에 허버트 마르쿠제가 했던 현명한 말들을 스스로에게 상기할 것인가? 나는 1960년대와 다른 우리의 차이에 관해 잠시 말하겠지만 마르쿠제의 말들은 자유주의적 다문화주의 약속들에 맞서는 울림을 여전히 갖는다. "관용의 평등은 추상적이고 가짜로 되어 간다. … 그 대립은 빈번히 고립되는 작은 집단들 안에 고립되어 있다. 그 집단들은 사회의 위계 구조에 의해 설정된 편협한 한계들 내부에서 관용된다고 하더라도, 이 한계들 내부에 있는 동안에는 무력할 뿐이다."[10)]

우리가 MLA(Modern Language Association*미국 현대어문학협회)의 직업 목록에 올라 와 있는, 3세계 문학과 관련된 직업들을 묘사하기 시작했다는 것은 분명 중요한 일이다. 하지만 우리가 우리의 행위능력을 인문학의 고등교육에서 다시 사유하지 않는다면, 우리는 억압적인 관용 상태에서 무력한 협력자들로 남을 것이라고 나는 주장하고 있다. 결국 나의 의제는 현재의 지구적 역사에 대한 집요하고도 변천하는 탐색임을 예견할 수 있으리라.

다른 목소리들 역시 나와 유사한 질문들을 하고 있는 중이다. 나는 여기서 아이와 옹(Aihwa Ong*말레이시아 출신의 미국 인류학자로 캘리포니아 버클리대 교수)의 글 「식민주의와 근대성: 비서구

10) . Herbert Marcuse, "Repressive Tolerance," in Robert Paul Wolff and Barrington Moore Jr., eds., *A Critique of Pure Tolerance* (Boston: Beacon Press, 1965), p. 116.

사회들에서의 여성에 관한 페미니즘적 재-현들」을 인용할 것이다. 이 글은 다음과 같은 중요한 말들로 끝난다. "우리가 젠더와 문화에 기초를 둔 주체성들의 다른 형태들을 인식하고, 타자들이 미래에 대한 우리의 특정한 비전과 분리된 삶을 영위하기를 종종 선택한다는 것을 인식할 때, 우리는 비로소 대화를 시작하는 셈이다."[11] 부상하는 지배자에 있는 행위능력에 대한 주장은, 그저 타자성을 이해하거나 심지어 타자로서 인식하는 것이 아니라 타자들에게 있는 행위능력을 인정하는 것이다.

이러한 인정의 왜곡된 판본이 자유주의적 다문화주의에서 생산된다. 하지만 우리는 자유주의적 다문화주의와 얼마간 제휴하자고 주장해야 한다. 정치적 정확성에 대한 백인우월주의 비평가들이 다른 편에 있기 때문이다. 자유주의적 다문화주의가 우리 시대 초민족적 자본주의들의 요구에 의해 결정된다는 것은, 그러한 자유주의적 다문화주의 내부에 있는 우리 자리를 부인하지 않을 수 없다는 것은 이제 하등 비밀이 아니다. 프록터(Proctor)와 갬블(Gamble)은 언어와 문화를 배우라고 경영학 전공자들을 해외로 보낸다. 이 글이 처음으로 발표되기 이전이었던 1991년에 〈전국 주지사 협회 리포트〉(National Governor's Association Report)는 "여태껏 고객의 언어를 배울 생각도 하지 않은 채 어떻게 지구적 경제 속에서 우리의 생산물을 팔 것인가?"라고 질문했다. 우리가 이 질문의 물질적 지원을 활용하면서도 이 왜곡된 질문을 문제 삼고자 한다면, 이 나라의 현 인종차별적 지배자들의 적대적 반격이야말로 이 시대의 보수적인 지정학 이면에 있다는 점 또한 인식해야만 한다. 우리는 왜곡된 문화주의를 통해 초민족성을 이용하려는 한 편의 군인들과, 어떤 대본이 추동하고 쓰고 작동시키는 바를 거의 모르는 다른 편의 군인들이 싸우는 더 큰 투쟁에 잡혀 있다. 우리가 우리의 행위능력을 찾고 위치 지으면서 그 충돌 기제를 거듭 어긋나도록 해야 하는 것은, 바로 이 무지한 충돌 내부에서이다. 유네스코와 보존압력단체(preserve lobby)가 '문화유산들'을 하나씩 하나씩 고치고 보전할 때도 그렇다. '최고로 훌륭한' 전형적인 자유주의적 다문화주의 교실에서 실제로 무슨 일이 일어나고 있는가? 주어진 어느 날에 우리는 어느 한 민족에게서 나온 텍스트 한 권을 읽는다. 교실에 있던 그 특정 민족 출신 집단은 문제의 그

11) Aihwa Ong, "Colonialism and Modernity: Feminist Re-Presentations of Women in Non-Western Societies," *Inscriptions* 3-4 (1988): 90. 나는 옹 교수 논의의 세부사항들에 몇 가지 문제가 있다고 보지만, 그녀의 일반적 요점에는 충분히 동의한다.

'문화'의 결이 지닌 풍부함과 동일시할 수 있다. (나는 문화의 정의definition 문제를 끄집어내지도 않는다.) 교실에 있던 다른(말하자면 앵글로와 다른) 민족 출신 사람들은 동일한 차이의 아우라 속에서 공감을 갖지만 피상적으로 말한다. 앵글로는 상대주의의 빛 속에서 모든 것을 선심 쓰듯 말하며, 상대주의의 빛 속에서 모든 것을, "다른 문화들을 알아 간다."

그러한 최선의 모범 시나리오에 있는 다양한 민족 기원들 사이에서 동일한 차이에 대한 공감과 감정의 근거는 무엇인가? 여기 우리의 대본을 쓰고 있는 일반적인 사회적 사례가 있다. 그 사례에서 그러한 감정의 근거는 우리 모두 자본주의 사회 내부에서 정의나 복지를 찾겠다는 희망과 더불어 나왔다고 한다. (이러한 욕망의 내부에서 여성의 자리는 따로 논의할 만하다.) 우리는 자본주의 사회 내부에서 정의를 찾기를 희망하면서 전쟁들과 정치적 억압을 피하고 가난으로부터 도피하는 가운데 우리 자신들을, 더 중요하게는 우리 자식들을 위한 기회를 찾으러 왔다. 그런데 그들이 발견한 것은, 앵글로-클론(복제) 인종우월주의자/문화주의자 계급이 오로지 자체만을 위하여 자본주의의 전체 행위능력 — 민주주의의 유산 내부에 법의 지배로서 재코드화된 — 을 주장하기를 원한다는 점이다. 또 그런 자본주의에 진입하는 유일한 입구는 계급-유동성을 위해 민족적 기원을 망각하거나 박제화하는 길뿐이라는 점이다. 또한 자유주의적 다문화주의 교실에서 우리는 때로 이 계급-유동성을 저항인 양 지지하지만 기껏해야 민주주의적 자본주의에 대한 종종 부인되는 우리의 공통된 신념을 위해 장기간 필수적으로 하는 경쟁일 뿐이다. (부르디외가 우리에게 상기하듯) "행위자가 자체로서(as such) 구성할 필수성(necessity)과 그/그녀가 실제로 그 행동 장면의 주체가 되지 않고서도 그 장면을 제공할 필수성" 말이다. 이 필수성이야말로 우리를 연합시킨다. 우리가 그것을 인정하지 않는 한 ("또 우리가 인정하더라도") 부상하는 지배자의 책임을 지기를 우리는 희망할 수 없다. 그것을 인정함으로써 역사로부터 끌어올 수 있는 교훈 하나로 잠시 빠져들어가 보자. 우리가 자신들과 우리 학생들에게 자본주의에서의 우리 역할과 희망을 인정하라고 가르침으로써 그런 희망을 집요하고도 원칙을 갖춘 위기 상태에 둘 수 있다면, 우리는 미완의 역사의 한 장에 개입하는 여정에 우리 자신을 놓을 수 있을 것이다. 유럽 중심적 민족 논쟁에서 허우적거리는 미완의 역사 말이다. 그릇된 희망이리라.

"〈법〉은 계산의 요소이며, 〈법〉이 거기 있다는 것은 정당하지만(just) 정의(justice)는 계산할 수 없다. 정의는 계산할 수 없는 것을 계산하라고 우리에게 요구한다."[12] 볼셰비키의 실험은 내파되었고 중국은 '지속 가능한 공산주의'를 하고 있는 만큼, 우리는 (민족 경쟁 속에 죽어버린 국제 공산주의의 공공연한 역사보다) 〈제1차 국제공산주의〉의 흔적들이 지니고 있는 계산할 수 없는 꿈들에 유념한다. 그러면서 그 꿈들이 〈복지국가〉의 계산 내부에 자리를 잡은 채, 제3세계에서 공손하게 불리는 '자유화'(liberalization)의 힘들에 의해 또 제1세계의 민영화에 의해 조용히 부식되고 말았다는 것을 우리는 망각할 수 없다. 계산할 수 없는 것과의 계산은 후기 마르크스의 많은 구절들에 감추어져 있다. 그중 가장 기억할 만한 것은 『자본』 3권 중에 「경쟁에 의해 창조된 환상」이라는 장의 끝부분에 나오는 긴 문단이다. 거기 나오는 다섯 번의 묵직한 '한다면'(ifs, 계산 요소의 수사학적 요새) 시리즈에서 마르크스는 다음 결론에 이른다. 즉, "그렇다면 이 (자본주의적) 형태들 가운데 모든 사회적 생산양식들에 공통된 형태들의 저러한 기초들 외에는 아무것도 남지 않는다."[13] 다섯 번의 가정이 나오는데 나는 이 구절을 다시 인용할 것이다. 민주주의적 자본주의와 민주주의적 사회주의를 가르는 선은 어떤 불가능한 조건들의 집합과 더불어 여기서 해제되고 있는 중이다. 집요한 비판은 청사진에 의해 대체되고 있다. 새로운 이민자 이데올로그는 오늘날 그러한 청사진의 불가능성을 실연한다. 그러한 불가능성과 직면해 그녀는 이 장면에 들어맞는 유일한 투쟁인, 민주주의적 자본주의로부터 민주주의적 사회주의로의 압박 가능성을 집요하게 검토해야만 한다. 그것이 바로 그람시의 꿈이었다. 개발도상국 편에서 자본주의로부터 사회주의로의 전위라는 꿈속에다 비판적 요소를 재생시키고자 시도했던 것은, 비유럽 중심적 생태 운동과 페미니즘적 액티비즘의 힘들이다. 정체성의 바로 그 핵심에서 두드러지는 종족성은 그러한 더 큰 영역에서 "가장 왜곡된 계산"을 위해 개방된, 계산할 수 없는 신비한 원리였다. 그러므로 미국에 진지를 둔 주변부 운동의 역할 및 행위능력과, 그 운동의 종족성에 대한 주장들은 재발명을 위한 것이었다. 실로 그것은 1990년대에 나의 주제였다. 교육자들을 교육하기에 대한 나의 초창기 강조는 오염되어 있었다. 학부 강의실로 다시 돌아가 보자.

12) Derrida, "Force of Law," p. 947.

13) Karl Marx, *Capital*, vol. 3, trans. David Fernbach (New York: Viking Books, 1981), pp. 1015-1016.

가장 좋은 사례의 시나리오에 대한 우리의 상식적 평가에도 불구하고, 일반적인 다문화 강의실에서 민족-기원의 정당화는 다양한 민족 기원들에 상당히 중요한 것으로 남아 있다. 〈이민 귀화 서비스〉(Immigration and Naturalization Service*INS)를 위해 치러지는 〈미국역사와 문명〉 시험의 상징적 중요성 — 그 내용 및 지속성과 전혀 균형을 이루지 못하는 — 을 손상시키기 위해서 그렇다. 그런데도 이 시험은 이제부터 인종적 지배자의 미국 역사를 이민자 자신의 역사로 확립하게 한다.

나는 자본주의하에서의 정의(justice)에 대한 욕망 내부에 여성의 자리는 다를 수 있다고 이미 시사한 바 있다. 에이미 탄(Amy Tan*1952-, 엄마와 딸의 관계를 통해 중국계 미국인들의 경험을 탐색하는 미국 작가. 가장 많이 알려진 『조이 럭 클럽』은 32개 국어로 번역되었으며 영화로도 제작됨.)의 논쟁적인 『조이 럭 클럽』은 모든 가능한 방식으로 이 차이를 활성화한다.[14] 주변부 집단 사이의 경쟁적 차이, (미국으로) 경제적 이주와 (중국에서의) 정치적 추방 사이의 차이, '기원의 문화'를 재현할 필요성과 불가능성, 어머니들과 딸들 사이의 협상 가능한 재현체계로서 문화, "서양에서 동양에 도달하는"(Tan, p. 205) 가운데 대학과 기업주의의 역할 및 관점들에 대한 강박적 추구에 깔려 있는 정체성의 극단적인 지반 부재(groundlessness), 이러한 것들 모두 통일성을 발명하는 데서 정치적 페다고지로 이용될 수 있다.

소설에서 숱하게 연습된, 경제적 논의를 출범시키는 무대화를 나타내도록 해 보자.

> 모두 캐나다 금 주식에 만장일치로 투표한 후에, 나는 부엌으로 들어가 안-메이 이모에게 조이 럭 클럽이 주식에 투자하기 시작한 이유를 묻는다. … "우리는 영리해졌지. 지금 우리는 모두 똑같이 이기고 질 수 있어. 우리는 주식 시장의 행운도 누릴 수 있어. 우리는 재미를 위해, 그저 몇 달러를 위해 마 종(mah jong) 놀이를 할 수 있어. 승자가 모두 가져가지. 패자는 남은 것을 집에 가져가고! 그래서 모든 사람이 조금씩 기쁨을 느낄 수 있단 말이야. 스마트하지 않아?"(Tan, p. 18)

정신력으로써 정치적 추방을 저지하고자 시도하는 네 여성의 조이 럭 클럽에 대한 원

14) Amy Tan, *The Joy Luck Club* (New York: Ivy Books, 1989)(이후 본문 중에 Tan과 함께 인용 쪽수만 표기함).

래의 투자를 경유해, 이러한 평등주의적 기쁨(Joy)과 행운(Luck)을 대조해 보라. 최근에 돌아가신 어머니를 회상하고 추억하는 화자가 이 소설의 프레임 화자이다. 네 명의 여성들은 쿠웨일린(Kuweilin)에서 일본군을 피해 온 난민들이다.

> 나는 어느 여성들에게 묻고 싶었던 것인지를 알았다. 그녀들은 나처럼 모두 젊었고 열망하는 얼굴이었다. … 매주 우리는 우리한테 가해진 과거의 잘못들을 잊을 수 있었다. 우리는 나쁜 생각을 하도록 허락되지 않았다. 우리는 잔치를 벌였고 웃었고 게임을 해서 지기도 이기기도 했다. 우리는 최고로 좋은 이야기들만 이야기했다. 매주 우리는 행운이 있을 거라는 희망을 품을 수 있었다. 그러한 희망은 우리의 유일한 기쁨이었다. … 나는 만 위안을 땄지만 부자는 아니었다. 전혀 아니다. 그 당시 지폐는 하등 가치가 없었다. 화장지조차 지폐보다 더 큰 값어치를 지녔다. 만 위안짜리 수표가 우리 엉덩이를 닦기엔 그다지 좋지 않았다는 생각은 우리를 더욱 큰 소리로 웃도록 만들었다.(Tan, pp. 10, 12)

이렇게 관점화된 정체성의 영역에서는 폴라로이드만이 최종적인 신분증을 생산한다. 이 소설의 마지막 장면이 여기 있다. 거기서 중국계-미국인이라는 프레임 화자는 오래전에 잃어버린 배다른 중국 자매들을 만난다. 그녀들의 기억들에 대한 내면적인 재현들을 제공하려는 시도는 전혀 없다.

> 나는 언니들의 얼굴을 다시 바라보지만 거기서 내 어머니의 흔적을 보지 못한다. 하지만 그녀들은 여전히 친숙하게 보인다. … 폴라로이드의 플래시가 발사되고 내 아버지는 내게 그 스냅사진을 건넨다. … 그 잿빛-녹색 표면은 우리의 세 이미지들을 밝은 색깔로 바꾸더니 모든 것을 단번에 날카롭게 하고 깊이 있게 한다. 우리는 서로 말을 하지 않아도 우리 모두 그 사진을 보고 있다는 것을 나는 안다. 우리 모두 우리 어머니를 닮아 있다. 결국 우리 자신의 가슴속에 오랫동안 품고 있었던 희망을 보고자 어머니와 똑같은 눈이, 어머니와 똑같은 입이 놀란 가운데 열린다.(Tan, pp. 331, 332)

독자가 서두의 제사적인(epigraphic) 이야기에서 제시된 권위 있는 가슴속 희망을 망각하는 것은 스스로의 위험을 무릅쓰는 일이다.

> 그 나이 든 여자는 자신이 오래전에 상하이에서 바가지를 쓰고 샀던 백조를 기억했다. 시장의 장사꾼은 이 새는 한때 거위가 될 희망으로 자신의 목을 늘어뜨렸던 오리였다고 자랑했다. … 그녀가 새로운 나라에 도착했을 때, 이민국 관리는 그녀에게서 백조를 가져가 버렸고 그녀에게 … 추억을 위한 깃털 하나만을 남겨 주었다. … 오랫동안 그녀는 자신의 딸에게 단 하나의 백조 깃털을 주고서 "이 깃털은 가치 없어 보일지도 모르지만 멀리서 온 것이고 나의 모든 좋은 지향들을 실어 나르고 있다"고 말하고 싶어 했었다. 그 나이 든 여자는 해마다 자신의 딸에게 완벽한 미국 영어로 그렇게 말할 수 있을 날을 기다렸다.(T, pp. 3-4)

위험을 감수한 탄의 책은 우리에게 시의적절한 개념-은유를 제공해준다. 죽은 어머니의 목소리가 폴라로이드의 조직적인 그래프(regularizing graph) 속에서 완벽한 미국 영어를 성취한다는 것 말이다. 그 추문을 공감과 책임감을 갖고 탈코드화하는 것은 우리에게 남겨진 일이다. 깃털이 펜이 되도록 말이다.

초창기 장면

재건기(Reconstruction *남북전쟁 후 남북 각 주가 합중국으로 재통합되는 기간 1865-1877년) 이래, 남북전쟁 후 헌법에 일어난 첫 번째 주요 변화는 다양한 이민자들의 흐름들이 미국적 기원들의 생산을 지원한 원래의 행위자들 중 하나, 즉 아프리카계-미국인들과 섞이게 되었다는 점이다.[15] 그러나 여기서도 용광로 이론에 제시된 동화(assimilation)에 대한 강조는 처음에는

15) 나는 2009년 11월에 하버드 대학에서 했던 듀 보이스(Du Bois)에 관한 강연 내용을 담아 곧 펴낼 나의 책에서 〈흑인 재건〉(Black Reconstruction)에 관해 좀 더 깊이 있게 말할 것이다.

앵글로 중심주의의 패턴을 따랐고, 다음에는 등급별 유럽 중심주의 패턴 — 등급 추정의 근거가 되는 중심에서 퍼져 나오는 지배의 갈래들과 함께 하는 — 을 따랐다. 실로 이것이 다문화 교실에 있는 더 오랜 이민자 요소들이 INS(Immigrant National Service*이민귀화 서비스) 테스트의 손상을 강화할 수 있거나 그렇게 하지 못할 수도 있는 이유이기도 하다. 거기서의 이슈가 차이의 발명이라기보다 통일성의 발명이라면 말이다. 이것은 다른 통일성을 위해 "그렇게 하지 못할 수도 있다"를 "그렇게 할 수 있다"로 바꾸라는 페다고지적 명령이다. 우리는 미국을 분열시키고 있지 않다. 우리가 아프리카계-미국인들을 참여하는 행위자들로 인식하지 않는다면, 미국적 종족성의 엄청난 힘은 자본주의를 민주주의라고 재코드화함으로써 사회주의 경험의 잿더미로부터 새로운 세계 질서를 공고하게 하는 것을 돕는 데 이용될 수 있다.

지금까지 나는 새로운 이민자들과 옛날 이민자들을 위해 아프리카인들의 근절과 제1민족에 대한 재정의를 제쳐놓았다. 여기에 또한 놓여 있는 것은 바로 치카노/치카나/라티노/라티나의 여정이다. 이 여정은 스페인과 미국이라는 두 제국의 역사에 불균등하게 걸쳐 있다. 스페인은 자본주의로 전이하는 첨단에 있었고, 미국은 오늘날 적극 활동 중이다. 우리는 1992년의 이런 상황을 특히 기억해야 한다. 그때 나는 이 연설을 수정했고, 기억을 위한 시간은 확장된다.

1961년에 미국에 왔던 아웃사이더인 내게 인권/블랙 파워 운동에 대한 반향을 여전히 표출하는 목소리는 1968년의 오션 힐-브라운스빌(Ocean Hii-Brownsville) 학교 구역의 투쟁으로부터 나온다.[16] 나는 1967년에 박사학위를 받았다. 인도에서의 내 경험은 학교 제도를 탈식민화하고자 시도했던 만큼, 그렇게 멀리 뒤처져 있었던 것은 아니었다. 그래서 나는 가장 유명한 투쟁들이 아니라 기억에 의해 유지되는 말들을 기념한다. 그 말들을 누가 했는지도 확실하지 않다. 갈라메이슨(Galamason) 목사였을지도 모른다. "이것은 교육의 식

16) 이 투쟁이 유태인들과 그 구역의 흑인 부문에 똑같은 의미를 지닌 것은 아니었다는 사실은, 경쟁의 요소는 물론이고 내가 앞서 다루었던 구이민자들의 교육적으로 협상 가능한 인식소 공간도 제시하지 않는다. 이 예들은 다음을 명백하게 만들어준다. 즉 차이의 정치나 다른 역사들에 관한 추상적인 토크는 우리가 '백인'만을 지배소로서 간주하지 않는다면 너무 멀리 나가는 것은 아니라고 말이다. 그 사건의 세부사항을 위해서는 Maurice R. Berube and Marilyn Gittell, eds., *Confrontation at Ocean Hill-Brownsville: The New York School Strikes of 1968* (New York: Praeger, 1969) 참조.

민화에 맞서는 투쟁입니다." 언젠가 나는 텔레비전에 나온 당시, 그 학교 구역의 학생이었던 작은 아프리카계-미국인 소녀가 이제 성숙한 여성이 되어 자기 경험에 관해 말하면서 "우리는 3세계가 되었고, 국제적으로 되었다"고 지적하던 소리를 들었다.

이러한 관점에서 볼 때, 내부 식민화에 반대하는 투쟁 분야에서 포스트식민적으로 되어 갔던 것은, 미국에 있는 아프리카계-미국인 목소리이다. 역설적으로 (지금 아프리카계-미국 대통령을 둘러싼) 점증하는 인종차별적 반격은 바로 그 점을 인정하는 셈이다. 내부 식민화로부터 일어나는 포스트식민성의 출현은 통계학적으로 측정되지 않는다. 이것은 사회체(the socius)에 따른 위치화(positioning)에서 종종 감지되지 않는 일반적인 변화이다. 내가 오해받지 않도록, 다시 한 번 이것은 투쟁을 끝내라는 신호가 아니라는 점을 나는 강조하고 싶다. 쉴 새 없이 노력한 덕분에 그 투쟁은 또 다른 등기부에서 움직인다. 반격하는 분노의 2차 흐름이 일어났다. 조앤 월락 스콧은 자신의 기민한 질문을 물었고 계급의 견지에서 스스로 판단을 내렸다. 2010년에 키를 잡은 피부색 때문에 인종과 자본은 건강관리에 맞서 결합했다.

> 높은 사회적 지위와 함께 했던 특별 대우가 대학 기준들의 타협이라고 간주되었던 적은 한 번도 없었다. (우리는 예컨대 흑인들의 시험 성적이 조지타운 법대의 입학허가 사무실로부터 도난당하고, 불평하는 보수주의자들에 의해 공고된 이유를 궁금하게 여겨야 한다. 그 사이 영향력 있는 정치인들의 동창 자녀들의 시험 성적들은 도난당하지 않았다. 우리는 결코 한 번도 없었던 능력주의 사회로의 회귀에 대한 요청이야말로 얇은 베일에 가려 있는 인종차별주의를 표명한다는 결론을 내릴 수 있을 뿐이다.)

내부 식민화의 견지에서, 원래 있던 집단들은 포스트식민성 속에서 평등하게 부상하지 못했다. 내가 그 표시를 바로 읽는다면(그러지 못할지도 모른다), 라티노/라티나/치카노/치카나 부문은 한편으로 얼마 동안 문학-문화연구에서 전체(북-중앙-남) 아메리카 대륙 맥락에 있는 '우리 아메리카'에 대한 인정을 향해 움직이고 있었다. 아프리카계-미국인들이 그래야 했던 것과 달리 미국의 내부 식민화 속에 포함되지 않는 맥락 말이다. 다른 한편, 특히 치카노 요소는 내부 식민화 속에 있는 주요 목소리들의 복원에 참여한다. 이러한 복원은 예컨대 '경계 문화'를 위해 말할 뿐만 아니라 아메리고 파레데스(Amerigo Paredes)에 관한

라몽과 호세 살디바르의 작업에 반영되어 있다.[17)]

내부 식민화를 지양한다는 생각은 제1민족(First Nations*캐나다의 634종의 토착민들을 가리키는데 실은 아메리카들의 토착민족들 the indigenous peoples of the Amercias을 포괄함)의 맥락에서는 다르게 절합되고 있다.

종족성의 문학에 관한 학술회의에서 존 모호크(John Mohawk)는, 토착 미국인 글쓰기는 우리에게 잘 알려진 동료들 중 일부에 의해 포스트식민성의 이름으로 찬양된 섹시한 포스트모더니즘의 일종과 스타일로는 경쟁하지 못한다는 고민을 털어놓았다. "스타일로 경쟁하는"이라는 공격받기 십상인 구절은 그의 것은 아니었다. 그러나 나는 6장을 끝내기 전에 그 구절을 다시 사용할 것이다.

토착 미국인의 목소리는 주변성 내부에서도 가장 엄격하게 주변화되어 왔던 만큼, 나는 토착 미국인 학자인 잭 포브스(Jack D. Forbes)의 작업에 시간을 좀 쓰고 싶다. 그는 토착 미국인들과 아프리카계-미국인들 사이의 새로운 통일성을 주장하고 있다. 내가 표명해 왔듯이, 이러한 통일성은 자본주의하에서의 정의를 위한 선택에 그 기초를 둘 수 없고 오히려 소위 미국적 기원들의 제도화, 즉 내부 식민화의 지양을 검토하는 데서 찾아볼 수 있다.[18)] 포브스는 통일성에 대한 이렇게 분리된 주장을 하기 전에, 또 다른 정치적 이해관계 속에서 또 다른 통일성을 구축하는 공학을 드러낸다. 순전한 경험적 고집에 따라 그는 의미상의 변천들 사이에 있는 사라지기 쉬운 사전적 공간을 사전들의 뒤에서 포착하기에 이른다. 그는 사법적-법적 실천과 합리적 분류의 출현을 보여주는 용법을 빼낸다. 이 용법이야말로 총합적 장치들(권력)과 제안들(지식)의 수준에 따라 이 장치들과 제안들을 더 아래로, 발언된 것(énoncés) 속으로 감히 갖고 가고자 할 미래의 푸코주의자에게 매우 귀중한 출처이다. 여기서 '발언된 것'이란 지식의 문서보관소적 지반-수준(지반이 아니라)을 형성하고, 또 권력의 변천하는 지반-수준들에 형태를 갖추게 하는 상징화할 수 없는 힘-영역(force-field)

---

17) José David Saldívar, *Border Matters: Remapping American Cultural Studies* (Berkeley: University of California Press, 1997); Ramón Saldívar, *The Borderlands of Culture: Américo Paredes and the Transnational Imaginary* (Durham, NC; Duke University Press, 2006). 경계-문화 작업을 위해서는 기예르모 고메스 페냐(Guillermo Gomez-Peña)가 일반 청중에게 가장 잘 알려져 있다.

18) Jack D. Forbes, *Black Africans and Native Americans: Color, Race and Caste in the Evolution of Red Black Peoples* (New York: Blackwell, 1988)(이후 본문과 각주에서 I와 함께 쪽수만 표기한다.)

을 형성한다.[19] 나는 그런 사람을 쉽사리 상상할 수 없다. 문제의 권력-지식(의미를 만드는 능력)은 다음에 개입하기 때문이다.

> 매우 복잡하게 서로 혼합하는 300년에서 400년의 세월에, 서로 다른 간격들을 두고 또 극단적으로 다양한 원천들로부터 파생된 아프리카 및 아메리카 조상의 다양한(varying) 양(量)에 말이다. 여기서 극단적으로 다양한(diverse) 원천들이라 함은 나라간세트(Naragansett)나 피쿼트(Pequot)와 카리브(Carib)나 아라와크(Arawak)처럼 다른 아메리카 민족들에서부터 혹은 만딩카(Mandinka), 요루바(Yoruba), 말라가시(Malagasy)처럼 다양한 아프리카 민족들을 가리킨다.(F, pp. 270-271)

그렇다면 지각력 있는 독자에게 포브스의 책은 푸코 작업의 지평을 열어주는 동시에 그 과제의 엄청난, 실제로 아마 최상의 복합성을 보여준다. 일단 우리가 '순수한' 유럽적 개요를 내버려 둔 채 새로운 학자들 세대에게 건강한 문화사를 위한 과감한 기술들을 획득하라고 격려하기만 한다면 말이다. 이 작업은 구전성(orality)의 원시주의적 계보와는 좀 다르다. 새로운 '통일성'이 주장되는 것은 바로 이와 같은 복합성의 맥락에서이다.

> 『니그로 역사 저널』(제임스 휴고 James Hugo)에 실린 논문에서 존스턴(Johnston)은 다음과 같이 지적했다. "니그로가 아메리카 인디언과 접촉하게 되었던 곳에서는 두 인종의 피가 섞였고 인디언은 그 땅에서부터 사라지지 않았으며 지금 미국 니그로 인구의 일부를 이루고 있다." 이 나중 진술은 물론 토착 미국인으로서 아직 살아남아 있는 오늘날의 많은 인디언들의 감정을 상하게 할지도 모른다. 그럼에도 토착 미국인과 아프리카인의 상호 혼합의 정도에 관한 존스턴의 논지가 갖는 의미심장함은 우리 앞에 남아 있다.(F, p. 191)

---

19) 예컨대 이 서사를, 호텐스 스필러스(Hortense Spillers)의 「비극적 혼혈아」("The Tragic Mulatta," in Elizabeth A. Meese and Alice Parker, eds., *The Difference Within: Feminism and Critical Theory*, Amsterdam: John Benjamin, 1989)나 데보라 맥도웰(Deborah McDowell)과 아놀드 램퍼사드(Arnold Rampersad)가 편집한 책 『노예제와 문학적 상상력: 영문학연구소로부터 선집된 논문들, 1987』(*Slavery and the Literary Imagination: Selected Papers from the English Institute, 1987*, Baltimore, MD: Johns Hopkins University Press, 1989)과 대척 지점에 놓아 보는 것은 흥미롭겠다.

이러한 관점은 하나의 집단적 정체성을 다른 하나의 집단적 정체성에 의해 대체한다는 설득력 있는 대표적인 보통의 견해와 대조된다. 즉 인디언 인구는 축소되었고 추방되었으며 아프리카인들과 서인도제도로부터 수입된 노예들에 의해 대체되었다는 식으로 말이다.[20] 포브스가 남녀 계보에서 토착 미국인의 생존을 발견한 것은, 바로 이러한 정체성에 기반을 둔 논의들의 기공들 속에서이다. 포브스는 혼합된 집단 묘사의 방대한 이질성과 텍스트성에 초점을 맞춤으로써 백인의 타자로서 '타자'의 출현은 기껏해야 바로 그 지배 입장들의 역전에 의한 부지불식간의 합법화일지도 모른다는 점을 보여준다. 그리하여 나의 논의는 포브스 논의의 당연한 결과이기도 하다. 포브스는 우리 자신을 "(메트로폴리탄 공간에 있는 백인 지배자의) 타자"라고 정의함으로써 스스로를 우습게 만든 점을 지적해낸다. "아메리카인들과 아프리카인들은 17세기 중에 런던 무대에 올려진 이국적인 야외극들과 오락거리들에서 나타나기 시작한 것처럼 보인다. 아프리카인들이 때로 아메리카인들처럼 옷을 입거나 아마 그 반대로도 옷을 입었던 만큼, 공연자들의 종족성을 분명하게 확인하기란 항상 가능하지 않다."(F, p. 56)

우리는 인종주의의 전개를 둘러싼 이렇게 불연속적인 서사를 보면서 그러한 용법과 1854년 캘리포니아 주 대법원 진술 사이의 관계를 어떻게 셈할 것인가? 그 대법원 진술은 "미국 역사에서의 강력한 경향을, 백인과 비백인, 시민과 비시민(혹은 반(半)-시민)이라는 두 광범위한 계급을 동일시하려는 경향을 표현한다."(F, p. 65) 다시 한 번 우리는 단일한 종족 집단인 우리 자신을 집단으로서나 이주민 집단성으로서 동일시할 것인가, 오로지 백인 지배자의 '타자'로서만 동일시할 것인가? 우리는 "엄청나게 많은 유럽인들처럼, 흑백 연쇄에 의해 '대립자들'로나 실제 사람들(real people)로 완전히 고착된 채 '남을' 것인가?"(F, p. 172) 알제리나 인도와 같은 곧이곧대로 포스트식민적인 지역들에서 백인 인종주의가 더 이상 주요 문제가 아니라는 점을 고려하건대, 포브스의 역사적 추론은 지구적 저항에 관한 직관들

20) 이 논의는 현존하는 학문연구에 일반적으로 현존한다. 대충 골라본 탁월한 예로 나는 러셀 미나르드(Russell R. Menard)의 「저지대 노동력의 아프리카화, 1670-1730」("The Africanization of the Lowcountry Labor Force, 1670-1730," in Winthrop D. Jordan and Sheila L. Skemp, eds., *Race and Family in the Colonial South*, Jackson: University Press of Mississippi, 1987, pp. 81-108)를 제시한다.

을 함께 수반하는 또 다른 방식이다.[21)]

하지만 고립주의적 관심사들을 지구적 탈식민화 연구 속으로 확장시키는 이러한 작업에서도, 우리는 페미니즘적 충동의 부재에 주목해야 한다. 법적으로 자유로운 토착 미국 여성은 종종 미국에서의 '자유'에 대한 노예화된 남성의 접근 통로였다. 노예제도 자체가 '모계적인' 것이다. 이 두 가지 사실은 포브스의 상호작용 서사의 많은 부분에 동력을 제공한다. 하지만 역사의 이면의 숨구멍들을 탐사하는 데서 그토록 풍부한 자원을 겸비한 상상적인 아프리카 흑인들과 토착 미국인들도, 그 숨구멍들에 감춰진 젠더 비밀들을 결코 심문하지 않는다. 토착 미국인들의 실천들이 "개인적 자유와 유토피아적 사회주의"(F, p. 266) 사상을 포함하고 있었다는 점은 정확하게 언급된다. 그러나 또한 그러한 실천들에 페미니즘이 있다는 점은 주목되지 않는다. 노예화, 종족근절, 식민화, 땅 도둑질, 징세 이후에, 또 이러한(오늘날 사회적 통합으로 위장하는) 행위들 이전에, '더 자유롭다'고 문화적으로 각인되었던 여성들을 '자유롭다'고 정의한 것은 도대체 무슨 말인가? 그때 그러한 사실 이후에 자유로 가는 통로가 된 것은 무슨 말인가? "(일반적으로 노예제도는 여성 가계에 전승되었다)"(F, p. 240)에서 보듯 족보 자체가 파괴되었는데 괄호로 언급된 노예제-안의-모계에 무슨 '의미'가 있단 말인가?

지구적 영역/대학원 교과과정에서의 초민족적 문자능력

나는 '보편성에의 접근'에서부터 불균등한 탈식민화의 '지구적 영역'으로 여성의 이름과 함께 넘어가자고, 그 영역이 탈식민화 중인 페미니즘을 연구할 때 페미니즘을 탈식민화하자고 호소한다. 나는 페미니스트 역사가들과 사회과학자들로부터 많은 도움을 받아 독

21) 포브스(Forbes)는 어떤 기성 견해와 대조적으로 혼혈아에 대한 핵심 묘사는 아랍의 muwalladmaula를 전위한 것이라는 설득력 있는 사례를 제시한다(F, pp. 141f). 제국 구성체에 관한 논의들에서 이슬람이 갖는 중요성은 다른 곳에서는 위로부터인데 여기서는 아래로부터(from below) 예증된다. 일반 독자에게 그 출처로는 Samir Amin, *Unequal Development: An Essay on the Social Formations of Peripheral Capitalism*, trans, Brian Pearce (Boston: Monthly Review Press, 1976); Perry Anderson, *Lineages of the Absolutist State* (London: New Left Books, 1974) 참조.

학하면서 '탈식민화 중인 페미니즘' 강좌를 가르치고자 했다. 그때 나는 이 모험을 통해 교육자(말하자면 나 자신)한테 얼마나 많은 교육이 필요한지를 개인적인 경험으로부터 알게 된다. 발전 중인 여성들에 대한 페미니즘적 초점을 비판하는 것이, 내가 이미 인용했던 아이와 옹의 글이 갖는 주요 전제들 중 하나라는 점을 깨닫고서 나는 고무된다. 이러한 고무는 다음을 한 번 더 암송할 기회를 나한테 제공한다. 즉, 이러한 노력 가운데 우리는 우리의 작업을 사회과학들로써 대리보충함으로써 또 사회과학들의 작업을 우리의 작업으로써 대리보충함으로써 상호학제적인 가르치기를 배워야 한다고 말이다.

우리가 인문학 분과 노선들에 따라 정의된 문학-문화연구 내부에서 지구성의 문제에 관습적으로 접근하는 것은, 종족성의 문학을 통해서이다. 그리스어로 에트노스(ethnos)는 '우리 자신과 같은 종의 사람들'을 뜻했으니 우리는 그 단어를 좀 확장해 '민족'을 뜻하는 것으로 받아들인다. 그리스어 에트노스와 나란히 에트니코스(ethnikos)라는 단어가 있었는데 그 단어는 '이교도'를 뜻하기 위해 종종 채택되었다. 이미 이렇게 사용 가능한 단어들을 신약성경이 어떻게 사용하고 있는지를 살펴보는 것은 어렵지 않다. 기독교에 속하는 많은 개념들처럼, 이 단어들도 얼마간 폄하를 돕도록 영어 속에 압축되어 들어갔으며, 〈정복의 시대〉에는 '다른 (좀 못한) 민족들'을 뜻하게 되었다. 제국주의의 와중에 정복이 자체를 공고하게 했던 19세기에, 그 단어는 특히 '인종지학'과 '인종학' 형태로 '과학적인' 것이 되었다. 우리는 한편으로 영국 인종학자-인종지학자들과 다른 한편으로 인류학자들 사이에 있었던, 그들 연구의 기초를 언어와 육체적 특징들 중 어디에 두어야 할 것인가를 둘러싼 논쟁들을 알고 있다. 물론 각 분과 자체가 인종, 문화, 종교의 개념들에 관심을 두고 있었다. '민족적 기원'과 '종족성' 사이의 그러한 연관들은 이제 의문의 여지 없이 정치적인 자리를 차지하고 있다.

나는 종족성의 문학은 에트노스와 에트니코스 사이에서 자체를 쓴다고 생각한다. 여기서 에트노스란 숙고된 자기-정체화 없이 그녀 자신의 민족(그 의미가 무엇이건 간에)을 위해 글을 쓰는 작가를 뜻한다. 에트니코스란 그녀 자신을 하나의 무대화된 정체성 속에서 분리함으로써 그 의미를 역전하며 그녀 자신을 (탈)인류학화하는, 폄하하며 정의된 타자를 뜻한다. 그리하여 이 두 번째 의미에서 말하는 종족성의 문학은 스스로 분리된 작가의 서명을 역설적으로 실어 나른다. 지배자의 전위를 무대화하는 것은 어쨌건 거기서 색인으로 남아 있을 게 틀림없다. 가부장적 혹은 가부장화된 종족성에 대한 여성의 관계는 이러한 서명에 대한 자신의 접근을 더욱 복잡하게 만든다.

거의 80년 전에, 문화적 정체성에 대한 탐색은 일종의 나르시시즘이라는 프로이트의 제안이 나온 바 있다. 에스니코이(ethnikoi)의 에스니시티(종족성)를 놓고서 지배적으로 일반화된 접근 혹은 세계체제론적 접근이 있는데, 그것은 프로이트의 제안과 일정한 유사성을 갖는다.

> 본능적인 리비도 충동들이 주체의 문화적 윤리적 개념들과 갈등을 일으킨다면 질병의 원인이 되는 억압의 흥망성쇠를 겪는다고 우리는 배워 왔다. … 주체가 자기 앞에 자신의 이상으로서 투사하는 것은, 자신이 자신의 이상이었던 아동기의 잃어버린 나르시시즘의 대용품이다. … 그 자아 이상(ego ideal)은 … 사회적 측면을 지닌다. 또한 그것은 가족, 계급 혹은 민족의 공통된 이상이기도 하다.[22]

제도적인 공산주의의 실패들과 무관한, 종족성에 관한 표준적인 세계체제론적 평가는 대략 다음과 같다. "긴 역사적 시간과 광범위한 세계 공간의 견지에서 보면 (민족들과 종족 집단들)은 서로 희미해져서 '집단들'이 되어 간다. 짧은 역사적 시간과 좁은 세계 공간의 견지에서 보면, 그것들은 명백하게 정의되며 그리하여 특징적인 구조들을 형성한다."[23] 나는 "집단들을 물화하는 지적 압박"에 대한 저항과 일반적으로 공감할지라도, 지구성 속에서의 종족성들에 대한 이러한 세계체제론적 견해와 더불어 작업할 수는 없다. 장기간의 시각과 광범위한 공간은 너무나 큰 전망 속에 있으니 그 정확한 묘사를 생산하기 위해 그것들을 습득하는 법을 배우기란 쉬지 않고 대리보충되어야만 유용할 테니까 말이다.

승화와 상징적 회로는 문화윤리적인 병을 야기하는 억압들이라는 프로이트의 재현을 바를 넘어선다. 그 문화윤리적인 병은 개인적 혹은 사회심리적 제도들에 맞서는 움직임이

22) Sigmund Freud, *The Standard Edition*, vol. 14, trans. James Stratchy (New York: Norton, 1961-), pp. 93, 101.

23) Giovanni Arrighi, Terence K. Hopkins, and Immanuel Wallerstein, *Antisystemic Movements* (London: Verso, 1989), p. 21. 그다음 구절은 20쪽에 나온다.

라고 재현되기도 한다. 프레드릭 제임슨은 그러한 재현들을 문학비평적 측면에서 재현한다. 그래서 그는 얼마 동안 제3세계 문학을 초민족적 자본주의의 알레고리라고 읽어 왔다. 여기서 내가 그저 기호현상의 상징적 질서는 아니라는 알레고리에 관한 다른 정의를 주장하고 싶은 것은, 내가 제임슨과 동의하기 때문이다. 그렇지 않으면 정치적 정확성과 자유주의적 다문화주의에 대한 비난들 사이에 사로잡혀, "이단 자체는 진리의 표시가 아니"[24] 라고 말할 권리가 우리로부터 부인된다.

나는 『아바로드-바쉬니』(*Abarodh-bashini*) 혹은 『귀부인 죄수』의 서두에 나오는 말들을 나의 모토로 삼는다. 이 작품은 1915년과 1917년 사이에 인도 무슬림 여성인 로케야 사카와트 호사인(Rokeya Sakhawat Hossain)에 의해 발간되었으며 베일을 쓰는 여성의 삶을 비판한다. 그녀는 종족성 작가의 서명뿐만 아니라 가부장적으로 감금된 여성의 서명은 자기 분리된 것임을 보여준다. "우리는 그토록 오랫동안 감옥에서 살다 보니 그 습관에 젖어 들게 되었다. 그래서 우리는, 특히 나 자신은 감옥에 맞서서 할 말을 전혀 갖고 있지 않다. 어부의 아내가 '썩은 물고기의 냄새가 좋은가 나쁜가?'라는 질문을 받는다면, 그녀는 무엇이라고 답할 것인가? 여기서 나는 우리의 자매 독자들에게 우리의 개인적 경험 몇 가지를 선물하고자 하며, 나는 그들이 기뻐하기를 바란다."[25]

로케야 호사인은 알레고리에 대한 좀 더 책임감 있는 의식을 나더러 생산하도록 해준다. 즉 호사인처럼 자신을 자신의 감금으로부터 거리를 둘 수 없다고 인정하는 '페미니스트로서 어부의 아내'는, 달리 말해 "(그녀) 자신의 텍스트를 읽을 수 없는 불가능성을 인정한다." 그녀 자신이 말하듯, "(감금) 서사의 전개를 활성화하는, 또 왜곡된 것처럼 보이는 방식으로 그 서사를 해체하는 내재적 논리에 맞서"[26] 단편적인 예들을 생산할 수 있을 뿐이기 때문이다. 우리가 자본주의에 감금되어 있고 습관화되어 있는 만큼, 우리는 바로 그러한 모델에 따라 권위적인 참조의 원천으로서 자본주의가 아니라 그 논리 속에 있는 지속적인 작은 실패들과

24) Marcuse, "Repressive Tolerance," p. 91.

25) Begum Rokeya Sakhawat Hossain, "Lady-Prisoner," in *Rokeya-Rachanabali* (Dhaka: Bangla Akademi, 1984), p. 473. 스피박의 번역.

26) Paul de Mann, *Allegories of Reading: figural Language in Rousseau, Nietzsche, Rilke, and Proust* (New Haven, CT: Yale University Press, 1979), p. 205. 다음 구절은 208-209쪽에 나온다.

그 논리에 대한 간섭들로서 자본주의의 알레고리를 찾고자 시도할 수 있겠다. 그러한 시도는 자본주의를 재코드화하여 우리의 통일성을 생산하는 것을 돕는다. 여기서 '알레고리'는 "실천의 참조적 유효성과 함께 큰 소리로 말한다."

자본주의 내부로부터 자본주의에 대한 간섭들을 생산할 수 있는 이러한 실천을 배우는 것은, 의제에 올라와 있는 탈식민화의 다양한 형태들을 '포스트식민성'으로 뭉뚱그리기보다 그것들을 구분할 수 있도록 미래의 교육자들을 초민족적으로 읽히는 인문학 분야에서 만들어 낼 것을 우리에게 요구한다. 나는 초민족적 읽기능력에 관해 말하고 있는 중이다. 우리가 하나의 언어로 읽기능력을 성취함으로써 그 언어의 전문가가 되고자 하는 것은 아니라는 점을 명심해야 한다. 그러므로 나는 대학원 교과과정에 불가능한 요구를 하고 있지 않다. 읽기능력은 문자들 사이를 구분하는 기술을 생산하여 하나의 정연한 텍스트를 읽고 다시 읽고 쓰고 다시 쓸 수 있게 한다. 읽기능력은 우리에게 타자는 그저 하나의 목소리가 아니며 타자들도 정연한 텍스트들을 생산한다는 점을, 우리처럼 타자들도 우리 자신이 만들지 않은 텍스트 속에 쓰이고 텍스트에 의해 쓰인다는 점을 알아차리게 한다. 우리가 자본주의하에서의 정의에 거는 희망 내부로부터 하나의 간섭적 실천을 위한 지반들(gorunds)을 발명할 수 있는 것은, 초민족적 읽기능력을 통해서이다.

우리가 초민족적인 읽기능력을 갖추고 있다면, 비교주의적 관점보다 해체적 관점을 갖는 혼종성이나 포스트식민성의 특정한 섹션에 속하는 스펙터클한 실험 소설과 문체로는 경쟁하지 않는 부문들을 읽을 것이다. 그때 토착 미국 소설은 제4세계의 원래 공산주의적, 전자본주의적 종족성들에 대한 경제적 주변화를 우리에게 상기하는 작업에 알레고리로써 개입할 것이다. 우리는 그 경제적 주변화를 다음 사실과 연결할 수 있다. 즉, 우리가 영어로 쓰인 인디언 글쓰기의 세련됨에 감탄할지라도, 영어로 글을 쓰는 비기독교적인 부족적 인도계-영국 소설 작가를 아직 보지 못했다는 사실 말이다. 또한 우리는 문체로는 경쟁하지 않는 모든 문학을 그 조잡한 의미에서 동일한 초민족적 알레고리라고 분류할 수 없다는 점도 발견할 것이다.

예컨대 방글라데시의 예를 들어보자. 여러분은 포스트식민 혹은 제3세계 문학 과목에 방글라데시에서 나온 항목은 거의 발견하지 못할 것이다. 국제 시장에서 그 문체가 경쟁력이 없기 때문이다. 유엔은 개발도상국 리스트의 최하위 수준에 방글라데시를 써넣고 있으며 방글라데시 여성들을 발전의 최하위 구렁텅이에 놓고 있다. 방글라데시가 1947년에 영국으로부터 탈식민화하고, 1971년에 서파키스탄으로부터 해방된 결과, 이중적 탈식민화를 경험해야 했다는 점을 우리 학생들은 알지 못할 것이다. 또 19세기에 일차적으로 힌두 벵골 민족주의자들에 의해 또 아랍어와 우드루어에 대한 상층 방글라데시 인들의 충성에 의해 자체의 언어가 전유된 결과, 방글라데시 인들은 자신들의 언어를 조금씩 되찾아 와야 한다는 점도 알지 못할 것이다. (나는 12장 「영어로 번역하기」에서 이것에 관해 좀 더 길게 말한다.) 그 되찾기 과정은 데니즈 칸디요티의 『여성, 이슬람, 국가』라는 책에 나오는, 방글라데시에 관한 나일라 카비르의 글에서 확보할 수 있다.[27] 그러나 "진보적인 비정부 조직들"에 관한 좀 신비한 문단과 별도로, 다음 사실에 관한 언급은 그 책에서 나오지 않는다. 즉, 방글라데시의 해방 시기와 방식 때문에 그 나라가 아시아-태평양의 상황과 더 오랜 포스트식민 나라들의 상황과는 의미심장하게 다른 방식으로 초민족적 지구적 경제의 발톱 속에 떨어졌다는 사실 말이다. 또한 산아제한이라는 이름으로 다국적 제약회사들이 벌이는 장난에 의한 최악의 희생자는 여성의 몸이라는 사실도, 발전이라는 이름으로 국제적 화폐 조직들은 비인격적인 불가해한 국가를 더 오래되고 더 인지 가능한 적들-겸-보호자들인 가부장적 가족으로 대체하고 있다는 사실도 언급되지 않는다. 이러한 상황에서 가장 역동적인 정신들은 문학 생산이 아니라 대안적인 발전 작업에 참여한다. 또한 방글라데시에서 계급에 고정되어 있는 문학생산 자체가 초민족성의 와중에 있는 민족이라는 맥락에 관심을 두지 않은 채, 오히려 번역의 에너지라곤 생산하지 않는 민족 고착적인 견해에 관심을 둘 뿐이다.[28]

약 30년 전에 노턴 크리티컬(Norton Critical) 출판사의 『제인 에어』 편집판본에 수록되기에는 너무 대립적인 글이라고 거부당한 나의 글에는 다음과 같은 내용이 쓰여 있었다.

충분한 문학적 각인은 제국주의적 파열이나 불연속성 속에서 쉽게 번창할 수 없다. 그 파

27) Naila Kabeer, "The Quest for National Identity: Women, Islam and the State in Bangladesh," in Deniz Kandiyoti, ed., *Women, Islam and the State* (Philadelphia: Temple University Press, 1991), pp. 115-143. 인용된 구절은 138쪽에 나온다.

28) 눈에 띄는 예외는 파라드 마자르(Farhad Mazhar)의 시이다.

열이나 불연속성은 본연의 법으로 위장하는 이질적인 법체계, 유일한 진리로 확립된 이질적인 이데올로기, '토착민'을 자기를 공고하게 하는 타자로서 확립하느라 바쁜 인문과학 집합에 의해 은폐된다. … 상실한 기원들을 향한 향수에 굴복하지 않고 그 파열을 다시 열어젖히기 위해 문학비평가는 제국적 통치(imperial governance)의 문서보관소로 방향을 돌려야 한다.(CPR, pp. 131, 132)

지난 10년에 걸쳐 나는 문학적 재각인은 제국주의의 출범에서뿐만 아니라 재식민화의 불연속성에서도 쉽게 번창할 수 없다는 점을 고통스럽게 배워 왔다. 문학비평가와 교육자는 바로 그 실패들에 의해 알레고리가 된 체계 속에서 초민족적 읽기능력을 습득하고 전승해야 한다. 이중구속에 대한 이러한 암시는 이제 하나의 균형을 잡는 행위와는 완전히 바뀌고 말았다. 오늘날 자신들의 '식민적 기원'을 확립하려는 높은 자리의 지식인들 가운데 미친 아귀다툼이 일어나고 있다. 그러한 노력들은 세계체계론적 문학이론의 조급함, 포스트식민성의 혼종성 이론들, 다문화주의와 반인종주의의 고립과 더불어 그 파열이나 상처를 열어젖힐 수 없다. 이것은 인문학으로 대학원 교육에 참여 중인 부상하는 지배자들의 무한 책임이다. 그렇지 않으면 우리는 린 체니와 같은 사람의 경건한 척하는 다음 선언과 같은 편에 서는 셈이다. "물론 나는 다문화 교육을 지지한다. 모든 아동이 스스로 성공할 수 있다는 것을 알아가기를 나는 바란다."[29] 우드로우 윌슨은 어떤 면에서는 모든 미국인이 산업의 선장이 되기를 원한다고 시사한 바 있었다.

이러한 초-개인주의자적 신념에 맞서고 넘어서서 나로 하여금 방글라데시 어로 작성된 〈코밀라 선언〉(Declaration of Comilla, 1989)을 인용하게 하라. 이 선언문은 방글라데시 대안 발전 집단체인 UBINIG의 후원하에 〈재생산공학과 유전공학에 대한 국제 페미니스트 저항 네트워크〉에 의해 작성되었는데, 발전 내부에서의 간섭적인 읽기 실천을 다시금 제안하고 있다.

우리는 제한된 세상에서 살고 있다. 제한된 세상 내부에 (무제한 성장을 유도하는 무제한 진보의)

29) 9월 28일에 CSPAN에서 방송된, 〈국가 언론 클럽〉(National Press Club)과의 토론.

환상을 실현하려는 노력 속에서 다른 사람들이 성장할 수 있도록 어떤 사람들은 착취될 필요가 있다. 남성이 성장할 수 있도록 여성은 착취된다. 북반구가 성장할 수 있도록 남반구는 착취된다. 사람들이 성장할 수 있도록 동물들이 착취된다! 어떤 사람들의 좋은 삶은 항상 다른 사람들의 희생을 대가로 치른다. 어떤 사람들의 건강은 다른 사람들의 질병에 근거해 있다. 어떤 사람들의 생식력은 다른 사람들의 불모에 근거해 있다. … 지배계급한테 좋은 것이 모든 사람에게 좋단 말인가?[30)]

나는 앞의 논의를 '도덕주의'라고 중얼거리는 세계체제론자들의 소리를 바로 들을 수 있다. 하지만 자유주의적 다문화주의의 도덕주의는 우리로 하여금 이 여성들의 훈계를 망각하도록 한다. 우리가 미국 자본주의에서의 우리 자신의 역할이나 희망을 부인할 때, 우리는 어부의 아내처럼 썩은 고기의 냄새가 좋은지 나쁜지 분간할 수 없다.

최근에 나는 반은 농담으로 최신 비평은 더 이상 문학의 '문학적인' 부분을 중요하게 고려하지 않는다고 말하는 한 동료의 소리를 들었다. 이와 대조적으로 우리는 문학의 정의를 사회적 기입을 포함하는 것으로 확장시킨다. 파리다 아크터(Farida Akhter *방글라데시 영화배우, 제3세계에 만연된 고난, 억압, 사회적 부정의와 대면하는 여성을 연기해 국제적인 명성을 얻었다. 1943년의 벵골 기근을 다룬 사티야지트 레이의 『머나먼 천둥』을 각색한 영화로 1973년에 황금사자상을 받았다)는 1991년 11월 11일에 개최된, 〈건강한 행성을 위한 세계여성의회〉의 제3차 총회에서 "다른 사람들에게 인구 정책을 강요하는 개발도상국들의 의제"에 분노하며 개입한다. 그녀는 방글라데시 출신 상류층 포스트식민 여성들의 문학 텍스트들이 미국 교과과정에 부재하는 현상에도 개입하는 등 관계를 맺고 있다. 학위논문들을 지도하고 미래의 선생들을 가르치는 우리 중 일부가 (일반적인 학부 교과과정에 중요한) 민족-기원의 정당화 모델을 따르며 '문화'라고 불리는 어떤 것과 아직 안달하고 있다면, 우리는 부상하는 지배자들의 계기를 포착하는 데, 정의의 긴급함으로써 시간을 분열시키는 데 실패한 셈이다. 제2차 인터내셔널을 고사시켰던, 민족에 기초를 둔 갈등을 해제하는 지렛대로서 행동할 만한 것은 새로운 이민자 지식인의 협상 가능한 민족성이다.

---

30) "Process of Writing," in *Declaration of Comilla* (Dhaka: UBINIG, 1991), p. xiii.

결론

나는 아씨아 제바르(1936-, 알제리 소설가이자 번역가이며 영화제작자. 북아프리카의 가장 유명하고 영향력 있는 작가로 페미니즘 입장에서 무슬림 여성이 직면하는 사회적 어려움과 장애를 그린다.)의 소설 『판타지아』에 나오는 두 구절로써 6장을 끝마치고자 한다.[31] 인도처럼 알제리도 오랜 포스트식민 국가이다. 민족해방의 순간에 탈식민화의 옛날 양식들은 두 나라 모두에서 무너지고 있는 중이다. 지구화 회로에 더욱 적극적인 나라가 인도이기는 하지만 말이다. 초민족적 읽기능력은 이 두 나라로부터 다른 종류의 목소리를, 특이한 여성들인 마하스웨타와 아씨아 제바르의 목소리를 듣게 한다는 점을 우리더러 인식하도록 해준다.

제바르의 경우, 그러한 붕괴는 『죽어가는 식민주의』에 나오는 베일 벗기에 대한 파농의 그릇된 희망을 심오하게 비판하는 무대가 될 수 있다. 여기 파농의 유명한 말이 나온다.

> … 오늘날 … 유일하게 타당한 도전, 즉 혁명의 경험을 받아들이는 알제리 여성의 지위에 관해 많은 논의들이 있다. 가정에 대한 알제리 여성의 열렬한 사랑은 우주에 의해 부가된 한계가 아니다. … 알제리 사회는 그토록 설득력 있게 묘사되어 왔던 여성-없는 사회가 아니라는 점을 스스로 드러낸다.[32]

제바르는 『판타지아』에서 자신을 고전 아랍어에 대한 접근을 부인당한 알제리 무슬림 여성으로 무대화하면서, 불어로 자신의 전기를 도표화한 단편적인 판본을 제시한다. 나는 그중에서 다음의 단편들(fragments)을 인용한다.

> 위험하게 얄팍해져 가는 내 구전 문화의 덧대기(overlay) … 아동기의 기억들을 가장 잘 누그러뜨리기에 관한 글을 쓰는 것은 목소리를 빼앗긴 육신으로 되돌아가게 한다. 불어로만 쓰는 자서전을 시도하는 것은 생생한 부검의 느긋한 메스 밑에 놓인 피부보다 더 많은 것을

31) Assia Djebar, *Fantasia: An Algerian Cavalcade,* trans. Dorothy S. Blair (New York: Quarter Books, 1985)(이후 여기서의 인용은 본문 중에 D와 함께 쪽수를 표기함, 수정된 번역임).

32) Frantz Fanon, *A Dying Colonialism*, trans. Haakan Chevalier (New York: Grove Weidenfeld, 1965), pp. 65-66, 67.

보여준다. 그 육신은 벗겨지고 그것과 더불어 더 이상 쓰일 수 없는 아동기의 말하기는, 파편으로 찢겨 나가 더 이상 쓰일 수 없다. 상처들이 다시 열리고 혈관들이 울고, 자아의 피가 흐르며, 결코 마른 적이 없었던 타자들의 피가 흐른다.(D, pp. 156, 178)

여기서 정체성은 역사적으로 헤게모니적인 제국의 언어들에 의해 하나의 상처로서 드러난다. 이중구속을 "(그들의) 글쓰기의 실천"(D, p. 181)이라고 배웠던 자들에게 말이다. 좀 다른 유럽중심적 경제 이주에서뿐만 아니라 탈식민화하는 나라들에서 페미니스트들이 느끼는 이러한 이중구속은 우리의 이중구속이 아니다. 우리의 분리된 정체성의 상처는 이토록 구체적인 상처가 아니다. 이 상처는 앵글로-미국-유럽연합에 진지를 둔 자본주의에 있는 희망에 의해 반드시 그런 것은 아니지만 실로 드물게 열린다.

『판타지아』의 주요 모티브들 중 하나는, 정복자의 글쓰기 실천에 있는 이중구속으로 자서전을 성취함으로써 그러한 실천에 숙달되지 못했던 젠더화된 서발턴이 그 실천을 진지하게 받아들이는 법을 배울 수 있는 가능성에 대한 명상이다. 그래서 그 책의 3부를 구성하는 많은 섹션들에 감추어져 있는 단 하나의 에피소드는 언급될 만하다. 그 에피소드에서 주인공은 80세의 농촌 무자히다(mujahida, 여성 자유 투사)인 조라(Zohra)에게 주격인 당신-목적격인 당신(tu-toi)의 윤리적 특이성 속에서 말한다. 조라는 민족주의 투쟁에 참여함으로써 또 탈식민화된 알제리에서 여성의 주장들이 무시됨으로써 피폐해졌다. 소설-안의-자서전 작가의 성취는 이 친밀한 대담자에게서 이야기꾼으로서 충분히 만개될 만하다. 자기 자신의 이야기를 말한다는 것은 탈식민화 중인 특권적 페미니스트에게 내려진 정체성의 연속주의적 명령이 아니다.

로케야 사카와트 호사인이라는 인도 상층 계급 여성은 일기를 쓰지는 않았지만 어부의 아내로서 말했다. 불어로 교육받은 이 여주인공은 오리엔탈리즘의 걸작인 외젠 프로망탱(Eugène Fromentin, 1820-1876. 프랑스의 화가이자 작가)의 『사하라에서의 여름』(*Un été au Sahara*)에 알레고리적으로 간섭하면서 19세기의 알제리 창녀인 파트마(Fatma)와 마리엠(Mariem)의 이야기를 활성화하고자 시도한다. 호사인은 성공한다. 조라의 호기심이 "'그런데 파트마는요? 마리엠은요?'라고 불타오르기 때문이다. 틀라 조라는 그 이야기를 마치 음유시인이 말하는 전설인 양 따라가고 있는 자신을 알아차리고서 끼어들었다. '당신은 이 이야기를 어디서 들었나요?'라며 조라는 참을성 없이 계속했다." 여기서 (이제 '당신'과 관계되고 책임감이 있기 때문에 결국 명백해지는) '나'는 간단하게 대답한다. "'나는 그 이야기를 읽고 있어요!'라고 응수했다. '한쪽 눈만 가진 증인이 그 이야기를 써내려갔던 한 친구에게 말했다.'"(D, p. 166)

이렇게 두드러질 게 없는 짤막한 섹션은 "당신의 사촌인 내가 이 이야기를 모국어로 번역하고 당신에게 보고한다. 그래서 나는 네 야채 꾸러미 앞에서 네 작은 어머니와 가까운 덧없는 점쟁이처럼 나의 자아를 시험한다."(D, p. 167) 그녀는 번역의 도구로서 자신의 모국어를 타자 여성과 공유한다.

이렇게 분할된 정체성 영역의 불화 속에서, 모국어로 공유된 그 이야기는 영원히 간섭하며 (모든 읽기 행위에서) 영원히 부재한다. 그 이야기가 모국어로 하는 것이기 때문이다. '지금'의 권위는 그 책의 모든 '여기'에서 부재하는 자서전을 출범시킨다. 그 사라지는 프레임의 계기는 화자의 개인적인 어린 시절에 관한 "기억 속의 텅 빈 곳"을 해제한다. 그리하여 이해할 수 없는 코란의 저주를 중얼거리는 한 늙은 할멈의 이미지를 낳을 뿐이다.

『판타지아』가 가닥마다 풀렸을 때, 그 마지막 움직임은 자서전으로 남는 짧은 세 대목에 나온다. 첫 번째 대목은 여성자유투사의 진정한 선조로서, 알제리에 추방된 1848년의 프랑스 혁명가인 폴린 롤랑드(Paulin Rolland)에 대한 찬사이다.[33] 여성을 위한 혁명담론은 토착 문화 생산에 의존할 수 없다. 조라에게 말해진 이야기가 부재하는 이야기의 말하기로서 자서전과 분리된 채 접근하는 계기라면, 여기서의 자서전은 폭력의 손상된 환유로서만 또 부분대상으로서만 동일시 가능한 타자에게 글쓰기를 제시하거나 글을 쓸 가능성이다. 다시금, 간섭된 지속적인 원천은 외젠 프로망탱이다. 다음 구절에는 설명되지 않은 아랍어 단어 하나가, 사실 펜을 뜻하는 한 단어가 나온다.

> 외젠 프로망탱은 나한테 예상 밖의 손 하나를, 그가 결코 그릴 수 없었던 미지의 여인의 손을 제공한다. 그는 사악하리만치 자세하게 그 손을 묘사한다. 그 학살이 일어난 지 여섯 달

33) 롤랑(Rolland)의 추방 여정을 마르크스의 「브뤼메르 18일」에 나오는 1848년에 관한 힘찬 분석들로부터 작업해 보는 것은 흥미로울 터이다.

이후에도 여전히 악취로 가득한 오아시스를 떠나면서 그는 익명의 알제리 여성의 잘린 손을 먼지로부터 집어 올린다. 그는 그 손을 자신의 길에다 다시 던져버린다. 나중에 나는 이 살아 있는 손을, 손상된 손을, 기억의 손을 붙잡는다. 그리고 나는 그것을 펜(qalam)에게 가져가고자 시도한다.(D, p. 226)

내가 6장에 썼던 모든 것은, 이렇게 분리된 순간에 우리는 우리 자신의 손에 펜(pen)을 들기 위해 힘 있게 작업해야 할 뿐만 아니라, 불균등한 지구화 속에서 우리에게 제공된 펜(qalam)을 집어 들고자 또한 시도해야 할 가능성에 대한 명상이다. 6장은 또한 우리가 우리 폴라로이드의 도움을 받아 이 세상의 부서진 변천하는 알파벳을 형상화하고자 시도해야 할 가능성에 대한 명상이기도 하다. 어떠한 균형도 없다. 여성의 일은 집요한 이중구속이다.

7.
행동하는 부분들/정체성 토크

7장은 단편들(fragments)의 모음이라서 제목에 부분들(bits)이라고 쓴다. 우리를 안내하는 하나의 실마리가 있다면, 그것은 여러분이 정체성에 고착된다면 진다는 신념이다. (이 책의 본 역서 282쪽에 나와 있는 데리다의 신기한 예는, 문자 그대로의 정신을 단호하게 따르면서 정체성의 고착이라는 개념을 어리석게 보일 정도로까지 몰아붙인다. 이는 항상 철학의 대항적인 예counterexample이다.) 이 교훈을 종종 망각하는 두 영역은 첫째, 중간 계급의 메트로폴리탄 이주성(자체에 알리바이를 제공해야만 하는 시민사회와 교환된 것인데, 나는 그것과는 다른 곳에 있었다)인데, 그것은 5장의 주제이기도 하다. 다른 한 영역은 3세계(이것은 다른 곳에 있다) 중간 계급의 문화적 자기-주변화라는 것이다.

6장의 끝부분에서 밝혀졌듯이, 아씨아 제바르(Assia Djebar)는 『판타지아: 알제리 행진』에서 자신을 위대한 자서전 작가들의 연쇄 고리에 놓고 있다는 것이 명백했다. 자신의 신학뿐만 아니라 『고백록』을 로마어로 썼던 베르베르인 아우구스티누스(Augustine*기독교 초기(354-430)의 교부), 남아라비아를 도망쳤던 가족의 아들로서 자신의 역사뿐만 아니라 정체성을 아랍어로 썼던 이븐 할둔(Ibn Khaldûn*1332-1406. 카이로 태생. 최초로 비종교적인 역사철학을 발전시킨 아라비아의 가장 위대한 역사가)과 같은 자서전 작가들 말이다.[1] 제바르는 자신을 그렇게 위치 지으

1) Assia Djebar, *Fantasia: An Algerian Cavalcade*, trans. dorothy S. blair (New York: Quartet Books, 1985)(이후 본문 중에 D와 함께 쪽수를 표기함). 이븐 할둔에 관한 세부사항을 위해서는 Albert Hourani, *A History of the Arab Peoples* (Cambridge, MA: Harvard University Press, 1991), p. 1 참조.

면서 역사적으로 헤게모니적인 언어들에 의해 노출되는 하나의 상처로서 정체성에 대한 정의를 실연한다(D, pp. 156, 178, 181). 거기서부터 나는 정체성 토크에 참여하는 '나 자신'의 인용 시리즈를 제시하는 데로 나아간다.

정복자와 자서전 작가의 텍스트들 사이의 관계는 『판타지아』의 스펙터클한 '아라베스크' 부분과도 같다. 이것은 자전적 정체성이 아니라 하나의 획득된(배워진) 시각(perspective)의 표시로서 '탈식민화-중인-페미니스트'가 『고백록』의 9권과 10권 사이에서, 또 이븐 할둔의 "자신에게로 돌아가고 싶은 갑작스런 … 갈망 … 냉정한 부검의 주체이자 대상이 … 되겠다는 갈망"(D, p. 216)에서 발견할 수 있는 정체성의 분할된 영역이다.

알제리에서 펼쳐지는 프랑스의 언어정책들과 교육정책들은 인도에서 펼쳐지는 영국의 그것들과 좀 다르다.[2] 가부장제를 힌두교나 이슬람교로써 절합하는 것도 각기 의미심장하게 다르다. 하지만 일시적인 이야기를 무대화하는 제바르의 섬세함과, 『판타지아』를 읽기 9개월 전에 콜카타에서 '해체-번역'이라는 주제에 관해 나의 예전 동료 학생들이었던 많은 중견 멤버들로 된 대학 청중 앞에서 모국어로 강의할 때의 나의 입장 사이에 강한 구조적 연계가 있다. 그 강의는 자신들의 행복한 서식지에 살고 있는 벵골 사람들 사이에서 벵골 정체성에 대한 책임감을 공개적으로 인정하는 그런 상황이 되었다. 콜카타는 서벵골의 수도이며, 인도계 벵골 고급문화의 중심지이다. 또한 그 강의는 지역민들이 국외이주민들을 테스트하는 상황이었고, 이 책의 6장 「시대를 가르치기」에서 쉽게 주장된 집단적 정체성의 반대였던 말하자면 하나의 정체성 카드를 제시하는 자리였다. 지역민들은 그들의 휴머니즘 비판뿐만 아니라 해체 문제들에도 혹독하게 잘 준비되어 있었다. 의심받을 여하한 선심 쓰는 태도(나는 무서웠다)는 판단의 실수였을 뿐만 아니라 미국과 오래 접촉함으로써 오염된 나의 정체성을 정확하게 드러내는 것이었다. (결국 다른 쪽에서 나를 후원했다. 가장 많이 배포되는 벵골어 일간지 『아난 바자르 파트리카』(*Anahda Bazar Patrika*)의 일요일 보급판에서 나의 정체성은 정당화되었다. 나는 '벵골의 딸'로서 환영받았을 뿐만 아니라 내 토착어에 대한 나의 구사력은 당혹스러울 만큼 칭찬받았다.)

회고해 보면 '해체-번역'을 조심스럽게 연습하는 내게 가장 흥미로운 일은, 내가 '정

---

2) David Prochaska, *Making Algeria French: Colonialism in Bone, 1870-1920* (Cambridge: Cambridge University Press, 1990); David Kopf, *British Orientalism and the Bengal Renaissance* (Berkeley: University of California Press, 1969) 참조.

체성'이라는 영어(identity)의 사전적 정의에 나오는 실수를 무대화함으로써만 그 문제에 들어갈 수 있었다는 점이다. 나는 이 논의를 진전하기에 앞서 아씨아 제바르에게 다시 돌아가고자 한다.

6장에서 나는 『판타지아』의 마지막 움직임을 사실상 펜을 뜻하는 설명되지 않은 아랍어 단어 하나를 갖고 논평했다. 제바르는 "나는 살아 있는 손을, 손상과 기억의 손을 붙잡는다. 그리하여 나는 그 손을 qulam으로 데려가기를 시도한다."(D, p. 226)고 쓰고 있다.

이 단편적인 피날레는 알제리 여성의 몸에 관한 수사학에서 하나의 항목을 의미화하는 용어를 둘러싼 두 가지 프랑스 사전 항목들로써 시작된다. 그 항목들은 두 가지 반대되는 방식들로 그 형상을 읽는다. 혹자는 tzarl-rit를 "(여성의) 입술에 키스하는 동안 기쁨의 소리를 외치는 것"을 뜻한다고 말한다. 다른 사람은 그 동일한 단어가 "(어떤 불행과 맞닥뜨린 여성들이) 소리를 지르고 고함치는"(D, p. 221) 것을 뜻한다고 말한다.

나는 유럽 사전 편찬의 한계들을 나타내는 예를 경유해 유럽인의 훼손/기억을 통해 글쓰기를 수여하는 이러한 출범(inauguration)과, 영어 사전 편찬의 한계를 나타내는 예를 경유해 번역에 관한 데리다 글의 번역에 붙인 나 자신의 서론 사이에서 관계 비슷한 것을 구조적으로 찾을 수 있다. 그 관계에서 정동은 표현되지 않지만 말이다. 거기에는 여성 몸의 수사학, 즉 tzarl-rit가 있고, 여기에는 '정체성' 자체라는 남성의 초월적 논리가 있다.

(물론 나는 동일하게 생산된 인도인의 뿌리를 지닌 어떤 자매보다 아씨아 제바르와 정체성의 영역을 공유하고자 좀 터무니없이 긴장하고 있다. 누가, 그녀가? 내가 아래에 자가 인용하는 내용이 나 자신의 벵골 산문을 나 자신의 영어로 최초로 번역했던 예라는 사실에 어떤 적절성이 있을까? 하지만 내가 간파할 수 없는 방식으로 나는 항상 그렇게 하고 있는 것은 아닐까? 그렇다면 거기 여성 몸의 수사학이 있을 것이며 여기에 남성의 초월적 논리가 있다. 사전들에 있는 실수들이다.) 나는 다음과 같이 인용한다.

> 합리적 분석 영역에서 인식되는 혈연 감정은, 개인적 합리성을 넘어 놓여 있는 동기들을 환기하기 위해 역사를 불러내는 민족주의보다 더 바람직하다. 그러므로 나는 해체를 우리 자신의 이담바다(idamvada)와 얽히게 할 수 있도록, 바르트리하리-나가르주나(Bhartrhari-

Nāgārjuna)와 해체 사이의 가족적 유사성과 더불어 시작했다.[3] 이담바다는 정체성이라는 단어의 기이한 번역어이다. 보통 우리는 정체성을 vyaktisatva, svarupa, ekarupatā 등으로 번역한다. 미국에서 언젠가 나는 학생용 영어 사전에서 '정체성'이라는 단어의 원천은 라틴어 idem과 산스크리트어 idam으로 제시되어 있는 것을, 둘 다 '동일자'를 뜻한다고 인용되어 있는 것을 보았다. 지금 보니 라틴어 idem의 의미는 하나라는 뜻이라서 정확하게 '동일한' 것은 아니며 오히려 다수들 혹은 반복들이라는 뜻에서 '동일한' 것이다. 원초적[anādi]이고 독특한[ekamevādvitiam] 것은 idem이 아니며 오히려 많은 재-인용들을 통해 인용될 수 있다. 이 두 가지 의미를 하나로 만드는 것은 개념성의 텍스트-적 짜임새의 느슨한 부분을 비밀스럽게 이어 맞추는 것이다. 적어도 외부에서는 힌두트바(Hindutva, 힌두 민족주의의 핵심어)에 대한 우리의 엄숙한 암송에 이러한 부족-운명 혹은 술책이 작동 중인 것으로 보인다. 내가 캘커타의 디오시산(Diocesan) 학교에서 니리마 핀(Nilima Pyne)의 유능한 지도하에 배웠던 미미한 산스크리트어(나는 미국 독자에게 여기서의 사회적 직조textile를 놓치지 않기를 청한다)로 말미암아, 나는 산스크리트어 이담(idam)이 또한 전혀 위축되지 않고 단일하게 명백한[akshaya ekarūpa] 것은 아닐 거라는 의심을 품었다. 그래서 나는 사전을 살펴보았다. 이담은 위축되지 않는 자기동일성이 아닐 뿐만 아니라, 하나의 대명사로서 그것은 명사의 위엄을 갖고 있지 않으며 항상 명사를 향하고 있어서 늘 어느 특정한 자아의 근접성에 의존하며 그래서 항상 현현하며 색인으로 남는다. 오늘날 전 세계에 걸쳐 '정체성의 정치'(말하자면 종교, 민족 혹은 하위민족의 미분화된 정체성의 이름으로 하나의 분리를 말하고자 하는)는 큰 뉴스이며 거의 모든 곳에서 나쁜 뉴스이다.[4] 미국 학생들의 사전(내 생각에 Merriam Webster college edition)에 있는 표시할 수 없고 표시되지 않은 술수는 정체성의 정치의 핵심에 놓인 사기를 가시화한다. 그러한 간행물을 기념하는 뜻으로, 이러한 경우에만 나는 아함바다(ahamvāda, 자체임으로서 에고이즘)가

---

3) 이 두 철학자-언어학자의 연구에 대한 논의로는 Bimal Krishna Matilal, *Words and the World* (Delhi: Oxford University Press, 1990) 참조. 이 문장에 뒤따르는 모든 '인도어' 단어들은 산스크리트 철자법을 베낀 것에 따라 표기되지만, 벵골어 발음으로는 상당히 다른 소리를 낸다. 또한 벵골어 알파벳은 산스크리트 데반가리(Devangari) 알파벳에서 파생되었지만 둘은 서로 상당히 다르다. 이는 영어가 삭제한 역사의 또 다른 불화이기도 하다.

4) 아서 슐레진저(Arthur M. Schlesinger)에 따르면 미국의 다문화주의가 "미국을 분할한다."고 하는데 나는 7장의 후반부에서 그 견해로부터 나 자신을 분리시킬 것이다. 그러나 나는 인도 맥락에서는 분리주의에 맞서 말해야 한다고 느꼈다. 우리는 명령들에 따라 행동하기 때문에 상황들을 고려해야만 한다.

아니라 이담바다(idamvāda)라고 이상하게 해체된 '정체성'의 번역을 제출한다. 해체-작업은 이담바다를 보여주기 위해 정신의 아함바다 구획을 흔든다. 그리하여 우리는 구체적인 민족 정체성이라는 이름으로 자신들을 보호한다. 우리는 그 정체성을 알기를 원하지 않으며 그 정체성을 제안하기보다 처분한다.[5)]

그렇다면 여기 나 가야트리 차크라보르티(신문은 스피박을 빠뜨렸다)는 벵골인('벵골의 딸')이라는 정체성에 따라 벵골인들에게 말하고 있는 중이다. 내가 각주 3번에서 지적했듯이, 모든 용어는 구체적으로 벵골어라기보다 일반적인 인도어(여기 영어라는 기반 언어는 벵골어 요소를 지니고 있기는 하다)이다. 나는 인도인인데, 광대한 토지의 동쪽 부분에 또 하나의 벵골이 있고 또 하나의 민족-국가인 방글라데시가 있다. 정체성의 다음 단편(fragment)은 방글라데시에 있는 인도인 가야트리 차크라보르티 스피박으로부터 나온다. 언어는 같다. 어떤 의미에서 그 단편은 이중으로 인용된다. 나는 싱가포르 국립대학의 〈문화연구소〉에 의해 주최된 학술회의에서 다시금 학자들 가운데 한 명의 학자로서 대체로 아시아인들 가운데 한 명의 아시아인으로서 다른 장소에 관해 발표했다. 그 발표에서 나는 방글라데시에서 있었던 어떤 일을 설명했다. (당시 오스트레일리아에서 가르치고 있던 한 미국 동료는 이후 "이런 종류의 이론은 실천을 이끌 수 없다"고 불평한 것으로 보도되었다. 그가 8장을 읽는다면 아마 잘 읽을 터인데, 내가 한순간도 신뢰할 수 없는, 이론과 실천 사이의 관계가 방향을 바꾼다고 하더라도 여기서 그 방향이란 다른 쪽이라고, 즉 이론이 실천을 소화하고자 필사적으로 시도하는 쪽이라고 부드러운 반응을 보일 것이다.) 나는 다음을 인용한다.

서문 - 나는 문화형성에서 남녀가 다른 위치를 차지하고 있다는 가정에서부터 출발한다. 이것을 고려하지 않는 어떤 논의도 설명이라기보다 징후이다. 여성들은 문화를 지탱하거나 의식화된다면 저항하는, 침묵되거나 복화술을 하는 상당한-타자(quite-other)가 아

5) '제안한다'는 것은 대충, 나의 제안은 그곳에 전혀 없습니다(Nāsti ca mama kācana pratijnāa)라는 나가르주나(Nagarjuna)의 유명한 행(line)에 관한 나의 초기 논의로 나를 데리고 간다. 부수적으로 해체-작업에 관한 나의 묘사는 여기서 멋진 옹호를 일부 발견했다. 데리다는 자신의 『마르크스의 유령: 채무 상태, 애도 작업, 새로운 인터내셔널』(*Specters of Marx: The State of the Debt, the Work of Mourning and the New International*, trans. Peggy Kamuf, New York: Routledge, 1994)의 마지막 장에서 이담바다(idamvada)의 다중적 반복들을 풀어 헤치기 위해, 마르크스에게서 나오는 아함바다(ahamvāda)의 경계를 흔들어버렸다.

니다.

지난 며칠 동안 우리는 단일한 성(unisex) 문화들의 인식적 지도 그리기에 관해 이야기했다. 그러나 문화제도들은 하나의 제도나 문화의 제도화를, 그저 연대기적으로 선행하는 사건으로서가 아니라 철학적으로 경계를 이루는 층으로서 먼저 이해할 게 틀림없다. 사실 이 수준에서는 세상 속에 존재할 가능성과 연속적인 '문화'는, 자연으로부터 타자화된 흔적에다 우리가 부여하는 많은 이름들 중 하나이며, 그렇게 이름 부름으로써 그 흔적을 지운다. 이렇게 친숙한 인접 수준은 이미 성차화되어(sexed) 있고, 소위 몸의 내부 경험이라는 가장 친숙하게 거리를 두는 다른 문화 텍스트처럼 젠더를 대리보충할 준비가 되어 있다. 그러나 우리가 문화적 정체성 혹은 문화 주체권의 차이-연기(the difference-deferment)를 어떻게 서사화하건, 이곳에서 '문화'는 마르크스에서의 '가치'와 같이 단순하고 내용 없는 것이라서 차이의 지반으로서 금방 코드화할 수 있는 단어이다. 여러 해에 걸쳐 내가 데리다를 좋아했던 것은 그로 하여금 "무엇인가…"라고 시작하도록 함으로써 필요하면서도 불가능한 질문들을 반복하게 만드는 고집스런 순박함 때문이다. 마지막 수년 동안 내가 가장 많이 개입했던 질문은 "배운다는 것은 무엇인가?"라는 것이다. 윤리의 주체권과 문화의 주체권은 이름 부르기의 문턱을 지나 대타성(alterity)에 대한 주장의 안팎에서 지구성에 입장하거나 대항할 수 있는 자들의 수중에만 있다. 나는 서발턴의 말을 들을 수 없다는 데서 좌절한다. 서발턴이 따로 문화화하기를 가리키는 이름이라면 말이다. "그렇지 않다면 이러한 교훈들을 배운다는 것은 무엇이란 말인가?" 달리 말해 나는 지구적인 것을 지역적인 것 속에서 역전시킴으로써 지구적인 것을 합법화하는 데 관심이 없다. 그 터무니없는 지구적인 것이 문화를 제도화할 때 그 터무니없는 것을 추적하는 데 나는 관심을 둔다.

이것은 내가 대답할 수도, 묻는 것을 그만둘 수도 없는 질문이다. 이러한 궁지의 한 효과 혹은 그 궁지의 부속물로서, 아마 그 궁지의 동반자로서, 혹은 아마 그 궁지를 닫아버리기 위해 나는 관습적으로 1차적 혹은 2차적인 문화제도들의 단편들을 사례들로 전환시키는 자신을 발견한다. 질병들이라기보다 터무니없는 정상성의 사례들, 제도화된 법들을 혼란시키는 사례들로 말이다. 나는 이 사례들 중 네 가지를 뒤에서 제공하고 싶다. 나는 이 파악할 수 없는 것들을 사례들로 생각한다. 그 사례들이 포스트-화법들(post-dictions)이 됨으로써 또 그 이론을 예변법적으로(metaleptically*예변법은 미래의 행동이나 발전이 마치 이미 성취되어 존재하는 것처럼 표현하는 비유법을 말함) 화법-이전의(pre-dictive) 것으로 만듦으로써 하나의 이론을 증명하기를 나는 원하지 않기 때문이다. 그러나 사례들은 아마 그럴까? 나는 그 사례들이 우리의 논의를 입증하는 예화들이 되기를 바라지 않는다. 그러나 아마 사례들이 그 예화들일까? 아무튼 이 사례 보고서들은 나로서는 일련의 작업 중인 분석들과 묘사들을, 실패들을 생산한다. 그것들이 결론을 내리려고 하지 않을 때에, 어느 곳이건 인도하는 것 같기 때문이다.

학술회의 중에 사이먼 듀링(Simon During)이 하나의 사례가 하나의 사례인지를 어떻게 아느냐고 내게 물었다. 내가 제공할 수 있는 최선은, 하나의 단편에서 형성되어 있는 개요를 보니 그 개요는 의미를 만들기 시작하고, 그래서 하나의 사례에 맞아 들어간다고 말하는 것이다. 그렇다면 그 개요는 무엇의 사례인가? 그것은 배우기가 무엇인가라고 묻기 위해, 배우기를 잊으며 배운다(unlearning learning)는 나의 기획에서 내가 걱정해 왔던 것은 아니었다. 그러나 하나의 질문이 하나의 대답을 야기하는 만큼, 잠시 나로 하여금 주체-화(subject-ing)의 사례들을, 행위자-화(agent-ing)의 사례들을, 그리하여 정체-화의 사례들을, 절대적인 타자와의 기원적 종합으로서 문화를 무대화하는 사례들을 나로 하여금 말하도록 해 달라. 또 우리가 문화연구 혹은 문화정치라는 목표를 갖고 시작할 때 우리가 걸고 도약하는 모든 것을 나로 하여금 말하도록 해 달라. 그러나 여러분이 이 페이지들을 읽었을 때라야 비로소 그 진정한 답을 나에게 말할 것이다.

첫 번째 사례는 여기서 내가 뭐라고 규정할 바 없는 대화에 대한, 부서지기 쉬운 교환에 대한 설명일 뿐이다.

싱가포르에 오기 전에 나는 벵골 만의 열악한 곳 끝자락에, 물에 잠긴 쿠투브디아(Kutubdia) 섬과 마헤쉬칼리(Maheshkali) 섬에, 콕스 바자르(Cox's Bazar) 시에, 1991년 4월 29일의 사이클론(*인도양 방면의 폭풍우)과 해류의 공격을 받은 장소들의 인근 해안 꼭대기에 있었다. 거기서는 삶의 모든 행동 자체가 삶을 이어가고자 하는 주요한 노고이다. 내가 그곳에 있었을 때, 나는 이 노고들과 만남들을 다음의 대조에 관해 거듭 또 신랄하게 명상하기 위해서만 생각했다. 즉 그 구역에서 대부분 여성들인 풀뿌리 활동가들의 생기 있는 구호 및 재건 노력들과, 국제적으로 순환하는 유일한 항목이었던 절대적으로 비천하고 의존적인 희생자의 하이퍼리얼한 비디오 이미지 사이의 대조 말이다.[6] 이러한 장소들은 지구성의

6) 내가 그 구역에서 들어갔던 유일하게 에어컨이 설치된 내부는 오랜 〈영국 순회 하우스〉(British Circuit House)의 널찍한 방이었다. 지금 그곳에는 하부-지역 구조 조정자의 사무실들이 있다. 그 조정자인 무함마드 오마르 파루크(Muhammad Omar Farooq)가 〈특별 전문 위원회〉(Joint Task Force)의 사령관에게 보낸 편지를 나더러 인용하게 해 주어 감사드린다. 그 편지의 내용은 다음과 같다.

각하,

오랫동안 당신의 민족은 인내심을 갖고 기다렸고 단호하게 투쟁했으며 눈물과 피를 흘렸습니다. 운명과 당신의 회합이 진실로 도래했고, 1776년 7월 4일에 독립과 자유, 평등과 형제애를 확립하고자 쉴 새 없이 가열차게 투쟁한 세월의 결실을 거두었습니다. 당신의 헌법을 만든 당신의 선조들과 아버지들은 "민중의, 민중에 의한, 민중을 위한 정부"를 세우고자 노력했고, 그리하여 자유, 평등, 형제애는 번성할 수 있었고 날마다 그 힘을 성장시킬 수 있었으며 민주주의가 최상으로 지배할 수 있었습니다.

당신의 선조들은 꿈을 가지고 있었고 그래서 그들은 민주주의를 확립하고자 투쟁했습니다. 그들은 민주주의, 자유, 평등, 형제애 없이는 인간의 자질들을 꽃피울 수 없다는 점을 누구보다도 잘 알았기 때문입니다. 이러한 자질들이 당신의 핏속에 너무도 깊이 혼합되어 있었기 때문에 미국에 들어오는 대문에 서서 지키고 있는 자유의 상처럼 당신과 당신의 동료들과 후손들은 전 세계의 자유, 평등, 형제애를 지키는 보초가 되기를 선택했던 것입니다. 그것은 그저 단순한 우연이 아닙니다.

각하, 당신이 속박으로부터 자유와 독립으로 건너감에 따라, 우리는 독립에서부터 노예제로 속박으로 건너갔고, 나라를 잃어버린 민족이 되었습니다. 우리가 결국 우리의 사슬과 속박을 던져버릴 수 있었던 것은 오랜 세월의 투쟁과 희생을 거친 후였습니다. 오늘날, 우리나라에서 민주주의는 다시 탄생한 셈입니다. 이 나라는 거의 몇 달도 채 되지 않은 신생국입니다. 그러나 이 몇 달 동안에 우리나라는 1991년 4월 29일의 치명적으로 황폐화시키는 태풍과 해수의 범람과 함께 불의 세례를 받았습니다. 이 세례는 우리 민족을 뿌리째 흔들어버렸고 여태껏 알지 못했던 규모로 피폐함을 야기했고 우리 민족을 완전한 충격과 당혹 상태로 남게 했습니다.

그러나 우리 민족은 탄력성을 지니고 있어 태풍과 범람 속에 태어나 그것들과 더불어 자라고 살고 있습니다. 그들에게 태풍과 범람은 자연스런 거주지라고 말할 정도입니다. 의연함과 불굴의 용기를 갖고서 우리 민족은 홀로코스트와 같았던 태풍의 재앙을 견뎌냈습니다. 각하와 같은 친구들로부터 받는 영감과 확고한 도움은 우리로 하여금 조만간 우리 발로 일어서도록 도왔고 용감하게 앞으로 움직이도록 도왔습니다. 각하와 각하의 바다 천사들은 우리의 회복 과정을 도왔고 용이하게 했으며 신속하게 처리했습니다. 우리는 이것에 빚진 상태로 남아 있을 것입니다. 우리의 고마움을 표현할 적당한 단어가 우리에겐 없습니다.

그러나 무엇보다, 영감과 희망의 샘이었던 것은 아마도 각하의 행실이었을 겁니다. 기억할 만한 각하의 말들은 아직도 우리의 귀를 메아리치고 울리고 있습니다. 이 말들은 우리의 마음과 정신에 지울 수 없는 자국을 남겼습니다. 각하는 우리나라의 민주주의를, 꽃피우고 만개하는 데 극단적인 보살핌과 관심을 필요로 했던 어린 식물로 보았습니다. 각하가 말했던 대로 당신은 이 어린 식물의 뿌리를 키우고 물을 주러 왔더랬습니다. 당신에 따르면 민주주의 없이는 인간성도 있을 수 없었으니까요. 당신의 말과 행동은 다시금 진보와 발전으로 가는 우리의 길은 하나뿐이라고, 즉 민주주의의 행보뿐이라고 우리를 확신시켜 주었습니다.

우리는 우리 민주주의의 확립을 확고하게 하는 것을 돕겠다는 헌신적인 친구들과 소망하는 자들을 갖고 있으니, 고무되고 다시 확신을 갖고 용감하게 됩니다. 우리는 이러한 목표를 성취하는 데 성공해야 한다고 확신하며 자신감도 지닙니다. 우리는 그저 실패할 수 없기 때문입니다. 성공하는 것이 바로 우리의 운명이니까요.

각하, 당신과 당신의 바다-천사들이 떠난 지 오랜 후에도 우리의 해안에 짧지만 기억할 만큼 머문 기억들은 우리의 정신에 반복해서 기쁘게 되돌아올 겁니다. 이 기억들은 그저 우리가 잊어버릴 수 없으며 없애 버리고 싶어 할 수 없으니까요.

외부에 있지 않다. 또 다른 맥락에서 나는 거기 현존하는 미국 기동부대 이야기를 할 수 있었고, 또 연속 서사에 나오는 하나의 삽화로서 그 이야기에 대한 대중의 엄청난 비판을 말할 수 있었다.[7]

내가 수도 다카로 돌아왔을 때, 남성 액티비스트이자 마르크스와 헤겔을 알고 있는 약사-시인인 파라드 마자르(Farhad Mazhar)는 나한테 "무엇을 보았나요?"라고 물었다. 나는 그것에 대해 아직 생각을 하지 않았었다. 그러나 하나의 질문이 하나의 대답을 생성하는 만큼, 나는 이 활동가 남성과 더불어 나 자신을 합법화하기 위해 사람들을 끌어모았다. 내 옆에는 농촌 도시 출신으로 고등학교 졸업생인 여성이 앉아 있었다. 그녀는 해안의 섬 문화의 주자가 아니라 맨발 학교의 선생이다. 법대 졸업생인 한 여성은 노동자라기보다 자신의 의사를 또박또박 밝히는 사람으로서 방글라데시 강간법의 문제들을 둘러싼 걱정을 막 털어놓기 시작했다. 내가 말하고 있는 내용이 아주 부담스러운 것임을 알고 있었지만 그녀는 그 사례를 진행시켰다.

나는 가장 가난한 사람들뿐만 아니라 이 사람들을 위한 물과 땅의 리듬 속에 있는 삶과 죽음을 보았다고 말했다. 그들은 다른 쪽 끝에서의 말살과 계획된 퇴화를 예상하면서도 짓고 또 짓는다. 방글라데시의 다른 부분들에서 온 건강 및 구호 활동가들을 포함해 모든 사람들이 최하층 계급보다 반 눈금 정도 위에 있다. 그들은 이 구역 주민들에게 땅과 친족의 상실은 눈에 띄게 일시적인 자국을 남기는 것 같다는 사실을 지적한다. 하지만 주민들은 '운명주의자들'은 아니다. 그들은 그런 상실에 직면해 불평하면서도 구호받기를 원한다.

각하 당신으로 말할 것 같으면 우리 중 많은 이들에게 당신은 아마도 플라톤의 철학자 왕이었을 겁니다. 이 점은 당신 머리와 마음의 자질들을 일부만 묘사하는 데 지나지 않는다고 나는 확신합니다. 이 자질들은 당신을 경이롭고 훌륭한 미국인으로, 또 그보다 더욱 경이롭고 더욱 훌륭한 인간존재, 또 사람들의 지도자로 만들어 왔습니다.

각하, 당신이 머무르는 동안 우리 두 우방 국가 사이에서, 너무나 행복하게 자명했던 협동과 연합 정신과 더불어 모든 인간관계의 기초로서 성실함, 정직함, 인간적 사랑과 더불어 "사람들 사이의 평화와 선한 의지"가 실로 만연하여 "천국"이 우리의 바로 이 행성에, 친애하는 어머니 대지에 진실로 오리라는 느낌을 우리에게 줄 것입니다.

각하, 당신의 귀중한 시간을 이토록 많이 잡아먹은 것에 대해 친절하게 용서해 주옵소서, 나는 당신에게 우리의 신실한 감사를 전달하고 싶고, 당신을 통해 당신의 모든 동료들, 바다-천사들에게 그렇게 하고 싶습니다. 당신은 우리에게 영원히 빚을 지도록 만들었습니다.

주장된 '민족 정체성'과 그 땅에 존재하기 사이의 파열에 관해서는 여기서 어떤 논평도 필요 없다.

7) 나는 『다른 여러 아시아』(2008), 78-96쪽에서 이 점과 텍스트의 다음 문단에 관해 논평했다.

이것은 세계-속에-있는 존재의 생태학적 감각이다. 내가 사정을 설명하는 나 자신을 보고 발견했던 방식은, 더 이상 인간의 삶과 죽음이 숨을 들이마시고 내쉬는 자연에 다름 아닌 종-존재(species-being)라기보다 종-생명(species-life)에 대한 젊은 마르크스의 감각(perception)이라는 견지에 있었다.[8] 마르크스는 이 경우를 논리적이고도 역사적인 방식으로 서사화하지 않을 수 없었다. 그에게 이 공간은 논리적으로나 역사적으로나 혁명이나 계획이 '취하지' 않을 결정적인 항목이었다. 그리고 시퀀스로서의 역사 이해를 돕는 법을 아는 것은, 무엇을 원해야 하는지를 아는 것을 전제했다. 계급 형성에 관한 '과학적' 비전 내부에서 더 쉽게 말이다. 그러나 이 해변에서는 그렇지 않았다. 여기서는 계급 주체보다 문화적 주체가 반복해서 제도화되고 있었거나 자체를 하나의 생태학에다 제도화하고 있었다. 이 생태학은 공통된 개인주의자의 의미에서 논리의 주체가 인간으로서 반드시 세계로 구획되지(worlded) 않는 더 큰 가계 혹은 오이코스(oikos)를 말한다. 나의 대담자인 마자르(Mazhar)에게 이것은 전유로서의 의식(consciousness)을 비판한 후에 마르크스가 재산을 적절하게 이론화하지 않았다는 증거였다. 그리고 문화를 제도화하는 서발턴의 행위능력들을 존중하는 대안적 발전 전략들의 과제야말로 재산을 재사유하는 법을 배워야 한다는 증거이기도 했다. 나는 그런 확신을 가지고 있지 않았다. 나는 '배운다는 것은 무엇인가' 하는 데 멈추어 있었고, 내가 또한 감지하고 있었던 한 가지 모순을 제공했을 뿐이다. 오늘날 공통된 부에 대한 디지털 접근을 너무 손쉽게 주장하는 하트와 네그리도, 디지털 이전의 것과 위험에 처한 서발턴의 공통된 부가 지니는 다루기 힘든 리듬을 거짓말이라고 책망한 셈이다.

물질적인 것 같지 않은 주체야말로 물에 잠긴 바람의 리듬과 흐름의 맥박이었다. 그런 곳에 있는 논리가 에코-논리라면, 나는 미국 기동부대에 대한 바로 이 사람들의 분별 있는 논의와 매일 마주하면서도 아무런 준비도 되어 있지 않았다. 미국 기동부대는 헬리콥터들을 돌려보냈고 이미 이용 가능한 물자들을 떨어뜨렸으며 천천히 움직이는 저인망들에 훨씬 많은 양을 담아 움직이고 있었다. 지역민들을 경멸했던 그들은 소통을 할 수 없었기 때문에 그들의 의료 설비들은 더 많은 문제를 창출했다. 지역민들로부터 들었던 모든 논평들

8) Karl Marx, *Early Writings*, trans. Rodney Livingstone and Gregor Benton (Harmondsworth: Penguin Books, 1975), p. 328.

은 지역민들을 더 초창기의 과학 단계 이전에 있던 사람들로 그저 서사화하고 있을 따름이다. 이 단계에서 적절한 도움은 자연을 '통제하는' 것이었다. 그리하여 지역민들은 수동적인 존재로 재정의될 수 있었고 자본주의에 다소 거리를 둔 투신 혹은 비판으로 나아갈 수 있었다. 여기서 달리 배우기란 어떤 것일까? 모순을 제공하는 편이 더 낫다. 지역민들은 마지못한 난민들로서 외에는 움직이지 않을 것이다.

식민주의의 확장이 거주지나 땅을 지배 주체를 위한 참조 지위로부터 변형시킴으로써 민족국가에서 제국으로라는 공간이 식민주의자를 위한 기표가 될 수 있었다고 지금 말하는 것은 진부하다. 이주민이나 노마드나 혼종에게 땅이나 공간의 변형 역학은 이제 억제하는 기호체계라기보다 스크립트나 그래프라고 하는 말도 상투적인 것으로 되어가고 있다. 스마다르 라비(Smadar Lavie)는 1960년대 후반 이후로 주요 노마드가 된 베두인(Bedouin*옛날부터 중동의 사막에서 유목 생활을 했던 아랍인)을 위한 '정체성'을 활기차게 정의하면서 거기서 행동을 저지하는 이스라엘에 관해 글을 써 왔다.[9] 그러나 이 해안 지역의 땅에 완강하게 집착하도록 하는 것은 다른 무엇이었던 것 같다. 베두인 민족을 위한 문화적 계기를 제도화했을 에코-논리를 지연하는 것 말이다. 여기서 돕는 것을 배우기란 무엇이었단 말인가? 나는 복원에 대한 이렇게 다른 종류의 저항은 하나의 아포리아로 전개되도록 허용되어서는 안 된다는, 구호 활동가들의 현장에서의 곤혹스런 결정을 존중할 수 있었다. 복원 활동은 계속되어야 한다. 그러나 내가 소유했던 지적 세련됨의 흔적들은 아포리아를 시대착오로 또는 아포리아의 수긍을 비-연대기(a-chrony)의 구원 은총으로 제쳐버리는 장거리 이론가의 궤적을 혐오하며 꿰뚫어 보게 했다. 나는 표류했다. 물론 나는 표류를 자르는 방식들을 알고 있었다. 너무 많은 말을 함으로써 서발턴을 침묵시키라, 묘사하고 설명하고 인쇄하라.

나는 이 사례를 끝맺을 수 없다. 다시금 나는 "배운다는 것은 무엇인가?"라는 물음으로 돌아갈 것이다. 잠시 나는 제1세계에서의 하이픈 그어진 예술에 나타난 바, 문화의 제도화라는 훨씬 더 편안하고 정치적이라고 인식될 수 있는 활약 무대로 엄청나게 비약할 것이다. 그것은 레바논계 캐나다 예술이다. 그러나 나는 무슬림-힌두와 불교라는 종교적 명명

---

9) Smadar Lavie, *The Poetics of Miliary Occupation: Mzeina Allegories of Bedouin Identity under Israeli and Egyptian Rule* (Berkeley: University of California Press, 1990).

에 의한 이 미미한 문화에서도 여성들은 에코-논리와, 그러한 논리의 지연으로서 땅의 설정 둘 다와 아이러니한 관계를 맺는다는 점을 스스로 상기하지 않고서는 이 사례를 떠날 수 없다. 족외혼을 통해 이 여성들은 자신들의 충성을 아버지의 땅에서부터 남편의 땅으로 바꾼다. 비-미국 기원인 많은 우리 여성 동료들이 그렇듯 말이다. 재생산 문화에서 이 소녀들의 무릎들은 처녀기에 이르러 가위로 베어지고 천천히 더 넓게 벌어진다. 조류와 바람의 리듬 속에서 임신의 리듬이 젠더화를 확정하는 술어로 보임에 따라 그렇게 된다. 아마 해체는 종-생명, Stoffwechesel 혹은 자연의 물질적 변경조차도, 그것이 문화의 제도화라는 맥락에서 밝혀진다면, 젠더화 없이는 있을 수 없다는 끔찍한 의식을 갖고서 나를 위해 마르크스주의를 다시 써 줄 것이다. 여기서 지구성으로의 그런 움직임은 재생산 공학의 완전한 탈인간화이거나, 국제적 하청을 추진하는 지대들(zones)이거나, 포스트-포드주의적 착취에서 일삼는 가사 노동의 확대일 것이다.

앞서 나온 부분이 미국 기동부대의 자국을 좇아 쓰였다면, 이후 나오는 부분은 상호문화적 수행으로서 전쟁의 그림자 속에서 쓰였다. 정체성의 낡은 정치가 문화의 절대적 정치를 성공적으로 관리했던 상호문화적 수행 말이다.

1991년 2월에 나는 코모(Como) 호숫가에 있는, 록펠러 재단 소유의 예쁜 빌라에 있었다. 우리는 상호문화적 수행에 관해 협의하고 있었다. 나는 논문을 발표하기 위해 내 생일에 토론토로 날아갔다. 나는 정체성에 관해 명상을 하고 있었고, 정체성 속에서의 나의 입장은 내 어머니에 의해 고통, 구조, 애착으로서 '경험되었다'는 생각을 했다. 또 나는 존재적인 것(the ontic)을 열어주는 유명한 탄생-트라우마가 '경험'에, 또 자기-전-기(auto-bio-graphy)로서 존재-론(onto-logy)에 접근 불가능한 것으로 남는다는 점을 명상하고 있었다. 루스 이리가라이가 자신의 「애무의 비옥함」에서 이것을 성차의 윤리를 위해 얼마나 강력하게 사용하고 있는지를 나는 고려하는 중이었다.[10] 내 뒤에 있던 남자가 대화를 시작했다. 그는 상당히 기뻐하며 우리가 이라크에서 지상전을 개시했다고 나한테 말했다.

나는 그렇게 공유된 '우리'의 힘을 무척 강력하다고 느꼈으며 토론토의 그날 저녁 자

10) Luce Irigaray, "The Fecundity of the Caress: A Reading of Levinas, *Totality and Infinity*, Section IV.B: 'The Phenomenology of Eros,'" in *Face to Face with Levinas*, ed. Richard A. Cohen (Albany: Suny Press, 1986), p. 232.

리는 전쟁 이야기로써 시작되리라는 것을 알아차렸다. 가장 일상적인 의미에서 이 정체성-조각은 녹색(더 이상 현상적으로만 녹색은 아닌)이나 외국인 등록(정체성) 카드의 정치적 정동을 통해서 묘사될 수 있을 뿐이다. '외국인'으로서만 명명되는 어떤 명명될 수 없는 정체성은 그 나라에서 시위하는 자들과 공개적인 자기-동일시를 하는 데서 다시금 아직도 충분히 강력하다. 나는 다음을 인용한다.

> 나는 미국에서 전쟁의 양편에 있는 특정한 종류의 유대-기독교 종교성과 애국주의에 놀랐다. 우리는 선한 유대인이고 선한 기독교인들이기 때문에 또 미국인들이기 때문에, 이라크 사람들을 죽인 잘못 행동한 사담을 벌해야 한다. 혹은 우리가 선한 유대인이고 선한 기독교인들이고 미국인들이기 때문에, 이라크 사람들은 우리의 형제자매들이다. 사담은 악마적이거나 바보 같더라도 말이다.

이것을 코드로 표현하면 전쟁을, 새로운 제국주의를 '역전에 의해 합법화'하는 것이다. 일정한 종류의 고전적 승리가 천년마다 있었을 때, 제국주의 권력들은 새로운 제국을 창조하기 위해 남은 패를 개조해 왔다. 냉전의 명백한 승리와 바르샤바 조약의 와해는 각 입장의 패를 다시 칠 수 있도록, 유럽 경제 공동체가 유럽의 미국이 되기 전에 새로운 세계 질서를 우리가 구축할 수 있도록, 미국에 의해 조직되어야 했다.

볼셰비키 혁명의 브뤼메르 18일이라는 맥락에서 문화정치학과 관련되는 이러한 단어들은 이미 구시대적이다. 경제적 추상화들은 더 느린 속도를 지니며, 그래서 다음 구절은 일정한 적절성을 견지한다.

> 서구 열강들은 그들의 땅들을 파괴할 정도로 충분히 친절할 것이며, 땅을 파괴당한 자들이 파괴의 대가를 치르도록 할 것이다. 그러나 서구 열강들은 황폐해진 엎드린 땅들을 재건하는 데 참여할 정도로 똑같이 충분히 친절할 것이다. 그 파괴된 땅들 때문에 그 희생자들은 두 번째로 돈을 긁어모아야 할 것이다. … 현재 수합된 대로 그 기회들은 너무 유혹적이어서, 다른 서구 나라들의 환영하는 계약자들과 기술자들 사이에 난투가 벌어지고 있다. 그

들은 일시적인 어려움들은 겪겠지만, 그 사담이라는 야수가 응분의 사막을 받아야 하되 그 석유는 서구를 위해 다시 확보되리라는 데 추호의 의심도 없다.[11]

제국주의에 관해 가장 끔찍한 것, 그 오랜 마취 효과, 그 효과를 확보하고 단단하게 하는 것은 구원자로서 제국주의에 대한 선심 쓰는 자기-재현이다.

그러므로 새로운 애국주의의 목소리뿐만 아니라 미국의 항의 운동들에 귀를 기울이는 몇몇 사람들은 그렇게 단단한 시멘트를 그저 선심이라기보다 존경심을 갖고 지구적 문화 다양성을 인정하는 국제적 목소리로 변형시키는 것이 얼마나 어려운지를, 그래서 심지어 불가능함을 알아차렸다. 그들은 우리의 삶에서 우리가 배워 왔던 교훈들을 반복해서 거듭 상기했다. 희생자에게 동의를 생산하도록 설득함으로써 경제적 정치적 영역들에서 제국주의자의 승리들을 확보하고 단단하게 하는 사명감에 관해서 말이다. 여기에 계몽주의의 '남-용'과 함께 이중구속이 있는 셈이다.

우리가 '경험'이라고 부르는 바는 때로 작은 스크린에다 경험을 무대화하는 것이다. 이런 의미에서 초기 경험은 새롭게 전위된 제국주의 장면에 무대화된다. 이는 상호문화적 수행의 절대적 행위가 주는 공포이다. 액티비스트 지식인의 많은 과제들 중 하나는 무대화의 공학에 대한 신중하고도 그럴듯한 설명들을 제공하는 것이다. 행위능력에 관한 가장 강력한 설명이나 정체성-안의-경험을 무대화하는 공학과 마찬가지로 가장 완강한 이름이 '기원'이다. "나는 나의 삶을 이런 방식으로 수행한다. 나의 기원이 나를 그렇게 무대화하기 때문이다." 민족적 기원, 종족적 기원 말이다. 또 더욱 치명적인 것은 "당신의 기원이 당신을 그렇게 무대화하므로 당신은 그렇게 행동하지 않을 수 없다"는 말이다.

기원 개념은 그것이 부정확한 만큼 광범위하고 강건하며 정동으로 가득 차 있다. "역사는 기원 어딘가에 어른거린다."고 나는 써 왔다. 하지만 이제 나는 그 문장은 수정되어야 한다고 생각한다. 역사는 위로하고 죽일 준비를 하고서 기원 안에 웅크리고 있다. 하지만 하나의 기원으로부터 자신을 느끼는 것은 병리학이 아니다. 기원은 우리로 하여금 우리 삶들을 인식하도록 해줄 수 있는, 지반에 있는 실수들의 집단에 속한다. 그러나 기원들을 긍

11) AM, "Calcutta Diary," *Economic and Political Weekly* 26.8 (February 23, 1991), p. 403.

정적으로 논의하는 유일한 길은 제도들을, 각인들을 찾아보는 것이다. 그런 다음 그러한 제도들과 각인들이 그렇게 특정한 수행의 스타일을 무대화할 수 있게 하는 공학을 추정하면 된다. 이것은 앵글로 문화들에 있는 소수자 목소리를 보전하고 확보할 뿐만 아니라, 또한 지구적 문화정치를 폭력적으로 관리하는 초강국 동일시 속에서 바로 그 동일한 소수자들을 조정하는 과정을 폭로한다.

하나의 위기 속에서 액티비스트로서 지식인은 충분히 동원된 통일성으로부터 자신을 분리하기 위해 항상 멈추어 서지는 않는다. 입장들은 양면에서 취해진다. 지반(ground) 수준에서 민주주의는 몸 계정(body account)이기 때문에 많으면 많을수록 더 좋다. 그렇게 행위능력상의 변화들이 출범된다. 더 높은 수준의 법 제정은 '동일한 목소리' 속에 동원되는 몸들에 의해 촉진된다. 위기의 순간에 우리는 항의와 맹목적인 애국주의 둘 다를 굳건하게 하고 있을지도 모를 절대적인 상호 번역에 맞서 거리낌 없이 발언하지 못한다. 설령 우리가 이 절대적인 상호문화주의 또한 제국주의적 악의를 굳건하게 한다는 점을 역사 경험의 무대화로부터 알고 있다고 할지라도, 우리는 발언하지 않고 합류한다. 위기 속에서는 어느 손도 깨끗하지 않다. 거기서 분석은 행동이며, 수행은 예술이다. 거기서 우리는 하나의 특정한 지형으로서 예술에 관해 말하지 않는다. 또 법에 의해 쓰인 권리들이 정체성-안의 개인에 의해 그 자체로서 '경험되지' 않을 가능성이나, 경험-안의-하나의 추상적인 행위자를 활성화할 가능성에 관해 우리는 말하지 않는다.

내가 구체적으로 예술에 관해 말할 때, 나의 몫은 선생의 몫이다. 나한테 미술과 문학과 음악은 사례들을 구축할 때 오디오 및 비디오 가르치기를 위한 보조 자료이다. 우리가 배운다는 것이 무엇인가라는 질문을 진술하고자 모색 중이라면 그 자료는 소박하긴 하지만 유용하다. 이러한 견해로부터 보자면 예술은 또한 항의의 수행이라는 견지에서 내가 막 기술했던 짧은 견인/긴 견인(haul)의 두 단계를 수행한다. 전쟁과 그 여파를 비디오로 찍은 영상물은 수행적일 뿐만 아니라 분석적인 것인 양한다. 그 영상물은 몸 계정을 위해 함께 합치는 짧은 견인을, 역전에 의한 합법화를 전위하기 위해 거리낌 없이 말하는 긴 견인 사이의 중요한 차이와 관계를 부풀리고자(fluff) 시도한다.

나는 레바논계-캐나다 예술가 재멀리 하산(Jamelie Hassan)에 의해 「각인」이라고 불린

혼합 미디어 쇼의 일부로 다루어진 살만 루쉬디(Salman Rushdie)의 소설 『자정의 아이들』을 논의한 앞서 나온 나의 글을 독자에게 참조하도록 한다.[12] 하산은 「각인」에서 루쉬디의 소설을 그것의 맥락으로부터 비틀어낸다. 그녀는 수행의 영역뿐만 아니라 정체성의 영역에서 절대적인 번역들의 가능성을 혼란시키고자 작업 중이다.

루쉬디처럼 나는 인도계 파키스탄 아대륙 출신이다. 그렇다면 우리는 탈식민화된 아대륙 사람이라는 나 자신의 정체성을 생산하는 나 자신의 맥락에 관해, 또 다른 정체성-조각에 관해 이야기하고 있는 셈이다. 하산은 그 조각에 다시 위치를 부여함으로써 나 자신의 정체성을 괄호 속에 넣으며, 모든 맥락들이 그러하듯 '나의' 맥락도 포화되지 않은 채 열려 있다. 나의 정체성을 파열하려는 노력은, 인도가 인도와 파키스탄으로 분리 독립했던 1947년 8월 14일과 15일 사이의 자정에 임박해 아이로서 눈을 떴던 나의 기억을 신성화하려는 게 아니다. 하산은 나로 하여금 그 비결을 배우도록 만들어준다. 그녀는 루쉬디의 인도와 파키스탄으로부터 떨어져 나와 그 날짜를 풀어 헤쳤고 이집트 아이들에게 그 날짜를 양도했다. 그 아이들은 북미에서 가장 공감적인 관객들에게 팔레스타인 아이들처럼 보이며 소수자 상태에 있다. 그리고 나는 모든 게 괜찮다고 말한다.

이것은 함께 착수해야 할 껍질 벗기기의 일종이다. 종족적 정체성들이 소위 1세계에서 문화적으로나 정치적으로 생산적인 것이 되고자 한다고 말이다.

이러한 첫 번째 교훈을 얻었던 나는 1년 후에 제바르에게로 표류하고 있었다.

그렇게 표류하다가 (포스트식민성과 이주성의 첨단에서 혼종성 속의 포스트식민성의 당대 예언자들인) '나의' 세대는 새로운 미국인을 환영할 수 있었으며, 인정되지 않은 오늘날의 미국을 건설했던 아프리카인들과 아메리카 민족들과 함께 그녀(*새로운 미국인을 여성으로 받음)를 핏속에다 놓았다. '우리 민족'이라는 공상 혹은 세계의 〈경찰〉이라는 가짜 개념으로부터 새로운 미국인을 만들어 '민주주의적 이상들'에 일종의 도덕적 행운을 부여하는 것은, 기원에 있는 폭력을 망각하는 짓이다. 우리가 정체성의 구역 싸움들에 개입할 때, 우리는 이 인정되지 않은 유산을 망각하고, 미국을 계몽된 백인 국가로 무대화하는 것을 수긍하고 미국에서의

12) Spivak, "Inscription: Of Truth to Size," in *Outside in the Teaching Machine* (New York: Routledge, 2009), pp. 206, 202-204 참조(이후 이 책에서의 인용은 각주에 OTM과 함께 쪽수를 표기하기로 함). 이곳저곳의 몇몇 문장들이 여기 삽입되어 있다.

종족적 장면이 지구를 대표하는 양 행동한다. 이러한 대표성은 백인 미국의 꿈의 한 판본이다. 여기서 시대를 위한 가르치기와 역사 속에 존재하기 사이에 있는 연관은 분명해진다.

그 연관성에 관해 다음과 같은 방식으로 생각해 보라. 내가 5장에서 그 틀을 짜고자 시도했던 방식들로, 또 해안 방글라데시의 사례에서 내가 씨름했던 기원의 흔적 공간으로부터 많이 떨어져 나와, 우리가 소위 문화라고 부르는 것은 여러분에게 스스로 참되다고 믿는 자기-재현을 허용하는, 인정되지 않은 재현체계를 가리키는 속기라고 말이다.[13] 그렇게 이해한다면 미국을 그 자체(말하자면 『빌헬름 마이스터의 도제』 끝부분에서 괴테가 기대하는, 오랜 유럽의 꿈을 현실화하는 장소)로서 확립하기 이전에도, 미국 문화는 상호문화주의의 꿈인 셈이다. 자비롭고 위계화되어 있으며 악의를 갖고서 원리상 동질화하지만 문화적으로는 이질적인 상호문화주의 말이다. 그런데 그러한 사회체에서 또 그 사회체를 위해 풍부하게 이용 가능한 저 특별한 헤게모니적 미국의 문화적 자기재현체계는 미국을 위해 전체 지구를 강탈하기 시작한다. 또한 '미국'이라는 단어가 잊히는 경향을 보이기 전에, 모든 민족적 기원은 하이픈으로써 표시된다. 다음 단계는 『분열하는 미국』으로써 무장된 아서 슐레진저와 린 체니(Lynne Cheney)가 움직이며 향하는 '자유주의 혁명'이다.[14] 그러나 모든 예술가가 그런 방식으로 수행하는 것은 아니다.

새로운 미국인 되기를 강조하는 다른 종류는 전혀 이렇게 온화하지 않다. 오늘날 이것은 '경계 문화'라고 불린다. 이것은 영어라는 사용 중인 기호체계가 지배자에게 속하는 종족성에서 일어나는 손쉬운 소통을 정지시킨다. 여기 티후아나-산 디에고(Tijuana-San Diego) 출신인 멕시코계 미국 예술가인 기예르모 고메스 페냐(Guillermo Gómez-Peña *멕시코시티 태생으로 1978년에 미국에 와서 다언어 시, 저널리즘, 비디오, 라디오, 설치예술의 경계를 해체하고 섞는 상호문화적, 상호분과적 예술가/작가)가 쓴 「경계의 노트북」(Border Notebook)에서 나는 다음을 인용한다.

---

13) '문화'라는 단어의 용법에 관한 대안적 견해로는 Spivak, "Narratives of Multiculturalism," in Thomas W. Keenan, ed., *Cultural Diversities* (New York: Verso, 1995) 참조. "공동체, 민족-국가, 주권성, 경계들, 토착 땅과 혈연의 개념적 환상"을 "텔레-테크닉tele-technic 전위에 의해 … 그 어느 때보다 더 낡게 되었기" 때문에 "케케묵고" "원시적"(Derrida, *Specters*, p. 82)이라고 부르는 것은 환영할 만하지만 아마 너무 단순하기도 하다. 이렇게 집요한 정동들이 투쟁의 새로운 지형들을 창조하는 것은, 의지에 의한 탈출과 기원의 무대화 내부에서 전위가 일어나는 가운데서이다. 여러분이 유혈에 의해 그 환상적인(fantasmatic) 기원을 확보할 수는 없겠지만, 그 정동들을 낡은 것이라고 부르면서 수치스럽다고 쫓아버릴 수는 없다.

14) Arthur M. Schlesinger Jr., *The Disuniting of America: Reflections on a Multiculural Society* (New York: Norton, 1998).

나는 미국이 위성들과 컴퓨터들에 의해 통제되는 전체주의 국가가 되는 꿈을 꿨다. 이렇게 이상한 사회에서 나는 시인들과 예술가들이 어떠한 공적 목소리도 내지 못하는 꿈을 꿨다. 이것이 그저 꿈이라니 신에게 감사한다. 영어로만 말하고, 영어뿐이다. 기억이 아니라 그냥 꿈이기를. 나와 더불어 반복하라. "숨 쉬는 나라에서 살라"(Vivir en estado del sitio)는 번역 가능한 진술이다. 포위 상태에서 사는 것은 전통에 민감하다(es suseptibile de traducion). 멕시코 산디에고에서 멕시코어로, 뉴욕에서 푸에르토리코어로, 파리에서 모로코 어로, 런던에서 파키스탄어로. 분명히 번역 가능한 진술이다. "탑의 나라에서 살라"(Vivre en estado de alerta) 역시 번역 가능하다. 퍼덕거릴 당신의 날개를 갖고서, 왜? 왜?라고 질문할 준비가 되어 있는 눈들을 갖고서 민첩한 상태로 살기. 자신의 상처를 깨끗한 네온관들에 전시하러 온 멕시코 위기의 아이, 예술 세계의 신참 외국인. 왜? 왜? 왜? 왜? 왜? 왜? 산디에고 채널 10번을 틀어보라. 수페르 모하도(Super Mojado*불법 이민자들을 위해 싸우는 레슬링 선수)가 인터뷰 도중에 침착함을 잃는다. 프로듀서들은 자기 바지들을 엉망으로 만들고 있다. 그렇다.[15)]

나는 번역을 저지시키는 가장 극단적인 예인 토니 모리슨의 『빌러비드』에 나오는 짧은 구절 하나를 갖고서 이러한 고뇌를 함께 비틀어 짜낸다.[16)] 모국어가 어머니로부터 딸에게로 바뀌는 장면을, 정체성의 이전을, 토니 모리슨을 굴복시킬 문화의 제도화를 살펴보기로 하자. (우리는 인신구속적인 노예제가 모계적이라는 점을 기억해야만 한다.) 소설에서 그 장면은 하나의 변화가 아니라 하나의 상실이다. 왜냐하면 그 서사는 이민자의 것이 아니라 노예제의 것이기 때문이다. 그 소설의 중심인물인 시이드(Sethe)는 어머니의 동료 노예이자 친구인 "낸(Nan)이 자신이 말하던 언어와 더불어 망각했던 것을 시이드에게 말해주었던, 시이드의 엄마가 말하던 똑같은 언어, 즉 아프리카 언어"를 기억해낸다. "그런데 그 언어는 결코 되돌아오려고 하지 않았지만 그 메시지는 거기 있었다. 거기 있었고, 내내 있었다."(B, p. 62)

15) Guillermo Gomez Peña, 공연 테이프. '불법적' 이민 상태는 그 사이의 세월 중에 더 악화되었다. 서류 없는(자료 없는) 자들은 그람시적 의미에서 서발턴들이다. 그들은 국가를 성취할 수 없다(Gramsci, *Selections from the Prison Notebooks*, ed. and trans. Quintin Hoare and Geoffrey Nowell Smith, New York: international Publishers, 1971, p. 52).

16) Toni Morrison, *Beloved* (New York: Plume Books Edition, 1987)(이후 이 책에서의 인용은 본문 중에 B와 함께 쪽수를 표기하기로 한다).

그러나 이 메시지의 재현은 죽음의 망각을 거쳐 시이드의 귀신 딸 빌러비드에게 전수되는 가운데 보류의 재현이 된다. 모리슨은 "이것은 전승될 이야기가 아니다"(B, p. 275)라고 쓴다. 어머니와 딸 사이에서도 어떤 역사적 보류가 개입한다. 새로운 이민자 어머니가 명예의 보호라는 것을 말하고 그 딸은 재생산 권리를 말할 때, 둘 사이의 그러한 상황이 번역의 탄생인가 죽음인가에 관한 질문을 도발한다면, 여기서 저자는 죽음 안에 있는 어떤 탄생을 폭력적으로 재현하는 셈이다.

이야기의 탄생 중에 나오는 죽음은 번역되지도 전승되지도 않는다. 그러므로 엄밀하게 말해 하나의 아포리아 혹은 메꿀 수 없는 간극이 있다. 하지만 우리가 손으로 붙잡고 있는 『빌러비드』라는 제본된 책 안에 있는 번역할 수 없음이라는 표식을 갖고서 그 이야기는 전승된다. 이것은 가장 극단적인 사례이다.

이것을 권력의 집에 접근할 가능성에 대한 확신, 즉 역사의 복원을 기다리고 있는 문화 페미니즘 혹은 공식적 페미니즘 부문과 대조해 보자. 어머니와 딸 사이의 폭력 장면은 예전에 노예였던 시이드라는 딸에 의해, '백인-쓰레기 소녀'라는 이름을 지닌 자신의 딸 덴버에게로 보도되고 전승된다. '백인-쓰레기 소녀'라는 표현은 모리슨의 시이드의 말인데 탄생에서의 여성 유대감을 부분적으로 인정하는, 『빌러비드』라는 책의 존재가 불가능하게 되는 조건이다. 그 책의 폭력 장면은 이렇게 비극적인 방식으로 자체의 불가능성을 찬양한다. 그런 불가능성의 이야기를 자신의 딸에게 말하는 시이드가 여기 있다. "그녀는 나를 획 집어 올리더니 훈제소 뒤로 나를 데려 갔다."(*흑인 도망 노예를 잡고자 시이드의 집에 백인 사냥꾼들이 몰려오는 모습을 보고 딸을 보호하기 위해 시이드가 했던 행동) 덴버의 노예 어머니 시이드는 자신이 더 이상 말할 수 없었던 언어로 다음과 같이 말한다.

> 그 뒤에서 시이드는 자신의 옷 앞자락을 풀어 헤쳤고 자신의 젖가슴을 들어 올렸고 그 아래를 가리켰다. 바로 그녀의 갈비뼈에 하나의 원이 있었고 피부를 태운 십자가가 있었다. … 나는 "그렇군요, 엄마. 하지만 나를 어떻게 알아볼 셈인가요? … 나한테도 표시를 해 주세요."라고 나는 말했다. …
>
> "엄마가 그렇게 해주었나요?"라고 덴버가 물었다.

"엄마는 내 뺨을 때렸어."

"무엇 때문에?" [지금 딸이 어머니에게 이 질문을 하고 있다.]

"난 당시에 그것을 이해하지 못했어. 내가 나 자신의 자국을 가질 때까지 말이야."(B, p. 61)

이것은 물론 그 소유자가 다르기 때문에 다른 표식이다. 소유자의 낙인을 나 자신의 낙인이라고 주장하는 이 장면은, 우리가 이야기해 온 이중구속으로서의 계몽에 대한 주장의 극단적인 한 가지 예이다. 다른 한편에 자체를 저항이라고 말할 수 없는 저항이 있다. 독자의 관심 범위가 충분히 넓다면, 급진적인 현시(monstration)의 한 가지 예가 여기 있다. 정체성 아함바다(ahamvāda)를 해체하는 이담바다(idamvāda)가 있다.

소유자의 낙인을 나 자신의 낙인으로 주장하는 이 장면은, 자산을 가진 분리된 백인 남성 행위자들에 의해 소유된 표시들의 이렇게 부서진 연쇄 속에서, 전승되지 않을 역사의 행위자들인 노예화된 딸들에 있는 재기억(re-memory)의 부서지지 않은 연쇄를 창조하고자 한다. 그래서 예컨대 경이로운 크레올 작가인 쿠체의 소설 『적』보다도 『빌러비드』가 당연히 더 신랄하다. 『적』에서는 혀를 잘린 프라이데이라는 노예가 자신의 석판에다 "자신에 관한" 무엇인가를 쓰고 있다. 메트로폴리탄 반식민 백인 여성이 그에게 글쓰기를 가르치고 싶어 할 때 말이다. 그녀가 프라이데이의 글을 아주 열렬하게 보고 싶어 할 때, 그는 자신의 글을 문질러 지움으로써 그 글을, 삭제로서의 이담바다(idamvāda)를 보류한다.[17] 하지만 소설 전통의 미국 맥락에서는 모리슨의 이렇게 강력한 무대화조차도 방글라데시의 동남쪽 끝 — 내 눈앞의 청중인 싱가포르 인들이 자신들을 그토록 성공적으로 각인하고자 해도 공유할 수 없는, 그 해안선과 떨어져 있는 땅덩어리의 북쪽 끝 — 과 공유할 수 없는 양식으로 생산적일 뿐이다. 하지만 나는 제바르의 자서전 작가이자 여주인공인 이스마(Isma)처럼 이 에피소드의 덧없는 이야기꾼이 될 권리를 얻어, 미국 기동부대의 먼 선조들에 대한 호기심을 불러일으킬 수 있기를 희망한다.

『빌러비드』의 그 장면이 어머니와 딸 사이를 통과한 다음, 어머니는 그 장면의 전승

17) 이 점에 관한 더 자세한 논의로는 Spivak, "Theory in the Margin: Coetzee's *Foe* reading Defoe's *Crusoe/Roxana*," in *The Consequences of Theory*, ed. Jonathan Arac and Barbara Johnson (Baltimore, MD: Johns Hopkins University Press, 1990), pp. 171, 173 참조.

을 보류한다. 물론 어머니가 자신의 아이를 표시할 수 없기 때문이다. 노예제도에서 또 그보다는 덜 극단적인 이주에서 지배자의 표시는 '나의 표시'라고 주장되도록 주인에 의해 만들어질 것이다. 재멀리 하산의 「나세르 만나기」에 나오는, 앞으로 방향을 틀어 영어로 말하는 아이는, 아랍어를 말하는 어머니에 의해 제시되지 않는다. 문화 번역의 이렇게 불안한 계기가 억압되거나 무시될 때, 그 계기는 다른 쪽 끝에서 오늘날의 전쟁 수행이나 기동부대의 부주의한 선물을 생산한다. 소유자의 낙인을 나 자신의 낙인으로 주장하는 이렇듯 불안정한 장면은, 자산을 가진 분리된 백인 남성 행위자들에 의해 소유된 표시들의 부서진 연쇄 속에서, 노예화된 딸들에 있는 재기억(rememory)의 부서지지 않은 연쇄를 창조하고자 한다. 이 장면은 행위자로서 우리가 그러한 표시를 주장해야 한다는 교훈을 우리에게 가르친다. 새로운 이민자 아동인 엘리자베스 하산이 재멀리의 설치들 속에서 하고 있듯이, 훨씬 더 폭력적인 순간에 노예 어머니가 하고 있듯이, 기예르모 고메스 페냐가 하고 있듯이 말이다. 그 교훈은 그냥 제시되는 선물이 아니다. 그것은 여러분이 총구 끝에서 혹은 헬리콥터를 내리면서 제시하는 선물이 아니라, 타자가 승리의 신호나 비열한 글자로써 받아들이는 선물이다.

토니 모리슨이 보여주듯, 일반적인 의미에서 번역 불가능성의 교훈은 절대적인 우연성을 쉽사리 가리킨다. 시간의 연속성이 아니라 심지어 계절의 순환도 아닌, 오로지 날씨라는 절대적 우연성 말이다. 이 믿을 수 없는 구절에 귀 기울여 보고 그 구절을 내 첫 번째 사례의 지루함과 조용히 연결시켜 보라. "점점 모든 흔적들이 사라진다. 망각되는 것은 발자국뿐만 아니라 물이며 물 밑에 있는 것이다. 나머지는 날씨다. 기억되지 못하고 설명되지 못한 자들의 숨결이 아니라 처마에 이는 바람 혹은 너무 빨리 해동하는 봄 얼음이다. 그냥 날씨다."(B, p. 275)

그것 또한 시간이다. 아무리 느리더라도 지질학적 시간도 또한 시간이다. 우리는 역사를 고의적인 방식으로 만들어서는 안 된다. 우리는 대지의 음조를 존중해야 한다. 우리는 대지에 대한 폭력을 영구화하는 자들로부터 역사를 주장해야 할지도 모른다. 침범을 '이담바다'(idamvāda)의 능력 부여로 선회시키기 위해서 말이다. 그러나 그것은 또 다른 이야기이다. 흔적의 삭제 이후, 그 기원을 복원하려는 어떠한 기획도 없다.[18] 그것은 어제처럼 여기 오늘도 있는 "그냥 날씨"다. 자연은 여성의 기관들 없는 위대한 몸일지도 모른다(다시금 마르크스의 구절)는, 우연성의 이러한 환기와 더불어, 문화를 정체성의 정치 내부에서 번역하는 프로젝트가 임시변통은 아니라는 점을 우리는 비로소 볼 수 있다.

나는 땅을 da-sein의 da라고 설정함으로써 일어나는 에코-논리의 지연에 관해서나, 고메스 페냐가 티후아나로부터 산디에고로 왔다 갔다 하는 경계예술의 지연에 관해서 말하고 있다. 재멀리 하산은 이슬람 세계로부터 동부 캐나다의 세계를 왕복하고 있다. 토니 모리슨은 노예제를 건너 아프리카에서 미국으로 온다. 그럴 때 이러한 상황을 위해 데리다가 우리에게 제공하려는 단어가 왕복이다. 아마도 이성애주의적인 동성애적 세계와 퀴어 세계 사이의 왕복일 것이다. 정체성은 무너지고 있는 중이다.

『글라』는 일종의 인쇄 상의 흉내 내기이다. 이 책은 부분들과 단편들로 쓰여 있다. 왼편에는 서구 철학의 동성성애적(homoerotic) 전통 이야기가 있다. 오른편에는 범죄적인 남성 동성애자인 장 주네(Jean Genet*1910-1986, 프랑스 소설가, 극작가, 에세이스트, 정치적 액티비스트로서 다양한 활동을 했으며 부조리극을 선도하는 역할을 함)가 있다. 우리가 읽을 때, 모든 엄청난 페이지가 "의미하는" 바를 찾아내기 위해 두 측면 사이를 왕복하지 않을 수 없다.

> 왕복은 단어이다. … 왕복이라는 단어는 절대적으로 필요하다. 그것은 거기 있어야만 할 것이다. … 그것은 보트 형식의 작은 금속 배이다. … 그런 다음 짜는 사람의 왕복이 오가며 하나의 연쇄에 짜여 들어간다. 그 짜임새는 왕복 안에 있다. 정교화(데리다는 이것을 확장된 의미로 사용하여, 다듬어내기work out라고 하는데)는 짜는 사람의 움직임이 아닐까?[19]

초기 데리다에서 텍스트는 지배(mastery)를 집요하게 의문시하는 주된 메타포들 중 하

18) Spivak, "Signs and Trace," catalog essay for Anish Kapoor, Memory (Berlin: Deutsche Guggenheim, 2008), pp. 56-75; Spivak, "Tracing the Skin of Day," in Chittrovanu Mazumdar, *Undated: Nightskin* (Dubai: 1x1 Art Gallery, 2009), pp. 17-25.

19) Jacques Derrida, *Glas*, trans, John P. Leavey Jr. and Richard Rand (Lincoln: University of Nebraska Press, 1986), pp. 207b, 208b(이후 이 책에서의 인용은 본문 중에 G와 함께 쪽수를 표기하기로 한다).

나이다. 텍스트는 라틴어 texere에서 나온, 짜는 직물의(textile) 성격을 지닌다. 그러나 여기서 그는 텍스트라는 개념-은유를 표기하는 것 같다. 두 측면 사이를 부드럽게 왔다 갔다 하는, 짜는 사람의 왕복은 여기서 도움이 되지 않을 것이다.

『글라』가 오른편 단(column)에서 시작하고 있는 질문/진술(반半은 주네Genet로부터의 인용인데)은 다음과 같다. "'아주 규칙적인 작은 네모들로 찢어지고 똥구멍 아래로 쑤셔 넣은 렘브란트 중에 남은 것'은 둘로 나뉜다."(G, p. 1b) 정체성이 100만 개의 신분증으로 찢어진 채 영어 속에 꽉 채워질 때, 우리를 위해 정체성 중에 남아 있는 것은, 예술 중에 환원 불가능한 남은 것은, (적어도) 둘로 나뉜다. 그 결과가 부드럽게 짜인 하나의 텍스트라고 여러분은 말할 수 없다. "아직 우리는 직물 은유(textile metaphor)를 불신하고 있다. 이 은유가 … 일종의 … 자연성, 원초성, 깨끗함을 여전히 견지하고 있기 때문이다. 적어도 직물 은유는 솔기[couture]의 바느질 은유(metaphor of sewing of the seam)보다 여전히 더욱 자연스럽고 원초적이며 고유한 셈이다."(G, p. 208b)

Courture는 자른다는 coupure나 자르기, 장소나 기원으로부터 잘라내기(cut)라는 반향을 실어 나른다.

데리다는 게이 남성의 텍스트를 살펴봄으로써 이 교훈을 배우고 있다. 우리는 정체성의 집에 있다. (백인 골수) 남성의 이름이란 무엇인가? (물론 보편 인간의 질문으로 위장된) 그러한 질문에 대한 권위적인 대답들로 된 동성애 희극이 끝까지 공연되는 것은, 왼편의 세로 단(column)에서이다. 헤겔은 칸트를 물신주의자라고 비난하고 있다. 칸트가 사랑을 종교 속에 도입하지 않기 때문이다. 프로이트는 물신과 더불어 심사숙고함으로써 물신을 미결정성 속에서 출범시키고 있다.

그러나 이 물신(fetish) 없이는 인간의 정체성에 관한 백인의 신화를 실연할(act out) 수 없다는, 이 물신이란 무엇인가? 데리다는 헤겔에게서 발견되는 소위 아프리카적 물신에 관한 텍스트들을 『글라』에 반복해서 집어넣는다. 백인의 신화를 그리는 사람들은 아프리카 물신에 관해 말할 권리를 획득하지 못했다는 점을 보여주기 위해서이다. 아프리카의 보류된 번역은 억압되어 왔던 셈이다(G, pp. 207a-211a).

헤겔에게 그 물신은 성찬식을 위한 동물 대체물이다. 헤겔, 마르크스, 프로이트의 텍스트에서 물신이 대항 개념으로 사용될 때, 헤겔식 물신 개념이 함축된다. 프로이트는 이 개념에 닻을 올리고 있지 않다. 물신 개념에서 보자면 마르크스, 헤겔, 프로이트, 칸트 사이를 왕복하며 서로 엮는 것은 흥미롭지 않다. 데리다는 구멍들을 잘라내야 할 것이며, 우리가 복원할 수 없는, 아프리카 물신에 대한 그들의 환상을 영어나 불어로 쓰인 텍스트 속에 놓아야 할 것이다. 데리다는 그 환상이 어떤 차이를 만들어내는지 보기 위해 텍스트에다 그것을 기워(patch) 넣을 것이다.

그러는 사이 오른편에 있는 주네(Genet)는 '인간'의 정체성 텍스트와는 또 다른 궤도에서 이성(異性) 차림의 변장들과 범죄적인 게이 남성들의 후궁 속에 있다. 그 텍스트가 펼쳐 보이듯, 후궁에 있는 그들은 온갖 종류의 물신들, 자위용 기구들, 가랑이에 올려놓은 포도송이들 등을 걸치고 있다. 누가 누구를 위한 권위이며, 헤겔과 그 무리로부터 주네와 그의 공모자들로 왕복하는 그런 왕복(navette)이 어떻게 하여 무엇이건 짜내는 것일까? 데리다는 옛날 배분 속에서의 직물이나 짜기를 생각하기보다, 그 짜기가 감추어야 하는 것을 폭로하고 드러내고 그 짜기가 신호하는 것을 숨기는 가운데 TV 스크린으로 하여금 그 바지를 단념하게 만드는 바느질과 깁기의 일종을 이제 생각해야 한다고 우리에게 제안한다.

그러므로 데리다는 인용 외에 할 수 있는 것이 아무것도 없다.

> 여러분이 방금 살펴보았듯이, 타자에 관심을 갖게 하고 타자를 잊어버리게 만드는 실재적인 혹은 가짜 육체적 상처 [남근적 어머니의 (부재하는) 남근을 감추는 프로이트식 물신은 결코 멀리 있지 않다] 주변에서 그 구문 배열을 전위하기 위해서만 인용하기. … 그 모든 예들이 두드러지고는 이런 식으로 잘려나간다. 가능하다면 그 구멍들에 주목하라.(G, pp. 215b, 210b)

이것은 인용되는 대목에서 자체를 역사적으로 텍스트화하기(texting)나 짜기를 비워버리는 확신에 찬 포스트모더니즘적 인용은 아니다. 이것은 무대화된 기원으로부터 잘려나가는 상처를 환기하는 인용이다. 나는 여기서 제바르와 조화를 이룬다. 자서전은 역사의 피가 마르지 않는 하나의 상처이다. 포스트모더니즘적 실천은 포스트모더니티의 위기를, 즉 기껏해야 제국주의적 소원 성취의 텍스트인 단순한 근대화의 꿈을 관리한다.

데리다는 퀴어 물신의 도표에 의해 존재론 자체가 배포하는 부조리로 인도된다. 주네는 우리 얼굴에 훅 불어오는 바람을 연이어 부는 장미들에 관해 쓰고 있다. (여기서의 장미는 많은 물신들 가운데 하나일 뿐만 아니라 게이 갈보 집에 나오는 인물이다.) 데리다는 이 구절들 한가운데서 "장미의 본질은 그 비-본질성인데, 장미가 소실할 때만 나는 냄새이기도 하다. 따라서 장미의 악취는 방귀나 트림과 유사성을 지니며 그 배설물들은 가만히 있지 않고 형태를 띠지도 않는다."(G, pp. 58b, 59b) '방귀'(fart)는 불어로 'pet'인데, 정체성을 반복하기 위해서는 절대적인 번역능력은 반복하는(re-péter) 것이 되고 그 몸이 살기 위해서는 받아들여야만 하기 때문에 방귀는 매번 달라진다. 이것은 존재론의 일상적 실패의 친숙한 사례이다. 반복이란 무한히 반복 가능하고 따라서 항상 동일한 개념이라기보다 포획될 수 없는 무엇이 된다. "존재론은 방귀를 어떻게 파악할 수 있을 것인가?"(G, p. 58a) 데리다는 우리에게 몸의 존재를 상기함으로써 존재적-존재론적(ontic-ontological) 차이를 다시 쓴다. 하이데거에게 존재적인 것(the ontic)은 존재의 친숙함인데, 존재는 그 친숙함에 너무 근접하거나 밀착되어 있어서 어떠한 존재론도 그 존재를 붙들 수 없다. 후기 하이데거에서 존재적인 것은 아마도 일종의 물신이 되고, 정신은 부재중에 현존하는 유령의 불확실한 정기성과의 특이한 병합(정체성?)을 덮어버린다. 하이데거의 정치는 변하고, 그는 기원의 혹은 원초적인 확약(Zusage)을 환기한다.[20]

그러한 소화체계는 깊은 문화적 표식을 지닌다. 여기서 존재론에 있는 한계는 무엇일까? 오른편에 있는 『글라』는 똥구멍과 더불어 시작한다. 칸트의 숭고함에 있는 외부의 한계들은 오래전에 구토 속에 자리를 잡았다.[21] 성찬식과 저 동화된 크레올 아우구스티누스(Augustine) 주위를 다시금 맴도는 1980년대 데리다의 작업은, "먹는다는 것은 무엇인가?"를 집요하게 묻는다. 『글라』에 나오는 이렇게 아무런 강조점도 없는 계기에서 데리다는 당혹감을 야기하는 하나의 질문을 묻고 있는 셈이다.

너무 '원초적인' 은유이기도 한 이 텍스트는, 정신과 방귀 사이의 또 초월적인 산들바

20) 나는 영어 번역을 제공하기보다 데리다의 『정신에 관하여: 하이데거와 그 질문』(*Of Spirit: Heidegger and the Question*, trans. Geoffrey Bennington and Rachel Bowlby, Chicago: University of Chicago Press, 1989, pp. 129-136)에 나오는 복합적인 문제틀 전체를 독자에게 참조시킨다.

21) Jacque Derrida, "Economimesis," *Diacritics* 11.2 (Summer 1981): 3-25.

람과 우리를 당혹하게 만들고 몸의 물질성에 의해 표시되는 바람 사이의 왕복이다. 데리다가 보고 있는 것은, 우리가 우리 자신들에게 가까울 때 우리가 존재하는 방식이다. 싱가포르에서 이 강연을 저녁 식사 후에 했더라면, 통제하는 허세의 불편을 연습했을 터이다. 우리가 홀로 있으며 자신과 가까이 있을 때, 우리는 (말하자면) 몸 자체인 몸의 서명이 지닌 전적으로 창피할 것 없는 위안에 결국 굴복한다. 그곳에서는 아무도 창피나 혐오를 받지 않는다. 이것은 그저 당분간 공공영역의 종말일 뿐이다. 존재의 철학인 존재론이 방귀를 어떻게 파악할 수 있을 것인가? 라는 질문은 이제 듣기 힘들다. 여기에는 섹슈얼리티 혹은 소위 성적 실천들의 스펙트럼이 내뿜는 광휘도 없다. 그런데 존재론이 어떻게 방귀를 파악할 수 있단 말인가? 하나의 존재론은 쓰레기 속에 남아 있는 것이 무엇이건 거기에 항상 손을 뻗친다. 텍스트는 가스이자, 우리 몸속에 있는 정신의 표시이다. 텍스트는 정신과 (가스를 좀 내뿜을) 발효 사이의 불완전한 왕복이다. 방귀나 트림으로서 존재적인 것(the ontic)은, 자체와 편안해진 주체의 서명은, 정신으로부터 그 정신의 각인을 쓰는 몸으로 탈중심화해 버렸다. 존재적인 것은 또한 육신을 띤 자신을 긁으며 자신의 코를 후비는 서발턴 희생자에 의해 제공되는 당혹스러움이기도 하다.[22)]

그러나 여러분이 방귀를 포착할 수 없다면, 존재론이 어떻게 그것을 포착할 수 있을 것인가? 존재론은 정신 혹은 몸만큼, 높은 음조의 정신-토크 혹은 아주 젠체하는 몸-토크만큼, 화려하지는 않다. 위기가 또 긴 흐름의 문화정치가 있지만 이러한 누더기와 뼈 가게는 문화적 제도의 대항-사례로 남는다. 실로 〈존재〉의 철학이 그런 것처럼 또 다른 위장 속에 있는 정체성의 최상위 토크도 그렇다. 이러한 특이성(singularity)은 철학적 동원의 면전과 근본적인 철학의 면전에 똑같이 가스를 내뿜는다.

여기서 벗어나기로 하자. 이제 이 스펙트럼의 다른 쪽 끝에 초점을 맞추어 보자. 우리는 다양한 크레올 및 이주민 예술과 이론을, 여성에 의한 글쓰기를 고려하여 왔다. 노예제의 역사를 진지하게 받아들이며 번역의 정치, 문화의 정치, 정체성의 정치라는 문제를 다루고자 노력하는 예술과 이론을 책임감 있게 받아들이는 여성(*토니 모리슨) 말이다.

22) Clarice Lispector, "The Smallest Woman in the World," in *Family Ties*, trans. Giovanni Pontiero (Austin: University of Texas Press), pp. 88-95 참조.

국제적 청중을 추구하는 '민족' 예술가의 책임을 다루어보기로 하자. 이민자인 예술가가 아니라, 타자의 문화들을 갈망하는 메트로폴리탄 공간에 있는 사람들에게 탈식민화된 공간의 문화를 재현하고자 그 공간에 남아 있었던 예술가 말이다. 이것은 실로 위대한 서사이다. 나는 이 등기부에 있는 그러한 민족 예술가는 서구의 인가된 무지를 이용하지 않겠다는 아주 강한 책임감을 지니고 있다고 생각한다.

최근에 이탈리아에서 나는 이탈리아 감독에 의해 엉망이 되고 말았던, 인도 예술가인 어느 여성 무용수의 공연을 보았다. 그 감독은 그녀에게 고전적인 춤을 추도록 한 다음 그녀의 시퀀스들을 깨어버리라고 요구하고 있었다. 그는 그녀의 음악을 치워버린 다음 가능한 한 그 시퀀스의 속도를 느리게 하고는 그녀로 하여금 그 시퀀스의 5%만 춤추도록 했으며, 다른 여성들과 함께 기이한(peculiar) 종류의 춤을 그의 통제하에 추도록 했던 것이다. 그가 실제로 무대에서 하고 있었던 (나에게 호프먼의 이야기에 나오는 올림피아를, '모래-사나이'에 대한 프로이트의 취급을 상기시켰던) 이러한 해프닝의 재현은 나를 공포로 가득 채웠다. 그것은 제국주의에 동의함으로써 우리가 생산되었던 과정이기 때문이다. 어떤 지점에서 그는 자신이 그녀의 스타일을 없애버리고자 한 것은 아니었다는 점을 그녀가 깨달을 때까지 오랫동안 그에게 저항했다고 그녀더러 실토하도록 만든다. 그가 그녀의 스타일을 없애버리려고 한 것은 아니라는 점을 그녀가 마침내 믿게 된 경위에 관해 트린 민하(Trinh Minha*베트남계 미국 여성 작가이자 영화제작자)가 물었을 때, 그녀는 "그는 내게 아무것도 약속하지 않았지만 나는 그를 믿었지요."라고 자신 있게 말했다.

우리는 식민화된 사람의 동의를 얻도록 하는 이런 종류의 유혹적인 방식을 두려워한다. 이 방식의 결과가 당시 자유의지를 대표하는 복화술의 일종이게끔 만드는 종류 말이다. 우리의 생산에 가담하는 우리 자신의 공모성은 문화들의 번역, 박제화된 정체성에의 접근, 독사의 뿌리들의 또 다른 일종이다. 3세계의 민족 예술가는 상호문화적 교환을 향한 이러한 갈망에 의해 촉구된 요구에 반응하는 식으로 민족을 대변하지는 않을 책임을 지닌다. 모든 것은 교환에 민감하지만 특히 상품은 교환을 위해 만들어진다. 상품으로서의 정체성.

그리하여 나는 벵골 영화제작자 고탐 고쉬(Gautam Ghosh)가 제작한 『저 너머로의 항해』(*The Voyage Beyond*)라는 영화로 돌아가고 싶다. 이 영화는 당대 인도에 관한 것이 아니라 20

세기 인도에 관한 영화이다. 이 영화는 죽어가는 노인과 그냥 결혼해 버린 아주 젊은 여성의 이야기이다. 그들은 갠지스 강변에 있는 화장터에 있다. 추방자인 그 불가촉천민은 어떤 지점에서 그녀의 섹슈얼리티를 얻는다. 그녀는 사티, 즉 스스로 불타 죽는 과부가 되고자 하기 때문에 그곳에 있다. 결국 그녀는 자신의 죽어가는 남편이 그러하듯 갠지스 강의 파도에 휩쓸려 떠내려간다.

이것이 그 영화의 기본적인 이야기이다. 실제로 그 영화는 벵골 소설 중 위엄 있는 텍스트의 고유명사인 『안타르자리야트라』(*Antar jaliyatra*, 카말 마줌다르(Kamal Majumdar), 1961*콜카타에서 활동하는 인도영화감독 고탐 고세(Goutam Ghose) 감독의 1987년 영화로, 카말 마줌다르의 소설에 근거하고 있다. 이 영화는 19세기 벵골의 일부다처제를 다루는데 1988년 칸 영화제에서 상영된다)를 빌려옴으로써 기이한 종류의 작가주의에 참여한다. 이 특정한 사례로 보건대 그 결과는 두 미디어 사이의 코드 전환 혹은 번역에 대한 일종의 침범이다. (영화들이 소설들에 '충실한' 것으로 가정되지 않는다는 점을 나는 알고 있다. 그것이 나의 요점은 아니다.) 나는 사티야지트 레이(Satyajit Ray)와 므리날 센(Mrinal Sen)을 영화 만들기의 이러한 시도로부터 떼어놓았던 것은, 역사적 아이콘으로서의 이 소설의 특수성(particularity)을 침범할 수 있는 가능성이라고 생각한다.

토니 모리슨에 의해 무대화된 극단적인 경우에서 보듯 다른 사례들의 맥락에서 번역을 보류하는 것이 때로 필요하다고 내가 말해 왔다면, 여기서는 완전히 다르게 어떤 매크로-맥락들에서는 '원전에 충실한' 제스처의 여지 또한 있다고 시사하는 셈이다. 원전에 대한 충실성은 이상화되어야 할 하나의 사례가 아니라 많은 사례들 중 하나의 사례라고 간주된다. 서구가 3세계 문학을 탐낼 때, 그 특정한 역사적 국면에서 그것은 때로 적절한 사례가 된다. 이 소설의 실험적인 언어적 권위를 보건대 『안타르자리야트라』라는 제목을 사용하는 어떤 영화도 작가주의를 피할 수 없다. 새로운 맥베스는 새로운 맥베스이다. 나는 『안타르자리야트라』의 언어적 실험에 관해 논평하고자 시도하지는 않을 것이다. 그러나 나로 하여금 그 책의 일반적인 프로젝트에 관해 한두 마디 하게 해 달라. 이 소설은 정체성의 문제와 좀 관련되어 있다. 정체성 개념은 아시아 정체성, 3세계 정체성 등 세계의 커다란 덩어리인 대륙 이름들에 의해 종종 표시된다. 이 소설의 저자는 극단적으로 근접하거나 밀착된 장소에서, 데리다/주네가 문화담론보다 철학담론에서 정신이 아닌 바람을 위치 짓는 장소에서, 형용사적 묘사 수준에 아직 도달하지 못한 장소에서 정체성을 포착한다는 거의 불가능에 가까운 과제를 시도한다. 몸에 밀착된 채 이렇게 끝없는 만성적인 출현의 층위에서 몸도, 뼈와 피 사이에 또 신경과 잡아당기는 근육 사이에 있는 일종의 수선작업으로 이해된다면 말이다. 카말 마줌다르는 몸의 화형이 일어날 역공간(liminal space*사적 공간의 확대와 공적 공간의 축소과정에서 벌어지는 두 공간 사이의 경계 소멸과정을 일컫는 개념)을, 텍스트를 배회하면서도 결코 일어나지 않을 장차 도래할 사건에 대해 각기 달리 말하는 세 인간존재들의 역공간을 선택한다. 죽어가는 브라만, 삶-안의-죽음에 임박한 여성, 몸을 소모시킬 불길을 일굴 불가촉천민이 나온다. 영화제작자는 그 불타는 화장터를 현실적인 분량의 지방색을 싣고 움직이는 현실적 지시물로서 무대화함으로써 이 프로젝트를 흩어버린다. 선하고 순박한 불가촉천민, 충분히 선하지는 않지만 식민주의로 접근된 좋은 의사, 성해방을 위해 투쟁하는 가운데 각성하는 가부장적으로 억압된 여성이라는 손쉽게 포착된 상투적 인물들에 의해 상연될 광범위하게 고안된 심리 드라마를 위한 무대 말이다. 그 무대는 식민시기 이전의 미신으로서 힌두교를, 여성해방으로서의 이성애를 보여주며, 최소한의 지식 진지로부터 작업하기 쉬운 스크린이 된다.

『안타르자리야트라』의 작가는 충분히 형성된 이데올로기 주체를 이해되는 것으로 받아들이되 그런 주체를 벗어나도록 독자를 초대하고자 한다. 달리 말해, 마줌다르는 이질적인 관례적 문화제도로서 힌두교의 특정 종류에 대한 지각을 충분히 내면화하기를 독자에게 기대한다. 또한 그는 사티와 카스트 제도와 같은 극단적인 배분이 하나의 느껴진(felt) 문화 규범으로서 작동할 때 정동들은 어떻게 작동하는가라는 질문을 고려하도록 요청받을 독자의 권리를 기대한다. 이러한 종류의 질문은 오늘날 나의 민족-국가적 기원에서 아주 중요하다. 거기서 힌두 근본주의는 폭력적인데, 아동들과 어린 소녀들조차도 좋은 인도 시민이 되기 위해서는 다수 종교의 절대적인 판본을 내면화해야 한다고 때때로 확신한다. 그 판본 자체가 협상된 오역이라는 점을 인정할 수 없기 때문이다. 다시금 그것은 기원들을 문화적으로 혹은 정치적으로 번역하려는 하나의 시도이다.

이러한 맥락에서 하나의 민족적 청중을 위해 『안타르자리야트라』를 고쳐 쓰는 것은 그 소설을 국제적 청중을 위해 쓰는 것과 상당히 다를 터이다. 7장은 그런 제안들을 개진할 자리는 아니다.

그 소설의 프로젝트로 돌아가 보자. 과부-화형과 카스트 제도와 같은 극단적인 배분이 하나의 문화 규범으로 작동할 때, 정동은 어떻게 작동하는가 하는 것이 마줌다르의 질문이다. 우리 어머니들과 할머니들은 이 극단적인 배분에 어떻게 동의할 수 있었으며 인간적으로 남을 수 있었을까? 여기에는 관람객이 문화적 우월성의 위치로부터 그 영화를 해석할 수 있는 가능성이라곤 없다. 이것은 힌두인들로서 우리가 자문할 수밖에 없는 질문이다. 이 텍스트는 일반적인 지식 외에 아무것도 갖고 들어가기를 원하지 않는, 자신의 무지를 허락받기를 원하지 않는 국외자를 위한 것이 아니다.

마줌다르는 가능한 한 멀리 떨어져서 비판적 거리를 피하고 싶어 한다. 비판적 거리라는 것이 충분히 가능하지 않다는 점을 그는 알고 있기 때문이다. 그는 가장 극단적인 신념체계를 명백히 밝힌다. 그가 자신에게 거리를 두고 싶어서가 아니라, 인접성을 인정하고 싶고 가장 어려운 관점상의(perspectival) 규범성에 도달하고 싶기 때문이다. 달리 말해 그는 이 세 사람을 '정상'이라고 묘사함으로써 자신과 거리를 두지 않는 셈이다. 가능한 한 그는 가장 어려운 사례를 선택함으로써 본연의 정상이라는 개념을 전망하고자 한다. 그는 그저 '아시아적'이거나 '역사적'이지도 않은 모든 정상성을, 여러분의 정상성과 나의 정상성을 전망하고 있다. 또한 다음 요점은 어려운 이야기이지만 나는 그것을 계속 강조하고 싶다. 일반적인 정상성이 거기서부터 그렇게 닻을 올리도록 하는 정상성의 토대야말로 특정한 벵골 문화의 토대이자 일반적인 '정체성'(여러분에게 괜찮다면)이라는 점 말이다. 삭제하에 놓이기 위해서만 전제되는 이 토대로부터 카말 마줌다르는, 내가 영어로 글을 쓴 이래 존 리비(John P. Leavey)와 리처드 랜드(Richard Rand)의 말로 거의 정확하게 여러분에게 제시할 수 있는 하나의 질문을 묻고 있는 것 같다. 그들은 자크 데리다의 불어를 "우리는 가슴뿐만 아니라 엄지의 지문을 하나의 정동에 어떻게 제시할 수 있을 것인가?"(G, p. 425)라고 번역했다.

하나의 대륙 전체의 정체성에 관한 정보를 얻거나, 하나의 개념에 우리의 서명을 얹고서 지지하든가 반대하기란 쉽다. 그러나 우리는 서명보다 가슴과 엄지 지문의 자리에서 극단적인 하나의 정동의 정상성을 어떻게 우리 자신의 것으로 주장할 수 있을 것인가? 한 가지 방법은 자연적인 인격으로부터 정동에 닻을 올려서(unmoor) 그 정동을 이데올로기 안에 위치시키는 것이다. 이것은 위로부터가 아니더라도 행해질 수 있을 것인가?

다시금, 이 질문은 내가 물을 수도 대답할 수도 없다. 이 한계로부터 돌아서서 정체성을 주조하는 좀 더 조야한 방식들에 주목해 보자. 고쉬(Ghosh)가 소설에서 영화에 이르기까지 그 서문 격인 말의 재료를 바꾸는 방식을 살펴보기로 하자.

고쉬의 부제 작가(subtitle writer)는 영화의 서두에서 요약된 역사의 일부를 관람객에게 제공하면서 미약하나마 자기 몫을 맛본다. 1829년에 윌리엄 벤팅크(Bentinck) 경은 대화에 나오는 람 모훈 로이(Ram Mohun Roy)와 같은 이름들에 의해 반향을 얻게 된 과부들의 자기-화형을 폐지했다. 벵골 영화에서는 제목과 오프닝 크레디트((opening credits*영화의 시작 부분에 나타나는 인물 자막) 외에는 아무것도 나오지 않는다. 이제 그 책의 서문에 나오는 몇몇 문장들로 돌아가 보자. 거기서는 바로 정체성을 다루거나 차라리 배당된 독자나 관람객의 주체-위치를 다룬다. "이 책의 정동적 아이콘은 라마크리슈나의 것이며 시적 아이콘은 람프라사드의 것이다. … 우리 나라가 갠지스 강을 자체의 생명으로 아직 생각한다고, 여전히 불멸성과 접촉한다고, 모든 사람이 우리 이야기를 이해할 거라고 나는 확신한다. 나는 독자에게 깊은 존경심을 갖는다."[23]

여기서 이름이 나오는 두 인물은 누구인가? 람프라사드 센은 라자 크리슈나 찬드라 센의 후원을 받은 18세기 서기인데 서구에 알려진 바가 전혀 없지는 않다. 칼리를 찬양하는 그의 정교하고 기만적인 단순한 시는 50년 전에 불어로 번역되었다. 그는 벵골 문화를 구성하는 인물이다. 그는 칼리를 하나의 정동적인 여신 속에 재각인하는 위대한 운동의 일부이다. 그 운동의 와중에 있는 칼리는 어머니이자 딸이며, 급진적인 순진함에서 비롯되는 폭력성을 띠지만 적의가 있는 것은 아니며 순전히 아이 같은 참을성 없는 태도로 악을 처벌하는 자이다.[24] 이러한 칼리는 그 책의 아이콘인 셈인데, 영화의 마지막 부분을 향한 시퀀스에 나오는 불가촉천민의 뒤에 있는 기이하게 괴물 같은 형상은 아니다. 그 시퀀스에서 그 형상은 어린 신부에게 말하고 있다. 그 신부는 영화 〈지옥의 묵시록〉(*Apocalypse Now*)에서 보디사트바(Bodhisatva*인도 헌법의 아버지 암베드카르Ambedkar Bodhisatva를 가리킴)의 아이콘에 대한 코

23) Kamalkumar Majumdar, *Antarjaliyatra* (Calcutta: Subarnarekha, 1981), p. ix.

24) 나는 람프라사드 센에 관한 나의 견해를 「번역의 정치」, 『교육기계 안의 바깥에서』, 200-225쪽에서 밝혔다.

플라 감독의 무감각한 많은 이미지들만큼이나 아무것도 상기시키지 못한다.

19세기 중반 이후 말까지 신비한 몽상가였던 라마크리슈나(Ramakrishna)는 서구에 알려져 있으면서도 당대 벵골 문화를 구성하는 또 다른 인물이다. 10세기의 아주 초반부터 라마크리슈나 미션 센터들은 서구에 설립되기 시작했다. 그의 대화들은 영어로 번역되어 왔다. 크리스토퍼 이셔우드는 10년 전쯤 라마크리슈나에 공감을 갖는 전기를 썼다. 라마크리슈나는 힌두교의 가장 감동적인 정동을 지닌 개혁가들 중 한 사람으로서, 람프라사드의 사랑하는 여신을 많이 닮은 칼리에게 자신을 결착시켰다. 그는 무슬림, 기독교인, 여성의 주체성에 입장하기를 정동적으로 시도한다는 전망을 지니고 있다. 그는 카스트 제도와 절대적으로 대립한다. 라마크리슈나의 비전이 사회적으로 제도화되어감에 따라 생겼던 일에 관해 이 자리에서 논평할 바는 아니다. 독자/관람객의 정체성 문제를 놓고 중요한 것은, 이 인물이 그 책의 정동적 아이콘이라는 점이다.

마줌다르는 "새로운 벵골은 라마크리슈나를 기억하고 그를 마음에 품음으로써 창조되었다. 그는 '인간존재가 그토록 미미하단 말인가!'라고 말함으로써 날것의 자연적인 인간존재에 있는 두려움의 조각을 아예 깨어 있는 상태에서 없애버렸다.

그 책의 '아이콘들'은 폭력, 잔인함, 카스트, 육체에 대한 탐닉의 부재를 갈망하는 람프라사드와 라마크리슈나의 일정한 아이콘들이다. 우리가 욕망과 그 (비)성취에 관해 무엇을 느끼건 간에, 우리는 이토록 복합적이고 섬세한 욕망의 결(textile)을 영화 이디엄으로 코드변환하고자 시도하는 고탐 고쉬(Gautam Ghosh) 같은 사람을 마음껏 가정할 자유가 있다. 그런데 그는 람프라사드 센과 라마크리슈나 파라마한사(Paramahansa)의 스크린에 윌리엄 벤팅크의 이름을 올림으로써 그들을 전유했고, 포기했으며, 진부하게 만들었다.

〈저 너머로의 항해〉는 실제로 소위 '시사적인'(topical) 영화이다. 이 영화는 몇 년 전의 룹 칸와르(Rup Kanwar)의 자기-화형(self-immolation)에 이어 사티에 또 다른 관심을 갖도록 하는 분위기 속에서 제작된다. 그 경우 사티에 대한 페미니즘적 동원과 저항은 확실히 광범위했고 중요했다. 그렇게 법제화된 맥락에서 어떤 미묘함을 갖고 젠더화된 주체성에 접근하는 것은 가능하지 않다. 그 점은 이해될 만했다. 그 운동은 여성의 행위능력 수준에 남아 있어야 했다. 사티-안의-여성에 대한 영화적 재현은 그러한 제한들에 국한되지 않는다. 고탐 고쉬는 이러한 예술-형식의 상대적 자율성을 갖고 무엇을 하고 있는가? 그 영화에 나오는 젊은 신부의 재현을 공고하게 하는 것은 영화의 다른 지점들에 나오는 적어도 다섯 개의 시선들이다.

a) 그 결혼을 봉인하는 화환의 교환 이전에 나오는 완성되지 못한 시선
b) 성적 만남의 반복을 요청하는 그로테스크한 여신의 신전에 나오는 시선
c) 불태워진 과부의 손바닥 자국으로써 칠해진 돌을 바라보던 원숙한 시선
d) 강에 정기적으로 놓이는, 여신들의 계절적 지위를 환기하는 나무틀에 꽂혀 있던 자쇼바티(Jashobati)와 더불어 마지막에 나오는 시선
e) 보트에 칠해진 눈의 초점 없는 시선을 시각적으로 흥분시키는 재현

'해방된' 대본 중에 가장 설득력이 없는 "나는 당신의 노리개인가요?"는 시선들의 어떠한 합주에 의해서도 수반되지 않는다.

영화를 관람해야만 첫 세 가지 시선들은 고려된다. 여기서 나는 처리 가능한 여신-틀로부터 바라보는 자쇼바티와, 볼 수 없는 두 눈을 갖고 있는 사랑스런 보트가 문화적 논리 없이 무거운 문화적 메시지를 전달하고 있다는 점을 지적하고 싶다. 노인의 자연사와 젊은 아내의 강요된 부자연스런 죽음이라는 두 특정한 죽음들의, 일어나지 않은 죽음들의 중지는 여기서 어떠한 문화적 정당화도 없이 문화적 토대로의 회귀로서 재코드화된다. 텍스트적 미묘함을 갖고서 그러한 유희를 벌이는 것은 나한테는 국제적 소비를 위해 (여성의 이름으로) 민족적 정체성을 부정거래 하는 가운데 민족 예술가의 책임을 폐기하는 것처럼 보인다.

우리 페미니스트 국제주의자들이 긴장하는 것은, 국제적인 것 안의 민족적인 것의 이러한 책임을 거스르고 있기 때문이다. 나는 지금 〈이슬람법 아래 살고 있는 여성들〉이라는 세계적인 집단에 대해 생각하고 있다. 이 집단은 1세계의 이민 공동체들 출신 멤버들과 함께 북아프리카에서부터 인도네시아에 이르기까지 그 모든 길을 가고 있다.[25] 이 국제적 페미니즘적 국제주의자들은 자신에 대한 서구의 '구원'을 허용하지 않으면서 여성이라

25) Marie-Aimée Hélie-Lucas, "Women Living under Muslim Laws," *South Asia Bulletin* 10.1 (1990): 73.

는 것과 민족이라는 것에 대한 분리된 충성심의 내부에서 그들의 불안정한 위치를 유지해야만 한다. 위협받으면서도 아직 살아 있는 그들의 프로젝트는 나의 시작 지점으로 나를 데리고 간다. 내가 나 자신을 여성으로 바라보고, 또 이 책의 5장인 「문화: 페미니즘을 위치 짓기」에서 미리 수정된 여성화에 관한 나의 역사를 바라본 것은 바로 그녀들의 예에서이다. 여성들은 복화술사가 될 수는 있겠지만, 민족주의자들로 (남도록 허용)되지 않는 엄청난 역사적 잠재력을 갖고 있다. 젠더화 과정을 통해 그녀들은 민족과 정체성의 교환을 위해 만들어진 것이며, 가장 엄밀한 의미에서의 상품들이며, 또 그러한 교환의 매체라는 것도 알 정도로 엄청난 역사적 잠재력을 갖고 있다. 신부(bride)에 의한 신부, 첫 번째 디아스포라들처럼 말이다.[26]

우리가 그러한 비밀스런 존재적인 친밀한 지식을 동원할 때, 우리는 그것을 상실하고 만다. 그런데도 나는 다른 어떤 길을 보지 못한다. 『글라』를 인용하자면 우리는 충분히 타자가 될 정도로 청순하지 못하다. 아프가니스탄과 프랑스 양쪽에서 일하고 있는 변호사인 클라우딘 헤르만(Claudine Hermann)은 다음의 맺는말을 내게 제시한 바 있다. "우리는 ['문화'에서] 남성들의 눈을 통해 여성들을 보는 법을 항상 배워 왔다. 또한 삶이라고 불리는 어떤 것에서 여성들의 눈들을 통해 남성들을 보는 법도 배워 왔다. 우리는 그 간극이 얼마나 넓은지 항상 알고 있었다."[27] 우리는 항상 정신분열적이었고 양성체적이었다고 나는 덧붙이겠다. 성과 젠더는 양성체(자웅동체)적이지는 않지만, 구조적으로 동일하지 않다는 신념에 확고한 양성체적이라고 말이다. 문화들은 강요된 억압 위에 폭력적으로 세워진다. 전쟁은 그 가장 극단적인 서명인데, 또한 모든 서명들처럼 가부장적이다.[28] 우리의 교훈은 투쟁 중인 정체성들의 파열들 속에서 행동하자는 것이다. 8장의 교훈은 다시금 정체성 자체의 이중구속이다.

---

26) 테드 스웨든버그(Ted Swedenburg)는 1989년 12월 2일에 매사추세츠 대학에서 열린 〈현재의 마르크스주의: 전통과 차이〉(Marxism Now: Tradition and Difference) 학술회의에 발표한 「현 팔레스타인 여성들: 1936-39년의 반항에 있는 전통과 차이: 인티파다를 위한 함축적 의미들」(Palestinian Women Now: Tradition and Difference in the 1936-39 Revolt: Implications for the Intifada)에서 가장 중요한 지구적 논쟁 사이트 중 하나를 위해 이 요점을 지적한다.

27) Claudine Hermann, *The Tongue Snatches*, trans. Nancy Kline (Lincoln: University of Nebraska Press, 1989), p. 7.

28) 정체성의 서명에 있는 가부장성을 위해서는 니체에 대한 데리다의 다음 견해 참조. Derrida, "Logic of the Living Feminine," in *The Ear of the Other*, trans. Peggy Kamuf (New York: Schocken Books, 1985), pp. 3-19. 우리가 부분을 행동하고 정체성을 말할 때 남용해야 하는 것은 바로 이 논리다.

8. 마르크스주의를 대리보충*하기

*대리보충(supplement): 모든 사물의 의미가 동일성이 아니라 사물들 사이의 차이 속에서 규정된다면 원래의 것(the origin)이라는 자체가 있을 수 없다. 그래서 사물들의 의미는 사물들 자체만으로는 결정 혹은 완결되지 않으며 유동적인 의미망들의 관계 속에서 잠정적으로 결정 혹은 완결될 뿐이다. 데리다의 개념으로, 현존을 가정하는 사물(의미)에 기반을 둔 서구 철학 즉 '현존의 형이상학'을 전복시킨다.

집단성을 사유함으로써 정체성의 이중구속에서 탈피할 수 있을까? 인습적인 지혜를 따른다면 그럴 수 있다고 말하겠다. 하지만 집단적 실천에 대한 가장 분석적인 이론의 원천인 마르크스에게 이중구속이란 '사회적인 것' 안에 거주하고 있다. 1992년에는 윤리적인 것에 대한 주목이야말로 필수적인 대리보충일 것이라고 여겨졌다. 본서의 서론에 시사되었듯, 인식론적인 것 전반에 대한 체계적인 침투야말로 시대적 과제이다. 1992년에 데리다는 메시아주의 없는 메시아성의 양식 안에서 공산주의를 펼치고 있었다. 나중에 기술하겠지만, 나는 마르크스주의를 사회주의로 대리보충해야 한다고 생각했다.

여섯 가지 논점을 전보처럼 간략하게 제시하겠다. 첫 번째 논점. 마르크스는 전기에도 후기에도 '사회적'이라는 용어를 공들여 정의했는데, 그 용어에는 한낱 개인적인 것의 합리화가 개입되어 있었기 때문이다. 이러한 합리화를 포착하는 것이 계급의식이다. 산업 임노동의 맥락에서, 이 합리화란 현대적 언어로는 노동을 사회화된 노동력으로 계량화하는 것이라고 말할 수 있다. 내가 본 역서 312쪽에 인용한 구절을 보면 마르크스는 사회화된 복지국가를 상상한다. 하지만 자기 사유의 주된 흐름에서 마르크스가 관심을 갖는 대목은, 사회를 유지하기 위한 잉여를 생산하기 위해 생산수단의 소유자로서 그 혹은 그녀의 사회화된 노동력의 계량화에 참여하는 노동자이다. '사회적인 것'이라는 관념의 두 가지 용법이 여기서 작동하고 있다. 첫 번째 용법은 이성의 공적 사용이라는 계몽주의적 기획이다. 계몽주의의 주체는 부르주아라기보다는 프롤레타리아인데, 계몽주의 기획이 인식의 측면에서 아직 준비가 안 된 인구에게 전위(vanguard)에 의해 실천될 시에는 역전에 의한 합법화에 따라 전체주의를 향한 문을 열어주게 된다. 바로 이 지점에서 전위주의에 대한 집요하고도 불가능한 대리보충인 미학교육이, 칸트의 비판 방법에서는 인정할 수 없는 이성의 파열을 인정하는 그런 미학교육이 제안된다. 유희(play)를 통해 균형을 대체함으로써 칸트의 비판 방법을 변혁하려고 하기보다 말이다. 그런 유희는 하트와 네그리의 디지털 관념론의 사촌일지도 모른다. 하지만 마르크스가 '사회적' 혹은 '사회'라는 단어를 사용하여 이성의 공적 사용이라는 목표를 기획하거나 묘사할 때, 그는 제대로 연구되지 않은, 일관성 없는 휴머니즘적 통념에 의지하고 있는 것으로 보인다.[1)]

물론 카를 마르크스는 교육의 문제들을 자각하고 있었다. 학계를 떠났던 그의 행동이 아마도 그 증거일 것이다. 나는 서론에서 포이어바흐(Feuerbach)의 제3 테제(*사람은 환경과 교육의 산물이라는 이 테제에 대해 마르크스는 사람에 의한 환경의 변화와 교육자 자신이 받아야 하는 교육을 망각하고 있다고 비판함)를 인용했다. 하지만 마르크스에게 중요한 문제는 자본주의에 맞서 사회적 생산성을 향해 자본을 전유하려는 합리적 투쟁과, 그가 받았던 특권적인 교육이다. 이 두 가지 점은 부정될 수 없다. 결국 '사회적인' 것의 두 가지 용법들 사이의 간극 안에서, 침투성 있는 마르크스주의들이 만발하고 곪고 실패한다. 사회적인 것을 더욱 합리화하여 마르크스주의를

1) 헤겔은 주체와 앎의 접속을 '욕망' 안에 위치시켜서 "처음부터 끝까지 주체는 자신이 원하는 바를 안다"고 가정하는 데 비해, "프로이트는 진리와 앎의 이음새를 혁명들을 일어나게 하는 유동 상태로 풀어버린다." 그런 점에서 헤겔과 프로이트 사이에 깊은 간극이 있다고 시사하는 전반기 라캉은 명민하다(Lacan, "The Subversion of the Subject and the Dialectic of Desire," in *Écrits*, trans. Bruce Fink, New York: Norton, 2005; 수정된 번역). 달리 말하자면, 미얀마(2009-)와 튀니지(2011)와 위키리크스(Wikileaks, 2009-)에서 디지털이 정보를 확산하고 투명성을 유지하는 수단이라고 하더라도, 진리와 앎의 이음새를 집요하게 유동시켜 자유의 가능한 실천을 향한 창의적인 유연함을 생산하는 인식론적 과제는 여전히 남는다. 바로 미학교육 말이다.

개혁하려는 비판도 동일한 위험부담을 간과하고 무릅쓴다.[2)]

두 번째 논점은 앞의 논점과 대조적으로, 마르크스주의를 휴머니즘적으로 가장 강력하게 받쳐주는 것은 노동의 사물화에 대한 비판이라는 점이다. 때로는 비판이라 여기기 어려울 정도의 비판이고, 때로는 훨씬 눈부신 논변들로 휘감긴 이 비판은 위대한 민족해방운동들부터 낭만적인 반-자본주의에 이르기까지 일종의 붉은 실 노릇을 한다. 이 비판은 그 가장 흐릿하면서도 왕성한 표명을 따르자면, 노동 자체를 상품화해서는 안 된다고 단언하면서도 어디까지나 노동과 상품의 이분법적 대립에 그 바탕을 두고 있다.[3)] 그렇지만 이성을 사회화된 사회 안에서 계급의식으로 사용한다는 마르크스의 통념은 노동력의 특수화로서의 노동이 제아무리 특수한 유형이라고 해도 여하튼 일종의 상품이라고 인식하는 것

---

2) 이는 물론 주도자들의 동기의 순수성을 전제하는 것이다. 나는 두 가지 '사회적인' 것 사이의 차이를 「데리다에서 마르크스의 한계와 열림」("Limits and Openings of Marx in Derrida," in Spivak, *Outside in the Teaching Machine* (New York: Routledge, 2009), pp. 107-110)에서 해명한 바 있다(이하 각주에서는 OTM으로 표기하고 그 옆에 쪽수를 기재함). 설혹 어떤 사회 전체가 마르크스에 의해 "생산의 행위자들"이라 불렸던 것으로 조합된다고 하더라도, 그 사회의 모든 구성원에 의해 계급의식이 적극 사용되려면 이성과는 다른 어떤 것, 타자(즉 대문자 타자로서의 사회)가 자아보다 더 중요하다는 확신이 '습속'(그람시라면 이 용어를 썼을 텐데)이 되게끔 하는 어떤 것, 계급의식을 책임성의 교훈으로 다시 배우려는 어떤 것이 필요하다. 어떤 사회도 그렇게 조합되지는 않는다는 사실을 논외로 하더라도, 인간 정신이라는 극에서는 책임성을 온전하게 배운다는 일이 있을 수 없다. '윤리적 가르침'은 불가능성을 깎아내린다. (여기서 독자는 서문에 시사된 인식론적 재영토화를 추가할 것이다.) 본문에서 언급한 위험부담들과 관련해서, 소비에트 이후 시대의 아르메니아 경우에서 두 사례를 제시해보겠다. "[하르누쉬] 하코피안(260석 아르메니아 의회에서 여덟 명의 여성의원 중 한 명): 튼튼한 경제와 풍족한 생활수준이 뒷받침되어야만 합니다. 이런 것들이 확고해진 후라야 비로소 사람들은 인도적이고 자애로운 목표에 주의를 기울일 수 있습니다. … [로우벤] 쇼우가리안(외무부 차관): … 제 생각에 우리는 기술 원조에 관해 먼저 서방에, 즉 문명 세계에, 그런 연후에 동방의 나라들에 기대를 겁니다."(Michael M. J. Fischer and Stella Grigorian, "Six to Eight Characters in Search of Armenian Civil Society amidst the Carnivalization of History," in *Perilous States*, ed. George Marcus, Chicago: University of Chicago Press, 1994, pp. 95, 116) 그런데 아르메니아는 전형적인 자본주의나 사회주의가 아니며(소비에트 이후 시대의 맥락에서 '혼합 경제'로 결합되어 있으며), 책임성이라는 교훈의 일차적 중요성을 간과하는 실수를 반복하고 있다. 우리가 타타르인들, 바슈키르인들, 카자흐인들, 독립국가연합과 러시아연방 소속의 다른 이들에게서 듣게 될 내용에는 틀림없이 차이가 있다. 씨족 정치와 '근대' 국가의 단절에 관해서는 Kathleen Collins, *Clan politics and Regime Transition in Central Asia* (New York: Cambridge University press, 2006) 참조. 스탈린은 책임성을 간과하는 극단적 결과들로 치달은 합리적 분석의 사례인데, 그는 하나의 알리바이로서의 '합리적' 도표에 딱 들어맞도록 정치체를 조각조각 내버렸다. 서유럽의 마르크스 추모가 제아무리 중요하다고 하더라도 다른 것들과 견주어 보자면 소소한 에피소드임을 우리는 기억해야만 한다. 유럽대륙주의의 외부에서 아르메니아를 논의한 더 많은 내용으로는 Spivak, *Other Asias* (Oxford: Blackwell, 2008) 참조.

3) 이 비판의 '순수한' 정식화들로는 Harry Braverman, *Labor and Monopoly Capitalism: The Degradation of Work in the Twentieth Century* (New York: Monthly Review Press, 1975)와 Harry Cleaver, *Reading Capital Politically* (Austin: University of Texas Press, 1979) 참조.

이었다. (본서의 9장에서 이 점은 더 상세히 논의된다.) 마르크스의 견해에서는, 반드시 이러한 이해에 입각해야만 생산의 행위자들인 노동자들이 사회적인 것의 행위자들이 될 수 있다. 실로, 마르크스는 상품과 노동 둘 다의 이중성을 "정치경제학에 대한 이해를 돌아가게 하는[dreht um] 중심축[pivot/der Springpunkt]"이라고 묘사한다.[4] 바로 이 중심축 개념 때문에 마르크스는 상품의 견지에서 이루어지는 자본의 순환에 대한 상세한 설명을, 변화를 향해 경도되고 재분배를 위한 잉여 전유에 경도되는 계급의식적인 노동자에게 가장 유용하다고 권장한다. '사회적인' 것에 대한 두 번째 용법에 입각한 노동이 내 생각엔 마르크스에게서 불충분하게 사유되는데, 이 노동 없이는 앞서 말한 변화나 전유 움직임의 가능성도, 불가능성도 포착될 수 없다(각주 2 참조).

세 번째 논점. 마르크스적인 계급의식 프로젝트가 전면적으로 포화된 상태의 합리화된 계급 주체 안에 정박하지 않더라도, 또 확실한 종말/목적의 보장에 의해 확고해지지 않더라도, 그 프로젝트는 다음을 할 수 있다. 즉 자본주의에 대한 집요한 비판을 형상화하는 데 기여할 수도 있고, 사물화에 대한 인간주의적 비판이 개조되지 않은 글로벌 자본주의를 민주주의로 재조립하는 데 끌려들어갈 수도 있고 실제로 끌려들어갔고 또 그렇게 현대화될 수 있는 것이거나 실제로 현대화된 것에 맞서 전투를 벌이는 데 기여할 수도 있다. 이렇게 전보처럼 짤막하게 된 제시가 갖는 집요함이야말로 공산주의와 사회주의와 자본주의라는 불균등한 세 단계를 마치 저글링 하듯 동시에 굴릴 수 있으리라는 점을 말해두겠다. 여기서 공산주의는 불가능한 것의 형상화인데, 그 관점에서 보자면 자본주의와 사회주의는 '상호 이중구속'이라는 좀 내공을 갖춘 개념으로 지각될 수 있겠다.

이것은 '사회적인' 것과 '사회적인' 것 사이의 이질적-자율적-논리적(heteroautological) 이중구속의 다음 단계이다. 여기서 '사회적인 것'(the 'social')이란 '사회적인'('social')을 (전유하거나) 전유하지 않는다.[5] 1992년에 나는 이중구속을, "데리다의 한 구절을 그것이 마치 나

---

4) Karl Marx, *Capital*, vol. 1, trans. Ben Fowkes (London: Penguin, 1990), p. 132(국역본 96쪽. 스피박의 수정된 영역 인용에 따라 국역을 수정함).

5) 나는 테리 이글턴과 그의 동료들(Eagleton, "In the Gaudy Supermarket," *London Review of Books* 21.10, May 13, 1999, pp. 3-6)에게 미안한 마음이 든다. 내가 이렇게 이상한 조판 체제를 쓸 때 심중에 품고 있는 것은, 마르크스 저술들의 심장부에 있는 심층적인 문제 — 혁명 이후 합리적 국가 건설의 파괴를 자초했던 그 문제 — 를 포착하기 위해 깔끔한 산문을 심문해야만 하는 이유를 일부 끈기 있는 독자들이 알아주리라는 희망이다.

자신의 서술인 양 인용함으로써, 차이에 대한 (데리다적이라기보다는) 니체적인 개념의 교차대구법(chiasmus)으로 변형하느라 바빴다.

> 차연이란 정확히 … 서로 차이를 지니는 것들 중 하나에서 다른 것으로, 어떤 대립(여기서는 자본주의와 사회주의의 대립)의 한 항에서 다른 항으로 자리를 옮기는 모호한 이행과도 같다. 그래서 우리는 대립을 이루는 쌍들을 모두 재고할 수 있게 되는데 … 이는 우리의 담론에 근거를 두고 살아가게 하는 대립(예컨대 자본주의와 사회주의의 대립)이 지워지는 것을 보기 위해서가 아니라, 대립을 이루는 각 항이 다른 항의 차연으로, 동일자의 체계적 질서 짓기 내부에서 차이를 지니며 지연되는 것으로 나타나야만 한다는 점이 무엇을 가리키는 것인지를 보기 위해서이다.[6]

베를린 장벽이 무너진 이후의 그 시절에 자본주의와 사회주의 사이의 진동을 "힘들지 않은" 진동이라고 내가 불렀던 것은 하등 이상하지 않다. 그렇게 희망의 유혹에 빠져 나는 1991년에 걸프 전쟁을 무시했다. 오늘날의 우리는 혁명의 실패뿐만 아니라 국가의 실패 안에서 견고해졌던 것, 즉 국제시민사회가 겉으로는 사회적 생산성을 위하는 듯해도 실은 자본주의의 편의를 위해 이중구속을 지속 가능성으로 환원하는 것을 공고하게 했으며, 인식소의 문제를 계산으로 환원하는 것을 공고하게 했음을 알고 있다. 거기에는 마르크스주의의 대리보충이 존재하지 않는다.

데리다는 "윤리적 확실성, 양심, 봉사받은 것에 대한 만족, 완수되었거나 혹은 더 영웅적으로 완수해야 할 의무에 대한 의식 등을 지니고서 세상에 대해 안심하고 세상과 화해하는 선의의 해체주의자 공동체"[7]가 멋대로 활용하는 해체를 향해 적절한 짜증을 보여주었다. 나는 공산주의란 불가능한 것의 형상화라고 보는 관점에서는 자본주의가 사회주의의 차연(1992년에 나는 이렇게 썼다)으로 힘들이지 않고 지각될 수 있겠다고 자본주의, 사회주의, 공산주의를 스케치한 바 있다. 그렇게 하는 가운데 내가 데리다의 작업을 난폭하게 정식들로

---

6) Derrida, "Différance," in *Margins of Philosophy*, trans. Alan Bass (Chicago: University of Chicago Press, 1982), p. 17.

7) Derrida, "Passions," in *Derrida: A Critical Reader*, ed. David Wood (Oxford: Blackwell, 1992), p. 15.

환원했다고 말하면, 그가 낭패감을 느낄 수도 있겠다 싶어 1992년에 나는 난처한 심정이었다. 나는 불가능한 것의 형상화를 겨냥하고 있었고, "법은 계산의 요소라 반드시 있어야만 한다. 그러나 정의는 계산할 수 없다. 정의는 우리에게 계산할 수 없음을 계산하라고 요청한다."[8]는 데리다의 구절을 인용했다. 하지만 지금 나는 (희망컨대) 시공간상에서 밀어젖히는(pushing away) 것으로 오해된 '차이'를 졸업하고 '이중구속'이라는 더욱 능동적인 개념에 이르렀다. (차연이란, 어떤 것을 시작한다는 것은 그 어떤 것이 아닌 다른 모든 것으로부터 그 어떤 것을 구별하는 것이다. 따라서 깔끔한 시작이란 결코 있을 수 없다는 것은 그저 상식적인 사실일 따름이다. 상식은 단단하다.) 이제 보장된 정식들이란 하나도 없다. 오직 희망의 상실뿐이다.

희망이 상실되었다고 해서, 마르크스주의를 대리보충하는 우리의 과제가 공산주의와 사회주의 사이의 밀고 당기기로 축소되지는 않을 것이다. 왜냐하면 사회주의란 계산의 요소 안에 있기 때문에 거기 있는 것이 정당하지만 공산주의란 계산할 수 없는 것이기 때문이다. 공산주의는 계산할 수 없는 것을, 마르크스가 계산되지 않은 상태로 위험하게 내버려둔 바로 그것을 계산하라고 우리에게 요청한다. 마르크스가 계산되지 않은 상태로 내버려둔 것은, 사회주의적 주체를 훈련한다는 인식론적 짐이다. 내 친구 테오도르 샤닌(Teodor Shanin)에게 빚진 또 다른 정식은, 사회주의란 정의에 관한 것이지 우선적으로 발전에 관한 것은 아니라는 정식이다. 사실 나의 3단계 스케치 중 두 번째 부분에 해당되는 지점에서 자본주의와 사회주의는 인식론적 수행의 훈련을 통해 상호간의 이중구속으로 이해되고 느껴져야만 한다(1992년도의 표현은 "상호 차연으로 힘들이지 않고 지각될 수 있는"이었다). (이제 푸코를 격하시키고 성공적인 인식소를 묘사하는 할 수 있음/앎(can/know)을 깨뜨려) 앎이 상상력의 훈련을 통해 거기 있을 수 있다고 하더라도, 할 수 있음은 그 밖의 다른 곳에 있다. 미학교육이라는 불가능한 프로젝트는 도처에서 일어나지 않는다면 성공하지 못할 것이다. 자본주의적 식민주의의 바로 저 첫 물결은 자체도 모르는 사이 그 표식을 드러내지만, 그 표식은 곧 교정된다. 영국의 경우에 본국에서는 블룸즈베리 파(Bloomsbury Fraction)가 되고 해외에서는 식민주체가 된 그 표식의 변주들 안에 바로 그 증거가 있게 된다. 세속주의를 식민주의적/오리엔탈리즘적이

8) Derrida, "Force of Law: The 'Mystical Foundation of Authority,'" in "Deconstruction and the Possibility of Justice," *Cardozo Law Review* 6.5-6 (July-August 1990): 947.

라고 일축하는 데에 깃든 엄청난 불신이, 세속주의 논객들이 들어오지 못하는 또 다른 장에서는 이론화되지 못한 인권 주체에게 이기심을 가르치는 기업주의에 대한 불신이 오늘날 우리가 가진 전부이다.[9] 여느 학술대회에서처럼 차연의 청사진은 『자본』 3권의 마지막 부분에 목적론적으로 주어진다는 점을 기억하면서, 마르크스주의는 어디로 가고 있는가라는 질문을 물을 수 있을 뿐이다.[10]

네 번째 논점. 내가 속한 집단이 어떤 역할을 할 수 있을까? '내가 속한 집단'은 전보 치듯 짧게 정의를 내린 것인데 다시금 그것이 나온다. 1965년에 린던 존슨(1908-1973*제36대 미국 대통령)이 할당 한도를 풀어준 이후에 미국으로 들어온 중간계급 전문직 이주민들이 바로 그 집단이다. 존슨의 조치는 아시아계 이민의 500% 증가로 이어졌고, 이들의 이민이 때로는 불법 침입이라는 것을 감추면서 두뇌유출이라고 불리기도 한다. (나는 본서의 2장에서 그들에 관해 말했다.) 더 중요한 것은, 내가 그들의 자식들에 관해, 즉 '문화적' 동화[11]와는 엄밀하게 구별되어야 하는 미국에서의 시민들의 행위능력을 기대하며 심리적으로 함께 묶여 있거나

---

9) 블룸즈베리 파에 관해서는 Raymond Williams, *Problems in Materialism and Culture* (London: Verso, 1982), pp. 148-169 참조. 세속주의 논쟁에 관해서는 Gil Anidjar, "Secularism," *Critical Inquiry* 33 (Autumn 2006): 52-77 참조. 식민주체와 인권 논제에 관해서는 Spivak, *Other Asias*, p. 15 참조.

10) Karl Marx, *Capital*, vol. 3, trans. David Fernbach (New York: Viking Books, 1981), pp. 1015-1016(국역본 1162쪽). 자본주의와/또는 사회주의에 대한 모든 사유는 차이 안에서 개시되는데, 한편으로 삶이란 남들과 대립되는 나와 내 것의 행복 추구이며 다른 한편으로는 남들을 향한 책임이라고 여기는 통념 안에 가장 자명하게 박혀 있는 차이에서 비롯된다. 달리 말하자면 그 모든 사유는 차연의 일반 법칙(그것 자체가 분열에 기반을 두고 있기에 법칙이 아닌 것)에 달려 있다. 하지만, 아마도 더욱 중요한 것은, 자본주의와 사회주의의 관계가 본문에 인용된 차연에 관한 구절에 영향을 받기 쉽다는 점이다. 거칠게 말하자면 『자본』 3권에서 언급된 그 구절이 보여주는바, 사회주의는 자본주의 생산양식의 형식과 대립적이지 않다. 차라리 사회주의는 자본의 사회적 생산성에 대한 제멋대로의 자본주의적 활용에 대한 지속적인 밀어젖히기 — 차이를 내면서 지연시키기 — 이다. 온전하게 윤리적인 것이란 불가능하기 때문에, 차이를 향한 계산은 계속 반대쪽으로 끌려가며, 이 흐름은 Stephen Resnick and Richard Wolff, "Lessons from the USSR: Taking Marxian Theory the Next Step," in Bernd Magnus and Stephen Cullenberg, ed., *Wither Marxism? Global Crises in International Perspective* (New York: Routledge, 1995), pp. 207-234에서 제시된 공공 부문과 사적 부문 사이의 넓게 퍼지는 흔들림만큼이나 일상적인 결정에서 거의 중단되지 않는 떨림 같은 그런 흐름이다. 본문에 인용된 구절에 나와 있는 초기 데리다의 프로젝트에서 펼쳐진 양면적 프로그램을, 단순하게 학문적인 방식을 넘어서(자본주의와 사회주의라는 구도 안에서) 시도하기의 위험부담을 생각하면 나는 두렵다. 그래도 그것은 조직화되면서도 비조직화되는 저항의 실체이다. 이러한 저항이 차연으로 형상화되기보다는 종말/목적으로 구상된다면, 본문에서 언급된 마르크스적인 묘사가 우리에게 제공되는 셈이다.

11) 1920년대에 식민화된 아프리카에서의 이러한 목소리에 대한 유럽의 억압은 W. E. B. Du Bois, "The Negro Mind Reaches Out," in Alain Locke, ed. *The New Negro: An Interpretation* (New York: Arno Press, 1968)에서 그 전조를 드러낸다. 이러한 경향은 모두 제 힘을 발휘하면서 여전히 널리 퍼져 있다.

중심을 이루고 있는 미국인들에 관해 말하고 있다는 점이다. 나는 이 집단에 관해, 실은 이 집단을 위해, 말하고 있다. 왜냐하면 우리가 미국 학술대회에서 마르크스주의를 논할 때 우리는 너무 자주 거대한 계획을 펼치지만 정작 그 계획의 행위자들은 — 설령 그 행위자들이 실존한다고 하더라도 — 결코 이런 대회에 오지 않기 때문이다. 또는 우리가 세우는 계획들은 믿기 어려운 체계적인 변화를 전제한다. 내가 제안하고자 하는 바는 앞서 세 번째 논점에서 스케치했던 위대하고 집단적이며 집요한 비판에 미미하나마 확실하게 기여해보자는 것이다. 그것은 우리가 내일 할 수 있거나, 아니면 사실 오늘이라도 할 수 있는 무엇이다.

나는 이 이주민들의 초창기 세대 중에서도 글로벌 금융화에 직접 연루되지 않은 이들, 말하자면 새로운 세계 질서의 금리생활자들에 관해서만 말한다. 이민을 떠났던 이 집단 전체는 지배적인 글로벌 자본과 간접적인 이해관계를 맺는다. 포스트식민적인 문제들을 떠나, 탈식민화의 실패를 떠나, 자본주의하에서 가능할 정의의 희망을 품고 온 것이다. 종종 인정되지 않는, 용이한 떠나옴으로 자체를 재코드화하는 이 사실은 또 다른 코드에서는 아마도 '반동-형성'이라 불릴 심리 현상의 다양한 유형으로 나타난다. (내가 난민이나 망명자들에 관해 또는 하층 계급에 관해 말하고 있는 것이 아니라 1965년 이후에 상대적으로 자리를 잘 잡은 경제적 이주민들에 관해, 모범적 소수자가 되었던 새로운 이주민들에 관해 말하고 있다는 것을 부디 기억하라. 이 집단 내에서조차 여성들은 가장 종종 추방되기 일쑤이며, '현실적 선택'(real choice)을 하는 결정을 거의 내리지 못하며, 대개 이주민다움 안에서 '문화' — 음식과 의복의 습속과 성적 코드 등 — 의 보관자 노릇을 종종 의무적으로 한다. 우리가 고려해야만 하는 것은 바로 이 점이다. 실로 이것이야말로 본서 전반에 걸친 붉은 실의 매듭이며, 아씨아 제바르(Assia Djebar)와 레일라 아흐메드(Leila Ahmed)로부터 나오는 베일의 재영토화로 이어진다.[12])

현 국면에서 이 '반동-형성들' 중에 가장 주목할 만한 것은, 검토되지 않은 문화주의

---

12) 제바르는 알제리 여성의 관점에서 베일의 재영토화를 계산한다(Djebar, "Forbidden Gaze, Severed Sound," in Marjolijin de Jager, trans., *Women of Algiers in Their Apartment*, Charlottesville: University Press of Virginia, 1992, pp. 133-151). 레일라 아흐메드(Leila Ahmed)는 자신의 책 『조용한 혁명』(*The Quiet Revolution*, New Haven, CT: Yale University Press, 2011)에서 중요한 역할을 하는 메트로폴리탄 이주민 집단을 등장시켜 전 세계적인 차원에서 그것을 역사적으로 추적한다. 요아힘 버그만(Joachim Bergman)은 다음과 같은 빛나는 묘사를 제공한다. "욕망, 행위능력, 맥락에 따라 창작된 다양한 '기호', 정체성, 아주 많은 층위(남성, 여성, 서양)에서의 복속, 정체성으로서의 정치적 행위능력, 대문자 타자가 집단에 미치는 효과, 황인종 여성을 구하는 — 황인종 남성에게서뿐만 아니라 황인종 여성 자신에게서도 구하는 — 백인종 여성, 하나의 경직된 체계를 또 다른 더 경직된 지구화, 민족 정체성, 대문자 타자의 체계로 대체하는 것, 이 모든 것이 그곳에 있다. 그런데 이것이 단지 전채요리에 불과하다니!"(미간행 대담)

인데, 이 문화주의야말로 자본주의를 민주주의로 재코드화하는 것을 허용한다.[13] 물론 잠시 멈춰 숙고해보면 사안들이 훨씬 더 미결정적이지만, 내가 택한 이 영역은 추상적이고 전보 같은 합리적 기대 언어를 허용하는데, 우리는 바로 이 언어로 우리의 책들을 이해한다.

검토되지 않은 문화주의는 이제 정책의 일부인 문화주의로 발전했는데, 이는 대개 좋든 나쁘든 젠더화된다. 우리는 그것을 집단적 '반동-형성'이라고 진단해버릴 수는 없다. 우리가 반동-형성의 사전적 정의(억압된 소망과 정반대이고 그 소망에 대한 반동으로 구성되는 심리적 태도 또는 습성… [심리적] 구조의 관점에서 반동-형성은 어떤 의식적 요소의 대항-카섹시스[cathexis*정신분석학 용어로 집중을 뜻함]이며, 그 강도는 무의식적 카섹시스와 동등하지만 작동 방향은 상반된다.)를 받아들인다면, 그와 같은 종류의 사회체의 어떤 요소들은 아마도 여전히 그러한 선을 따라 동원될 수 있겠지만 말이다. 이 위태로운 병리학이, 환각적인 문화주의로 요리된 아메리칸 드림이, 국적 또는 민족주의의 자리를 원하건 원하지 않건 여러 상이한 방식으로 협상 가능하게 만든다. 책임성은 주체적 의식의 자유 또는 의도의 순수성과 불가피하게 엮이는 영역을 향해 그 협상 에너지를 더 생산적으로 돌릴 수 있다. 우리가 하나의 집단으로서 우리의 문화주의에 의

---

13) 전 세계적 사회성(마르크스적인 의미가 아니라 유네스코의 의미에서 사회성)의 보관자들에게 무형의 것들을 '보존'하라고 요구하는 The Nara Document(1994), http://whc.unesco.org/archive/nara94.htm 참조. 이제 문화주의는 이주민의 위치에 주어진 경계 너머로 확장되었다. 예컨대 Debarshi Dasgubta, "My Book Is Red," http://www.outlookindia.com/article.aspx?265325 참조. 이 기사에서 나는 억압적인 포스트식민 정부가 진짜 문제를 잠식하고 자체의 위기를 관리하기 위해 문화주의를 출구로 삼고, 2개 국어를 상용하는 메트로폴리탄 문제와 이 문제를 선뜻 혼동하는 메트로폴리탄 독자들을 설득하려는 첫 사례(물론 다른 사례들도 있었겠지만)를 본다. 그 진짜 문제란 계급 아파르트헤이트이다. 절망을 안고서도 이제 집결한 인도 농촌 서발턴 '마오주의자들'이 그 문제를 다루는 방식은, 그 지역의 부패한 정부 관리와 경찰 공무원 개인을 살해하는 것이다. 좌파 지식인들은 그 어떤 인식론적 시도도 없이 이것을 혁명적 투쟁이라고 합리적으로 재코드화하면서 서발턴 편을 들었다. 부족의 언어 교재들을 교체함으로써 인식론적 시도마저 약화시키는 것이 현재의 무장 투쟁에 도움이 될 수도 있겠지만, 이런 방편 하나로 전투에서 이긴다면 부정적인 결과들만을 낳게 될 것이다. 그들이 진정으로 이 인민(people)이 시민권에 접근해 나가기를 원한다면, 다른 변화는 없이 부족의 언어 교재에 투자하는 것은 방도가 아니다. 이것은 여성을 할당제에 집어넣는 것과 비슷하다. 국가가 다른 모든 면에서 권력 구조를 보존할 때, 야심적인 것과 예외적인 것은 벵골어 학교에 있다. 예컨대 (아주) 새로운 부족 주 자르칸드(Jharkhand)에서는 산탈어 부문(토착 부족어)과 벵골어 부문 및 힌디어 부문이 있었는데 가장 야심적인 사람들조차 공용 국어이자 현지 지배어인 힌디어 대신에 벵골어를 선택하는 일이 벌어졌다. 이런 유형의 개혁을 하고자 한다면 체계적인 토대가 있어야만 한다. 내가 이토록 길게 쓰고 있는 까닭은, 그것이 또 다른 등기부에 있는 할 수 있음/앎에 관해 전보처럼 짧게 쓴 문장의 증거이기 때문이다. 그렇지 않으면 이 세상의 헌팅턴 같은 자들은 하층 계급이 어떻게 선택하는지에 관한 통계들을 인용하면서, 수행적인 것을 수행으로 변형시켜야 할 중간계급의 필요성과 관계가 있는 2개 국어 공용, 문화전쟁, 정전 논쟁 등 중간계급이 착수하면 좋을 모든 일들에 관한 논의를 패퇴시킨다(Samuel Huntington, *Who Are We? The Challenges to America`s National Identity*, New york: Simon & Schuster, 2004). 이 기사에서 부족 언어 교재를 통한 투쟁을 무력화시키려는 대변인으로 거론된, 영문과 교수였던 가네쉬 데비(Ganesh Devi)는 활동가가 아니라 '수집가'이다.

해 보상받으리라는 꿈에 잡혀 있다면, 합리적인 초민족적 인식을 가르치고 배우기를 통해 우리의 협상 가능한 국적으로 깨닫게 될 수 있는 것은 다음과 같다. 즉, 소비에트 이후라는 현 국면을 지배하는 자본주의 심장부에서 자본주의와 사회주의의 차연을 작동시키는 것이야말로, 우리가 떠나왔던 그 장소들을 훨씬 더 수선할 수 있다고 말이다. 바로 이 국면에 의해 드러난 민족과 국가 사이의 단층선 안에 서식하는 다양한 광신주의에 자금을 대는 등의 기타 방식으로 키우는 문화주의보다 말이다. 바로 이 마지막 문장은 전보처럼 간략하게 쓴 문장일 뿐만 아니라 망원경으로 보듯 쓴 문장이기도 하다. 내가 더 많은 시간을 보내고 더 큰 책임을 느끼는 영역들과 현장들에서 그 문장의 모든 구절들을 매일 풀어 꺼내놓는다는 것을 믿어 달라. 여기서 내가 다시 인정해야만 하는 것은, 무례가 아니기를 바라면서 데리다의 한 대목을 나의 방식으로 환원시켜 사용했다는 점인데, 그 구절은 본서의 앞부분에서도 인용되었다. "한편에 있는 책임성과 다른 한편에 있는 주체적 의식의 자유 또는 의도의 순수성 사이의 엮임(bond)에 새로 도전하지 않고도, 쉽게 말해지듯 주체는 틀림없이 탈중심화될 수 있다."[14] 내가 망원경으로 보듯 쓴 문장에 가없는 형상을 부여하는 것은 나의 희망이면서도, 그 도전을 받아들이는 작은 방식이기도 하다. 방금 거론된 이 대목은 서발턴 지식인이 시민으로서, '마오주의자'로서, 소수민족 출신자로서 하는 인식론적 생산과 관련된다(본서 9장, 주 35 참조).

다섯 번째 논점. 우리 중 일부도 참여하는 더욱 다양한 투쟁의 맥락에서 마르크스의 합리적 사유의 합리적 핵심과 함께 하는 또 다른 방식에 관해 이제 한마디 하고자 한다. 그 방식을 열거하자면, 페미니즘, 반-인종주의, 반-식민주의이다. 여기서 지난 수년간 확장되었던 나의 확신을 되풀이하겠다. 바로 이 맥락에서 마르크스의 많은 저술에, 특히 『자본』 3권의 몇몇 세션에 함축되어 있는 초기 형태의 위기 이론이야말로 저 영원히 깨졌다가 이중구속의 경로 위에서 복원된 핵심에 추가되어야만 한다. 내가 계속 말해왔던 것은 앞서 언급된 세 운동을 '마르크스주의자'라는 권위적인 라벨에 꼭 뜯어 맞추려 하기보다 이 역동적인 질료들을 삼켜서 소화시켜야만 한다는 점이었다. 다소 공상적이겠지만 다시 한 번

14) Derrida, "Mochlos: or, the Conflicts of the Faculties," in *Logomachia: The Conflict of the Faculties*, ed. Richard Rand and Amy Wygant (Lincoln: University of Nebraska Press, 1992), p. 11.

내가 병리학에서 현재의 역사를 유추해도 된다면, 오늘날 그것은 필연적으로 불완전한 병합이라고 말하겠다. 이 병합은 불충분하게 합리화된 어떤 체계적 전망의 영구적으로 지연된 사망에 대한 특수하게 생산적인 절반의 애도 행위인 것 같다.

여섯 번째 논점. 우리가 G7의 무대 안에서만 생각하기보다는 차라리 초민족적으로 생각한다면, 우리는 국가의 역할을 중심적인 것이라고 강조할 수 없다. 국가 기계가 자본주의와의 차이이자 자본주의의 지연인 집요한 사회주의에 참여하기 위해, 우리는 대문자 발전에 맞서는 지역 차원의 운동들을, 특히 국제시민사회로부터 거리를 유지하는 운동들을 필요로 한다. 저발전된 자본주의의 약속에 만족하고자 하는 저 구-공산주의 나라들을 포함하는 다른 쪽의 글로벌한 관점에서도 볼 만한 것이 있다. 그런데 그것을 간략하게 설명하는 식으로 사회주의적 계산을 작동시키는 것은 개연성을 갖지 못한다고 제시해보자. 사실 신자유주의적인 세계경제체제는 대문자 발전과 지속 가능한 발전이라는 이름으로 그 체제 자체와 위태로운 국민경제 사이의 모든 장벽을 제거한 채 그 체제의 정통적 제약에서 벗어나기란 불가능하다. 그 결과 사회적 재분배의 가능성은 모조리 치명적인 손상을 입는다. 더구나 그러한 제3세계의 많은 곳에서 정치경제적 권력 또는 소비주의적 야망을 가진 이들은 지배적인 글로벌 자본과 공통의 이해관계를 가지며, 따라서 흔히 그 자본에 의한 종속(변함없이 원조 또는 협력이라고 표상되는)을 환영한다. 점점 더 희망을 잃어가고, 혼란스럽고, 탈식민화의 실패라는 이 상황에서, 민족과 국가 사이의 언제나 미심쩍은 하이픈은 새로 정의된 제2세계뿐만 아니라 옛날의 제3세계에도 있는 디스토피아적인 광신도들에 의해 한때는 영광스럽고 순수했던 민족의 이름을 걸고 폭력적으로 재협상된다. 열광적인 운동들이 항상 알고 있었던 것은, 행동하기에 가장 좋은 기회 또는 행위능력이 있다는 느낌은 어떤 치유를 보장한다는 점이며, 그 치유의 카타르시스적 결말은 역사의 억압된 영광스러움(우리는 한때 막강했지)을 복원해준다는 점이다. 각본은 행동이라는 이름의 폭력이다. 발전이라는 유령과 민족이라는 유령 사이에 사로잡힌 국가가, 그 사회체의 제1 주동자는 아니다. 발전에 대한 저항이라는 위상을 갖는 운동들은 국가와 비판적인 관계를 맺는다. 그러한 비판적 관계의 많은 강점은 그 문화가 마르크스 사유의 합리적 핵심을 분말 처리하고 증가시켜 끝없이 능동적으로 섭취한다는 데서 기인한다. 이 저항운동들은 분명히 구 제3세계에서 네트워크를 더욱 잘 이루며, 제1세계에서 이 운동들을 지원하는 네트워크들은 지금은 좀 미미하다고 하더라도 나름대로 자신들의 저항의식을 탈식민화하고자 시도한다. 이러한 특정 네트워크 노선들은 새로 정의된 제2세계에서는 펼쳐지기 어려우며, 제2세계가 바로 얼마 전까지도 독약이었던 어떤 문화를 약으로 삼키는 것도 여전히 어렵다.

내가 말하고 있는 이 두 운동은 내가 가장 잘 아는 것들로, 비유럽 중심주의적 생태주의 운동과 재생산 유전공학에 반대하는 비유럽 중심주의적 운동인데, 후자의 운동은 남반구에 의해 북반구에 강제된 이른바 산아제한과 연관된다. 이 운동들은 국제적이라기보다는 지역적인데, 그 이유는 첫째 이 운동들이 포괄하는 이른바 민족국가 다수와 맺는 비판적 관계 때문이며, 둘째 최상의 상태에서 이 운동들은 서발터니티와 여성공간이라는, 근대국가에 대한 개념화의 중심적 자원으로 간주되지 않았던 그 영역들을 조급하게 변형하려 하기보다는 오히려 그 영역들로부터 배우고자 애쓰기 때문이다.

(서발터니티란 서류상 불법인 그런 지역 이주민에서 보듯, 아무리 최소한이더라도 여하튼 국가의 복지 메커니즘에 접근하지 못한 채 그 바깥에 있는 공간을 위해 내가 빌려 온 이름이다. 비조직화된 노동, 통상 언급되는 본연의 여성들, 프롤레타리아, 피식민자, 민족지학의 대상, 정치적 난민 등과 서발턴이 반드시 혼동될 필요는 없다. 이런 혼동으로부터는 그 어떤 유용한 것도 나오지 않는다. 그렇게 되면 그 단어는 무용해지는데, 우리가 멈춰 숙고할 때 무용한 단어라고 해서 반드시 나쁜 것만은 아니다.)

비유럽 중심적인 생태주의 운동에서 계산할 수 없는 것과의 소통은, 자원의 소비 논리에 의해서가 아니라 이성에만 근거해서는 거의 영원히 변화가 가능하지 않다는 확신에 의해 때로 추동된다. 예를 들어 비폭력의 동원은 삶의 신성불가침을 조금이나마 주문으로 외우는 것에 의지한다. 여기서의 '신성함'은 종교적 인가를 필요로 하는 것은 아니며, 신성함에 대한 인가라 해서 이성이라는 원칙 하나만 담을 수 있는 것도 아니며, 초월적 영역과 비철학적인 친족이 되는 셈이다. 이런 의미에서, 자연에 대한 통제에 기반을 둔 문명으로 보면 자연은 더 이상 신성하지 않다. 그 결과가 바로 생태주의의 실패로 인한 글로벌 차원의 황폐함이다. 제4세계의 후진적 집단들이 자신들의 문화적 순응성의 사안으로서 이 황폐함에 대한 감각을 여전히 보유하고 있다는 점은 주목할 만하다. 나는 선주민들을 이국적으로 동경하거나 낭만화하고 있지 않다. 그들이 전부 '급진주의자들'도 아니다. 그들이 여전히 서발턴인 만큼 그들의 문화적 순응성이 사안이 된다. 여기서 우리가 꿈꾸고 있는 것은, 선주민들을 배제된 문화적 순응성의 상태로 어떻게 유지시킬 것인가 하는 게 아니라, 그들에게 동참하여 자연을 신성시하는 감각을 어떻게 배우고 구축할 것인가 하는 점이다. 그렇게 함으로써 우리는 장기적 지구 생존에 관한 합리적이고 이기적인 관점을 넘어 지구를 둘러싸고 받쳐주는 생태주의 사고방식의 동원과 추동을 도울 수 있다. 우리의 마음을 열어 선주민들에게 강박당하고 싶고, 유령적인 것이 계산을 강박했으면 싶다.

서론에서 제시했듯이, 이러한 문화적 순응성이 재코드화되기에 충분할 만큼 강인하다는 관념은 나의 초기 교육 투쟁 영역의 자애로운 폭군들이 실천한 박물관화에서 비롯되었다. 실로 이제는 그 투쟁 지도자들의 확신이야말로 그때 이래로 내가 인식하게 된 저 봉건성 속에 사로잡혀 있는 것 같다. 〈세계은행〉은 더욱 사무적이다:

> 전 세계의 잔존 토착민은 — 70개 나라에서 2억 5천만 명이 넘는다고 추산되는데 — 이 지역들에서 자원을 지속 가능하게 관리하도록 하는 근본적인 지식을 소유하고 있다. 토착지식센터와 협력하여 환경국은 「농업 발전에서 토착 지식의 사용」(Warren, 1991)이라는 제목으로 세계은행과의 토론 자료를 준비했다. 지역 맞춤형 전문 자료들이 그 지시의 이행을 지원할 준비를 하고 있다.[15]

〈세계은행〉은 국가들이 요청하고 보조한다. 지구화의 와중에 나는 지난 세기 중반에 신식민주의와 더불어 시작된 지구화 과정을 지속하고 있는 그런 국가에 대해 말하여 왔다. 중언부언할 필요가 없다. 특허권 분쟁은 누구에게도 뉴스거리가 아니다.

자본주의와 사회주의 사이의 줄다리기 안에서 〈세계은행〉은 생태주의 운동을 관리한다. 이제 그 운동은 훨씬 포괄적인 기후 변화 로비에 포근히 안겼으며, 이 로비는 자본 축적의 지속 가능성을 부단히 추구한다. 재생산적 유전공학에 반대하는 운동은 다국적 제약회

15) *The World Bank and the Environment* (Washington, DC: World Bank, 1992), pp. 106, 107. 이 구절은 최초의 판본에 들어가있다. 세월이 흘러도, 토착 지식 사용에 대해 코드화된 설명을 우리에게 제공하는 연례보고서에는 늘 '지속 가능한'이라는 단어가 나오는데, 토착민들이야말로 〈세계은행〉의 지속을 돕고 있다. 최근 간행물은 *Environment Matters* (2009), http://go.worldbank.org/DHIO2J5UVO이다.

사들과 그것들의 복합적인 유관 기관들과 대결한다. (더 낮은 범주들에서 이 회사들과 기관들은 마르크스주의 경제 이론의 딱딱한 알맹이를 먹어치우고 매일 씹어대는 — 아마도 니체라면 되새김질을 적극적으로 한다고 말할 텐데 — 운동들이다. 이 운동들은 나름의 저항을 하는 가운데 자본주의의 끌어당김에 매일 절반의 애도를 표한다. 하지만 절반의 애도란 절반의 환호이기도 하다. 이곳이 바로 자본의 가시적인 사회적 생산성 하나만을 강조하는 가운데 이루어지는 부단한 서발턴화의 은폐가 기승을 부리는 지점이다.)

인구 통제 또는 유전공학의 주도권들은 모두 재생산의 책임성이 지닌 위엄에 대해서는 잔혹하게 무신경하다. 성적인 기호와 쾌락을 누릴 권리, 가정의 안과 밖에서 공평한 노동을 할 권리, 교육에서 평등할 권리를 쟁취하기 위해 긴요한 집단적 계산은, '인간 되기가 언제나 이미 책임의 구조 안에 삽입되는 것'이라는 기억에 의해 대리보충되어야만 한다. 이 기억을 이성애 공동체주의와 엄격하게 구별하기 위해 우리는 서발턴적인 전제와 접속해야만 한다. 이 전제에 따르면 '이성애적인 재생산'은 동성애의 일반적 규범성의 한 계기이고, 이 일반적 규범성에서 성 경험 그 자체는 애무의 한 경우이다.[16] 이 기원적인 퀴어스러움은 재생산의 이성애 규범성(heteronormativity, RHN)을 함유하는 가운데 그 규범성에 함유되며 장르의 법에 의해 함입된다.[17] 내가 본서의 5장에서 제시했듯이, 오늘날 메트로폴리스의 통치화된 퀴어 커플은 이성애 규범성의 차이를 초-도덕적인 의미로 사용한다. 이것과 자본 논리 사이에 연속적인 논리란 없다. 자본/사회 사이의 이중구속과 '사회적인' 것의 두 가지 마르크스주의적 용법도 역시 이러한 문제틀에 의해 결정된다. 왜냐하면 쾌락원칙 및 이 원칙을 약간이라도 넘어서는 것 안에 있는 모든 것이 이성애-규범성에 잡혀 있기 때문이다.

「마르크스주의를 대리보충하기」가 8장의 제목이다. 여기서 대리보충하기란 마치 마르크스주의가 우리의 구멍들을 채우듯이 그렇게 마르크스주의 안에 있는 구멍들을 채우기를 뜻하는 것만은 아니다. 내가 난감해하며 마무리한 8장에서 보듯, 루소를 거듭 인용하

16) 여기서 내가 사용한 '애무'라는 단어는 뤼스 이리가라이의 글(The Fecundity of the Caress: A Reading of Levinas, *Totality and Infinity*, 'Phenomenology of Eros,' in *An Ethics of Sexual Difference*, trans. Carolyn Burke and Gillian C. Gill, Ithaca, NY: Cornell University Press, 1984, pp. 185-217)에서 그 단어에 부여된 철학적 의미라는 맥락에서이다. 나는 OTM, pp. 163-171에서 이 에세이를 아주 길게 논의했다.

17) 부분을 함유하며 부분에 의해 함유되는 전체보다 오히려 더 큰 그런 부분을 가리키는 함입에 관해서는 Derrida, "Law of Genre," in *Glyph* 7 (1980): 202-229 참조.

는 데리다를 나는 잊지 않았다. 대리보충이 위험한 까닭은 우리를 계산할 수 없음과 통하게 하기 때문이라던 그 데리다를.[18]

18) Derrida, *Of Grammatology*, trans. Gayatri Chakravorty Spivak (Baltimore, MD: Johns Hopkins University Press, 1976), pp. 141-164.

9.
이론에 남은 것은 무엇인가?

마르크스

미국에 실천적 좌파가 부재한 가운데 학계와 언론계에서 줄어들고 있는 소수파 집결지가 이론-실천의 이원적 대립을 둘러싼 논쟁을 계속해서 활기차게 벌이고 있다. 그래 봤자 그 활기란 학계 바깥으로는 논쟁의 결과가 미치지 않는 선에서 일어날 뿐이니 별로 이상할 것도 없다. 하지만 미국 학계는 우리의 터전이고, 이 논쟁의 결과들이 우리의 고용 및 해고 여부에 작동하는 한, 엄밀하게 학문적인 방식으로 그것을 논평하는 것은 가치 있는 일이다. 여기서 내가 추가하고 싶은 점은 글로벌 차원에서 영향력의 범위가 더 커지면서 더 잘 관리되고 있는 한 줌의 우리 엘리트 대학들이 특권 집단 바깥에서는 거의 상상할 수 없는 어떤 사악함을 갖고 자체의 보수주의를 지킨다는 점과, 땅을 좌우하는 형식적 법으로써 더 가시적인 분리의 선을 그을 수 없을 때는 학생회의 구성을 이데올로기적으로 통제한다는 점이다. 그렇다면 이렇게 유감스러운 장에서 내가 시작하는 곳은 언제나 그렇듯 강의실이다.

지난 20년간 나는 2년마다 사용과 교환 사이의 차이라는 것이 즉각 직관할 수 있는 듯 보이지만 사용가치와 교환가치는 같은 형태, 즉 가치형태를 띤다는 것을 대학원 신입생에게 설명하는 과제와 직면해 왔다. 어떤 것을 가치형태 안에 놓는다는 것은, 그것을 추상화한다는 뜻인데, 그리하여 그것은 측정될 수 있다. 이는 교환가치에 대해 진실인 만큼 사용가치에 대해서도 진실이다. 사실 우리가 어떤 것을 다 써버릴 때는 가치를 측정하지 못한다. (오늘날 라벨에다 영양가 표시를 부착하는 식품들은 예외라 할 수 있겠다.) 하지만 그렇다고 해서 그 사물이 가치형태 안에 놓일 수 없음을 뜻하지는 않는다. 오로지 이런 의미에서만 사용가치는 일종의 픽션이다.

마르크스는 가치형태를 전반적으로 추상화의 가능성이라고 설명하고자 시도하고 있었다. 그 이유는 가치형태야말로 자본의 특성을 설명하는 데 쓸모가 있었기 때문이다. 하지만 그 통찰은 전적으로 직관에 대항하는 것이었다. 이러한 통찰에 의해 사용가치, 일반적으로 일종의 픽션인 사용가치는 자본한테는 픽션이 아니다. 자본은 측정에 의해 자체를 소비하며 노동력이지 노동이 아니다. 자본은 노동의 사용가치를 사용하지, 노동을 사용하지 않는다. 대항직관적인 교훈.[1]

이어서 두 번째 교훈이 나오는데, 이것은 더 잘 알려져 있지만 보통은 첫 번째 교훈과 연결되지 않은 채 남아 있다. 즉, 자본가는 그/녀 자신이 (노동력의 형태로) 빌린 것보다 더 적은 가치를 (화폐 형태로) 갚는다는 것이 바로 두 번째 교훈이다. 그렇게 되는 이유는, 노동력이 사용될 때 그것이 측정 가능해지기 이전의 구체적인 개인적 기반이라는 것이 자본을 위한 사용가치, 즉 노동력으로서 측정할 수 있게 됨으로써 자체를 잠재적으로 생산하는 데 요구되는 가치보다 더 많은 가치를 생산하기 때문이다. 사회주의는 의지를 발휘함으로써 노동력을 사용하는 형식을 전혀 방해하지 않으면서도 실상은 공평함을 유지하고, 재분배를 위해 차이를 보존할 것이다.

이러한 논지를 이해하기 위해서는 사용이든 교환이든 간에 가치형태에 내포된 추상화를 이해하는 것이 본질적이다. 노동의 노동력으로의 상품화는 이러한 논지에서 보면 잠재적으로 좋은 만큼, 그것 하나로 사회주의로 가는 수단을 제공할 수 있기 때문이다. 사용(구체)과 교환(추상)의 대립, 노동 계급이 사용할 재화가 많아질수록 자본가가 교환할 재화는

1) Karl Marx, *Capital*, vol. 1, trans. Ben Fowkes (London: Penguin, 1990), p. 277(국역본 258쪽, 이후 본문과 각주에서 C 1과 함께 쪽수를 표기함).

적어진다는 대립, 이러한 이분법적 대립은 마르크스의 작업이 갖는 이론적 실천적 폭을 해명하기에는 너무나 기계파괴주의적(Luddite)이다. 생산수단의 소유, 프롤레타리아 독재, 사물화 비판 등이 이러한 이분법에 정박할 때 지구화로서의 자본의 자기-결정(self-determination, 나는 충고를 받은 대로 이와 같은 19세기적 표현을 사용한다)과 대결할 수 없으니, 글로벌 금융자본은 세계 무역에 의해 필연적으로 중단된다는 식으로 말이다. 다른 한편, 대항직관적인 마르크스적 교훈 — 가치형태 안에서 사용과 교환은 둘 다 추상이며, 자본-노동(력) 관계는 자본이 추상(화된 노동)을 사용하는 관계라는 — 을 배우게 되면, 사회주의가 재분배를 위해 차이(잉여와/또는 이윤)를 움켜쥐고 보존하는 것이야말로 위기로 인한 지구화와 전략에 따른 지구화 사이의 차이를 뜻할 수 있다.

이것을 포착하기 어려운 까닭은 마르크스가 자신의 시대를 앞섰기 때문이다. 또한 노동 계급 문화가 영어로의 (일반적인 의미에서뿐만 아니라 좁은 의미에서도) 권위적인 번역들을 명령했던 투덜대는 학문적 경험주의의 근육 부위라고 할 어떤 거친 경험주의에 매달렸기 때문이기도 하다.

모든 면에서 프리드리히 엥겔스는 투덜대는 사람은 아니었다. 하지만 그는 마르크스를 처음으로 영어로 번역한 사람이라고 할 수 있다. 그런데, 이 영어 번역가라는 표현은 양식(good common sense)을, 즉 사용/구체, 교환/추상, 노동 소외/노동 계급에 대한 범죄를 반복하며 실천적 부문의 마르크스를 구축했던 경험주의적 대참사의 환유적 표현인 셈이다. 하지만 마르크스의 어조에는 차이가 있다. 그에게 노동은 자본에 의한 노동력 사용이다. "이처럼 노동력의 가치를 그 본질에 의거하여 규정하는 것을 조잡하다고 생각하는 [것은] 지극히 값싼 센티멘털리즘에 지나지 않는다. … 노동능력에 대한 이야기가 노동에 대한 이야기가 아닌 것은 소화능력에 대한 이야기가 소화에 대한 이야기가 아닌 것과 똑같다." (C 1, p. 277, 국역본 258쪽)

그 작동 과정을 보기 위해 『자본』의 결정적인 한 페이지(그림 1)를 읽어보도록 하자. 마르크스는 이론화하고, 엥겔스는 내포 독자인 노동 계급에게 더 명료하게 읽혔으면 하는 의도로 귀찮은 일을 도맡아 처리한다. 앞의 그 두 단락에서 마르크스는 우리에게 우선 교환관계에서 양적인 추상으로 나타난다고 본 가치에 관한 그러한 직관을 이제 버려야만 한다고 말했다. 마르크스는 어렵겠지만 대항직관적으로 움직이라고, 사용가치 안에 있는 추상화를 포착하라고 독자에게 재촉한다. "상품의 교환 관계 …에 나타나는 공통요소는 상품의 가치이다. … 우선은 이런 [교환의] 현상 형태와는 무관하게 가치에 대해 살펴보고자 한다. 어떤 사용가치 또는 재화(Gut)가 가치를 지니는 까닭은 추상적 인간 노동이 그 속에 대상화 …되어 있기 때문이다."(C 1, pp. 128-129, 국역본 91-92, 강조와 삽입은 스피박의 추가)

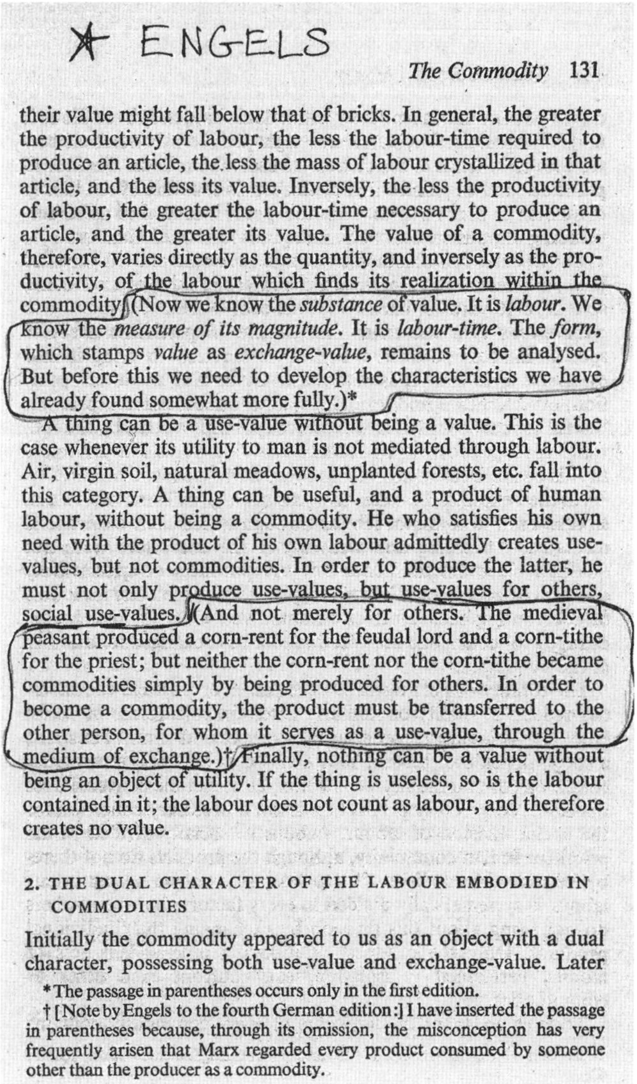
★ ENGELS

The Commodity 131

their value might fall below that of bricks. In general, the greater the productivity of labour, the less the labour-time required to produce an article, the less the mass of labour crystallized in that article, and the less its value. Inversely, the less the productivity of labour, the greater the labour-time necessary to produce an article, and the greater its value. The value of a commodity, therefore, varies directly as the quantity, and inversely as the productivity, of the labour which finds its realization within the commodity. (Now we know the *substance* of value. It is *labour*. We know the *measure of its magnitude*. It is *labour-time*. The *form*, which stamps *value* as *exchange-value*, remains to be analysed. But before this we need to develop the characteristics we have already found somewhat more fully.)*

A thing can be a use-value without being a value. This is the case whenever its utility to man is not mediated through labour. Air, virgin soil, natural meadows, unplanted forests, etc. fall into this category. A thing can be useful, and a product of human labour, without being a commodity. He who satisfies his own need with the product of his own labour admittedly creates use-values, but not commodities. In order to produce the latter, he must not only produce use-values, but use-values for others, social use-values. (And not merely for others. The medieval peasant produced a corn-rent for the feudal lord and a corn-tithe for the priest; but neither the corn-rent nor the corn-tithe became commodities simply by being produced for others. In order to become a commodity, the product must be transferred to the other person, for whom it serves as a use-value, through the medium of exchange.)† Finally, nothing can be a value without being an object of utility. If the thing is useless, so is the labour contained in it; the labour does not count as labour, and therefore creates no value.

2. THE DUAL CHARACTER OF THE LABOUR EMBODIED IN COMMODITIES

Initially the commodity appeared to us as an object with a dual character, possessing both use-value and exchange-value. Later

* The passage in parentheses occurs only in the first edition.

† [Note by Engels to the fourth German edition:] I have inserted the passage in parentheses because, through its omission, the misconception has very frequently arisen that Marx regarded every product consumed by someone other than the producer as a commodity.

그림 1

마르크스의 『자본: 정치경제학 비판』으로부터의 한 페이지

엥겔스

상품 131

다이아몬드의 가치는 벽돌의 가치보다 낮아질 수 있을 것이다. 일반적으로, 노동생산성이 높으면 높을수록 한 물품의 생산에 걸리는 노동시간은 그만큼 적어지며, 그 물품에 응고되는 노동량도 그만큼 적어지고, 따라서 그 물품의 가치도 그만큼 작아진다. 반대로 노동생산성이 낮으면 낮을수록 물품의 생산에 걸리는 노동시간은 그만큼 커지며, 그 물품의 가치도 그만큼 커진다. 이와 같이 상품의 가치는 그 상품에 체현되어 있는 노동량에 정비례하고 노동생산성에 반비례한다. (이제 우리는 가치의 **실체**를 알았다. 그것은 **노동**이다. 우리는 **가치의 크기의 척도**를 알았다. 그것은 **노동시간**이다. **가치에 교환가치**라는 도장을 찍는 가치의 **형태**는 분석되도록 아직 남아 있다. 그러나 그 전에 우리는 이미 찾아낸 규정들을 좀 더 상세히 전개해야 하겠다.)*

어떤 물건은 가치를 가지지 않으면서 사용가치일 수 있다. 인간에 대한 그 물건의 유용성이 노동에 의해 매개되지 않는 경우에 그러하다. 예를 들면, 공기, 처녀지[미개간지], 자연의 초원, 야생의 수목 등이 그러하다. 어떤 물건과 인간노동의 어떤 생산물은 상품이 아니면서 유용할 수 있다. 자기 노동의 생산물로써 자기 자신의 욕구를 충족시키는 사람은 사용가치를 만들기는 하지만 상품을 만들지는 않는다. 상품을 생산하기 위해서 그는 사용가치를 생산할 뿐 아니라 타인을 위한 사용가치, 즉 사회적 사용가치를 생산해야 한다. [엥겔스: 또 단순히 타인을 위한 사용가치를 생산하는 것만으로는 충분하지 않다. 중세의 농민은 봉건 영주를 위해 공납으로 바칠 곡물을 생산했다. 그러나 공납으로 바친 곡물이나 십일조로 바친 곡물은, 타인을 위해 생산되었다는 이유만으로는 아직 상품이 되지 않았다. 생산물이 상품이 되기 위해서는 그 생산물을 사용가치로 쓰는 사람에게 교환을 통해 이전되어야 한다.]** 끝으로, 어떤 물건도 사용대상이 아니고서는 가치일 수 없다. 만약 어떤 물건이 쓸모없는 것이라면, 거기에 들어 있는 노동도 쓸모없는 것이어서 노동으로 계산되지 않으며, 따라서 아무런 가치도 형성하지 못한다.

제2절 상품에 체현되어 있는 노동의 이중성

애초에 상품은 사용가치와 교환가치라는 이중성을 가진 물건으로 우리에게 나타났다. 그 뒤 …

* 괄호 안의 이 구절은 제1판에서만 나온다.

** 독일어 4판에 붙인 엥겔스의 주: 이 괄호 안에 들어 있는 말이 없었던 탓으로 마치 마르크스가 생산자 이외의 사람들이 소비하는 생산물은 무엇이든 상품으로 여겼다는 오해가 자주 생겼기 때문에, 나는 이것을 삽입하기로 했다.

※번역본 출처: 『자본론: 정치경제학 비판 1』 (상), 김수행 역, 비봉출판사, 2015년 개역판, pp. 50-51

가치라는 것은 사용이라는 형태로 출현하는 가운데 직관적으로 우리에게 분명해지는 것은 아니다. 왜냐하면 우리는 교환에 관여하지 않기 때문이다. 하지만, 내가 앞에서 제시했듯이 마르크스의 명확한 함의는, 우리가 가치의 사용형태를 생각할 수 없는 한 우리는 자본과 노동자의 관계를 이해할 수 없을 것이고 상품은 물신으로 남을 것이라는 데 있다. 그러니 우리가 거부하기보다 포착해야만 하는 것은, 바로 추상적인 것 — 말하자면 유령적인 것 — 의 역할이다. 여기서 우리가 간파할 수 있는 것은 그가 명확히 사용(가치)/교환(가치)이라는 이분법적 대립을, 즉 여전히 우리의 상식을 강박하는 의미론적 연쇄를 풀어 헤치고 있다는 점이다. 그런데 엥겔스는 이렇게 매듭짓는 단락의 끝에 이르러, 사회정의의 지렛대를 돌아가게 하는 중심점을 확립하는 데 결정적인 이론적 시도를 훼손한다(C 1, p. 131, 국역본 94-95쪽). 사회적인 것의 이종성(heterology)은 이 지점으로부터 아래로 흐른다.

가치형태에서 교환만큼이나 사용도 추상화를 겪는다. 노동이 노동력으로 추상화될 때 그것은 자본가에 의해 자본 축적을 위해 사용된다. 하지만 노동이 노동력으로 여전히 추상화된다고 해도 연합된 노동자들(associated workers)에 의해 사회주의를 위해 사용될 수 있다. (여기서 생산수단의 소유권은 집단적인 사적 소유라는 모델로 이해되어서는 안 된다.) 우리는 이런 점을 읽는 대신에, 약간 공식 같은 논의와 접하게 된다. 여러 세대의 좌파들이 그 논의를 암기하며 배워 왔는데 '사용가치'와 '노동력'이라는 결정적인 용어들을 빼버렸다. "이제 우리는 가치의 실체가 노동이라는 것을 안다."고 엥겔스는 쓰고 있다. 하지만 마르크스는 가치형태를, 노동이 아니라 노동력으로서의 노동을 강조하고자 시도하고 있었다. 엥겔스는 "우리는 그 크기의 척도가 노동 시간이라는 것을 안다."고 서술을 이어간다. 이 서술은 노동의 노동력으로의 변형 없이는 마르크스적인 논증과 무관하다. 그래서 "형태는 가치에 교환가치라는 스탬프를 찍는 가운데 분석되어야 할 것으로 남는다."는 엥겔스의 다음 문장은 마르크스가 가치형태로 끊어버리려 했던 바로 그 사용-교환의 의미론적 연쇄를 다시 강화한다.

1867년과 1873년 사이에 마르크스는 『자본』을 다시 읽었다. 그는 2판에서 무게 있는 후기를 썼는데 거기서 엥겔스적인 구절을 제거했다. 엥겔스는 그 구절을 주석에 남겨두었다. 영어 번역들은 그것을 도로 본문에 넣었다. 메트로폴리스의 좌파 보수주의에서 통용되는 상당한 독실함은 이런 유형의 번역 실패를, 대항직관적인 원전에 굴복하지 못하는 무능력이나 거부를 드러낸다.

나는 우연히 지난 학기 학부와 대학원 강의에서 아름다움에 관한 플로티노스(Plotinus *고대 후기 그리스 철학자로 신플라톤주의 창시자)의 논고와 마르크스의 상품론을 함께 읽었다. 고전 문헌에 대한 마르크스의 훈련이 얼마나 탄탄한지 마치 한 대 얻어맞은 듯이 나는 감명을 받았다. 마르크스는 아름다움의 껍질을 벗겨내는 플로티노스와 현저히 유사한 논증 스타일로 가치의 껍질을 벗겨낸다. 마르크스는 아리스토텔레스에게 열중했다. 그의 이론적 대상 선택은 아리스토텔레스와 보조를 맞춘다. 이론이 자체의 대상으로 취하는 것들은 말로는 표명될 수 없는 비천한(birthless) 것들이다.[2] 마르크스는 자본의 순환을 살펴보는데, 그 기원적 축적의 탄생(birth)은 철학적으로는 포착될 수 없으며 오로지 서사화될 수 있을 뿐이다.[3] 마르크스는 철학에서 역사로 기어를 옮기는데, 말하자면 이것은 독일 고전철학이 선호하던 이동이다.[4]

이러한 방법론적 단서를 지키면서, 여전히 사용가치/교환가치 사이의 분할을 풀어 헤치면서, 마르크스는 몇 가지 대항적 사례를 제공한다. 그는 가치를 자신의 노동 이론을 잘라내는 곳(découpage)에다 두고 기원에-있는-가치를 자연에다 두는데, 거기서 측정 가능성은 통약 불가능성으로 실존한다. 그래서 처음에 나오는 바로 그 대항적 사례인 대지와 공기야말로 통약 불가능한 사용가치를 갖는다. 왜냐하면 대지와 공기를 만드는 데는 인간의 노동이 들어가지 않기 때문이다. 이론에 대한 아리스토텔레스적인 통념을 기억해보면, 대지와 공기는 가치 출현 형태들의 형언할 수 없이 비천한 목적이라고 말해도 되겠다. 서로 다른 세 가지의 대항적 사례는 다음과 같다. (1) 노동으로써 생산되었으나 상품을 생산하지는 않는 사용가치(여기서 추상화에 대한 사유가 가능할 게 틀림없다). (2) 타자들을 위한 사용가치 — 사회적(gesellschaftlich) 사용가치들 — 에서 그 가치가 일반적인 상품 교환 내에서 전개

---

2) Aristotle, *The Nicomachean Ethics*, trans. H. Rackham (Cambridge, MA: Harvard University Press, 1994), pp. 332-333; 수정된 번역.

3) 그것을 철학화하려는 시도는 신학으로 이어진다. 그것은 "생산자와 생산수단과의 역사적 분리 과정이다."(C 1, p. 875, 국역본 963쪽)

4) 여기서 마르크스를 기이한(strange) 유형의 칸트주의자라고, 너무 앞서 나가버려 문제를 풀지 못하는 철학의 빈곤에 참여하지 않겠다는 반성적 판단으로부터 규정적 판단으로 돌아서고 자율에서 타율로 돌아선 그런 칸트주의자라고 말하는 것은 너무 공상적일까? 여하튼 마르크스는 기어를 저속으로 바꾼다.

되지 않는다고 해도 추상화는 확실하게 사유되어야만 한다. (3) 마르크스는 다른 측면에서 논의하는 가운데, 교환만큼이나 사용에서도 순전한 유용성(Nutz)을 상정해야 할 필요를 시사하며, 그리하여 그 유용성은 사용가치에만 따로 해당될 수 없다. 가치의 유용성과 추상적인 측정 가능성이 공모(접혀서 함께 있음)한다는 그러한 암시는 불행하게도 영어 번역에서는 명확하지 않다.

마르크스의 죽음 이후에 엥겔스는 오로지 교환 중인 상품만을 서술함으로써 대항직관적인 이론의 정치를 변명한다.

결정적인 상처들을 냈던 것은 바로 엥겔스였다. 좌파의 역사는 그 상처들 안에서 부침을 겪었다.

강의실에서 우리는 저 너머 세상에 대해 설명한다. 오직 그러한 정신에서만 우리는 읽기에 관한 우리의 문제를 페리 앤더슨이 20년도 더 전에 무게 있게 서구 마르크스주의라 불렀던 것의 곤경과 접속시킬 수 있다.[5] 우리가 기억해야 하는 것은, 아마 마르크스에게는 '약'이자 '독'일 지구화의 도구로서의 영어가 승리하는 이 시대에 현실(real) 언어의 필요조건이 사라진다는 그토록 취약한 사태 안에 정박해 있는 우리의 읽기 실패가 그림의 일부라는 점이다. 우리가 연구하는 것 안에 우리는 내포된다. 우리가 이야기하고 있는 것은 작금의 우리에 의해 문화적 차이라고 불리는 그것이다. 대륙의 합리주의에 맞서며 넘어서는 반대편의 영(미) 경험주의(실용주의)는 읽기(번역)의 실패를 유도한다. 우리가 서구 마르크스주의의 곤경에 대한 하나의 가능한 미봉책으로 옮겨가는 것은, 바로 하나의 결과가 상당히 아닌 것은 아닌 이 내밀한 접속을 유념하면서이다.

1919년 이후에, 서구 마르크스주의는 문화비평, 다양한 신좌파들, 구조주의적 마르크스주의, 근자엔 해체론적 모델의 마르크스주의까지 거쳐 왔다. 1989년 이후, 승리한 자본주의는 지구화를 이끌었고, 거의 완전한 추상화와 금융자본을 이끌었다. 그리하여 도달한 것이 이에 수반되는 수습책인데, 이 수습책의 가망 없이 최종적이면서 집요한 특정 방안이 바로 실러이다. 들뢰즈와 가타리의 기막힌 통찰, 말하자면 자본이 거의 본연의 추상이고 자본주의가 그 추상을 코드화한다는 그들의 통찰은 더 이상 충분치 않다. 말하자면 금융자

5) Perry Anderson, *Considerations on Western Marxism* (London: New Left Books, 1976).

본이 거의 본연의 추상이고 세계 무역이 그 추상을 코드화한다.[6] 이제 내가 시작하려는 것은 최초의 추상화 도구로서 젠더를 갖고 재생산적 이성애 규범성의 기원적인 차이성으로서의 성차를 불러들이면서 재생산적 이성애 규범성에 관해 또한 생각해보려는 것이다. 예전에 내가 '구조적 상동 관계'라 보았던 것이 이제 내 논지의 전면에 나선다.

「서발턴은 말할 수 있는가?」의 논점은, 영국인 개혁가들과 카스트-힌두 개혁가들이 오로지 사티라는 가시적 폭력에만 집중하는 바람에 하부구조적인 개입 없이 과부재혼법을 통과시켰으며, 끔찍한 규칙에 따라 통치되는 평범한 힌두 과부의 삶을 변함없이 방치했다는 것이다.[7]

여기서 하나의 구조적 상동 관계 같은 것이 제시될 수 있겠다. 우리가 오직 세계 무역이라는 가시적 폭력에만 초점을 맞추는 한, 하부구조적 개입 없이 영세산업이라는 미명하에 남반구의 극빈 여성 농민들의 신용 미끼를 승인하는 한, 서발턴은 서발터니티 안에 그대로 남게 된다.[8] 그래서 우리는 금융자본 시장을 코드화하는 세계 무역을 역전에 의해 합법화한다.

이런 상황에서, 자본 — 세계 무역 — 내부로부터 경제적으로도 이데올로기적으로도 관리되는 추상적인 글로벌 금융화의 고삐 풀린 힘은 그 내부로부터의 반대 전망들로는 관리(대리보충)될 수 없다. 오늘날 마르크스의 유령에게 필요한 것은 경제학이 작동된 인권, 또는 끝이 열린 전미래적인 메시아성, 또는 서구 전통 안에 있는 책임성(선택 또는 부름받음) 따위의 제물보다 더 강한 제물이다. 그 필요는 자본주의에 결핍되어 있던(defective) 윤리적 실

6) 이러한 통찰이 들뢰즈와 가타리의 『안티-오이디푸스』의 정치적 주장의 큰 부분을 받쳐준다. 특정한 구절 하나를 떼어내는 것은 어렵겠다. Gilles Deleuze and Felix Guattari, *Anti-Oedipus: Capitalism and Schizophrenia*, trans. Robert Hurley, Mark Seem, and Helen R. Lane (Minneapolis: University of Minnesota Press, 1992) 참조.

7) 〈정책연구소〉(Institute for Policy Studies)와 〈반구 사이의 자원센터〉(Interhemispheric Resource Center)의 공동 프로젝트인 〈대외정책 포커스〉(Foreign Policy in Focus)는 이러한 역학관계에 대한 하나의 개념을 비전문가에게 알려주는 보고서를 내고 있다.

8) 몇 년 전 〈여성을 위한 칼리〉(Kali for Women, 뉴델리)가 브린다바나(Vrindavana)의 성지에서 독특한 공동생활을 이끌고 있는 힌두 과부들에 관한 훌륭한 다큐멘터리를 만들었다. 그 여성들이 말하던 많은 내용에 결혼제도와 여성의 운명에 대한 강한 냉소적 비판이 들어가 있다는 점은, 영어 자막(그들이 희생자라는 감정을 과장되게 보여주는 중간계급 정서)으로는 드러나지 않았다. 이는 번역의 실패이자, 계급 문화에서의 차이이다. 몇 주 전엔 『뉴욕 타임스』 지면에서 존 번스는 그 과부들의 운명을 논하면서, 희생자로서 그들을 거듭 인용하고 측은해하고 탄식하기도 했다. 그렇게 서발턴은 스스로 말할 수 없게끔 된다.

천들 — 자기에 대한 배려로서의 타자들에 대한 배려 — 을 향하게 할 것이다.[9] 마르크스는 자본주의 경쟁에서 패한 이들에게로 거듭 또 거듭 선회한다. 이렇게 흉포하고 막강한 자본의 형태를 사회적인 것으로 선회하기 위해서 말이다.

이 대목에서 독자는 인식론적인 배려 없이 또는 정말로 윤리적인 것을 향한 계획도 없이, 원시성 안에 무대화된 선주민적인 것에 유독 고색창연한 희망을 거는 그런 오류를 알고 있다. 나는 다시금 붉은 실을 끌어당긴다. 인식론적 수행을 위한 상상력의 훈련으로서 미학교육이라는 그 붉은 실을.

우리의 문화적 차이와 영어 지배와 실용주의 안에 사로잡힌 우리는 '추상화'가 자본에, 그러므로 사회주의에 유용하다고 생각할 수 없다. 자신의 문화적 차이와 유럽 지배와 합리주의에 사로잡힌 마르크스는 추상화의 필요성을 생각할 수 없었다. 첫째, 산업자본주의의 유기적 지식인으로서 그는 아래로부터 이성의 공적 사용(노동력의 유령화를 이해하고 맴도는)을 권장할 수 있었을 뿐이다. 노동자들이 스스로 자유로워지기 위해 벗어나야만 하는 자본주의의 작동을 가차 없이 분석하면서도, 이성에 대한 이런 믿음을 넘어서 과연 어떻게 할 것인가를 놓고 그는 정작 그다지 많은 시간을 바치지 않았다는 점도 물론 시인되어야만 한다. 노동자가 상품 안에 함유된 노동의 이중성(노동과 그 유령화인 노동력)을 포착하기만 한다면, 그 남/여 노동자는 정치경제학의 중심축(Springpunkt, 현대 독일어로는 Sprengpunkt *스피박의 영역 'pivot'을 따라 8장에서 '중심축'이라 번역한 대목인데, 『자본』의 국역본에 따르면 '도약 지점'이다. 독일어 단어의 의미를 보건대 이 국역이 더 정확한 것으로 보인다)을 포착할 것이고, 혁명이 뒤따르리라는 것은 거의 확실하다.[10] 이것은 『자본』 2권에서 가장 명확하다. 거기서 마르크스가 자본주의의 상품-순환에 대한 설명을 노동자들에게 추천하는 이유는, 자본주의 생산과정의 직접적 산물인 상업자본은 그 생산과정의 기원을 상기시키며 따라서 그 생산과정의 형식 안에서 화폐자본보다 더욱 합리적이고 개념적인 차이화를 덜 결여하고 있는 데 반해 화폐자본에서는 마치 화

9) 나는 만년의 푸코에 의해 사용된 단어들을 쓰고 있다. 왜냐하면 그가 양심의 주제들을 해체적으로 풀어버리기보다는 제도적으로 코드화되어 있는 윤리를 이해하고자 애썼기 때문이다(Michel Foucault, *The History of Sexuality, vol. 3: The Care of the Self*, trans. Robert Hurley, New York: Vintage, 1990).

10) 물론 이것은 칸트의 저 유명한 구절을 가공한 것이다. "자유가 주어지기만 한다면, 계몽이 뒤따르리라는 것은 거의 확실하다."("What Is Enlightenment?," 1784)

폐에서 상품의 특수한 사용형태(useform, Gebrauchsform)가 일반적으로 모두 지워지듯 그렇게 그 과정의 모든 흔적이 지워졌기 때문이다.[11] 시장의 살 안에 있는 바로 이 합리적인 뼈야말로 자본주의로부터의 자유를 보장할 것이다. (통속 경제학자들이 선호하는 설명 양식인 화폐-순환은 일관되게 비합리적인 것으로 묘사된다.) 여기서 우리는 본서 8장의 통찰들을 전개하고 있는 셈이다.

아직은 무엇으로부터의 자유에 관한 스토리뿐이다. 혁명 이후라고 가정되는 계기에서 사회주의를 확립할 자유로 넘어가게 되었을 때, 인식소의 보장 같은 무엇인가를 대비하는 것은 사유될 수도 없었고 사유되지도 않았다.

말년의 마르크스는 사회주의 공동체를 그려주었는데, 우리는 본서 16장에서 그것을 다음과 같이 상기한다.

> 어쨌든, 임금을 그 일반적 기초로(즉 노동자 자신의 노동 생산물 가운데 노동자의 개인적 소비에 들어가는 부분으로) 환원해보자. 그리하여 이 몫을 자본주의적 한계에서 해방하여 한편에서는 사회의 현존 생산력이 … 허용하는 범위까지, 다른 한편으로는 개성의 충분한 발전이 필요로 하는 소비 범위까지 확대해보기로 하자. 또 잉여노동과 잉여생산물을 주어진 사회적 생산 조건에서, 한편으로는 보험과 예비 재원의 형성을 위해 필요한 정도까지, 다른 한편으로는 사회적 욕망의 크기에 의해 정해진 만큼 재생산의 부단한 확장을 위해 필요한 한도까지 축소하여 보기로 하자. 마지막으로 사회 구성원 중 노동능력이 있는 사람이 필요노동과 잉여노동에다, 아직 그것이 없는 사람과 이미 그것이 없는 사람을 위해 항시 수행해야 하는 노동량을 포함시켜 보자. … 그러면 거기에 남는 것은 이미 이 형태들이 아니라 모든 사회적 생산양식에 있는 공동체적인[gemeinschaftlich] 형태들의 저 기초들[Grundlagen]뿐이다.[12]

여기서 제시되지 않은 것은 왜 인민(people) 전체가 다른 이들의 살림을 안배해주는 자

---

11) Karl Marx, *Capital: A Critique of Political Economy*, vol. 2, trans. David Fernbach (New York: Vintage, 1978), p. 131(이하 C 2와 함께 본문 중에 쪽수를 표기함).

12) Karl Marx, *Capital*, vol. 3, trans. David Fernbach (New York: Viking Books, 1981), pp. 1015-1016(이하 본문 중에 C 3와 함께 쪽수를 표기함, 국역본 1162쪽. 저자의 수정된 영역 인용에 따라 국역도 수정함).

유를 실행하고자 하는가 하는 점이다. 우선 이것을 실행하는 정부들의 수립은, 우리가 여기서 질문하고 있는 추상적 구조들에 다시금 의지한다. 오늘날 세계통치(world governance)에서 일어나는 이러한 실행의 증가에 관해서는 서론에서 언급했다. 둘째, 선거 정치의 책략은 다른 이들을 돕겠다는 욕망 때문에 통상 어떤 대의도 지지하지 않는다. 이것은 전미래 시제로 인식소의 변형을 시도하는 집요한 투쟁을 요청한다.

비록 마르크스는 사회주의를 향한 의지의 문제를 간청해야 할 것으로 그냥 방치했지만, 우리는 그렇게 할 수 없다. 소비에트 이후의 시대에 미국의 불가결함은 흔히 도덕적 위임의 언어를 통해 수사학적으로 표현된다(그것이 립 서비스에 불과하다는 것을 정치인들은 알고 있다). 물론 천 명의 사람이 표본으로서 많은 것은 아니다. 하지만 지난 십수 년간 국제선을 탄 경영자 승객들의 행태가 하나의 실마리를 제공한다고 한다면, 최고조에 달한 지구화의 와중에 유럽에서 건네받아야 할 횃불로서 계몽사상이라는 유산을 물려받았다고 여겨지는 이들은 다른 이들의 종이라는 존재 유지를 안배해주는 자유를 강조하지 않는다는 추정을 모험하듯 조심스럽게 내놓을 수 있겠다. (예전에 마르크스는 합리적으로 유령적인 노동자라는 것을 희망했는데, 정작 지금은 유령적인 것을 전자적으로 조작하여) 점점 더 돈벌이에 능숙해지고 있는 노동자들이, 그들만의 도구들에 처하게 될 때 그들의 대화 — 빈번하진 않지만 차라리 그들의 독서 — 는 다음과 같은 기대를 초래할 것이다. 즉, 그들은 단순한 기호계 안에 기입되어 있는 그대로의 권력을 이해하리라는 기대 말이다.[13] 젠더 투쟁이 권력의 기호계와 연관되어 있듯이, 그들은 젠더투쟁뿐만 아니라 가족에 관한 단순한 감상벽을 이해한다. 이 감상벽은 자선을 품을 수 있고, 때로는 구조화된 지역사회 사업으로 뻗어갈 수 있다. 이 모든 것에 수반되는 것은 미국의 우월함이 지닌 기적을 초래하는(miraculating) 힘인데, 바로 이 힘이야말로 노동자들을 개인들로서 우월하게 만든다는 것이다.[14] 이것이 마르크스가 노렸던 것일

13) 물론 내가 정한 경영자 표본의 맥락 바깥에 있는, 단순한 권력 기호계의 사례가 여기 있다. 내가 재직 중인 대학에서 '권력'의 기호들 중 하나는, 순전히 지적이거나 교육적인 탁월함과 반드시 연결되는 것은 아닌데 그 기호는 바로 여러분이 거주하는 구역의 면적인 셈이다. 타자들에게 공간을 주고 싶은 욕망은 윤리적 욕망인데 바로 여기서 꺼져버린다. 이는 마치 여러분이 타자가 되기보다 자신의 삶을 더 많이 배려한다면, 당연히 아늑한 공간에서 살고 싶은 그 어떤 (비합리적?) 욕망도 꺼져버리는 것과 같다.

14) 언제나처럼 나는 '기적을 초래하는'이라는 단어를 들뢰즈와 가타리가 『안티 오이디푸스』에서 부여한 의미대로 사용한다. *Anti-Oedipus*, p. 10.

까? 나는 아니라고 생각한다. 그는 유령적인 것을 포착하는 행위자의 능력 안에 윤리적인 것이 은연중 수반된다고 가정하고 있었기 때문이다.

스펙트럼의 다른 쪽 끝에서 집단성을 사유할 수 있는 사상가들은 책임성을 사유할 수 없으며 그 역도 성립한다. 마흐무드 맘다니는 자신의 최근 저서에서, 영국 식민 정책이 적도 아프리카에서 족장에게 권력을 부여하기 위해 과연 어느 정도로 일괴암적인 전통 혹은 풍습을 구성했는지 그 윤곽을 제시한다.[15] 그에게는 전통의 반대어가 여전히 권리이다. 맘다니는 "통용되는 자유주의적 통념에서 개인의 권리에 대한 강조를 벗어나게 되면 … 누군가의 인생 가능성을 형성하는 데서 출생의 형편이…연계의 선택을 압도하는 결과를 수반하게 된다."고 논한다. 그러면서 그는 이것을 역사적으로 특정한 다른 세부와 연결하지만, 그것의 특수한 의의를 이해하려는 그의 시도(p. 202)는 불발로 그친다. 예상할 수 없이 시간 속으로 떨어지는 것이 출생이라는, 전면적으로 철학적인 확장을 거치게 된다면, 푸코에 의해 소클 무방(socle mouvant)이라고 표현된 것은 이동하는 기반(shifting bedrock)을 형성할 수 있다. 급진적 대타성에 대한 정확하게 자유주의적인 것은 아닌 전자본주의적 통념들 속에서 책임성의 잔여들을 탐구하는 것은 바로 그러한 이동하는 기반에 근거한다.

당장은 여기 있는 문제들이 중요하다는 점을 누구도 부정할 수 없다. 여기서 적어도 세 가지 유형을 추적할 수 있는데, 하나는 적도 아프리카 특유의 것이고, 다른 둘은 일정 정도의 내적 일관성을 갖춘 다른 피억압 체계들에 공통된 것들이다. 첫째, 식민 당국에 의한 집단별 전통의 확립은 한 지역에 속하는 집단 성원들에게 종족적 권리(ethnic rights)를 주었지만, 나라 밖으로 나가는 흑인 여행자에게는 단지 인종-권리(백인들의 인종-권리와 유사하지만 물론 동등하지는 않은)를 주었을 뿐이다. 권리-토크를 벗어나, 생득권(birth-right)으로서 책임-토크를 포함하는 일반성의 노선들이 여기 기입될 수 있을까? 나는 정말로 몰라서 묻는다. 적어도 그것은 유령적인 것 안에서 윤리적인 것이 수반된다는 마르크스의 생각만큼 막중하고 다루기 어려운 문제인 것 같다. 둘째, 이 체계들이 제도화된다면, 또 제도화되었을 때, 상대적으로 완고한 위계질서를 야기한다. 우리는 이 체계들을 앞에서 언급된 당대의 권력

15) Mahmood Mamdani, *Citizen and Subject: Contemporary Africa and the Legacy of Late Colonialism* (Princeton, NJ: Princeton University Press, 1996), pp. 203, 201.

기호계와 비교해야만 한다. 그 비교의 항들이 불연속적인 것임에 틀림없다고 하더라도 그렇다. 특히 양쪽의 문화적 보수주의를 회피하면서 비교해야만 한다. 하지만 우리는 문화적 체계를 어떻게 잴 것인가? 이것은 막중하고도 다루기 어려운 또 다른 과제이다. 그런데 완전한 사회주의에 대한 약속 역시 그러했다. 셋째, 이 체계들은 남성들의 식민 지배에 반발하여 흔히 점차 젠더 타협적인 것으로 돌아간다. 적어도 남부 아프리카(이는 내 지식의 한계를 나타내는 것이지 그 현장의 한계를 나타내는 것은 아닌데)에서는, 성인지적 헌법의 틀을 세우는 데 참여한 능동적인 페미니즘 작업이 있다.[16] 이런 이유로 인해 맘다니의 독해에서는 아프리카 전통에 있는 책임성의 특징들을 추적하기가 특히 어렵다. 그의 독해에서는 사회적인 것에 대한 관심 안에서 노동과 연합될 수 있는 그 어떤 (진정한) 것도 남아 있지 않다.

미셸 드 세르토는 더 모호한 비유럽적인 형식 안에 있는 전통에 대해 "집단적인 환원 불가능성을 그 개별 성원들에게 각인시키는 뿌리 혹은 고정 지점을 기억의 집단적 파편들이 의식적으로건 무의식적으로건 구성한다"[17]는 드문 이해력을 갖고 논의한다. 하지만 그 역시 "개인의 권리라는 명목으로 사회적 현실성 전부를 시장과 행정이라는 거대한 보편적 빛에 노출시키는 질서에 균형을 맞출 수 있는 집단적 권리"(p. 157)의 언어를 넘어설 수 없다. 다른 한편, 레비나스의 '남(autrui)'은 비-현상학적 추상화이다. 너무 성급하게 안면(visage) 또는 얼굴(face)이라고 번역되는 그의 '비사주(visage)'는 '겨냥하다'라는 뜻의 의도성 동사인 '비제(viser)'에서 나온 명사형이라고 보아야 할 것이다. 특이성/보편성은 영속적인 도덕적 딜레마로, 윤리적 난제로 남는다. 이것이 불가능한 것의 환원 불가능한 경험의 윤곽일 수 있다고 하더라도 그렇다. 우리가 괄호로 묶은 것을 과연 어떻게 느슨하게 풀 수 있고, 집단적 권리의 추상화에 빠지지 않으면서 집단으로 엮인 사람들의 불균등성을 갖고 이 근엄한 경관을 오염시킬 수 있을까?

내가 다른 곳에서 논의했듯이, 권리의 주체 자리는 텅 비어 있다. 왜냐하면 성문법

---

16) Susan Bazilli, ed., *Putting Women on the Agenda* (Johannesburg: Ravan Press, 1991), and Neville Hoad, "Between the White Man's Burden and the White Man's Disease: Tracking Lesbian and Gay Human Rights in Southern Africa," *GLQ: A Journal of Lesbian and Gay Studies* 5.4 (1999): 559-584.

17) Michel De Certeau, *The Capture of Speech and Other Political Writings*, trans. Tom Conley (Minneapolis: University of Minnesota Press, 1998), p. 161.

(statutory law, 成文法)에서조차 그 자리는 추상적 평등의 규범적이고 소극적인 언어로 쓰여야만 하기 때문이다. 그 텅 빈 자리를 불가능한 윤리적 특이성으로 채우되 추상적 계산의 유용함을 버리지 않는 것이야말로 앞선 작업에서 숙고되었던 바이다. 이제는 그 과제를 실천성이라는 측면에서 보게 되는데, 실천적일 수 없는 그 과제의 측면이 가시화된다. 책임성을 생득권으로 타고나는 양심의 숙고로부터 자유롭게 해주는 어떤 불확정성을 프로그램화하는 체계들은, 무엇으로부터의 자유에서 무엇으로의 자유로 우리가 이동했을 때 권리 감각만을 뒷받침해줄 수 있다. (이것은 여타의 도덕적 의미에서의 책임성이고, 원한다면 계몽사상의 도덕주의에 대항하는 직관적인 것이라 해도 무방하다.) 겨냥된 자아와 자아들을 다 합쳐도, 권리는 그러한 움직임을 만들어내기엔 너무 약한 개념이다.

여기서 더 나가는 것은 논쟁을 기대하도록 할 것이다.

메트로폴리스

노동 주체에 관한 경제철학수고의 사변으로부터 『자본』의 생산 행위자에 관한 정의로 처음 나아간 마르크스의 움직임의 프로토콜을 인정하도록 하자. 자신의 노동이 추상적 흐름의 일부인 만큼 일종의 부분-주체가 된 행위자는, 정치경제의 지렛대를 상품화된 노동인 양 돌려서 자본의 방향을 파르마콘을 향해 틀도록 한다. 여기서 파르마콘이란 사회주의적 복용량이 모자랄 때 언제라도 독이 될 수 있는 약이다. 이곳이 바로 마르크스의 암묵적인 '도덕적이고도 심리적인' 의미를 그람시가 대리보충하는 대목이다(본 역서 30-33쪽 참조). 다양한 설득을 폄하하는 이들과 그 설득에 동조하는 이들은 자본주의에 결핍된 또 자본주의/사회주의 목적론에 의해 압류된 인식소들 또는 사고방식들이야말로 계몽되지 않은 행성의 부문들과 군거지들 중에 어느 정도 서식 가능한 폐허들 속에서 어느 정도 인지할 수 있는 잔여(들)로 살아남아 있다고 한다. 아마 그곳들은 폐허는 아닐 것이다. 물어야 할 질문은 "작은 정사각형으로 찢어져 거지 소굴 같은 곳에 처박힌 렘브란트 같은 부류에게 남아 있는 어떤 잔여(들) … 잔여(들)"[18]의 질서를 둘러싼 것이리라. 데리다의 『조종』(*Glas*)에 나오는 대항 헤게모니적인 우측 세로단의 기억할 만한 서두는 작동 중인 질문을 제공한다. 여기서 우리는 촘촘한 유비(analogy)를 해 볼 수 있다. 산업자본주의적인 제국주의가 권리에 기반한 동력을 지니는 지배 구조들을 부과함에 따라, 책임에 기반한 문화적 실천들의 구조적 윤곽은 잔여적인 것의 처형으로 위축되기 시작한다. (어떤 문화가 책임을 제도화하자마자, 낯선 지배자가 개입하지 않아도 책임의 우발성은 위축되기 시작한다. 이 점을 말해야 할 필요는 물론 있다.) 그러한 문화적 실천들은 지배자의 위와 아래에서 기생적으로 작동하는 가운데 최악의 경우에는 무의미한 연결 행동들 — 다른 표현과 연관된 문맥 속에서만 뜻을 갖는 사회적 관용어의 잡동사니들 — 에 불과한 작은 직사각형들일 수도 있다. 엘리트에 의해 또한/또는 식민 정책에 의해 규정되는 종족적 실천의 거지 소굴 같은 곳에 처박힌 채 어떤 잔여(들)가 … 잔여(들)로서 남는가?

이 질문이 문화적 차이에 대한 질문으로 읽힌다면 다음을 보여준다. 즉, 그 어떤 읽기에도 보장 따위는 물론 없겠지만, 우리가 형태에서 벗어난 어떤 것을, 구성에서 벗어난 어떤 것을, 연결되지 않는 연결들로 파편화된 어떤 것을, 일종의 강박적인 주문을 통해 발전시키고자 노력하는 프로젝트를 들여다보고 있다는 것을, 이 주문은 행위능력을 보장하는 제도적 지원들을 지지하면서도 비판한다는 것을 말이다. 강박적인 주문의 성공은 예상할 수 없다는 점을 기억해야만 한다. 그래서 여러분은 여하한 다문화주의적 시도도 그냥 성공적인 유령춤이라고 부를 수는 없다. 다시 아래의 인용을 반복하도록 하자.

> 어느 지점에선가 지배문화는 적어도 위험부담 없이는 자체의 외부에 지나치게 많은 잔여적 경험과 실천을 허용할 수 없다. 선택적 전통의 작업이 특히 분명한 것은, 재해석, 희석, 투사, 차별적 내포, 배제로써 능동적으로 잔여적인 것을 병합하는 과정에서 그렇다.[19]

이것은 인식의 조율을 위한 또 다른 습관의 정식이기도 하다.

---

18) Jacques Derrida, *Glas*, trans. John P. Leavey Jr. and Richard Rand (Lincoln: University of Nebraska Press, 1986), p. 1b.

19) Raymond Williams, *Marxism and Literature* (New York: Oxford University Press, 1977), p. 123.

레이먼드 윌리엄스는 『마르크스주의와 문학』 2부 8장의 말미에서 부상하기 이전의 것을 관찰하라고 조언한다. 그가 어떤 계산 속에서 구획된 관찰을 조언하지 않는다는 것은 그의 강점을 잴 수 있는 척도이다. 바로 이러한 관찰의 공간에다 우리는 강박적인 주문을, 폭넓게 배우는 상상력의 보강을 설치한다.

이것은 신비한 연습이 아니라, 계산을 공들여 유예하기 또는 계산으로부터 공들여 유예되기이다. 9장의 내용을 처음 발표한 영어 연구소가 문학 쪽에 자리 잡고 있는 만큼, 논의를 더 이어가기 전에 문학적 사례를 생각해보도록 하자. 나는 유럽 바깥의 문화적 정체성들을 경유하는 사례를 제시하겠다는 정치적 취향을 갖고 있지 않다. 여기서 내게 필요한 것은 강박적인 주문에 해당하는 예일 뿐이다. 나는 여러분을 감동시키는 텍스트를, 내 수업에서 대부분을 감동시킬 수 있는 텍스트를 고른다.

우리가 살펴보았듯이, 버지니아 울프는 거친 양식의 역설로 시작하는 어떤 소설적 공간 안에서 하나의 소소한 논점에 관한 견해, 즉 여성이 소설을 쓰고자 한다면 반드시 돈과 자기만의 방을 가져야 한다는 견해를 우리에게 제공한다. "거짓이 내 입술에서 흘러나오겠지만, 어쩌면 그 거짓엔 약간의 진실이 섞여 있을 거예요. 그러니 이 진실을 찾는 것은 당신 몫이에요."[20)]

그녀는 이 둥지나 틀을 이루고 있는 역설의 공간을 아직 쓰이지 않은 한 줄의 문장으로써 닫아버린다. "나는 책상에 앉아 '여성과 소설'이라는 제목이 적힌 페이지를 집어서 어쩌면 **내가 여기에 쓸지도 모를** 바로 그 첫 문장은, 글을 쓰는 자라면 누구든 자신의 성(sex)에 관해 생각하는 것이야말로 치명적이었다."(RO, p. 104, 추가된 강조)는 것이다. 저 근사한 쓰이지 않은 구절은 인상주의 그림에서 한 페이지를 취한 고급 모더니즘의 최면에 빠진 긴 모음들과 함께 하도록 제시된다. "택시는 함께 길을 건너는 남자와 여자를 보았고 그들을 태웠다. 나는 멀리서 아득히 붕붕거리는 런던 차량들의 소리를 들으면서 그러한 추세가 그들을 저 엄청난 흐름 속으로 휩쓸고 가버렸다고 생각했다."(RO, pp. 104-105)

---

20) Virginia Woolf, *A Room of One's Own* (New York: Harcourt, 1929), pp. 4-5(이하 본문에서 RO라고 표기하고 그 옆에 쪽수 표시). 울프는 이런 양식으로 서구 페미니즘과 제국주의 사이의 접속을 명민하게 기입한다. 내가 강조하고 싶은 것은, 『자기만의 방』에서 소설 쓰는 여성으로서 제시된 인물은 "숙모인 메리 버튼이 … 봄베이에서 말을 타고 운동하러 나갔다가 낙마해 죽는 바람에"(p. 37) 그렇게 할 수 있었다는 점이다.

울프 "자신이 나서서"(RO, p. 105) 말하기 시작할 때, 셰익스피어의 누이의 정신으로, "이제 버스가 서는 그곳에"(RO, p. 113) 묻힌 그 누이의 정신으로, 자신들이 본연의 사회체 안에서 쓰이지 않았기에 글쓰기 안으로 들어갈 수 없었던 재능을 지닌 모든 여성들(여성 각자)의 특이한 정신으로, 내가 강박적 주문이라 묘사했던 그것을 촉구한다. 울프는 자신의 독자에게 합리적 기대에 대한 단순한 계산에 갇히지 말라고 촉구한다. "천 개의 펜이 그대가 해야 할 바와 그대가 어떤 효과를 거둘지 기꺼이 시사해줄 준비가 되어 있어요. 나 자신의 시사가 좀 환상적이라는 것을 시인해요. 그래서 나는 그것을 픽션 형식으로 하는 게 낫다고 봐요."(RO, p. 113) 그러고 나서 또 다른 놀라운 역설적인 움직임을 보여주는 울프는 자기 책의 마지막 구절을 자기만의 방과 연간 500파운드라는 말을 하지 않으면서 다음과 같이 마무리한다. "셰익스피어의 누이인 그 죽은 시인은 자신이 그토록 자주 내려놓았던 그 육신을 걸칠 거예요. … 우리가 그녀를 위해 작업한다면 그녀가 올 터이니 … **심지어 가난과 무명 속에서라도** 그렇게 작업하는 것은 가치가 있겠지요."(RO, p. 114; 추가된 강조)

무엇을 할지와 어떻게 할지에 대한 하나의 형상화로서 이중적 역설의 이러한 교차대구법 구조와, 최근에 내가 스위스 재단인 〈스티프퉁-디아로지크〉(Stiftung-Dialogik)에서 진전시킨 주저하는 제안들(본서 16장에 포함됨) 사이에는 일종의 관계 비슷한 무엇이 있다.

16장 에세이에서 나는 자본주의에 결핍되어 있는 어떤 조직화된 인식소 중에 그 약간의 흔적들을 재구성하고자 한다. 내가 앞에서 시사한 것처럼, 그러한 흔적들이 어떻게 거의 지워지다시피 했는지를 마흐무드 맘다니(Mahmood Mamdani)만큼 잘 아는 사람도 별로 없다. 그는 식민통치성에 의한 관습의 구축을 꼼꼼하게 실증해냈다. 하지만 우리가 진정한 기원을 복원하는 데 진력하지 않는다면, 이 혼성적인 에토스(ethos*예술의 감성적 요소인 파토스[pathos]와 대립되는 관습이나 성격의 뜻을 지니는 그리스 철학 용어)의 윤곽들은 어쩌면 전미래의 우연함 속에서, 또 공들인 주문(신앙이 표시된 명명할 수 있는 '종교적' 실천이라기보다는 수행적인 것)을 거쳐, 이 윤곽들이 접목될 게 틀림없는 시민성의 추상적 구조를 얼마간 제지하는 동력을 낳을 수 있다. 그렇지 않으면 계몽사상은 착취로 이어지고, 침체된 관습은 대학살로 이어지며, 사이버 정치의 약속들은 인식소의 대안 또는 윤리적 대안을 산출하지 못한다.[21] 여기서 하나

---

21) 여기 소개하는 것은 열네 살짜리 아프리카 소년 흠마(Hmmma)의 인공두뇌학 사례에 관한 존 페리 발로(John Perry

의 자원이 될 수 있는 것은 새롭게 가상현실이 된 인구통계학적 경계들 — 이주민 집단들을 모국과 연결하는 — 인데, 이런 경계들이야말로 인터넷과 여타 전자 그림자 선들을 근대 국가의 경계 안에 확립한다. 이렇게 이동하는 경계들을 반동적이라고 일축하지만 않는다면 오히려 이론에 남아 있는 것을 위한 발판을 제공할 수 있다고 역설하는 것은, 단지 공동체주의적인 것일까? 완전히 실천적인 관점에서 보자면, 그 역설은 노조 조직화(유령성의 구식 경험화)와도, 인권-주의(신식 부르주아 도덕주의의 정치적 경제적 군사적 공갈)와도 구별될 모종의 좌파-작업을 내포한다.

이주자 언더클래스 계급의 곁다리 자본주의 사고방식을 존중하기 또는 이런 사고방식을 시민사회의 효율적인 추상화들에 (그저 감상에 젖기보다) 체계적으로 통합하기란 이렇게 무한정 지속되는 시도이다. 바로 이와 같은 것이야말로 메트로폴리스에서 마르크스주의를 대리보충하는 실천을 위해 여기서 제공되는 최후의 방어 모델이다. 무역과 관련된 인권 패러다임이나 지구적인 군사적 감시활동과 짝을 이루는 승리주의적 기업 자선활동이 유일하게 윤리적인 모델인 그런 사회에 살면서, 저 최후의 방어 모델인 양 제공되는 것들은 그람시에 의해 지적된 지성의 비관주의와 의지의 낙관주의라는 유명한 말을 고작 반영할 수 있을 뿐이다. 이것은 직업의 전문성에 점점 더 헌신하는 강의실에서 표현된다. 다음 섹션에서는 한 걸음 뒤로 돌아가, 메트로폴리스의 바깥으로 사라지는 현재의 역사를 향할 것이다. 그 목적은 메트로폴리스, 실은 도시적인 것을 모든 곳에서의 텔로스(telos *행위의 목적, 목표, 본질)로서 재고하려는 것이다.

Barlow)의 기사이다. "보이시나요? 그 꼬마도 익혔어요. 그가 컴퓨터와 넷을 대하고 30초 만에 이 새로운 경제에서 해야 할 일을 알게 된다는 건 주목할 만한 거리입니다. 널리 알리세요!"(Barlow, "Africa Rising," *Wired* magazine, January 1998, p. 8, http://www.wired.com/wired/archive/6.01/Barlow.html) 물론 우리는 팩스 등에 의한 집단적 문제해결을 논의하고 있는 것은 아니다. 단기 성공이 거두는 장기 효과는 또 다른 이야기이기는 하지만 말이다.

농촌적인/토착적인

마르크스가 『경철수고』를 시작하면서 쓴 두어 문장에는 토지와 연관된 행위능력 이야기는 아직 나오지 않는다.

간단히 말해, 여기서 행위능력이란 (내 작업에서는 늘 그랬듯이) 제도적으로 유효해진 행위의 이름이다. 산업자본주의가 견고해지기 시작할 때 글을 쓴 마르크스는 노동자에게 그/그녀 자신이 생산의 행위자이며 이 행위능력은 자본 축적 제도에 의해 유효해진다는 것을 보여주는 데 자신의 에너지를 전부 바치고 있는데, 정확히 그렇게 바쳐야만 하는 것이기도 하다. 앞서 마르크스는 이러한 행위능력을 자본-주의가 아니라 사회-주의로 돌리는 경위를 논증하고자 시도한 바 있다. 그러한 논증은 도시주의적(urbanist) 목적론을 요청한다. 그 목적론이 작동하는 곳은 공장이기 때문이다.

> 그러면 이제 우리는 모든 것이 드러나 있고 누구에게나 쉽게 눈에 띄는 이 소란스러운 유통 영역을 벗어나, 화폐 소유자와 노동력의 소유자가 함께 들어가는 비밀스러운 생산의 장소(출입구에 '관계자 외 출입 금지'라는 팻말이 붙어 있는 바로 그 장소)로 이 두 사람의 뒤를 따라가보도록 하자. 이곳에서는 자본이 어떻게 생산하는가 하는 점뿐만 아니라, 자본 그 자체가 어떻게 만들어지는가 하는 점도 함께 밝혀질 것이다. … 속류 자유무역론자들이 자신들의 견해나 개념을, 또 자본-임노동 사회에 관한 자신들의 판단 기준을 세운 것은 바로 이 단순유통(또는 상품 교환)의 영역이다. 이제 이 영역을 떠나는 시점에서 우리는 등장인물들의 모습들이 벌써 약간 변해버린 것을 느끼게 된다. 옛날에 화폐 소유자였던 사람은 자본가가 되어 앞장서고 있고, 노동력의 소유자는 자본가의 노동자로서 그 뒤를 따라간다.(C. 1, pp. 279-280)

공장제 생산 방식에 엄청난 변화가 일어나 포스트 포드주의에 이르자 공장은 침체하거나 거의 사라진다. 상업자본과 이제 금융자본의 중요성이 서서히 증대됨에도 불구하고, 메트로폴리스의 이론가들(남반구의 이론가들과 북반구의 이론가들)은 마르크스가 요청했던 도시주의적 목적론 안에 여전히 사로잡혀 있다. 마르크스 자신이 기적적인 혜안을 지녔을 거라고 기대하는 것은 너무 비현실적이다. 그러므로 마르크스는 노동과 자본의 동종요법 약리학(상품화의 독이 노동에 적용되면 사회주의의 약으로 이어질 수도 있다는)에도 불구하고 기원의 불확정성에 대한 섬세함(우리가 보았듯 엥겔스에 의해 닫히게 된 하나의 시작)을 평생 견지하면서도 토지와 노동을 다만 목적론적으로 생각할 수 있었을 따름이다.[22] 임금에 관해 깊이 사유하고자 한 26세 청년의 저 『수고들』 안에 남아 있는 가지 않은 길의 흔적이야말로 실로 마르크스의 철학적 직관에 바칠 만한 찬사이다.

문장 1: 그러므로 오직 노동자에게만 자본과 토지와 노동의 분리가 필연적이며 본질적인 악성 분리이다. 문장 2는 『수고』에서 분리되어 이탤릭체로 표시된다. 마르크스는 생산의 행위자를 공장 노동을 통해 도출한다. 그는 인간의 죽음에 불과한 최종 상태를 환기시키는 저 필연적이며 본질적인 악성적인 것에 도사리고 있는 아포리아의 흔적을 묻어버린다. "그래서 노동자에게는 자본과 지대와 노동의 분리가 치명적이다." 여기 있는 아포리아는 데리다가 『아포리아들』에서 반추한 비통로(nonpassage)이다.[23]

행위능력이 유효하게 된 행위라고 한다면, 마르크스에게 이러한 유효함은 오로지 산업자본주의로부터만 나올 것이다. 나머지는 역사이다. 자동차 광고에 나오듯이, 상품을 거래하는 것이지 그것을 운전하는 것은 아니다. 마르크스는 인식소를 고려하지 않은 채, 상품으로서의 노동력을 손수 운전하고자 했다. 여기서 유일한 행위능력은, 주체의 역사(이 역사 안에서 행위능력은 말하자면 전부보다 더 큰 부분으로, 따라서 '함입된' 것이다)에서 유럽적인 것으로, 또 주어진 것으로 간주될 수 있다. 헤겔이 아니라면 『공산당 선언』이다.[24] 어떤 역사가 의식을 결정한다면, 그 이데올로기는 독일적이다. 우리는 여전히 그 여파 속에서 산다.

여기서 우리가 대면하게 되는 것은 자본주의적 사회주의에 대한 순전히 합리주의적인 확신들에 의해 유린된 세계이자, 그에 못지않게 서구 형이상학과의 대결에 주눅 들어

---

22) Karl Marx, *Early Writings*, trans. Rodney Livingston and Gregor Benton (Harmondsworth: Penguin Books, 1975), p. 282.

23) Derrida, *Aporias*, trans. Thomas Dutoit (Stanford, CA: Stanford University Press, 1993) (이하 본문 중에 A와 함께 쪽수를 표기함). 아래에 인용되는 구절은 pp. 12-13에 나오며 번역은 수정됨.

24) 『공산당 선언』과 『독일 이데올로기』 둘 다 마르크스가 1848년의 혁명을 보기 전에 집필되었다는 점은 아무리 반복해도 충분하지 못하다. 내게 그것은 휴머니즘 또는 헤겔에게 그저 뻗대는 태도가 아니라 인식소의 절단이다.

있는 곤경이다. 지난 25년도 넘게 그렇게 해 왔듯이, 나는 계몽사상에 의해 미처 인지되지 못한 채 도달했던 저 확신들의 타자와의 해후를 추구하는 가운데 나의 메트로폴리스 독자들을 위해 존경과 겸손과 배우려는 욕망을 담아 데리다의 말을 인용한다. 나는 그 반복 속에서, 모든 인용에 수반되는 변경-과정(alter-ing) 속에서, 데리다의 말을 조금이나마 메트로폴리스로부터 전위시키기를 희망한다.

> 내가 어디로 가고 있는지 정말로 모르며 어떤 것이 생겨서 내가 그 어떤 것과 더불어 통과할 수 있게 될는지도 정말로 모른다. 다만 내게 떠오르는 것은 수년간 저 낡고 닳아빠진 희랍어 단어 아포리아야말로, 철학과 논리학에 나오는 이 피곤한 단어야말로 나를 위압했으며 그것도 최근엔 더욱 완강하게 위압했다는 점이다. 그래서 나는 아포리아라는 단어를 복수형으로 '제시했다'.(A, pp.12-13)

'비통로'라는 인용된 사유가 하나의 통로인 셈이다.

다시 『수고들』로 돌아가자.

마르크스가 부상하는 민족 형태를 미숙하게 일축한 것은 오늘날 대부분의 서구 마르크스주의자들에 의해 공유되는 경향이다. 그런데 바로 이 경향이 방금 우리가 주목했던 토지와 노동의 분리에 깃든 목적론화와 사슬처럼 이어지거나 관련되어 있다는 점은 흔히 주목받지 못한다. 마르크스가 『국부론』 읽기로 시작해서 『수고들』의 1부를 이루는 노트를 작성할 때, 그의 분석 대상은 국민경제라고 명명된다. 마르크스가 노트를 작성하던 중에 정치경제학의 특징은 부상되지만, 적대자는 여전히 국민경제학자이다. 국민경제학자란 거의 대부분 스미스를 가리키는 필명인데 고유성에서 벗어난(일반화된) 명칭이다. 디에츠(Dietz)판 『요강』에 수록된 「자본에 관한 노트」의 유명한 대목에서, 마르크스는 동시대 인류학을 경유하며 간접적으로 민족-형태의 계보학을 사유하면서 토지로부터 주체의 분리를 내다보며, 도시화를 향한 적절한 행위능력의 발전과 그 능력의 제도화, 즉 산업자본주의와 탈산업자본주의를 내다본다.[25] 1867년에 대폭 수정된 『자본』이 출판되었을 때, 그

25) Marx, *Grundrisse: Foundations of the Critique of Political Economy*, trans. Martin Nicolaus (New York: Vintage, 1973),

것은 정치경제학을 비판하고 있었고, 민족은 사라져버렸고, 애덤 스미스는 탈전유화되는 동시에 탈권위화된다. 마르크스 책의 바로 첫 표현은 "사회의 부"(C 1, p. 125, 국역본 87쪽)이다. 『요강』에서 민족적인 것은 격세유전적인 잔여로서 토지와의 혈연적 유대로 설정되었다. 사회적인 것은 새로 부상하는 합리적인 것이고, 추상적 평균에 의해 전략적으로 추동된 조작의 결과이다. 그 주장인즉슨 우리가 민족적 부에서 사회적 부로 진보해 나가야만 한다는 것이고, 민족-사유하기의 문제를 성급하게 털어내 버릴 그저 불편한 것쯤으로 치부해야 한다는 것이었다.

이제 정치경제학의 선회(Umdrehung)는 사회화된 노동의 배가된(zwieschlächtig) 상품적 특성이다. 자동차 광고와 달리, 마르크스의 수중에서 이 상품은 미래들로서 운전이 되고 거래가 되며 유령화된다. 노동의 행위능력은 노동력으로서의 상품적 특성에 있다. 배가된 것으로서 춤추는 댄서를 붙잡고 있는 〈이성〉으로서의 영혼이 신체인 곳에서 노동은 피어날 수 있거나 춤출 수 있다. 이런 생각이 즉각적으로 실천 가능한 것은 아니다. 하지만 어떤 사유이건 그런 식의 폐쇄를 갖지는 않는다. 내가 여기서 보여주고자 했던 것은, 어쩌면 피할 수 없을지도 모르겠지만, 그 사유하기의 허용되지 않는 경위였다. 엥겔스의 시혜적인 내삽들(interpolations)은 이론이란 모름지기 어떤 잔여도, 어떤 잔재도 남겨서는 안 된다고 역설하는 조급함의 표징이다. 우리는 조건반사적인 마르크스주의자들에게서 이론과 실천은 개념적으로 통일되어 있다는 주장을 듣는다. 우리는 잃어버릴 게 없는 서구 좌파 자유주의자들로부터 이론에 남은 것은 무엇인가 하는 질문을 듣는다. 또한 마르크스의 자칭 고독한 계승자로부터 메시아성과 유령춤 운운을 듣는다. 나는 마르크스적 텍스트의 가능성들을 계속해서 다듬어 나간다.

8장에서의 논의는, 이중구속의 실천적인 주문들을 인정할 수 없었던 마르크스주의가 이론화되지 못한 사회적인 것의 공간에서 더듬거렸다는 점을 보여준다. 9장에서 마르크스는 '사회적'이라는 단어의 부상을 허용했던, 파생적으로 토지와 민족을 돌연히 덮어버렸던 경위의 윤곽을 제시하고자 한다. 하지만 「경쟁의 허상」(Schein)이라는 소제목 달린 장

pp. 471-493. 마르크스의 19세기 진술과 유엔의 출판물 『도시화하는 세계: 인간의 정착들에 관한 글로벌 리포트』(*An Urbanizing World: Global Report on Human Settlements*, Oxford: Oxford University Press, 1996) 사이에 마치 솔기 없는 매끄러운 연속성이 있는 것만 같다.

의 거의 끝부분 단락에서 나타나듯, 사회적인 것이 단지 합리적인 것으로서의 유령적인 것일 수는 없음을 자인하는 흔적을 희망의 언어라고 읽어낼 수 있겠다. 여기서 '허상'은 미망(illusion)이지만 그것은 또한 희미한 빛(glow)이며 유혹(lure)이고, 심지어 현상(Erscheinung)의 반향 속에서 '현상(appearance)'의 규범성을 운반한다. 그런데 이 현상은 일종의 필연적인 형식인 바, 그것을 내용 없음(contentless)이라고 착각하지만 않는다면 미망이라고 할 수 있다. 앞에서 인용된 단락의 결론적 표현들은 다음과 같다. "그때 (사회화의 움직임이 모두 이루어진 이후에) 이 형태들 중 아무것도 남아 있지 않으며 이 형태들이 아니라 모든 사회적[gesellschaftlich] 생산양식에 있는 공동체적인[gemeinschaftlich] 형태들의 기초들[Grundlagen]만 남아 있을 뿐이다."(C 3, pp. 1015-1016, 국역본, 1162쪽, 스피박이 수정한 영역에 따라 국역 수정함)

여기서 공동체의 흔적은 합리적인 유령적인 것 안에 있다. 예전의 게마인샤프트 구성체를 가정법 미래로 운반하는 도시적 텔로스, 사회주의의 합리적 동종요법 안에 있는 '사회적인' 것의 '인간주의적' 의미의 흔적 말이다.

마르크스의 체계가 그래야만 하듯 그토록 진보주의적인 체계 안에서 환기되는 어떤 잔여로서의 비통로! 그리하여 비-통로에 대한 사유가 어떤 통로를 강요한다. 마르크스의 유럽 중심주의적인 국제주의에 접근해보도록 하자.

왜 자본주의는 모든 곳에서 똑같이 발전하지 않았는가? 하는 질문(오늘날 경제적 이주의 물결이 암묵적으로 묻고 답하는 질문)에 대해 마르크스는 차이의 논리로써 일정 부분 대답해야만 했다. 이 질문에 대응하면서 발전된 개념들 중 하나가 유적 존재(Gattungswesen)였다. 26세의 마르크스는 학계의 급진주의와 거리의 행동주의에 모두 등을 돌리고 다시 독해하기 시작했다. 복사기가 나오기 전에 필수적이었던 필사본 자료들의 엄청난 뭉치들로 수합된 방대한 노트들이 『경철수고』의 폭발적인 1부이다. 청년 마르크스는 앞부분을 구성하도록 한 자신의 독서에 느슨하게 영향을 받으면서 자신이 이미 알고 있는 것으로부터 뒷부분을 서술한다. 바로 이 뒷부분에서 그는 유적 존재에 대해, 즉 모든 인간존재는 스스로를 인간됨 일반의 사례로 간주할 수 있으며 간주해야만 한다는 가정에 대해 서술한다. 틀림없이 이것은 독일 고전철학의 상투어이다. 그럼에도 그는 최소한 저 초기 단계에서의 사회주의야말로 각 인간존재의 경우에 유적 존재가 경험적 진실이 되도록 해주리라고 확신했다. 그러므로 적어도 초기에는 그러한 확신이 그의 실천적 원동력이었다.

그는 이 관념(idea)을 곧 포기할 셈이었다. 하지만 우리가 해명하고 말소해야만 했던 어떤 차이가 존재한다는 관념은 행위자-형성의 새로운 프로젝트까지 그를 따라온다. 물론 그는 문자 그대로 더 큰 여분의 가치라기보다 더 많은 가치라는 의미에서 잉여가치(Mehrwert)에 다다른다. 이 정식화를 놓고 흔히 이야기되는 설명은 9장의 서두에 제시되었다. 더 철학적인 설명을 하자면, 인간존재는 잉여가치의 생산과 함께 그/그녀 자신보다 더 많은 가치를 지니기 때문에 자기 이상의 존재라고 정의할 수 있다는 것이 마르크스의 견해이다. 이것은 자기-차이에 따라 인간적인 것(the human)을 명명하는 일종인 셈이다. 하지만 마르크스는 서사적이거나 연대기적인 설명을 원하는데, 이는 다시 한 번 그가 자율성의 판본에서부터 타율성의 판본, 즉 반성보다는 사실들에 의해 결정되는 결론들로 이동하기 때문이다. 이 경우에, 사실들은 역사(istoria)라기보다는 개연성 있는 것을 창의적으로 만들기(포이에시스 poiesis)이다.[26] 이러한 여정 위에서 마르크스와 엥겔스는 아시아적 생산양식 이야기에 이끌린다.[27] 이 이야기를 그저 고상하게 매장하는 것만으로는 충분치 않다. 그렇게 매장함으로써 우리더러 망각하게 하는 것은, 포이에시스가 이스토리아보다 철학적인 것(philosophoteron*지혜에 대한 사랑을 키워줄 장비를 더 잘 갖추고 있음)임이 입증되었다는 점이다. 국가 조세와 지대가 서로 동일한 생산양식이 아시아에 존재했다는 사실은 정확하지 않다고 오래전에 입증되었는데도 말이다. 발전 중인 세계에서 역사적 운동이 결여되었던 주된 이유는 이 세계에서는 진짜 도시가 생산되지 않았고 오로지 군사 기지만 생산되었기 때문이라는 관점은 아직도 어느 정도 무게를 지닌다(그 관점의 유일하게 진지한 경쟁자는 똑같이 시적인 문화적 보수주의이다). 그 관점은 과연 어떤 나라가 또한 공산주의의 장이 될 수 있을지 그 여부를 판정할 때 근거 같은 것이 될 만했다.[28] 표트르 대제(Peter the Great*러시아 최고의 계몽 군주로서 전 러시아를

26) Aristotle, *Poetics*, trans. W. Hamilton Fyfe and W. Rhys Roberts (Cambridge, MA: Harvard University press, 1991), pp. 84-85.

27) 이와 유사한 아시아적 생산양식의 함의는 『포스트식민이성 비판』 2장에서 더 길게 논의되었다. Spivak, *A Critique of Postcolonial Reason: Toward a History of the Vanishing Present* (Cambridge, MA: Harvard University Press, 1999), 2장.

28) 제임스 오코너(James O'Connor, *Natural Causes: Essays in Ecological Marxism*, New York: Guilford Press, 1998)는 9장과 많은 관심사를 공유하며 훨씬 더 학문적인 권위를 갖고 그것을 설명하지만, 궁극적으로는 생태주의와 마르크스주의의 접합을 만들어낸다. 그가 잠재적인 연속성을 보는 곳에서 나는 생산적인 단절을 본다. 그래도 우리는 동맹자들이다.

통해 최고의 제왕)와 그레이트 게임(The Great Game*중앙아시아의 패권을 차지하기 위한 대영제국과 러시아 제국 간의 전략적 경쟁이자 냉전을 총칭하는데 보통 1813년의 러시아-페르시아 조약으로부터 시작하여 1907년의 러시아-영국 우호조약 기간 중의 패권 경쟁을 일컫는다. 이 용어는 영국 동인도회사 웨일스 기병대의 정보 장교인 아서 코놀리[1807년~1842년]에 의해 만들어졌으며 그 본격적인 사용 계기는 대영제국의 소설가 러디어드 키플링의 1901년 소설 『킴』(*Kim*)이다.)의 개시와 같은 아시아로부터의 비상(flight)이라는 러시아의 오래된 토포스는 레닌-플레하노프(Lenin-Plekhanov) 대논쟁으로 전위되었다. 그 통념(notion)은 차이를 설명하거나 아니면 동일성을 설명했고 도시 생산하기의 불가능성을 둘러싸고 성사되었다. 소비에트 이후 시대의 새로운 포스트식민성 안에서, 우리는 자본주의적 식민주의로도 도시화를 이루었다는 점을 자각해야만 한다. (필자의 출생지인 캘커타가 바로 그런 식의 도시 구성체이다.) 실로 마르크스가 「브뤼메르 18일」에서 이해했던 대로, 볼셰비키 혁명도 필요한 부분만 약간 수정하며 읽을 수 있겠다. 70년에 걸쳐 하나의 엄청난 시작이 연속적인 단계를 밟아 금융자본의 집행 권력을 견고하게 하는 데 복무하고서는 스스로 붕괴했다. 이 엄청난 시작과 그 과정 내내, 대문자 도시 이데올로기가 폴리스(Polis*고대 그리스의 도시국가) 또는 키비타스(Civitas*고대 로마의 시민권)의 관리인으로서의 유럽이라는 자기-재현 안에 철저하게 박혀 있었다.

아포리아들의 모서리에서 이루어지는 이러한 실행은 현재의 역사를 통과해 가려는 것이었다. 이 논지를 계속 작동시키기 위해 필요한 이야기가 여기 있다. 사실 그것은 사회정의의 논리적 모델을 인구 이동의 서사로 다시 쓰기에 관한 이야기하기의 이야기이다. 브레턴 우즈(Bretton Woods) 기구들을 위해 실제로 일하는 국제적으로 거대한 소위 비정부기구들(NGOs)은 오늘날 스스로를 국제시민사회(요컨대 국가가 아닌 모든 것)라 부른다. 이것은 민족-국가들의 약화를 부채질하고 있는데, 발전 중인 세계에서 민족-국가들은 자신들의 허약한 경제와 국제 자본 사이의 장벽이 점차 제거됨에 따라 점점 더 무기력해지고 있다. 또한 소위 발전된 세계에서조차 전자자본주의의 국제적 순환(금융과 무역)은 국가의 재분배 요구들을 점점 더 피해간다. (거의 실체적 묘사는 아닌) 비정부기구들이라는 특수한 현상은 이것에 대한 하나의 반응이다. 이런 곤경 안에서 서구 마르크스주의는 농촌적인 것에서 도시적인 것으로 이동하는 서사를 포기할 수 없었다. 이것의 가장 불행한 결과는 일정한 초민족적 자본 구성체의 특징을 사람들의 이동에 불과한 것으로 묘사한 점이었다. 이것은 에티엔 발리바르(1942-*프랑스의 사상가, 철학자)로 하여금 (완전하게 자기-현존적인 주체-의식 이론들과는 전적으로 구별되는) 계급-의식 또는 행위자-의식을 실패한 것으로 치부하고 인구 이동의 관점에서 대중운동을 이해하는 것이 아마도 최상이리라고 제안하도록 이끈다.[29] 데리다는 이론상 절대적 도래자(arrivant)의 타자성에 의해 보호된다고 하더라도 마르크스를 하나의 도래자로, 일종의 이주자로 실제로 변형시킨다. 마라노(Marrano)처럼 추방된 혼종이 인간 조건의 이름이 되며, 거기서는 마라노가 그 비밀을 유지하기 이전에 그 비밀이 마라노를 유지한다(A, p. 81). 앞에서 인용된 『환대에 대하여』라는 데리다의 빛나는 저작에서, 그 형상은 문 앞의 이방인으로 남아 있다. 다른 면에서는 눈부시게 빛나는 이 저작에서, 이 대목은 발리바르의 경우처럼 불투명하고 고집스런 채로 남아 있다. 이런 생각을 어떤 식으로건 대리보충하더라도, 좁은 의미의 서발턴들에게 문 앞의 이방인이란 세계은행이요 국제통화기금이며 세계무역기구이다. 이것들을 대표하는 것은, 유엔이 떠받치고 국제시민사회가 섬세하게 조율하며 흔히 경험적으로는 지역 현지의 육체적으로 전혀 이방인이라고 식별되지 않는 불운한 자들이다. 서발턴들은 바로 그 점을 간파하게 될 것이다. 이런 깨달음이 데리다의 신빙성을 훼손하는 것은 전혀 아니다. 그는 분할된 기원에 대한 사유야말로 윤리의 비윤리적 열림이라는 결론들을 언제나 인정해왔다.[30] 언제나 고어(paleonymy)를 유념해왔던 철학자 데리다는 도래자와 환대와 이방인의 좁은 의미들에 대한 이러한 환기 또한 받아들일 수 있을 것이다. 실로 이주자와 메시아를 위해 균형을 기울게 하는 이해관계의 비대칭성이야말로 해체의 이중구속과 연결된다. 하지만 데리다의 추종자들이 이러한 견제들과 균형들에 항상 민감하지는 않다.[31]

그렇다면 틀림없이 자신의 이중구속에 묶여 있을 나는 미등록 이주자에다 남반구의

29) Etienne Balibar, *Masses, Classes, Ideas: Studies on Politics and Philosophy before and after Marx* (New York: Routledge, 1994), p. 146.

30) 내가 알고 있는 가장 초기 사례는 데리다의 『그라마톨로지』(Derrida, *Of Grammatology*, trans. Gayatri Chakravorty Spivak, Baltimore, MD: Johns Hopkins University Press, 1976), p. 140에 나온다. 데리다에게서 이러한 움직임은 니체로 하여금 '초-도덕적인 의미에서' 진리와 오류를 탐구하도록 만든 충동과 관련된다. 어떤 개념-은유의 일반적 의미의 반대편과 공모하는 진부함은 데리다주의자들에게서는 종종 멀리 달아나는 편이다. 나는 바로 이것이야말로 데리다가 계속 '양심적 해체'를 거부했던 이유라고 생각한다.

31) Derrida, *Politics of Friendship*, trans. George Collins (New York: Verso, 1997), p. 48, n. 16장에서 데리다가 낭시와의 유사한 기반 위에서 낭시를 '교정'할 때 보여주는 극도의 섬세함은 모범적이다.

서발턴, 무토지 농민, 선주민을 추가한다. 여기서도 역시 나는 문학적인 예들을 따라 나의 논지를 끌고 갈 것이다. 구하가 '서발턴'이라는 그람시의 용어를 처음으로 재정의하는 가운데 기록한 대로, 그것은 한 사회 안에서 유동성의 노선들에 접근하지 못한 이들의 거처인 차이의 공간을 가리키는 이름이었음을 상기하도록 하자.[32] 시범 사례란 없다는 것을, 특이성들은 한정적인(definitive) 규정들 위로 넘쳐난다는 것을, 사건은 수행적인 관습들로부터 달아난다는 것을, 마르크스가 어쩔 수 없이 부정한 경고 역시 기억하도록 하자. 바로 이 대목에서 자금 부족을 겪으며 제도적으로 희망 없는 차이의 장소에, 그 장소를 거처로 삼는 이들이 오해하는 차이의 그 장소에, 오늘도 미학교육의 직업적 유용성은 여전히 버티고 있는 셈이다. 그러니 문학적 예를 하나 들어보기로 하자. 마하스웨타 데비의 중편 소설 『프테로닥틸, 푸란 사하이, 피르타』는 이른바 녹색혁명의 그늘 아래 벌어진 이야기이며, 이른바 서발턴 마오주의라는 매우 논쟁적인 지형에서 출판된 작품이다.[33] 이 작품에서 이름이 나오는 몇몇 '실제'(real) 장소 중 하나인 아부즈마르(Abujhmar)는 오늘날의 차티스가르(Chattisgarh) 주에 속한다(PT, p. 109). 인도 정착민(3천 년 전의 '정착'이지만) 기자인 푸란 사하이는 선주민 지역인 피르타의 기근을 취재하러 간다.[34]

> 피르타 구역의 측량도는 마치 곤드와나 대륙의 멸종동물 같다. 야수가 납작 엎드린 모양새다. 세계사의 새로운 시대는 중생대 말기에 인도가 곤드와나 대륙의 복판에서 떨어져 나오면서 시작되었다. 마치 선사시대 생명체가 그렇게 납작 엎드려 있는 것만 같았다. 피르타 구역의 측량 선이 그러하다.(PT, p. 99)

지질학적 시간의 형상화가 측량이라는 (포스트)식민적 형상화의 도구를 삭제하에 놓

32) Ranajit Guha, "On Some Aspects of the Historiography of Colonial India," in *Subaltern Studies*, vol. 1 (Delhi: Oxford University Press, 1982), p. 8. 내가 주를 달기 위해 이 구절을 확인하다가 구하는 약간 달리 말하고 있다는 것을 알게 되었다. 그 차이가 독자에게 흥미로울 수도 있겠다.

33) Mahasweta Devi, "Pterodactyl, Puran Sahay, and Pirtha," in *Imaginary Maps: Three Stories*, trans. Gayatri Chakravorty Spivak (New York: Routledge, 1993), pp. 95-196(이하 본문 중에 PT와 함께 쪽수를 표기함).

34) 이것이 얼마나 책임 있게 서술되어야 하는지를 학문적으로 섬세하게 설명하는 책으로는 Colin Renfrew, *Archaeology and Language: the Puzzle of Indo-European Origins* (Cambridge: Cambridge University Press, 1988) 참조.

는다. 인간의 타자 모양을 띠는 생김새가 이 오래된 고대의 정착 식민지에 의해 확립된 자아-와-타자(the self-and-other)를 덮어버린다. 아득히 먼 시절에 전자본주의적 식민주의자들이었던 자들(오늘날의 힌두교 인도인들)이 아주 최근의 독립 여파로 자신들을 포스트식민적이라고 기입한 이래, 이것은 말해지지 않을 이야기이다.

프테로닥틸(*익룡)이 기이한 유령 형체를 취하는 구절에서 중생대는 다시 상기된다. 비록 인간들이 고대 식민사에 의해 분리될 수 있다고 하더라도 이번에는 인간들에 대한 유령의 타자성이 뚜렷하다. 토니 모리슨이 "그냥 기후"(*Beloved*, p.171)라고 했던 것처럼, 여기서 마하스웨타는 행성성(planetarity)을 추적하고 있다. 프테로닥틸은 선주민이 차려주는 음식을 거부한다. 그래서 고대 정착민이 보기에는 오늘날의 '진짜' 인도인들은 오히려 서발턴을 '마오주의자'로 코드화하는 것일까? '마오주의자'가 아니라 마오바디(Maobadi)라는 단어가 폭력적인 거부를 뜻하도록 재코드화된 것에 소위 오늘날의 지식인들이 주목하기보다 말이다. "중생대 제3기가 끝나고 신생대가 시작되는 그 순간의 축에 누가 자기 손을 놓을 수 있을까? … 눈꺼풀 없는 탁한 눈은 여전히 무반응이다."(PT, pp. 155-156) 나는 이 텍스트를 프로이트적인 기괴함(the uncanny)을 부지불식간에 재기입한 것으로 읽을 수 있겠다.[35] 이 두 번째 예를 통해 우리는 이중으로 기입된 동굴로, 비키아(Bikhia)의 동굴-주택 안에 있는 성스러운 내실로 들어섰다. 프테로닥틸의 동굴은 전적인 타자의 고향이다.

마하스웨타는 유령의 죽음을 재현한 이후에, 자궁-원형의 장신구들을 갖춘 또 다른 동굴로 우리를 데리고 간다. 물에 젖은 벽들로 둘러싸인 지하 통로를 통해 아래로 길이 나 있다. 인간-이전의 과거가 묻혀 있는 이 마지막 동굴은 다시 한 번 역사학을 말소하는 장소이다. 이는 마치 곤드와나 대륙의 멸종동물에 대한 첫 형상화의 내부에서 측량도의 지리학과 겹쳐 서술되는 것과 마찬가지다. 푸란은 최후의 동굴 벽화가 과연 고대의 것인지 동시대의 것인지를 말할 수 없다.

식민적이고 포스트식민적이며 실로 인간적인 시간화의 이러한 삭제를 내가 읽어낼

35) Sigmund Freud, "The Uncanny," in *The Standard Edition*, vol. 17, trans. James Strachey (New York: Norton, 1961-), p. 245. 뤼스 이리가라이의 「플라톤의 히스테리」("Plato's Hysteria," in *Speculum of the Other Woman*, trans. Gillian C. Gill [Ithaca, NY: Cornell University Press, 1985], pp. 243-365) 도 프로이트의 바로 이 텍스트를 재기입한다. 남성적 근육주의의 희생자인 이리가라이는 아래로부터 서술하고 식민주의자의 후예인 마하스웨타는 위로부터 서술한다는 이 아이러니는 물론 자유주의적 다문화주의의 인가된 무지에 의해 간과될 것이다.

수 있는 것은, 내가 농촌적인 것의 유령화라 부르고자 하는 것을 향해 한 걸음 뒤로 돌아가기 위함이며, 유럽적인 전통의 도시주의 목적론에 질문을 던지기 위함이다. 사실 데비의 중편소설의 틀은 녹색혁명 안에서 짜이는데, 이는 영토 제국주의가 무너지고 신식민주의가 발생하는 가운데 토지야말로 제약업의 점진적인 초민족화에 주요한 역할을 할 것이며 강제 피임의 화학적 도구일 뿐만 아니라 화학비료의 원천이 되리라는 것을 처음으로 눈치챈 셈이다. 푸란의 피르타행의 유효한 이유인 기근은 포스트식민 국가의 통계 작업에 따르면 증거로 구성될 수 없다. 굶주림이 인정될 수 없는 장소에서 펼쳐지는 가족계획에 대한 대항직관적인 부조리함이야말로 이 텍스트를 민족 정책을 향한 경멸적인 어조로 가득 채운다.

1870년대 유럽의 불황 이후에, 이미 레닌은 유령화의 주요 무대가 상업자본으로 옮겨 갔다는 것을 알았다.[36] 자본 축적에서 사용가치인 이미 유령화된 노동력은 생산의 행위자로서 자본을 사회화하는 독특한 힘을 잃었다. 레닌의 『제국주의』에서 가장 긴 장의 제목은 「은행들」이다. 물론 그는 세계은행 같은 것을 아직 구상할 수는 없었겠지만 말이다.

은행 체계의 순환 매개를 통해 상업에 의지하는 유령화된 자본의 발전이, 기간구조로서 뒷받침하는 역할 속에서 겉으로는 보이지 않는 산업(마르크스가 노동력이라 이론화하는)을 갖춘 발전이, 이윤으로만 보이는 잉여가치를 지닌 발전이, 『자본』 2권에서 마르크스가 비웃었던 자본 설명을 지배적인 설명으로 확립시킨다.

> 생산과정은 돈벌이를 위해 불가피한 필요악(단지 하나의 중간 고리)으로 나타난다. … 부의 증식 그 자체가 생산의 목적이 된다. … 화폐자본이 화폐를 낳는 화폐로서 표현되어 있다. 가치에 의한 잉여가치의 창출은 그 과정의 알파와 오메가로 나타날 뿐만 아니라 번쩍번쩍 빛나는 화폐형태로 명백하게 나타나 있다.(C 2, pp. 137-138, 국역본, 75-76)

겉으로 보면 노동력(산업)이 사라지고, 그것에 수반하여 사용-교환의 이분법적 대립이 사라지고, 산업에 대한 사유와 여전히 결부된 사물화 비판이 사라지면서, 학계 포스트-마르크스주의의 등장이 가능해진다. 달리 말하자면, 각양각색의 확신을 지닌 메트로폴리스

36) V. I. Lenin, *Imperialism: The Highest Stage of Capitalism* (New York: International Publishers, 1993), p. 22.

의 문화적 급진주의자들에게 좌파적 비판은 그 국면과는 아무런 연관도 없는 것 같다. 시간과 지면의 제약으로 인해 이 메트로폴리스의 지식인들이 자신들의 문제를 해결했던 다양한 방식들에 대해서는 여기서 논의하지 못하겠다. 이 논쟁들에 의해 세계경제 행위가 곤란해질 경우도 거의 없다는 점은 두말할 나위 없다. 그래도 우리는 강의실에서 세계에 대해 말해야만 한다. 강의실에서 이루어지는 앎과 배움(그것이 무엇이든지 간에)을 정보 명령(information command)으로 대체했던 힘과 똑같은 힘이 상업자본의 성격에 변화를 초래하는데, 그것은 바로 전자화이다.

상업자본은 은행을 통해 작동한다. 금융자본한테 은행은 스크린 위의 수학소(matheme)이다. 이것이 자본을 결정하는 데서 일어난 형태학의 변화라면, 서사적 뒷받침은 소련의 몰락에서 왔다. 이제 지구화는 교환의 동일한 체계가 지구적으로 확립된 것이자 전자화에 의해 가능해진 것으로 보일 수 있다. 또한 전자화는 정보를 저장하고 확산시킬 수 있는 방법이라서, 정보 과다를 초래할 수 있다(또 정보 과다에 의해 초래된다). 정보의 이러한 세부적 증식은 일정한 층위들에서 본연의 지구화를 돕는다. 생물다양성과 인간 게놈 특허 등과 같은 것들을 둘러싼 무역 관련 지적 재산권이 거기에 해당된다. 더 엄격하게 교육적인 층위에서, 지구화는 배움의 유혹적인 모조품을 창출한다. 글로벌 전기통신은 형식 상 지구화와 동일시되지는 않지만 지구화와 연계되어 있는 산업이다. 글로벌 통신산업이 추상적인 금융자본의 순환과 달리 서사적인 (혹은 적어도 판독할 수 있는) 내용을 가져야 한다면, 정치적 조작과 위기관리와 피해 수습을 위해 사용될 수 있다.

좌우파의 도시주의 목적론에 여전히 매료된 우리에게 도시 건축 공간에 보이는 변화들이 가장 가시적이다. 그렇지만 지구화의 실제(real) 지형은 이른바 농촌적인 것의 유령화라고 해도 될 것이다. 다시금, 진화론적 서사에 입각한 설명과 논증은 구식민지들을 근대화해야만 한다는 것이다. 은행에 기반을 둔 상업자본이 신식민주의 안에서 발전한다는 것은 마르크스의 목적론에 있는 단층선을 드러냈다. 이전에는 도시적인 것이 대안이었는데 포스트식민성에서는 농촌적인 것이 직접 연루되고 있다.

오늘날 글로벌 전선은 도시가 아니라, 시골(the country)이라고 불릴 수 있는 곳에 있다. 그것을 배우는 것은 포스트식민성으로부터 지구화로, 아래로부터 이동해가는 것이다. 거칠게 말해 지구적인 것이란 사회주의의 중앙집권적인 축을 뺀 낡은 사회적인 것과 동의어이다. 지구적인 것이 아닌 공간은 이제 지구적인 것을 중심에 두고서 농촌적인 것(the rural)으로, 지역적인 것으로, 생태적인 것으로, 선주민적인 것으로 사유된다. 생물자원을 수탈하는 이 시대에, 토착 지식과 신체를 데이터베이스로 구축하는, 유네스코에 의해 개시된 『생명 유지 세계 백과』는 선주민 시기를 환경 악화와 지속 가능성에 관심을 두지 않는 비활성화된 접근과 연계된 시기로 정의할 게 틀림없다.[37] 물론 선주민이 지속 가능성을 생각한다는 것은 "[아리스토텔레스] 자신이 살았던 사회의 역사적 한계 때문에 [가치표현의 한 가지 비밀을 해독하는] 것"(C 1, p. 152, 국역본 118쪽)이 불가능한 만큼, 불가능하다. 하지만 생태생물군의 리듬으로 살아가기라는 실용 철학은 지금은 전혀 관심 없는 것으로 일축될 게 틀림없다.

(내가 반복적으로 강조했듯이, 선주민에 관한 이 흐트러짐 없는 관점은 이제 오염된다. 나는 「프테로닥틸」에서 그 실제 장소인 아부즈마르가 언급된다는 점을 제시했다. 이 작품은 인도 민족국가의 독립 40주년인 1987년에 집필되었다. 아마도 인도의 독립은 영토 제국주의가 끝났음을 알려주는 최초의 가장 큰 표시였을 것이다. 이 작품에 나오는 지독하게 고립된 장소에 대한 지질학적 묘사를 살펴보면, 이야기의 윤곽들은 이해될 수 있다. 비록 주인공인 샹카르(Shankar)가 실제로는 있을 법하지 않더라도 그렇다. 2000년에 차티스가르라는 부족 국가가 수립되고 아부즈마르는 본 역서 334-336쪽에서 언급되는 사건들의 현장이 된다. 글로벌 자본이 지구의 금융화를 향해 행진하고 있는데도, 억압적인 포스트식민 국가는 좌파 지식인들에 의해, 코드화되는 폭력에 의해 마르크스주의의 유산인 언어로 아무렇게나 맞서게 된다. 바로 이 동일한 지식인들에 의한 미학교육에 대한 저항의 세부 내용에 관해 나는 이 지면에서는 논의할 수 없다.)

내가 보기에는 우월주의적 선심을 육성할 것이 아니라 토지와 주체의 분리를 다시 사유하는 쪽으로 재검토하는 것, 다시 보고 다시 돌아오는 것이 우리의 과제이다. 마르크스는 이 프로젝트를 자신이 살았던 사회에 내재된 역사적 한계 때문에 구상할 수 없었고 구상할 의지도 없었다. 산업자본주의적 제국주의 이야기는 반드시 단일 방향을 취하지는 않을 하나의 서사시적 시간화를 꾀하는 가운데 거기 포함되는 하나의 에피소드가 될 수 있을 것이다.

---

37) UNESCO, *Encyclopedia of Life Support System*, www.eolss.net/.

상업자본에서 금융자본까지, 초민족화에서 지구화까지 지금 지배적인 것은 농촌적인 것의 유령화이다. 실리콘 칩이 농촌적인 것을 화폐가 아니라 데이터라는 일반적인 등가형태 안에다 놓는다. 자본은 농촌적인 것의 유령성을 이용한다. 〈지구환경기금〉은 〈세계은행〉과 〈유엔개발계획〉에 의해 통제된다. 본연의 추상성인 금융자본은 경험적인 것에 의한 중단 없이는 작동할 수 없다. 농촌적인 것의 유령화를 포함해 아래 제시된 임의적인 목록은 세계 무역에 의해 코드화된다.

(유명한 님[Neem] 사건에서처럼, 북반구에 의해 일방적으로 수립된 현대판 법들에 따라 합법화되지만 북반구에서의 특허로 불법적인 특허를 취하는) 생물해적질을 위해 전자화된 생물다양성(자연에 있는 식물 종의 광대한 다양성) 그 자체가 자본의 스크린 위에서 깜박이는 신호인 화학비료에 의해 생산되는 단일경작(토양을 소모시키고 문자 그대로 죽이는 과정에서 다양성을 억압하는 혼종적 돌연변이의 다수확 종자들)을 보라. 〈무역 관련 지적재산권〉과 〈무역 관련 투자 조치〉가 소산시켜 처벌한 집단성이야말로 측정 이전의 농촌에서 천년에 걸쳐 작동하는 가운데 소유권더러 농촌의 가치 코드화를 눌러버리도록 하는 바람에 그 코드화를 확립하지 못하도록 해왔던 것이다.[38)]

삼림을 벌채했다가 다시 가꾸기와 광천수 관리(예를 들어 토착적인 삶과 지식 체계에 중요한 숲을 벌목해서 없애고 거기에 유칼립투스를 심어 펄프 용지의 75%를 생산할 수는 있겠지만 토양의 수분을 소모시키고 지역 생명체의 균형을 심각하게 교란하고, 맹그로브mangrove를 파괴하고, 대외 수출용 새우를 양식하느라 경지를 염류화하고, 인간과 여타 생명체의 유구한 체계를 유린하는 등.)는 앞선 (더 상업적인) 국면에 속하지만 산업적인 국면을 더 가중시킨다. 허황된 영세 사업을 하려는 농촌 여성에 대한 신용-미끼는 가장 최근의 왜곡이다. 금융적이면서 상업적인 소규모의 자본 시장에서, 농촌 빈민에 영구적으로 필요한 것은 지역에서 시행되는 기간구조를 전혀 변화시키지 않을 상업 부문을 위해 착취된다. 이것은 본서의 범위를 넘어서는 중요하고 복잡한 쟁점이다. 권력이 항상 단일경작을 선택하는 것은 자본주의적 힘이 없는 언어로 이루어지는 문학적 생산을 편협한 지역

38) 이 맥락에 해당되는 드문 실증 작업으로는 Najma Sadeque, *How "They" Run the World* (Lahore: Shirkat Gah, 1996), pp. 28-30 참조. 이 탁월한 팸플릿에 대한 나의 유일한 반박은 제국주의에서의 식민주체의 생산을 강조하지 않는다는 점과, 그것으로 인해 우리의 공모성을 강조하지 않는다는 점인데, 우리가 행동하려면 이 공모성을 인정해야만 한다. 내가 좀 더 '학술적인' 작업보다 오히려 이 텍스트를 계속 인용하는 이유는 그것이 직설적이고 단순해서인데, 인문학계의 좌파 학자들은 이 쟁점들의 기본 원리에 대해 일반적으로 무지하다는 점에 비추어볼 때 더욱 적합한 셈이다.

주의라고 일축하는 태도와 좀 관련 있다고 말하면 일단은 족하겠다.[39] 이러한 접속에 유념하면서 이어지는 다음의 언급을 읽도록 독자들에게 당부하는 바이다.

여하한 광역도시화도 농촌적인 것의 유령화에 구조적으로 필수적인 것은 아니다. 우리가 강조해온 바, 본연의 추상성인 순수한 금융자본은 불가능하다. 순수한 금융자본은 세계 무역(공정한 경쟁의 장이라는 담론)과 상업 부문(화폐를 낳는 화폐 또는 대부업자보다 나은 화폐라는 담론)을 거쳐 코드화되는 가운데, 토지와 육화된(embodied) 여성주체를 상기한다. 바로 이 대목에서, 언제나 부분적으로 유령화되는 농촌적인 것은 지구적으로 일대일로 대면하는 힘들(공동 유산의 특허 담론)과 대결한다. 길게 붙박이로 있는 저항 네트워크들은 지구화 단체들의 작전과 충돌하는데, 이 단체들은 자체적으로 유령화하는 지구적 장악력을 간섭함으로써 이 위기들을 옮기고 비틀고 돌리고 관리한다. 가장 폭넓고 가장 능동적인 의미에서 사회적 텍스트를 읽는 한 명의 문학비평가로서 나는 이 새로운 액티비즘 텍스트 안에서 많은 시간을 보내며 저 끝없이 이어지는 간섭들을 인정하는 법을 배워 왔다. 우리가 아이러니를 "(지구화라는) 알레고리의 영속적 파라바시스(parabasis*윤리적 종교적 범죄나 법률, 사회적 규범(질서)의 위반을 통틀어 일컫는 말) … 달리 말하자면, 추상적인 것을 체계적으로 풀어 헤치기"[40]라고 이

---

39) 물론 나는 *New Yorker* (June 23 and 30, 1997), pp. 50-61에 실린 살만 루쉬디의 언급과, 영어로 쓴 작품들만 수록한 Salman Rushidie and Elisabeth West, eds., *The Vintage Book of Indian Writing*, 1947-1997 (London: Vintage, 1997)을 가리킨다. Aamir Mufti, "Orientalism and the Institution of World Literature," *Critical Inquiry* 36.3 (March 1, 2010): 458-493에는 이 현상에 대한 출중한 논의를 담고 있다.

40) De Man, *Allegories of Reading: Figural Language in Rousseau, Nietzsche, Rilke, and Proust* (New Haven, CT: Yale University Press, 1979), p. 301. 나는 두 단어를 바꾸었고 독자들에게 그 변화를 숙고해보기를 청한다. 물론 『생태주의자』(*The Ecologist*) 같은 주류 저널들 및 〈인터내셔널 워터스 그룹〉(International Waters Group) 같은 미국의 신사회운동 지지 집단들은 이러한 운동들을 숱하게 언급했다. 제3세계에 특정하게 접속된 것은 아닌 좌파 학계 문헌에서 우리가 언급할 수 있는 최상의 것은 다음과 같은 오코너의 진술이다. "아프리카, 아시아, 라틴아메리카에서는 수천 개의 (공식 비공식) 집단과 수십 개의 정당에 의해 정치적 구좌파와 생태학 양쪽에서 도출된 요소들을 포함하는 프로그램이 진화되고 있는 중이다. 이 프로그램은 분명히 급진 생태학이 무시할 수 없고 협력해야 할, 방어하고 진전시켜야 할 힘이 되어가고 있는 중이다."(O'Connor, *Natural Causes*, p. 15) 이 진술은 정당 정치와 이 동맹들 사이의 결정적 차이를 무시한다고 하더라도, 그것들의 장기 실존을 인정하고 있으며 지도부라는 것을 주장하지도 않는다. 오코너는 자기 책에서 가장 짧은 장인 「국제 적녹 운동」(pp. 299-305)에 멕시코와 나르마다에 관한 필수적인 언급을 담았다. 로잘린 도이치의 책(Rosalyn Deutsch, *Evictions: Art and Spatial Politics*, Cambridge, MA: MIT Press, 1996)은 뉴욕을 근거지로 삼은 문화연구에 대한 확실한 하나의 돌파구였는데, 그 책에서 '신사회운동들'은 제대로 정의되지도 않은 채 사회적 실천에 대한 일반적인 '실증주의적' 이해를 보여준다고 비난받는다. 아마도 그녀가 염두에 둔 것은 환경주의를 포함하여 이런저런 유형의 유럽/미국 기반의 정체성의 정치일 텐데 물론 나는 그것을 확신할 수는 없다. 내가 준거하고 있는 유력한 지구적 파라바시스에 그녀가 주목하지 않는다는 점은 확실해 보인다. 그녀는 "전통적 좌파 지식인들"(허깨비 같은 미국 좌파에 국한되며, 1960년년대의 이른바 신좌파에 의해

해한다면, 이 일련의 간섭들은 지구적 정규화라는 주된 텍스트의 아이러니라고 수사학적으로 명명될 수 있다.

하나의 지반 위에 그대로 있으면서도 한 걸음 비켜서기라는 파라바시스는 고대희극(Old Comedy)의 본문에 어떻게 반응할지를 코러스가 나서서 청중에게 말해주는 것인데, 아리스토텔레스가 그 논의를 뒤로 미루었던 더 자유로운 희랍 극 형식이다. 마르크스주의자라면 본연의 지구화가 지닌 유령적 원동력의 엄청남에 무심할 수 없다. 계몽사상의 암흑 분신이었던 '무어인(The Moor)'(마르크스의 별명)이 원했던 바는 글로벌 사회주의에 유용하게 될 수도 있을 자본의 사용가치로서의 유령화를 생산의 행위자가 이해함으로써 그 원동력에 발동을 거는 것이었다. 너무나 철학적인 이러한 혁명을 위해 마르크스에게는 도시적인 것의 서사가 필요했다. 우리는 인식소의 뒷받침 없는 혁명 프로그램의 순수한 유령성을, 메타렙시스적으로(원인을 효과로 대체하는) 제시된 텔로스로서의 도시적인 것 둘 다를 비판한다. 그렇게 우리는 초강대국의 포악한 탐욕에 맞서는 방향으로 끊임없이 지구화를 돌리는 협상-간섭 모델 안에서, 끝날 줄 몰라서 더욱 실천적인 형상인 영속적 파라바시스를 발견한다. 그 모델은 (마지막으로 한 번 더, 피할 수 없지만 환영받지 못하는 반복인) 책을 기술하기라기보다(몇 번이고 되풀이되는) 먹기이며, 우리가 서론에서 말한 대로 '여성의 일'이자 '노예의 일'이다.

본서 16장에 나오는 메트로폴리스로의 이주라는 무대에서 우리는 한편의 책임성에

영원히 기념된 젠더 논쟁에 관한 그녀 자신의 견해에 국한될 게 틀림없는)을 탓한다. "사회적 권위의 입지로서 남성주의는 온 세상의 정치적 조건을 해명하는 전통적 좌파 지식인의 권위에도 해당된다. 공중의 이름으로 이 권위를 재확립하려면 어떤 조치를 취해야 하는가?"(p. 312) 도이치는 궁극적으로 "공적 공간"이 "언어처럼 구조화"된 것으로 보인다는 의미에서 일종의 반-본질주의적 본질주의를, "본질적인 한계 없음"(p. 275)을 찬양한다. 이것은 앞에서 내가 언급한 데리디주의자들에게 해당되는 문제이기도 하다. 언어를 궁극적인 설명 모델로 삼는 태도가 지니는 문제에 관해서는「인문과학 담론에서의 구조, 기호, 유희」("Structure, Sign and Play in the Discourse of the Human Sciences," in Derrida, *Writing and Difference*, trans. Alan Bass, Chicago: University of Chicago Press, 1978, pp. 278-295)만 읽어봐도 교훈을 얻을 수 있었으리라. 도이치에게는 기본적인 분별력이 있어서 뉴욕 맥락에서는 다행히 이러한 이론적 곤경과 어긋난다. 한계들의 설정이란 계속 열려 있으면서도 묶여 있어야 한다는 요청이 한계 없음임을, 언어 구조는 지시(reference)와 영원히 타협함을 그녀는 분명하게 알고 있다. 그녀의 작업에서 도출되는 하나의 흥미로운 결론은, 아무리 남반구의 서발턴이 유령적 네트워킹의 초점이라 하더라도, 서발턴에 대한 앞서의 정의(유동성의 모든 선에서 잘린 존재들)에 맞는 자리를 '홈리스'라는 범주가, 도처에서 채운다는 점이다. 자유의 주체로서의 홈리스에 관해서는 Jeremy Waldron, "Homelessness and the Issue of Freedom," *UCLA Law Review* 39.2 (1992): 295-324 참조. 스펙트럼의 다른 쪽에서 흥미로운 점은, 1998년 3월 21일의 시점(버지니아 대학에서 열린 "미국은 민주주의의 소명을 갖는가?" 주제의 컨퍼런스)에서 조지 부시의 국무장관인 로런스 이글버거가 '신사회운동'이라는 단어를 들어본 적도 없었다고 말한 것이다!

기반을 둔 문화적 체계와 다른 한편의 추상적 시민사회 및 법치 사이의 주고받기 모델을 제안했다. 거기서 정치와 시민사회는 도시화라는 유럽적인 이야기에 의해 지탱된다. 지구적인 것의 새로운 역설적인 공모(함께 껴안음)인 이 새로운 유령화 안에서, 우리는 고전적인 사회주의 방법을 대리보충해야만 하며, 바로 그때 우리는 어떤 텔로스 또는 고용 보장 지향에서 풀려난다. 바로 그때 우리는 노동의 여성화 및 전자적인 포스트-포드주의를 통해 공장의 사라짐에 유념하게 된다. 사실 노동력과 달리 대지와 비오스(bios)는 그 재생이 가능하지 않다. 『자본』 1권에 인용된 공통 척도 없는 대항적인 예들은 가치형태 안에 있지만 사용가치는 전혀 아니다. 여러분이 커피를 보는 곳에서 스프린트(Sprint*미국 통신산업체 이름)는 데이터를 본다. 『경철수고』에 남겨졌던 토지 관련 행위능력의 대안적 선이 꿈틀거리다 터져 나오는데, 마르크스도 그 방식을 예견할 수는 없었을 것이다. 서발턴화는 생산의 행위자에게 가해지는 집요한 위협으로 인식되어야만 한다.

이 유령적인 농촌은 푸른 들판과 혈연의 경험적인 농촌이 아니다. 그것은 카타크레시스(오어법*비유의 남용이나 말의 오용을 가리키는 수사학적 용어) 방식으로 문자 그대로의 지시체를 갖지 않는다. 폴 비릴리오의 생각과 달리, "여러분은 연중 일정 시점에 로스앤젤레스나 뉴욕에서 파리로 돌아오면서 창문을 통해 극(the pole)을 통과하는 모습을 보고 우리에게 새로운 지구적 시간을 제공하는 일몰과 일출을 볼 수 있는" 경험을, "지리적 도시 너머를 보여주고 이동 시간에 인간적 집중의 출현을 보여주는"[41] 경험을 하는 메트로폴리탄 또는 초민족적 여행자가 아니다. 새로운 지구적 시각은 가상적이며, 우리 머리(Gedankenschnelle) 속 어딘가에 있다. 다음 문장에 담긴 경멸은 유럽인의 인가된 무지를 표현하는 것에 불과하다.

> 미래의 전자 정보 고속도로의 지구적 메트로폴리틱스 그 자체는 더 이상 북반구와 남반구로 분할되는 것이 아니라 구별되는 두 가지 시간성과 두 가지 스피드, 즉 하나는 절대적이고 다른 하나는 상대적인 두 가지로 분할되는 어떤 사회의 도래를 함축한다. 발전된 나라들과 저발전된 나라들 사이의 절단(coupure)은 5대륙 전역에서 강화되고 훨씬 더 급진적인 단절(rupture)로 이어진다. 세계 도시의 가상 공동체의 심장부에서 자신들의 경제 활동에 본질

41) Paul Virilio/Sylvère Lotringer, *Pure War*, trans. Mark Polizzotti (New York: Semiotext[e], 1997), pp. 13-14.

적인 실제 시간의 제국 아래 살아갈 자들과 지역 타운의 실제 공간에서 살아남게 될 그 어느 때보다 더 궁핍할 자들 사이의 단절 말이다.[42]

종자와 DNA의 시간은 실제 시간도 아니고 지역 시간도 아니다. 그것은 주체-말하기(subject-speak)와 무관하며, 오직 행위능력의 열린 장소로만 통한다. 이제 서발턴의 정의는 다시 쓰이고 있는 중이다. 비록 유동성의 일상적인 선들로부터 잘렸다고 하더라도 또는 아마도 그렇게 잘렸기 때문에 서발턴은 글로벌 전기통신에 의해 직접 건드려지고 있는 집단이다. 토착 지식의 유령성, 가장 외진 집단의 DNA 특허 데이터베이스 구축, 극빈 농촌 여성의 신용 미끼.

여기에 도달하다 보니 9장의 필자도 틀림없이 자신의 이중구속을 드러낸다. 여하튼 인식소라는 측면에서 여기서 시도해보려는 것은 메시아성일 뿐만 아니라, 인간이기(being human)의 책임성일 뿐만 아니라, 좋고 나쁨과 성스러움 등을 죄다 품는 어떤 타자성의 이름으로 비오스(bios)를 명명하는 사고방식이기도 한 것 같다. 새로이 고독을 사랑하는 철학적 동료들의 (이론적인) 미래성 선언 또는 토착적인 것의 (실천적인) 지적 재산권의 방어보다 그토록 비생산적인 사고방식을 타협된 원천들로부터 배우는 무한한 인내야말로, 국제 출판업계에서 출판업자들이 인내하지 못하고 정하는 마감 시한에 맞춰 준비된 에세이에서는 제자리를 찾지 못한다. 그곳의 자리는 여기 내 강의실의 바깥에 있다.

종결부(coda)

1. 합리주의자 마르크스는 살 아래에 있는 뼈로 사회주의를 건설하고자 했다. 그는 도시주의 텔로스를 요청했다.

42) Virilio, *Open Sky*, trans. Julie Rose (New York: Verso, 1997), p. 71. 수정된 번역임. 비릴리오의 책 『대중 방어와 생태학적 투쟁들』(*Popular Defence and Ecological Struggles*, trans. Mark Polizzotti New York: Semiotext(e), 1990)은 온통 유럽적인 전쟁 이론들을 다루고 있다.

2. 현존 사회주의는 결국 자본주의의 뼈를 강화하기에 이르렀다.
3. 승리한 글로벌 금융자본/세계 무역은 오로지 아이러니로써 저항될 수 있을 뿐이다.
4. 저항 모델은 현존하는 남반구에 기반을 둔 네트워크 운동들이다.
5. 이 모델을 강화하기 위해, 메트로폴리스의 다문화 정책은 기괴한 자기-계발에 결탁된 문화 체계들의 시멘트로써, 달리 말하자면 만인을 위한 미학교육으로써, 시민권의 추상화를 강력하게 처형할 수 있어야 할 것이다.
6. 그렇지 않으면, 북반구의 강력한 경제 체계들은 낮은 실업과 빈약한 사회 복지와 엄청난 빈부 격차를 지닌 사회를 좋은 사회라고 제시할 수도 있다.
7. 지구화 연구는 도시주의 텔로스를 재고하고, 농촌적인 것/토착적인 것의 뼈대에 참여하는 새로운 체계를 고려해볼 수 있어야 할 것이다.
8. 불가능한 해법은 서발턴을 가르치는 법을 아래로부터 배우기를 배우기 위한 보장 없는 무한 인내이다.
9. 그렇지 않으면, 기업의 자선과/기업의 자선이나 국제적 보호주의는 수백만 명을 오로지 신체들 또는 인적 자본으로만 본다.
10. 이 종결부는 미국의 한 강의실로부터 실행될 수는 없다.

10.
에코(Echo)

내가 우연히 크리스토퍼 래쉬(1932-1994, 미국의 역사학자, 윤리학자, 사회비평가)의 『나르시시즘의 문화』[1]를 발견했을 때 특히 나르시스에 관해 생각하기 시작했다. 그 지점에서 인식론적인 것과 행위능력적인 것(the agential)은 서로 분리되어 있는 것처럼 보였고, 포스트식민성에 관한 생각들을 통해 또 여성과 식민적 계몽 사이의 이중구속 관계를 통해서만 접근되는 것처럼 보였다. 이제 상황은 바뀌었고 독자는 새로운 지형에 발을 내디딜 것이다.

래쉬의 책은 페미니즘에 의해 획득된 사회적 이득들을 공격하고 있었다. 그러나 나르시스는 소년이었다! 특히 부당하게 보였던 것은 젊은 여성 임원을 "행복한 매춘부"라고 묘사한 대목이었다. 모든 수준에서 동등한 임금을 위해 우리가 아직도 싸우고 있는 중이었는데도 말이다.[2] ('여피'라는 단어는 아직 공통 언어로 출현하지 않았다.) 그러나 젊은 여성 임원과 계급 위치가 달랐던 창녀들은 이미 조직을 만들고 있었다.[3]

---

1) Christopher Lasch, *The Culture of Narcissism* (New York: Norton, 1981). 래쉬의 책을 사회주의적-페미니즘 입장에서 읽는 글로는 Michèle Barrett and Mary McIntosh, "Narcissism and the Family: A Critique of Lasch." *New Left Review* 135 (September-October 1982): 35-48 참조.

2) Catherine A. MacKinnon, *Are Women Human? And Other International Dialogues* (Cambridge, MA: Harvard University Press, 2006); Kelly Oliver, *Women as Weapon of War: Iraq, Sex and the Media* (New york: Columbia University Press, 2007) 참조

3) Fréderique Delacoste and Priscilla Alexander, eds., *Sex Work: Writings by Women in the Sex Industry* (Pittsburgh: Cleis Press, 1987).

나는 프로이트에게로 선회했고, 또한 그가 여성들, 특히 모성의 2차적 나르시시즘에 의해 성취되지 못한 여성들 사이에다 나르시시즘의 가장 풍부한 예들을 놓고 있었다는 점을 발견했다. 나르시스 이야기에 나오는 여성인 에코는 어디에 있었단 말인가? 10장은 에코에게 '여성을 부여하려는', 좀 불완전하나마 전통적인 해체적 재현과 (비)재현으로부터 에코를 새겨내려는 시도이다. 또 10장은 '여성의 일'이야말로 타자의 스피치를 빌려 와 그것을 예상하는 미학교육의 모델이라는 점을 상기하려는 시도이기도 하다.

프로이트의 「나르시시즘에 관한 서론」에는 인종차별적 오용에 특별히 민감한 신기한 계기가 나온다.

> 그 리비도적 본능의 추론들이 주체의 문화적 윤리적 개념들과 갈등을 일으키게 되면, 병인론적(病因論的) 억압의 흥망성쇠를 겪는다는 점을 우리는 배워 왔다…. 그가 자신 앞에 자신의 이상으로서 투사하는 것은, 그의 아동기에 상실된 나르시시즘의 대용품이다. 그 대용품 속에서 그는 자신의 이상이었다. … 그 이상은 … 하나의 사회적 측면을 지닌다. 그 측면은 또한 한 가족, 한 계급 혹은 한 민족의 공통된 이상이기도 하다.[4]

문화적 윤리적 개념들과 리비도적 본능의 추론들 사이에 단순한 갈등 이상의 다른 무엇이 있기 때문에 초자아(프로이트에게는 틀림없이 계몽의 주체인)가 생긴다는 것은 여기서 적어도 확실하게 함축되어 있다. 나르시시즘과 그 흥망성쇠들의 변주들에 들러붙어 있는 비유럽 문화들이라는 이 특별한 주제의 만개한 판본은 흔하다. 아시아와 아프리카는 오이디푸스로 곤란을 겪어 왔다고 항상 가정된다.[5] (아주 광범위하게 또 불경하게 말해서 여러분이 한 남자로서 오이디푸스에 도달할 수 없다면, 여러분은 나르시스와 더불어 꼼짝 못 한다. 여성들은 오이디푸스를 통과할 수 없고 그래

---

4) Sigmund Freud, "On Narcissism: An Introduction," in *The Standard Edition*, vol. 14, trans. James Stratchy (New York: Norton, 1961-), pp. 93-94, 101(이후 여기서의 인용은 본문 중에 SE와 함께 쪽수를 표기하기로 함). 또한 Anahid Kassabian and David Kazanjian, "From Somewhere Else: Egoyan's Calendar, Freud's Rat Man, and Armenian Diasporic Nationalism," *Third Text* 19.2 (2005): 125-144 참조.

5) 최근에 나의 요점은, 오이디푸스는 자신에게 당혹감을 느꼈다(이 책의 25장 「하루의 껍데기를 추적하기」 참조)는 것과, 소포클레스의 오이디푸스는 〈아버지의 법〉을 심문한다는 것이었다. 소포클레스의 비극은 인간 탄생의 대안적인 가능성과 더불어 시작된다. 거기 함축된 의미들은 데리다의 『동물』의 미로에 엉켜 있다. 데리다의 『그래서 나는 동물』(*The Animal That Therefore I Am*, trans. David Wills, New York: Fordham University Press, 2008) 참조.

서 (소년) 아이에 집착하는 2차적 나르시시즘이 자신들로부터, 음경선망으로부터 자신들을 구한다는 등.) 여성들의 성장은 문명의 스케일에 멈추어 선다. 헤겔은 예술에서 정신의 여정을 고안해 냄으로써 이런 측면의 프로이트로부터 승리했다.[6)]

내가 확실하게 가장 잘 '알고 있는' 인도의 경우, 유명한 정신분석학자인 수디르 카카르(Sudhir Kakar)는 인도 남성 유형을 나르시스의 계기에 사로잡힌 것으로 진단해 왔다.[7)] 1962년에 처음으로 인도를 방문한 V. S. 나이폴(*인도계 영국 소설가, 서구의 제국주의적 문명과 제3세계의 모순과 허위를 동시에 비판함. 2001년에 노벨상을 수상함)은 이 진단에 복수심을 갖고 부딪쳤다. 그는 인도에 대한 자신의 과도한 처음 반작용을 더 나중의 책에 나오는 자신의 인도계-카리브 과거를 통해 누그러뜨리기는 했다. 그렇지만 처음 책에서는 "저개발된 에고", 두 번째 책에서는 "유아적인 황금시대주의"라는 식의 특별히 한정적인(definitive) 견해는 바뀌지 않았다.[8)] 이것들은 나르시스와 에고 이상(ego ideal)이라는 두 계기이기도 하다(OTM, pp. 207-209 참조). 그리하여 내가 정신분석학적 나르시스에 관심을 갖고 있다고 여러분은 말할지도 모르겠다. '그리스' 문제를 놓고 '식민적'으로 성좌화(reconstellation)하던 와중에 나르시스가 오이디푸스의 자유 담론의 문간에 서 있게 되기 때문이다. 지금 나는 소포클레스의 말에 다른 방식으로 귀를 기울이노라면 우리가 어디서 동물이며 계몽의 주장들은 어디서 우연적인 것인지(이 책의 서문 각주 68번 참조) 그 기본 의미에 접근할 수 있을지도 모르겠다고 시사하는 셈이다. 이것은 초기 레비나스에 의해 주장된 타자에 능력 부여된 윤리(the other-enabled ethics)가 아니다. 이것은 『존재와 달리』(*Otherwise than Being*)에 윤곽 그려져 있는, 윤리의 가능성이다. 즉 이 가능성은 가족 로망스를 함축하는 대타성(alterity)의 윤리가 아니라, 정체성 이전에(before

---

6) Spivak, "Time and Timing: Law and History," in John Bender and David Wellbery, eds., *Chronotypes: The Construction of Time* (Stanford, CA: Stanford University Press, 1991), pp. 99-117 참조.

7) Spivak, "The Poetics of Translation," in *Outside in the Teaching Machine* (New York: Routledge, 2009), pp. 200-225 참조(이후 이 책에서의 인용은 OTM과 함께 쪽수를 본문과 각주에서 표기함).

8) V. S. Naipaul, *India: A Wounded Civilization* (New York: Knopf, 1977), pp. 107-23. 또한 Naipaul, *India: A Million Mutinies Now* (New York: Knopf, 1977), 그 외 여러 곳 참조. 미국의 경우, 여기 특이한 누더기 가방이 있는데 모두 '나르시시즘'이라고 명명된다. "좌파 분파들, 동성애자 액티비스트들, 자기탐닉적인 사업가들, 치료법 기능주의자들, 정치인이 되고자 하는 사람들과 실제 정치인들과 그 외 다른 사람들의 모든 책동 이후에, 그 킬러는 실재적(real) 비극을, 조직화된 자본주의에서 피보호자 지위를 정의하는 전면적인 지배와 무력함을 계속해서 강조한다."(Adolph Reed Jr., "Narcissistic Politics in Atlanta," *Telos* 14.48, Summer 1981: 105)

identity) 우리가 태어나고 우리 모두 나이 먹고 죽는다는 사실에 입각한 윤리이다.[9)]

정신분석학은 그 영역에서 문화에 따른 특성을 지닌다. 그런 만큼, 나는 문화 비판에서 정신분석학을 사용하는 데 항상 불편함을 느껴 왔다. 많은 다른 사람들처럼 나 역시 기제, 생산, 정신 극장의 상연보다 훨씬 높은 추상 수준에 있는 어떤 것, 즉 명확히 지구적인 자본주의에 초점을 맞추는 마르크스주의도 이러한 특수한 비난에 열려 있지 않다고 느껴왔다. (자본주의가 도처에 현존한다고 말하는 것은, 모든 사람이 동일한 정신 패턴을 가지고 있다고 말하는 것과 같지 않다.) 나는 세계의 제도권 정신분석학에 대한 데리다의 비판이 갖는 무게를, 보팔(Bhopal *인도 중부 마디아프라데시 주의 주도로 1984년 12월에 미국 기업에 의해 역사상 최악의 산업재해가 일어났던 곳)의 유니언 카바이드(Union Carbide) 회사의 희생자들을 위한 심리치료와 같은 아주 깊숙이 양가적인 질문들에서 느낀다. 내가 임상 실천으로서의 정신분석학에 관해 말할 자격이 없는 만큼, 이 문제를 대체로 그냥 남겨두어야 할 것이다.[10)] 나는 성차와 젠더화를 이해하는 데 유용한 페미니즘적 정신분석학의 측면에 약간 공감을 느낀다. 페미니즘적 정신분석학은 아주 적극적으로 논쟁을 불러일으키기 때문이다. 그러나 일반적인 문화 비판은 내게는 항상 또 다른 문제인 것처럼 보였다. 정신분석학적 문화비평은 적어도 내재적으로 진단적이고 분류학적인 전이의 위험이나 책임 없이 집단적 행위를 이해할 수 있도록 만들기 위해 지정학적 역사적 세부사항을 무시한다. 그러한 비평의 명민함(brilliance)은 나로 하여금 그 영역에 항상 얼마간 의심을 품도록 했다.

하지만 프로이트는 나의 약점 많은 영웅들 중 한 사람으로, 한 명의 친밀한 적으로 남아 있었다. 내가 30년 전에 샬럿 브론테(Charlotte Brontë)에 관해 썼던 말들을 이제 프로이트의 인종, 계급, 젠더의 특성(specificity)에 적용해 볼 것이다. 그 말들은 『포스트식민 이성 비판』에서는 다음과 같이 발견된다. "나의 읽기가 조금만 성공하더라도, 역사에 대한 젠더화된/제국주의적 서사화에 맞서 일정한 분노를 야기할 것이며 프로이트한테는 비천하기 짝이 없는 스크립트를 생산해낼 것이다."[11)]

---

9) Lévinas, *Otherwise than Being or Beyond Essence*, trans. Alphonso Lingis (The Hague: Martinus Nijhoff, 1981).

10) Derrida, "Geopsychanalysis — 'and the rest of the world,'" in Christopher Lane, ed., *Psychoanalysis of Race* (New York: Columbia University Press, 1998), pp. 65-90.

11) Spivak, *A Critique of Postcolonial Reason: Toward a History of the Vanishing Present* (Cambridge, MA: Harvard University

프로이트와 마르크스 둘 다 윤리에 대한 그들의 개입으로 나를 움직이게 한다. 프로이트는 계몽을 대표하는 윤리 철학자인 칸트를 자신이 수정했다고 생각했다.[12] 프로이트의 모든 주장에도 불구하고 나한테 역사의 교훈이라고 하는 것은 바로 도덕 철학자로서 프로이트의 취약성이다.

마지막으로 나의 지적 세계에서 프로이트를 위한 공간을 만들도록 해주었던 것은 윤리 철학자인 비말 크리슈나(Vimal Krishna)였다. 마티랄(Matilal) 교수는 서유럽에서 말하는 도덕 철학의 전통은 인도에 없었다고 평가하는 19세기 인도 학자들을 기본적으로 정확하다고 논의했다. 그러나 그 학자들은 인도에 존재하는, 합리적 비판의 인도 전통이나 실천적 윤리의 전통을 포착할 수 없었다. 마티랄에 따르면, 인도의 실천적 윤리 전통은 윤리적 문제들의 서사적 실례들 읽기에 그 기초를 두고 있었다. 우리는 『마하바라타』(*Mahābhārata*) 중 일부를 그런 방식으로 함께 읽는다. 나는 행하기에 대해 배타적으로 말하기보다 행하기의 이런 방식(물론 타자 또한 윤리적 결정이며, 사실 문화 비판에 있는 정신분석학의 용도에 내가 느끼는 불편함의 뿌리에 있는 것도 바로 그것이다)에서 윤리란 비유럽 문화들에 국한되지 않는, 광범위한 차라리 지구적인 현상이었다. 윤리는 가장 고급 문화적이자 유럽 모델인 도덕철학적 제도들에 의해 '대중적인' 것으로 등급이 매겨져 왔다. (물론 나는 우화들로부터 도덕들을 끌어오는 형식적 알레고리들로서 스토리 라인들을 진단하기나, 허구의 '도덕적 차원'에 관심 두기에 관해 말하고 있지 않다.) 프로이트는 자신의 분석을 '읽을' 뿐만 아니라 소포클레스를 읽고 있었으며 모든 사람이 놓치는 구절을 놓쳤다. 당시에 내가 읽고 있었던 존 엘스터의 『율리시즈와 사이렌』은 그러한 '대중적' 모델을 따르는 도덕적 철학화의 한 가지 예인 것 같았다.[13] 또한 체계적인 도덕 철학에 도전하는 것으로서 정신분석학은, 기성 서사들과 정신분석을 받는 사람들에 의해 연속적으로 구축되는 서사들을 사회윤리적인 문제들의 실례로서 확실하게 읽었다. 임상 실천가라기

Press, 19999), p. 116(이후 이 책에서의 인용은 본문 중에 CPR과 함께 쪽수를 표기함).

12) "그리하여 칸트의 지상 명령은 오이디푸스 콤플렉스의 직접적인 후계자" (Freud, "The Economic Problem of Masochism," in *The Standard Edition*, vol. 19, trans. James Strachey, New York: Norton, 1961, p. 16)(이후 이 책에서의 인용은 SE와 함께 권수와 쪽수를 각주에 표기함)라는 주장은 이러한 제휴를 가장 자기 확신에 차서 선포하는 것일지도 모른다. 더욱 광범위한 자료를 보려면 물론 SE 24권의 색인에서 칸트 항목을 찾아보면 된다.

13) John Elster, *Ulysses and the Sirens* (Cambridge: Cambridge University Press, 1979). 유럽적 계몽의 행복한 주체로서 오이디푸스에 관해 직접 쓰고 있는 엘스터는 오이디푸스의 계몽된 행위에 필수적인 선원들 — 귀에 왁스를 틀어막은 — 을 놓치고 있다. 젠더나 인종보다 계급을 고려한 탓이기는 하지만 독자가 이 점을 이해하기를 나는 바란다.

보다 문화비평가로서 나는 그 결론들을 과학적 체계로 받아들이지 않을 수 없었다. 윤리 속의 한 존재로서 나는 그 결론들을 유연한 상황적 교훈으로서 공유할 수 있었고, 소포클레스에 나오는 저 결정적인 구절을 읽을 때처럼 심지어 그 결론들을 뒤집을 수도 있었다.

또한 마티랄 교수는 그러한 도덕적 딜레마야말로 인도 전통에서 만나게 되는 이러한 유형의 실천적 윤리를 연습하기 위한 가장 중요한 지형이라고 시사했다. 그 윤리적 이중구속은 예외라기보다 규칙이었다. 끝낼 수 있는 분석들과 끝낼 수 없는 분석들 사이의 아포리아에 대한 프로이트의 인식과, 불가능한 것의 경험으로서 윤리에 대한 데리다의 사유는 마티랄의 시사와 공명했다.[14] 데리다의 작업은 결국 전통적인 유럽의 체계적 도덕 철학에 대한 비판이기도 하다. 더 나아가 윤리적 결정의 영역에 있는 아포리아를 이렇게 특별히 특권화하는 것은 나르시스 이야기에 상당히 적절한 것 같았다. 내가 나의 오비디우스(Ovid *로마 제국의 시인으로 중세 유럽에 가장 많은 영향을 끼침) 읽기에서 보여주고자 시도할 터인데 그 이야기는 자기-지식과 타자들을 위한 지식 사이에 있는 아포리아 이야기이다. 타자들을 위한 지식이라는 이 문제에서 나는 비말 마티랄 교수와 했던 나의 토론으로부터 흥미로운 자극을 또한 받았다. 그는 12세기 언어학자인 강게사(Gangesa*AD. 1200, 가우타마[Gautama] 라는 성인에 의해 창립된 고대의 정통적인 철학학파인 니야야[Nyaya] 학파를 갱신한 신니야야 학파의 창립자)에 의해 진전된 논의, 즉 진리의 생산은 그 화자의 의도에 반드시 의존하는 것은 아니라는 논의에 대해 토론했다(이것은 거짓말을 하고자 생각하던 와중에 진리를 말하는 기만당한 기만자의 사례이다).[15]

자신의 그럴듯한 의도와 상반되게 무시당한 에코에게서 오비디우스가 일종의 부차적인 진리의 우연한 출현 가능성을 기념하고 있었다는 느낌을 나는 받았다. 그 부차적인 진리는 친족 각인에 대한 오이디푸스의 잘못 번역된 불만보다 눈에 덜 띄지만 그것의 수사성은 명백하다고 하겠다.[16]

---

14) Sigmund Freud, "Analysis Terminable and Interminable," in SE 23, pp. 211-253; Derrida, "The Force of Law: The 'Mystical Foundation of Authority,'" trans. Mary Quaintance, in Gil Anidjar, ed., *Acts of Religion* (London: Routledge, 2002), pp. 228-298.

15) Bimal Krishna Matilal, *The Word and the World: India's Contribution to the Study of Language* (Delhi: Oxford University Press, 1990), pp. 70-71.

16) 인도 담론에서 에코에 대한 검토는 우리를 드바니(dhvani)와 프라티드바니(pratidhvani)의 합리적인 언어학적 전통 — 신화적 서사와 서사시적 서사로부터 상당히 떨어져 있는 — 으로 데리고 갈 것이다.

『메타 심리학 논문들』로 나아가는 문턱에서 쓰인 프로이트의 「나르시시즘에 관하여」는 철학적으로 과감한 글이다. 정신분석학의 욕망은 주체의 논리를 생산하는 초-논리(para-logic) 혹은 전-논리(pre-logic)를, 또 주체의 비논리(illogic)의 논리를 두드리고자 한다. 그리하여 그 글의 서두에서 프로이트는 "분리된 자아-충동과 성-충동의 가설"(SE 14, p. 79)의 기원에는 어떠한 지반(ground)의 통일성도 없고 하나의 수수께끼, 즉 생물학의 지반에 있는 수수께끼 — Grundrästsel — 만 있을 뿐이라고 차분하게 주장한다.

헤겔에게 유럽으로의 회귀를 의미화하는, 오이디푸스에 대한 스핑크스의 수수께끼 같은 질문과 달리, 지반의 이러한 부재를 논쟁하는 것은 "그것을 긍정하는 만큼"(SE 14, p. 79)이나 한가한 짓이다.[17] 자아 충동과 성 충동의 분리에 관한 이러한 이론은 헤겔에게 정신과 지식의 분리가 필요한 만큼 정신분석학에도 필요하다. 그 이론은 "자아와 비교할 수 있는 하나의 통일성이 처음부터 그 개인에 이용 가능할 수 없다는 점이 하나의 필수적인 가설"(SE 14, pp. 76-77)이라는 사실로부터 단순히 생겨난다. 위험에 대한 이러한 인정은, 필수적인 방법론적 전제로서 치료의 지반을 드러낸다. 그 인정은 이 책을 구속하는 이중구속, 즉 윤리적 상황의 전형적 사례로서 그 딜레마에 대한 나의 모든 선호와 공명하는 프로이트의 딜레마이기도 하다. 우리에게 그 이중구속은 연례적인 국면이다. 프로이트에게 그 국면은 주체를 무대화하는 것이다.(윤리적 행위의 일종으로서 분석가의 행위를 대화로써 이해되는 것으로, 또 이용 가능한 최선의 지식이라는 견지에서 다른 사람을 위해 옳은 일을 하는 것으로 보는 데 반대가 없다면, 이러한 공명은 실패할 것이다.) 그렇다면 프로이트는 과학을 어떻게 주장함으로써 이 위험에 간섭하고 있을까?

> 나는 바로 그것이 경험적인 것에 대한 해석에 따라 구축된 과학과 사색적인 토론 사이의 차이라는 견해를 갖고 있다. 과학은 논리적으로 공격 불가능한 부드러운 토대(foundation, Fundamentierung)를 갖는 사색의 특권을 부러워하지 않을 것이다. … 과학의 입지조건은 … 관찰일 뿐이다.(SE 14, p. 77)

---

17) Georg Wilhelm Friedrich Hegel, *Aesthetics: Lectures on Fine Art*, trans. Thomas M. Knox, vol. 1 (Oxford: Clarendon Press, 1975), p. 361.

이것은 기성관념들에 대한 멋진 역전이다. 사색은 논리적으로 확고한 반면 과학은 논리적인 지반은 없지만 관찰의 토대를 갖는다는 것이다. 과학은 인류학이자 관찰적인 현장 작업이며, "원시인들의 정신적 삶"에 관한 사색은 프로이트로 하여금 "아이들의 정신적 삶"에 관한 결론들을 도출하게끔 해준다는 것이다. 이러한 관찰들의 본성을 묘사하는 과학을 놓고 프로이트가 마치 원시인들에게는 아이가 없는 양 두 집단의 사람들을 혼동하고 있기는 해도 그렇다(SE 14, p. 75). 사실, 원시인들과 아동들 사이의 유비(analogy)가 과학적이지 않다면, 그러한 과학의 입지조건은 사라져 버릴 것이다. 여기서 나는 사색적인 것과 과학적인 것 사이의 이런 차별화 지반이 좀 흔들리게 된다는 점을 주목하지 않을 수 없다. 우리는 처음부터 성 충동과 분리된 자아를 논의하는 이론의 기초를 제공하는 것으로서 성차의 생물학적 지반이라는 수수께끼를 붙들고 늘어지지 말라는 말을 듣는다. 그러한 노력은 모든 인종의 친족성을 논의함으로써 서로의 유산을 입증하고자 시도하는 것만큼이나 우스꽝스럽기 때문이라고 말이다. 원시인들의 아이 같은 행동이란 바로 그러한 논의와 동일한 질서에 속하지 않는가? 사실 그러한 논의 질서는 어떤 면에서는 인종들의 보편적 친족성에 대한 반대 논의들과 정확하게 같지 않은가? 그 유비의 다른 항목이야말로 끝낼 수 있는 분석(terminable analysis)을 실천하는 분석가의 행동을, 법적 분쟁을 조정할 동일한 평상시의 등기부로 가져간다면, 나르시시즘의 진단이 갖는 과학성에 대한 정당화 전체가 의심스러운 것이 된다.

프로이트는 "리비도 이론의 이러한 확장은 아이들과 원시인들의 정신적 삶에 관한 우리의 관찰들과 견해들(사색들)로부터 증원(reinforcements)을 받는다."(SE 14, p. 75)고 우리에게 말한다. 그때 프로이트는 무엇을 관찰한 것일까? 프로이트는 계속한다. "우리는 단독으로 발생했다면 과대망상이라고 여겨질지도 모르는 특징들을 원시인들에게서 발견한다. 우리한테 그 전개가 훨씬 불투명한(opaque, undurchsichtbar) 오늘날의 아이들에게서 우리는…."(SE 14, p. 75) 머나먼 원시인들의 특징은 왜 '우리'에게 투명한가? 그리하여 그 원시인들은 과학의 확고한 토대를 이루는 기초를 제공할 수 있단 말인가? 또한 왜 "우리는 오늘날의 아이들에게서 하나의 정확하게 유비적인 태도를 발견하기를 기대"(SE 14, p. 75)하는가? 이것은 앞서 엄밀하게 제자리에 있어 왔던 방법론적 확실성에 대한 똑같은 종류의 욕망이 아닐까?

일단 그 유비가 '발견'되거나 그 기대의 선포가 그것의 발견으로서 제공되기만 하면, 원시인들은 다시는 들리지 않게 된다.

물론 나는 프로이트더러 충분히 과학적이지 않다고 불평하는 것은 아니다. 내가 공감을 느끼는 딜레마들을 인정하고 있는 것은 바로 프로이트라고 나는 이미 말해 왔다. 나는 프로이트에게 필요한 과학적 기초가 우연한 인종주의의 좀 역겨운 일종에 의해 표시되고 있다는 점을 지적하고 있는 중이다. 오비디우스에 나오는 나르시스 서사의 권위적인 무대화에 나오는 것과 같은 선례란 그러한 종류의 인종주의한테서는 확실히 전혀 없다. 프로이트는 상당한 고전 교육을 받은 사람이었고 민감한 독자였다. 우리는 『변형들』에 진술된 오비디우스의 프로젝트와, 나르시시즘 에세이들에 진술된 프로이트의 프로젝트 사이에 신기한 연결을 발명할 수 있을지도 모른다. 프로이트는 자신이 "특별한 정신적 힘들에 의해 '정신의 유기적 토양(Boden)'의 특별한 화학적 실체들을 대체"하고 있는 중이라고 말한다. 또한 오비디우스의 『변형들』은 "나의 정신은 새로운 형태들로 바뀐 몸들에 관해 말하는 데 열중한다."[18]고 시작한다.

하지만 프로이트는 오비디우스를 홀로 남겨둔다. 사실, 처음 보기에 오비디우스의 나르시스는 2차적 나르시시즘에 관한 프로이트의 판본으로부터 고통을 느끼는 것 같다. 적어도 하나의 프로이트적 진술에서 일차적 나르시시즘은 "우리가 외부의 변화무쌍한 세계를 주시하는 데로, 또 태어남으로써 사물들을 발견하기 시작하는 데로 발걸음을 내딛는 절대적 자기-충족성"[19]이다.

여기서 어머니는 루스 이리가라이의 말로 표현하자면 하나의 '봉투' 외에 아무것도 아니다.[20] 이와 대조적으로 오비디우스에 나오는 리리오페(Liriope*물의 요정 나르키소스의 어머니)의 자궁은 하나의 역사를 갖는다. 그 자궁은 케피수스(Cepisus*강의 신, 나르키소스의 아버지)에 의한 1차적 강간에 의해 나르시스를 감싸게 된다. 이 강간은 신들의 정치 경제를 손상시키지는

---

18) Ovid, *Metamorphoses*, 2nd ed., trans. Frank Justus Miller (Loeb Classical Library) (Cambridge, MA: Harvard University Press, 1966), book 1, line 3(이후 여기서의 인용은 본문과 각주 중에 M과 함께 행수와 쪽수를 표기함), 수정된 번역임.

19) Freud, "Group Psychology and the Analysis of the Ego," in SE 18, p. 130.

20) Luce Irigaray, "Sexual Difference," in Toril Moi, ed., *French Feminist Thought: A Reader* (Oxford: Oxford University Press, 1987), p. 122.

않는 성폭력으로서 반쯤 신적인 폭력이다. 주요 주자로서 티레시아스(Tiresias*오이디푸스가 아버지를 죽이고 어머니와 결혼했다는 것을 오이디푸스에게 밝힌 테베[Thebes]의 맹인 예언자)와 에코의 전체 변명은 처벌과 보상 이야기에 의해 그 음영이 새겨지게 된다. 프로이트와 라캉이 그 서사를 정신윤리적(psychoethical) 사례들로서 사용할 때, 그들은 이러한 프레임을 무시한다(라캉은 오이디푸스와 나르시스의 스토리 라인들을 아예 필요 없도록 한다고 논의될 수도 있다).[21] 그러나 라캉은 획일적인 고유명사가 아니다. 나는 라캉의 경력에 나오는 여러 번의 전환들에 관해 또 고유명사들과 그 정신분석학적 제도 사이의 연결에 관해 시간을 쓸 수 없다. 여기서는 나르시스의 라캉식 각인인 거울 단계 개념이 1936년에 출범되었다고 말하는 것으로 족하다. 1949년 판본에서 오이디푸스는 제한 없이 제시되어 있는데, 정신분석의 목적은 나는 나르시스라는 것을 환희에 차서 '당신은 그렇다'고 다시 쓰는 것이다. 라캉에게서 "자신의 죽을 운명에 대한 암호가 (환자에게) 드러나는 것"[22]은 바로 여기서이다. (치명적인 자기-지식의 아이콘은 바로 오비디우스의 나르시스라고 나는 주장할 것이다.)

라캉의 거울 단계에 있는 아기는 자신의 '거울 이미지'(specular image)를 기뻐하며 받아들이고 그리하여 "하나의 모범적인 상황에서 다음을 전시한다." 서사들이 적극적인 윤리적 구조들을 예증할 때, "에고가 그것의 사회적 결정항 앞에서 그 개인 혼자에게만 환원 불가능한 것으로 항상 남을, 하나의 허구적 방향에다 자신의 행위능력을 놓는 … 원초적 형태"[23] 말이다. 프로이트의 2차적 나르시스는 계몽되지 않은 (unenlightened) 상태이다.

(초기의 라캉과 크리스토퍼 래쉬에서) 이 근대적 나르시스는 집단('사회적')과 개인('허구적') 사이의 좀 진부한 대조라는 견지에서 고안된다. 또한 이 나르시스는 프로이트에서처럼 방법론적으로 파생되지 못한 허구라는 1차적 허구에 실마리를 줄 뿐인 환원 불가능한 2차성의 좀 더 미묘하다고 하는 형태에서 고안된다. 이 나르시스는 책임과 처벌의 장면으로부터 출현하는 오비디우스(Ovid)의 나르시스와 어떻게 다른가.[24]

---

21) Ellie Ragland-Sullivan, "Jacques Lacan: Feminism and the Problem of Gender Identity," *Sub-Stance* 11.3 (1982): 6-19.

22) Jacques Lacan, "The Mirror Stage as Formative of the Function of the I as Revealed in Psychoanalytic Experience," in *Ecrits: A Selection*, trans. Alan Sheridan (New York: Norton, 1977), pp. 6-7.

23) Ibid., p. 2.

24) '파생되지 못한 허구'라는 개념은 데리다의 『유한 회사』(*Limited Inc.*, trans. Samuel Weber, Evanston, IL: Northwestern University Press, 1988, p. 96)에서 빌려온 것이다. 재클린 로즈(Jacqueline Rose)는 라캉 입장의 상대적인 철학적

프로이트와 라캉이 윤리적 실례를 위해 나르시스 서사의 근사치를 사용할 때, 그들은 그 서사의 틀을 무시한다. 실로 나는 나르시스 전통과 나르시시즘에 관한 학식 있는 문헌 뭉치를 살펴볼 때, 에코의 서사화(르네상스 시기의 음성모방[Echolalia] 실천은 에코라고 불리는 수사적 철학소와는 거의 관계가 없다.)에 대한 독립적인 관심의 특이한(singular) 부재를 주시할 뿐만 아니라 그 틀에 대한 무시도 주목한다.[25] 10장의 첫 번째 초고에서 나 자신은 그 틀에 주의하고는 있었지만 그 틀에서 하는 에코의 역할을 주목하지 못했고 다음과 같이 썼다.

진부함에 관해 논평하지 않으면서 프로이트와 라캉 사이의 차이를 나타낸다. 로즈는 후기 라캉에게서 1차적 나르시시즘에서 2차적 나르시시즘으로의 주체 이동은 상상계에서 상징계로의 이동임을 보여주고 있다. 클레어 누베(Claire Nouvet)에 대한 나의 최종적인 확장된 논평이 보여주듯, 나의 흥미를 끄는 것은 로즈가 클레어를 언급하지 않는다는 점이다. 상징계로의 삽입이 에코의 반응 상황을 고려하도록 초대하는 것처럼 보이는데도 말이다. "[거울] 단계의 두 계기는 [라캉이 1차적 나르시시즘이라고 묘사하는] 상징화에 우선하며 저항하는 육체적 이미지의 계기와, [2차적 나르시시즘의 장소인] 타자와의 관계라는 계기인데, 이 두 번째 계기는 이러한 상징화에 궁극적으로 의존한다."(Jacqueline Rose, *Sexuality in the Field of Vision*, London: Verso, 1986, pp. 178-179)

25) 나르시스 전통과 나르시시즘에 관해 광범위하게 다룬 책으로는 Louise Vinge, *The Narcissus Theme in Western European Literature Up to the Early 19th Century*, trans. Robert Dewsnap (Lund: Gleerups, 1967) 참조. (조지아 누겐트 Georgia Nugent 교수는 오비디우스 서사와 좀 다른, 판(Pan)과 커플이 된 에코의 신화적 전통이 있다고 나한테 지적했다. 윤리적-예화 읽기는 신화보다 서사화에 초점을 맞춘다. 나는 신화의 역사에서 에코의 흥망성쇠에 대한 역사적 성찰을 기대하지만 그것이 여기서 나의 관심사는 아니다.) 나르시스와 나르시시즘에 관한 고려는 전부 문학적인 것과 정신분석학적인 것과 맞아 떨어질 터이다. 나는 나의 텍스트에서 그것들을 자세히 고려하지 않았다. 엄밀해 말해 그것들은 탈식민화 중인 페미니즘의 맥락에서 수행적인 윤리적 읽기와 큰 관련이 없기 때문이다. 오비디우스의 『도덕화된 사람들』(*moralisé*)에 나오는 기독교적 알레고리 읽기들 가운데 우리는 '훌륭한 명성'으로서 해석되는 〈에코〉를 발견하며, 크리스틴 드 피산(Christine de Pisan)의 『오르테아의 편지』(*Epistre d'Orthea*)에서는 "절박하게 도움을 요청하는 어떤 이"로서 해석되는 〈에코〉를 발견한다(Vinge, *The Narcissus Theme*, pp. 94, 101). 나는 젠더에 민감한 이론적 시각을 가진 이런 텍스트들을 광범위하게 살펴보는 것은 흥미로운 결과를 낳으리라는 것을 추호도 의심하지 않는다. 특별히 젠더에 민감한 것은 아니지만 Joseph Lowenstein, *Responsive Readings; Versions of Echo in Pastoral, Epic, and the Johnsonian Masque* (New Haven, CT: Yale University Press, 1984)은 Vinge의 더 옛날 연구보다는 에코의 궤적을 더욱 이론적이고도 공감적으로 분석하고 있다. 그러나 로웬스타인은 수사학적 서사화를 가로질러 "문화적 기억의 신화"(p. 5)로서 남아 있는 '에코 신화'에 관심을 갖는다. 그의 에코는 "여러 종류의 신화의 천재"와 "음향상의 반사 자체의 현상학"(pp. 10, 9) 사이에 사로잡혀 있다. 그가 윤리에 관해 말할 때, 그는 윤리적 책임감의 예로서 이야기하기(storing)의 수사학적 결(texture)의 행적(conduct)보다 이야기들의 구조화를 분석하는 와중에 있다(p. 132). 확실히, 계급에 의해 제국주의와 제휴하는 자의식적 페미니스트의 곤경은 자의식적 예술가를 나르시스로서 보는 낭만적 개념(루소의 *Narcisse*, 프리드리히 슐레겔의 *Lucinde*)과 공통된 뭔가를 지닌다. 그 텍스트들은 서유럽 식민주의와 제국주의가 절정에 이르렀을 때 출현하기 때문이다. 낭만주의의 궤적은 하도 잘 여행되는 바람에(traveled) 나는 이러한 정치적 시각으로부터 그 공통된 지반을 드러내 줄 미래의 비판을 기다릴 것이다. 에코의 역할이 정신분석학적 취급들 중에 의미심장하게 하나의 독립적인 지위를 갖는 것은 아닌 만큼, 나는 그러한 시각으로부터 동일화(identification)에 관한 증가하는 문헌에 거의 혹은 어떠한 관심도 기울이지 않았다. 결론적으로 나는 '정신분석학'을 일반적인 방식으로 다루었다.

오비디우스에 나오는 나르시스 이야기는 성차와 신의 폭력에 관한 다른 설명들에 의해 소개된다. 어머니의 자궁에서 찢겨져 나온 한 아이가 여성의 힘을 전유하는 신 아버지의 허벅지에서 임신하는 동안에 나르시스 이야기는 펼쳐진다. 그 아이가 자궁에서 찢겨져 나온 이유는, 치명적인 세멜레(Semele*제우스가 사랑했던 여신인데 제우스가 천둥불로 죽임)가 그녀의 애인인 조브(Jove*Jupiter, 로마의 최고신)의 신성한 영광을 참을 수 없었기 때문인데 이는 주노(Juno*그리스 신화에서 올림피아 신들의 여왕, 결혼을 보호하는 여신)의 복수심에 가득 찬 유혹에 의해 세멜레가 갈망하던 광경이기도 했다. 그러한 나르시스 이야기의 서문에 티레시아스(Tiresias*호머의 『오딧세이』(*Odyssey*)에 나오는 지하의 장님 예언자. 오디세우스는 티레시아스의 예언을 들으러 지하 세계로 그를 찾아 간다. 티레시아스는 예언자이자 남녀 양성을 지닌 인물로 유럽 문학에 자주 나온다.)가 서 있다. 티레시아스 또한 성차가 중지된 장소를 명명한다. 여자가 되는 것은 거룩한 뱀들의 교접을 혼란스럽게 한다고 그가 애초에 내린 벌이었다. 그는 나르시스에게서 그 병행을 발견할 자기-지식의 행위라는 범죄(offense)를 고의적으로 반복했더랬는데 남성다움을, 그리하여 또한 자신의 욕망을 성취하는 변형-벌을 다시 받았다. 이제 그는 여성-이었던 기억을 보유한다. 그는 여성이 더 큰 성적 쾌락을 얻는다는, 우리가 거기 박혀 있는 이야기에서 만나게 된 나르시스의 성취와 에코의 영원한 결핍과는 모순되는 견해를 제시한다.

두 번째 초고에서 에코의 형상화는 분명하게 되었다. 에코 또한 주피터(Jupiter)를 섬겼다. 주피터가 요정들과 놀이를 벌였을 때 에코는 신중한 담소에 주노를 끌어들이려고 한다. 주노가 에코에게서 취하는 것은 이렇게 지루함을 달래주는 신중함이다. 당신은 더 이상 당신 자신을 위해 말할 수 없다. 수다스런 소녀인 당신은 되돌려 줄 수만 있다. 당신은 그런 만큼 응답자이다. 주피터는 그녀에게 보답으로 아무것도 주지 않는다.

나르시스 이야기의 틀이 만들어지는 것은, 이렇게 비균형적인 위반, 처벌, 의심스런 보상 내부에서이다. 나르시스 이야기는 지식의 대상으로서 자아를 구축하는 이야기이다. 이후 나는 에코에 대한 설명이 결국은 자아의 경계 외부에서 이루어지는 의심스런 보상인 처벌의 이야기라고 제안할 것이다.

그렇다면 나르시스 이야기는 위반과 보상의 스펙터클한 역학 속에 서 가치-코드화 혹은 정동의 젠더화라는 틀을 지닌다. 우리는 나르시스 그 자신을 위해 "자신을 알아보지 못할 만큼 나르시스는 오래 살 것"이라는 티레시아스의 유명한 말을 기억한다. 내가 제안하고 있는 그러한 종류의 읽기에서 나르시스는 지식의 대상으로서 자기를 구축하는 실례를 보여줄 수 있다. (루소가 나르시스Narcisse를 예술가로 만들었던 것은 자기-지식에 관한 이러한 자기-성애적autoerotic 모델을 인정하는 와중에서다.)

소년이 자신의 곤경을 묘사할 수 있기 전에 고뇌의 정교한 계기가 하나 있다. "그것은 즐겁고 나는 그것을 본다. 하지만 나는 내가 보며 즐거워하는 것 자체에 이를 수 없다."(et placet, et video; sed quod videoque placetque, non tamen invenio. M, p. 154, 446-447행) 그의 묘사에서 그를 죽여 자연 속에 기입하는 것은 정체성 안의 그러한 분리에 대한 명확한 지식이다. 그는 "나는 그것"(iste ego sum)이라고 지적하며 다음과 같이 선언한다. "나는 … 이제 나의 이미지를 알고 … 내가 욕망하는 것을 소유하고 있다. 나는 연인을 위한 이상한 기도를 하면서 내가 사랑하는 것이 부재하도록 한다. … 죽음은 나의 슬픔을 남길 죽음 안에 있으니 나한테 심각하지 않다."(M, p. 156, 463-471행)

나르시스의 선언에서 sum은 문법적으로 불안정하지만 가능하다는 점은 주목되어야 한다. 프로이트가 정신을 지형으로 그릴(topologize) 때, '그것이 있었던 곳에서 형성되리라'(Es war soll Ich werden)로부터 포착되는 것은 본연의 자기-지식의 불가능성이다. 나르시스의 공식은 '그것이 있는 곳에 나는 있다[없다]'라는 자기-지식의 불가능성일 터인데 자기-지식의 가능성의 한계를 가리킨다. 그러나 서사들에 대한 프로이트의 윤리적 독법에서 이러한 관계는 확립될 수 없다. 프로이트의 독법은 『실낙원』에 대한 위엄 있는 기독교적 독법과 아무런 차이도 없다.[26)]

그리하여 우리는 오비디우스식 나르시스의 선언을 정신적 문제로 해석하는 습관을 견지한 채 남아 있다. 나는 그 틀과 그 텍스트에 유념하면서 이것이 병의 원인이 되는 억압(pathogenic repression)이라면, 다른 편에 있는 것은 가족 로맨스라고 말하지 않을 수 없다. 또한 오비디우스의 나르시스는 프로이트의 오비디우스와 달리 자신의 죽음을 소망할 수 있다.

---

26) 이 구절에 대한 명확한 논의를 위해서는 John Brenkman, "Narcissus in the Text," *Georgia Review* 30 (1976); 293-327 참조.

내가 오이디푸스로부터 문화적으로 추방되기로 되어 있는 한, 나는 이 나르시스적 제안을 하나의 서사적 계기에 있는 윤리적 실례화(ethical instantiation)의 또 다른 유형과 연결한다. 여기 「사냥」(The Hunt)에 나오는 메리 오라온(Mary Oraon)의 발언이 있다. 나르시스가 신의 강간으로 태어난 소년-아동이듯, 메리는 식민주의 영국 남성에 의한 인도 부족 여성의 강간으로 태어난 소녀-아동이다. 우리가 2장에서 살펴보았듯, 메리는 포스트식민 서발턴의 상징이다.

"내가 태어났을 때, 나의 어머니는 나를 죽였어야 했어"라고 그녀가 말한다.

"그럼, 넌 어떻게 되는데?" 다른 사람이 묻는다. "나는 이 세상에 없었겠지"라고 메리가 답한다.

이것이야말로 나르시스의 계기이다. 내가 욕망할 수밖에 없는 것을 사라지게 만든다면, 나 또한 사라진다. 그러나 이것은 왕복의 한쪽 끝일 따름이다. 우리는 이제 에코에게로 움직인다.

오비디우스에 나오는 에코는 의도에 의존하지 않는 진리 가능성의 도구로서, 수령자로부터 분리되어 실로 자유롭게 된 하나의 보상으로서 무대화된다. 나르시스와 에코 사이의 보도된 교환을 통해 에코는 내내 자신의 처벌에 따라 행동하고 각 진술의 마지막을 되돌려준다. 나르시스가 "왜 당신은 내게서 도망치나요?"("quid ... me fugis." M, p. 150, 383-394행)라고 물을 때 외에는 오비디우스는 에코를 '인용한다'. 오비디우스는 2인칭 의문과 명령 사이의 불일치에 사로잡혀 급기야 에코를 에코가 되게끔 허용할 수 없다. 그리하여 나르시스는 에코로부터 도망쳐 반응의 윤리적 구조를 성취된 교창(交唱)으로 만들었을 수도 있었다. 나르시스는 에코의 스피치를 나르시스의 이름으로 보도한다. "quot dixit, verba recepit."(M, p. 150, 384행) 나르시스는 자신이 하는 말들을 되받는다. 이 불일치는 번역의 불일치 속에서 삭제된다. 영어로 에코는 '나로부터 날아가기'를 반복할 수 있었고 에코로 남을 수 있었다.[27]

---

27) 엄밀하게 말해, 그 서사에는 또 다른 조각의 보도된 스피치(reported speech)가 있다. 나르시스가 "오라!"(veni)고 소리칠 때, 오비디우스는 그 완벽하게 가능한 에코("오라")를 제시하지 않으며, 혹은 심지어 하나의 현상으로서 에코 내부에서 다시금 완벽하게 받아들여질 수 있도록 모음 길이에 약간 술수를 써서 "내가 왔어요!"라고 말한다. (나는 이러한 후자의 제안을 한 조지아 누겐트 교수에게 감사드린다.) 이렇게 특정한 경우에 여기서의 성공적인 반응에 어떤 당혹감이 있는 것처럼 보인다. 내가 논의하는 윤리적으로 더 유용한 부분에 반대하듯 말이다. 실로 오비디우스의 보도 스타일 또한 눈에 띄게 다르다. 오비디우스가 fugis/fugi를 보도하는 데서 자신이 말했던 단어

나르시스는 타자들의 욕망에 반응하지 않았다는 이유로 죽음과 자식-지식 사이의 관계들에 대한 지식과 더불어 처벌받는다. 그러나 이 처벌은 에코의 이름을 내걸지는 않는다. 여기서 정의상 의존적인 에코 또한 원인으로서의 그녀 자신의 효과로부터 분리된 채 남게 된다. 나르시스한테 네메시스(Nemesis*그리스 신화에 나오는 복수의 여신)를 데려오는 것은, 미결정적인 성을 지닌 또 다른 젊은이이다. 당신은 우리를 비웃지만 당신 자신을 알라. 강간의 자식이니 당신 어머니가 알듯이 당신도 알아라. 나르시스의 자기-지식의 결과에 대한 티레시아스의 대답은 리리오페에게 주어졌기 때문에, 당신이 당신의 지식에 따라 행동한다면 당신은 사라진다. 이것이 일어나기 전에 에코는 서사에서 죽어 있다. 나르시스와 짤막한 대화를 나누고 있는 에코는 의도 외부에 있는 진리의 억제된 가능성을 표시한다. 에코가 애처롭기 짝이 없는 자신의 의도에 맞서 기꺼 그 부정적인 전이를 영원히 실행했을 법한, 급진적인 대항사실적 전미래(질문과 질서 사이에 있는 "나로부터 날아가기")라는 것이 과연 있을까? 그것은 상처로서 정체성의 불가능한 경험일까? 쓰이지 않은 어떤 역사의 장차(a-venir)일까? 그러나 이것은 윤리적 희망에 대한 급진적인 간섭만 될 수 있을 뿐이다. 논리적 사이즈로 잘라 하나의 셈을 제안할 수 있도록 해야 하는 간섭 말이다. 에코의 죽음에 대해 살펴보자.

에코는 서사적 시간에 간섭하던 와중에 안녕을 메아리치러echo, 애도의 의식을 메아리치러 온다. 나르시스가 죽는 순간에 그의 자매들이 그를 애도하러 오며 몸의 자리에서 꽃을 발견한다. 몸은 자기-지식의 싸움(agon*그리스어 계통 영어의 어근으로, 소리를 지르는 싸움을 뜻함)이 지니는 순전한 힘에 의해 자연 속에 각인되어 있었던 것 같다. 자기-지식의 한계들이 '망각으로서의 진리'(a-letheia)가 되도록 꽃은 여기 지상의 물에 고개를 끄덕인다. 그때 나르시스는 여전히 레테(Lethe*그리스 신화에 나오는 망각의 강)의 물을 응시한다. 뢰브(Loeb*병인론을 연구한 미국 심리학자)의 번역본에서는 "그는 지옥의 연못에 비친 자기 이미지를 계속 응시하고 있었다."로 번역되어 있다. 그런데 그 번역본과 달리 오비디우스는 "in Stygia spectabat aqua"(M,

들을 되돌려 받고 있는 것처럼 나르시스를 보도한다면, 오비디우스는 에코에게 충만한 목소리를 제공한다. *vocat illa vocantem*(M, p. 150, 382 행, 에코는 부르는 오비디우스를 부르며, 목소리를 내는 사람의 목소리를 낸다). 윤리적 예를 드는 독자는 젠더화 내부에서 즉 화자가 에코의 (그 한 판본의 내면화된 제약인) 성취된 선택을 보도하는 곳에서 자체의 욕망을 말할 수 있는 젠더화된 행위능력(agency)과, (역사적으로 오염된) 의도를 넘어서는 젠더화된 아포리아 사이에서 선택해야 한다. 우리의 역할로 보자면, 역사가 모든 면에서 개인적 선의보다 더 클 가능성을 예로 보여주는 데서 더 큰 책임이 손짓한다.

p. 158, 505행)에서 그 이미지를 언급하지 않는다.[28)]

이와 대조적으로 에코의 메아리치는 안녕은 이미 불충분하게 각인된 공간으로부터 나온다. 자기-지식의 한계가 아니라 해체 가능성을 가리키는 이름인 불충분성 말이다. 10장의 나머지는 이 주제를 상술할 것이다.

처음에 목소리와 건조된 몸 외에 아무것도 없었다. 결국 "에코의 뼈들이 돌로 바뀌었다고 그들이 말하기 때문"이라는 목소리 외에 아무것도 없다. 오비디우스는 "말은 남는다"("vox manet." M, p. 152, 399행)라는 특이한 규정을 사용하며, 기성의 지혜가 무대에 남는 것이 스크립트라고 주장한다. 남는 것은 글쓰기이다. 그러나 이 특이한(singular) 공간에 목소리는 남고 몸은 돌이 된다. "나한테는 자체의 지시물이나 의미화된 것(signified)으로부터(그래서 소통과 그 내용으로부터) 분리될 구조적 가능성이야말로, 구전적인 것일지언정 모든 표시, 일반적인 도표, 그 추정된 '생산'이나 기원으로부터 잘려 나간 차별적인 표시의 비현재적 잔재로 만들어지는 것 같다."[29)]

이제 서로 관련되면서도 다른 두 가지 방식으로 에코에 대한 이러한 형상화를 고려해 보도록 하자. 첫째 그 형상화는 '야생' 정신분석학자나 문화비평가의 주체-위치 외부에 위치시킬 하나의 불안정한 발판을 우리에게 어떻게 제공하고자 하는 것일까? 자신의 회의실에서 그 분석가의 무책임한 시뮬라크럼을 생산하면서 말이다.

오이디푸스가 남성이어야 할 때, 에코는 여성이어야 한다. (형상화된 나르시스는 두 가지 방향으로 나아갈 수 있다. 진부하게 된 정신적-문제발생적 해석에서 우리가 관찰해 왔듯이, 그 형상은 여성의 자리를 가장 자주 받아 왔다.) 에코는 여성의 형상이다. 그녀 자신과 티레시아스 사이의 상-처벌이라는 보상 회로의 불균형이 여전히 비대칭적으로 배분되고 있기 때문이다. "나로부터 날아가라"는 심문하는 라틴 형식들과 명령하는 라틴 형식들 사이에 처벌로서 메아리칠 불가능성의 계기로부터 말이다. 나르시스와 에코라는 서로 교환 중인 두 가지 주체 위치가 있다. 그 교환에서는 오비디우스라고 불리는 누군가(분석 대상? 문화비평가? 작가로서 받아들여진 이야기꾼? 우

28) 여기서 내가 또한 번역자의 술수를 행하여 그리스어 Lethe를 라틴어 Styx로 대체했다는 것을 독자는 알아차릴 것이다. 진리를 가리키는 aletheia와 정확하게 상응하는 라틴어 단어는 없다. (그리하여 하이데거를 관련시킨다.)

29) Jacques Derrida, "Signature Event Context," in *Margins of Philosophy*, trans. alan Bass (Chicago: University of Chicago Press, 1982), p. 318.

리?)가 하나의 역할을 맡아야 하고, 차이로써 표시된 '발생된 일'을 결코 바로 그것은 아닌 '발생된 일'로써 채워야 한다. 여기서 차이란 질문과 반응, 질문자와 응답자 사이의 차이이다. 이러한 차이 지키기는 미래의 사용자들을 위해 해체적 지렛대를 보상으로 바꾸는 것이다. 에코가 주체-위치의 차이 없이 그저 처벌에 따라 메아리치고 행동할 수 있었더라도, 그 반응은 대답하기를 거부하는 것이었거나 (우리가 확신할 수는 없지만) 이 특정한 응답자가 부적절하다는 암시였을 수도 있었을 것이다. 그리하여 여러분은 왜 나로부터 도망치는가? 혹은 나로부터 도망치라. 나는 여러분에게 대답할 수 없거나 내가 여러분의 적절한 응답자도 아니다. 송신자의 의도와 독립된 지연은 실로 응답자의 의도와 정반대가 된다. 하나의 차이와 하나의 지연은 엄밀히 (누가 이것에 엄밀할 수 있겠는가마는) 말해 기원의 정체성이 선포되지 못하도록 하는 디페랑스의 (비)법(the non(law) of dfférance)이다. 여기 에코의 '보상'에 대한 형상화가 있다. 그녀의 처벌은 디페랑스를 표시하는 데(표시하기 위해) 실패한다. 오비디우스는 말하기로써 그것을 은폐한다. 우리는 특이한(peculiar) 발판을 확보하기 위해 디페랑스를 열어젖힌다. 오비디우스의 보고에서 은폐되는 것은, 또 에코가 "나로부터 도망치라(?)"고 말하는 것은, 바로 이러한 발언 양식이다.30) 그 서사의 나머지에서는, 남아 있던 안정되어 있으면서도-아직-불안정한, 동일하면서도-아직-다른 비기원적인 목소리의 재현을 통해 한 가지 가능한 치료의 한 가지 비의도적 도구가 얼핏 보인다. 많은 경우들 중에 한 가지 가능한 사례라는 치료 말이다. 그런데 그 도구는 도저히 나아갈 수 없는 치명적이면서도 성공적인 자기-지식과 분리된 채 따라 나오는 가운데 형상화된다.

왜냐하면 에코는 말하는 모든 사람을 반향하지(echo) 않을 수 없기 때문이다. 나르시스의 사례에서처럼, 에코의 욕망과 수행은 하나의 고집스런 선택이라기보다 절대적인 우연 속에 흩어진다. 영원히 재생되는 나르시스 꽃이 이 세상으로부터 받는 처벌-로서의-나르시스의 욕망의 성취에 대한 '자연의 기념물'이라면, 에코의 앙상한 잔해의 석판인쇄는 그저 반응의 위험을 가리킬 뿐이다. 그 석판인쇄는 자체에 고유한 정체성을 갖지 않는다. 그

30) 내가 주장해 왔듯이 〈장르의 법〉에 나오는 보도된 스피치(reported speech)의 중요성 때문에 우리는 볼로시노프의 한 가지 입장을 장교하게 다듬어야 할 것이다. V. N, Vološinov, *Marxism and the Philosophy of Language*, trans. Ladislav Matejka and I. R. Titunik (Cambridge, MA: Harvard University Press, 1973), pp. 115f. 또한 나는 다인종적 재현의 맥락에서도 그것을 시도했다(〈남아프리카 작가 회의〉, 케이프타운, 1992년 8월 15일).

것은 스피치의 자기-분리를 위해서라면 다른 사람의 욕망에 불완전하게 또 끼어들기 식으로 반응하지 않을 수 없다. 그것은 반응의 카타크레시스(catachresis*비유의 남용, 오어법) 그 자체이다. 에코의 애도는 애도와 우울증의 대립 외부에 있는데 우울증의 반을 차지하는 것이 나르시시즘이다. 에코는 도착란(destinerrance, 倒着難, un desin d'errance*'편력 혹은 방랑의 운명'이라는 의미를 지니는 합성어. 근본적으로 익명적이고 무정형적이며 우발적이고 편력적인 것을 가리킨다.) 자체로서 각인된다. 에코는 데리다의 부재하는 여성 대담자에게 거짓말을 한다. 데리다는 자신의 『우편엽서』(*The Post Card*)에서 (나르시스와 오비디우스한테 한 번에 도달하며) 그 여성 대담자를 반향하고 수정한다.

> 추신. 당신이 옳다는 것을 내가 깜빡했다. 목적지(destination)의 역설들 중 하나는, 아무것도 결코 그 목적지에 도달하지 못한다는 점을 누군가를 위해 급하게 입증하고 싶어도 아무 소용 없다는 것이다. 일단 목적지가 자체의 목표에 도달하기만 하면, 우리는 입증해서는 안 되는 것을 입증을 통해 증명하고자 할 터이다. 그러나 친애하는 친구여, 이것이 바로 "편지가 그 목적지에 도달할 수 있는 것은 아니다"라고 항상 내가 말하는 이유이다.[31]

오비디우스의 서사를 윤리적으로 실례를 제시하며 읽는 나의 독법에서 에코의 흔적들은 분석가와 비슷한 위치를 점유한다. 무엇과도 연결되지 않은 채, 전설적인 뼈들과 역설적으로 집요한 부재하는 목소리와 같은 깨어진 수수께끼 그림은, 주변에 있을 에코의 보증이자 표시이다. 그러한 부서진 그림 하에 진리의 지배력(라캉식 분석가에 대한 데리다의 비판)은 불가능한 것의 경험(윤리에 대한 데리다의 묘사)이기도 하다.[32]

이제 에코에 대한 이러한 형상화가 '우리'에게 무엇을 제공하는가 하는 두 번째 질문을 살펴보기로 하자. 여기서 '우리'란 부르주아 기원을 갖거나 수동적인 자본주의적 사회관계들 속에 있는 의식화된 유색인종 페미니스트들의 전 세계적 집단을 가리킨다. 멀리서 에

31) Derrida, *The Post Card: From Socrates to Freud and Beyond*, trans. Alan Bass (Chicago: University of Chicago Press, 1987), p. 123; 조금 수정된 번역임. Derrida, "Pour l'amour de Lacan," in Natalia S. Avtonomova, *Lacan avec les philosophes* (Paris: Albin Michel, 1991), pp. 416-417에서 인용됨.

32) Derrida, "Le Facteur de la verite," in *Post Card*, pp. 413-496; 또한 Derrida, "The Force of Law: The Mystical Foundation of Authority," in "Deconstruction and the Possibility of Justice," *Cardozo Law Review* 6.5-6 (July-August 1990), 264와 그 외 여러 곳.

코가 문화적 나르시시즘의 모든 행위에 주의를 기울일 때, 우리는 에코의 해제하는 계기를 포착해야 한다. 그 페미니스트는 기층 여성들과는 문화적으로 분리되어 있다. 그녀는 스스로 보고 있는 자기 얼굴을, 자신이 사랑하면서도 사라지기를 바라는 '것'으로 알고 있다. 나는 (이 책의 7장인) 「행동하는 부분들/정체성 토크」에서 그 점을 지적했다. 이는 서발턴 자매를 위해 말하거나 말을 걸거나 귀를 기울이거나 하지 않으면서 그 자매에게 응답하고자 하는, 오비디우스식 나르시스의 불안정한 계기이기도 하다. 현 국면에서 남반구에서의 민족정체성 논쟁과 북반구의 '자유주의적' 다문화주의는 서발턴 자매도 제한된 정의를 지닌 나르시시즘에 참여하기를 바란다. 그 나르시시즘을 간단하게 표현하자면 당신-자신의-얼굴을 사랑하라, 당신-자신의-문화를 사랑하라, 문화적-차이에-고착된 채 남아라, 유럽적 보편주의 초자아를 심문하는 형태로 병인론적인 억압을 정말로 모방하라는 것이다. 그리하여 그 페미니스트로부터 분리된 서발턴을 향해 "왜 당신은 나로부터 도망치나요?"라는 질문을 제기할 수 있다면, 그 페미니스트는 자기를-아는 오비디우스식 얼굴과 기만된 프로이트식 얼굴이라는 두 나르시스-얼굴을 향해 "나로부터 도망치라"는 말의 복화술을 펼칠지도 모른다. 사실, 서발턴 자신도 또 다른 수준에서 나르시스를 향한 욕망과 "나로부터 도망치는" 제스처에 때때로 사로잡힌다. 일단 움직이는-도상에 있는-서발터니티의 정치에 참여하고자 하는 노력이 있다면, "나로부터 도망치기"를 놓고 누가 묻고 누가 답하는지 전혀 명확하지 않다. 유일하게 우리가 알고 있는 바는, 어느 쪽으로부터이건 "나와 유사한, 나의 이미지"라는 것은 결코 의제에 오를 수 없다는 점이다. 또한 이러한 '모방'은 제고된 의식에 대한 느린-움직임의-사유조차 될 수 없다는 점을 나는 강조해야만 한다. 어떤 사실 이후에 누군가가 결정들의 영역에서 분석하고 싶다면, 느린 움직임 속의 단계들을 보여주는 것은 수없이 실천된 반영체(reflex) 같은 것이 될 수밖에 없다. 그런데 그 분석은 악명 높게도 그 대상에 적합하지 않다. 그러한 상황들 하에 에코의 모방이 우리를 멀리 데리고 간다면, 에코가 자신의 의도의 결에 반하며 또 최종적으로는 의도로부터 분리된 하나의 치료 가능성을 생산한다는 점을 우리는 기억해야 한다. 에코는 적절한 정치적 모방의 회로 속에 끌려들어가려고 하지 않았을 것이다. 특히 페미니스트들과 여성들로 나뉘는 맥락에서 '자유의 실천'은 독립이라고 불리는 어떤 것을 획득한다는 사실 때문에만 다가오지 않는다.

이스마(Isma: 채워져야 할 고유명사를 갖는 "그녀는 ~이라고 불린다."는 일상 아랍어, 이 경우에는 빈칸임)는 『판타지아』(*Fantasia*)에 나오는 중심인물인데 자기를-아는 (그래서 또 오비디우스의 나르시스의 계기에 사로잡혀 자기-지식의 한계를 치명적으로 알고 있는) 여성이며 헤게모니 언어의 글쓰기 실천을 배웠던 여성이다. 이 여성과 소위 전통 문화 속에 있는 여성들 사이의 차이라는 맥락에서 아씨아 제바르는 나중에 내가 논의할 'a-phonie'라고 불리는 어떤 것을 썼다. 이날에도 나는 여전히 『판타지아』에 관해 말하고 있는 중이다.[33]

프랑스 글쓰기의 실천을 배웠던 알제리 여성으로서 아씨아 제바르는 상당히-아닌 것도-아닌-나르시스로, 역사철학적인 '나'를 주장하는 데 좀 의심을 품는다. 왜냐하면 제바르 계급의 전통적인 여성들은 자신의 '자아' — 엄밀히 말해 도표([소위 구전] 언어의 조건이자, 또 좁은 의미에서의 글쓰기의 조건인 대-글쓰기(arche-writing)의 꿰맨 이음새)[34] — 를 기성의 구전성 속에다 그녀 혹은 그녀의 '장르의 법'에 대한 유일하게 적절한 표현 양식으로서 끼어 넣는다고 주장할 것이기 때문이다.[35]

매주 혹은 매달 각 모임은 불가능한 반항의 망 너머로 진행된다. 아주 높은 소리로 외치는 사람들이나 너무 빨리 속삭이는 화자는 해방된다. 1인칭 '나'는 결코 사용되지 않을 것이다. 상투화된 규정들 속에서 그 목소리는 목구멍에 헐떡이는 수포음(水泡音)과 원한의 짐을 맡겨 놓았기 때문이다. 내부에서 들끓던 각 여성은 집단적인 듣기를 통해 편안해진다. 또 여러분이 틀림없이 추측할 기쁨이나 행복에 대해서도 마찬가지이다. 곡언법(*very good 대신에 not bad라고 쓰는 어법), 속담, 수수께끼나 전승된 이야기에 이르는 모든 말들의 무대화는

---

33) Assia Djebar, *Fantasia: An Algerian Cavalcade*, trans. Dorothy S. Blair (New York: Quartet Books, 1985)(이후 여기서의 인용은 본문 중에 F와 함께 쪽수를 표기함).

34) Derrida, *Of Grammatology*, trans. Gayatri Spivak (Baltimore, MD: Johns Hopkins University Press, 1976), p. 175.

35) 이곳과 다른 곳에서 나는 종족문화적 성적 사치에 의해 분리되는 두 동료 제바르와 데리다 사이의 유사성과 차이 때문에 놀란다. 데리다는 『글라』에서 'L'(불어 elle=어머니)을 그 페이지에 위치시킴으로써 어머니의 이름을 빈칸으로 두었고, 절대적 앎 (Savoir Absolu)을 Sa(특정한 여성 대상을 가리키지 않는 3인칭 단수)와 대조시킴으로써 여성적인 것에 이름을 붙이지 않았다. 제바르는 그 자전적인 문화적으로 분리된 여성주체의 이름을 고유명사화(proper naming)하는 책략에 의해 빈칸으로 유지한다. (Sa는 『글라』의 곳곳에 나온다. 'L'의 위치를 보기 위해서는 데리다의 *Glas*, trans. John P. Leavy Jr. and Richard Land (Lincoln: University of Nebraska Press, 1986), p. 261b 참조. 일반적인 논평을 위해서는 Gayatri Spivak, "Glas-Piece: A Compt rendu," *Diacritics* 7.3 (Autumn 1977): 22-43 참조.)

운명을 비틀어 열기 위해 혹은 몰아내기 위해 펼쳐지지만 결코 운명을 벌거벗기지는 못한다.(F, pp. 154-55)

제바르는 고전 아랍어 글쓰기로부터의 축출을 인정하는 가운데 살아남는 단순한 속삭임의 회상이라는 이러한 연쇄를 넘어 서사적 회상록을 위해 프랑스 글쓰기로 이동한다. 하지만 그녀는 프랑스 전통의 루소식 여성 나르시스가 될 수는 없다. 제바르는 불어 사전 역시 알제리 여성 몸의 수사학을 포착할 수 없다는 점 또한 인정해야 한다. 『판타지아』의 단편적인 피날레는 그 몸의 유형학을 두 가지 대립되는 방식으로 읽어내는, 두 불어 사전 항목들과 함께 시작된다. 나는 이것에 대해 (이 책의 7장인) 「행동하는 부분들/정체성 토크」에서 썼지만 여기서 좀 더 꼼꼼하게 다루어보고자 한다. 두 대립적인 방식들 중 하나에서 tzarl-rit는 "(여성의) 입술을 빨면서 느끼는 기쁨의 외침을 발언하기"[36]를 뜻한다. 다른 하나에서 tzarl-rit는 "(어떤 불행에 닥쳤을 때, 여성이) 소리치고 욕하기"[37]를 뜻한다. 각기 애도인지 환희인지 나르시스는 알 도리가 없다.

이러한 중간의 공간에 포획된 제바르가 삽입할 수 있는 모든 것은 애매하게 은신 중인 실성(a-phonie), 즉 내가 문자 그대로의 그 지시물을 찾지 못한 하나의 개념-은유이다. "너무 밝게 켜진 모든 단어들은 허풍선이가, 실성(失聲)이 되어 길들여지지 않은 (언어의 역사는 제창되지 않은) 저항을 허용할 것이다."(F, p. 178)

여성의 구전 문화와 가부장적 스크립트 사이의 중간에 있는 실-성(a-phonie)은, 우리가 기꺼이 메아리칠 수 없으니 계속 실패할 게 틀림없는 에코의 갈망-속의-경고를 고집스럽게 모방한다. 실-성은 단일한 시민법을 위한 투쟁과 같은 법적 싸움의 위험을 감수해야 한다는 견지에서 보면 불가능성이기도 하다. 또한 실-성이 계몽 시대의 남근우월주의(phallocacy)의 거울 단계 나르시시즘이라는 견지에서 해석된다면, 말은 남는다(vox manet).[38]

---

36) *Dictionnaire arabe-francais*, ed. Marcelin Beaussier (1871; reprint, Algiers: La maison des livres, 1958), F, p. 221에서 인용됨.

37) *Dictionnaire arabe-francais*, ed. Albert de Biberstein-Kazimirski (Paris: Maison-neuve et cie, 1860, F, p. 221) 참조. tzarl-rit 이하에 나오는 목록 참조.

38) 그 시작이 완전히 구전적인 전통 문화라는 맥락에서 나는 1954년의 〈아프리카 민족 의회 여성 헌장〉을 여기서 언급하고 싶다(Raymond Suttner and Jeremy Cronin, *30 Years of the Freedom Charter*, Johannesburg: Raven Press, 1986,

내가 제바르의 이스마와 오비디우스의 에코 사이의 해체적 포옹을 하나의 윤리적 실례로 읽는다면, 여기서 등장하는 것은 여성을 소수자로 유지시키는 개인적인 코드들이 아니라 남성과 여성을 위한 단일한 시민 코드의 필요성과 관련된 무엇이다. 즉 법의 계산 속에서 비대칭적으로 이루어지는 젠더화를 위반과 보상의 패턴들을 위해 불가능하게 만드는 어떤 것말이다. 다시 말해 단일한 시민법의 규범적인 또 뭔가 결핍된 합리적인 추상들 속에서, 문화적으로 계승되고 제국적으로 공고하게 된 개인적 코드가 아니라 몸을 써넣고자 불가피하게 싸우는 가운데 선택의 여지는 많이 없겠지만 식민주의로부터 계승된 다양한 구조들과 협상하는 것 말이다. "목소리를 빼앗긴"(F, p. 156) 몸은 돌이다. 이렇게 분리된 영역에서 이루어지는 여성 목소리의 회복은 자서전에 필요 없으며 예전과 똑같이 인류학적인 것일 뿐이다. 문화-속의-여성이라는 것이 내면화된 남성우월주의의 지점일 수 있다는 점을 인정하지 않는다면 말이다. 그리하여 제바르는 불어로 글쓰기와 문화적으로 가부장적인 여성의 목소리 사이에서 초강력으로 식민화된 여성에게 실-성의 과제를 제공한다고 하겠다. 이 과제는 글쓰기나 도표도 아니며, 권리에-기초를 둔, 가부장적-기능주의적인 매개되지 않은 여성의 목소리라기보다 음성중심적이지 않을 책임의 과제이다. 이것은 오비디우스의 에코가 지닌 수사성이라는 불가능한 차원과 함께 '정체성'을 주장하는 과제일 수 있다. 말은 남는다.

나는 「서발턴은 말할 수 있는가?」에서 훈계하는 모델로서의 프로이트에 관해 썼다. 여기서 서사를 행동의 가이드이자 행동의 한계로서 읽을 때, 나도 틀림없이 그렇겠지만 프로이트도 자신의 다른 방식들로 계급, 인종, 젠더에 구속되어 있으면서 협력자(an ally)로 남는다. 들라크루아(Delacroix*1798.4.26.-1863.8.13., 프랑스 낭만주의 화가)의 시선에 관한 아씨아 제바르의 명민한 에세이는 이러한 협력에 포함될 수 있다.[39] 19세기 서발턴과 서발턴주의적 역사가들에 관해 보도하는 엘리트 텍스트들을 붙들고 있는 해체적 포옹은 또 다른 예이다. 엘리트 협력자들은 탈식민화 중인 페미니스트들을 위해 훈계하는 모델 역할을 할 수 있다. 하지만 식민 엘리트인 오비디우스, 프로이트, 들라크루아는 그 과정에서 자신들의 윤

pp. 162-164 참조).

39) Assia Djebar, "Forbidden Gaze, Severed Sound," in Marjolijn de Jager, trans., *Women of Algiers in their Apartment* (Charlottesville: University Press of Virginia, 1992), pp. 133-152.

곽들을 상실한다. 그들은 남-용된다. 우리가 학문적 지식 생산의 폐쇄 회로 외부에서 젠더화된 서발턴에 대한 불가능한 반응을 배우고자 노력할 때, 그들은 도움을 줄 수 없다. 자신의 분리된 폐쇄 속에서 서발턴 여성은 스피치 행위의 주체로서 여전히 말할 수 없다. 학계의 베스트셀러들에서 우리의 개인적 고통을 씻어내는 것은, 승진에 열 올리는 여성들이나 엿보는 취미를 통해 자신을 정화시키는 사람들을 도와줄 뿐이다. 또한 리고베르타 멘추와 같은 활기찬 서발턴은 자신을 헤게모니 담론 구조 속에 접속시켰다가 즉시 우파 쪽 비판의 대상이 된다.

이후 나오는 내용은 하나의 확장된 부록이다. 앞에서의 독법들은 '정치적 경건함'을 갖는 '제3세계적 개입'으로서 읽힌다. 그런 다음 해체의 진지한 주류 작업이 착수될 때, 그 독법들은 제쳐진다. 그래서 나는 다음의 세 가지 예를 포함시켰다.

나는 클레어 누베(*미국 에머리 대학 교수)의 「불가능한 반응」과 해체적인 포옹 중에 있다. 내가 이 글을 읽은 것은 10장의 앞부분을 완성한 이후이다.[40] 그 글은 나의 독법과 동일한 장르의 독법에 속하되, 명민하고 훨씬 더 기민한 예이다. 모든 포옹이 그러하듯, 우리의 포옹은 비대칭적이다. 이 비대칭성은 관건이 되는 차이로서 요약될 수 있다. 이 차이는 윤리적-실례화의 독법들 중에(과 더불어) 계산될 수 없는 것은 아니다. 누베의 관건은 자아의 형상성(the figurality of the self)인 것 같다. 나의 관건이 무엇인지는 독자가 결정할 일이다. 나는 따뜻한 포옹 속에서 우리의 비대칭성을 고려한다. 에코에 대한 누베의 신중한 읽기에도 불구하고, 나르시스는 '자아'(self)의 곤경을 치르는 주인공으로 남는다. 그는 인물이건 형상이건 에코의 도움을 받아 누베의 제목에서 신호되고 있는 불가능성을 주제화하거나 형상화하고 있다.

오비디우스의 텍스트는 '자아'의 자리에서 에코를 사용하느라 그 텍스트를 빙 돌려보기 위한 하나의 실마리를 우리에게 수사학적으로 제공한다(스피박)기보다, "자체를 해체하는"(누베) 것으로 간주된다. 그러한 오비디우스의 텍스트는 누베에 의해 일정한 주권성(sovereignty)을 부여받는다. 이러한 주권성 중 많은 부분이 그 주권성으로 하여금 '형상'에 의

---

40) Claire Nouvet, "An Impossible Response: The Disaster of Narcissus," *Yale French Studies* 79 (1991): 103-134(이후 여기서의 인용은 본문과 각주에 IR과 함께 쪽수를 표기함). 나는 이 에세이에 관심을 갖도록 한 도로테아 폰 뮈케(Dorothea von Mücke)에게 감사드린다.

한 '인물' 손상시키기를 수행하게 함으로써 확립된다.[41] 나는 이것을 존재와 원칙을 민첩한 미끄러지기(slippage) 속에서 사유하는 '다신론적' 정신 습관을 당대에 흐릿하게 하는 것이라고 본다.[42] '살아 있는 다신론' 담론에서 하나의 초점이 다른 초점(그것의 권력-주장은 갈등 지점들로서 '다신론들'의 실체이기는 하다)을 반드시 '손상하거나' '수정하는' 것은 아니다. 막스 뮐러가 드바이틴(dvaitin, 21장 각주 14번 참조) 때문에 그 다신론 담론을 '서구 예외주의'(위키피디아!)에 맞서게 하는 가운데 진부하게 만들었다고 하더라도, 쾌락주의는 초점이 맞춰진 신이며 그렇다면 신이다(is god focused on is God then).[43] '로마' 사람이 '그리스' 이야기를 어떻게 생각했는지 누가 알겠는가? 나는 윤리-안의-종교에 관한 통속적인 하이데거식 서사에 관심은 없지만 굳이 계보학적 상상력을 금지할 필요는 없을 것 같다.

또한 티레시아스와 맺는 처벌과 보상이라는 앞선 비대칭적 틀 안에서 누베로 하여금 에코를 주시하도록 허용하지 않는 것은, 바로 나르시스를 중심 무대에 있도록 유지하라는 명령이다. 그러므로 나르시스가 반향하지 않았을 때, 에코를 에코로 만들 수 없는 오비디우스의 무능력을 누베는 묘사해야만 한다(IR, p. 121). 실로, 보도된 스피치에서 오비디우스가 질문과 명령 사이에서 일어난 에코의 실패를 정교하게 만든다면, 인용으로 가득한 누베의 텍스트는 (모든 의미에서) 이 '구절'을 세 쪽의 보도로 제시한다. '자아'의 '드라마와 이야기'에 대한 이러한 관여가 여성적인 것에 관한 질문을 제한하는 것 같다. 남성과 여성의 특이성들(singularities)로서 티레시아스와 에코 사이의 서로 균형을 이루지 못한 병행이 누베 에세이의 특정 지점에서는 보이지 않는 만큼, 에코는 '나쁜 소녀', '수다스런 소녀', '기만하는 혀의 소녀'라기보다 그저 '여성적인 것'으로 보일 뿐이다. 누베 에세이의 몇 쪽들에서 '자아'에게 젠더는 없게 되며, 마침내 그 에세이의 끝에 나오는 울려 퍼지는 1인칭 복수는 그저

41) Ibid., p. 111. 하지만 누베는 다음 쪽에서 또 하나의 것이라기보다 하나의 현상적 정동 — 자부심보다는 두려움 — 을 나르시스에게 할당함으로써 특이하게 인물학적인 움직임을 갖도록 만들고 그것에 관한 새로운 읽기를 구축한다. 내 텍스트의 다음 문장이 암시하듯, 그러한 미끄러짐은 훌륭한 '다신론적' 실천이며, 우리가 인물과 형상을 대립적으로 볼 때만 문제적이다.

42) 나는 많은 텍스트들 속에서 그러한 윤리적 결정의 주체가 하는 상상에 깃든 '유일신적' 습관에 관해 논평해 왔다. 그중 가장 접근하기 쉬운 글로는 OTM에 나오는 "Not Virgin Enough...," pp. 193-199와, "Moving Devi," in Gayatri Spivak, *Other Asias* (Oxford: Blackwell, 2008), pp. 175-208가 있다.

43) Max Müller, *Lectures on the Origin and Growth of Religion: As Illustrated by the Religions of India* (London: Longman, 1878), pp. 260-316. 물론 그는 모든 독일 오리엔탈리스트들처럼 아무런 의문 없이 '아리안' 인종의 실존을 수긍했다.

인간-되기(being-human)의 견지에서 작동될 뿐이다.

> 오비디우스의 텍스트는 위험한 질문을 열어준다. 휴머니즘적 자아-주장이 '범죄적'이라면 (여기서 나는 다신론적 상상력의 실패, 자아-인식과 자아-지식의 혼란, '처벌'의 의미에 대한 혼란 때문에 고민이 된다), 이 범죄를 피할 수 없다는 희망을 우리가 지닐 수 있을까? … 이 질문은 자아(self)라는 바로 그 개념을 환기하기 때문에 정의상 '이해될 수 없다'. 그러므로 우리는 이 질문을 이해하는 척할 수 없으며 그 질문하기에서 우리의 '자아들'을 드러낼 수 있을 뿐이다. 이 질문하기는 우리의 '주체성', 우리의 '선한 양심'의 위로를 흔들어버릴 수 있을 뿐이다.(IR, pp. 133-134)

윤리는 지식의 문제가 아니라 관계(한계 사례로서 무관계)의 요청이다. 그러나 그 문제와 요청은 나르시스와 에코에게서 보듯, 해체적인 포옹 속에 있다. 우리가 글쓰기로서의 '자아'를 말할 수 없고 볼 수 없는 지식의 주체들(혹은 '자아들')로서만 우리 자신을 간주한다면, 우리의 피할 수 없는 윤리적 결정들은 더 경험적인 것, 덜 철학적인 '비-지식의 밤', 이중구속에 대한 하나의 해결이라고 불가피하게 (잘못) 간주된, 필수적으로 결정적인 단일한 구속 속에 사로잡히게 될 것이다. 또 "한편으로 책임에, 다른 한편으로 주체적 의식의 자유나 의도성의 순수함 사이의 연대에 새로 도전하지 않으면서 쉽게 말해지는 주체의 탈중심(화)에 … 그 확고한 결과는 모든 것을 있는 그대로 두는 무책임한 파괴의 행진"[44]에, 젠더의 평준화에 사로잡힐 것이다.

우리가 의도하는(하지 않는) 윤리의 주체로서 에코에게로 움직인다면, 우리는 윤리의 주체에 의해 이해될 수 없는 것은 아닌, 윤리의 신비한 책임을 이해하도록 허용된다.[45] 사

44) 처음 인용된 구절은 데리다의 「법의 힘」(The Force of Law) 중 255쪽에 나오며 두 번째로 인용된 구절은 이미 앞서 인용된 구절로 데리다의 "Mochlos; or, the Conflict of the Faculties," in *Logomachia: The Conflict of the Faculties*, eds. Richard Rand and Amy Wygant (Lincoln: University of Nebraska Press, 1992), p. 11에 나온다. 이 인용의 불어 원전은 Derrida, *Du Droit a la philosophie* (Paris: Galilée, 1990)이며, 해당 쪽수는 408, 424쪽이다.

45) 부수적으로 이러한 변천은, 윤리적인 것이 "자아를 … 전제하기"(Derrida and Pierre-Jean Labarriere, *Alterités*, Paris: Osiris, 1986, p. 76; IR, p. 103에서 인용됨) 때문에 '말 없는' 데서부터 '불가능한 것의 경험'("The Force of Law," p. 264)으로서의 윤리로 이동하는 데리다의 움직임에 반영되어 있다. 이러한 움직임이 데리다에게 특별히 의미심장한 것은, 후자에서 그 스스로 더 초기의 구절을 인용하고 있다는 사실에 의해 나타난다. 일반적으로 『동물』

실 해체적 포옹의 그 신기한 프로토콜에서 내가 '오비디우스의 텍스트'에서 '에코'로 그 포옹의 선례를 전위함으로써 누베의 텍스트를 위반한다면, 그러한 움직임은 진행되는 셈이다. 하지만 그렇다고 에코로 하여금 '나는 지금 그것'(nunc sum ego iste)이라고 말하도록 만들기 위해서만은 아니다. 왜냐하면 오비디우스의 텍스트가 주권성의 손실을 신호하는 곳에서 우리는 에코를 비집어 열어 젖히고 있는 중이기 때문이다. 그리하여 오비디우스의 텍스트는 본연의 에코를 포착할 수도 에코를 에코로 행동하게끔 할 수도 없다. 에코는 오비디우스의 텍스트에 이러한 자기-해체적인 주권성을 제시하지 않을 수 없기 때문에, 누베는 나르시스의 분열을 자아-지식(self-knowledge)이라기보다 자아-인식(self-recognition)이라고 묘사한다.[46] 물론 그것은 올바른 읽기나 그릇된 읽기의 문제가 아니다. 다른 윤리적-실례의 영역들 사이에 있는 차이는 반쯤 비워진 유리잔보다 반쯤 채워진 유리잔들 사이의 차이나 다름없을 것이다. 누베에게 자아-인식은 하나의 '문제', 하나의 '해체'(IR, pp. 124, 125)이며, 우리에게 나르시스의 자아-지식은 너무 분명해서 관계로 유도되지 않을 분명함에 등극하는 것이며, 자아를 아는 것이 가시적인 침묵으로 미끄러지는 것임을 아는 셈이다. 혹자는 이것을 글쓰기라고 부른다. 우리는 그것을 오늘날 일반적인 미국의 인식론적 훈련을 옛날 방식으로 드러내는 것이라고 부를 수도 있다. 오비디우스와 프로이트가 윤리적 수행의 전통 속에서 한 서사소(narrateme)의 다른 독자들/저자들이라면, '오비디우스'(『변형』에 나오는 나르시스 이야기의 독자 기능)는 나르시스의 '텍스트'만큼 많은 텍스트를 지닌다. 해체는 하나의 불가능한 반응으로서 불가능한 것에 대한 반응인 만큼이나 불가능한 것의 경험이라는 측면을 많이 지닌다. 오늘날 희망의 상실이 관건이 되는 것은 세상이기 때문이다.

에코와 결부된 나의 관건은 나로 하여금 (나르시스와) 에코에 대한 오비디우스의 무대화를 무시하는 프로이트를 무시하도록 허용하지 않을 것이다. 프로이트는 자신의 「불가능

의 방법론인 '불가능한 것의 경험'은, 포괄적인 인식론으로 가는 길을 결코 포착하지 못할 미친 왜곡을 내포하는 모습을 스스로 나타낸다.

46) 이것은 라캉의 보이지 않는 현존 때문인가? "두 가지 요인이 상상계의 이러한 예비적인 윤곽으로부터 출현한다. 즉 한편으로 소외시키는 이미지인 공격이나 경쟁의 요인과, 다른 한편으로 주체성의 기초로서 근본적인 오인 개념을 환영할 허구로서의 이미지로써 더욱 구조적으로 정향된 개념이라는 요인 말이다(Rose, *Sexuality in the Field of Vision*, p. 175)." 주체의 역사와, 신화적 이야기 사이의 차이는 신화에서 이야기는 오인이라기보다 하나의 '지식'이므로, 그 허구는 치료적인 의미에서 '환영할' 만하지 않다. 오이디푸스는 그러고 싶지 않은데도 그의 어머니와 잔다.

한 응답」(An Impossible Response)에 대한 미리 이해된 시나리오의 일부이기도 하다. 이 글은 원초적 장면을 글쓰기의 장면으로서 환기하는 블랑쇼를 경유해 등장한다.[47] 내부의(in-house) 독법에서 텍스트는 자아-해체(self-deconstruction)에 주권적이다. '자아'가 (탈)형상화되더라도 그렇다. 그 에세이의 특이한 맹목 지점을 촉진하는 것은, 아마 나르시스의 죽음을 용해라고 읽는 독법일 것이다(IR, pp. 125-128). 그것은 실로 '애매한' 죽음이다. 그것이 용해라서가 아니라 용해이면서 불태우는 것이기 때문이다. 나르시스의 소멸을 묘사하는 직유의 두 가지 도구는 "누런 사황"(wax)과 "회백색의 서리"이다. 누베가 그런 것처럼 어떻게 둘 다 "물을 주게"(to water) 만들 것인가? 우리가 에코를 여전히 '주변에 있다'고 '이해할' 수 있는 것은, 우리가 누런 꽃과 지옥의 나르시스를 상기할 때만 그렇다. "주변에 누군가가 있나요?"라는 질문은, 엄밀히 말해 "반응이 … 질문에 거주하는"(IR, p. 110) 그런 질문은 아니다. 그 질문에 대한 대답은 그 질문에 거주하고 있을지도 모른다. 에코가 잘못 대답할 때 말이다. 말은 남는다(Vox manet). 그러나 거주하는 대답들로서만 때로 그러하다.

우리는 맹목 지점 없이는 어디에도 있지 못한다. 그런 만큼 나는 에코의 수수께끼 그림 하에 누베에게 나의 맹목 지점을 공유하자고 초대한다. 나는 불태우기와 녹이기의 유희를 간과하기보다, 유아기(infancy)와 말장난 이상을 하는 가운데 (불태우기를 통한 용해만큼 애매한) 스피치의 역사적이면서 특히 여성적인 유아기 속에서 말 없음(in-fans)을 '자연화한다'. 자아-지식이 '산 채로 하는 검시'(live autopsy)의 애매함에 거주할 때, 스피치의 이러한 여성적 유아기는 더 이상 쓰일(written) 수 없다. 여기서 '산 채로 하는 검시'란 제바르에게 실-성을, 다시 말해 나르시스의 재난이 아니라 에코의 특이한 '보상'을 제안하게 한 불가능한 반응 속에서 사랑받는 대상(더 이상 쓰일 수 없는 유아기의 말하기)의 죽음에 대한 나르시스의 욕망을 당대에 재천명하는 것이다. 여기서 '보상'이란 하나의 '나', 하나의 에고 총합(ego sum), 글쓰기의 이게 바로 '나'라고 동의하지 못한 자아에 대한 고착으로부터 도망치라는 명령을 하지 못한 '실패'에 대한 보상이다. 이 경우에 자아 자체는 그림자가 그림자 주인을 도망친다고 상상하면서 자아-지식의 실패를 통하지 않고서는 그 실패한 반응을 요구할 수 없었을

47) Maurice Blanchot, *The Writing of the Disaster*, trans. Ann Smock (Lincoln: University of Nebraska Press, 1986), pp. 125ff.; IR로 인용됨, pp. 128ff.

것이다. 나는 클레어 누베에게 실-성에, 에코의 책임에 유의할 것을 요청한다. 그러한 요청은 그녀로 하여금 나르시스를 읽는 오이디푸스의 연쇄가 지닌 지겨움(이는 블랑쇼-슐레겔에 의해 재현된 바 있는데, 우리는 루소도 거기 집어넣었을 수도 있다)을 벗어나도록 해 줄 것이다. "'해야 한다'는 명령 어투가 사실 가차 없이 요구되는 불확실성으로부터 나온다."(IR, pp. 131-132)는 것을 우리에게 가르쳐주는, 의도하지 않은 힘(force)의 영역으로서 에코를 끼어 넣도록 하라. '죽이는' 자아-지식 속에서 형제들에게 반향하라.

이 서사가 탈식민화 중인 페미니스트의 구체적인 윤리적 부담 없이 읽힐 수 있을 것인가 하는 한 가지 질문이 남는다. 당연히 윤리적인 실례 읽기들은 다른 관건들을, 불가능성의 다른 경험들을 접하도록 할 게 틀림없다. 이미 나는 적절하게 정당화된 정신분석학에 대한 프로이트의 성숙한 성찰을 언급했다. 나는 그 아포리아를 조망하는 가운데, 학파들과 하위 학파들에 의해 '과학'이라고 제시된 '일반적인 정신분석학 입장'이 가능한 것인 양 그 입장에서의 읽기 윤곽들을 제공한다. 나는 앙드레 그린의 『삶의 나르시시즘, 죽음의 나르시시즘』을 선택했다. 이 책이 너무 보수적이지도 너무 시류를 타지도 않고, 공격적으로 독창적이지도 않고, 페미니즘과 아직 접촉하지도 않은 채, 한두 가지 세부사항에서 혁신적이기 때문이다.[48]

그린은 타자들이나 **타자**(the Other)에게로 가는 통로가 있어야 하는 곳에 나르시스가 하나의 정지를 표시한다는, 변함없는 텔로스 내부에 남아 있다. 나는 정신분석학의 망각된 윤리적 불가능성 내부에 있는 텔로스에 자신의 관건을 둔 그린을 보면서, 그의 텍스트가 에코에 의한 대리보충을 또한 요청하게 되는 경위를 보여줄 것이다.

물론 나르시스가 먼저이다. 그린은 스스로 "사유의 과정에 대한 에로화(erotization)를 함축하는 … 인식론 애호증(epstemophilia)"(NVM, p. 33)이라고 부르는 부분, 즉 치명적인 자아-지식의 일부에 대한 직관을 갖고 있다.

이 텍스트에서 그린이 기여하는 바는, 긍정적이면서도 부정적인 나르시시즘을 시사하는 가운데 인식론 애호증을 부정적인 나르시시즘이라고 말한 점이다. 그러나 에코 없

48) André Green, *Narcissisme de vie, narcissisme de mort* (Paris: Minuit, 1983)(이후 여기서의 인용은 본문 중에 NVM과 함께 쪽수를 표기함, 스피박의 번역).

이 긍정적인 나르시시즘에 의해 발생되는 죽음은 오비디우스식 서사의 위엄을 결핍하도록 한다.

> 수치심에 열려 있는 유일한 방식은 부정적인 나르시시즘의 방식이 된다. 정동의 중립화가 작업 중인데, 시시포스(Sisyphus)의 작업이 작동시키는 치명적인 일이 벌어진다. 나는 아무도 사랑하지 않고 나 자신만을 사랑한다. 나는 나 자신을 사랑한다. 나는 사랑하지 않는다. 나를 사랑하지 않는다. 증오를 위한 동일한 시리즈. 나는 아무도 증오하지 않는다. 나는 나 자신만을 증오한다. 이러한 일련의 제안들은 내가 사라지기 전의 마지막 단계에서 하는 것인데, 과대망상적인 나에 대한 긍정을 향한 진화를 입증한다(NVM, p. 207).[49]

하지만 에코는 이 논의를 돌파하고자 애쓴다. 가장 과감한 프로이트식 돌파라고 인정되는, 정신 장치에 대한 묘사가 여기 이렇게 나온다. "**자기**(the Self)가 현재의 즉시성에 그렇게 참여한다면, 구조화의 효과(그 장치의 조건과 효과)는 그 밖의 다른 곳에서부터 나올 게 틀림없다고 인정하는 편이 논리적이다."(NVM, p. 93, 필자의 강조) 나르시스는 부동이며 에코는 그 밖의 다른 곳에서 나온다.

그린은 정신분석학적 사유 프로젝트에 대한 기괴한(uncanny) 묘사를 하는 가운데 나르시시즘에 관해 표면상으로는 다음과 같이 쓰고 있다. "나르시시즘은 동일자(the One)의 욕망(the Desire) 속에 있는 타자의 흔적을 삭제한다."(NVM, p. 127) 그린이 여성에게 있는 부정적인 나르시시즘을 고려하면서 "나의 정신은 비어 있고 나는 사유할 수 없다."는 마지막에서 두 번째로 나오는, 여성의 선언을 충실히 강조하지만 "내가 작업할 수 없으니 누군가에게 전화를 건다."(NVM, p. 157)는 그 여성의 마지막 지적을 무시한다. 머나먼-목소리인 '전화'는 **에코**를 길들이려는 노력이다. 하지만 에코는 모방에, 그 머나먼 목소리를 그것에 걸맞은 질문들과 대답들에 견인하려는 장치에 굴복하지 않을 것이다.

소문자 '에코'는 자신의 폐제(foreclosure, 권리 상실)에 대한 실마리를 우리에게 제공한다.

49) 루스 이리가라이(Luce Irigaray)는 자신의 명민한 『나, 너, 우리: 차이의 문화를 향해』(*je, tu, nous: Toward a Culture of Difference*, trans. Alison Martin, New York: Routledge, 1993)에서 "나에 대한 긍정을 향한 진화"를 해제하고자 한다.

그린은 죽은 어머니에 대한 복합심리를 제안하는데 그때 그는 "사실, X에 대한 불평은 아마 그 밖의 무엇인가에 의해 심취된 채 항상 슬프기만 한, 에코 없이는 도달할 수 없는 어머니에 대한 실질적인 반감이었다."(NVM, p. 235)고 지나가면서 말한다. 공통 언어 속으로 흩어지는 에코는 자신의 서사를 폐제했을 뿐만 아니라 그 서사를 역전시켰고 뒤섞어 버렸다. 동성애 아들에게 도달될 수 없지만 욕망되는 어머니라는 서사 말이다.

그린은 도덕적 나르시스주의자들의 치료에 관해 말하면서 "그것[전이]이 분석가의 단어들을 경유해 대상들의 견지에서 표현된 채로 남아 있는 정도에 따라 전이는 나르시스적인 가면에 의해 은폐되는 이 물질에 관해 거의 반향을 보이지 않는다."(NVM, p. 201)고 쓴다. 언어의 역사 속에 상실된, **에코**를 향한 갈망은, **에코/전이**가 **나르시스/자기-재현**만큼 '부조리할'지도 모를 끔찍한 윤리적 가능성과 다시금 대면하지 못한다(NVM, p. 139).

우리의 독법은 그 관건들의 변천을 제안한다. 우리에게 나르시스란 타자들이나 **타자**에게로 가는 통로가 되어야 하는 자아의/자아 안의 불가피한 교착인 것만은 아니다. 우리가 나르시스-에코 쌍을 그러한 통행(passage)의 한 가지 아이콘(혹은 좀 더 정확하게는 하나의 도표)으로 읽는다면, 윤리의 초석에 있는 딜레마에 접근하는 길이 열린다. 이 통행은 일상 삶의 교환 속에서 쉽게 또 불완전하게 교차되기도 하고, 시민적 군사적 일의 모든 수준에서 하는 이론 생산 속에서 권위 있게 교차되기도 한다. 그렇다면 정당화가 추구되고 제공되는 '지반' 수준에서 우리는 교착 상태에 있는 글쓰기로서 자아에 대한 지식을 간파하며, 상대적으로 고착된 유럽 중심 시나리오가 아니라 내용 없는 전접의(前接의*자체의 악센트가 없어서 바로 앞말의 어투처럼 발음되는) 현시적인(monstrative) 한 가지 벡터로서의 상징적 회로를 간파한다. 또한 의도적인 계기(나르시스를 향한 에코의 스피치, 오이디푸스의 불평)가 부재하지는 않지만 주체의 의도로써 채워지지 않은 채 명확한 반응을 보이는 인물을 우리는 간파한다. 부수적으로 이것은 응시에 관한 라캉의 기하학을 흥미로운 방식들로 풍부하게 하고 또 전위할 것이다.

주체의 역사에 대한 이러한 구축 과정에서 충분한 자아-지식(self-knowledge)이 설령 상징성의 끝장을 의미한다고 할지라도, 상징적인 것의 추진력이야말로 자아-지식에 대한 욕망이라는 점을 누군들 부인할 수 있겠는가? 많은 문화적 각인들과 젠더-각인들의 홍망성쇠들로부터 적지 않게 얻는 많은 견고한 교훈들에도 불구하고, 왜 우리는 **상상적인 것**에서부터 **상징적인 것**으로 나아가며 선회하는 인식론에 여전히 집착하는가?[50)]

이러한 독법의 그럴듯함은 텍스트 안에 출현하기 위한 에코의 투쟁에 의해 표시된다. 에코는 오비디우스에 나오는 텍스트적 위반의 계기들을 표시하면서도 그 텍스트 안에서 발견될 것이다. 이러한 개입에 의해 수반되는 한 가지의 재-형성은, 자아를 '글쓰기'와 '남성'으로 만들고 **상징적인 것**을 '여성적인' 것으로 만드는 것이다. 이것은 역사적 습관을 바꿀 것인가? 나는 그것을 희망할 수 있다.

나는 나의 오랜 대학원 친구 새뮤얼 웨버(Samuel Weber)와 함께 또 다른 종류의 해체적 포옹을 하고 있는 중이다. 우리 두 사람은 해체 이전의 폴 드 만의 제자들인데 일찍이 데리다의 작업에 흥분했고 비평 유행의 변화들에 흔들리지 않고 각기 다른 우리만의 방식들로 우리가 알고 배운 바 내부에서 정치적 궤적들을 그려보고자 시도하는 중이다. 웨버가 자신의 책 『프로이트의 전설』(*Legend of Freud*)에서 자기-해체적인 '텍스트'(여기서는 프로이트)에 주권성을 주지 않고 자체의 프로토콜이라는 견지에서 자체를 위반하는 새로운 독법을 생산한 것은 나한테 놀라운 일이 아니다.[51)] 그렇게 하는 가운데 웨버는 나르시시즘을 폐기해야 할 단계로 보지 않고 형성적이고 작동적인 역할을 행한다고 보는 그런 정신분석학 읽기를 생산한다. 이후 나는 프로이트식 기획을 주목할 만하게 다시 쓴 웨버의 작업을 요약할 것이며, 에코를 구함으로써 돌파구를 찾으려는 투쟁을 끝낼 것이다.

웨버는 '사색(speculation)', 즉 거울 혹은 반사경(스펙트럼)에 되비치는 성찰 자체를 나르시스적인 것으로 보고, 자아와 사유를 적절하게 하는 프로젝트를 나르시스적인 곤경을 부지불식간에 묘사하는 것으로 본다. 프랑스 프로이트주의자들과 영국계-미국 프로이트주의자들이 "죽음-충동을 나르시시즘 이론에 의해 프로이트 자신의 사유에 행사되는 권력

50) 이러한 인식소-목적론 내부에서 최상의 읽기는 줄리엣 미첼의 읽기("나르시스가 연못에 비친 자신의 모습이 자신임을 결코 믿지 않았다"고 미첼이 쓰고 있는 이유에 대해 확신은 없지만)이다. "그 거울은 나르시스에게 자신을 주지 않았다. 나르시스가 자신이 어디에 있는지 스스로 말해야 했던 유일한 대상은 에코였기 때문이다. 에코는 절대적 타자라서 어느 누구도 에코와 연루될 수 없었다. 에코는 스스로를 매혹시키는 나르시스 자신의 단어들을 들으려고 하지 않기[왜일까?] 때문이다. 또 에코는 나르시스 자신의 단어들을 미미하게 반복했을 뿐이다. 그러나 어느 누구도 그 이상을 할 수 없었다. 왜냐하면 나르시스는 내부(intra)-주체성에 제한되어 있기 때문이다."(Juliet Mitchell, *Psychoanalysis and Feminism*, Harmondsworth: Penguin, 1975, pp. 38, 39)

51) Samuel Weber, *The Legend of Freud* (Minneapolis: University of Minnesota Press, 1982)(이후 여기서의 인용은 본문 중에 LF와 함께 쪽수를 표기함).

에 대한 하나의 대안 혹은 심지어 해독제라고 프로이트가 밝혀 왔다는 신념을 공유하여 왔다"(LF, p, 124)는 자신의 주장을 지지하기 위해, 웨버는 관련 연구를 명민하게 요약하고 있다. 내 생각에 여기서 웨버는 라캉에게 좀 부당하다. 그런데 우리가 라캉에게서 발견하는 것과 대립되는 면을 지닌 프로이트에게, 그 장면은 **상상계적인 것**(the Imaginary)에서부터 **상징계적인 것**(the Symbolic)으로 전진하는 것이 아니라, "상징계적인 것의, 포르트-다 게임(Fort-Da game*프로이트의 손자가 실패를 던지면서 '포르트'라 외치고 실패를 받으면서 '다'라고 외침으로써 어머니의 사라짐과 되돌아옴을 상징화하는데, 이 게임을 통해 아이는 어머니의 부재라는 외상적 경험의 불안을 극복하게 됨)의 또 다른 장면이고 그 장면은 바로 공격적이고 나르시스적인 양가성의 와중에 있는 **상상계적인 것**이다."(LF, p. 97)[52] 이것은 물론 오비디우스에게도 부당하다. 글쓰기로서의 자아가 지니는 치명적인 속성에 대한 인정은 오비디우스의 서사화에 각인되어 있다. 나르시스는 죽음을 갈망한다. 그럼에도 나는 웨버와 공명한다. 프로이트의 사상은 역동적인 불일치라는 패러다임에 따라 전개된다고 웨버가 시사하고 있을 때 그러하다. 이 역동적인 불일치 패러다임에서 나르시시즘은 좀 애매하기는 하지만 그 조직화된 일부이다.

> 여기서 관건은 나르시시즘에 관한 일정한 개념의 견지에서 들뢰즈가 사색의 '초월적' 본성이라고 불렀던 바를 정교하게 다듬고 다시 사유할 가능성이다. 사색의 이 본성은 프로이트의 저작들에서는 결코 충분히 해명되고 있지 않지만 그의 텍스트들에서 점점 더 강력하게 작동하고 있는 중이다. 왜냐하면 적어도 이 본성이 일부 함축되어 있기 때문이다. … 그렇다면 나르시시즘의 힘은 그저 '프로이트'라는 한 개인 주체의 징후만이 아니라 정신분석학의 한계를 작동하게 하는, 정신분석학 자체의 이론적 프로젝트를 도출할 것이다.(LF, pp. 128, 125-126)

52) 재클린 로즈가 지적했듯, 성숙한 라캉에게서 상상계는 상징계로 미끄러져 들어가며 1차적 나르시시즘에서 2차적 나르시시즘으로 미끄러져 들어간다. 여기서 단 하나의 문장이면 충분할 게 틀림없을 것이다. "그리하여, 우리가 이 대상들 사이에서 복원하는 상징적 평등화(equation)는 축출과 내투사(introjection), 투사와 흡수라는 서로 번갈아 나오는 메커니즘으로부터, 말하자면 상상적 상호유희(interplay)로부터 나온다(Lacan, "The Topic of the Imaginary," in *The Seminar of Jacques Lacan: Book 1, Freud's Papers on Technique 1953-54*, trans. John Forrester, New York: Norton, 1988, p. 82). 물론 이것은 프로이트의 불연속적 역학 — 베버가 '사색의 유희'(play of speculation)라고 부르는 — 을 연속주의적으로 여전히 단순화한다. 나는 본 역서 371쪽에 인용된, 사색과 과학에 관한 프로이트의 유예된 정의를 나의 독자에게 참조시킨다.

"나르시시즘의 힘"이라는 말이 나온다. 이 말의 출처는 어디인가? 뢰브(Jacques Loeb *1859-1924, 미국에서 업적을 남긴 독일의 생리학자, 실험생물학자) 판에서는 "내가 나를 능가할 힘을 당신에게 주기 전에 죽을 수 있기를!"이라고 번역되어 있는, 나르시스의 "emoriar, quam sit tibi copia nostri"(M, p. 150, 139행)라는 말에 에코가 되돌려주는 마지막 말들은, "나는 당신에게 나를 능가할 힘을 준다(sit tibi copia nostri)!"이다. Copia nostri는 "우리의 풍부함, 우리의 풍요"이기도 하고 "우리가 미래를 위해 비축해 놓은 것들", 심지어 군사력에 있는 "우리의 힘"이기도 하다. 이것은 '카섹시스'(catexis)와 '투여'(investissement) 둘 다에서 상실된, 점령(Besetzung)에 나오는 동일한 은유이다. 오비디우스의 텍스트가 지닌 강력한 술수들을 따를 때, 죽음에 대한 나르시스의 양가성을 나타내는 "죽을 수 있기를"은 수사학적 선포와 다름없는데, 의도에서부터 독립된 진리로 바뀐다(이는 웨버의 텍스트에서는 명백하게 드러나면서도 함축되는데, 강게사Gangesa에서는 'bhrāntapratārakavākya'로 나온다). 에코가 '불완전한' 반복을 경유하면서 나르시스에게 자신의 유예(reserves)를 남길 때도 그렇다.

여기서 잠깐 정신분석학적 폐쇄로부터 나와서 다음을 반복하기로 하자. 즉 페미니즘 자체(그것이 무엇이건 간에)의 견지에서 보자면, "나는 당신에게 나를 능가할 힘을 준다"는 어디까지나 남성 제도권 내부에서 여성의 힘을 행사하는 오랜 게임의 한 가지 변주라고 말이다. 나르시스-에코의 관계는 더욱 복잡하다. 탈식민화 중인 페미니즘의 동종요법적 이중구속은 신생 국가에서 가부장제의 독을 식민주의 유산의 독으로써 치료하고자 한다. 그러한 이중구속은 나르시스-에코의 관계를 윤리적 딜레마의 한 가지 실례로서 읽을 수 있게 한다. 나르시시즘의 특별한 절합들에 수반되는, 어떠한 선택에도 없는 선택은, 에코가 자신의 말들에 되돌려줄지도 모르는 음성들을 기다릴 준비가 되어 있다.

웨버의 텍스트로 돌아가서 이제 더 나아가려는 에코의 투쟁을 추적해 보자. 나는 다음 구절에 나오는, 이 단계에서 다시 추적하지 않아도 되는 그녀의 윤곽들이 나한테는 분명하다고 생각한다. 치명적인 나르시스와, 우회하는(devious) 목소리로서 에코는 서로 구분할 수 없이 여기 이렇게 겹쳐져 있다.

죽음 충동의 바로 그 말 없음(Stummheit)은 그 죽음 충동 자체를 영원히 대변하기로부터 죽음 충동을 미리 배제한다. 그 말 없음은 보이거나 들릴 또 다른 담론에 불가피하게 의존한다. 또한 그 담론은 그것이 분명하게 추구하고자 하는 '침묵' 앞에서 자체를 삭제하고자 아무리 노력해도, 순진하지도 중립적이지도 않은 어떤 것이다. 죽음 충동은 무언일 수 있겠지만, 이론적이고 사색적인 (혹은 앞에서 언급된 광범위한 페미니즘적) 시각의 절합(articulation)은 그렇지 않다.(LE, p. 129)

에코가 여전히 폐제된 채 남아 있다는 것은 혼란스럽다. 내가 그 점을 발견한 것은 다음 구절에서이다. 웨버는 급진적인 차이를 찾고자 모색할 때조차도 동일자의 담론 내부에 감금된 프로이트의 면모를 다음과 같이 묘사한다.

프로이트의 애초의 이야기들이 남성들, 배반, 배은망덕을 다룬다면, 죽음이 그 장면에 입장하는 것은 수동적인 여성과 함께 — 여성으로서? — 이다. … 프로이트가 주장하는 바, (운명의 특성인) Schicksalzug가 재현하는 것은 … 여성과 연관된 정기적으로 되풀이되는 불운(fatality)이다. 여성은 남성을 제거하거나 남성에 의해 제거된다. 그러나 이렇게 집요한 여성을 없애는 것보다 더 어려운 일은 아예 없다. 당신이 여성을 일단 죽여도 그녀의 영혼이 "나무 안에 감금된 채" 다시 돌아온다. 당신은 "(당신의) 칼을 갖고 (그) 큰 나무를 후려친다." 그러자 한 목소리가 당신을 비난하러 온다. 이 마지막 이야기에서 그 주체의 행위는 실로 반복적으로 구성되어 있다. 하지만 그가 적극 반복하는 것은, 상처를 남기지 않고서는 결코 치유될 수 없는 나르시스적인 상처이다.(LF, p. 134)

프로이트의 이야기는 토르콰토 타소(Torquato Tasso* 1544.3.11.-1595.4.25. 이탈리아 르네상스 후기의 위대한 시인으로 서사시를 씀)의 『해방된 예루살렘』(*Gerusalemme Liberata*, 1576)에서 나온다. 이 텍스트 자체가 오비디우스의 유럽적 각인들 중 하나이다. 타소가 오비디우스에게 많은 관심을 기울였다면, 그 '집요한 여성'은 프로이트식 나르시스를 해제하러 왔을 법하다. 결국 나는 "프로이트에게는 … 자신이 말했던 이야기들은 나르시시즘의 서사적 판본들이 아니라 급진적으로 다른 무엇을 입증한다. 하지만 프로이트가 그 차이를 묘사하고자 추구할 때,

그 차이는 동일자의 모습을 더 많이 갖고 출현한다."(LF, p. 135)는 웨버의 주장에 동의한다.

"정신분석학적 개념들의 두 가지 원천은 한편으로 정신분석적 실천이며 다른 한편으로 인식론적 지평이다."(NVM, p. 32) 이 주장은 어느 학파의 정신분석학자들이건 간에 반대하기 어려울 좋은 말이다. 나는 후자에 관해서만 말해 왔다. 정신분석학적 실천은 전문적 교환의 셈법 내부에 있는 수행적 윤리의 일종이므로 자체의 항목들을 모든 분석 상황에 맞추어야 한다. 10장은 무책임한 문화적 진단을 하고자 그러한 공간을 주장하기보다 그러한 공간에 신중하게 기생하는 상태로 남아 있어야 할 것이다. 이제 10장을 끝맺으면서 '휴머니티'를 넘어 또 '휴머니티'를 결여하는, 종-생명(species-life)의 위대한 에코시스템에서 오비디우스와 프로이트가 종-존재(species-being)의 섬광들이 되는 그곳으로 발걸음을 떼어보도록 하자. 나르시스는 고착되어 있지만 에코는 산포할 수 있다. 한때 지상의 생물체였던 저 포유동물 고래들은 대상들과 다른 주민들을 바다 세상에 메아리처럼-위치시킨다(eco-locate). 이 바다 세상은 그들의 고향이 아니라 그저 임시변통의 거주지일 뿐이다. 몸의 내부는 나르시스의 가면 내부에서 하이-테크로 하여금 그 **자아**(Self)를 우회하도록 간섭할 수 있는 메아리들을 되돌려 줄 수 있다. 아바 게르베르(Ava Gerber*나이지리아, 아이티, 베네수엘라의 다문화 종교의식들 및 아프리카의 전통 춤 — Woolof, Susu, Yoruba — 을 20년 가까이 연구하고 있음.)의 '몸 예술'은 미국 몸 문화의 실패한 나르시시즘에 유의하는 가운데, 에코에 대한 불가능한 모방의 예가 될 수 있다. 월러스 스티븐스(Wallace Stevens)의 "아름다움은 육신 속에서 불멸한다네"라는 구절은, 아름다움으로서 육신의 모든 변화를 찬양하는데, 성경의 장로들이 소멸과 죽음이라고 독해하려 한 이후 자연의 경제에 각인된 미에 이르기까지 찬양한다.[53] 제임스 조이스는 그 에코시스템에서 또 다른 섬광인 셈인데 여성들의 궤적을 밟아가는 남자들 중에 가장 기괴하다. 그는 "말하지 마! 조심해! 에코땅(Echoland)이여!"[54]라고 말한다.

---

53) Wallace Stevens, "Peter Quince at the Clavier," in *The Collected Poems fo Wallace Stevens* (New York: Vintage Books, 1990, c1954), pp. 89-91. 그 시행들은 다음과 같이 읽힌다. "아름다움은 정신 속에서 한순간이라네- / …그러나 아름다움은 육신 속에서 불멸한다네."

54) James Joyce, *Finnegans Wake* (New York: Faber and Faber, 1939), p. 13.

11.
문화로서의 번역

나는 1973년에 『그라마톨로지에 관하여』(*De la grammatologie*)라는 역서에 서문을 썼다. 파리 출신의 어떤 지식인은 나더러 데리다의 나르시스에 버금가는 에코인 양 자처한다며 나를 비웃었다. 그는 양면에서 잘못 생각했다. 나는 데리다의 나르시스에게 나의 서명을 새겨 넣을 거라고 그에게 말했다. 그 순수의 시절에 나는 번역-중인-에코(Echo-in-Translation)와 마주하게 되었다. 1997년과 2009년 사이에 펼쳐진 그 여정에는 세 가지 계기가 있다. 마지막 세 번째 계기야말로 가장 희망이 없다. 그 계기들 중 첫 번째로 나온 11장 에세이는 우리가 해외에서 또 고국에서 어떻게 말할 것인가를 둘러싼 이중구속의 시뮬라크럼을 제공한다.

오비에도(Oviedo *스페인 북서부의 비스케이Biscay 만에 면한 주 이름이자 그 주의 수도 이름인데, 옛 아스투리아스 왕국의 수도로 스페인의 기독교도들이 살고 있다)

번역은 모든 가능한 의미에서 필요하면서도 불가능한 것이다. 블룸즈베리 그룹

(Bloomsbury Group*1906년부터 30년경까지 런던과 케임브리지를 중심으로 활동한 영국의 지식인 · 예술가 모임. 작가 버지니아 울프, E. M. 포스터, 경제학자 J. M. 케인스, 전기 작가 G. L. 스트레이치, 미술비평가 R. E. 프라이, 화가 D. 그랜트 등이 멤버였다. 19세기 영국의 도덕주의와 리얼리즘을 비판하였고 자유롭고 회의적인 지성을 바탕으로 아름다움과 형식미를 추구하는 모더니즘 사조를 발전시켰다.)이 친절하게 죽여 버렸던 비엔나 출신의 정신분석가 멜라니 클라인은 번역 작업에 대해 '삶' 자체가 그렇듯 끊임없는 왕복이라고 시사했다.[1] 아동은 어떤 하나의 사물을 잡다가 나중에는 여러 사물들을 잡는다. 이렇게 내부와 구분될 수 없는 외부를 붙잡는 것(begreifen)은 외부와 협상하기 적절한 내부를 구성하며 왕복하는 사이, 붙잡힌 사물(들)로써 모든 것을 하나의 기호-체계 속에서 코드화한다. 우리는 이 조야한 코드화를 '번역'이라고 부를 수 있다. 이러한 짜임새 속에서 결코 끝나지 않을 폭력은 양심 및 그 외 등등으로 번역되어 나간다. 태어나서 죽을 때까지 이와 같은 '자연의' 기계는, 유전학적 가르침들이 몸의 프로그램을 짜듯 아마도 정신의 프로그램을 짤 터이다. (어디서 몸이 멈추고 어디서 정신이 시작하는 것일까?) 이 기계는 부분적으로는 메타심리학적이며 그래서 정신의 손아귀 외부에 있다. 여기 기원의 생명-권력이, 비대칭적으로 또 비판적으로 정신으로 번역되는 몸이 있다. 그리하여 '자연'은 폭력의 작동 혹은 폭력의 왕복 지점에서 '문화' 속으로 통과하고 다시 통과한다. (만족감에 비해 박탈이나 악행은 형성 중인 아동 체계에 더 많은 충격을 준다. 『신곡』 중에서 『낙원』(*Paradiso*)이 가장 지루한 책이라고 어떤 사람은 말한다.) 배상과 책임의 불안정한 주체가 폭력적으로 생산된다. 이러한 짜임새를 고안하기 위해, 읽히는 내용을 끊임없는 왕복 속에 번역하는 독자 — 내가 보기에 클라인은 엄격하게 프로이트적인 의미에서 분석가라기보다 독자 쪽인데 — 는 문화의 실체를 구성하는 재현의 규칙들과 허용 가능한 서사들에 관한 가장 친숙한 지식을 지녀야만 한다. 또한 그 독자는 상정된 원본의 글쓰기/번역하기에 책임을 져야 하며 설명할 수 있어야 한다.

클라인에 의해 기술된 왕복 중인 주체는, 미래에 발생할 법한 무엇이지 명확하게 발생할 무엇이 아니다. 첫째, 우리가 주체라고 생각하는 것은 나의 통제하에 있지 않기 때문이며 둘째, 거기 바깥에 있는 하나의 세상과 같은 그런 것이 담론 구조를 지닌다(discursive)고

1) 뒤이어 나오는 내용은 멜라니 클라인(Melanie Klein)의 *Works*, vols. 1-4 (New York: Free Press, 1984)에 대한 나 자신의 해석적 요약이다. 그래서 나는 특정한 각주를 제시할 수 없다. 세부사항들 역시 정통 클라인식 정신분석학과 그다지 유사하지 않을 수도 있다.

해도 있기는 있기 때문이다. 그러므로 이렇게 '번역'을 이해하는 멜라니 클라인에게서 '번역'이라는 단어 자체는 문자 그대로의 의미를 상실하며 일종의 오어법이 된다.

나는 세포들과 기생충들이 몸의 어떤 부분을 어떻게 공격하는지를 놓고 세포생물학자인 아니루다 다스(Aniruddha Das) 박사와 토론을 벌인 적이 있다. 그때 나는 단어라는 것이 지성 및 의식과 관련 있기는 하지만 정신과 관계되는 '인식하다'(recognize)라는 단어를 그가 사용하는 이유를 물었다. 우리가 정신이라고 인식하는 것의 영역에 전혀 있지 않은, 몸에서 일어나는 무엇을 기술하면서 왜 인식이라는 단어를 사용하는 것일까? 무엇을 공격할지 '알고 있는' 이 기생충들에게 '친족성'(affinity)이라는 단어가 유효한 것일까? 그는 실로 '친족성'이라는 단어는 유효하지 않다며 바로 그 '인식하다'라는 단어를 사용해야 했던 이유를 나한테 설명해 주었다. (나는 그 설명을 재생할 수는 없지만 그것은 지금 이 순간에 우리한테 중요하지 않다.) 그는 '인식'과 '인식하다'라는 단어를 그렇게 사용하면 정상적인 의미를 상실한다고 덧붙였다. 사용 가능한 다른 단어도 없다. 대부분의 사람들은 단어를 이해하기 어렵다고 생각한다. 나는 웃기 시작했고, 대부분의 사람들이 이해하기 어렵다고 생각하는 것은, 당신이 방금 기술했던 '인식'이라는 단어의 오어법적 용법 때문이라고 말했다. 달리 말해 다른 어떤 단어도 유효하지 않을 것이며, 언어의 역사 속에 있으면서 오어법적이라기보다 정확한 오어법적 용법의 기초를 이룰 문자 그대로의 의미를 정말로 여러분에게 제공하지도 않는다.

내가 클라인에게서 도출하고 있는 의미에서의 '번역'은 문자 그대로의 의미에 대한 정박이라는 의미를 실로 상실한다. 이렇게 일반적인 의미에서의 번역은 번역하고 있는 주체의 통제하에 있지 않다. 실로 인간 주체란 폭력에서부터 양심에 이르도록, 내부를 외부에 반향하며 이렇게 왕복하는 번역으로서 발생했을 어떤 것, 즉 윤리적 주체의 생산인 셈이다. 그리하여 이러한 원초적인 번역은 '번역'이라는 영어 단어의 의미를 그것의 형성 외부로 비틀어낸다. 사전을 한번 들여다보면 번역이라는 단어는 제한된(to 부정사가 붙은) 라틴어 과거분사('이전하다'to transfer)로부터 나온 단어라고 여러분에게 일러 줄 것이다. 이것은 수행된 거래이며, 끝없는 전미래이며, 우리의 지식 특히 우리의 통제 없이도 발생했을 무엇이며, 존재로 탄생하는 주체이다.

소위 종족철학들(ethnophilosophies)은 합리적 결정의 지형에 선행하여 형성된 윤리문화적 주체를 기술할 때, 운명주의적인 것이라고 간과된다. (그러나 책임 속의 주체 형성은 숙고하는 의식의 통제하에 있지 않은 계보학적 스크립트 만들기이자 특정한 종류의 번역이라는 통찰이, 거의 운명주의자라고 할 수 없는 멜라니 클라인에게도 있다.) 멜라니 클라인에게서 흥미로운 점은, 그녀가 권리들에 기반을 둔 윤리 체계들보다 책임에 기반을 둔 윤리체계들을 다루고 싶어 책임 속에서 주체를 형성하는 격렬한(violent) 번역을 주시한다는 것이다. 자연적인 것과 문화적인 것의 정점에 있는 아동이 번역 와중에 있다는 것은 바로 그러한 의미에서이다. 바로 거기서 '번역'이라는 단어가 그 사전적 의미를 상실하지 않는다면 말이다. 여기서 몸 자체는 하나의 스크립트이다. 혹은 아마 우리는 몸이란 끝없이 각인하는 도구라고 말해야 할 것이다.

각인 및 허용 가능한 서사들의 체계가 '여성의 소유'인 하나의 형성된 언어로부터 한 번역자가 번역한다고 할 때, 좁은 의미에서의 번역이라는 이 이차적 행위는 내부의 언어를 향한 기이한(peculiar) 배상 행위이기도 하다. 우리에게 '책임이 있는' 그것을 수많은 언어들 중 하나로 보는 데서 기인하는 죄의식을 감내하도록 하는 언어를 향해 말이다. 내 모국어로부터 번역한다는 이 기원의 죄의식(Schuldigsein)은 클라인적 의미에 빚지고 있는데 배상을 위한 일정한 의무를 발생시킨다. 내가 「비교주의를 다시 생각하기」(23장)에서 논의할 터인데, 이 죄의식은 비교주의의 거친 측면이다. 나는 더딘 번역자이다. 나한테 이 측면은 모국어를 찾느라, 내가 불어로부터 번역하고자 대체 모국어를 찾느라 느끼는 정교한 죄의식 사이에서 왕복하는 것이다. 모든 '원본'은 모국어를 위한 자리를 보유하는 곳인데, 그렇게 정교한 죄의식, 즉 어떤 원초적인 죄의식(Schuldigsein)의 대체물(displacement)과 현실-테스트하기의 배상 사이를 왕복하는 곳이다. 그러한 왕복에서 각 언어는 타자의 보증인이 된다. 각 언어는 성실한 근사치들을 경유해 타자의 관용어(idiom)의 특이성(singularity)을 전유할 수 있는 기호계(a semiotic)의 일반성(generality)이 되거나 그 일반성을 소유한다고 전제된다.

특이성과 일반성, 관용어와 기호현상, 사적인 문법들과 공적인 문법들이 있다. 기호성(semioticity) 속에서 일어나는 관용어의 작동이 본연의 윤리적인 것의 시뮬라크럼 혹은 사례가 되는 것 같다. 설명할 수 없는 윤리적 감정 구조가 설명능력의 셈법(calculus of accountability) 속에서 코드를 전환시킬 때 말이다. 이러한 관용어는 매번 단독적인 것이어서 되풀이되지 않는다. 기호계적인 것(the semiotic)은 일반화할 수 있는 체계이다. 코드 전환의 이러한 요소야말로 인식 가능한 정치적인 것의 인식 가능한 폭력을, 끊임없이 왕복하는 번역으로서 문화화(culturing)의 일반적 폭력 내부에다 위치시킨다. 이 요소는 선물 담론과 친숙하지 않고서는 파악하기가 훨씬 더 힘든 요점이다.

나는 하이데거와 레비나스를 경유하여, 또 그 두 사람을 보강하는 데리다의 경이로운 『주어진 시간』(*Given Time*)[2]만을 선물 담론이라고 뜻하지 않는다. 또한 나는 종족철학들에서 이용 가능한 선물 담론을 뜻한다. 예컨대 나 자신의 경우, 데리다의 책은 '마트리린'(matririn) 담론 혹은 '어머니 빚'(mother debt)이라는 담론이며, 시간이라는 선물의 설명 가능한 번역이다. 우리가 선물 담론들에 친숙하지 않다면, 끊임없이 왕복하는 번역으로서 문화화의 일반적인 폭력을 파악하기란 더욱 어렵다. 클라인은 애초에 쾌락/고통, 선/악, 옳음/그릇됨을 의미화하는 단일한 대상이라면 무엇에서건 바로 이 일반적인 폭력을 위치시키며, 그 대상이 (삶이라는) 선물을 동기 없이 제공하는 자를 의미화하는 연쇄 속에 있도록 허용한다. 나는 나의 모국어로부터 취한 나의 책임을 붙들어서 '마트리린'이라는 '어머니 빚', 즉 어머니(의 자리)라는 빚뿐만 아니라 어머니에 대한 빚이라는 윤리적인 개념-은유를 통해 '목표' 언어에게로 넘긴다. 나는 아버지 빚에 대해 여러분에게 장(章)과 절을 제공할 수 있다. 그 빚은 출판 가능한 계보학에 있는 나의 장과 절 만들기이다. 나는 '마트리린'을 위해 하나의 인용도 제공할 수 없다. '마트리린'이라는 경구는 보답되지 않거나 보답될 수 없으며, 지금 나의 지적 삶과 마찬가지로 내 아동기의 일상의 일부이기도 했다. 어머니 빚이 그렇게 이미지화될 때, 그것은 동시에 양육(내 모국어로는 문자 그대로 '인간으로 만들기')이라는 책임성 있는 과제이기도 하다. 보답될 수 없는 것을, 보답될 수 있다고 생각해서는 안 되는 것을 보답하고자 시도할 때, 우리는 이러한 선물을 책무(accountability)로 번역하는 셈이다.

문화화의 일반적인 폭력 내부에 있는 인식 가능한 정치적인 것의 모든 인식 가능한 폭력이, 번역하기뿐만 아니라 코드 전환하기라는 요소 속에 놓일 수 있다. 그것은 바로 이렇게 열리는 자연-문화라는 프레임 내부에서이다. 나는 본서 11장의 1부에서 코드 전환하기라는 요소와 함께 남을 것이며, 인식 가능한 정치적인 것의 인식 가능한 폭력의 위치와 함께 남을 것이다. 나는 차별화(differentiation) 속에서 시작되는 인식이라는, 번역으로서의 문화

2) Jaques Derrida, *Given Time 1: Counterfeit Money*, trans. Peggy Kamuf (Chicago: University of Chicago Press, 1992).

라는 다른 지형을 당분간 접어둔다.

이제 이러한 틀 내부에 있는 관용어들과 기호체계들에 관해 말해보도록 하자. 나는 2차 연구를 경유하면서, 번역이라는 코드 전환의 폭력이 갖는 이러한 교훈을 3천 년 이상 동안 제자리를 지켰던 한 집단으로부터 배웠다.[3] 그 교훈은 철학의 가장 작은 단위인 철학소(philosopheme)에 담겨 있었다. 이스트 킴벌리(East Kimberley) 지역의 오스트레일리아 선주민들이 사용했던 '우리 언어의 상실'에 말이다. '우리 언어의 상실'이라는 표현은 거기 개입된 사람들이 그들의 선주민 모국어를 모른다는 것을 뜻하지 않는다. 그 표현을 사회사업가의 말로 표현하자면 "그들은 자신들의 문화적 토대와의 접촉을 상실했고" 더 이상 그 토대를 측정하지도 않으며 그것이 그들의 소프트웨어도 아니라는 것을 뜻한다. 클라인식의 은유학에서 그 문화적 토대는 자연-문화가 왕복하는 조건도 효과도 아니다. 그러므로 식민 정착자의 억압을 물려받은 이들이 요구하는 것은, 주류 교육, 시민사회에의 삽입, 그들 문화에 관한 얼마간의 정보를 교과과정에 포함시키는 정도이다. 그러한 환경하에서 이와 같은 요구야말로 유일한 실천적 요구인 셈이다. 여기서 '언어'라는 개념은유는 시간화(temporizing)의 수행, 즉 삶이라고 불리는, 왕복하는 외부-내부 번역의 수행을 위한 주요 도구에 갖다 붙이는 단어를 대표하고 있다. 선주민들이 요구하고 있는 것은, 그들 체계의 기호성에 대한 일반적인 통제력을 상실했으니 서사의 덩어리들과 실천의 묘사들에 헤게모니를 갖는 접근이다. 그리하여 기호계적 관용구보다 문화적 관용구로서 그러한 도구성을 재현하는 것이 소위 극, 혹은 예술, 혹은 문학, 혹은 실로 문화, 심지어 이론이라고 불리는 수행에 이용 가능하게 되도록 말이다. 선주민성을 지닌 많은 언어들과, 산업혁명의 서사 주변에 모여들었던 이주와 식민 모험의 파장들 사이의 와해를 보건대, 여기서 다언어 교육에 대한 요구들은 우스운 것이 되고 만다. 우리가 가지고 있는 전부는 이중언어주의, 즉 한편으로 본질적으로나 역사적으로나 사적인 것으로 이해되는 관용구들과, 다른 한편으로 기호계 자체로 이해되는 영어 사이의 쌍방 조정이다. 이것이야말로 코드 전환으로서 번역, 즉 우리 중 많은 이들이 관련된 책을 쓰고 있는 당대 번역 사업의 정치적 폭력이다. 내가 어

3) 우리가 찰스 테일러(Charles Taylor)의 『다문화주의와 인정의 정치』(*Multiculturalism and the Politics of Recognition*, Princeton, NJ; Princeton University Press, 1994)를 위치시키는 곳은 바로 이러한 좀 더 일상적인 의미에서다.

떠한 원본이건 거기에 맞서 이러한 '언어 상실'이라는 어휘를 억제할 수 없는 것은, 나름대로 의미심장하다고 하겠다.[4)]

최근에 나는 리 카탈디(Lee Cataldi)와 페기 록먼 나팔자리(Peggy Rockman Napaljarri)가 북 중앙 오스트레일리아의 왈피리(Walpiri) 민족에 관해 썼던 내용 중에 확증적인 것(the corroboration)을 발견했다.

> 왈피리 민족에게 유럽인들의 도래는 '주쿠르파(Jukurrpa)의 종말'이었다. … [—] 그 도래는 동시에 '그들의 서사'에서 장소들을 창조하는 것에 대한 설명, 조상의 형상들의 신비하지만 인간적인 행위에 대한 설명, 더 어린 청자를 가르치려는 목적 때문에 그 중요하고도 삶을 제공하는 특징을 지닌 그 나라의 기억술에 의한 지도이기도 했다. … 로지 나푸르루르라(Rosie Napurrurla)와 많은 다른 이들은 그들의 삶과 땅에 침입해 들어온 서구의 지배적인 메트로폴리탄 문화가 하나의 세계관(나는 이것을 하나의 담론적 실천이라고 부를 것이다)으로서, 우주에 관한 단일하고도 총체적인 설명으로서 주쿠르파의 종말을 뜻했다는 점을 아주 잘 알고 있다. 많은 왈피리 민족들은 유럽인들(덧붙이건대 몇몇 학계 이론가들)보다 문화적 갈등의 본성과 두 문화의 본성에 대해 훨씬 더 명확하게 인식하고 있다는 점은 분명하다. 그러한 인식은 이러한 종류의 갈등에서 패배한 자의 특권이기도 하다.[5)]

좀 더 평범하게 주목되는 이주민 혼종성과 구분되는, 그러한 저항적인 지역화된 혼종성을 코드 전환하며 우리의 명성을 확립할 때, 우리는 패자의 특권을 상실한다. 우리가 그

---

4) 나는 『포스트식민 이성 비판』(*A Critique of Postcolonial Reason: Toward a History of the Vanishing Present*, Cambridge, MA: Harvard University Press, 1994)에서 이 예를 참조했다.

5) Peggy Rockman Napaljarri and Lee Cataldi, trans., *Yimikirli: Walpiri Dreamings and Histories* (San Francisco: Harper Collins, 1994), pp. xvi 20. 이 '기억술의 지도그리기'(mnemonic mapping)가 "혹자가 주장하길 우리를 우리의 기원에서부터 혼란스럽게 해 왔던 '나는 어디에 있는가?'라는 질문에 대한 명확한 해결책을 제공하는 위성 놓는 기술"과 맺는 관계를 사유하는 엄청난 노고야말로 과거의 결론과 상관없이 착수되어야 한다. (Laura Kurgan and Xavier Costa, eds., *You Are Here: Architecture and Information Flows*, Barcelona: Museun of Contemporary Art, 1995, p. 121. 그 전체 텍스트, 특히 시각적인 것들은 위미키르리에 관한 '적극적인' 조사와 함께 연구되어야 한다. 이 작업은 이제 불가능하지 않을 터이다. 문화 번역이라는 필수적이지만 불가능한 과제는 역사의 진전에 의해 가능해지면서도 망쳐지고 있기도 하다.)

러한 특권을 주장한 탓이다. 카탈디와 나팔자리의 책에 나오는 번역자들은 2급 수준의 문화적 수행을 위한 자원들 내부에다 그들의 노력을 자리매김하였다. 그들은 클라인에 의해 간파된 책임성 있는 주체의 탄생이라는, 원본의 오어법적 번역으로서 자체를 수행하는 이러한 문화의 폭력에 의해 스스로 위축되지 않았다.

나는 이슬람 출신인 캐나다 예술가와 사나흘을 보낸 후에, 그녀에게 질문 하나를 했다. 우리는 서로를 잘 알게 되었다. "당신이 나한테 말해 주기를 바라지요"라면서 나는 다음과 같이 말했다. 즉, "당신이 옳고 그른 것 사이에서 결정을 내려야 하는 상황에 직면할 때, 당신은 윤리적 대답을 구하기 위해 이슬람으로 선회하나요? 당신과 내가 오늘날 북미에 만연한 이슬람에 대한 악마화와 탈역사화를 손상시키는 일에 합류해야 함을 나는 상당히 잘 이해하고 있답니다. 그러나 이것은 다른 종류의 질문이지요. 우리가 하나의 문화적 관용구를 예술로서 '수행'할 수 있도록 우리가 영예롭게 확립해야 하는 것은, 우리의 삶을 쓰는 일반화 가능한 기호계와 하나의 문화적 관용구 사이의 차이이지요." 한참 후 그녀는 "이런 질문을 한 번도 받아본 적은 없지만 내 대답은 '아니요'랍니다"라고 말했다.

왈피리 텍스트들의 번역자들은 그들의 노력을 인간 주체 안에서 인간 주체로서 전복하는 문화의 폭력이라기보다 문화적 수행을 위한 하나의 자원으로서, 하나의 관용구로서, 또 원본의 오어법적 번역으로서 자리 매기고 있다. 나는 한 번 더 인용한다.

> 왈피리 민족이 주쿠르파로 알려진 세계관의 논리와 제약들 내부에 더 이상 살고 있지 않다는 것은 사실이다. 하지만 다른 전통적인 선주민 민족처럼 그들은 그들 스스로 독특하면서도 특징적인 삶의 방식을, 그들이 살아야만 했던 유럽 문화와 전혀 다른 어떤 것을 창조해 내는 데 성공했다는 것 또한 사실이다. 우리는 이러한 사회적 창조의 정신과 같은 것이 이 책의 번역들과 서사들에 의해 소통되기를 바란다.[6]

실로 그 전통이 주체-형성의 기호현상이었던 시절에 애석하게도 우리는 외부-내부의 폭력적인 오어법적 번역의 왕복으로서 그러한 전통이 작동했던 경위를 발견할 수 없

6) Napaljarri and Cataldi, *Yimikirli*, p. xxii.

다. 산업혁명은 주체-형성을 대타성 안에 두는, 식민시기 이전에 가능한 반본질주의를 끝난 것으로 여겼다. 그리하여 전통에 대한 여하한 언급도 그것은 곧 본질주의적 황금시대주의라는 지적에 의해 침묵된다. 때때로 그것은 사실이기도 하다. 이와 대조적으로 나는 주체의 역사의 조건이자 효과인 파생되지 않은 허구로서 선주민 문화의 상실을 애도하고 있는 중이다. 그저 그 상실이 우리가 살고 있는 세상의 초석을 이루는 범죄라는 이유 때문이다. 여기에는 역사를 고쳐 쓰는 문제나 다시 쓰는 문제는 없다. 디아스포라 혼종들을 발견하고 대중적인 것의 코드 전환을 그 자체로 급진적인 제스처로 제공하는 그릇된 신념, 즉 혼종주의적 본질주의는 역사의 상처를 감쌀 수 없다. 확실히 나는 검열 작업에는 관심을 갖지 않는다. 내가 반대하는 것은 뒤섞이는 디아스포라 문화들의 코드 전환 자체가 급진적인 제스처가 될 때 작동되는 일종의 침묵이다. 그러한 침묵은 "언어들이 상실되고 있었던" 곳에서 번역하려는 노력들을 방해하고 노고 없는 저항을 주장하는 것이나 진배없다. 바로 그것에 대해 나는 의구심을 느낀다. 노동 수출에 함께 던져진 많은 권역들은 '지방의 코스모폴리타니즘'이 아니다. 코스모폴리테이아(cosmopolitheia)는 번역 장면과는 실로 동떨어진 세계적 거버넌스이다.

우리의 번역자들인 카탈디와 나팔자리는 아포리아인 캐치-22에 거주한다. 그들의 자료 중 일부는 "땅을 주장하는 문서들에서 파생되며", 이미 기억술의 지리학을 자산으로서의 땅이라는 기호현상 속에 코드 전환하는 지점이기도 하다. 그들의 책은 "인간의 마음과 정신의 지구적 상호의존"을 믿는 시리즈에 등장한다. 이 상호의존 운운은 지구의 금융화, 전자자본의 '문화화'를 위한 이중-토크가 될 수 있고, 우리 시대의 새로운 세계 질서인 포스트-소비에트 착취의 알리바이가 될 수 있다.

그들의 책은 "미국 국가 기준 연구소의 Z39.48 기준을 충족시키는 산성-없는 종이에 인쇄된" 그러한 시리즈에 나타난다. 생물시굴(bioprospecting)로서 코드화된 생물해적질의 이름으로 전통적 지식을 무역 관련 지적 자산으로서 전유하는 것과 지구적 생태학 사이의 관계는 무엇인가? 불평등한 발전과 '녹색혁명'에 의해 타협된, 한편으로 표준화된 환경주의와 다른 한편으로 전통적인 지식 체계들 사이의 관계는 무엇인가? 기억술의 지리학과 위성을 배치하는 기술(서론의 각주 5번 참조) 사이의 관계는 무엇인가? 이것 또한 코드를 전환하는 질문이다. 우리가 디아스포라 혼종성의 예들을 수합하는 데 스스로 만족할 수 없는 만큼, 내가 여기서 하고 있듯 '타자의 문화들'을 번역하는 책들을 그저 읽기만 할 수도 없다. 우리가 세계의 모든 언어를 배울 수 없기 때문에 그저 편리함이라기보다 하나의 현상으로서 번역에 실제로 관심을 갖는다면, 우리는 거기 있는 스크린과 작업해야만 한다.

가장 경악할 만한 왈피리 그림들을 보여주는 바로 그 쪽들에는 『타임』 지를 학생들에게는 52% 깎아주고 "당신의 여가 시간을 위한" 스테레오 카세트 기기를 공짜로 주겠다고 광고하는 삽입 화면이 나온다. 이러한 끼어 넣기 행위는 종속된 고용인이나 시계의 기계적인 제스처이며 번역자들의 뚜렷한 의도와 완벽하게 아귀가 맞지 않는다. 국제적인 책 무역은 세계 무역의 법들과 보조를 맞추는 무역이다. 운명적인 실수의 회로에 있는 대상들로서 책들을 움직이는 것은 바로 이 박혀 있는 네트워크이다. 다른 쪽 끝에 일반화된 상품 교환이 있다. 우리는 둘 사이 어딘가에서 번역한다. 번역자들은 왈피리 꿈꾸기의 이 텍스트를 이러한 교환에 위임한다. 그렇다고 할지라도, 역사의 황폐함들 때문에 그들은 그 전체화하는 꿈꾸기가 하나의 작동 중인 반본질주의적 기호현상이 되는 방식을, 내부와 외부 사이에서 왕복하는 아이와 현실 테스트를, 책임성 있는 주체를 부상하게 만드는 폭력과 양심의 왕복을 파악할 수 없다. 이 책이 흥미로운 것은, 왈피리 사람들 자체가 이것을 알고 있다는 점을 보여주기 때문이다. 그들은 당대의 사회적 창조를 가리킨다. 어떤 사람들은 서발턴들(문화적 이동성으로부터 잘려나간 자들)에게는 역사가가 체계성으로 번역하는 관용구 외에는 아무것도 없는 양한다. 나는 적어도 이러한 견해를 제치며 수정하는 텍스트 하나를 선택했던 셈이다.

1996년 11월에 나는 서부 벵골의 서쪽에 있는 아카르바이드(Akarbaid) 마을의 외곽에 있는 한 정착지에서 1,200여 명의 선주민들이 모인 회합 자리에 있었다. (인도-유럽어를 말하는 민족들이 그 땅덩이에 조금씩 이동해 들어오기 시작하기 전에, 이 '선주민들'은 인도 아대륙 인구의 후손들이라고 여겨진다.) 저녁이 다가오자 마하스웨타 데비는 여든네 살인 로찬 사바르(Rochan Sabar)에게 "인도 독립투쟁에 가담했던 그의 옛 시절에 관해 가야트리에게 이야기해" 줄 것을 요청했다.

〈서발턴 연구회〉라고 불리는 역사가들 집단은 인도 독립의 민족주의적 역사 편찬에 대해 농민들과 선주민들 사이의 지속적인 봉기 전통을 무시한다고 1980년대 초반 이래 그 편찬을 문제시하는 데 개입하여 왔다. 여기서 나는 부르주아 민족주의 역사 편찬과 서발턴 역사 편찬 사이의 이러한 이분법적 대립의 첨단에 있었던 남자 한 사람과 대면하고 있었다. 로찬 사바르 자신이 서발턴 삶의 방식을 떠나지 않았던 선주민이었으며 독립 투쟁에 참여했고 '자유 투사' 연금을 받고 있었다.

로찬 사바르는 전에 수없이 들었던 이야기를, 자신의 이야기를 말하기 시작한다. 그러한 무리 중에서 나 혼자만 그 사실을 모르고 있다. 그는 가끔 '간디'라는 단어를 사용하고 있다. 그는 자신의 자유 투쟁 경험을 하나의 구전적 규정 양식 속에 번역했고 나는 바로 그 지점에서 그 양식을 인식할 수 있었다. 내가 학부생일 때 A. B. 로드(Lord*Albert Bates Lord, 1912.9.15-1991. 7.20, 하버드 대학 슬라브 및 비교문학 교수)를 읽었기 때문이다.[7] 마하스웨타는 돌아서서 나한테 "그런데 그는 마하트마 간디를 언급하고 있지 않아요."라고 말한다. 자신을 서발턴으로 무대화하는 부르주아 지도자의 위치에 있는 어떤 사람이건 간디라는 이름이 주어진다. 결국 간디는 서발턴이 아니었다. 그는 자신을 서발턴으로 무대화했고 자신의 양복을 벗었다. 그리하여 어떤 카리스마 있는 지적인 대중주의적 지도자가 묘사될 때마다 로찬은 '간디'라는 말을 사용하고 있다. 사람들의 신비화 방식을 보건대 '간디'는 하나의 유형을 가리키는 단어다. 이것이 나를 흔들어 댄다. 다음으로 학계의 서발턴주의 역사가들에 의해 종교라고 기술되는 바가 위기에 처하고 전투적으로 될 때, 다시 이야기하는 로찬의 서사시 속에서 한 계기가 나타날 때마다 로찬은 그 계기를 자신의 서사 망에서 포착하지 않고 반데 마타람(Bande Mataram!; 어머니에 대한 찬양을!)이라는 찬탄으로써 표시한다.

사티야지트 레이(Satyajit Ray)의 〈가정과 세상〉(*영화 제목임)을 관람했던 분들은 반데 마타람을 자유 투사들의 슬로건으로서 기억할 것이다.[8] 이것들은 산스크리트어이며 반킴 찬드라 차테르지(Bankim Chandra Chatterjee)가 쓴 19세기 민족주의 노래를 열어주는 서두이다.

산스크리트어는 힌두들의 고전 언어이다. 산스크리트라는 말 자체가 ('자연적인', '날것의'

---

7) A. B. Lord, *The Singer of Tales* (New York: Atheneum, 1965).

8) 이 영화는 라빈드라나트 타고르의 소설 *Gharé Bairé*에 근거를 두고 있다. 번역에 관한 에세이를 하나 쓴다면 그 영어 제목은 오역이라는 점이 주목되어야 할 것이다. 그 영어 제목은 원본의 문턱(threshold) 효과가 지니는 섬세함을 포착하지 못한다. 그 문턱 효과란 위치를 가리키는 경우인데 '안 바깥'(inside outside)으로나, 좀 더 직역하면 '국내/해외'로 번역될 법하다.

에 반대되는) '세련된'을 뜻한다. 원래의 인도-유럽 스피치 전통들을 산스크리트 형식 속에서 세련되게 만든 대목은 선주민들의 문화와 정치적으로 정확하게 대립될 것이다. 우리는 이러한 세련됨에 대한 로찬 사바르의 협상을 어떻게 셈할 것인가?[9] 더 나아가 그 노래에 나오는 어머니는 벵골이자 인도이다. 인도 힌두 민족주의의 바라티야 자나타(Bharatiya Janata) 당은 그것을 실제 사용 중인 더 세속적인 애국가로 주장하고 싶어 한다. 로찬은 이것을 모른다. 그는 힌두가 아니며, 힌두 민속 실천에 의해 오염된 종교적 관용구를 사용하는, 문자를 깨우치지 못한 정령숭배자일 뿐이다. 로찬은 반킴뿐만 아니라 간디의 헤게모니적 민족주의 설명을 서발턴 혹은 사바르 이야기하기(Sabar telling)의 기호계적 관습들로 변형시키고 있는 중이다. 로찬은 영국에 의해 끝장난 무슬림 통치에 맞서 벵골을 힌두적인 윤곽들로 복원하려는 영국 이데올로기와 관련된 반킴 자신의 노력을 비껴가고 있는 중이다. 반킴은 점차 '인도' 민족주의 속으로 사라져갈 힌두 벵골 민족주의를 확립하고자 시도했다. 반킴은 벵골 문화의 이슬람 구성요소와 협상한다. 그에게 선주민들은 아이들에 지나지 않는다. 반킴의 동생 산지브 찬드라 차테르지(Sanjiv Chandra Chatterjee)는 나의 학창 시절에 모든 학생들이 암기하고 있던 불멸의 문장을 썼다. "아이가 어머니의 품 안에서 아름답듯, 야만인은 숲에서 아름답다." 그 과정에서 반킴은 사전에 편찬되어 있는 아랍어와 페르시아어 요소들을 부인하면서 산스크리트어를 벵골어 속에다 편찬해 넣는다. 로찬 사바르가 자신의 단어들을 서발턴 공식 속에 짜 넣듯이 말이다.

나는 관용구에서부터 기호계에 이르기까지 반킴과 사바르 둘 다 서로 다르게 일반화하는 모습을 볼 수 있다. 로찬의 관용구는 역사가에 의해 코드 전환되어 인식 가능한 역사 편찬의 더욱 일반적인 기호계에서 이용 가능하게 되는 그런 관용구가 아니다. 나의 친구들인 동료 서발턴주의자들은 "그러나 가야트리, 당신은 이 부족민들에게 이런 종류의 원시주의적 경건함을 갖고 있어서 그 관용구를 코드 전환하지 않을 거라고 말하는군요, 그렇지 않아요?"라고 말했다.

실로 이것 또한 운명 지어진 오류(destined errancy)의 한 계기이다. 『위미키르리』(Yimikirli

9) 나는 졸고 「해체주의적 문화연구를 위한 논의들」("Arguments for a Deconstructive Cultural Studies," in Nicholas Royle, ed., *Deconstructions: A User's Guide,* Oxford: Blackwell, 2000, pp. 14-43)에서 종속된 자의 지배자를 향한 환대를 논의했다.

*'신성한 문학'이라는 뜻으로 선주민 왈피리 족의 꿈과 역사를 담은 책)가 국제적인 도서 무역에 입장하듯, 나의 일화도 그렇다. 나는 『위미키르리』와 나의 일화를, 모든 혼종적인 대중적 현상을 급진적인 제스처 자체로 기입하는 분류법에 놓고 싶으면서도 그 차이를 가리키고 싶다. 이것은 '토착 민족주의'의 예가 아니다.

무슨 일이 일어나고 있는지 모르고 있었던 또 다른 사람은 그러한 폐쇄의 서두에서부터 "로찬, 우리를 위해 노래를 부르세요."라고 소리쳤다. 로찬 사바르는 "아니요, 지금은 노래 부를 때가 아닙니다. 나는 **역사**를 말하고 있습니다."라고 큰 소리로 상당히 위엄 있게 말했다. 그는 오락과 지식을 스스로 구분하고 있었던 것이다.

나 또한 영어로 번역하는 사람이다. 어떤 사람은 나에게 데리다의 프랑스 정신이나 마하스웨타의 인도 정신을 포착하지 못했다고 말한다. 지금 나는 다른 쪽으로부터 번역들을 포착하려는 더욱 용맹스런 기획에 관여하고 있는 것 같다. 왈피리 사람들의 말을 인용함으로써 나의 연설을 시작했던 것도 바로 그러한 정신에서였다. 그리하여 나는 로찬 사바르의 말을 인용함으로써 끝맺을 것이다. 나는 두 인용을 일반적인 의미에서의 번역에, 오어법으로서 번역에, 배상 중인 주체의 형성에 새겨 넣는다.

내가 오비에도에서 연설을 했던 1998년에 인도의 〈민족 문예 아카데미〉(National Academy of Letters)에서 수여하는 번역상을 받았고 그 상을 수락하는 연설을 했다. 두 사건 사이에는 특정한 연속성이 있다. 나는 오비에도 연설에서 메트로폴리탄 혼종주의자를 의문시하며, 번역상을 받고 한 연설에서는 민족주의적 정체성주의자들을 비난한다. 나는 그 수락 연설을 11장의 적절한 결론으로 첨부하는 자유를 택한다.

뉴델리

〈사히티야 아카데미〉(Sahitya Akademi)가 마하스웨타 데비의 소설 번역에 대한 나의 노력을 인정해 주기로 결정한 것은 나로 하여금 깊은 영예를 누리도록 한다. 나는 그토록 스펙터클한 산문을 써 왔던 마하스웨타 데비에게 감사함으로써 이 연설을 시작하고 싶다. 나는 방글라(Bangla*벵골 민족이 말하는 마가단[Magadhan]어)의 풍부함을 날카롭게 의식했던 가문에서 나를 키워준 부모님 파레스(Pares) 찬드라 차크라보르티와 시바니(Sivani) 차크라보르티께 감사드리고 싶다. 나의 아버지는 의사였다. 하지만 우리 자식들은 아버지께서 입학시험 때 썼던 방글라 에세이로 타고르의 칭찬을 받았다는 것을 늘 상기했다.

나의 어머니는? 이렇게 특별한 경우에도 나는 어머니에 관해서는 아마 충분히 말할 수 없었을 것이다. 14살에 결혼해 15살과 23살 때 두 자식을 갖게 된 이 적극적이고 헌신적인 아내이자 어머니는 살아 있다는 순전한 사실과 더불어 모든 경우를 기쁜 마음으로 받아들였으며 독학하여 1937년에 캘커타 대학에서 벵골 문학으로 석사학위를 받았다. 어머니는 내가 쓴 글을 모두 읽었는데 내 문체의 모호함에 대해 한 번도 불만을 토로하지 않았다. 어머니의 지속적인 지원과 관심이 없었다면, 실로 1950년대 당시에 젊은 과부였던 어머니가 그때 내게 자유를 주고 나의 방황하는 정신이 나를 이끌고 가는 삶을 살도록 하지 않았다면, 오늘 여러분을 위해 나는 이 연설문을 쓸 수 없었을 것이다.

사믹 바디오파드히야야(Samik Bandyopadhyaya)는 1979년에 나를 마하스웨타 데비에게 소개했다. 처음부터 나는 데비에 의해 압도되었고 그녀의 말을 곧이곧대로 받아들였다. 이제 그 오랜 친숙함은 나더러 좀 더 사려 깊고 분별력 있는 접근을 하도록 했다.

1981년에 나는 유명한 미국 저널 『비평 탐구』(*Critical Inquiry*)와 『예일 프랑스 연구』(*Yale French Studies*)에 의해 각각 해체주의와 프랑스 페미니즘에 관해 써 달라는 청탁을 받는 신기한 입장에 처한 자신을 발견했다. 당시 그 입장이 왜 나한테 불합리하게 보였는지 지금 나는 기억할 수 없다. 아무튼 나는 『비평 탐구』를 위해 「드라우파디」(Draupadi)라는 마하스웨타의 단편소설 번역을 제안했고, 그 소설 읽기를 통해 도모된 해체주의에 관한 에세이도 보내겠다고 했다.

이제 내가 그 에세이를 회고해 볼 때, 나는 그 순진함에 놀란다. 당시 이후 20년 동안 나는 고국에서 떨어져 지냈다. 나는 비거주(nonresident) 인도인이 갖는 인도에 대한 집착에는 약탈적인 뭔가가 있다는 점을 인정할 용기를 지녔다. 그때 이후로 내 삶에서 많은 것이 바뀌었지만 그러한 애초의 관찰은 그 진실을 여전히 담지하고 있다. 아마 오늘 나는 그것을 좀 더 재치 있게 표현하거나 인도 편에서의 그 강력한 협력을 인정해야 할 것이다.

내가 마하스웨타를 번역하면 미국에서 활동하는 프랑스 전문가라는 딱지로부터 자유로워질 거라고 생각했던 이유는 무엇일까? 나는 그 이유를 모르겠지만 그러한 도구성은 그 과정에서 사라졌다. 당시보다 10년 앞서 내가 데리다의 『그라마톨로지에 관하여』를 번역했을 때도 그랬는데, 나는 다시금 다음을 발견했다. 즉 번역은 가장 친숙한 읽기 행위였고, 에코는 이중구속 속에 있었다고 말이다. 마하스웨타 데비는 프랑스로부터 자신을 자유롭게 하려는 가야트리 스피박의 방식으로 남아 있지 않았을 뿐만 아니라, 실로 불어와 벵골어 사이의 경계도 번역의 친숙함 속에서 사라져 버렸다. 말로 된(verbal) 텍스트는 저 언어학적 서명을 질투하면서도 민족 정체성을 참을 수 없어 한다. 번역은 그러한 역설 덕분에 번창한다.

불어와 벵골어 사이의 경계는 번역 행위의 친숙함 속에서 번역자를 위해 사라져 버렸다. 마하스웨타는 데리다 등과 공명했고 드와니(dhvani*문자음과 비문자음이 맞부딪쳐서 나는 소리, 드러나거나 드러나지 않는 소리)를 만들어 냈다.[10] 이것은 여기서 또 그 밖의 다른 곳에서 얼마간 분노를 야기했다. 여기서 불행한 일들을 논의하는 것은 경우가 아니겠지만 나로 하여금 잠시 여러분의 탐닉을 갈망하며 이론을 억제하는 두어 문장을 인용하게 해 달라. 나는 이 두어 문장들을 시걸 북스(Seagull Books) 출판사의 내 편집자 안줌 카티알(Anjum Katyal)에게 보낸 편지에 썼다. 그때 나는 그 편집자에게 마하스웨타의 「무르티」(Murti)와 「모한푸레르 룹카타」(Mohanpurer Rupkatha)를 번역한 원고를 제출했다.

> [이 두 이야기에서] 한편으로 ('봉건적인' 과도기적 또 서발턴적인) 젠더화와 (비극으로서 또 소극으로서) 민족해방 이데올로기 사이의 아포리아들 또한 성찰할 만한 가치가 있다. 그러나 비거주 이민자(Non Resident Immigrant)라는 나 자신의 위치로 말미암아 지구적 정치의 침착함과 지역 경험에 흔들리지 않는 단정함을 선호할, 경제적으로 새롭게 재구조화된 독자 이론에 저항함으로써 나는 좀 흥분된다. 그래서 나는 그 저항을 가만히 둔다.

---

10) 산스크리트 미학에서 가장 중요한 개념-은유들 중 하나는 문자 그대로 '공명'(resonance)이다.

마지막에 나오는 그 거친 문장은 가야트리 차크라보르티 스피박의 '설교 어투'에 관한 삼류 지적에 느낀 나의 상처와 유감을 반영한다. 여러분이 상을 주기로 선택한 바로 그 책 『상상의 지도들』(*Imaginary Maps*)의 서평자가 『오늘날의 인도』(*India Today*)에서 바로 그러한 지적을 한 바 있다.

물론 나의 감정은 상했다. 그러나 내가 유감을 느꼈던 것은, 당시 〈세계은행〉의 부행장이었던 앤드루 스티어(Andrew Steer) 또한 1992년에 '설교 어투'라는 말을 사용했기 때문이다. 1992년 〈유럽의회〉에서 나는 〈세계은행〉에다 계속 자기 정당화를 일삼으며 물신적으로 사용하는 '민족'(people)이라는 말을 재검토할 것을 제안했다. 오비에도와 뉴델리에서 나의 관심은 삶/번역자(클라인), 좁은 의미/번역자, 번역자로서 독자라는 윤리적 주체의 형성을 향하고 있었다.[11)]

왜 나는 마하스웨타의 백합에 금박을 입히기로 결정했던가? 자와할랄 네루 대학의 힌두어 교수인 슈리 남와르 싱(Shri Namwar Singh)이 시상식을 주관했다. 방글라가 반킴과 타고르를 가지고 있었던 1987년에, 델리 대학의 근대 인도 문학부 강사들은 『상상의 지도들』에 포함된 이야기들 중 하나인 「시카르」(Shikar)에 관해 말하기로 선택했던 이유를 나한테 물었다. 나는 그 실수를 수정해 준 즈난피스(Jnanpith) 위원회에 깊이 감사드린다.[12)] 마하스웨타에 대한 나의 헌신은 국가적인 공적 인정을 필요로 하지 않았다. 나는 데비를 처음으로 영어로 번역한 사람이었다.

윤리적 예화로서 행동이나 텍스트의 서사를 무시하는 것은 인간-이기(being-human)에 그 기초를 두고 있는 번역의 과제를 망각하는 짓이다. 번역은 하나의 서사에서 다른 서사로 이전하는 것이다. 대부분의 북인도 언어들에서처럼 방글라에서도 번역은 아누-바다(anu-vada), 즉 따라 말하기, 모방으로서의 번역, 에코이다. 자기 발언의 원천으로서 타자와 맺는 이런 식의 관계는 무엇인가를 위한 존재로서 윤리적인 것이다. 모든 구체적으로 좋은 행동으로서 모든 위대한 문학 — 어떠한 정의라도 여기서 질문을 끌어올 터인데 — 은 바로 그 점을 찬양한다. 그 점을 인정한다고 해서 '설교하는' 것은 아니기를 우리는 바란다.

---

11) Gayatri Spivak, *Outside in the Teaching Machine* (New York: Routledge, 2009), pp. 197-200.

12) 1961년 3월 22일에 제도화된 즈난피스 상(The Jnanpith Award)은 인도 헌법의 8번 일람표에 포함된 언어로 인도 시민에 의해 쓰인 문학에 전면적으로 공헌한 사람에게 수여된다. 마하스웨타 데비는 이 상을 1996년에 받았다.

그리하여 번역은 필요할 뿐만 아니라 회피할 수 없다. 텍스트가 말한다면 에코가 있을 것이다. 하지만 텍스트가 자체의 비밀을 수호할 때, 그것은 불가능하다. 윤리적 과제는 결코 수행되지 않는다. 『상상의 지도들』에 수록된 이야기들 중 하나인 「프테로닥틸, 푸란 사하이, 피르타」(Pterodactyl, Puran Sahay, and Pirtha)는 그러한 회피의 불가능성을 그리는 이야기이다. 거기서 회피할 수 없는 것이란 행성적인 것인데 너무 쉽게 — 그렇게 보이는데 — 회피된다. 국가에 의해 수긍된 역사적 서사의 일반적인 윤곽들에 의해서조차도 인도 선주민은 오랜 정착자들의 후손인 보통의 '인도인들'에 의해 서로 떨어져 지내고 타자화된다. 한 생물체에 의해 불가피하게 (잘못) 재현된 '행성적인 것'인 선사시대의 프테로닥틸이라는 근본적인 타자와 직면해, 선주민들과 정착자들은 함께 역사적으로 인간적으로 된다. 프테로닥틸은 번역될 수 없다. 그러나 선주민들과 정착자 인도인들은 서로를 침묵 속에서 또 윤리적 관계 속에서 번역한다. 저널리스트의 대중화하는 인식론에 간섭하면서 말이다.

번역의 이러한 창설적(founding) 과제는 토착 언어를 물신화한다고 사라지지 않는다. 서발턴들은 자신들의 토착 언어로 말할 수 있다고 나는 때때로 읽고 듣는다. 영어로 그렇다고 주장하는 지식인이나 문학비평가, 역사가처럼 나도 그러한 자기 확신을 가질 수 있으면 좋겠다. 스피치가 들리지 않는다면 그것은 스피치가 아니다. 번역하라는 명령이라고 불릴 수 있는 것은, 듣고-반응하는 이러한 행위이다.

우리는 종종 이것을 고통 속에 있는 민족을 도와주는 것으로, 혹은 좋은 법들을 통과시키라고 심지어 타자를 위해 그 법의 실행을 주장하라고 사람들을 압박하는 것으로 오인한다. 그러나 민족 사이의 창설적 번역이란 이미 그러한 노력을 타자가 말 없이 해 왔다는 점을 타자의 정상성 속에서 충분히 알아차릴 정도로 조심성 있게 인내심을 갖고 듣는 일이다. 이러한 듣기는 아무리 서사적인 것이라도 표준 언어가 폐기할 수 없는 관용어구의 환원 불가능한 중요성을 드러낸다.

하지만 민주주의의 사적 규범들을 기대하는 가장 가난한 자들의 1차 교육의 이해관계에서 보자면, 일정한 기준 언어가 또한 공유되고 실천되어야 한다. 여기서 우리는 번역의 불가능성을 폐기하고자, 언어의 역사적 변화란 계승된다는 소쉬르의 경고를 잠정적으로 거부하고자 시도한다. 여기서 가장 난감한 문제는 관용구에서 기준으로의 번역인데 그것은 엘리트 진보주의자들한테는 유행에 뒤떨어지는 것이겠지만 그것 없이는 민주주의의 추상적인 구조들은 이해될 수 없다. 역설적으로 여기서 관용구의 속성들은 가장 조심스럽게 유의되어야 한다. 최근에 나는 (가장 가난한 자들의 1차 교육이라는) 수준을 위한 방글라 어를 방글라 어로 설명하는(Bangla-to-Bangla) 사전도, 또 (관용구에서 기준으로의 번역이라는) 이 과제에 적합한 사전도 없다는 것을 발견했다.[13] 표준 벵골어의 형식을 지키는 연사는 위로부터의 구조에 필적하는 정치적으로 정확한 편집에 의해 조직되지 않는다면 자기-동기화된 서발턴 벵골어를 들을 수 없다.

사회의 가장 하층 부문들에 있는 암기식 배움의 질을 바꾸는 것은 우리에게 가능하지 않다. 그러나 같은 언어 사전을 손쉽게 사용함과 더불어, 지배에 의한 통치 행위를 도우면서 민주주의 정치체(polity)를 일상적으로 유지하는 데 필수적인 요소들인 독립과 입증(verification)의 정신은 여전히 함양될 수 있다. 유엔과 비정부기구(NGO)들은 일반적으로 학교 수를 늘려나가는 것을 종종 의기양양하게 말한다. 우리는 뒤따르는 보고서들을 거의 듣지 못하며 그 교실들에서 일상적으로 무슨 일이 일어나는지도 물론 모른다. 그러나 사전을 갖고 관용구에서 기준으로 번역하기란 필수적인 번역 불가능성에 저항할 때조차도 모든 곳을 여행한다. 서발터니티가 자체를 어떤 헤게모니 속에서 고통스럽게 번역할 수 있는 것은 그렇게 할 때뿐이다. 그 헤게모니야말로 우리가 위로부터 조직할 수 있는 모든 구조와 저항을 이용할 수 있고 능가할 수 있다.

이런 단어들이 여러분에 의해 읽히고 있을 때, 내가 여러분과 함께 하지 못할 형편이라 유감이다. 나는 어떤 명시되지 않은 부족의 정착지인 요나라(Jonara)의 작은 방에서 허리케인 등잔 불빛 아래 이 단어들을 쓰고 있다. 옆방에는 부족 남성 성인들이 많이 있는데, 그들 중 한 명이 기꺼이 왔고 네 시간의 집중된 공부를 통해 나한테서 아주 많은 것을 배웠다. 그러자 더 나이 든 다른 남자가 잠시 후 와서 좀 배웠고, 나중에 내가 다시 올 때까지 자신이 어른들을 가르칠 수 있도록 다른 남자도 준비시켜 달라고 나한테 청했다. (나는 오전의 체계적인 선생 훈련 작업을 아이들 집단과 아이들의 선생님들 집단과 함께 했다.) 이제 성인 남성들 집단은 옆

13) 이후 나는 〈서벵골 국가학술원〉(West Bengal State Academy of Letters)에 의해 발간되어 왔던 학생 사전에 대해 알게 된다.

방에서 중얼거리고 있으며 글자들과 단어들을 쏟아내고 있다. 그들 중 한 명의 학생은 지역 고등학교에 다니는데 지금까지 자신보다 연배가 높은 사람들과 분리되어 왔다. 관용어가 자체를 기준 속에 번역해 넣을 수는 없기 때문이다.

오후에는 내가 보았던 겨우 글을 깨우친 신부가 성인 여성들의 면전에서 "나는 모두 다 잊어버렸어요"라고 나한테 말했다. 그녀는 그녀들로부터 내게로 머리를 돌렸는데 눈물을 글썽이고 있었다. 나중에 그녀가 내 방에 왔고 글자를 깨우쳤다는 흔한 증거로서 자신의 이름과 주소, 1에서 10까지 숫자를 썼다. 그런 다음 그녀는 "마쉬(Mashi)는 다시 올 거예요."라는 메시지를 썼다.

남자들의 열성과 여성들의 고뇌는 얼마나 오래 갈 것인가? 나는 당시엔 알 수 없었지만 지금은 안다. 한 어린 소년은 더 나은 교육을 원했는데 (前) 자민다르(zamindar)가 학교들을 폐쇄했다. '마오주의'가 들어오니 또 다른 이야기이다.[14] 내가 묘사하고 있는 것은 소위 성인 교육을 위한 수업들의 자의식적 올바름과는 좀 다르다. 한창인 우리 수업 중에, 방글라 알파벳 외에는 아무것도 모르지만 오늘 자신의 수업에 참석했던 첫 번째 남자가 나를 위해 써준 행들(lines)을 여러분을 위해 번역해 보겠다. "yele koto anando holo chley jabey abar kobey abey boley na"(나는 이곳과 다음 문단 마지막에 마침표를 생략했다. 부호 없는 문장들의 불완전성에 대한 감각을 제공하기 위해서이다.)

이것은 마하스웨타가 자신의 소설에서 재생하고자 시도한 방글라 부족의 크레올 어인데, 나는 그것을 영어로 번역할 수 없다. 내 친구 사한 사바르는 자신이 표준 벵골어를 쓰고 있다고 생각했다. 그 문장이 담고 있는 것을 번역하려는 시도를 나는 증언한다. 나는 그를 위해 두 가지를 변화시켰고, 그에게 첫 번째 변화란 그저 변주라는 점을 그에게 확신시켰다. 나는 크레올의 가장 강력한 표식인 '당신'(tumi)의 부재를 바꾸지 않았다. 시나 정동(affect)만이 표준 방글라 어로 이 부재를 생산할 것이다. 다음은 사한의 문장이 표준 영어로 번역되는 방식이다. "얼마나 많은 기쁨이 있건 [당신은] 왔고, [당신은] 우리를 떠날 것이며 [그

14) 자민다르란 벵골이 1793년에 영국의 영원한 정착지가 된 시기에 영국인을 위해 수세관(收稅官)이 되었던 지주이다(라나지트 구하Ranajit Guha의 *A Rule of Property for Bengal*, Paris: Mouton, 1963 참조). 부족민들이 '마오주의'의 이름으로 총알받이로서 '이용된' 경위를 보려면, Nirmalangshu Mukherjee, "The State of the War," http://outlookindia.com/article.aspx?277662, Prasenjit Bose, ed., *Maoism: A Critique from the Left* (Delhi: LeftWord, 2010) 참조.

녀가] 언제 돌아올지 말하지 않는다."

사한이라는 이 서발턴은 이미 번역되는 와중에 있는 스피치의 재능을 내게 제공했다. 내가 고통 속의 그를 도왔기 때문이 아니라 내가 그의 관용구에 유의했기 때문이다. 사바르와 같은 사람들은 남녀가 계속해서 그들의 스피치, 그들의 크레올, 나의 방글라(Bangla) 사이에서 나를 위해 의식적으로 번역한다. 그들은 케리아 어(Kheria*방글라데시의 한 지역 언어)의 인류학적 사전을 즉각 필요로 하지 않는다. 컬럼비아 대학 도서관에는 그 사전이 두어 권 있다. 이 사바르 사람들은 모든 방식으로 "그들의 언어를 상실"했다. 그들은 가우디야 프라크리트(Gaudiya prakrit) 판본들을 말한다. 가우디야 프라크리트는 많은 산스크리트 크레올들 중 일부인데 천 년 전에 근대 벵골어 속에 병합되었으며 주거니 받거니 한다. 나는 이 부문의 학자는 아니다. 오늘날 우리가 인도의 21개 언어로부터 잘 번역하였다고 주는 상을 수락하는 연설을 할 때, 가장 장기간으로 민주주의를 계승하기 위해 미래 선거구의 가장 큰 부문이 필요로 하는 것은, 투표권자들의 투표권들을 사고파는 것보다 관용구를 기준 속에 번역해 넣는 것을 도와줄 실제적이고 간단한 동일 언어(same-language) 사전들이라는 점을 특별히 강조하며 말하고 싶다. 우리가 욕망들을 재조정하고자 작업할 때, 이러한 필요를 만족시키기 위해 아카데미가 움직이기를 나는 바란다. 연장자나 바부에게 뜻을 묻지 말고 책을 참조하라. (이러한 희망 또한 뒤이어 산산이 부서졌다. 우선권들은 원시주의, 전통주의, 부르주아 문화주의, 지구적 경쟁주의이다. 더 이상 놀랄 일도 아니다.)

나로서는 내가 사랑하는 것을 도울 수는 없고 번역할 수 있을 뿐이다. 하지만 나는 12장의 제목이기도 한 영어로 번역하기에 저항한다. 내가 읽을 수 없는 원본은 어떠한 것이건 나는 결코 가르치지 않으며, 나 자신의 번역을 비롯해 인쇄된 번역들을 계속해서 수정한다. 나는 그람시와 카프카와 보들레르를 영어로부터 인도어들로 번역하는 것을 나쁜 생각이라고 여긴다. 그렇다면 번역자로서 나는 사랑의 핵심에 있는 모순을, 대항-저항(counter-resistance)을 수행하는 셈이다. 또한 나는 보상받을 필요가 없는 것, 즉 텍스트의 즐거움을 배회하는(haunting) 기도를 보상해주는 여러분에게 감사드린다.

올해 내가 에메 세제르의 『콩고의 한 계절』(*Une saison au Congo*)의 번역을 끝낸 후에 붙인 「번역자의 노트」로써 11장을 마치고자 한다.

두 가지의 번역 이론이 있다. 여러분이 원본에 여러분 자신을 첨가하거나, 여러분 자신을 지워 텍스트를 빛나게 하는 것이다. 나는 두 번째 이론에 동의한다. 그러나 나는 또한 번역이야말로 가장 친숙한 읽기 행위라고 거듭 말해 왔다. 그리고 읽기는 홀리고자 기도하는 것이다. 세제르는 루뭄바(Lumumba)에 의해 홀렸듯이 나를 홀렸다. 나는 내 세대의 실망을 지우고 세제르를 조심스럽게 번역하며 신경 쓴-결말들(nerve-endings)에서 다음을 이해했다. 즉, 포스트식민 세대는 민족-정체화라는 얄팍한 유럽 선물을 해제하고 세상에서의 진짜 힘(real force)을 창조해내고 싶어 했다고 말이다. 그 세상에서는 새로운 종류의 지역주의가 문화적 본질주의들을 해제할 터이다. 그러한 해제는 성공하지 못했다. 그러나 나는 3장 장면 6에 나오는. 루뭄바의 임종 스피치 — 정직하지는 않겠지만 진실하게 땅에 있겠다는 약속으로서, 피비린내 나는 죽음의 거품이 다가오는 새벽에 대한 감각으로서, 죽음이 등장하는 — 를 반복해서 말하는 사이, 그러한 실패가 마지막이 아니라는 점을 나의 신경으로 감지했다. 내가 이것을 공개적으로 표현했을 때, 맨 앞줄에 있던 내 친구 소울리메인 바치르 디아뉴(Souleymane Bachir Diagne)가 일어나 집요한 노력이라는 것을, 구석에 항상 있는 결과라는 것을 말하는 데서 그러한 감지를 확인했다. 그래서 나는 번역하면 나의 영예가 될 텍스트를 소개해 달라고 그에게 요청했다. 나의 번역이 부디 여러분을 불어로 인도하게 해 달라.

12.
영어로 번역하기

나는 명백한 요점이 되어야 할 바와 더불어 시작하고 싶다. 그 요점은 번역가는 작가의 전제들을 파악하고 원본의 기획에 홀려 있기를 기도해야 한다는 것이다. 번역은 가장 정확한 동의어들을 가장 근접한 구문으로써 함께 묶는 것만은 아니다. 칸트의 「단순한 이성 범주들 내부의 종교」는 (순수하다기보다) 단순한 이성은 프로그램된 구조라는 전제와 더불어, 내재된 불발 가능성들과 함께 쓰인 것이며 바로 세우는 한 가지 방식으로서 계산(calculation)에 지나지 않는다.[1] 18세기 이래 칸트의 철학적 전제들과 공명하지 않는 영어 번역가들은 모든 명사를 심리학화했고, 칸트를 합리적으로 선택된 부르주아 기독교 신사처럼 말하는 사람으로 만들어 왔다.[2] 그런데 칸트의 통찰은 오늘날의 주요한 문제를 띠울 수 있었다. 즉,

---

1) Immanuel Kant, "Religion within the Boundaries of Mere Reason," in Allen W. Wood and George de Giovanni, eds., *Religion and Rational Theology* (Cambridge: Cambridge University Press, 1996), pp. 39-215.

2) 18세기 이후 번역가들이 이런 문제들의 존재를 모르고 있었던 것은 아니다. 가장 잘 알려진 예가 빌퀴르(Willkür)와 빌레(Wille) 사이의 구분이다. 위대한 번역가인 T. K. 애벗(Abbott)은 이 둘을 각각 '선택적 의지'와 '의지'로 번역했다. 그리하여 그의 번역은 빌퀴르에 부가되어 있는 '번역'이나 '고집스러움'을 연상시키는 일상 언어에 보전된, 저것보다 이것을 선택하는 단순한 기계적 능력이라는 의미와 밀접하게 되었다. 존 실버(Silber)가 지적하듯, 칸트가 빌퀴르를 자율성보다 이질성(heteronomy)과 연루시키는 이유도 바로 그것이다. "이 구절들의 의미를 발견하고 규정한 것은 … 『종교』와 『도덕의 형이상학』에서 칸트가 이룩한 최상의 업적들 중 하나였다"는 실버의 시사는 나로서는 정확한 것 같다. … 칸트가 언제 'Wille'나 'Willkür'를 사용하는지 영어권 독자가 알 수 없다면, 칸트의 의

초월적인 것에 관한 직관 없이, 단순한 추리로써 접근될 수 없기 때문에 불가해한 무엇에 관한 직관 없이 세속주의라는 것이 있을 있는가라는 문제 말이다. 네 가지 가운데 한 가지 부수적인 것으로서 이성의 계산을 초월적인 것을 경유하여 보호하려는 칸트의 기획은, 그의 영어 번역가들에게는 대항-직관적인(counter-intuitive) 것이었다.[3]

나는 그 문제의 일반성을 보여주기 위해 여기서 세 가지 예를 더 첨가할 것이다. 그 예들 중에 번역가들의 공감 부족은 각 텍스트의 가능한 용도를 망쳐 버렸다. 합리적 선택의 한계들과 관련되는 용도 말이다. 이로써 그 예들은 영어로 번역하는 사람의 책임이라는 나의 주된 관심사로 옮겨 간다. 몇 명의 독자일지언정 각 예에 의해 제안되는 그 궤도를 조심스럽게 따라가기를 나는 바란다.

마르크스가 모든 사물들의 통약 불가능성에 관해 "내용 없고 단순하다"(inhaltslos und einfach)고 썼을 때, 그는 유물론자가 형식에 관해 말하듯 말하고 있었다.[4] 형식으로서가 아니라 내용 없는 사물로서 말이다. 경험주의적 영국 번역가 세대들은 마르크스의 철학적 전제들과 공명하지 못하고 그 요점을 놓쳐버렸고 "실속 없는"(inhaltslos)을 "내용에서 빈약한"(slight)으로 번역했고 그리하여 가치에 관한 전체 논의로부터 허튼소리를 만들어냈다. 마르크스의 통찰은 오늘날 모든 사물의 데이터로의 변형, 즉 정보를 자본과 구분될 수 없게 만드는 전자통신을 띠울 수 있었다. 인지 가능한(intelligible) 형식주의의 불가피성을 유물론적 이해관계에서 통제하는 마르크스의 전제들은 그의 영어 번역가들에게는 대항-직관적인 것이었다.

유명한 프랑스 정신분석가 자크 라캉은 시선(gaze, glance)에 관한 자신의 세미나에서 그 영역의 혹은 외관상 객관화하는 전면적인 시선을 징후 비슷한 어떤 것으로 제시한다. 그런데 라캉은 자신의 학생들에게 이것을 보여주기 위해 증거를 사용할 수 없다. 라캉이 열어주고 있는 것은 환자에게서 증거가 생산되는 바로 그 양상이다. 그래서 그는 변명일 뿐

지(will) 이론이 지닌 진화하는 복잡성을 놓쳐버린다(Introduction, in Kant, *Religion within the Limits of Reason Alone*, trans. Theodore M. Greene and Hoyt H. Hudson, New York: Harper, 1960, lxxxiv).

3) '파레르곤'(parergon)은 착수된 작업의 한계 외부에 있는 과제를 묘사하는 칸트의 단어이다("Mere Reason," p. 96 및 그 외 여러 곳). 파레르곤들은 단순한 이성의 작업뿐만 아니라 순수이성의 작업에도 속한다는 점은 주지되겠지만 그 세부사항을 논의하는 것은 12장의 범위를 넘어선다.

4) Karl Marx, *Capital*, vol. 1, trans. Ben Fowkes (London: Penguin, 1990), p. 90.

만 아니라 로고스 쪽에서 좀 벗어난, 흥미로운 신조어 '교훈적인 우화'(apologue)라는 단어를 사용한다.[5] 자연화하는(naturalizing) 번역가는 바라보는 사람(looking people)에 대해 라캉이 그저 말하고 있을 뿐이라고 생각하는지, 이렇게 중요한 문장을 "나는 당신에게 소소한 우화를 말할 거예요"라고 번역한다.

프랑스 역사가 미셸 푸코가 권력의 지반층에 대해 "넘어서건 마주 대하건 환원 불가능한 것들"(irreducible over-againsts, irréductible vis a vis)로써 세워지는 것이라고 기술했을 때, 그는 경험적인 것의 초월화를 피하고자 노력하는 중이었다.[6] 푸코의 철학적 전제들과 공명할 수 없는 휴머니즘적 영어 번역가들은 "마주 대하는"(vis a vis)을 "대립하는"(opposite)으로 번역해 왔고, 형식에 관한 비형식주의적 직관에 내용을 부여해 왔고, 그 논의를 일상 언어로 이해되는, 권력의 미시정치로 전환시켜 왔다.

그렇다면 해당 작가의 전제들은 그 혹은 그녀의 언어 용법을 알리는 가운데 일종의 특이한(sigular) 코드로 전개되어 나간다. 그때 그 작가의 전제들을 포착한다는 것은 무엇을 말하는가? 나한테 많은 것을 가르쳐 주었던 프랑스 철학자 데리다는 그러한 포착을 한 텍스트의 규약들, 즉 언어의 일반 법칙들이 아니라 바로 이 텍스트에 특수한(specific) 법칙들에 입장하는 것이라고 부른다. 이것은 번역을 가장 친밀한 읽기 행위라고, 따라다니는(to be haunted) 기도라고 내가 인식하는 이유이기도 하다.

내가 이렇게 시작하는 것은, 나 자신이 그저 특수한 언어들로부터(from)가 아니라 영어로(into) 번역하는 사람이기 때문이다. 지구적 혼합어로서 영어의 증가하는 권력 때문에 영어로 번역하는 사람의 책임은 점점 복잡하게 된다. 또 내가 문화민족주의를 피하기 위해 네 가지 예를 서두에서 선택한 바 있지만, 원본이 북서유럽의 언어들 중 하나로 쓰여 있지 않을 때 그 책임은 더욱 심각해진다는 점 또한 사실이다.

다양한 이유 때문에 그 언어들을 재빨리 번역해내는 시장은 점차 확장되는 추세이다. 1970년대 중반 이후, 번역 시장은 소위 국제시민사회의 증가된 능력과 관계가 없다고 할

---

5) Jacques Lacan, "The Line and Light," in *The Four Fundamental Concepts of Psychoanalysis*, trans. Alan Sheridan (New York: W. W. Norton, 1978), p. 95.

6) Michel Foucault, *The History of Sexuality*, vol. 1: *An Introduction*, trans. Robert Hurley (New York: Pantheon, 1978), p. 96.

수 없는 피상적이고 과장된 감탄에 의해 고양되어 왔다.[7] 1970년대에 유럽, 라틴아메리카, 아시아, 아프리카에서 일어난 국가를 넘어선(extra-state) 집단행동은 건강, 환경, 문자능력 등과 같은 이슈들에 관심을 갖는다. 이 이슈들과 민족-국가와의 관계는 갈등적인 것이었지만 여전히 하나의 관계는 맺고 있었다. 자본주의적 지구화가 진전됨에 따라, 이 부상하는 힘은 점차 지배적인 것 속에 전유되었다. 종종 국제적 연대를 갖고 기본적으로 비정부 실체들인, 국가를 넘어선 초기의 이 집단성들은 국가의 헌법성(불안정한 것이건 유토피아적인 것이건)을 손상시키는 데 지금 이용되고 있었다. 강력한 국제적 NGO들(비정부기구들)은 국가를 넘어선 이 회로들을 이제 지구적으로 통제하고 있다. 토착 NGO들은 전형적으로 해외 원조의 큰 구성요소를 갖고 있다. 이 자기 스타일의(self-styled) 국제시민사회(그것이 국가를 넘어서는 한)는 특히 젠더 이슈들을 향해 방향 지어진 문화적으로 큰 구성요소를 갖고 있다. 번역, 특히 "하나의 문화를 알아가는" 재빠른 방식인 문학 번역이 상승세를 타고 있었던 것도 바로 이 국제시민사회에서이다. 이 지점에서 우리 영어 번역가들은 아주 조심하며 겸허하게 작업해야 한다.

하지만 그 반대도 종종 그렇다. 영문학을 연구하는 유명한 페미니스트 벵골 학자인 미낙쉬 무케르지(Meenakshi Mukherjee)는 내게 이름을 밝히지는 않았던 어떤 사람에 대해 말했다. 그 사람은 최근에 벵골어로부터 번역하는 일에 손대기 시작했다고 한다. 번역가가 되고 싶어 하던 그 사람은 그 혹은 그녀의 벵골어 실력의 유창함에 대해 계속 질문을 받자, "나는 벵골어를 읽을 수 있어요"(bangla porte jani)라는 똑같은 대답을 했다. 우리 모두 그러한 경우들에 대해 알고 있다.

이제 다른 명백한 요점을 언급할 때이다. 번역자는 한 작가의 전제들을 포착하고자 시도해야 할 뿐만 아니라, 빌린 것이라도 많은 맨션들과 주인언어의 많은 수준들에 물론 거주해야 한다. "나는 벵골어를 읽을 수 있다"는 것은 바로 정문 옆에 있는 바깥쪽 방에 입장

---

7) 국제시민사회의 한계에 대한 평가를 위해서는 Satendra Prasad, "Limits and Possibilities for Civil Society Led Re-democritization," *Prime* (20000), pp. 3-28 참조. 제대로 검토되지 않은 찬사로는 Homi K. Bhabha, "Democracy De-realized," in Okuwi Enwezor, ed., *Documenta 11, Platform 1: Democracy Unrealized* (Ostfildern-Ruit: Hatje Cantz, 2002), pp. 346-364 참조.

할 권리를 확보해야만 하는 셈이다.

당시 나는 1980년에 발간된 마하스웨타 데비의 소설 『초티 문다와 그의 화살』(*Chotty Munda ebong tar tir, Chotti Munda and His Arrow*)을 번역하는 글쓰기에 관여하고 있었다.[8)] 내가 번역했던 마지막 문단에서 "mohajoner kachhe hat pa bandha"라는 구절과 맞닥뜨렸을 때, 나는 번역의 수위를 선택했고 "채권자에게 저당 잡힌 팔들과 다리들"이라고 썼다. '저당 잡힌'(in hock)은 인도계 언어들 중 하나인 영어에서보다 지구적 혼합어에서 더 많이 나온다. 나는 벵골어를 영어로 번역하는 명민한 인도 번역가인 수지트 무케르지(Sujit Mukherjee)와 함께 그런 선택들에 관해 잇따라 대화를 나누었다. 그러나 내 판단에 "저당 잡힌"(mortgaged)이라는 무케르지의 번역은 실수였을 것이며, 원본에 나오는 "묶여 있거나 다발로 된"(being tied up or trussed)이라는 동음이의어의 재미 또한 놓쳤을 것이다.

'저당 잡힌'(in hock)이 그 동음이의어를 포착하지 못한다는 게 아니다. '저당'이 뉘앙스들의 약속을 실어 나르기에는 그 어원이 충분히 혼란스럽다는 말이다.

나는 그 문단의 더 아래쪽에 나오는 구 "hoker kotha bollo na Chotti?"를 "초티는 '권리들'에 관해 말하지 않았던가요?"라고 번역한 대목을 덜 만족스러워한다. 벵골어 Hok는 totshomo 즉 al haq라는 아랍어로부터의 동일한 차용어인데, 권리만이 아니라 개인을 넘어서 있는 책임들과 권리들의 기이한(peculiar) 혼합체이다. 마하스웨타 소설의 서두를 읽은 사람은 누구나 그 텍스트가 이러한 전제를 실어 나른다는 점을 알고 있다. 나는 이 세부사항에서 실패했다. 번역은 해결하는 만큼 또한 많은 문제를 지닌다. 나는 이러한 종류의 피할 수 없는 실패를 표시할 정도로 언어에 대한 충분한 감각을 지닌 누군가가 그 소설을 가르치기를, 또 그 드문 독자가 벵골어로 인도되기를 바란다.[9)]

---

8) 그 번역은 2002년에 콜카타의 시걸북스(Seagull Books) 출판사에서 나왔다.

9) 나는 알 하크(al haq)의 애매모호함을 이 책의 16장 「행성을 다시 상상하라는 명령」에서 논의했다. 내가 보기에 패트릭 울프(Patrick Wolfe)는 부지불식간에 짝을 이루는 '호크'(hock)와 하크에 관해 흥미로운 논평을 한다. "나는 이것의 기초를 다질 아무것도 갖고 있지 않지만 당신의 텍스트에서 이 단어들과 처음 만났던 것은 아니다. 영어로 '호크'는 몸값 지불하기, 서로 대립하는 집단들(남성과 여성, 세입자와 집주인 등), 부활절 시기에 (묶고 다발 짓기가 개입되는) 서로를 유사-납치하기(mock-kidnapping)와 관련 있으며, 되돌려 받기 위해 치러야 하는 쓴 경험이었다. 십자군 시기에 상당한 수의 납치가 계속되었다. 이는 사라센, 따라서 아랍의 차용어(loan-word)와 연루되는 실천일까? 야생적이고 거칠기 짝이 없는 나는 윌리엄 존스 콤플렉스를 겪고 있을지도 모르겠지만, 알 만한 문헌학자가 어딘가에 있다는 점을 추호도 의심하지 않는다(사적인 통신임)."

나한테 이것은 부족한 관심 탓에 어떤 것은 좀 빨리, 어떤 것은 좀 늦게 사멸해가는 언어들로부터 특별히 번역한다는 중요한 과제이다. 자신의 특별한 환경 속에서 지구적 남반구의 언어들로부터 번역하는 우리는 메트로폴리스에서 가르칠 텍스트로서 우리 텍스트들을 준비해야 한다. 좋든 나쁘든 그것이 그 텍스트들의 운명이기 때문이다. 물론 이것은 우리를 인기 없게 만들 것이다. '3세계' 텍스트들에 필요한 모든 것은 주석이라는 은연중의 가정 때문이다. 나 자신은 다음과 같은 머나먼 또 가능할 것 같지 않은 희망 속에서 나의 번역을 준비한다. 즉, 나의 텍스트들이 벵골어를 충분히 사랑할 정도로 잘 아는 교사의 수중에 떨어져서, 학생들이 그것들을 읽는 최선의 방식은 원전을 파고 들 정도로 밀어붙이기라는 점을 알게 되리라는 희망 말이다. 물론 모든 사람이 벵골어를 배우지는 않겠지만 한두 명이라도 배울 수는 있다! 또한 그 문제는 느낌으로 다가올 것이다. 여기서 내가 아리스토텔레스와 고전 희랍어, 흐로츠위타 폰 간더스하임(Hrotswitha von Gandersheim*935-1002, 10세기 독일 극작가이자 시인이며 최초의 여성 극작가로 간더스하임 수도원에서 살았고 글을 썼다.)과 라틴어, 단테와 이탈리아어, 물론 칸트와 마르크스와 독일어, 라캉과 푸코와 불어에 대해서도 똑같은 감정을 갖는다는 점을 덧붙여야만 하겠다. 나중에 언급되는 텍스트들은 많은 교재 판본들을 가지는 것이, 그 언어들이 무시되지 않는 것이 정당하다. 내가 마하스웨타의 소설에 붙일 서문과 후기를 준비한다고 했더니 『커쿠스 리뷰』(*Kirkus Review*)로부터 경멸에 찬 쪽지를 몇 년 전에 받았던 기억이 난다. 지난 27년간 전 세계에 걸쳐 나는 자크 데리다의 철학 비평[10)]을 위해 서문과 후기라는 장치를 제대로 제공했다고 많은 칭찬을 받아 왔다. 나는 그 칭찬을 이 쪽지의 경멸과 대조시킨다. 물론 문학과 철학은 출판사의 목록에서 다른 영역에 속하기는 하지만 말이다.

이러한 정신에 따라 이제 나는 방글라데시의 액티비스트이자 시인인 파라드 마자르의 『시기상조의 공책』(*Untimely Notebook*)으로 화제를 돌릴 것이다.[11)]

'Ashomoy'는 흥미로운 단어이다. 'Dushhomoy'는 물론 '나쁜 시절'일 것이다. 그러나 『시기상조의 명상들』(*Untimely Meditations*)에서처럼, '시기상조'라고 전형적으로 번역되는

10) 물론 『그라마톨로지에 관하여』를 가리킨다.

11) Farahad Mazhar, *Ashomoyer Notebook* (Dhaka, Protipokkho, 1994), p. 42.

'Unzeitmäßig'에 대한 니체의 용법은 내게 하나의 출구를 제공했다.[12] 공책은 성찰들을 끄적거려 놓는 장소이기도 하다.

니체가 그렇듯, 마자르는 자신에 대해 '시기상조'라고 생각한다. 실로 니체는 진정한 문화적 형상들은 다음과 같아야 된다고 믿는다. 즉 "미덕은 … 역사적 실존의 가장 근접한 어리석은 사실성으로서 역사적 열정과 싸우거나, 거짓말이 역사 주위에 번쩍거리는 망을 자아내는 동안에도 역사 자체를 영예로운 존재에 헌신하게 함으로써 역사의 흐름에 맞서 항상 헤엄친다."[13] 마자르는 아무런 대안도 제공하지 않는다. "니체가 자신을 바라보았던 방식이기도 한 이 시기상조의 사상가는 다른 문화의 확립을 향해 직접 작업하지는 않는다. 그 문화에서 그의 논의가 '시의적절'하게 될지 모르겠지만 말이다. 차라리 그는 '나의 시대에 맞서, 또 그리하여 나의 시대에 영향을 미치면서 미래 시대의 이익을 위해 희망을 갖고' 작업하는 중이다."[14]

푸코가 「니체, 계보학, 역사」에서 시사하듯,

> 계보학이 제 차례가 되어 우리의 탄생을 보았던 땅의 문제, 우리가 말하는 언어의 문제, 우리를 지배하는 법의 문제를 제기한다면, 우리의 '우리'라는 가면 아래 우리에게 모든 정체성을 금지하는 이질적인 제도들을 가시화하고자 하는 셈이다. … 역사의 [또 다른] 용법은 … 무지한 행복에 맞서, 강력한 환상들에 맞서 취해진 한 가지 입장의 폭력을 드러낸다. 인류는 그러한 행복과 환상들에 의해 자체를 보호하면서도 연구에서는 위험한 모든 것을, 발견에서는 혼란을 일으키는 모든 것을 선호한다.[15]

마자르는 이질성을 추구하는 가운데, 눈에 띄게 니체식 양식으로 동물 세계로부터의 불가능한 번역들에 착수하며 문화로부터 깨끗하게 벗어나 자연으로 간다. 바로 이것이 데

---

12) Friedrich Nietzsche, *Untimely Meditations*, trans. R. J. Hollingdale (Cambridge: Cambridge University Press, 1983).

13) Ibid., p. 106; 수정된 번역임. 또한 22, 55, 60, 95, 146, 206, 251 참조.

14) Gianni Vattimo, *Nietzsche: An Introduction*, trans. Nicholas Martin (London: Athlone, 2002), pp. 31-32.

15) Michel Foucault, "Nietzsche, Genealogy, History," in *Language, Counter-Memory, Practice: Selected Essays and Interviews*, trans. Donald F. Bouchard and Sherry Simon (Ithaca, NY: Cornell University Press, 1977), pp. 162-163. 수정된 번역임.

리다로 하여금 니체를 삶의 철학자로 위치시키는 지점임을 우리는 상기한다.[16]

이제 그러면 공책은
이번에 필립 상을 받을 것인가?
알라신의 은총으로 열심히 노력하세요, 열심히 노력하세요.

조심하라.
나는 기어가는 풀의 모습을 베끼고 있다.
나는 휘어잡는 재규어의 모습을 베끼고 있다.
나는 미끄러지고 있고, 내 발을 멋대로 움직이고 있다.
나는 발뒤꿈치를 따라
길을 걸으며 문제들을 베끼고 있다.
조심 또 조심하라.
당신은 더 일찍 다른 쪽 철조망에서
싸워야 했다.
지금은 양쪽에, 오른쪽과 왼쪽에, 꼭대기와
바닥에, 물에, 땅에 서 있다.
가서 당신의 이빨을 악어에게 고정시키라
뱀에게서 가죽 등뼈가
박쥐 가슴을 빨아 먹으러 간다.
헤이, 시기상조인 나의 공책이여, 시절이 나쁘니
모든 면에서 허물을 벗은 눈들과 함께
내 친구여
조심하라!!

---

16) Derrida, *Of Spirit: Heidegger and the Question*, trans. Geoffery Bennington and Rachel Bowlby (Chicago: University of Chicago press, 1989), pp. 54 and 57n.3.

조심!!

마자르는 앞선 연(stanza)에서 남편 아닌 사람과 잤다고 여겨져 돌에 맞아 죽은 누르자한(Nurjahan)이라는 여성에 관해 말하고 있다. 나는 마자르의 페미니즘을 추천할 수 있고, 페미니스트 외에 니체 면모와 마자르가 맺는 여하한 영적 연계를 작업할 수 있다. 하지만 나는 2행과 3행에 나오는 '무르타드'(murtad)와 '도라'(dorra)라는 단어를 어떻게 할 수가 없다.

시기상조의 공책이여, 나는 율법의 결정(fatwa)을 제시한다네.
당신은 배교자(murtad)라네.
나는 당신에게 101번이나 시간을 주었는데도(dorra)
당신은 수치를 모른다네.
나는 당신을 구멍에 집어넣고 돌로 쳐 죽일 것이라네.
전체 마을 사람들의 면전에서
당신은 차탁차라(Chhatakchhara)로, 칼리카푸르(Kalikapur)로
가야 한다네, 이번엔 죽으러
찢어진 사리(sari)나 물주전자를 찾아라
율법(Shariat)의 증인이여, 알라신이 소녀들을 길렀다네
마을의 원로들과 세상의 부자 남자들을 위해
율법의 증인이여, 이슬람 지도자(imam)과 이슬람 율법학자(mollah)의 과제는
알라신의 의지를 성취하는 것이라네
믿음이 가고 돈이 가고 반작용이 가고 진보가 간다네
자마야트 이슬라미(Jamayate Islami)가 가고 제국주의가 가고
수발(Subal)이 가고 수담(Sudam)이 간다네[17]
쌍둥이 형제들이 손을 잡고 가는 모습을 바라보고

17) 힌두 신 크리슈나의 친구들이다. 마자르(Mazhar)는 벵골 문화의 힌두 요소들과 무슬림 요소들을 전형적으로 뒤섞는다. 이 점은 본문 중에 좀 더 나온다.

기뻐한다네…

나는 '무르타드'와 '도라'에 접근할 수 없다. 이 단어들은 아랍어에서 나온 'tatshomo'이기 때문이다. 나는 'tatshomo'라는 단어와 그것을 따라다니는 단어 'tadbhabo'에 대한 설명을 첨가한다. 내가 1950년대 초반에 고등학교를 다녔을 때 모든 벵골 학생들은 이 단어들을 알고 있었다. 나는 벵골주의자는 아니며, 벵골어를 사랑해서 그저 번역하는 사람일 뿐이다. 내가 여러분에게 제시하고자 하는 것은 사물들에 대한 어느 일반주의자의 감각이다.

이 두 단어들에 나오는 'tat'는 '저것'이나 '그것'을 의미화하며, 힌두 다수파가 주장하는 인도의 고전 언어들 중 하나인 산스크리트어를 언급한다. 두 단어는 두 다른 종류의 단어들을 묘사한다. 'Todbhabo'는 '그것에게서 태어난'을 뜻하며 'Tatshomo'는 '바로 그것처럼'을 뜻한다. 나는 중요한 차용-원전으로서 아랍어를 참조하기 위해 '저것'이나 '그것'이라는 이동장치 'tat'를 이동함으로써 이 두 단어를 사용하고 있는 셈이다.

인도에서 무굴 제국의 세기들(1526-1857)과 그 제국에 상응하는 벵골의 나와바트(Nawabate) 지역을 거치는 가운데, 벵골어는 많은 아랍어들에 의해, 또 특별히 페르시아에서 빌려온 차용어들에 의해 풍부해졌다. 물론 벵골어는 당시 '죽은' 언어였던 산스크리트어로부터 파생된 것이다. 그래서 둘 사이의 관계는 전혀 다르다. 그러나 학식 있고 세속적인 벵골 신사들은 아랍어에, 또 특히 궁정과 법정의 언어인 페르시아어에 능통했다. 영국이 인도로 진입하는 중요한 통로는 벵골이었다. 영국인들이 무슬림 제국으로부터 해방시켜 주겠다는 약속들로써 벵골 힌두들을 조종했다는 것은, 적어도 일반주의자의 가정이다. 산스크리트어, 희랍어, 라틴어가 서로 연관된 언어라는 윌리엄 존스의 발견은 힌두들과 영국인들에게 아리아주의에 대한 공통된 주장, 말하자면 상호-번역할 수 있는 능력에 대한 주장을 제공하기도 했다.[18] 또한 18세기 말경부터 새로운 벵골 산문의 주조자들은 그 언어에서 아랍 및 페르시아 내용을 일소해서 마침내 마이클 마두수단 두트(Michael Madhusudan Dutt,

18) 나는 이 점을 『포스트식민 이성 비판』에서 좀 더 길게 논의했다. 호미 바바는 혼종성의 그저 형식적인 환원 불가능성을 입증하는 브라만들을 영국인들과 관련시키는 알렉산더 더프(Duff)를 인용하면서 이렇게 중요하고 실질적인 종교/카스트 요점을 놓쳐 버린다(Bhabha, "Commitment to Theory," *Location of Culture*, New York: routlege, 1994, p. 33).

1824-1873*벵골 사가르다리 출생으로 현대 벵골 문학 최초의 위대한 시인. 서구식 교육을 받은 벵골 중산층의 문화적 본거지인 콜카타의 힌두 칼리지에서 공부했고, 1843년에 기독교도가 되었다. 영어로 창작을 했으나 성공을 거두지 못하자 마지못해 벵골어로 전환했다.)의 위대한 무운시와 엄청나게 영향력 있는 소설가 찬드라 차토파드하야(Chandra Chattopadhyaya, 1838-1894*벵골 작가, 시인, 언론인. 인도 애국가 Vande Mataram을 작곡했으며 인도 독립 운동 중에 액티비스트들을 고무했다. 벵골어로 13권의 소설을 비롯해 다양한 글들을 썼다.)에 의해 편집된 잡지 『방가다르샨』(*Bangadarshan*, 1872-1876)에서 충분히 장엄하게 산스크리트화된 벵골어가 등장했다. 그 아랍어 및 페르시아어 구성요소는 다름 아닌 지방색이 되었다. 산스크리트화된 벵골어는 벵골 민족주의의 도구 및 뒤이어 벵골어로 표현된 인도 민족주의 브랜드의 도구가 되었던 언어였다. 그 매체는 단순화되었고 확장되었으며 당대 벵골 산문 속에서 다양하게 되었다. 이 벵골 산문은 내 모국어의 세련된 맛을 지닌 것으로, 내가 학교에서 배웠던 것인데도 나더러 'murtad'와 'dorra'를 번역해 내도록 하지는 못했다.

1947년 독립 이래 국어 힌두어에서 아랍 및 페르시아 요소를 일소하려는 상응하는 운동이 일어나고 있었다. 언어에 대한 그러한 정치적 절단은 분할 연구의 일부분이 되어 왔다. 세르비아가 크로아티아로부터 분리되고 체코가 슬로바키아(*체코슬로바키아 동부)로부터 분리되고 광동(canton* 중국 남부 도시) 말이 한 민족의 단순한 방언으로 일축되듯 말이다. 내부(internal) 번역의 정치적 생산은 분석의 다른 유형을 요구하는데, 나는 그것을 결론에서 다룰 것이다.

아랍 및 페르시아 요소들이 벵골어에서 일소된다면, 오늘날 한 사람의 번역가로서 나는 그 요소들과 어떻게 만날 것인가? 나는 이 구성요소들을 복원하려는 방글라데시의 일반적인 운동의 일부로서 그 요소들과 만난다. 이것은 벵골어의 이슬람화와 혼동되어서는 안 된다. 벵골어의 산스크리트 토대를 변형시키는 문제란 있을 수 없기 때문이다. 실로 마자르는 산스크리트어에 기초를 둔 벵골어 어휘를 상당한 운치를 담아 사용한다. 내가 나의 일반주의 이야기에서 지적했듯이, 우리는 이것을 1947년에 소위 인도 분할이 있기 오래전부터 시작되었던 분할의 틈을 메우려는 집요한 시도라고 부를 수 있겠다. 그러한 시도는 지하로 갔던 단어의 저장소를 복원하는 셈이다.

1947년에 동파키스탄이라고 창조되었던 것이 1971년에 방글라데시로 독립하게 되었다. 이것을 초래했던 중요한 정치적 군사적 갈등도 있었지만, 방글라데시라고 된 부분을 동원했던 강력한 요인 중 하나는 언어라는 이슈였다고 말하는 편이 정확할 것이다.[19] 실로 방글라데시라는 신생 국가의 이름을 붙이는 작업은 더 오랜 지도 제작을 움츠러들게 했을 것이다. 방글라데시(방글라 땅)는 방글라 혹은 벵골어를 사용하는 사람들이 살고 있는 전체 땅 구역을 가리키는 이름이다. 1947년에 분할 독립되기 이전에, 방글라데시는 오늘날의 인도 서벵골 주를 포함하고 지리적으로는 벵갈리 파침(Bengali Paschim)과 푸르보 방가(Purbo Banga)에서 동벵골이라고 기술될 수 있는 근대 민족-국가 방글라데시를 포함하는, 벵골의 전체 영국 주(province, 州)였을 것이다. 방가는 벵골의 영국 주보다 좀 더 큰 지역의 옛 이름이다. 그리하여 근대 이전 구역과 왕국의 고유한 이름은 나와브권(Nawabship*Nawab: 무굴 제국 시대의 인도 태수, 인도 회교도의 존칭)의 이름 속에 전위되고, '주'라는 식민적인 고유한 이름 속에 번역되며, 언어 구역을 넘어 옛 인도의 3대 관구(Presidency*옛 인도의 봄베이, 벵골, 마드라스의 행정적 명칭)로 정부가 분리되는 가운데 확장된다. 그리하여 그 이름은 지금은 하나의 언어 구역을 명시하는 것이 아니라, 환유적으로 전체를 주장하는 경계 지어진 민족-국가를 명시하기 위해 근대화된 것이다.

이것은 분할에 대한 선심 쓰는 찬양으로 보일 수도 있다. 1947년 이래, 인도 서벵골 주(혹은 파침 방고 Paschim Bango)는 존재하지 않는 장소의 서쪽 부분이다. 좀 더 오랜 이름에 의해 전체를 또한 주장할 수 있도록 그것을 그저 방고라고 부르는 식의 해결책들을 제안한 자들과 달리, 나는 지정하고 지명하는 식의 해결책을 전혀 제안하지 않는다. 그러한 해결책은 지리적으로 비대칭적인 각 반쪽에 대한 역사적으로 비대칭적인 이름을 공식적인 것으로 만듦으로써 분할을 결론지을 것이다. 물론 그러한 분할조차도 해제될 수 있다. 우리는 각 반쪽을 서로 다른 방식들로 각기 전체라고 말할 수 있기 때문이다. 결국 그것은 큰 문제를 야기하지는 않을 것이다. 이름 붙여진 장소들은 엄밀히 말해서 그 자체로서 존재하지 않는다. 다시 이름 짓는 행위들이 있을 테니까 말이다. 그 밖의 다른 곳에서처럼 이 경우에도 나는 이름 붙여진 장소들에 대한 집단적으로 수긍된 실존의 정치적 생산양식에 관심을 기울인다. 그 장소들의 '다른 이름들'은 항상 부상할 준비가 되어 있는, 지역적 대안이나 대립으

19) 방글라데시 언어 운동에 관한 논의로는 *Chinta* 22-23 (March 15, 20000): 20-25 참조.

로 부상하는, 옛것이나 잔여적인 것으로서 어른거린다.[20]

어떤 의미에서 방글라데시라고 이름 붙여진 장소의 확립이 1947년의 분할을 승인한다면, 충분히 이상한 일이지만 그 국가의 언어정책은 저 다른 분할, 즉 19세기에 일어났던 그 언어의 아랍 및 페르시아 요소들의 점진적 추방을 영예롭게 한다. 그리하여 그 분할은 역설적으로 서벵골과의 차이를 해제하고 만다. 99%가 무슬림인 방글라데시라는 국가의 공식 언어는 인도 벵골어에서 발견되는 것 못지않게 지독하게 산스크리트화되어 있다.

19세기의 오랜 인종청소로부터 떨어져 나와 벵골어의 아랍 및 페르시아 요소들을 복원하려는 운동이 자체의 작업을 한다는 것은, 바로 이러한 얽힘 속에 엉겨 있는 모든 것에 맞서는 일이다. 내가 벵골어를 사랑하지만 또 내가 니체로써 'ashamoyer'를 깨트릴 수 있었지만, 내가 'murtad'와 'dorra'를 번역할 수 없었던 것은 내가 그러한 엉킴 내부에서 자랐기 때문이다.

나는 벵골주의자가 아니며 번역가일 뿐이다. 나는 이 운동에 가담한 사람들 중에 두 명의 이름만 인용할 수 있을 뿐이다. 아크타루즈만 일리아스(Akhtaruzzaman Ilias, 1943-1998)와 파라드 마자르 말이다. 일리아스는 『치레코타르 체파이』(*Chilekothar Cepai*)와 환상적인 『코아브나마』(*Khoabnama*)의 저자이다. 내가 이렇게 긴 여담을 시작했을 때, 나는 마자르의 시를 번역하고자 했던 셈이다.[21] 두 작가들은 방글라데시의 산스크리트화된 언어 민족주의에 이중으로 으름장을 놓고 있다는 점이 여기서 주장될 수 있겠다.

사히티야 아카데미 모임에서 나는 벵골어에 외래적인 아랍 기원의 우르두어로서 후다(huda: 이것에 대해서는 뒤에 더 말할 것이다)라는 단어의 번역에 곧장 끼어들고 말았다. 나는 카슈미르에서 온 저명한 우르두어 교수로부터 학식 있는 어원학적 철학적 연구(나는 이 연구의 희미한 모방을 산스크리트 기원의 벵골어 단어들을 위해 제공할 수 있을 것이다)에 의해 가르침을 받았다. 인도계 벵골인들 중 누구도 번역을 제공할 수 없었다.

'무르타드'와 '도르라'는 각기 '배교한'과 '채찍의 끝'으로 번역될 수 있다. 후다(Huda)가 그

20) 나는 이 점에 관해 『다른 여러 아시아』, (*Other Asias* (Oxford: Blackwell, 2008, pp. 209-238)에 나오는 「우리의 아시아들」(Our Asias)에서 '아시아들'이라는 이름의 견지에서 논의했다.

21) Akhtaruzzaman Ilias, *Chilekothar Sepai* (Dhaka: University Press, 1995); *Khoabnama* (Dhaka: Maola Brothers, 1996).

논의를 너무 압도하는 바람에, 이 두 단어는 아카데미 모임에서 영어화되지 못한 채 남게 되었다. 나는 너무 오랫동안 이 정보를 보류해 왔다. 내가 원고를 수정하면서 유럽 및 아시아의 여러 나라들을 거쳐 가며 움직이고 있었을 때, 어떻게 그 영어 대응물들을 찾아낼지 계속 궁리하고 있었다! 방콕 공항에서 벵골 웹을 읽고 있던 어떤 사람은 틀림없이 방글라데시 사람일 것이다! 그 우연한 만남이 마침내 그 대응물들을 제공했다.

그녀(번역가)가 그 언어에 옛 명칭 붙이기를 그 어떤 거친 역사적 혹은 어원학적 방식으로도 느끼지 못한다면, 그 번역가는 자신의 과제에 필적하지 못한다고 나는 믿는다. 충분히 이상한 일이기는 했지만 나는 캘커타의 성 요한의 디오세산(Diocesan) 여고에서 이 교훈을 얻었다. 니리마 핀(Nilima Pyne) 양은 젊은 기독교도 여성(물론 우리는 그녀를 옛날 사람이라고 생각했다)인데 산스크리트어를 마음과 영혼으로써 배웠었다. 내가 열한 살이나 열두 살 정도였을 때, 그녀는 "도중에 메마른 지류가 있다"를 뜻하는 두 산스크리트 꼬리표를 따라다니는 저 유명한 쌍을 우리에게 인용했다. 그 두 가지 소리의 집합에서 완전한 불협화음을 감지할 수 있는지 살펴보라. 또 두 번째 예에서 더 긴 길이를 갖는 모음들을 확실하게 표시해 보라. 나는 기성의 음성학적 음역(音譯)을 따르지 않았으며 산스크리트 음성들과 가장 가깝도록 하는 영어화(Englishing)를 제공했다.

a. shushkum kashthum tishthattugrey

b. neerasa taruvara poorata bhaati

여러분은 이 두 문장의 서로 완전히 다른 울림을 감지할 수 있는가? 여러분이 산스크리트어를 '알고 있다'는 것과 좀 다른, 산스크리트어에 대한 감각(sense)을 갖고 있지 않다면, 물론 여러분은 그 다른 울림을 감지할 수 없다. 두 행이 '똑같은 의미를 지니고' 있으나 번역은 그저 의미의 이전만은 아니다. 음성(sound)과 감각(sense)은 함께 작동함으로써 바로 그 점을 보여준다. 산스크리트어는 방브니스트(*프랑스 과학자. 물이 기억능력뿐만 아니라 인류의 언어와 문자를 듣고 이해하는 능력까지 지녔다는, 물의 기억 이론을 주장함)에게서 그저 하나의 계기만은 아니다.[22]

이것은 번역에서 얻어지는 교훈은 아니었다. 그러나 서너 해 후에, 에워싸는 대양의 거대함 속에 있는 무도함(enormity)을 은유화하면서 '똑같은 의미'를 갖는 셰익스피어의 행을 우리로 하여금 이해하게끔 했던 것은 바로 그러한 가르침이었다.

바로 나의 이 손이
수많은 바다들을 붉게 물들여
녹색을 붉은색으로 만드네.

우리가 내용을 이전하는 것은, 내용을 완결시킬 수 없다는 것을 알면서 모든 소통에서처럼 번역에서도 다르게 이전해야 하기 때문이다. 우리가 언어의 수위와 결을 전치(轉置, transpose)하는 것은 관용구나 음성을 반복하지 않는다는 것을 알고서 그렇게 해야 하기 때문이다. 가장 훌륭하고 가장 신중한 번역이 아마 우연히 암시하는 것이 바로 이 이중구속이다. 미메시스(mimesis, 모방)는 투세(tuchè*재현될 수 없는 실재계와의 순간적 만남이라는 환각, 통합된 전체가 아닌 물신으로서의 부분 대상에 의한 외상적 환영)에 의해 포이에시스(poiesis, 창조)를 치고 만다(hit).[23] 지구적 남반구의 언어들을 영어로 번역하는 사람들은 이러한 분투노력을 상실하여 왔다. 그 손실은 이루 헤아릴 수 없다. 그러므로 지구적 남반구의 언어들로부터 영어로 책임성 있게 번역할 사람들은 자신들이 알고 있는 대로 또 양육된 대로 주인(host) 언어의 임박한 죽음의 그림자 속에서 종종 번역한다.

나는 마자르(Mazhar)에 나오는 이 두 단어를 번역하면서 역사와 옛 명칭 붙이기(paleonymy)의 짐이 이중구속에 첨가된다는 점을 또한 시사하고 있는 중이었다. 여기 도착해서 내가 종종 듣는 말은, 모든 사람이 그토록 잘 준비될 수는 없다!는 것이다. 솜씨 있는 유럽 언어 번역 전문가를 그런 식으로 거부하는 경우가 있을까? 우리는 그런 변명에 관심을 두지 말고, 또 다른 종류의 역사를 환기하는 다음 시로 넘어가자고 제안한다.

22) Emile Benveniste, *Indo-European Language and Society*, trans. Elizabeth Palmer (London: Faber, 1973).

23) Aristotle, *Poetics*, trans. W. Hamilton Fyte and W. Rhys Roberts (Cambridge, MA: Harvard University Press, 1991), p. 29.

이 시는 우리를 민족-국가의 역사 속에 있는 벵골어가 아니라 이슬람의 상호-민족성 속에 있는 벵골어를 참조하도록 한다. 내가 이미 언급하였듯이, 벵골어는 아랍/페르시아 소속이 아니다. 벵골어는 이슬람 언어로서 심각하게 취급되지 않는다. 방글라데시를 확립하도록 했던 전쟁 동안에 당시 서파키스탄 군인들은 동파키스탄 군인들과 민간인들을 '진짜' 무슬림이 아니라고, 힘으로 개종된 힌두주의 찌꺼기라고 비웃었다("이란어, 아프간어, 베르베르어, 벵골어와 같은 아랍어 음성들"이라는 대목에서 보듯, 비아랍계 이슬람 언어들 중에 벵골어를 인정하는 아씨아 제바르야말로 가장 특별하다는 점은 여기서 언급할 만한 가치가 있을 것이다).[24] 이러한 틀에서 마자르는 다음과 같이 알라신에게 말을 건다.

> 방글라는 당신의 것이 아니라네
> 당신은 내 머리의 왕관과 내 입천장을 갖고서
> 방글라 어를 만들었다네.
> 나의 후두개는 '아'(ah)와 긴 '이'(ee)를 갖고 장난친다네.
> 나는 '옴'(om)과 내 가슴의 박자를
> 숨결마다 시험한다네.
> 서로 일치하는 것의 매혹된 확장 속에서
> 심금이 울린다네.
> 오, 주님, 나는 그것을 무척 좋아하고 방글라 어도 무척
> 좋아한다네.
> 나는 방글라 어를 낙원의 과일인 양 깨끗하게 탐욕스럽게 핥는다네.
> 당신은 부러운가? 당신은 이 혀 속에서 결코
> 당신 자신을 주장하지 않았다네! 하지만 나는 하루 종일 혀에
> 망치질을 하고 부젓가락을 쑤셔 넣어 방글라 여왕이 자신의
> 빛과 권력 속에서 각각의 앞에 모두 머물게 한다네, 나의 사랑하는 주님.

---

24) Assia Djebar, "Overture," in *Women of Algiers in Their Apartment*, trans. Marjolin de Jager (Charlottesville: University Press of Virginia, 1992).

누군가가 오늘 묻네, 그래서 방글라여, 당신은 그만큼 신성한가요?
당신은 너무 원초적인가요? 알라의 알파벳은요?

방글라가 당신의 것이 아니라서 나는 기쁘다네, 왜냐하면 만약 방글라가 그렇다면 —
방글라의 영광이 당신의 값어치를 올린다네, 이성 때문이 아니라네.

시행들을 살펴보기로 하자. 단트(Dānt)는 특별히 번역할 수 없는 관용어들 중 하나이다. 공기와 은총, 부푼 머리, 사기 — 여러분은 나의 선택을 본다. "당신의 값어치를 올린다". '단트'가 'behuda'와 또 내가 '불합리하게'라고 번역했던 'tatshamo'라는 또 다른 아랍어와 짝을 이루어 왔다니 그 점은 흥미롭다. 여기서 기분 좋게 맞아 들어갈 'ajotha'(산스크리트어로는 'ayathā')라는 산스크리트-기원의 공통된 단어가 있다는 것을 내가 먼저 말해야겠다. '베후다'는 자체를 가리키며 '보통의 독자'에게는 이해될 수 없다. 지금 나는 방글라데시에서는 '베후다'라는 단어가 일반적으로 사용되고 있는 단어라고 생각한다. 내가 이미 언급했듯이, 나는 카슈미르 출신인 나의 학식 있는 동료로부터 '후다'(huda)라는 아랍어에 관한 강연을 들었다. 나는 그 단어를 영어로 친숙하게 만듦으로써 그 의미를 가장 잘 파악할 수 있었다. "이성 때문이 아니라네"에서의 '이성'은 일상적인 언어이다. 하지만 '이성'은 상당한 철학적 무게를 지닌 단어이기도 하다. '후다'는 이와 비견될 수 있는 범위를 갖는다. 여기서 문자에 의한 것이라기보다 상상력에 의한 계시와 연결된 언어를 주장하기 위해 어떤 이성이 환기되고 있는 중일까? 이것은 토착어로 경배할 권리와는 다른 논의이다. 토착어에서는 부수적으로 내용의 이전이 당연시될 게 틀림없다. 나는 '세속적인' 것을 찾아 어디건 간다. 나는 이 점에 관해 나중에 다시 논의할 것이다. 단순한 이성을 넘어 종교를 확장하는 것은 그 단순한 이성과 더불어 초월적인 것을 기록한다기보다 번역하는 문제를 초래할 수도 있다는 암시가 여기서 나온다.

나는 독자에게 초월적인 것을 향한 상호-민족성의 역사, 민족-국가들의 역사를 통해 자기 언어를 번역하는 시인을 번역하는 번역가와 함께하도록 시도하면서, 여기 짤막한 도입부와 함께 세 편의 시를 인용할 것이다.

첫 번째 시는 「암새 샤리크」(Lady Shalikh)이다.

샤리크는 아름답지도 않고 듣기 좋은 소리도 못 내는 가문의 새이다. 마자르는 벵골의 유명한 미인들이 아니라 영양 부족인 방글라데시 농촌 여성의 소박함을 환기하고 있다. 마자르는 페미니스트 시인이다. (여기서 나는 이 어려운 문장을 풀어 헤칠 수 없다.) 시인이 언어에 대한 자부심을 갖고 알라신에게 외치듯, 평범한 여성으로 하여금 그렇게 하도록 만드는 것은 어떤 의미를 지닐까?

낙원의 정원에서 갈색 몸집의 샤리크가 부른다네.
오 나의 삶이여, 당신은 낙원의 나뭇가지에서
우리의 다정한 샤리크가 삶과 영혼을 다해 알라신의 커다란 홀에다
자신의 노래를 소리쳐 부르는 소리를 들었던가.
우리 주님이여, 당신은 노란색 다리의 무릎을
나뭇가지에 곧추세운 채
우리의 여왕 샤리크가 부르는 힘없고 비천한 낮은 가락을
읊조리며 자신의 비천한 부리로써 목을 다듬는 소리를
들을 수 있고 볼 수 있나요?

친애하는 주님이여, 우리가 무엇을 청하여 왔던가요?
우리의 희망은 작은 것이랍니다.
우리 삶의 새가 낙원에 거하도록 해 주세요.
들창코에다 안짱다리에 몸의 노동으로 움푹 들어간 눈을 한
어두운 피부색의 소녀는 아직도 벵골에서는
자신의 낙원을 잃어버린 사랑받던 소녀랍니다.

새가 삶과 영혼을 다해 부르고 또 부르니
알라신의 마음이 녹는다네.

다음 시는 근대의 인종청소된 벵골어, 즉 영어로 쉽사리 흘러들어가는 언어의 주요 제조자라고 이미 언급되어 왔던 라빈드라나트 타고르를 언급한다. 마자르는 스며든 타고르의 영향을 부인할 수는 없겠지만….

타고르 키드(The Tagore Kid)

우리 주인 라비(Rabi)는 엄청 체구가 큰 시인이라네,
백인들은 그의 문학적 힘을 심사하여 그에게 노벨상을 주었다네.
제대로 한 일이라네. 그의 아버지와 할아버지들은
영국인들을 쫓아다녔고 약탈물을 긁어모았고
스스로 지주가 되었다네.
그러나 가족의 잘못들은 결코 그의 시를 멈추게 하지 않았다네.
이제 그는 전 세계의 시인이라네.

나는 그에게 인사하고 진심으로 그를 환영한다네.
하지만 친애하는 주님이여, 나의 영혼은 그를 향해
끌리지 않는다네. 라빈드라는 잘못했다네. 그의 펜은
많은 운 좋은 현자들, 성인들, 신앙을 부인한 자들, 위인들을
기념했지만 야생적인 꿈속에서도 예언자 무함마드의 이름은
결코 나타나지 않았고 그의 펜 끝으로 암시도 하지 않았다네.
그래서 나는 결코 용서할 수 없다네.

하지만 친애하는 은총의 주님이시여, 제발 타고르 족벌의
그 소년을 용서해 주세요.

내가 인용한 마지막 세 번째 시에서 시인은 모든 타자들에게 열려 있었던, 힌두 전통 내부의 한 인물에게 말을 건다. 라마크리슈나 파라마한사(Ramakrishuna Paramahansa, 1836-1886)

라고 알려져 있었던 그(7장 참조)는 또한 초월적인 것을 다루는 시인이었다. 그의 매체가 문학 언어는 아니었지만 말이다. 그는 지성인도 아니어서 공적 언어의 여정을 바꿀 수도 없었다. 그러나 포이에시스(poiesis)가 미메시스(mimesis)를 넘어서는 타자를 형성하는 것이라면, 라마크리슈나는 그 일반적 의미에서 시인이라고 불려야 한다. 이슬람은 자아에 대한 그의 상상하기들(imaginings)과 그의 반복들 가운데 제자리를 잡고 있었다. 이러한 움직임들은 정체성을 위해 번역을 부인하기보다 번역하라는 명령의 환원 불가능성을 인정하고 있었다. 그 때문에, 여기서 마자르는 번역되는 것의 일부로서, 즉 '원본'이 아니라 타자로서 반응한다. 여기서 번역은 전혀 대체물이 아닌 그 시인을 놀라게 한다. 그 양식은 선언적인 것이 아니며 "그러면 내가 움직였던가요?"라는 타자화된 양식으로 춤추는 시인의 그림을 소개하는 셈이다.

마자르는 라마크리슈나의 이름으로 또 다른 번역을 착수하거나 초월적인 것 속으로 이전해 나간다. 여기서 초월적인 것이란 신비주의자 인간에게서부터 신 자신에게로 가는 메신저이자, 본연의 초월적인 것을 가장 쉽게 인식할 수 있는 이름이다. 하지만 그것은 하나의 번역이다. 시인은 알라신의 수궁 속에 지고한 행복을 성취하고자 일신교를 경배하게 해달라는 청원을 또박또박 말한다. 그는 힌두의 식물(무궁화)을 이슬람의 근엄한 알라신에게로 옮겨 심자고 용감하게 제안한다. 그 시의 현재에서 그러한 이전은 영원히 수행된다.

> 스리 람 파라마한사(Sri Ram Paramahansa)
> 당신은 붉은색 무궁화를 보았나요? 당신은 그 꽃이
> 벵골에서 만개할 거라고 말했다네.
> 그리하여 그 무궁화는 피의 헤모글로빈처럼 핏빛인
> 아마도 진홍색 꽃잎을 피우고 숲과 땅에서 빛나고 있다네.
>
> 나의 주님이여, 나 무궁화 꽃은 당신의 영광 속에서
> 스리 라마크리슈나 파라마한사데브(deb)라는
> 저 축복받은 자의 수중과 통한다네.

그는 자신의 작은 껄껄거리는 소리로 웃을 것이며,
웃을 때, 이가 빛날 거라네.
또한 "내 셰이크(Sheikh) 소년이 여기 왔구나?"라고 말한다네.

그렇다면 내가 움직였단 말인가? 아니, 나는 움직이지 않았다네.
가고 있는 중이라면 나는 모든 곳을 같은 길로 간다네.
사랑의 신이 황홀하게 장엄하게 춤추고
셰이크 소년도 똑같이 춤추며 바로 이 주님을 사랑한다네.

파라마한사가 칼리를 통해 무궁화 꽃을 주님 당신에게 보낼 때
사랑으로 받아들이세요.

이슬람이 번창했던 곳마다 지반(ground) 수준에 있는 대항-신학적인 이슬람은 이러한 교환들을 아마 그렇게 굉장하지는 않더라도 잘 다루어 왔다. 이슬람 세속주의의 위대한 전통이 손상된 오늘날, 이와 같은 시가 우리를 다음과 같은 상상적 여행에 출범시키는 것은 특히 중요할 것 같다. 독자와 번역가가 지구적 남반구의 언어들로부터 영어로 번역할 때의 번역을 수호하기 위해 인가된 무지를 넘어서는 모험을 하고자 한다면 어떤 위험도 무릅쓸 수 있는 상상적 여행 말이다. 방글라데시 문학은 그러한 명부에서 두드러지게 나타나지 못하고 있다. 로케야 사카와트 호세인의 『이슬람 왕비의 꿈과 격리된 자들로부터의 선집』은 〈페미니스트 출판사〉에서 간행되어 소생되기도 한다.[25] 그렇게 되지 않으면 다른 벵골어의 제조자들과 그들의 후손들이 영어화된다(get Englished). 이것은 물론 발전(development)의 재료와는 다르다. 하지만 그것은 또 다른 이야기이다.

마자르와 같은 작가들이 탈신학화된 '종교적'인 영역에 입장하고자 시도할 때, 그들은 피상적인 세속주의의 전제들을 질문한다. 이번에 그 전제들은 근본주의자들을 위해 연

25) Rokeya Sakhawat Hossain, *Sultana's Dream and Selections from the Secluded Ones*, trans. Roushan Jahan (New York: Feminist Press, 1988).

료를 제공하는 것으로 부정확하게 감지된다.

나는 칸트의 「단순한 이성 범주들 내부의 종교」를 언급하면서 12장을 시작했다. 나는 번역의 문제가 우리로 하여금 다음을 보도록 허용하지는 않는다고 언급했다. 즉 그 텍스트에서 칸트가 초월적인 것을 사유할 가능성 없이도 세속주의가 과연 가능한지를 신중한 정직성을 갖고서 고려한다는 점 말이다. 이 과제는 오늘날 절대적으로 중요하다. 종교를 언급만 해도 신경질적으로 되는 저 위생처리된 세속주의자들은 세계의 수많은 민족들과 접촉하지 않은 채 그들의 머리를 모래 속에 파묻어 왔다. 계급-생산이 그들로 하여금 초월적인 것을 합리화하고 사유화하도록(privatize) 허용했다. 그들은 초월적인 것의 합리화와 사유화를 모든 곳의 모든 이들이 환영하는 텔로스(*궁극의 목적)라고 본다. 여기서 이것을 권리들의 강화와 교육의 감독과 연관시킬 시간은 없다. 자칭 국제시민사회의 스스로 선출된 도덕 기업가들은 아무런 사회적 계약도 민족적 책임감도 없이 권리들의 강화와 교육의 감독을 외친다. 여기서 나는 그러한 연관을 만들어낼 수 있고 만들어야 한다는 점을 주장할 수 있을 뿐이다. 나는 세상의 이런 상태가 일반적 의미에서나 좁은 의미에서나 책임성 있는 번역의 실패와 어느 정도 관련이 있다고 적어도 제안할 수 있기를 바란다.

나는 여러분에게 단일한 언어의 혼종성이라는 것과 함께 걸어보자고 했다. 이제 나는 이주민의 소망 성취인 혼종성 개념은 정체성에 대한 여하한 주장에서건 환원 불가능한 문화 번역이라는 논평을 내리고 싶다. 나는 번역이라는 것이 이토록 환원 불가능하고도 당연한 것으로 받아들여질 수 있기를 바란다. 번역의 불가능성은 번역의 필수성을 이중구속 속에 놓게 한다. 번역의 불가능성은 환원 불가능한 보장이 아니라 갈등의 적극적인 지점이다. 우리가 정의들(definitions)을 생각하고 있다면, 나는 성취된 번역 사유보다 흔적 사유를 제안해야 할 것이다. 타자의 흔적, 역사의 흔적, 심지어 문화적 흔적들 말이다. 신은 알겠지만 문화는 계급 논의들을 무시하면서 은폐하는 스크린으로 계속 존재한다. 번역이 필수적인 불가능성이라면, 흔적 사유는 보장 없는(without guarantees) 앞선 현존의 가능성처럼 보인다. 그 현존은 하나의 기호가 아니라 하나의 표식(mark)이며 따라서 '원본'을 의미화할 수 없다. 특히 번역이 확정적으로 환원 불가능하다고 가정될 때, 아마 번역은 '원본'을 의미화할(signify) 수 있겠지만 말이다. 나는 허용된 혼종성이라는 편안한 개념을 흔적 사유와 대조시킨다. 허용된 혼종성이라는 개념은 때때로 바로 문화 번역의 확신에 의해 지구적 강행(enforcement) 정치의 위생처리된 세속주의와 연루되기 때문이다. 또한 이렇게 허용된 혼종성은 실로 여기저기서 근본주의들을 지지할 수 있는 검토되지 않은 문화주의를 함양할 수 있다. 지배적인 인종차별주의뿐만 아니라 억압적인 국가와 대면하고 있는 이주민 인구의 그 부분(bit)은, 번역으로서의 혼종성과 분리된 지구적 타자의 얼굴을 가리키는 혼란스런 환유체가 된다.

유럽적 맥락이 지구적 공적 공간에 있는 문제들에 대한 이러한 감각을 우리에게 가져다주었다면, 방글라데시의 맥락은 세속주의 문제를 우리에게 가져다주었다. 나는 12장의 마지막 섹션에서 항상 나의 주요 관심사들 중 하나였던 '읽기로서의 번역' 문제로 돌아간다. 여기서 나는 텍스트가 제시하는 것처럼 보이는, 텍스트의 규약들에 입장하는 문제를 검토한다. 나는 전형성(exemplarity)의 아포리아, 즉 그 특이한(singular) 예가 '예'의 범주에 입장함으로써 일어나는 특이성의 상실이, 독자의 선택에 의해서가 아니라 시인 자신에 의해 깨끗하게 해결되는 특이한 예로 움직여 나간다.

> 여자 친구에게 초점을 맞추고 사랑에 대한 간청만을 다루는 이 시집은 실로 일기이다. … 여러분이 나에 대해서만 생각한다면, 이 시는 사랑에 대한 간청일 뿐이다. … 하지만 어느 한 부분이건 사랑, 사회 이론, 정치, 과학, 그 밖의 많은 화제들과 연관된 많은 상황을 적용할 수 있기 때문에, 우리는 남성이건 여성이건 어느 종류의 독자이건, 그 삶에서 어떤 종류의 상황이건, 그 성공적인 실현을 찾아낼 수 있어야 할 것이다.[26)]

이 시집은 1961년에 처음 간행되었고, 1962년에 『바퀴여 돌아오라』(Phire Esho Chaka, *Come Back Wheel*)라는 제목하에 다시 발간되었다. 이 시집은 가야트리 차크라보르티(Gayatry Chakravorti)에게 헌정되었다. ('차크라보르티'라는 성에 나오는 산스크리트어 차크라(chakra)는 바퀴를 뜻하며 근대 벵골어에서 차카(chaka)로 변형된다. 교묘한 번역이다.)[27)] 차크라보르티는 그 시인의 강렬한 시

26) Benoy Majumdar, *Gayatrike* (Kolkata: Protibhash, 2002), "Forward," n. p.(이후 본문 중에 쪽수만 표기함).

27) 나는 방금 데리다의 『악한들』(*Rogues: Two Essays on Reason*, trans. Pascale-Anne Brault and Michael Naas, Stanford, CA: Stanford University Press, 2005)을 읽었다. 데리다의 프랑스어 원본(Jacques Derrida, *Voyous: Deux essais sur la raison*, Paris: Galilee, 2003)이 영어로 번역되기 전에 말이다. 바퀴에 관한 데리다의 빛나면서도 고뇌에 찬 말들("The

선을 감지했지만 그의 이름을 알지는 못했다. 그녀는 1961년에 미국을 향해 콜카타를 떠났다. 그녀는 그 시집의 명성을, 그것이 자신에게 헌정되었다는 것을 알고 있었지만 그 시들을 읽지는 않았다. 그 시집의 많은 시들이 가야트리의 부재를, 아무런 반응도 얻지 못하는 그의 외로움을 탄식한다. 시에 포함된 그러한 탄식들이 일상적인 방식으로 '반응'을 요구하고 있는 것인지는 명확하지 않다. 그 시들이 자체의 정확한 어휘 윤곽을 유지하기 위해서라면 상실된 대상은 상실된 상태로 남아 있어서는 안 될 것인가? 읽기가 일련의 번역이라면, 구체적인 고유한 이름을 갖는 한 특이한 독자를 위한 번역의 좀 특이한 이중구속이 여기 있었다. 가야트리 차크라보르티는 그 시들을 읽지 않았으니 그 이중구속을 살아낼 필요는 없었다.

그 시집이 발간된 지 40년의 세월이 흐른 2002년에 그 원고의 복사본이 발간되었다. 흠 잡을 데 없는 그 시인의 손으로 쓰인 그 시집의 제목은 『가야트리크』(*Gayatrike*) 혹은 『가야트리에게』(*To Gayatri*)이다. 한 동료가 내게 이 텍스트에 대한 서평을 보여주었고 우리 가문의 한 여성이 내게 그 시집을 한 권 사주었다. 지금 나는 이 영민한 시들을 읽고 있는 중이었다. 여기서 여러분이 읽은 것과 다른 반응이라는 문제는 없다.

하나의 얼굴과 몸을 지닌 한 가지 형상은 풀려야 하고 읽혀야 할 암호이다. 그 형상은 자체를 읽을 수 없다. 그 시인의 기괴한 눈이 가야트리 차크라보르티를 독해했고, 저 읽히지 않은 시들에서 시인이 충고했던 방식들로 가야트리가 회피했다고 생각하고 싶은 미리-형상화된 곤경을 독해했다. 어떤 지점에서 그 시인은 삶의 다른 방식을 다음과 같이 충고한다.

> 외부의 성공이 아니라,
> 잠든 몸처럼 나긋한 자기동일적인 만개(flowering)야말로
> 연인들이 바라는 것이라네…
> 조개껍질처럼 당신 스스로 열려고 계속 노력하라,
> 실패하더라도, 저 얼마 안 되는 모래가 곧바로 제 길을 찾아

Rougues," in *Voyous*, pp. 19-41; *Rogues*에서는 1-2쪽)은 이 특이한 서사에 더 큰 신랄함을 부가한다.

조금씩 조금씩 진주가 되리니,
움직임의 응분의 성공이라네.
당신이 잠든 자의 자세처럼, 편안한 삶과 모든 자연을 원한다면,
심장의 내면 향기를 숨 쉬고자 노력하라.(p. 8)

이 독자(*가야트리 스피박)는 윤리적인 것에 의해 출몰되는 기도야말로 여기서의 충고와 유사하다고 생각하고 싶어 한다.

베노이 마줌다르(Benoy Majumdar, 1934-2006)는 지난 40여 년 동안 정신 병원을 오갔다. 그런 남자가 "결국 나는 미친 발톱들로 인해 이제 미치는구나./천사의 집 주소를, 문을 열리라"(p. 30)라고 쓴 것은 무엇이란 말인가? '광기'를 어떻게 다루어야 할지를 섬세하게 암시하는 시들이 있는데 "오 시간이여, 나의 무장된 매력들을, 나의 헐벗은 방식들을 갖고/시간의 문 앞에 내가 나타나리라"(p. 85)라고 쓰고 있다.

반응의 문제는 없다. 이 시들의 경우는 초월적인 것 속에 번역되어 있었다. 이 시집의 복사본은 "인쇄된 판본에 포함되어서는 안 된다" 고 표시된 시들로써 끝난다. 나는 그 시들을 인쇄본에서 발견할 수 있을지 알지 못한다. 그 시들 중 마지막 시는 연속되는 직설적인 서사적 시일 뿐이다. 다른 시들은 "우리가 꿈을 꾸는 심리학적 과정에 따라(장면이 함께 이어져 나감에 따라) 쓰인다."(「서문」, n.p.) 실로 가야트리 차크라보르티는 여러 차례 '꿈-소녀'라고 불린다.

이 시들에 관해 간략하게 쓰는 것은 가능하지 않다. 자가-에로티시즘에 대한 여분의 찬양이, 시의 근엄한 위로들에 대한 찬양이, 기술의 상실에 대한 절망이, 가장 작은 생물체를 상상하려는 엄청난 노력이, 인간의 약함과 상실에 틀을 지어주는 별과 하늘의 무정이, 명민하게 듣는 이질적인 이들의 집단이 거기 있기 때문이다. 때때로 그 이미저리는 손톱, 굴, 델타, 비와 연관된 희박한 꿈-사전이기도 하다. 그것들이 금방 번역되기를 나는 원하지 않는다. 결국 나는 그것들을 번역하고 싶어 한다.

방황할 운명에 처해 잘못된 문턱에 놓여 있는 편지처럼, 어떤 '사회적 필요'가 떠오른다면 요청되는 호소처럼, 자신을 반복해서 언급하는 대목들이 있다.

와서 나를 찢어버린 편지 조각들처럼 고르세요
호기심을 위해 그 조각들을 함께 모아 한 번 읽고
비스듬한 시선으로 그것들을 남겨두고 사라질 듯 떠나세요.(p. 16)

경박한 소녀에 대한 꾸짖음도, 그녀의 갑작스런 죽음에 느낄 미래의 비웃음에 대한 언급(p. 36)도, **꿈-소녀**가 예외인가 규칙인가를 우리에게 결정하도록 허용하는 것은 아무것도 없다며 "아주 적은 수의 여성들 중에 하나의 대리보충이 놓여 있다"(p. 3)는 비밀스런 판단들도 나온다. 나는 여성을 가리키는 한 줌의 평범한 단어들 중 하나이며 섹스의 기쁨을 일컫는 라마나(ramana)의 의미를 실어 나르는 라마니(ramani)의 구체성(specificity)을 파악할 수 없었다. 나는 ('대리보충'이라고 번역된) 크로레파트라(krorepatra) — 문자 그대로는 '무릎-잎사귀'(lap-leaf) — 에 있는 익살을 또한 포착할 수 없었다. 그 익살은 무엇을 뜻하는가? 이 시인은 그저 아이를 낳고 성교하는 여성들에게 무자비할 따름이다.

이 번역가는 이름이 붙여져 있는 주체를 자신이라고 생각하는 실수를 저지른다. 그때, 자신이 접근하기에 흥미로운 것처럼 보이는 바는 바로 이렇게 특수한(particular) 양가성이다. 그리하여 이 양가성은 쿠체의 『야만인을 기다리며』(*Waiting for the Barbarians*)에 나오는 그 부분 — 그 번역가가 무척이나 좋아했던, 타자는 나를 어떻게 볼까? 하는 — 에 추가사항을 제공하는 것 같다. 정체성의 마지막 비밀. 쿠체는 자신의 소설에 나오는 행정장관을 묘사하고 있는데, 그 행정장관은 자신의 독해 노력에 대해 다음과 같이 기술한다. "나는 그 소녀에게 한 가지 의미망을, 또 다른 의미망을 던지면서 계속 그 소녀의 환원 불가능한 형상에 덤벼들고 그 형상 주변을 배회한다. … 그녀는 무엇을 보고 있는가? 수호하는 앨버트로스(*신천옹)의 보호하는 날개일까, 먹이가 아직 숨을 쉬고 있는 동안 그 먹이를 공격하기가 두려운 비겁한 까마귀의 검은 형태일까?"[28]

그 번역가는 나를 그 소녀의 형상이라고 생각하며 그렇게 손쉬운 실수를 한다. 그 시집은 자신의 그물망을 던지면서 시인이 본 것을 제공한다. 나는 앨버트로스와 까마귀라는 두 길을 따른다. 바로 이것이 하나의 교훈이다. 텍스트의 규약들에 입장하기 위해 그 형상

28) Spivak, *Death of a Discipline* (New York: Columbia University Press, 2003), p. 22.

들을 타자화해야 한다는 것 말이다.

마지막 시는 인쇄본에 게재되지 않을 테니 그 시집의 안팎이라고 할, 그 복사본의 마지막 시에서 가야트리 차크라보르티 혹은 '나의 신성한 여주인'은 초월적인 대타성에 관한 선언적인 서사 속에서 번역된다. 여기서, 반응은 끝없는 반응을 재현하는 데서 멈춘다.

> 나는 그것을 확실하게 포착했고, 지상의 삶은 끝난다네.
> 나는 하늘의 왕국에, 지상의 몸의 헛간에 곧바로 들어간다네.
> 이 천상의 왕국들은 실로 우리의 고향이라네,
> 우리는 그저 두 영혼이라네. '꿈-소녀'와 '나'라는 이 쌍은
> 이제 하늘의 왕국에서 신성하게 산다네. 내가 보는 것은,
> 꿈-소녀의 아직 저 친숙한 젊은 형태이며,
> 입술에 인사하는 미소를 머금고 서 있는 그녀라네.
> 나의 신성한 여주인. 나는 또한 하늘에서조차
> 욕망의 몸을, 꿈-소녀처럼 건강한 몸을 지니고 있다네,
> 그녀처럼 큰 키에, 안경을 쓰지 않고, 시력도 좋은
> 나는 그녀의 취향에 맞는 보기 좋은 젊은 남자라네.
> 그녀가 웃으며 말하네. 당신은 끝났어, 당신은 마지막에 왔어,
> 이제 몸과 마음 속에, 깊어 측정할 길 없는 종류(kind) 속에 있는
> 평화, 성취, 전율을 위해 만물이 그렇듯 우리도 그것을 좋아해.
> 와요, 다음에 아주 깊은 포옹 속에 더 깊은 키스 속에
> 함께 할 결혼 생활을 영원히 나와 함께 하기로 약속한다네.(p. 85)

번역의 '원본'이 된다는 것은 무엇을 말하는가? 이것이야말로 나한테 다시금 가르쳐 주는, 흔적의 교훈이다. 왜냐하면 하나의 이름은 흔적으로 가는 여정에 있는, 기표(signifier)가 아니라 표식(mark)이기 때문이다. 베노이 마줌다르는 가야트리 차크라보르티를 혼종으로 만들지만, 어떤 환원 불가능한 문화 번역에 대한 확신에 의해서가 아니다. 십자로 그어

져 있는, 눈에 보이는 표식으로서의 이름은 손으로 쓴 표제 페이지에 나오는 삭제하의 장소와, "나의 신성한 여주인"(amar ishwari)으로서 일반화되는 것 사이에 사로잡혀 있다.[29)]

나는 그 시집의 앞뒤 백지에서 지금까지 어떤 비평가도 말하지 못했던 어떤 것을, 즉 아마 『신성한 여주인 자신이 지은 에세이 혹은 에세이들』(*Ishwarir Swarachita Nibandha, An Essay or Essays Composed by the Divine Mistress Herself*)이라는 제목이 붙여진 산문 책에 대한 게시를 발견한다. 그 책은 절판되었는데 다시 출간될 거라고 나는 들었다. 그 시인이 가야트리 차크라보르티의 사유에 접근하고자 시도했다고 생각한 바로 그 텍스트에서 나는 자신과 어떻게 만날 것인가? 여기 전도된, 번역의 알레고리가 있다.

그러한 만남의 과제가 남아 있다. 또한 사회 이론, 정치, 과학과 연관된 비인격적인 상황들이나 다양한 상황들을 읽어내는 두 번째 방식을 시도하는 일이 남아 있다. 내가 시작했던 곳으로 나는 돌아와 있다. 나는 대부분의 텍스트들에 비해 나 자신에게 더욱 많은 말을 걸었던 것 같은 한 텍스트의 유혹 주변을 맴돌다가 그 작가의 전제들에 입장한 게 틀림없다. 그 전제들에서는 젊은 시절 나의 고유한 이름은, 여전히 환영받는 일반 독자들의 관심사들 속에서 지워지겠지만 말이다.[30)] 내가 그렇게 할 때, 그 전제들은 하나의 역사와

---

29) 여기서 나는 데리다식 언어를 사용하고 있는 중이다. 이 전송본의 편집장은 베노이(Benoy)의 지각 있는 일별과 나의 '데리다 전파하기'(칸카바티 두타 Kankabati Dutta가 「제안서」 중 n.p.에서 표현한 바 있는) 사이에 어떤 연결이 있다고 생각한다. 하지만 두타의 날짜는 잘못되어 있었다. 나는 1980년대가 아니라 1960년대에 데리다(와 라캉, 또 푸코)를 가르치기 시작했다.

30) 나는 12장 에세이를 편집장들에게 제출한 후 최근에 이틀 밤을 콜카타에 있었다. 그때는 막 〈캘커타 도시 박람회〉를 축하하고 있던 때였다. 베노이 마줌다르의 부흥회가 있었던 것 같았다. 나는 얇은 『완벽한 작품들』(*Complete Works*)을 획득했다. 나는 그 책을 읽었고, 그 책이 발간된 지 31년 후에 어떤 편지에서 "가야트리 차크라보르티는 프레지던시 대학생이었고 1960년이나 1961년에 (실제로는 1959년에) 최우등 영문학 학사를 최초로 받았다. 나는 그녀만이 나의 시들을 이해할 거라고 생각해서 그녀에게 말을 거는 책을 썼고 그 책을 『가야트리에게』(*To Gayatri*) 라고 불렀고 내가 그녀에게 말해야 했던 것을 그 책에 썼다"(Patraboli, *Ishwareer Warachito Nibandha o Anyanya*, Kolkata: Pradibhash, 1995, p. 3)는 내용을 읽었다.
그러나 25년 후, 1986년의 어느 인터뷰에 또한 다음과 같은 내용이 나온다. (그 인터뷰를 진행하던 사람이 말하기를) "당신은 가야트리와 사랑에 빠졌던가요?"라고 내가 묻고 싶어 했다는 것이다.
"아니요, 나는 가야트리를 이틀 혹은 사흘 동안 알았을 뿐이에요. 그녀는 프레지던시 대학 영문과의 유명하고도 아름다운 학생이었어요. 그런데 그녀는 어디론가 가버렸답니다. 미국 혹은 어느 곳일 텐데 확실하진 않아요."
"그런데 왜 가야트리에 관한 시들을 썼나요?"
"결국 우린 누군가에 관해 써야 하니까요. 우리가 망고 나무나, 빵 나무나 월하향(月下香) 나무에 관해 영원히 쓸 수 있겠어요?"("Phire Esho Chakar Nam Paribartan Shommondhe," *Kabyoshamogro*, vol. 1, Kolkata: Pratibhash, 1993, p. 162.) 사실 베노이는 가야트리와 한마디도 나눈 적이 결코 없었다. 번역자의 말을 보자면 마지막 문장의 세 항목은 영어로 되어 있어 이국적인 것처럼 보인다. 그 항목들은 "사과들, 배들, 붉디붉은 장미들"의 벵골어라고 말해

하나의 지리학을 갖고 있다는 점을, 또 내가 영어로 번역하는 사람이라는 점을 나는 물론 명심해야 할 것이다. 이중구속들은 단순한 지구성에 의해 여전히 강탈되지 않은 채 있다.

12장은 2001년 1월 17일에 사히티야 아카데미(Sahitya Akademi*국립 학술원)에서 있었던 번역가들의 학술회의의 기조연설로서 처음 발표되었다. 인도는 적어도 22개의 언어를 가지고 있는 만큼, 내부의 번역가들이 모두 데리다, 푸코, 라캉에 관한 지식을 가지고 있지는 않았다. 그들 중 일부는 칸트를 알고 있었고, 물론 마르크스에 관해서는 모두 알고 있었다.

두도록 하자. 나는 서지 관련 세부사항 때문에 이 구절들을 여기 포함시킨다. 그 구절들에 함축된 의미들을 생각하는 것은 시간을 요할 터이다.

13.
민족주의와 상상력

민족주의는 번역의 정치에 아무 자리도 차지하지 못한다고 나는 집요하게 논의해 왔다(특히 본 역서의 694-696쪽 참조). 벵골인들의 인종청소를 서술한 12장 말미에서 벵골 → 인도 민족주의는 은연중 비판되었다. 12장의 바로 그 끝부분에서 사적/공적 전환과 연관되는 독자권(readership) 문제가 대두되었다. 13장에서 우리는 민족주의를 불법적인(illicit) 사적/공적 전환으로서 논의할 것이다. 나는 인도 하이데라바드에서 개최된 〈언어 및 문학을 위한 영연방 협회〉(Commonwealth Association for Language and Literature)의 격년 모임에서 발표할 글을 썼는데 그 글이 13장의 근간을 이루고 있다.[1] 그 발표는 민족주의에 대한 우리의 책임성 있는 말에 담겨 있는 질문의 복잡성으로부터 확보된 교훈을 담고 있었다.[2] 대부분의 '영연방' 사람들에게 나는 인도인이었다. 인도인들에게 나는 해외에 살고 있는 사람이었으니 인도의 지역민도 아닌 셈이다. 벵골인들에게 나는 일차적으로는 벵골인이었지만 해외에서 소

1) 13장의 인도어 판본은 「민족주의와 상상력」이라는 제목으로 다음 책에 수록되었다. C. Vijayasree, Meenakshi Mukherjee, and Harish Trivedi eds., *Nation in Imagination: Essays on Nationalism, Sub-Nationalisms and Narration* (Hyderabad: Orient Longman, 2007), pp. 1-20. 이탈리아어 번역본은 *aut aut* 329 (January-March 2006): 65-90에 실려 있다.

2) 알튀세르의 규정에서 호명(interpellation)이란 이데올로기가 개인적인 것을 '환영함'으로써 주체를 창조하게 하는 메커니즘을 가리킨다. 알튀세르에게 이데올로기는 "개인들의 실재적 존재 조건들과 개인들이 맺는 상상적 관계를 재현한다." Louis Altusser, "Ideology and Ideological State apparatuses (Notes Towards an Investigation)," in "*Lenin and Philosophy" and Other Essays*, trans. Ben Brewster (New York: Monthly Review Press, 1971), pp. 127-186 참조.

비되기 위해서는 '인도인'인 양했다. 뒤이어 나는 베이징에서 이 연설문을 발표했고 거기서의 교훈은 더욱 많은 뉘앙스를 띠게 했다. 특히 칭화(Tsing-Hua) 대학 문학부는 '중국'이었으면서도 아니었기 때문이다. 나는 그것을 알고 있을 정도로 라오스 국경 근방의 진흙으로 지은 학교(mud school)를 충분히 경험했다. 또한 나는 세계의 '지구적' 얼굴이 그러하듯 중국과 인도가 아시아 세기의 운전석을 차지하려는 민족주의적 경쟁자들이라는 점도 알고 있었다. 이 연설을 마지막으로 발표한 것은 불가리아의 소피아에 있는 〈고등학문센터〉(Center for Advanced Studies)에서였다. 내가 '민족-사유'라고 부르는 것에 대한 불가리아의 접근은 유별나서 바로 이 판본을 13장으로 이 책에 실었다. 불가리아는 5세기 동안 오스만 제국의 일부로 있었는데 1948년에 소비에트 연방에 소속되었다가, 1989년에 지구적 명령에 따라 움직이는 세계에서 웨스트팔리아(Westphalia)의 시뮬라크럼 속에서 출현했다.[3] 나는 소피아에서 했던 발표 중에 나왔던 질문과 대답 세션을 여기 집어넣었다. 이 발표의 끝 대목에 센터 소장의 명민한 요약이 뒤따라 나온다. 그 요약을 집어넣은 것은 거기서 소장이 민족주의와 재생산적 이성애 규범성(RHN, reproductive heteronormativity) 사이의 연관성을 놓치고 있다는 점을 여러분에게 상기시키기 위함이다. 한 번 더 말하는데, 소피아의 〈고등학문센터〉는 '불가리아'가 아니다. 내가 이것을 언급하는 이유는, 마지막 대목에 나오는 센터 소장 키오세브(Kiossev)의 조롱 투의 요약에서는 완벽하게 수긍할 만했던 것도 나의 일반적 논의에서는 물론 수긍할 수 없었기 때문이다. 여러분이 '민족들'에게 말을 걸고 있는 중이라면, 여러분은 이 질문을 회피하고 있는 셈이다. 상상적인 탈초월화(de-transcendentalization)는 사적-공적 구분에 포획된 민족-사유의 측면 때문에 집요하게 가르쳐져야 한다. 그러나 내가 좀 앞질러 나가고 있으니 논의를 다시 시작해 보도록 하자.

나는 소피아에 있는 〈고등학문센터〉의 게스트로 초대받아 무척 영광스럽다. 나는 미

---

3) 불가리아는 거의 5세기 동안 오스만의 통제하에 있었다. 불가리아는 1372년에 오스만 제국의 속국이 되었고 1396년에 오스만 제국에 병합되었다. 러시아-터키 전(1877-1878)은 1878년에 불가리아라는 자치 공국을 형성하는 결과를 낳았지만 1908년에 이르러서야 불가리아의 완전한 독립이 인정되었다. 예컨대 R. J. Crampton, *Bulgaria* (Oxford: Oxford university Press, 2007), pp. 18-23, 150-189 참조. 그 민족과 국가의 정체성은 일반적으로 베스트팔렌 평화조약(1648)으로 연상되고 있으며, 종종 계몽주의의 출범들 중 하나로 생각된다. 예컨대 Paul Churchill, "Hobbes and the Assumption of Power," in Peter Caws, ed., *The Causes of Quarrel: Essays on Peace, War, and Thomas Hobbes*(Boston: Beacon Press, 1988), p. 17 참조.

국 국가주의(nationalism)에 대해서도 잘 알고 있지만 내가 읽을 원고는 인도를 언급하고 있다. 그 어떤 예도 독특한 것은 아닐 테고 인도 민족주의와 미국 국가주의는 서로 다르다. 불가리아의 역사는 독립 후 인도 역사가 곧장 생산했던 종류의 민족주의도, 그토록 오랫동안 미국을 유지해 왔던 예외주의적 국가주의도 생산하려고 하지 않는다.

〈고등학문센터〉의 소장은 나한테 「비교능력의 확보, 차이들의 존중」(Ensuring Compatibility, Respecting Dofferences)이라는 발표문을 주었다. 그러한 확보와 존중이야말로 바로 내가 불가리아 청중에게 요청했던 바이기도 하다. 내가 초청받았던 것은 불가리아 청중의 번역에 대한 관심 때문이기도 하다. 내가 발표를 하고 있었을 때, 그들은 그 상황들을 번역해야만 했다. 이와 대조적으로 하이데라바드에서 나는 '원본' 속으로 발을 디뎌야 했다. 다음 문단에 언급된 모든 노래들을 내가 벵골어로 불렀던 탓이다!

나는 인도의 독립 시기를 기억한다. 나는 아주 어렸지만 조숙했다. 독립은 믿을 수 없는 엄청난 사건이었다. 하지만 나의 가장 이른 기억들은 기근을 둘러싼 것이다. 길거리에서 죽어가거나 먹을 것을 구걸하며 뒷문으로 기어 나가는 뼈만 앙상한 몸들 말이다. 이 기근은 제2차 세계대전 때 태평양 전선에 있는 군인들을 먹이느라 영국에 의해 초래된 엄청나게 인위적인 것이었다. 얼마 후 나는 유명한 〈인도 민족극단협회〉(Indian People's Theatre Association, IPTA)의 특별한 노래들을 배우게 되었다. 왜 그 노래들은 정치적이었을까? 여러분 중 어느 분이 문학적 재현이 과연 정치적인 것이 될 수 있는지 나한테 질문하고 있었다. 이 경우에 일어났던 것은, 예방 차원에서 구금을 강제하는 형법 144조였고 저항의 통제였다. 그러나 영국 당국은 인도어들을 이해하지 못했고 그래서 극장을 와해시키고 무너뜨렸지만, IPTA는 정치적 조직으로서 살아남았다. 대부분의 벵골 아이들처럼 나는 그 단체의 비범한 노래들을 익혔다. 우리의 문화 기억을 배회하는 후렴을 인용해 보면 다음과 같다. "우리는 더 이상 쌀을 주지 않으리, 핏속에서 뿌려 가꾼 이 쌀은 우리 생명이라네." 나는 그것을 영국과 연결시키 않았고 오로지 계급투쟁하고만 연결시켰다.

영국인들은 일본인들을 둘러싼 길거리 가락(street rhyme)에서만 언급되었다. "도 레 미 파 솔 라 시가 / 일본인들에게 폭탄을 떨어뜨렸네 / 그 폭탄 속에서 코브라 뱀이 / 영국인들이 '오 주님, 도와주세요, 도와주세요!'라고 소리친다네."

벵골에 있었던 우리는 일본인들에 의해 영국인들의 무릎이 꿇리고 있었다고 생각했다. 우리는 영국인들에 대적하는 이 아시아인들을 찬탄했다. 콜카타는 일본의 폭격에 대한 두려움 때문에 내가 태어날 즈음 퇴거되었다. 불가리아 인들은 처음에는 추축국(*제2차 세계대전 당시의 독일, 이탈리아, 일본 3국) 편이었다가 나중에 연합국 편이 되었다. 우리한테 그것은 동시에 일어나고 있었다. 영국인들을 위해 싸웠던 인도 병사들은 제2차 세계대전 때 가장 많이 죽었다. 다른 한편, 인도의 동쪽 끝에서는 일본과 추축국들과 연합하는 일도 있었다. 우리 가족의 친구인 수바스 찬드라 보스(Subhas Chandra Bose)는 일본인의 친구였고 인도 민족 군대의 지도자였다. 그는 일본으로 갔고 거기서 독일로 가더니 독일 여성과 결혼했다. 콜카타 공항은 그의 이름을 딴 것이다. 그리하여 연합국 측과 추축국 측에 동시에 헌신하는 일도 생겼던 셈이다. 그 선들은 겹쳐졌다. 유럽인들에게 제2차 세계대전은 대학살이었지만 우리에게는 세계대전이었고 아마 자본주의의 종말이었을 것이다.

내가 말했듯이, 내가 태어날 즈음에 콜카타는 퇴거되었다. 나의 어머니는 떠나기를 거부했고 나의 할머니도 남아 있었기 때문에 나는 콜카타에서 태어났다. 1946년에 나는 유치원에 입학했는데 10월에 유치원은 문을 닫았다. 나는 무슬림 구역의 경계에서, 사야드 아미르 알리 가(Sayad Amir Ali Avenue) 바로 옆인 콜카타 구역에서 살았다. 그 구역들은 힌두-무슬림 사이의 폭력이 가장 잔인하게 일어난 지역들에 속했다. 그 폭력은 정치적으로 동원된 폭력이었다. 나라는 분할되려고 하는 찰나였고, 영원히 또 수세기 동안 갈등하면서도 공존하며 살아 왔던 사람들이 이제 갑자기 서로 적이 되었다. 그때 나는 네 살이었는데 나의 최초 기억들은 이러한 적대시를 둘러싼 것이었다. 그리하여 힌두식으로 또는 무슬림식으로 신성한 것을 찬양하는 외침들이 드높아져 가곤 했다. 우리 아이들조차도 각 외침은 작은 칼로, 또 큰 칼로 하는 공격을 뜻한다는 것을 알고 있었다. 저 폭도들은 총을 갖고 싸우지는 않았지만 거리에는 피가 난무했다. 영국인들과 인도 상층 사람들은 인도 땅을 분리하는 협정을 맺었다. 그 때문에 동원되었던 것은 노동 계급 사람들, 언더클래스 사람들이었다. 거리 곳곳에 피가 난무했다. 나는 이것을 은유적으로 말하고 있는 게 아니다. 거리에 널려 있는 피, 이것이 나의 삶에서 가장 이른 기억이다. 내가 이 책(『민족주의와 상상력』을 가리킴)에서 고려하고 있는 것은, 준비되지 않은 인도 상층 사람들의 상상에 의해 받아들여진 피상적인 당대성 속에서 최근 역사의 이런 모형 지도를 편평하게 만들게 되는 경위이다.

나의 부모님은 보편적인 세속주의적 반카스트주의자들이었다. 나는 무신론자였는데 힌두 가문에서 태어났다. 밤이 되면 집에 무슬림 여인들과 아이들이 가득했다. 나의 아버지는 그 시절에 슬럼(지금은 정치적으로 부정확한 용어)이라고 불렸던 저임금을 받는 이웃 주택 지대에서 그들을 데리고 왔다. 나의 아버지와 남자들은 테라스에 있었다. 이와 대조적으로 독립은 정중한 일이었다. 연장자들의 대화에는 득의만만함이 있었고 끝없는 정치적 토론들이 벌어지고 있었다. 우리는 이슬람 제국하에 300년을 지냈고 그 이후 200년을 영국 치하에 지냈으니 독립이야말로 큰 문제였다(여기서 '우리'란 누구였단 말인가? 그리하여 통일 토크에도 불구하고, 바로 독립 시기에 힌두 정체성주의의 사악한 씨앗들은 심어졌던 것이다. 자유의 정치적 실천조차 거부된 민족화된 독립의 이중구속인 셈이다).[4] 흰색 옷과 푸른색 옷을 입고 행진하며 깃발을 흔들고 타고르의 지당한 노래들을 부르면서 말이다. 그 중요한 사건은 나라를 분리시킨 분할이었다. 피난민 구조와 재정착으로 바쁜 새벽녘에 기차가 동쪽으로부터 왔을 때, 어머니는 작은 철도역에 나가 계셨고 저녁 늦게 지친 채 집으로 돌아오셨다. 밤새 콜카타는 짐스런 도시가 되었고 스피치 패턴도 바뀌었다.[5] 이것들이 독립을 둘러싼 회상들이라면, 거리의 민족주의 메시지는 정신분열을 창출했다.

콜카타에서 자랐고 희망 없이 절연된 삶을 살지 않았던 내 연배의 누군가가 이 글을 읽고 있다면, 그녀는 힌두 영화 노래들과 더불어 모든 두르가 푸자(Durga Puja, 고도로 상업화된 공휴일, 이데올로기적 생산의 주요 사건인 '우리의' 크리스마스라고 할)에 나오는 큰 목소리의 연사 너머로 방송되었던 극들이 〈시라주드-다울라〉(Sirajud-daula)와 〈메바르 파탄〉(Mebar Patan)이었음을 기억할 것이다. 〈시라주드-다울라〉는 인도에 영토 제국주의를 갖고 왔던 로버트 클라이브(Robert Clive)와 싸웠던 무슬림 왕 나와브(Nawab, 불행하게도 배반당한 영리한 십대였던)의 이야기를 다루고 있었다. 〈메바르 파탄〉은 100년 전에 나의 가족이 썼던 극인데, 라지푸트(Rajput*인도 무사계급의 일원인 크샤트리아)들을 애매모호하게 코드화하는 바람에 무슬림들을 영국인들과 비

4) 칼레드 지하데(Khaled Zihadeh)의 『이웃들과 가로』(*Neighborhoods and Boulevard*, trans. Samah Samad, New York: Palgrave, 근간)는 이러한 종류의 변화를 아주 잘 그려주고 있다.

5) 모이낙 비스와스(Moinak Biswas)의 영화 〈Sthaniya Sambaad〉(Arjun Gourisaria와 Moinak Biswas 감독, 흑인마술 영화사, 2009)는 이러한 계기와 이러한 변화를 포착하고자 시도한다.

슷하게 만들고 말았다. 여러 극들이 다양한 방식들로 관리될 수 있다. 예컨대 영국인들을 우리의 적이라고 하면 무슬림들도 적이다. 이것은 애매모호하다. 영국인들이 갑자기 우리의 구원자가 될 수도 있기 때문이다!

적일 뿐만 아니라 사악한 무슬림이라는 이 무모한 잔여물은 지금도 힌두 우파에 의해 작업되고 있는 중이다. 〈메바르 파탄〉에 나오는 유명한 노래의 감성을 번역하자면, 관능적인 섹스는 나쁜 것이며 어머니와 아내들은 선하며 보호받아야 하며, 무슬림들은 적이라는 것이다. 하지만 이 극은 매년 독립기념일마다 불리는 노래들을 만든 유명한 해방주의자 시인에 의해 쓰였다. 몇몇 문장을 번역해 보면 다음과 같다. "도시와 농촌이 무슬림의 공격을 받아 황폐해진 가슴을 갖고 공포로 떨고 있는데 경멸할 만한 육욕에 빠져 있는 것이 당신에게 어울리는 일인가? 정부의 팔이 적절한 장식인가? 어머니와 부인이 위험에 처해 있는데 누가 자신의 목숨을 보존하고자 조심할 것인가? 무장하라! 무장하라!" 1950년대의 콜카타에서 어른으로 성장하는 가운데 성인으로서 나의 정신이 포착하기 시작했던 것은, 민족주의란 누군가의 탄생 상황들과 연계되어 있다는 점, 고대의 탄생에 대한 주장들 속에서 사라지는 이주, 결혼, 역사의 견지에서 자신의 탄생을 재코드화한다는 점이었다.[6] 민족주의의 요소들은 나중에 내가 재생산적 이성애 규범성(RHN)이라고 부르도록 배웠던 바의 전제들에서도 발견될 것이다. 그것이 바로 내가 그 노래를 인용했던 이유이기도 하다. RHN은 그 노래의 박자마다 그 속에 박혀 있다. 나중에 미국에서 중요한 질문은 당신은 자연인인가, 귀화한 사람인가라는 것이었다. 조지 부시인가 매들린 올브라이트인가? 불가리아인인가 터키인인가? 이런 질문의 한 가지 변주로 말할 것 같으면, 당신은 인도인인가 무슬림인가?라는 것이다. 이것을 이해하겠는가? 나는 불가리아 인들은 러시아인들 이전에 하나의 조직된 국가를 갖고 있었고 러시아인들 이전에 기독교도들이었다는 지브코브(Zhivkov)의 논의들을 본다. 그때, 나는 공유된 조상 덕분에 민족주의로 되어가는 사물들을 둘러싼 오랜 주장들을 생각한다.[7]

---

6) 나는 「한 개인의 과거를 구축하기」(5차 딜립 쿠마르 로이 Dilip Kumar Roy 기념 웅변, 콜카타, 2010)에서 이러한 환경들을 논의했으며, 진리에 한 번의 기회를 주고자 그 환경들을 전화시키라는 명령을 논의해 왔다.

7) 제2차 세계대전 중에 〈인민 해방 반란군〉(People's Liberation Insurgent Army)의 한 멤버인 토도르 크리스토브 지브코브(Todor Khristov Zhivkov, 1911-1998)는 35년 동안 불가리아를 지배한 독재자였는데, 처음에는 〈불가리아 공

그렇다면 내가 성장하면서 깨달았던 것은, 민족주의는 합법성의 원천으로서 RHN과 연관되어 있다는 점이었다. 내가 미국으로 이동해서 세계에 적극 관여하게 되었을 때, 예외주의적 민족주의(들)에 의해 분명 지지되는 초민족적 단체들을 위한 알리바이가 바로 개발도상국들의 민족주의라는 점을 깨달았다. 여기서 젠더는 인도주의적 개입이라는 이름으로 군사적 개입을 위한 알리바이가 되기도 했다. 나는 에릭 홉스봄(Eric Hobsbawm)과 더불어 민족주의 이전에는 민족이 없었다고 생각한다. 홉스봄은 민족주의를 18세기 후반에다 위치시키는데 나는 그렇게 하지 않더라도 말이다.[8] 나는 비교주의를 다시 사유하자는 내 논의를 예상하는 가운데 이렇게 민족주의화된 지구성이라는 것이 메타심리학적인 것을 활성화하는 제1언어의 닻을 상실한다면, 그 윤리적인 도구는 심각하게 불발된다(deactivate)고 덧붙일 것이다.

모국어에 대한 사랑, 내 지반(ground)의 작은 구석에 대한 사랑은 언제 어떻게 '민족이라는 사물'(nation thing)이 되는가? 내가 민족주의보다 '민족이라는 사물'이라고 말하는 것은, 이방인들에게 조심스럽게 허용되었던 민족들 혹은 출생에 의해 구속되는 집단성과 유사한 것은 민족주의가 생기기 이전부터 존재해 왔기 때문이다. 국가 구성체들은 변화하는 반면 '민족이라는 사물'은 역사적 전위들을 거쳐 움직여 나간다. 나는 민족주의를 국가의 추상적인 구조와 함께 놓는 것은 제한된 역사와 제한된 미래를 갖는 실험이자 해프닝이라고 제안하는 한나 아렌트를 지각력 있다고 생각한다. 하버마스가 말하듯 우리는 포스트민족주의 상황들에서 살고 있다.[9] 아직 그렇지 않은 면도 있기는 하지만 말이다.

모국어에 대한 사랑을, 내 지반의 작은 구석에 대한 사랑을 조금씩 줄여가는 것은 위로라는 것과 더욱 유사하다. 정말로 그 사랑은 만개한 민족주의에서처럼 선포되는 애국심은 아니다. 자신의 모국에서 느껴지는 위로와 자신의 보도 구석이나 한 뙈기의 땅에서 혹은 교회 문에서 느껴지는 위로는, 언제 어떻게 자체를 '민족이라는 사물'로 변형시키는 것

산당 중앙 위원회〉 비서 (1954-1989)로, 다음에는 대통령(1971-1989)으로 지냈다. 지브코브 체제의 동화 캠페인은 1984년에 시작되어 그 체제가 추락한 1989년까지 지속되었고, 모든 종족의 터키인들로 하여금 강제로 무슬림 문화 실천들을 부인하도록 했다. 예컨대 Crampton, *Bulgaria*, 352-381쪽 참조.

8) Eric J. Hobsbawm, *Nations and Nationalism since 1780: Programme, Myth, Reality* (Cambridge: Cambridge University Press, 1990).

9) Jurgen Habermas, *The Postnational Constellation: Political Essays* (Cambridge: Polity Press, 2001).

일까? 이 질문을 좀 더 좁혀 들어가 보도록 하자. '민족이라는 사물'이 불러내는 이 단단한 반석의 위로는 적극적인 정동은 아니다. 나는 바로 이 점을 나와 함께 작업했던 인도 선주민들과 나눈 18년간의 우정에서 배웠다. 내가 번역한 바 있는 마하스웨타 데비의 소설과 달리, 나는 이 선주민들을 낭만화하지 않는다. 나는 선생으로서 또 선생들의 훈련자로서 선주민들을 위해 일했다. 나의 학생들이나 그들의 부모들을 낭만화하는 것은 나의 습관이 아니다. 민족주의가 불러내는, 누군가의 언어와 고국에 대한 이토록 단단한 반석의 위로는, 그것밖에 없을 때는 적극적인 정동이 되지 못한다. 나는 그 점을 나와 함께 작업했던 선주민들과 더불어 깨달았다. 나는 독립 시기에는 기성 민족주의 때문에, 새로운 민족-국가가 움틀 때에는 메트로폴리탄 캘커타 사람이라서 그 점을 알아차리지 못했을 것이다. 민족이라는 것밖에 없을 때, 그것은 그저 거기 있음(thereness)만으로 작동할 뿐이다. 내가 저항 집단이 아니라 비참함을 정상으로 받아들인 사람들에 관해 말하고 있다는 점을 명심하라. 그들은 서발턴이며 내가 함께 작업했던 사람들이다. 나는 이 점을 아래로부터 배웠다. 이러한 위로마저 빼앗긴다면 어쩔 수 없다는 감정, 방향 상실, 의존성은 일겠지만 민족이라는 것은 없다. 극단적으로는, 아마도 함께 무리를 이루는 가운데 폭력을 용인할 수 있는 윤리 속에서 종교 담론과 같은 어떤 것을 재발명함으로써 공통된 대의를 만들어내기도 한다. 초기 서발턴 연구 집단의 역사가들이 바로 그 작업을 한 셈이다. 민족주의는 아니겠지만 특정한 종류의 폭력을 동원할 수 있는 호전성을 위기로 내몰고 있는 종교를 추적하면서 말이다.

우리는 유럽 외부에는 사적인 것은 전혀 없다는 진부한 말에 하도 젖어 있어서, 다음을 인식할 수 없다. 즉 그 무리를 함께 복무하게 하는 것은, 바로 이 사적 영역에서 위로의 제거라고 느끼게 되는, 진중한 바닥 선에서 공유되는 불편함의 보증이라는 점 말이다. 우리는 인도만큼 큰 사회적인 층위를 갖는 나라에서는 민족주의가 제대로 작동하지 않는다는 점을 이해해야만 한다. 예컨대 방글라데시에서는 사정이 다르다. 그 나라는 작기 때문이다. 미국도 다른데 냉혹한 예외주의와 산재하는 텔레커뮤니케이션 때문이다.

내가 기술하고 있었던 민족주의는 공적 영역에서 작동한다. 하지만 민족주의가 자체의 동원을 발견하는 서발턴적 정동 이전의 것(the subaltern pre-affect)은 사적인 것이다. 사적인 것의 이러한 가능성이 공적인 것의 감각으로부터 파생되지 않더라도 그렇다. '이렇게 비파생적인 사적인 것'(an underived private)은, 인간-동물이라는 것이 우리 모두에게 비결정적인 곳에서 얻어지는 위로와 겹쳐져 있는 바람에 유럽 철학에서는 사유하기가 어려웠다. 여성들, 남성들, 퀴어들은 모든 곳에서 공적-사적 노선을 따라 반드시 분할되지 않는다. 나는 민족주의란 이런 '비파생적인 사적인 것'을 공적 영역의 반대어로서 재코드화한다는 말을 이미 흘렸다. 여러분이 민족주의를 사유하기 시작할 때, 이 '비파생적인 사적인 것'은 공적인 것의 반대어로서 재코드화되어 왔고 재영토화되어 왔다. 그렇다면 사적인 것은 공적인 것의 반대인 것처럼 보인다. 이러한 변천은 물론 역사적인 것이지만 또한 논리적인 것이기도 하다. 서발턴은 우리의 현재 속에 있지만, 비파생적인 인정되지 않은 사적인 것이 하나의 목적론 안에 다만 상황 지어진 듯 전근대성을 유지했던 셈이다.

여기서 나는 공적 영역의 출현에 관한 대부분 헤겔적인 역사 이야기를 되풀이하지는 않을 것이다. 공적 영역이 어떤 민족주의 색채를 띠건 간에, 연대기적이건 논리적이건 간에, 민족주의에 대한 충동은 "우리 자신의 공적 영역의 작동들을 통제해야만 한다."는 것이다. 과거를 다시 주장하는 것은 바로 그러한 이해관계 속에 있다. 때때로 민족주의는 타자들의 공적 영역들을 통제하려는 해결책을 유도한다. 이것이 필연적인 결과는 아니더라도 그렇다. 그런 해결책과 더불어 그렇게 태어나는 바람에 독특하고도(unique) 애석하지만 더 나은 — 재빠른 변천이라서 — 것에 대한 필연적이면서도 종종 인정되지 않는 감각이 나온다. (문학적 읽기 훈련이나, 텍스트를 토크에 가담하도록 자아를 중지하는 훈련은 이 독특함을 누그러뜨릴지도 모르는데, 새삼 내가 덧붙일 필요가 있을까? 잘못된 희망이다.)

모든 디아스포라들이 여기서 자리를 잡는 동안 그 밖의 다른 곳에 있는 견인력을 느낀다. 우리가 그 문장과 관련하여 이족 결혼 모델을 고려한다면, 우리는 '메트로폴리스'에 함축된 그 전체 도시/농촌 모델을 수정해야 할지도 모른다. 또 젠더화 의 와중에 있는 여성은 오늘날 우리가 '디아스포라'라고 부르도록 배워 왔던 이러한 특징을 항상 공유해 왔다고 생각해야 할지도 모른다. 그토록 오래전에 알렉산드리아에서 일어났던 것과 많은 유사성을 디아스포라가 지니지 않더라도 말이다. 하지만 탄생의 운하 외엔 아무것도 아닌 것으로 환유화되는 여성은 민족주의의 가장 원시적 도구이다.

민족주의가 공적 영역의 조건이자 효과이기는 하다. 그렇지만 모든 이성은 하나라는,

공적 영역의 창설 논리와 함께 하는 민족주의들은 작업을 할 수 없다. 그 이유를 깨닫게 하는 민족주의 독해가 여기 있다. 여기서 내가 제공해왔던 것이 바로 그러한 독해이다. 그런 독해는 특별한 출생에 대한 사적 확신에 의해 확보되며, 누군가의 구석에 있는 거기 있음이라고 하는 비파생적인 사적 위로로부터 바로 튀어나온다.

민족주의가 가장 사적인 것에 호소함으로써 자체를 확보한다면, 민주주의는 가장 사소하게 공적인 보편적인 것, 즉 만인은 평등하다는 것에 의해 가장 편리하고도 확실한 형식으로 확보된다. 저 희박한 계산(arithmetic)은 합리적 선택에 의해 보호받지 못한 채 민족주의에 의해 또한 조정될 수 있다. 나는 공공영역에 대한 더 큰 통제로 인간이 움직인다는 이야기를 반드시 진보 이야기라고 확신하지 않는다. 종교/과학 논쟁은 문학과 예술이 이성에도 비이성에도 속하지 않는 상상력임을 잊어버린 채, 그렇게 가정한다. 문학과 예술이 진전된 민족주의를 지지할 수 있다는 것은 비밀이 아니다. 문학과 예술은 "우리 모두 이렇게 고통을 받았다는 점을 명심하세요. 바로 이것이 일어났던 일이니 명심하세요."라고 말하며 거창한 재기억화 기획에 사람들을 합류시킨다. 그리하여 역사는 소위 문화적 기억으로 바뀐다. 그때 문학은 동일한 위대한 과거를, 동일한 장엄한 민족해방 투쟁을, 동일한 문화적 관용 등을 우리 모두 통과하여 왔다고 제안하는 거대한 대항-기억화 기획이라는 과제에 참여할 수 있다. 나는 마지막에 — 때때로 나의 말이 잘못 이해되기 때문에 — 문학적 상상력은 탈초월화된 민족주의에 영향을 미칠 수 있다고 제안할 것이다. 하지만 여기서 내가 논의하고자 하는 바는 그것이 아니다. 나는 상상력이 민족주의를 먹여 살린다는 진부한 말을 지지하는 셈이다. 또한 나는 독자다운 상상력을 준비시키는 인문학 가르치기를 통해, 문학적 상상력과 인문학 가르치기를 향해 나아가고자 한다. 문학적인 것을 받아들임으로써 국제적인 것의 복합적인 텍스트성을 향하는 가운데 민족주의의 자기-정체성을 넘어서기 위해서 말이다. 나는 나중에 이 문제를 다시 거론할 것이다.

이제 나는 구전적-규정적인 것(the oral-formulaic)으로부터 배운 교훈을 여러분과 공유하고 싶다. 서사의 주된 요소가 연속이라면, 구전적-규정적인 것의 주된 요소는 등가성이다. 여기서 등가성은 같은 양이라는 의미에서의 가치를 뜻하지 않는다. 등가성은 경제 영역에서의 마르크스주의적 정의(definition)였다. 나는 좀 더 일상적인 의미에서 가치에 대해 말하고 있다. 구전적-규정적인 것은 등가성의 가정에 의해 작동한다. 우리는 연속(시퀀스)과 작업함으로써 서사로부터 배운다. 우리는 등가성에 통달함으로써 구전적인 것에서 배운다. 로만 야콥슨이 등가성을 시적 기능으로서 제공했던 것은 유명한 일이다. 그는 전형적인 모더니스트 양식으로서 등가성이 의미의 짐을 일소한다고 생각했다. 구전적-규정적인 것을 제시하는 사바르(Sabar) 여성들과 함께 했던 나의 경험은 내게 다음과 같은 확신을 주었다. 즉, 글자를 깨우친 공감하는 많은 사람들을 돌아서게 하는 음조는 물론이고 단어의 단조로움을 넘어 무엇인가를 일어나게 하는 것은 등가성에서의 창의성이라는 점 말이다. 지역 지주들이 나한테서 학교들을 빼앗아 기업 부문에 넘겼을 때(그러한 양도는 지금은 없다)까지 나는 사바르 여성 집단을 활용해 선생들을 훈련시키곤 했다. 사바르 여성들은 8,200만 명의 인도 선주민들 가운데 대표성을 띠지 않은 작은 집단의 구성원들이다. 그녀들은 여전히 구전적-규정적인 것을 실천한다. 수 세기 동안 이어져 온 이 기술을 곧 그녀들이 잊어버릴지언정 말이다. 여기서 구전성에 대한 파악력은 젠더-분리적이다. 외부 세계에 대한 남자들의 접근은 힌두 마을들을 위해 낮에 하는 노동인 셈인데 비참하기 짝이 없다. 그들은 하루가 24시간이라는 것을 모르기 때문에 계속 사기를 당한다. 바로 그것이 내가 학교들을 열어 서발턴에게 헤게모니를 잡을 기회를 제공하고자 했던 이유이다.

그럼에도 외부 세계에 대한 남자들의 접근은 좀 더 '열려 있는' 셈이다. 남자들이 노래할 때, 구전적-규정적인 것에 대한 문서상의 또 창안적인 기억은 암기에 접하기도 한다. 남자들은 외부 세계 및 위대한 계보학적 기억들과 편안한 구전성에 거주한다기보다 강요된 문맹에 거주한다. 이것은 아주 중요한 구분이다. 여자들은 젠더라는 특이한(peculiar) 상황 때문에 여전히 구전적-규정적인 것을 실천하고 있었다.

내가 활동했던 구역의 식민 시대 이전 이름은 만붐(Mānbhum)인데, 이제 그 이름은 없다. 인접한 자르칸드(Jharkhand) 주에는 싱붐(Singbhum)이라는 구역이 있는데 그 이름은 지금 지도상에는 나오지 않는다. 식민 시절 이전의 이름이기 때문이다. 남쪽에 비르붐(Birbhum)이 있다. 이 여성들 중 아무도 사용하지 않던, 식민 시절 이전의 장소 이름을 내가 처음으로 사용하며 "만부나르 만 라자, 만붐의 만 왕"(Mānbhuñār Mān rājā, King Mān of Mānbhūm)으로 시작되는 운문을 직조하는 소리를 들었을 때, 나를 스쳐 지나갔던 기쁨의 전율을 상상해보라.

그런 다음 그녀들은 또 다른 식민 시절 이전의 이름을 갖고 왔다…. 나의 정신을 재빨리 스쳐가는 다른 민속 세부사항들이 있었다. 다음 행은 더욱 유쾌한 것이었다. "콜카타의 왕은 돌로 지은 맨션을 가지고 있다네."(Kolkatar rajar pathorer dalan be) 내가 '창안적 등가성'(inventive equivalence)이라고 부른 바를 지닌 장소가 콜카타였다. 작은 집단이 시장에 가느라 콜카타로 가고 있었고 콜카타 왕을 영예롭게 하고 있었다. 그녀들은 이 노래들을 준비하고 있었다. 콜카타는 나의 고향이다. 내가 가구도 문도 창문도 배관도 전기도 없는 저 머나먼 방에서 그 여자들과 함께 노래를 불렀을 때 나는 다음과 같은 생각을 하고 있었다. 가구는 없지만 어떤 면에서 화학 비료를 연상시키는 6.9피트 폴리에틸렌 시트를 갖고 있는 그 머나먼 방에서 누가 콜카타 왕이 될 것인가를 말이다. 콜카타는 식민 도시이며 더 오랜 인도 도시들과 달리 노바브(Nobab*)를 결코 갖고 있지 않았다. 실로 바르다만(Bardhaman), 크리슈나나가르(Krishnanagar), 스리하타(Srihatta, 실헷Sylhet), 자쇼르(Jashor), 미멘싱(Mymensingh)과 달리 콜카타는 힌두 왕후 또한 절대로 갖지 않았다. 그러나 그 여자들은 "콜카타 왕은 돌로 지은 맨션을 갖고 있다네."라고 노래 부르고 있었다. 그 노래에서 콜카타는 이동장치의 위치를 차지했던 셈이다. 그것을 반박하는 나는 도대체 어떤 사람이었단 말인가?

나는 마하스웨타 데비의 소설을 번역한다. 그녀의 개인적인 정치적 성향은 좀 봉건적이다. 사람들은 부족 박람회들을 관람하고 손수건 등을 사러 콜카타에 왔고 마하스웨타는 이 부족 박람회들을 조직하곤 했다. 사람들이 부족 박람회를 준비하고 있었던 것도, 바로 손수건 등을 팔기 위한 것이다. 콜카타에서 실제로 이 부족 박람회가 열렸던 건물은 타트호켄드라(tathhokendra), 즉 〈안내 센터〉라고 불린다. 그 장소의 이름이 뭐냐고 그 여자들 중 한 명이 나한테 물었다. 나는 타트호켄드라라고 말했다. 그녀들은 "타트호켄드레르 라자르 파타레르 다란 베(Tathhokendrer rajar patharer dalan bé, 〈안내 센터〉의 왕은 돌로 지은 맨션을 갖고 있다네)"라는 행을 만들었다. 나는 그 행을 "콜카타"로 유지하는 편이 더 나을 거라고 말했는데, 다음을 주목하면서 속으로는 경이로움을 느끼고 있었다. 즉 그녀들은 콜카타에 동물원들, 공원들, 거리들, 유일한 건물인 〈안내 센터〉가 있었다는 것을, 또 어떤 왕도 그녀들에게 권력을 행사하지 않았다는 것을 알고 있었지만, 고풍의 만붐(Manbhum)이나 바라붐(Barabhum)에 적합한 공간을 세우게 할 주권성(sovereignty) 개념을 둘 다에 똑같이 적용했다니 경이로웠던 것이다.

그렇다면 여기 규정적인 것(the formulaic)의 힘 때문에, 민족 없는 사유가 여기 있으며 신비한 지리학에서 말하는 이동장치들로서 공간-이름들이 있다. 이제 국제성에서는 민족-국가가 합리적으로 결정된 등가성을 갖는데 지구화에서는 그렇지 않다. 거기서는 가치의 매체가 자본이기 때문이다. 이것은 리오타르와 그 전의 맥루한이 그 사이 인쇄된 책을 뛰어넘어 포스트모던성을 위해 주장했던 그러한 종류의 직관이다. 리오타르(Jean-Francois Lyotard*1924-1998, 단일한 중심에 의해 지배되는 총체성이 아니라 이질적 다양성을 지향하는 현대사회에 대한 포스트모더니즘 이론에 따라 거대 서사 대신 소서사(little narrative)와 다원주의를 주장한 프랑스 이론가)와 맥루한(Marshall McLuhan*1911-1980, 캐나다의 미디어 이론가이자 문화비평가)의 정치는 서발터니티의 결을 무시했고 서발터니티를 아무런 간극 없는 국제성과 동일시했다. 리오타르는 자신의 「디페랑」(The Differend)에서 국제성을 해제하고자 시도했는데 대부분의 독자들은 서발터니티와 국제성을 연결하지 않았다. 포스트모던 논쟁의 이점 없이는, 그러한 지리적 직관들은 근대 이전의 것으로, 홉스봄에 의해서는 정치 이전의 것으로 정의된다. 리오타르와 맥루한은 대항-지구화와 연결되어 있지 않을 뿐만 아니라 너무 서발턴적이어서 토착 지식이나 인구 통제를 공격할 수도 없다. 또한 (지금은 파괴된) 화학 비료나 제초제들에 대한 그들의 회피가 당시에는 너무 최신식이라서 대규모 농업과도 연결되지 못했다. 선택보다는 박탈로부터 더 많은 것이 초래되고 말았다.

그러나 만약 리오타르와 맥루한이 대항-지구화와 연결되었더라면, 민족주의적 계기를 승인하고자 할 것이다. 액티비스트 노동자들이 그들에게 민족을 말할 테니까 말이다. 이것은 역사적 기초 없는 정동적 집단성에 있는 하나의 민족주의적 계기여서 궁극적으로 민족주의도, 대항-지구화도 생산하지 못하며 오히려 자조(自助)로 위장된 복종을 생산한다. 실로 어느 해인가 나는 토지 경계 설정자들(locaters)의 노래에다 '그들의' 마을(힌두들은 그 설정자들이 거기 입장하는 것을 부정한다) 이름들이나 그들의 구역 등을 가사 한 행으로 덧붙였다. "서벵골은 나의 국가이고, 인도는 나의 민족이라네."

다음 날 나는 콜카타로 갔던 집단보다 더 큰 여성 집단과 함께 그 구역의 중심 마을로 걸어갔다. 2시간 30분 동안 이 도보 행진의 규약들 중 하나는 우리 목소리의 음조를 최대한 높여 부른다는 것이었다. 나는 사진 찍을 사람을 절실히 원했다. (나는 농담하는 중이다. 나는 그곳의 어느 누구도 절대로 원하지 않았다.) 이 선주민 여성들과 내가 만붐의 듬성한 숲속에 있는 평원을 걸어갔을 때, 사진 찍을 사람을 원했다. 선주민 여성들과 나는 "인도는 내 민족"(bharat henak desh be)이라고 계속 세 번을 외쳤고 그것은 민족주의에 접근하는 계기였다. 그러면 서발턴들과 여행하는 가야트리 스피박이 그때 카메라에 잡힐 것이다. 물론 그것이 민족주의에 대한 접근은 아니었다는 점을 제외하고 말이다. 구전적-규정적인 것(the oral-formulaic)은 모든 종류의 재료를 그 기계 속에서 전유할 수 있으며, 그 경우의 창안성에 맞지 않는다면 그 인식소적 의미의 내용을 도둑질할 것이다. 바로 이것이야말로 야콥슨이 생각했던 바, 의미를 앗아가는 오로지 등가성인 시적인 것이었다. 실로 서벵골 혹은 서벵골 주의 이름인 파침 방가(Paschim Banga)는 오랫동안 파침 망갈(Mangal)이라는, 산스크리트어 같은 분위기를 띤 의미 없는 구절로 바뀌어 버렸다. 또한 수코다(Shukhoda)가 나를 여전히 사랑한다는 것을 내게 보여 주고 싶어 할 때만 그 행들은 노래로 불린다. (나는 그녀를 5년 동안 보지 못했고 지주의 장악을 피해 내 학교들을 옮겨 버렸다.) 나는 구전적-규정적인 것을 모방하자고 우리에게 요청하고 있지 않다. 창안적인 등가성 원리가 비교주의 충동의 핵심에 있어야 함을 나는 제안하는 중이다. 완전하게 다듬어진 비교주의가 하는 것은 그것뿐만은 아니다. 하지만 그 원리야말로 그 핵심에 서유럽 민족주의들이 있는 그러한 기준의 견지에서 측정되는, 비교문학의 위계적 기능화를 파괴할 것이다. 나는 파리 공항에서 뉴욕 북부 억양에 의해 쫓겨났고, 내 어머니한테 돌아서서 벵골어로 "어머니는 내 말을 알아들을 수 없지요"라고 말했다. 그러나 어머니는 또한 벵골어로 "얘야, 그게 모국어란다"라고 나를 꾸짖었다. (나는 이 이야기를 다시 할 것이다.) 유아기 메커니즘을 통해 처음으로 배웠던 언어가 나 자신만의 언어가 아니라 모든 언어라는 감각이 바로 등가성이다. 여러분은 영어의 적이 될 수 없다. 사람들은 "영어는 지구화이다. 영어가 문화적 특수성을 파괴시키고 있다"고 손쉽게 말한다. 여기에 등가성이 있다. 등가성은 평등화도, 차이의 제거도 아니며, 친숙하지 않은 것을 친숙한 것으로 잘라내는 것도 아니다. 아마도 다른 것들이 내 첫 언어의 예 중에 그 독창적인 장소를 차지할 수도 있음을 배워가는 것이 등가성이다. 이것은 어렵다. 이것은 발전시키기 쉬운 직관이 아니다. 하지만, 우리의 음식, 우리의 언어, 우리 세상의 구석에서 느끼는 위로를 빼앗아 갈 필요는 없다. 노마드는 이것조차 포기할 수도 있겠지만 말이다. 빅토르 위고를 인용하는 에드워드 사이드의 다음 말을 명심하라. "자신의 고향을 달콤하다고 발견하는 사람은 여전히 부드러운 신참자이다. 그에게는 모든 토양이 자신의 고향 땅만큼 이미 강력하다. 하지만 그는 전체 세상이 외국 땅일 때 완벽해진다." 인간존재는 언어의 사실성조차 포기할 수 있지만 비교주의는 그럴 필요가 없다. 등가성에 기초를 둔 비교주의가 손상시키고자 시도하는 바는 단순한 민족주의의 소유욕, 배타성, 고립주의적 팽창주의이다.

처음 배운 언어가 왜 그렇게 중요한가? 처음 배운 언어는 모든 유아에게서 공적인 것-사적인 것을 활성화하고, 우리가 유럽사로부터 전승해 왔던 대로 공사 구분의 외부에서 공적인 것과 사적인 것의 협상을 허용하기 때문이다. (실로 여기서 '사적인 것'은 심지어 파생되지 않은 동물적 위로가 아니라 메타심리학적인 접근 불가능한 오어법적인 것이다.) 언어는 역사를 가지고 있고, 우리의 탄생에 앞서 있는 공적인 것이며, 우리의 죽음 이후에도 계속 그렇게 존재할 것이다. 하지만 모든 유아는 언어를 창안하며, 마음의 바로 그 내부성을 건드리며, 그 언어를 가장 사적인 것으로 만든다. 좀 더 피상적인 수준에서 민족주의가 전유하는 것은 바로 이 비파생적인(underived) 사적인 것이다. 힌디어라는, 소통을 위한 민족 언어를 가진 내 나라와 같은 다언어 공화국은, 문학 영역에서 감탄할 만한 비교주의 움직임 — 내 어머니의 움직임이기도 한 — 을 작동시킨다. 선주민 언어들을 계산하지 않는다면 24개의 많은 첫 언어들이, 선주민 언어들을 계산한다면 850개의 많은 첫 언어들이 있다는 것을 인식하면서 말이다. 포스트식민 문학이 예전엔 대영제국이던 것을 이제 영연방이라고 하는 포스트제국주의 문학을 가리키는 그저 또 다른 이름이라고 생각한다면 어떨까? 나는 그러한 비교주의 움직임이 일어나지 않을까 봐 두렵다. 물론 우리는 또한 전 지구의 맥락에서 '제국 그 자체'를 생각하는 중이다. 초기 에세이에서 했던 영연방에 대한 모든 언급은 그렇게 제국 자체로 '번역되어야' 한다. 이것은 포스트식민 연구에서 지구화 시대로 번역하기이기도 하다. 메트로폴리스의 끝에는 그 어떠한 특수성(specificity)도 없고 오로지 획일화만, 데이터와 자본만 있다. 그 밖의 모든 것은 손상의 통제이다.

영연방(British Commonwealth)은 〈연방 협회〉(Commonwealth Association)를 두고 있다. 사실 연방은 수많은 언어들을 가지고 있으며 〈연방 협회〉는 그 언어들에 대한 연구를 지향한다고 한다. 사이프러스(Cyprus*지중해 동단의 섬 공화국, 수도는 Nicosia), 몰타(Malta*몰타 공화국, 1964년에 독립, 수도 Valleta), 부르키나 파소(Burkina Paso*아프리카 서부의 공화국. 옛날 명칭은 Upper Volta, 수도 Ouagadougou)를 보라. 이 모든 장소들은 영연방에 속해 있었지만 누가 신경 쓰는가? 15개의 아프리카 나라들도 마찬가지였다. 그러나 〈연방 협회〉는 **지구적 영어**의 충일함을 위해 주로 소수언어들을 청소하는 집이 되고 있다. 물론 그 협회는 아프리카와 인도의 다양한 언어들로 문화작업의 텍스트적 분석을 고려하는 것을 환영해야 할 터이다. 식민주의에 의해 폐쇄된 언어다양성을 재개하기 위해서는 이제 그러한 경향은 번역의 문제를 넘어 구영연방 구성원들의 가능성으로 들어가야 한다. 소통의 매체는 식민주의의 선물인 영어가 될 수 있을 터이고 우리는 그 선물을 편의로서 수긍할 수 있다. 그러나 그 작업은 비교주의적인 것이 되어야 한다. 실로 그것은 여러 언어들로 되받아 쓰는 제국일 것이다. 응구기 와 티옹오는 거의 25년 전에 비교능력에 대한 신념에 따라 행동했다.[10]

여기 불어를 쓰는 과달루페 출신의 마리즈 콩데(Maryse Condé, 1937-*역사소설가로, 『세구』(*Segu*, 1984-1985)가 가장 많이 알려진 소설임)가 있다. 아래 구절에서 보듯 그녀는 서발턴 아프리카와 대면하는 카리브 해 상층 계급을 그리고 있다. 아마도 여성일 텐데 드러나지는 않는 아프리카 서발턴 화자는, 불어로 말하는 마르티니크 출신의 상층 계급인 베로니크(Véronique)에게 다음과 같이 말한다. "만딩고도, 풀라니도, 투쿨레르도, 세레르도, 웰로프도, 토마도, 게르제도, 팡도, 폰도, 베테도 에웨도, 다그바니도, 요루바도, 미나도, 이보도 생산하지 못한 저 나라는 참 이상해. 거기 살고 있었던 사람들은 여전히 흑인들이었는데 말이야!" 그 젊은 카리브 해 여성은 이것을 지나치며 자신의 외모에 대한 칭찬을 듣고 느끼는 자신의 쾌락만 지적한다. "그 나라의 여성들은 모두 아가씨처럼 예쁜가요?"[11]

물론 불가리아는 믿을 수 없을 만큼 자체의 언어들을 대단하게 의식하여 왔고 이것은 놀라운 현상이다. 그래서 나의 지적이 나의 즉각적인 청중에게 일정 정도 먹히지 않는 구석도 있겠지만, 다른 한편으로 등가성에 대한 상기는 여전히 적절했다. 여러분은 번역해야 하고 생각해야 한다고 나는 말했다. 아프리카가 거기 있다. 불가리아 동료들은 아프리

10) Ngũgĩ wa Thiog'o, *Decolonizing the Mind: the Politics of Language in African Literature* (London: J. Currey, 1986). 1장 참조.

11) Maryse Condé, *Heremakhonon*, trans. Richard Philcox (Washington, DC: Three Continents, 1982), p. 24.

카 언어들을 소개한들 학생들 사이에 별다른 관심은 일어나지 않을 거라고 지적했다. 바로 이것을 바꾸어내는 것이 얼마나 중요한가를 강조하는 작업을 나는 시작조차 할 수 없었다.

콩데의 베로니카는 아프리카 서발턴 여성의 질문을 듣지 못한다. 학계가 〈비교문학〉의 도전을 포착하지 않는다면, 지역 언어들로 된 많은 문학들처럼 인도어들로 된 문학들도 자체의 기반 위에서 번성하지 못할 것이다. 이 문장은 나의 인도어 발표에도 적용된다. 우리는 지구성 속에서 세계를 생각하고 있다. 실로 영어로 쓰인 인도 문학에 관해 연구하고 있는 어떤 불가리아 동료와 사적으로 나눈 대화에서 나는 "우리를 죽이지 마세요."라고 말했다. 여러분이 비크람 세스(Vikram Seth)와 같은 작가에 지불된 선금을 인도어 문학들이 벌어들이는 돈과 비교한다면, 여전히 인도어 문학이 아주 강력하다는 점에 놀랄 것이다. 끔찍한 지식 사회학은 인도어 문학들에서부터 '인도'라는 이름을 빼앗아 가고 있다. 한 컬럼비아 대학 학생이 자신의 박사학위논문 시험을 위해 〈인도 문학〉이라는 영역을 최근에 나한테 제출했다. 나는 "확실히 학생은 영어로 쓰인 인도 문학을 뜻하느냐"고 물었더니 그는 "아대륙에서 영어로 쓰인 문학만을 인도 문학이라고 한정할 수 있다는 아밋 차우두리(Amit Chaudhuri)의 정의를 따르고 있습니다."라고 말했다. 자신이 읽을 수 없는 인도어들로 된 모든 문학이라는 살만 루쉬디의 말은 '편협하다'는 것이었다. 우리는 이국적인 인도의 제시로부터, 항상 작가 자신의 모퉁이에 초점을 둔 혼융으로서의 인도계-영국 혹은 인도계-미국으로 이어 달리는 이주민 경험의 반복된 서사(그 문체가 아무리 다양하더라도) 또한 좀 '편협하다'고 제안할 수는 없을까?

인도어들을 인위적으로 영어와 혼합시켜, 분리되어 있으면서도 위계적으로 공유되는 남북 인도 문학들의 역사들을 해제하는 것이야말로 여기서 작동 중인 지식의 사회학이다. 지구성 속에서 이러한 논의는 문단의 세계 공화국에 있는 감옥들에 초점을 맞추도록 확대된다. 영어의 획일화와 함께 하는 이중구속의 와중에, 나는 민족주의의 게토에 있는 **인도 비교문학**이 아니라 대영제국, 모든 제국들, 모든 혁명들의 단일문화를 생산적으로 해제하는 본연의 비교문학을 오랫동안 제안하여 왔다. 소비에트 연구를 하다가 지금은 포스트-소비에트 연구를 하는 우리 〈해리먼 연구소〉(Harriman Institute) 때문에 중앙아시아로부터 여성들이 컬럼비아 대학으로 온다. 그녀들은 종종 나와 함께 이야기하러 오는데 내가 페미니즘을 하고, 타슈켄트(Tashkent)가 인도와 가깝기 때문이다. 그녀들이 말하는 내용들 중 하나는, 자신들은 할머니들에게 말을 할 수 없다는 것이다. 중앙아시아 여성들은 선택에 의해 러시아어를 말하며 그녀들의 토착어들은 더 이상 그녀들에게 아무런 뉘앙스도 없다. 이것은 인도에서도 어떤 수업들에서 종종 있는 일이다. 우리가 지구적 비교문학의 윤곽들을 확립하기 시작한다면, 그레고리 마셀의 『대리적 프롤레타리아트』에 기술되어 있는, 대체로 여성적인 소비에트화의 언어학적 결과들을 해제할 수 있기를 적어도 희망할 수 있다.[12)]

바로 이러한 맥락에서 나는 굉장히 유명한 마르크스의 다음 말을 회상한다. "새로운 언어를 배워 왔던 신참자는 그것을 항상 자신의 모국어 속에 다시 번역해 넣는다. 그가 새로운 언어의 정신을 전유하여 옛날 언어를 언급하지 않고도 새로운 언어를 조정할 수 있을 때, 또 그가 새로운 언어를 사용하는 동안 자신에게 심어져 있었던 언어를 잊어버릴 때, 새로운 언어의 정신을 자유롭게 생산할 수 있게 된다고 말해질 수 있을 뿐이다." 내가 영어로 말하고 있을 때 나는 벵골어로부터 번역하고 있지 않다. 나는 벵골어로 발간한 것은 벵골어로 남겨두며 나 자신의 벵골어를 영어로 번역할 수 없다. 다른 사람들은 때때로 그러한 번역을 시도해 보는 모양인데 매우 어렵다고 한다. "그가 새로운 언어를 사용하는 동안 자신에게 심어져 있었던 언어를 잊어버릴 때, 새로운 언어의 정신을 자유롭게 생산할 수 있게 된다." 바로 이것이 번역가의 바람직한 모습이다. 즉 번역을 잊어버릴 수 있는 누군가가 되는 것이다. 이것은 좋은 비교문학을, 또 지배적인 통합적 언어들이 명령할 수 있는 에너지의 종류를 문자 그대로 기술하는 대목이다. 우리는 이러한 깊이를 갖도록 세상의 모든 언어들을 배울 수는 없다. 하지만 우리는 두 가지를, n+1을 배울 수는 있다. 그 과정에서 한 제국적 구성체 하에 편평해진 세상의 모형 지도를 복원할 수 있다. 여러분이 그 제국을 뭐라 부르건 그것은 중요하지 않다.

(마르크스는 혁명을 열정으로부터 분리하는 데에, 노동자에게 자본의 행위능력에 관한 대항-직관적인 견해를 가르치는 데에 제대로 집중한다. 그 때문에 마르크스가 고려하지 못한 것은, 모국어로써 혁명의 추상들을 보충해야 한다는 점이다. 결국 혁명을 낮추었던 것은, 또 지구화의 속도에 지고 말았던 부르주아 자유주의자들에게 한정된 채

12) Gregory Massell, *The Surrogate Proletariat: Moslem Women and Revolutionary Strategies in Soviet Central Asia 1919-1929* (Princeton, NJ: Princeton University Press, 1974).

미학교육을 남아 있게 했던 것은, 바로 윤리적인 것의 실천 결여였다.)

민족주의는 재기억화를 통해 구축된 집단적 상상력의 산물이다. 그러한 소유적인 주문을 해제하는 것이 바로 비교주의적 상상력이다. 이 상상력은 아주 부지런한 유희(play)에 기쁨을 느끼도록 훈련되어야 한다. 하지만 오늘날 사회적인 우선권들은 그렇지 못하다. 그래서 '발전된' 선진국 세계에서 경쟁하는 자로서 자기 자리를 차지하도록 인도가 부상함에 따라, 인문학에서의 고등교육은 확실히 인도에서 또 미국에서도 번성할 수 없다. 인문학은 순문학이나 양적인 작업인 양 점차 사소해지거나 자체를 사소하게 만들고 있다. 내가 45년 동안 전임 교수로 강의하면서 무엇인가를 배웠다면, 그것은 일종의 문화적 죽음이나 다름없는, 인문학의 사소화라는 비극이다. 정치체가 그저 문학사나 내용을 가르치기보다, 가짜 과학주의라기보다 비교주의적인 문학 교육을 가치 있게 여기지 않는다면, 상상력은 함양되지 못할 것이다.

나는 몇 가지 은유들에 관한 이야기를 함으로써 13장을 끝내고자 한다.

첫 번째는 시간과 여성들이다. 시류화하는(temporizing) 일반적인 서사가 개인적 삶과 집단적 삶을 가능하게 한다. 사이먼 기칸디(Simon Gikandi*케냐 태생이며 나이로비 대학 학사, 노스웨스턴대학 박사, 프린스턴 대학 영문과 교수로 근대 아프리카 소설을 전공하며 치누아 아체베와 응구기 와 티옹오를 연구했다)는 아프리카 맥락에서(그 자신이 케냐 인이다) 인종 학살을 지지하는 서사들과 더불어 연구해 왔고 아프리카적인 것이 이 서사들에 개입할 수 있는 경위를 연구해 왔다. 이스라엘은 소위 성경의 서사를 갖고 합법화된 국가 폭력을 지지하는데, 이것은 너무 광범위한 주제이다.

여성들의 역할은 민족주의들을 지지하는 재생산적 이성애 규범성에 놓인 자신들의 자리를 통해 이 서사들에서 크나큰 의미심장함을 지닌다. 우리는 태어날 때, 시간화(timing)나 시류화(temporizing)의 가능성 속에서 태어난다. 우리는 시간 속에 있다. 우리는 지금(now)을 통해 제때에 나중(after)에 떨어질 이전(before)을 시류화하고 생각하고 느낌으로써 그 가능성을 포착할 수 있다. 우리의 최초 언어는 나중과 거의 동시대인 것 같다. 왜냐하면 우리는 또한 나중의 와중에 태어나기 때문이다. 내가 말했듯이, 나중은 우리 앞의 이전을 지니고 있기 때문에, 우리는 나중의 이미-거기 있음으로부터 뭔가를 취한다. 또한 우리가 나중 속에 의미를 제시할 수 있으니, 우리는 이전을 경유하여 제때 떨어지는 미래 속에서 자신들을 생각할 수 있다. 주고받는 이러한 사유야말로 정체성들의 부과를 수용해야 하는 시간에 관한 관용구적 이야기이다. 우리를 탄생시킴으로써 시류화 속으로 데리고 가는 것처럼 보이는 것은, 보통 우리의 어머니들이다. 그 때문에 우리의 시류화는 기원에 관한 그 특별한 직관을 종종 표시한다. 어머니를 코드화하고 재코드화하고 여성공간을 투자하거나 조정하여 가능한 미래들을 계산함으로써 말이다. 민족의 딸이 되는 것은 바로 그러한 재코드화에 묶여 있다. 제때 떨어질 미래를 향한 시류화의 또 다른 예는, 그 자궁들에서 민족의 미래를 쥐고 있는 여성들에게서 나온다. 그것은 명백한 결혼 서사로부터 나온다.[13] 언어, 어머니, 딸, 민족, 결혼. 당대 문학적 상상력의 과제는 이 다섯 가지 형상을 집요하게 탈초월화하는 것이다. 달리 표현하면 이 도표를 텍스트로서 연구한다면, 여러분은 그것을 국가를 지탱하는 공공영역을 추동하는 이루 형언할 수 없는 문화적 '현실'(reality)로 보기보다, 또 국가를 지탱하는 시민적 구조로 보기보다, 상상계 속에서 그것의 틀을 지울 수 있도록 할 수 있다. '문화'는 간교한 기표이다. 여러분의 '시민적'(civic) 민족주의가 G8 집단에 투신하는 동안 여러분이 '문화' 민족주의에 투신한다면, 다음이 필수적이지는 않겠지만 가능할 것이다. 즉 '문화적으로' 선택된 민족의 재분배적 사회정의에 맞서는 여러분의 활동 말이다. 우리가 신자유주의 지구화로 상승할 때 이것은 아주 중요하게 된다.

다시 한 번 말해보겠다. 우리의 '시민적'(civic) 민족주의가 G8 집단에 투신하는 동안 우리가 '문화' 민족주의에 투신한다면, '문화적으로' 선택된 민족의 재분배적 사회정의에 맞서는 우리의 활동은 필수적이지는 않겠지만 가능하기는 하다. 그럴 법하면서도 가능한데 필수적이지는 않다. 민족주의가 위치(location)와 혼동된다면, 여기서 민족주의는 우리에게 그 어떠한 가치평가 범주도 제시하지 않을 것이다. 달리 말하면, 나는 인도의 예, 즉 비거주 이민자를 여러분에게 제시하고 있는 중이다. 비거주 이민자(NRI, Non Resident Immigrant)는 비거주 인도인 혹은 인도 기원의 사람(PIO, Person of Indian Origin)을 가리키는 속기이다. PIO는 인도 당국에 의해 일정하게 비자를 받는 특권을 지니는데(NRI와 PIO 둘 다 미국 및 아마 영국에서의 메트로폴리탄 디아스포라를 기술하는데) 반드시 좋은 것도 나쁜 것도 아니다. 이 이슈는 지금 물론 민족주의적 시민사회에 투신 중인 민족주의-좌파 및 사회운동 민족주의자나, 지구적-

13) 이 문단은 스피박의 *Other Asias*, p. 123에서 인용됨.

민족주의자가 '선'과 '악'을 달리 계산하리라는 사실에 의해 혼동된다. 또한 일어날 이러한 혼동은, 모퉁이를 돌아 불가리아 민족-국가와 대면한다. 불가리아가 〈유럽연합〉에 들어온다면 또 들어올 때 말이다. 물론 이것은 나한테나 NRI(비거주 인도인)한테나 이해관계가 개입되어 있는 지적이다. 그러나 그것은 이해관계가 개입된 지적일 뿐만 아니라, '민족주의'를 오늘 혹은 실로 영원히 하나의 모호한 가치로서 취할 권력과 위험을 가리키는 것이기도 하다. 오늘날, 민족-국가의 한 섹션이 '국제시민사회'의 스스로 선택된 도덕 기업가들과 장갑을 끼고 함께 일할 때, 민족주의의 시금석만이 그 시금석에 따라 우리를 행동하도록 하는 것은 물론이고 그 상황을 어떻게 읽도록 할 것인가? 질병과 가난을 근절하는 운동들의 지속적인 사회적 생산성에 관한 분석은 13장의 시야를 넘어설 것이다. 여기서 나는 민족주의란 기만적인 범주라는 점을 그저 반복하겠다. 나는 많이 인용되는 셸리의 지적을 한 바퀴 돌려 그 꼭대기에 민족주의를 놓을 것이다. 영국이 자본주의에 입장하고 있었던 1818년에 셸리는 "우리가 알고 있는 바를 상상하는 창조적 능력을 우리는 원한다."고 썼다. 나는 그토록 많이 인용된 탄식을 한 바퀴 돌려볼 것이다. "우리에게는 민족주의를 알아가는 인식 능력이 부족하다. 상상력이 지식인 양 우리는 민족주의를 우리의 상상력으로써만 작동하도록 하기 때문이다. 바로 이 지점에서 내가 계속 주장할 터인데, 우리는 상상력의 한계를 시험할 정도로 충분히 거칠게 상상력을 훈련시켜야 한다. 미학교육 말이다. 지구화된 포스트식민성 속에서 우리는 민족-해방 민족주의를 전시들(exhibitions)에, 위대한 전시들에 유효하도록 박제시킬 수 있다. 우리는 민족-해방 민족주의를 역사라는 분과학문에 유효하도록 교과과정을 짤 수도 있다. 서발턴들을 말하고 있지 않은 위대한 민족주의자들에 관해 배우라.[14] 상상력을 위한 과제는 박물관과 교과과정으로 하여금 새로운 문명화 사명들을 위한 알리바이를 제공하며, 우리로 하여금 우리의 우방을 잘못 선택하게 만든다. 유라시아를 세련되게 만드는 이 전체 사업을 보라…. 나의 불가리아 청중 중 한 사람이 우리한테 질투심이 있느냐고 물었다. 유라시아가 〈나토〉의 활동 무대가 되어 가고 있다. 이것은 질투의 문제가 아니라 두려움의 문제이며, "그렇다, 물론, 미국이 중앙아시아의 한 권력"이라고 말하는

14) 에드워드 사이드(Edward W. Said)는『오리엔탈리즘』(*Orientalism*)의 개정판(New York: Pantheon, 1994, p. 335)에서 이 신기한 주장을 하고 있다.

〈자유 유럽 라디오〉의 문제이다. 유럽에 입장하는 터키가 있지만 불가리아는 나머지 세계에서 보면 다른 방식으로 유럽적이다. 불가리아 인들이 유럽이라고 부르는 것이 불가리아 인들을 지방화하고 있기 때문에 불가리아 자체로서는 충분히 유럽적이지 않지만 말이다.

나는 국가의 재발명에 관해 말함으로써 끝맺고 싶다. '민족-국가'라는 구절이 우리의 혀를 오르내린다. 그러므로 오늘날 우리의 의제에 올라와 있는 듯 보이는 것은 소위 **지구적 남반구**에서의 시민 국가의 재발명이다. 민족주의적 정체성 중심주의의 짐에서 벗어나 자유롭게 민족적 경계를 넘어 비판적 권역주의(critical regionalism)를 향하는 경향을 지닌 시민 국가 말이다. 불가리아는 권역주의적 가능성들의 견지에서 특별하며 그 변화하는 경계들의 역사를 본래부터 가지고 있는 나라이다. 민족 알레고리들 외엔 아무것도 쓸 수 없는 우리의 무능력에는 다음과 같은 새로운 문제들이 첨가되어 왔다. "포스트구조주의의 전제들과 거기 역설적으로 잠재되어 있는 정체성 중심적 반정체성 중심주의, 포스트구조주의의 소수자적 반국가주의, 포스트구조주의에 결핍되어 있는 유토피아적 반자본주의적인 비판적 지평"[15]의 문제들 말이다. 이 단어들은 마르크스를 구세주주의자로 읽었던, 또 도래할 민주주의에 관해 글을 써 왔던 한 철학자에게 어떻게 적용될 수 있을 것인가?

나로 말할 것 같으면 나도 어쩔 수 없이 그릇된 희망을 품는 유토피아주의자이다. 나는 권역들의 한 무리인 **지구적 남반구**의 한 무리로서 재상상된 세계를 기대한다. 물론 그 세계는 점진적으로 일어날 수 있을 뿐이다. 그러나 우리가 작은 구조 조정들을 할 때, 우리는 다음 목표를 명심해야 한다. 그 목표는 ('민족주의'라고 읽히는) 문화적 정체성을 맴돌고 있을 뿐만 아니라 경제구조 조정의 나쁜 결과들 주위를 돌아보려고 하는 상상적인 사람을 생산할지도 모른다. 한나 아렌트가 말하듯, 국가는 추상적인 구조이다. 여러분은 그동안 내가 써 왔던 모든 글이 배우기와 가르치기 주변을 선회하고 있다는 점을 감지했을 것이다. 인문학 선생의 많은 과제들 중 하나는, 국가의 추상적이고 이성적인 시민적 구조들을 문화 민족주의의 짐에서 자유롭도록 유지하는 것이다. 반복하건대 언어(들)의 유희에 훈련된 상상력은 민족 정체성의 진리-주장들을 해제할 수 있고 그리하여 국가의 작동들을 위장하고 예컨대 테러에 의해 위협받는 미국이라는 '국가'의 이름으로 상실되는 시민의 자유들을

---

15) James Penney, "(Queer) Theory and the Universal Alternative," *Diacritics* 32.2 (2002): 3-19.

위장하는 문화민족주의를 풀어 헤칠 수 있다. 다시금 '그렇게 할 수 있다'. (특히 오늘날 인문학 교육의 상태를 보건대) 나는 인문학 교육만이 세계를 구할 수 있다고 주장할 정도로 절대 바보처럼 굴지는 않을 것이다! 혹은 무슨 일이 단번에 세상을 구할 수 있다고도 주장하지 않을 것이다. 혹은 심지어 '세계를 구한다.'와 같은 구절이나 개념이 그 자체로 의미를 지닐 수 있다고도 주장하지 않을 것이다.

나는 내 연구에 깃든 우울함이라는 최근 영역을 보여주기 위해서만 앞 문단을 써 왔다.

내가 다음과 같이 표현할 수 있다면, 나의 주된 화제는 항상 '민족'을 민족-국가로부터 끄집어내기 위해 민족주의의 탈초월화를 꾀하고, 특이한(singular) 상상력을 훈련하는 과제였다. 그것은 해방 직후에는 나쁘게 들렸다. 아파르트헤이트(apartheid)가 일소된 후에 남아프리카공화국에서 첫 번째로 했던 나의 기념 강연에서 나는 그런 식으로 말했다. 나의 메시지는 정확하게 말해 인기가 없었다. 10년 후에 그 강연 원고가 한 선집에 실렸는데, 그 편집자는 당시에 '아래로부터 계몽의 남-용'에 관해 내가 이야기했던 내용은 선견지명이 있었다고 말했다.[16] 당시에 그 말은 너무 부정적으로 들렸다. 그래서 나는 60년의 독립 기간을 누렸거나 1947년에서 2011년 사이의 세월보다 더 오랜 세월을 겪었던 누군가로부터 번역하면서 거듭 말하고 있는 중이다. 그러면서 나는 그 말에 대해 "이제 우리는 그런 식으로 민족을 생각할 수 없다"고 단순하게 말하기보다 그것을 번역할 것인지 어떨 것인지를 두고 볼 참이다. 바로 이것이야말로 비교주의가 들어오는 곳이다. 그리하여 국가의 재발명에 관한 몇몇 명확한 말들은, 인문학만의 교육 바깥으로 우리를 데리고 갈 말들은, 여기서는 부적절하지 않다고 하겠다.

우리가 알고 있듯이, 경제적 재구조화는 민족 자본과 국제 자본 사이의 장벽들을 제거하여 똑같은 교환체계를 지구적으로 확립할 수 있게 한다. 간단하게 표현하자면 그것 자체에 무슨 잘못이 있을 필요는 없다. 실로, 이것은 저 오래전에 상실된 신기루인 국제적 사회주의가 애호한 희망이었다.

그러나 개별 국가들 자체는 그러한 곤경 속에 있기 때문에 국가들의 상황은 투명해야

16) Joan Vincent, ed., *The Anthropology of Politics: A Reader in Ethnograpy, Theory, and Critique* (Oxford: Blackwell, 2002), pp. 452-459.

한다. 여기서 경제 성장은 자동적인 재분배적 정의가 아니라는 점을 무시하는 단순한 민족주의는, 우리로 하여금 길을 잃도록 할 수 있다. 극적인 혹은 자선하는 대규모의 대항적 혹은 대안적 지구주의, 예컨대 시애틀이나 제네바에서의 데모들 역시 재분배적 정의를 보장해주지 않는다.[17] 특히 해방주의적(liberationist) 민족주의들조차도 이음새 없는 정체성이란 대립에 의해 자신들을 밀쳐 내려는 어떤 것으로 다루어야 한다는 것이 페미니스트로서 내가 오랫동안 지녀온 견해였다. 바로 그런 맥락에서 팔레스타인의 두 국가라는 해결책을 거부한 에드워드 사이드는 모범적인 예이다.

경제적 재구조화가 출현하기 이전부터, 내가 말했던 그 영역에서 작업 중인 누구라도, 헌법적 승인들은 거기서 큰 의미가 없다고 여러분에게 말할 수 있었을 것이다. 그러나 국가의 우선권들이 점차 바뀌어버린 지금은, 합헌성을 통한 재분배적 정의는 불가능하지는 않지만 점점 더 어려워지고 있다. 자선은 지금 국제시민사회로부터 위에서 아래로 오고 있는 중이다. 국가는 사실상(de facto), 때로는 권리상(de jure) 비헌법적이다. 국가가 경영자처럼 되어 자유 시장의 명령들을 받아들이라는 요청을 받고 있기 때문이다. 〈인권 감시단〉(Human Rights Watch*1978년에 소련의 헬싱키 협정 준수를 감시하기 위한 국제 인권 감시단체로 본부는 뉴욕이었으며 1988년까지 활동했다.)도 그 점을 알아차리는데, 그러자 자선 기관들이 개입한다. **남반구**에 있는 우리는 많은 것을 성취하고자 해도 보통 합헌적으로 관여할 수 없다. 1990년대에 하버마스는 포스트국가적 세상에서 유럽 맥락의 합헌적 애국주의에 관해 말할 수 있었지만 말이다.[18] 그러한 태도는 오늘날 지구성의 현재와 같은 지위에 신경을 쓰지 않은 것이라고 하겠다. 애국주의로 말할 것 같으면, 기능적인 국가의 추상적 구조가 대체로 방어를 위해 이용하는 정동이라고 하겠는데 민족주의보다 더욱 그러하다. 달콤함과 예절은 죽은 나라를 위한 것이다(dulce et decorum est pro patria mori). 나는 과거로 돌아가 무장하라!는 용감하면서도 이데올로기적으로 오염된 민족해방주의 분위기에서 작곡된 『메바르 파탄』(Mebar Patan)에서 나온 어린 시절 노래를 흥얼거리고 있다.

---

17) 시애틀(1999)과 제노아(2001)에서 열린 〈세계무역기구〉(WTO)의 국제회의를 저지했던 강력한 가두시위들이 있었다. 하지만 〈세계무역기구〉에 더 큰 해를 끼쳤던 것은 미국의 자국 보호주의이다.

18) Jürgen Habermas, "Citizenship and National Identity: Some reflections on the Future of Europe," *Praxis International* 12.1 (1992): 1-19.

새로운 〈비교문학〉이 사회과학과 제휴하면서 쉬지 않고 작업하여 왔을 법한 것은, 국가의 시민 구조를 민족주의와 애국주의를 청소한 상태로 유지하려는 그러한 공이 들어가는 과제이다. 그 과제는 국가 여분의 혹은 비정부 노선으로만 가기보다 국가의 재분배적 우선권들을 변경해서 권역적(regional) 제휴를 창출하려고 할 것이다. 왜냐하면 국가의 이름으로 이기겠다는 욕망들의 이러한 재배치 이면에는 책략을 탈초월화하는 다음과 같은 작업이 있기 때문이다. 자명한 위로에 대한 가장 사적인 감각에서부터 이름 붙여진 땅에 대한 가장 악독한 충성에 이르기까지 유추하는 책략, RHN(*재생산적 이성애 규범성)의 공리들을 사용하고 이용하는 책략 말이다. 예컨대 에마뉘엘 레비나스는 언어의 남성주의적 교환을 유도하는, 가정을 가정으로 확립하는 '여성적인 것'이라는 한 규범의 확립으로서 그 책략을 우리에게 제공한다. 레비나스에게 이 교환은 민족의 부상에 관한 역사적 서사를 오랫동안 앞서온 정체성 중심주의의 신화에 정박된, 가장 공격적인 민족-국가주의(nation-statism)의 정치로 냉혹하게 유도하는 것이었다.[19)]

2003년 8월에 방글라데시의 반여성적 범죄들에 대한 공청회에서 배심원(나도 그 일원이었는데)은 〈권역 협동을 위한 남아시아협회〉(South Asian Association for Regional Cooperation, SAARC)에 초국가적 사법권(jurisdiction)을 두자고 제안했다. 국경선을 가로질러 약탈자들을 더 손쉽게 체포할 수 있도록, 생존자-친화적인 법들이 종종 HIV/AIDS와 더불어 사는 매매된 여성들을 지원할 수 있도록 말이다. 그러한 페미니스트 활동은 감독 및 조언 활동을 하는 성-노동 단체들을 통해 그 여성들의 삶을 재코드화하며 스스로를 증언하는 여성 자신들의 풍부한 문화적 덮개(mulch)를 보충할 것이다. 그 뿐만 아니라 이 여성들에 대한 성-노동 인식을 지지함으로써 RHN에 대한 적극적인 비판을 제공할 것이다. 그런데 이 비판은 미국으로 하여금 브라질이나 과테말라에서처럼 가장 성공적인 HIV/AIDS 프로그램들로부터 받는 보조금을 철회하도록 만들고 있다. 그 프로그램들은 매춘을 단순하게 범죄시하려고 하지 않기 때문이다.[20)] 거기서 다언어적인 권역적 비교 작업을 했더라면 생산적이었을 것이다.

---

19) Emmanuel Lévinas, *Totality and Infinity: An Essay on Exteriority*, trans. Alphonso Lingis (Pittsburgh: Duquesne University press, 1969), pp. 154-156.

20) 오스카상을 받은 다큐멘터리 〈매음굴에서 태어나: 캘커타의 붉은 빛 아이들〉(Born into Brothels: Calcutta's Red Light Kids, Zana Briski와 Ross Kauffman 감독, THINKFILM, 2004)이 그 상황을 잘못 재현하는 데서 행한 역할은

결론 혹은 앙상한 요약을 다시 한 번 말하여 보자. 민족주의는 공공영역을 통제하기 위해 가장 사적인 것과 협상한다. 나는 '구전적-규정적인 것'으로부터 민족주의적 정체성 중심주의보다 등가성의 교훈을 배웠다. 평등은 차이를 인정하는데 등가성은 차이를 위장한다고 한 에티엔 발리바르와 나눈 대화에 나는 빚지고 있다. 나는 그의 요점을 간파하고 있지만 그와 완전히 동의할 수는 없다. 이것이 나로 하여금 예전 제국들의 다언어적 〈비교문학〉을 제안하도록 유도한다. 〈비교문학〉이라는 분과학문은 지금 죽어가고 있지만 토착 문학들의 혼성화라는 흐름을 정지시킬 것이다.[21] 〈비교문학〉은 영어로 글쓰기가 갖는 힘과 타협하지 않을 것이다. 인문학 고등교육을 강화하여 문학적 상상력이 계속 민족을 탈초월화할 수 있도록, 지구적으로 시급한 사안들과 대면해 권역주의적 국가의 재분배능력을 떠받칠 수 있도록 말이다. 제발 이것을 상상하라. 어느 때보다 그럴 것 같지는 않지만 오늘 저 모퉁이 언저리에 있을 새로운 세상을 위해서 말이다.

토론

청중 나의 질문은 상상력, 문학적 상상력과 관련됩니다. 내가 정확하게 이해했다면, 모국어 즉 첫 언어의 전유에 관한 선생님의 말씀은 그저 전유가 아니라, 선생님 자신과의 그러한 거리를 금지하는 전-전유(ex-appropriation)와 같은 어떤 것의 견지에서 기술하고 있었습니다…. 내 말이 맞는지요?

스피박 비슷한 것 같아요. 맞습니다.

상당 부분 관용어에 대한 접근의 부족 탓인데 여기서 논의될 수 있을 법한 무엇이다.

21) 나는 다음의 여러 연구에서 출현하는 크레올성(creolity)이라는 놀라운 개념에 관해 말하고 있는 것은 아니다(Éduard Glissant, *Caribbean Discourse: Selected Essays*, trans. Michael Dash, Charlottesville: University of Virginia Press, 1989; *Poetics of Relation*, trans. Betsy Wing [Ann Arbor: University of Michigan Press, 2003; Jean Bernabé, Patrick Chamoiseau, and Raphaël Confiant, Élsoge de la créolité, trans. M. B. Taleb-Khyar, Paris: Gallimard, 1993; Maryse Condé and Madeleine Cottenet-Hage, eds., *Penser la crélité*, Paris: Karthala, 1995). 이 책의 21장「세계체계와 크레올」에서 나는 크레올성을 그 모델로 채택하라고 전체 〈비교문학〉 분과에 요청해 왔다.

청중 내가 그렇게 말할 수 있다면, 이것은 상상력의 유희(play)를 허용합니다. 선생님과 선생님 자신의 첫 언어 사이에 의식적인 거리가 없다면, 어느 것이 선생님에게 상상적인 행위를 허용할까요? 예컨대 문학적 상상력이 민중의 상상력이 아니라면 어떻게 될까요?

스피박 그렇습니다. 놀라운 질문, 탁월한 질문입니다. 나는 나 자신의 집단에게만, 달리 말해 인문학 선생들에게만 말하고 있었습니다. 사실 나는 아마도 공식 언어와 덜 친숙한 관계를 맺고 있는 사람들로부터 무엇인가를 배워 왔습니다. 나는 그들로부터 민족주의를 배우고 있지 않습니다. 그들의 상황을 보건대, 그들은 이중언어적입니다. 그들은 자신들의 언어로 생각하는데요, 그들의 언어는 벵골어의 한 크레올 판본입니다. 그들은 계속 바꾸면서 말을 하는데, 어떤 이들은 나한테 벵골어를 가르치려고 한답니다. 그러나 내가 이야기하고 있는 상상력은 전 세계에 걸쳐 나와 같은 종류의 사람들, 〈비교문학〉을 가르치는 사람들, 〈연방 협회〉에 있는 사람들, 어떤 종류의 제국이 끝장났다는 사실에 관해 생각하는 사람들과 연관되어 있었습니다. 그들이 하고 있었던 것을 읽음으로써 나는 〈비교문학〉 실천에 관해 뭔가를 배웠습니다. 그러나 상상력은 또한 다른 방식들로 작동할 수 있습니다. 우리가 할 일은, 문학적 상상력의 훈련을 통한 것만은 아닐 겁니다. 예컨대 자본주의로 보면 결함이 있는 사회구성체들에서는, 바로 지금 국가 테러주의에 맞서는 폭력적인 행동에 동원되지 않는 무슬림 공동체들에서는, 번역하기 어려운 알-하크(al-haq)라는 책임에 기반을 둔 오래된 구조가 있을 수 있습니다. 알-하크는 종종 '진리'라고 번역되지만 그것은 또한 '권리', '생득권'(birthright)이기도 합니다. 그것은 다른 사람들을 돌볼 수 있는 천부적인 권리입니다. 다른 한편, 비단 무슬림 공동체들만이 아니라 이러한 상황들에서 일어나는 일이란, 주류로부터 또 자본의 사회적 생산성으로부터 물러나 있기 때문에 정체되는 것입니다. 그러한 무대에서 하부구조를 세우고 다른 종류의 교육을 세우는 것은 작지만 중요한 일입니다. 다른 한편, '재생산적 이성애 규범성'(RHN)은 세상에서 가장 오래되고 광범위한 제도이기 때문에 책임에 기반을 둔 구조들은 점점 젠더-타협적으로 됩니다. RHN은 문학적 상상력을 가르치러 내가 갈 곳은 아닙니다. 아니죠. 나는 〈비교문학〉을 가르치면서 대학들의 제3차 교육에 관해 말하고 있는 중입니다. 사실 내가 제자리에 놓고자 노력 중인 언어-학습에 대한 발의를 이러한 종류들의 활동과 연결하고 싶습니다. 내가 〈비교문학과 사회 연구소〉(Institute for Comparative Literature and Society)와 연계되어 있기 때문입니다. 그러한 활동에서 여러분은 아래로부터 다음을 배워야만 합니다. 타자들이 부상하는 것을 원하지 않는 주변의 타자들에 의해 파괴되지 않고서 공공영역에 대한 직관을 제시하기 위해 살아남을 교육철학 말입니다. 그것은 아주 어려운 가르치기이지만 결국 그것은 상상력을 발휘하여, 타자들에 대한 사유가 젠더-정체성에 의해 운명적인 짐으로 남지는 않을 것입니다.

알렉산더 키오세브(Alexander Kiossev) 선생님의 발표 중 딱 한 가지 요점만 언급하는 모험을 감행하고 싶습니다. 국가를, 시민적 국가를 문화 민족주의로부터 분리하여 일정한 권역적인 이질-발생적(heterogenic) 구조들을 형성하자는 선생님의 개인적 유토피아에 관해 말했던 대목 말입니다. 아마 불가리아, 포스트사회주의적 불가리아야말로 선생님의 유토피아를 실현하리라는 생각이 저절로 들었습니다. 사실 불가리아라는 국가는 여하한 민족 문화 정책도 실제로 포기했기 때문입니다. 가장 중요한 불가리아 국가 제도들은 민족주의를 모방하고 있는데 실제로 민족주의적이지는 않습니다. 그 제도들은 민족주의적 의식들을 반복하고 있지만 그 내용은 비어 있습니다. 그리하여 일종의 시민적 낙원은 발생하지 않았고, 민족주의는 하부-국가 구조들, 기업들, 축구 팬들, 역사가들, 서로 다른 이미지를 지닌 많은 다른 집단들에 의해 전유되었던 것입니다. 이에 따라 하부-공공 수준에서 우리는 복수의 많은 민족주의들을 갖게 되었습니다. 이러한 민족주의들은 이상한 대중 감정을 느끼는데, 이것을 포퓰리즘이라고 부를 수 있겠죠. 최근에 이러한 포퓰리즘적 민족주의 감정들을 언급하는 당이 출현했는데요, 갑자기 이 당은 아주 강력해졌습니다. 내가 생각하기에 이것은 불가리아의 경우만은 아닙니다. 나는 선생님에게 독일의 예들을, 오스트리아의 예들을 제시할 수 있는데요, 헤이데르(Hayder)와 그의 당, 벨기에와 프랑스의 다른 많은 예들을 들 수 있습니다. 그리하여 국가가 이러한 전통적인 민족주의적 정치를 포기하는 경우, 애국주의적이라고 민족주의적이라고 불리는 그런 감정들은 그냥 사라지지는 않습니다. 특정 집단들과 특정 지도자들이 서로 다른 원인들로 이 감정들을 전유할 때 그들에게 생길 일들은 아주 흥미롭습니다.

스피박 그렇습니다. 이것은 아주 훌륭한 경고입니다. 아무런 민주주의적 사회 계약도 갖고 있지 않은 국제시민사회에 맞서기 위해 우리는 다음과 같이 생각합니다. 국제시민사회가 자체를 '비정부'라고 부르기 이전에, 그것은 그저 국가들이 아니라는 이유로 자체를 '시민사회'라고 부른다고 말입니다. 그러나 '비정부'는 부정적인 것이라서 밤새 그것은 시민사회가 되고 맙니다. 하지만 선생님이 말하고 있는 것은 절대적으로 정확합니다. 우리는 국가의 재분배적 의무들에 국가가 유념하기를 바랍니다. 모든 곳에서 치고 올라오는 민족주의들로 말할 것 같으면, 우리는 저 오랜 규정, 즉 그 집요한 비판에 대해 생각하는 중입니다. 이미 현존하는 권역주의 조직들이 있습니다. 〈세계은행〉과 〈국제통화기금〉이 출범했을 때, 사회주의 진영의 외부에서는 복지 세상과 같은 어떤 것을 행하기를 원했습니다. 그런데 그 명령들은 아주 재빨리 바뀌었습니다. 그 명령들이 개시되었을 때, 그것들 역시 국가 경계들보다 권역들이 중요하다는 바로 그러한 종류의 명령 때문에 권역주의적이었던 셈이죠. 예컨대 〈세계은행〉이 내린 인더스 밸리(Indus valley)의 물 명령(water imperative)은 인도와 파키스탄의 국경을 존중하지 않았고 그것은 그냥 전체 인더스 밸리였던 것입니다. 오늘날 〈세계은행〉이 국가의 경계를 존중하지 않을 방도란 없습니다. 인도가 강들의 자원들을 보유하고 있을지라도 방글라데시에서는 홍수 대책 프로그램이 있었습니다. 아시아에서 권역주의적 조직들이 대체로 경제적이라는 점은 놀랍지 않습니다. 우리가 하고자 노력 중인 것은, 이 권역들을 국경들의 외부로 재코드화하는 일입니다. 다시금 이것이야말로 한나 아렌트를 내가 좋아하는 이유인데요, 그러한 재코드화야말로 민족주의에 대한 요청을 고대에 탄생한 것이라고 깎아내리기 때문입니다. 이제 권역들은 다양화되어 있으니까요. 이러한 요청은 줄곧 나타날 텐데요, 이러한 정동이 얼마나 중요한가를 말하고자 내가 계속 노력했던 이유이기도 합니다. 그것은 심지어 하나의 정동이 아니라 가장 비파생적인(un-derived) 사적인 것입니다. 그것은 사라지지 않을 거예요. 바로 그것이 '유토피아'라는 단어가 항상 그곳에 돌아오는 이유이기도 합니다. 이것은 국가를 추상적인 것으로 유지함으로써, 여러분에게 천년의 왕국을 세계 속에 갖고 오는 척하도록 하지도 않아요. 그러나 우리가 이야기하고 있는 것은, 그런 노력은 있어야 한다는 점입니다. 바로 그것 때문에 민족주의적 제재는 다른 곳에, 교과과정이나 박물관에 있어야 합니다. 민족주의란 아주 위험하며 돌아올 것이라는 데 당신과 동의합니다. 그러나 민족주의를 국가와의 동일시 외부로 척결하는 것 또한 우리가 민족을 탈초월화하면서 언어들을 통해 하는 어떤 일의 일부이기도 합니다. 나는 유토피아가 오리라고 생각하지 않습니다. 민족주의는 오지 않기 때문에 말하자면 항상 '도래할' 뿐입니다. 민족주의는 위험한 기획인데요, 지구화에 속박된 민족주의적 국가보다는 덜 위험할 뿐입니다. 민족주의적 국가를 재분배에 맞서 부상하게 만드니 그렇습니다. 나는 당신의 경고를 국가 너머로 확장하고 있는 중입니다. 지구화와 더불어 민족주의는 사라지지 않습니다. 우리는 그 점에 유의해야 합니다.

청중　그러면 우리가 민족을 탈초월화하는 가운데 미래를 재-초월화할 거라고 선생님은 말씀하는 셈인가요? 일단 선생님이 민족의 이러한 초월적 의미로부터 물러선다면, 그것을 어떤 다른 유형의 의식들(rituals)로 되돌린다는 게 나의 직관이기 때문입니다. 민족-국가는 붕괴하고 그러면 무엇인가가 돌아옵니다. 선생님은 초월적인 우상이라곤 없는 세상을 상상하는지요?

알렉산더 키오세브　초월적인 것을 재분배하기 위해서입니다.

스피박　바로 이것이야말로 문화적 가르침을 통해 제시되곤 했던 문학적 훈련 비슷한 무엇이 오늘날 아주 중요하게 되는 이유입니다. 내가 문학적 상상력은 탈초월화한다고 말할 때, 여러분이 무엇인가를 문학이라고 생각할 때, 여러분은 그것을 믿지 않아도 감동받습니다. 마틴 루터 킹은 뉴욕의 리버사이드 교회에서 1967년에 「베트남을 넘어」(Beyond Vietnam)라는 위대한 연설을 했습니다. 킹 목사는 그 연설에서 "나는 자신의 적들을 너무 사랑한 나머지 그들을 위해 자기 목숨을 내놓았던 누군가의 이름으로 말합니다."라고 말합니다. 킹 목사에게 그것은 초월적 서사였지요. 나한테 그것은 그냥 서사입니다. 하지만 서사는 문학하는 사람에게 중요한 것이죠. 서사가 탈초월화를 하기 때문입니다. 그래서 나는 작업을 계속해야 한다고, 인문학 공부는 그저 케이크 위의 작은 체리가 아니라고 말하는 것입니다. 그 사이 사람들은 일에 속도를 내고 세계는 지구를 금융화합니다. 거기에도 탈초월화는 있습니다. 그래서 탈초월화 작업은 이 급진적인 운동의 일부가 되기 위한 일종의 훈련인 셈입니다.

청중 가운데 한 사람　그러나 선생님의 프로그램에는 적극적인(positive) 요소가 없습니다.

스피박　그렇습니다. 나는 적극적인 단어를 찾을 수도 있었습니다만 탈-초월화를 말하고 있습니다. 그러나 탈-초월화 충동에 관한 한 적극적인 요소가 있습니다. 또한 [내 어머니가 "그것 또한 모국어란다"라고 말했을 때] 내가 비교주의적 등가성의 충동이라고 부르는 그것은 사람들을 함께 하도록 하니 부정적인 것이 아닙니다. 사실 인도, 파키스탄, 방글라데시 출신의 페미니스트들이 하는 일들 중 하나는 그 분할을 해제하는 것이랍니다.[22] 권역주의는 사업의 일종을 함께 모으는 것이죠. 인도, 파키스탄, 방글라데시에서 권역들 사이의 적대감은 상당히 오래된 것이라 권역주의는 적극적일 겁니다. 나는 상상력이 하는 일을 기술할 때, '탈초월화'라는 부정적인 단어를 잠시 사용합니다. 나는 세계에서 가장 강력한 도시라고 하는 뉴욕의 가장 강력한 대학에서 가르칩니다. 나는 남아시아를 가르치지 않고 영문학을, 지배자의 언어를 가르칩니다. 내 수업을 듣는 학생들, 학부생들은 실리콘 밸리로 가거나 정치적으로 강력한 자가 되러 가거나 요즘에는 세상을, 인권을 돕기를 원하기도 합니다. 내가 또한 염두에 두고 있는 사람들은 뭔가 적극적인 것을 원하는 사람들이 아니라, 바로 이 학생들이기도 합니다. 초강대국의 아이들은 아주 잘 준비되어 있으며, 자신들이 최상의 사람이라고, 자신들의 피부색은 문제 될 것이 없다고, 자신들이야말로 역사가 일어났던 이유라서 전 세계를 도울 수 있다고 생각합니다. 제발 내 말을 맥락에 따라 받아들여 주세요. 나는 엘리트 가운데서 미국에서 가르치며, 서발턴들 가운데서 인도에서 가르칩니다. 그래서 나는 적극적인 프로그램을 원하는 전 세계 사람들에게 말을 걸 수는 없습니다. 내가 탈초월화를 통해 요구하고 있는 바는 깊이 적극적인 것, 즉 한 가지를 믿고 다른 것들은 믿지 않는 편협함을 정신에서 제거하는 것입

---

22) Urvashi Butalia, *The Other Side of Silence: Voices from the Partition of India* (New Delhi: Penguin, 1998). 방글라데시의 그 전체 실험은 이렇게 불편한 권역주의의 지점이다.

니다. 내가 이야기하고자 하는 바는 바로 그것입니다. 바로 이러한 설명에서 미래는 실로 좀 초월적인 것이 됩니다. 우리가 칸트의 초월적 연역 모델에 따라 증거로 이용 가능하지 않은 무엇을 생각하는 데 또 경험을 가능하게 하는 데 필요한 움직임으로서 미래를 받아들인다면 말입니다.

조르니차 흐리스토바(Zornitsa Hristova) 나는 선생님에게 다언어적 비교 연구에 관해 좀 더 말해 달라고 요청하고 싶습니다. 대학 교과과정에서 현존하는 외국어들에 대한 재현과 관련해 그러한 다언어적 비교 연구에 추가되는 이점은 무엇일까요? 그 이점은 이미 프로그램에 올라가 있고 토착 언어들은 연구되고 있으며 토착 언어들의 문학들도 연구되고 있습니다. 그런데 비교적인 것을 포함하는 데서 어떤 이점이 또한 추가되는 것일까요?

스피박 비교주의적 연구관은 지구적인 것에 대한 감각을 얻고, 민족들(peoples) 가운데 문학적인 것이 생길 때 그 문학적인 것들 사이에 있는 역사적이고 유형학적이며 형식적인 유사성들에 대한 감각을 얻는 것을 말합니다. 강력한 언어들이 번역의 언어로 채택되고 사람들이 그 강력한 언어들의 번역물만 읽을 때, 그것이 번역된 것이라는 사실은 사라지고 맙니다. 이것은 도움이 되지 않습니다. 우선 이것이 전혀 도움이 되지 않는다는 것은, 우리가 대학에서 가르칠 때 정확하기를 바라는데 부정확하기 때문입니다. 이것은 나쁜 학문적 작업입니다. 사람들이 플라톤의 『공화국』을 읽는데요, 플라톤은 '공화국'에 대해 생각하지 않았고, '공화국'을 생각했던 것은 로마 사람들뿐이었으니 플라톤의 저술에서 그것은 다른 무엇으로 불렸던 것입니다. 여러분이 영어로 아리스토텔레스의 『시학』을 읽는다면, 모방과 시를 관찰하면서도 비극들을 쓸지도 모를 학생들과 일종의 리듬감 있는 일 — 미메시스, 포이에시스, 미메시스, 포이에시스 — 을 하는 아리스토텔레스에 대한 감을 여러분은 포착하지 못합니다. 나는 그것을 나쁜 학문적 실천이라고 생각합니다. 그런 실천은 부정확하기 때문입니다. 그렇습니다. 바로 그것입니다. 그것이 이점인지는 모르겠지만 훌륭한 학문적 작업을 위한 것이기는 합니다. 하지만 실로 여러분이 좀 더 폭넓은 맥락을 원한다면, 『번역을 넘어서』(*Beyond Translation*)를 통해 전쟁과 평화 만들기에서 아주 중요한 '언어적(lingual) 기억'을 생산한 인류학자 올턴 베커(Alton Becker)에게로 나아갈 수 있습니다.[23] 또 다른 공간에 입장할 수 있기 위해, 또 지구화가 계속 타자의 공간들에 입장할 수 있기 위해, 여러분은 그 언어적 기억에 입장할 만큼 언어 하나를 잘 배워야 합니다. 이것은 환상적인 생각이기는 합니다. 여러분이 공격하는 군

23) Alton L. Becker, *Beyond Translation: Essays toward a Modern Philology* (Ann Arbor: University of Michigan Press, 1995). 21장 참조.

인이 아니라 친화적인 사람이라는 점을 확신시키기 위해, 이라크 사람에게 말을 거는 법에 관한 규정들 시리즈가 『뉴욕 타임스』에 나옵니다. 이라크 사람들이 전적으로 멍청하다고 전제되지 않는다면, 그러한 종류들의 규정들이 너무 멀리 나갈까 봐 나는 두렵습니다. 마이클 이그나티에프(Michael Ignatieff* 1947년 태생의 캐나다 정치가이자 작가, 1978년부터 2000년까지 영국에서 살면서 텔레비전 · 라디오 방송인으로, 『옵서버』(*The Observer*) 지의 칼럼니스트로 활약했으며 2008년~2011년까지 캐나다 자유당을 이끌었다.)는 카불의 미국 장교들 책상에는 "감사합니다.", "오늘은 안 됩니다." 등을 말하는 법을 가르쳐주는 작은 꼬리표들이 있다고 말했어요. 타자를 바보라고 가정한 그들은 그 일을 나쁘게 한 셈입니다. 다른 한편 종속적인 언어들의 언어적 기억에 입장하는 것은 아마도 정의로운 세상에 대한 상상을 대리보충해 줄 것입니다. 나는 스리랑카의 NGO 활동가인 사이먼 웨더굿(Simon Weathergood)이 "지난 5, 6년에 걸쳐 나는 타밀어와 싱할라 어(Sinhala)를 배우고 있었습니다. 나는 그동안 지녀 왔던 목표들을 지금도 똑같이 갖고 있다고 더 이상 느끼지 않습니다."라고 말하는 소리를 들었습니다. 나는 그에게 "그냥 변하지 마세요, 변하지 마세요, 사람들이 거의 변하고 있으니까요."라고 말했죠. 여러분의 대학이 토착어들을 잘 가르치게끔 외국어교육 상황을 개선하고 있다면, 여러분은 매우 감사해야 하며 여러분의 대학과 여러분은 행운을 누리는 셈입니다. 비교주의적 관점을 소개하는 것은 민주주의 정신을 고양할 테니까요.

청중 선생님의 경이로운 발표를 경청하면서 특히 첫 30분에 펼쳐진 또 다른 명민한 인도 작가 아룬다티 로이와 그녀의 아주 심오한 소설 『작은 것들의 신』(*The God of Small Things*)에 관한 선생님의 생각들을 파악하고자 애쓰면서 나는 내내 생각하고 있었습니다. 실제로 이 소설은 죽음, 사랑, 민족, 민족문화와 같이 삶에서 중요한 모든 것들을 다루고 있습니다. 이 소설은 지역 언어들, 지역 문화들을 옹호하는 소설이지만 영어로 쓰여 있습니다. 바로 이 사실 덕분에 이 소설은 전 세계적으로 유명하게 되었고요. 이 소설이 실제로 민족주의에 찬성하는 동시에 지구적 언어로 쓰인 것이라는 사실에 대해 선생님은 어떻게 논평할 것인지요?

스피박 내가 크게 찬탄해 마지않는 아씨아 제바르는 알제리 사람이지만 불어로 씁니다. 그러나 그녀는 『아파트들에 있는 알제리 여성들』(*Women of Algiers in Their Apartments*)의 첫 쪽에서 별들의 의무에 관해 쓰고 있습니다. 제바르가 말하기를 별처럼 빛나는 여성들은 항상 부름을 받는데 그녀들은 자신들이 하고 있는 일을 잘 인식하고 있다고 합니다. 별들과 사람들 사이의 거리가 너무 멀어서 운동들이 일어납니다. 사람들이 그들의 지도자들을 찬양하기 때문이지요. 나는 많은 인도 문학들에 쓰여 있지만 주목되지 못하고 읽히지 않은 것들에 더 많은 관심을 기울입니다. 나는 거기서 또한 비교주의를 위한 뿌리를 찾습니다.

타티아나 스토리체바(Tatyana Storycheva) 우리가 민족-국가 기획과 그 기획의 재구조화를 이야기하고 있었을 때, 선생님은 〈비교문학〉을, 또 〈비교문학〉은 다언어적으로 되어 새로운 영역들을 분명 제출할 것이라는 사실을 또한 언급했습니다. 그러나 민족문학들이 출현하고 그것들과 〈비교문학〉을 아주 탄탄하게 연결하는 그런 맥락에서 부상할 〈비교문학〉을 생각할 때, 선생님은 〈비교문학〉이 미래에도 또한 재구조화하기를 기대하는지요? 선생님은 무엇을 기대 혹은 제안할 것인지요?

스피박 아마도 그럴 겁니다. 나는 예언할 정도로 충분한 상상력은 없답니다. 제2차 세계대전 후에 미국에 왔던 사람들에 의해 확립된 〈비교문학〉은 이미 권역주의적 충동을 지니고 있었습니다. 하지만 르네 웰렉에게 연구 대상으로 떠올랐던 것은, 수사학적 텍스트 자체였던 반면, 지금은 사회적 텍스트도 포함됩니다. 아마 그것이 바로 〈비교문학〉이 나아갈 길일 거예요, 타티아나. 그러나 확실히 〈비교문학〉은 변화할 거예요. 그렇게 하지 않으면 모든 것이 사라질 테니까요. 우리는 국가의 재구조화를 생각하고 있지 않으며, 불가피하게 보이는 민족과 국가의 결합을 심문하고 있습니다. 또한 우리는 국가가 항상 되고자 하는 바, 즉 재분배의 장치로서 국가에 대한 지속적인 재발명을 생각하고 있습니다. 재구조화는 신자유주의와 함께 발생하고 있는데요, 그 명령들은 큰 회사들 자체에 의해 부과되는 모든 규정들만큼 자유로운 자유시장이, 〈세계 무역〉 속에 쓰여 들어간 보호무역주의가 되라는 것이라고들 합니다. 지구적 **북반구**에서 그것은 복지국가를 와해하는 것입니다. 물론 우리는 지구화와 디지털적인 것을 다루지 못하고 있습니다. 문학이라는 분과학문이 이러한 국면적 변화들과 발맞추어 어떻게 변화할 것인가 하는 물음이 풀리는 가운데 그것들도 분명하게 될 것입니다.

타티아나 스토리체바 위기 후에 일어날 분과학문의 재탄생이라고나 할까요?

스피박 『분과학문의 죽음』(*Death of a Discipline*)은 오로지 미국에 관해서만 썼던 책이었어요. 나는 아주 많은 것을 항상 맥락 속에서 말하는 경향이 있답니다. 나는 자신이 하는 일의 흔적을, 자신이 있는 장소의 흔적을 항상 실어 나르고 있습니다. 나의 책들은 보편적인 메시지들이 아니에요. 한 프랑스 서평자가 "가야트리 스피박은 이 책을 벵골어로 써야 했다."고 썼지요. 나는 벵골어로 많이 쓰지만 그는 그것을 읽을 수 없을 텐데요! 〈비교문학〉의 상황은 서벵골에서의 상황과 똑같지 않아요. 죽음의 모든 선언은, 모든 비가(悲歌)는 마지막에 그 사람은 다시 태어난다고 말하지요. 『분과학문의 죽음』은 그저 조문이라기보다 〈비교문학〉에 대한 비가입니다. 여기저기서 〈비교문학〉 프로그램들이 폐쇄되고 있으니 지금 그 조문이 요청되는 것 같기는 하지만 말이에요. 그렇겠죠? 여러분의 놀라운 질문들, 놀라운 질문들에 감사합니다!

알렉산더 키오세브 모두 피곤할 것 같습니다. 스피박 교수에게 나의 깊은 감사를 표현하기 전에, 나는 좀 개인적인 어떤 것을 감행하고자 합니다. 스피박 교수는 우리 자신을 위해 우리가 그녀의 발표를 번역해야 한다고 호소하며 이 발표를 시작했습니다. 그리고 나는 나 자신을 위해 그렇게 했습니다. 그런데 그것은 세련된 번역 이하였습니다. 내가 모든 것을 따라잡을 수 없었기 때문입니다. 나는 어떤 대목은 정말로 잘 이해했으며 다른 대목들에 대해서는 지금도 생각 중입니다. 세 번째는 나한테 좀 모호하게 남아 있지만, 나는 그 강연에 대한 일종의 희극적 요약을 함께 하는 실험을 해 보았습니다. 그래서 나는 이 강연을 다음과 같이 요약할 텐데요, 이것은 나의 개인적 모험이기도 하니 강연 자체와는 아무 상관이 없습니다. "친애하는 민족들이여. 이것은 일반적인 메시지인데요, 친애하는 민족들이여, 여러분은 상상적 서사들로서 발명되었답니다. 그 후, 불행하게도 여러분은 제도화되었고 여러분의 기원을 망각했고, 급기야 여러분은 상상적인 존재라는 점을 망각했습니다. 충분히 친절하게 상상적인 것으로 돌아가세요. 여러분은 허구적 서사들이며, 게다가 아무쪼록 여러분 자신들을 비교할 만큼 충분히 친절하게 구세요. 그러면 여러분은 평등하지 않고 등가적이라는 점을 이해할 거예요."

스피박 아주 좋습니다! 아주 좋아요! 당신이 잊어버린 것이 무엇인지 당신은 알고 있겠지요? 재생산적 이성애 규범성 말입니다. 그러나 달리 보면 멋지게 잘 했습니다! 내가 이 강연을 할 필요도 없었던 셈이에요. 2분 만에 끝날 테니 말이에요!

나의 익명의 독자들이여, 아무쪼록 서두로 돌아가서 이 거짓-요약이 얼마나 명민한 것이 될지 보도록 하세요. 나의 기획은 단순히 벤 앤더슨의 재독해가 아니니까요.[24]

---

24) Benedict Anderson, *Imagined Communities: Reflections on the Origin and Spread of Nationalism* (New York: Verso, 1983).

14.
거주 이방인

14장은 포스트식민성을, 분명 지구화를 미리 발행한 텍스트 하나를 읽는다. 이 텍스트는 미학교육을 인식론적 수행을 위한 상상력의 훈련으로 무대화한다. 제국적 인종의 느닷없는(unwitting) 한 구성원이 토착민이 된다. 그가 자기 인종의 친화성 즉 토착민과의 인종적 유사성을 발견할 때, 그는 식민화된 공간의 한 계몽된 세속적 시민이 된다.

'디아스포라'라고 다시 명명된 사람들의 대규모 이동이 우리 시대를 정의하고 있다. 그 결과, 인구통계학적 변경(frontier)의 전근대적 원리가 제국적 영토의 변경들에 침범하고 있다. 새로운 아프리카인, 아시아인, 다른 '디아스포라들'이 전례 없이 지구적으로 연결되고 있으며, 상대적으로 이음새 없는 지구적 당대성을 종종 좋은 삶이라는 이름으로 제자리에 놓고 있는 것 같다. 14장에서 읽을 텍스트인 타고르의 소설 『고라』에 지구성의 내부에 있는 고소득층 디아스포라들을 위한 교훈이 들어 있을까? 달리 말해 국제시민사회를 위한 교훈이 그 소설 속에 있을까? 오로지 간접적인 교훈만 있을 것이다. 문학은 행동을 위한 청사진은 아니기 때문이다.

예전에 인도 수상을 지낸 인데르 팔 구자랄(Inder Pal Gujaral)은 1997년 가을에 뉴욕에서 잘나가는 거대한 인도인들 집단에게 고국의 인도인들과 해외의 인도인들 사이의 연관에 관해 애정 어린 어투로 연설했다. 지금은 파키스탄인 지역에서 태어난 그는 아대륙에서의 현실 정치(the realpolitik) 세력보다 더 큰 세력인 남아시아인들 사이에 존재하는 또 하나의 연관을 틀림없이 잘 알고 있었다. (인도와 파키스탄이 전쟁 중이었던 1999년에 그 연관은 특히 적절했던 것 같다. 맥락화된 민족주의들을 위한 공간을 메트로폴리스에서 호흡하니 말이다.) 이제 우리가 숙고해야 하는 것은 환대의 윤리라고 몇몇 철학자들은 제안한다. 그러나 우리 시대의 메트로폴리탄 철학자들은 출발 장소와 도착 장소 사이에 다시 그어지는 인구통계학적 경계선 같은 것을 상상할 수 없다. 에티엔 발리바르, 자크 데리다, 찰스 테일러처럼 서로 다른 철학자들이 환대나 인정을 염두에 둘 때, 그들은 이주민과 더불어 시작하고 이주민과 더불어 끝낸다. 발리바르는 놀랍게도 민중운동이라고 재정의된 대중운동을 제시하고 있지만 말이다. 『제국』의 '다중'이라는 지구적 개념조차도 이주 분위기를 띠고 있다. "오늘날 우리가 **제국**에서 발견하는 개인들, 집단들, 인구들의 다양한 종류의 운동들은 자본주의적 축적의 법칙들에 완벽하게 종속될 수 없다"[1]고 하니 말이다. 데리다는 『환대에 관하여』에서 환대를 텔레포이에시스(telepoiesis) 속에 개방시켰다. 여기서 텔레포이에시스란 이미 미래 속에 각인되어 있는 미래의 와해라는 이름으로 과거를 간섭하는 구조인데 그것에 대한 데리다의 구체적인(specific) 형상화들은 도착자(arrivant 혹은 revenant)이다.

반(半)영구적인 비자를 갖고서 세금을 내는 비시민인 **거주 이방인**(Resident Alien)이라는 형상은 이 도착자 역학의 외부에 남는다.[2]

레다 벤스마이아(Reda Bensmaia)는 최근에 메트로폴리스의 이민자 지식인을 '환영의 중개자'(phantom mediator)[3]라고 불렀다. 알제리 태생인 그는 알제리 사례로부터 일반화한다. 그에게 귀향은 금지되어 있는데, 그것이 오래가지 않기를 바라도록 하자. 남아시아 사례로 말

---

1) Michael Hardt and Antonio Negri, *Empire* (Cambridge, MA: Harvard University Press, 2000), p. 397; Etienne Balibar, *Masses, Classes, Ideas: Studies on Politics and Philosophy Before and After Marx*, trans. James Swenson (New York: Routledge, 1994); Charles Taylor, *Multiculturalism and the Politics of Recognition: An Essay* (Princeton, NJ: Princeton University Press, 1992).

2) 미국에서 이방인 거주는 일정한 조건을 성취하면 외국 국적의 모든 사람들에게 적어도 기술적으로는 개방되어 있다. 1999년 8월 15일을 기점으로, 인도 정부는 투표권 외의 모든 시민권 장치들을 갖는 '인도 기원을 지닌 사람'(PIO, person of Indian origin)의 여권 발행을 개시했다. 이것은 메트로폴리탄 다문화주의 내부에 있는 정체성 중심주의를 드러내는 흥미로운 예이다.

3) Reda Bensmaia, "The Phantom Mediators: Reflections on the Nature of the Violence in Algeria," *Diacritics* 27.2 (1997): 85-97.

할 것 같으면, 새로운 이민자인 아대륙 지식인과 그녀에게 상응하는 본토 여성의 왕래 속에는 그다지 유령 같은 점은 없다. 그것은 왕복이자 매개라서 유령 같다기보다 더욱 세속적이다. 이와 대조적으로 장기간의 비거주 이방인의 형상 — 레이먼드 윌리엄스의 강력한 구절로 말할 것 같으면 신기한 잔여물인 — 에는 유령성이 숨겨져 있다. 그 신기한 잔여물은 인구통계학적으로 정의된 가상적 경계들의 출현을 향하는 당대의 경향을 거스르는 것 같다. 모든 영토성이 그렇듯, 장기간의 **거주 이방인**이라는 형상은 집요하게 지지되는 추상적인 영토성에 속한다. 하지만 그 형상은 의미심장한 시민권을 가지고 있지 않기 때문에 일상적 시민성의 더욱 두드러진 추상들에 접근할 길을 결여하고 있다. 메트로폴리탄 이주민들은 옛날의 2세계와 3세계 나라들에 거주하는 그들의 동료들과 함께 대부분 자본주의적-문화적 연대를 확립하고 있다. 그러한 오늘날, 존재유형학(ontopology)을 케케묵었다고 하는 것은 어리석다. 그러한 가상성(virtuality)은 결핍된 것이라기보다 부가적인 것이다. 그 가상성은 지금까지 행성의 공간화된 시간화(temporalization)를 기술해 왔던, 변천하는 다문화 제국들의 일부였던 초-국가적 집단성들의 일종을 창조한다. 이와 대조적으로 흔적으로 남아 있는 포스트식민 형상인 **거주 이방인**은 좁은 의미에서의 포스트식민성에 속한다. 나는 나 자신의 한 가지 유용한 상투형이기도 한 이러한 관점에서부터 「행성을 다시 상상하라는 명령」(16장)을 썼다.

라빈드라나트 타고르의 『고라』는 1857년의 폭동이 끝난 후 특이하게 '인도적인' 영토성을 공고화하는 한 국면의 계기를 배경으로 삼고 있다. 타고르는 외부적인 것을 초점화하는 그러한 공고화의 계기와 더불어 서술하는 가운데, 그 마지못한 제국주의자를 일종의 '**거주 이방인**'으로 상상한다. 그것은 주인-손님 관계를 역전시키는, 환대의 신기한 행동이다. 이 텍스트적-형상적 유추는 오늘날 메트로폴리스에 거주하는 '실제' 이방인의 상황과 서사적으로 병행될 수는 없다. 하지만 특이한 형상들과 입증할 수 없는 형상들 사이에서 거의 관계를 구축하지 않는 문학적 읽기의 신비한 재미 가운데 많은 부분은 그러한 차이들로부터 생긴다. 또한 내가 감히 말하건대, 문학적인 예들에 대한 사회학적 **용법**이 지닌 지루함의 많은 부분은 바로 그 차이들을 무시하는 데서 발생한다. 역설적으로 문화적 차이의 문학이 혼합되어 있건 상실되어 있건 정체성의 이름으로 그 텍스트를 증거로서 읽는 것은,

그러한 지루함에 특히 민감하다. 『고라』는 특이하고도 유별난 소설로 단순한 민족주의에 기이한 선율을 내도록 한, 벵골어로 된 허구적 산문에서 실천된 주요한 실험이기도 하다. 나는 그 소설에 복사된 나 자신의 시민적 지위를 보고 싶다. 사색적인 진지함을 그토록 무모하고도 사악하게 무시하면서 도대체 무엇을 얻을 수 있단 말인가?

『고라』는 1907년과 1909년 사이에 연재 형식으로 처음 발간되었다. 그 이야기는 잘 알려져 있다. 세포이 반란 중에 한 아일랜드 고아가 자신을 브라만의 아들이라고 믿고 성장하는데, 민족주의의 한 가지 표현으로서 엄격한 정통 힌두 교리를 준수한다. 그를 입양한 아버지는 자신의 죽음이 임박해오자, 아들이 이방인 태생임을 밝힌다. 그 아들은 브라만의 장례식을 수행할 권리를 갖고 있지 않기 때문이다. 아버지는 회복한다. 그러나 고라는 정통 힌두 교리를 버리고 진정한 민족주의자 인도인으로 출현한다. 이미 인용된 바 있듯, 자신의 생물학적 태생과 민족적 기원을 알게 된 후에 고라가 소설에서 마지막으로 하는 진술은, 이 거주 이방인의 무대화에 필요한 여성의 용도에 대한 감각을 우리에게 제시해 줄 것이다.

> 고라는 다음과 같이 말했다. "어머니, 당신은 나의 유일한 어머니랍니다. 내가 방황하며 찾곤 하던 어머니가 조심스럽게 내 방에 들어왔습니다. 당신은 카스트도, 카스트-판단도, 경멸도 가지고 있지 않으며 우리 선함의 이미지 그 자체랍니다! 당신은 정말로 나의 바라트바르샤(Bharatvarsha)랍니다…." 잠시 후 그는 "어머니, 라치미야(Lachimia)를 불러 그녀더러 나한테 지금 물 한 잔을 갖다 주라고 하시겠어요?"라고 말했다.[4)]

사소한 것 같지만 여기서 두 가지가 명확해진다. 다신론 문화에서 '이미지'는 유일신적 은유의 무게를 지지 않는 신성한 이미지이다. 라치미야는 기독교도로 추방된 여자인데, 어릴 적 고라는 정통 브라만으로서, 그녀가 주는 물도 받아 마실 수 없었다. 그녀에 대한 애정이 부족해서가 아니었다. 이러한 종류의 내면화된 카스트-판단은 물론 드러내 놓고 하는 억압보다 무한히 더 강력하며 더 위험하다. 타고르는 모든 이데올로기 비판 중에 가장

---

4) Rabindranath Tagore, *Gora*, trans. Sujit Mukherjee (New Delhi: Sahitya Akademi, 1997), p. 477(이후 이 책에서의 인용은 본문 중에 G와 함께 쪽수를 표기함, 필요할 때마다 번역은 수정됨).

어려운 과제인 애정을 환영화하거나 이탈시키고자 시도한다.

미낙쉬 무케르지(Meenakshi Mukerjee)는 타고르의 『고라』와 키플링의 『킴』 사이의 병행들을 그려내려는 우리를 낙담시킨다. 나는 서사적 병행들에 대한 저 일반적인 경고의 부분으로서 그녀의 훈계를 받아들인다. 하지만 그 핵심적인 유사성이 너무 자주 지적되는 바람에 그것을 언급하지 않는 것이 오히려 이상하게 보인다. 『킴』의 주인공은 아일랜드 사람이다. 그 소설 내내 그를 영국 스타일로 교육시키느라 애쓴 노고가 여지없이 드러나더라도 그는 어느 토착민보다도 더 '인도적'이며 회복할 수 없이 지역민으로 남아 있다. 이것 또한 영토의 공고화 중 일부이기도 하다. 하지만 내가 잠시 제안하기를 바라는바, 장소의 담론적 상황은 다르다. 내가 거주 이방인의 형상이라고 부른 것은 여기서도 나타나지만 그 윤곽들은 놀랍게도 다르다. 그 밖에 다른 차이들도 있다. 『킴』은 피카레스크 소설이며 『고라』는 교양소설이다. 킴은 성장하지 않으며 그의 주거지나 그의 이방인다움은 실존적이지 않다. 지혜에 접근하는 문화의 공통 장소는 물론 도제의 플롯에 의해 진술된다. 하지만 고라의 민족주의는 오히려 사태의 급변, 신비한 결말(anagnoresis*그리스 연극에서 주인공이 어느 극중 인물의 정체나 자신이 놓인 상황 등을 깨닫게 되는 일), 비지식(non-knowledge)의 제거에 의해 수반되는 역전이라는 아리스토텔레스의 방식으로 주관화되어 있다. 또한 여성의 섬세한 정동적 효율성이 19세기 벵골을 고급화하는 일환이라면, 『킴』에 나오는 여성들은 지배적인 남성 세계에서 마술적이고 에로틱한 진부한 유형들이다.

이렇게 많은 것들을 거론하는 가운데 나는 위반의 와중에 있는 무케르지 교수를 존경할 것이다. 서사적 병행들을 치우고 두 인물의 형상화 역학을 연결하여 보도록 하자. 첫 번째 움직임은, 그 두 인물이 고유한 이름들이 아니라 상당한 이 두 소설들에 자격을 부여하고 제목을 제공하는 별명들이라는 점을 주시하는 것이라고 하겠다. 자격을 부여하는 별명들이 두 공동체와 맺고 있는 영원한 거주 이방인의 관계와 구조적 관계 비슷한 뭔가를 맺고 있다고 내가 말한다면, 여러분은 나와 함께 움직일 것인가? 고유한 이름은 더욱더 한 방향이며, 확신을 갖고 위치에 따른 정체성을 주장할 수 있다.

시대가 고라와 킴이라는 두 별명을, 책뿐만 아니라 인물을 생산했다면, 그들 또한 그 시대를 생산했다. 두 책은 바로 미셸 푸코에 의해 '분수령 격인 텍스트들'이라고 불릴 만한 것이다. 나는 문학 텍스트와 사회적 텍스트 사이의 조건과 효과라는 관계의 역사를 실어 나른다. 독자로서 나는 만약 이 텍스트들이 없다면 읽기도 없을 테니 그것들을 '그래' 하며 두 가지 방식으로 긍정할 수 있다. 내가 이 책의 1장인「영문학의 짐」에서 지적하듯, 나는 캘커타 대학에서 석사학위를 받은,『킴』에 나오는 희극적 혼성체에 속박되어 있다. 이와 대조적으로 나는『고라』의 내포 독자 비슷한 무엇인데, 전미래(the future anterior), 즉 미래에 되었을 법한 전미래로부터 해방된 세속주의적 벵골 중산층 여성이다. 두 경우 모두, 나의 어머니 시바니 차크라보르티야말로 그러한 표적에 더 가깝다. 나는 석사학위를 받기 전에 인도를 떠났고 어머니는 1937년에 캘커타 대학에서 석사학위를 받았기 때문이다.『고라』의 행동 대부분이 일어나는 구역인 콘월리스(Cornwallis) 가에서 어머니는 성장했다. 또 어머니는 벵골 문학 혹은 당시 '인도 토착문학' — 최근『뉴요커』지에 살만 루쉬디가 당혹스럽게 복사했던 구절 — 이라고 불리곤 했던 분야에서 석사학위를 받았다. 그래서 어머니 세대는 직접적으로 적절한 독자로서『고라』를 읽었다. 삶에서도 그렇듯, 아마 나는 내 어머니의 대리인으로 여기 있는 셈이다. 하지만 그녀는 지난 30년 동안 미국 시민이었고 새로운 이민자였다. 오늘날 그것 또한 장기간의 〈거주 이방인〉이 지닌 잔여적 텍스트성의 일부일 것이다. 상실한 영토성을 집요하게 보유하는 잔여적 텍스트성 말이다.「카펫의 형상들」(Figures in the Carpet)은 유럽 태생인 장기간의 **거주 이방인**이었던 미국 소설가 헨리 제임스가 만들어 낸 사랑스런 구절이다. 푸코를 다시 인용하면 그것은 '배당된 주체-입장들'이다.

여기서 나는 청중에게 교육적인 이야기 하나를 상세하게 이야기하고 싶은 유혹을 뿌리칠 수 없다. 나는『문학비평사』1부의 한 부분으로서 바르트리하리(Bhartrihari*인도의 힌두교 철학자 · 시인 · 문법학자. 가장 중요한 언어철학 서적의 하나로 평가되는『바키아파디야』(*Vākyapadīya*)를 저술함)를 나의 학부학생들에게 좀 망설이면서 가르치고 있었다. 물론 이 과목에서 영문과 학생들은 정상적으로 고대 그리스어, 즉 아리스토텔레스, 롱기누스(Longinus*1세기 혹은 3세기에 살았다고 함. 기술적 규칙보다는 문체의 위대함을, 숭고함을 강조함), 플로티누스(Plotinus*205-270. 플라톤의 철학적 사상을 계승하여 중세 미학에 사상적인 토양을 마련함)를 읽는다. 그러나 오늘날 미국인들은 많은 종류의 영어들로 말하는데, 내 수업에서는 컬럼비아 이전의 언어, 아르비-파르시(Arbi-Farsi*에스토니아의 아르비 지역의 페르시아어), 고대 동아시아어, 아프리카어를 반드시 읽는 것이 적절하게 보였다. 따라서 17세기 문법 철학자인 바르트리하리를 읽어야 하는 것도 적절하게 보였다.

단순하게 '문장들과 단어들에 관하여'라는 뜻을 갖는 『바키아파디야』(*Vākyapadīya*)의 유명한 제3권 3절 3행에서 '바르트리하리'라는 단어와 의미, 기표와 기의, 바카카(vācaka)와 바치아(vācya) 사이의 연결은, 소유격 접미사에 단순히 의존한다고 제시된다. 이 소유격 접미사는 영어에서는 아포스트로피 's'이지만 더욱 흔하게는, ~의 시민, ~의 주민에서처럼 '의'와 함께 하는 보조적인 것이다. 그리하여 '바르트리하리'라는 단어와 의미의 동일성(identity)은 비말 크리슈나 마티랄의 지고한 번역에서처럼 '탈서명화'(de-signated)된다고 한다.[5] 그 동일성은 기호들의 영역에 있다. 이 말의 뜻을 다양한 민족적 기원을 지닌 내 학생들에게 설명하기 위해 나는 『지식의 고고학』에 나오는 푸코의 문장을 사용했다. "주체의 입장은 **배당될** 수 있다."[6]

나는 그저 '전통적'인 모델의 견지에서 '문화적으로 다른' 근대적인 작가들을 설명하는 태도에 좀 의구심을 갖는다.[7] 내가 여기서 병행들을 끌어내고 있지 않다는 점을 기억하길 부탁한다. 나는 바르트리하리와 푸코에 관해 말하고 있는 중이다. 내가 아는 한 그들은 상대방의 저서를 읽지 않았다. 그들은 정체성의 기호성, 즉 기호-성격(sign-character)에 관한 유사한 직관에 의해 영감을 받았을 뿐이다. 기호성이라는 단어는 한 사례 덕분에 의미 속에 거주하는데 소유격이다. 그러한 정신에서 나는 타고르의 『고라』와 키플링의 『킴』 둘 다 한 가지 사례에 의존하는, 기호로서의 정체성의 미결정적 공간을 활성화하고자 시도한다고 말하고자 한다. 삼반다(samvandha)로서 소유격의 아다라디카라나(Adharadhikarana)와 같은 계합사(locative), 즉 달리 표현해 연사(copla)로서의 공간 말이다.

그 차이는 그것들이 언어 속에 존재한다는 데서 느껴진다. 키플링과 타고르 둘 다 실험적인 산문을 쓰고 있다. 키플링은 서사의 1차적 매체인 표준 영어로부터 거리를 두는 데

---

5) Bimal Krishna Matilal, T*he Word and the World: India's Contribution to the Study of Language* (New York: Oxford University Press, 1990), p. 96 및 그 외 여러 곳.

6) Michel Foucault, *The Archaeology of Knowledge*, trans. A. M. Sheridan Smith (London: Routledge, 1972), p. 95. 스피박의 강조.

7) 다시 한 번 하리쉬 트리베디(Harish Trived)의 다음 글("India and Post-colonial Discourse," in Harish Trivedi and Meenakshi Mukherjee, eds., *Interrogating Post-colonialism: Theory, Texts and Contexts*, Shimla: Indian Institute, 1996, pp. 231-247)은 바로 이 요점에서 명민하다.

서 힘을 받는 '인도 영어'의 한 변주를, 마크 트웨인의 흑인 방언을 확장한 판본처럼 구사한다. 이러한 전통은 루쉬디와 파루크 돈디(Farouk Dhondy*인도의 푸나[Poona]에서 1944년에 태어난, 인도계-영국 작가, 파르시 후손의 좌파 액티비스트로 영국에 거주함)와 같은 작가들에 의해 전유되어 왔다. 나는 아미타브 고시, 하니프 쿠레이시, 아룬다티 로이는 그러지 않았다고 생각한다. 타고르는 방글라 어의 뼈대를 구부리고 있는데 그것을 번역에서 포착하기란 어렵다.

그 차이는 또한 그들이 공간 속에 존재한다는 데 있다. '인도'는 그들에게 같은 공간의 이름이 아니다. 수지트 무케르지(Sujit Mukherjee*1930-2003, 인도 작가 · 번역가 · 문학비평가)는 벵골어 단어인 바라트바르샤(Bharatvarsha)를 산스크리트 방식으로 표기하는데 그것은 옳은가? 내 생각에 그는 그렇게 한 이유들을 간파하고 있다. 힌두-민족주의자인 고라는 '인도'라는 단어를 공격적으로 오염된 선험적으로 종교적-철학적-문화적인 의미로써 확실하게 채울 것이다. 그는 자신을 추문에 빠뜨린 계급적으로 평등한 자들을 그러한 독백들로써 받아들인다. 그러나 오늘날 모든 '인도적 가치들'의 근간에 있는 그 의미는 제국주의를 정화한다. '토착 지식'이라는 기표가 생물해적질(biopiracy)을 정화하는 것처럼 말이다.

키플링은 침범된 인식소의 주름 속에서 경이롭게 꽃피는 그 공간에 다음과 같은 일종의 기이한(peculiar) 계급-동의(class-consent)를 갖고 입장할 수 없다. 1세기 후에 자와할랄 네루가 르 코르뷔지에(Le Corbusier*1887-1965, 20세기 근대 건축의 개척자이자 새로운 건축의 창조자)에게 찬디가르 시(Chandigarh*인도 하리아나 주와 펀자브 주의 공동 주도와 연방직할주. 시왈리크 산맥 바로 남쪽의 평원지대에 자리 잡고 있다. 1947년 인도와 파키스탄이 분할되면서 파키스탄에 넘어간 옛 수도 라호르를 대신하여 세워진 이곳을 인도 건축가들과 스위스의 건축가인 르 코르뷔지에가 함께 설계했다.)를 지으라고 초대한 것처럼 타고르의 환대를 재코드화하는 계급-동의 말이다.[8)]

그렇다. 키플링은 그 공간에 입장할 수 없었다. 그는 그 공간의 세계구획에 관한 모호한 개념을 갖고 있었다. 그는 그 개념을 그저 '상상의 공동체'가 받을 법한 경멸을 갖고 대하였다. 그는 6년 전에만 해도 자신의 킴을 초-식민 공간에 위치시킨다. 그 공간의 기획은

8) 기괴한 것(the uncanny)이 정신 속에서 나타날 수 없을 때 허구 속에서 나타날 수 있다고 프로이트는 썼다. 타고르의 소설은 거주 이방인의 만개한 프로그램을, 여성을 이용하는 정동적 도제권(apprenticeship)을 창조한다. 아프간 아미르(Amir, 이 사람에 관해서는 이후 좀 더 언급할 것이다)인 압둘 라만도, 네루도, 식민주의의 그러한 외부를 초월하건 넘어서건(para or post, 이에 대해서는 뒤에 좀 더 나온다) 흔들 수 없었다.

인구통계학적 경계들의 변천을 엄격한 영토 경계선들로써 통제하는 것이었다. 그리스어 이름인 '인도', 중앙아시아 이름인 '힌두스탄'은 어느 게임에서 획득된 상 이름이다. 그리고 킴의 피카레스크 도제권(apprenticeship)은 저 '위대한 게임'에서의 한 주자로서 발휘된다. 틀림없이 이것은 또한 봉건주의로서의 식민주의를, 즉 두 축구팀 게임처럼 승자가 모든 것을 차지하는 게임으로서의 불화를 벗어나려는 노력이기도 하다. 〈위대한 게임〉(무슬림들과 협력하는 영국)과 불교의 윤리적 체계(혹은 방식) 둘 다와 동시에 상징적인 도제 관계를 맺고 있는 아이로서 제국주의자를 무대화한 것이야말로 키플링의 천재성이다. 불교의 윤리 체계는 라마(lama)에게만 집중되어 있고, 절대 내부 초점화의 도구가 아니며, 무슬림 주자들에 의해 다정한 조롱과 함께 다루어진다. 이 전체 문제틀은 마붑(Mahbub)에 의해 주도되는, 스승과 도제 사이의 최종적인 재결합 속에서 개진된다.

> 라마는 "나는 어느 강에서부터도 끌려오지 않았습니다…"라고 단순하게 말했다. … "나는 그것을 **지식**으로써 발견했습니다." … 드높은 분개와 대단한 기쁨 사이에서 분열된 마붑이 "오, 사실이군요,"라고 더듬었다. [그는 좀 있다가 말한다] "젊은 사히브(Sahib)가 우상숭배자의 천국[그는 키플링에 의해 라마의 말로 표현된 불교의 '열반'(Nibban)을 잘못 말한다]에 관해 알라신이 알고 있는 곳으로 올라가게 되는 동안 나는 그냥 곁에 서 있는 것 같습니다. 하지만 그것은 늙은 **붉은 모자**(Red Hat)에 의해 무대에 올라가게 된 일부일 수도 있습니다. 나 스스로도 그 **게임** 주자의 어떤 면을 지닌다고 간주됩니다! 그러나 그 미친 사람은 소년을 좋아하고 나도 제대로 미친 게 틀림없습니다." 거친 푸쉬투(Pushtu)가 붉은 수염 속에서 덜커덕거렸을 때, 그 라마는 "그 기도란 무엇인가요?"라고 물었다.[9)]

위대한 게임은 "… 16세의 나이에 … 자기 연대에 기병대 기수로서 합류했던 제6 벵골 토착 기병대의 아서 코놀리(Arthur Conolly) 대위"[10)]에 의해 발명된 구절이었다. 알렉산더 대왕이 기원전 324년에 그랬듯, 키플링에 의해 '인도'라고 불린 북서 국경 지대에서 펼쳐진

---

9) Rudyard Kipling, *Kim* (New York: Viking, 1987), pp. 333-334(이후 이 텍스트에서의 인용은 본문 중에 K와 함께 쪽수를 표기함).

10) Peter Hopkirk, *The Great Game: The Struggle for Empire in Central Asia* (New York: Kodansha, 1994), pp. 123-124.

위대한 게임의 궤적을 따르기 위해, 우리는 1996년 10월 6일자 『뉴욕 타임스』 기사로 급선회한다. 거기서 우리는 「아프가니스탄이 시야에서 물러서다」(Afghanistan Reels Back into View)[11]라는 기사를 발견할 것이다. 거기에는 "왼쪽에 나지불라의 시체가 있고 그의 동생은 카불 신호등에 매달려 있는" 사진이 나와 있다. 우리가 볼 수 있는 한, 뒤에서 응시하는 사람들 무리는 참혹한 육신들의 등을 보는 것만큼이나 카메라맨을 많이 본다. 이러한 공적 스펙터클의 교훈은 무엇인가? 나는 『타임스』를 인용한다.

> 아프가니스탄의 새 통치자들이 아프가니스탄의 마지막 공산주의 대통령 나지불라를 카불의 유엔 공관으로부터 행진시켜 때리고 총을 쏘고 교수형에 처하기 전 몇 달 동안, 나지불라는 아프가니스탄에 관한 1990년 책을 자신의 토착어인 파슈토어로 번역할 준비를 하느라 많은 시간을 보냈다. 그 책은 영국 작가인 피터 홉커크(Peter Hopkirk)가 쓴 『위대한 게임』이었다. 나지불라 대통령은 유엔 관리들에게 자신은 아프간 사람들이 홉커크의 책을 읽기를 바란다고 말했다. 그 이유는 그 책에서 아프가니스탄에 대한 영향력을 놓고 제국 영국과 제국 러시아 사이에 19세기에 벌어진 투쟁에 관해 아프간 사람들이 배울 게 있기 때문이라고 했다. 나지불라 대통령은 "아프간 사람들은 우리의 역사가 어떻게 자체를 재현하여 왔는지를 볼 수 있고, 우리가 우리 역사를 이해하기만 한다면 그 사이클을 부술 조치들을 취할 수 있다"고 말했다.

아프가니스탄이라고 느슨하게 불리는 초-식민적 무대를 특징짓는 것은 그러한 무대에서 지배자들이 토착민인 양 위장한다는 점이었다. 『킴』에서처럼, **위대한 게임**은 거의 변함없이 위장 속에서 펼쳐졌다. 홉커크의 책에는 아프간 옷, 페르시아 옷, 아르메니아 옷을

11) 이 글의 이 부분은 스피박의 「푸코와 나지불라」("Foucault and Najibullah," in *Other Asias*, Oxford: Blackwell, 2008, pp. 132-160)에서 훨씬 더 자세하게 다루어진다. 아프간 사람들은 스위스로 이주한 사람들 중에 가장 큰 집단이다. 독자가 이 책의 16장 「행성을 다시 상상하라는 명령」에서 내가 제안한 아프간 사람들과 다른 피난민들을 향한 행성적 행동을 상기하면 흥미로울 것이다. 초민족적 읽기능력은 불가능한 추상으로서 자본 중에 지구적으로 쓸 수 있을 만한 것(the global writable of capital-as-impossible-abstraction)을 거듭 영원한 파라바시스(그리스 희극에서 배우들이 모두 퇴장한 가운데 코러스가 앞으로 나서서 관객에게 직접 말을 건다)로서 읽을 수 있을 만한(readable) 것으로 만들고자 시도한다. 물론 이러한 의제는 자체의 상황을 정당화하는 메트로폴리탄 정체성의 정치에 절망한다.

입은 영국 및 러시아 군인들의 사진들이 흩뿌려져 있다. 이 무대에서 영토 경계들보다 인구통계학적 경계들의 미결정성처럼 계획된 미결정성은, 민족주의적 식민주의들보다 오늘날의 혼성화된 포스트식민 세계에 훨씬 더 가깝다. 여기서 말하는 민족주의적 식민주의들이란 볼셰비즘처럼 현격하게 역사적으로 억류된 현상이었다. 『훈육과 처벌』(*Discipline and Punish*)에 나오는 푸코의 이야기에서처럼 군인들의 유순한 신체로의 변형이 "총의 발명이라는 기술적 변형이 있었기 때문에 비로소 결정적인 것이 될 수 있었다"면, 나지불라에게서 총은 그 어떠한 위대한 서사도 물러서게끔 하지 못했다.[12] 『위대한 게임』의 그림 35는 아프간 사람들에 둘러싸여 있는, 토착민 옷을 입은 영국 장교를 보여준다. 그 캡션은 "많은 변변찮은 주자들이 **위대한 게임**에 연루되어 있었고, 익명의 정치적인 장교가 (총 없이) 자신의 부하들과 거의 구별되지 않은 채, 우호적인 아프간 부족민들과 함께 있는 모습이 여기 보인다."고 나온다. 이 부족민들은 모두 총을 갖고 있지만 '군인들'이라고 불리지 않는다. 이 사진은 분과학문들에 의해 그토록 사랑받은, 푸코의 아름답게 조직된 체계 외부에 있을 뿐만 아니라 '내부에도' 있다. 효율성과 관대함의 이야기를 메트로폴리스에서 유지시키는 것은, 총을 쥚어진 부족민들과 총 없는 백인 군인이라는 이 야생적인 대항-서사이기 때문이다.

아프간 서발턴들, 나지불라에 따르면, '민중'은 아마 '위대한 게임'에 대해 충분히 모르고 있었을지라도, 주요 주자들은 물론 알고 있었다. 나는 부서진 거울에 비친 킴-고라의 관계를 고찰하여 보겠다.

1886년에 인도 무슬림인 무함마드 마푸즈 알리는 자신의 책 『러시아와 영국에 관한 진실: 토착민의 관점』(*The Truth about Russia and England: From an Native's Point of View*)을 우르두 어에서 영어로 번역했다. 그것은 말하자면 나지불라에 의해 역전되어야만 했던 움직임이었다. 아프가니스탄에 해로운 마푸즈 알리조차도 한편에서는 대영제국의 충성스런 신하였고 다른 한편에서는 무슬림이었으며 "아프간 민중의 민족정신"에 관해 말했다는 것은 흥미롭다. 〈인도 관공서 도서관〉의 서지학자는 그 우르두어 텍스트를 구할 수 없다고 나한테 알려준다. 상당히 많이 식민화된 주체인 마푸즈 알리는 어느 지점에서 '오리엔탈 정신' — 이것은 우르두어로 뭘까? — 에 관해 쓰고 있는데 그 우르두어의 적절한 번역을 '민족'이라고

12) Michel Foucault, *Discipline and Punish: The Birth of the Prison*, trans. Alan Sheridan (New York: Pantheon, 1977), p. 63.

생각했다. 그 점은 나를 흥미롭게 한다. 하지만 기술적으로는 식민화되지 않은 아프가니스탄은 식민 지식의 저장소가 아니라는 점을 그가 알고 있다는 것 또한 상당히 분명하다. 왜냐하면 같은 구절에서 마푸즈 알리는 아프간 사람들을 '야만적인 통합된 인종' — '통합된'이라는 단어 또한 흥미로운데 — 이라고, 아프가니스탄을 '비참한 나라'라고 부르고 있기 때문이다. 그는 자신의 인식소적 군거지(enclave)를 공유하지 않았던 사람들에게 적용된 '민족'이라는 단어로써 무엇을 뜻했던 것일까?[13)]

나는 베네딕트 앤더슨과 에티엔 발리바르가 착수한 사색의 명민한 몸체를 존경한다. 하지만 그 몸체가 갖는 문제는, (식민 이전 시대의 기호계 영역들 내부에서 식민주의의 와해가 반복되는 첨단에 거주하는) 그런 질문들이 결국 대답을 내놓을 수는 없다고 하더라도 그렇다고 숙고할 가치가 있다고도 인정할 수 없다는 점이다. '민족'이라고 번역되는 그 단어는 우리로 하여금 거의 '잔여적인' 것도 '부상하는' 것도 아닌 것의 이름이라고 주장하도록 허용할 것이다. 북서유럽의 시민사회들의 발전과 훨씬 더 많이 직접 연결되어 있는 '시민권' 모델과 "민족성(nationality)이야말로 해소될 수 없는 제도적 기초를 갖는다."[14)]고 주장하도록 말이다.

타고르는 식민주체를 거주 이방인으로서 전사하고(transcribe), 식민주의자(고라의 생물학적 아일랜드 어머니와 그녀의 아들)를 분해하고, 그를 미결정적으로 만들고, 그에게 '고라'—물론 구르모한(Gourmohan)을 축약한 — 와 함께 '흰둥이'(Whitey)라는 이름을 다시 지어준다. 그렇게 함으로써 타고르는 마푸즈 알리를 다시 쓰며 그 과정에서 불가능하고 비실제적인 하나의 모델을 통해 환대를 거칠게 다룬다. 그것이 『고라』의 힘이다.

(여기서 『환대에 관하여』를 이렇게 괄호 속에서 다루는 것은 그 책에 정당한 일이 될 수 없다. 여기서는 『고라』라는 소설에 나오는, 다른 인물들과 고라라는 인물에 대한 고라

---

13) Muhammad Mahfuz Ali, *The Truth about Russia and England: From a Narrative's Point of View* (Lucknow: London Press, 1886), p. 51. 우리는 다음 문단에서 아래의 내용을 읽는다. "그 외에도, 동양의 정신은 고결한 원칙들과 고상한 의도들에 기초를 둔 우정을, 정치적이건 그렇지 않건 모든 문제들을 직접적이고 정직한 방식으로 다루자고 항상 주장하는 우정을 높이 평가하지 않는다. 예컨대 (아프가니스탄의) 아미르(Ameer)가 자신의 이웃들을 향해 공격적인 목표를 절대 갖지 않는다는 조건에서만 그를 도와주는 것이 영국 정부 편에서는 진정한 우정과 일관되는 것임을 아마 아미르는 결코 이해할 수 없었을 터이다(p. 51)." 나는 이 구절에서 아이러니를 간파하고 싶은데 우르두어 텍스트가 없어서 그럴 수 없다.

14) Etienne Balibar, "Globalization/Civilization2," in Jean-Francois Chevrier, ed., *Politics-Poetics* (Ostfildern-Ruit: Cantz, 1997), p. 786.

자신의 질문이 실로 해외로부터 나온다고 말하면 충분할 것이다.[15] 침입자를 환대할 수 있다는 것은 도대체 무엇이란 말인가? 고라는 정치적으로 인정된 외국인 자체(H, p. 5)인 외국인들(xenos)을 아래로부터 상상하고자 시도한다. [엄밀히 말해서 아래의 상층, 즉 식민화된 엘리트인데, 우리가 상층으로 이동하는 노예 인구들, 노인을 차별하고 신분에 얽매인 퀴어 인구, 도구화된 여성 인구에 의해 유지되는 과두정치를 은폐하는, 불투명함 속에 있는 소크라테스의 그리스를 상상할 때는 생각할 수 없는 범주이다.16)] 나는 플라톤의 『소피스트』(*Sophist*)에 나오는 이방인 —늙은 파메니데스(Parmenides*B.C. 546-501, 엘레아 학파의 시조로 피타고라스의 영향을 받았으며 소크라테스와 플라톤에게 영향을 미침)를 부정하며 바로 그 증거에 의해 부친살해범으로서 간주되기를 원하지 않는— 을 데리다가 인용하는(H, p. 5) 이유에 대해 확신이 없다. 하지만 식민주의의 유산 속에서 부친살해 문제는 적을 친구로 만드는, 텔레포이에시스(telepoiesis, 과거의 구조들에 대한 상상적 개입들)의 첫 번째 문제이다. 예컨대 『고라』에서 행위능력은 주체화된 자에게로 전위된다. 외국인은 고라의 생물학적 아일랜드/영국인 아버지와 그의 집단성과 같은 아버지들에 대한 살인(을 망각함)으로써 환영받을 게 틀림없다. 타고르는 미결정적인 신참자의 데리다 목록(H, p. 73)에다, 특이한 환대를 인도 (양)어머니의 포옹 속에서 보게 되는 누군가로서 제국적 인종의 한 구성원이라는 불가능한 범주를 첨가한다. 그 양어머니는 엄밀히 말해 그 외국인, 즉 자신의 (양)아들에게 외국인이다. 그러한 환대는 오로지 그 책의 공간을 위해서만 아버지의 살해를 삭제하에 둔다. 부친 살해의 일반화는 저항을 금지한다. 하지만 확실히 그러한 환영(welcome)은 정치적인 것으로부터 거슬러 올라가는, 계보학적인 것을 해체하는 탈정치화이다. 생물학적 아버지의 폭력적인 죽음은 입양하고 싶지 않았던 수다스러운 아버지의 죽음에 의해, 식민화된 주인의 진부하게 실패한 죽음에 의해 그 소설에서 결국 지워지고 만다.

이렇게 식민화하는 불가능한 외국인이란 의식 속에서는 아니지만 역사 속에 있으며

---

15) Jacques Derrida and Anne Dufourmentelle, *Of Hospitality*, trans. Rachel Bowlby (Stanford, CA: Standford University Press, 2000), p. 5(이후 이 책에서의 인용은 H와 함께 쪽수를 본문과 각주에서 표기함).

16) 들라크루아(Delacroix) 혹은 알제리를 점령했던 프랑스 대위를 텔레포이에시스 속에 놓으려는 아씨아 제바르의 충동은 아래의 위(the above of the below)로부터의 이러한 충동 중 어떤 것을 공유한다. 하지만 그녀는 여성으로서의 그러한 주체-입장을 전면에 내세운다(Assia Djebar, “Forbidden Gaze, Severed Sound,” in *Women of Algiers in their Apartment*, trans. Marholijn de Jager, Charlottesville: University of Virginia Press, 1992, pp. 134-136; Djebar, *Fantasia: An Algerian Cavalcade,* trans. Dorothy Blair, London: Quartet, 1989, p. 7 참조).

식민화하는 집단의 일부이다. 그 외국인이 질문하는 것은 '법이라는 강요된 항목의 법'(the Law-of-forced-entry-as-Law)이다. 그 법과 법 사이의 만남은, 법과 외국인 사이의 만남이기도 한데, 보트에서 일어난 용감한 장면이자 백인 치안판사와의 과감한 장면에 나온다(H, pp. 33, 35, 69). 그 만남은 이제 내가 읽을 아버지의 침상에 흐르는 은밀한 침묵에서도 일어난다. 그 만남들은 소포클레스나 플라톤의 소크라테스, 데리다의 작가들에 의해 상상되는 만남들과 좀 다르다. (중요한 텍스트를 이렇게 성급하게 읽다니 그 점에 나는 사과드린다. 나는 수정을 절대 겁내지 않는 사람이다.)

키플링의 '인도'는 스크린-확인자이자, 연사(copla)를 지지할 소유격도 위치격도 없는 명사이다. 그러한 초식민적 공간에서는 식민주의를 정당화하는 행위능력 없이 식민주체를 생산하려는 반복된 노력들이 있었다. 아프가니스탄의 마지막 19세기 대공인 압두르 라만(Abd-ur Rahman, 1880-1901)은 아프가니스탄에 '합헌 정부'(헌정)를 닮은 무엇인가를 확립하고자 애썼다. 이것이야말로 내가 14장의 서두에서 언급했던 특이하게 실패한 **거주 이방인** 프로그램이었다. 압두르 라만은 충분히 만개한 식민주체의 능력 있는 (독이자 약이기도 한) 파르마콘적인 것을 고무하기보다, 아프간 사람들을 훈련시키기 위해 영국 남녀들을 수입했었다. 아프간 '민족 정체성'은 이슬람의 대안적인 상호-민족성에서 하나의 잠정적인 계기이다. 이슬람의 다양성과 하나의 집단성을 사유하기 위한 그 설비에 대한 아미르의 인식을 읽어내는 것은 매혹적인 일이다. 왜냐하면 "아프가니스탄에서 영향력을 확보하기 위한 제국적 영국과 제국적 러시아 사이의 투쟁"은 압두르 라만에게도 알려져 있었기 때문이다. 그러나 확립된 식민 소유물을 관리하기 위해 식민주체를 생산하는 것은 이 구역의 의제에 나타날 수 없었다. 이 구역은 항상 하나의 사이 공간, 하나의 완충지대로서 감지되었다. 1919년과 1929년 사이에 압두르 라만의 손자 아마눌라는 할아버지의 부족 기초로부터 분리된 채 양육됨으로써 환상적인 '합헌성'을 생산하고자 시도했고 이탈리아로 물러나지 않을 수 없었다. 아마눌라는 1960년에 거기서 평화롭게 죽었다. 나는 포스터의 『인도로 가는 길』에 나오는, 결국 이탈리아로 물러나면서 인도에 아름다움을 위치시키는 자신의 태도에 잘못이 있었다고 거듭 생각하는 필딩에 대해 생각한다. 포스터 역시 영국의 '인도'에 대해서가 아니라 미약하나마 초식민(para-colonial) 공간에 대해, 토착 국가에 대해 말하고 있었다는 점을 명심하라. 1960년대에 성년이 되었던 나의 세대는 나지불라를, 대학에서 급진화된 사람을 생산했다. 그는 한 번 더 '합헌' 국가를 확립하고자 시도했는데, 이번에는 공산주의를 정당화하는 행위능력을 갖고 그렇게 했다. 고르바초프(Gorbachev)가 결국 그를 팔아넘겼다.

『뉴욕 타임스』의 통신원 존 번스(John F. Burns)에 의해 채색된 괴물의 정체성에 누군가가 의문을 제기하리라는 희망은 전혀 없다. "마르크스주의에 대한 반대를 척결하기 위한 K.G.B.의 노력을 일생 섬겼던 나지불라 대통령은 그의 비밀경찰에 의해 할당된 비참한 죽음을 맞이했다." 아마도 나지불라 대통령은 능력 있고 확신을 지닌 사람이었기 때문에 소련과 미국 양쪽으로부터 압박을 받았고 정부에 대한 만장일치의 약속을 믿고 사퇴했다. 그 정부가 도래하지 않고 있었을 때, 그는 자신의 취약성을 감지했고 자기 나라를 떠나고자 주선했다. 그는 공항에서 제지되었고 유엔에 자신을 드러냈다. 아프가니스탄으로부터 소련의 후퇴를 협상했던 전 유엔 정무 차관 디에고 코르도베즈(Diego Cordovez)는 나지불라 대통령이 사임하던 날 보여준 행동에 대해 1995년에 다음과 같이 지적했다. "그는 놀라지도 불안해하지도 않았다. 오히려 그 반대로 그는 엄숙한 상태에서 자신을 완전히 통제하고 있는 것 같았고, 소비에트의 후퇴에 수반될 수 있었던 모든 나쁜 결말들과 직면할 준비가 되어 있는 것 같았다."[17] 1년도 채 안 되어 『타임스』는 그의 묘비명을 스탈린주의자의 추종자라고 썼다.

나지불라의 번역은 미완성인 채로 남았다. 우리가 '인도'나 '바라트바르샤'로 움직여 돌아갈 때, 우리는 파라드 마자르의 시 「반항하는 시체 지킴이」(Jimmedar Bidroher Lash)에 나오는, 세포이 반란에서 죽은 자들처럼 교수형에 처해진 그를 그냥 그대로 남겨두어야 한다.

> 주님이시여, 다카의 사원은 세계적으로 유명하며
> 기둥과 회랑에 다양한 것이 많이 새겨져 있습니다. 영국 시절에
> 백인들은 옳건 그르건 〈아시아 협회〉를 세워

17) Diego Cordovez, *Out of Afghanistan: The Inside Story of the Soviet Withdrawal* (New York: Oxford University Press, 1995), p. 374.

여기 있는 그 모든 것을 연구했습니다.
이제 새로운 벵골인들이 백인들의 하얀 눈들을 파고들어와
우리가 보는 것들을 찾습니다.
나는 백인들에게 행운을 빌지만 박사학위가
그들을 백인 선조들보다 두 배나 교활하게 만듭니다.

주님이시여, 나는 무식한 바보라서
건축이나 그림 같은 예술을 파악할 줄 모릅니다.
하지만 내가 옛날 강가(Ganga) 강 옆에 서 있자니,
텅 빈 내 마음은 아픕니다.
세포이들이 아직 교수형 집행자의 밧줄들을 매고 있는 것 같습니다.
밧줄은 끊어지지 않은 채 마지막 의식을 기다리면서,
그들의 시체들이 아직 떠도는데,
아무도 애도하지 않으며, 잔나트(zannat)를 수행할 자도 없습니다.
첨탑과 아케이드를 갖고 나를 조롱하지 마세요,
반항하는 시체 지킴이여.[18)]

나는 앞에서 타고르가 왕권의 충실한 인도 주체인 마푸즈 알리를 고라로서 재각인했고 수정했으며 선회했고 전위시켰다고 말했다. 물론 그렇게 말한 것은 상당히 정확한 편은 아니다. 변형된 마푸즈 알리야말로 베노이(Benoy), 즉 『고라』의 주요 행위자이자, 고라의 마르크스에 대한 엥겔스이기도 하다. 이것을 평가하기 위해 키플링이 고라를 미리 쓰는 경위를 살펴보기로 하자. 나는 「영문학의 짐」(이 책의 1장)에서 인용된 바, 이방인이 된 주민인 나의 최악의 두려움에 말을 걸면서 거슬리면서도 친숙한 다음 구절을 언급한다.

그는 아주 반역적으로 되어, 무차별적으로 추잡한 짓을 일삼는 정부라는 견지에서 말했다.

18) Farhad Mazhar, “The Corpse-Keeper of Revolt,” in *Ebadatnama 1* (Dhaka: Prabartana, 1989), p. 36. 스피박의 번역.

정부는 자신에게 백인의 교육을 강제로 시켜 놓고서는 백임의 임금을 제공하는 데 소홀했다는 것이다. 그는 억압과 잘못에 관한 이야기들을 거품 물며 말했고 마침내 자기 땅의 불행은 그의 뺨에 눈물이 흘러내리도록 했다. 그런 다음 그는 저지대 벵골(Lower Bengal)의 연가들을 부르며 비틀거리며 걸었고 젖은 나무 둥치에 넘어졌다. 인도에서 영국 통치의 산물치고 이방인들에게 불행하게 몰아닥친, 이보다 더 불운한 일은 결코 없었다.(Kipling, p. 286)

저지대 벵골 출신인 시인이자 연애 노래 작가인 타고르는 자신의 고결한 소설에서 스스로 이러한 주체-위치를 전유하고 있다고 말할 법하다. 그러나 꼭 그렇지는 않다. 키플링의 후레 바부(Hurree Babu*『킴』에 나오는, 영국을 위해 일하는 벵골인 첩자 이름)는 타고르의 노래들과 비슷한 어떤 노래를 부른다. 타고르는 베노이를 상상하는 가운데 후레 바부에게 서사적 운치 같은 것을 제시한다. 타고르의 소설은 베노이의 '백인 교육'과 "백인의 임금을 제공하려고" 하지 않는 베노이의 일 사이에서 발생한다. 여기 베노이의 상황에 대한 애초의 묘사가 나온다. "오래전에 대학 공부를 했지만 그것은 아직 실제 세계에 진입하는 길은 아니며 베노이의 상황이 그러하다(G, p.1). 이들이야말로 상층 중간-계급 인도인들, 아래의 위쪽, 아마 프란츠 파농의 공간이라는 요점을 나는 이미 지적했다. 최근에 라나지트 구하는 찰스 디킨슨의 『보즈의 스케치』(*Sketches by Boz*)에 대한 벵골식 반복인 『후툼 펜차르 나크샤』(*Hutum Penchar Naksha*)가, 포트 윌리엄(Fort William)으로부터 두 번 발사된 대포 사이의 시간에 의해 텍스트 속에 표시되는, 빌려온 축제 시간의 간격 중에 일어난다는 지적을 했다.[19] 우리가 고라를 만나기 전에, 이 서장에서 베노이 민족주의의 확장된 공간은 그렇게 빌려온 텅 빈 간격을 점유한다. "그는 위원회 모임들을 주선하고 신문기사들을 쓰는 데 자신을 헌신하겠지만 그의 정신은 그것으로써 채워지지 않았다."는 문장이 계속된다. 그것은 마치 교육받은 벵골인 베노이를 경유해 소설 『고라』가 후레 바부(다음 문단에서 옷 입은 광대가 부르는 「저지대 벵골의 연가」는 메타-서사적 기호일지도 모른다)를 해제하는 것 같고, 『킴』에서부터 끌어당겨진 서사적 시간의 입구(liminal) 공간을 비추는 것 같다. 키츠의 「그리스 항아리에 바치는 송시」(Ode to

19) Ranajit Guha, "A Colonial City and Its Times(s)," in Partha Chatterjee, ed., *The Small Voice of History* (Ranikhet: Permanent Black, 2009), pp. 409-434; Charles Dickens, *Sketches by Boz and Other Early Papers, 1833-39*, ed. Michael Slater (Columbus; Ohio State University Press, 1994).

a Greeian Urn)가 키츠 시를 경유해서만 기억되는 그리스 항아리에 관한 공간을 끌어당긴다는 의미에서 말이다.[20] 이것은 고전 수사학이 수사학적으로 상상적인(ekphrastic*수사학적 연습으로서 생산된, 상상적인 예술 작품을 가리키는 그리스어, ekphrasis, ecphrasis의 형용사) 전위라고 부를 만한 것이다. 텍스트 내부로부터 나온 구(phrase)나 조음(articulation)이 원본의 외부에서 취해지니 일종의 반복, 타자-만들기로서 반복인 셈이다. 타고르의 소설은 『킴』에 나오는 교육과 일 사이에서 식민주체가 처한 한 계기의 전위를 작동시킨다.

물론 나는 이런 방식으로 타고르가 『고라』를 쓰고 있다고 제안하는 것은 아니다. 나는 이런 방식으로 그 소설을 읽고 있는 중이다. 여러분은 그 방식을 취하거나 남겨둘 수 있다. 친애하는 내 친구 미낙쉬 무케르지(Meenakshi Mukerjee)는 아마 그것을 그대로 남겨두었을 터이다.

이러한 공간 내부에서 고라는 실수를 저지른다. 내가 그의 이야기를 읽을 때, 나는 「움직이는 데비」(Moving Devi)에서 논의된, 『칸디』(*Candi*)에 나오는 비슈누 마야(Vishnu Maya) 혹은 비슈누의 환영에 관한 유명한 반복적인 형용어구의 도표 작성을 생각한다. 그것은 모든 현존자들(existants, 하이데거에게서는 Seiend)에 거주하는 여신의 궤적을 마치 실수인 양 고라가 찬양하는 것 같다. "나를 잘못 데리고 가지 마세요."(yādevi sarvabhutesu bhrāntirupena samsthitā.) 나는 세속주의의 근대적 인도 텍스트를 (문화적 힌두 보수주의자처럼) 설명하고 있지 않다. 그 행

---

20) 그 노래 자체는 키플링이 경멸감을 갖고 이해할 수밖에 없었던 것을 재영토화하는 메타-서사적 기호이다. 18세기에서 19세기를 넘어가던 시절의 주요 벵골 신비주의 시인인 라란 샤(Lalan Sha, 1774-1890)가 가사를 만들고 그 노래를 부른다. 라란의 시와 음악과 타고르의 관계는 지금도 연구되는 과제이다. 에드워드 디목(Edward C. Dimock)의 진심에서 우러난 글 「벵골 시인들 중에 가장 위대한 라빈드라나트 타고르」(University of Chicago, *Committee On Southern Asian Studies*, no. 1, 1959, pp. 33-51)는 제프리 크리팔(Jeffrey J. Kripal)이 람 프라샤드(Ram Prashad)를 탄트라 경전주의자로 지목하는 데서 저지른 것과 똑같은 비평적/역사적 실수를 저지른다(Spivak, "Moving Devi," in *Other Asias*, Oxford: Blackwell, 2008, p. 343 참조). 산토쉬 차크라바르티(Santosh Chakrabarti)는 자신의 책 『타고르 연구: 비평적 에세이들』(*Studies in Tagore: Critical Essays*, New Delhi: Atlantic, pp. 106-112)에서 서벵골의 기성 학술적 설명을 제공한다. 타고르가 젊은 지주로서 근처의 시라이다하(Silaidaha)로 이사 왔던 해에, 라란 샤는 세우리아(Seuria)에 있는 그의 거처에서 자신의 오랜 삶의 마지막 해를 보냈다는 것은 분명한 사실이다. 그 노래는 유명하다. 베노이는 그것을 적어내려 가고 싶었지만 그렇게 하지 않는다. 말하자면 그 이야기의 행동이 바로 시작된다. 제라르 저네트는 그 노래를 그의 '대체물들'의 범위, 즉 그 비유(figure) 자체의 확정적인 서술(predication) 내부에 놓고자 한다(Gerard Genette, *Figures of Literary Discourse*, trans. Alan Sheridan, New York; Columbia University Press, 1982, p. 94와 여러 곳). 마치 『고라』라는 소설 전체가 그 텍스트의 시작 부분에서 해제된 것으로서, 제국적인 거주 이방인의 스폰서나 생각하는 사람의 범위를 벗어나 있는 식민 이전의 위치성으로서, 하나의 위치를 지닌 카타크레시스(catachresis)로서 무대화된 것을 가리키는 비유인 것 같다.

은 실수를, 잘못을 찬양한다.[21] 또한 나는 아리스토텔레스를 경유해 고라의 신비적 해석을 앞서 기술했다. 나한테 칸디와 아리스토텔레스는, 푸코와 바르트리하리가 그렇듯, 둘 다 함께 이론화할 도구들이다.

이 지점에서 나는 다음과 같은 타고르의 면모에 의해 용감하게 된다. 시바(Siva)의 아주 잘 알려진 형용어구인 은으로 된 산(같은)이라는 '라자타기리니바'(rajatagirinibha)를 경유해 타고르 대학의 산스크리트 학자를 인용하면서 고라를 3인칭으로 소개하는 타고르의 면모 말이다. '라자트기리'(Rajatgiri)는 좋은 남편을 바라는 몇몇 어린 힌두 소녀들에 의해 해가 뜨기 전에 발언되는 시바에 관한 형용어구이다. "Dhyāyennityam mahésam rajatagirinibham cārucandrāvatamsam." 이러한 연관이, 그 서사로부터, 실로 그 서사의 미토스(mythos*신화체계, 신앙양식, 가치관)나 플롯으로부터 멀리 떨어져 있지 않았다는 점은 **어머니**와 **아들** 사이의 서두 대화에서 확증된다. (남근적 어머니라는, 프로이트적 우연의 일치라는 덤으로 주어진 보너스를 갖고서 말이다.) "내 사랑이여, 당신의 어머니는 실로 한 번의 의식을 치렀습니다. … 나는 날마다 시바의 링감(lingam, 거룩한 남근)을 주조했고 경배하기 위해 앉았는데 당신의 아버지는 그것을 던져버렸습니다. … 내가 당신을 취하여 내 무릎에서 씻기는 의식을 치르게 했을 때, 당신은 그것을 알고 있었나요?"

이러한 서론 격인 모티브들과 교환들은 극적 아이러니로 가득한데, 이 소설에서 여성이 하는 역할에 대한 감각을 우리에게 제공한다. 이 점에 관해서는 마지막에 좀 더 말할 것이다. 지금은 고라의 실수에 관해 두 마디를 하고자 한다.

고상하게 된 힌두 인도의 적절함에 관한 몇몇 설득력 있는 논의들이 있는데, 그 논의들은 고라가 저지르는 실수의 실체를 나타낸다. 이 실체는 수행 중에 비바디(vivādi)를 연주하는 최상의 위험과 즉 라가(raga*인도 음악의 선율 형식 혹은 그 즉흥연주)를 깨트릴 수 있지만 대가 예술가에 의해 사용될 수 있는 라가에서의 선율과 비교될 수 있다. 고라가 브라만이 아니라는 사실을 발견한다는, 오로지 서사적이기만 한 소설에서 정통 힌두주의를 옹호하는 고라

21) 나는 14장을 수정하면서, 진리가 손님을 위험하게 할지라도 그리하여 환대의 법을 깨뜨리게 되더라도 진리를 말하라는 칸트의 유명한 명령을, 거짓말을 할 권리에 대한 칸트의 사유에다 틀 짓고(frame) 있는 데리다에 주목한다(H, pp. 63f). 『고라』의 일반적인 텔레포이에시스적 환대는 이방인으로 하여금 그가 영원한 주거권을 획득할 수 있기 전에 잘못을 저지르도록 한다.

의 면모에 대한 아무런 합당한 반박도 없다. 우리가 결말에 정동적인 공감을 갖고 "그렇군요", "이것이 최고로 훌륭한 인도로군요"라고 말하는 것은, 우리가 그 소설을 오로지 소설로서만 읽어야 한다는 조건하에서이다. "내가 밤낮으로 되고 싶었던 것이 될 수 없었어요, 나는 오늘 인도인이랍니다. 오늘은 힌두, 무슬림, 기독교 사회 사이의 갈등 같은 것은 내 안에 없답니다." 바로 이것이 정동적인 선언 속에 있다. 여러분이 텍스트적 규약에 입장하지 않은 채 그 텍스트를 시대를 위한 논문으로서 읽는다면, 여러분은 그 텍스트의 힘들을 오늘날 종교적 폭력을 손상시키는 데로 모을 수 없다. 고라의 더 초기의 (방황하는) 독백들은 텍스트적 가치로 가득한 채 이제 신념으로써 빛난다.

나는 고라를 사회적인 것과 어휘적인 것(the verbal)을 포괄하는 텍스트성 속의 한 형상으로 읽으면서 또한 신비한 해석(anagronesis)의 또 다른 노선을 지적한다. 고라는 벵골 바부의 말을, 배를 타고 순례하는 언더클래스 사람들을 조롱하는 영국 기능인의 말을 혐오하며 듣는다. 고라는 다음과 같이 정열적인 진술을 하면서 일등석 갑판을 떠난다. "내 자리는 당신 두 사람과 함께 하지 않습니다. 내 자리는 저 여행객들과 함께 합니다. 하지만 내가 다시금 이 계급으로 돌아오지 않을 수 없게끔 하지는 말도록 당신들에게 부탁합니다."(G, p. 48)

이러한 상상적 사건을 환대하며 재현하는 타고르의 대목에서, 그 영국인은 이 고상한 위치와의 연대를 인정한다. "그는 내리기 전에 고라에게로 재빨리 걸어가서 자신의 모자를 살짝 들어 올리더니 '내 행동이 아주 부끄럽습니다. 나를 용서하기를 바랍니다.'라고 말한다."(G, p. 48)[22] 그 사이 고라는 치안판사 브라운로우(Magistrate Brownlow)와 대면하며 "당신은 이 잘못들을 고치지 않기로 결심했고, 마을 사람들에 대한 당신 생각들이 완고하니 나는 다른 선택을 하지 못해 마을 사람들에게 스스로 노력해 경찰에 맞서 일어나 저항하라고 고무할 것입니다"(G, p. 180)라고 말한다. 그때 "그 사람들은 영국 교육의 최고로 좋은 부분들을 흡수할 권리를 획득하지 못했습니다."라고 말하는 것은 다시 한 번 벵골 바부이다. 식민주의자와 식민화된 사람 둘 다 텍스트에 의해 분리되고 또 분리된다. (이러한 분리 내부에

22) 나는 다른 곳(Spivak, "Deconstruction and Cultural Studies: Arguments for a Deconstructive Cultural Studies," in Nicholas Royle, ed. *Deconstructions*, Oxford: Blackwell, 2000, pp. 14-43)에서 타고르와 듀 보이스 사이의 국면상의 관련성에 관해 논평했다. 이 선한(good) 영국 정신에 대한 이러한 수긍은 "남반구는 '견고하지' 않다"는 듀 보이스의 말을 내게 상기시킨다(Du Bois, *The Souls of Black Folk*, in *The Oxford W. E. B. Du Bois*, vol. 3, ed. Henry Louis Gates Jr., New York: Oxford University Press, 2007, p. 92).

서 사회적 행위자로서 여성의 자리는 「디디」(Didi)에서 무대화되어 있다(「영문학의 짐」 참조). 『고라』는 여성을 사회적 도구로서 무대화한다. 나는 여기서 농촌-도시의 분할을 논의할 수 있다고 생각하지만 그 논의는 우리를 너무 멀리 데리고 갈 것이다.)

나는 식민주의자와 식민화된 사람 사이에 반복되는 분리의 이러한 텍스트적 선을 『고라』의 맨 마지막을 향한 일종의 내부 독백으로 끌고 간다. 영국 의사가 벵골 가족 의사와 함께 들어온다. 고라는 자기 얼굴과 몸에 의식의 표시들을 한 채, 시골 옷을 아직 입고 있다. 유럽 의사는 고라를 쳐다보고는 '이 사람은 대체 누구일까?' 하고 생각한다. 이 고라가 "영국 의사의 바로 그 광경"에 적개심을 느끼기 전에 말이다. 타고르는 계속한다. "오늘 영국 의사는 환자를 검진하면서 특별히 열렬하게(bishesh ekta outshukyer shohit) 고라를 살펴보고 있었다. 영국 의사는 '여기서 이 사람이 나와 가장 가까운 친척일까?'라는 같은 질문을 반복해서 자문하고 있었다"(G, p. 472). 텍스트는 이 물음에 대한 어떠한 직접적인 해결책도 제공하지 않는다. 우리는 몇 쪽에 걸쳐 그 최종적 선언들의 시리즈를 확보하게 되는데, 나는 그 부분을 이미 인용한 바 있다.

이렇게 사례에 의존한 채 정체성을 남도록 하는 것은 바로 그 텍스트의 장엄함이다. 우리가 이것을 사회적으로 유용한 자료로 사용하고 싶다면, 새로운 인구통계학적인 실제(virtual) 경계들은 그러한 영토성들에 있지 않다는 점을 우리는 인정해야 할 것이다. 정체성의 소유적인 사례는 그 위치성에서 더 이상 파생되지 않는다. 우리는 그람시적 의미에서 영원히 설득하는 사람이 되어야 한다. 여러분은 『고라』를 수사학적 상상력으로써 전위하고 그것을 새로운 실제적인(virtualized) 위치들에 놓기를 시도해야 한다. 오늘날의 비거주 인도인(non-resident Indian, NRI)은 **거주 이방인**이 아니다. 그는 인터넷상에 있으면서 힌두 민족주의를 불러들인다. 그는 인도의 최초 실리콘 도시인 방갈로르에 앉아 달러로 돈을 벌며 사적 부분을 작동시키는 사람(DIPSO, dallar-income-private-sector-operator)이다. 그는 전자 자본주의 공동체라고 로버트 라이히가 부른 바의 일부를 이룬다. 나는 이런 사람을 「초대형 도시」(*스피박의 『다른 여러 아시아』 중 5장)에서 기술한 바 있다. 그는 메트로폴리스에 있으며 상승하는 계급-유동성(모방과 위장)을 저항, 탈안정화, 개입으로 재코드화한다. 『고라』가 그것을 손상시키며 통제할 수 있을까? 아마도 그러지 못할 것이다.

나는 나지불라 대통령을 매달려 있도록 내버려 두었다. 우리가 포스트식민성을 환호할 때 그는 정지된 채 매달려 있어야 한다는 듯이 말이다. 식민화된 자의 역전된 환대가 불발되었던 이 지형에 따라, 그의 번역 기획의 전위를 살펴보도록 하자.

한 스위스 인류학자는 분명 "자신들의 전통적인 복장을 서구 스타일의 교복으로 바꾸어 입고 (압두르 라만의 손자가 세운) 학교에 다니는 초등학교 학생들"[23]을 분명하게 주목했다. 내가 공상하기로는 그렇게 재빠른 변화는, 유명한 사진에서 묘사된 대로 양복을 입고 넥타이를 매고서 미소 지으며 고르바초프(Gorbachev)와 악수하던 뚱뚱한 나지불라와, 아프간 의상을 입고 카불의 교통 신호등에 매달려 있던 말라빠진 남자 사이의 차이 속에서 기괴하게 역전된다. 우리가 『압두르 라만의 삶』(*The Life of Abdur Rahman*)의 제2권을 신뢰한다면, 압두르 라만은 정갈한 유럽 의상을 아프간 남성의 풍성한 옷차림과 대체하도록 시도했던 셈이다.[24] 영어로부터 파슈토어로 번역된 여하한 것도, 좀 더 일찍 배포된 파슈토어로부터 영어로 번역된 것들도 무시해서는 안 된다. 이 지형에서도 여성은 그 밖의 다른 곳에 있다. 미국 정유회사가 탈레반과 협상을 할 때처럼 말이다.

내가 공상하기로는 나지불라는 시민사회를 원하고 폭력적인 과거를 애도하려는 아프간 민족을 교육시키는 수단을 제공하고자 노력하던 중이었다. 우리는 서발턴들을, 여성들을 그의 유령에게 상기함으로써 그의 노력을 대리보충한다. 그러한 배회를 할 만한 가치가 우리에게 있다면 말이다. 그것은 어려운 일이다. 언어들이 파르시(압두르 라만), 우르두(마푸즈 알리), 파슈토(나지불라) 어로 되어 있으니 말이다! 또한 사람들은 영어야말로 아대륙에서 중요한 유일한 언어라고 계속해서 말하고 있다.[25] 영국 제국주의는 능력을 갖게 하는 침범이다. 우리의 요점은 언어의 집에서 우리는 그 능력 부여뿐만 아니라 침범을 명심해야 한다는 것이었다. 실로 그러한 우리의 요점은 하나의 연결을 제공한다. '공산주의'라고 불린 어떤 것이 나지불라에게 그러하듯 말이다. 바로 이것이 내가 번역하는 이유이다. 나는 14장을

---

23) Barnett R. Rubin, *The Fragmentation of Afghanistan: State Formation and Collapse in the International System* (New haven, CT: Yale University Press, 1995), p. 76.

24) Abd-ur Rahman Khan, *The Life of Abdur Rahman, Amir of Afghanistan*, vol. 2, ed. Sultan Mahomed Khan (Karachi: Oxford University Press, 1980), pp. 43-45.

25) Spivak, "Bajarer Opot," *Ananda Bazar Patrika*, August 1, 1999.

끝맺으면서 마하스웨타 데비에 대한 나의 번역으로 화제를 돌리고 여러분에게 메리 오라온을 살펴볼 것을 요청한다. 메리는 2장에서 논의되는데 「시카르」(Shikar)의 중심인물이다.

데리다는 『환대에 관하여』를 갱 집단의 강간 이야기로써 끝맺는데 그것을 기반으로 해서는 아무것도 건설하지 못한다. 『고라』는 기독교화된 추방자로서 가사 노동자인 라치미야(Lachhmiya)를 소환함으로써 끝나지만 그것을 기반으로 아무것도 건설하지 못한다. 마하스웨타는 혼종을 택해 그녀의 손에 검을 쥐어 준다. 독립 시기에 전위된 백인 제국주의자는 기독교 부족의 가사 노동자를 강간하는데 그 딸인 메리 — 고라가 힌두 이름을 갖듯 기독교 이름을 갖는 — 는 야생적 정의의 고독한 실행을 통해 선주민성을 재각인함으로써 탈식민화의 실패를 바로잡는다. 모든 개념적 예술이 그렇듯, 그것은 불가능한 모델이다. 메리는 자신의 불가능성 속에서 내가 애호하는 거주 이방인으로, 위엄 있는 고라의 빠르고도 빛나는 재각인으로 남는다. 벵골 문학사의 작은 부분이 그러한 움직임 속에서 포착된다. 여러분이 지구성 속에서 깊이 있는 언어 배우기를 비실제적인 낭비라고 여겨 다그치지 않는다면, 그러한 기입은 모든 문학의 역사성과 더불어 삭제되고 만다. 그릇된 희망.

15.
타고르, 쿠체, 가르치기 장면들에서의 윤리와 정치

이 에세이와 「잘못을 바로잡기」[1]는 인문학에 대한 나의 가장 고결한 희망을 나타낸다. 봉건적 선심을 보여주느라 인위적으로 보전된 '진정한' 부족민 집단은 나의 신념을 먹으며 살아가고 있었다. 내가 그 점을 깨달았던 것은 2년 후였다. 그 충격은 다른 쪽 끝에 있는 정치적 정확성과 기업 기금의 결합과도 걸맞았다. 나는 15장의 개요를 흐트러뜨리지 않았다. 그렇게 미혹된 신념의 내부적 일관성 때문이다. 그렇다면 곤혹스러움을 갖고 또 황금시대적인 문화주의에 대한 의심을 갖고 15장을 읽기 바란다.

윤리적인 것의 분출이 인식론적인 것을 간섭하고 지연시킨다는 것은 실천적으로 설득력 있다. 여기서 인식론적인 것이란 지식의 대상으로서 타자를 구축하는 것을 말하는데, 그러한 타자의 구축은 절대 포기되지 않는다. 레비나스는 그러한 입장과 연루된 일반적인(generic) 이름인 셈이다. 『존재보다 타자답게』(*Otherwise than Being*)에 나오는 아름다운 구절은 간섭이나 지연을 언급하지 않으면서도 그러한 입장을 개진한다. 데리다는 존재를 간섭이

1) Gayatri Chakravorty Spivak, "Righting Wrongs," in *Other Asias* (Oxford: Blackwell, 2008), pp. 14-57.

나 지연과 연관시킨다.[2)]

그렇다면 여기 레비나스가 있다. 칸트는 순수한 이론적 이성의 엄격한 한계와 주체를 비판적인 관점하에 둔다. 레비나스에게 그러한 칸트는 구조주의적 의심의 해석학에 의해 전위되었던 것처럼 보인다. 칸트에게는 순수이성의 억제되고도 엄격한 작동들을 간섭하는 메커니즘이라는 것이 있었다. 그런데 구조주의는 그것에 유의하지 않았다는 것이 레비나스의 생각이다. 즉 "칸트가 이론적 이성 자체에서 발견했고 실천적 이성에 종속시켰던 이해관계들은 단순한 이성(mere reason)이 된다. 아마도 이론적 이성의 우선권에 의해 정의되는 것은, 구조주의에 의해 경합되는 바로 이러한 이해관계들이다."[3)]

레비나스에서 인식론적인 것의 지연과 칸트에서 순수이성의 종속 사이의 관계는 15장의 범위를 넘어서는 풍부한 주제이다. 레비나스가 이론적 이성의 우선권과 관계되는, 일반적인(generic) 당대의 '의심의 해석학'이라고 감지할 내용으로 돌아가 보자. "정신분석학, 사회학, 정치학에 의해 발생되는 의심은 인간의 정체성에 부담을 준다. 그리하여 우리가 누구에게 말하고 있는지, 우리가 인간적 사실에 근거하여 우리의 개념을 세울 때 우리가 무엇을 다루고 있는지 결코 알지 못할 정도이다."[4)] 정치적 셈법은 허울 좋은 유산(heritage)의 정치와 결합된 채, 게임 이론과 합리적 선택의 변주들로 정의되는 전략의 전체 코드 속에서 이러한 의심을 주제로 삼는다. 이것은 역사를 통해 후진하는 문화적 차이를 가로질러, 또 오늘날의 지구적인 학계 담론 속에서, 입증될 수 있다. 레비나스는 이것을 반대하고 넘어서서 놀라운 겸손함과 더불어 윤리적인 것을 다음과 같이 설정한다. 즉, "그러나 타자가 바로 내 옆에 있는 그런 관계 속에서는 우리에게 이러한 지식은 필요 없다."

칸트는 존재의 윤리적 공통성(반복해서 '윤리적 상태'라고 번역되는 윤리적 공동체 gemeines Wesen)은 한 국가의 기초를 형성할 수 없다고 생각했다. 놀랍게도, 레비나스에게는 윤리적인 것

2) Derrida, *Adieu to Emmanuel Lévinas*, trans. Pascale-Anne Brault and Michael Nass (Stanford, CA: Stanford University Press, 1999), pp. 51-53.

3) Emmanuel Lévinas, *Otherwise than Being, or, Beyond Essence*, trans. Alphonso Lingis (Pittsburgh: Duquesne University Press, 1998), p. 58; 수정된 번역임.

4) Ibid., p. 59. 수정된 번역임. 그 텍스트에는 폴 리쾨르의 책에 관한 각주가 다음과 같이 나온다. Paul Ricoeur, *Conflict of Interpretations*, trans. Don Ihde (Evanston, IL: Northwestern University Press, 1974), p. 99. 다음에 인용된 구절도 99쪽에 나온다.

의 얼굴 대 얼굴의 대면에서부터 국가에 이르는 하나의 분명한 선이 있다.[5] 실천 철학의 (오-용인) 영역에서 폐기하고 서투르게 수선하는 것은 오랫동안 나의 습관이었다. 나는 칸트로부터 윤리적인 것과 정치적인 것 사이의 불연속성을, 레비나스로부터 윤리적인 것과 인식론적인 것 사이의 불연속성을 보전할 것이다. 나는 윤리적인 것, 인식론적인 것, 정치 영역들 사이의 불연속성들이야말로 허구 속에 논리와 수사를 깃들게 하는 가운데 길들여진다고 제안할 것이다.[6]

이렇게 이중구속들을 지연시키는 가운데 살아가는 법을 가르치기 위해 소설을 사용할 수 있다고 나는 가정한다. 그래서 나는 레비나스의 그 페이지에 나와 있는 또 다른 산문으로 움직일 수 있었다. "전혀 초월적이지 않고 순수하게 논리적인 이유들 때문에 대상-인간(the object-man)은 모든 앎의 시작 단계에서 형상화되어야 한다."

대상으로서 '나'라는 형상, 즉 레비나스에 나오는 그 성인(聖人)에 대한 재현은 우리의 문자 그대로인 일상적인 기대들과 어울리지 않는다. 나의 일반적인 제안은, 소설의 규약이란 우리에게 윤리적-인식소적인 것과 윤리적-정치적인 것에 서식하는(또 작동하는?) 더 심각한 불연속성들의 실제적인(practical) 시뮬라크럼을 제공한다는 것이다. 그러나 그 제안이 그러한 형상을 띠울 수 있을 것인가? 그 형상을 사회적 영역에서 생산하기란 오늘날 불가능하다. 하지만 우리 중 몇몇은 '실제 삶에서'(in real life) 제자리에 남아 있는 불연속성들의 경험을 소설이 우리에게 제공한다고 물론 계속해서 말하고 싶을 것이다. 그것은 소설을 하나의 사건으로서, 작가와 독자 사이의 미결정적 '공유'로서 기술할 것이다. 그러한 공유를 통해 읽기의 노고를 감수하는 것은 타자의 그물 속에서 대상으로 형상화되는 불가능한 지위를 맛보게 한다. 이렇게 특별한 의미에서 읽기란 신성한 것으로 남을 터이다. 불경스런 것이 우리를 어디로 데려가건 말이다.

15장에서 나는 더 초기의 더 자신감 있는 방식으로, 사건으로서의 소설뿐만 아니라 과제로서의 소설을 고려한다. 나는 라빈드라나트 타고르(1861-1941)와 J. M. 쿠체(1940-)에

5) 이것에 관한 논의로는 Derrida, *Adieu to Emmanuel Levinas*, pp. 29-33 참조.

6) 내가 이러한 불연속성을 주목하는 법을 처음으로 배웠던 것은 데리다의 "White Mythology: Metaphor in the Text of Philosophy" (*Margins of Philosophy*, trans. Alan Bass, Chicago: University of Chicago press, 1982, pp. 209-271)에서이다.

다 대상으로서 형상화된 '나'의 판본들로 읽힐 수 있는 재현들을 위치시킨다. 또한 나는 그 재현들을 포스트식민적인 정치적 야망들을 경고하는 텍스트로서 함께 짠다. 나는 '짜다' 라는 뜻을 지닌 라틴어 texere에서 나온 'text'를 분명히 '망'이라고 사용하고 있는 중이다.

15장의 2부에서 나는 민족-건설의 셈법으로서 교육의 영역 속으로 움직인다. 나는 그것의 논리로서 입안(planning)과 그것의 수사학으로서 가르치기를 형상화라는 강한 의미에서 검토한다.

제1차 『프라티치 교육 보고서』의 표지에는 라빈드라나트 타고르의 예술작품(artwork)이 보인다. 거기에 나오는 영어와 벵골어로 된 시는 희미한 스케치 속에 둘러싸여 있으며 1932년에 바그다드에서 쓰이고 색칠된 것이다.[7] 타고르 자신이 번역한 시가 여기 있다.

> 밤은 끝났다네.
> 연기로 더러워진 당신의 좁은 구석 램프 빛을 꺼라.
> 모두를 위한 위대한 아침은 동쪽에서 나타난다네.
> 그 빛이 서로를 밝히도록 하자.
> 같은 순례의 길을 걷는 우리를 말이다.

이 시의 벵골어는 좀 더 적극적이다. "이 축복받은 날에 우주의 빛은 동쪽 하늘에서 빛난다네. / 함께 걸을 자들로 하여금 서로서로 알도록 하자."(Nikhiler alo purba akashe jolilo punyodine / Ekshathe jara cholibe tahara shokolere nik chine) 이 시행들은 오늘날 국제시민사회의 도덕 사업을 알리는 미션의 진술일지도 모를 것과 공명한다. 이 국제시민사회는 칭찬할 만한 것이지만 민주적 절차에 의해서가 아니라 대체로 자기-선택과 네트워킹에 의해 함께 조합되어 있다. 물론 나는 '민주주의들'에 작동 중인 동일한 힘들을 알고 있다. 그러나 아무리 머나먼 곳에서라도 선거를 통해서건 헌법을 통해서건 교정 메커니즘들의 현존은 선거 교육에 대한 신념을 생산한다. 우리의 신념이 자기-선택적인 국제적 조력자들에게서 전적으로

7) Pratichi (India) Trust, *Pratichi Education Report*, intro, by Amartya Sen (Delhi: TLM Books, 2002), pp. 209-271.

표현되지 않는다면 아무 소용 없는, 선거교육에 대한 신념 말이다.

타고르는 「아포만」(Apoman)을 앞의 시보다 20년도 더 전에 썼는데 키쉬티모한 센의 카리브 번역판들을 읽은 후에 썼다. 이 시의 분위기는 훨씬 더 어둡다.[8] 「아포만」에서 타고르는 18세기의 초창기에 이미 '인권'(manusher adhikar)이라는 정확한 어휘를 사용하고 있다. 내게 더욱 놀라운 것은, 역사적으로 불운한 인도인들의 후손들에게 인권의 즉각적인 복권을 촉구하는 대신에 타고르는 "그들 모두를 수치스럽게 하는 가운데 당신이 평등해져야 하리라"며 그 역사적 미래를 바라보면서 신비한 예언을 하고 있다는 점이다. "불운한 나의 조국이여, 당신이 천년 동안 수치스럽게 했던 모든 이들의 수치를 공평하게 해야 하리라." 카비르가 이미 반응한 바 있었던 그 수치를 말이다.

이 불가사의한 문장은 어떻게 이해될 수 있을까? 느슨하게 정의된 상호텍스트성 개념은 바로 이 질문과 대면하는 데 사용될 수 있다.

나는 상호텍스트성을 일화로 설명하는 글을 제공할 것이다. 그 설명은 타고르의 인도, 쿠체의 남아프리카공화국, 아디바시들[9](adivasis *adivasi는 인도의 선주민이라고 주장되는 이질적인 종족 집단을 아우르는 용어이다. 이 집단은 인도 인구의 토착 소수자를 포괄하며 방글라데시의 종족 소수자들을 가리킨다.)의 작은 집단 공간을 통한 우리의 항해를 도와줄 것이다.

화학 분야에서 노벨상을 받은 로널드 호프먼은 2002년 11월에 뉴욕의 코닐리아 가 지하실에서 슬라이드를 갖고 대중적인 미니 강연을 했다. 토픽은 '억제된 공간에서 일어나는 움직임'이었다. 호프먼은 이 토픽의 의미를 인간의 신체가 기능을 하도록 내부에서 계속되는 끊임없는 극미한 움직임이라고 했다. 그는 자신의 강연을 준비하기 위해 근처 프린스턴의 한 안무가에게 아주 작은 무대 공간에 맞는 춤을 안무해 달라고 청했다.[10] 바로 이것이야말로 이미 상호텍스트성이다. 거기서 호프먼의 한 텍스트는 자체를 다른 텍스트, 즉 춤

8) Rabindranath Tagore, Poem No. 108, *Gitanjali*, 20 Ashadh 1317 BE(대략 1910년). 『기탄잘리』에 나오는 시들에 제목이 없었으니 '아포만'이라는 제목은 더 나중 단계에서 붙여졌을 것이다. 라빈드라나트는 자신의 영어 번역본을 출간하기 오래 전에 크쉬티모한 센(Kshitimohan Sen)의 『카비르』(*Kabir*)의 벵골어 번역본들을 읽었고 논의했다. Rabindranath Tagore, trans., *Kabir, Song of Kabir*, trans. from Kshitimohan Sen(New York: Macmillan, 1915) 참조.

9) 일반적인 설명을 따르자면 '아디바시'는 소위 인도 부족민들을 위해, 제2 천년왕국 BCE에 인도-유럽계 화자들이 도착하던 시기의 주민들을 위해 보통 사용되던 이름이다.

10) Diann Sichel, "Mass, Momentum and Energy Transport (ling Space)"; Dancers: Josiah Pearsall, Melanie Velo-Simpson; Singers: Wendy Baker, Erick Kroncke.

과 엮어 짬으로써 자기 텍스트의 요점을 말하고자 한다. 말하자면 실크 쇼트이다. 다시금 텍스트 안에 있는(in text-ile) 텍스트의 훌륭한 의미로서, 짜임새로서 텍스트의 결(texere)이다.

그 안무가는 그 작은 공간에서 춤출 두 남녀 무희를 위해 정교하고도 미세한 동작들의 패턴을 꾸렸다. 길고도 좁은 바(bar) 뒤편에서는 두 남녀 가수가 크고도 편안한 목소리로 〈내가 당신 손을 잡도록 해 주세요〉(La ci darem a mano)를 불렀다. 힘과 기술을 겸비한 가수들이 부르는 모차르트의 〈돈 조반니〉(Don Giovanni)에 나오는 그 경이로운 아리아는 우리 안무가에게 그 바의 심오한 공간을, 몇 세기 동안 수백만의 사람들이 듣고 좋아했던 오페라의 공간을 매수하도록 했다. 그 아리아는 한 남자가 연인에게 그들이 도망쳐 갈 장소의 정교한 아름다움을 말하고 있다. 그 아리아 자체를 들어본다면, 연가로서 서정적 우아함이 가득한 〈내가 당신 손을 잡도록 해 주세요〉는 맥락상 가장 사악한 계급 고정적인 젠더화를 가리키는 잔인한 유혹의 노래일 뿐이다. 한 신사가 당황하는 농촌 소녀를 오로지 성행위하고자 유혹하며 청중은 그 농담을 공유한다. 그 축소된 무대 위의 두 장난꾸러기인 양 곡예를 뽐내는 무희들은 서로 파트너인 양 재치 있게 굴면서 그런 해석의 어떠한 가능성도 거짓말이라고 주장했다.

이것이 양방향으로 작동하는 상호텍스트성이다. 로널드 호프먼은 **자신에 의해** 언급되었던 동작들이 그 춤을 가능하도록 한 만큼 그 무희한테 좀 거짓이 엿보인다고 주장했다. 그러자 무희들은 모차르트의 구상을 집어치우자며 모차르트를 거짓말쟁이라고 주장했다. 하지만 또한 모두 무엇인가를 얻어냈다.

그러나 이 경우 그것은 완벽하게 작동하지는 않았다. 급진적인 뉴욕 청중에게 모차르트는 너무 엘리트적이고 인습적이며 구식이다. 그들은 그러한 암시를 포착하지 못했다. 지겹기 짝이 없는 어문학 계열 사람이 멍청한 질문을 하며 그것을 언급했을 때, 안무가는 고마워서 누그러졌다.

바로 이것이야말로 때때로 어문학 계열 사람의 과제이다. 상호텍스트성이 제 기능을 발휘할 수 있도록 언급을 복원하고 또한 상호텍스트성을 창조하는 것 말이다. 내가 타고르의 시와 더불어 괜찮은 작업을 하기 위해서는 카비르를 조심스럽게 읽어야 한다. 그러한 읽기는 윤리적인 것의 어쩔 수 없는 힘에 대한 허구적 시뮬라크럼과 함께 할 또 다른 세션이 될 것이다.

'어쩔 수 없는 힘'이라니 이해가 되는가? 그것은 현금을 낳는 암소가 아니다. 무지한 비용–분석가가 기업적 대학한테 문을 닫으라고 청할 수 있는 그런 것도 아니다. 전체 세계를 위기에 빠뜨릴 합법화된 탐욕만을 가르치는 것도 아니다. 갑작스럽게 높은 쪽 도움을 활용하는 바람에 인식적으로 불구가 된 자들에게 어떠한 역사적 책임도 지지 않는, 위로부터의 도움과 같은 그런 것도 아니다.

쿠체의 소설 『추락』은 타고르의 시와 상호텍스트적 관계에 놓일 수 있을 것이다.[11] 쿠체는 남아프리카공화국 농촌에서 "당신이 내동댕이치는 자가 당신을 구속한다"(jare tumi niche felo she tomare bandhibe je niche)며 그런 장면을 재현하는 와중에 그 수수께끼 같은 예언이 뜻할 법한 한 가지 예증, 즉 "그들 모두를 수치스럽게 하는 가운데 당신이 평등해져야 하리라"(apamane hote hobe tahader shobar shoman)를 제공한다. 여기서도 상호텍스트성은 두 가지 방식으로 작동한다. 타고르는 마지막 행에 나오는 자신의 후렴구를 "그때 당신은 죽음의 재 속에서 그들 모두와 평등해지리라"(mrityumajhe hobe tobe chitabhashshe shobar shoman)고 변경한다. 쿠체는 그곳에서 한 민족의 죽음을 예언하고 감상에 빠지지 않는 젠더화된 서사를 쓰면서 자신의 주인공으로 하여금 삶을 선택하도록 만든다. (타고르의 마지막 연은 프로그램 같은 것을 제시하며 모두에게 하나의 소명call을 요청한다는 점을 나는 덧붙여야 한다.)

쿠체 소설의 플롯은 다음과 같다. 중년의 남성 교수로 메트로폴리탄 성노동의 감상적 소비자인 데이비드 루리(David Lurie)는 학생 한 명을 유혹하고 해당 위원회에 의해 성희롱으로 기소된다. 그는 자신을 풀어줄 규정들을 발언하기를 거부하고 대학을 떠나 아마도 레즈비언일 딸 루시의 화초 농장으로 간다. 딸은 강간을 당하고 맞았는데 루리 자신도 맞고 심한 화상을 입는다. 딸은 임신하고 아이를 낳기로 결정한다. 강간한 사람들 중 한 사람이 이웃 농장에 나타나는데 그 농장 소유주의 친척임이 분명하다. 기혼자인 농부 페트루스(Petrus)는 루시에게 첩으로 자신과 함께 살자고 제안한다. 그녀는 받아들인다. 루리라는 그 영문학 교수는 시끄럽게 구는 개들을 잠재우기 위한 장비를 만들기 시작한다. 그는 그 장비를 운영하는 매력 없는 기혼 여성과 잠시 관계를 맺는다. 그는 산만한 방식으로 오페레

11) J. M. Coetzee, *Disgrace* (New York: Viking, 2000).

타를 쓴다. 그는 개들을 사랑하는 법을 배우지만 결국 자신이 사랑하는 개를 이미 약정된 죽음에 양도하는 법도 배운다.

이상은 소설에서 딸 루시가 마지막으로 했던 말들 중 일부이다. 그녀의 아버지는 강간당한 자신의 딸을 네덜란드 어머니한테 되돌려 보낼 준비가 되어 있다. 네덜란드는 남아프리카 태생의 백인(Afrikaner)에게는 머나먼 메트로폴(metropole)이다.

> 어머니는 아버지의 말을 듣지 않았던 것 같다. 어머니는 "아버지한테 돌아가라"고 말한다. "다음을 제안해 봐. 나는 아버지의 보호를 받아들인다고 말이야. 우리 관계에 관해 아버지가 하고 싶은 이야기는 무슨 말이건 괜찮으니 말하라고 해. 그리고 내가 아버지의 말을 반박하지도 않을 거라고 말해. 아버지가 나를 세 번째 부인으로 알리고 싶다면, 그렇게 하라고 해. 아버지의 첩으로 말이야. 그러나 그때 자식은 아버지의 자식이 되는 것이지. 그 아이는 아버지 가족의 일원이 되는 거야. 땅으로 말할 것 같으면, 집이 나의 소유로 남아 있는 한, 땅은 아버지에게 양도하는 사인을 할 거라고 말해. 나는 아버지 땅의 소작인이 될 거라고 말이야." … "얼마나 수치스러운가"라고 **아버지**가 결국 말하겠지…. "그렇지 [어머니가 말한다], 나도 동의해, 그것은 수치스러운 짓이야. 그러나 아마 그것은 다시 시작하기에는 좋은 시점일 거야. … 바탕 수준에서 시작하는 것 말이야. 아무것도 없이. 아무것도 없이는 아니겠지만. 아무것도 없이. 카드도, 무기도, 재산도, 권리도, 위엄도 없이."(pp. 204-205, 스피박의 강조)

그들 모두를 수치스럽게 하는 가운데 당신은 평등해져야 하리라. (Apamane hote hobe thader shobar shoman)

『추락』이 아버지-딸의 이야기인 한, 『리어 왕』과의 상호텍스트성이 여기 있다. 루시가 무(無)로써 끝난다면, 『리어 왕』 텍스트에 나오는 코델리아는 '무'로써 시작한다. 그 단어는 사회적으로 부적합한 정동적 가치를 가리키는 도구로서 스피치의 보류를 나타낸다. 코델리아가 이해하기로는, 사랑을 가치-형태로 표현하는 것 자체가 불합리하다. 그 가치-형태 자체가 얼마나 불합리한지 나더러 측정하도록 해 달라.

실로, 『리어 왕』에 나오는 '무'(無)라는 단어의 처음 효과로 보면, 그 항의는 정규 5보격 행들 중 짧은 행들에 모여 있는 침묵 속에서 모방된다. "코델리아: 나의 주군이시여, 무입니다. [침묵의 여섯 음절] / 리어: 무라고? [침묵의 여덟 음절] / 코델리아: 무입니다. [다시 여덟 음절] / 리어: 무는 무에서 나오리, 다시 말해 보거라."(I.i. 87-90) 보격(步格)이 붙고 코델리아가 말한다.

이제 코델리아는 자신도 현실주의자라는 것을 보여주며, 가치형태로 있는 사랑이 세상을 돌아가게 만드는 것임을 안다. 그녀는 자신의 자매들이 남편들 때문에 사랑을 생각하지 않는다고 꾸짖게 된다. "남편들이 당신들 모두를 사랑한다고 / 말한다면 왜 나의 자매들이 남편들을 갖겠는가?"(I.i. 97-98)

『치욕』이 아버지-딸의 이야기인 것처럼, 『리어 왕』도 아들이 부재하는 왕조의 계승에 관한 극이다. 이것은 자코뱅 영국에서 중요하지 않은 토픽은 아니다. 『리어 왕』의 선회가 다음 사실에 의해 측정될 수 있다는 점은 풍부하게 지적되어 왔다. "프랑스군의 우두머리 자리에 있는 코델리아의 현존이야말로 … 리어의 왕국 분할이 계속해서 세계를 전복시키는 최종적으로 끔찍한 단계를 표시한다."[12]는 사실 말이다. 그리하여 아버지들에 기인한 그런 사랑은 남편들에 기인한 그런 사랑에 굴복하며 그런 다음 말하자면 전위된다. 『치욕』이 계몽에 관한 질문을 다시 물으면서 탈안정화하는 것은, 아버지들과 남편들의 이러한 이야기일 뿐만 아니라 자본주의적 식민주의가 태동하던 바로 그 시기의 왕조 계승 이야기이기도 하다. ("함께 걷는 그들로 하여금 새벽의 보편적 빛(스피박의 강조)에 의해 서로를 알게 하라"고 『프라티치 보고서』의 표지가 말하고 있는데) 공공영역과 관련하여, 또 계급화되고 젠더화된 주체와 관련하여, '아마도' 레즈비언일 루시가 강간당해서 생긴 아이를 만삭까지 배고 있기로 결정하고 생물학적 아버지(들) 중의 한 사람이 아닌 페트루스와 '결혼'하기로 동의할 때처럼 말이다.

루시의 '무'는 코델리아의 '무'와 동일한 단어이지만 다른 의미를 지닌다. 루시의 '무'는 사랑을 가치형태로 주조하고서 그것에 잘못된 가치를 부여하는 것을 항의하는 스피치를 보류하지 않는다. 오히려 루시의 '무'는 인간의 존엄성을 측정하는 통화로서 받아들여진 '재생산적 이성애 규범성'에 부착된 정동적 가치-체계를 일소하는 셈이다. 나는 이것을 강간을 수긍하는 것이 아니라, 재생산을 도구화함으로써 강간을 거부한다고 생각한다. 쿠체

12) William Shakespeare, *King Lear* (Cambridge, MA: Harvard University Press, 1959), p. 141.

의 루시는 그 '무' 자체를 오랜 인식론적-정동적 가치형태에 의해, 즉 앎-사랑의 관계에 의해 '모든 것'의 부재로서 측정하지 않도록 한다는 점을 분명하게 하도록 되어 있다. 루시는 그 '무'가 '외의 아무것도 아닌 것'(nothing but)이 아니라고 주장한다. 그 '무'는 기원의 '무'이며, 무서운 시작이다. 수 세기의 비행(非行) — shotek shatabdir ashommanbhar — 이 데이빗 루리를 계몽 스타일의 강간으로 재판에 부쳤던 위원회와 같은 다양화된 위원회들에 의해 편리하게 제거될 수 있다고 누군들 상상하겠는가?[13] 문학은 행동을 위한 청사진은 아닐지라도, 국제시민사회의 봉건성에 줄 교훈 하나쯤은 여기 이렇게 있다고나 할까? 그런 교훈이 하나쯤 있다고 하더라도, 바로 그것과 같은 문학적인 것의 이중구속 속에 있을 터이다.

리어 왕은 남근의 장소를 지우는 에드거(Edgar)의 가짜 광기를 놓고 "순응되지 못한 인간은 불쌍하고 헐벗은 갈래 진(forked) 짐승 이외의 아무것도 아니"라고 말했다. "불쌍하고 헐벗은 **갈래 진**(스피박의 강조) 짐승"이라고 말이다. 식민주의의 잔해 속에 있는 지배 인종 출신인 사람에게 리어 왕의 이런 말은 "순응되지 못한 여성, 불쌍하고 헐벗은 갈래 진 짐승"이라는 호칭을 요청하며 또 바로 그러한 갈래 속에서 감상성 없이 협상하는 권력을 유지하는데 그것은 무엇을 뜻할까? 레비나스의 오어법적인 거룩한 남성이 오어법적인 거룩한 여성이라면 어떨까? 내가 인용했던 구절에 나오듯, 당혹스럽게도 레비나스가 위(胃)와 연결시키고 마는 모성과는 상당히 다른 오어법적인 거룩한 여성 말이다. 이 여성은 젠더화된 특수한 경우일까? 아니면 포스트식민적 규정인 새로운 민족의 어려움을 가시화하는, 일반성을 주장할 수 있는 경우일까? 반복하건대 자유의 실천이 없다면, 『리어 왕』도 『치욕』도 매개되지 않은 사회정책을 위한 청사진이 못 된다. 형상들은 탈형상화(dis-figuration)를 요구한다. 형상들이 그래야 하듯 이 두 픽션(*『치욕』과 『리어 왕』)은 탈형상화를 요구하는 형상들이다. 여기서의 탈형상화란 '나'를 형상화된 대상으로서 재현하는 것, 항상 그렇듯 자산인 아이를 포기하는 여성으로서 재현하는 것, 구식민지에서의 예전 식민주의자로서 재현하는 것이다. 이것이야말로 픽션을 통해 작동되는 비판의 방식이다. 지구성의 합리적 선택들에서는 더 이상 이용 가능하지 않은 비판, 행동주의적(behaviorist) 경제학에 의해 또 캐

13) 이러한 수사학적 질문에 대한 분석으로는 Rosalind C. Morris, "The Mute and the Unspeakable: Political Subjectivity, Violent Crime, and 'the Sexual Thing' in a South African Mining Community." in *Law and Disorder in the Postcolony*, ed., Jean and John Comaroff (Chicago: University of Chicago Press, 2006), pp. 57-101 참조.

스 선스타인(Cas Sunstein)을 〈정보 및 조정 업무부서〉(Office of Information and Regulatory Affairs)의 수장으로 뽑은 버락 오바마의 선택에 의해 가정된 인간 정신에 대한 희망 없는 선행 비판(pre-critical) 모델들에 의해 기껏 조작된 비판 말이다.(*행동주의Behaviorism의 최초 주장은 자신의 정신작용을 관찰하여 보고하는 내성적 심리학에 대한 미국 심리학자 존 B. 왓슨의 반발에서 나왔다. 이후 내성법 대신 동일한 대상이나 사상에 대해 독립적인 여러 관찰자들이 동일한 결과를 보고할 수 있는 객관적 관찰만이 인정받을 수 있는 것으로 여겨졌다. 1920년대 초반에서 20세기 중반까지 행동주의는 미국의 심리학을 지배했다. 행동주의 이론이 발전된 결과로 나타난 것이 행동치료인데, 이 분야는 환자의 사고와 감정에 초점을 두는 것이 아니라 관찰 가능한 행동의 교정에 역점을 두었다. 행동치료의 목적은 행동유형을 변화시키는 것이다. 대표적인 행동주의자들로는 왓슨을 비롯하여 클라크 L. 헐, B. F. 스키너, 에드워드 C. 톨먼, 에드윈 R. 거스리 등이 있다.)

나는 이러한 비판은 죽음에서의 평등(mrityumajhe)이 아니라는 점을 강조한다. 이 평등은 자살폭격(suicide bombing)에 의해 초래될 수 있는 종류의 평등도 아니다. 자살 저항은 다른 어떤 수단도 통하지 않을 때 몸에 새기는 메시지이다. 그러한 저항은 자아에게나 타자에게나 처형이자 애도이다. 거기서 여러분은 어느 편이건 간에 동일한 이유 때문에 나와 더불어 죽는다. 그렇게 공유된 순전한 죽음에는 어떠한 불명예도 없다는 뜻이 함축되어 있다. 그것은 이스라엘에서부터 팔레스타인에 이르는, 전혀 반응이 아닐 정도로, 속박을 그토록 불성실하게 요구하는 '반응'을 보류함으로써 초래되는 수치 속의 평등이다.[14]

루시가 『리어 왕』과 상호텍스트를 이룬다면, 루리는 카프카의 『심판』과 상호텍스트를 이룬다. 『심판』은 무(無)와 더불어 시작하기에 관한 소설이 아니라, 시민사회가 무너질 때 개처럼 끝내기에 관한 소설이다. 여기 『심판』의 끝부분에서 조지프 K의 잘 조직된 시민사회는 굴복한다.

틀림없이 논리는 흔들릴 수 없겠지만 살고 싶어 하는 사람을 참아낼 수는 없다. 그가 한 번

---

14) 나는 어바나 샴페인의 일리노이 대학 〈여름 연구소〉(Summer Institute)에서 「서발턴은 말할 수 있는가?」를 발표했던 1983년 이후, 결구(結句)로서 자살에 관심을 기울여 왔다. 파르타 차테르지는 (2003년 10월 31일의) 어떤 대화에서 '원인'은 자살에 의해 하나의 '효과'의 효과로서 메타렙시스적으로 구축된다는 점을 나한테 상기시켰다. 나의 요점은 루시는 하나의 '원인'의 '주체'로서 재현되고 있지 않다는 것이다. 루시의 재현은 하나의 원인에 대한 인식을 포함해 모든 앎을 지양하는 비유로서 레비나스의 대상-인간으로서 읽힐 수 있을지도 모른다. 나는 자살폭격에 대해 이 책의 18장인 「테러: 9 · 11 이후의 연설」에서 더 길게 사색한다.

도 보지 못했던 심판관은 어디에 있었던가? 그가 한 번도 도달하지 못했던 고등법원은 어디에 있었던가? 그는 자기 손을 들어 손가락을 모두 펼쳤다. 그러나 한 남자의 손들이 바로 K의 목을 쳤고 그사이 다른 남자가 K의 심장에 칼을 찔렀다. 시야가 흐려지는 가운데 K는 자신의 얼굴 가까이 다가와서 평결을 준수하느라 볼과 볼을 맞대고 있는 남자들을 보았다. K는 "개처럼"이라고 말했다. 수치가 자신보다 더 오래 살아남을 것 같았다.[15]

이것이야말로 '그것 외의 아무것도 아닌 것'(nothing but)에 대한 루시의 지적을 루리가 이해하는 방식이다. 수치스런 평등에서의 시작이 아니라 오로지 수치만이 보증된 연속성인 시민사회의 종말(식민주의자의 후퇴와 더불어?)로서 말이다. 이것은 문학에 관한 두 번째 요점으로 나를 데려간다. 문학 텍스트는 독자다운 상상력을 활성화하도록 이끄는, 독자의 수사학적 신호들을 제시한다. 문학은 이렇게 특별한 방식으로 옹호한다. 이 신호들은 설명적인 산문의 방식들이 아니다. 문학적 읽기는 학습되어야 한다. 은유는 개념에 기대며 개념은 은유에 기댄다. 논리는 수사학에 깃든다. 하지만 이것들은 동일하지 않으며 하나가 다른 것 속에서 삭제될 수 없다. 사회과학이 그 게임의 규칙들을 기술한다면, 문학적 읽기는 유희하는 법을 가르친다. 하나가 다른 것 속에서 삭제될 수 없다. 물론 이것은 너무나 깔끔한 대립이다. 하지만 당분간 대략 그것에 만족하도록 하자.

『치욕』은 빈틈없는 독자에게 어떠한 수사학적 신호를 제기하는가? 그 신호는 미크 발(Mieke Bal)에 의해 "비전과 '보이는 것' 사이의 관계"[16]라고 기술된 초점조정(focalization)의 용법을 통해 생겨난다. 이 용어는 '관점'이나 '시각'보다 더 유용하다고 생각된다. 이 용어는 서사의 유동성을, 읽기의 거래 본성뿐만 아니라 시퀀스(결과)의 인상을 강조하기 때문이다.

『치욕』은 데이비드 루리에게 국한되도록 초점조정을 냉혹하게 유지한다. 실로, 이 초점조정은 데이비드 루리를 공감적으로 묘사하는 도구이다. 루시에게서 초점조정이 결단코 부인될 때, 독자는 도발된다. 왜냐하면 그 혹은 그녀는 환자이자 행위자로서 루시를 '읽지' 못하는, 루리라는 주된 초점조정자의 무능력에 가담하고 싶지 않기 때문이다. 어느 독

---

15) Franz Kafka, *The Trial*, trans. Breon Mitchell (New York: Schocken Books, 1998), p. 231.

16) Mieke Bal, *Narratology: Introduction to the Theory of Narrative* (Toronto: university of Toronto Press, 1985), p. 100.

자도 읽기의 실패를 실연하는 데서는 만족감을 느끼지 못한다. 이것은 적극적인 독자에게 대항적으로 초점을 조정하라는 수사학적 신호이다. 말하자면 독자의 현행 논평으로서 대안적 서사 만들기와 초점조정 사이의 이러한 왕복은, 나의 학부학생 시절에 '극적 아이러니'라는 주된 구절에 의해 지시되곤 했다. 여러분은 이와 같은 대항적 초점조정이야말로 '극적 아이러니'라는 구절에 의해 지시될 수 있는 것보다 훨씬 더 많은 공이 들어간 적극적인 것임을 금방 알게 될 터이다. 대항적 초점조정이라는 이러한 도발은 정치적 허구에 나오는 '정치적인 것'인데, 하나의 경향을 하나의 위기로 변형한다.[17)]

그리하여 루시의 열렬한 연설 후에 루리가 "개처럼?"이라고 물을 때, 루시는 "그래요, 개처럼"이라고 그냥 동의한다. 루시는 상호텍스트성을 작업할 수 있는 독자라면 제공할 만한 설명을 제공하지 않는다. 『리어 왕』과 『심판』은 비교적(秘敎的)인 텍스트는 아니다. (그런데 『돈 조반니』도 비교적인 텍스트는 아니었는데, 지금 인문학 가르치지 않기가 한창 고무되고 있다!) 여기서 우리는 포스트식민성에 대한 분열된 이해, 즉 아무것도 갖지 않고 시작하는 위험과 시민사회의 붕괴 사이의 분열된 이해에 내재된 깊은 모순을 감지할 수 있다. 그럴 수 없다면, 루리가 자기 딸의 지적을 문자 그대로 받아들이고 개들을 인간-이기의 타자로서, 심지어 특별한 종류의 윤리적 교훈의 원천으로서 사랑하는 법을 배운다는 점을 최소한 우리는 볼 수 있다. 루리는 인종적 타자나 젠더화된 타자와 접촉할 수 없도록 무대화되어 있다. "그래요, 개처럼"이라는 대목은 루시의 마지막 말이 될 수도 있는데 소설은 계속된다. 우리가 부재하는 루시에 대항적으로 초점을 맞추듯, 개들을 사랑하는 루리에 초점을 맞추고서 그의 명백한 인종-젠더 문맹에 의해서만 진부함을 피하면서 말이다.

문학적 읽기는 특이한 것(the singular)과 입증 불가능한 것(the unverifiable)으로부터 배우는 법을 우리에게 가르친다. 문학적 읽기가 일반화를 하지 않는다는 것은 아니다. 그러한 일반화들이 증거를 기반으로 하지 않는다는 것은 정당하다. 이 영역에서 알려진 바는 작업에 착수하기(setting-to-work, vyavahāra)에 의해 입증된다. 13장에서 내가 이미 인용한 마틴 루터 킹의 유명한 연설 「베트남을 넘어」(Beyond Vietnam)에서 킹은 타자를 거듭 상상해 보고자

17) 카를 마르크스는 이윤율의 하락 경향이 점점 더 낮은 이익으로 귀결되지 않는 이유를 묘사하기 위해 '대항적 초점조정'을 사용한다(Marx, *Capital*, vol. 3, trans. David Fernbach, New york: Viking Books, 1981, pp. 365-366 및 그 외 여러 곳, 이후 여기서의 인용은 본문 중에 C3과 함께 쪽수를 표기함).

시도했다. 킹 자신이 "아마 가장 어려우면서도 필요한 과제는 우리의 적으로 지명되어 왔던 자들을 대변하는 것이다. … 확실히 우리는 그들의 행동을 용서하지 않더라도 그들의 감정을 이해해야 한다."

세속적인 상상력에서의 문학적인 충동, 즉 자아를 닮지 않은 타자를 상상하는 작업에 착수하기가 여기 있다. 목사인 킹은 해방신학의 견지에서 "자신의 적들을 충분히 사랑해서 그들을 위해 죽었던 자"의 이름으로 그 충동을 표현했다. 세속적 상상력으로 보자면, 그러한 초월적 서사는 특이하고도 입증 불가능한 서사임을 나는 반복해서 말한다. 그 서사가 작업을 위한 배경일 때, 그것은 개연성의 영역, 즉 베트콩에 대한 킹의 상상력에 입장한다. 내 생각에 아리스토텔레스가 포이에시스 혹은 허구 속의 형성(making-in-fiction)을 철학적인 것(philosophoteron)이라고, 역사보다 더 나은 지식 도구라고 말했던 것도 바로 그 때문이다. 왜냐하면 포이에시스는 우리로 하여금 가능했던 것을 설명하기보다 개연적인 것을 생산하도록 허용하기 때문이다.

자살폭격에 대한 나의 말들을 통해 나는 선도하는(lead) 킹 박사를 반쯤 따르고자, 세속적 상상력을 해방 도구로서 사용하고자 노력하고 있었다. 베트남 전쟁이 일어나기 전날 밤에 대학원생이었던 나는 악랄한 국방부 차관 폴 울포위츠(Wolfowitz)와 같은 집에 살고 있었다. 그는 이라크 전쟁을 찬성하는 주요 연설가였다. 그는 당시 정치학과 학부생이었는데 보수적인 정치 철학자인 앨런 블룸(Allan Bloom)의 제자였다. 최근에 내가 그를 텔레비전에서 보았을 때, 그가 문학적 읽기와/혹은 적을 인간으로 상상하는 진지한 훈련을 했더라면, 이라크에 대한 그의 입장이 그렇게까지 완고하지는 않았을 텐데라는 생각을 종종 해 왔다. 이것은 입증 가능한 확신은 아니지만 인문학 가르치기 자체를 실행하기를 바라는 희망의 관점에 서 있다. 이러한 희망은 '다음의 큰일'[18)]과 같은 어리석음에 의해 부서진다.

---

18) Patricia Cohen, "The Next Big Thing in English: Knowing They Know that You Know"(*New York Times*, April 1, 2010) 및 '신경계 문학비평'에 관한 일련의 블로그http://roomfordebate.blogs.nytimes.com/2010/04/05/can-neuro-lit-crit-save-the-humanities.) 참조. 이 논평자들 중 어느 누구도, 신경과학자들이 세계를 위한 윤리를 제공할 수 있을지 보기 위해 2008년 9월 11일에 유엔에 의해 조정된 회합에 참석하지 않았다. 모든 참석자들(공군을 위해 활동하는 그 남자를 제외한)은 그것은 가능하지 않다고 격렬하게 주장했다. 신경과학을 경유해 본연의 문학이나 철학을 이해하는 것은 세계를 가로질러 걸어봄으로써 이 둥근 세상을 테스트하기나, 상대성 이론에 의한 시간 말하기와 같다는 것이다. 몰개성적인 과학적 묘사들에도 불구하고 살고 죽는 경험을 하는 존재를 존경할 수 있는 가능성은 점점 더 줄어들고 있는 와중에 있다. 상상력은 그 이중구속을 지탱할 수 없다.

반복하자면 문학은 입증 가능하지 않다. 아무런 보장 없이 읽기가 자체를 확립하는 유일한 방식은 읽기의 단계들을 공유하는 것이다. 그것은 시뮬라크럼 속에서 흔들리는 불가능한 윤리적 불연속성의 경험이다. 여러분이 나와 함께 단계를 취하지 않는다면, 어떠한 상호학제성도 없을 것이며 지루한 뗏장 싸움만 있을 뿐이다.

루시가 강간, 사회적 안정성, 재산, 인간의 연속성이라는 결혼제도의 합리적 핵심을 가시화하는 형상이라면, 우리는 그녀를 에르퀼린 바르뱅(Herculine Barbin)과 함께 확인해 볼 수 있다. 바르뱅은 양성을 지닌 19세기 사람인데 자살했고 회상록을 남겼다. 푸코는 그 회상록을 편집해 우리더러 이용할 수 있도록 해 주었다.

에르퀼린 바르뱅은 학자였고 열심히 공부해 여성 교장이 되었다. 그러나 그녀가 의사들에 의해 남자라고 명명되었을 때, 그녀는 일반 대중에게 쓰고 말하는 학자의 위치에 접근할 수 없었다. 칸트가 「계몽이란 무엇인가?」에서 계몽된 주체를 위해 확보하고 있는 바로 그 학자의 위치 말이다.[19]

남자들의 세계에 입문하는 순간에 에르퀼린/에이블(Abel)이 보여준 조심스런 의기양양함을 살펴보도록 하자.

> 그리하여 일은 그렇게 되었다. 지금부터 시민의 지위로 말할 것 같으면 강한 성이라고 불리는, 인류의 저 반쪽에 내가 속한다고 했다. 21살까지 부끄럼 타는 여성 동료들 사이에서 또 종교적인 집에서 양육된 나는 전적으로 즐거운 과제를 아킬레스처럼 내 뒤에 남기고 떠나고자 하던 중이었다. 또 나의 약점과 남자들의 일에 대한 나의 심각한 무경험으로 무장된 목록들에 입장하고자 하던 중이었다![20]

행위능력의 가능성이 자살 속에서 폐기될 때, 부서지는 것은 행복한 주체로서 공공영역에 입장하리라는 이러한 희망이다(p. 98).

---

19) Immanuel Kant, "An Answer to the Question: What is Enlightenment," in *Practical Philosophy*, trans. and ed. Mary J. Gregor (Cambridge: Cambridge University Press, 1996).

20) *Herculine Barbin: Being the Recently Discovered Memoirs of a Nineteenth Century French Hermaphrodite* (번역은 없음) (New York: Pantheon, 1980), p. 89. 수정된 번역임.

바르뱅은 행위능력의 부인과 재생산할 수 없는 무능력 사이의 관계를 명백하게 밝힐 수 없다. 하지만 그는 티레시아스(Tiresias*자신이 아버지를 죽이고 어머니와 결혼했다는 사실을 오이디푸스에게 드러낸, 테베의 장님 예언자)처럼 결혼에 대한 비판적인 설명을 제공한다.

> 여성 인물의 모든 적성들, 모든 비밀들에 대한 가장 친숙하고도 깊은 지식이 남자로서 나한테 주어져 왔다. 나는 하나의 열린 책을 보듯 그러한 마음으로 읽는다. 나는 그 책의 모든 박자를 세며, 그 힘의 비밀과 그 약점의 측정치를 갖고 있다. 바로 그러한 이유 때문에 나는 혐오스런 남편을 만들어낼 것이다. 나는 또한 결혼을 통해 나의 모든 즐거움에 독이 스며들 거라고 느낀다. 또 내가 아마 엄청난 나의 이득을, 나한테 등을 돌릴 이득을 잔인하게 남용할 거라고 느낀다.(p. 107. 수정된 번역)

나는 20년 전에 「서발턴은 말할 수 있는가?」를 논문으로 발표했다. 그 논문에서 나는 제도적으로 타당하게 된 행위능력의 부재 속에서는 들어줄 주체가 없기 때문에 서발턴은 '말할' 수 없다고 시사했다. 시간과 공간에 의해 분리된 나의 듣기는 아마 윤리적인 충동이었을 것이다. 그러나 나는 그러한 충동들이 정치적인 것을 유도하지는 않는다고 생각한다. 그 점에서 나는 칸트와 함께 한다. 서발턴이 '말하기' 위해서는 공공영역의 주체들과 행위자들을 들어주고 승인해 주리라고 추정되는 하나의 집단성이 있어야 한다. 에르퀼린 바르뱅은 한 독자를 거듭 추정하면서 풍부하게 글을 썼다. 그러나 그녀는 말할 수 없었다. 그녀의 해결책은 다중적인 성을 지닌 주체를 정상화하자는 것인데 그러한 해결책은 주관적인 것이라기보다 시민적이고 행위자적인(agential) 것이다. 그렇다면 그녀의 '스피치 행위'를 승인할 수 있는 들어주는 공중이 있을 터이다.

『치욕』의 나머지 반은 영어로 된 소설을 정당화하는 제도권 내부에서 대항적 초점조정을 배열하는 가운데 서발턴으로 하여금 말하도록 만든다. 하지만 소설의 나머지 반은 페트루스나 루시에게 '목소리'를 주는 척하지 않는다. 이것은 그 소설의 실패가 아니라 그 소설의 힘이 지니는 한계에 대한 정치적으로 까다로운 인식이다. 루리는 일반적인 극적 아이러니를 갖고 재현됨으로써, 지양 없는 주인-노예 변증법의 깔끔한 역전에 의해 페트루스를 '이해하는' 것처럼 보인다. "페트루스는 그 속을 들여다보거나 재기 위해서가 아니라, 사물들을 붙잡고 루리에게 도구들을 넘겨주어 사실상 루리의 공범자가 되기 위해 루리를 필요로 한다. 루리가 싫어하기 시작한 것은 바로 페트루스 자신이다."(pp. 136-137) 다시 한 번 소설과 루리는 읽기라는 이슈에서, 통제라는 바로 그 이슈에서 갈라진다. 이것이야말로 완벽하게 타당한 하나의 읽기이다. 카프카의 『심판』의 결말이 환기하듯 새로운 국가의 힘든 탄생을 기술하기 위해서 말이다. 『치욕』이 초점조정하라는 초청을 통해 루시의 수수께끼를 심문하는 것은, 자유주의적이고 예전에 식민주의자였던 백인의 이해가 갖는 제한된 완벽한 타당성이다. 루시에 대한 페트루스의 재치 있는 짤막한 농담은 "그녀는 앞을 내다보는 숙녀라서 뒤를 바라보지 않는다."(p. 136)는 소설의 평결과 더 많은 유사성을 보여준다는 것은 흥미롭다. 우리가 루리처럼 루시의 수수께끼를 무시한다면, 바로 루리에 의해 충분히 초점을 조정받음으로써 이 소설은 모든 인종차별적인 것을 말하도록 만들어질 수 있다.[21] 그렇다면 아래로부터의 포스트식민성은 페트루스와 관련된 젊은 강간범 폴룩스(Pollux)의 교육으로 축소될 수 있다. 그의 교육은 대항적인 초점조정을 거칠 때라야, 모든 이성애규범적인 성적 실천에 있는 강간을 일반화함으로써 강간을 거부하는 루시에게 아마 최초의 계기로서 인식될 수 있을 것이다. "'데이비드, 강간이 남자와 섹스에 머무르고 말 때 더 이상 아무것도 나를 놀랍게 하지 않아. … 남자와 성은 서로 박차를 가하니까…' '그러면 제3자인 그 소년은?' '그는 배우기 위해 그곳에 있었던 거야'."(pp. 158-159) 루리의 직역주의가 갖는 애초의 진부함("개처럼"은 개들에 대한 사랑을, 멜라니 부모들의 용서는 그들 앞에 자신을 바닥에 납작 엎드리는 것(p. 173)을 뜻했다. 개들을 사랑하는 것은, 그중 한 마리를 오페레타 속에 들어가도록 하는 것(p. 215)을 뜻했다. 개를 포기하는 인간이 구강 속에 미끄러져 들어갈 수 있을 가능성[22]도 뜻했다. 광범위한 서사 맥락을 보건

21) 그러한 읽기들에 관한 논쟁을 위해서는 Peter D. McDonald, "Disgrace Effects," *Interventions* 4.3 (2002): 321-330; David Attwell. "Race in Disgrace," *Interventions* 4.3 (2002): 331-341 참조.

22) ('포기'뿐만 아니라) 숨죽인 불편한 웃음의 이러한 가능성은 '나는 생각한다'의 '나'와, 그 동물의 추정된 자기-정체성 사이의 환원할 수 없는 어떤 것을, 그럴 듯한 '심연'—우리는 또한 그 심연의 끊임없는 왕복에 관해 생각하는데—을 표시할지도 모른다. "자가-애정(auto-affection)과 자기-관계(self-relation)로서 이러한 자동성은 하나의 발언이나 하나의 '나는 생각한다,' 실로 '고로 나는 존재한다'의 담론적 주제 이전에도 우리가 일반적인 동물성 및 살아 있는 것들에서 인식하는 특징이다. 그러나 자기-관계(저 자기, 저 존재임(ipseity), '나는 생각한다'의 '나' 사이)에 하나의 심연이 있는 것 같다.(Derrida, *The Animal That Therefore I Am*, trans. David Wills, New york: Fordam University Press, 2008, pp. 49-50. 수정된 번역임). 숙고하는 루리의 멍청한 노력은 잊혀서는 안 되는 심연성을 갖

대 말이다)은, 그 서사에서의 루시의 기능을 무시하는 읽기 속에서 소설의 수사학적 짜임새의 일부라기보다 소설의 실패로서 간주될 수 있다.

이제 나는 타고르의 후렴을 민주주의의 실패라고 이해할 수 있는 두 번째 방식을 다루고 싶다.

내가 앞서 언급했던 『프라티치 보고서』를 맡은 바 있는, 인도의 프라티치 재단은 빈틈없는 작업을 수행 중이다. 그 재단은 다음을 인식하고 있기 때문이다. 즉 가장 큰 유권자 부문이 초기 교육을 놓친다면 민주주의가 제 기능을 할 수 없다고 말이다. 그때 상층 부문의 최악이 번성하도록 허용되기 때문이다. 민주주의는 그러한 수준으로 내려가면 우리 모두 수치 속에서 평등해진다. 우리가 선거에서 누가 이기고 지는가에 대한 통계를 읽을 때, 관심이 있는 나머지 세상 사람들뿐만 아니라 비-전문가-지역 중간 계급이야말로 자기 나라의 사고방식을 자기들이 보여준다고 생각한다. 하지만 그렇지 않다. 유권자 중 가장 광범위한 하층 부문에는 좋거나 나쁜 정동이 상당히 제공되어 있다. 거기에는 타고난 예리함과 습득된 술수가 있다. 하지만 합리적인 선택은 없다. 선거는 합리적인 플랫폼에 기초를 두는 척하지도 않는다. (이것은 또 다른 방식으로 미국에도 적용된다. 그러나 그것을 여기서 개진하는 것은 나를 너무 멀리 데리고 갈 것이다.) 여기서 젠더화는 간단하게 이해되어야 한다. 여교사들의 권위는 부족하지만 그녀들은 더 선호된다. 젠더화의 전제들은 교육을 통해 바뀌어야 한다는 등.

내가 〈프라티치 재단〉의 관리직 일에 덧붙일 수 있는 것은 거의 없다. 일반적인 조심성을 거친 후, 이 영역에서의 작업은 『추락』에 나오는 다양화된 위원들처럼 구조적인 쇠퇴

는다. 강간으로 인해 혼합된 인종의 포스트식민적 아이의 불가사의한 역사성을 인정하고자 시도할 때 말이다. 그 아이는 양아버지, 흑인 기독교인, 식민지인으로 바뀐 토착민을 위한 차용권을 보장하며 미래의 반석이 되는 페트루스(Petrus)를 위해 고의적으로 포기된다. 그 밖의 모든 것에 앞서 오는 것은, 가진 것이라고는 아무것도 없는 하나의 형상으로서 대상-인간이 아니라 벌거벗은 '아니모'(animot, 내가 인용하고 있는 데리다 책으로부터 독자가 배워야 하는 단어, 동물성의 환원 불가능한 이질성을 가리키는 단어)의 표정이다. 이것은 서구의 철학 전통에 대한 데리다의 비판이다. 쿠체 소설의 형식적 논리가 기괴한 방식으로 윤리적 움직임을 모방한다고 나는 종종 느껴 왔다. 『치욕』에서 동물성의 인식과 젠더화된 포스트식민주의의 작업 착수하기(the setting-to-work) 사이의 (비)관계는 그러한 기괴한 모방일지도 모른다. 동물성의 '멍청한 노쇠함'은 수치에서 평등이 불가능한 지점이다. 우리는 아니모를 치욕스럽게 할 수 없다. 그것은 "그들 모두를 수치스럽게 하는 가운데 당신이 평등해져야 하리라"(apamane hote habe tahader shobar shoman)의 한계이다. 그것을 한계라고 부르는 것은 한쪽 편에서 말하는 셈이다. 나의 윤리적 텍스트들은 칸트, 레비나스, 데리다이며, 나의 허구들은 '아파만'(Apaman), 『치욕』, 욕망의 비강제적 재배치인 만큼, 나는 「동물들의 삶들」("Lives of Animals," in Amy Gutmann, ed., *The Lives of Animals*, Princeton, NJ: Princeton University Press, 1999)에 나오는 동물성과 인간성에 관한 쿠체의 무대화된 사색들을 고려하지 않았다.

의 위험을 감수한다. 그러므로 그 작업은 윤리적인 것에 의해 간섭되어야 한다. 나는 여기저기서 몇 가지 추가 조항을 덧붙일 것이다.

그 재단의 창립자인 센 교수는 "인위적으로 발생된 사교육비의 필요성"에 반대함으로써 국가를 지원한다. 여기서 인위적이라는 표현을 쓰는 것은, 자유로운 초등학교들에서 되는대로 가르치고 제대로 가르치지 않음으로써 사교육이 발생되기 때문이다.[23] 국가가 이러한 반대를 법적으로 실행하고자 기다리는 동안, 나는 그 죽어버린 초등학교들을 보충하기 위해 집단적인 '사교육비'를 가장 박탈된 미약한 부문에 제공하고자 노력해 왔다. 이러한 형태의 사교육비를 국유화할 수 있어서 사교육비의 정의(definition)자체를 상실할 수 있기를 나는 바란다. 결론에서 나는 내 사유의 방향을 명확하게 해 줄 몇 가지 질문을 제기할 것이다. 윤리적 충동의 함양과 연관될 수 없는 암기식 교육을 도와주는 일대일의 '사'교육은, 정치적으로 계획된 '공'교육의 폐기를 해제하는 유일한 방식이다. 그러므로 '사교육비'는 금지하기보다 변형하려는 하나의 관계이다. 그 스펙트럼의 다른 쪽 끝에 있는 가정교사 제도가 그것을 입증한다.

나는 〈프라티치 재단〉의 보고서에 매혹되고 있다고 거듭 말해야겠다. 내가 첨가하고 있는 것이 무엇이건 문학을 하는 사람으로부터 보충하는 성격을 지닌다. 그 재단의 활동은 대체로 구조적인 것이다. 특히 문학적 읽기를 훈련하는 인문학은 텍스트의 변화를 잘 파악한다. 각 분과학문은 각기 '작업에 착수하는' 자체의 방식을 갖고 있으며 상상력의 결은 문학적 읽기를 하는 선생에게 속한다. 모든 훌륭한 작업은 물론 상상적인 것이다. 그러나 인문학은 그 밖의 다른 것을 거의 가지고 있지 않다.

이 책의 원서 69쪽에 작은 교환이 나와 있다. "[메디니푸르(Medinipur)에 있는 한 학교를] 방문한 날에 우리는 네 명의 4학년 아이들과 인터뷰를 했다. 자, 여러분은 배운 내용에 대해 무슨 말을 할 수 있을까요? 네 명의 아이들은 아무 말도 없었다."

그 침묵의 일부는 농촌의 나쁜 교육에 의해 영구화되는 바로 그 계급차별로부터 기인한다.[24] 이것에 덧붙여 순회하는 감독자와 아동 사이의 관계는 거의 윤리적이지 않다.

---

23) Pratich (India) Trust, *Pratichi Education Report*, p. 10.

24) 나는 「잘못을 바로잡기」("Righting Wrongs")에서 계급 차별을 유지하는 데서 농촌 교육이 행하는 역할에 대한 개념을 개진했다.

문학적 읽기 훈련은 이러한 침묵들과 작업할 수 있도록 우리를 준비시킬 수 있다. 여기서 나는 쓸데없는 번역의 한 가지 예를 제출할 것이다. 그 예는 4학년 역사 책 『아마데르 이티하쉬』(*Amader Itihash*)에 나오는 5과인데, 특히 넬슨 만델라의 이야기 중 한 항목인 민족해방에 할애되어 있다. 아파르트헤이트(apartheid*백색인종과 유색인종, 특히 흑인을 격리하는 차별 정책)를 일소하면서 거둔 만델라의 승리에서 간디가 했던 역할에 대한 잘못된 재현이나, 조지 워싱턴과 더불어 민족해방 섹션이 개시한 암시적인 세부사항은 간과하기로 하자. 그러나 서벵골 농촌의 외부 지역에서 서발턴 수준에 있는 선생과 학생 둘 다 이해할 수 없는 산문의 그 희망 없는 장식을 간과할 수는 없다. 우리가 벵골어 독자라면 말이다. 여기서 요점은 그 보고서에 의해 강조된 대로 "초등학교 교사들로부터 근본적으로 고양된 일련의 투신들"을 요청하는 것만은 아니다. 농촌 초등교육의 진짜 수치는, 세상에서 최선의 의지를 갖고 있는 훌륭한 교사가 암기식 교육을 하도록 주입받아 왔기 때문에, 설령 그/그녀가 그 산문을 이해할 수 있고 세상의 충분한 일반적 지식을 보유하든가 불어넣는다 — 둘 다 의심스런 제안들인데 — 고 한들, 의미를 강조하는 기술은 그/그녀가 가르침으로써 이해될 것이 아니라는 점이다. 다른 글에서 나는 이것을 바라록(baralok)과 차호토록(Chhotolok) — 프라티치에 의해 높은 신분의 용감한 시도들과 낮은 신분의 용감한 시도들이라고 번역된 — 사이에서 가르치기에 있는 제도적 차이로서 강조해 왔다. 육체노동(gatar khatano)과 지적 노동(matha khatano)은 노동(khatano)의 적극적인 의미 — 몸만이 아니라 정신도 작동하도록 착수하여 계급 아파르트헤이트를 생생하게 유지하는 — 를 제대로 번역해내지 못한다. 교과서의 질문에 대답하려고 머리를 굴리는 가난한 농촌 아동의 보통 풍경은 타고르나 쿠체의 무엇만큼이나 생생한 형상, 인간성을 보류하는 형상이다. 그 '침묵'은 고통과 원한과 더불어 작동한다.

그것은 자유주의 지식인들이 선호하는 선택지인 새 교과서를 쓴다고 해서 해결되지 않는다. 이 수준에 있는 교사들은 얼마나 진보적이건 간에 책 자체를 사용하는 법을 모른다. 예컨대 많은 교과들이 각 장의 윗부분에 교과의 목표를 나타내는 일람표를 갖고 있다. 이 일람표들은 언어는 능력(shamortho)이라는 제목으로 시작하는데, 추상적이기 짝이 없다. 이 추상적인 제목을 따라 때때로 한 줄에 열 개 남짓한 과목들이 나오는데 "앞의 과(lesson)

를 참조하라"는 지적이 붙어 있다. 지난 25년간에 걸쳐 어느 초등 혹은 비제도권 교사도 나의 면전에서 이 점을 주목하지 않았다. 내가 이러한 교육 기구의 현존에 관해 알게 되면서 물론 그 기구의 실행을 이해할 수는 있게 되었지만 말이다. 소위 교육의 공리 — 교사는 그 내부에서 훈련으로 통하는 바를 받아 왔다 — 를 보건대 실행을 기대하는 것은 어리석다.

유명한 『카제르 파타』(*Kajer Pata*)를 비롯해 벵골어와 산수를 결합하고자 애쓰는 진보적인 교과서들이 있다. 그런데 이 결합은 바로 그 수준에서 학생과 교사 둘 다에 혼란만 야기한다. 솔직히 그것은 여기서 어떠한 특정한 목적도 도와주지 못한다. 몇몇 메트로폴리탄 자유주의자들이나 그 위원회가 농촌 청중이라고 여기는 부문에 개입하고자 애쓰는 책들도 있다. 나는 그들 상상력의 실패를 사례별로 상세히 이야기할 시간이 있기를 바란다. 글 쓰는 주체의 우월성에 대한 의식이 돌처럼 견고할 때, 윤리적인 것이 출현할 가능성이란 없다. 이렇게 실패한 시도들의 쓸데없는 수줍음은 그것이 그리 수치스럽지만 않다면 재미있기도 할 것이다. 여기에 힌두 시인들과 무슬림 시인들 둘 다 포함된다. 물론 공동체주의는 무슨 일이 있더라도 회피되어야 한다. 아동들에게서 일종의 평등은 성취될지 모르겠지만, 회피되어야 할 공동체주의라는 이 요점은 상실되기 때문이다. 모든 시는 이해되지 않은 채 그저 암기를 위한 것으로 똑같이 불투명하기 일쑤이다. a는 무슨 뜻인가? b는 무슨 뜻인가? 물론 a 혹은 b라는 식으로 양방향의 의미를 배우면서 말이다. 의미화의 의미화 자체가 이 아동들과 선생들에게는 타협적인 것이다. 새로운 교과서는 그러한 타협 속에 빠져 있다.

11살과 15살 사이에 있는 두 소녀가 초등학교에서 배운 것을 내게 보여준다. 그것은 남아프리카공화국에 관한 글이다. 나는 그들에게 몇 가지 물어본다. 그들은 그 책의 어느 글에 관해서도, 어떤 책의 어느 글에 관해서도 그럴 텐데, 그 글이 무엇에 관한 것인지 전혀 아무런 실마리도 가지고 있지 않다. "그들은 이 글을 이해하지 못했다."고 말하는 것은 오히려 너무 많은 의미를 부여하고 있는 셈이다. 그 소녀들은 영리한 편이다. 실로 그들 중 한 명은 눈에 띄게 영리하다. 두 소녀가 나한테 말하길 담당 선생님들은 다음 날 다시 그 자료를 복습할 거라고 한다.

다음 날 방과 후 우리는 다시 만난다. 그 선생님들은 설명을 했을까? '포리예츠'(poriyechhe) 읽기라는 것이 그 대답이다. 이 단어는 번역할 수 없는 벵골어 구문인데 모든 주요 인도어에는 그것에 상응하는 단어들이 틀림없이 있다. 선생님들은 읽기란 아마 말이 안 되는 것을 전달하고자 한다며 우리더러 읽도록 만들었다. 어느 글이건 부호에는 별 관심 없이 큰 소리로 읽는 신중한 철자 연습들의 수합일 뿐이다. 모두 이것을 알고 있다는 점이야말로 스캔들이다. 이것을 타고르와 쿠체를 다루는 에세이에서 표현한다는 것은 당혹스럽다. 차라리 영어로 된 사회과학적 개관을 제시하는 편이 더 낫다. 그런데 이것 또한 박탈당한 자들을 수치스럽게 하는 한 가지 방식이다.

이 서사와 더불어 계속해 보자. 소녀들이 대답한 후에 선생님들의 설명 과정이 시작된다. 내가 이미 언급했듯이, 시도하지만 막상 일을 착수하지 못하는 우두머리의 경험은 몹시 고통스럽다. 우리 중 대부분은 그러한 침묵에 요란하게 간섭하고 목소리를 높이면서 그 경험을 깨뜨릴 설명의 한 가지 판본을 창조한다. 바로 그 지점에서 우리는 실은 아무런 가르침도 일어나지 않는데도 가르치고 있다고 생각한다. 때때로 우리는 종종 실패하는 자기-통제에 괴로워함으로써 무교육에 저항하는 법을 배우기도 한다.

쿠체의 또 다른 소설인 『적』에서는 혀가 잘린 한 유괴된 야만인이, (『로빈슨 크루소』에서처럼) 프라이데이라고 불리는 한 인물이 자신에게 글 쓰는 법을 가르치려는 백인 여성의 시도에 저항한다.[25] 바탕 수준(ground-level)의 농촌 교실에서 그러한 저항의 변주들은 자신의 머리를 쓸 수 없는 영리한 소년 소녀의 분노라고 읽힐 수 있다. 그러한 읽기들은 필수적으로 표적을 빗나간 셈이다. 그러나 문학비평가는 입증할 수 없는 것으로부터 배우는 실천을 거친다.

더 나이 든 소녀가 내가 설명하고자 애쓰는 것을 전혀 파악하지 못하자 좌절했다면, 놀랍도록 영리한 더 어린 소녀는 우리에게 프라이데이의 보류하는 표정을 상기하듯 무정하게 닫힌 표정으로 턱을 꼿꼿이 든 채 나와 대면했다. 똑같은 토대를 반복해서 섭렵하며 반복되는 조심스런 질문들에 대한 반응은 매번 더 이상 나아가지 못한다. 이들은 자신들의 벵골 주와 이웃하는 구역들에 대해 아무런 개념도 지각(知覺)도 갖고 있지 않다. 『프라티치 보고서』가 지적하듯, 그들은 방치와 무교육을 통해 4학년에 이르렀기 때문이다. 그들이 아프리카에 대한 언급을 어떻게 따라잡을 것인가?

25) J. M. Coetzee, *Foe* (New York: Penguin, 1986).

어두워지는 교실 바닥에 앉은 지 두 시간째로 접어들자 나는 방침을 바꾸었다. 아프리카는 잊어버리고 평등권(shoman adhikar)을 시도해 본다. 상수도도, 포장도로도, 전기도, 가게도 없고, 문과 창문도 없는 장소에서 권리를 설명한다는 것은 불가능했다. 부수적으로, 사람들은 실패한 가르치기라는 고통스런 경험에 간섭하기보다 소위 법적 인식에 관한 세미나들에 장기간 남아 있게 되는데 거기서 배운 것을 정말로 확인하게 될까? 농촌 사법부의 유별난 잔인함과 반복해서 일전을 벌임으로써 배우게 된 것은, 지배자들 중 자비로운 자들이 농촌 사람들의 소송을 도와주리라는 확신에 의해서는 아무것도 의미심장하게 바뀌지 않는다는 점이다. 의존성과 소송 협박을 키워가는, 또 모호하게 처벌받는 저 벌주는 자들에게서 뿌리 깊은 반목을 도발하는, 인권들의 봉건적 배포보다 인권의 주체인 대문자 '나'를 개진한다는 것은 무엇일까? 어두워지는 교실로 돌아가 보자.

아동들은 잠깐씩 집중한다는 것은 상식이다. 나는 제대로 설명하지 못하는 나의 무능력에 어찌할 바를 몰라서 소녀들을 전제적으로 대하고 있었다. 당시에 우리는 반응을 출현하게 하여 그 자체의 에너지로 꽃피우게 하려는 노력 속에 함께 결속되어 있었던 것 같았다. 사건으로서보다 과제로서의 윤리적인 것에 많은 공이 들어간다. 아마 한 시간 반 정도 안간힘을 쓰다가 나는 아파르트헤이트를 설명하기 위해 그 영리한 소녀의 진한 보라색 손 옆에 내 손을 놓았다. 그 풍부한 색채 옆에서 나의 창백한 갈색 손은 하얗게 보였다. 그러자 만델라의 요구인 '인권'(shoman adhikar)을 설명해줄, 어떤 나, 그러한 당신이라는 필사적인 규정이 저절로 떠올랐다. 여기 있는 것은 우리가 말하고 있을 때에도 수백만 달러가 움직이는, 메트로폴의 난민이 아니라 학생이라는 점을 명심하라.[26] 여기 있는 것은 자신들의 교과서를 이해하는 가운데 억압을 정상성으로 받아들이는 그저 두 명의 학생들이다.

반응들이 출현했다. 이제 '긍정'과 '부정'이 제시되고 있었다. 내 기억이 옳다면 몇몇 단어들이 질문에 대한 답처럼 발언되기도 했다. 나는 그 말들을 조금씩 풀어놓을 것이다.

다음 날 아침에 나는 그 소녀들에게 전날 배운 것 중 기억나는 것을 적어보라고 했다.

---

26) 클라이드 프레스토위츠(Clyde Prestowitz)의 『불량 국가: 미국 일방주의와 선한 의도의 실패』(*Rogue Nation: American Unilateralism and the Failure of Good Intentions*, New York: Basic books, 2003)는 미국은 모든 사람을 미국인으로 만들어 거기서 좌파와 우파를 만나게 하고 싶어 한다. 이제 나는 유럽에 관해서도 똑같이 말할 수 있다고 생각한다. 이것은 너무 큰 화제라서 여기서는 개진할 수 없다. 내가 본문에서 촉구하는 바는, 반드시 도움을 바라지는 않는 하나의 세계를 상상할 필요성이다.

더 나이 든 소녀는 아무것도 불러올 수 없었다. 더 어린 소녀가 더 영리한데 "어떤 나, 그런 당신, 왕이 패배한다"(ami ja, tumi ta, raja here gachhe)라고 썼다. 맥락상 이것은 엄청난 성취이기는 하다. 하지만 우리가 콜카타에 있는 최상급 학교들의 최우수 학생들을 포함해 서벵골 위원회 하에서 공부하는 모든 아동들 — 이 소녀들과 경쟁하고 있는 — 을 놓고 생각한다면, 이것은 무시할 만한 결과이다. 더 나이 든 소녀는 배운 내용의 미미한 잔재조차도 놓치고 잊어버린 지 오래라는 것을 나는 추호도 의심하지 않는다. 더 어린 소녀는 뇌염으로 죽는다.

이 사건은 10년 전에 일어났다. 그 두 소녀가 고등학교 학생이 되었을 때, 나는 그들과 교사들에게 말했다. 나는 텍스트를 설명하고, 그것도 반복적으로 설명하고 학생이 이해했는지 알아보기 위해 확인하는 일의 중요성을 거듭 강조했다. 그것은 쓸데없는 훈련인지도 모른다. 여러분이 게임에 관해 말한다고 게임을 하는 법을 가르치는 것은 아니다. 어느 누구도 알려지지 않은 단어들의 의미를 생산할 수 없다. 그곳에는 사전도 없고, 더욱 중요하기로는, 사전을 찾아보는 습관도 없다.

나는 무익한 장광설을 계속 쏟아내면서, "너희 중 두 사람이 기억하듯, 몇 년 전에 나는 너희에게 넬슨 만델라를 설명하느라 두 시간을 보냈어, 설명하는 것은 중요하단다."라고 말했다.마지막 줄에 앉아 있던 영리한 소녀의 얼굴을 가로지르며 웃음이 스쳐 지나갔지만 서로 눈은 마주치지 않았다. 그녀의 수업에서 나의 수업으로 그렇게 신호가 이동해 간다는 것은 유별난 일이다.[27]

매 단계마다 요인이 되는 젠더화된 계급-이동성의 흥망성쇠라는 비켜선 중층결정된 셈과 더불어, 아래로부터 공유된 아이러니가 바로 이 수준에서 유지되도록 정치적인 영역에서 만들어지고 유지되는 계산적인 움직임들의 숫자는 엄청난 제도의 변화를 요구할 것이다. 하지만 윤리적인 것의 간섭적인 출현을 가리키는 신호인 그 스쳐 지나가는 웃음의 가능성과 그 정치적 셈의 과감한 노고 사이의 대리보충적인 관계에서, 우리는 윤리적인 것의 가능성으로 남아야 하는 목적과 더불어 시작해야 한다. 그렇게 불편한 노력이야말로 모

27) 그녀의 이름은 샤모리 사바르(Shamoli Sabar)이다. 그녀는 나의 「잘못을 바로잡기」 중 49쪽에 나오는 그림 1.2에서 기념되고 있다. 그녀는 그 청원서에 서명한 사람들 중 하나였다. 나는 그녀를 기억하는 데 이 글을 바친다.

든 정의로운 사회의 불확실한 토대이다. 정치적인 셈이 수단이자 목적이 될 때, 정의는 제대로 섬겨지지 못하고 어떠한 변화도 남아 있지 않게 된다. 젠더화에 관해 특수한 것은 '무로써 시작하기'에 관한 루시의 비전에서나, 재산의 물신화를 빼앗기는 재생산적 상황에서나, 몸의 산물로서 포기된 아이에서나 아마도 윤리적 계기가 출현할 수 있다는 점이다. 적어도 『루시』는 그렇게 말하고 있다.[28)]

나는 다음을 명백하게 밝히기 위해 앞의 서사를 상술해 왔다. 즉, 문학적 등기부에서, 특이한 것과 입증 불가능한 것(예컨대 여기서의 이야기는 입증 불가능하다. 여러분에게는 나의 증언 외에는 아무것도 없기 때문이다)의 등기부에서, 공유된 경험과 간접성에 의해 추동된 그 암시적인 미소가 하나의 좋은 사건이기는 해도, 교육에 의해 접근되어야 하는 공공영역의 견지에서는 어떠한 의미심장함도 없다는 점 말이다. 윤리적인 것과 정치적인 것 사이의 불연속성은, 페다고지의 수사와 공공영역에서 성숙된 논리 사이에서 도구화된다. 아디바시(adivasy)와 카스트-인도인 사이를 통과하는 공모의 미소는 환기되지 않은 채, 하나의 거창한 진전을 표시하기 때문이다. 그러나 그것은 시작도 끝도 아니며, 하나의 환원 불가능한 토대의 조건일 뿐이다.

내가 그 어둑어둑해지는 교실에서 가르치기를 시도하고 있었을 때, 나는 아무튼 끝내야 하겠다는 생각밖에 없었다. 그래서 그 토픽은 평등권이라는 것이 되었던 셈이다. 다른 한편으로 나는 이 글을 여러분을 위해 쓰면서 나 자신을 타고르의 시에서 당신이 인권을 박탈했던 자들, 당신이 얼굴을 맞대고 서 있도록 했지만 아직 당신의 품에 받아들이지 않았던 자들이라고 장엄하게 표현했다. 그리하여 나는 쇼마나디카르(shomanadhikar)의 의미를 정확하게 가르치기 위해 상당한 기술과 노력을 들이는 가운데, 아마도 수 세기에 걸쳐 아웃카스트들(outcastes, 오늘날의 달리트들 Dalits)에게 인권을 부인했던 역사적 지배자인 힌두들의 행위에 대한 그 시인의 묘사를 아마도 해제하고 있었던 것일까? 내가 공들여 만들어 가고 있는 요점은, 그렇지 않다는 것이다. 가르치기의 문학적 양식이 주체를, 대문자 나(I)를 활

28) 우리는 작가의 권위가 갖는 한계를 넘어 이 계약적인(transactional) 표제를 통해 소설이 말할 수 있게 되는 경위에 대한 하나의 개념을 가져야만 한다. 그러한 개념은 라자트 라이(Rajat Ray)와 같은 입장의 경박성을 폭로할 터이다. *Exploring Emotional History: Gender, Mentality, and Literature in the Indian Awakening* (New Delhi: Oxford University Press, 2001), pp. 79, 115n.28 참조.

성화한다고 할지라도, 그것을 확실하게 하기 위해 그 주체는 공공영역의 정치적 셈에 입장해야 한다. 내 것과 같은 사적인 자유지원제(private voluntarism)는 문학적인 것과 합리적인 것, 수사와 논리 사이의 혼합된 실천으로 남는다.

그리하여 문학 독자는 사회과학자들에게 지구적으로 연합된 국가가 시민적 서비스 입장들을 제도화할 수 있을까라는 질문을 한다. 가장 높은 등급에 있으며 이해관계를 갖는 인문학 전문가들에게 바탕-수준의 교사들을 정기적으로 일정한 연속성을 갖고 현존하는 훈련 구조를 점차 통합하고 변형하여 사교육비를 해체하거나 지양하도록, 정규적인 선택적 기초에 따라 요청할 시민적 서비스 입장들 말이다. 또 비르붐(Birbhum) 마을의 교사에게 "우리가 어떻게 우리 교실에서 그러한 훈련을 수행하도록 할 수 있을까요? 큰소리 치는 것은 쉽지요(Baro baro katha bala soja)."[29]라는 말을 천천히 덜 할 수 있도록, 정규적인 선택적 기초에 따라 요청할 시민적 서비스 입장들 말이다.

내가 '치욕'의 유산에 관한 생각을 시작하기 전에, 나는 특히 바탕 수준의 선생들과 학생들을 위해 주요 인도어들을 동일 언어로 다루는 사전들을 만들어내는 작업을 창시하고자 했다. 그런데 그것은 전혀 이루어지지 못했다. 내가 접근했던 사람들은 그 상황을 상상할 수 없었기 때문이며, 또 비-거주 인도인(non-resident Indian, 디아스포라에 대한 인도식 명명)은 다른 종류의 용도를 가지고 있기 때문이다. 비-거주 인도인은 국가를 메트로폴리탄 경제에 구속시키도록 돕는 것 외에는 어떤 역할도 해서는 안 된단 말인가? 서발턴의 단일 언어 사전들을 자유의 습관, 즉 스스로 의미를 찾는 습관을 함양하는 주요한 단계로 생각하는 것은 가능하지 않을까? 새로운 교과서를 쓰는 것이 아니라 현존하는 것을 수정할 생각을 하는 것은 가능하지 않을까? 선생들과 학생들은 교과서에 텍스트적으로 개입한다고 해도 가장 비특권적인 사람들을 위해 교과서를 좀 더 사용자-친화적이도록 만드는 것은 가능하지 않을까? 나는 더 많은 특권을 누리는 아이가 그러한 변화로부터 고통을 받을 거라고는 생각하지 않는다. 큰 항의를 예상할 수는 있지만 말이다. 다음은 반복되어야 한다. 즉 그러한 자유를 함양하는 것은, 그렇지 않으면 정치경제의 약탈에 의해 파괴될 필연의 영역에서 자유를 작업하는 것일 뿐이라고 말이다. 필연의 영역은 항상 구석 주변에 있는, "자유의 진

29) Pratichi (India) Trust, *Pratichi Education Report*, p. 68.

정한 영역을 위한 토대의 조건(Grundbedingung)"(C 3, p. 959)이나 다름없다.

셰익스피어, 카프카, 타고르, 쿠체, 아마르티아 센은 진중한 타자들이다. 나의 질문들은 진부하다. 내가 앞에서 인용한, 『자본론』 제3권에 나오는 그 문단에 의해 나는 항상 에너지를 받는다. 거기서 마르크스는 아주 철학적인 논조로 "자유의 진정한 영역은, 하나의 목적 자체로서 인간능력의 발전은 [필연의 영역] 너머에서 시작된다. 자유의 영역은 토대로서 필연의 영역과 더불어 번성할 수 있을 뿐이다."라고 쓰고 있다. 이 문장에 이어 "노동시간의 단축은 자유 영역의 토대를 이루는 조건"이라는 다음 문장이 나온다. 나의 논의에서 문학은 비판적인 것의 출현을 돕는 한, 또한 이렇게 자체를 전위해야만 한다. 문학의 과제는 또 다른 전위를 함양하는 것이다. 하나의 하부구조를 불안정하게 생산할 원거리 가능성을 위한 작업 속에서 말이다. 그 작업은 이제 루시나 그녀의 초점조정자를 생산할 수 있도록 할 것이다. 그것의 활보 속에서 치욕을 받아들이는 평등을 형상화하면서 말이다.

누구도 이 과제를 더 이상 진지하게 받아들이지 않을 것이다. 요는 기금 만들기이다.

15장은 인도 콜카타에 있는 〈사회과학 센터〉에서 처음 발표되었다. 낯선 윤리 담론이 머나먼 다른 지형에서는 어떻게 보일 것인가에 대한 감을 미국 독자에게 제공하기 위해, 나는 2부를 의미심장하게 변화시키지 않았다.

16.
행성을 다시 상상하라는 명령

내가 국제시민사회의 한 기구에서 그 증거의 일부가 되기보다 위로부터(from above) 말하도록 요청받았던 것은 아마 이번이 처음일 것이다. 나는 인도의 농촌에 있는 내 학교들의 경비를 조달하고자, 엔지오(NGO)라는 단어가 생기기 오래전에 설립되었던 엔지오를 활용한다. 국제시민사회의 한 구성원인 〈스티프퉁 디아로지크〉(Stiftung Dialogik)도 국제시민사회라는 용어가 유통되기 오래전에 국제시민사회를 활용했다. 나는 국제시민사회의 구성원들에게 예전에 말했던 것을 오늘날의 국제시민사회한테 말할 수 없다. 오늘날 국제시민사회의 경우를 숙고하자니 행성성(planetarity)이라는 개념이 내게 떠올랐다. 말하지 못하는 서발턴처럼, 행성성도 잘못 이해되어 왔다. 세계의 자원들을 생각하며 공동체와 유사한 어떤 것으로, 혹은 아직 좀 극단적이기는 하지만 지속 가능성 같은 어떤 것으로 말이다. 나는 그 차이를 좀 더 파고들어 행성성을 이중구속(double bind)의 원천으로서 생각하도록 하자고 독자에게 말하고 싶다.

나는 난민과 이주민에 관한 〈스티프퉁 디아로지크〉의 새 시리즈에서 첫 번째 강의를 맡아달라는 요청을 받고서 영광스럽게 여겼다. 자신의 액티비스트 아내와의 추억을 통해 내비치는 영예와 애정을 멀리서 전달하는 도구가 되겠다는 어느 철학자의 책임에 대해 나는 알고 있었다. 헤르만 레빈 골드슈미트(Hermann Levin Goldschmidt*문학, 철학, 비평이론에 있는 독일계 유대인의 유산을 다문화주의로 새로 조명한 학자로 『독일계 유대인의 유산』을 썼음)는 자신의 책임에 대해 다음과 같이 말했다. "생존자로서 우리는 살아남지 못했던 자들을 함께 기억한다. 살아남지 못했던 그들을 위해 새롭게 증언하기 위해서 또 전체 세계에 대한 유대인들과 스위스인들의 헌신을 많은 상이한 방식들로 증언하기 위해서 말이다."[1]

나는 골드슈미트와 함께 하는 자리에서 이 발표문을 읽을 수 있어서 행운이었다. 이틀 후에 그와 활기차게 의견을 나누었던 대화가 기억난다. 그의 대화학(dialogics) 개념은 변증법과 다원주의(pluralism)의 위로들을 비판하는, 종합 없는 모순의 자유라는 것이었다. 나의 지적들은 바로 그러한 그의 개념을 대리보충하고(supplement) 있었고, 우리 둘 다 그 점에서 명확했다.[2] 나는 이번 발표에서 내 논의의 대리보충적 성격이 발표 텍스트에 침입하는 계기를 표시하고자 했던 셈이다.

나는 제2차 세계대전 중에 태어났다. 인도에 있는 나의 세대 사람들의 평가로는 그 전쟁은, 마르크스가 종종 사용하는 폐기된 독일어 형용사의 뜻대로 zwieschlächtig한 것이었다. 홀로코스트에 대한 공포는 그 전쟁을 유럽적인 것으로 만들었는데 우리한테는 세계적인 전쟁이었다. 연합군을 위해 싸우다 전사한 25만 명의 인도 군인들과, 또 많은 식민지들의 특정 민족 집단에 의해 획득된 수보다도 더 많은 군사 훈장들과 더불어, 제2차 세계대전은 특히 영토 제국주의의 목적을 달성하기 위한 원격 도구였기 때문이다. 골드슈미트는 16세기에 일어난 전체(entire) 세계의 발견을 우리 시대(era)의 시작으로 본다. 제2차 세계대전의 종전은 그 전체 세계를 "다름 아닌 이웃들"이 될 수 있도록 만들었다. 나의 강연이 끝난 이틀 후 골드슈미트는 자신의 책 『동포와 민족에 관한 질문』(*Die Frage des Mitmenschen und des Mitvolkes:* 1951-1992)을 내게 주었다.[3] 그 책에서는 '이웃을 사랑하라'를 대화학으로 해석하는 논의가 펼쳐지고 있다. 나는 신학의 범주를 벗어난 의무(obligation)의 위치를 타자의 편에도 놓을 수 있다고 보는 세대 출신이다. 내가 그러한 경우를 골드슈미트에게 말했을 때, 우리

1) Hermann Levin Goldschmidt, *Freiheit für den Widersprunch* (Schaffhausen: Novalis, 1976), p. 198.

2) Ibid. and passim(앞의 글과 그 외 여러 곳).

3) Hermann Levin Goldschmidt, *Die Frage des Mitmenschen und des Mitvolkes: 1951-1992* (Zurich: Nyffeler, 1992)

두 사람은 미소를 짓고 있었다. “나는 당신의 공동체 내부로부터 당신에게 말을 걸고 있지 않습니다.” 그렇다면 나는 자유롭게 모순을 범하는 셈이다.

세계대전 이후 세계의 불안정한 윤곽을 그려보려는 어떠한 서사화도 수많은 크고 작은 양상들을 거친다. 협상된 독립은 서구로부터 초래된 신식민주의라고 자체를 다시 정의하였다. 고국에서의 탈식민화의 실패와 대규모의 유럽 중심적 경제 이주는 새로운 세계의 인구통계학적 윤곽을 고정시키기 시작했다. 그런데 베를린 장벽의 붕괴와 그것에 잇따른 동유럽 및 중앙유럽의 사건들과 더불어, 이러한 윤곽은 불안정해졌다. 바로 이 순간에 나는 스티프퉁으로부터 연설해 달라는 요청을 받았다.

나는 포스트식민 이주의 바로 그 첫 번째 파동 출신으로서, 즉 미트보크(Mitvolk)가 아닌 미트멘츠(Mitmensch)로서 말했다.[4] 내가 무슨 말을 하더라도 청중의 마음에 들지 않는다면, 내 의도의 진지함을 봐서 그 부분을 내려놓아 달라고 그들에게 부탁했다. 여기서 내 의도란 반박할 자유이다.

나는 1961년에 미국에 왔다. 그때 현대 세계의 가상화된 인구통계학적 프런티어는 아직 세워지지 않았다. (나는 14장 「거주 이방인」에서 이 현상에 관해 말했다). 시대착오적인 민족주의가 여전히 나한테 조금 들러붙어 있다. 나는 인도인 여권을 소지하고 있으며, 미국에 영주하는 주민이 더 이상 아니다. 이것이 유럽 출신의 국민들에게는 흔한 일일지 모르겠지만, 아시아인들과 아프리카인들은 메트로폴리스의 시민권을 획득하기 위해 이민을 간다. 하지만 나의 소규모 집단은 미국과 인도 어느 쪽에도 속하지 않으면서 또한 양쪽에 깊이 연루되어 있다. 나는 그렇게 미미한 변칙이야말로 우리에게 일정한 거리를 갖도록 한다고 생각하며, 그것을 중요하다고 본다. 나는 종속보다는 이웃됨이라는 즉각적인 포스트식민적 명령을 놓고 여전히 작업 중이다. 그렇다면 나는 그러한 믿음 속에서 약간 유토피아적인 어투로 말할 수 있겠다. 우리가 지금 거주하는 구석 주변에 있는 디스토피아를 이미 인식하고 있더라도 말이다.

---

4) 피난민이 이러한 연속성을 중단시킨다는 골드슈미트의 감식안은 이에 대한 한나 아렌트의 감식안에 대한 조르주 아감벤의 확장과 비교될 수 있겠다. (“[피난민들은] 인간과 시민, 토착성과 민족성 사이의 이런 연속성을 중단함으로써 근대적 주권성을 둘러싼 원래의 기능을 위기 속에 두었다.” Giorgio Agamben, *Homo Sacer: Sovereign Power and Bare Life*, trans. Daniel Heller-Roazen, Stanford, CA: Stanford University Press, 1998, p. 131).

바로 그때쯤 '이주 연구'는 분과학문의 하위 범주로서 막 출범하는 중이었다. 이론적으로 '이주연구'가 가장 각을 세웠을 때도, 우리는 한편으로 이주의 문화적 요구들과, 다른 한편으로 미국과 유럽 각각에 있는 다르면서도 같은 인구통계학적 패턴들 사이에 있는 차이들을 사유하고자 별로 멈추지도 않았다. 하지만 우리가 유념해야만 했던 것은 바로 그 차이들이었다.

이주민의 혼종성을 다루는 우리 이론가들이 자신들로 하여금 미국과 유럽 사이의 차이들에 관심을 갖도록 허용할 때, 물론 우리는 즉각적으로 유럽이 자체의 식민적 과거에 의해 각기 결정되는, 상대적으로 작은 단위들의 결합체라는 점을 알아차린다. 스위스, 특히 공화주의, 경제적 익명성, 사회복지에 대한 투신의 역사를 지닌 취리히(Zurich)가 하나의 변칙으로서 여기 있다. 최근에 스위스로 이주해 오는 사람들 중 그 민족적 기원의 통계학적 패턴들은 식민적 과거를 반영하지 않는다. 최근 1997년의 이민자 숫자 중 상위는 아프가니스탄, 보스니아, 모잠비크, 르완다, 라이베리아, 이라크, 크로아티아, 타지키스탄, 부룬디 순이다. 그다음으로 이탈리아, 스페인, 포르투갈, 터키 순으로 이주 노동자들이 들어온다. 스위스는 '유럽'에 국한되어 있기는 하지만 자유주의적 다문화주의 정책을 펼치고 있고 그 정책을 지속 가능하게 만들기 위한 새로운 방식들을 열심히 찾고 있다. 하지만 어느 스위스 정치과학자는 다음과 같이 지적한다.

> 과거의 토착 소수자 집단들과 같은 방식으로 외국인들을 통합시키는 것은 스위스 사회에서 훨씬 더 어려울 것이다. … 다른 한편, 스위스는 룩셈부르크 외에 모든 유럽 나라들 중에 외국인 비율이 이미 최고로 높다. 또한 새로운 이민자 집단들의 통합은 성공적인 역사적 실험을 지속함으로써 드러날 수 있다.[5]

내가 행성을 제안하는 것은 바로 이러한 맥락에서이다.

이제 나는 정부의 국제 원조와 비정부적 국제 원조에서 유럽 민족-국가의 역할을 간

5) Wolf Linder, *Swiss Democracy: Possible Solutions to Conflict in Multicultural Societies*, 2nd ed. (New York: St. Martin's Press, 1997), pp. 35-36.

단하게 언급하고 싶다. 이 문제는 이주성이나 다문화주의와 관련된 직무들과 기관들에서 종종 질문되지 않고 있는 실정이다. 하지만 일정한 비공식적 연관들이 양쪽 모두에게 분명한 것처럼 보인다. 원조(donor) 기관들은 자기-이해관계의 민족주의적 논리를 통해 남반구에 원조를 지원한다. 그런데 남반구가 제대로 세워지지 않는다면, 소위 가장 덜 개발된 나라들로부터 언더클래스 이민의 흐름들이 북반구의 시민적(civic) 삶 속으로 흘러들어 올 것이다. 원조 기관들은 바로 이 점을 정기적으로 유념하게 한다. 수확량을 높이는 농업 원조라는 소위 녹색혁명이 '적색혁명'을 막았다는 것은 발전 로비에서 보통 써먹는 말이다. 공평한 이민법과 다문화 법령에 관한 그 어떠한 진지한 고려도 국가적인 것과 국제적인 것 사이의 이러한 연관들을 새로운 방식으로 정밀하게 밝혀내야 할 것이다. 물론 모든 정부 문서는 '배제의 원칙들'과 '회귀-지향적 훈련'과 더불어 시작되어야만 실제적이기는 하다. 하지만 난민들이 돌아갈 공간의 구성에 우리가 얼마만큼 개입할 것인가를 사유하는 편이 적절하다고 하겠다. 나는 스위스 사례에서 이러한 사유를 착수할 만한 친밀함도 경험도 가지고 있지 않다. 나는 베른 선언(Berne Declaration*그린피스 스위스 지부는 다보스에서 개최되는 세계경제포럼에 맞춰 세계 최악의 악덕 기업을 선정한다. 2012년에 선정된 6개 기업 중에 삼성전자가 3위로 들어가 있다.)과 노바티스 재단(Novartis Foundation*스위스 회사 치바Ciba에 의해 1949년에 만들어진 과학교육 자선 재단으로 의학 분야의 협력을 꾀하여 왔는데 2008년에 해체됨)과 같이 잘 알려진 기관들의 세목을 향한 해석적 전략들을 통해 종종 이렇게 가상적이기는 하지만 동시에 명확하고 전자적이면서도 인간적인 네트워크에 입장하고자 한다. 또한 뉴요커라면 스위스가 유엔의 다른 고향이라는 점을 잊어버릴 수 없다.

그렇다면 내가 행성을 다시 상상하라는 명령을 듣는 것은, 또한 유럽적 국가와 국제적 국가라는 분할의 지구적 얼굴이라는 바로 이러한 맥락에서이다.

속도를 따라잡느라 무섭게 질주하는 바로 그러한 지구화 시대에, 나는 지구를 고쳐 쓰는 행성을 제안했다. 지구화는 모든 곳에 동일한 교환 제도를 부과함으로써 성취된다. 우리가 전자 자본의 쇠창살 속에서 경도와 위도로 망라된 저 추상적인 지구본을 닮은 무엇을 성취한다고 말하는 것도 그다지 공상만은 아니다. 이 지구본은 한때 적도나 열대지방을 가리키는 실질적인 선들로 그려져 있었는데 지금은 **지리학적 정보 체계**의 다른 요구들 — 명령들? — 로써 점점 더 그려지고 있다. 지구는 우리 컴퓨터에 있다. 지구는 〈세계은행〉의 로

고이며 이제 아무도 그곳에 살지 않는다. 또한 우리는 지구성의 통제를 우리의 목표로 삼을 수 있다고 생각한다. 행성은 대타성(alterity)의 종(species) 안에 있으며 또 하나의 체계에 속한다. 하지만 우리는 행성에 거주하며 실로 우리가 행성이다. 행성은 지구와의 깔끔한 대조를 정말로 순순히 받아들이지 않는다. 나는 "다른 한편으로"라고 말할 수 없다. 행성은 이중구속에 관여하지 않을 것이다.

(나는 '행성'이라는 단어의 여하한(any) 모든(every) 용법을 승인하고자 이 글을 쓰고 있는 것은 아니라는 점을 서둘러 덧붙인다. 오히려 나는 지구적인 것(the global)과 특수한 (비)관계를 맺는 하나의 위치(position) 때문에 글을 쓰고 있다. 그 위치에 대해 나는 다음과 같이 설명한다. 타자를 정의하는 그 위치는, 디지털 양화(糧化)로써 오로지 통제하기만을 추구하는 위치를 탈구하는, 타자로서의 역할을 할 수 없는 본연의 외부(the outer as such)라고 말이다. 그 이중구속의 도약이 모든 이중구속들을 구속하고자 멈추어 서는 장소라고 말이다. 말년에 이르러 데리다는 이야기(animot)라는 단어를 그런 방식으로 붙들고 늘어졌다.)

우리가 해외 원조의 수혜자뿐만 아니라 이주민을 생각해 보기 위해서는 타자를 생각해야만 한다. 모두 알고 있듯이 타자를 생각한다는 것은 인간다움의 한 가지 의미이기도 하다. 인간다움은 타자를 향한 의도를 지니는 것이다. 또한 인간다움이 모든 살아 있는 창조물들과 유사하면서도 다르게 겪는 소위 시간화(timing)와 공간화(spacing)에 간헐적이고도 불연속적으로 활력을 불어넣는다고 한다면, 우리는 우리 자신을 위해 다음을 제공한다. 우리 생각에 이렇게 활력을 불어넣어주는 선물의 기원이라고 할 어머니, 민족, 신, 자연과 같은 어떤 것의 초월적 형상화들 말이다. 이것들은 대타성의 이름들이며 다른 것들보다 더욱 근본적인 것이다. 포스트-합리적인 과학에 관한 환영 같은(spectral) 백인의 신화뿐만 아니라, 정령신앙(animism)을 포함하면서도 동일하지는 않은 이름들의 무진장한 분류를 포옹하기 위해, 행성-사유(planet-thought)가 드디어 열린다. 우리가 자신들을 지구적 행위자들이 아니라 행성의 사건들로, 지구적 실체가 아니라 행성의 창조물로 상상한다면, 대타성은 우리로부터 파생되지 않는 것으로 남으며 우리의 변증법적 부인(negation *정-반-합에서의 반)도 아니면서 우리를 집어던지는 만큼이나 우리를 포함하는 것이다. 대타성에 대해 그렇게 생각하는 것은 이미 위반이다. 왜냐하면 우리가 외부 공간과 내부 공간이라고 서로 달리 은유화한 것에 틈입해 들어감에도 불구하고, 우리 자신의 범위 위에 또 그 너머에 있는 것은 실로 특정하게(specifically) 불연속적이지 않은 만큼 우리와 연속적이지도 않기 때문이다. 지난 10년 동안 해 온 나의 노력들은, 이 특유한 사고틀(peculiar mind-set)에 들어가도록 우리 자신을 끈기 있게 교육시켜야 한다는 것을 내게 가르쳐준다. 여러분이 질문하고 있는 문제들이 어떤 종류인지 우리가 진지하게 물어본다면 말이다. 이것이 바로 나와 골드슈미트의 합류 지점이기도 하다. 우리가 해외 원조의 수혜자와 함께 이주민을 단순히 백인의 짐으로서가 아니라 대타성의 종에 속하는 자로서 생각할 수 있게 되는 것도 바로 그때뿐이다.

백인의 짐을,
평화의 야만적인 전쟁을 받아들이라.
굶주린 입을 배불리 먹이고
병든 자가 없도록 빌어라.
당신의 목적(end)이 타자들을 위한 목적에
가능한 한 가까이 다가갈 때,
더러운 이교도의 어리석음을 조심하고
당신의 모든 희망을 무효로 만들라.[6)]

해외 원조와 메트로폴리스의 이주는 내가 대화적 감성에 바치는 특정한 모순이다. 『동포에 관한 질문』(*Die Frage des Mitmenschen*)이 "오, 동양은 동양이고 서양은 서양이라네 / 그 둘은 결코 만나지 못하리."라는 키플링의 시와 더불어 끝난다는 것도 흥미롭다. 지금 문제는 지구화 와중에 '동양'과 '서양'은 사라지고 북반구와 남반구가 만난다는 점이다.

그렇다면 나로 하여금 이 글의 제목을 바꾸게 해 달라. 나는 주체를 행성의 사건으로 다시 상상하라는 명령에 관해 말하고 있다.

해외 원조라는 논점과 이주민을 따로 사유하는 태도가 갖는 문제는 타자를 편협하게 변증법적인 시각에서 바라보았다는 점이다. 실로 이 분야에서 가장 영향력 있는 책들 중 하나인 『다문화주의와 인정의 정치』(*Multiculturalism and The Politics of Recognition*)라는 책의 제목

6) Rudyard Kipling, "The White Man's Burden," *McClure's* 12 (February 1899)

에 나오는 '인정'이라는 단어는 주인-노예의 변증법을 염두에 두게 한다. 물론 나는 뛰어난 헤겔주의자인 찰스 테일러(Charles Taylor)의 작업에 관해 말하고 있는 중이다.

테일러의 탁월한 책은 하나의 불가능한 단일한 다문화적 주체를 북서유럽의 정치적 지적 역사의 견지에서 정의한다.

> 여기서 새로운 것을 보기 위해서 우리는 앞서 나온 도덕적 견해들과의 유비(analogy)를 보아야 한다. … 이 사실은 현대 문화의 거대한 주관적 선회, 즉 우리가 자신들을 내면적 깊이를 지닌 존재들로 생각하도록 한 새로운 형태의 내향성의 일부분이기도 하다. … 이것은 우리에게 계승되어 왔던 강력한 도덕적 이상이다.(pp. 28-30, 스피박의 강조)

실제적인 수준에서 보자면 앞의 말은 부정확하다. 우리가 그러한 결론에 미미하나마 그럴듯함을 부여할 수 있는 방식은, 북서유럽의 제국주의적 모험들의 유산이 예전에 북서유럽에 살던 주체들의 정치적-지적 문화를 완전히 말소했다고 가정하는 길밖에 없다. 이러한 가정에 따르면 예전의 주체들 — 이제 메트로폴리스의 시민이 되고 싶어 하는 — 에게 그저 '문화'로 남아 있는 것은 비이성(unreason)의 일부이다. 포위되어 있더라도 명목상으로 누가 주인인가에 관해서는 아무런 의문의 여지도 없다. 또한 이 형식에 진실하게, 노예는 아래로부터 비이성을 말함으로써 주인을 승인한다. 이성을 넘어서는 행위 패턴이라고 자체적으로 주장하는 '문화'라는 단어는, 본연의 이성에 대한 유럽 계몽주의의 문화 주장과 대립된다.[7] 달리 말해 역사를 갖는 하나의 이름으로서 옛날 이름 붙이기(paleonymic)와 그 이름의 관용어구적인 힘을 통해 다문화주의는 시민사회의 합리적 구조들의 한계에 대한 비판을 미숙하나마 실행한다.

권력의 위치가 인간적 제재(human material)의 섬세함을 의미화한다거나 혹은 그 섬세함이 권력의 위치를 의미화한다는 것을 양쪽(*북서유럽과 이주민)은 왜 확신해야만 하는가? 권력

7) Georg Wilhelm Friedrich Hegel, *The Phenomenology of Spirit*, trans. A. V. Miller (Oxford: Clarendon, 1977), p. 116. 헤겔에게서 노예 혹은 더욱 정확하게는 농노는 "자아를 위해 자기 존재"를 지양한다. 밀러는 더욱 보수적인 "폐기하다," "극복하다" 혹은 "초월하다"는 아닐지라도 이것을 "제쳐 놓다"로, "그리고 스스로 그렇게 하는 동안 타자가 그렇게 하는 것을 행한다."로 번역한다. 이주민의 모방이 지니는 다양한 형식들과의 흥미로운 병행들은 여기서부터 끌어내어 올 수 있다.

의 위치는 그 안정성을 확보해주는 권력과 행동들의 위치를 뜻한다. 상대적인 절차상의 정직함은 효율적이기는 하지만 지성이나 독자적인 도덕적 탁월함을 반드시 보증하지는 않는다. 또한 필요한 대목에 변경을 가해 말하자면, 이주민은 미지의 타락 패턴을 위해, 이미 알려진 타락 패턴을 떠난다. 그리하여 지금 여기서 내가 여러분에게 말하고 있지만, 아무런 보장 없이 의향을 갖는 행성적 양식(the planetary mode of intending without guarantees)은 양쪽 모두에 촉구되어야 한다. 그렇지 않으면 다문화주의 정책은 비이성적인 문화적 실천을 자유의 기호로서 허용하도록, '식민' 시기와 '식민 이전' 시기 — 두 시기의 협상은 본래의 제국주의하에서 생존을 확보하도록 했다 — 사이의 간격을 도구화하도록 자체를 축소시킨다. 시대를 구분하는 상이한 방법들의 공간화에 대한 이러한 제도화는, (다문화 사회에 아무런 명백한 관심도 기울이지 않는) 존 롤스의 『정치적 자유주의』에서 철학적 자유주의와 정치적 자유주의의 사이의 간격에다 구조적으로 깊은 표시를 남긴다.[8)]

행성적 상상하기는 행성을 재상상하라는 명령을 은하계에다, 또 은하계에 근접하는 대타성에다 위치시킨다. 우리가 자기(self)를 공고하게 하는 타자를 자기의 단순한 부인으로서 인정하는 한, 이 대타성은 확대되는 자기-이해관계 속에서는 이성적으로 해명될 수 없다. 다른 면에서는 이성적인 사상가였을 아마르티아 센 혹은 낸시 프레이저를, 발전 전략에서의 '능력'에 대한 고려나 '보편적인 보살핌 베풀기'에 대한 고려를 '포스트-사회주의' 사회를 위한 일반적 모델로 말하도록 만든 것도 아마 이러한 난폭한 가능성일 것이다.[9)] 우리는 보살핌 베풀기에 대한 적절한 정당화를, 타자를 돕는 능력을 기본적인 인간의 권리로서 고려하기에 대한 적절한 정당화를 어떻게 제공할 수 있을 것인가? 우리는 어떻게 책임을 의무로서보다 권리로서 각인할 수 있을 것인가? 이것은 오랜 세월 동안 문화 지도자들뿐만 아니라 지식인들과 철학자들을 괴롭혀 왔던 역설이며, 골드슈미트를 가장 많이 개입시켰던 문제들 중 하나이다. 그는 유대-기독교 유산에 따라 이 문제를 집요하게 고민했다.

---

8) 로널드 드워킨(Ronald Dworkin)은 자신의 듀이(Dewey) 강연(Columbia University, 1998년 10월 19-23일)에서 롤스(Rawls)에 나오는 대로 "문화적 차이로부터 하류보다 상류의 흐름을 타는" 민주주의 이론을 제안했다.

9) 그것은 아마 『재검토된 불평등』(*Inequality Reexamined*, Cambridge, MA: Harvard University Press, 1992)에서 가장 잘 전개되어 있을 것이다. 또한 아마르티아 센의 "Capability and Well-Being," in Amartya Sen and Martha Nussbaum, eds., *The Quality of Life* (Oxford: Clarendon, 1993), pp. 30-53 참조. 낸시 프레이저(Nancy Fraser)를 보려면 *Justice Interruptus: Critical Reflections on the "Postsocialist" Condition* (New York: Routledge, 1997) 참조.

나의 빈약한 지식 범주 안에서 대충 샘플을 뽑아보면, 윤리적인 것(the ethical)을 하나의 아름다운 공명으로 정당화하는 플로티누스(Plotinus, 205-207*이집트 태생의 로마 철학자)를 우리에게 안겨줄 것이다. "영혼은 예술의 노동에 의해서가 아니라 그 선함으로 유명한 인간존재들의 미덕에 의해서 생산되는 미적 작업들(works of beauty)을 … 주목하는 습관에 훈련이 되어 있어야 한다."[10] 그러한 영혼은 노동에 대한 권리가 아니라 작업에 대한 권리를 바치는 힌두교를 낳을 것이다. "karmayenyebādhikaraste māphalesu kadācana."[11] 또한 하크(haq)라는 굉장한 개념 혹은 비유를 통해 권리와 책임을 결합하는, 내가 있는 세상의 이슬람을 낳을 것이다. 나는 이 책의 12장「영어로 번역하기」에서 하크에 관해 말하고 있다.

하크는 우리를 그 속에서 태어나게 하는 "초개인적인 구조적 책임", 즉 우리의 진정한 존재이다.[12] 여기서 '책임'이라는 단어는 실로 하나의 근사치이다. 왜냐하면 이 구조적 위치화(positioning)는 또한 생득권(birth-right)으로서 근사치에 가깝게 번역될 수 있기 때문이다. 이 생득권이 권리이건 책임이건, 그것은 내 존재의 진실, 즉 영어의 의미로는 나타나지 않는 나의 하크이다.

입증할 수는 없지만 나는 이렇게 강건한 책임 개념이야말로 행성의 가장 전자본주의적이고 높은 수준의 문화들에 의해 실천된 문화라는 점을 확신한다. 물론 명령의 기원에 관한 초월적 형상화(du sollst)는 서로 상이한데, 그 형상화는 합리적으로 정당화할 수 있는 목적론을 수용해야 하기 때문이다. 하지만 그 형상화는 그것의 두 가지 세계주의에서 행성 담론의 잔재를 여전히 유지하고 있다. 이와 대조적으로 이슬람은 성경의 종교이자 그래서 개념적으로 두 가지 세계를 유지하더라도 노마드적 과거의 잔재를 실어 나른다. 여기서 노마드적 과거란 지구를, 공동체 안의 인간 서식지를, 내가 부르는바 '행성'이라고 하는 것을 항상 과학적 셈에 의한 것이 아니라면 실천상 행성적인 것으로 여긴다. 내가 여기서 '행성'은 아마 항상 그러하듯 집단적 책임을 권리로서 기입하는 오어법적 표현이라고 말한다면.

---

10) Plotinus, *The Enneads*, trans. Stephen MacKenna, 4th ed. (New York: Pantheon, 1969), p. 63.

11) "당신의 권리는 결코 노동의 열매를 거둘 권리가 아니라 오로지 일할 권리이다."(*Srimadbhagavadgita* 2.47. 스피박의 번역)

12) 이 아랍 단어는 이슬람 신학에서 많은 논쟁을 일으키고 있다. 나는 그 감지된 용법에 관해 논평하고 있는 중이다. 하크는 또한 나의 모국어(벵골어)와 나의 민족어(힌두어)에서 아랍 기원의 단어이다.

여러분은 내게 심취할 것이다. 경험을 결정하는 그러한 대타성은 신비하고도 불연속적인데다, 불가능한 것의 경험이기 때문이다.

인간적인 것과 자연적인 것 사이의 대립을 미결정적인 것으로 만들어버리는, 더욱 생태학적인 삶의 실천은 물론 선주민적인 것(the Aboriginal)이다. 우리가 스위스의 이민 문제에만 초점을 두고 있다면 선주민적인 것은 우리의 관심사에 아무런 영향도 미치지 못한다. 환경(umwelt)이 유럽인에 의해 사유되지 않는 한 그렇다. 그러나 우리가 행성을 사유하고 있는 중이라면 어떨까? 유네스코의 지원을 받는 『삶의 지원체계 백과사전』(*Encyclopedia of Life Support Systems*)은 지구적 금융화를 위해 이제 선주민을 에코생물적인 것(the ecobiome)에 아무런 관심도 없다고 정의할 게 틀림없다. 그런데 우리가 행성을 사유하고 있는 중이라면, 그 점을 언급한다고 해서 부적절할 것도 없겠다! (나는 진보의 수 세기에 의해 변형된 에코생물적인 것과 선주민이 보호하고자 그 방법을 배워 왔던 것 사이에 아무런 유사성도 없다는 점을 이제 알고 있다. 내가 강연 중이던 당시에, 나의 경험은 지주 계급과 그 무리들의 봉건주의적 보호주의에 의해 잘못 인도되고 있었다.)

권리와 책임 사이의 갈등을 집요하게 해체하는 에피스테메 혹은 사고방식(mind-set)으로 화제를 돌려보자. 우리의 권리 혹은 진실은 구조적으로 특정한 방식들로 책임성 있고자 한다. (그 구조는 위계, 카스트, 관료제로 이끄는데 이것들은 집요하게 해체되어야 한다.) 그 명령은 행성의 불연속성으로부터 나오는데 반드시 의식에서가 아니라 인간-되기(being-human)에서 나온다. 이것은 역사적으로 전자본주의적 사고방식이다. 오늘날 우리가 가지고 있는 이 방식의 거의 모든 예들은 자본주의적 제국주의의 승리에 의해, 또 책임을 위한 명령의 원천에 관한 상이한 초월적 형상화들 사이의 상충에 의해 타협을 이룬다. 다른 한편 소위 현 상황을 타개하기 위한 개선책들 — 그 목표는 여전히 이윤극대화를 유지하는 것으로 남아 있는데 — 은 그날 저녁에 내가 연설하고 있었던 자리와 같은 모임들을 요청하는 곤경을 더 악화할 뿐이다.

내가 이 책의 9장 「이론에 남은 것은 무엇인가?」에서 지적하여 왔듯이, 이성의 공적 사용의 유산 — 자유주의-자본주의 센터뿐만 아니라 좌파 계몽주의-모델의 사회적 공학에 대한 속기 — 은 책임과 권리를 함께 생각할 수 없도록 한다. 이성과 신앙 사이의 모순으로 보이는 이러한 모순은 골드슈미트에 의해 다음과 같이 아름답게 표현되고 있다.

"우리는 아는 법을 배워야 하는데, 그것은 풍부함이다. 신앙은 우리를 겸허하게 만들며 터득되어야 한다."[13)]

또한 나는「이론에 남은 것은 무엇인가?」에서 '책임'을 사유하는 데서 겪는 마흐무드 맘다니(Mahmood Mamdani)의 이해 가능한 어려움을 지적하였다. 미셸 드 세르토(Michel de Certeau)는 "집단적인 환원 불가능성이 개인적 구성원들에게 집단적인 환원 불가능성을 새겨 넣게 하는 뿌리들 혹은 '고정점들'을 의식적으로건 무의식적으로건 구성하는 기억의 집단적 단편들"(p. 161)에 대한 보기 드문 이해력을 갖고 말한다. 하지만 맘다니처럼 세르토 또한 "개인의 권리라는 이름으로 전체 사회적 현실을 시장과 행정의 커다란 보편적 빛에 노출시키는 경제의 균형을 잡을 수 있는" 것으로서 "집단적 권리들"(pp. 290-291)이라는 언어를 넘어설 수 없다. 다른 한편 레비나스의 오뜨루이(autrui)는 비특정적인 복수화된 타자성(a nonspecific, pluralized otherness)으로 비현상학적 추상이다. 표정이나 얼굴로 너무 잽싸게 번역되는 레비나스의 **비자쥬**(visage)는 대부분이 **보는 사람**(viser)으로부터 나오는 명사적인 구축물이라, 의향을 갖는 동사를 향하는 방향성을 지니지 못한다. 단독적인 것/보편적인 것은 정기적인 도덕적 딜레마로, 윤리적 수수께끼로 남는다. 바로 이것이 불가능한 것의 환원 불가능한 경험의 개요가 될 수 있다고 해 보자. 그러나 우리가 어떻게 그 까치발을 느슨하게 할 수 있을 것이며, 집단적 권리들의 추상화로 떨어지지 않으면서 이 근엄한 풍경을 집단화된 사람들의 비일치성으로써 오염시킬 수 있을 것인가?

여러분이 이민 문제의 한 부분이 아니라 행성의 후견인으로서 선주민의 삶의 방식을 배우는 것은 소위 토착 지식뿐만 아니라 제국주의 문화들로부터 가장 많이 분리된 토착민(the autochthone)의 바로 그 DNA나 생명-기입(life-inscription)에 특허를 주려는 발전 로비의 추진에 의해 일상적으로 타협되고 있다. 생물-수확예상(bio-prospecting)은 생물해적질로 유도되고 단일문화들로 더 나아가게 하여 생물다양성의 죽음을 유도하고 있다. 이러한 합리적 기획들이 지구화의 이해관계를 도모하는 한, 여러분은 자본으로서는 적극적으로 국가로서는 수동적으로 실로 그 지구화에 연루되어 있다.[14)] 그러니 그 모든 외양에도 불구하

13) Goldschmidt, *Freiheit für den Widerspruch*, p. 13.

14) Mae-Wan Ho, *Genetic Engineering: Dream or Nightmare: The Brave New World of Bad Science and Big Business* (Bath, UK: Gateway, 1998).

고 여러분의 목표가 언더클래스 이민자를 이러한 경제적 역학 속에 그저 통합시키는 데로 축소될 수는 없다. 그러므로 행성을 그저 상상된 적절한 수령자로서 또 명령의 전송자로서 생각하라.

몇 년 전에 나는 프랑스의 리옹(Lyons)에서 알제리 출신의 이주민 가족의 환대를 받았다. 벤메루카(Benmelouka) 씨는 리옹의 치바-게이지(Civa-Geigy) 공장에서 40년을 일한 뒤에 감독으로서 은퇴했다. 나는 제약회사의 덤핑이 여성과 땅에 입히는 해로움 때문에 치바-게이지와 그러한 부류의 회사들에 맞서는 운동에 가담하고 투쟁하는 데 합류하러 방글라데시에 가는 길이라는 말을 도저히 꺼낼 수 없었다. 행성은 단순한 개인적 선의 속에서 비가시화되었다.

벤메루카 씨 부인은 그 해 초반에 죽었다. 계속 알제리에 갈 수 있었던 시절에 나는 오랑(Oran)에 있는 그녀의 빈 10층 아파트에서 지내곤 했다. 나는 리옹에 있는 그녀의 덜 널찍한 아파트에서 지내던 그녀를 기억한다. 〈국립 의료 서비스〉를 통해 지방 병원으로부터 장기간 대여한 가정용 투석기의 신비를 나한테 가르쳐 주던 그녀에 대한 기억이 생생하다. 또한 거리의 공중전화 박스에서 인종차별주의자 백인 소녀에게 욕설을 하면서도 "프랑스여, 잘 살기를!"라고 외치던 그녀의 모습도 기억난다. 나는 인종차별주의-안에서의-고마움을 계몽된 다문화주의 정책의 목표라고 생각할 수 없다.

칸트는 『목적론적 판단력 비판』(*Critique of the Teleological Power of Judgement*)에 나오는 장엄한 구절에서 신에 관하여 다음과 같이 말한다.

> 그리하여 우리는 신이 없다는 것을 … 확고하게 믿는 사람이라고 자신을 받아들이는 … 의로운 사람을 당연하게 여길[einen rechtschtschaffenen Mann aanehmen] 수 있다. 그는 거룩한 법이 자신의 모든 능력을 이끌어가는 선(善)을 그저 이기심 없이, 아니 사심 없이 확립하고자 한다. 하지만 그의 노력에는 한계가 있다. … 기만, 폭력, 시기심이 항상 그를 둘러쌀 것이다. 그 자신은 정직하고 평화로울 수 있고 자비롭지만 말이다. 그 외에도 그가 만날 의로운 사람들은 행복하게 지낼 가치가 있는데도 본성에 예속될 것이다. … 지구상의 다른 모든 동물들처럼 말이다. 한 널찍한 무덤이 … 그들이 끌려나온 물질의 목적 없는 카오스의 심연

속으로 그들 모두를 집어삼킬[verschlingt] 때까지, 그는 항상 그렇게 남아 있을 것이다. … 그가 자신의 도덕적인 내적 소명의 호소에 결착된 채 남아 있고자 한다면 … 그는 세계의 도덕적 창조자인 신의 실존[Dasein]을 전제해야만 한다.15)

내가 다른 더 잘 알려진 구절보다 바로 이 구절을 인용하는 것은, 세 번째 『판단력 비판』을 보충하는 섹션에서 칸트가 자신의 보호막을 내린 채 글을 쓰고 있기 때문이다. 여기서 그 명령의 원천은 이성을 보충하는 것으로서 솔직하고도 반복적으로 개념화되어 있다. 나는 이 점에 관해 『포스트식민 이성 비판』에서 좀 길게 논의한 바 있다.16)

교회와 국가의 분리뿐만 아니라 공사 분리에 기대어 그러한 움직임들로부터 힘을 받았던 유럽 세속주의는 자본주의적 모험에 의해 황폐하게 된 세계를 지지하는 입장에 서려고 하지 않을 것이다. 국가 경제에 대한 여러분의 신념이 어떠하건, 가증하는 지구화의 당연한 결과로서 산업과 서비스업들은 사유화할 것이다. 물론 여기서의 '사유'가 의미하는 바는 우리가 공사의 세속적 분리를 말할 때의 의미와 동일하지 않다. 하지만 기업 자선주의라는 항목 하에 들어오지 않는 복지 서비스들은 이 재구조화된 세계에서 점점 더 자발주의(voluntarism)에 의존한다. 그러한 실정을 감안할 때, 우리가 사유화하는 만큼 사회복지에 대한 명령도 점점 '사적인' 것이 되고 있다.

일반적인 의미에서 '민주주의'가 의문의 여지 없는 선이라는 점에는 추호의 의심도 있을 수 없다. 하지만 우리의 현 난국에서 공적이건 사적이건 문화적 우월성 — 이것으로부터 이주민에게 베푸는 은혜는 지지를 받을 수 없다 — 을 승인하는 것으로서 시민사회의 형식적 민주주의 구조들에 대한 확신도 지지를 받을 수 없다. 거기에 의심의 여지란 있을 수 없다. 탈식민화된 세계에서 우리는 정치체제를 신정체제(theocracy)로 이동시키기 위해, 투표를 몸체로서 중시하는 민주주의 구조들을 전유하는 모습을 반복해서 보아 왔다. 미국에서 선거는 그토록 당연한 결과를 내지 못한다면 연극 같은 진부한 모습을 보여줄 뿐이다. 지

15) Kant, *Critique of the Poswer of Judgement*, trans. Paul Guyer (Cambridge: Cambridge University Press, 2000), pp. 317-318. 수정된 번역임.

16) Spivak, *A Critique of Postcolonial Reason: Toward a History of the Vanishing Present* (Cambridge, MA: Harvard University Press, 1999).

구적 맥락에서는 특정한 시민사회의 한계들과 개방들은 결코 초국가적이지 않다는 바로 그 이유 때문에, 지구적 자본의 초국가화는 포스트-국가 계급-체계를 요구한다. 이 체계를 확립하는 데서 여성은 페미니즘의 보편화 — 유엔이 점차 그 도구가 되어 가고 있는 — 를 위해 쓰인다. 이러한 재영토화 과정에서 서로 협력하는 비정부 조직들은 바로 국가의 역할을 지우기 위해 '국제시민사회'라고 점차 많이 불리고 있는 중이다. 민주주의에 대한 윈스턴 처칠의 돌발행동은 민주주의 제도만 있다면 오늘날은 더 이상 그 역할을 하지 못한다. 오늘날에는 적어도 민주주의 제도를 사적 선의 — 그것의 명령들은 기껏해야 이성에 대한 하나의 보충물로부터 받게 된다 — 와는 다른 하나의 행위능력을 갖고 채우고자 하는 시도가 필요하다. 이렇게 진전된 포스트자본주의 구조는, 자본주의 사회의 생산성에 의해 파괴되지 않을 수 없었던 책임에 대한 좀 더 강건한 명령으로써 다시 한 번 채워져야 한다. 반복하건대 책임에 대한 명령은, 이해관계가 있는 연속적인 진화 모델에 따른 반드시 전자본주의적인 것이라기보다 자본주의에 결함을 갖는 것으로 이해되고 가치가 부여되어야 한다. (이것이 바로 미학교육이다!) 본연의 추상인 자본은 지구화를 향해 가는 길밖에 없다. 인간존재들은 심지어 합리적인 기대에 의해 허용되어야 하는 만큼, 추상적일 뿐이다. 따라서 불평등하게 발전된 세상이 있게 되며, 내가 앞에서 논의했듯 〈세계무역기구〉를 통해 그러한 세상은 공고하게 된다. 나는 다시 한 번 그 시금석이 되는 대목을 인용한다.

> 어쨌든, 임금을 그 일반적 기초로(즉 노동자 자신의 노동 생산물 가운데 노동자의 개인적 소비에 들어가는 부분으로) 환원해보자. 그리하여 그 몫을 자본주의적 한계에서 해방시켜 한편에서는 사회의 현존 생산력이 … 허용하는 범위까지, 다른 한편으로는 개성의 충분한 발전이 필요로 하는 소비 범위까지 확대해보기로 하자. 또 잉여노동과 잉여생산물을 주어진 사회적 생산 조건에서, 한편으로는 보험과 예비 재원의 형성을 위해 필요한 정도까지, 다른 한편으로는 사회적 욕망의 크기에 의해 정해진 만큼 재생산의 부단한 확장을 위해 필요한 한도까지 축소하여 보기로 하자. 마지막으로 사회 구성원 중 노동능력이 있는 사람이 필요노동과 잉여노동에다, 아직 노동능력이 없는 사람과 이미 노동능력이 없는 사람을 위해 항시 수행해야 하는 노동량을 포함시켜 보자. … 그러면 거기에 남는 것은 이미 이 형태들이 아니라 모든 사

회적 생산양식에 있는 공동체적인[gemeinschaftlich] 형태들의 저 기초들[Grundlagen]뿐이다.[17]

이와 같이 마르크스는 (발전 담론에서의 경제 성장에 대충 필적하는) 자본의 엄청난 사회적 생산성을 인정하면서 자본주의로부터 사회주의로 변천하는 데 필요할 가정법 규정을 썼다. 그러나 그는 사회주의의 지속된 연습을 위한 마술을 구체화할 수 있었더라도 그때까지 살지는 못했다. 복지국가는 '자유주의 혁명'을 자랑스럽게 여겼던 다당(muliparty) 민주주의들의 끝자락에서 발전하고 번성했다. 역사의 식민적 구성을 종종 부인하고 대량학살의 정상성에 이중 기준을 적용하는 보도된 '인종청소'에 의해 또 포스트식민성에 의해 진행된 지구화하에서 그러한 자부심 또한 허물어지고 있는 중이다. 장-프랑수아 리오타르와 같은 서구 비평가들은 사회정의와 경제 성장 둘 다에 자부심을 갖고서 포스트모더니즘을 진단했었다.[18] 나는 경제 성장을 사회적 정의의 근처에 놓고자 했던 비실제적 철학자를 회상하면서 다음과 같이 말한다. 어쩌다가 하크(haq)로 개념화되어 왔던 대타성-안의-진실이라는 집단적 구조에 의해 고정된 권리-로서의-책임이라는 견지에서만 그 가정법은 하나의 명령으로 이동할 수 있다고 말이다. 이것은 타자 편에서부터 대화학을 보충하는 나의 판본이다. 아래로부터, 젠더화된 **하크**로 짜인 공간으로부터, 계몽을 속기로 활용하라. 이는 다른 종류의 인식론을 수행하기 위해 상상력을 훈련하는 것이며, 그것이 제도화될 때 미학교육이라고 불릴 것이다.

내가 이슬람을 위해 말하고 있는 것이 아니라는 점이 이해되기를 바란다. 성서에 나오는 아주 어린 젊은이들이 언어적 실천을 제도화함으로써 그 실천을 삭제하기 시작한 경위에 내가 언어학적 접근을 하게 된 것도 그렇게 우연히 일어난 일이다. 이슬람의 역사에서 윤리가 자체를 법과 분리시킨 경위는 파즐루르 라만(Fazlur Rahman)에 의해 기록되어 왔다.[19] 또한 책임을 제도화하는 가장 문화적인 논리학(logics)과 비슷하게 이슬람은 여성에게 그 내

17) Karl Marx, *Capital*, vol. 3, trans. David Fernbach (New York: Viking Books, 1981), pp. 1015-1016(이하 본문 중에 C 3와 함께 쪽수를 표기함, 국역본 1162쪽. 저자의 수정된 영역 인용에 따라 국역도 수정함).

18) Jean-François Lyotard, *The Postmodern Condition: A Report on Knowledge*, trans. Geoff Bennington and Brian Massumi (Minneapolis: University of Minesota Press, 1984).

19) Fazlur Rahman, "Law and Ethics in Islam," in Richard G. Hovannisian, ed., *Ethics in Islam* (Malibe, CA: Undena, 1985), p. 15.

부에서 타자의 역할을 하도록 역사적으로 허용해 왔다.

나는 또한 문화적 정체성을 위해 내가 말하고 있는 것이 아니라는 점을 언급해야겠다. 나는 무슬림으로 태어나지 않았다. 실로 카스트 힌두교도로서 나의 정체성-주장들은 내 민족 공간에 있던 무슬림 유산의 말소에 의거한다. 나는 여러분의, 우리의, 혹은 그들의 정체성에 찬성하건 반대하건 대타성의 윤리를 정체성의 정치로 축소하는 것에 단호하게 반대한다. 우리의 고찰을 위해 내가 제공하고 있는 것은 강제수용소의 무즐만(Muselmann)이 아니었던 만큼, 역사적인 무슬림도 아니다.[20] 그것은 차라리 대타성에 기반을 둔(grounded) 하나의 명령에다 그 기초를 두고 있는 책임의 사회적 실천의 윤곽이다. 우리가 이미 주목하였듯이, 아브델케비르 카티비(Abdelkébir Khatibi)는 이슬람에서 이러한 바탕은 희생이라기보다 글쓰기였다고 주장하여 왔다.[21] 나는 그 세밀한 부분을 검토할 정도로 유능하지는 않다.

내가 우연히 하크에서 그 가장 효율적인 묘사를 발견한 바 있는 인식론적 변형에 침투해 들어가는 교육을 하지 않고는 산업자본과 금융자본은 집요하게 저지할 수도, 마르크스의 구절에서 실제적으로 전개된 바 있지만 아직 숙성되지는 않은 사회적인 것의 이해관계 주변을 맴돌 수도 없다는 점을 그저 시사하고 있을 뿐이다. 더 나아가 나는 대타성으로부터 지향되고 있다고 상상되는 하나의 명령에 기초를 둔 이러한 책임의 사회적 실천은, 오늘날 칸트나 이슬람에서처럼 기반을 두다(grounding)라는 이름을 지닌 그 어느 것과도 관련될 수 없다고 논의하고 있다. 이것이야말로 행성의 명령이라는 것 속으로 들어가도록 하는 교육(educating into the planetary imperative)이, 무진장한 에피스테메의 다양성에 편안한 절대적 불연속적 대타성을 가정하면서도 지우는 일이 일어나는 곳이다.

여기서 더 나아가 나는 역사적으로 우연히 일어난 일을 기념하기보다, 자본논리의 합리적 기계가 개인적인 것(the individual)에 관한 이러한 이해를 파괴할 것을 요구했고 그리하여 그 이해를 '전자본주의적'인 것으로 폐기하고 있으니 그 이해를 실로 아주 좋은 자본주

---

20) 그 이름은 대화학(dialogics)의 절대적인 실패를 표시했다. "프리모 레비는 캠프 은어로 '무즐만'(der Muselmann)이라고 불렸던 사람을, 치욕, 공포, 두려움으로 말미암아 자신을 절대적으로 냉담하게 만들 정도로 모든 의식과 모든 개성을 빼앗겨 버린 그런 존재를 묘사했다(Agamben, *Homo Sacer*, pp. 184-185). 나는 그러한 사람을 하나의 생산적인 모순 속에서 탈신성화하자고 독자를 초대하고 있는 중이다.

21) Abdelkébir Khatibir, "Frontières," in "Entre psychanalyse et Islam," *Cahiers Intersignes* 1 (Spring 1990): 13-22.

의적 보장들의 추상적 구조를 활성화하고 고무한다고 상상할 것을 제안하고 있다. 남아프리카공화국에서 연설하는 자리에서 나는 '~로부터의 자유'와 '~로의 자유'라는 민주적 자유들은 보증인처럼 자유로울 수 있지만 구속되어 있을 때에만 실행될 수 있다고 논의했다. 여기서 나는 골드슈미트의 작업과 공명하면서도 그의 작업을 이름 붙여진 신앙(a named faith)과 나누는 이성의 대화학(dialogics)에 놓을 수는 없다. 나는 행성의 포이에시스(poiesis*상상적인 만들기)와, 전승된 기록 및 이름을 지닌 신앙 사이의 모순이라는 또 다른 단계를 취해야만 할 것이다. 스위스는 가장 오랜 자유주의의 역사를 가지고 있고, 제한되어 있기는 하지만 다문화 정책에 대한 의식을 갖고 있는 유럽 민족-국가이다. 1997년에 나는 책임에 대한 행성의 재배열된 명령에 자유주의를 구속시키라고 스위스 사람들에게 말했다. 적어도 미국에서는 아동들의 다문화 교육은 전통 교육과 근대성 교육이라는 두 광범위한 영역으로 나뉘어 있다. 다음에 나오는 대충 뽑은 예는 이러한 분할에 대한 감각을 제공할 것이다. 내가 그것을 업데이트하는 데에 신경을 썼더라면, 나는 모든 전선에서 일상적으로 생기는 예들로 정신을 못 차렸을 것이다.

1997년 8월 23일에 뉴욕의 1번 뉴스 채널은 두 가지의 아동 프로그램에 찬성하는 보도를 냈다. 하나는 아동들에게 카리브 해 댄스 스텝을 훈련시키는 '패싱 온'(Passing On) 프로그램이라고 했고, 다른 하나는 티셔츠를 받은 아동들을 뉴욕 주식 시장 건물로 데리고 가는 것이었다. 이것도 아동 교육이다. '전통'을 '문화'에 위임함으로써 역동적인 현재 속에 박제화된 과거가, 주체의 주식시장에 개입함에 따라 상연되고 있는 중이다.

문화적 실천의 영역에서 다문화 요구들이 종교적 준수 주변을 또 (보통은 여성의) 드레스 코드 주변을 맴돈다. 그렇다면 교육의 영역에서 다문화 요구들은 보통 경제적 이주로부터 출현하는 만큼(드러내놓고 피난처를 찾고 있을 때조차도) 이러한 분할을 수긍하는 데 만족한 채 남아 있다.

나는 재빨리 고착되지 않는, 다르면서도 훨씬 견고한 어떤 것을 상상해 보라고 여러분에게 요청하고 있는 중이다. 여러분이 다문화 정책을 토론하는 자리에서는 결코 듣지 못할 어떤 것을 말이다. 나는 대화학을 그 논리적 결과에 이르기까지 용감하게 밀어붙이고 있는 중이다. '지구화하는 라틴화'(globalatinization)의 와중에 있는 것과 계속해서 경쟁하면서도 성서 없는 기괴한 혼종적 '신앙' 내부에 있는 포스트식민적이면서도 여전히 '책임성 있는' 예전 단계의 상투화된 예에 나는 착안한다. 그리하여 우리는 좀 더 정의로운 근대성을 위해 언더클래스 이민자들로부터 배울 어떤 것, 즉 책임성 있는 프라그마(pragma)의 잔여물들을 갖는다고 나는 시사한다.[22] 좀 불균등하더라도 시민사회의 민주주의 구조들에 맞도록 이 프라그마를 우리가 함께 재-발명할 수 있을지 나는 묻고 있는 셈이다. 그러므로 나는 지배자들과 종속된 자들 모두 상이한 '문화적' 관점들로부터 사유하고 행동하는 과업을 똑바로 규명하면서도 자신들을 행성적 대타성에 의해 지향되거나 호명된다고 다시 함께 스스로 생각해야 한다고 제안하고 있는 중이다.[23] 여기서 새로운 점은, 지배자들이 교육을 받되 '아래'로부터 배우는 법을 배우기 위해, 자체의 이해관계 속에서 전유되는 것을 최소한 중지하고자 집요하게 시도하기 위해 교육을 받는다는 것이다. 여기서 '아래'로부터 배우기란 미국의 규정대로 그저 고의적으로가 아니라 비위계적으로 말하기가 뜻하는 바를 배우는 것이다. 말하자면 나는 당신의 실천을 당신으로부터 배울 필요가 있다. 당신이 내 파이의 소량을 나누고 싶어 하지 않는다고 해도 나는 그럴 필요가 있다. 하지만 내가 당신에게 주고 싶은 어떤 것도 있는데, 그것은 우리의 공유된 실천을 융성하게 해 줄 것이다. 시민성(civility)이 당신 책임의 실천을 기원-이전의(pre-originary) 권리로서 요구한다는 점을 나는 모르고 있고 몰랐다.

(이것은 여전히 적절하지만 지금은 완전하게 실행할 수 없는 것처럼 보인다. 행동 중에 있는 너무나 많은 걸치레 방식들 때문이다.)

문화 작업자들과 교육자들이 지구적으로 제공할 수 있는 후원은 바로 이러한 말하기를 가르치는 것이다. 여기서의 말하기란 양편으로부터 응답을 확보할 권리를 획득하는 것을, 한 번 더 말하건대 책임성을 요구한다.

---

22) 데리다의 이 멋진 구절은 그의 다음 글에 나온다. "Faith and Knowledge: The Two Sources of Religion at the Limits of Reason Alone," trans. Samuel Weber, in Jacques Derrida and Gianni Vatimo, eds., *Religion*(Stanford, CA: Stanford University Press, 1998).

23) 다시 한 번 자신의 모든 통찰이 그랬듯 그람시는 진전을 찾아볼 수 없었던, 자신의 민족-국가에 근거한 유럽주의자 관점으로부터 이것의 한 가지 판본을 깊이 생각해볼 정도로 선견지명이 있었다(Antonio Gramsci, *Selections from the Prison Notebooks*, ed. and trans. Quintin Hoare and Geoffrey Nowell Smith, New York: International Publishers, 1971, pp. 330-331).

나는 이러한 거래에서의 진정한 승리자들은 양편 모두에서 여성들이었을 것이라고 생각한다. 이 점이 거듭 개방될, 전미래(the future anterior)를 위한 추측으로 남아 있도록 하자.

이것은 어떻게 행해질 것인가? 시민정책을 만드는 사람들이 몇몇 언어들을 배워야 하리라는 점은 분명하다. 그렇게 하면 또한 시민 서비스 훈련에서도 변화가 도래할 것이다. 일반교육의 구조도 일정 부분을 바꾸어야 할 것이다. (정신이 습관 속에 박히는 아동 교육에서 그 구조는 특히 교육의 강조점의 변화를 요청한다.) 그 진정한 요청은 다양화된 사회적 수완인데 그것은 강압이라기보다 설득이다. 나는 손쉽거나 값싼 변화에 대해 말하고 있지 않다. 하지만 내가 앞서 제안했듯이, 그 변화가 양방향이며 실제적인 대화라면, 추상적인 시민사회 구조를 통제하는 자들에게 국가적 국제적 거버넌스(governance)의 언어들과 간섭하는 문제 같은 것은 생길 수 없다.

제국주의하에서 식민화된 사람들은 더 나은 정신문화를, 식민주의자들은 더 나은 물질문화를 갖고 있었다는 암시가 종종 있어 왔다. 이러한 견해는 기껏해야 부정직하고 최악의 경우 위선적이라고 항상 제쳐져왔다. 이 슬로건은 정신문화의 담지자로서 여성을 후방에 두는 한 가지 방식이었으며, 그 점은 반복해서 지적되어 왔다. 종속된 자들 편에서 이주자의 민족적 기원을 가리키는 문화적 표식들을 지닌 복장들로부터 구조적으로 행성화되어 집요하게 해방된다면, 또 지배자들의 민족주의적 편견들로부터 똑같이 집요하게 해방된다면, 이러한 지각의 진실이 시험받을 수 있다.

그렇지 않으면, 오늘날 그렇듯, 다문화 국가 내부에서 일어나는 '문화적' 자율성을 위한 요구들은 외국인 혐오증에 대한 반작용이자 방해받지 않는 상층 계급-유동성에의 접근 부족에 대한 반작용에 지나지 않게 된다. 그 요구들은 우리가 보존하기를 염원하는 바로 그 '문화'를 그냥 남겨 두고 왔다는 데 대한 죄의식을 덮기 위한 반동-형성과 결합되어 있다. 일단 계층이 상향되면, 문화적 정의들을 확립할 정도로 충분히 상향된 그 부문은 전체 스펙트럼을 위한 대항-근대성을 요구한다.

나는 전자본주의 사회들의 책임성-사유를 시민사회의 민주적 구조들의 추상들 속에서 재-배열하기에 관해 말하느라 상당한 시간을 투여했다. 행성적인 것(the planetary)이라는 용어를 사용할 수 있다면, 그 말을 써서 지구화를 간섭적으로 통제하고, 자본주의적 지구화의 합리적 명령을 굴절시키기 위해 그 명령을 행성이라는 타자 공간의 미확정적인 급진적 대타성에 위치시키고, 대화학을 이러한 모순들의 집합 속에서 탈구시키고자 말이다. 집요하게 비판적이고 제도적인 실천으로 귀결될 만한 것, 즉 정치적 경제적 이데올로기적 교육적 책무(accountability)에 관해 내가 말하여 왔다는 점은 부인될 수 없다. 내가 좀 더 유럽적인 윤리 철학으로부터 배워 왔던 교훈은, 다음에서 보듯 제도적 실천은 윤리적 경계심(caution)을 망각한다는 점이다. (물론 그러한 망각 속에서 주체의 시간성 속으로 예상할 수 없게 삽입하는 와중에 선물이 먼저 있어 왔던 것처럼 여기는 가운데) 우리의 삶은 전적인 타자의 부름(the call of the wholly other)으로서 살아지게 되는데, 그 부름은 책무를 지는(accountable) 이성으로써 구속되는 책임에 의해 반드시 응답되어야 한다. 불가능해서 계산할 수 없는 것의 경험으로서 윤리란 자기-이해관계와 책임 사이의 범위를 망라하는 가능한 셈으로서 살아지게 된다. 정의와 법, 윤리와 정치, 선물과 책임은 구조 없는 구조들이다. 왜냐하면 각 쌍의 첫 번째 항목은 이용 가능하지도 이용 불가능하지도 않기 때문이다. 경험적으로 세밀하면서도 철학적으로는 오류가 있더라도 법적 정치적 결정들을 내려야만 하는 것은, 해체될 수 없는 것으로서 윤리, 불가능한 것의 경험으로서 정의와 윤리라는 견지에서이다. (이러한 대립조차 마지막까지 지지할 수 있는 것은 아니다.) 법, 정치, 책임이라는, 각 쌍의 두 번째 항목의 셈은 항상 이러한 특이성(peculiarity)의 견지에서 책임 있는 행동을 위한 명령이다. 이 쌍들은 상호 교환될 수 없지만 사슬같이 이어지지 않는 탈구들의 연쇄 위에서 움직인다. 각 경우에 '~와(and) ~'라는 것은 '와(and)'라는 연계사가 관계들의 미확정적 다양성을 은폐하는 하나의 '대리보충물'임을 인정하는 과제를 열어준다. 그 대리보충은 결여(lack)를 제공하고 초과(excess)를 부가하는 만큼 그렇다. 이러한 구조 없는 구조에 관한 사유가 새로운 유럽 내부에서 다문화 명령들로 선회할 때, 환대 혹은 이웃의 사랑을 베푸는 자로서 유럽에 대한 사유의 바깥으로 움직일 수 없을 것같이 보인다. 그 사유는 세계 공화국을 맴돌고 다시 맴돈다. 실로 이것이 장-뤼크 낭시(Jean-Luc Nancy)에 대한 나의 응답 중 일부이다. 이러한 우월주의는 더 이상 통하지 않을 것이다.[24] 우리가 「목적론적 판단력 비판」(Critique of the Teleological Power of Judgement)에서 보았

24) 나로서는 데리다가 이것을 「신앙과 지식」(Faith and Knowledge)에서 반복되는 이슬람에 관한 자신의 언급들에서 인식하고 있는 것 같다. 그 글의 각주 28번은 '이슬람주의'를 "오늘날 민주주의를 … 시장을 지배하는 기술과학적 이성에 결박시키는 것과 시장에 대한 급진적 비판을 또한 진전시키는" 것으로 인식하고 있다. 데리다는 그 글의

듯이, 대타성의 윤리가 유럽 정체성의 정치로 바뀜에 따라 대타성은 단순한 보충물이 된다. 우리는 대륙적 환유의 내부에서가 아니라 행성의 도표 내부에서 대타성에 하나의 고유한 이름을 주어야 한다. 종교가 서발턴에 의해 동원될 수 있는 도구라면, 대타성에 붙일 고유한 이름은 많은 서발턴 과거들을 수용함으로써 단순한 구세주성의 철 지난 짐(burden)으로부터 대타성을 해방시킬 것이다. 초강국의 우두머리가 책무(accountability)의 이름으로 나토(NATO)의 개입을 정당화하는 동안 — 그때 구세주성은 명백한 운명과 구분할 수 없게 되는데 — 우리는 경계 넘기와 자유로운 프런티어의 견지에서 책무를 그냥 느끼고만 있을 수 없다. 우리는 우리의 개인적 가정이 행성으로서의 행성, 즉 우리가 학교 천문학에서 배우는 바로 그 행성 위에 쓰이는 것으로 생각해야 한다. 이렇게 윤리에 대한 굴절된(defracted) 견해에서는 의향을 갖는(intending) 것으로서 시간, 민족, 어머니, 얼굴이 아니라 대타성의 이름으로서 공간이 대타성의 이름이 될 수 있다.

그렇다면 결론적으로 나는 골드슈미트의 사유 내부에 은신처를 두고 있으면서도 그 사유에 추가 조항을 두라는 나의 초대를 반복한다. 여러분과 그들을 주인-노예의 변증법에서가 아니라 책무의 대화를 나누는, 수혜자이자 베푸는 자들로 상상하라. 취리히는 제네바를 기억해야 한다. 제네바에서는 난타당한 가난한 책임-문화들의 선물들이 전 세계적인 규모로 무역과 관련된 지적 재산권에 속박되어 있으며, 군사적 평화유지는 성급한 이분법적 설명들을 보스니아나 르완다와 같은 더 오래된 제국들의 유산에다 부가하고 있는 중이다. 지구화의 이해관계 속에서 말이다. 나는 우리 모두를 베푸는 자이자 받는 자로, 여성과 남성으로, 행성의 인간존재들로 구조화하라는 명령들을 새롭게 상상하자고 우리 모두에게 말한다. 내가 그렇게 말하는 것은 그저 민족-국가가 아니라 세계를 생각하자는 틀의 내부에서이다.

55-56쪽에서 먼저 다음과 같이 질문한다. "인구의 현실과 계산(calculation)의 지구화가 그러한 '맥락'['나는 유대주의를 성경에 하나의 맥락을 제공할 수 있는 가능성으로 이해한다'(레비나스)]의 개연성을 어느 때보다 더 약하게 하고 생존의 위협을 최악으로, 또 '최종 해결'의 근본적인 악으로 만들고 있지 않은가?" 데리다는 "이러한 질문이야말로 이스라엘 국가와 민족들 … 또한 모든 유태인들 … 세계의 모든 기독교인들한테 아마 가장 심각하고 가장 다급할 것"이라고 시사한다. 데리다는 다음의 불완전한 문장에서 이 점을 다시 한 번 인정하는 것 같다. "오늘날 무슬림들은 전혀 그렇지 않다(데리다의 「신앙과 지식」 참조)." 내가 본문에서 명확하게 밝혔듯이, 나는 '이슬람'이라는 이름을 지닌 '종교'에 관해 말하고 있지 않다.

17.
스튜어트 홀과 함께 '순수' 문학 용어로 읽기

애석하게도 여기서의 유일한 이중구속은 아주 조심스럽게 읽기 훈련을 받은 사람이라면 누구라도 지구를 수정하는(globe-correcting) 정치에 가담하고 싶어 하지 않는다는 것이다. 그러한 독자들을 많이 생산하라, 그러면 여러분은 수정할 필요가 없을 것이다. 유토피아다.

그렇다면 17장은 문학에 대한 수사학적으로 민감한 접근들은 정치적인 것으로부터 우회한다기보다 그것을 고양시킨다는 신념에 기초해, 자메이카 킨케이드의 『루시』(*Lucy*)를 읽고 있다. 실로, "사회적 개념들이 발생하는 경위에 관한 설명을 유물론 내부에서 제시하기" 위해 수사학적으로 민감한 문학 읽기의 자원들을 불러올 수 있겠다.[1] 『루시』가 그러한 민감성 없이 읽힌다면, 그것은 주체에 관한 이야기가 아니라 상황에 관한 이야기가 된다. 그러나 그것의 문학성 속에서 읽힌다면, 『루시』는 희생자로서의 이주민을 삭제한 채 아무 표식 없는 윤리적 행위자를 남긴다. 그러한 삭제와, 노동자를 희생자로부터 '생산의 행위자'로 바꾸어 놓은 고전적인 마르크스주의적 전사(傳寫) 사이에는 상동성이 있다. 나는 파라탁시스적(paratactic*파라탁시스parataxis는 종속 구문보다는 병렬 구문을 사용하면서 짧고 간단한 문장을 선호하는 문

1) Stuart Hall, "The Problem of Ideology-Marxim without Guarantees," *Journal of Communication Inquiry* 10.2 (1986): 29.

학적 기교이며, 특히 시에서 서로 상이한 이미지를 명확한 연결 없이 병치시키는 기교이다) 사건으로서, 또 '선호된 읽기'[2)]에 저항하는 작품으로서 『루시』의 면모에 관심을 갖고 그 소설을 읽는다. 여기서 선호된 읽기라 함은 흑백 논리로 읽는 것을, 이주민 상황의 인종-계급-젠더로 인한 곤경으로서 그 이야기를 읽는 것을 말한다. 이러한 입장은 대중적인 것은 아니지만 '근본적인 일치들'을 다음과 같이 묘사하는 스튜어트 홀의 전투적인 단어들로부터 나는 오랫동안 위로를 받아 왔다.

> 대립하는 입장들을 하나의 복합적인 통일성 속에 … 묶어 넣는 … 근본적인 일치들(fundamental agreements) … 그 체계적인 포함들(예컨대 어느 논쟁적인 토픽의 구조화에 정기적으로 … "접근하는" 상황의 정의들)과 배제들(예컨대 '극단주의적', '비합리적인', '무의미한', '공상적인,' '비실제적인impractical' 것이라고 정기적으로 "법정에서 제외되는", 체계의 현실 양상들)을 야기하는 근본적인 일치들.(CM, p. 346)

'문화연구' 스타일의 문학연구는 미국 학계에서 그 '구조화된 이데올로기 영역'에서 활동하는 가운데 오늘날 나르시시즘적인 것으로, 문제를 회피하는 것으로, 플롯 요약과 상투형에 가득 찬 것으로 남아 있다. 방법론 없이 선정적인 세부사항을 인용하며 버밍햄에서의 영웅적인 시작들을 임시변통으로 제도화하면서 말이다. ("나는 미국 문화연구를 놓고 무슨 말을 할지 모르겠다. 미국 문화연구는 나로 하여금 할 말을 잃게 한다.") 나는 수사학적 읽기를 회복하자고 주장하는 자신을 발견한다. 수사학적 읽기가 이데올로기 영역을 손상시키는 윤리적 동력이 될 수 있다고, 비합리적이고 유토피아적이며 비실제적인 방식으로 나는 믿고 있다. 인간으로의 탄생이 타자와 타자들을 향하는 시선을 갖고 태어나는 것이라면, 이것을 설명하기 위해 인간존재는 상당한-타자(quite-other)를 전제한다. 그러한 전제는 '민족'과 같은 기관-없는-신체와 싸울 수 있다. 정의상 우리는, 여하한 자아(self)도, 상당한-타자에 도달할 수 없다. 그리하여 그 윤리적 상황은 불가능한 것의 윤리적 경험에서 형상화될 수 있을

2) Hall, "Culture, the Media and 'the Ideological Effect," in James Curran, Michael Gurevitch, and Janet Woollacott, eds., *Mass Communication and Society* (London: Edward Arnold 1977), p. 344(이후 여기서의 인용은 본문 중에 CM과 함께 쪽수를 표기함).

뿐이다. 그리하여 형상들의 유희로서 문학은 그 경험에 상상적으로 접근하는 길을 우리에게 제공할 수 있다.[3)]

오늘날의 미국에서 윤리적인 것은 '인권'이라는 구절 속에 지배적으로 각인되어 있다. 계급투쟁은 정치적-경제적 협박으로서 표현되는 인권의 조급한 승리주의에 굴복하고 말았다. 여기서의 협박이란 군사적 개입들을, 혹은 NGO의 '젠더 훈련'에서처럼 '야만인의 탄압'을 유도한다. 그러한 탄압은 개인적인 것을 창조하기 위해 원시적인 젠더화를 재빨리 탄압한다.[4)]

나는 다음과 같은 선견지명 있는 홀의 규정에 동의한다.

> 개인의 '권리들과 의무들', '자유로운 행위자들', '인권', '대의 민주주의' … 의 다양한 담론들, 짧게 말해, 근대 자본주의 사회의 무성한 이데올로기적 복합체를 구성하는 법적, 정치적, 경제적, 철학적 담론들의 아주 복합적인 그 전체 영역은 똑같은 전제들로부터 나오며 바로 그 전제들에 뿌리를 두고 있다. 시장과 '시장 사회' 및 '시장 합리성'과 같은 개념들의 기초는 바로 이 전제들이다. '이데올로기'는 지금 감추어지고 은폐된 것으로서가 아니라 가장 열려 있고 분명하며 명백한 것으로, 즉 "표면에서 발생하며 모든 사람이 보고 있는" 것으로 정확하게 이해되고 있다는 점 또한 중요하다. 감추어지고 억압되거나 시야에서 굴절된 것이 표면의 진짜 기초들이다. 이것이 그 **무의식**의 원천 혹은 지점이다.

문학적 읽기가 열어줄 수 있는 것은 바로 이 **무의식**의 지점이다. 이것은 문학이나 사회의 정신분석학적 검토를 추천하지 않는다. '무의식'은 무의식적인 것이 아니라 하나의 텍스트적 형상이다. "알튀세르가 이데올로기에 대해 '의식'이라고 불리는 특정한 무의식의 새로운 형태라고 말하는 것은 … 바로 이와 같은 일반적인 의미에서다."(CM, p. 326) 여기서 우리는 또 다른 규정을 사용할 수 있으며, 그 텍스트는 논쟁적인 틀에서보다 수사학적인 틀

---

3) 윤리와 문학에 관한 이 구절은 이 책의 4장 「이중구속이 끼어들기 시작한다」에서 인용됨.

4) 나는 『젠더 훈련하기: 그 원전』(*Gender Training: The Source Book*, Sarah Cummings, Henk van Dam, and Minke Valk, eds, Amsterdam: Royal Tropical Institute, 1998)과 관련해, 이것을 「국경 없는 페미니즘」("Feminism without Frontiers," 1991년 2월 1일에 컬럼비아 대학의 〈여성과 젠더 연구소〉에 발표한 미간행 강연)에서 논의했다.

에서 '이주성의 후방'(hinterland)을 이용 가능하게 만든다고 말할 수 있다.[5)]

『루시』 혹은 그 어떠한 소설도 모방을 위한 텍스트는 아니다. 우리가 자신을 그 소설의 내포 독자로서 형성한다면, 우리는 (그 소설의 서두에 나오는) 문제해결로서의 권리들로부터 (그 소설의 끝에 나오는) 사랑에 대한 능력으로서 책임으로 옮겨 가는 것이 정당하다. 사회주의의 첫 번째 단계는 권리들을 주장하는 것이라면, 두 번째 단계는 책임을 인정하는 것이다. "문학적 읽기 훈련은 (권리/책임으로서) 사회주의를, 이미 충분히 형성된 사회주의적 문화를 그저 '표현하는' 영역이 아니다. 그러나 '문학 교실'은 멀리서나마 형성될지도 모르는 사회주의 윤리의 한 장소이다. 바로 그 점이 [문학]이 중요한 이유이다. 내가 여러분에게 진실을 달리 말하자면, 나는 문학에 대해 아무것도 제시하지 못한다."[6)]

서사적 소설에 기술된 사건들은 실제로는 결코 일어나지 않는다(않았다). 우리가 특별히 '문학적인' 방식으로 서사적 소설을 읽기를 원한다면, 소설의 페이지들에서 발생하고 있는 것은 언어 혹은 산문이라는 점을 인정해야만 한다. 20세기의 주도적인 언어학자 중 한 사람인 로만 야콥슨은 언어의 특별히 '시적인' 혹은 '문학적인' 기능은 그 메시지로써 말하려는 내용이 아니라 메시지 자체가 중요한 곳에서 활동하거나 작업 중이라는 요점 자체를 지적했다. 상식적으로 야콥슨의 말이 틀림없이 정확하다. 우리는 종종 서사 문학을 존재하지 않는 사람들에 관한 가십이거나 작가가 우리에게 직접 말하고자 하는 무엇인 양 다룬다. 그렇게 하는 와중에 우리는 문학의 특별한 본성과 맞서게 된다. 서사적 소설에 기술된 것들은 실제로는 일어나지 않았다. 작가가 여러분에게 직접 말을 걸고 있었다면, 그 혹은 그녀는 여러분이 누구인지 찾아내어 아마 몇몇 예들을 사용할지언정 그저 '이야기하기!'보다 설명적인 산문으로 그 메시지를 분명하게 쓸 것이다.

문학으로서의 문학에서 발생하는 것이 문학 언어의 특이성(peculiarity)이다. 나는 세상

---

5) 홀(Hall)의 「과학의 후방: 이데올로기와 '지식의 사회학'」("The Hinterland of Science: Ideology and the 'Sociology of Knowledge'" in *On Ideology*, London: Hutchinson, 1977, pp. 9-32)은 메트로폴리탄 다문화주의의 문학적인 의미함축과 지정학적 '과학적' 의미함축 사이에 내가 제안하고 있는 것과 똑같은 종류의 관계를 논의하고 있다.

6) Hall, "Notes on Deconstructing 'The Popular,'" in Raphael Samuel, ed., *People's History and Socialist Theory* (London: Routledge, 1981), p. 239. 단어는 변경됨(이후 여기서의 인용은 본문 중에 DP와 함께 쪽수를 표기함).

의 문학들을 모두 알지는 못한다. 하지만 문학으로서의 문학에서 발생하는 것이 바로 문학 언어의 특성이라는 현상은 인도-유럽계 영문학, 벵골 문학, 불문학, 독일 문학, 힌두 문학, 그리스 문학, 라틴 문학, 스페인 문학, 이탈리아 문학과 같이 내가 맴돌 수 있는 문학들에 모두 적용된다. 내가 다루는 문학은 대부분 영어로 쓰인 문학이며 미국에서 생산된 문학인 경우가 다반사이다. 소위 '미국 문학'(American Literature) 말이다. 그 분야에서 나의 상식은 적용되리라고 나는 확신한다. 문학으로서의 문학에서 발생하는 것은 그 언어의 특성 혹은 특이성(singularity)이다. 융통성 있는 인식론적 수행을 위한 상상력의 훈련은, 역설적으로 언어의 특이한 수사학적 본성에 대한 주의 깊은 실천을 통해서 이루어진다. 이것은 '안티구아에 관해 배우기'(안티구아는 우연히도 킨케이드의 고향이다)와는 좀 다르다. 소설의 임시변통에 의해, 혹은 백인 자유주의 가족들에 있는 흑인과 쌍을 이루는 경험에 찬성하건 반대하건 기왕의 결론들에 의해 말이다. '똑같은' 이야기가 다른 말로 다시 말해진다면, 그 이야기는 소설의 허구적 혹은 문학적 질을 무시하기 십상이다.

이렇게 단순한 신념을 갖고서 나는 자메이카 킨케이드의 『루시』[7]를 읽을 것이다. 이 소설에서 주로 발생하는 것은 파라탁시스(parataxis)라고 나는 생각한다.

『옥스퍼드 영어 사전』에 따르면 '파라탁시스'는 "두 문장 이상을 마치 하나의 문장인 양 부호 붙이기"를, "종종 접속사 없이, ~와, 그러나, 그래서(and, but, so)를 사용하면서도 종속(subordination)을 최소한 사용하거나 혹은 아예 사용하지 않으면서 구들, 절들, 문장들을 함께 놓기"를 뜻한다. '파라탁시스'는 어원학적으로 '나란히 놓기'를 뜻하는데 군대의 구성을 가리키는 이름에서 빌려온 것이다. '파라탁시스'는 천 년도 넘게 언어적 실천의 이러한 특수성을 기술해 왔던 세련된 고대 그리스어이다.

나는 '접속사 없이 나란히 놓기'라는 이러한 문학적 특성과 더불어 『루시』는 다음 주제에 의해서만 작품을 범주화하려는 여하한 읽기에 저항할 뿐만 아니라 그 읽기를 바꾼다고도 제안하고 싶다. 이주민 가정교사에 관한 이야기라서 혼종성과 디아스포라에 관한 기성관념들을 예로 보여준다는 주제 말이다. 미국에 쏟아져 들어오는 엄청난 이민 흐름이 있고 소위 문학비평에 관한 많은 책들이 그러한 범주화를 생산하고 있는 실정이다. 하지만

7) Jamaica Kincade, *Lucy* (New York: Farrar, Strauss, Giroux, 1990)(이후 여기서의 인용은 본문 중에 쪽수만 표기함).

나는 다음과 같이 말할 수도 있다고 생각한다. 즉, 우리가 서사적 소설의 예들에서 발생하는 언어의 특이성에 관심을 기울인다면, 단순히 그 스토리 라인만 고려함으로써 우리가 할 수 있는 일반적인 지적들에 의한 범주화에 저항하는 작품도 종종 발견할 거라고 말이다.

우리가 소설의 페이지에서 발생하는 언어의 특이성을 살펴본다고 해서 그 스토리 라인을 무시하지는 않을 것이다. 언어는 동의 없이는 발생할 수 없다. 언어의 특이성에 초점을 맞추다 보면 문학의 문학성이야말로 언어 자체를 내용의 일부로 만든다는 점을 우리로 하여금 주목하도록 한다. 그렇게 말하는 편이 정당하다고 하겠다. (이런 일은 삶에서도 일어나지만, 우리는 그것을 당연하게 여긴다. 나는 여러분에게 예들을 제시할 터인데, 만약 내가 파라탁시스에 열렬히 도달하지 않는다면, 바로 『루시』로 가보라.)

파라탁시스는 접속사 없이 문장들을 나란히 놓는 것이다. 시인이자 비평가인 봅 피렐만(Bob Perelman)은 파라탁시스에 대한 큰 주장들을 하고 있다. 하지만 그는 그 부정적인 가치만 언급하는 어느 조급한 비평가를 또한 인용한다. "그것은 텔레비전 앞에서 양육된 세대의 산물이다. 깊이 없는 이미지들과 공허한 사운드들이 끝없이 연속되는 가운데 각각 앞의 것을 취소해 버리는 텔레비전 말이다."[8] 그러나 피렐만은 언어의 힘이란 읽는 독자에게 작동할 수 있을 뿐이라는 점을 알고 있다. 그리고 독자들은 태어나는 것이 아니라 만들어진다. 여러분은 다양한 영역의 미학교육들을 경유하며 읽는 법을 배워야 한다. 비평가와 선생이 언어의 힘을 받아들일 수 있는 독자들을 생산할 능력을 지닌다면, 파라탁시스의 힘(자체의 연결능력을 보류하는 언어 안의 힘)은 쇠락할 필요가 없다. 바로 그것이 오늘날 읽기를 제도적으로 가르치는 이유이다. 과거에는 문화적으로 젠더-타협적, 계급-타협적, 인종-타협적인 가족 안에서 읽기를 가르쳤지만 말이다. 아마 오늘날까지도 가족의 읽기 가르치기는 여전하다고 하겠다.[9] 그래서 나는 그저 소설에 대해 기술하기보다 소설 언어의 특이성 읽기로 단계별로 움직여나가고 싶다. 이러한 종류의 읽기 기술은 언어를 획일화하고 있을 때

8) Bob Perelman, "Marginalization," in *Language Writing and Literary History* (Princeton, NJ: Princeton University Press, 1996), p. 62.

9) 극단적인 파라탁시스 — 정신분열 — 이 지닌 정치적 의미함축은 질레스 들뢰즈와 펠릭스 가타리의 『안티-오이디푸스: 자본주의와 정신분열증』(*Anti-Oedipus: Capitalism and Schizophrenia,* trans. robert Hurley, Mark Seem, and Helen R. Lane (Minneapolis: University of Minnesota Press, 1992)에 정교하게 제시되어 있다.

만 쓸데없는 것으로 간주될 수 있다. 대학은 기업화되고 있으며, 우리의 상층 행정부는 이 점을 이해하지 못할 것이다.

소설 제목은 중심인물의 이름일 뿐이다. 그러므로 여러분이 이야기 속으로 첫걸음을 뗄 때, 이 소설은 루시라는 이름에 거주하는 '나'를 함께 조합해 나가기를 다루고 있음을 깨닫게 될 것이다. 이런 식으로 주인공의 이름을 제목으로 붙이는 텍스트라면 모두 그렇듯 말이다. 과연 그런지 살펴보기 위해, 또 실로 그럴 것이라는 점 — 소설은 "나의 첫날이었다"로 시작한다. — 을 주지한 후에, 여러분은 그 첫날을 소설이 어떻게 다루는지 살펴보고자 할 것이다. 그러면서 여러분은 대부분 그저 나란히 놓여 있는 것 같은 문장들을 주시한다. "모든 게 잘못되었다. 태양은 빛나고 있었지만 공기는 냉랭했다."(p. 5)는 아주 전형적인 예이다.

그러나 여러분은 더 많은 무엇인가를 알아차린다. 파라탁시스 스타일을 표시하는 연결의 부재가 또한 스토리 라인을 감염시키고 있다는 것 말이다. 그 언어의 특이성, 즉 압도하는 파라탁시스(와 상대적으로 더욱 많이 연결된 구절들이 파라탁시스와 협상하는 경위)에 대한 감각은, 형식적인 묘사가 되고 그 언어에 의해 기술되는 상동성이 된다. 야콥슨의 '시적' 혹은 문학적 기능이 점거하고 있기 때문에, 우리는 그것을 소설이라고 인식한다. 이것은 부분적으로는 34년 전에 자신의 강력한 에세이 「구조주의적 서사 분석의 서론」에서 롤랑 바르트가 우리한테 가르쳐 주었던 바이기도 하다. "그러므로 문장과 담론 사이에 '2차적' 관계를 설정하는 것은 합당하다. 그 상응의 순수하게 형식적인 본성을 존중하기 위해 상동적인 것으로 언급될 관계 말이다." 서사의 부분들은 모형 지도처럼 개진된 하나의 문장처럼 의미의 연쇄를 만들기 위해 서로서로 연관된다.[10] 이 소설에서 문장들과 서사는 파라탁시스 형태로 정렬된다.

몇몇 구절들을 살펴보기로 하자.

---

10) Roland Barthes, "Introduction to the Structural Analysis of Narratives," in Stephen Heath, trans., *Image-Music-Text* (New york: Hill and Wang, 1977), p. 84. 인용된 구절은 이 에세이의 제1부에서 나오며 이분법적 대립에 빠져 있다. '합법적'(legitimate)이라는 단어가 그것을 암시한다. 이 에세이의 말미에서 바르트는 훨씬 더 과감하게도 상동성에서부터 "문헌발생적인 가정에 긴장감을 주지"(p. 124) 않기를 원하는 정의들(definitions)로 움직이고 있다. 그리하여 스토리 노선의 파라탁시스적인 오염에 대한 나의 환기는 바르트식 노선을 전혀 벗어나지 않는다.

"그들이 가버렸을 때, 나는 나의 책을 공부했다. 밤에 나는 학교에 갔다. 나는 불행했다. 나는 지도를 보았다. 내가 떠나왔던 고향과 나 사이에 큰 바다가 가로막고 서 있었다. 하지만 그것이 한 잔의 물이었다고 한들 거기에 무슨 큰 차이가 있었을까? 나는 돌아갈 수 없었다."(pp. 9-10)

이것은 서두 섹션인 「가난한 방문객」(Poor Visitor)에서 나온, 파라탁시스로 된 글쓰기의 한 가지 예이다. 그 섹션에서 루시는 오페어(au pair*숙식 제공을 받는 대신 가사를 돕는 외국 여자)로 미국에 도착한다. 좀 더 높은 수준의 상동성에 따라 루시가 파라탁시스라고 묘사하는 대목이 여기 나온다. "지어질 때 스펙터클이라고 생각되었을 법한 유명한 빌딩, 유명한 거리, 공원, 다리."(p. 3) 이것들은 파라탁시스로 나오는 바로 그 문장들처럼 하나씩 하나씩 배열되는 장소들이다. "이 장소들은 나한테 행복한 지점들이었다. … 나는 이 장소들에 들어갔다가 떠나는 자신의 모습을 상상하곤 했다. 그리고 … 들어갔다가 떠나기를 반복하는 것은 — 나로서는 그 이름을 알지 못했던 나쁜 감정을 통해 나를 보도록 하곤 했다."(p. 3) 들어갔다가 떠나기를 반복하면서 이름 없는 나쁜 감정을 통해 자신을 보는 것이 파라탁시스적 정동의 구조인데, 그 텍스트는 주체를 확립하기 위해 그 최소치만 전개한다. 우리는 이것을 디아스포라의 상처 전이건 후이건 혼종성의 문제들에 선행하는 정동적 연결체(affective connectives)로부터의 후퇴를 수사학적으로 재현한다고 생각할 수 있었을 것이다.

"지금 내가 이 장소들을 보았을 때, 그것들은 실제 삶에서 그토록 많은 사람들이 들어갔다가 떠남으로써 더럽게 닳아빠진 일상적인 것처럼 보였다. 그것들이 환상의 비품(fixture)이었던 세상에서 내가 유일무이한 사람은 될 수 없다는 생각이 들었다."(p. 4) 내가 정동적 파라탁시스 속에 살고 있는, 유일무이한 사람은 될 수 없다는 생각이 들었다. 바로 이것이 그 주체에 의해 펼쳐질 최소한의 자원이다. (여기서의 '주체'란 주제도 인물도 아닌, 소설의 화자나 초점자(focalizer)의 형상인 대문자 'I'를 항상 뜻한다.)[11]

상동적인(homological) 파라탁시스가 그 텍스트의 주제가 되는 것은 제3 섹션인 「혀」(The Tongue)에서이다. 여기서 '혀'는 언어 자체의 환유체(metonym)이다.

---

11) 내가 아래에 환기할 '이야기'와 '텍스트' 사이의 구분과 '초점조정'(focalization)을 위해서는 Shlomith Rimmon-Kenan, *Narrative Fiction: Contemporary Poetics* (New York: Methuen, 1983), p. 304 참조.

(하나의 환유는 파라탁시스만큼 오래된 이름이다. 그것은 '이름의 변화'를 뜻하는데 『옥스퍼드 영어 사전』에 따르면 "밀접하게 관련된 무엇인가의 이름을 사물의 이름과 대체하는 스피치의 형상"이다.)

우리는 언어 혹은 혀로써 의사소통을 한다. 그러나 이 섹션에서 혀는 성적 접촉(의 실패)을 가리키는 환유체이다. 성인 언어의 놀라운 전유에서 "혀를 핥기"(p. 43)란 모든 적절한 정동의 육체적 기호들에 의해 수반될 때조차도 정동적인 내용은 없는 것으로 보인다. "나는 한숨과 전율이야말로 당신의 목을 따라 훑어가는 혀에 대한 적절한 반응이었음을 오랫동안 이해하고 있었다."(p. 49)

우리는 이 대목을 성인 리비도의 성 충동을 정확하게 그린다며 그냥 지나갈 수 있었다. 그러나 우리가 읽고 있는 이것이 서사적 **허구**라는 사실은, 핥고 전율하며 경험들에 들어갔다 나왔다 하면서 반복되는 파라탁시스의 힘과 좀 더 관련되어 있다. 예컨대 루시의 여주인 머라이어와 머라이어의 남편 루이스는 이렇게 묘사되어 있다. "루이스가 머라이어의 목을 핥았고 머라이어는 그에게 기대어 한숨을 쉬면서 동시에 전율을 느꼈다. 둘 다 함께 고착된 듯 그렇게 거기 서 있었다. … 그러나 그들을 보니 그들은 서로 분리된 행성에 있는 것처럼 더 이상 그럴 수 없다는 듯이 멀리 떨어져 있는 것처럼 보였다."(pp. 48-49) 또한 머라이어에 대한 사랑을 상실한 루이스의 면모는 다음과 같은 방식으로 머라이어에 의해 발각된다. "나는 다이나(Dinah) 뒤에 서서 그녀의 어깨에 자기 팔을 두른 채 계속해서 그녀의 목을 핥고 있는 루이스를 보았으며, 그것을 몹시 좋아하는 다이나도 보았다."(p. 79)

하지만 『루시』의 '나'는 혀로써 하는 거래에 입장하고서 떠날 때는 '실재적인(real) 어떤 존재'로 성장하지 못한다.

공휴일에 루시가 휴(Hugh)와 펼치는 정사 장면에서 독자는 얼마간 진전된 사랑을 감지한다. 하지만 루시가 휴에게 고하는 작별 인사는 고전적인 파르탁시스적 연결사를 갖고 있다. 그 서사의 계시를 확립해주는 것은 플롯 라인에 대한 어떤 암시라기보다 그 언어의 특이성이다. 우선, 루시와 공통점이라곤 거의 없는 페기(Peggy)라는 여자 친구에 관한 문장이 나온다. 루시와 페기는 도시로 나갔던 어느 날 저녁에 한 소년을 만났지만 그에게 실망했었다. 루시는 휴에게 작별 인사를 할 때, 어떠한 연결고리 같은 것도 없이 바로 그러한 실망감을 회상한다. "우리(페기와 나)는 너무 실망스러워서 내 방으로 돌아갔어. … 지쳐서 잠들 때까지 서로 키스를 했는데 페기의 혀는 가느다랬지만 끝이 뾰족했으며 부드러웠어. 그리고는 난 바로 그렇게 휴에게 작별을 고했지. 나의 팔과 다리로써 그의 주위를 꼭 감싼 채 나의 혀를 그의 입속에 밀어 넣은 채 내가 이렇게 꼭 안았던 모든 사람들을 생각하면서 말이야."(p. 83) "바로 그렇게 ~했지." 여기에 논리적인 연결고리란 전혀 없다.

아니다. 이것은 연결하지 않으면서 연결하는 주체가 성인으로서 성적으로 입문하는 문제가 아니다. 반복하건대 이것은 읽기를 주도하는 지배적인 서사적 형상으로서 파라탁시스이다. 그러한 형상에서는 연결의 부재 자체가 부재로 느껴진다. 우리가 문학을 허구로서 존중하면서 언어의 특이성 때문에 읽는다면 말이다. 그 스토리 라인에서 페기에게 키스하는 것은 휴에게 키스하는 것과 정동적인 유익한 조응을 전혀 지닐 수 없다.

다음 섹션에서 우리는 신체의 다른 부분들로 움직인다. 우리가 산문의 발생을 추적한다면, 마치 온전한 사람들(whole persons)에게 주체가 입문할 수 없는 것과도 같다. 마치 멜라니 클라인에 의해 분석된 윤리적 기호현상이 해제되러 오는 듯하다. 루시가 폴을 만날 때, 독자는 사랑의 기술에 진전이 일어나고 있다고 다시금 느낀다. 그러나 우리가 그 산문의 신호를 집어낸다면 우리는 신체의 한 부분인 폴의 손과 만나며, 한 가지 기억에 대한 공격적으로 파라탁시스적인 제시와 만난다. "폴의 손들이 어항 주변으로 움직일 때 또한 이상하게 보였다. 그 살이 뼈처럼 보였으며, 모든 삶을 걸러 치우게 했던 하나의 해결책 속에 놓여 있는 것처럼 보였다. 나는 그것을 기억했다."(p. 102)

이 대목 다음에, 자신이 아이였을 때 성적으로 학대받지 않았던 루시가 느꼈던 실망감을 기억해내는 가장 특이하고도 장황한 장면이 나온다. 그 시퀀스는 그 다정하던 학대자의 손이 어떻게 생겼는지 루시가 알지 못했다는 것을 인정하는 대목으로 끝난다. "그러나 그의 손들은 어떻게 생겼던가? 나는 알지 못했고 결코 알려고도 하지 않을 것이다. 그냥 그랬다." 확실히 이것은 하나의 연결사로서는 도무지 희망이 없다는 점을 주지하도록 의도된 셈이다. "어항 주변을 움직이는 손들은 따뜻한 바다에서 영원히 잃어버린 다른 어떤 손들을 나더러 생각나도록 했다."(p. 109)

소설의 마지막 섹션은 「루시」라고 되어 있으며 여기서 파라탁시스적으로 측정된 이러한 시공간적 진전 구조가 특별히 선포되고 있다. "나의 첫날이었다"라는 소설의 첫 번째

행이자 곧 그릇된 희망을 표시할, 닻이 없는 개인적 진술은, "다시금 1월이었다."라는 근엄하고도 난공불락인 정확성으로 바뀌었다. "세상은 얄팍했고 창백했으며 다시 추워졌다." 이 문장은 "다시금 나는 새로운 시작을 하고 있었다."(p. 133)며 계속된다. 확실히 「루시」 장의 서두는 책의 서두와 아이러니한 관계를 맺고 있다. 하지만 이 관계야말로 파라탁시스의 해소에 의해서가 아니라 차라리 '다시금'이라며 짙어진 파라탁시스를 주장함으로써 성취된다는 것이 바로 나의 요점이다.

우리가 「루시」라는 장을 놓고 보면, 『루시』라는 책은 하나의 '과거,' 즉 그 주체의 짤막한 메트로폴리탄 역사라고 말할 수 있겠다. 그러므로 「루시」라는 장이 그 형상화에서 과거와 현재의 매끄러움이나 불연속성이 아니라 파라탁시스적 관계를 고집한다는 점은 흥미롭다. 과거와 현재는 나란히 배열되어 있다. 갑자기 과거는 과거로서 발생한다. "나는 과거를 이렇게 보기 시작했었다. 즉 거기 하나의 선이 있다. 당신은 그 선을 스스로 그릴 수 있거나, 때로 당신을 위해 그 선이 그려지기도 한다. 어느 쪽이건 거기엔 당신의 과거가, 당신 부류였던 사람들의 집단이, 당신이 하곤 했던 일들이 있다."(p. 137) 시공간적 파라탁시스에 관한 구절도 파라탁시스로 제시된다. 그것은 심연의 상동성이다. "내 부류였던"(I used to be)이라고 주문처럼 반복되는 문단이 뒤따른다. 그런 다음 기원의 나라로부터 떠나는 모습을 그리는 가운데 여전히 사정없이 파라탁시스적인 소설의 최종 움직임을 선언하는 대목이 나온다. "아버지가 돌아가셨다는 말을 들었던 날 밤에 나의 이별은 시작되었다."(p. 138)

이렇게 짙어져 가는 파라탁시스의 여정을 간섭하는 유일한 길은 '상기하다'라는 단어를 사용하는 것이다. 이제 루시의 어머니에 관해 이야기할 시간이다. 『루시』는 고유명사 '루시'에 거주할 수 없다. 루시라는 주체는 스스로를 어머니와 구분할 수 없는 상태임을 감지하고 있으며 그것에 저항하고 있기 때문이다. "나의 과거는 나의 어머니였다. 소설은 「무정한 마음」(Cold Heart)이라는 제목을 갖는 마지막 섹션 다음에 다음과 같이 말하고 있다.

> 나는 어머니의 목소리를 들을 수 있었다. 어머니는 때로 당신이 말했던 영어나 불어 파투아(patois)어로는, 혹은 혀의 도움을 받아야 했던 어떤 언어로라도 나한테 말하지 않았다. 어머니는 여성이면 누구나 이해할 수 있었던 말로 나한테 말했다. 나는 부정할 수 없이 그것,

즉 여성이었다. 오, 그것은 웃음이었다. 내가 어머니처럼 되고 싶지 않았다고 말하느라 내가 너무 많은 시간을 써버리는 바람에 내가 그 전체 이야기에서 놓쳤던 것은 바로 웃음이었다. 내가 나의 어머니와 닮은 게 아니었다. 나는 내 어머니였다.(p. 90)

루시가 "혀의 도움을 받아야 했던 어떤 언어가 아니라" 언어를 넘어 신호하는 것은 바로 그녀가 자기 어머니에 관해 말할 때이다. 또한 이보다 앞서 "나에 대한 내 어머니의 사랑이야말로 나를 오로지 그녀의 메아리처럼 만들겠다는 심산이었음을 나는 느끼게 되었다. 나는 그 이유를 몰랐지만 내가 그저 누군가의 메아리가 되기보다 차라리 죽는 게 낫다고 느꼈다. **그것은 스피치의 형상이 아니었다.**"(p. 36. 스피박의 강조) 이렇게 하나의 원치 않은 연속성을 강조하며 주장하는 것은 혼종성이나 디아스포라에 또한 선행한다.

파라탁시스와 같은 스피치의 한 형상이 통제할 수 없는 이 문제를 루시더러 해결하도록 도와주는 사람이 머라이어이다. 머라이어는 다문화주의적 페미니즘적 유대를 확립하겠다는 성실하면서도 역사적으로는 오염된 욕망을 갖고 있다. (국제시민사회를 위한 한 가지 교훈이 여기에 있을까?) 우리가 『루시』를 문학으로서 읽는다면, 그 텍스트가 선포할 수 있는 유일한 진짜 문제는 다음과 같다. 즉 "내가 머라이어를 사랑했던 것도, 내가 머라이어를 사랑하지 않았던 것도 그녀가 내 어머니를 생각나도록 했기 때문이다."(p. 58) 이것은 동화하라(assimilate)는 초대의 실패이자, '젠더 훈련'을 통해 지배적인 혼종성에 초대하는 선심 쓰는 다문화주의이다. 머라이어는 '젠더 훈련'에 이용 가능한 연속성의 유일한 모델인 착한 어머니와 나쁜 어머니라는 견지에서 다음을 파악한다.

머라이어는 그 방을 떠났고 큰 책을 갖고 돌아왔고 그 책의 첫 장을 열었다. 그녀는 나한테 그것을 넘겼고 나는 첫 문장을 읽었다. "여자? 아주 간단해, 말하자면 단순한 규정들을 공상하는 자들이지. 여자는 자궁이고 난소야. 여자는 여성이지. 여자를 정의하는 데서 여성이라는 단어만 있으면 충분해." 거기서 나는 멈추었다. 머라이어는 나의 상황을 완전히 오해했던 셈이다. 내가 그 책을 열어 두고자 애쓰는 사이, 내 손을 아프게 했던 그 두꺼운 책에 의해 나의 삶은 정말로 설명될 수 없었다.(p. 132)

이것은 마지막 섹션 바로 앞 섹션의 끝부분이다. 우리가 「루시」라는 마지막 섹션으로 넘어가는 것은 바로 이 대목 이후이다. 그 마지막 섹션에서 기괴한(canny) 독자는 주인공의 이름을 제목으로 삼게 한 그 책의 기획이 성취되기를 희망할 것이다. 머라이어의 책이 루시라는 주체에게 가르치는 것은 무엇인가? 여성을 어머니라고 간단하게 치부해 버리는 것은 여자로서 루시의 삶을 설명하지 못할 것이다. 그 섹션에는 머라이어의 책에서 '그것'이라고 간단하게 언급되는 또 하나의 문장이 나온다. "내 삶은 그것보다는 더욱 간단하면서도 더욱 복합적인 무엇이었다. 나의 20년이라는 생애 중 절반인 10년 동안 나는 연애의 종말을, 아마 내가 여태껏 나의 전체 삶에서 언제라도 인지할 유일한 진정한 사랑의 종말을 애도하고 있었다."(p. 132)

『루시』라는 소설보다 더 큰 과거를 묘사하는 이 신비한 구절은, 이 섹션에 또한 제시되어 있는 루시 어머니에 대한 루시의 이야기에 의해 설명될 수 있다. "외동이 아니었던 나를 거의 수치스러워했던 것 같다. 아무한테도, **머라이어에게조차도** 한마디도 하지 않았으니까. 나는 9살까지 외동이었다." 앞의 쪽들에서 언급된 연애는 루시가 열 살이었을 때, 끝나고 말았다.

> 그런 다음 나의 어머니는 5년 사이에 세 명의 남자아이를 낳았다. 새 아이가 태어날 때마다 내 어머니와 아버지는 아주 진지하게 다음과 같이 서로 통보했다. 즉, 세 아이는 영국에 있는 대학에 가서 의사나 변호사 혹은 사회에서 중요하고도 영향력 있는 위치를 점유할 인재가 될 거라고 말이다. … 어머니의 아들들이 성취한 행동을 생각만 해도 자랑스러워서 눈물을 흘리는 어머니를 볼 때마다, 나는 나의 심장에 비수가 꽂히는 것 같았다. 어머니가 **당신과 동일시하는 유일한 후손**인 나를 어떤 유사한 동떨어진 상황에서 보았을 때, 어머니에게는 그 어떠한 시나리오도 없었기 때문이다. … 내가 머라이어에게 이 모든 것들을 말하고 있었을 때 … 나는 갑자기 말을 멈추어야 했다. … 내 혀[이 중요한 환유를 주지하라]가 나의 목구멍에서 무너지고 말았다.(p. 130. 스피박의 강조)

이것은 소위 디아스포라 경험의 진부한 표현이 아니다. 남자 형제들의 더 빛나는 디아스포라 미래를 시기하고 있기 때문이다. 그것은 백인에게 흑인이 갖는 단순한 분노도 아니다. 우리가 이것을 하나의 규정으로 축소하고 싶다면 우리는 다음과 같이 말할 법하다. 즉 우리 어머니들의 문화적 젠더화에 대한 출신 나라(the country of origin)의 해결책은, 디아스포라라고 느껴지도록 하는 유럽 중심적인 경제적 이동은 아니라고 말이다. 더 나아가, 발 빠른 '젠더 훈련'은 여성을 여성으로 훈련시키는, 지구적 페미니즘의 가장 최신식 선회(twist)인 옥스팸(Oxfam)과 같은 비정부기구들에 의해 지금 제공되고 있다. "머라이어는 나를 구하고 싶었다."(p. 130) 그 문제는 머라이어에 대한 분노에 의해 해결되지 않는다. 이 이야기를 그녀에게 말하는 것은 '과거'에 대한 『루시』의 파라탁시스적 비전과 모순되며, 『루시』의 극적 아이러니를 성취하여 그 아이러니를 화자보다 더 큰 것으로 만든다. 이 문제의 이러한 해결이 『루시』를 초과하는지 알아보기 위해 우리는 좀 일탈해야 한다.

'디아스포라'라는 단어가 (퍼뜨리기 위해) '해외에 흩어지는'(dia+speirein) 어떤 것을 뜻한다는 점은 잘 알려져 있다. 유태인들이 십계명에 순종하지 않는다면 흩어질 거라고 모세가 예언했다. "외국 땅으로의 추방이 … 자기 백성 앞에 저자가 펼치는 단 하나의 전망은 아니라는 점이 특별히 주목되기"는 하더라도 "이스라엘 자체의 땅에 몰아닥친 대부분의 많은 다른 고통 곁에 있는 하나의 전망인 셈이다."[12] 하나의 민족이 법에 불복종한다면 받는 처벌들 중 하나가 디아스포라이다. 구약의 신명기에서 발언되는 저주들은, 그 민족이 복종한다면 얻을 보상(이 단계에서는 축복과 구분될 수 없는)과 균형을 이룬다. 신명기는 희랍어로 번역된 성경의 초기 책들 중 하나인데, '디아스포라'라는 단어를 우리에게 제공한다.

> 모세오경(구약의 첫 다섯 편)은 기원전 3세기 중반 이전에 이집트에서 희랍어로 번역되었다. … (당시에 히브리어나 아람어보다 더욱 친숙했던) 희랍어 성경 판본에 대한 (이집트에 있는) 유대인들의 필요에 의해 번역이 촉발되었다는 증거가 있다. 회당에서 공적으로 사용하거나 사적으로 읽고 연구하기 위해서 말이다.[13]

12) S. R. Driver, *A Critical and Exegetical Commentary on Deuteronomy*, 3rd ed. (Edinburgh: T. and T. Clark, 1978), p. 304.

13) F. G. Kenyon, *The Text of the Greek Bible*, 3rd ed. (London: Duckworth, 1975), p. 14.

그리하여 디아스포라는 정동으로 가득 차 있다. 디아스포라라는 단어는 그 정동 때문에 오늘날 이주민 집단들 가운데 널리 쓰이고 있다. 하지만 우리는 법에 대한 어떤 불특정한 죄의식을 느끼기 때문에 여기 있는데, 책임 및 배상과 정동 사이의 관련은 이제 역전에 의해 사라지거나 합법화되고 있다. 우리는 죄의식을 느끼기 때문에 여기 있다. 『루시』는 이러한 손쉬운 역전에 질문을 제기한다. 우리는 이 소설 텍스트로부터 디아스포라를 평가할 수 없다.

『루시』의 (단순히 언어적이라기보다) 서사적인 스타일은 루시 자신에 대한 파괴적인 판단을 전달하며 책임 및 배상에 관한 오랜 디아스포라 주제를 다시 갖고 온다. 루시에게 '디아스포라'나 '이주'는 파라탁시스를 사용하는 한 가지 방식이자, 문제의 원천이라기보다 해결로서의 관련성을 끊어내는 것이다. 우리는 소설의 벽두에서 그러한 전위의 충격을 받는다. "오, 고향을 떠나 새로운 곳으로 온 나의 재빠른 행동과 더불어, 나의 슬픈 생각들, 나의 슬픈 감정들, 내게 제시된 일반적인 삶에 대한 나의 불만을 다시는 입지 않을 낡은 옷인 양 그냥 뒤에 남겨둘 수 있었다."(pp. 6-7)

그렇다고 언더클래스 여성 이주(오늘날 구미[Euro-U.S.]에서는 '디아스포라') 소설들에서 우리가 기대하게 되었던 주제들이 『루시』에 부재함을 뜻하는 것은 아니다. 머라이어에 관한 분석들과 묘사들의 일부는 실로 그러한 기대들에 들어맞는다. 여기서 우리는 혼종성에 있는 구분들에 대한 논평과, 혼종성을 주장하려는 욕망에 대한 논평과 다시 만난다.

> "내가 인도인의 피를 갖고 있다고 당신에게 말하기를 나는 기대하고 있었어요[예컨대 머라이어가 루시에게 말한다]. … 그러나 지금 … 당신이 그것을 잘못된 방식으로 받아들일 것 같은 느낌이 난 들어요." … 잘못된 방식으로? 옳은 방식으로? 머라이어의 말은 무슨 뜻이었을까? 나의 할머니는 카리브 해 인도인이다…. 나의 할머니는 살아계신다. 할머니의 선조라는 인도인들은 모두 죽었다…. 사실, 머라이어가 나를 데리고 갔던 박물관들 중 하나는 어느 정도 내 할머니와 연관되어 있었던 사람들 — 모두 고인들 — 에게 하나의 섹션을 전부 바치고 있었다.(p. 40)

어떤 비평가는 "킨케이드의 소설 『루시』는 부유한 백인 도시 가족을 젊은 흑인 오페어(au pair)의 분노의 전율을 통해 다룬다."[14] 고 쓰고 있다. 하지만 그 소설을 그저 인종-계급의 하부 플롯으로 환원시키는 것은, 젊은 흑인 여성주체가 기원의 문화들에 대한 모든 박제화를 제쳐 버린다는 점을 놓칠 뿐만 아니라 파라탁시스의 전위시키는 힘도 제쳐 버린다.

루시가 누구든지 사랑할 수 없듯, 루시가 자기 어머니를 사랑할 수 없듯, 머라이어를 사랑할 수 없다. 『루시』에서 루시는 '부유한 백인'과 '흑인 오페어'라는 이분법적 대립에 의해, 말하자면 헤겔의 유명한 주인과 노예 변증법에 의해 단순하게 정의되지 않는다. 그 변증법에서 "노예의 행동은 실제로는 주인의 행동"이다. 소설의 서두에서 사랑 자체가 폄하된다. 머라이어가 사랑을 할 수 있기 때문이다.

우리는 『루시』의 파라탁시스적 수사학이 당대 디아스포라주의의 자기-탐닉을 의문시하도록 작동하는 경위를 고려해 볼 만하다. 그렇게 하기 전에, 존 밀턴의 루시퍼와 윌리엄 워즈워스의 루시와 같이 자신의 고유한 이름을 보유한 다른 사람들의 역사를 통해, 자신의 고유한 이름과의 연결을 확립하지 못한 주체의 무능력을 고려해 보자. 달리 말해 식민적 혼종성에 편안하게 거주하지 못한 루시의 무능력 말이다.

킨케이드의 초기 교육은 '친영적인' 것이었다. 대부분의 영국 낭만주의자들처럼 워즈워스도 밀턴 다시 쓰기를 착수했다는 점을 킨케이드는 알고 있었을까? 나는 그것을 알 수 없다. 또 그것은 결국 중요하지 않거나 다른 면에서 중요할 것이다. 본 17장 말미에서 내가 페미니즘적으로, 여성의 방식으로 제안하듯 말이다. 그러나 먼저 이름들을 언급하겠다.

킨케이드의 루시퍼라는 명명은 어머니와의 사랑이 끝난 후에 나온다. "자신의 숨결 하에 그녀[나의 어머니]는 '내가 너를 사탄이라고 불렀다. 루시는 루시퍼를 줄여 말한 것이고. 네가 임신되었던 그 순간부터 얼마나 성가셨는지.' 어머니가 그렇게 말했을 때 나는 그 목소리를 상당히 분명하게 들었을 뿐만 아니라 **그 말들이 어머니의 입에서 나오기도 전에** 들었다."(p. 152. 스피박의 강조) 다시금 언어를 넘어선다(또는 모자란다).

루시는 자신의 어머니한테 분개하면서도 이 이름을 받아들인다. "나는 루시라는 이름을 좋아하도록 성장하지도 못했다. 분명 나는 루시퍼라고 불리는 것을 훨씬 더 좋아했

14) Dian Simmons, *Jamaica Kincade* (New York: Twayne, 1994), p. 1.

을 터이다. 하지만 나는 내 이름을 볼 때마다, 그 이름을 강하게 포옹하듯 항상 내 몸을 뻗치곤 했다."(p. 153)

퍼시 셸리는 존 밀턴에게도 제대로 알려지지 않은 사탄, 즉 빛을 실어 나르는 불굴의 반역자야말로 『실낙원』의 주인공이라고 제안했었다.

> 『실낙원』에 표현된 대로, 사탄이라는 인물의 에너지와 장엄함을 능가할 수 있는 것은 전혀 없다. … 도덕적 존재로서의 밀턴의 악마는 지금까지 밀턴의 신보다 훨씬 더 우월하며 역경과 고문의 와중에도 품어왔을 정도로 탁월한 어떤 목적을 감내하는 자이다. 밀턴의 악마는 확고한 승리의 냉정한 안전 속에서 자신의 적에게 가장 무서운 복수를 하는 그런 존재보다 우월하다.[15]

『루시』의 플롯을 요약하며 읽는 것은 그러한 읽기를 착수할 수 있게 한다. 그러나 개인주의에 대한 이러한 찬양은 정확하게 소유적인 개인주의를 좇아가는 경제적 이주에 의해 분리된 어머니-딸의 관계를 위해서는 충분하지 않다. 그 소설이 끝나기 전에 루시라는 여성주체는 디아스포라의 죄의식이라는 도덕적 딜레마를 맛보면서 좀 덜 투명한 방식으로 루시퍼를 주장할 것이다. 그렇게 맛보는 사이 메트로폴리탄 다문화주의자의 판단은 수긍되고 변형된다. "머라이어는 나에게 죄의식을 느끼고 있다고 말했다. 죄의식을 느끼다니! 나는 그것을 다른 사람들에 의해 당신에게 내려진 판단이라고 늘 생각해 왔다. 또한 당신이 그 판단을 당신 자신에게 내리는 판단이 될 수 있도록 하다니 그것은 나한테 새로웠다. 죄의식을 느끼다니! 그러나 나는 살인자처럼 느끼지는 않았다. 나는 잘못을 거듭 쌓을 운명인 루시퍼인 양 느꼈다."(p. 139) 다시 한 번 머라이어의 중요한 역할을 주목하라. 머라이어라는 주체는 이제 그 텍스트의 결말을 가능한 한 가장 광범위한 의미에서 진술할 수 있다. "루시는 내가 갖고 싶어 했던 내 이름의 일부였을 뿐이야."(p. 149) 그 이야기의 논리는 이 진술을 거짓이라고 하지만 말이다.

---

15) Percy Bysshe Shelley, "A Defence of Poetry," in Bruce K. McElderry Jr., ed., *Shelley's Critical Prose* (Lincoln: University of Nebraska Press, 1967), p. 24.

그 이야기의 견지에서 루시 어머니에 의한 루시라는 명명은, 루시가 워즈워스의 「수선화」("The Daffodils")를 읽기 전에, 또 분명 루시가 책에서 읽기만 했지 한 번도 본 적이 없었던 그 꽃들을 루시에게 보여주기 위해 머라이어가 주선한 방문 이전에 발생했을 것이다. 그러나 텍스트상의 시간으로는 학교에서 워즈워스를 암송하는, 식민주의 초기 형태에 있는 인식소적 침범의 이러한 실현은 그 이전에 나온다. 침범 혹은 양도의 이러한 장면이야말로 식민적 혼종성을 생산해낸다. 그 구절의 일반적인 스타일은 계속 파라탁시스적일 것이다. 우리가 "플롯이 요구했던 바"(p. 6)를 위해서만 읽고 있다면, '실제' 사람들로서 인물들 사이의 교환은 기대될 만한 것으로 읽힐 수 있고 인종과 계급에 관한 기성 개념들로써 결정될 수 있다. 또 그 교환은 지배적인 것을 아주 잘 알고 있는 저자에 의해 상상된 문화적 차이로써 이해되는 젠더화에 의해 결정될 수 있다. "그것은 그녀의 잘못이 아니었다. 그것은 내 잘못도 아니었다. 하지만 그녀가 아름다운 꽃들을 보았던 곳에서 나는 슬픔과 쓰라림을 보았다는 사실을 바꿀 수 있는 것은 아무것도 없었다."(p. 30)

하지만 우리는 머라이어에 의해 손상되고 있는 것이 기원이나 정체성에 관한 어떤 진정한 문화적 경험이 아니라, 식민주의 시의 교훈에 의해 카리브 해에 새겨지는 기억이라는 점을 명심해야 한다. 그 기억은 철저하게 역사적으로 조직되는 서사, 즉 식민 점령의 이야기 속에 맞아 들어갈 수 있다. 하지만 우리가 다양한 수준들을 따라 일반적인 파라탁시스의 상동성을 따르고 있었다면, 우리는 그러한 역사적 서사 자체를 두 '문장들'로 읽을 수도 있다. 같은 공간을 한 번은 '식민 이전의' 것으로, 다시 또 '식민적인' 것으로 서로 순차적으로 놓거나, 식민적 혼종성의 전형 사례인 침범 외에는 아무런 관련도 없게 식민적인 것 위에 식민 이전의 것을 놓거나, 식민 이전의 것을 식민적인 것 아래에 놓거나 하는 식으로 기술하면서 말이다. 축하할 만한 것은 전혀 없지만 그럼에도 타자, 능력을 부여하는 침범, 문명화 사명의 상상적인 공고화와 더불어 일종의 친숙함이라는 것이 있다. 상동성의 이런 수준에서라면 루시는 메트로폴리탄 다문화주의자의 너무 재빠른 봉사로부터 그 파라탁시스를 구원하고 싶어 한다고 말할 수 있겠다.

자메이카 킨케이드는 자신의 경우에 이렇게 주석을 단다.

그리고 내가 하나의 선을 어떤 식으로 교차시켰던가를 나는 생각했다. 하지만 누구의 대가를 치르고서? 나는 바라보는 것을 시작할 수 없다. 그 사람이 내가 아는 누구이면 어떻게 할지 몰라서이다. 나는 정복하는 계급에 합류했다. 그 밖의 누가 이 정원을 키울 수 있었을까? 상점에서 사는 것보다 훨씬 더 싼값으로 사서 내가 여러 가지를 키우는 정원 말이다. 나의 발은 (말하자면) 두 세계 속에 있고 나는 정원을 더 멀리 들여다보면서 생각하고 있었고 호박 밭 너머 여우 한 마리를 보았다. … 내 고향에서 나는 수치의 초상이었을 터이다. … 내 고향에서 나는 나한테 키스하는 여성을 나와 똑같이 묘사하는 것을 남자한테는 허용하려고 하지 않았을 것이다.[16]

킨케이드는 미국에서 정원을 가짐으로써 제국적 계급으로 입장하는 이야기를 하고 있다. 그녀는 인종 노선이 아니라 계급 노선을 횡단하고 있는 중이다. 그녀는 종교가 아니라 제국에 관해 구체적으로 이야기하고 있다. 이 구절이 인용되어 나온 에세이에서는 멕시코와 아즈텍, 대영제국, 식물들의 혼종화, 옥스퍼드 참고서에서나 나올 법한 정원 가꾸기를 둘러싼 편견 이야기가 나온다. 널리 알려진 바, "혈연 외의 모든 점에서 영국적인 계급"을 키우기를 원했던 구식민주의의 경우, 루시는 파라탁시스의 간극을 그 책의 '과거'에 나오는 식민주체의 기술(technic)인 이중성으로써 메꾸었다. 지구적 당대성이 아니라 포스트식민 역사 말이다.

아마 그러한 낮 시간의 이중성들은 꿈들에 의해 폭파된다. 우리가 우리 손에 붙잡고 있는 새 삶을 시작한 첫날 이후, 루시는 연결의 실패를 감추기 위해 실패한 자신의 표시들을 사용하고자 시도한다. 그녀는 바로 이 신식민주의자들에게 전날 밤 꾼 자신의 꿈 이야기를 한다. 구식민주의들에 의해 양도된 모든 주체들이 새로운 메트로폴리스에서 이러한 제휴와 협상한다. '흑'과 '백'처럼 깔끔하게 플러스와 마이너스 사인을 하기란 어렵다. 바로 이것이 전형적인 포스트식민적 이중구속이다. 이것이 바로 킨케이드의 텍스트가 문학으로서 펼치는 바이기도 하다. 그 텍스트의 주체가 우리에게 하나의 실마리를 제시한다. 첫 섹션의 마지막에서 루시는 자신의 주인들인 남편과 부인에게 자기 꿈 이야기를 하고 루이

16) Kincade, "Flowers of Evil," *The New Yorker* (October 5, 1992), pp. 159, 158.

스는 프로이트의 이름으로 그저 루시를 놀려먹는다. 그것을 이해하지 못한 루시라는 주체는 첫 섹션을 다음과 같이 말하면서 끝맺는다. “나는 내 꿈 이야기를 그들에게 함으로써 내가 그들을 받아들였음을 뜻했었다. 왜냐하면 나한테 아주 중요한 사람들만 계속 내 꿈에 나타났기 때문이다. 그들이 그 점을 이해했는지 나는 모르겠다.”(p. 15) 이후 그저 「머라이어」(Mariah)라는 제목을 붙인 하나의 섹션이 시작되는데, 거기서 진짜 연대가 확립되며, 어머니는 반쯤 애도된 게 틀림없기 때문에 반쯤 거부된다. 그 반쯤의 거부가 책의 마지막에 신호로 나올 수 있기 전에, 파라탁시스를 모면하는 것 같은 신기하게도 평면적인 문단에서 한 가지 깨달음이 다음과 같이 제시된다.

> 나는 섬에 있는 내 현존의 기원 — 내 조상의 역사 — 이 나쁜 행위의 결과였다는 점을 깨달았었다. 하지만 그렇다고 내가 열네 살쯤에 학교 합창단 연습 때 일어서서 “영국이여, 통치하라!”라는 노래를 하고 싶지 않다고 말한 것도 아니었다. … 나는 브레턴 섬의 후손들을 싫어했다. 그들은 아름답지도 않았고 요리를 잘 하지도 못했으며, 더러운 옷을 입었고 춤추는 것도 정말로 좋아하지 않았기 때문이다. … 우리가 프랑스의 통치를 받기만 했더라도 … 지금 나는 그 상황을 좀 더 잘 이해할 텐데. (어떤 프랑스 섬에서 온) 나의 펜팔과 나는 같은 배를 타고 있었다. 나는 그렇게 이해한다.(pp. 135-136)

애석하게도 이것이 자전적 구절에서는 성취하기 어려운 포스트식민 연대라면, 디아스포라의 불편함이 엿보이기도 한다. 킨케이드는 자신이 알고 있던 누군가를 희생시키고 정복하는 계급에 입장했을까 봐, 자신의 민족이 계급 특권에 대한 그녀의 접근을 상당히 부끄러워할까 봐 걱정한다. 『루시』는 소설의 마지막에서 이것을 좀 다르게 펼치고자 한다.

내가 식민화 전통의 상상적 풍부함에 대한 환유체(metonym)라고 워즈워스를 읽는다면, 워즈워스는 루시에게 하나의 대답을 제공할 것인가?

(회상해 보건대, 하나의 환유체는 파라탁시스만큼 오래된 이름이다. 그것은 ‘이름의 변화’를 뜻한다. 『옥스퍼드 영어 지침서』(*Oxford Companion to the English Language*)는 환유를 “어떤 것으로써 연상되는 어떤 것의 이름에 의해 어떤 것을 지명하는 스피치의 한 형상”이라고 말한다. 스피치의 한 형상은 그 안내서들을 정확하게 따르지 않는

다. 여러분은 있는 그대로의 가족적 유사성에 의해 그 안내서들을 인식하는 법을 배운다. 그렇다면 우리는 '워즈워스' 라는 이름을 '식민적 상상력'이라는 이름과 대체한다. 킨케이드가 우리를 직접 쓰고 있지는 않으니 우리는 타자의 예 이상인 어떤 것이다. 워즈워스가 한 권의 소설에서 형상으로 나타나기 때문에, 나는 여기서 '워즈워스'를 하나의 형상으로 읽는다. 그러나 하나의 형상은 내용을 빼앗길 수 없다. 하나의 형상은 우리로 하여금 그것을 형상으로서 인식하도록 허용하는 바로 그 논리를 따르는 어떤 것을 말한다. 언어의 역사뿐만 아니라 '경험적' 역사에 의존하는 논리 말이다. 영국인들은 서인도 제도의 일부를 탈취했고, 워즈워스는 서인도 제도 학생들에게 가르쳐졌다. 그것은 우리의 이야기에서 형상으로 나타난다. 우리의 실마리는 수선화이다. 그러나 워즈워스는 유명한 루시를 가지고 있었다. 몇몇 사람들은 워즈워스의 루시 시들을 그의 최고 걸작이라고 말한다. 그리고 우리의 이야기는 그 고유명사를 존재로써 채우고 싶어 한다. 워즈워스의 루시는 무엇과 비슷했던가? 아마 이것이 '상호텍스트성'이라고 불릴 수 있겠다.)[17]

워즈워스의 루시는 시인에게 영감을 주기 위해서만 페이지에 존재하는 가운데 자신의 존재성을 거의 갖고 있지 않았다. 루시 시퀀스의 말미에 유아기의 죽음은 그녀의 이름으로부터 그 모든 인간적 개인적 의미심장함을 앗아 가 버렸다. 언어의 특이성이라는 것이 남아 있는 전부인 문학 세상에서, 카를 마르크스가 종-생명이라고 부른 바를, 헤겔이 행하지-않음(not-dong, Nicht-thun)의 순진함이라고 부른 바를, 그 시의 '나'더러 알 수 있게 하느라고 루시가 죽었다고 우리는 말할지도 모른다. "자연은 인간존재의 기관 없는 신체, 즉 자연이 인간의 신체가 아닌 한에서 자연을 말한다."[18] 〈자연〉(Nature)은 듣지도 보지도 않는, 기관 없는 루시의 위대한 신체이기 때문에 워즈워스의 루시는 불멸의 존재이다.

> 루시는 이제 아무런 동작도 힘도 없다네.
> 루시는 듣지도 보지도 못한다네.
> 날마다 대지의 여정 주변을

---

17) Michael Riffaterre, *Text Production*, trans. Terese Lyons (New York: Columbia University Press), 1983. 상호텍스트성에 관한 또 다른 묘사를 보려면, 이 책의 15장 「타고르, 쿠체, 가르치기 장면에서의 윤리와 정치」 참조.

18) Karl Marx, "Economic and Philosophical Manuscripts," in *Early Writings*, trans. Rodney Livingstone and Gregor Benton (Harmondsworth: Penguin Books, 1975), p. 328; 수정된 번역임. 헤겔 구절은 헤겔의 『정신현상학』(*The Phenomenology of Spirit*, trans. A. V. Miller, Oxford: Clarendon, 1977)의 488쪽에서 발견될 것이다.

암석들, 돌들, 나무들과 함께 굴렀다네.

『루시』의 주체는 자신의 고유한 이름으로 행동할 수 있기를 원한다. 자연과의 파라탁시스적 관계는 전식민 세계와 식민 세계의 봉합선보다 더 친밀한 틈을 표시한다. 그 관계는 하나의 관계인데 관계없는 관계이기도 하다. 자연은 기관 없는 나의 신체이자, 항상 거기 있지만 나 자신에게 고유한(proper) 것이 되기 이전과 이후이다. 그것은 전(pre)전유와 후(post)전유이다. '나의' 탄생과 죽음은 자연 내부에 있는 사건들이다. 우리를 자신들에게 고유하도록 허용하는 무엇인가가 있다면, 그 관계는 시간의 선물 이전과 이후이다. 그냥 날씨이다. 행성적인 것이다. 야비하고 인종차별적이며 선심 쓰는 멍청한 지구성에 대한 해독제이다.

그리하여 워즈워스의 이 시행은 『루시』의 주체를 위해 다시 이중화된 파라탁시스로만 유도된다. 그것은 식민주의자와 식민화된 사람의 정신-집합들 사이의 파라탁시스뿐만 아니라 종-생명과 종-존재 사이의 정신-집합들 사이의 파라탁시스로 유도된다. 여러분이 괜찮다면 이 마지막 파라탁시스는 또한 젠더들 사이의 파라탁시스이다. 200년 전 대부분의 남자들과 오늘날의 많은 남자들처럼, 워즈워스는 자기(self)에 대한 감각을 발전시키기 위해 여성을 이용했으니 그렇다. (그람시의 처형, 워즈워스의 여동생, 셸리의 아내, 헌신적인 보살핌을 베푸는 자들, 문학의 천사들 등을 작동하면서 말이다.) 워즈워스의 루시는 그 찬란한 예일 것이다. 그런데 루시라는 이름은 거기서도 불발한다. 우리는 『루시』의 주체와 섹슈얼화된(sexualized) 젠더 역할 속의 남성들 사이의 연결이 파라탁시스라는 측면에서 실패한 양상들을 이미 살펴보았다.

『루시』의 저자 '자메이카 킨케이드'는 유별나게 '페미니즘적'인 어떠한 선언도 하지 않으면서 자연 속의 인간의 역할에 대한 책임을 주장하고 싶어 한다. 내가 이미 인용했던 그 구절의 끝부분에서 우리는 늑대를 바라보는 루시를 보았다. 그다음 대목을 따라가 보도록 하자. "그날 밤 나는 내 침대에 누워 늑대가 출현했던 울타리 너머로 놀라운(incredible) 고뇌의 소리를 들었다. 늑대는 자신의 희생물을 발견했던 게 틀림없다. 그러나 늑대는 자연 속에 있으며 … 나는 자연 속에 있지 않다…. 내게 세상은 부서진, 전체가 아닌, 순수하지 않은, 우연한 것이다. 아무 이유도 없는 순간의 기쁨이라는 생각은 **몹시 기이한**(strange) 것이다."(스피박의 강조) 킨케이드에게는 유럽 중심적인 경제 이주의 디아스포라적 책임감이, 신명기에 대략 나와 있는 이산 중인 유태인들의 비합리적인 윤리적 죄의식이라는 전위된 노선이 허용된다. 그런데 그러한 허용은 본연의 동물성에 관한 전통적인 정의에 근거한, 자연-안의-존재(being-in-nature)와 문화-안의-존재(being-in-culture) 사이의 구분 때문이다. 책임감 있는 디아스포라에게 그것은 느껴진 기쁨의 기이함(strangeness)이다. 알지도 못하는 사람들을 희생시킨 정복자 계급에 내가 입장했을 수도 있다고 느낄 때 말이다. 이러한 책임감의 비밀은, '했을 수도 있다' — 킨케이드의 구절에서는 '~라면 어떨지'로 나오는 — 라는 그러한 불확실성이다. 킨케이드가 자신이 떠나온 장소를 환기할 때 어떤 깃발도 올리지 않으면서도 적극적인 젠더 역할을 취하는 것도 주목할 만하다. "나는 나한테 키스하는 여성을 나와 똑같이 묘사하는 것을 남자에게 허용하지 않았을 것이다."

우리는 그 언어의 특이성을 따라 『루시』를 한 편의 문학 작품으로 읽으면서 우리 시대 디아스포라주의의 정치적인 정확성과 자기탐닉성에 대한 비판을, 식민적 디아스포라적 혼종성의 실제 연주(a real playing)에 대한 비판을 얼핏 엿볼 수 있다. 우리 시대의 디아스포라주의에서 디아스포라라는 것은 메트로폴리스로부터 감지되지는 않겠지만 아무튼 계급 노선이다. 『루시』는 구금된 통로(passage)의 책이다.

우리는 쪽마다, 문장마다, 울리는 단어마다 그 특이성을 따라갈 수 있으며 그러면서 문학으로서의 『루시』에 대한 우리의 즐거움은 고양될 것이다. 여기서 소설의 마지막 문장으로 옮겨 가 보도록 하자. 그 문장은 거기서의 주체야말로 이 텍스트에, 이 이야기의 바깥 어딘가에 자신의 이름을 양도하리라는 것을 우리에게 보여줄 터이다. 또한 그러한 양도 과정에서 모든 디아스포라 서사를 희생과/또는 저항으로 환원시키는 손쉬운 읽기들뿐만 아니라 '워즈워스'와 '머라이어'도 수정될 것이다.

텍스트 바깥에서 일어나는 무엇인가에 대한 생각을 설명해 보도록 하자. 물론 이것은 '진실'이 될 수 없다. 하지만 문학 텍스트에서 발생하는 것이 그 언어의 특이성이고 그 특이성이 형상화 과정 중에 있다면, 그러한 형상화는 내용의 깊이를 가리킬 수 있다. 그 내용이 저장소로서의 텍스트에 의해 담길 수 없다는 점을 신호함으로써 말이다. 이 점을 주목한다고 해서 텍스트가 실패했다고 말하려는 것은 아니다. 텍스트가 자체를 넘어서서 신호하는 데 성공했다고 말하고자 하는 셈이다. 이것은 그 책에 대한 드높은 칭찬이지 폄하가 아니다. 또한 많은 텍스트들과 함께 그러한 칭찬이 반복된다면, 우리의 파악을 능가하는 전미래에 대한 시선을 갖고서 액티비즘을 훈련하도록 할 수도 있다.

텍스트가 지적하는 것은 형상화에 박혀 있는 논리를 통해서이다. 우리가 알고 있듯, 은유는 형상들 중에 주된 것이다. 『루시』는 자체를 넘어 신호하는 은유적 시퀀스와 더불어 끝난다.[19]

『루시』의 주체는 그저 사랑의 대상이 아니라 사랑의 주체가 되고 싶어 한다. 이것은 그 텍스트를 끝맺는 시퀀스에 의해 재현될 수 있다. 머라이어가 진정한 연대를 표현하고자 루시에게 주었던 아름다운 공책에 대해 루시는 "내 삶은 텅 빈 쪽들로 된 책처럼 내 앞에 펼쳐져 있었다."(p. 163)고 지적하는 반응을 드러낸다. 그 공책의 서두는 새로운 텍스트의 시작이 될 수 있다. 『루시』가 오로지 시도하기만 했던, 자신의 이름으로 주체의 말하기를 행할 텍스트의 시작 말이다. 이 첫 번째 시도에서 우리는 밀턴과 워즈워스 사이에 뭉뚱그려진 이름 외에 아무것도 갖지 못했다. 이 새로운 텍스트는 특히 루시의 텍스트가 될 것이다. 루시라는 주체는 자신의 이름 전체를 쓴다. 루시 조세핀 포터(Lucy Josephine Potter)라고 말이다. ('자메이카 킨케이드'도 일레인 포터 리처드슨 Elaine Potter Richardson이라는 세 부분으로 된 이름을 우연찮게 갖게 되었다.)

루시가 자신의 이름에 초점을 두었을 때, "내가 그것으로 인해 죽기까지 할 정도로 누군가"(p. 164)를 사랑하지 못하는 자신의 무능력이 그녀를 압도한다. 놀랍게도, 루시 자신이 되고 싶어 하던 주체에 의해 촉발되지 않은 눈물이 나온다. 하지만 그 눈물은 정동적 파라탁시스의 예는 아니다. 섹스에 대한 루시 자신의 묘사들과 달리, 여기서의 감정은 수치심으로 인한 눈물이라는 제스처에 안전하게 묶여 있다. 그녀의 이름은 하나의 얼룩 외에 아무것도 아닐 때까지 씻겨 나간다. 이러한 새 (공)책에 살아 있을 그 텍스트는 자기(self)에 대한 접근은 될 수 없고 자기를 폐기하는 사랑을 통해 타자들에 대한 접근은 될 수 있다.

---

19) 바르트가 은유적인 것을 '지혜 담론' (Barthes, "Introduction to the Structural Analysis," p. 34)에 할당한다는 점은 상기할 만한 가치가 있다.

'워즈워스'는 타자를 자기(self)라고 부를 수 없었다. 그러나 『루시』가 자체의 쪽들을 넘어 여행하는 저 타자의 텍스트는, 자기의 이름을 공백이 아니라 생산적인 얼룩으로 바꿈으로써 그 실수를 수정할 것이다.

아마도 그럴 것이다. 언어 속에 있지 않은 그 책은 아무런 보장도 없다. 인물의 논리로 볼 때, 우리가 루시를 '실제'(real) 사람으로 생각한다면, 그러한 모순적인 성향에 아무런 보장도 없다. 그녀는 밀턴의 루시퍼와 더욱 유사'하다'. 그 텍스트는 다른 방향으로 끌어당긴다. 자메이카 킨케이드 책의 미덕은 바로 '루시'와 『루시』 사이의 이러한 밀고 당김이다. 그것을 넘어서는 단계에 대한 약속이야말로 그 단계를 수행하지 않는 것으로 무대화되어 있는 텍스트를 또한 상기하게 한다. 다시 한 번 말하는데, 이것은 아마 '형식화'라고 부르는 것이 더 좋을 텐데, 텍스트의 조직을 폄하하지 않고 찬양한다.

결국 이것이 바로 『루시』라는 텍스트의 특이성일지도 모른다. 『루시』라는 텍스트가 남아프리카공화국 작가인 베시 헤드(Bessie Head*1937-86, 남아프리카공화국에서 유색인종과의 결혼이 불법이었던 시기에 백인 여성 어머니와 흑인 남성 아버지 사이에 태어났다. 헤드는 어머니의 가족과 연락하고 지냈으며 헤드가 교사가 될 수 있도록 어머니의 가족으로부터 지원받았다. 1950년대와 60년대에 기자로 일했으며 범아프리카주의 운동에 연루되어 1964년에 보츠와나로 망명했다. 49세의 나이로 1986년에 간암으로 사망했다.)의 『권력의 문제』(*A Question of Power*)와 공유하는 특이성 말이다. 유색인종의 이주민 여성은 '사랑하는 표시가 없는 주체'(the unmarked subject of loving)가 되도록 허용되지 않는다. 희생자로 하여금 사랑하게끔 허용하는 것은 바로 자비로운 지배자이다. 흑인 디아스포라 글쓰기의 명백한 예처럼 보이는 소설이 표시 없이 사랑을 하는 주체에 거주하고 있을 때, 우리는 그 글을 읽을 수 없다. 다른 책 『루시』에서 머라이어에 대한 루시의 사랑은, 머라이어에게 전승되고 그래서 선택된 삶의 방식에 대한 비판 때문에 부상할 수 없다. 또 그 사랑은 증오로부터 출현할 수 없는, 자기 어머니에 대한 사랑만큼이나 많은 형태를 독자를 위해 띠게 될 것이다. 왜냐하면 그것은 한 권의 책이 아니라 그저 이 책을 읽는 과제의 한 부분에 지나지 않기 때문이다. 『루시』는 징후와 비판 사이에서 왔다 갔다 한다.[20] 지구화에서 또 그 모사체적 당대성(simulacral contemporaneity)에서, 우리는 정당한 역사로서의 근대성으로 가는 모든 길들에 관해 사유하

20) Perelman, "Marginalization," pp. 61, 69.

는 법을 배워야 한다.

레슬리 개리스는 자메이카 킨케이드와의 인터뷰에서 헨리 루이스 게이츠를 인용한다. "킨케이드는 흑인 세계나 여성 감수성의 실존을 주장할 필요성을 전혀 느끼지 못한다. 그녀는 둘 다를 떠안고 있다. … 우리는 인종주의라는 큰 주제를 넘어 흑인들이 사랑하고 울며 죽고 사는 과정에 관한 더 깊이 있는 주제들에 도달할 수 있다."[21)]

물론 게이츠는 옳다. 나는 추가 조항을 덧붙이고 싶다. 그저 흑인들이 아니라 사람들이라고 말이다. 그렇다고 위대한 예술을 위해 역사를 초월하는 보편성을 주장함으로써 흑인의 특수성을 없애 버리자는 것은 아니다. 백인의 특수성은 굳이 '백인'이라고 표시되지 않는데 흑인의 특수성은 그러한 선택을 할 수 없는 이유를 질문하는 셈이다. 흑인 디아스포라 글쓰기의 명백한 예처럼 여겨지는 소설이 '표시 없이 사랑하기'라는 주제에 서식하고 있을 때, 우리는 그것을 제대로 읽을 수 없다. "그가 아프리카 사람이었던 것은 거의 우연처럼 보였다. 수년에 걸쳐 그의 내면적 지각들은 하도 큰 폭으로 성숙하는 바람에 그는 특정한 환경과의 동일시보다 인류와의 동일시를 선호했다. 하지만 그는 아프리카 사람으로서 가장 완벽하게 다음 진술을 하고 있었던 것 같았다. '나는 그저 누군가일 뿐이에요.' 라고 말이다."[22)]

『권력의 문제』는 바로 이 구절로써 시작된다. 우리가 이 구절을 통해 욕망의 짜임새를 살펴본다면, 내가 『루시』에서 발견한 것에 도달할 터이다. 즉, 흑인의 특수성을 부인하지 않으면서 표시 없는 인간성에 대한 갈망에, 주체로서 사랑하기에 대한 접근에, "아마 … 그에게는 사랑은 마음의 자유였다는 또 다른 완벽한 진술이었던 … 그 전체 우주"에 말이다. 루시와 비슷하게 작가 헤드(Head)의 표시 없는 남자도, 사랑하는 데서 약점이 있는 데다 인물학적으로는 더욱 많은 약점을 지니고 있다. 그는 남자일 뿐, 주인공이 아니기 때문이다.

여기서 나는 어느 인터뷰에서 밝혔던 다음 대목을 반복하고 싶다.

〈문화연구〉는 텔레포이에시스[과거의 구조들에 대한 상상적 간섭들]에 대한 연구이며, 메트로폴

21) Leslie Garis, "Through West Indian Eyes," *New York Times Magazine* (October 7, 1990), p. 80.

22) Bessie Head, *A Question of Power* (New York: Pantheon, 1963), p. 11.

리스를 가능하게 만드는 역사를 주장하는 메트로폴리탄 소수자의 영역이다. 이것은 표시 없는 근대성으로 가는 도정 중에 정체하도록 허용되었던 역사를 다시 주장하는, 소위 포스트식민 비평 영역은 아니다. 치누아 아체베는 이 영역의 가장 고상한 모델이다. 그 순진한 다시 주장하기의 계기는 이제 과거일 뿐이다.

'표시 없는 근대성'은 '시간 속의 표시 없는 존재' — '문화적' 정체성이 '자연스럽고' 미리-이해되고 있는 것처럼 보이는 — 에 의해 초래되는 동시성의 진술이다. 그렇다면 우리는 기껏 선심의 대상이라기보다 사랑의 주체가 될 수 있다. 『루시』의 갈망은 불가능한 책이 될 수도 있음을 가리키면서도 그렇지 않을 수도 있다. 아마도. 부재인 공백과 거기서 다시 만들어질 얼룩 사이의 차이.

종속된 문화권 출신인 우리는 행위자로서 새로운 것을 남-용해야만 한다. 주체로서 우리가 과거를 적절한 의식들과 더불어 애도하면서 말이다. 이것은 여하한 개인적 서사보다 더 광대한 문화 번역이라는 필요하면서도 불가능한 과제이다. 나를 이러한 읽기로 유도했던 것은 소설 언어의 특이성이다. 하지만 이것조차도 여하한 적절한 정당화를 확보할 수 없다. 나 자신에 대한 내 상투형의 텍스트성이 바로 이 읽기로 나를 유도할 수도 있기 때문이다. 허구의 힘은 그것이 입증될 수 없다는 데 있다. 허구를 읽는 법을 배우는 것은 이 허구의 힘과 함께 작업하는 셈이다.

포스트식민적 갈망의 계기는 과거일 수 있다. 피렐만(Perelman)은 "70년대에는 … 근대주의적 야망의 재탄생과 시의 문화적 중심성의 재탄생에 대한 신념을 유지하기가 더 쉬웠다. 오늘날 파라탁시스는 후기 자본주의의 징후처럼 보일 수 있다."[23]고 쓰고 있다. 실로 포스트식민적인 것은 언제 있었던가? 지금은 후기 자본주의조차 더 나중에 벌어진 지구적 자본이라는 쇼에 굴복했다.

토니 모리슨의 『빌러비드』(*Beloved*)는 파라탁시스(*병렬)가 아니라 하이퍼탁시스(hypotaxis*종속)를 무대화한다. 어떤 사람들은 하이퍼탁시스를 파라탁시스의 정확한 반대 스타일이라고 말한다. 하이퍼탁시스에서는 긴 문장들이 꿈결같이 움직이는 동안 많은 굽이

23) Perelman, "Marginalization," p. 62.

진 절들이 서로를 수정하고 상호 수정한다. 하지만 『루시』가 표지 외부에 있는 연결성을 가리키기 위해 파라탁시스를 사용할 때처럼, 아마도 『빌러비드』도 "이것은 전승될 이야기가 아니"라고 선포하기 위해 다음 문장으로 넘어가는 스타일인 하이퍼탁시스를 결국 사용하는 셈이다. 노예제도와 시민권 사이에 사로잡힌, 딸이자 어머니인 시이드(Sethe)는 오로지 반쯤-애도할 수 있을 뿐이다. 내가 이 책의 7장 「행동하는 부분들/정체성 토크」에서 논의하듯 말이다. 이것은 본질이 아니라 역사적 정의에 의해 여성들이 언어의 역사에, 특히 또한 특이하고 입증할 수 없는 간행된 문학과 같은 공적 언어의 역사에 다르게 혹은 비스듬하게 관계되기 때문일까? (노예제도의 모계성도 여기서 예외가 아니다.) 여러분이 또 다른 유명한 미국인 한 쌍을 예로 들고자 한다면, 헤밍웨이와 포크너일 것이다. 헤밍웨이는 무섭게 파라탁시스적인데 아마 『노인과 바다』에서 가장 그러할 것이다. 포크너는 바로 그 무게에 의해 뒤틀린 역사를 신호하는 하이퍼탁시스적인 문장들 아래로 가라앉은 텍스트를 쓴다. 여러분은 두 작가에게서 그러한 수사학적 아이러니를 발견하지 못할 것이다. 나는 이것을 결론이 아니라 질문으로 제공한다. 질문을 고려하는 유일한 방식은 이 텍스트들을 그 언어들의 특이성 속에서 읽는 것이다. 여러분에게 진실을 말하자면, 나는 그것을 달리 매도하지 않는다.

『루시』는 식민적 혼종화에 떨어짐으로써 다문화적 혼종화에 저항하는 모습을, 식민 주체의 주체성을 보여준다. "제1세계의 다문화 도시들만 '디아스포라화되어' 있다는 개념은, 소위 '식민' 도시라는, 제3세계의 혼종화된 공간들에서는 결코 살았던 적이 없는 자들에 의해서만 유지될 수 있을 판타지이다."[24] 나는 『루시』를 넘어서는 단계를 밟고 싶고 디아스포라와 3세계에 대한 논의를 착수시킬 수 있는 문제틀을 소개함으로써 결론을 내리고 싶다.

대도시들과 〈새로운 이민〉을 점차 해체한 이후, 또 냉전을 의심스럽게 끝낸 이후(각기 1947년과 1965년 이후) 일정한 이데올로기적 요소(ideologeme)가 구미 사회체에서 들끓고 있었다. 그 요소는 이민자에게는 역사가 없으며 차이를 만들어 낼 만큼 충분한 하나의 계급

24) Stuart Hall, "When Was 'The Post-colonial?': Thinking at the Limit," in Iain Chambers and Lidia Curti, eds., *The Post-Colonial Question: Common Skies, Divided Horizons* (London: Routledge, 1996), p. 250.

도 없다는 것이다. 여러 해에 걸쳐 내가 스튜어트 홀에게 지고 있는 가장 큰 빚은 그의 이데올로기 논의였다. 이데올로기에 대한 홀의 추적은 이데올로기적 요소에 대한 나의 추적을 도와준다.

1981년에 스튜어트 홀은 다음과 같이 썼다. "일하는 사람들, 노동 계급들, 가난한 자들의 문화를 다소 지속적으로 붙들고 늘어지는 싸움이야말로 … 대중문화 … 의 변형들을 다루는 무슨 연구건 간에 그 출발점이 되어야 한다."(DP, p. 227)

공장 바닥의 안정성은 포스트-포드주의, 국제 하청 계약, 노동에 관한 진보적 페미니즘화와 더불어 해외로 사라졌다. 금융자본의 우세와 오늘날 지구화 과정 중에 있는 '농촌적인 것의 유령화'(내가 이 책의 9장 「이론에 남은 것은 무엇인가?」에서 기술하고 있는)는 조직화된 노동 문제를 방해한다.[25] 좋든 나쁘든, 현재의 역사로부터 이민자의 출신 장소(그 장소는 영광스런 과거의 공고화로써 때로 확보되기도 하지만)를 제거하는 것은, 에티엔 발리바르와 마틴 버널(Bernal)이 우리에게 말하듯, 국제적으로 차별화되는 계급 문제의 그럴듯한 실종을 반영한다. 그리하여 지적 정치적 액티비즘의 효과적으로 역사 없는 대상으로서 이민자에 초점을 맞추는 새로운 초국가적 급진주의자조차도, 강화된 메트로폴리스를 보전하고자 작업한다. 이 메트로폴리스는 문화적으로는 탈안정화되어 있지만 경제적인 착취 입장으로부터 전위되지는 않는다. 그러한 이민자야말로 헤게모니의 회로 속에 끼어든다. 여기 "특히 전후 시기의 대중문화에는 아주 가차 없는 틈(fracture)이, 깊은 파열(rupture)이 있다. … 계급들 사이의 문화적 관계에서 일어나는 변화의 문제뿐만 아니라, 새로운 문화적 장치들의 집중 및 확장과 사람들 사이의 변화된 관계라는 문제가 있다."(DP, p. 230) 나는 『루시』에 대한 수사학적 읽기야말로 "그러한 이데올로기적 복합체가 새로운 역사적 양상의 첫 대표자들에 의해 받게 된 비판"(DP, p. 237)을 문학적으로 재현하는 가운데 확장될 수 있다고 느낀다.

---

25) 생물다양성, 유전공학, 화학 비료들, 다른 지구화하는 현상들은, 탈육체화된 하이테크 자본주의 속에서, 우회하는 산업의 회로 속에서, 농촌적인 것에 직접 관여하는데, 나는 '농촌적인 것의 유령화'라는 구절이 그것을 뜻한다고 본다. IMF가 러시아 경제를 지구적 체계 속에 통합시키고자 그것을 재구조화하기 위해, 산업이 아니라 에너지 및 농업에 집중한다는 점에 주목하는 것은 흥미롭다. IMF의 후원을 받는 개혁의 전체 문제는 다음 두 책에서 명민하게 논의되고 있다. Boris Kagarlitsky, *The Mirage of Modernization*, trans. Renfry Clark (New York: Monthly Review Press, 1995); Roger Burbach, Orlando Núñez, and Boris Kagarlitsky, *Glovalization and Its Discontents: The Rise of Postmodern Socialisms* (London: Pluto Press, 1997). 또한 이 책의 9장 참조.

이렇게 부상하는 이데올로기적 구성체의 역설은, 메트로폴리스 내부에서 바로 그 구성체가 "그들의 종속적 장소"로부터 대중들을 해방시키듯 시뮬라크럼을 생산한다는 바로 그 점이다. 그러나 세계는 메트로폴리스보다 더 크다. 그래서 우리는 계급에 대한 좀 더 느슨하고 좀 더 지구적인 정의(definition)를 위해 디아스포라 혼종성의 특권화를 식민적 혼종화의 문제로써 복합화하는 것인지도 모른다. 그렇지 않으면, 또 다른 종류의 일반화에 의해,

> 국가와 사법적-정치적인 이데올로기의 영역에서, **정치적** 계급들과 계급 관계들은 개인 주체들(시민들, 선거권자, 법의 시야에서 주권적인 개인, 대의 제도, [이주민, 소수자] 등)로서 재현된다. 그리고 이 개인적, 정치적, 법적 주체들은 "사회적 계약"에 의해 또 구성원들의 공통된 상호적이고 일반적인 이해관계에 의해 연합되며 **민족**의 구성원들로서 "서로 묶인다."(CM, p. 337. 스피박의 강조)

여기서의 논의가 경제적인 것만은 아니다. 그 때문에 나는 '정치적'이라는 단어를 강조해 왔다. 이것은 현재의 역사 속에서 야누스의 얼굴을 하고 있는 이주민을 고려하는 가운데 계급 논의를 확장할 수 있는 가능성을 우리에게 제공한다. 특히 제2의, 제3의, 혹은 더 많은 세대의 하이픈 그어진 메트로폴리탄 혼종이 메트로폴리스의 이해관계를 위해 인구통계학적인 정치적 혹은 경제적 의제를 성취하라고 요청받을 때 말이다. 매들린 올브라이트가 발칸 반도에 대한 폭력을 연출하는 것을 보라.

'순수 문학 용어'는 「디아스포라 지식인의 형성」("The Formation of a Diasporic Intellectual", in David Morley and Kuan-Hsing Chen, Stuart Hall, *Critical Dialogue in Cultural Studies*, London: Routledge, 1996, p. 498)에 나오는 스튜어트 홀의 인용 구절이다. 나는 진 프랑코(Jean Franco)와 데보라 화이트(Deborah White)의 비판적 읽기에, 또 17장의 연구에 도움을 준 빌 마이클(Bill Michael)에게 감사드린다.

18.
테러: 9 · 11 이후의 연설

〈세계무역센터〉가 있던 곳 근처에 (항상 '이슬람교 사원'으로 언급되는) 〈이슬람 문화 센터〉가 새로 생기는데 그 센터에 대한 논쟁은 계속되고 있다. 그러한 와중에 나는 이 글을 수정하고 있다. 그 이슈는 버락 후세인 오바마를 불신하도록 만들어 민주당을 무너뜨리는 데 사용되고 있는 중이다. 그 논쟁은 실제로는 이중구속이지만 그렇게 감지될 수 없는, 하나의 합리적 추상이다. 즉 분명 이슬람이라는 이름으로 아무렇게나 말살시킨 생명들의 희생자들 가족이 느끼는 분노에 맞서 사유 재산 위에 건설할 권리 말이다. 그 권리는 이런저런 방식으로 다른 쪽에 대한 한쪽의 승리라고 결정될 것이다. 여러분은 사회를 지지하는 것으로서 일반화된 미학교육이 여기서 도움이 되어 왔을지도 모를 방식을 그려볼 것이다.

I.

뒤따르는 상념들은 미국의 테러와의 전쟁에 반응하던 중에 발생했다.[1] 나는 그 전쟁

1) 18장의 첫 번째 판본은 컬럼비아 대학의 〈여성과 젠더 연구소〉에 의해 운영되는 〈페미니즘적 개입들〉 시리즈로

의 역사적 세부사항을 보전하기 위해 부시 시대의 언급들을 보전해 왔다. 그때의 일반적인 논의는 필요한 변경을 가하여 현재의 상황에 적용된다.

나는 전쟁에 대한 반응이라는 것은 없다는 신념에서부터 시작했다. 전쟁은 우리 안의 무엇이 일으킬 수 있는 반응을 잔인하게 희화화한다. 여러분은 전쟁에 응답할 수 없다.

하지만 우리는 침묵한 채 남아 있을 수 없다. 그렇다면 말하라는 명령 혹은 충동으로부터 다음의 두 가지 질문을 하게 된다. 이미 존재하는 몇 가지 반응들은 무엇인가? 반응의 불가능성과 직면해 어떻게 반응할 것인가?

그리하여 내가 반응의 행위능력을 자임했을 때, 제도적으로 정당화된 나의 행위능력이 끼어들었다. 나는 인문학 선생이다. 나는 인문학의 사명에 몹시 적대적인 공공영역에 개입할 수 있을 법한 비평을 생산하는 훈련은 인문학 교실에서 시작된다고 아직도 믿고 있었다. 인문학이 '읽기 가르치기'(teaching reading)를 통해서 욕망의 비강제적 재배치를 집요하게 시도하는 것으로 이해될 때 말이다. 18장을 시작하기에 앞서, 나는 공공 비평이라는 이름으로 우리 학생들에게 전수하는, 최신 구미 이론 트렌드라고 감지되는 바에 따라 외견상 정치적이며 지루하게 급진적이고 종종 나르시시즘적인 묘사들을 비축하기와 '읽기 가르치기'를 구분하고 싶다. 그렇다면 '욕망의 비강제적 재배치'는 교실에서 반복되는 노력이다. 그리하여 나는 반응자로서 구축되는 나 자신을 발견했다.

하나의 반응은 하나의 구축된 반응 주체를 가정하고 생산할 뿐만 아니라 또한 그 대상을 구축한다. 그렇다면 대부분의 이러한 반응들은 무엇에 대한 반응일까?

대통령을 비롯해 미국 정부를 대표하는 사람들에 의해 매체에 반복해서 선포되는, 탈레반에 대한 '전쟁'은 일반적인 의미에서의 전쟁이었을 뿐이다. 의회의 법안에 의해 선포되지 않았던 만큼, 매체를 통한 선포는 그 적절한(proper) 이름을 지닐 수 없었다. 그 선포는 그 자체로서도 전쟁에 대한 반응이 아니었다. 오늘날 화해 토크가 있다. 우파나 좌파가 반복해서 우리에게 상기시켰듯, 관타나모 만에 있는 구금자들은 전쟁 포로가 아니었다. 도널드 럼스펠드가 말했듯, 무엇보다도 "그들은 군복을 입고 싸우지 않았기 때문에" (그 자체가 실

개최된 〈전쟁에 대한 반응들〉이라는 학술회의에서 발표되었다. 나는 그 학술회의에 참석하도록 나를 초청해준 로절린드 카멀 모리스(Rosalind Carmel Morris)에게 고마움을 표한다.

행될 수 없는) 제네바 협정에 따른 대우를 받을 수도 없었다.[2)] 미국은 테러라는 추상적인 적과 싸우고 있다. 정부의 안내 책자들이나 유엔 문서들에 나오는 정의들도 그 적을 거의 설명해주지 못하고 있다. 테러와의 전쟁은 모든 제국주의에 의해 스스로 부여되었던 알리바이의 일부, 즉 항상 그래야만 한다며 극단적으로 수행된 문명화 사명의 일부이다. 그 전쟁은 고국에서는 정당한 절차로, 하나의 형사 사건으로 축소된, 테러와의 전쟁이다. 기소 과정에서 공범자이지만 기소되지 못한 자라는 이름이 붙여진 19명의 죽은 공중납치범들과 함께, 가석방 없는 무기징역을 살고 있는 '샤낄', '아부칼리드 알 사라위'라고도 알려진 자카리아스 무사위(Zacarias Moussaoui*1968-, 9 · 11 공격의 공범자로 연방 법정에서 죄를 인정한 모로코계 프랑스 시민. 종신형을 선고받고 테러범과 흉악범죄자를 수감하고 있는 슈퍼맥스에서 복역 중임) 대 미국 사이의 형사 사건 말이다.

나는 바로 이 지점에서 시작할 수 있다. 소송으로 축소된 전쟁과 추상물과 대면하도록 확대된 전쟁 말이다. 가장 일반적인 수준에서도 이러한 이분법적 대립은 더 이상 지탱되지 못할 것이다. 그러나 하나의 반응(response)을 구축하기 위해서는 이분법이 유용하다. 그렇다면 하나의 소송 사건으로 축소하거나 하나의 추상물로 확대하는 것을 반복해 보자. 나는 법이나, 소송 사건들에 관해 지성인답게 말할 수 없다. 나는 소송 사건들에 '책임을 질'(responsible) 수 없다. 나는 테러-리즘이라는 추상으로 선회한다.

하지만 '법의 통치'하에 살고 번창하기를 열망하는 세계에서 한 사람의 시민인 나는 위험을 무릅쓰고 하나의 단어를 사용할 것이다. 우리가 가해자들을 범죄자로 처벌하는 것이 군사적 개입보다 더 영리하다고 생각할 때, 지속적인 평화를 향해 반드시 우리가 움직이고 있는 것은 아니다. 우리가 타자를 상상하기라는, 필요하면서도 불가능한 끝없는 과제 속에서 훈련을 받지 않는다면, 우리가 정치적-법적 계산을 통해 하고 있는 그 어느 것도 전미래의 우연성을 기대해본들 지속되지 못할 것이다. 우리가 어떤 일을 계획할 때 그 어떤 일은 일어나게 될 것이다. 다른 '종류'의 민족들이 함께 살게 되었을 때, 그 제국적 제도들과 민족들의 이동에 의한 당연한 결과인 특정한 '공공영역'의 출현이 요구된다. 그 전

---

2) 이것은 그다지 어리석게 들리지 않는다. 앤-마리 슬로터(Ann-Marie Slaughter)도 『미국의 전망』(*The American Prospect*)에 실린 흥미로운 글에서 이것을 하나의 중요한 오류로 언급한다. "전범들을 통제하는 협약(convention)은 불법적 전투원들을, 군사적 이익을 얻기 위해 자신들의 민간인 지위를 남용하며 무장 충돌에 참여하는 자들로 정의한다. 즉 군인들로 신분을 확인시켜 주는 군복이나 계급장과 같은 '확고하게 구분되는 표시'도 없고 무기를 공공연히 들고 다니지도 않는 자들 말이다."(Slaughter, "Tougher than Terror," *American Prospect*, January 28, 2002, p. 2)

에, 그러한 훈련을 받는 것이야말로 일반적인 문화적 가르침의 일부였다.[3] 이후 그 훈련은 제도화된 인문학 학부의 특별한 짐이 되었다. 여기서 나는 하나의 전체 역사를 억누르고 있다. 칸트의 계몽된 주체는 학자이다.[4] 베냐민은 「폭력 비판」("Critique of Violence")에서 "교육적 권능(power)의 외부에 완벽해진 형태로 있게 되는 것이야말로, 신성한 권능의 출현 형태들 중 하나"[5]라고 말한다. 나는 어쩌다가 유럽주의자가 되는데, 교육적 계기의 중요성에 관한 역사적으로 지적된 직관들은 모든 문화제도에서 발견된다는 점을 추호도 의심하지 않는다. 오늘날 제국의 사원에 대한 이렇게 전례 없는 공격과 직면해 중요하게 보이는 것은, 전쟁이나 법과 같은 공공영역의 계산들을 매개 없이 경유하는 개입뿐만 아니라 윤리적인 것을 와해시키기 위한 준비를 하는 훈련(교육적 권능의 연습)이다. 나는 윤리적인 것을, 타자를 지식의 대상으로 구축하고자 시도하는 인식론적인 것을 간섭하고자 하는 데서 비롯되는 하나의 파생적 입장이라고 이해한다. 인식론적 구축들은 법의 영역과 형식적 비형식적 교육 사이의 광범위한 스펙트럼을 망라한다. 이 스펙트럼에서 그 혹은 그녀의 경우, 합리적으로 처벌하거나 방면하기 위해 가능한 한 완벽하게 타자를 알고 싶어 하며 법 자체에 의해 확립된 한계들로써 이성의 정의를 내린다. 윤리적인 것은 이러한 이성에 완벽하게 간섭한다. 처벌하지도 방면하지도 않을 자아인 것처럼 타자를 귀 기울여 듣기 위해서이다.

오늘날 공공 비평은 다음과 같이 주장해야 할 것이다. 즉 개인들에 대한 법적인 처벌 혹은 국가들과 집단체들에 대한 군사적 경제적 처벌을 아무리 크게 받더라도, 〈세계무역기구〉와 제휴하거나 가입하라는 초청을 통해 군사적 경제적 보상을 받더라도, 미미하나마 지속적인 변화나 그 어떠한 인식소적 변천도 초래하지 못한다고 말이다. 우리가 유념해야 할 윤리적인 것을 준비하는 데에 또한 우리는 유념해야 한다. 바로 그 지점에 인문학의 공적인 인식론적 책임을 놓을 수 있을 것이며, 인문학은 더 이상 기능적인 것으로 허용되지 않을 것이다.

---

3) 리비(Livy, *History of Rome*, Book 1, 58-60)는 로마 공화국의 창립을 회상하면서 그 근거를 ['비천한 조건의 남자'와 함께 잠을 잤던 여자로 자신이 재현될까 봐 걱정하는]루크레치아의 두려움에다 둔다.

4) Kant, "What is Enlightenment?," in James Schmidt, ed., *What is Enlightenment? Eighteenth-Century Answers and Twentieth Century Questions* (Berkeley: University of California Press, 1996), pp. 58-64.

5) Walter Benjamin, "Critique of Violence," in *Reflections: Essays, Aphorisms, Autobiographical Writing*, trans. Edumund Jephcott (New York: Schocken, 1978), p. 297. 수정된 번역임.

이와 대조적으로, '테러와의 전쟁'은 의회의 〈애국법〉(Patriot Act)에 의해 공고하게 된, 민족주의와 일련의 저항을 다시 강렬하게 부상시켰다. 세계의 경제 체계가 다국적으로, 초국가적으로, 상층부에서는 지구적으로도 작동하는 만큼, 학계의 지식인들은 매끄러운 이데올로기적 포스트국가주의가 우리 시대의 인식소라는 검토되지 않은 가정을 내세우고 있다. 그러한 종류의 무책임한 사유는 꼴사납게 매장되어 왔다. 이것은 의도치 않은 결과이기는 하지만 아무튼 하나의 결과인 셈이다. 내가 주장하여 왔듯이 우리 시대를 매끄러운 포스트국가성을 띤다고 보는 이러한 가정은, 어느 곳에서건 3차 교육의 최우선 순위는 아닌 미학교육의 피해-수습(damage-control)을 요구하는 무엇이다.

여성들은 이러한 테러와의 전쟁에서, 또 이 괴기한 문명화 사명에서 두드러진다. CNN이 보여주듯, 우리는 미국 항공모함의 키를 잡고 있는 아주 목소리 좋고 생기 있는 얼굴을 한 여성들을 무시할 수 없다. 그들 중 한 젊은 여성은 관중에게 "내가 항공모함을 운전할 수 있다면 트럭도 모조리 운전할 수 있다."고 애타는 심정으로 말했다. 이것은 단일 이슈 중심인 페미니즘의 쓸데없는 소리 중에서도 가장 이상한 예에 대한 반응이었던 셈이다. 내가 CNN의 남성 통신원의 입에서 그 소리를 들었던 것은 행운이었다. 그는 "더 이상 아무도 여성 운전사들에게 성차별적 농담을 할 수 없을 것"이라고 말했다. 모든 여성들이라고? '아프가니스탄 여성들'은 좀 다르게 코드화된다.[6]

이러한 젠더-우세(gender-prominence)를 보건대, 끝없는 전쟁의 확장이 서발턴 영역에 여러 이슈의 젠더 정의(正義)를 반드시 생산하지는 못한다고 페미니즘 비평 이론은 반복해야 한다. 이스라엘, 말레이시아, 인도 및 그 외의 여러 곳에서 나타나는 국가 테러의 악화라는 가장 가시적인 결과들은 젠더 정의와 아무런 관계도 없다. 19세기 말에 압두르 라만(Abd-ur Rahman)이 꾼 꿈과는 좀 달리, 폐허가 된 카불이 아마 유엔 평화군이 주둔하고 미국 지역 문화의 지구화된 판본에 계속 접근하는 그런 '국제 도시'라면, 미국 및 유엔의 젠더 정치와 어울리는 무엇인가가 사회적 의식(意識)의 일부로서 다시금 부상할 터이다.[7] 그러나 젠더

6) Kelly Oliver, *Women as Weapons of War: Iraq, Sex, and the Media* (New York: Columbia University Press, 2007).

7) Abdur-Rahman Khan, *The Life of Abdur Rahman, Amir of Afganistan*, 2 vols. (New York: Oxofrd University Press, 1980). '젠더' 이슈나 성차의 추상화는 항상 하나의 차이로서 설정되므로 그 자체가 담론적인 것이다. 그것은 지배적이기도 하고 종속적이기도 해서 사회로부터 결코 부재하지 않는다. 내가 '다시금'이라고 말하는 이유는, 나의 텍스트 본

에 민감한 이 집단들은 〈아프간 여성 혁명 연합〉(RAWA, Revolutionary Association of the Women of Afghanistan)만큼, 조금 아마 실로 덜 서발턴을 대표할 것이다. 아프간 여성들과 "관계를 맺고" 싸우는 미국 여성들이 지금도 있지만 그러한 노력을 분석할 시간은 허용되지 않으리라. 자본을 사회적인 것으로 바꾸려는 반복된 노고를 유지하려는 젠더의 가능성이란 대항-지구화 투쟁에 최선인데 미국의 보호령에서는 없다. 그러한 젠더는 오늘날 우리가 '글로벌 남반구'라고 부르는 곳에서 일어난 70년대 '신'사회운동들의 시대에 있었을 뿐이다.

미국에 의한 여성해방이 반복해서 찬양될 때, 가장 어려운 일은 소비에트 체제에 대한 평가이다. 탈레반이 중간-계급 여성들을 지하로 보내기 전에 그녀들이 있었던 곳에서 지금 그녀들이 부상하고 있는 중이다. 미국이 탈레반을 창조했다는 것은 모두 알려져 있다. 실로, 한 주(週)의 운치에 필적할 임시변통의 정치 교육을 하는 이런 시대에 이것은 종종 좌파-자유주의적 지식능력의 정점이다. 그러나 소비에트 체제하에서 왜 이 여성들이 전문가로서 번성하고 있었던 것일까? 아프간 인텔리겐치아와 좌파 사이의 진정한 연루에 의해 전개된 역사는 특이하게도 무시되고 있다.[8)]

'동일한 문화' 내부에 문화적 차이의 내부적 선이 그어져 있다. 여성해방은 이 선을 영원히 따르고 있었으며 그 이야기는 전쟁보다 더 거대한 이야기이다. 나는 이 점에 관해 이 책의 5장 「문화: 페미니즘을 위치 짓기」에서 논평한 바 있다.

〈테러〉에 대한 또 다른 반응은 거기에 인용 부호를 붙이는 것이었다. 테러를 상업화하고, 〈역사〉와 〈지리〉를 위해 테러를 다시 편집하고, 테러를 박제화하기 위해서 말이다. 이러한 경향의 유순한 끝자락에서 오늘날까지 기분을 상하게 하면서도 지속되는 감상화된 9.11의 마케팅이 벌어지고 있다. 시각 문화 사업에 대한 피상적이지만 신중한 공공 비평은 확실히 여기에 적용될 수 있다. 공공 비평에 포함된, 견고한 것과 부드러운 것 사이의 영역을 협상하는 환유체들이 거기 있다.

문에서 말하듯, 여성들을 위한 시민적 정의 이슈는 아프간 인텔리겐치아의 종종 좌절된 발전 이야기를 따라 지도 그려질 수 있기 때문이다. 내가 아는 한, 그러한 이야기는 표지들 사이에서 함께 조합되지 못했다. 우리는 〈비단 길〉(Silk Road) 독점의 상실로부터, 혹은 압두르 라만으로부터 출발할 수 있다.

8) Gregory J. Massell, *The Surrogate Proletariat: Moslem Women and Revolutionary Strategies in Soviet Central Asia, 1919-1929* (Princeton, NJ: Princeton Univeristy Press, 1974); Fazal-ur-Rahim Marwat, *The Evolution and Growth of Communism in Afghanistan (1917-1979): An Appraisal* (Karachi: Royal Book Co., 1997).

(낙하점에) 철사 줄로 뒤엉킨 채 방수포로 뒤덮여 있는 인접한 울타리 뒤로 … 1,732피트라는 뉴욕에서 가장 높은 지점을 가리키며 하늘에 솟구친 텔레비전 안테나로부터 부서져 나온 조각들이 양편에 흩어져 있다. 바로 오른편에는 무역을 통한 세계 평화의 상징이라고 해석된, 예전에 무역센터 1층 플라자의 중심부에 있던 프리츠 쾨니그(Fritz Koenig*1924-. 독일 태생의 조각가. 가장 유명한 작품은 〈구(球)〉("The Sphere")인데 국제 무역을 통한 국제 평화를 염원하는 상징이다. 9 · 11 테러로 망가졌는데 복구시켜 뉴욕에 옮겨 놓았다.)의 커다란 둥근 청동 조각에서 찢겨 나온 파편들로 숨이 막힐 듯 꽉 찬 잔해들이 있다. 그리고 쾨니그의 지구본(globe)에 기대며 둥지를 틀고 있는 것은 … 시커멓게 타고 얽은 자국이 있는 혼합된 콘크리트 덩어리, 녹은 강철, 검게 탄 가구들, 거의 알아볼 수 없는 원소들, 운석 같은 덩어리다. 사실 이것들은 인간의 힘으로는 만들어질 수 없었는데, 무역센터의 탑들이 불타 고사하는 바람에 창출된 셈이다.[9)]

'세계 무역을 통한 세계 평화'는 거짓말이기 때문에 그 잔해들은 습득물이 된다. 칸트의 어둠이여! 또한 그 힘들(forces)은 인간의 것이다. 예이츠의 라피스 라줄리(lapis lazuli*준보석의 가치가 있는 짙은 청색의 암석)로 표시된 쾨니그의 지구본은 호프 가든(Hope Garden)에 인접한, 볼링 그린(Bowling Green) 근처 아이젠하워 몰의 히스토릭 배터리 파크(Historic Battery Park)에 있는 기념관에 지금 설치되어 있다. 〈구(球)〉("The Sphere")라고 불리는 그것은 수도 중의 수도인 뉴욕이라는 텍스트 속에서, 〈역사〉(아이젠하워, 배터리 파크), 〈공간〉(배터리 파크, 볼링 그린, 가든), 〈희망〉이라는 기표를 보유할 상상계의 한 구절 속에서, 어휘로서 제자리를 잡고 있다. '9 · 11'은 언제나 강력하다. 낙하점은 이제는 해결된 부동산 싸움의 일부로 남는다.

건축학적으로 훨씬 더 흥미로울 것에 수반되는 개념적 진부함들이 많은 쇼들에 틀림없이 있을 터인데, 그 진부함들은 이 사건과 밀접하다. 나는 이 쇼들 중에 뉴욕의 막스 프로테치 갤러리(Max Protetch Gallery*미국 예술품 딜러이자 워싱턴에 있는 이 갤러리의 창립자 이름)에서 열린 〈새로운 세계무역센터〉(The New World Trade Center)라는 쇼를 대충 선택한다.[10)] 한쪽 끝에는, 테러의 시 공간화에 대한 반응이자 글쓰기의 고전적 모델인 가장 오랜 기념물, 즉 두 번의

9) Eric Lipton, and James Glanz, "A Nation Challenged: Relics; From the Rubble, Artifacts of Anguish," *New York Times* (January 27, 2002), section 1, p. 1.

10) "A New World Trade Center: Design Proposals," Max Protetch Gallery, New York, January 17-February 16, 2002.

공격 중에 태양의 정확한 위치를 고정하는 스톤헨지 모델의 석판들이, 레이먼드 에이브러햄(Raymund Abraham)에 의해 디자인된 제로 구역들(Zero Zones)이 있다. 다른 쪽 끝에는, 적극 망각하라는 전형적인 포스트모던 훈계가 있다. "기억하자는 생각조차 하지 맙시다 … 무엇 때문에?"라는 구절이 나온다. 이 구절은 더 많은 형태의(plioform) 뱀같이 생긴 타워들을 위해 〈외무부〉 건축가들에 의해 제공된다. 그 사이에 타워들을 빌딩이라고 모호하게 비판하는 좌파풍의 비평을 포함한 다른 개념들이 있을 수도 있다. 즉, "아무튼 시대와 동떨어진 과거를, (미국 = 거대함, 권력)을 분출(투하)하라. 세계무역센터 〈타워〉의 잔해들로부터 뭔가 생성하는 물질이 출현할 것이다(토머스 메인[Thomas Mayne], 건축가들)." 그것들 중에 가장 야생적인, 빛의 쌍둥이 타워들은 현상적이라기보다 실체적인(noumenal) 타워들의 기입을 재현하는데 〈도시〉에 의해 선택된 일시적인 기념물이었다.

이 모든 반응들 중에 나는 길의 한복판이라는 트렌드가 가장 확신을 주는 것임을 발견한다. 구미는 항상 박제화를 잘해 왔다. 인용 부호들은 중립화한다. 여기서 또한 정치적인 예술은 호전적인 예술을 점화할 수 있는데 책임의 과제는 결코 폐쇄되지 않기 때문이다. 물론 이러한 반응은 〈저지대 맨해튼 개발 회사〉라는 경쟁 부문과 애도의 관습 사이에 있는 갈등 속에서 지금 허우적거린다. 또 나중에는 이슬람 사원 논쟁에서처럼 많은 갈등이 생긴다.

이제 나는 나의 지적들 중 두 번째 부문인 반응의 불가능성과 직면해 어떠한 반응을 제공할지에 관해 말하고자 한다.

당시 『뉴스위크 인터내셔널』(지금은 CNN)과 함께 했던 파리드 자카리아(Fareed Zakaria)로부터 귀찮은 영국 프리랜스 작가 크리스토퍼 히친스(Christopher Hitchens)에 이르기까지, 공공 지식인의 상투형은 위기마다 재빨리 반응하러 나오는 미국 정책을 기술하는 진술들을 제공할 것이다. 이것은 틀림없이 가치가 있으며 종종 개인의 용기를 요구하기도 한다. 하지만 그것은 하나의 반응은 아니다. 그것은 지성인의 카리스마를 고양함으로써 독자에게 가장 치열한 시기에 처해 있다는 감정을 생산하도록 한다. 이러한 유형의 인식적 지도 그리기는 최전선에서 조사하는 저널리스트들과 통계를 겸손하게 수합하는 자들의 현장 작업에 크게 의존한다. 그러면서 지식은 그 자체로 목적이라는 생각이나, 앎에서부터 인권으로서나 거리 무대로서나 정치하기로 곧바로 가는 직선이 있다는 생각을 역전에 의해 합법화한다. 그러나 반응한다는 것은 타자와의 공명을 뜻하며, 공모의 가능성에 대한 숙고를 뜻한다. 아무리 피상적이라고 해도 '일들을 알아가기'(knowing things)에 기반을 둔 의식화를 자기만족에서부터 비틀어 내는 가운데 말이다. 반응은 변화를 미리 형상화한다. 학생들은 아리스토텔레스와 셸리를 읽으면서 예견(prediction)과 미리 하는 형상화 사이의 차이가 무엇인지를 전형적으로 묻는다. 그 차이는 부정적으로는 형상에 있는 의도하는 주체의 분명한 정확성의 결핍에 있으며, 긍정적으로는 시공간에 있는 그 형상의 엄청난 범위에 있다. 그 형상은 의식화에 대한 확신을 와해한다. 그러한 와해는 형상화를 통해 공명하기를 희망하는 반응의 위험을 무릅쓴다. 우리가 정치적인 것에 대한 우리의 개념을 인식론적인 통제만으로 제한할 때, 그것은 반응의 위험을 그저 피하는 것이 아니라 반응 자체를 아예 닫아버리는 것이다. 우리는 자신들에게 말하기나 해외의 우리 복제품들에게 말하기를 끝낸다. 여러분이 우리와 그들로 구분하는 것을 멈출 때, 여러분이 선행을 하거나 벌을 주는 비자아비판적인(unself-critical) 편의를 없애버릴 때, 여러분은 좌파에서나 우파에서나 지지를 상실할 것이다. 그것은 예견할 만하다.

마하스웨타 데비가 "법을 통과시키는 사람들이 있고 지프를 타는 사람들은 있는데 불을 밝히는 사람은 하나도 없다"[11]라고 썼던 것도 바로 그러한 상황들 때문이다. (미학교육은 사람들로 하여금 바로 이 점을 인식하도록 만들 수 있다.) 그 반응은 불 속에(in the fire) 있다. 여러분이 타자에 의해 감동받고 부름을 받는다면 여러분은 불태워진다. 뒤에 나오는 무슨 내용이건 여러분을 분노하게 하지도 충분히 정치적이지도 않게 보인다면, 부디 이 점을 상기하도록 부탁하는 바이다.

여기 미국과 유럽에 있는 전통적인 좌파는 대체로 9 · 11 사건을 근본주의와 민주주의의 실패 사이의 싸움으로서 이해하였다. 인도인인 나는 인도 언론을 더 많이 들여다보는데 그곳 좌파의 음조는 덜 배타적인 편이다. "열아홉 명의 아랍 남자들은 … 그들의 다양한 좌절을 네 편의 상업 비행기에 실었다."고 비제이 프라샤드는 쓰고 있다. "사회적 항의의 다른 언어들이 피폐해져 감에 따라 많은 젊은이들이 그들의 소외를 명료하게 진술하느

---

11) Mahasweta Devi, "Douloti the Bountiful," in Devi, *Imaginary Maps: Three Stories*, trans. Gayatri Chakravorty Spivak (New York: Routledge, 1993), p. 88.

라 이슬람 복장을 채택하도록 한 셈이다." 프라샤드의 음조야말로 상당히 대표적이다.[12]

이와 대조적으로 노암 촘스키는 미국 좌파의 지배적 노선을 대표한다고 읽힐 수 있다. "'지구화' 혹은 '경제적 제국주의' 혹은 '문화적 가치들'은 빈 라덴과 그의 동료들에게 아주 낯선 문제들이며 하등 관심도 없는 문제들이다."[13] 한편 우리가 촘스키의 상투형과 달리 개입된 행위자들이나 정치화된 대학원 학생들에 관해 생각해 본다면, 우리는 그들로부터 다음과 같은 쓰라린 이해를 억제할 필요가 없다. 즉 〈위대한 게임〉의 이해관계가 바뀌자, 번창하고 있었던 탈레반을 우회하면서 카스피 해의 검은 금을 붙잡으려고 2001년 9월 11일에 러시아와 미국이 함께 작전을 벌인다. 그 작전에 따라, 수많은 세계은행 정책과 연구 게시물들 중 하나 — 「새로운 지구적 경제에서 작동하는 도시들을 창출하기」라는 제목을 지닌 — 를 인용하자면, 이 도시들은 "그중 몇몇 도시들을 더 큰 위험에 노출시키기만 할 뿐, 개발도상국들에 큰 수익을 약속하고 그것을 수행하려는 [1998년에 130억 달러 이상에 달하는 세계무역에 수반된] 변화들"[14]에 참여하리라는 희망이라곤 전혀 없다. '이슬람'이라고 불리는 위대한 문화가 근대성을 향하는 주류로부터 계속 분리되고 있을 때, 중간 계급 엘리트 출신의 급진주의자들에게 이슬람은 왜 하나의 해방신학이 될 수 없는가? 실로 젠더와 타협한 라틴아메리카 해방신학의 전성기 중에 "왜 우리는 신학 없는 해방을 이룰 수는 없을까?"라고 나는 종종 묻는다. 그러나 우리가 그 유감스런 상투형과는 다른 무엇을 상상하고자 한다면, 그 가능성은 틀림없이 주어질 것이다.

나는 그 공중납치범들을 지구화로써는 충분히 설명할 수 없다는 촘스키 교수와 동의할 것이다. 그러나 나는 소위 9 · 11이란 그저 종교에 관한 것만은 아니라는 비제이 프라샤드와도 동의할 것이다. 초월적인 것을 상상하지 않고서는 애도도 처형도 없으며, 초월적인 것을 상상할 때 그것은 문화적 이름들을 갖는다. 하지만 그것은 또 다른 문제이다. 내가 마지막 섹션에서 동의할 터인데, 너무 재빨리 이 집합(set)에다 '종교'라는 이름을 부여해서는

12) Visay Prashad, *War against the Planet: The Fifth Afghan War, Imperialism, and Other Assorted Fundamentalisms* (New Delhi: LeftWord, 2002), pp. 7, 27.

13) Noam Chomski, "The Theatre of Good and Evil," http://www.zmag.org/chomskygsf.htm.

14) "Creating Cities that Work in the New Global Economy," *World Bank Policy and Research Bulletin* 10.4 (October-December 1999): 1.

안 된다. 또한 이슬람이 그 부족성으로부터 출현하자마자 천 년 동안 유럽과 대면해 온 과정이 기록되어 있는 것도 사실이다. 유럽주의자로서 나는 그 유럽적 측면을 더 많이 알고 있다. 조지 부시가 문학적이었더라면 『롤랑의 노래』(*Chanson de Roland**778년의 론세스바예스 전투를 소재로 한 서사시인데 다양한 판본이 있으며 가장 오래된 프랑스의 주요 문학임)를 가볍게 두드릴 수 있었을 터이다. 그랬을까? 나는 알 수 없다. 문화는 자체의 설명들이다. 사이드 쿠틉(Sayyid Qutb*1906-1966, 이집트의 지식인이자 이집트 과격주의 단체인 '무슬림 형제단'의 핵심 지도부. 미국 유학을 다녀온 후 서구의 물질 만능과 성적 타락을 자힐리야(무지)의 예로 언급함. 『진리를 향한 이정표』라는 그의 사상서가 이슬람 무장단체에 의해 확산되자 이집트 정부는 그를 교수형에 처하게 된다. 하지만 그의 죽음은 순교로 칭송되고 이슬람 과격 전사들의 전쟁을 더욱 고무하게 된다.)와 셰이크 아메드 야신(Sheikh Ahmed Yassin*1937-2004, 팔레스타인의 성직자이자 정치가로 이슬람교 원칙주의를 신봉하는 팔레스타인 반이슬라엘 과격단체 하마스(Hamas)의 창시자. 이스라엘의 무장 헬리콥터가 쏜 미사일 공격으로 사망함) 또한 여기를 살짝 건드리고 있다.

문화는 자체의 설명들이라는 이러한 직관이 신빙성 있다면, 그때 문화에 관한 인류학적 개념들과 이데올로기에 관한 마르크스주의적 개념들은 함께 묶인다. 그렇다면 '무슬림들'은 '이슬람'의 견지에서 '미국인들'은 '자유'의 견지에서 사물들을 설명한다는 것은, 다른 종류의 의미를 만들어내기 시작한다. 스트레스를 받고 있는 양쪽의 허약함은 아마 이해(understanding)를 향해 움직이도록 할 수 있을 것이다. 지구화에 관한 몰개성적 서사, 즉 자본의 위기를 관리하는 만큼 그 위기를 많이 생산하는 자본-구성체는 절대 국가 → 식민지 → 제국주의 → 제국으로의 진전으로서 설명된다. 그렇다면 그 서사는 9 · 11에 관한 합리적 설명보다 설득력이 더욱 떨어진다.[15] 그러한 설명은 자체를 초월적인 것의 고유한 그림자라고 생각하는 이데올로기에 오히려 포섭된다. 여기서 초월적인 것이란 당대적 의미뿐만 아니라 역사적인 의미에서의 '지구성'을 일컫는다. 파리 대학에서 아리스토텔레스를 이븐 루시드(Ibn Rushd*1126-1198, 이슬람의 종교철학자인데 아리스토텔레스의 대부분의 작품들과 플라톤의 『공화국』[*Republic*]의 요약본과 주석서를 저술하는 등 이슬람 전통과 그리스 사상을 통합하고자 했음)로부터 비틀어낸 토마스 아퀴나스가 그 한 가지 예이다. 역사에 의해 제약받지 않고 가시적인 (군사적, 정치적, 경

15) 이것은 『제국』(*Empire*, Cambridge, MA: Harvard University Press, 2000)에서 마이클 하트와 안토니오 네그리가 하고 있는 일반적인 주장이다. 내가 충분히 명백하게 밝혔듯, 나는 그들의 확신을 더 이상 공유하지 않는다.

제적) 불의에 살아 있는 이 어렴풋한 자기(self)-개념은 인터넷에 의해 접근성, 스피드, 순간성 비슷한 것을 제공받아, 모든 3차 교육기관의 교육자들이 잘 알고 있는 정치적 현상인 함께 사는 학생들 사이의 강렬한 남성 유대에 의해 결합되는 집단성을 생산한다. 이것은 또한 군인들에게도, 물론 게릴라들에게도 일어난다. 나는 외국 학생 현상에 더 쉽게 접근한다. 이러한 접근을 통해 나는 이 기괴한 젊은이들을 향해 나아가 보고자 한다. MSNBC의 보도가 믿을 만하다면, 실제로 세계무역센터 타워를 향해 비행기를 몰았던 한 명은 열여덟 살이었다고 한다! 테리 캐슬(Terry Castle*1953-, 미국 출신의 문예학자. 수전 손태그가 "가장 표현이 풍부하고 깨달음을 주는 문학비평가"로 꼽은 작가. 현재 스탠포드 대학 인문대 교수. 저서로는 『클라리싸의 암호』(1982), 『레즈비어니즘의 문학』(2003) 등이 있음)이 제1차 세계대전에 참전한 젊은 군인들에 대한 자신의 집착을 당혹해하며 쓰고 있을 때, 내가 시도하고 있는 것과 같은 실재적(real) 반응의 위험 감수를 나 또한 감지한다.[16]

천년 동안 상상된 대면은 현존했다. 또한 그 대면은 그 공격을 실행했거나 공격했다고 기억된 2,800명 가운데 기억되지 않은 채 잠들어 있는 젊은 남자들 사이에 소통되었다. 이것은 의심할 바 없다. 일단 그 플랜에 착수하자 그들을 매혹했던 것은 그 꿈 자체였고, 천년 동안 상상된 대면은 깊은 배경 가운데 가장 깊숙한 것이 되었다. 상식이 우리에게 그렇다고 말해 줄 터이다.

그들은 기억되지 않는다. 그렇다. 그러나 2002년 5월에 뉴욕이 그 애도 문화의 스펙터클한 면 혹은 가시성에서 유럽적이자 군사적인 한 기념비를 제시했을 때, 〈자연〉의 경제 속에서 그 땅에 누워 있는 7명의 공중납치범을 환영하지 않을 수 없었다. 초월적인 것에는 어떠한 아파르트헤이트도, 행성성과 무관한 비천한 관계도 없다.

나는 이제 『최전선』(*Frontline*)에 리처드 이튼이 기고한 글 「근대 이전 인도에서의 성전 모독」에서 좀 길게 인용할 것이다.[17] 그러나 먼저 나는 스에드 무즈타바(Syed Mujtaba Ali*1904–1974, 벵골 작가, 언론인, 여행 애호가, 학자, 언어학자. 15개 국어를 구사할 수 있었으며 벵골어 글쓰기의 독특한 형식을 개척함. 『라미아 라차나』(*Ramya Rachana*)는 자신의 실제 경험을 바탕으로 벵골어로 쓴 작품인데 엄청난 인기를 얻

16) Terry Castle, "Courage, mon amie," *London Review of Books* 24.7 (April 4, 2002): 3-11.

17) Richard M. Eaton, "Temple Desecration in Pre-Modern India," *Frontline* 17.25 (December 9-22, 2000): 62-70.

게 됨. 저서로는 *Deshe Bideshe*(1949), *Musafir*(1971) 등이 있음)의 미간행 글쓰기들에 기록되었던 작지만 주요한 세부사항, 즉 수세기 동안 발키 아프간들(Balkhi Afgans*아프가니스탄과 북서 파키스탄 지역의 아프간들)은 파르시어(Farsi*페르시아어)를 배우러 이란에 가기보다 인도로 왔다는 점과, 오늘날의 '민족적 혹은 종교적 정체성'에 기반을 둔 사유보다 환 인도양이 문화적 변화를 이끄는 데서 훨씬 더 중요한 동력이었다는 『유럽 이전의 아시아』(*Asia Before Europe*)의 주요 전제를 언급하고 싶다.[18] 남아시아 이슬람, 이란, 중앙아시아 사이의 연결들은 역사적으로 강력한 것이라는 점 또한 사실이다. 그래서 우리는 지구화에 관해 이슬람은 아무것도 모른다는 촘스키의 기각을 받아들이고 싶더라도, 하나의 문화적 상상계를 다시 인용할 수는 있겠다. 이튼은 "선행하는 정치적 권위를 … 휩쓸어 버리기"에 관해 다음과 같이 계속 쓴다.

> 그러한 권위가 자체의 합법성을 왕실의 성전과 연루시키는 통치자한테 투여되었을 때 … 그 성전은 정상적으로 약탈되었고 다시 세련되게 꾸며지거나 파괴되었다. 그 어느 쪽이건 패배한 '왕'을, 그의 예전 합법성에 대한 가장 현저한 표명으로부터 분리하는 효과를 발휘했을 것이다. 성전들의 왕실 후원자들에 의해 그 정체가 밝혀지지 않고 그냥 포기되어 정치적으로 부적절하게 된 성전들은, 손상되지 않은 채 정상적으로 남게 되었다.

이튼은 계속해서 다음과 같이 쓰고 있다.

> 이러한 현상을 이슬람 종교에 고유하다고 느껴지는 하나의 본질화된 '우상파괴주의 신학'에 호소함으로써 설명하는 것은 잘못이리라. … 적의 왕들이 후원하는 이미지들을 공격하는 것은 6세기부터 … (그 구역의) 정치 행위 속에 철저하게 통합되어 있었다. … 짧게 말해서, 6세기경부터 왕조의 권위로 연상되는 이미지들과 성전들은 정치적으로 취약하다고 여겨졌다.[19]

---

18) Syed Mujtaba Ali, *Works*, vol. 7 (Kolkata: Mitra & Ghosh Publishers, 1974-). 그 전통은 계속된다. 하미드 카르자이(Hamid Karzai) 대통령의 대학원 학위는 어느 인도 대학에서 받은 것이다.

19) Eaton, "Temple Desecration," pp. 64-65. '인도'와 '아프가니스탄' 사이의 그러한 구분이 이 맥락에서는 피상적인 것이 되는데 그 이유를 이해하기 위해서는 Martin W. Lewis, *Myth of Continents: a Critique of Metageography* (Berkeley:

나는 의도된 합리적 선택에 관해 말하고 있지 않다. 나는 '이성'을 생산하는 문화적 상상계에 관해 '공화국의 전투 찬가' 중 반복되는 행진 밴드의 정렬과 좀 비슷하다는 듯이 말하고 있다. 또한 나는 이 오어법적인 '전쟁'의 선포를 알리는 서문에 나오는 아프리카계-미국인들의 풍부한 용도에 관해 말하고 있다. 미국 맥락에 있는 계급-유동성의 계통 속에 전위된 왕조 개념에 반복 선율을 울림으로써 이 용도를 첨가할 수 있게 된 셈이다. 나는 국가와 연루된, 세계 무역과 군사력이라는 성전의 파괴로서 9월의 그 대면을 재현하기만 할 뿐 아무것도 하지 않을 것이다. 그 대면은 무역과 무기를 둘러싼 이데올로기의 불균등성을 지시하는 메시지도, 의도된 하나의 합리적 메시지도 아닐 수 있다. 또한 그 대면은 권력의 재현과 무관하지 않은 하나의 사실, 즉 그 빌딩들이 고층이었다는 사실을 도와주었다. 그 대면은 스톤헨지(Stonehenge) 유형의 기획들의 다른 쪽에 확실하게 반영되어 있다. '힘의 상징인 횃불'이던 예전의 타워들처럼 쌍둥이 빛줄기를 크고도 얇게 반영한다는 기획, 꽉 찬 광장에 접해 있는 텅 빈 광장인 제1타워의 정확한 복사판 뒤에다 〈세계 예술 타워〉(World Art Tower) 같은 것을 세운다는 기획 말이다.

그 다른 쪽이 성전을 필요로 한다면, 이쪽 편은 적어도 '테러'라는 하나의 단어를 필요로 한다. '테러'라고 불리는 어떤 것은 성전에 대한 전쟁을, 시민적 자유들의 삭감으로부터 군사적 자기-허용의 미확정적 확대에 이르는 전쟁을 선포하는 데 필요하게 된다.

여성의 이름으로 알리바이가 되는 일들의 이러한 범위는 '테러'라는 단어 없이는 합법화될 수 없다.

나는 몇몇 가능성을 그려보기 위해 '테러'라는 그 추상물을 열어보고자 애써 왔다. 이러한 노력들 중에 '테러'는 사회운동의 가벼운 측면, 즉 사회운동의 이면인 국가여분의(extra-state) 집단행동에 느슨하게 할당되는 이름이다. (하나의 국가가 '테러리스트 국가'라고 명명될 때, 그러한 명명에 함축된 의도는 그 국가로부터 국가의 지위를 억제하려는 것이다. 그리하여 기술적으로 하나의 국가는 '국가-여분의 집단행동'이라는 범주에 진입한다.)[20] 물론 '테러' 또한 하나의 정동을 가리키는 이름이

University of California Press, 1997), pp. 13, 14, 213 참조.

20) 이미 언급한 대로, 전 미국 국방 장관 로런스 이글버거(Lawrence Eagleburger)는 버지니아 대학에서 1998년 3월 19일부터 21일까지 열렸던, 〈미국은 민주적 사명을 가지고 있는가?〉라는 주제의 학술회의에서 〈신사회운동들〉이 무엇인지 알지 못했다. 실로 테러에 관한 쓸데없는 정의는 촘스키의 『9 · 11』(New York: Seven Stories Press, 2001)

다. 정책을 만드는 영역에서 사회운동으로서의 '테러'와 정동으로서의 '테러'는 집단 심리학적 사색을 위한 그럴듯한 하나의 영역을 제공하고자 함께 한다. 사회운동은 심리학적 정체성을 갖는다고 선포된다. 다른 말로 하자면, 테러를 시민적이자 자연적인 것으로 만드는 것은, 인종주의 중에서도 가장 나쁜 요소인 심리학적 진단을 실행하는 하나의 합리적 기준을 제공한다. 나는 그러한 실행을 위한 훈련도 받은 바 없고 그런 취향도 지니고 있지 않다. 그러나 나는 슬그머니 '테러'로 미끄러져 들어가는, 사회운동으로서 '테러리즘'의 경우, 그 단어는 합법적 폭력의 이름인 '전쟁'의 반대어가 더 이상 아닐 뿐만 아니라 역설적으로 평화의 반대어도 아니라는 점을 여전히 말해야만 하겠다. 또한 여기서 우리는 행위자라는 전쟁의 지위와 대상이라는 평화의 지위를 결코 흔들지 않으면서도, 전쟁과 평화가 상호 교환 가능한 용어가 되는 미로 속에서 방황할 수 있다. 다시금, 칸트의 어둠이다! 우리는 '평화유지군'이라는 모순어법을 받아들이게 되었다. 〈난민을 위한 유엔 고등위원회〉와 영국의 〈아동 구조〉 단체는 2002년 2월의 보고서에서 평화유지 미션 단체들에 여성들과 소녀들의 성매매 중지를 요청했다. 페미니스트들은 '평화를 유지하려는 인사'의 탐욕적인 성적 행위에 맞서 분기했다.[21] 이제 미군 내부에서 일어나는 강간을 둘러싼 추문은 널리 알려져 있다. 동시에 바바라 크로세트(Barbara Crossette)는 "더 빨리 움직이는 군대가 필요하다."며 「하나의 국가를 되돌려놓는 법」이라는 제목의 기사에서 관습적인 지혜를 제공한다.[22] 다양한 담론 영역들 사이의 구분이 여기 있다. 하지만 그 영역들은 동일한 문화적 상상계 내부에서 작동하는데, 그것은 거의 지구적인 층위에 있다. 정복군대가 여성을 범한다는 상상계 말이다.

'테러'가 하나의 정동일 때, 행위자와 대상 사이의 경계선은 흔들린다. 한편으로 테러리스트들은 하나의 공동체를 겁나게 하고 그들의 일상을 테러로 가득 채운다. 그러나 테러리스트가 테러에 무감각하게 되어 테러의 테러를 느끼지 못한 채 이러한 변모에 의해 나머지 우리와 달라진다고 하는 데에도 일리는 있다. 군인이 죽기를 두려워하지 않을 때, 그/그

의 54쪽에 인용되어 있다. 데리다의 『악한들』(*Rogues*)은 책 전체가 불량 국가들의 가능성을 다루고 있다.

21) 유엔의 〈난민 고등위원회〉와 영국의 〈아동 구조〉 단체, 「성폭력과 착취에 관한 작전 파트너들과 수행을 위한 노트: 기니, 라이베리아, 시에라리온의 난민 아동 경험」, 2002년 2월.

22) Barbara Crossette, "How to Put a Nation Back Together Again," *New York Times*, 주간 비평 섹션 (2001, 11월 25일), 3쪽.

녀는 용감하다. 테러리스트가 죽기를 두려워하지 않을 때, 그/그녀는 비겁하다. 군인은 지명된 사람들을 죽이거나 죽이기로 되어 있다. 테러리스트는 정당한 사람들을 죽이거나 죽일 수 있다. 사회운동으로서의 '테러'와 정동으로서의 테러 사이에 있는 공간에서 우리는 승리를 선포할 수 있다. 지적 자유를 비롯해 시민적 자유들이 삭감되고 군사적 침투성이 악화될지라도, 인종적 프로파일이 그 정치체(polity)를 망가뜨리고 예방하기 위해 그 전체 문화 자체를 다시 디자인할지라도, 2001년 9월 28일에 시작된 유엔 안전보장 이사회가 광범위한 반-테러 조치들을 채택할지라도, 우리는 여전히 그 등기부를 정동으로 이전할 수 있으며 "우리는 겁내지 않고 승리했습니다."라고 말할 수 있다. 또한 여성을 위해 개입한다는 오랜 토포스는 계속 전개된다. 우리가 평화를 무력으로써 유지해야 하는 것은 아프간 여성을 테러로부터 구원하기 위해서이다. 나는 이렇게 수긍된 이분법들로부터 자살폭격수를, 가미카제 조종사를 구분하고 싶다.

단일하고도 강제된, 그러면서도 의지에 의한 자살 '테러'는 왕조의 성전들을 파괴하고 여성들을 범하는 데서 과도한 모습을 보여준다. 이것은 집요하고도 강력한 잔여물이다.

자살폭격에 관한 이러한 논평들은 너무 많은 적대감을 불러 일으켰기 때문에 나는 여기에 몇 마디의 설명을 포함시킨다. 나는 이 설명을 마이클 버넷(Bernet) 박사의 상세한 질문에 대한 답으로 제공한 바 있다.

> 나는 책임성 있는 인문학 가르치기야말로 학생을 '욕망의 비강제적 재배치'에 분투하도록 한다고 생각한다.
>
> 이러한 책임성에 대한 극단적인 침범은, 강제가 강제된 것이 아니라 강제된 자의 의지인 것처럼 보일 때까지 강제적으로 욕망을 재배치하는 하마스나 이슬람 지하드와 같은 집단에서 나타난다. 많은 다른 사람들처럼 나는 이 집단들의 행위가 이스라엘 국가의 극단주의 정치와 연계되어 있다고 생각한다. 그러나 이 집단들은 이제 통제를 벗어나 있다는 점을 우리는 인정해야만 한다. 어떠한 '평화' 제안도 믿을 만하다고 신뢰할 수 없어서가 아니다.
>
> 자살폭격을 착수할 정도로 욕망들이 재배치된 자들은 그러한 강제에 특이하게(peculiarly)

취약한 삶의 태도를 전형적으로 지닌 젊은이들이다.

나는 평화주의자이며, 국가에 의해서나 그 밖의 방식으로 실행되는 폭력을 용인하지 않는다. 그러므로 나는 냉혹한 근절에 의해 폭력을 끝장낼 수 있다고도 생각하지 않는다. 우리는 우리의 적을 한 인간존재로서 상상할 수 있어야 하며 그 혹은 그녀의 행동이 지닌 의미심장함을 이해할 수 있어야 한다. 자살폭격에 무슨 메시지가 들어가 있는지를 내가 상상하고자 노력하는 것도, 자살폭격을 용인하기 위해서가 아니라 이제 그것을 끝내도록 할 여정 중에 있다는 바로 그러한 신념 속에서이다. 물론 그렇다고 각각의 자살폭격수가 이런 구체적인 생각을 마음속으로 하고 있다는 뜻은 아니다! 여기서 나는 또한 사태가 통제를 벗어나 있으며 그것으로 전 세대가 영향을 받아 왔다고 생각한다. 그러므로 나의 충고는 절망의 충고로 보일 수 있겠지만 그렇다고 폭력을 용인하는 것은 분명히 아니다.

전쟁법으로 보면 민간인들과 군인들을 구분하는 것이 편리하다. 법이 거기 있더라도 법이 정의는 아니다. 정의의 견지에서, 또 윤리적인 것이라는 담론의 견지에서 보면, 인간의 삶은 실정법(實定法)에 의한 죽음의 표시가 될 수 없다.

단일하고도 강제된, 그러나 의지에 의한 자살 '테러'는 왕조의 성전들을 파괴하고 여성들을 범하는 데서 과도한 모습을 보여준다. 이것은 집요하고도 강력한 잔여물이다. 이것은 악의 진부함을 가지고 있지는 않지만 극단적으로 취해진 멍청한 신념에 의해 통지된다. 더 이상 젊어서 죽을 수는 없는, 그저 일상적인 것의 진부함을 지닌 진부한 존재가 바로 우리다. 엄밀하게 말해 또 관객의 입장으로부터 볼 때 숭고한 것만이 숭고한 칸트식의 숭고함은 멍청하기 짝이 없다. 숭고한 것은 어리석다. "우리 인식능력의 합리적 소명"은 밀고 들어가는 것이기 때문에 우리는 숭고를 통제와 같은 어떤 느낌하에 갖고 들어온다.[23] 지금 내가 말하는 내용에 대해 싫다는, 거부하고 싶다는 느낌을 갖는다면, 여러분은 반응의 위험을 맛볼 것이다. 그러나 이것을 슈토크하우젠(Stockhausen *독일의 아방가르드 작곡가)의 미학적 과시로 오해하지 말기 바란다.[24] '사악한 제국'을 진단함으로써 가장 많은 숫자의 죽음을 합법화하

23) Kant, *Critique of the Power of Judgement*, trans. Paul Guyer (Cambridge: Cambridge University Press, 2000), p. 141. 「숭고함의 분석틀」(The Analytic of the Sublime)은 128-212쪽에 나온다.

24) 작곡가 카를하인츠 슈토크하우젠(Karlheinz Stockhausen)은 9월 11일 이후의 나날들에 관한 자신의 소견들을 함부

는 것은 어느 쪽으로건 좋은 길은 아니다. 그것은 또한 반응을 봉쇄한다.

나는 폭력이나 권력의 실행이 합법화되건 그렇지 못하건 일상적인 의미에서 숭고하다고 시사하고 있지 않다. 내게 '숭고'라는 단어(독일어 Erhabene보다 더 많은 뜻을 지니는데 그것이 영어의 힘이다)는 언제나 칸트에 의해 표시되어 왔다. '숭고'는 하나의 구조에 붙여진 이름인데 그것은 하도 커서 나로서는 파악할 수 없다. 나는 겁이 난다. 나의 도덕이 정신의 면역체계로써 밀고 들어올 텐데, 그 큰 것은 분별없고(mindless) 돌이나 몸이 멍청하다는 의미에서 '멍청하다'(『옥스퍼드 영어 사전』, 두 번째 의미). 나는 그 크고도 분별없는 것을 '숭고'라 부른다.

또한 나는 정치적 분석들과 저항들, 또 다른 수준에서 구조(aid)와 인권을 불필요하다고 시사하고 있지 않다. 우리가 상상력으로 타자를 상상적인 행위자(actant)로 형상화하고자 시도하지 않는다면, 정치적(또 군사적) 해결책들은 먼저 그 문제를 유도했던 이분법을 제거하지 못한다고 나는 시사하고 있는 중이다. 바로 여기서 상상력을 훈련하는 미학교육이라는 것이 나온다.

이러한 제안의 내부에서 봐도 나는 2001년 9월 11일의 모든 행위를 칸트적 의미에서 '숭고한' 것으로 기술하고 있지 않다. '숭고'라는 것은 불가능한 것을 경험하는, 타자의 공간에 발을 들여놓는 상상력의 훈련이다. 그러한 훈련 없이는 정치적 해결책들은 시간만 끌면서 수행되지 못한 채 폭력을 지속시키는 데로 빠진다. 데비의 말을 바꿔 써 보면 "정치적 분석들과 해결책들을 제공할 사람들은 많지만 불을 붙일 사람은 하나도 없다." 전시에 상상을 통한 문화적 가르침들은 기껏해야 미학화로 보이며 최악의 경우 반역으로 보일 것이다. 그러나 그것 또한 상황적이다.

자살폭격 — 이 경우 비행기들이 살아 있는 폭탄들인데 — 은 하나의 목적을 띤 자기-근절, 자신과 자신 사이의 대면, 타자들을 죽이는 과정에서 자신을 타자로서 죽이는 자가-에로티시즘의 극단이다. 이때 우리는 사물들의 세상에서 자신을 파괴할 수 있는 하나의 사물로 보며 그리하여 타자들의 파괴를 자아의 파괴와 구분할 수 없게 된다. 깜짝 놀랄 일은 궁전의 파괴를 그저 인간의 삶이 아무것도 아닌 것으로, 그들의 삶을 나의 삶으로

르크의 저널리스트들에게 피력함으로써 〈세계무역센터〉에 대한 공격을 예술 작품인 양 여기도록 하는 효과를 거두었다. 「위대한 예술이라고 불리는 공격들」(Attacks Called Great Art), *New York Times*, 9월 19일, 2001, 섹션 3, 3쪽.

만드는 그토록 초월적인 과제로, 언급할 수 있다는 점이다. 이것은 원칙적으로 우리가 상상할 수 없는 계기이기는 하지만 그렇다고 다시금 그 무능력을 자살폭격이라는 단어로써 은폐하는 것은 아무 소용이 없다. 이 남자들이 예전에도 사람들을 죽였는지 어떤지 우리는 모른다. 그들은 여느 곳의 외국인 학생들과 달라 보이지 않는다. 그들 중 한 사람이 승객의 목을 잘랐다는 소리를 우리는 그 비행기로부터 걸려온 여러 전화로부터 듣는다. 이것은 끔찍한 세부사항인데 죽음의 아우라를 이 '허가된 광기' 속으로 가져오기 위한 것이었을까? 그저 죽음을 생각하고 죽음을 발생시키기 위해서가 아니라 죽음을 중상하는 얕은 개울을 통제하는 척하기 위한 것이었을까?

어쨌건 지구적 대면의 이러한 행동은 저항도 아니었고 다중의 것도 아니었다. 집단적인 죽음이라는 그런 것은 없다. 정당한 절차를 밟으려고 노력해 봤자 그 죽음은 처벌될 수 없다. 통상 미국 중심적인 정치 분석들에서처럼 그 죽음은 미국의 나쁜 해외 정책을 합법화한 결과로서 용서받을 수 없다. 그러한 제스처는 모든 가능한 감상성을 갖고 죽은 자를 '애도하려는' 매체의 과잉 살육과, 그리하여 낙하점의 숭고함을 억제하려는 시도와 맞먹는다. 9월 11일 아침에 두 번째 비행기가 살아 있는(이것이 맞는 단어라면) 두 번째 타워에 부딪치는 모습을 우리 중 많은 이들이 보았다. 특별한 효과 없이 맑은 하늘을 재빨리 움직이며 타워에 부딪치고 나서 짙은 포화 속에서 폭발한 그 폐쇄된 대상은, "아테(Ate*인간을 미망(迷妄)으로 인도하는 야심 따위를 상징하는 여신, 후에 복수의 여신이 됨) 신을 넘어", "인간 삶이 아주 잠깐만 횡단할 수 있는 한계"를 넘어선다.[25] 그 대상의 대수롭지 않은 진전은, 그토록 필사적으로 초월성과 연결되어 있어 도무지 파악될 수 없는 이질적인 개인적 테러의 수합을 억제했다. 그러나 우리는 국가에 의해 인가되지 않은 폭력의 모든 행동을 가리키는 잡동사니 이름보다 정동을 넘어서는 인간의 정동에 관한 부적절한 이름에 있는 테러의 숭고성을 인정해야만 한다.

생방송으로 본 두 번째 비행기의 충돌은, 상상하기에 대한 하나의 한계라고 생각되는 칸트식 숭고의 구조 내부에서 상상될 수 있다. 5월 21일에 〈데이비드 레터먼 쇼〉에서 다이앤 소여(Diane Sawyer)는 "나는 찰리(Charles Gibson, 다른 앵커맨)와 논평을 하면서도 부인하고

---

25) Jacque Lacan, "The Splendor of Antigone," in *The Ethics of Psychoanalysis 1959-1960: Seminar Book VII*, trans. Dennis Porter (New York: Routledge, 1992), pp. 262-263.

있었다."고 계속 말했다. 그러한 부인은 〈숭고의 분석틀〉에 기술된 구조 속의 계기인 셈이다. 그 주체가 "상상력의 부적절함에서 비롯되는 불쾌함"[26]을 느낄 때 말이다. 2001년 9월 11일에 나는 그 채널을 시청하고 있었다. 나는 그들의 '부인'(否認)에 관해서는 아무런 기억도 없는데 그것 또한 계산일 것이다. 리처드 마이어는 〈세계무역센터〉의 마지막 남은 기둥을 제거하기 위한, 2002년 5월 30일의 기념식을 논평하면서 "내가 두 번째 비행기를 보았던 순간, 우리는 전쟁 중이었음을 알았다"고 말했다. 그것 또한 숭고를 다루는 구조 중의 한 가지 계기가 될 수 있다. 그것은 가장 제한된 상태에 있는 도덕적 의지이다. 나는 나를 겁주는 그것을 반응의 힘으로써 파괴할 수 있다. 전쟁은 우리 안에 있는 반응할 줄 아는 무엇인가를 희화화한다. 자살폭격은 폭격수와 그 혹은 그녀의 적 사이에 있는 차이를 해제한다고 나는 제안해 왔다. 나는 또 그 화염 막 뒤에 있는 테러에 관한 확정적 서술이야말로 '테러리스트 국가'가 국가를 유지하기 위해 스스로 그 자격을 박탈하는 "폭력적인 국가-여분의 집단행동"이라고 제안해 왔다.

미국이 테러와의 전쟁을 확장해 나가는 동안 자체의 규칙을 만드는 한, 미국은 '테러리스트 국가들'로 하여금 그들의 정책들에 집중하고 합법화하는 것을 허용한다. 물론 나는 이스라엘과 인도에 관해 생각하고 있지만 소위 예방적인 반-테러는 이제 지구의 훌륭한 부문을 망라하고 있다. 여기서 그러한 국가 테러에 대한 설명과 분석을 제공하는 것은 부적절하겠다. 내가 여러분에게 기억하기를 바라는 대목은, 각 위기에 수반되는 통속화된 분석들에 관해 내가 미온적이라는 점이다. 나는 끝맺는 자리에서 각 경우마다 있는 하나의 고립된 요점에 관해 논평할 것이다. 공공 비평의 문제, 즉 윤리를 위한 인문학 분야의 훈련과 관계되는 요점 말이다.

그렇다면 먼저 팔레스타인은 어떤가. 9 · 11이 남자의 일이라면, 이스라엘에 맞서는 팔레스타인의 투쟁에서 우리는 여성 자살폭격수들을 만난다. 나는 이것에 대해 젠더화된 현상이라고 생각하지 않는다. 자살 저항은 다른 어떤 수단도 통하지 않을 때 몸에 각인되는 메시지이다. 여러분이 어느 편에 있건 간에 그렇게 공유된 죽음에 불명예란 없다는 것을 함축하면서 나와 함께 같은 대의를 위해 죽는 곳에는 자아와 타자를 위한 처형과 애도

26) Kant, *Critique of the Power of Judgement*, p. 141.

가 있다. 아주 철저하게 그 욕망을 재배치할 수 있는 것은 젊은이들뿐이다. 나는 이런 식으로 젊은이들을 훈련시킨 사람들에게 전혀 공감을 갖지 못한다. 그것은 문화적 가르침의 극단적인 경우이며, 충분히 모방하는 선택에 대한 강압이며, 드러난 진실로 재현된 상상력이다. 또한 그것은 여기서의 사소화된 인문학 훈련과 저기서의 극단적인 것 사이의 대화를 시작해야 할 지점이다. 우리가 질문해야 할 것은 가르침 자체가 아니라 승리로 재코드화된 문화적 가르침에 있는 이러한 실패의 역사이다. 왜냐하면 그들의 고국에서 지금 아파르트헤이트로, 형언할 수 없는 폭력으로 유도되고 있는 그 역사야말로 그 젊은이들에게 죽으라고 설득할 정도로 그렇게 서사화될 수 있기 때문이다. (9 · 11이 세계사적 자리를 차지하는 동안, 우리 중 얼마나 많은 이들이 로힝야인들(Rohengyas*로힝야 사람들. 버마의 라킨 주 출신의 인도 아리아인들)에 관해 알고 있을까? 그녀들의 젠더는 기록되지 않았다.)

그렇게 설득된 여성 자살폭격수는 젠더화된 요점을 제시하지 못한다. 여성 자살폭격수들을 CNN에 나오는 저 여성 전사들과 견주어 보라. 그러면 여러분은 자살폭격에 젠더 투쟁의 재코드화란 없다는 것을 알게 될 터이다. 먼지는 가라앉고 동시에 팔레스타인의 폐허 외에는 아무것도 가라앉을 것 같지 않은 때에, 젠더 구분들은 아마 똑같거나 유사한 노선들 속에 자리 잡을 것이다. 「서발턴은 말할 수 있는가?」에서 언급된 부바네스와리 바두리(*1926년 17세의 나이로 인도 독립 무장 투쟁 단체에서 활동하다가 생리 중일 때를 택해 자살함. 스피박의 이모할머니로 소개됨)는 들리지 않는 메시지를 각인하고자 자신의 젠더화된 몸을 활용한 여성이었다. 라지브 간디와 함께 죽은 그 폭격수도 여성이었는데 그녀는 그렇게 하지 않았다. (남성의 상상계에서 여성 자살폭격수는 재생산 규범에 의해 그 젠더가 표시된다는 점은 흥미롭다. 인도 타밀족 사람이 스리랑카에 관해 만든 영화 〈테러리스트〉가, 또 자살폭격수의 내면세계를 상상해보려는 용감한 시도인, 비켄 베르베리안[Viken Berberian*본토 미국인으로, 경제적 정치적 불의에 대한 감각을 갖고 풍자와 날카로운 위트로 가득한 소설가]의 명석한 소설 『자전거 선수』[*The Cyclist* *베이루트에 있는 한 호텔에 폭탄을 터뜨리려는 테러리스트의 매혹적인 심리를 그린 소설]가 생각난다.[27])

내가 자살폭격을 잡동사니 '테러'라는 단어로써 봉쇄하지 않고 제대로 상상해 보고자 애를 쓰고 있지만, 잠재적인 젊은 자살폭격수들을 위한 실재적인 교훈은 그들의 메시지는

27) *The Terrorist*, Santosh Sivan (1998); Viken Berberian, *The Cyclist* (New York: Simon & Schuster, 2002).

결코 들리지 않으리라는 점일지도 모른다. 무서울 정도로 많은 아이들이 자살폭격수가 된다고 하더라도 그들은 예외적인 존재로 남을 것이다. 자살은 항상 예외적인 죽음 — 불가능한 구절 — 이기는 해도 그렇다. 자살폭격에 관한 가장 애처롭고도 가장 강력한 점은, 그것의 성공할 수 없음이 바로 그것의 성공이라는 데 있다. 유령의 춤처럼 말이다. 이러한 사정에 직면해 공공 비평은 가장 진부하게 반응한다는 위험을 무릅쓰고라도 자살폭격이란 위험을 감수할 만한 값어치가 없다는 점을 반복할 수 있을 뿐이다.

결국 나는 인도로 간다. 2002년 여름에 〈테러와의 전쟁〉 맥락에서 우리가 일상적으로 목도한 갈등은 카슈미르(Kashmir)였다. 그러나 팔레스타인의 경우, 어느 누구도 웨스트뱅크(West Bank)를 점령된 영토라고 언급한 적이 없다. 그렇다면 국가와 경찰이 무슬림 시민들에 대한 대량학살을 용인한 구자라트 주도 그 폭력을 국제적인 공공 문화의 시각화(visualization) 속에 결코 끌어들이지 못한다. 실로, 『이코노미스트』 지는 구자라트의 무슬림들에 대한 힌두족의 공격을 "진정성은 있지만 부적절하다"[28]고 칭한다. 이제 18장의 1부를 끝맺는 자리에서 나는 하르쉬 만데르의 신랄한 글에 나오는 몇 마디를 인용하고 싶다. 그는 이 글을 쓴 후에 사임했던 정부 관료인데 그의 글은 인터넷에서 볼 수 있다.[29]

만데르는 "구자라트에서 벌어진 최근 대중의 야만성을 보건대 폭력의 도구로서 여성의 성적 종속을 그토록 광범위하게 이용했던 폭동을 나는 결코 듣도 보도 못했다."고 쓰고 있다. 만데르는 계속해서 법의 통치(the rule of law)에 관해 다음과 같이 논평한다.

> 나는 20년이 넘도록 〈인도 행정 서비스〉에 복무했던 사람으로서 시민 행정과 경찰 행정의 의무를 저버린 내 동료들에게 큰 수치심을 느낀다. … 그 법은 … 그들에게 독립적으로 … 공평무사하게 또 단호하게 행동할 것을 요구했다. … 한 관료만이라도 아메다바드(Ahmedabad*인도 중서부 구자라트 주의 도시)에서 법에 따라 행동했다면, 폭력을 중지시키고 사람들을 보호하기 위해 몇 시간 안에 그녀 혹은 그는 경찰력을 풀 수 있었고 군대를 부를 수도 있었다. 지역 경찰과 행정관할부의 적극적인 묵인 없이는 어떠한 폭동도 몇 시간 이상 지

28) "The Weakest Link: Pakistan," *The Economist*, June 1, 2002, p. 11.

29) Harsh Mander, "Cry, the Beloved Country: Reflections on the Gujarat Massacre," http://www.sabrang.com/gujarat/statement/nv2.htm.

속될 수 없다.

내 글은 그토록 필요하고도 즉각적인 결정들에 내재하는 장기간의 노력을 기술한다. 만데르는 자신의 글 마지막에 하나의 이야기를 경유해 다음과 같이 윤리적인 것을 환기한다.

> 그 이야기는 간디가 평화를 위해 단식하고 있었을 때, 캘커타에서 일어난 폭동에 관한 것이다. 한 힌두 남자가 무슬림 폭도에 의해 살상된 자신의 어린 아들 이야기를 하러, 그의 깊은 분노와 복수심에 대한 욕망을 털어 놓으러 간디에게 왔다. 간디는 다음과 같이 대답했다고 한다. 당신이 당신의 고통을 정말로 극복하고 싶다면, 꼭 당신 아들만큼 어린 (무슬림) 소년을 찾으시오. … 부모가 힌두 폭도들에 의해 살상당한 어린 무슬림 소년 말이오. 그 소년을 데리고 와서 당신 아들처럼 키우시오, 그러나 그 소년을 무슬림 신앙을 갖도록 키우시오. 그런 다음 당신은 당신의 고통, 당신의 분노, 복수심에 관한 당신의 욕망을 치유할 수 있을지 찾아보시오.

내가 이 페이지들 내내 인문학과 '자체의 문화'에 전념하는 〈문화연구〉한테 그저 타자를 알고자 하는 시도를 윤리적인 간섭으로써 연기할 수 있도록 상상력을 훈련하자고 촉구했다면, 여기서 그 테이블은 돌려진다. 주체의 정체성이라고 제공되는 것은 상상력 속에서 접근되어야 한다. 모든 충동이 상상력을 거부하더라도 말이다. 역전된 근본주의자들과 함께 진정한 힌두주의가 그렇지 않다고 말해 봐야 아무런 소용이 없다. 나는 나를 세속주의자라고 주장하기 위해 이 사람들과 함께 투표하지 않는다. 가장 힘든 과제는 나 자신을 힌두교도라고 상상하는 것이다. 내 안의 모든 것이 저항하는 때에 우리 안의 무엇이 그토록 야수처럼 반응할 수 있는지를 이해하기 위해서 말이다. 그저 대의를 과시하기 위해서라기보다 말이다. 침해하는 문화로부터 배운 움직임들과 더불어 욕망들에 대한 지속적이고 비강제적인 재배치에 의해 준비되지 않는다면, 경찰국가 외의 모든 정치체에서 깨뜨려지고 말 규칙들을 강요하기 위해서라기보다 말이다.

인문학이 우리를 가르치라고 가르칠 때, 비평 이론은 애처롭게 지역적인 우리의 사고 방식을 지배하는 지구적 문화의 차별들을 분별할 것이다.

II.

나는 2003년 봄에 하와이 대학-마노아(Manoa)에서 가르쳤다. 그 가르치는 일의 일부로 공개 강연도 들어가 있었다. 나는 그곳에 도착하기에 앞서 '테러'라는 주제를 제안했다. 내가 강연을 했을 당시, 이라크는 패배했다. 대학은 심각하게 정치화되고 있었다. 토착 하와이 학생들과 교수진의 작은 군거지, 진주만, 군사 기지가 있었다. 그들 중 한 사람은 그 기지를 "거북이(모양의 섬) 하에 있는 대량학살 무기"라고 묘사했다. 1887년의 '베이어넷 헌법'(bayonet constitution*미국, 유럽, 하와이의 토착 엘리트들이 무력 군대를 동원하여 하와이 왕국의 칼라카우아(Kalākaua) 왕을 협박하여 입헌군주제를 실행하게 한 헌법)에 의해 강제적으로 병합되었던 이 장소에서 시위는 독특한(peculiar) 신랄함을 수반했다.[30] 그 군사 기지가 하와이의 언더클래스 중 가장 많은 수를 고용하는 장소 중 하나였기 때문이다. 나는 애초의 그 스크립트를 재생해 이용할 수 없었다. 나는 짧은 섹션 II에서 그것이 새겨지는 과정을 나타내고자 시도하였다.

불행하게도 이라크에 개입한 것처럼 보였던 사태의 와중에, 나는 마틴 루터 킹의 「베트남을 넘어」(Beyond Vietnam)로 돌아가 그것을 읽고 있었다. 그 글은 킹 목사가 1967년에 뉴욕의 리버사이드 교회에서 했던 연설인데, 그 교회는 지금 내가 살고 있는 곳에서 걸어갈 만한 거리에 있었다. 나는 그 연설 텍스트에서 "우리의 적이라고 지명되어 왔던 자들을 대변하라"고 우리에게 권고하는 킹 박사를 거듭 발견했다. 킹 박사가 그렇게 촉구한 이유는 "인간의 정신은 우리 자신의 가슴 내부에 또 주위 세계에 있는 순응주의적 사유의 모든 냉담과 맞서 큰 어려움 없이 움직이기(움직이지 않기) 때문이다. 킹 목사는 "그들이 우리를 어떻

30) 베이어넷 헌법에 관해서는 Jon Kamakawo'ole Osorio, *Dismembering Lahui: The History of the Hawai'ian Nation until 1887* (Honolulu: University of Hawai'i Press, 2002) 참조.

게 판단하는가?"라고 물었고, "그들이 협상하는 데로 도약하지 않는 이유를 우리가 묻고 바로 그 이유를 기억해야 한다."고 말했다. 자살폭격수를 상상하려는 나의 노력들을 킹 목사의 권고들과 연결할 수 있었던 것은 하와이에서 처음이었다. 거기서 나는 다양한 사람들과 저널들로부터 킹 목사의 노력이 적대적인 반응을 받았다는 사실에 관해 말했다. 이것은 그 자체로 놀랄 만했다. 나는 1967년 4월 30일에 에버니저(Ebenezer) 침례교회에서 했던 킹 목사의 연설을 언급했다. 그 연설은 다음과 같이 강력한 말들을 담고 있었다.

> 어느 누구도 여러분으로 하여금, 하느님이 미국을 당신의 신성한 메시아적 힘이라고 여겨 전 세계를 감시하는 일종의 경찰로 선택했다고 생각하게끔 그냥 두지 마십시오. 하느님은 민족들을 심판하고자 하느님 앞에 세우는 방식을 갖고 있습니다. 미국한테 "너는 너무 건방지다! 네가 네 방식을 바꾸지 않는다면, 내가 일어나 네 권력의 중추를 부러뜨릴 것이다."라고 말하는 하느님의 소리를 나는 들을 수 있는 것 같습니다.

나는 마이클 버넷 박사에게 제공된 해명을 반복하면서까지 다음을 궁금하게 여겼다. 즉 섹션 I에서 내가 말했던 바, 지적 자유를 포함한 시민적 자유의 삭감, 군사적 침투성의 악화, 인종적 프로파일링을 통한 정치체(polity)의 기형화, 자가-면역을 예방하기 위해 전체 문화를 다시 디자인하는 작업에 앞의 말들이 적용될지 어떨지 궁금하게 여겼다. 지금 세계의 금융 위기는 물론 탐욕에 의해 발생했다.

우리는 세계의 감독이 새로운 제국으로서 미국의 책임이라는 개념에 지금 너무 익숙해져 있다. 그래서 나는 억류나 전쟁이냐를, 정당한 전쟁과 대립되는 석유 전쟁을, 체제 변화와 대립되는 암살을 놓고 쓸데없는 말을 늘어놓고 있다고 지적했다. 나는 앨런 더쇼위츠(Allan Dershowitz)와 조지 플레처(Geroge P. Fletcher) 사이의 정신 나간 논쟁을 듣고 난 후에 컬럼비아 대학의 당시 이사회에 가했던 나의 논평을 그 청중과도 공유했다.

> 내가 실제로 질문 하나만을 물을 수는 없다는 느낌이 들었다. 어느 정도로는 그 반응은 논쟁자들에 의해 제시되었던 내용으로부터 나올 수 없었기 때문이다. "법적인 것보다 올바른

일을 하는 편이 때로 더 낫다"는 말을 듣는 것은 상당히 곤혹스러웠다. 물론 그것이 시민 불복종의 근거인데, 그것이 시민적이라는 바로 그 이유 때문이다. 우리는 이런 방식으로 작동하는 국가들에 관해 말할 수 없다. 시민적인 것이 국가 실천에 이를 때, 그것은 자경주의(vigilantism*각자와 공동체의 권리를 보존, 보장하기 위해 스스로 나서서 범죄 문제를 해결하고 정의를 바로 세우려는 조직과 관련된 사상)를 선회한다. '불복종할' 아무런 권위도 없다는 바로 그 이유 때문이다. '죽일' 권리를 용인하는 데 찬성하는 사람들이 그 방에 있다는 것이 좀 신경에 거슬렸다. 이 경우 한 사람이라도 찬성하는 것은 신경 쓰이는 일이다. 나는 반대하지만 적어도 법이라는 개념 내부에서 토의될 수 있는 사형 처벌에 관해 우리가 말하고 있었던 것은 아니니까 말이다. '소외될 수 없는' 권리들이 반복해서 침범되고 있다고 해서 그것들이 존재하지 않는다고 생각하는 것은 정확하지 않다. 확실히 고문 보증서를 갖는 것과 그 고문이 괜찮다고 경찰 개인더러 결정하게 하는 것 사이의 차이는 후자는 발각된다면 처벌될 수 있다는 점이다! 법적인 목표물이 되는 암살을 선호하기로 결정하는 데서 촉발되는 문제는, 은밀한 목표물을 둔 암살이 발각된다면 아마 법의 통치에 대한 유토피아적 비전에서 그러한 것은 적어도 소급하여 처벌될 수 있지 않겠느냐는 것이다. 추정컨대 이라크를 침범할 우리의 권리에 관한 논쟁이 팔레스타인에 반대하는 그러한 수사학적 장광설로 바뀌었던 경위를 간파하는 것은 골치를 아프게 했다. (여기서 나는 더 강력한 단어들을 사용하고 싶다.) 이스라엘이 '좋은 형상'과는 다른 어떤 것으로 형상화했던 물질적 맥락에서 팔레스타인 사람들을 반복적으로 비난한 것은 그들을 제대로 상상하지 못하는 무능력을 드러냈다. 이것은 『전쟁 중인 낭만주의자들』에서 낭만주의는 그저 비합리주의의 한 변형이라는 조지 플레처의 생각도 의심스러운 것으로 만들 수 있게 하는 지점이다.[31] 우리는 잔을 반쯤 비우기보다 반쯤 채운다고 불러야 할 것이다. 낭만주의는 강건한 상상력을 위한 스트라이크였다. 나에게 낭만주의란 바로 자본주의의 시작이라는 맥락에서 "우리는 우리가 알고 있는 것을 상상할 창조적인 능력을 원한다."는 셸리의 지적에 요약되어 있다. 낭만주의의 가장 위대한 재능은 그저 정신적으로 혼란해진 적이라기보다 또 다른 인간존재로서 타자의 측면을 상상하는 능력이다. 내가

31) George P. Fletcher, *Romantics at War: Glory and Guilt in the Age of Terror* (Princeton, NJ: Princeton University Press, 2002).

언젠가 인문학에 관해 말하고 있었던 내용이 바로 여기로 들어온다. 이로써 인문학에 단단한 기반을 두는 것이야말로 우리로 하여금 상상력을 단순한 비이성으로 생각하지 않게 하고, 법의 문자보다 법의 정신을 생각하도록 허용하기 때문이다. 나는 마이크 데이비스(Mike Davis)가 자신의 신간 『죽은 도시들』에서 좀 과장되게 말하고 있다고 생각하지만, 그는 확실히 많은 문서 자료를 가지고 있다. 우리가 대량학살 무기들에 결코 무책임하지 않을 것이며, 우리가 법 위에 있다는 생각을 하도록 허용하지 않을 자료 말이다.[32] 오렌지(Orange) 요원을 언급하지 말기를! 나는 어느 정도 그 논쟁의 근거 바깥에 있다는 점을 인정한다. 양쪽 편에 있는, 미국은 자체를 제국적 통치 명령을 갖는다고 생각해야 한다는 미리 이해된 가정에 나는 몹시 불편한 심정을 느낀다. 그것은 역사적 경험에 기인한다. 선한 국가도 나쁜 국가도 없다는 조지 플레처의 반복된 주장은 이러한 선-이해(pre-comprehension)에 대한 심문으로서 읽힐 수 있다. 법학 전문 대학원 강당에서 국가에 의해 수행되는 살인마저 용인하는 데 손을 드는 학생이 있다는 것은, 나를 혼란스럽게 했다. 이것 또한 욕망의 비강제적 재배치이다.[33]

그러한 가능성은 나쁜 경찰과 좋은 경찰 사이의 이분법적 대립을 해제하라고 강건한 상상력에 다시 한 번 요청하는 일을, 둘 다 경찰이라는 점을 기억하는 일을 필수적인 것으로 만든다. 인권을 강요함으로써 사물들을 주고 돈을 주고 읽기능력을 상업화하는 한편 젠더-의식을 무시함으로써 도우려는 충동은 죽이고 싶은 충동과 관계를 맺는다. 나는 칸트를 인용한다. "… 법적으로 선한 행동들은 여전히 있을 수 있지만, …정신 자체가 … 뿌리부터 타락해 있다면 … 그 인간존재는 사악한 것으로 명시된다."[34] 오늘날, 셰이크 야신(Sheikh Yassin* 1937-2004, 팔레스타인들의 반이스라엘 저항을 이끌어 온 정신적 지도자. 팔레스타인 운동단체인 하마스[Hamas]의 지도자로 알려진 그는 지난 2004년 3월 22일 가자 시(Gaza City)의 한 사원 앞에서 이스라엘 군 헬리콥터가 쏜 미사일에 66세의 나이로 사망했다.)의 암살을 승인함과 더불어 법규의 중추는 부서진 셈이다.

32) Mike Davis, *Dead Cities, and Other Tales* (New York: New Press, 2002).

33) 「이라크 전쟁: 그것은 합법적인가? (그것이 문제가 되는가?)」(The War in Iraq: Is It Legal? (Does It Matter?))에 대한 비공식 반응인, 2004년 11월 15일에 컬럼비아 법대에서 조지 플레처(George Fletcher), 루스 웨지우드(Ruth Wedgewood), 앨런 더쇼위츠(Alan Dershowitz) 사이의 논쟁 참조.

34) Kant, "Religion within the Boundaries of Mere Reason," in Allen W. Wood and George di Giovanni, eds., *Religion and Rational Theology* (Cambridge: Cambridge University Press, 1996), p. 78.

마틴 루터 킹은 기독교인이었으며, "그의 도덕적 비전의 영역"은 종교적인 것이었다. 그는 직업상 하느님의 사람이었다. 그에게 힘을 주었던 것은 초월적인 것에 대한 그의 의존이었다. 칸트는 「단순한 이성 범주들 내부의 종교」(Religion within the Boundaries of Mere Reason)에서 합리적으로 실행될 수 없는 초월적인 것에 대한 직관 없이도 세속주의가 가능한지를 검토한다. 그의 대답은 "아니다"라는 것이다. 단순한 이성은 본성상 도덕 활동을 관통시킬(Bearbeittung) 의향이 없기 때문이다.[35] 단순한 이성은 그저 마이너스를 플러스와 엮기를, 타락한 정신 자세에는 아무런 관심 없이 법적으로 훌륭한 행동을 밀어붙인다. 이런 맥락에서 칸트는 선주민의 유혈 폭력을 학계 장면의 냉혹한 악의와 비교하는 용기를 갖고 있다. 단순한 이성의 집에서 칸트는 결정하는 판단에서부터 반추하는 판단으로 자신을 움직이도록 허용할 수 없고, 인간의 예로서 선주민 없이 철학 작업을 하도록 허용할 수 없다. 그가 2년 전에 『판단력 이성 비판』에서 그랬듯이 말이다.[36]

이와 똑같은 방식으로 우리는 다음과 같이 말할 것이다. 즉 영어 번역(번역가로서 나는 이 것에 관해 뭔가 말할 거리를 가지고 있다)에서 아주 중세적인 소리로 들리며 우리가 이슬람식 '테러'와 연루시키는 천상의 보상들은, 여기서는 인권 침해, 저기서는 경제 제재라는 새로운 제국적 이해관계들이 평화와 전쟁을 관리하는 데 착수할 때 쓰는 계산이나 당근과 채찍 혹은 밀고 당김과 비교될 수 있다고 말이다. 칸트는 이것을 윤리적 국가의 일을 도덕적 의지에만 위임하면서 '부차적 과제들'이라고 일반적으로 번역되는 구원(Negengeschäfte)에 대한 맞받아 쏘아붙이기식 접근이라고 부른다. 자크 데리다는 이 구원에 대한 집요한 비판을, 도덕적 노고를 대표하는 계산적(calculative) 이성을, 여러 신앙을 갖는 다문화 세계에서 우선적인 과제로 채택해야 한다고 시사한다.[37] 나는 이런 데리다가 옳다고 생각한다. 이 과제는 오늘날 절대적으로 중요하다. 종교에 관한 언급에 히스테리를 부리는 저 위생화된 세속주의자들은 세계의 민족들과 접촉하지 않고서 그들의 머리들을 모래 속에 묻어 왔던 셈이다. 그들에게 계급-생산은 초월적인 것을 합리화하고 사유화하도록 허용했다. 그들은 계급-생

35) Ibid., p. 95.

36) Gayatri Chjakravorty Spivak, *A Critique of Postcolonial Reason: Toward a History of the Vanishing Present* (Cambridge, MA: Harvard University Press, 1999), pp. 26-29 n.32.

37) Derrida, "Faith and Knowledge," in Gil Anidjar, *Acts of Religion* (New York: Routledge, 2002), pp. 40-101.

산을 모든 곳의 모든 사람이 환영하는 텔로스로서 여긴다. 이 특수한 계급-인식소에 대한 아무런 역사적 준비 없이 말이다.

급진적인 대타성(radical alterity), 즉 이성이 필요로 하지만 이성이 포착할 수 없는 타자성에는 많은 이름이 제시될 수 있다. 많은 언어들에서 신은 가장 인지 가능한 이름이다. 어떤 이들은 그것에 '인간'이라는 이름을, 어떤 이들은 민족, 자연, 문화라는 이름을 제시했다. 단순한 이성은 초월적인 것을 "필요로 한다"는 칸트의 인정에는 칸트가 생각하는 훌륭한 신앙이라는 것이 반영되어 있었다. 더욱 절박한 우리의 입장으로 하여금, 반복해서 탈초월화된 급진적 대타성에 대한 인식으로 하여금, 계산적인 것을 항상 경계하는 신앙 자체와 불연속적으로나마 공존하도록 허용하는 것은 바로 이 훌륭한 신앙이다.

이것들은 위급한 세계에서 시기상조인 단어들이다. 그러나 시절은 항상 다급하며, 인문학 가르치기에 지금 반영되고 있는 문화적 준비는 항상 긴 견인(haul)을 위한 것이다.

III.

나는 칸트와의 연결고리를 만들면서 이 글을 시작했는데 그것은 나를 세속주의로 이끌었다. 아래 문단에 나오는 부인(disclaimer)은 하와이에서 착수되었던 재활용을 하지 않으려는 태도를 지속하는 셈이다. 내 생각은 그렇다. MLA(Modern Language Association*근대언어협회) 모임에서 우리 세션은 석 달 전에 고인이 된 에드워드 사이드를 기념하는 토론장으로 열렸다. 나는 그 세션에 참석하지 못해 마음이 편하지 않았지만 나의 논평들이 세속적 비평가에 대한 사이드의 권위 있는 작업을 상당히 많이 보충한다는 점을 깨달았다. 사이드의 세속적 비평가란 모든 제도와 '대립'한다는 점에서, 모든 제도에 저항하는 개인이나 학자와 닮아 있다.[38] 나는 '보통 사람들'(ordinary people)을 관찰하고 싶었다. 그래서 그 반항적인 포

38) Edward W. Said, "Secular Criticism," in *The World, the Text, and the Critic* (Cambridge, MA: Harvard University Press, 1983), pp. 1-30; Said, "Gods That Always Fail," in *Representations of the Intellectual* (New York: Columbia University Press, 1994), p. 120.

문을 여는 제3의 텍스트, 즉 칸트와 사이드를 따르는 보통 사람들이 여기 이렇게 나온다.

> 현재의 전쟁 국가에 반대하는 논쟁은 하나만이 아니다. 식견을 겸비한 논쟁을 제공할 역량을 더 많이 갖춘 다른 논쟁들도 있다. 전쟁을 일으키는 자들의 무심함과 건방짐을 보건대 무정책을 지향하는 회의에서 나오는 논쟁의 암송은 제한된 유용성을 갖기도 한다. 더 나아가 조건이 맞을 때 전쟁을 일으키는 자들에 의해 정치가 종교로 잘못 재현된다는 명백한 사실에 관한 세부사항들을 비축한다고 해도, 그것이 세속주의를 위해 무엇이건 하리라고 나는 생각하지 않는다. 세속주의는 하나의 사고방식이 아니라 보호되어야 하는 추상물이다. 세속주의를 서사적인 '새로운 수학'인 양 정동으로써 두텁게 감싸는 것은 아무 소용이 없다. 그렇다. 대학에 있는 우리는 대학과 세속적인 것 둘 다를 생각할 필요가 있다.

대학은 세계 속에 있다. 또한 의심할 바 없이 세계의 대학들은 "민주적 유형의 국가들에서 지난 2세기에 걸쳐 … 풍부하고도 복잡한 역사가 만연했던 이후의 유럽 모델"[39]이다. 하지만 그 구조는 똑같은 정도의 효율성을 갖고서, 똑같은 정도의 식견을 갖춘 동의나 비판을 갖고서, 국가와 똑같은 질이나 연관을 갖고서, 모든 곳에서 작동하지는 않는다. 미국에서 최고의 사람들은 세계 거버넌스(world governance)의 맥락에서 군사적인 것과 경제적인 것의 살인적 충돌을 방해하기 위해 지속 가능한 발전, 윤리적 지구화, 인권이라는 이름으로 세계 거버넌스를 점점 더 많이 생각한다. 그럴 때 우리가 알고 있는 대학들로부터 세계를 하나인 양 그저 일반화하기보다 모든 다른 종류의 대학들에 관해 생각해야 한다. 우리가 그 스펙트럼을 통해 움직인다면, 학생들과 선생들 사이를 순회하는 개념들은 '문화적 정체성', '문화적 차이', '민족의 주권', '소수자 정치'일 것이다. 종종 이 이슈들은 종교적 자유의 변주들 속에서 희미해져 간다. 항상 그렇지는 않다고 나는 서둘러 덧붙인다.

물론 국가 종교들의 역사적 장소와 본성은 중요하다. 그러나 적극적인 문화가 인간 행위 중 가장 불확실한 부문인 만큼, 동원된 집단성을 위해 '문화'를 판독하는 기호들은 '종교'

39) Derrida, "The University without Condition," in *Without Alibi*, trans. Peggy Kamuf (Standard, CA: Stanford University Press, 2002), p. 202.

를 쉽사리 판독할 수 있는 기호들과 종종 구분할 수 없다. 이러한 의미에서 종교란 우리의 경배 방식과 성차에 우리 자신을 각인하는 방식을 제의(ritual)로 표시하는 것들이다. 이 표식들은 인간-이기(being-human)를 수행하는 몸짓들인데 자연과 초자연 사이에 있으므로 어떠한 지시적 '증거'도, 그러한 기호현상을 계속해서 필요로 하는 불안정한 장소도 필요로 하지 않는다. 그 장소는 초월적인 것을 숭배받는 그것 자체라고 씀으로써 초월적인 것의 가능성을 포착하고 통제한다. 말하자면 우리는 문화의 자동적인 협상들과 동의어이기도 한, 종교의 바탕-수준에 있는(ground-level) 제도성을 중성(Nebengeschäfte)이라고 해산시키는 칸트에 대해 살펴본 바 있다. 이러한 18세기적 견해는 "끔찍한 무엇인가 속에 진정한 종교가 강탈되었다"거나, "얼마 안 되는 나쁜 예들이 전체를 타락시키고 있다"고 설교하는 자들 가운데 여전히 있다. 그러한 감성들이 반드시 잘못된 것이라는 말은 전혀 아니다. 그러나 우리가 세속주의를 생각하고 있다면, 우리는 종교라고 부를 뿐만 아니라 문화라고도 부를 어떤 것의 이러한 연례적인 수준과 타협해야 한다. 이 수준은 항상 무엇인가를 자극할 준비가 되어 있다. 그것은 형제들과 형제들의 자매들과 명예로운 형제들을 위한 일종의 원형적인 공공영역, 사이드의 단어로는 '파생 속의 연합'(affiliation-in-filiation)이기 때문이다. 여기서 정확한 것은 가능하지도 바람직하지도 않다. 새뮤얼 헌팅턴은 종교와 문화 사이의 정확한 동일시를 수행하고자 하기 때문에 아주 잘못된 셈이다.[40] 이렇게 부정확하고 겹치는 정상성에서 그 동일시란 엄밀히 말해 신앙의 문제가 아니라 언어적 유창함과 비슷한 뭔가의 문제이다. 또한 그 유창함은 다른 수준들의 의미론적 협상들을 요구하는 가운데 서로 다른 심리적-정치적 상황들에서 요청되고 있다. 여기서 젠더화는 다른 수준들의 묵종을, 심지어 합의와 더불어 강력한 역할을 행한다. 실로, 이것은 젠더의 의미론적 반석이라고, 허용 가능한 서사들의 짜임새라고 말해질 수 있다. 세속주의를 위한 준비는 정치적인 것이다. 이러한 세속적 정상성으로 위축될 수 있는 세계를 위해 종교가 활동한다는 의미에서 말이다.

그러한 세계의 확립을 떠맡고 그 세계를 지속시키기 위해 우리에게 필요한 것은 인문학을 가르치는 우리의 기술이다. 우리가 살고 있는 세계에 대처하기 위해 '작업을 착수하기'(setting to work)에 대한 희망을 갖고서, 나는 읽기의 기술들에 관해, 언어의 등기부들 사이

---

40) Samuel Huntington, *Clash of Civilizations and the Remaking of World Order* (New York: Touchstone, 1997).

에 있는 차이를 포착하기에 관해 물론 말하고 있다. 마틴 루터 킹은 자신의 적들을 너무 사랑했던 나머지 그들을 위해 죽었던 사람이다. 그의 예를 특이하고도 입증할 수 없는 서사로서 읽기 위해 나는 읽기 기술에 관해 말하고 있다. 내가 곧 정의할 세속주의란 지속적인 비판이자, 언어를 신앙을 위한 토대라기보다 체계로서 인식하고자 하는 작업의 집요한 착수이다. 이 점은 종교의 상황에 대한 나의 묘사로부터 명확해져야 한다. 우리가 그러한 세계를 위해 계속 작업하고자 한다면, 우리는 유럽의 지난 몇 세기가 준 교훈을 부분적으로(부분적으로만) 해제해야 하며 박탈된 역사들의 프로그램을 엄청나게 고쳐 써야 한다. 이런 식으로 표현하는 것은 상당히 무섭게 들린다. 하지만 고쳐 쓰기를 착수하는 집단적인 우리의 기획으로 생각한다면, 그런 식으로 겁내며 작업할 필요는 없다. (내가 그 단계에서 얼마나 열심히 작업했던가에 대해서는 의심을 물리치기를!)

집단성을 위해 '문화'라는 철자를 쓰고 있는 기호들이 '종교'라는 철자를 손쉽게 쓸 수 있는 기호들과 종종 구분될 수 없다면, 이것은 단순한 합리성(reasonableness)을 물화하는 '문화'에도 또한 사실일 수 있다. 칸트는 이것을 「단순한 이성 범주들 내부의 종교」에서 가장 숭고한 양식으로 보여준다. 나는 이 텍스트에 관해 지나가며 짧게 말한 적이 있다. 이제 나는 이 텍스트에 얼마간 시간을 쓰고자 한다.

칸트는 윤리적 집단성을 확보하기 위해 이성이 해야 할 역할을 극화하는 모든 종교의 경향을 보여주고자 시도했다. 그렇지만 칸트는 기독교야말로 '최초의 진정한 교회'라는 것을 추호도 의심하지 않았다.[41)]

유대-기독교는 세속적 종교라는 이러한 신념은 여전히 우리를 실어 나르는 편견인데 이슬람에 관한 사이드 쿠틉(Sayyid Qutb*이슬람 급진주의 사상의 완성자로 이집트인이다. 쿠틉은 오늘날 세계 각국의 사회 상황은 자본주의, 사회주의, 공산주의 등 무신론적 물질주의적 사상에 휩쓸려 도덕적으로 타락해 있다고 보았고, 혁명적이면서 동시에 국제주의적인 이슬람 급진주의를 주장했다.)의 연구에서처럼 역전에 의해 합법화될 뿐이다. 우리가 유대-기독교를 세속주의 속에 탈초월화된 이성의 종교로 본다면, 그것은 탈초월적인 것의 가능성에 대한 포착과 통제를 또한 기술한다. 숭배를 받는 바로 그것으로서, 내가 앞서 개진했던 문화로서의 종교가 지니는 특성으로서 초월적인 것 말이다.

41) Kant, "Religion within the Boundaries of Mere Reason," p. 181.

여러분의 정치나 종교가 무엇이건 세속주의가 무엇을 뜻하건, 그 안에서의 이성의 자리는 화해할 수 없는 것으로 남는다. 이성이 우리의 우방이라면 또 거기에 어떠한 타협도 없다면, 가장 평범한 판본의 세속주의에서처럼 이성은 물화되거나 세탁된 유대-기독교도 될 수 없다. 오늘날 부드러운 선택인 '관용을 가르치기'는 물론 좋은 것이다. 하지만 2세기 전에 「단순한 이성」의 마지막에 나오는 관용에 대한 칸트의 실재적 노력이 우리에게 보여주듯, 관용은 여러분 자신의 관용구를 지배하는 종교-문화 언어 외의 모든 다른 종교를 탈초월화하도록 허용한다. 기본적으로 이것은 문화 상대주의의 문제와도 같다. 이론적으로는 그렇게 쉬운 미덕인 관용을 막상 실천하기는 어렵다. 그것은 기껏해야 사적 미덕이다. '관용적인' 국가는 세속적인 국가이다. 우리는 심리학적인 것이 아니라 사법적-법적인 것을 이야기하고 있다. 종교가 언어적 유창함과 비슷한 어떤 것 속에서 탈초월화될 때, 관용적인 국가는 가장 잘 번성한다. 그러한 탈초월화는 특정 계급에 의해 사유화되지 않을 때가 아니라 동원할 필요가 부재하는 가운데 가장 손쉽게 행해진다.

달리 말해 〈교회〉와 〈국가〉가 분리되고 공적인 것과 사적인 것이 분리된 유럽의 18세기에 의해 우리한테 전승된 두 가지 기계장치는 너무나 인종과 계급에 특수하고 실로 젠더에 특수해서 정의로운 세계를 유지할 수 없다는 점은 명백하다. 초월적인 것의 사유화는 한 줌의 사람들을 위해 작동한다. 우리의 세계는 세속주의란 하나의 인식소가 아니라는 점을 우리에게 보여준다. 세속주의는 인간의 조건을 반영하는 가장 희박하면서도 가능한 배열인 추상적인 외부 구조들에 의해 보호받는, 자체 안에서 자체를 위한 이성에 대한 믿음이다. 그러한 환경하에 나는 여러분에게 세속주의를 하나의 적극적이고 집요한 실천으로서, 하나의 책무(accountability)로서 생각하라고, 또 행위능력의 구조들로부터 신앙(faith)으로서의 믿음(belief)을 제거하기에 관해 생각하라고 초대한다. 세속주의는 너무나 희박하게 되고 너무나 실존적으로 피폐하게 되는 바람에 언어의 두께를 받아들일 수 없다. 우리가 단순한 합리성이라며 배워야 할 것은, 폭력을 피하는 메커니즘이다. 그 메커니즘은 신분증만큼 얄팍하지 '정체성'만큼 두텁지 않다.

그저 '세속적이기'보다 세속주의의 실천을 증진하는 데서 우리가 할 수 있는 역할은 무엇일까? 사실 종교적 믿음이 우리 시대 다문화 대학에서 발휘하게 된 역할에 대해 생각해 보라. 그러면 여러분은 '세속적이기'는 종종 세속주의의 문자를 보전하는 문제라는 점을 보게 될 것이다. 내가 시사하고자 하는 바는, 우리가 새로운 개종 의식을 시작해야 할 어떤 계몽된 세속주의 정신이 있다고 주장하려는 것이 아니라, 세속주의는 문자 속에서만 영원하다는 점을 우리가 인정해야 하고 그러한 세속주의를 보호하기 위해 무섭게 훈련을 거쳐야 한다는 점이다. 어느 종교도 세속주의에 대한 특별한(special) 특권을 갖지 않는다.

(2003년 MLA 연례 총회 때 나는 나와 공명한다는 많은 증거를 확인받을 정도로 충분한 행운을 누렸다. 가장 중요한 하나는 나의 오랜 친구 필 루이스[Phil Lewis]로부터 왔다. 그는 광범위한 근거를 갖는 세속주의 실천에 관한 사유에 내가 가장 크게 기여했던 부분은, 오로지 언제나 '문자 속에' 있다는 세속주의라고 논평했다. 필은 "그러나 가야트리, 사람들은 그것을 이해하기 어려울 거예요"라고 말했다. 나는 지금 요구되는 훈련이야말로 바로 그러한 이해를 위한 것이라고, 세속주의는 종교적 폭력을 피하기 위해 준수되어야 하는 추상적인 합당한 법들의 집합이라고 생각한다.)

바로 이 지점에서 이성에 기반을 둔 세속주의의 '보편주의'에 대한 여하한 주장도 나한테는 의심스럽다는 점 또한 명백해져야 한다. 그 주장은 다음 사실을 책략으로 처리해 버리기 때문이다. 즉 주체의 깊이 있는 변화에 대한 훈련을 지명받은 장소인 대학이, 계급-유동성의 기관일 뿐만 아니라 특히 유럽-스타일의 계급-유동성의 기관이라는 가정에 근거해 있다는 사실 말이다. 근대 대학의 모델이 얼마나 유럽적이건 간에, 다문화주의에 대한 우리의 투신은 그러한 시나리오에 저항한다. 실로, MLA에서의 그 포럼에 대한 묘사조차도 "유럽-북미 축을 넘어서는 당대 대학의 비전들"을 제시한다는 바로 그 목표 속에서 그러한 저항을 반영하고 있었던 셈이다. 오늘날 대학이 생산해야만 하는데 더 이상 충분히 생산하지 못하고 있는 것은, 바로 '보편적인 세속적 지식인'이라는 형상이다.

내가 칸트에게로 선회한 것은 대안을 사유하기 위해서이다. 대학에 의해 생산되는 보편적인 세속적 지식인을 자장 잘 표명했던 철학자가 칸트이기 때문이다. 학자가 모든 시대와 모든 장소를 위해 쓸 때, 학자도 계몽된다고 한다. 우리 세대의 특이한 개인들에게 보편성은 여전히 고상한 이상이며, 내가 세속적 비평에 대한 사이드의 사유를 자리매김해 왔던 것도 바로 그 보편성이다.

하지만 우리가 공적 자유에 관한 진술을 기대하는 그 일에 복종하라는 훈계는, 출간에 관한 칸트의 놀라운 진술을 수반하며 나온다. 특히 칸트 생애의 마지막에 쓰인 「단순한 이성범주들 내부의 종교」라는 철학적 글쓰기를 살펴본다면, 우리는 공통된 윤리적 삶 — 독일어로 gemeines Wesen인데 '공공영역'이라는 번역어로는 부적절한 — 이라는 칸트의 개념은, 공사의 분리가 아니라 모든 인간존재들은 동일한(same) 이성을 가지고 있고, 그래서 인간성의 목표는 집단적이라는 사실에 근거해 있음을 볼 것이다. (공적 제도인 교회는 또한 사적인 것에 간섭을 한다.) 내가 논의하고자 해 왔듯, 세속주의의 약속이 의거하고 있는 것 또한 이성의 보편성이다. 칸트는 이성의 한계를 깊이 인식하고 있었기 때문에, 초월적인 것에 관한 직관들을 병합할 세속주의라고 우리가 부를 법한 것의 일종을 주조할 수 있을지 자문했다. 칸트가 자신의 문제를 어떻게 풀었는지, 우리가 칸트에게 지고 있는 빚에 공정해야 하면서도 칸트를 해제 또는 남-용해야(ab-use)하는 우리가 그에게서 배울 수 있는 점은 무엇인지 살펴보도록 하자.

우선 이성은 하나이고 실로 윤리적 공통성의 근거일지라도, 칸트는 그러한 통일성을 우리보다 더 많이 부수어버린다. 우리가 이해하는 세속주의에 우리의 맹목적 신념을 표방할 때보다 말이다. (칸트 자신은 다양한 이성들은 동일한 이성의 표면적으로 다른 형태들이라고 항상 주장했다. 내가 여기서 기술하고 있는 것은 그러한 주장을 띠울 수 있다.) 칸트는 이성의 파열된(fractured) 기능들 사이에서 비뚤어진 관계를 확립한다. 칸트가 가장 의심하는 순수이성은 이성의 최고 높은 기능이다. 또한 우리가 매일 더불어 작업하면서도 책임성 있다기보다 계산할 수 있을(accountable) 뿐인 단순한 이성은 도덕적 노고에 해롭다. 그러므로 칸트는 순수이성에 있는 도덕적인 것을 우리가 철학화하는 경위를 기술하면서 문자 그대로 은총의 효과들(einräumen)을 위한 자리를 만들라고 우리에게 요청한다.

만일 이것이 너무 유럽 중심적인 것이라고 한다면, 세계 거버넌스를 정당화하는 데 사용되는 칸트 읽기를 내가 심문할 필요가 있기 때문이다.[42] 그러한 정당화에는 일정한 정도의 자기-확신이 있는 반면, 칸트의 사정없는 정직함은 그로 하여금 이성을 구속하게 만든다.

42) 이러한 진술을 적절하게 지지하는 데는 많은 공간과 시간이 요구될 것이다. 여기서는 자크 데리다와 위르겐 하버마스가 2002년 5월 31일에 『프랑크푸르터 알게마이네』(*Frankfurter Allgemeine*)에서 서명한 그 문서의 마지막을 언급하면 족할 것이다.

그렇다면 순수한 이성의 공간적 제도에서 우리는 '은총의 효과들'을 위한 자리를 만들어야 한다. 칸트는 이 마지막 '비판'의 마지막 섹션에서 신학적 언급들을 반복하며(그는 신학 교수진들과 싸우고 있으므로) 세계 거버넌스에 관해 말하고 있다. 거기서 그는 존재의 윤리적 공통성에 기반을 둔 지구적 제도(institution)는 불가능하다고 주장한다. 윤리적인 것은 즉각 제도화될 수 없기 때문이다.

나는 과거를 읽어내는 나의 방법들 중 많은 부분을 마르크스로부터 배웠다. 마르크스가 아리스토텔레스에게 감탄하면서도 역사적 인식에 따라 아리스토텔레스는 가치형태를 상상할 수 없었다고 읽듯, 내가 칸트를 읽고 싶은 곳도 바로 그 지점이다. 칸트는 이성의 하나됨(oneness)에 관한 자신의 명민하게 파열된 모델 내부에서조차 '은총의 **효과**'(스피박의 강조)에 관해 말했다. 칸트는 신학 교수진들에 의해 지배되지 않은 유럽 스타일의 대학을 상상할 수 없었기 때문이다. 우리는 신학적인 것에서 벗어나 미학적인 것으로 진입하는 '효과'라는 단어의 혁명적인 힘과 함께 달려야 한다. 칸트가 〈은총〉을 탈-초월화하기에 도달시킬 수 있을 때, '효과'가 가까이 온다. 〈은총〉은 메타렙시스와 비슷한 무엇에, 한 효과의 효과라는 형상에 사로잡혀 있다. 순수이성 혹은 실로 어떠한 종류의 이성이건 그 원인을 알 수 없는 한, 각인된 모든 것은 하나의 효과이다.

한나 아렌트는 미학적인 것(the aesthetic)에 관한 칸트 사유의 정치적 잠재력에 논평했다.[43] 내가 제안하고 있는 것은 그 사유와 연관된다. 우리 중 대부분은 목적 없는 목적성이라는 미학적인 것에 대한 실마리를 좀 벗어난 무목적의 목적성(purposiveness without purpose)과 친숙하다. 칸트는 우리에게 미학적인 것은 객관적인 개념들 없이 재현할 수 있는 능력에 실천성을 부여한다고 말하고 있는데, 우리는 그 점을 알고 있다. 그렇다면 항상 억제와 균형을 생각하는 칸트가 『판단력 비판』에서는 이성이 아니라 오성(understanding)의 과제를 강조함으로써 너무 멀리 나가려는 상상력의 경향에 구속되고 만다.

칸트는 「단순한 이성 범주들 내부의 종교」에서 은연중 또 대체로 인식하지 못한 채, 개념 없이 하는 재현, 즉 형상화(figuration)의 과제를 한 가지 효과의 입증할 수 없는 효과인 메타렙시스에 가까운 〈은총〉을 형상화하기(fuguring)로, 파레르곤(parergon*외부에 있는 것도 아니

---

43) Hannah Arendt, *Lectures on Kant's Political Philosophy* (Chicago: University of Chicago Press, 1990).

고, 내부에 있는 것도 아닌, 그리하여 외부에 있으면서도 은밀히 내부에 간섭하는 것)으로 혹은 순수이성의 외부 작업으로 바꾼다. 『판단력 비판』에서 그랬던 것처럼, 이제 상상력을 제어하는 것은 오성(understanding)이 아니다. 단순한 이성의 계산적인 도덕적 나태함을 보충하는 것은 형상화이다.

나는 이 마지막 문단의 난해함에 사과한다. 보편주의적 다문화주의가 훨씬 더 잘나가는 말이겠지만 몇 페이지만 더 참아 달라.

나의 읽기를 지지하기 위해 「단순한 이성 범주들 내부의 종교」는 신약성서에 대한 확장된 알레고리적 혹은 탈형상화하는 읽기, 즉 일종의 해방신학이라는 사실을 나는 제공한다. 또 이제 내가 바라건대 여러분을 당황하게 하지 않기를 바라는 제안 하나를 하고자 한다. 우리는 자살폭격으로 되돌아갈 것이다.

해방신학은 종교적 문화의 은유학(metaphorology*사유하는 테크놀로지로서 또/혹은 개인적 변혁의 과학으로서 은유를 연구하고 의식적으로 사용하는 학문)을 직역하기(literalize) 때문에 작동한다. 자살폭격은 그것과 동일한 방식으로 작동한다. 나는 두 가지를 동일한 것으로 만들고 있지 않으며 어느 하나를 시인하고 있는 것도 아니다. 두 가지가 공유하는 유일한 것은 나쁜 젠더 정치학이다. 지난 몇 년 동안 나는 자살폭격을 상상해 보고자 시도해 왔다. 자살폭격을 병리학적이거나 살인적이거나 탈선적인 것으로 제쳐버리는 것은 내가 이미 논의했던 입장들로부터 말하기라는 나의 확신 때문이다. 팔레스타인 어머니들이 현 상황에 의해 자살폭격수로 변한 아들들과 딸들의 모습을 보고 탄식했다는 소리를 여러분은 들어본 적이 있는가? 바로 이것이 처음부터 내가 말하고 있었던 바이다. 관용적인 종교와 문화 사이의 영원히 접근 가능한 이중언어성이 상황들 속에서 동원되고 있다고 내가 말했을 때 말이다. 해방신학이 직역을 통해 그 은유를 동원하고 있다면, 자살폭격의 경우 우리는 종교적 서사의 재코드화를 가장 좁은 의미에서의 참조적인 것으로 본다고 하겠다.

그러나 인문학에서의 훈련은 이 두 가지 움직임 중 어느 것도 행하지 않고 있다. 그 훈련은 우리에게 특이한 것과 입증할 수 없는 것으로부터 배우라고 가르치고 있는데도 말이다. 대학이 세속적인 것으로 된다면, 그것은 인문학으로부터 나올 수밖에 없는 지속적인 인식소적 노력을 요구한다. 세속주의는 정치과학과 법에서의 훈련에 의해서만 지지될 수 있다는 생각은 박탈된 분과학문 구성체들에 속할 뿐이다. 그 구성체들에서 주체의 통제력은 심문되지 않은 채 습관적으로 남아 있다. 급진적인 타자를 탈초월화해서 은총을 필요한 메타렙시스로 재발명하는 일에 지속적인 실천적 가르침을 제공할 수 있는 것은 인문학이다. 이 메타렙시스는 더욱 때 이른 스타일의 예언자를 해제함으로써 습득되는 교훈이다.[44] 인문학은 자신들을 탈사소화하는(detrivialize) 법을, 이 혼란스런 21세기의 대학에 맞는 그 적절한 장소를 표시하는 법을 배워야 한다. 나는 '문학적 기교들만' 가르치라며 놀라운 고립성을 주장하는 보수적인 젊은 동료들에 의해 아연실색한다. '문학적 기교들'이란 무엇인가? 학생들이 훈련받지 않은 채 오기 때문에 가르쳐야 한다는 것이다. 학생들 주위에서 세상이 부서지고 있는데 말이다.

우리가 21세기의 도전들을 받아들이고 싶다면, 우리는 또한 언어들을 배워야 한다. 내가 칸트에 관해 제시했던 단순한 읽기는 영어로 된 최고의 번역들에서도 불가능할 것이다. 또한 우리는 '세속적'이라는 단어에 대한 번역의 흥망성쇠를 '나머지 세상'에 있는 국가들과 사회들에 적용되는 양 찾아보아서는 안 된다.

그래서는 안 된다. 그 과제는 난해한 영어 번역들이나 메트로폴리탄 단어들을 제공하기보다 세계의 많은 언어들에 있는 '세속적/초월적'이라는 이분법과 비슷한 어떤 것을 찾는 일이다. Din aur dunya와 jāgatik o paromārthik는 인도의 두 주요 종교인데, 해제를 위한 후보자들로서 내가 함께 작업할 두 가지이다. 나는 2005년 12월 16일에 서벵골의 농촌 여성에게, 초등학교 교과서에 쓰인 종교에 관한 교훈을 완벽하게 설명할 수 없는 맨발의 선생님에게 말을 걸고 있었다. 그때 실로 나는 우리의 경배 방식을 가리키는 제식의 표식들 — ki korey thakur pujo kara hoy — 이라는 종교의 정의와 만나게 되었다.

나는 서사를 가르치는 선생으로서 나의 제도적 타당성을 실행하느라 내가 시작했던

44) 데리다는 「디페랑스」에서 하나의 원인 없는 하나의 효과가 하나의 최초의 원인으로 유도할 것이라고 경고했었다. 은총의 메타렙시스에 거의 가까운 칸트의 생각에는 자신을 바치는 신이라는 것이 여전히 있다. 칸트는 이러한 가능성을 모든 방식으로 구속하고자 조심하지만 말이다. 이는 이성의 가설적 용도에 대한 가장 중요한 논의 중 하나이다(Kant, *Critique of Pure Reason*, trans. Paul Guyer and Allen W. Wood, Cambridge: Cambridge University Press, 2000, pp. 590-604). 데리다는 은총의 효과를 텍스트에 두는 것이 원인 없는 원인을 반드시 환기하지는 않을 것이라고 논의한다(Derrida, "Différance," in *Margins of Philosophy*, trans. Alan Bass, Chicago: University of Chicago Press, 1982, p. 17). 이것을 다른 방식으로 표현하자면, 급진적인 타자의 탈초월화, 원인 없는 원인, 인문학 훈련의 집요한 노력이다.

대로 끝을 맺는다. 나는 마오리 작가인 퍼트리샤 그레이스의 소설 『눈이 없는 아기』[45]를 펼친다. 나의 친구이자 동료인 캐럴라인 시나바이아나(Caroline Sinavaiana*하와이 대학에서 태평양 문학을 가르치고 있으며, 사모아 섬 태생의 작가)는 나에게 마오리 세계관에 관한 인상적인 설명을 제공했다. 캐럴라인은 이 소설을 가르치는 데서 마오리 세계관이 도움을 주었고, 공사 사이의 구분을 인정하지 않고 오히려 모든 구성원들 사이를 순회하는 공통성을 인정했다고 한다. 앞서 나는 윤리적인 공통성의 존재와 이성의 하나됨(oneness)이라는 칸트의 개념을 언급한 바 있다. 내가 몇 년 전에 계몽을 다시 쓴 부치 에메체타(Butch Emecheta*1944년에 나이지리아의 라고스 태생으로 아동 노예제, 모성, 여성의 독립과 자유를 주제로 스무 권이 넘는 소설을 썼다.)에 관해 논의했을 때, 칸트 사유의 이러한 특징들은 다시 쓰기를 유럽 영역의 외부에도 적용될 수 있는 것으로 허용한 셈이다.[46] 그러나 내가 지적하도록 남아 있었던 한 가지는, 가장 최신식 마오리 족 사람이 "대립을 시도하기"를 배우고 있는 대학에서 그 소설의 마지막 장이 끝났다는 점이다. 이것은 참조로서의 정체성에서 움직여 나가는 상상력으로부터 얻는 가장 명확한 교훈이다. 토니 모리슨의 『빌러비드』가 아프리카에서부터 아프리카계-미국으로 이동하기에 관한 소설이라면, 『눈이 없는 아기』는 아오테아로아(Aotearoa*길고 흰 구름의 땅이라는 뜻을 갖는 뉴질랜드 지명 이름)로부터 뉴질랜드로 가는 움직임의 첨단에 있다. 대학을 세속적인 것으로 유지하려는 끈질긴 노력이 이렇게 인문학 페다고지와 학문연구의 수중에 놓여 있게 된 것은, 이와 같은 역사적 변화를 따르는 셈이다.

9 · 11 후에 나는 개선책으로서의 미학교육을 아주 강력하게 찬성한다고 느꼈다. 그런데 그러한 선생의 복무에 대한 그토록 강한 신념은 지구화의 다른 어떤 특징보다 대학의 완전한 기업화에 의해 이제 더 많이 깨어지고 있는 모습을 보여준다. 나는 이 에세이를 수정하기 위해 다시 읽는 가운데 그 점을 깨닫는다.

---

45) Patricia Grace, *Baby No-Eyes* (Honolulu: University of Hawai'i Press, 1998). 언급된 그 구절은 293쪽에 나온다.

46) Spivak, "Interview with Jane Gallop," in Jane Gallop, ed., *Polemic: Critical or Uncritical* (New York: Routledge, 2004), pp. 179-200.

19.
할렘(Harlem)

여기 주요한 이중구속의 지점이 있다. 권리를 박탈당한 사람들에게 '발전'을 어떻게 부인할 것인가? 바로 여기서 헤게모니를 책임감 있게 장악하도록 서발턴을 위한 미학교육이라는 듀 보이스/그람시(Du Bois/Gramsci)의 교훈이 중요해진다. 예컨대 마하스웨타 데비와 고피발라브 싱 데오(Gopiballabh Singh Deo*지방의 토지를 소유하고 있는 가족의 카스트-힌두 우두머리)가 탐닉한 저 "사시나무 속의 부족민들"을 찬양하고자 하는 단순한 향수는 여기서 쓸모없다. 19장에 무엇인가 있다면, 자본주의적 '발전'을 집요하게 서발턴화해야 한다는 사실에 관심을 두면서 '~로부터의 자유'에서 '~로의 자유'로 가는 길의 불안정함을 진열한다는 것이다. 자본주의적 발전을 도울 미래의 서발턴화를 위해 미국 인종주의가 보수적인 기독교 아프리카계 아메리카(African America)를 사주해 왔던 오늘날, 이것을 기억하는 일은 더욱더 중요하다. 이 기억은 살아남을 것이라는 신념을 내가 더 이상 갖고 있지 않더라도 나는 용서받을 것이다.

앨리스 애티(Alice Attie*1950-, 뉴욕 출신의 비주얼 아티스트이자 시인. 인물 사진집 『앨리스 애티: 기울어가는 할렘』[2003]을 출간함)는 나한테 자신의 할렘 사진들을 보여주었다.[1] 그 이미지들은 나를 떠나지

---

1) Alice Attie, *Harlem on the Verge* (New York: Quantuck Lane Press, 2003). 19장을 총천연색으로 보려면 Spivak,

않았고 뉴요커로서의 나를 심문했다. 이보다 한 달 전에는 탄자부르(Thanjavur*인도 남동부 타밀나두 주에 있는 탄자부르 행정구역의 행정 중심 도시. 코베리 강 삼각주에 자리 잡고 있다. 9~11세기에 초기 콜라 왕국의 수도였고, 비자야나가르 · 마라타 왕조와 영국 식민지 시대를 거치면서 주요 도시로 번성했다.)에 있는 11세기 브리하디스와라(Brihadiswara) 사원의 토대(base)를 찍은 사진 스물한 장이 신호를 보내 왔었다. 어느 영국군 대위가 1858년에 찍었던 이 사진들은 도대체 어떤 질문을 하고 있었던 셈일까? 나는 그중의 사진 한 장과 아직 제대로 씨름하지 못했지만, 그 사진은 사진들과 정체성의 증거라는 문제에 얼마 동안 나를 착수하게 했다. 할렘은 하나의 커다란 지도로 움직여 나갔다.

더블린에서 나는 할렘의 이미지들을 '이동하는 큰 암석으로 된' (allochthonic*구조주의 지리학에서 나오는 용어인데, 큰 블록의 암석이 그 원래 형성 지역에서 이동하는 것을 가리킴) 유럽과 병치시킬 수 있었다. 더블린 사람이 된다는 것은 무엇일까? 루마니아계, 소말리아계, 알제리계, 보스니아계 더블린 사람이 된다는 것은 무엇일까? 공식 일자리 허가서의 40퍼센트를 차지하는 하이테크 아시아계 더블린 사람이 된다는 것은 무엇일까? 다양성은 계급으로 차별화되어 있다. '아일랜드를 아일랜드 인에게 반환하라'는 안티 이민 플랫폼은 오늘날 할렘을 다시 형성하고 있는 악명 높은 지배-섹터의 문화주의와 어떻게 연관되어 있을까? 이 문화주의하에 포섭된 계급 논의는 기성의 반지구화나 친노동계급적 경건함을 선언하는 가운데 이 질문을 멋지게 전위시킬 것이다. 바로 이것이 내 논의의 일부가 되었다.

나는 브라질의 바이아(Bahia*브라질 북동부의 주, 주도는 살바도르)에서 일어난 흑인 운동이 미국의 아프리카계 아메리카에 빚지고 있는 것이 무엇인지를 배웠다. 2001년에 홍콩에서 나는 홍콩과 같은 장소 이름에 부착된 '정체성'이라는 단어가 포스트식민이라는 또 다른 종의 집단성을 가리킨다는 점을 깨달았다. 위대한 영국과 중국 사이에서 홍콩의 문화 활동가는 정체성의 상실을 무대화했다. 더블린의 재빠른 스케치가 다양성 속의 계급 구분을 전경화한다면, 홍콩의 무대화는 소위 '탈식민화'라는 것 내부에 있는 누전선들(*지구의 지진을 발생시키는 지각 판의 선들)을 가시화한다.[2)]

Harlem(Kokata: Seagull Books 근간) 참조.

2) 카르 와이 왕(Kar Wai Wong)의 영화 〈충킹 급행열차〉(*Chunking Express*, 1994)는 기대되는 모든 의미함축을 지닌 기성 영화 관용어—프랑스 뉴 웨이브, 미국 느와르, 갱스터 영화들—를 탈취함으로써 그것을 무대에 올린다. 문화 연구의 전선에서 악바르 아바스(Ackbar Abbas)의 연구는 이러한 문화적 노출에 관해 가장 광범위하게 논평한다.

1996년에 대만 미술가 총 푸(Tsong Pu*莊普, 1947년생의 대만 미술가)는 이름과 지도에 의해 확립된 정확한 정체성들을 심문하면서 자신의 그림 〈지도〉(그림 2a와 2b)가 "명확한 중국 이름들 및 지도들과, 중국 및 그 이름들을 둘러싼 모호한 개념(들)"[3] 사이의 모순을 가리킨다고 생각했다. 아마도 그는 본국 송환을 경유해 한 나라인데 두 제도를 갖는 두 개의 중국이라는 혼란스런 문제 속에 홍콩을 삽입하고 있었던 셈이다. 1997년은 공식적으로 본국을 소환하고 해방을 약속한 해였다. 그 대만 미술가는 두드러지게 원탁은 아닌 작은 직사각형 테이블에 그저 두 개의 의자만 있는 그림을 양쪽에서 동결된 연속물이라고 개념화할 수 있었을 것이다. 홍콩과 중화인민공화국(PRC*People's Republic of China), 홍콩과 영국, 영국과 중화인민공화국이라는 양방 간에 말이다. 약속된 해방을 기념하는 그 거친 콘크리트 블록은 사실 불평등한 두 파트너를 감금한다. (뒤쪽의 의자 하나에만 헤드폰 같은 것이 부착되어 있었다.) 거친 콘크리트 블록들은 흔적 없이 물에 빠져야 하는 육신들을 내리누른다. 의자들은 비어 있고 어떤 육신들도 의자들을 따뜻하게 하지 못하며 의자들은 사용될 수 없다. '1997'이라는 숫자는 블록의 한쪽 편에 새겨 넣어져 있으며 다른 편에는 돋을새김으로 되어 있다. 이 숫자는 어떤 개념을 가리키는 것일까? 이 도시국가가 자체를 전위할 때 그 도시국가의 역사 속에 관통되는 그 연도의 힘을 가리키는 것일까? 그 숫자의 바깥으로 나왔지만 관통되지는 않았다는 사실을 가리키는 것일까? 그 시각적인 것이 언어적인 것을 향해 밀어붙일 때, 이와 같은 질문들에 명확하게 대답할 수 없다는 데 개념적 미술의 힘이 있다.

설명들의 지점으로서 문화는 항상 변천하는 중이다. 정체성에 관한 문화 활동가의 개념화는 그러한 변천이나 표류의 속도를 억제하는 역사적 기록의 일부가 된다. 그 개념화는 박물관들과 전시회들을 방문하는 사람들의 영혼을 먹여 살린다. 문화적 설명들을 책임지고 있는 자들 말이다. 영국 비평가 레이먼드 윌리엄스는 이 억제 효과를 문화적 과정을 되

"Hyphenation: The Spatial Dimensions of Hong Kong Culture," in Michael P. Steinberg, ed., *Walter Benjamin and the Demands of History* (Ithaca, NY: Cornell University Press, 1996), pp. 214-231; Abbas, "Hong Kong: Other Histories, Other Politics," *Public Culture* 9 (1997): 293-313. 홍콩에 상대적으로 신참인 미건 모리스(Meaghan Morris)는 「하나의 중국어로서 영어에 관하여: 지구화를 수행하기」("On English as a Chinese Language: Implementing Globalization," in Brett De Bary, ed., *Universities in Translation: The Mental Labour of Globalization*, Hong Kong: Hong Kong University Press, 2010, pp. 177-196)에서 글로벌 홍콩에 심취하는데 그때 그녀는 이러한 역사를 회피하고 있다.

3) Tsong Pu, *Journey to the East 1997* (Hong Kong: HKUST Center for the Arts, 1997), p. 92.

莊普在展覽廳內的作品"地圖"共有
兩部分，第一部分是用中國地圖切割
再拼貼成一條長紙條，在展覽開始時
圍出一個類似台灣島的地形，之後形
狀由觀眾自由調整。

第二部分是一座1997的紀念碑。作者將一桌兩椅凝固在水泥內
，以白色的座台為基。碑的前後都顯示"1997"字樣。

Tsong Pu's work in the Exposition Hall, *Map*, comprised two parts. For the first part Tsong cut up a Chinese map and reassembled it into a strip. At the beginning of the exhibition, it was arranged in the shape of the island of Taiwan. The shape was then to be altered freely by visitors.

The second part is a 1997 monument. A table and two chairs were stuck together with cement. The object was supported by a white base. On both sides of the monument read "1997".

그림 2a

〈지도〉(혼합 매체), 총 푸(1996). 전시 카탈로그, 홍콩 과학기술대학(HKUST) 예술 센터의 허가를 받아 재생됨. *전시 홀에 있는 총 푸의 작품 〈지도〉는 두 부분으로 되어 있다. 총 푸는 그 첫 부분을 위해 중국 지도를 잘라 하나의 끈 속에다 그것을 다시 수합했다. 그 전시가 시작될 무렵, 그것은 타이완 섬 모양으로 배열되어 있다. 차차 그 모양은 방문객들에 의해 자유롭게 변경될 셈이었다. 두 번째 부분은 1997년을 기념한다. 하나의 책상과 두 개의 의자는 시멘트로 함께 고정되어 있었다. 그 물건은 하얀 토대(base)로써 받쳐져 있었다. 그 기념물의 양쪽에 '1997'이라고 적혀 있었다.

그림 2b

〈지도〉(세부사항), 총 푸(1996). 전시 카탈로그, 홍콩 과학기술대학(HKUST) 예술 센터의 허락을 받아 재생됨.

돌리는 '잔여적인 것'이라고 부를 것이다.

나는 홍콩에서 다섯 달을 보냈다. 나는 〈지도〉를 보는 사람을 한 명도 보지 못했다. 문화는 그 밖의 다른 곳으로 도망쳐 버렸던 셈이다.

이더넷(Ethernet*LAN을 위해 개발된 컴퓨터 네트워크 기술) 위원단의 사진(그림 3)은 가상현실의 즉각적인 시간화(timing)를 공유하는, 정체성의 역동적 표식이다. '이더넷' 밴드는 내일 치워질 수도 있겠지만 구석에서 항상 이용 가능하다. 여기서 개념성은 깨끗한 길로 움직인다. 지구적 금융 문화가 임시변통하는 가운데 본국에 송환되는 것으로서 포스트식민성의 더딘 문화적 한계로부터 벗어나서 말이다. 이 젊은이들이 지닌 순진함과 매력은 계급 이해관계

그림 3
이더넷 위원단

의 폐색과 어떤 관계일까?

정체성의 집단적인 메시지들을 보내는 자는 누구인가? 누가 그것들을 받는가? 총 푸가 자기 작품에 의해 투사될 수 있는 많은 메시지들의 진짜 송신자가 아니었을 수도 있다는 점은 확실히 분명하다. 물론 자기 삶의 2/3 이상을 미국 학계에서 영문학을 가르친 인도여성인 나는 축복받은 수신자가 아닐지도 모른다. 나는 중국의 포터 셸터(Porter Shelter*짐 나르는 사람들의 보호소)로부터 미국의 할렘으로 나 자신을 움직여나감에 따라 수신자와 송신자 문제를 염두에 두고 싶다. 집단성을 가정하는 메시지들이 각인될 때, 누가 보내고 누가 받는가? 유동 인구가 오르락내리락 하는 홍콩과 뉴욕과 같은 초대형 도시에서 정체성들이란 무엇이란 말인가? 할렘은 유명한 곳이며 "문화가 풍부한 유명한 이웃"이라고 PBS(*Public Broadcasting Service)는 말한다. 지식인과 미술가가 홍콩을 텅 빈 문화적 정체성의 장소로 무대화한다면, 뉴욕의 일반적인 지배층은 지금의 할렘을 일반적인 아프리카계 아메리카의 환유체로서 천명하는 데 관심을 기울이고 있다. 그 결이 그렇게 다중적인 것이라면, 우리는 도대체 어떻게 지구성을 상상할 것인가? 내용에 대한 불가능한 당혹감을 수합하고 분류하기보다 상상력을 날카롭게 하는 것이 최선이다.

1658년에 뉴 네덜란드의 네덜란드 주지사 피터 스투이비선트(Peter Stuyvesant)는 네덜란드의 하를럼(Haarlem)이라는 이름을 딴 니우 하를럼(Nieuw Haarlem)이라는 정착지를 설립했다. 18세기 내내 할렘은 "고립된 가난한 시골 마을"[4]이었다. 19세기에 할렘은 유행을 따르는 주거 구역이 되었다. 부동산 소유자들은 1893년의 공포를 겪은 후 흑인들에게 임대했고, 제1차 세계대전 시기에 이르자 많은 할렘 구역에 인종과 계급의 상호 교차가 상당히 진전되었지만 흑인 거주 구역과 상업 구역은 확고하게 확립되었다.[5] 그때부터 1990년대에 이르기까지 할렘은 격렬한 박탈과 격렬한 에너지의 장면이었다. 흑인 할렘의 주요 동맥은 125번가이다. 그 구역의 주요 자산 소유자인 컬럼비아 대학은 125번가의 끝부분까지 불균등하게 펼쳐져 있다. 1990년대 이래 할렘은 주요한 경제적 '발전'의 초점이 되어 왔는데 자산 소유권의 도표는 변하고 있는 중이다. '발전' 패키지 부문은 왼편과 오른편의 이웃을 표시하며 결국 미국의 꿈이라는 동일한 이해관계에 따라 일하는 이음새 없는 문화와 공동체를 환기하는 것 같다. 미국은 자체를 '지구적' 혹은 '지역적'인 것의 상호교환이라고 여긴다. 바로 이 지점으로 인해 할렘을 비롯해 미국에 있는 그 어느 것도 단순히 대항지구적이지 않다.

이 글은 이제 발전을 문화의 이름으로 자유라고 코드화하려고 앞에 내세운, 풍부한 할렘 사회사의 일부가 아니다. 나는 그러한 기술을 가지고 있지 않다. 애티의 『앨리스 애티: 기울어가는 할렘』에 붙여진 로빈 켈리의 서문은 할렘의 사진들을 저 특정한 흐름 속에서 통합한다.[6] 나는 오로지 질문들을 제기할 뿐이다. (나는 지금 이 글을 수정하면서 미학교육이 미국의 꿈에 뉘앙스를 줄 수 있는가 하는 항상 거기 있었던 질문을 여기 위치시킨다. 기껏해야 그것은 우연이다. 오늘날 우리는 그러한 지속을 위한 최악의 사례 시나리오 속에 있다.) 바로 거기서 에런 레비의 『시민들 없는 도시들』[7]과 내가 연결된다. 레비처럼 나도 살아 있으면서도 죽어가며, 사라지는 현재의 속도를 억제할 뿐만 아니라 멈추도록 시도하는 아카이브화를 질문한다. 나는 사진의 증거능력을 질문한다. 그러한 질문은 물론 변화한다. 여기 뉴욕의 어퍼웨스트사이드(Upper West Side)에

4) Gilbert Osofsky, *Harlem: The Making of a Ghetto* (1966; reprint, Chicago: Ivan R. Dee, 1996), p. 71. 나는 몇몇 참고자료를 공유하게 해 준 브렌트 에드워즈(Brent Edwards)에게 감사드린다.

5) 이것에 대한 비감상적인 설명으로는 Jervis Anderson, *This Was Harlem: 1900-1950* (New York: Noonday, 1981) 참조.

6) Robin Kelley, "Disappearing Acts: Capturing Harlem in Transition," in Attie, *Harlem on the Verge*, pp. 9-17.

7) Aaron Levy, *Cities without Citizens: Statelessness and Settlements in Early American, Rosenbach Museum and Library* (Philadelphia), July 8-September 28, 2003.

서 그 질문은 계급-분할적인 인종적 다양성에 직면하여 누가 문화와 공동체를 물화하는가?라는 것이 된다. 내가 뉴욕의 흑인에게서 받았던 부정적인 제스처는, 96번가 지하철에서 거의 혼수상태로 술 취한 형제로부터 "내 영주권을 갖고 고향에 가라"는 말을 들었던 경우뿐이었다. 그것은 문화로 선회한 인종차별주의가 아니라 소위 다양성 속의 계급 분할에 대한 인정이다. 그날 마지막에 (레비가 인식했듯 나의 계급 입장이나 이해관계는 그렇지 않지만) 나의 비판적 입장은 그의 입장과 동일하게 된다.

듀 보이스는 19세기 말에 아프리카계-아메리카 인을 "그 완강한 힘만이 그 몸이 찢겨서 산산이 흩어지는 것을 막아준, 한 어두운 몸속의 … 두 영혼"[8]이라고 기술한다. 오늘날 할렘의 발전과 고급화된 '통합' 속에서 이 두 영혼 사이의 하이픈(아프리카와 아메리카, 아프리카계-아메리카)은 협상되고 있는 중이다. 그러므로 앨리스와 나는 텔레포이에시스를, 상상력의 인내심 있는 능력에 의해 머나먼 타자를 향해 뻗어나가기를, 이주나 추방의 결과로서 한 사람의 정체성이 교차되는 신기한 정체성의 정치를 시도한다.[9] 키츠는 그리스 항아리와 더불어, 조이스는 오디세이와 더불어 또 방황하는 유대인과 더불어, 텔레포이에시스를 시도한다. 우리는 우리의 불연속적 과거를 위해, 다마스쿠스(Damascus*시리아 남부에 있는, 동양의 진주라고 불리는 도시)에 있는 앨리스의 어머니를 위해, 나는 인도에서 뉴요커로서 집단성의 문제를 청한다. 유령춤이 '과거'와 같은 어떤 것에 접근하고 그것을 전미래의 '아마도'에 접속시킨다면, 텔레포이에시스는 역사적으로 '우리 자신의' 것이 아닌 과거에 접촉하기를 소망한다(그러한 신기한 허구가 여러 종류의 귀족들한테 계산적인 입증 가능성을 넘어서는 무엇인가를 갖는다고 가정하면서 말이다). 우리는 반복해서 물어야 한다. 할렘이 하나의 문화적 본질을 요구하는 현재 속으로 사라질 때 우리란 얼마나 많은 숫자가 될까? 또 그들이란 누구일까?라고 말이다. 문화가 달려 나가고 있을 때 이러한 질문들은 바로 집단성의 문제들이다. 우리는 미래의 미지의 철학자들과, 앞서 나와 있는 친구들과 공명하리라는 희망 속에서 작업한다.

---

8) Du Bois, *The Souls of Black Folk*, in *The Oxford W. E. B. Du Bois*, ed. Henry Louis Gates Jr. (New York: Oxford University Press, 2007), vol. 3, p. 3(이후 여기서의 인용은 본문 중에 ODB와 함께 권수와 쪽수를 표기함).

9) 데리다는 『우정의 정치학』(*Politics of Friendship*, George Collins trans., New York: Verso, 1997)에서 텔레포이에시스에 관해 말한다. 나는 그것을 「해체주의와 문화연구: 해체적 문화연구를 위한 논의들」("Deconstruction and Cultural Studies: Arguments for a Deconstructive Cultural Studies," in Nicolas Royle, ed., *Deconstructions: A User's Guide*, Oxford: Blackwell, 2000, pp. 14-43)에 나오는 문화 작업과 연결시켜 왔다.

『브리태니커 백과사전』은 “이웃으로서의 할렘은 고정된 경계를 전혀 갖지 않는다.”고 말한다. 물론 『브리태니커 백과사전』의 이 말뜻은 좁은 의미에서다. 유럽계 미국 아버지와 다마스쿠스 출신의 어머니 태생인 애티와 인도 출신의 거주 이방인인 나한테, 이 단어들은 더 광범위한 의미를 지니게 되었다. 이런 사정은 우리로 하여금 뉴요커가 된다는 것은 무엇을 말하는지 묻도록 촉구하였다. 앨리스와 나는 뉴요커들이다. 우리의 협력은 좀 독특하다. 내가 우리의 유사성보다 차이들을 강조하는 데서 그렇다. 2000년 여름에 나는 “앨리스, 당신은 당신에 관해 내가 했던 말들에 상관하지 않을 테죠. 한 가지는 확실한데요, 사진들이 훌륭하다는 것이죠.”라고 말했다. 앨리스는 뒤에서 나한테로 오더니 나를 살짝 안고서 내 목에 키스를 했다. 이 말들이 배반의 기록인지 어떤지는 여러분이 결정할 일이다.

앨리스는 현장 노트에서 “지난 30년 동안 나는 뉴욕 할렘의 핵심 구역으로부터 걸어서 15분 거리인 웨스트엔드 애비뉴(West End Avenue), 105번가에 살았다. 아주 최근인 2000년 4월에야 나는 이 금지된 영토로 모험하듯 들어가 따뜻함, 관대함, 개방성, 아름다움의 공동체를 경험했다. 깊이 박혀 있는 몇몇 상투형들을 축출한 것은, 내가 거리를 걸으며 할렘 주민들과 대화했던 엄청난 경험 가운데 작은 부분이었다.”[10]라고 썼다.

나는 49년 동안 미국에서 살았고 맨해튼에서는 19년을 살았다. 나는 뉴욕에 도착한 첫 주에 할렘에 갔다. 내가 이용할 우체국이 그곳에 있어서이다. 내 연구실의 누군가가 할렘은 위험하다고 나한테 경고했다. 대낮인데도 말이다! 그 첫날 이래 할렘에서 나의 마음은 편했다. 할렘은 콜카타의 몇몇 섹션과 닮은 점도 없는데 콜카타와 비슷한 느낌을 나한테 주었기 때문일 것이다. 그러나 할렘에 관해 글을 쓰는 것은? 정체성 중심주의는 나를 움츠러들게 한다. 그것에는 나의 정체성이 투여되어 있다. 내가 이 실험을 시도하면서 어떻게 우리가 그 사건을 기념하는가라고 물었던 것은, 그러한 두려움을 정화하려는 이해관계 때문이다. 나는 지구화된 당대성의 진부함을 피하고자 노력했고 다음과 같이 물었다. ‘문화’는 계속 굴러가는데 우리는 어떻게 그 사라지는 궤적을, 그 흔적을 포착할까요? 문화는 뉴요커인 내게 어떠한 영향을 미칠까요? 지배적인 것은 그러한 경계의 나약함에 접근하는 것을 어떻게 불가능하도록 만들어 왔을까요?

10) 이 말들은 애티의 『기울어가는 할렘』의 119쪽을 인정하는 머리 주(headnote)에서 좀 수정됨.

"Eine differente Beziehung."[11] 이것은 사라지는 현재를 잘라내는 끝을 묘사하는 헤겔의 구절이다. 사건으로서의 현재는 차이를 만드는 관계이다. 나는 거기에 맞는 사항을 하나 첨가할 수 있겠다. 헤겔은 관계(Verhältnis)보다 관련(Beziehung)이라는 단어를 선택함으로써 확정적인 구조적 진리 주장들로부터 현재를 풀어내고 있었다. 왜냐하면 그는 역사나 주체의 한 항목에 대한 구조적으로 정확한 자리매김을 나타내기 위해 Beziehung을 변함없이 사용하고 있기 때문이다. 우리가 현재라고 부르는 무엇이 펼쳐질 때, 과거로서 그 차이 두기(differancing)의 경계를 우리가 어떻게 형상화할 것인가 하는 내 질문을 반복해야겠다. 과거와 미래를 앎의 대상으로 구축하는 인식론적 수행으로 훈련된 상상력 없이 미래가 '전개될' 때, 문화의 보전을 '유산'이라고 형상화하는 데서 그 질문이 중요해지기 때문일까?

윤리적 등기부에 있는 전자본주의적 문화 구성체들은 텔로스로서 자본(capital as telos)과 함께하는 진화론자 방식으로 간주되어서는 안 된다는 논의를 한동안 나 자신이 하고 있었다. 실로, 바로 이것이 이 책의 16장「행성을 다시 상상하라는 명령」의 주요 논점이다. 나는 자본주의에 결함 있는, 문화적으로 각인된 지배적인 사고방식들은 우리의 지배소에 접붙여지도록 함양되어야 한다고 제안했다. (지금 이것은 제도적으로 불가능하게 되었다고 나는 생각한다.) 이것은 그 모든 준비를 멀리서 간접적으로만 할 수 있는 과제이다. 하지만 그것은 경제적 의미에서의 '발전'과 좁은 의미에서의 '환대'를 둘러싼 우리의 모든 개념들에 함축되어 있는 사회적 다원주의에 대한 기초적 비판을 작동시킨다. 나는 뉴요커이다. 할렘이 주류 맨해튼 속으로 '발전되고' 있는 와중일 때, 우리는 탈어휘화된(delexicalized) 문화적 집단성들의 문화적 각인을 어떻게 포착할 것인가?

(어휘화하기lexicalize란 한 언어학적 항목을 그 적절한 문법 체계로부터 분리해내어 또 다른 문법의 관습 속에 집어넣는 것이다. 그리하여 새로운 경제적 문화적 어휘화는 할렘의 발전에서 보듯 또한 탈어휘화를 요구한다.) 정체성 중심주의란 상상력을 부인한다. 상상력은 타자화하는, 지금 여기에 있지 않은 것들을 생각하는, 타자들이 되고 싶어 하는, 우리 안에 구축된 도구이다. 나는 인종 문제를 다루는 일요일판『뉴욕 타임스』의 최근호에서 판테온 출판사의 카리브계 미국 편집자인 에롤 맥

11) 데리다의「디페랑스」("Différance," in *Margins of Philosophy*, trans. alan Bass, Chicago: University of Chicago Press, 1982), p. 14에서 인용됨.

도널드(Erroll McDonald)의 "읽기의 핵심에는 세기들과 문화적 계기들을 종종 가로지르는 또 다른 사람과의 열린 참여가 있다."[12]는 생각을 읽고 기뻤다. 학계에서 정체성의 신화는 다음과 같은 방향으로 나아가고 있다. 즉 지배적 자아는 정체성을 갖고 있고 종속적인 타자도 정체성을 갖고 있는데 서로 거울 이미지들이라서, 자아는 불명확하게 타자를 타자화한다. 나는 이것을 학계 어휘로 되비추는 심연의 대타성이라고 부른다.[13] 에롤 맥도널드가 인정한 것처럼, 지배적인 것의 거울 이미지가 아닌 주체의 윤곽을 찾아보기 위해 우리는 검토의 어떠한 대상이건, 심지어 우리가 전유하고 싶어 하는 집단적 정체성의 기초조차도 검토자와 다른 타자라는 점을 인정해야만 한다. 분명히 멀게 보이는 경우에도 우리는 우리가 얻고자 분투하는 동일한 텔레포이에시스적인 섬세함을 갖고서 우리 '자신의' 주장되지 않은 역사를 검토하고 상상적으로 형성해야 한다. 여러분이 가장 멀리 있는 것을 단어로 정확하게 포착하고자 혹은 더 낫게는 다른 어떤 사람으로 하여금 그것을 포착하게 하고자 한다면 여러분이 보게 될 터인데, 가장 근접하는 것이 가장 멀리 있다. 우리가 이것을 무시한다면, 우리가 확립하고자 착수한 대안적 정체성의 토대를 입증된 것인 양 받아들이는 셈이다. 이것은 전투적인 정치에서는 유용할지 모르겠지만 우리의 분과학문을 재발명하는 데서는 그렇지 않다.[14] 그러나 그 싸움은 망각될 수 없다. 실로 바로 이것이 이 책 전체의 요점이다.

나는 살아 있는 형상들이 아니라 글자들이 새겨진 그림들을 달라고 앨리스에게 부탁했다. 특별히 의무적인 문화주의 시대에 인간적인 얼굴들의 휴머니즘은, 증거에 의거한 기억들을 보증하며 우리에게 그 일상을 기록되고 조직된 공공 항의의 목소리와 동일시하도록 허용한다. "'할렘의 니그로들'의 거대한 대다수가 먹고살기 위해 열심히 일하는 보통 사람들이다. 그들은 열심히 일하는 보통 사람들과 똑같은 방식으로 그들의 시간을 보낸다."[15]

---

12) Amy Finnerty, "Outnumbered: Standing Out at Work," *New York Times*, July 16, 2000. 맥도널드 씨, 당신은 "데리다식 해체가 나를 위한 것이 아니라고 결정했을" 지도 모르겠지만 진부한 말들로 가득한 어떤 잡지에 우뚝 서 있는 이 해방의 진술은 에롤(Erroll)로부터 예일을 가져갈 수 없음을 보여줍니다.

13) 우리가 라캉식 서사를 신뢰한다면, 이것은 상징적인 것에 의해 폐기될 일종의 집단적 거울 단계일 것이다(Jacques Lacan, "The Mirror Stage," in *Ecrits*, trans. Bruce Fink, New York: Norton, 2006, pp. 75-81). 이러한 종류의 일반화된 정신분석적 토크가 일반적인 것으로 남는 한, 나는 그 토크와 함께 어울릴 수 있다.

14) 이러한 책략이 헌법을 위해 작동하는 경위를 보기 위해서는 Derrida, "Declarations of Independence," *New Political Science* 15 (1986): 7-15; Derrida and Mustapha Tili, eds., *For Nelson Mandela* (New York: Seaver, 1987) 참조.

15) James Weldon Johnson, *Black Manhattan* (New York: Da Capo Press, 1991), p. 161.

각 집단성을 가정하는 글자들은 공공 항의와 세속적인 순회 둘 다에 좀 과도하다. 그 글자들은 지금은 대부분 사라지고 없다. 새로운 건물이 그것들을 대체했기 때문이다. 그 글자들이 이미 사진으로 찍혔다고 해도, 그 집단성들을 위한 송신자도 수신자도 더 이상 없었다. 모든 메시지들이 사실이 될 수 있는 방식과는 다른 의미에서 말이다. 그 메시지들이 여전히 읽힐 수 있다고 하더라도 그렇다. 내가 말하고 있을 때조차도, 이것은 탈어휘화의 이상한 계기인데, 하나의 '과거' 속에서 굳어버리고 만다. 새겨진 글자들은 관람객의 텍스트성 속에서 어휘가 되며, 우리를 가르치는 것은 기대된 바 없는 무엇이다. 그래서 나는 집단성들을 새기고 변화의 계기를 표시하는 쇼트들을 요구했던 셈이다. 우리는 그 텍스트의 부분들이다. 뉴요커는 집단적인 용어이다. 우리는 얼마나 많은가? 우리는 모닝사이드 하이츠(Morningside Heights*컬럼비아 대학 근처)의 주민들이다. 우리 중 얼마나 많은 이들이 할렘인가? 시노이키스모스(synoikismos*고대 그리스에서 지리적 군사적으로 중심이 되는 곳에 방어요새를 만들고 이 요새를 중심으로 촌락들이 폴리스로 발전했을 때의 집주[集注]를 가리킴)는 어떻게 가능할 것인가?[16)]

〈깨어나라, 흑인 남성이여〉(Wake Up, Black Man, 그림 5a 참조)는 123번가에 있는 획기적인 대형 창고의 벽에 걸려 있다. 오늘날 그 건물은 컬럼비아 대학, 로버트 드 니로, 그것을 문화 센터로 바꾸었을 공동체 집단에 의해 여러 가지 생각을 거친 후에 앙상하게 파괴된 채 서 있다. 그러한 지식을 갖고 그 그림을 보노라면 그 메시지가 대형 창고에 있다는 점은 더욱 흥미로운 것 같다. 여전히 나의 동료 비평가는 지하철역에 있는 그 형제이다. 경건한 다양성 토크를 아무리 많이 한들, 무계급의 정치로 위장하며 상승하는 계급 유동성의 위기를 관리하는 지속적인 서발턴화를 메꿀 수 없다. 이 〈흑인 남성〉은 누구이며 그는 무엇에 각성되었을 것인가? 누가 대형 창고의 벽에 썼을까? 그것은 상서로운 글쓰기의 표면이었던가? 이러한 질문들은 이제 실종되었다.

나는 글자로 새겨진 도시인 콜카타 태생이다. 서벵골 주가 경제적 재구조화로 움직여 나감에 따라, 그 도시의 글자들도 실종의 양식 속에 있다. 벵골 콜카타의 새겨진 글자들은 좌파이건 우파이건 국제적 논평에 의해 결코 읽힌 적이 없다. 내가 글을 쓸 때, 나는 내 고

16) '시노이키스모스'는 역사의 동력이기도 한 그러한 종류의 함께 살기를 가리키는 에드워스 소자의 용어이다(Soja, *Postmetropolis: Critical Studies of Cities and Regions*, Maldens, MA: Blackwell. 2000, pp. 12-18).

향을 위해 함께 동행할 글을 쓴다는 비전을 갖고 있다. 그것은 초기 제국의 사진들과, 왁스 칠해진 종이 위에 계란 흰자로 부드럽게 된 사진들을 나로 하여금 읽게 한 사원 글자들의 자국들과 무슨 관계가 있을까?(그림 4a 참조) 콜카타 거리의 글자들이 사라지기 전에 물어야 할 물음들이 여기 있다.

차별화하는 계기의 허약성이라는, 19장의 전체 논의는 그림 4a와 우리 시대 디지털 재현 사이의 차이 속에서 포착된다.

지구화 시대에 원본의 모방은 가짜이거나 기교이다. 그래서 그것은 우리의 요점이

그림 4a

캐나다 사진 협회, 린나우스 트라이프(Linnaeus Tripe)의 사진.

그림 4b

스피박이 찍은 사진.

아니다. 미학교육을 포착하기가 우리의 요점이다. '포착하기' → '붙잡기' = 'greifen' → 'Begriff' = 개념. 나는 이것을 이 책의 5장 「문화: 페미니즘을 위치 짓기」에서 예이츠를 통해 밖에서 안으로 펼쳐 보았다. 페미니즘에 관한 일반적 논의를 위해 '개념' 안의 은유가 재생산적 이성애 규범성의 동력과 함께 공유된다는 것은 흥미롭다고 하겠다.

차별화의 움직임이 일어나고 있을 때, 하나의 각인된 집단성에 특정한 종류의 위치 지어진 의미가 있다고 나는 시사하지 않는다. 그것 또한 배우기 어려운 교훈이다. 다른 편에는 사실들의 편리함이 있다. 앨리스와 나는 구술사에 의해 별 볼 일 없이 편집된 동일하게 지루한 '진정성'과 더불어 소문을 단호하게 주시해 왔다. 선정된 사실들은 일상적인 것을, 저항하는 바람에 유행이 된 정체성 중심주의나 문화주의와 혼동한다. 우리의 원전들은 새겨진 글자들보다 지어진 공간을 논평하고 있다. 그 파괴된 대형 창고는 공간적 실천(여기서는 각인)과 폐허(발전주의자들에 의해 허용되지 않는) 사이의 스펙트럼에 있는 건축학적 계기이다. 사라지려는 움직임이 일어나고 있을 때, 현재라는 차별화 계기가 불명확하게 과거가 될 때 말이다.

그림 5a
〈깨어나라, 흑인 남성이여〉(Wake Up, Black Man), 앨리스 애티(2000).

하나의 패턴을 창출해 보기로 하자. 여기 구할렘 점포의 정면에 붙어 있는 "사람들을 깨우라"는 말은 〈남성/여성〉(그림 6)을 읽는 하나의 알레고리를 장엄하게, 또 무심코 제공한다. 불연속적인 각인들이나 각인을 위한 공간인 옛날 경제 둘 다 삭제하에 있고 사라져, 현 할렘의 이음새 없는 문화주의에서 통합된다. 여러분은 거기서 없어진 단어가 '흑인'이라는 것을 간파할 수 있는데 한때 읽기에 대한 나의 알레고리와 연결되어 있던 '남성 여성, 젊은이 노인'은 사진 찍힐 때 그만 닻을 놓치게 된다. 실로, 할렘이 갖고 있고 다른 사람들이 사

그림 5b와 5c

아니루다 다스(Aniruddha Das*컬럼비아 대학의 신경과학, 정신의학 교수)의 사진 두 장에서 우리는 그곳의 새 건물을 보고 그 흑인 남성이 무엇에 각성되었는지를 본다. 꿈 작업과 깨어 있는 삶 사이에 있는, 우리가 유추할 수 있는 와해로써 말이다.

그림 6

〈남성/여성〉(Male/Female), 앨리스 애티(2000).

그림 7

〈벗어나라〉(Keep Out), 앨리스 애티(2000).

용하던 것이 이제 은폐된다. 그 대상은 은폐에 의해 그저 상실되는 것만 아니라, 새로운 할렘의 미래에서 상실되는 것이다.

그림 7 〈벗어나라〉를 익명성에 관한 하나의 효과적인 알레고리로서 읽어보기로 하자. 이 구역에서 벗어나라고 누가 누구한테 요구하는지 어느 누구도 확신하지 못한다. 주민들의 관심을 여기저기 분산시킬 정도로 만들어진 공간도 없다. 그 각인은 읽기를 명령하지만 무의미하다. 이제 그것은 사라지고 없다. 철사 줄로 휘감긴 작은, 쓰레기로 흩뿌려진, 텅 빈 구역이 편평하게 되어 있었다. 그곳에 무엇이 올지 아무도 모른다. 우리가 예견할 수 있는 결과들을 가져올 새로운 정치과학(나는 바로 이 이름을 지닌 잡지의 편집위원회 명단에 올라가 있다) 연구 프로젝트를 만들었는지 어땠는지 알 수는 있었을 것이다. 나는 편리한 결론들을 중지시키고 있는 중이다. 그러한 결론들은 검토자들에 따라 예견할 수 있는 플러스와 마이너스를 가질 수 있다. 하지만 주민들은 그곳에 없다. (나는 교정 볼 때 확인해야 한다는 생각을 했었지만 애티는 올바른 개념을 갖고 있었다. 그녀는 그 위치를 감지하지는 못했지만 다음과 같은 지적을 했다. "이것이야말로 내가 나

그림 8

〈기록들〉(Records), 앨리스 애티(2000).

그림 9

〈부스터가 움직였다〉(Buster Moved), 앨리스 애티(2000).

의 사진작가 시절 중에 할렘을 통해 만났던 유일한 '벗어나라'는 신호였다.")[17]

〈기록들〉(그림 8)은 콘크리트로 꽉 채워진, 116번가에 있는 점포의 정면이다. 위쪽 셋방의 현재 주민들은 상대적으로 신참자들이다.

그 신참자들은 그 점포의 역사와 절박한 미래 사이에 매달려 있는 아이티 사람들이다. 그 작은 공고는 불어로 되어 있다. 그것이 이렇게 부유하는 현재를 인정하기 때문이다. 영어로 말하는 사람들에게는 좀 더 근엄하게 "앉아 있기/서 있기/어슬렁거리기를 금함. 감사합니다. 집주인"이라는 공고가 붙어 있다. 수요일 저녁에 양복을 입고 넥타이를 맨 선량한 아이티 인들은 이 공고를 참아냈을 것이다. 나는 물어보지 않았다. 한 가지는 확실하다. 부드러운 콘크리트에 휘갈겨 있는 유일한 이름인 '앨런'은 그 메시지의 서명이 아니다. 부계의 성이 부재하기 때문이다. 고고학자라면 그럴듯하지 않은 이 텍스트, 즉 소유자 앨런(Owner Allen)을 해제하려 들 것이다.

다시금 알레고리인가? 나는 증거인 양 읽히는 이미지들로부터 철 지난 결론들을 이끌어내는 사람이 아니라 단어들을 읽어내는 사람이다. 그러므로 새겨진 글자들을 언급한다.

다음에 나는 그림 9 〈부스터가 움직였다〉(Buster Moved)를 놓았다. 이것은 로빈 켈리에 의해 감동적으로 논평된 기념물이다.[18] 여기서 애도/각인의 행복한 공적 공간은, 차별화하는 현재를 기념하는 저 익명의 공적 공간 속으로 움직이고 있다. 그 현재가 사라질 때 말이다. 나는 로빈도, '부스터'도 모른다. 이것은 초월적인 직관과의 소통을 확립하고자 애쓰는 모든 애도가 명확하게 풀리고 마는(unmoor), 구조 없는 일반 구조의 초과 속에 있다. 7번가 1972번지에 부스터가 여전히 있다는 보장도 없다. 우리는 그를 찾아보지 않았다.

이와 같은 기사는 결말을 가질 수 없다. 우리는 진행 중인 문화에, 사라지는 현재에 관해 논평하고 있는 중이다. 그러나 바로 거기에 내가 서두에 언급했던, 역사를 위한 폐쇄가, '잔여적' 제약이 있다. 그림 10 〈레녹스 라운지〉(Lenox Lounge, 2000)가 남아 있을 텐데, 다른 도시 텍스트 하나가 그 라운지를 역사적 기록 속에 어휘로 만들어서 의미를 굳힐 것이다. 아폴로 극장과 여러 텔레비전 프로그램에서 지속되는 『할렘 노래』의 문화주의는 그러한 어

---

17) 미간행 커뮤니케이션.

18) Attie, *Harlem on the Verge*, p. 14.

그림 10
〈레녹스 라운지〉(Lenox Lounge)

휘화의 이데올로기적 얼굴이다. 그 문화주의는 할렘 르네상스와 새로운 니그로를 전유할 것이다.[19] 실로, 그 노래는 황금빛 향수 속에서의 상실 주제를 전유할 수 있다. 뉴욕 시 박물관에서 열린 쇼에는 할렘에 헌신하는 몇몇 이미지들이 나온다. 그리고 그 이미지들은 바로 그 장르에 속한다.[20] 그것 또한 건축이 공간적 실천과 폐허 사이의 스펙트럼에 거주하는 방식이다. 학자다운 후견지명에 의해 하나의 집단성은, 건설된 공간의 바로 이 부분을 의도했던 것으로 가정되거나 할당될 것이다. 그것은 구조적인 진리 주장일 것이다. 이 사진들 안에, 또 이 사진들에 의해 각인된 익명의 잠정적인 유령 같은 집단성들은, 또 카메라에 포착된 변화무쌍한 가장자리는 탈어휘화될 것이다. 이것이야말로 "나는 우리 중 한 사람이다(아니다)"라는 고전적인 정체성 주장 속에서 더듬거리는 지껄임을 영원히 기념하는, 역사의 아포리아다. 기억은 그러한 사실 이전에 "내가 거기 있었다."는 식으로 "후대의 앞섬"을 간직하는데 역사적으로 확립된 소위 문화적 기억은 그것을 열망할 수 있을 뿐이다.[21] '살아 있는' 기억은 효과적으로 질문을 취소하면서 입증 가능성을 사적인 것으로 만들기 때문에

19) *Harlem Songs* by George C. Wolf, dir. George C. Wolf, Apollo Theatre, New York, July 8-December 29, 2002; Alain Locke, *The New Negro* (New York: Atheneum, 1970). 많은 텔레비전 프로그램들 중에서 PBS의 〈할렘을 가로질러 걷기〉(Walk through Harlem)가 그 가장 전형적인 예이다. 이 프로그램과 함께 하는 얇은 책으로는 앤드루 돌카르트(Andrew S. Dolkart)와 그레천 소린(Gretchen S. Sorin)이 편집한 『역사적 할렘을 돌아보기: 북부 맨해튼의 네 산책로』(*Touring Historic Harlem: Four Walks in Northern Manhattan*, New York: Landmarks Conservancy, 1997)는 학문적 어휘를 이음새 없는 역사로, 지속적인 지리로 바꾼 훌륭한 예이다.

20) Michael Henry Adams, "Harlem Lost and Found," Museum of the City of New York, May 3, 2003-January 4, 2004.

21) Lévinas, *Totality and Infinity: An Essay on Exteriority*, trans. Alphonso Lingis (Pittsburgh: Duquesne University Press, 1969), pp. 169-170.

우리를 유지시킨다. 문화적 기억의 부단한 생산은 일종의 허위진술(subreption)에 의해 공공 영역을 열망한다. 칸트는 우리의 "자기 결정에 대한 존경"[22]에 실제로 속하는 숭고성의 본성에 귀속되는 것을 지칭하기 위해 이 단어를 사용한다. 허위진술이라는 단어는 교회법에서 "방종을 얻기 위해 진리를 억압하는 것"을 뜻하는 말이다. 나는 이 단어를 문화적 기억 생산의 내부에 구축된 혹은 형성적인 성격을 가리키기 위해 사용함으로써, 그 단어에 대한 칸트의 용법과 맺게 되는 구조적인 병행 관계를 끌어낸다. 나는 '허위진술'이라는 단어를 자연과 도덕 의지에 대한 칸트의 논의와 묶을 의도는 전혀 없다. 아무튼 문제는 진리와 거짓됨이라기보다 역사에 의한 문화의 공적인 입증 가능성이다.

나는 레녹스 라운지에 대한 어휘화를 위치시키기 위해 듀 보이스의 『흑인 민중의 영혼들』에 나오는 그 계기, 즉 외부인이 아프리카계-아메리카로 환대받으며 입장하는 순간을 다시 한 번 상기한다.

『흑인 민중의 영혼들』은 메트로폴리탄 문화연구 중 최고로 훌륭한 비전의 원형이다. 듀 보이스는 각 장의 앞머리에 아프리카 영가의 한 행을 따와 그것을 유럽 음악 부호에 따라 쓰고 있다. 거기서 우리는 이 책의 핵심에 있는, 수행적인 것을 수행 속으로 전환시키는 움직임을, 백과사전이나 박물관 속에서 어휘가 되는 적극적인 문화적 관용어를 감지한다. 바로 이것이 신세계의 부호 안에서 레녹스 라운지가 그 역사적 기록에 입장하는 방식이다.

최종 단계의 듀 보이스는 다른 장소로 움직였다. 범아프리카적인 듀 보이스는 미국에 불만을 품고서 아프리카의 가나 시민이 되었다. 우리는 타자의 흔적들을, 듀 보이스의 소중한 『아프리카나 백과사전』(*Encyclopedia Africana*)의 고집스런 잔재들과 더불어 애티의 사진들 속에 포착되어 있는 집단성의 더 유령 같은 윤곽들을, 아프리카의 공식 백과사전이 번성함에 따라 가나의 익명성으로부터 출현하는 것으로 위치시킨다. 우리가 여기서 제공하는 바는, 사라지기를 둘러싼 그러한 거부와 관련된다. 듀 보이스는 룸펜 프롤레타리아트는 "자신들을 대표할 수 없다"는 「루이 보나파르트의 브뤼메르 18일」(The Eighteenth Brumaire of Louis Bonaparte)의 마지막 부분에 대한 마르크스의 유감을 교정하고자 모색하던 중에, "가장

22) Kant, *Critique of the Power of Judgement*, trans. Paul Guyer (Cambridge: Cambridge University Press, 2000), p. 141. 또한 Spivak, *A Critique of Postcolonial Reason: Toward a History of the Vanishing Present* (Cambridge, MA.: Harvard University Press, 1999), p. 11n.18 참조.

변덕스럽고 비천하고 가난한 … 민족이야말로 통치받는 자들의 동의를 얻는 데 … 핵심이 되는" 국가를 요청한다. 듀 보이스의 요청은 오늘날 민주주의의 위임 없이도 세계의 소수자들을 대표하려고 하는 국제시민사회의 도덕 사업가들에 의해 주장되고 있는 중이다.[23) 나는 마르크스의 진술에 관해 계속 논평할 것이다(본 역서 636-637쪽 참조).

하이픈을 가능하게 만들었던 아프리카계-아메리카 사람인 듀 보이스에게 아메리카계-아프리카 사람이 된다는 것은 무엇일까? 그저께까지 영국 땅이었던 홍콩은 아시아와 미국의 견지에서 이 질문을 묻는다. 아시아계-아메리카 지식인들이 본국 송환 이후 돌아올 때 말이다. 아일랜드계 아메리카는 더블린에서 보자면 바로 옆 교구인 반면, 리틀 보스니아는 그 밖의 다른 곳에 있다.[24) 이것들은 다른 방향으로 나아가는 움직임들이다. 우리가 지구주의(globalism)에 대한 보충을 주장하고 싶다면, 할렘을 바로 이러한 세계 속에 두어야 한다.

디페랑스(différance)로서 그 사건의 잔해는 무엇일까? 집단성을 기억하는 일의 책임성은 무엇일까? 옛날의 부정확한 유령 같은 '특이성', 즉 새겨진 글자들로 흩어진 '할렘'은 영화에 어떤 표식을 남길 것인가? 역사적 아카이브들이 할렘 자체를 현재로부터 떼어내려고 하는 그러한 현재에 학문적 용도로 할렘을 정의할 때 말이다. 유령의 발자취로부터 집단성

---

23) Du Bois, *Darkwater: Voices from within the Veil*, on ODB 19, p. 93. 오늘날의 세계에서 국제시민사회의 역할에 관해 나는 나의 오랜 우방이자 친한 친구인 호미 바바(Homi K. Bhabha)와 심각한 차이를 지닌다. 나는 조만간 이 차이를 그와 함께 논의하기를 희망한다. 듀 보이스로부터 나온 그 구절은 호미 바바의 「탈-현실화된 민주주의」("Democracy De-realized," in Okwui Enwezor, ed., *Democracy Unrealized: Documenta 11-Platform 1*, Ostfildern-Ruit: Hatje Cantz, 2002, p. 360)에 인용되어 있다. 그 전체 구절은 "미래의 민주주의들에서 소수자들의 관용과 격려, 가장 괴상하고 가난하며 검은 민족들을 '사람들'로 기꺼이 간주하려는 태도야말로 통치받는 자들의 동의를 얻는 진정한 핵심이 되어야 한다."(ODB 19, p. 73)는 것이다. 거기서 생략된 것들이 주목되어야 한다. 듀 보이스의 글은 실로 "특권의 오랜 외침, 타자들에게 무엇이 최선인지 더 잘 알아 최선을 다하도록 일을 맡길 수 있는 사람들이 세상에 있다는 오랜 가정…그들은 사람들과 계급들에 관해 말한다. '그들은 투표권을 필요로 하지 않는다.'"(ODB 19, p. 68)에 관해 쓰고 있다. 나는 자임한 도덕 기획자들이 이러한 묘사에 들어맞는다는 요점을 제시하고 있는 중이다. 여기서 나는 그러한 역할을 승인하느라고 『존재와는 달리』(*Otherwise than Being*)의 레비나스를 끌어들이는 어리석음에 관해 논평하지 않을 것이다. 듀 보이스 책의 부제에 있는 여성적 은유에 대한 그의 용법 또한 더 진전된 탐색을 낳는다.

24) 예컨대 Kieran Allen, "Immigration and the Celtic Tiger," in Gareth Dale and Mike Cole, eds., *The European Union and Migrant Labour* (New York: Berg, 1999), pp. 91-111; Khald Koser and Melisa Salazar, "Ireland," in Steffen Angenendt ed., *Asylum and Migration Policies in the European Union* (Berlin: Deutsche Gesellschaft fur Auswartige Politik, 1999), pp. 217-227. 나는 영감을 갖고 나의 연구를 도와준 코니스비 베어(Conisbee Baer)에게 고마움을 표한다.

을 추론하는 한 줌의 사진들을 보라. 정치란 젠더화되어 있다는 점을 여러분이 기억한다면 이러한 질문들은 다른 결론들을 유도할 것이다.

사진들 속에 각인되어 있는 집단성들은 여성이었던 적이 거의 없고 물론 퀴어였던 적도 결코 없다. 이것은 여러 방식들로 읽힐 수 있다. 또 다른 맥락에서 나는 반드시 페미니즘적 액티비즘은 아닌 액티비즘에 대한 특정 여성들의 접근은 주류 남성과는 좀 다른 방식들로 사회적으로 생산된다는 논의를 해 왔다. 여기서 나는 그 논의를 재생산하지는 않을 것이다. 다만 특히 발전주의적 액티비즘의 경우, 개인주의하에 또 경쟁에 관한 지배적인 종교하에 집단성은 계속 포섭되고 있으며 이것은 여성에게도 마찬가지라는 점을 나는 반복하겠다. 발전주의 액티비스트는 집단성들에 관해 말할 수 있고 사람들의 집단을 위해 활동하기도 하지만, 역사에 입장하는 것은 개인들이다. 그리하여 『뉴욕 타임스』와 유명한 자유주의적 좌파 저널인 『네이션』은 도로시 본(Dorothy Vaughan)과 우나 물작(Una Mulzac)의 사례들을 짚어냈다. 구할렘의 재건축 프로젝트는 미식가 슈퍼마켓인 시타렐라(Citarella)와 〈해방 서점〉

그림 11
〈해방 서점〉(Liberation Bookstore), 앨리스 애티(2000).

그림 12
〈생선과 칩들〉(Fish & Chips), 앨리스 애티(2000).

(Liberation Bookstore)(그림 11)을 1967년에 창립했다가 2000년에 철거 협박을 받았던 우나 물작에 의해 접수될 것이다.[25)]

그것들은 레녹스 라운지처럼 곧장 어휘화되지 않을지도 모른다. 레녹스 라운지의 경우, 우리는 토니 모리슨, 호텐스 스필러스(Hortense Spillers*흑인 페미니즘 비평가), 벨 훅스, 퀸 라티파(Queen Latifah*흑인 여성 가수 겸 배우), 마야 안젤루(Maya Angelou*1928년에 태어난 흑인 여성 시인, 음악가, 인권운동가, 영화배우)에게로 간다. 그러나 말하자면 그녀들은 그 어휘의 포맷으로 전환될 수도 있다. 우리는 그녀들의 사진들을 가지고 있지 않다. 그녀들은 주장될 수 없는 익명의 탈어휘화된 집단성들에 속하지 않기 때문이다. 우리는 지워지기 전의 그 순간을 기념하고 있는 중이다. 지금 내가 집단성들의 각인들과 무관한 '대표적인' 할렘 여성들의 이미지 한 쌍으로 선회할 때도 바로 그 부분을 조심하면서 그렇게 한다(그림 12와 13).

내가 지난 수십 년에 걸쳐 배워 왔던 교훈은, 그저 우리 중 한 사람이 아니라 우리 모두에게 아래로부터 배우려는 무한한 인내심이 없다면, 우리는 그들의 집단을 대변할 수 없다는 점이다. 억압으로부터의 자유, 권리를 갖지 못하는 것으로부터의 자유가 한 바퀴 돌아 바라건대 책임지겠다는 자유로 돌아설 때, 그때는 누구라도 집단성을 대표할 수 있을 것이

그림 13
〈부동산〉(Real Estate), 앨리스 애티(2000).

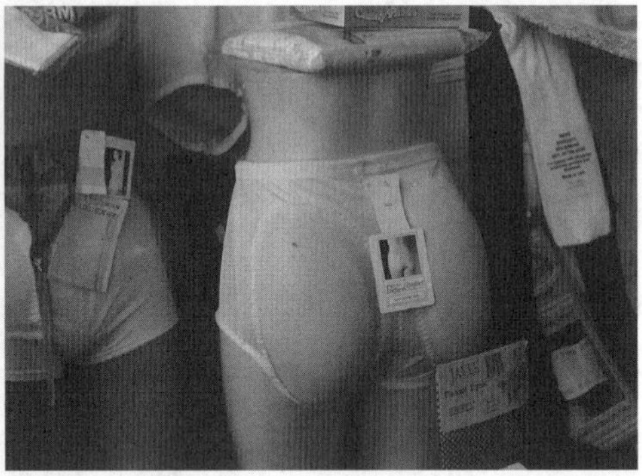

그림 14
〈완벽한 위로〉(Perfect Comfort), 앨리스 애티(2000).

25) Nina Siegal, "A Legendary Bookstore Gets a Last-Minute Lease on Life," *New York Times*, July 30, 2000. 또한 Kathleen McGowan, "Fish Store Buys Bakery, Harlemites Say Deal Stinks," *City Limits Weekly*, May 22, 2000, www.citylimits.org/content/articles/weeklycontents.cfm?issuenumber=96. 우나 물작이 나이가 들고 몸이 허약해져 이후 그 서점은 문을 닫았다.

다. 우리가 인용하는 대목은 "우리는 자제와 아량을 갖고 그들을 놀라게 해야 합니다."[26]라는 스프링복스(Springboks*남아프리카공화국 럭비 팀 이름)에 관한 만델라의 말이다.

그리하여 나는 이미 내가 인용했던 아씨아 제바르의 진술(본 역서 185쪽 참조)을 저 불가능한 "~할 수만 있다면"에 덧붙인다. "남아 있는 저 한 관람객의 몸에 내가 정신을 집중할 수만 있다면, 패배를 잊기 위해 그 몸을 더욱 단단하게 둘러쌀 수만 있다면!" 이 진술로 '함께 침묵하기'의 가능성을 진전시키는 것이야말로 아마도 우리의 과제가 될 만하다고 하겠다. 이 과제는 입증할 수 없으며, 아래(below)로 움직이고 싶어 하는 위의(above) 사람 편에서 그것을 주장하려는 욕망은 강하다. '여성'은 특별한 경우로 남기 때문에, 여기 있는 인간 형상들은 수수께끼 속에 있는 것 같다. 집단성들의 각인으로부터 떨어져 있는 그 형상들의 거리는 '세계-제시'라기보다 '사물-제시'의 일부이다. 집단적인 말의 속성에 접근하는 이면에 있는 하나의 입장을 의미화하기 위해 프로이트로부터 좀 무책임하게 유추하자면 말이다.[27]

이제 여기서 여성 집단성의 보철 같은 각인들이 나온다. 엉덩이들, 구두들, 모자들,

그림 15

〈코코 슈즈〉(Coco Shoes), 앨리스 애티(2000).

그림 16

〈모자들: 신념을 연습하라〉(Hats: Exercise Faith), 앨리스 애티(2000).

---

26) Thomas L. friedman, "Surprise, Surprise, Surppise," *New york Times*, August 21, 2010, http://www.nytimes.com/2010/08/22/opinion/22friedman.html?-r=&sq=Thomas+Friedman+Mandela&st=nyt.

27) Jean Laplanche and J. B. Pontalis, 『정신분석학의 언어』(*The Language of Psycho-analysis*, trans. Donald Nicholson-Smith, New York: Norton, 1973, pp. 447-449)는 찾아볼 만한 자료들의 목록을 제공하고 있다.

그림 17

〈비르고 뷰티 살롱〉(Virgo Beauty Salon), 앨리스 애티(2000).

그림 18

〈콜벳〉(Corvette), 앨리스 애티(2000).

머리들(그림 14-17)을 보라. 우리가 내부를 흘끔 들여다볼 수 있는 〈코코 슈즈〉(Coco Shoes)와 〈비르고 뷰티 살롱〉(Virgo Beauty Salon)의 창문에는 하나의 간극이 있다. 오늘날 이러한 종류의 결합과 합병은 자본의 추상이라는 또 다른 수준에서 제도화되어 왔다. 그러나 여기서는 일관성을 둘러싼 아무런 시도도 없다. 외부인에게 오늘 상점의 정면들은 유머러스하고 순진하며 아마 재치 있게 보이는 이중화를 표시할 것이다. 항상 그랬던가?

이제 할렘에서 처음부터 큰 규모의 사업들 중 하나인 콜벳(Corvette*쉐보레의 명차)을 살펴보자(그림 18). 앨리스는 성장하던 당시 125번가에서 트리보로(Triboro) 다리를 향해 운전하며 내려가다가 이 빛나는 점포의 정면을 보았다. 사진을 찍을 당시, 소문들이 나돌았다. 그곳에 무엇이 올까? HMV(*CD · DVD · 비디오 소매 체인점), 올드 네이비(Old Navy*아동복 체인점), 모델즈(Modell's*운동복 체인점), 스타벅스(Starbucks), 소니(Sony)? 콜벳은 이제 사라지고 그 자리에 두안 리드(Duane Reade*뉴욕의 약국 겸 마트)가 있다.

애티가 찍은 미래에 관한 장면들 가운데 하나가 여기 있다. 그것은 구할렘의 양피지인데 새로운 글로보(Globo)-아메리카 속에서 개조되고 역전된 채 억류되어 있다(그림 19). 그것은 아마 새로운 어휘화를 전위하는 힘일까? 우리가 발전하는 동안, 박탈된 혹은 무능하게 된 집단성들의 사라짐에 관해 나는 이야기하고 있는 중이다. 나는 일상의 사회적 다원주의에 관해, 적자생존뿐만 아니라 또한 '적자의 짐'에 관해 이야기하고 있는 중이다. 개발하는 사람들이 우짖는 소리에 관해 우리가 생각해 본다면 말이다.

'이더넷'(Ethernet)을 지닌 자들의 순진함을 기억하라고? 지배자들에게 있는 냉혹한 문화주의로 주입된 이 아이들은 하이테크 홍콩 사람들에게 남겨진 도구성이 아니라 〈새로운 제국〉의 짐을 질 것이다.

과거에 그랬던 것처럼, 이 그림은 지하철역에 있던 나의 질문자가 던진 국제적인 비판과 함께 자국 내의 장소를 차지했다(그림 20). 마틴 루터 킹은 울부짖으며 "나에겐 꿈이 있

그림 19
〈연합된 집: 디즈니〉(United House: Disney), 앨리스 애티 (2000).

그림 20
〈나에게는 꿈이 있었습니다〉(I Had a Dream), 앨리스 애티 (2000).

그림 21
〈시간 속에 동결된 잃어버린 도시〉(1940).
택스(Tax) 사진 컬렉션, 뉴욕 시 조합 아카이브.

었습니다. 그 꿈을 성취하는 것은 여러분입니다"라고 말했다. 이제 그 눈물은 칠해졌고, 새로운 브라이언트 가로(Lane Bryant)와 옛날의 '키스' 가로 사이에서 벽화가 상큼한 색채로 빛난다. 그다지 권위는 없지만 레녹스 라운지의 일부가 여기 있다. (나는 2010년의 킹 연설 기념일에 이 원고를 수정하고 있었는데 보수적인 전자 저널리스트 글렌 벡[Glenn Beck]은 킹의 인종주의를 다시 주장했다.)[28]

1939-1941년에 "수십 명의 (익명의 남성) 사진작가들이 당시의 거의 모든 빌딩을 찍기 위해 (메트로폴리탄 뉴욕의) 모든 가로의 모든 구석까지 퍼져 나갔다."[29] 여기서의 목적은 빌딩을 기념하는 것이 아니라 세금을 걷기 위한 데이터베이스를 구축하는 것이다. 나는 이들 중 열네 사람을 알고 있었다. "내가 남아 있던 단 한 명의 관객의 육신에 정신을 집중할 수만 있다면, 패배를 잊으려고 그 육신을 좀 더 탄탄하게 둘러쌀 수만 있다면!"(그림 21)

60년 이상의 세월이 흘러 이러한 소원이 부모 중 한 사람만 시리아 사람인 자매와 알제리 자매를 경유해 동인도 뉴요커 여성에 의해 표현될 때, 저 익명의 남성 사진작가들은 그때의 뉴욕 시 상황을 상상할 수 있었을까? 그것은 우리의 정치적 입안을 내기 걸고 있는 미래의 미결정성, 즉 '아마도'의 힘이다. 거기서 아무것도 나오지 않을지도 모른다. 그러나 이러한 노력 없이는 아무것도 살아남지 못할 것이다. 사랑이 연구를 먹여 살린다. 아무것

28) http://www.c-spanvideo.org/program/HonorRall.

29) Jim Rasenberger, "City Lore: A Lost City, Frozen in time," *New York Times*, July 30, 2000, query.nytimes.com/gst/abstract.html?res=F10C11F83D590C738FDDAE0894D8404482. 다음에 나오는 두 번의 인용도 같은 자료에서 나옴.

도 주장할 수 없는 것이 바로 사랑이다.[30]

독립 단편 영화 〈오처드 가〉(Orchard Street)는 뉴욕 시 동부 저지대를 배경으로 1956년에 켄 제이컵스(Ken Jacobs)에 의해 제작되었다. 1956년은 린던 존슨(Lyndon Johnson)에 의해 미국 이민법에서 이민자 할당 제도가 완화되기 9년 전이었다. 그 영화에서 사랑의 실패가 그려지고 있었던가? 나는 이 영화를 좀 비판하는 편이었기 때문에, 삭제된 장면들을 집어넣도록 해 달라고 제이컵스 씨에게 부탁하는 것을 주저했다. 그도 우리만큼 자기 시간에 붙

그림 22

〈세기의 전환, 습지, 스태튼 섬〉, 신시아 메일먼(1999). 〈스태튼 섬 예술과학연구소〉의 에코-조명 전시(2000).

그림 23

〈세기의 전환, 습지, 사라진 식물군, 스태튼 섬〉, 신시아 메일먼(1998). 〈스태튼 섬 예술과학연구소〉의 에코-조명 전시(2000).

30) 최근에 나는 출간 요청에 의해 다음 사실을 상기하게 되었다. 즉 내가 60년대에 데리다를 번역하면서 "이러한 사유는 아무것도 측정하지 못한다."는 문장을 읽었다는 점 말이다. (Spivak, "Reading *De la grammatologie*," in Sean Gaston and Ian Maclachlan, eds., *Reading Derrida's Of Grammatology* [London: Continuum, 2011]). 보수적인 급진주의자들은 이것을 어리석은 니힐리즘이라고, 카타크레시스에 대한 나의 용법을 정치의 미학화라고 제쳐 버릴 것이다. 우방들의 상실은 희망의 상실이기도 하다. 나는 우방을 얻기 위해 그럴듯하게 신념을 바꾸지는 않을 것이다. 글렌 벡(Glenn Beck)은 우리의 역할 모델이 될 수 없다.

그림 24
〈미합중국, 세기의 전환〉, 신시아 메일먼(1999). 〈스태튼 섬 예술과학연구소〉의 에코-조명 전시(2000).

잡혀 있지는 않을 거라고 생각하면서도 그랬다. 그와 같은 백인 남성 독립 영화제작자들은 자신들을 할리우드와 구분하고자 했다. 정치적 정확함의 시대 이전이라, 그 영화는 정체성의 정치에 합법성을 부여하는 일정한 상투형들을 드러내고 있다. 성노동을 할 수 있을 법한 옷차림의 아름다운 젊은 동아시아 여성이 스크린을 가로지르며 미끄러지듯 나아가고 있다. 세발자전거를 타고 있는 백인 아이는 속도를 내며 스크린 밖으로 움직인다. 아프리카계-아메리카 인의 양쪽 다리가 헐렁한 바지 속에서 스크린의 아래위로 쓰레기를 휩쓸고 있는데, 이 짧은 영화에서 유일하게 반복되는 장면이다. 당시에 뉴욕에서 맬컴 X가 활동 중이었는데 여러분은 그것을 추측하지 못했을 것이다. 뉴요커가 된다는 것은 또한 이웃의 분리를 뜻한다.

나는 개발이 일어남에 따라 사라지는 것에 관한 허용 가능한 서사로써 19장을 끝맺는다. 스태튼(Staten) 섬의 〈예술 과학 연구소〉에 전시된 신시아 메일먼(Cynthia Mailman)의 벽 텍스트는 "위험에 처한 종(species)은 무엇인가?"라고 묻고 있었다(그림 22-24). "간단하게 표현하면" 다음과 같다고 그 텍스트는 계속했다.

멸종이 가능한 지점까지 개체 수가 하락했던 것은 어떤 유기체나 마찬가지다. 지난 400년 사이에 인간이라는 종은 특정한 종들을 멸종시키는 데서 중요한 역할을 했다. 최근에 가장 유명한 멸종은 새와 관련된다. 한때 수백만에 이르도록 떼를 지어 다녔던 철비둘기, 캐롤라이나 잉꼬, 커다란 바다쇠오리, 래브라도(Labrador) 오리가 지나친 사냥이나 서식지 파괴의 압력에 굴복했고 모두 상대적으로 짧은 시간 안에 그랬다. … 우리는 술 장식이 있는 용담, 북미 벚나무, 푸른 양아욱 바이올렛에 대한 예술가의 묘사에 의존해야 한다(고 텍스트는 경고한다). 모든 것이 스태튼 섬의 풍경으로부터 사라진 이후에 말이다.[31)]

기념하려는 의도는 중세의 빛나는 원고 스타일로써 프레임들을 경유해 의미화될 수 있다. 또 자연은 이 시대의 틀에서는 역사가 없다고 전제되기 때문에, 하나의 종은 멸종 찰나로부터 똑같은 것으로 되돌아 올 수 있다고 추정된다.

이것을 위해 그 벽 텍스트는 "살충제 뿌리기에 의해 야기된 알껍데기의 마모로 인해 이 장엄한 생물이 한때 멸종될 뻔했다."고 쓰고 있다. "연방 정부의 보호와 결합된, 1970년대에 DDT의 사용 금지는 성공적인 도래를 위한 길을 닦았던 셈이다. 1990년대에 그 생물은 위험에 처한 종 목록에서 제거되었다."(그림 24)

("어떠한 배고픈 세대들도 당신을 짓밟지 못한다.")는 이 낭만적인 확신은 기껏해야 의심스러울 뿐이다. "생물학적으로 유전자 풀은 심하게 황폐해져 있다. 생태학적으로 그 유전자 풀과 환경의 관계는 근본적으로 변경된다. 국립공원에서 키워진 들소 무리가 인디언들이 사냥하던 무리들과 '동일'하겠는가?"[32)] 그러나 영원히 사라지는 각인된 집단성들을 위한 동일성의 반복인 양 성공적으로 도래할 희망이란 있을 수 없다는 것이 확실한가? 이음새 없는 문화주의는 연방정부의 보호와 DDT의 금지만큼 효율적일 수 없다.

스태튼 섬 연구소에서 다음의 두상은 영구적인 컬렉션의 일부이다(그림 25). 큐레이터 에드 존슨은 다음과 같이 쓰고 있다.

아마 조지 쿤츠(George F. Kunz)가 그 두상을 발견한 이야기를 가장 잘 말할 것이다. 그는

31) *Eco-Illuminations: The Art of Cynthia Mailman*, Staten Island Institute of Arts and Sciences, September 23-December 31, 2000.

32) Henry Staten, 간행된 바 없는 의사소통 내용임.

그림 25
〈'레나프' 돌 머리〉('Lenape' Stone Head),
빌 히긴스(Bill Higgins, 2000). 〈스태튼 섬 예술과학연구소〉.

> 1884년 5월 10일에 〈스태튼 자연과학협회〉의 회합에서 그 두상을 제시했다. … "석공에 의한 보통의 즉석 작업으로 보기에는 그 용모는 너무 잘 새겨져 있다. 그 스타일은 이집트 식도 동양식도 아니다. 그것은 마치 어떤 선원에 의해 버려진 유물의 일부인 양 전혀 그런 양식을 가지고 있지 않다. 차라리 그것은 멕시코 식인데 아즈텍 작업과 더 많이 닮아 있다. 그래서 인디언 기원을 지닐 수 있다는 추론을 유도한다.

또한 존슨은 그 인디언 두상에 주어진 '레나프'라는 이름에 대해 "'보통의', '일상적인' 혹은 '실제의'(real) 사람들을 뜻하는, 우나미(Unami) 어로부터 파생된 용어"라고 논평한다. 그것은 후기 선사시대와 초기 역사 시기에 스태튼 섬과 뉴저지에 살았던 인디언들을 묘사하기 위해 편의상 사용되고 있다.[33] 도움이 되는 한 가지 이름을 갖는 것이 실로 편리하기는 하다. 요루바의 경우에서처럼 편의상 오요(Oyó), 에그바(Egba), 에그바도(Egbado), 이제사(Ijèsa), 이제부(Ijèbu), 에키티(Ekiti), 나고(Nago)라는, 사전에 기입되지 못한 집단성들을 하나의

33) 박물관에서 나누어준 인쇄물임.

단일한 식민 이름으로 집단적으로 부르는 것 말이다.[34]

혼종성의 기원은 어디서 시작되는 것인가? 실로 뉴요커가 된다는 것은 무엇이란 말인가? 우리는 그러한 질문을 묻기 위해 배타적인 문화를 주장하기보다 정체성에 있는 인종의 흔적을 밀어붙여야 한다. 이것은 인종의 이름으로 다른 쪽이 하는 억압을 잊기 위함이 아니고 그 반대로 역전에 의해 그 억압을 합법화하지 않도록 하기 위함이다.

레나프(Lenape*북아메리카 인디언 중 델라웨어[Delaware]족, 델라웨어어)라는 명명은 우리를 장소로부터 느슨하게 해준다. 요루바의 편의가 그런 것처럼 말이다. 음악은 장소를 섞어버리며 재즈는 그 기원상 혼성이다.

'기원적인' 것(the 'originary')은 수동 기어의 변환 레버를 움직이도록 풀어주는 클러치처럼 하나의 움직임이다. 기원적인 것은 정확하게 말해 하나의 기원은 아니다. 그리하여 가장 최근에 도착한 것도 그런 기원의 움직임에 관여한다. 앨리스와 나는 그 움직임에 사로잡힌다. 분리적인 정체성 중심주의와/혹은 자비로운 다양성주의의 흉포함 속에서 그런 우리 뉴요커들은 얼마나 많을까? 오늘날의 할렘에서처럼 조세 피난처라는 기업의 문화 증진에는 과연 어떤 의미들이 함축되어 있을까? 뉴욕은 미국의, 아마 세계의 선두 금융 중심지이기도 하다. 앨리스가 사진 찍었던 그 글자들을 행복하게 주고받는 자들이 뉴욕에 있었던 적이 과연 있을까?

그 레나프가 조개를 잡고 굴을 따러 걸어서 강으로 내려갔던 158번가와 리버사이드 드라이브에 지금 내가 살고 있다는 점을 여기서 지적하고자 한다.

> 1609년 4월에 헨리 허드슨은 태평양으로 가는 항로를 찾기 위해 〈반달〉(Half Moon)이라는 자기 배를 타고 어떤 강을 항해했다. 그 강은 결국 그의 이름을 딴 허드슨 강이었다. 오른쪽 강둑에는 13마일 길이의 무성한 섬이 뻗어 있었다. 토착 아메리카의 레나프 민족은 그 섬을 '언덕들을 많이 지닌 섬'이라고 대충 번역되는 만나-하타(Manna-hatta)라고 불렀다. 그 섬의 위쪽으로 가는 길의 대략 2/3는 현 158번가와 맞먹는데, 허드슨과 그의 동료들은 고기

34) Henry John Drewal and John Mason, eds., *Beads, Body, and Soul: Art and Light in the Yorùba Universe* (Los Angeles, UCLA Fowler Museum of Cultural History, 1998), p. 278.

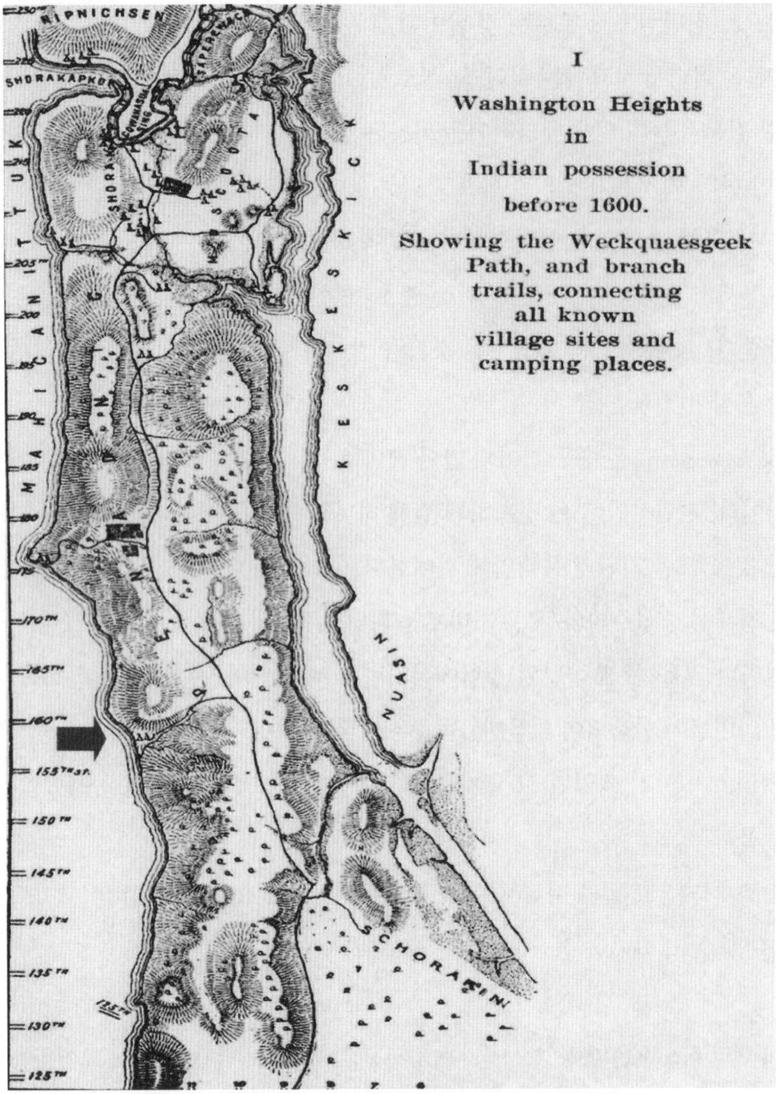

그림 26
레나프 지도

잡이 캠프(fishing camp)를 지나갔다. 4월이었지만 레나프 민족은 아직 그 지점까지 그들의 연례 이동을 하지 않았던 것 같다. … 1900년대 초반의 건축 붐 기간 중에 드러난 고고학적 증거는 다음을 밝혀냈다. 즉, 토착 아메리카의 레나프 민족은 계절마다 사용하는 고기잡이 캠프를 한때 현 158번가의 기슭에 유지하고 있었다는 점 말이다.[35]

35) Matthew Spady, *The Ground beneath Our Feet*, 리버사이드 가 800번지에 있는 '그린넬'(The Grinnell)의 100주년 기

레나프 민족은 머릿속에 지도를 만들었다. 그림 26은 그들 땅의 종이 지도를 보여준다. 나는 지금 그곳에 살고 있다.

나는 한때 '뉴 할렘'이었던 구역 바로 옆에 살고 있다. "허드슨이 1609년에 항해한 지 25년 만에 네덜란드 식민주의자들이 저지대 맨해튼에 정착했다. 1637년에 이르자 한 집단이 레나프 민족에 의해 페나드닉(Penadnic)이라고 불리는 언덕들의 바로 남쪽에 있는 편평한 넓은 공간에 마을 하나를 세웠다. 네덜란드 인들은 그 마을을 뉴 할렘이라고 불렀고 북쪽으로 뻗은 돌투성이 고지를 요쳄 피에터 언덕(Jochem Pieter's Hills)이라고 불렀다."

상상적 노력을 통해 머나먼 타자에 접근하면서 텔레포이에시스를 허용하는 것은 송달자와 수신자의 협상능력이다. 모든 필수적인 불가능성들처럼 협상능력의 문제는 증거 이전의 가능한 것으로 영원히 간청되고 가정되어야 한다. 공간은 협상능력 속에 잡혀 있다. 정치적인 것, 경제적인 것, 우리 시대를 쓰고 있는 모든 것의 셈법이 그러하듯 말이다. 우리가 영원히 포착할 수 없는 것을 명예롭게 하기 위해 나는 여러분에게 사회사의 기반과 이음새 없는 문화의 견고한 장소 사이에서 협상하기를 요청한다. 거기 그러한 협상들을 이름만이 아니라 실제로 할 누군가가 과연 더 이상 없을까?

넘일에 세워진 전시물이다. 다음 인용과 지도도 같은 자료에서 나옴.

20.
서발턴과 인민(the popular)에 관한 흩어진 단상들

여기서 나는 항상 권위자라고 주장되는 제1세대 형제들의 면전에서 미국 학계의 제2세대 서발턴주의자들과 함께, 또 오스트레일리아에 부재하는 (제1세대 형제들에 의해 '교황'이라는 다정한 별명을 갖게 된) 라나지트 구하라는 아버지와 함께, 서발터니티를 논의하고 있다.[1] 그러므로 나는 야수의 배를 타고 있는 셈이다.

(서발턴 연구가 메트로폴리스에서 출간된 이후, 서발턴 연구에 대한 최초의 주장은 피츠버그 대학을 경유해 라틴아메리카로부터 왔다고 덧붙일 수 있겠다.[2] 현재 그 주장은 제1세대 유럽계 이민 학생들 및 학자들과 특히 여성들에 의해 프랑스, 독일, 벨기에, 스페인에서 전개되고 있다. 이것은 미국에서의 〈문화연구〉와 비견될 수 있다. 이탈리아 학자들은 마르크스와 그람시를 조금씩 끌어들인 〈인도 서발턴 연구〉를 붙들고 늘어진다.[3] 미국 서발턴주의자들은 남아시아주의자들에 의해 주도되고 있다.

하나의 개념으로서 '서발턴'은 형제들의 작업에서 흥미로운 방식들로 자체를 흩뜨렸다. (하트와 네그리에서처럼 이제 생명 정치를 갖는) '통치성'에 관한 푸코의 단일한 비판은 그들의 가장 흥미로운 저작들 중 몇 편에 영감을 불

---

1) 동일한 자료의 일부를 위한 좀 더 개인적인 설명을 보려면, Gayatri Chakravorty Spivak, "In Response: Looking Back, Looking Forward," in Rosalind Morris, ed., *Can the Subaltern Speak? Reflections on the History of an Idea* (New York: Columbia University Press, 2010), pp. 227-236 참조.

2) John Beverley, *Subalternity and Representation: Arguments in Cultural Representation* (Durham, NC: Duke University Press, 2010), pp. 227-236.

3) 여기서 산드로 메자드라(Sandro Mezzadra)의 연구는 특히 생산적이다.

어넣었다.[4] 그래서 예컨대 미셸 스파노(Michele Spano)가 서발턴에 대한 디페쉬 차크라바르티의 정의, 즉 "전 세계에 대한 통치성이 종속시키고 문명화해야 하는 차이의 형상"[5]에 의해 활기를 띠는 것은 적절하다고 하겠다. 초반의 안토니오 네그리는 국가에 대한 이렇게 단일한 반대를 루이 알튀세르로부터 물려받았다.)

나는 이 책 내내 국가에 대한 그람시의 태도야말로 국가를 약이자 독으로 보며 영원한 교육적 액티비즘으로 인도한다고 주장해 왔다. 이것은 나로서는 다음의 확신에 의해 확인되었다. 즉, 복지국가의 가능성을 해제하거나 이미 현존하는 복지국가들을 와해하는 것이 자본주의의 진전을 위해 요구되는 지구적 상황에서 '통치성'은 사소하게 되었으며, 복지국가가 만연했을 때 '통치성'은 (노동 계급이나 대우받을 만한 가난한 자와 대립되는) 서발턴에 무심했으며 차이를 제자리에 있도록 했다는 확신 말이다. 그러한 상황에서 '서발턴'이라고 불리는 어떤 것에 대한 메트로폴리탄 낭만화에 반응하느라 20세기 프랑스 혹은 '프랑스'의 예전 부르주아 비평가들의 목소리를 재생산하는 것은 문제적이다. 이 비평가들은 다루기 힘들어 보이는 공산당에 의해 어수선해져 제2 인터내셔널 공산주의의 성과에 조급해진 때문이다.[6] 내가 국가에 대한 그람시의 주장을 고수하는 동안, 나는 통치성이란 서발턴을 불완전하게 포섭하여 그 서발턴 주체로 하여금 계몽을 방해할 수 없도록 남아 있게 한다는 점을 배운다. 우리가 교육을 불필요하다고 느낀다면 왜 우리는 가르치는가? 내가 썼던 글은 이러한 부가사항들을 염두에 두고 읽혀야 할 것이다.

젠더가 성(sex)과, 계급이 빈곤과, 국가가 민족과 맺는 관계는 서발턴이 인민(the popular)과 맺는 관계이기도 하다. 서발턴이라는 단어는 합당성(reasonableness)으로 기울며, 인민은 욕망을 통한 전념이라는 카섹시스(cathexis*어느 특정한 관념이나 대상에 감정이나 에너지를 집중하는, 정신분석학 용어)로 기운다. '인민'은 (대통령 지지율이나 TV 시청률에서처럼) 묘사적인 것과 (여러분의 '정치'에 따라 긍정적인 가치와 부정적인 가치 둘 다를 갖는, '높지' 않은) 평가적인 것 사이에서 나뉘며, '그저 누구나'

---

4) 국내와 국외에서 샤히드 아민(Shahid Amin)과 샤일 마야람(Shail Mayaram)은 이 오래된 방식으로 서발턴 집단들을 연구하는 데에 더 많이 투신하고 있는 것처럼 보인다.

5) Dipesh Chakrabarty, *Provincializing Europe: Postcolonial Thought and Historical Difference* (Princeton, NJ: Princeton University Press, 2000), p. 94.

6) 여기서 신자유주의 국가의 축소된 역할에 관한 웬디 브라운의 통찰은 적절하다. Wendy Brown, "Neo-Liberalism and the End of Liberal Democracy," *Theory and Event* 7.1 (2013): 1-26 참조.

에서부터 '대중'(mass)에 이르기까지 엄청난 범위를 망라하는 단어인 '민족'(people)을 포함한다. 나의 흥미를 끄는 '서발턴'이라는 단어의 합리적이면서도 순화된 정의는, 사회적 이동성의 모든 노선으로부터 격리된 상태라는 것이다.

분과학문으로서 문학비평의 관심사는 특이한 것(the singular)과 입증 불가능한 것(the unverifiable)에 있다. 「서발턴은 말할 수 있는가?」(Can the Subaltern Speak?)에서 흥미롭게 보였던 것은, 젊은 부바네스와리 바두리(*1926년 17세의 나이로 인도 독립 무장투쟁단체에서 활동하다가 생리 중일 때를 택해 자살함. 스피박의 이모할머니로 「서발턴은 말할 수 있는가?」에서 소개됨)의 독특하고도 특이한 서발터니티였다. 그녀의 이야기는 내 어머니 시바니(Sivani) 차크라보르티에 의한 증언이기도 했다. 검토되지 않은 구술사에서 때로 당연하게 받아들여지는, 증거로서 증언의 지위 문제, 즉 정직성의 문제는 바로 여기서 사유되어야 할 것이다.

질레스 들뢰즈의 특이성 개념은 복잡하면서도 간단하다. 그 가장 단순한 형태에서 특이한 것이란 특수한(particular) 것이 아니다. 특이한 것은 보편자의 예로서가 아니라 반복들의 집합 중 한 예로서 다른 한편 반복되는, 반복할 수 없는 차이이기 때문이다. (데리다는 이것을 '입증 불가능한 것'이라고 부른다.) 특이성은 순수한 내재성으로의 삶이다. 부바네스와리 바두리라는 이름이 하나의 가르치는 텍스트가 되었을 때, 그것은 특이한 것으로서 반복하라는 명령을 문학이 그러하듯 떠안았던 셈이다.[7)]

서발터니티에 관한 사유가 일반적인 의미에서 받아들여진다면, 그것의 이동성의 결핍은 특이성의 한 판본이 될지도 모른다. 서발터니티는 헤게모니적 논리에 따라 일반화될 수 없다. 바로 그 점이 서발턴을 서발턴으로 만든다. 하지만 서발턴은 하나의 범주이며 그래서 반복 가능하다. 일반적인 의미는 좁은 의미들에 항상 뒤엉켜 있는(mired) 만큼, 서발터니티와 인민성(the popular) 사이의 어떠한 차별화(differentiation)도 특이한 사례들에 자체를 개입시켜 들뢰즈 사유의 철학적 순수성을 위반할 게 틀림없다.[8)]

---

7) Gilles Deleuze, *Logic of Sense*, ed. Constantin V. Boundas (New York: Columbia University Press, 1990). 또한 Antonio Negri, "Spinoza's Anti-Modernity," *Graduate Faculty Philosophy Journal* 18.2 (1995): 1-15 참조. 네그리의 이 글에서 특이성은 스피노자의 윤리적 특이성 개념과 연관된다. 모든 읽기가 이러한 명령을 수행하지만 문학은 가장 기꺼이 그것을 수락한다.

8) 여기서 데리다는 다시 한 번 유용하다. Derrida, "Shibboleth: For Paul Celan," in Geoffrey H. Hartmann and Sanford Bunick, eds., *Midrash and Literature* (New Haven, CT: Yale University Press, 1986), p. 325.

'서발턴'이라는 단어의 특이한(singular) 여정 가운데 그 출발점은, 서발턴에 관한 안토니오 그람시의 일반적인 논의라기보다 저개발된 남부 이탈리아를 구체적으로 논의하는 「남부의 문제」(Southern Question)가 될 수 있다. 나는 불평등한 발전의 견지에서 자본의 논리를 넘어서는 사유를 하는 공산주의자 그람시야말로 〈남아시아 서발턴 연구 집단〉의 출발점이었다고 믿는다. 뒤이어 파르타 차테르지는 그람시와 푸코 둘 다를 뉘앙스를 담아 읽는 독법을 전개했다.[9)]

그렇다면 우리가 라나지트 구하의 「식민 인도 역사 편찬의 몇 가지 양상에 관하여」로 나아갈 수 있는 것은 「남부 문제의 몇 가지 양상」으로부터이다.[10)] 초기 구하에게서 '서발턴'은 차이의 공간을 가리키는 이름이었고 서발턴이라는 단어는 '민중'(people)과 구분될 수 없었다.

구하는 '민중'이라는 단어와 '서발턴'이라는 단어를 상호 교환해 쓸 수 있다고 말하는 것 같다. 하지만, 이것이 그의 실질적인 요점은 아니라는 생각이 든다. 〈서발턴 연구〉 집단의 구성원들은 적어도 초기 작업에서는 '서발턴'이라는 단어와 '인민'(the popular)이라는 개념이 하나의 연속적인 공간에 거주하지 않는다는 생각을 놓고 논쟁을 하지 않았다.

서발터니티는 정체성 없는 하나의 위치이다. 서발터니티는 계급에 대한 엄격한 이해와 좀 비슷하다. 노동 계급 문화가 있지만, 계급은 문화의 기원이 아니다. 계급은 행동의 근거로서 경제적 집단성에 대한, 또 구성체의 사회관계들에 대한 의식이다. 젠더는 살아진(lived) 성차가 아니다. 젠더는 행동의 근거로서 성차들의 집단적 사회적 협상들에 대한 의식이다. 인종은 인종주의를 가정한다. 서발터니티란 그 밖의 다른 곳에 있는 이동성의 사회적 노선들로 하여금 행동의 인지 가능한 근거를 형성하는 것을 허용하지 않는 곳이다. 초기 서발턴주의자들은 서발터니티가 위기에 몰리자 전투성의 기초를 형성했던 예들을 관찰했다. 그때조차도 식민지 민족주의의 역사 편찬은 서발터니티 자체를 인식하지 못했

9) Partha Chatterjee, *Nationalist Thought and the Colonial World: A Derivative Discourse* (Minneapolis: University of Minnesota Press, 1993), pp. 24, 29-30, 43-50. 그람시의 문건은 다음과 같다. Antonio Gramsci, "Some Aspects of the Southern Question," in *Selections from Political Writings (1921-1926)*, trans. and ed. Quintin Hoare (New York: International Publishers, 1978), pp. 441-462.

10) Ranajit Guha, "On Some Aspects of the Historiography of Colonial India," in *Subaltern Studies: Writings on South Asian History and Society*, no. 1 (New Delhi: Oxford University Press, 1982).

다. 그렇다면 서발턴이 말할 수 있었겠는가? 공식 역사가들이 서발턴 봉기를 인식할 수 있었겠는가? 엄밀히 말해 그들이 서발터니티의 윤곽들을 폭파했다고 해도 말이다. 이 마지막 물음은 중요하다. 초기 서발턴주의자들에 의해 찬양된 집단들도 부바네스와라 바두리도, 그들의 유대를 저항 속에 폭발시켰던 한, 서발터니티의 위치에 있지 않았다. 어느 누구도 어떤 언어로도 "나는 서발턴이에요"라고 말할 수 없다. 또한 서발턴 연구는 박탈된 집단의 실천적 세부사항들을 역사적으로 상술하는 식으로 자체를 축소하지 않을 것이며, 서발턴이라는 용어가 지금 사용되고 있는 의미에서의 서발턴 연구로 남아 있지도 않을 것이다.

그 밖의 다른 곳에 있는, 이동성의 사회적 노선들이 인식 가능한 행동의 근거를 형성하는 것을 허용하지 않는 곳이 바로 서발터니티이다. 물론 그람시와 구하는 이 점을 함축하고 있는데 나는 마르크스를 통해 그 점에 도달했다.

나는 『브뤼메르 18일』에 나오는 잘못 이해된 아주 유명한 구절을 통해 그 점에 도달했다. 나는 이 책에서 그 점을 거듭 환기해 왔는데 『브뤼메르 18일』에서 마르크스는 같은 집단의 사람들이 계급의식의 유무에 따라 어떻게 계급이 되고 안 되는지를 놓고 두 가지 방식으로 형성되는 계급 이야기를 하고 있다. 마르크스는 프랑스의 소자작농들은 우리 시대의 언어를 사용하자면 하나의 수행적인 것으로서가 아니라 하나의 실체적인 것으로서 계급이라는 결론에 도달한다고 본다. 마르크스가 "그들은 자신들을 대표할(represent) 수 없고 대표되어야 한다."고 쓴 것은 바로 그러한 결론과 연관되어 있다. 하나의 계급이 되는 두 가지 방식 사이의 차이를 지적하는 그 구절은, 나중에 내가 서발터니티와 행위능력(agency) 사이의 차이라고 부르면서 배웠던 바에 대한 감각을 내게 제공해 주었다. 행위능력은 제도적으로 정당화된 행동에 내가 붙였던 이름이었다. 여기서의 행위는 집단성을 가정하는데 개인적 의도의 윤곽들을 초과하며 주체형성과도 구분되는 것이었다. 서발터니티라는 개념은 행위능력에 대한 비인정(non-recognition)이라는 개념과 겹쳐지게 되었다. 마르크스는 이것을 의도했던 것일까? 나는 그렇다고 생각한다. 내가 부바네스와리의 이야기와 만나게 되었을 때, 나의 수중에 있던 자원은 이 여성의 극단적인 저항은 인정되지 않았다는 설명을 생산하도록 했다. 그 때문에 내가 말하지-않기(not-speaking)라는 은유를 사용했던 것은 불행한 일이었다. 그 은유는 많은 혼란을 야기했다. 실로, 많은 독자들은 남편의 장작 위에 불타죽은 과부들에게 그 은유가 적용된다고 생각한다. 이것은 더 많은 혼란을 유도한다.

마르크스의 구절로부터 부바네스와리 바두리에 이르는 노선은 우리가 마르크스의 독일어를 관찰한다면 간파될 수 있다. 최고로 잘된 영어 번역은 "그러므로 그들은 자신들의 이름으로 자신들의 계급 이해관계를 주장할 수 없다"(They are therefore incapable of asserting their class interest in their own name.)라는 것이다. 독일어로는 "Sie sind daher unfähig, ihr klasseninteresse imeigenen Namen ... geltend zu machen"[11]이다. 계급의식의 조건이자 효과인 하부구조적 제도들이 부재하기 때문에, 그들이 말하고 행동하는 바를 그 자체로 인정받기 위한 "자신들의 계급-이해관계를 주요한 것으로 만들 수 없었다."

초기 서발턴주의자들은 이것("자신들의 계급-이해관계를 주요한 것으로 만들 수 없었다.")을 새로운 역사 편찬을 위한 그들의 도전이라고 받아들였다. 그들의 원전들은 이러한 비인정에 의해 구성되었던 엘리트 텍스트들이었다. 그래서 그 텍스트들은 텍스트의 증거나 문서보관소의 증거로부터 서발터니티를 추론할 수 없었다. 그들은 '부정적 의식'[12]을 제출함으로써 그 문제를 해결했고 나는 그 문제를 그렇게 처리하는 그들의 면모를 알아차리지 못한 채, 그들은 본질주의를 전략적으로 사용하고 있다고 말했다. 그러나 본질주의는 차이를 우회하거나 인정하기 위해 항상 전략적으로 사용된다. 오늘날 서발터니티는 정체성 없는, 가치-형태처럼 내용 없는 하나의 위치(position)라는 점을 나는 깨닫는다. 그래서 나는 서발터니티 기획이란 그 하나의 위치를 하나의 '부정적인' 본질로 채우고자 한다고 생각할 수는 없다. '민중'(people)은 너무 손쉬운 슬로건이 된다. 그람시의 비전을 평가하기 위해 우리는 서발턴화야말로 민중의 정치 외부에 그냥 멈춘 채 있지 않는다는 점을 알아차려야 한다. 나는 피터 홀워드의 책에 편승할 수 없었다. 그러나 그저 서발턴화가 너무 구체적이지 않아서(non-specific) 정치적이지 않다는 그의 생각을 나는 이해한다.[13] 어떤 사람들은 서발턴을

11) Marx, *Surveys from Exile*, trans. David Fernbach (New York: Vintage, 1992), p. 239; Marx, *Marx-Engels Werke*, vol. 8 (Berlin: Dietz, 1982), p. 198.

12) Spivak, "Subaltern Studies: Deconstructing Historiography," in *Subaltern Studies: Writings on South Asian History and Society*, no. 4 (New Delhi: Oxford University Press, 1985).

13) Peter Hallward, *Absolutely Postcolonial: Writing between the Singular and the Specific* (New York: Manchester University Press, 2001). 나는 지금 이 책을 읽었다. 이 책은 박사학위논문 티가 나는데 이 책의 관심사들과 상관없는, 학계의 특정한 논쟁에 포함되기는 한다.

둘러싼 이해관계가 우리를 세속주의로부터 멀리 데려간다고 생각한다. 나는 이 책의 18장 「테러: 9 · 11 이후의 연설」에서 그러한 비난에 답하고자 시도했다.

> 역사 편찬에 관한 서발턴주의적 수정은 서발턴의 헤게모니화 작업의 중요하면서도 상대적으로 자율적인 부분을 이룬다. 그러한 헤게모니화를 원하는 것은 학계의 지식인을 '영원한 설득자'[14]로 변형시킨다. 19세기와 20세기 중반까지의 역사 편찬에 변화가 있어야 된다고 설득하기를 택했던 서발턴주의자들은 그 기획이 교과과정의 일부가 되었을 때 그 맥(vein)을 남김없이 논의했다. 이제 그들은 서발턴 계급들로부터 떨어져 훌륭한 포스트식민 연습들에 관여하고 있는 것 같다. 대안으로, 박탈된 집단들의 실천에 관한 세부사항들을 상술하는 부류도 있다. 이것은 유용한 작업이기는 하지만 실체적인(constative) 것일 뿐이다. 여기서는 서발턴과 접촉하려는 노력도 없거니와, 통치성이 아니라 몸 계정(body account)으로서의 — 거의 생명-정치도 아닌 — 민주주의의 이해관계에 따라 박탈된 자들을 전유하는 정치 전략에, 역사 편찬의 실천에 의문을 품는 어떤 에너지를 갖고서 물음을 제기하려는 노력도 없다. 물론 이것은 학계 지식인의 역할에 관한 기성관념들과 완벽하게 조응한다. 지금 서발턴주의자들이 연구하고 있는 우리 시대의 정치적 행위는 초기 연구에서의 엘리트 텍스트들의 지위로 상승하지 못하고 있다. 그 행위는 탈코드화되지 않고 있으며, 그 행위가 전복하고자 하는 자체의 사회적 규범에 대한 서발턴의 순응과도 대조된다. 물론 나는 엘리트 텍스트에 대한 탈코드화와 전복이야말로 역사 편찬의 변화라는 이해관계를 따르는 서발턴주의적 작업의 '수행적' 일부였다고 시사하고 있는 셈이다. 오늘날, 이러한 수행성을 정확한 역사적 묘사의 실체적인 것(the constative)과 접목하려는 저 초기의 비밀스런 시도는 남아 있지 않다.[15]

---

14) Gramsci, "The Intellectuals," in *Prison Notebooks*, vol. 2, trans. Joseph A. Buttigieg (New York: Columbia University Press, 1996), p. 243.

15) 그러한 접붙이기(grafting) 개념은 데리다의 『우정의 정치학』(*Politics of Friendship*, trans. George Collins, New York: Verso, 1997, p. 32)에 나온다. 수정된 번역임. 데리다는 서발턴을 향한 초기의 서발턴주의적 구간을 묘사하기 위해 내뱉을 수 있는 머나먼 타자를 창조적으로 모방하는 텔레포이에시스에 관해 말하고 있는 중이다. 데리다가 수행적인 것과 실체적인 것(the constative) 사이의 오스틴의 제한된 구분을 은유화한다는 점은 언급되어야 한다(J. L. Austin, *How to Do Things with Words*, Cambridge, MA: Harvard University Press, 1962). 데리다의 수행적/접붙이는 철학자와 그람시의 유기적 지식인 사이의 관계는 연구할 만한 가치가 있다. 1970년 후반에 데리다는 파리의 〈Ecole

「서발턴은 말할 수 있는가?」(Can the Subaltern Speak?)로 나중에 발간되었던, 「권력과 욕망」(Power and Desire)이라는 발표문은, 『서발턴 연구』(*Subaltern Studies*) 제1권을 내가 읽기 전에 발표되었다. 내가 『서발턴 연구』를 정독하고 뒤이어 그 연구 집단과 만났던 것은 (단독이라기보다) 집단적인 현상에다 애초의 그 이론적인 코드화를 놓도록 유도하는 지적 방향의 변화를 대표했다. 백인 남성이 황인종 남성들로부터 황인종 여성을 구하고 있다는 사티-개혁이라는 집단적 현상 말이다. 우리 시대를 배회하며 돌아온 그 선동적인 문장은 개혁 자체의 추상적인 미덕에는 물론 적용되지 않는다. 그 에세이에서 사티-개혁은 "그 자체로는 감탄할 만했다"[16]고 불린다. 그러나 개혁의 전제들이 인민의 정동적 영역에 도달하기 위해서는 식민주의와 일치하지 않는, 서발턴 여성의 주체성에 대한 일종의 개입이 착수되어야 했다. 「서발턴은 말할 수 있는가?」는 정동적/인식소적 변화 사이에서 부바네스와리의 '저항'에 대한 비인정과 그러한 개입 사이의 연관을 충분히 이론화하지 못했다. 하지만, 바로 그것이 그 에세이의 짐이기도 하다. 그리하여 그 에세이에서 서발터니티의 초점은 자신의 몸을 '문학적' 텍스트인 양 메시지를 보내고자 시도한 특이한(singular) 여성으로 독자에게 남도록 한 것이었다. 자결했던 그 여성의 메시지는 인정받을 수 없는 저항의 메시지, 재생산적 이성애 규범성에 의한 희생을 인정받을 수 없는 거부의 메시지였다. 내가 이미 언급했듯이 『브뤼메르 18일』로부터 나는 인정받을 수 없는 저항을 인정받을 수 있는 것으로 만드는 일의 중요성을 배웠더랬다. 그러한 인정은 오늘날의 자유주의 다문화주의에 의해 권유되는 것과는 좀 다르다.[17]

「역사 편찬을 해체하기」(Deconstructing Historiography)에서 서발턴 연구 집단에 대한 유일한 비판은 그들의 몰성적(gender-blind) 태도였다. 『서발턴 연구』 제2권에서 라나지트 구하는 「찬드라의 죽음」이라는 글을 썼는데 그 죽은 여성 또한 특이한 존재로 남았다.[18] 거기

Normale Supérieure〉에서 그람시의 저작을 가르쳤다.

16) (그 구절은 결코 완전히 수정되지는 않았지만) 많이 수정된 형태로 스피박의 『포스트식민 이성 비판』(*A Critique of Postcolonial Reason: Toward a History of the Vanishing Present*, Cambridge, MA: Harvard University Press, 1992)에서 발견된다.

17) Charles C. Taylor, *Multiculturalism and the "Politics of Recognition"* (Princeton, NJ: Princeton University Press, 1992).

18) Guha, "Chandra's Death," in *Subaltern Studies: Writings on South Asian History and Society*, no. 5 (New Delhi: Oxford University Press, 1987), pp. 135-165.

서도 주제는 재생산이다. 그러나 그 여성은 최소한 자살 행위 같은 것은 없는 희생자이다.

내가 지금 시사하고 있는 것은, 자체의 장소와 시간에서 급진적인 실체적(constative) 서발턴 연구는 마르크스주의적 역사 편찬뿐만 아니라 식민적 민족주의적 역사 편찬도 의문시하고 있었다는 점이다. 그러한 서발턴 연구가 수행적인 것과 맺는 연관은, 역사 편찬의 지평들을 확장하고자 시도한다는 점에서 드러났다. 그 서발턴 연구자들은 서발턴에 의한 서발터니티의 위기 초래에 또 서발터니티의 비인정에 초점을 맞추고 있다고 나는 시사한다. 그들은 서발턴 행위를 '전-정치적'이라고 불렀던 에릭 홉스봄과 같은 역사가들로 하여금 서발터니티를 중요한 것으로 인식하도록 만들 수 없었기 때문이다. 그래서 바로 그러한 초점 맞추기야말로 그들 대부분이 나아가지 못했던 다른 종류의 '작업에 착수하기'를 불가피하게 요청했다고 나는 시사하는 바이다. 나는 그람시 또한 유기적 지식인이라는 자신의 개념화를 통해 그러한 작업에 착수하기를 요청한 셈이라고 시사한다. 그 요청은 또 다른 수행성을, 즉 역사 안에 차지하는 자체의 위치가 야기하는 역사 편찬의 윤곽들에 대한 오염을 향하고 있다. 그리하여 결을 거슬러 아카이브를 읽어내고자 하는 새로운 역사 편찬이 끝없이 계속될 때, 서발턴은 '부정적 의식'에 의해 그저 보호되기만 하는 것은 아니다. 또한 그러한 작업은 유용하기는 하지만 최선의 경우 실체적인 것을 수정하는 데 유용할 뿐이다.

에릭 홉스봄은 『원시적 모반자들』에서 자신이 '전-정치적'이라고 묘사하는 공동체들과 맺는 민족지학자로서의 친숙함 속으로 입장한다.[19] 그는 타자들의 사고방식에 접근함으로써 "그들에 대한 '감'을 갖는"(p. v) 데에 믿음을 가지면서도 그의 주체들 중 일부는 결코 자신의 책들을 읽지 못한다는 점을 알고 있기 때문에 위로를 받는다(p. vi). 이것은 분과학문을 또 다른 방식으로 보호하는 것이기도 하다. 내가 상호 분과학문적인 방식으로 개입하다 보니, 아무리 민족지학적인(ethnographic) 실천들이라도 그것들을 전-정치적이라고 불렀던 홉스봄이 보이기 시작했다. (물론 이것은 나 자신을 정화시키는 상투화이기도 하다.) 홉스봄은 적어도 그것들을 전-역사적이라거나 초-역사적이라고 부르지는 않았으며 그저 인류학적이라고도 부르지 않았다. 그래서 아마 그는 원시 공동체 사람들을 중요한 역사의 부문으로

19) Eric Hobsbawm, *Primitive Rebels: Studies in Archaic Forms of Social Movement in the 19th and 20th Centuries* (Manchester: Manchester University Press, 1959), pp. v, vi(이후 본문 중에 쪽수만 표기함).

셈할 수 없도록 만들 수 있었던 민족주의적 역사 편찬만큼 죄를 짓지는 않았을 것이다. 그러나 홉스봄 또한 재현할 수 없는 서발턴(위치)이라는 문제를 민족지학적 애석함이라는 차원에서 중단시키고 있었다.

단순한 자본 논리의 수정으로서 서발터니티를 사유한 그람시는 유기적 지식인에 관한 자신의 형상화를 통해 역사 편찬의 지평을 하나의 행위로 확장한다는 개념을 우리에게 제시해 주었다. 내가 더욱 확장된 고찰을 한다면 '유기적'이라는 개념-은유에 물음을 제기하겠지만, 그렇다고 그람시의 일반적 요점과의 불일치를 야기하지는 않을 것이다.

『지구화 시대의 미학교육』이라는 이 책 전체는 서발터니티라는 개념에 의해 추동된다. 이 개념은 고전 미학교육을 받은, 안토니오 그람시라는, 계급이 전위된 남부 유럽인을 밀어붙였다. 그러므로 나는 여기서 세부적인 분석의 주변에 머뭇거리지는 않을 것이다. 내가 처음으로 이 강연을 했을 때 제안했던 서발턴은, 그람시의 서발턴보다는 좀 더 막힌(impervious) 것이었다고 말하면 족하겠다. 우선, 그림시의 사상-세계는 실제보다 더욱 단일-젠더화되어 있는 것 같았다. 또한 정체성 없는 하나의 위치로서 서발터니티는, 감옥에 있던 그람시에 의해 구상된 공산당의 역할이 우리나 초기 서발턴주의자들에 의해 상상될 수 있었던 무엇과도 의미심장하게 다른 세계에서 다른 셈법을 지니고 있었다.[20] 여기서의 무엇이란 국제시민사회의 휘몰아치는 명령들과 더불어 또한 바뀌고 있었다. 그런데 그람시의 특수한(partucular) 통찰 하나는 내내 적절한 것으로 남아 있었다. 즉 "지식인들은 사회적 헤게모니와 정치적 정부의 서발턴 기능들을 실행하는, 지배집단의 '대리인들'이다."[21] 나는 여기에다 '지배적인 것'에 대한 레이먼드 윌리엄스의 역동적인 의미를 첨가한다. 윌리엄스에게 '지배적인 것'이란, 그것과 적극 대립하며 부상하는 것으로부터 단순한 대안으로 밀쳐질 때 부상하는 것에 일어나는 끊임없는 전유에 의해 정의된다. 역사 편찬의 내부에서 홉스봄과 초기 서발턴주의자들이 서발턴을 제한한 것은 그러한 전유로서 보일 수 있다. 이와 대조적으로 부바네스와리 바두리의 예가 오래전에 나한테 가르쳐 주었던 것은, 특이하게 대립적인 것(the singular oppositional)을 구해내려는 의도였다. 그녀의 몸에 있는 그러한 메

20) 존 베벌리는 바로 이것을 그람시의 '전위주의'라고 불렀다(Beverley, *Subalternity*, p. 139).

21) Gramsci, "The Intellectuals," p. 12.

시지는 분과학문의 한계들을 넘어서는 외부로 이끌었다.

유기적 지식인에 관한 그람시의 묘사는 제3차 미국 교육기관의 광범위한 네트워크와 잘 들어맞는다. “모든 신흥 계급이 자기 계급의 진전 과정에서 자체를 따라 창조하고 정교하게 만들어가는 ‘유기적’ 지식인들 — 그람시는 ‘유기적’이라는 단어를 ‘관통하며 작업하기’(working through)라는 강력한 의미로 사용한다. — 은 그 신흥 계급에 의해 부각된 새로운 사회적 유형의 행위가 … 지니는 부분적 양상들을 대부분 ‘전문화’한다.”[22)]

나는 지구적 분리주의적 관리 계급의 점진적 출현, 자가 선출된 도덕 기업가들의 자칭 국제시민사회, 특이성(singularity)에 입장할 수 없는 명사인 ‘민중’(people)이라는 휴머니즘적 형상으로 변형되는 서발턴 사이에 있는 연관을 논의할 수 있다고 생각한다. 이들 중 도덕 기업가들은 아무런 사회적 계약도 갖고 있지 않으며 20세기 중반에 영국에서부터 미국으로 권력의 이전과 더불어 나타난 바 있다. 우리의 국면은 계급-묘사와 같은 것은 전혀 필요 없는 복수화된 일반적 범주인 ‘민중’을 필요로 한다.[23)] 좀 더 광범위하게 이해하자면 인민(the popular)의 역사가로서 서발턴 역사가는 구제국주의 세계와 신제국주의 세계 사이에서 계급을 이리저리 바꾸는 유기적 지식인이다. 이러한 새로운 진전은 계급-논리를, 또 자본주의적 지구화를 위한 미덕을 구매하는 기업 기금 조성에 대한 그람시적 과제 둘 다를 재코드화한다.

우리가 자신의 생산을 검토할 수 있는 한, 나는 서발터니티에 대한 나의 관심을 이 서사 내부에 위치시킨다. 우리는 이것이야말로 자신의 기원에 소속된 계급-문화 내부에 어쩔 수 없이 제한되지 않으려는 노력을, 역사에 의해 완전히 결정되지 않으려는 노력을 생산할 수 있다고 생각해야 한다. 우리는 좀 당혹해하면서도 그람시의 좀 더 나아간 다음 묘사를 회상한다. “새로운 지식인의 존재 양식은 감정과 열정의 외부적이고 일시적인 동력인 유창한 언변에는 더 이상 존재할 수 없으며, 구축하는 사람, 조직하는 사람, ‘영원한 설득자’ … 로서 실천적인(practical) 삶에 적극 참여하는 데서 존재할 수 있다.” 여러분의 목표

22) Ibid., p. 6.

23) 여기서 현 서발턴주의자들, 그들의 비평가들, 『제국』(*Empire*)의 저자들인 하트와 네그리가 서로 만난다. ‘민중’이 서발터니티의 실체화라서 위험한 것처럼, ‘다중’은 스피노자에게서 특이한 것으로 남는 특이성의 실체화라서 위험하다.

가 실체적인 것(the constative)이라면 이런 말은 너무 급진적으로 보일 수도 있겠지만, 그람시가 "수행적인 것과 실체적인 것을 … 함께 또 동시에 접목함으로써 발생시키기"[24]를 기대한다는 것은 부정할 수 없다. 나는 이러한 노력을 그람시를 좀 더 인용함으로써 또 다음 둘 다를 심문함으로써 변호한다. 즉 "지식인들이 자신들을 '독립적'이고 자율적이며 그들만의 인격을 부여받았다고 생각하도록 저 사회적 유토피아의 표현으로서 [그들의 철학]을 정의할 수 있도록 그러한 지식인들의 사회적 복합체에 의해 가정되는 위치"가 그 하나이다. 다른 하나는 "학교야말로 다양한 수준의 지식인들을 공들여 다듬는 도구"임을 망각해 왔던 저 구태의연한 새로운 역사 편찬자들이다.[25]

그렇다면 우리가 말하고 있는 바는, 서발턴을 위기의 추론된 주체로부터 행위능력의 논리로 데려가자는 것이다. 이것이 특이성을 다중성 속에서 활성화하기와 같은 것이 될 수 있을까? 나는 그렇게 생각하지 않는다.

특이성은 보편-특수의 이분법을 심문하는 것이었다. 특이한 것은 차이를 갖고 반복된다. 그러한 차이의 반복이야말로 '인간적'인 것(the 'human')이 개인적 특질(personhood) 혹은 개성의 구축에 앞서, 특이한 인간들의 차이-속에서-반복되는 경위이기도 하다. 특이성은 보편주의와 정체성 중심주의 둘 다를 심문하면서 상식에 정박된 강력한 개념이다. 다르게, 또 집단적으로 다르게 반복되는 이러한 특이성들이 바로 다중성이다. 다중성은 하나의 경험적인 집단이 아니며 달리 말해 다중이 아니다. 우리가 이 특이성들을 언제나 경험적인 것에 편향되어 있는 사유 방식들이라고 기억하는 한, 우리는 계속해서 작업할 수 있다. 우리가 그것들을 경험적인 것으로만 환원해서 서발턴을 인민으로 바꾼다면, 우리는 그저 논쟁적인 연대기 기록자일 뿐이다.

다중성을 제시하는 특이성의 반복이 차이의 반복이라면, 행위능력은 차이를 제쳐 놓을 것을 요청한다. 행위능력은 제유(synecdoche)에 의해 한 집단이 행동하는 지점인 집단성

24) 앞에서 언급된 구절인데 데리다의 『우정의 정치학』(*Politics of Friendship*)에 나온다. 나는 "적당한 몸체 없이"(without a proper body)라는 구절을 억제하여 왔다. 그것이 그람시 플랜의 일부가 아니었을지도 모르기 때문이다. 그러한 노력들이 아무런 정체성을 갖지 않는다는 점은 역사적 액티비스트들과 정치적 액티비스트들에게 문제가 된다. 바로 그 지점에서 인문학의 상상력이, 객관적인 개념 없이 판단하는 미학(나는 칸트의 말을 좀 바꾼다)이 유용하게 된다.

25) Gramsci, "The Intellectuals," pp. 8, 10.

을 전제한다. 즉 일치하는 것처럼 보이는 부분이 전체를 대표하도록 취해진다. 나는 내 주체성의 잉여를 제쳐 놓고 나 자신을 제유화, 즉 일반화하며, 나 자신을 그 특수한 곤경에 환유적으로 연관되게 하는 부분으로서 간주한다. 그리하여 나는 집단적으로 주장할 수 있을 뿐만 아니라 바로 그 집단적인 것에 의해 정당성을 부여받는 행동에 참여할 수 있다. 수행적인 모순은 환유적인 것과 제유적인 것을 행위자적 정체성 속에서 연결시킨다.[26] 집단성에 대한 모든 요청들은 하나의 상황에 부착되어 있기 때문에 환유적이다. 또한 그 요청들은 제유에 의해 작동한다. 이제 행위자적 직관에 의해 또 하부구조적 변화의 거대한 노고에 의해 특이성을 제한할 수 있으려면, 저항을 중요한(count) 것으로 만들고 그 저항을 인정될 수 있는 것으로 만드는 작업이 착수되어야 한다. 이것이 바로 미학교육이 끼어들어, 형상적인 것이 되어도 좋다는 허가 속에 합리적인 행위능력이 깃드는 방식을 보게 하는 지점이다. 집단성의 환유적/제유적인 정치적 수행에 대한 권리로서 형상적인 것 말이다. 나는 곧 하나의 예를 제시하겠지만 바로 여기서 인문학은 '인간적인' 것(the 'human')을 위한 역사의 한 부분을 주장할 수 있다고 말해야겠다. '인간적인' 것이 양적인 사회과학과 더불어 작동할 때 말이다. 여기서의 '인간적인' 것을 고전적 휴머니즘으로 오인하는 것은 역사와 정치를 무시하는 일이다. 서발턴주의적인 역사 편찬이 계속되기를 바란다면, 역사 편찬의 윤곽들은 오염될 게 틀림없다. 무엇인가를 중요한(count) 것으로 만드는 것은 양화(量化)로 가는 여정에서 사물들을 셈하는(count) 것이 아니다. (양화가 승리했다. 상상적인 사회과학은 지구적 향연에서 걸인들인 인문학보다 더욱 심한 굴욕을 당하고 있다.)

'특이한 것'(the singular)이 보편-특수의 이분법적 대립과 싸울 때, 그 특이한 것은 하나의 개인도 인격도 행위자도 아니라고, 다중성은 다중이 아니라고 나는 말하여 왔다. 그러나 그/그녀가 차이를 제치고서 집단성을 형성하기 위해 자기를 제유화할 능력을 공적으로 부여받지 못할 때, 우리가 잠재적인 행위자들을 생각하고 있다면 그 집단은 차이 자체를 그것의 제유적 요소로 받아들일 것이다. 차이는 '종교'와 종종 구분할 수 없는 '문화' 속으로 미끄러져 들어간다. 그때 행위능력을 제공하는 제도가 바로 재생산적 이성애 규범성

26) 그 고전적 분석은 데리다의 「독립 선언」("Declaration of Independence," trans. Thomas W. Keenan and Thomas Pepper, *New Political Science* 15, Summer, 1986, 3-19)에서 나온다.

(RHN)이다. 이것은 가장 광범위하고도 오래된 지구적 제도이다. 이제 여러분은 인민적인 것(the popular)을 연대기로 기록하는 것이 서발턴 연구가 아니듯이, 여성에 관한 글쓰기가 젠더화된 서발턴의 문제를 해결하지 못하는 이유를 깨닫게 된다. 처음에 나는 서발턴을 찾아 나 자신의 계급인 벵골 중간계급으로, 부바네스와리 바두리와 마하스웨타 데비로 선회했다. 프랑스 이론에서부터 그녀들로 선회한 것이야말로 내가 할 수 있었던 전부이다. 그러나 나는 거기 남지 않았다. 파르타 차테르지에 따르면 중간계급에서 부바네스와리 바두리는 효과를 원인으로 대체하고 있었고 자신의 자살로써 민족해방이라는 개념을 생산하고 있었다. 차테르지는 소위 테러리스트 운동들에 의해 민족해방 개념이 생산되었다고 논의한다.[27] 여성에게 그 개념은 '클리타임네스트라(Clytaemnestra*그리스 신화에 나오는 아가멤논이 트로이 전쟁에서 돌아왔을 때 그를 살해한 그의 아내 이름)와도 같은' 과감한 기획이었다.

그 이후 몇 년간 젠더화된 서발턴은 내가 보기에 사회적 층위에서 계속 하향하고 있었다. 우리가 자본의 논리 옆에 있는 한 영역에 관해 말하고 있기 때문에, 여기서 계급은 그 영역을 가리키는 정확한 단어가 아니다. 우선 상대적인 자율성은 여기서 적용되지 않는다. 자율성은 하나의 표시를 갖는 개념이기 때문이다. 두 번째로 평범한 행위자의 의미에서 보자면 발생된 서발터니티에는 최소한의 행위자적 자율성이 있다. 『교육기계 안의 바깥에서』에 실려 있는, 마하스웨타 데비의 「풍요로운 두올로티」는 농촌 경제를 떠받치고 있는 서발턴 여성을 문학적으로 재현하고 있다.[28] 이 하향하는 궤도는 가사 일, 영원한 임시직, 생산의 행위자로서 노동하는 여성 몸에 대한 마르크스주의적 분석에 품게 되는 좀 더 정통적인 의심들을 이야기해 주러 왔던 셈이다.

그러나 지금 내가 쓰고 있는 글에서 여러분이 볼 수 있듯이, 「서발턴은 말할 수 있는가?」로부터 출현했던 문제들 — 주체권과 행위능력의 문제, 행위능력이 출현하도록 마르크스주의적 의미에서가 아니라 일상 회화적 의미에서 '하부구조'를 구축하라는 요청 — 은 나를 떠나지 않았다. 이미 그러한 무대에서 나는 행위능력을 제도적인 정당화라고 보았다. 반면 다시 한 번 아주 간략하게 표현하자면, 주체형성은 의도하는 주체의 경계를 초과했다.

27) 이미 인용된 바 있는, 미간행 대화.

28) Gayatri Spivak, *Outside in the Teaching Machine* (New York: Routledge, 2009), pp. 78-95.

나는 재생산적 이성애 규범성(RHN)을 가장 광범위한 지구적 제도라고 보았다. 지금 덧붙이자면 나는 행위능력을 하나의 환유체 속에서 자기-제유화하기의 유희라고 본다. 이렇게 (정치적) 의지를 위한 토대 작업을 구축하지도 않고서 '민중에게 권리를 복원하자'는 것은 좋은 의도이기는 하지만 기껏해야 그저 그뿐이다.

일반적으로, '좋건 나쁘건' 집단성들의 지도자들은 환유/제유 복합체에 대한 권리를 갖는다. 일반 대중은 때로 그렇지 못하다는 점은 간과된다. 나는 '좋은' 운동과 '나쁜' 운동들 사이에 차이가 있다고 생각한다. 서발턴들을 위한 교사-훈련에 내가 침입한 것은 그들 또한 헤게모니를 위한 이름인 시민들이기 때문이다. 그들을 위해 활동하고자 나는 나의 차이들을 제쳐 버렸다. 컬럼비아 대학 교수, 달러 수입, 계급화된 카스트-출생, 이것들과 함께하는 모든 것을 말이다. 나는 나의 부족 학생들, 그들의 부모들, 친척들이 살고 있는 인도의 시민이라는 것 외에 아무것도 아닌 사람으로 나 자신을 제유한다. 그러면 나는 행위능력을 찾아 하나의 집단성을 형성할 수 있다. 다른 한편, 그들은 그들의 차이들을 제쳐놓는 데서 자유롭지 못하다. 거기서의 노고란 그들이 필요로 할 때, 또 공공영역이 하부구조를 요청할 때, 그들이 스스로를 제유화할 수 있도록 하부구조를 구축하는 것이다. 내가 보는 바, 해결책은 차이를 찬양하거나 부정하는 것이 아니라 어떠한 불평등이 차이를 필요로 하는지를, 또 누가 때로 차이를 부정할 수 있는지를 찾아내는 것이다. 또한 그 해결책은 이러한 문제틀을 함께 무시하는 '인정의 정치'를 창출하자는 게 아니다. 그 해결책은 민주주의 없이 자선을 배분하는 국제시민사회로부터 우리에게 올 수 없다.[29] 내 생각에 우연성과 보편성에 관해 현존하는 논쟁들은 제대로 설명되지 않았다.[30]

---

29) 애석하게도 유엔의 고상한 〈천년 프로젝트〉도 바로 이것으로부터 고통을 겪고 있다. 물론 나에게는 그 프로젝트의 놀라운 시야와 그 프로젝트를 기획한 사람들의 좋은 의도를 폄하하려는 의도는 없다.

30) 제임스 페니((James Penney)의 「(퀴어) 이론과 보편적 대안」("(Queer) Theory and the Universal Alternative," *Diacritics* 32.2, Summer 2002: 3-41)에는 이 논쟁들을 둘러싼 좋은 논의가 있다. 나는 이론적 세련됨에 대한 페니의 권리를 주장할 수 없다. 하지만 나는 다음과 같은 페니의 중요한 질문에 대한 하나의 개방적인 반응으로서 나의 접근법을 제공하는 바이다. "지난 10년 중에 좌파 성향의 문화비평이 차이, 구체성, 특수성에 관한 푸코 스타일의 포스트모던한 강조가, 일반적인 사회적 영역의 폐쇄 부족(라캉주의자들에게는 금지된 〈타자〉, '급진적 민주주의자들'에게는 봉합/절합의 구조적 필수성인) 때문에 어느 '특수한' 정치적 이해관계의 표명도 보편적인 것에 대한 함축된 '부름'을 항상 표명하거나, 보편화의 형식적으로 필요한 '제스처'를 항상 표명한다는 사실을 오인하는 (하나의) 사회경제적 단축 회로를 두드러지게 한다는 실제 합의에 도달했다고 인정한다면, 보편적인 것이라는 바로 그 개념이 어떻게 정교하게 되겠는가?"(p. 9)

그 스펙트럼의 다른 쪽 끝에서 나온 또 다른 예가 여기 있다. 미국주의자 도널드 피스(Donald Peace)는 9.11의 자극을 좇아서 〈애국법〉에 의해 제약된 시민들의 자유와 함께 의심 및 공포의 일반적인 분위기와 더불어, 미국 시민의 의지는 국가로부터 분리되고 말았다고 최근에 시사하고 있었다.[31] 이것 또한 일종의 서발터니티이다. 왜냐하면 그 부분은 더 이상 전체의 부분이 아니고 따라서 자기-제유화하는 힘을 빼앗겨 버렸기 때문이다. 몇 년 전에 브루스 애커먼(Bruce Ackerman*1943-, 미국 헌법학사. 예일대 법대교수)은 미국의 정치체(polity)에 있는 '우리 국민'(We the People)이란 일상적인 하루에 관여하고 있지 않다고 시사했었다. 우리 국민이 행동하는 것은 변혁적인 대법원 결정들과 인민의 명령들이 있을 때뿐이다.[32] 지금 도널드 피스는 그것조차도 바뀌고 있다고 시사하고 있었다. 그러나 그는 RHN이 또한 여기에 끼어들고 있다는 것을 볼 수 없었다. 미국이라는 국민-국가 내부에서는 시민이 서발턴이 되고 있는데도, 그 세계의 외부에서는 일반적으로 젠더라는 이름으로 행위능력이 다시 주장된다. 젠더는 국외에서 다반사로 벌어지고 있는 미국의 폭력을 위한 알리바이이다. 그것은 문화적 차이의 이름으로 젠더-억압을 사유하는 데서처럼, 정체성 없는 하나의 위치로서 서발터니티를 사유하는 데서도 거의 설득력이 없다. '국민'은 이 두 극단들 속에서 유희를 벌일 것이다. 우리가 서발터니티를 정체성 없는 하나의 위치로서 파악한다면, 우리는 행위능력을 위한 하부구조의 구축에 관해 사유할 것이다. 윤리적 동일성은 타협될 수 없다. 요점은 정체성과 혼동하기보다 필요할 때 철회될 수 있는 자기-제유를 통해 그 상황에, 그 환유에 접근하자는 것이다.

나는 나의 교사-훈련 노력들에 관해 이야기하는 것을 항상 망설인다. 그러나 내가 그 과제를, 홉스봄을 한 단계 더 데리고 나가 그 인류학자로 하여금 그녀의 목적을 그(그녀)를 그저 연구하기보다 서발턴으로부터, 아래로부터 배우는 법을 배운다는 다른 목표를 향해 나아가는 선생으로서 구축하도록 만든다고 시사하고 있는 중이라면, 나는 하나의 시도를 해야만 할 것이다. 나는 사회과학 청중에게 그것을 '현장 작업'이라고 부를 수 있겠다. 그런 다음 여러분은 작은 예를 취할 수 있고 사람들은 여러분을 제쳐버리지 않을 것이다. 나는

31) Donald E. Pease, "The Global Homeland State: Bush's Biopolitical Settlement," *boundary 2* 30.3 (Fall 2003): 1-18.

32) Bruce A. Ackerman, *We the People*, vol. 1: *Foundations*, and *We the People* vol. 2: *Transformations* (Cambridge, MA: Harvard University Press, 1991, 1998).

사회과학 청중에게 그것을 '사례 연구'라고도 부를 수 있다. 그것은 지난 25년 동안 착수된 작은 과업이며, 내가 묘사하고 있는바 서발턴 운동에서 제자리를 차지하고 있다. (독자는 그 한가운데 있던 잔인하게 눈을 열어주는 자를 기억할 것이다.) 나의 기획은 ("사회적 이동성의 노선들로부터 잘린"이라는 의미를 항상 띠는) 서발턴을 연구할 뿐만 아니라 (내가 문학하는 사람이기 때문에 형상화로부터 배우듯) 그들로부터 점점 더 배우자는 것이었다. 더 나은 표현이 없어서 (내가 이 현장 작업에 관해 쓰지 않은 이래, 일반화할 수 있는 구절들이 금방 나오지 않아서) "민주적 행위의 습관들"이나 "민주적 행위의 의식들" 혹은 "공공영역에 관한 직관"을 개발할 교육철학을 고안할 수 있도록 말이다. (나는 그것을 포기하지는 않겠지만 어떤 목적을 위해서냐고 지금 다시 묻는다. 서론에서 나는 서발턴 지식인으로부터 열매를 맺을 관념들이 나올 것이라는 희망을 표현했다. 그릇된 희망일까?)

지금까지 '공공영역으로의 삽입'이 나한테 뜻하는 바는, 자신을 하나의 제유로, 전체의 한 부분으로 만들어 자신이 속하는 하나의 국가라는 개념을 주장할 수 있도록 자신을 환유화할 가능성을 창출하려는 노력이라는 점인데 이제 그 점은 명백해져야 할 것이다. 국가는 바로 그 한 사람의 시민에게 서비스를 제공하는 와중에 있다. 특히 억압적인 국가의 맥락에서는, 국가가 점점 더 재분배의 행위자로서가 아니라 억압의 행위자로서 재형상화되는 현 지구화 시대에서는, '공공영역으로의 삽입'은 희망 없이 관념적일 뿐이다. 어느 곳에서나 어느 정도 차이들은 있겠지만 인도와 같이 많은 수준에서 다언어적이고 다문화적인 나라에서 국가와의 관계라는 개념과 그러한 차이들은 곳곳에 존재하기 마련이다. 여러분이 민족주의/파시즘을 겪고 싶지 않다면, 여러분은 자신을 환유화/제유화할 수 있어야 하고, 여러분이 그 추상적 전체와 연관되어 있도록 하는 그 부분을 이해하고 그 구분을 주장할 수 있어야 한다. 그것은 자신을 환유화할 권리가 아니며 가능성이다. 이러한 종류의 작업은 훨씬 더 많은 임시변통이나 문제 해결 유형의 작업을 보충할 수 있을 뿐이다. 그러나 그 작업이 그곳에 없다면, 서발턴화는 제자리에 남으며, 정치적 사회로서 인민적 실천에 관한 설명들은 실체적인 것으로 남는다.

이상이 그람시의 단어를 빌려옴으로써 지게 된 책임들이 나를 데려갔던 지점이며, 서발턴의 궤적과 함께 하는 작업의 다음 단계이다. 즉 서발턴을 연구하지 말고 배우라는 것 말이다. 나는 인문학 선생이다. 나는 역사가도 인류학자도 아니다. 나의 분과학문 구성체는 분류하고 기록하고 묘사하는 능력뿐만 아니라 가장 건강한 의미에서 읽기를 배우고 가르치는 능력을 확장하고자 한다. 그 두 가지는 깔끔하게 나누어지지는 않지만 여기서 '학문'은 좀 더 도구적이다. 그러므로 분과학문으로서 역사와 인류학의 문은 나한테는 닫혀 있다. 나는 읽는 과제를 선택해 왔다. 즉, 권리 사유를 책임이라는 찢어진 문화적 직물 속에서 충분히 꿰맬 정도로 이 집단성들로부터 배우는 과제, 혹은 그 개념-은유를 변형하자면, 잠자는 윤리적 명령을 활성화하는 과제 말이다. (나는 본 역서의 30-31쪽에서 이것에 대한 그람시의 기괴한[uncanny] 직관을 인용했다.) 텍스트는 텍스트로 짜여 있다. 여기서 꿰맨다는 것은 보이지 않는 수선에서처럼 짜는 것이다.[33] 그 작업은 나를 중국 농촌 복지의 와해로, 남아프리카공화국 토착 지식의 변형으로 데리고 간다. 이것은 나를 새로운 서발턴으로 데리고 간다. 나는 다른 곳에서 새로운 서발턴에 관해 썼다.[34]

지금까지 나는 자기-추상, 자기-제유의 가능성을 방출하고자 애쓰는 교육 사업의 견지에서 사회적 이동성의 노선들로부터 퇴출된 오랜 서발턴에 관해 보충하는 방식으로 말했다. 그 가능성을 방출하고자 그저 애쓰는 것은 내일의 교실에서 일어나지 않으리라. 애초에 나는 하부구조라는 것을, 서발턴 저항을 위치 짓고 들리도록 할 구조들을 확립하고 실행하며 감독하려는 노력을 뜻한다고 보았다. 그 사이 세월이 흘러 지구화의 전자적 회로들을 통해 서발턴은 상당히 침투 가능하게 되었다. '지구적' 문화의 많은 모조품이 언더클래스 공적 세계에서 단편적인 형태로 어휘화되고(lexicalized) 있다. (어휘화한다는 것은 하나의 언어학적 항목을 그 적절한 문법 체계로부터 분리시켜 또 다른 문법의 관습들 속에 넣는 것이다. 나는 이것에 관해 이 책의 19장 「할렘」에서 설명했다.) 그러나 내가 여기서 말하는 침투 가능성이란 이익의 공유(benefit sharing)[35] 라는 이점을 누리지 못한 채, 지적 자산의 원천으로서 지구적 서발턴에게 이루어지는 착취

33) 어느 파키스탄 시인이 보이지 않는 수선 혹은 라푸(rafu)의 은유를 또한 사용해 왔다는 소리를 나는 듣는다. 은유에는 저작권이 없다. 과제는 은유들을 작동시키는 것이다.

34) Gayatri Chakravorty Spivak, "The New Subaltern: A Silent Interview," in Vinayak Chaturvedi, ed., *Mapping Subaltern Studies and the Postcolonial* (London: Verso, 2000), pp. 324-340 참조.

35) 많은 예들 중 하나의 예로는 코리 헤이든(Cori Hayden)의 『자연이 공중이 될 때: 멕시코에서의 생물전망하기의 형성과 비형성』(*When Nature Goes Public: The Making and Unmaking of Bioprospecting in Mexico*, Princeton, NJ: Princeton University Press, 2003) 및 2005년 1월 6일에서 8일까지 개최된 〈논쟁 중인 공유지/공중을 위반하기: 불평등, 갈등, 지적 재산에 관한 학술회의〉에서 발표된 「이익-공유하기: 위험에 처한 공중」(Benefit-Sharing: The Public at Stake) 참조.

를, 약 조제의 특허권 쪽을, 사회적 덤핑을 말한다. 이것은 생명-정치의 아래쪽 가장자리이다. 미학교육에 의해 집요하게 대리보충되는, 통치성의 작은 소유권이야말로 여기서 유용할 터이다! 나는 생산수단의 소유권 실패로부터 나의 교훈을 취한다. 괜찮다면 그 교훈을 독이자/약으로서 시민사회로 이동해 간 그람시의 변천이라고 부르도록 하자.

그 반대 방향으로는 아무런 침투 가능성도 없다. 그래서 하부구조적 개입의 영원한 노력이 요청되는 셈이다. 나는 집단적인 서발턴 의지를 나타내고자 서발터니티의 예외주의적 '예들'을 갖고 국제 학술대회를 조직하는 일에 관해 말하고 있지 않다. 서발턴은 '예들'을 전혀 갖지 않는다. 전형적인(exemplary) 서발턴은 나쁜 신념에서일지라도 (또 반드시 그런 것은 아니지만) 헤게모니화된다. 이 헤게모니는 주도권을 수합하는 서발턴을 위조하려는, 대항적-지구주의적(counter-globalist) 저항 지도자들의 필사적이고도 거의 지각력이 없는 노고와는 구분되어야 한다. 나는 이 헤게모니를 '봉건주의' 없는 '봉건성'이라고 불러 왔다. 이 지점에서 나는 그 봉건성과 맞서는 실재적(real) 위치를 취하는 것을 좋은 생각이라고 여기지 않는다. 나는 그 필사적인 노고가 어디서 나오는지 알고 있기 때문이다.

여기서 또한 나는 서발턴 가운데서 교사를 훈련하던 와중에, 행위능력을 위한 주체권(subjectship)과의 교섭에 관해 말하고자 한다. 우리에게 필요한 것은 합법적인 이익 공유만이 아니기 때문이다. 우리는 또한 불완전하나마 공유를 위한 영역을 준비할 필요가 있다. 내가 각주 35번에서 인용한 헤이든 교수는 멕시코에 관해 말한다. 나는 토착 지식을 지적 재산으로 변형하는 견지에서 남아프리카공화국에 관한 몇 가지 경험을 갖고 있다. 〈남아프리카 재단의 토착 지식 체계들〉과 같은 조직들이 이익-공유를 공정한 것으로 만들고자 노력할 때조차도, 나의 제한된 경험은 토착지식 체계들을 데이터로 변형하는 것은 의문의 여지 없는 선이라는 개념과 공모하고 있다고 나한테 말해 줄 것이다. 또한 인류학과 고고학의 묘사적 관심 너머 어떠한 관심도 표명할 필요도 거기엔 없다. 유일한 대안은 "이것은 유럽 세계의 유산에 의해 과학이라고 불리는 것과 똑같이 좋다"는 말인 것 같다. 인도의 힌두 민족주의 주장이 지닌 문제와 관련해 베다와 같은 고대 텍스트들은 우리에게 '베다 과학'을 제공한다고 나는 말한 바 있다.[36] 힌두 우파의 문제는 베다 과학을 좋아한다는 점이 아니라, 베

36) 이것은 다음 저술들에 의해 제공되는, 서발턴주의자들에 반대하는 주된 논의인 것 같다. Sumit Sarkar, *Beyond*

다 과학이 최고로 훌륭하며 그 이름으로 다른 것들을 억압할 수 있다고 보면서, 인도가 베다 과학에 속한다는 것을 증명하기 위해 베다 과학을 이용한다는 점이다. 힌두 우파는 서발턴이 아니다![37] 남아프리카공화국의 전통적인 치유자들은 바라티야 자나타 당(Bharatiya Janata*인도의 주요 두 정당 가운데 하나로 2015년에는 인도에서 가장 큰 정당이 되며 세계에서 가장 많은 당원을 거느리고 있음)과 바로 비교될 수 없다. 종교적 폭력에 대한 두려움은 항상 구석에 있지만 말이다. 나는 하나의 커다란 현재로서 모든 역사에 관한 전통적인 치유자의 감각을 인문학 내부로부터 주장하고 싶다. 나는 역사를 포함할 수 있고 신앙을 탈초월화해서 신화에 대한 감각을 상상력 속에 유지할 수 있도록 한다고 주장하고 싶다. 나는 '외로운 총포화약의 밀수업자'로 남고 싶다. 나 자신이 그렇게 묘사되는 소리를 듣고서 나는 '영원한 설득자'로 바뀌었다. 지금도 그 기계 속에 붙잡혀 있는 것처럼 말이다. 나는 듀 보이스를 모방하는 가운데 전통적인 치유자들의 수행적인 것을 그저 데이터로 변형하지 말고 수행으로 바꾸기를 희망했다. 그러나 그것 또한 '개발'을 돕는다. 미학교육이 없다면 말이다. 그러한 의도치 않은 결과

Nationalist Frame: Relocating Postmodernism, Hindutva, History (New Delhi: Permanent Black, 2002); Meera Nanda, *Prophets Facing Backwards: Postmodern Critiques of Science and Hindu Nationalism in India* (New Brunswick, NJ: Rutgers University Press, 2003); Hallward, *Absolutlely Postcolonial.* '정체성 없는 위치'라는 구절이 '포스트모더니스트'다운 냄새를 풍긴다는 것을 누군들 부인할 수 있겠는가? 나는 '정체성 없는 위치'를 '민중'의 구체적인 위협이라는 구체적인 포즈 취하기와 구분함으로써 우리의 위치를 나타내는 한 가지 사례를 만들 수 있었기를 바란다.

37) 로밀라 타파르(Romila Thapar) 교수는 스리니바스 틸라크(Shrinivas Tilak)의 「힌두 연구를 되찾기」("Taking Back Hindu Studies", http://sulekha.com/expressions/articledesc.asp?cid=307085)에 내가 관심을 갖도록 이끌었다. 이 글은 메트로폴에서 상층으로 계급을 이동시키려는 하이픈 그어진 이민자에 의해 이해되는 대로, 소위 디아스포라가 '서구와 나머지'의 문법 속에 재료를 다시-어휘화하는 경위를 보여주는 탁월한 예이다. 나는 이 현상을 분석하는 『포스트식민 이성 비판』을 썼다. 틸라크는 그 책을 읽지 않았다. 그는 「서발턴은 말할 수 있는가?」("Can the Subaltern Speak?")도 읽지 않았던 것 같다. 그는 그 글을 인용하고 있지 않으니 말이다. 만약 그가 그 글을 읽었더라면, 그 글이 사티를 무대화하는 다르마-샤스트라(Dharma-Shastra)를 혹독하게 비판하는 글이라는 사실을 거의 놓칠 수 없었을 것이다. 그가 나를 자신의 권위자로 택하면서도 스피박에 대한 일반적인 반지성적 폄하에 또한 가담하고 있다는 것은 재미있는 일이다. "한 가지 조심스런 지적! 스피박은 처음 접근될 때, 불필요하게 불투명하며 둔감할 수 있다. 그녀의 사상에 접근하는 좋은 디딤돌과 안내자는 스티븐 모튼의 『가야트리 차크라보르티 스피박』(Stephen Morton, *Gayatri Chakravorty Spivak*, London: Routledge, 2003)이다. 그는 (스피박의 유명한 에세이 「서발턴은 말할 수 있는가? 과부-희생에 관한 사색들」을 포함해) 2003년에 이르기까지 스피박 저술의 포괄적인 참고문헌을 또한 제공한다." 달리 말해 틸라크는 자신과 잘 맞을 때 '진정한 인도' 학자에 대한 '서구의' 해석을 신뢰할 수 있는 사람이다! 이 위험한 헛소리에 관해 내가 유일하게 말할 수 있는 것은, 내가 한 동료로부터 모튼의 책을 받았을 때, 나에 대한 그의 재현에 심히 유감을 느꼈다는 점이다. 특히 그가 자신의 책 마지막 부분에서 전쟁에 대한 나의 태도를 설명하고자 시도하는 곳에서 말이다! 나는 그의 관심에 항상 감사하지만 우리가 우리 독자들을 책임질 것은 아니다.

는 또한 종교적 근본주의를 위한 하나의 전유가 될 수 있다. 데이터 변형의 의도된 결과가 착취이듯이 말이다. 이것은 새로운 서발턴주의자에게 쪼개진 막대기이며, 이중구속이다.

그렇다면 서발턴의 역사화란 특이한 것의 역사를 쓰는 것이 아니다. 그것은 우리가 현재라고밖에 부를 수 없는 것의 역사적 가능성이라는 영역 속에서, 실체적인 것으로부터의 역사 편찬을 분과학문적 수행성을 통해 적극적으로 신중하게 경계하며 오염시키는 것이다. 여기 오랜 서발턴과 새로운 서발턴 사이의 차이는 오로지 국면적인 것일 뿐이다. 이 역학과 비교될 때 '인민'의 범주는 길들여진 것처럼 보인다.

21.
세계체계와 크레올

나는 21장을 비교문학은 고전적 비교주의적 보편주의를 경유해 낭만주의 미학으로 돌아가야 한다는 디디에 코스테(Didier Coste*『소통으로서의 내러티브』[1989]라는 책을 썼음)의 개념을 언급하는 것으로 시작했다. 나는 나의 부적절함에 의해 발생된 시각상의 차이에도 불구하고 나의 노력은 그의 노력과 동일하다고 지적했다. 내 생각에 『분과학문의 종말』을 벵골어로 써야 했다고 시사했던 사람이 바로 코스테이기도 하다. 또한 나는 비교문학이라는 분과학문이 직면하고 있는 해결책들을 제안하는 '선한' 구미(歐美, Europe-U. S.) 비교주의자들을 조심해야 한다고 생각한다. 우리는 그들과 함께 하고 있으며, 그들로 하여금 우리를 위험하다고 여기도록 두어서는 안 된다. 그러한 정신에 따라 2005년에 나는 나처럼 서구화된 아시아 비교주의자인 와이 치 디목(Wai Chee Dimock*예일대의 영미문학 교수로 미국 문학 전반을 연구해 왔음. 저서로는 『자유를 위한 제국: 멜빌과 개인주의의 시학』(1989), 『행성의 그림자: 세계문학으로서의 미국 문학』(2007) 등이 있음)의 논문에 논평해 달라는 요청을 받고 기뻤다. 다시금 제휴를 정립한다는 정신으로 나는 먼저 디목과 나 사이에 있는 광범위한 연대 지점들의 윤곽을 그려본 다음, 코스테의 좀 더 전통적인 작업과는 다른 작업으로부터 생길 수 있는 미래의 작업을 위한 몇몇 제안들을 지적했다.

먼저 나는 프랑코 모레티(Franco Moretti*1950-, 이탈리아 문학연구자로 마르크스주의 비평에 관한 교육을 받았으며 '행성의 형태'로서 소설의 역사를 주로 연구한다. 스탠포드 대학 등에서 비교문학을 가르치고 있다. 저서로는 『공포의 변증법』[1983], 『원거리 독서』[2013] 등이 있음)의 백과사전적인 지도 그리기 작업에 대한 우리의 반작용에서 그 공통된 바탕을 발견했다. 디목은 "나로서는 특정한 텍스트들의 현상적 세계와 좀 거리를 두고서 작동하는 일반적인 법들이나 지구적 원리들에 대한 (모레티의) 과도한 투신처럼 보이는 부분에 조심하고 싶다"고 썼다. 디목의 이 지적은 『분과학문의 종말』에서 내가 좀 더 강력하게 썼듯이, "모레티가 기대고 있는 세계체계 이론가들은 … 텍스트의 결에 의존해야 하는 문학연구에 … 무용하다"[1]는 지적과 공명했다. 우리는 디목의 이러한 초발적인 논의 덕분에 원거리 읽기(distant reading)를 하기 위해서는 탁월하게 꼼꼼한(close) 독자가 되어야 한다는 명확한 논점을 강조하기를 시작할 수 있다. 원거리 읽기를 위한 꼼꼼한 읽기는 미학교육 자체의 대항-예(counter-example)이기 때문에 미학교육에 마구를 채우는 셈이다. 우리는 이것을 이 책의 주제와 발맞추어 이중구속이라고 부를 수 있다. 그 사이의 세월 동안 내가 간파해 왔던 것은, 모레티의 추종자들은 종종 주제로써 범주화한다는 점이다. 그러나 그 점은 그날 저녁의 토론 중 한 부분을 차지하지는 않았다.

나는 또한 "서사시는 크로스오버(cross-over), 즉 혼합 현상"이라는 디목의 개념에서 그와 공통되는 지반(ground)을 발견하고자 시도했다. 나는 상호텍스트성과 같은 것을 단순히 주목하는 이러한 과거를 받아들이고 싶었다. 상호텍스트성에서 하나의 근대적 텍스트는 하나의 고대 텍스트를 분명하게 암시하며, 디목을 인용하자면 "시간적인 것을 어휘의 내부에 암호화한다." 나는 그 예로서 다음을 시사했다. 즉, 마리즈 콩데(Maryse Condé *1937-:과테말라 출신으로 불어로 역사소설을 쓰며 20세기 후반의 불어권을 대표하는 작가. 『세구』(*Segu*, 1984-1985)가 가장 알려진 작품임)의 짧은 소설 『헤레마코논』(*Heremakhonon* *마리즈 콩데의 1976년 작품으로 비브 클라크(Veve Clark)의 「발전하는 디아스포라 지식: 마리즈 콩데의 『헤레마코논』 논의」[1989] 참조)은 서사의 시간을 다루면서 서사시적 시간을 전개한다고 말이다. 건강한 구전성(orality)이 사라짐과 더불어 서사시적 경향(epic tendency)마저 시들어 갔던 것은 분명히 아니다. 우리는 규모와 복합성을 갖춘 일종의 묘사적 은유에 의한 의도적인 대규모의 서사적 착수를 '서사시적'이라고 부르기보다, '역사적' 시간의 비인격적 이질성으로써 독자의 기억을 훈련시키려는 콩데의 노력을 서사시적 유

1) Wai Chee Dimock, "Genre as World System: Epic and novel on Four Continents," *Narrative* 14.1 (2006): 90.

희의 탈구라고 부를 수 있겠다. … 당시에 나는 이 점을 언급하지 못했지만, 여러분은 이러한 훈련이야말로 지구화의 '당대성' 속에서 행하는 미학교육임을 알아차릴 수 있을 것이다. 『헤레마코논』은 느슨하게 '아프리카', '이슬람', '탈식민화'(단일문화가 생물다양성을 억압하듯 복수적인 서사시를 억압하는 단일한 이름들) 등으로 이름 붙여진 풍부한 서사시적 차원을 갖는다. 그리하여 『헤레마코논』은 빈약한 비극을 거대한 수행적 서사시와 비교했던 아리스토텔레스에 의해 닫혔던 문을 열어준다.[2] 그 문은 커다란 일반적인 문인데, 역사가 개인의 자기-결정에 묶이면서 구전성의 놀랄 만한 기억흔적 쓰기(mnemic writing)의 단계적인 불가해성에 근거해 쓰이기 시작했을 때 닫히고 만다. … 그 텍스트의 시간화를 혼종적이라고 말하는 것은, 그것의 서사시적 차원을 읽어내는 법을 배우고 그러한 인정을 증언한다.

이 세 에세이들의 음조는 좀 가벼운 편이다. 결국 나 또한 비교문학 교수다. 세상을 구한다는 말을 잊어버리고 우리가 우리의 일을 어떻게 가장 잘할 수 있을 것인가를 묻도록 하자. 우리는 진지하지 않은 좀 최신풍의 부류들(poco presentist folks)인 양 묵과되는 와중에도 우리 일을 해 왔다. 그러므로 다리를 만들고, 여러분이 할 수 있는 곳에서 동의하고 또한 구체적인 제안들을 하기로 하자. 이제 그러한 제안이 여기 있다.

나와 달리 디목은 서사적 시간을 사용하면서도 문학을 구전성(orature)과 접촉하는 것인 양 암시하지 않는다. 하지만 그녀의 논의는 분명 구전성을 띠워 올릴 수 있다. 좀 더 확장된 논의에서 지구화 속의 아프리카라는 추문과 직면하는 것은 여기서 좀 더 선생다운 입장을 취할 수 있도록 한다. 비교문학은 공식(formula)이 아니면 구전성의 기교들을 다룬 적은 한 번도 없었다. 또 다른 방식이 있을까?

디목은 자신의 원거리 읽기를 위해 그 모델로서 인류학으로 선회한다. 물론 나는 이러한 움직임을 아주 기꺼이 찬성한다. 여기서 나는 좀 더 정교하게 다시 한 번 논의를 하고 싶고, 디목의 접근 방식이 그 논의를 띠울 수 있다고 확신한다.[3] 디목이 자신의 모델로 사용하고 있는 것은 실제로 '문학적 인류학'이 아니라는 점을 나는 언급해야만 한다.

---

2) Aristotle, *Poetics*, trans W. Hamilton Fyfe and W. Rhys Roberts (Cambridge, MA: Harvard University Press, 1991), pp. 115-117.

3) 나는 로절린드 모리스 교수와 함께 내 반응의 이 부분을 토론했다.

(나의 반응은 디목 에세이의 초기 판본과 관련해 작성되었다. '문학적 인류학'이라는 문구는 그 서두의 문단들에서 사용되었다.

그때 디목은 "나는 몇 주 전에 베이징에 있었다"는 말로 시작했었고 내가 우연히 읽고 있었던 몇 편의 논문들에서도 계속 나타난 것 같았던 문구 '문학적 인류학'에 꽂혔다. 이것은 이 나라에서 아주 많이 사용되는 문구는 아니다. 사실 볼프강 이저(Wolfgang Iser)만 제외하면 나는 그 밖의 어느 곳에서건 그 문구를 본 기억이 나지 않는다. 나는 이 토크의 서문으로서, 내가 하고 있는 것 같은 아주 주제넘은 주장에 대한 요약과 사과로서, '문학적 인류학'을 빌려오고 싶다(그런가?). 즉, 서사시와 소설을 함께 사유하기 위해 우리는 대륙의 견지에서 측정되어야 하는 하나의 분석적 틀을, 단 하나의 민족 삶이나 단 하나의 언어의 삶이 아니라 행성을 가로지르는 그 모든 환경에서, 그 모든 서식지에서 전체로서의 종의 삶과 같은 무엇을 반영하는 하나의 분석적 틀을 필요로 한다는 주장 말이다.

집합과 부분집합(subset)

'인류학'은 아마 이러한 종류의 착수를 위한 올바른 단어일 것이다. 물론 우리가 알고 있듯, 인류학이라는 분과학문은 식민주의 및 여러 종류의 인종주의와 얽혀 있었던 오랜 역사는 말할 것도 없고 자체의 내부적 문제들을 가지고 있다. 그러나 문학사와 인접해 있으면서도 축소될 수 없는 분과학문으로서 인류학은 흥미로운 파트너 해석자 역할을 하고 있다. 나로서는 문학과 인류학 사이의 가장 중요한 차이들 중 하나는, 인류학은 대체로 경험적인 분과학문이라 그것과 더불어 소위 그 경험주의의 조건들 — 표본 인구의 규모, 거기서부터 흘러나오는 주장의 범위, 분석 단위를 구성한다고 할 수 있는 범위 — 에 대한 자의식을 갖는다는 점이다. 번갈아 나오며 보충하는 두 가지 영역 위에서 인류학을 작동케 하여 서로를 되튀도록 허용하는 것도 바로 이 자의식이다. 하나는 거대 영역이며 다른 하나는 미시 영역인데 그 하나는 문학사의 규모보다 훨씬 크고 다른 하나는 훨씬 작다. 더 작은 규모라는 것은 충분히 자명하다. 인류학은 지역의 지식을 연구하기 때문이다. 이러한 지역연구는 자기충족적인 인구에, 인간존재들의 부분집합에 헌신한다. 이것이 부분집합이기 때문에, 이 부분집합이 속하는 더 큰 집합이 있기 때문에, 이 부분집합을 중요하다고 말하는 편이 공정하다고 나는 생각한다. '인간적인' 것이라는 이름에 부응하는 이렇게 더욱 큰 집합은 인류학에 내재하는 필수 불가결한 바탕이 된다. 이렇게 더욱 큰 집합이 의미 있는 집합이고 의미 있는 분석 단위이기 때문에 인류학은 하나의 분과학문이 된다. 또한 이렇게 더 큰 집합과 함께 하는 데이터베이스는 전체로서의 종(species)의 삶과 같은 시공간에 걸쳐 있다. 전체로서의 종의 삶은 어쩌다가 인간존재들이 존재하게 된 행성의 모든 부분으로 뻗어나간다. 내가 우리 자신의 분과학문에 지도그리기를 해보고 싶은 것은, 인간적인 것의 경계들과 더불어 일어나는 집합과 부분집합 사이의 바로 이러한 관계와 이 집합의 확장이다. 지역의 인구와 종의 일원이라는 비지역적(unlocal) 개념 둘 다에 투신한다는 이렇게 특정한 의미에서의 인류학과 병행하는 것으로서 문학사를 구축하지 말아야 할 이유란 없다. 사실 문학사가 이 두 가지 집합 사이에서, 인간 표현의 부분집합과 이 부분집합을 종의 범위로 확장한 정의(definition) 사이에서, 전환 메커니즘으로 작동해서는 안 될 이유란 없다. 이 전환 메커니즘을 위해 내가 제안하고 싶은 용어는 '장르'이다.

이제 디목이 문학적 인류학을 버렸고 혈연에 관한 레비-스트로스의 논의를 설명하기 위해 프랙털 기하학을 채택했을지라도, 문학과 문화의 관계에 대한 그녀의 전제들은 바뀌지 않은 채로 남아 있다. 그래서 나는 앞서 나온 나의 논평들을 간직하고 있었던 것이다.

내가 계속 반복하고 있는 나의 요점은, 파스칼 카사노바(Pascale Casanova *1959-, 프랑스 출생의 비교문학자로 〈프랑스 예술연구센터〉의 연구원이자 파리에서 문학비평가로 활동함. 저서로는 『문학의 세계 공화국』과 프랑스 작가연합회 대상을 수상한 『사무엘 베케트: 문학혁명의 해부학』 등이 있음), 디디에 코스테, 데이비드 담로쉬(David Damrosch *하버드대 비교문학 학장, 미국 비교문학 협회 의장을 역임했고 세계문학을 위한 기관을 설립함. 저서로는 『내러티브 계약: 성경문학의 장르의 변형』(1987), 『세계문학이란 무엇인가?』(2003) 등이 있음), 와이 치 디목, 프랑코 모레티라는 다섯 명의 대단한 사람들과 동의한다는 점이다. '비교문학의 위기'에 반응하기 위해 사유를 펼치는 이들은 르네 웰렉에 의해 반응되고 있었던 사람과 다르다.[4] 나는 또한 나의 이해관계가 개입된 차이를 반복하는데, 코스테가 그런 것처럼 그 폭력적인 이름을 말할 필요는 없겠다. 선생들로 하여금 '가치와 결부된' 테스트를 받게 하는 것은 훨씬 더 큰 폭력을 개입시킨다. 그러한 테스트에서 가르치기란 고객 데이터의 견지에서 상업화되며 바로 그러한 견지에서 미국의 선생들은 판단되고 구속된다.[5] 나와 이 비평가들 사이의 차이는 옛날의 문학 역사가가 하던 일반적으로 분류하려는 시도보다 더 조야하고 덜 박식한 방식으로 분류하기를 원한다는 것이다. 문학적인 것의 보편화 가능성과 일반화하는 특성에 관한 내 논평들의 개요는 그 책 전체를 통해 진술되어 왔다.[6] 여기 모레티의 백과사전주의에 반대하는 디목은 실러보다 더 조야

4) René Wellek, "Crisis in Comparative Literature," in Stephen Nicols, ed., *Concepts of Criticism* (New Haven, CT: Yale University Press, 1963), pp. 282-295.

5) Sam Dillon, "Formula to Grade Teachers' Skill Gains Acceptance, and Critics," *New York Times*, September 1, 2010.

6) 「누구의 지식인가? 포스트식민 실천에 근거한 연구에서 성찰성과 '지식의 이전'」(Whose Knowledge? Reflexivity

한 균형 속에 빠져들고, 인간과 종 사이의 마르크스의 구분보다 덜 미묘한 균형 속에 빠져든다.

적어도 30년 전에 나는 제국주의를 '능력을 부여하는 침범'(enabling violation)이라고 보는 개념 때문에 비틀거렸다. 후속 작업은 좋든 싫든 이제 지구적으로 된 우리 계급을 출생뿐만 아니라 다른 환경들에 의해 그 수혜자로 위치시켰다. 나는 대항근대성 혹은 대안적 근대성들에 관한 묘사적 논의들을 이 무정형의 '계급'에 특수한 어떤 것이라고 추호도 생각할 수 없었다. 우리가 이제 모든 것이 대항적인 것도 대안적인 것도 아닌 '근대'라고 주장하고 분과학문적 수정 과업에 맞춰 산다면, 지구성은 우리를 구원할 수 있다. 모든 '유럽인'이 스팀 엔진을 발명했던 것은 아니며 모든 '미국인'이 전화를 발명했던 것도 아니다. 자본은 신비한 모터이며, 우리는 그 화해할 수 없는 선택들과 인식론적으로 투쟁한다.)

'문학적 인류학'은 자서전을 강력하게 전개하는, 인류학 장르이다. 자신의 여러 저작들에서 남비크와라(Nambikwara*아마존에 거주하는 브라질 토착민. 현재 1,200여 명이 브라질 주의 토착민 거주지에 살고 있음), 믹 타우시그(Mick Taussig*1940-, 호주 시드니 출신의 인류학자. 마르크스의 아이디어를 특히 발터 베냐민의 관점에서 상품 물신주의와 연결시킴. 주요 저서로는 『남미에서 악마와 상품 물신주의』(*The Devil and Commodity Fetishism in South America*, 1980), 『미녀와 야수』(*Beauty and the Beast*, 2012) 등이 있음)에 관해 썼던 레비-스트로스, 제임스 클리포드, 키란 나라얀(Kiran Narayan*워싱턴 대학 인류학 교수를 지냄. 남아시아의 구전 전통 및 남아시아 디아스포라 정체성의 내러티브에 관심을 갖고 연구함. 저서로는 『스토리텔러, 성인, 악당』(1989), 『글쓰기 속에서 살아 있기: 체호프와 함께 민족지학 만들기』(2012)가 있음)을 보라.[7] 그들은 종을 집합이라고 주장하는 것과는 거리가 먼 편이다. 그러한 제스처는 오늘날 그 경계를 유전학과 뒤섞고 있는 물리적 인류학이라고 불리는 바에 더 많이 속하도록 할 것이다. 이것 또한 디목의 영역은 아니다. 우리에게 디목은 칸트의 『실용적인 관점에서 본 인류학』(*Anthropology from a Pragmatic Point of View*)의 서두에서 칸트가 인류학적 지식의 원천으로 쓰고 있는 대목을 능숙하게 활

---

and 'Knowledge Transfer' in Postcolonial Practice-Based Research)에 나오는 대니 버트(Danny Butt)의 논의(http://dannybutt.net/2009/10/whose knowledge-reflexivity-and-knowledge, p. 9) 참조. 이 글은 2009년 10월 15일에 요하네스버그 대학에서 있었던 '형성에 관하여'라는 심포지엄에 발표된 기조연설을 미리 인쇄한 것이다. 나의 논의는 양극성에서 이중구속으로라는 버트의 일반적 논의를 취하면서 포스트식민 움직임을 지구적 움직임으로 이동시킨다. 이 두 움직임은 서로 무관하지 않다.

7) 이 작가들을 대부분 이해하기 위해서는 그들의 일반 서지목록을 한 번 훑어보면 충분할 것이다. 남비크와라 족에 대한 레비 스트로스의 여행담 요소에 관한 논의로는 Derrida, *Of Grammatology*, trans. Gayatri Chakravorty Spivak (Baltimore, ME: Johns Hopkins University Press, 1976), pp. 107-0140) 참조.

용하고 있는 것처럼 보인다.[8)] 내가 1980년대 초반에 쓴 「세 여성의 텍스트와 제국주의 비판」(Three Women's Texts and a Critique of Imperialism)과 더불어 나의 포스트식민 여행을 시작했을 때, 나는 문학을 '문화적 자기-재현'이라고 생각했다.[9)] 꼼꼼한 읽기에 관한 디목의 주장은 칸트를 충실하게 따르고 있다. 순수이성 개념에 대한 규제적 사용을 다루는, 『순수이성비판』의 부록에서 칸트는 개념화하는 논리의 세 가지 기본 개념들을 의미로 지각할 수 있게 만들기에 관해 말하고 있다. 그렇게 하면서 칸트는 검토하는 주체인 철학자는 개념을 언덕 위에서처럼 하나의 시각으로 받아들이고 수평선을 원으로 본다고 말한다. 그 주체는 그 개념을 계속 발전시키고 점점 더 많은 원들을, 더 새로운 수평선들을 발견한다. 이 경우 원과 맞아 들어가지 않을 때, 탐색자는 그 형상을 압박해서 그것을 타원형으로, 또 포물선으로 만든다. 그러다가 아마 칸트가 열거하지는 않겠지만 그 형상은 비틀거리는 원과 같은, 기하학의 모든 숫자들이 된다. 마침내 그는 (물론 항상 칸트 안의 그는) 무한에서만 만나는, 나란히 달리는 두 평행선들과 만난다. 여러분이 감지할 수 있게끔 논리를 만들고 있을 때, 그 전체 실행은 여전히 유비적(analogical)일 뿐이어서 여러분은 그 경험적 특수성에 결코 도달하지 못한다. 칸트가 그렇게 말한다.[10)]

달리 말해 원거리 읽기에 의해 그저 상상된 유비적 분류와 같은 단순히 합리적인 체계는 특이한 것을 산출하지 못한다.

하지만 나에게 또 다른 입장의 지점은 쿠체(J. M. Coetzee*1940-, 남아프리카공화국 출신의 소설가로 부커 상을 두 차례 수상하며 2003년에 노벨상을 받음. 남아프리카공화국의 모순, 인종차별의 허구, 서구문명의 위선을 그려낸 작가. 주요 소설로 『어둠의 땅』(*Dusklands*, 1974), 『야만인을 기다리며』(*Waiting for the Barbarians*, 1980), 『포』(*Foe*, 1986), 『추락』(*Disgrace*, 1999), 『슬로우맨』(*Slow Man*, 2009) 등이 있음)의 소설들에 나오는 버질(Virgil)이다. 실로 버질은 『리어 왕』과 카프카의 『심판』(*The Trial*)과 더불어 『치욕』(*Disgrace*)에

---

8) Immanuel Kant, *Anthropology from a Pragmatic Point of View*, trans. robert B. Louden (Cambridge: Cambridge University Press, 2006), p. 5.

9) Gayatri Charkravorti Spivak, *A Critique of Postcolonial Reason: Toward a History of the Vanishing Present* (Cambridge, MA: Harvard University Press, 1999), p. 243과 그 외 여러 곳.

10) Immanuel Kant, *Critique of Pure Reason*, trans. Paul Guyer and Allen W. Wood (Cambridge: Cambridge University Press, 2000), pp. 600-601.

서도 나온다.

이제 나는 먼저 디목의 결론과는 모순되게 보일 작은 제안을 하고자 한다. 하지만 사실 이 제안은 그녀의 일반적 논의나 세상에 대한 그녀의 주장을 보증할 수 있도록 미래의 작업을 유도할 것이다.

나는 단테에게 라틴어는 '외국어'가 아니라는 점을 제안하고자 한다. 버질과 단테 사이의 대화는 외국어가 아니라 라틴어로 나온다. 단테가 라틴어로 『속어에 관하여』(*De vulgari eloquentia* *라틴어 대신 자국어인 이탈리아어 쓰기의 정당성을 보여준 단테의 저서임. 단테는 로마의 문화수탈을 언어의 문제로 접근하며 이탈리아인들의 정체성을 언어의 정화와 순화에서 찾아야 한다고 주장함.)를 썼을 때, 그는 그 작품을 문법을 가진 언어라고 언급했다.[11] '이탈리아어'를 함께 만든 모든 다양한 말들은 그저 통속적인 말(speech), 프루스트의 마르셀의 정신에 따라 좀 변경을 가하여 말하자면, 라틴 크레올일 뿐이다.

> (우리가 정확하게 발음한다고 그렇게 자랑스러워하는 불어 단어들 자체가 라틴어나 색슨 어를 잘못 발음하다가 골(Gallic) 사람들의 입술에서 나온 '짖는 소리들'일 뿐이다. … 말의 결함들, 좀 종족적인 통속성의 억양, 혹은 잘못된 발음이 라틴어와 색슨 어에 끼친 오랜 손상들이 나중에 문법학자들의 고상한 문법들 속에서 어떤 면에서는 라틴어와 색슨 어를 고양시켰던 것이다.)[12]

라틴 중세 시대에는 프로방살(Provencal)조차도 외국어가 아니라 또 하나의 라틴 크레올이다. 단테는 '이탈리아' 크레올 언어들 중에서 가장 가치 있는 것으로서, 플로렌타인(Florentine)의 쿠리아(curia *고대 로마의 행정구역) 언어를 선택한다. 그 언어는 단테가 사랑하는 투스칸(Tuscan)어 중에서도 가장 우아하다. 단테에게 라틴어는 세련되고(sanskrt) 저 모든 이탈리아어들과 같은 통속적인 언어는 자연스럽다(prakrt) 말한다고 너무 견강부회하는 것은 아니다. 우리는 (3세기경의) 바사(Bhasa)와 (5세기경의) 칼리다사(Kalidasa)와 같은 극작가들이 산스

11) Dante, *De vulgari eloquentia* (New York: Cambridge University Press, 1996).

12) Marchel Froust, *Sodom and Gomorrah* (*In Search of Lost Time*, vo. 4), trans. John Sturrock, ed. Christopher Prendergast (London: Penguin, 2003), p. 139; Proust, *In the Shadow of Young Girls in Flower*, trans. James Grieve (New York: Viking Penguin, 2004), p. 330.

크리트어(Sanskrit)와 적어도 세 프라크르트 어들(Prakrts)을 사용하는 모습을 발견한다. (이 언어들의 통속적인 유려함으로부터 북인도의 언어들은 자체를 다졌으며, 11세기 후반에 나의 모국어 벵골어도 그랬다). 그러므로 디목처럼 외국 단어들에 관해 아리스토텔레스가 대충 언급한 내용을 나의 모델로 받아들이기보다, 나는 좀 더 일반적인 크레올성(creolity)이라는 현상 내부에 언어의 변천을 놓고 싶다. (실로, 자체의 양을 확장하는 서사시의 능력에 관한 그 구절은 외국어들과도 방대한 친족 구조들과도 전혀 관계가 없다.) 『시학』의 말미가 보여주듯, 아리스토텔레스는 서사시에 관해 예리하지 못했다. 엘제(Else)의 번역과 다른 번역들 중에 예컨대 뢰브(Loeb)의 이중언어 판에서는 '외국어'가 아니라 '드문 단어'라고 번역된다.[13] 나 자신의 성향은 그리스어-영어 사전에 의해 인가된 '말'을 따르는 편이다. 『시학』은 문학이론인 만큼 또한 창조적인 글이다. 아리스토텔레스는 미래의 비극 작가들에게 지루한 언어를 조심하라고 권고하고 있다.[14] 서사시는 무거운 언어를 쓰지 않을 수도 있다. 서사시는 통속적인 서사 형식이다. 사회적으로 치유하는 미션을 지닌 드라마인 비극에 그런 무거운 언어를 사용하지 않도록 확실하게 하라. 나는 아리스토텔레스 시절과 아주 동떨어진 의미에서 '서사시적'인 작품들을 위해 외국어를 끌어오는 것은 좋은 아이디어라고 생각하지 않는다. 다른 한편 내가 앞에서 개요를 그려 보았듯, 크레올성은 이국적인 것을 탈어휘화하는 것과 관련된다. (어휘화하는lexicalize 것은 언어학적인 항목을 그 적합한 문법 체계로부터 분리시켜 다른 문법의 관습 속에 갖고 오는 것이다. 이에 대해 나는 이 책의 독자들에게 반복해서 상기시켜 왔다(본 역서 608쪽과 651쪽 각주 37번 참조)). 그 작업은 우리에게 역사와 세계를 가져다 줄 것이다.

(디목은 나의 부드러운 불평에 반응을 보이느라 라틴어와 이탈리아어로 쓰인, 단테에 관한 두 전문 서적을 참고할 정도로 신중했다. 나는 그 점에 대해 그녀에게 감사한다. 그러나 나의 요점은 특히 1950년대 후반부터 진행된 연구를 조사하고자 한 것은 아니었다. 그때 내가 맴돌고 있던 다른 원시적인[allocthonic*allo는 '다른', chthonic은 '원

13) Aristotle, *Poetics*, pp. 94-95, 84-85.

14) "아리스토텔레스가 목록으로 제시하는, 플롯에 가해지는 제약들은 다음과 같다. 그 제약들은 부정적인 어구(즉 제약이라는 말 자체)로 되어 있다는 점을 주목하라… 이 모든 제약들은 인도-유럽 언어들에 있는 문장 상호 간의 일관성이야말로 우선적으로 시제에 의해 성취된다는 사실에 그 뿌리를 두고 있다"(A. L. Becker, *Beyond Translation: Essays toward a Modern Philology*, Ann Arbor: University of Michigan Press, 1995, pp. 32-33). 자신의 지적 삶을 언어들 사이의 관계에 바쳤던 '인류학자' 한 사람이 여기 있다. 우리 비교주의자들은 우리 때문에 잘못 지도 그려진 바다들로 향해 움직이고 있으니 그의 말은 경청할 만한 가치가 있다.

시적인'이라는 뜻을 지니는 합성어] 본국의 메트로폴리스적 개념들 중 몇몇은 돌연변이(teratological)의 머리를 치켜들지 않았었다. 나의 요점은 '이탈리아'라는 이름이 흔들리고 있을 때를 상상하자는, 감히 내가 에피스테메라고 말할 다른 사고방식을 상상하자는 것이다. 나는 나의 후기를 인용하며 독자에게 다음을 상기시킨다. 즉, 디목에 대한 나의 애초의 반응 중에 바로 이것이야말로 지구적 '당대성' 속에서 거듭 요청된 인식론적 수행인 상상하기의 과업에 도움을 받고자 내가 프루스트를 인용했던 이유라고 말이다. 나는 릴케를 인용하는 나 자신을 인용한다. 전문가들이나 영화 제작자들에 의해 포착되지 않는 아바타를 우리에게 제공하는 인도 반도의 에피스테메(감정 구조?)에 관해 내가 썼던 글에서 말이다.[15]

> '저급한' 신이나 여신이 헌신에 고착될 때 가장 위대한 신만큼 위대해지는 것은, 아바타성(avatarana)이나 계승의 이렇게 일반적이면서도 예상할 수 없는 가능성의 내부, 말하자면 숨은 것에 의한 이러한 집중 내부에서이다. 릴케는 어떻게 아는가? 아마도 '문화'가 상상력에 의해 반쯤 침투 가능해진 게 아닐까? 나는 비교문학에 충분히 냉소적인가? 나는 항상 적절한 (여러분이 서문과 4장 「이중구속이 끼어들기 시작한다」에서 보았듯 지금은 역사화되고 정치화된) 셸리의 경고와 여전히 함께 간다. "우리가 알고 있는 바를 상상하는 창조적 능력을 우리는 원한다.")

디목의 작업은 라틴어를 넘어 '장르'라는 단어 속으로 우리를 초대한다. 산스크리트에서 인도-유럽어권 어족들은 우리에게 '영적 인식'(gnosis*영지靈知)과 '창생'(genesis)을 낳아주

---

15) 실로 전문가들에게 공평하자면, 그들은 그런 사고방식을 당연하게 간주한다. 막스 뮐러는 자신의 단일신교(henotheism) 개념으로 릴케가 상상했던 바를 그려 보았었다(Freidrich Max Müller, *Lectures on the Origin and Growth of Religion as Illustrated by the Religious of India*, London: Longmans, 1882, p. 277과 그 외 여러 곳). (디목 교수가 사용한 자료들 중 하나를 쓴 저자인) 풀그램은 "(물론 '통속적'이라는 의미에서가 아니라 학식을 갖춘 라틴어와 대립하는 의미에서) 학식 없는 그림(a volgare illustre)을 창조하기 위한 [단테의] 처방은 … 우리가 표준적인 문학 언어의 정상적인 형성이라고 간주하는 바를 거스른다"(Ernest Pulgram, *The Tongues of Italy: Prehistory and History*, Cambridge, MA: Harvard University Press, 1958, p. 55)고 쓴다. 단테가 그런 말을 듣는다면 자신의 체면이 깎이겠지만, 풀그램은 과학적 언어학에 반하는 단테의 크레올성 시학에 논평을 가하고 있는 셈이다. 풀그램이 "어느 누구도 라틴어라고 더 이상 부를 수 없고 기껏해야 신-라틴어나 이탈리아어라고 부를 수 있는, (800년경) 이탈리아의 새로운 문자언어(written language)"에 관해 쓰거나, 19세기 초반의 딱딱한 이탈리아 문자언어는 "또 하나의 고전 라틴어"(p. 64)라고 말하고 있을 때, 그는 그러한 인식론적 전제를 이론화하지 않고 사용하고 있는 셈이다. 모국어에 반하면서 그것을 넘어서 있는 것은 외국어가 아니라 학식 있는 언어이다. 디목의 다른 출처인 세실 그레이슨(Cecil Grayson)으로 말할 것 같으면, 리언 바티스타 알베르티(Leon Battista Alberti, 1404-1472)에 관한 세실의 작업은 라틴어, '이탈리아어', 이탈리아어 사이에 역사적으로 상상된 문화/자연/문화의 관계에 대한 그의 감각을 전달한다(Leon Battista Alberti, *La prima grammatical della lingua volgare*, Bologna: The Vatican, 1964).

며, 우리는 산스크리트어에서 'jnana'(gnosis)를, 또 'jati'(nation)와 'jnati'(kin)를 발견한다. 이 모든 단어들은 무릎을 가리키는 'janu'와 (다른 장르 단어인) 젠더를, 탄생을 위한 강간이라는 강제적 입장으로 진입하는 무릎 꿇기로 사용하려는 genoux와 연관되어 있다.

이것은 나로 하여금 가족 모델 — 아버지, 어머니, 부친을 살해하고자 경쟁하는 남자 형제들, 지원하러 부상하는 여자 형제들 — 에 대해 좀 경계하도록 만들어준다. 디목이 주장하고자 하듯, 애통하게도 어떤 친족 제도도 사촌으로만 구성되지 않는다. '유럽' 전쟁이라는 게 있느냐고, 가톨릭 주교 협의회와 영국 국교회 대주교들의 협의회에 의해 제기된 질문에 대한 나의 친애하는 오랜 친구인 X자형 십자가 솔티르(Saltire)의 윌리엄 월러스(William Wallace)의 반응을 나는 어제 듣게 되었다. 우리가 들었던 내용은 신탁통치 모델, 비유럽 민족들이 근대성으로 이전함에 따라 이제 백인의 짐이 아닌 그들을 보호하는 모델이었다. 월러스는 그 모델을 주장했다. 이러한 형제 섭정은 니체와 푸코가 수정했던 가계로 우리를 데려간다. 나는 디목의 작업에 강한 유대를 느끼기에 그녀에게 가족을 크레올성으로 다시 사유하자는 요청을 하고자 한다.

(디목은 두 번째 판본에서 가족 개념을 상당히 느슨하게 만들었다. 나는 그것에 감사하면서도 그것을 포기할 것을 그녀에게 요청하고자 한다. '리좀'은 좋은 선택이다. 나는 뿌리를 해체하는 리좀을 경유해 우리가 어떻게 가족을 떠날 수 있을지 보기 위해 다시 한 번 크레올성을 환기한다. 나의 후기에 짧은 확인용 리스트가 나온다. 거기 언급된 프랑스 포스트식민인들은 리좀과 더불어 먼 길을 가는 바람에 '남성의 가계'로부터 멀어지게 된다.[16])

디목은 가족 로망스로부터 멀어지기 위해 프랙털 기하학을 향해 간다. 나는 의사-대중화하는 묘사들을 통해 과학의 최신 발전들을 은유화하는 인문주의자들을 의심스럽게 생각한다. 메소포타미아를 증거로 제공하는 비전문가들도 의심스럽기는 마찬가지다. 나는 특이성 속에 있는 반복 가능하고 보편화 가능한 차이를, 카오스 이론에 나오는 '이상한 유인 물질'이라고 부르지는 않을 것이다. 내가 나의 혈압을 유지하기 위해 사용하는 자립용 책이 그러하듯 말이

16) 〈인간의 가족〉(*The Family of Man*, MoMA Exh. #569, 1955년 1월 24일~5월 8일) 전시회는 "사랑, 자녀, 죽음과 같이 모든 문화에 적절한 주제들에 따라 분류된 503개의 사진들"로 구성되어 있었다." … "그 전시회에 포함된 사진들은 세계의 사람들과 문화들을 결속하는 공통성들에 초점을 맞추고 있었고, 그 전시회는 제2차 세계대전 이후 10년의 휴머니즘을 표출하는 역할을 했다(www.MoMA.org)." "그 전시회의 공표된 목적은 '전 세계를 통해 인류의 본질적인 하나됨'을 표시하는 것이었다. 그 전시회가 열리고 있었던 동안, 〈인간의 가족〉은 사진의 역사상 가장 인기 있는 전시회가 되었다(www.learningcurve.gov.uk)." 우리는 분과학문을 다시 사유한다는 이름으로 냉전의 감상성으로 되돌아갈 수는 없다.

다.[17] 이러한 종류의 무책임한 유비관계화는 우리 학생들의 허세를 유도한다. 우리에게 "세부의 상실은 거의 항상 보증되지 않는다"고 말해 주기 위해 정말로 우리는 프랙털 기하학을 필요로 할까? 나는 프랙털 기하학이나 카오스 이론의 묘사들로부터 유비 관계를 추출하기보다 문학적 세부에 대한 오랜 접근법을, 언어 배우기를 계속 주장한다. 구식인 나의 마음속을 따뜻하게 해주는 것은, 디목이 꼼꼼한 읽기를 포기하지 않을 것이라는 점이다. 평가 시스템을 향한 현재의 광분 안에서 꼼꼼한 읽기를 정당화하는 작업을 디목이 얼마나 추진할지는 모르겠지만 말이다.)

나는 쿠체 안에 있는 버질뿐만 아니라 카프카와 셰익스피어를 언급했다. 우리가 (혈연 연결과 장르보다) 크레올성과 상호텍스트성을 서사시와 소설에 관한 디목의 재사유와 공존하는 모델로서 받아들인다면, 『율리시즈』(*Ulysses*) 와 『피네간의 경야』(*Finnegans Wake*)를 그 틀 안에서 환영할 수 있다. 나는 (이 책의 15장) 「타고르, 쿠체, 가르치기 장면들에서의 윤리와 정치」에서 여러분이 라빈드라나트 타고르도 환영할 수 있겠다고 시사한 바 있다.

내가 표현한 바, 디목 관점의 이러한 확장은 아마 그녀의 다음 책에서 나타나리라고 본다. 지금으로서는 디목이 인용하고 있는 데리다의 텍스트 「장르의 법칙」(The Law of Genre)이 그러한 확장을 허용하리라는 정도만 말하고자 한다. 데리다와 디목은 경계 감시를 부인하며 그것에 맞서고자 하는데, 그것을 위해 데리다가 제공하는 비유는 '함입'(invagination, 陷入)이다. 거기서는 마지막까지 부분이 전체보다 더 크게 된다. 크레올성에서 우리는 우리의 제휴를 위한 공간을 만들어줄 지속적인 함입을 발견할 수 있다.

결론에서 나는 나의 단어 '행성'을 위해 하나의 비천한 후기를 제공한다. 나는 조너선 아락(Jonathan Arac)으로 하여금 '행성적 비교문학'의 구성요소로서 나를 위한 그의 과도하게 열정적인 선전 문구를, '행성적 독자'가 되고자 애쓰는 사람이라는 나에 대한 묘사로 바꾸도록 만들었다. 여기서 나는 그 이유를 제시할 텐데 16장 「행성을 다시 상상하라는 명령」에 충분히 펼쳐놓은 내용을 반복하는 셈이다. 나는 1997년에 〈스티프퉁 디아로지크〉(Stiftung Dialogik)라는 스위스 단체에서 행성성(planetarity)에 관해 말했다. 이 단체는 제3제국(Third Reich)으로부터 온 난민들에게 쉼터를 제공하기 위해 생겼다. 1990년대 중반에, 그 단체 쪽 사람들이 나에게 기조연설을 해 달라고 요청했다. 나는 그들에게 그저 그들의

17) Jon Kabat-Zinn, *Wherever You Go, There You are* (New York: Hyperion, 1994), p. 40.

정책이 아니라 그들의 사고방식을 바꾸라고 요청하고 있었다. 또한 나는 "행성 사유가 포스트-합리적인 과학에 관한 환영 같은(spectral) 백인의 신화뿐만 아니라, 정령신앙(animism)을 포함하면서도 동일하지는 않은 이름들의 무진장한 분류를 포옹하기 위해 열리는" 것이기 때문에 행성성을 권고했다. 내가 말하는 '행성-사유'란 우리가 특별히 하나의 행성 위에서 산다고 생각하는 사고방식을 뜻했다. 나는 인간 되기란 외부성을 향해 나아가는 것이라고 계속 그렇게 생각한다. 이 책에서 나는 많은 방식으로 그 생각을 반복해 왔다. 우리가 행성-감정이라는 것에 이를 수 있다면, 외부나 타자는 불명확해진다. 그러므로 나는 (본 역서 516-517쪽에서) 다음과 같이 썼다.

> 우리가 자신들을 지구적 행위자들이 아니라 행성의 사건들로, 지구적 실체가 아니라 행성의 창조물로 상상한다면, 대타성(alterity)은 우리로부터 파생되지 않는 것으로 남으며 우리의 변증법적 부인(negation*정-반-합에서의 반)도 아니며, 우리를 집어 던지는 만큼 우리를 포함하는 것이다. 대타성에 대한 그러한 생각은 이미 위반이다. 왜냐하면 우리가 외부 공간과 내부 공간으로 서로 달리 은유화한 것에 틈입해 들어감에도 불구하고, 우리 자신의 범위 위에 또 그 너머에 있는 것은 그것이 실로 특정하게(specifically) 불연속적이지 않은 만큼 우리와 연속적이지도 않기 때문이다. 지난 20년 동안 해온 나의 노력들은 내게 다음을 가르쳐준다. 즉, 당신이 질문하고 있는 문제들의 종류에 관해 우리가 진지하게 물어본다면 이 특유한 사고방식에 입장하도록 우리 자신을 끈기 있게 교육시켜야 한다고 말이다.

설명해보면, 우리가 행성-사유를 하고 행성-감성을 느낀다면 우리의 '타자' — 이 무한한 우주에 있는 모든 것 — 는 자기를 공고하게 하는 타자, 자아의 깔끔하고도 균형 잡힌 대립물인 타자가 될 수 없다. 나는 앞 인용문에서 '교육'을 강조하고, 교실에서 비교문학으로 축소된 '미학교육'을 특히 상상력의 훈련을 뜻하는 것으로서 염두에 둔다. 잘 계발된 상상력을 갖춘 재능 있는 사람들은 자신들의 힘으로 그러한 교육과 훈련에 도달할 수 있다. 실험적인 뮤지션인 로리 앤더슨(Lauri Anderson)은 〈국립 항공과 공간 행정부〉에 거주하는 예술가가 되기로 선택한 이유에 관한 질문을 받았을 때, 그 이유를 다음과 같이 표현했다.

“나는 공간의 스케일을 좋아합니다. 나는 인간존재들에 관해, 우리는 어떤 벌레인가에 관해 생각하는 것을 좋아합니다. 우리는 정말 벌레이고 지방 덩어리이잖아요. 나는 거기서 일종의 위로를 발견합니다.”

그녀는 그 이유를 좀 공격적으로 표현했다. 그것은 나의 지적 스타일은 아니지만 나의 요점은 그녀의 요점과 밀접하다. 그 요점은 신을 위해서건 자연을 위해서건 바로 행성의 후견인이 된다는 우리 자신의 의식과 아주 다르다는 점을 이제 여러분은 인식한다. 자아에서나 세계에서나 우리 자신의 고향이 우리의 타자인 곳에서 나는 책무에 대한 그런 의식에 반대할 생각은 없다. 그렇다고 그것이 내가 말하고 있는 행성성은 아니다.

그렇다면 행성성은 하나의 차원은 아니다. 왜냐하면 그것은 자기를 공고하게 하는 타자에 맞서 자체를 인가할 수 없기 때문이다. 그러한 사고방식에서는 문화들 사이에 어떠한 선택도 없다. 쿠체의 루시가 젠더화되어 있다는 나의 생각은, 셰익스피어의 말을 사용하자면, “수용되지 못한 사람”의 장소에서 그러하다. “두 갈래의 맨발을 한 불쌍한 동물”처럼 말이다.

내가 행성을 주장하는 데서 망설이는 것같이 보인다면, 나는 또한 메소포타미아를 이용하는 것을 조심하라고 말한다. 나는 디목과 강한 제휴 의식을 느끼고 있기 때문에, 디목에게 이러한 조심을 공유하자고 주장한다. 모더니스트로서 나는 또한 중세와 고대 세계에 접근할 필요를 느낀다. 내가 사중주의 현과 거미 둘 다 여덟 개의 발을 갖고 있기 때문에 그것들은 개념적으로 서로 연관되어서는 안 된다고 자신에게 상기시킨다면, 그것은 나 또한 이상한 연관들을 만드는 데 탐닉해 왔기 때문이다. 내가 아리스토텔레스와 서사시, 단테와 라틴어의 경우들에서 지적했듯이, 상이한 역사적 시기에 살았던 사람들은 각기 상이하게 생각하며 상이한 에피스테메에 서식한다. 우리는 영어 단어 ‘외국의’(foreign)를 아리스토텔레스가 자신의 학생들에게 말한 γλοττου라는 단어와 아주 잘 맞는 동의어라는 점을 받아들일 수 없다. 또 우리는 하나의 세계체계를 구축하기 위해 그 단어를 사용할 수 없다. (플라톤은 아테네 시민이었던 반면 아리스토텔레스 자신은 스타게이로스[Stagira *고대 마케도니아의 도시 이름으로 아리스토텔레스의 고향]의 충신이었기 때문에 자신을 ‘이방인’이라고 생각했다는 증거가 있다. ‘외국의’라는 단어는 여기서는 어떤 형상인가?) 하나의 텍스트에 의해 가정되는 인식론적 구조에 입장하기 위해 우리가 진지한 언어학적 노력을 하지 않는다면 그 텍스트를 읽을 수 없다. 아리스토텔레스와 단체는 우리로부터 상당히 떨어져 있지만 메소포타미아는 상당히 다른 이야기이다. 비교주의자의 책임은 사방에서 '외국의' 요소들을 찾는다고 들뜨기보다, 저 머나먼 무대에서 벌어진 언어(들)과 사유 패턴들로부터 더 큰 친밀성을 끌어내는 것이다. 그렇게 하는 것은 문학비평계에서 좀 진부할지 모르겠지만 서사시를 세계체계로서 반복하는 것을 우리에게 허용한다.

몇 년 전에 뉴욕에 있는 〈메트로폴리탄 박물관〉은 '최초의 도시 예술'에 관한 특별 전시회를 열었다. 그 정교한 대상들은 우리에게 문자 이전의 비교주의에 관한 일별을, 우리 세계 이전의 세계체계를 제공했다. 나는 그 머나먼 세계에서의 특별한 언어학적 현상에 관해 읽었던 글을 다음과 같이 기억한다.

> (고대 바빌론 학교들에서) 학생들은 지도 제작법 기술만 그저 배우고 있었던 게 아니라 수메르(*유프라테스 강 어귀의 옛 지명) 어도 배우고 있었다. 이 언어는 오래전부터 사용되지 않았으며 수메르 인들이 집에서 말했던 아카드어와 아무런 유사성도 없었다. … 그 언어는 오래전에 사멸되었고, 학교 환경 바깥에서는 거의 언제나 사용하려고 하지 않는 어린 소년들에게 노인들이 가르쳤던 전형적인 '비모국어'였다.[18]

'외국의'라는 단순한 개념이 이 공간에서는 어떻게 협상될 것인가?

후기

내가 비교주의 실천을 위한 모델로서 혈연보다는 크레올성을 디목에게 제안했을 때,

---

18) Joan Aruz and Ronald Wallenfels, eds., *Art of the First Cities: The Third Millennium B.C. from the Mediterranean to the Indus* (New Haven, Ct: Yale University Press, 2003), p. 455.

나는 단테와 라틴어를 생각하고 있었다. 하나의 규범적인 언어와 많은 '자연' 언어들이라는 개념이, 많은 언어들이 존재해 왔던 사건보다 아주 오랫동안 훨씬 더 강력한 개념이었다는 것은 내게 분명했다. 이븐 루시드(Iven Rushd)가 아리스토텔레스를 번역하고 있었을 때, 그는 하나의 외국어로부터 번역하고 있지 않았다. 번역할 권리의 획득은 그에게는 원전의 언어를 자신의 언어로 만드는 것이었기 때문이다. 마르크스는 「루이 보나파르트의 브뤼메르 18일」에서 외국어를 배우는 법에 관한 자신의 권고에서 하나의 규범적인 언어와 많은 '자연' 언어들이라는 개념의 끝자락을 붙잡고 있었다.[19] 우리가 문학적인 것의 큰 구조를 실질적이면서 접근할 수 없는 규범성의 일종이라고, 우리 자신의 방법론적 시도들을 크레올의 다양성들 — 그 실제적 유용성을 입증하는 — 이라고 생각한다면 좋겠다는 느낌이 들었다. 나는 이 글을 수정하면서 크레올성에 관한 당대 논쟁의 기본 텍스트들을 검토하였다.[20] 그 전체 논쟁은 숙고할 만한 가치가 있다. 여기서 나는 그 운동의 창설자인 에두아르 글리상(Édouard Glissant)을 인용하는 것으로 만족할 것이다. 내가 묘사하고자 노력하는 것을 글리상은 '관계'라는 단어로써 뜻한다. 이 개념을 일반화하기 위해 그는 천 가지의 도발적인 사물들 가운데서 예컨대 다음과 같이 쓴다.

> 작동 중이거나 우리의 합류점들로부터 초래되고 있었던 모든 특이성들, 모든 궤도들, 모든 역사들, 모든 탈자연화들, 모든 종합들과 관련하여 우리가 아직 모르고 있고, 우리더러 알아가도록 할 현재의 수단도 없는 사물들을 요약해 보도록 하자. 중국 혹은 바스크(Basque*스페인 서부 피레네 산간 지역 사람과 그 언어), 인도 혹은 이누이트(Inuit*북아메리카, 그린란드의 에스키모와 그 언어), 폴리네시아 혹은 알파인(Alpine*알프스 인종) 문화들은 우리에게 어떻게 왔으며 우리는 어떻게 그들에게 도달했는가. … 우리가 엄청나게 많은 연구와 참고자료를 축적하더라도 (그런 일들을 제대로 하는 것이 우리의 직업이기는 하지만), 우리는 그러한 책의 마지막에 도달할 수

19) Marx, *Surveys from Exile*, trans. David Fernbach (New York: Vintage Books, 1992), p. 147.

20) Jean Berubé, Patrick Chamoiseau, and Raphael Confiant, *Eloge de la créolité*, trans. M. B. Taleb-Kyar (Paris: Gallimard, 1993); Maryse Condé, ed., *Penser la créolité* (Paris: Karthala, 1995); Édouard Glissant, *Caribbean Discourse: Selected Essays*, trans. Michael Dash (Charlottesville: University of Virginia Press, 1989); Glissant, *Poetics of Relation*, trans, Betsy Wing (Ann Arbor: University of Michigan Press, 2003). 나는 브렌트 헤이스 에드워즈(Brent Hayes Edwards)의 도움에 감사한다.

는 없다. 이것을 미리 아는 것이야말로 우리가 그곳에 사는 것을 가능하게 만들 수 있다. 이렇듯 전체성을 알지 못하는 것이 약점을 구성하는 것은 아니다. … 관계는 열린 전체성이다. 전체성은 휴식 중인 관계일 것이다. 전체성은 실질적인 것이다.[21]

내가 글리상의 사유와 갖는 유사성은 즉각 분명해져야 한다. 글리상의 작업은 다음 '사실'과 더불어 시작하기를 원하는, 이해할 수 있지만 불운한 비교주의에 대한 해독제로서 특별히 유용하다. 그 '사실'이란 "전 세계에 걸쳐 문학들은 18세기 말에 독일에 의해 창조되고 촉진된 민족 모델에 따라 형성되었다"[22]는 것을 가리킨다. 여기서 또한 나는 이렇게 고안된 집단성에 합류하는 것을 비유럽인들에게 경고하는 에두아르 글리상과 동의한다. "우리가 그 콘서트에 합류하고자 너무 많이 서두른다면, 오랜 소외들의 일부 위장된 잔여물에 지나지 않는 어떤 것을 자율적인 참여라고 오인하는 위험에 처하게 된다." 글리상은 세계문학을 열렬히 옹호하는 자들이 요구하고자 하는 비교주의의 종류에 대한 명민한 설명을 다음과 같이 제공한다. "내가 당신을 '이해하고' 그리하여 당신을 받아들이기 위해 나는 비교들을 위한 주제들을, 또 아마도 판단들을 위한 주제들을 내게 제공하는 이상적 스케일에 여러분과 함께 연대해야 할 것이다."[23] 디목과 같은 작업의 한 가지 예기치 않은 결과는, "갑작스레 전체주의적 사유의 귀신을 재부상하게 할지도 모르는 바로 그러한 상호작용"을 지지하게 될 수도 있다는 것이다. 카사노바 교수와 내가 꽤 많이 공감한다는 점을 나는 서둘러 덧붙인다. 나는 18세기 독일의 독창성에 관한 징후적 감성을 그에게서 인용한 바 있다. 우리 지식의 한계를 인지될 수 있는 것의 한계와 혼동하는 것은 학계의 공통된 문제이다. 그 혼동이 얼마나 위험한 것인지 나는 힘들게 배워 왔기 때문에 디목을 조심할 뿐이다.

우리는 어느 세계에서건 있기 마련인 그 성긴 실들을 모두 엮어내기를 바랄 수는 없다. 하지만 오늘날 그 어느 때보다도 그러한 욕망은 억제되어야 한다. 지금 미국에서는 모

21) Glissant, *Poetics of Relation*, trans. Michael Dash (Ann Arbor: University of Michigan Press, 1997), pp. 153, 154, 171.

22) Pascale Casanova, "Literature as a World," *New Left Review* 31 (January-Febuary 2005): 78.

23) Glissant, *Poetics of Relation*, pp. 120, 190. 다음에 인용되는 구절은 131쪽에 나온다.

든 것이 가능한 것처럼 보이기 때문이다. 우리가 비교문학의 '비교'라는 저 이상한 형용사의 위엄을 보전하고 싶다면, 우리는 크레올성과 포옹할 것이다. 크레올성은 거친 미래의 생존을 확신하면서도 불완전성을 당연하게 여긴다. 세계의 과거를 크레올화하는 가운데, 모든 색깔의 비교주의자들은 함께 어울릴 수 있다. 우리에게 합류하시라.

22.
세계문학의 이해관계

랠프 코헨(Ralph Cohen*1917-, 버지니아 대학 영문과 교수를 지냄. 1969년에 『신문학사』(*New Literary History*)라는 저널을 창간함. 이 잡지는 20세기의 문학이론 가운데 가장 영향력이 크다고 할 수 있는 신비평(new criticism)의 융성기, 즉 1940년대부터 1960년대 초에 평판이 나빠진 문학사 분야의 문제들을 짚어보기 위한 연구 포럼용으로 기획되었음)을 위해

프랑코 모레티(Franco Moretti)가 강한 통제력을 갖는다면, 디디에 코스트(Didier Coste)와 와이 치 디목(Wai Chee Dimock)은 부드러운 통제력을 갖는다. 데이비드 담로쉬(David Damrosch)도 부드러운 편이다. 나는 외부자로 정의되기보다 이 동료들과 함께 작업하고 싶었다. 애초에 22장은 이스탄불에서 데이비드와 함께 한자리에서 그와 대화하고자 한 나의 노력을 보여주기 위해 발표한 글이었다. 나는 2005년에 디목에게 그렇게 했었다. 찰스 베른하이머(Charles Bernheimer* 『도라 케이스: 프로이드-히스테리아-페미니즘』[1985]을 썼음)는 1997년의 ACLA 보고서를 보더니 "다문화주의적 비교주의는 고국에서 자신을 자신과 비교하는 것으로 시작된다"고, 검토하는 자아 안에 있는 혼종의 요소들을 이해하고 그 역사를 문학적 방식으로 비교하자고 제안했었다.[1] 우리가 살펴보았듯이, 디디에 코스트는 수긍할 만한 보편주의를 찾아 '고전적 비교문학'의 '조심스런 다문화주의'로 돌아가자고 우리에게 요청했다. 디목은 세

---

1) Charles Bernheimer, "Introduction," in Bernheimer, ed., *Comparative Literature in the Age of Multiculturalism* (Baltimore, MD: Johns Hopkins University Press, 1994, p. 11.

계적으로 정밀한 읽기와 문학적 인류학 사이를 왕복할 것을 권고했다. 카사노바는 우리에게 현실 통제(a reality check)를 제시하더니 문학은 18세기 유럽에서 시작되었다고 말했다. 프랑코 모레티는 지구적 지식의 폭발과 직면해 백과사전식의 원거리 읽기(distant reading)를 우리에게 제시했다. 이처럼 동료들은 모두 애쓰고 있었지만, 분과학문적 객관성의 안내자로서 유럽과, 검토자들의 민족적 기원으로서 '유럽'이라는 이중구속에 속박되어 있었다. (디목과 스피박의 경우, 그 '식민적 주체권'은 '유럽적 기원'에서 작동 중이다.) 나는 바로 그러한 이중구속을 충분히 가시화하는 일을 했고 희망은 없다는 신호를 보냈다. 아시아와 아프리카가 마르크스를 확장하고자 시도했을 때, 나는 계급에 구속되어 있으면서도 확장될 수 있을 법한 어떤 것을 유럽의 외곽에서 온 웰렉(Wellek)이 썼다고 학생들에게 시사한 바 있다. (그람시 방식으로 서발턴을 위한 미학교육을 대리보충하는 역할 같은 것도 없이, 아시아와 아프리카에서 일어났던 일을 보라. 마오의 거대한 문화혁명은 인식론적 노고에 대한 그람시의 통찰을 모사한 것이었다.) 웰렉으로부터 인용한 문단이 여기 있다.

> 나한테 유일하게 올바른 개념화란 예술 작품을 다양화된 전체성으로 보는, 또 의미와 가치를 함축하고 요구하는 기호들의 구조로서 보는, 단호하게 '전체적인'(holistic) 것 같다. 상대주의적 고대주의(세계문학?)와 외부적 형식주의(원거리 읽기?) 둘 다 문학연구를 탈인간화하려는 잘못된 시도들이다. 비평[인식론적 수행?]은 문학연구로부터 축출될 수 없으며 축출되어서도 안 된다.[2)]

학계의 정치에 끌려들어갔던 웰렉은 우리에게 주어진 남용의 도구, 즉 '휴머니즘'을 남근 중심주의, 형제 중심주의라고 보았던, '휴머니즘' 비판에 반대했다. 그러한 비판 전통은 웰렉으로부터 아무것도 취하지 않았던 베른하이머에게서 지속된다. 우리는 그러한 교육기계로부터 베른하이머를 구조해야 하며, 그가 20세기의 두 대전들 이후에 다가온 민족주의와 애국주의와 싸우고 있다는 점을 기억해야 한다.

---

2) René Wellek, "Crisis in Comparative Literature," in Stephen Nichols, ed., *Concepts of Criticism* (New Haven, CT: Yale University Press, 1963), p. 294. 다음에 인용된 구절은 288쪽에 나온다.

> 나는 시민적 의무를, 결정할 필요성을, 우리 시대의 투쟁들 중 어느 편이건 가담할 필요성을 인정한다. 나는 만하임의 지식 사회학과 그의 『이데올로기와 유토피아』(*Ideology and Utopia*)를 잘 알고 있으며, 그러한 동기화의 증거가 한 인간의 활동을 무효로 만들지는 않는다는 점을 이해한다.

웰렉은 이것을 또 하나의 반대로 보며, 쉴러가 균형을 맞추기 위해 그런 것처럼, '내부 형식주의'를 향해 나아간다. 나는 남자가 아니며, 더 이상 무효화를 겁내지 않는다. 나는 여자일 뿐만 아니라 — 드 만의 쉴러가 이미 거기 있었는데 — 나이 먹은 여자이다.[3] 결코 해결될 수는 없겠지만 세상이 올바르다면 결정 내리기를 보호하는 이중구속 속에 '결정 내리기'와 '내부 형식주의'가 있다는 점을 나는 인정하고자 노력한다. 그러나 우리의 세계는 지구화로 어긋나 있다. 위로부터의 기획들 중 몇몇은 정치적으로 정확한 게토 때문에 지배자들에 의해 전유될 것이다. 이것을 내 동료이자 친구인 데이비드 담로쉬에게 바치는 나의 올리브 가지(*평화의 상징)를 위한 하나의 틀로 고려해 보자.

이 글은 나의 활동과 삶에 거주하는 만큼 하나의 실천적 텍스트이다. 나는 이 텍스트를 니마이 로하르(Nimai Lohar)에게 바친다. 그는 인도에서 나와 함께 활동한 농촌의 가난한 지도자 가운데 유일하게 글을 읽지 못하는 멤버이다. 2008년 12월에 내가 인도의 학교들을 방문할 당시 이 남자는 나를 위해 포크송 한 곡을 불러주었는데, 나는 그중 한 줄 가사를 어떤 포럼에서 부른 바 있다. 지금도 니마이는 노래를 부르지만 다른 사람들 앞에서 노래를 부르는 것에 난처해한다. 그는 글자를 모르기 때문이다. 우리는 그의 노래를 '서발턴 문학'으로 읽을 수 없다. 니마이의 노래는 자신의 문화적 순응성을 일부 드러내며 배워 왔던 노래이다. 그는 그 노래를 잘 부르기는 했지만 놀라울 정도는 아니다. 내가 노래 불렀던 그 가사는 "Mon kore uribar torey, bidhi dey na pakha"이다. 대충 번역하면 "나는 날고 싶지만 운명이 내게 날개를 달아주지 않는다."이다. 문자 그대로 조심스럽게 번역하자면 "나의 정신은 비상을 향하지만 — "이다. 그때 'bidhi'라는 단어는 '운명/신'뿐만 아니라 '법',

3) 2009년 5월 11일에 런던 대학의 골드스미스 칼리지에서 한 미간행 강의.

'정의'를 뜻할 수도 있는데 날개를 달아주지는 않는다. 내가 그 노래를 부르고 읽는 것은, 그 노래가 세계문학과 얽혀 있는 우리 자신의 이해관계를 또한 묘사할 수 있기 때문이다.

칸트는 일반적인 세계 개념에 대해 단순히 사색적인(speculative) 이성에 관한 규정적 개념이라고 말했다. 우리는 모든 경험하는 존재, 아마 심지어 동물들도 하나의 세계를 떠맡는다고 생각할 수 있다. 언어를 이해하려는 발터 베냐민의 모델에 따라 나는 「본연의 세계와 경험하는 존재들의 세계들」(World as Such and the Worlds of Experiencing Beings)이라는 조응하는 제목을 만들 수 있었다.[4] 그러한 노력들은 경험적 탐구를 위한 자명한 토대로서 세계와 자아를 취하는 것을 회피한다고 우리더러 느끼도록 만드는 탐구 방식 이상은 아니라고 하겠다. 이것은 좀 더 명확하게 탐구할 필요가 있겠지만 준비 부족 때문에 나는 다음 단계를 취할 것이다. 우리가 그 탐구 방식에서 한 걸음 뒤처져 있음을 명심하도록 하자.

우리의 탐구 방식에 의해서는 거의 확보되지 않는 이렇게 불확실한 기반(ground) 위에서 '문학'이라는 단어는 아직 유용하지 못하다. 로망스(romance)의 그 모든 동음이의어들이 독일어 'Literatur'에 안전하게 제자리를 잡고 있지 못하다. 여기서 우리가 그 역사적 이유들을 고려할 수는 없다. '문학'이라는 단어의 모든 다른 번역어들은 검토 대상이 일부 되기는 하지만 검토의 도구들은 아직 아니다. 내가 '아직 아니다'(not yet)라는 용어를 반복해서 사용한다는 점을 주시하기 바란다. 데이비드 담로쉬의 책에 인용되어 있는 스티븐 오언스(Steven Owens)와 레이 초우(Rey Chow) 사이의 논쟁은 '아직 아니다'라는 이 용어에 유의하지 않는다.[5] 그들은 이 용어를 '이것인가 저것인가'로 변형하며, 그 용어가 자체의 불안정 속에서도 안정될 수 있기 전에 그만 사유의 맥락을 놓쳐 버리고 만다.

우리가 이러한 유형의 탐구에 필요한 후진하는 발걸음을 뗄 때, '문학'을 가리키는 유럽 단어들은 아직 유용하지 않다. 뿐만 아니라, '위대한 비서구' 문명들이 유럽 맥락에서의 '문학'과 동일 내지 유사하거나 더 나은 기능들을 섬길 수 있었거나 섬겼던 단어들을 역사

---

4) Immanuel Kant, *Critique of Pure Reason*, trans. Paul Guyer and Allen W. Wood (Cambridge: Cambridge University Press, 2000), p. 613(이후 여기서의 인용은 본문 중에 PR과 함께 쪽수를 표기함); Walter Benjamin, "On Language as Such and on the Languages of Man," in *Reflections: Essays, Aphorisms, Autobiographical Writings*, ed. Peter Demetz (New York: Schocken Books, 1986), pp. 314-332.

5) David Damrosch, *What Is World Literature?* (Princeton, NJ: Princeton University Press, 2003), pp. 19-20 (이후 여기서의 인용은 본문 중에 WWI와 함께 쪽수를 표기함).

적으로 지녀 왔다는 주장도, 여기서 지금 또다시 그다지 유용하지 않게 된다. 실로 현 논쟁과 관련해 레이 초우 같은 사람들과 스티븐 오언스 같은 사람들은 유사한 일련의 가치들을 서로 공유하는 모습을 보여준다. 현 상황에서 '문학'의 지위에 대한 디아스포라들의 대항적-주장들 또한 아직 유용하지 않기 때문이다.

차라리 이성도 비이성도 아닌 것에 의해 채워지는 공간이 아직 환원 불가능하게 보인다고 생각하도록 하자. 물론 이것은 문자 그대로 꿈의 공간이다. 그 공간은 경험하는 존재들을 도와주는 텍스트들 중에서 가장 문자 그대로의 텍스트인데, 하나의 세계를 가정하는 데 있기 마련인 간극들을 채워준다. 이 공간을 놓고 우리는 경험하는 존재들이 만들 수 있는 것과 그들이 필요로 하는 것 사이에 있다고 생각할 수도 있을까? 이 공간을 채워주는 그 환원 불가능한 것이야말로 우리가 역사와 문화라고 부르는 투쟁의 지점이었다. 여기서 형성된 변화가, 투쟁의 형태에 기반을 둔 변화가 거기 있는 것처럼 보인다는 단순한 이유 때문이다. 어떠한 생계형 사냥도, 모임도, 농업도, 경제도 없다. 하나의 반복될 수 있는 차이, 즉 필요와 형성 사이의 그 환원 불가능한 차이가 각각 거주한다. 내가 이스탄불의 학술회의를 위해 기조(keynote)를, 잠시 앞서 들릴 낮은 음조를 뒤에서 추구하는 동안 터키 혹은 미국 중심인 청중에게 이러한 형태가 영원히 다를 뿐만 아니라 영원히 반복 가능하다고 생각하는지 어떤지를 물어보았다. 그리하여 포스트스피노자적 사유에 의해 우리에게 제시된 가장 엄격한 의미에서의 그 형태란 역사일 뿐만 아니라 특이성(singularity)이기도 하다. 역시 인간적인 것은 신앙(belief)을 제안함으로써 자신을 동물과 구분한다. 경험하는 존재가 얼마나 많은 것을 만들 수 있는가와 얼마나 많은 것을 필요로 하는가 사이에서 그러한 차이의 공간은 이성의 시뮬라크럼 속에서 신앙으로 채워진다. 인간과 동물을 구분하는 선이 흔들리게 되는 것은 바로 이곳에서다. (그 차이의 공간은 '창조적인' 것이 거주하는 공간, 자본으로부터 예술에 이르기까지 초과가 거주하는 공간이다. 신앙은 이 초과를 닫아버리지만 완전히 닫을 수는 없고, 훈련을 받든 그렇지 않든 상상력에 의해 (탈)초월화에 항상 개방된다.) 이것이 종교이다. 내가 떠맡은 세계에 관해 내가 조금 아는 바로부터 나는 신앙과 경이의 경제(더 나은 단어가 없어 사용하는)야말로 경험하는 존재의 큰 부분이 확정적으로 서술하는 한 가지 특징을 이룬다고 믿고 싶다. 그것은 주도권 싸움이, 전쟁이, 전쟁들이 될 수 있다. 그러한 경제 자체가, 오늘날 우리가 여기서 문학이라고 부를 수 있는 것의 의미가 무엇이건 간에 이해되기를 바라는 바를 나타내는 표식이기도 하다. 그 경제는 같은 시기의 독일 오리엔탈리즘보다 더 위대한 18세기 프랑스의 오만함을 나타낸다. 이것에 관해서는 나중에 좀 더 논의하겠다.

문학적인 것이 이러한 직관을 경유해 포착된다면, 셸던 폴락(Sheldon Pollack*콜롬비아 대학 남아시아 담당 교수. 산스크리트어 학자이자 미국 문학사와 비교주의 역사학자. 저서로는 『남자 세계에서 신의 언어: 전근대 인도의 산스크리트, 문화, 권력』(*The Language of the Gods in the World of Men: Sanskrit, Culture and Power in Premodern India*, 2006), 『세계 문헌학』(*World Philology*, 2015) 등이 있음)의 논평은 그것의 위험한 정념을 보여준다.[6] 나도 그렇지만 폴락에게도 문학의 직관이란 자신이 믿고 싶은 바로부터, 자신이 떠맡은 세계에 대해 별로 알지 못하는 바로부터 나온다. 수락의 행위자를 다른 경험하는 존재들과 구분하기 위해 하나의 세계를 수락하는 것은, 모든 개인들과 존재들을 포괄해야 할 때에도 깊이 있는 개인적인 것이 되기 때문이다. 그렇다면 세속성으로부터, 또 형성 욕구(make-need)의 차이로부터 벗어나는 첫 번째 단계란 또한 모든 종류의 휴머니즘의 첫 번째 도구이기도 하다. 세속성 담론들은 장르상 자전적이고 제도상 고백적이다. 그 담론의 관심사가 바로 자전적이거나 고백적이지 않을 때라도 그렇다.[7]

몇 년 전에 나는 이스탄불에서 에드워드 사이드의 명석한 책 『오리엔탈리즘』(*Orientalism*)에 관해 발표했고 다음의 중요한 문장을 지적했다. "이 연구에 스며들어 있는 개인적 투자의 많은 부분은, 두 영국 식민지들에서 성장한 아이로서 '오리엔탈' 존재에 대한 나의 인식에서 비롯된다."[8] 그러한 자전적인 고백으로 보건대, 사이드는 만들어지고 부수어지는 세계문학들을 구축하고 비판하면서 일생을 보냈다. 그가 오스만 제국에서 벗어나는 서사를 지적한 적은 결코 없지만 말이다.

이제 데이비드 담로쉬를 살펴보기로 하자. 그는 빛나는 학자의 의도를 갖고 자신의 책을 시작한다. "뒤따라 나오는 것은 정의되는 와중에 있는 에세이, 새로운 기회들의 찬양, 조심스런 이야기들의 화랑이다."(WWL, p. 36) 그러나 결국 그는 세계문학의 도구성을, 경험하

6) Sheldon Pollock, "Cosmopolitan and Vernacular in History," *Public Culture* 12 (2000): 594-595.

7) Derrida, *The Animal That Therefore I Am*, trans. David Wills (New York: Fordham University Press, 2008), p. 22.

8) Edward Said, *Orientalism: Western Conceptions of the Orient* (New York: Pantheon, 1978), p. 25.

는 존재들의 공간 속에 하나의 특별한 자리를 우리한테 확실하게 해주는 세계문학의 역할을, 인정하는 우리의 방식을 맴돌고 있다. "나는 여러분에게 나의 세계문학을, 적어도 그 세계문학의 대표적인 교차-섹션을 제시했다. … 서로 다른 독자들이 매우 다른 텍스트들의 성좌들에 사로잡힐 것이다."(WWL, p. 281) 나는 칸트의 엄혹한 세계로부터 많은 단계를 거쳐 내려온 이 패턴조차도 식민주의 이야기(괴테)와 세계문학에 대한 자본주의 이야기(마르크스)를 거슬러 올라가고 있다는 점을 계속 강조하고 싶다.

내가 기술해 왔던 것은, 세계문학은 한 가지 묘사, 즉 부상하는 이해관계들을 일부 묘사하는 가운데 정의된다는 점이다. 여기서 내가 파스칼 카사노바(Pascale Casanova*포스트식민주의와 메트로폴리탄 문학 사이의 적대적 관계를 주장하는 『문학의 세계 공화국』[*La République mondiale des Lettres*, 1999]이라는 책을 썼다.)의 연구를 언급한 것은 그녀가 그 모델이고, 18세기 프랑스의 정신과 일치하기 때문이다. 이 정신은 안정성의 변화무쌍한 불안정한 근거들을 중화하는 데 대한 단호한 무관심에서부터 그 가장 큰 힘을 얻는다. 그리하여 내가 세계문학이라는 단어를 이처럼 느슨하게 함으로써 경험하는 존재가 자체를 이러한 틀 내부의 한 가지 '과제'로 형성할 때, 세계문학은 그 경험하는 존재를 계속 회피하는 하나의 사건이 되는 셈이다. 나는 「비잔티움을 완화하기」(Subduing Byzantium)라는 제목의 기조연설을 헝가리의 페치(Pécs)에서 발표했다. 페치는 이스탄불과 루르(Ruhr*도르트문트 근처의 도시)에 있는 한 도시 — 내가 이 글을 쓰고 있었을 때 그 이름을 잊어버렸지만 터키의 아우어바흐(Auerbach)와는 거의 닮지 않았다. — 와 더불어 자칭 '국경 없는' 도시이다. 비르붐에 있는 라니그람(Ranigram) 마을에서 나의 유일한 기계 조수야말로 내 작업에서 아주 종종 언급된 허리케인 램프였다. 페치는 유럽의 문화적 수도가 될 참이었다. 기억나지 않는 그 도시 이름은 에르푸르트(Erfurt*독일 라이프치히의 남서쪽에 위치한 도시. 루터가 첫 미사를 집전한 아우구스티누스 성당이 있음)라고 생각된다. 데리다는 페치를 자주 방문했고, 그래서 사람들은 '디페랑스를 되밀어 보내기'로써 그 사건을 중화할 필요성을 기술했다. 적어도 여기서 그 사건을 중화한다는 것은 지속적인 하나의 과제, 확보된 기원들을 안정된 것으로 여기는 과제처럼 보인다. 모든 면에서 모호하지 않은 언어로 말하자면, 이것은 초월적 추론을 집요하게 탈-초월화하기보다 무시하는 것을 뜻한다. 여러분은 다른 어떤 방식으로는 하나의 확실한 유럽에 입장할 수 없다. 로크는 이미 이 점을 알았다(PR, p. 231). 실로 내가 이스탄불의 청중들에게 또 유럽의 미국 청중들에게 하루건 1년이건 말했듯, 헝가리의 청중에게도 반응을 보여주면서 다음과 같이 말했다. "'디페랑스'에 도전할 우리의 의무가 과제 혹은 사건으로 받아들여질까요? 발칸과 유럽이 동양-서양의 적절한 알레고리일까요? 혹은 이 세 문화 수도들이 여전히 비잔티움을 다시 한 번 해체하고 있을까요?" 그것을 과제라고 간주한다면, 형상/논리를 역사로 바꾸면서 우리에게 '유럽', '미국', '지구'를 제시했던 일정한 철학적 우연성들을 경험화하는 데서부터 비롯된 안정성을 안정화한다고 하겠다. 나는 뉴욕의 안드레아스 후이센(Andreas Huyssen*1942-, 미국의 문화비평가로서 컬럼비아 대학의 독문학 · 비교문학과 교수로, 미국의 독일 연구를 이끄는 『새로운 독일 비판』[*New German Critique*]을 창간함)과 대화하던 오르한 파무크(Orhan Pamuk*1952-, 이스탄불 태생의 소설가로, 서구화된 부자들이 사는 구역의 삶을 그리는 소설들 『고요한 집』(*The Silent House*, 1985), 『검은 책』(*The Black Book*, 1990)을 썼다.)가 유럽에 입장하는 것은, 터키를 더욱 관대하게 만들 것이라는 소리를 들었다. 유네스코에 의해 조직된 세계 철학의 날에 세네갈의 아미나타 디아우 시세(Aminata Diaw Cissé*세네갈 출신, 프랑스 니스 대학에서 교육받았으며 현재 아프리카 사회과학연구 분과위원회(CODESRIA)의 〈철학과 인식론 연구센터〉에 재직 중임)는 루소에 관한 공들인 발표를 했다. 그 발표가 끝난 후 나는 18세기 프랑스를 무시하는 것은 유럽적 연계를 통해 무슬림 여성에게 도달했던 젠더 자유를 부인하고자 하는 것이라는 그의 말을 들었다. 나는 그러한 입장들을 이해했고 심지어 그 입장들에 동의하기도 한다. 인도가 독립하기 전에 나는 태어났고, 나의 마지막 인도 방문은 뭄바이에서 2008년 11월에 일어났던 테러리스트 공격 이후였다. 거의 30년 전에 「서발턴은 말할 수 있는가?」(Can the Subaltern Speak?)에서 나는 힌두들을 통렬히 비난했고, 젠더의 이해관계에서 보자면 좋은 사법적 법적 개혁을 했던 영국인들을 찬양했다. 그러나 이성도 비이성도 아니지만 환원 불가능한 것으로 보인다고 하는 세계문학은, 한 특정한 모델의 행위자적 실천을 위해 필요한 안정성을 집요하게 보충하고자 하는 바로 그점에서 문제가 된다. 여기서 보충이란 결핍을 채우고 첨가하는 것이다. (이성도 비이성도 아닌데 환원 불가능한 것으로 보이는) '문학'은 경험하는 존재를 위한 집요한 과제 뒤로 물러나기를.

프레티(Preti) 학파의 이탈리아 철학자인 루카 스카란티노(Luca Scarantino*국제철학인문학이사회(CIPSH)의 저널 편집장이며 〈세계철학연맹〉의 사무총장. 철학 관련 기관에서 다양하게 활동하고 있으며 주로 철학과 이탈리아 문화사를 연구함.)는 서로 다른 문화적 전통들이 초월적인 것을 어떻게 역사화하여 왔는지 그 경위를 살펴보는 가운데 문화의 차이를 이해하고자 했다.[9] 이것은 확실하게 될 수 없는 것을 확실하게 하는 과정을 추적하려는 야심 찬 좋은 노력이다. 역사라는 이름만으로 인간적인 것을 확실하게 하는 폐쇄의 내부에서이긴 하지만 말이다. 이것은 '관대한' 중개자로서 유럽을 대동한, 또 우리가 함께 시작했던 사색들과 동떨어진, 문화들 사이의 구분들에 의존하고 있을 게 틀림없다. 이것은 민족문학들과 '세계' 혹은 '비교'문학들 사이의 구분에 대한 의존과 비견할 만하다. '세계' 혹은 '비교'문학 자체도 "세계문학이란 무엇인가?"라는 질문이 전제해야만 하는 사색들, 즉 우리가 시작했던 그 사색들과 동떨어져 있다. 결과적으로 데이비드 담로쉬와 드제랄 카디르(Djelal Kadir*1946-, 사이프러스의 양치기 마을에서 태어남. 펜실베이니아 주립대 비교문학 교수)의 연구는 서로 다른 방식으로 "세계문학의 세계란 무엇인가"라고 묻고 있으며, 언어들에 기반을 둔 민족들이 있고 그래서 문학들에 기반을 둔 민족들이 있다는 가정을 심문하는 일을 떠맡을 수 있을 것이다. 물론 우리는 제2차 세계대전 이후 유럽 경험에 근거한 이러한 가정들을 조심스럽게 비판하는 한나 아렌트를 한쪽 끝에 두고 있다.[10] 그러나 그 위에, 또 그 너머에 우리는 아프리카를 두고 있다. 불행하게도 우리가 아프리카 문제를 정의(definition)로서, 심지어 묘사로서 정의하고 싶어 한다면, 그것은 우리의 사유를 거짓으로 만든다. 우리가 아프리카 문제를 사색 중인 이해관계들(l'enjeu)로서 생각하지 않더라도 말이다. 아프리카에서의 식민주의 역사에 관한 경험적 고려는 민족들을 둘러싼 우리 가정의 우연성을 보여준다. 비전문가로서 나는 풍부한 지도들과 집요한 텍스트를 갖춘 아두 보아헨(Adu Boahen*1932-2006. 가나 학자, 역사가, 정치가. 1959년부터 1990년까지 가나 대학의 연구진이었음)의 『식민주의에 관한 아프리카 시각들』(*African Perspectives on Colonialism*)이 엄청나게 유용하다는 것을 발견했다.[11]

프랑코 모레티와 데이비드 담로쉬의 사유 방식은 서로 다르기는 하지만 그들은 세계문학 문제에 괴테와 마르크스를 함께 인용한다. 나는 두 비평가 사이의 차이를 지적하고 싶

9) Luca Scarantino, "Violence and Cultural Dialogue: Generosity as an Epistemic Feature," in Dünya Felsefe Günü Bildirileri: Papers of the 2007 World Philosophy Day (Ankara: Türkiye Felsefe Kurumu, 2009), pp. 299-307.

10) Hannah Arendt, *The Origins of Totalitarianism* (New York: Harcourt, 1976), pp. 267-302.

11) A. Adu Boahen, *African Perspectives on Colonialism* (Baltimore, MD): Johns Hopkins University Press, 1987).

다. 담로쉬는 식민주의와 자본주의에 의해 결정된 자신을 당당하게 논평한다. 내 생각에 괴테는 기공이 많은(aporetic) 세계문학의 본성을 상상할 수 있다고 여겨진다. 괴테에게 '세계문학'의 범주는 '도래할' 양식 속에 있는데 마르크스에게는 그렇지 않다. 괴테는 오히려 "민족문학이야말로 지금은 의미 없는 용어이다. 세계문학의 시대가 가까이 다가오고 있고 모든 사람이 그것의 도래를 서두르도록 분투해야 한다."고 말하는데 아무튼 결말은 열려 있다. 마르크스는 "수많은 민족문학들과 지역문학들로부터 세계문학이 발생한다."고 안전하게 말한다.[12] 과학적 사회주의는 상상력에 의해 추정될 수 있는 것을 할 수 없다.

이제 마르크스의 문제에 대해 잠깐 언급하고자 한다.

> 그람시의 희망
>
> 새로운 지식인의 존재 양식은 더 이상 웅변에 존재할 수 없으며… 추상적인 수학적 정신보다 우월한 … 실제 삶에 대한 적극적인 참여에 존재할 수 있다. 우리는 일로서의-기술로부터 과학으로서의-기술로, 또 역사에 관한 휴머니즘적 개념으로 전진한다. 그러한 역사 개념이 없다면 우리는 (한 사람의) '전문가'로 남으며 (한 사람의) '지도자'(전문가+정치가)는 되지 못한다.[13]

사회적 생산성의 비밀이 밝혀진다면 노동자들의 자기-이해관계가 쇠락할 것이라는 마르크스의 생각은 실수였다. 몇몇 사람들은 해결책은 윤리적 가르침에 있다고 생각했었다. 그람시는 테제 3에 윤리적 가르침이라는 지렛대를 삽입하여 그 기획을 인식론적인 것으로 만듦으로써 마르크스를 해체하는 것이 요점임을 이해했다. 이것이야말로 그람시의 천재적인 면모였다. 지금까지 혁명의 즉각적인 여파로 인한 전위주의 속에서 변함없이 상실되고 만, 프롤레타리아-서발턴 지식인으로서 '혁명적' 주체를 생산하기 위해 새로운 지

---

12) Johann Wolfgang von Goethe, *Conversations with Eckermann, 1823-1832*, trans. John Oxenford (San Francisco: North Point Press, 1984), p. 132(스피박의 강조); Karl Marx and Frederick Angels, *The Communist Manifesto*, ed. John E. Toews (Boston: Bedford/St. Martin's, 1999), pp. 66-69.

13) Antonio Gramsci, *Selections from the Prison Notebooks*, ed. and trans. Quintin Hoare and Geoffrey Nowell Smith (New York: International Publishers, 1971), p. 10.

식인을 도구화하자는 것 말이다. 사심 없는 인식소는 윤리적인 것의 간섭을 허용할 수 있고 저지할 수 있다. 그람시는 우리 중 몇몇이라도 심오한 언어 학습을 말할 때와 문학 텍스트성이 윤리적 반영체를 훈련할 때와 똑같은 정신으로 휴머니즘을 연구하라고 말했다. 푸코는 휴머니즘 속에서 교육받았기 때문에 니체를 지지하면서 자유란 억압의 부산물이라고, 그리하여 ~로부터의 자유가 ~로의 자유를 직접 유도하지는 않는다는 (마르크스가 설명하지 못한)우리의 신념을 강조할 수 있었다. 그 신념에 주석을 붙이자면, 권리를 주장하는 자유를 유도한다는 것이다. 여러분이 자유로서의 책임에 관해 생각해 보기 위해서는 자유에 대한 반란을 가르치는 바로 그런 휴머니즘 교육을 필요로 한다.[14] 실로, 억압에 의해 결정되는, ~로부터의 자유 외에 자유란 없다. 권리들은 경우들(occasions)에 속박된다.[15] 책임으로 향하는 자유는 미학교육과 더불어 이중구속 속에 있다. 그것은 윤리적인 것과 더불어 구조 없는 구조 속에 있다.[16]

여러분은 오늘날의 맥락에서 그람시의 권고가 원거리로 여행하리라는 점을 감지한다. 마르크스의 추상적인 평균(혹은 양화量化)이 정치적인 것의 영역 속에 완전히 발을 내디뎠던 오늘날의 맥락에서 말이다. 데이터-형태가 지금 선호되는 가치형태라고 나는 다른 곳에서 논의했다.[17] 하트와 네그리는 이 형태를 세속적인 대화와 행동의 가능성으로써 채워 왔다. 상당히 비이성은 아닌(not-quite not-unreason) 어떤 것과 이성이 함께 거주하는 사유의 공간을 채우는, 세속적 대화와 행동의 가능성 말이다. 나는 서론에서 그것의 어려움을 논의했다. 즉 바로 그러한 수학적 직관만으로는 충분하지 않다는 그람시의 말은 과학적인 세계문학주의의 기초가 되는, 확실한 것으로서 확보된 비확실한 것(the secured unsecure as secure)에 대한 확신을 경고하는 것처럼 들린다. 하지만 방금 내가 가리켰던 모든 비평가들에 의해 '휴머니즘적 역사'라는 구절이 일반적으로 인정되지 않는 방식으로 거주되는 이중구속

14) Michel Foucault, "Nietzsche, Genealogy, History," in *Language, Counter-Memory, Practice*, trans. Donald Bouchard and Sherry Simon (Ithaca, NY): Cornell University Press, 1977), pp. 139-164.

15) 이것은 『젠더화된 포스트식민성에서 학문의 자유를 생각하기』(*Thinking Academic Freedom in Gendered Postcoloniality*, Capetown: University of Cape Town Press, 1992)에서 논의됨. 콜카타의 시걸 북스(Seagull Books) 출판사에서 나올 개정본 근간.

16) 이것은 스피박의 『다른 여러 아시아』(*Other Asias*, Oxford: Blackwell, 2008)의 2장에서 길게 논의된다.

17) Spivak, *Other Asias*, pp. 253-254.

의 지점이라고 하더라도, 그 구절은 완전히 수긍할 만하지 않다. 미학교육은 여러분을 에이햅(Ahab) 선장(*허먼 멜빌의 『모비딕』에 등장하는 선장)이나 세나나약(Senanayak*마하스웨타 데비의 소설, 「드라우파디」(Draupadi)에 등장하는 장교 이름) 같은 사람 속에다 전위시킬지도 모른다. 적어도 그람시는 자신에게 허용된 시간에서나 함께 뒤로 물러설 수 있는 그의 운명이었던 환경들에서나 철학자가 아니었다. 그러나 그는 위대한 유럽 혁명의 유산에 의해 분명 확보된 토대들을 느슨하게 할 필요성을 확실하게 깨달았다. (여기서 '라틴어'Latinitas를 산스크리트어 교육과 비교하는 것은 우리가 각주에서 보게 되는 건망증이며, 전체 삶의 불안정한 미완의 발판 내부에다 주도적인 감성을 놓을 줄 모르는 무능력이나 거절인 셈이다.)[18] 우리가 그람시의 『옥중수고』(*Prison Note-books*)를 읽을 때 일종의 속기를 쓰고 있는 그의 면모를 알아차리면서 읽어야 한다. 나는 1926년 이후 그람시 글쓰기의 규약들에 대한 이러한 감식안을 갖고서 자체의 한계를 넘어 '휴머니즘적 역사'라는 구절을 열어젖히고자 노력하고 있었다. 내 헝가리 친구들의 말을 인용하자면, 그 휴머니즘적 역사가 디페랑스를 뒤로 밀쳐놓음으로써 '세계문학'이 자체의 수수한 특성을 갖기를 중지한 장소로 조금이나마 나아가도록 하는 빛이 될 수 있도록 말이다.

「서론」에서 나는 '수학적 추상보다 우월한' 그람시의 '테크노-과학적인' 지식을 길게 논의했다. 「서론」에서 나는 마르크스의 휴머니즘적 교육이야말로 자유로운 사회성(free sociality)에 관한 이해를 마르크스에게 제공했다는 점을 그람시가 은연중 깨달았다고 지적했다. 자유로운 사회성이야말로 사회적인 것을 둘러싼 독특하게 마르크스적인 의미를 지니는 이중구속을 창조했던 셈이다. 사회적인 것을 둘러싼 독특하게 마르크스적인 의미는 노동의 '이중적 성격'에서부터 발생한다. 추상으로서 노동은 교환되고 소비될 수 있으며 더 많은 (잉여)가치를 생산할 수 있다. 반면 개인적인 사용-가치로서 노동은 소비되고 폐기되는 하나의 대상을 생산한다. 그 대상은 자체의 주위에 정치경제에 관한 이해를 선회시키는, 뒤따르는 동종요법 혹은 노동의 양화(마르크스의 '추상적 평균')의 약이자 독이라는 이중-성격(파르마콘)에 거주하는, '도약 지점'(Springpunkt)인 셈이다. 마르크스가 이 동종요법의 주체를 이론화하지 못했다고 나는 지적해 왔다. 자본주의로부터 자유로워질 의도로 사용되는

18) Sheldon Pollock, *The Language of the Gods in the World of Men: Sanskrit, Culture, and Power in Premodern India* (Berkeley: University of California Press, 2006), pp. 571-572.

양화로서의 '사회적인 것'의 행위자가, 그렇게 자유롭게 된 의도를 왜 복지사회를 구축하는 데 바쳐야 하는가? 복지사회에서의 '사회적인 것'은 마르크스와 마르크스주의자들에 의해 일반적인 휴머니즘적 의미로 이해되고 있는가? 미학적으로 훈련되어 있을 뿐만 아니라 휴머니즘적인 방식으로 정의로운 사회를 구축하려는 충동은 '사회적'이라는 단어의 유희 속에 박혀 있다. 한편으로 파르마콘으로서 양화된 노동에 기반을 둔 연합이라는 의미에서 잔인하게 독창적인 형용사 '공동의'(gesellschaftlich) 혹은 '연합의'(vergesellschaftet)가, 다른 한편으로 그것의 흐릿한 명사가 공공연히 저 '문학적인' 공간에, 필요와 만들기 능력 사이의 공간에 거주한다. 실로, 이중구속에 있는 유일하게 공통된 그것을 이중구속으로 만드는 것은 바로 이 공간이다. 또한 여기서 자본이 발생함을 간파했던 면모야말로 바로 마르크스의 천재성이었다. 그람시는 여기에 성큼 발을 들여놓는다. 그는 이 공유된 공간의 주민으로서 프롤레타리아 지식인과 서발턴 지식인을 연관시키고 싶어 한다.

내가 「서론」에서 제안한 바, 그러한 기획을 인식론적인 것이라고 생각한 그람시는 옳았다. 우리는 윤리적인 것의 간섭에 유의해야 한다. 윤리적인 것은 직접 한 가지 플랜의 부분이 될 수 없다. 앞서 나는 바로 이러한 결론을 조금 확장했던 셈이다.

내가 카사노바 교수의 명석한 발표에 대한 토론자들 중 한 명이었을 때, 그람시의 두 가지 다른 생각을 활용했었다. 하나는 가치생산의 특정한 양식과 연속적인 지식인들, 즉 '유기적 지식인'에 관한 사유였다. 지구화가 동일한 교환체계를 확립하기 위한 재구조화로 이해된다면, 그 논의는 우리 모두를 포괄한다. 또한 나는 역사적이고 비교적인 문법들은 항상 투쟁 지점이며, 승자의 설명이라는 그람시의 주장을 활용했었다. 여기서 유추를 펼치자면 그람시의 '언어'야말로 '문학'으로서 쉽게 읽힐 수 있다고 제안하는 식으로 말이다.[19]

승자의 편을 택하는 것은 항상 흥분되는 일이다. 터키에서 문학을 공부하는 학생들을 위해 나는 터키 문학에는 특별한 신랄함이 있다고 이스탄불의 내 청중에게 상기시켰다. 오스만에 대한 향수가 이제 유럽 승리주의로서 재영토화되고 있고, 18세기 프랑스와 19세기

---

19) Antonio Gramsci, *The Gramsci Reader: Selected Writings, 1916-1935*, ed. David Forgasc (New York: New York University Press, 2000), p. 355.

독일과 21세기 미국의 세기들을 경유해 세계의 기준을 확립하는 데 참여할 책임과 진지함인 양 재코드화되고 있으니 말이다.

담로쉬의 책은 그러한 기획들의 이중구속을 인정하는 계기들로 가득 차 있다. 그 기획들은 자체와도, 경험하는 존재로서 우리에게 만들기와 읽기 사이의 차이 공간이 아마도 제공할 수 있는 것—항상 도래할 휴머니즘의 가능성—과도, 이중으로 구속되어 있다. 그 공간에서 자본이 또한 발생한다는 것은 하등 비밀도 아닌 만큼, 자본의 분명한 민족주의와 세계 언어들의 풍부함 사이의 관계는 그리니치 표준시, 꼼꼼한 읽기의 포기 등과 같은 양화라기보다 보충성의 관계일 수 있다. 담로쉬는 미국을 "예전에는 지방이었는데 지금은 메트로폴리스"(WWL, pp. 27-28)라고 묘사한다. '지방'과 '메트로폴리스' 사이에 그람시의 투쟁 공간이 있는데, 담로쉬는 그 공간을 거의 지우지 않는다. 나는 담로쉬를 투쟁 지점 속에 밀쳐 넣기 위해 그와 함께 한다.

담로쉬는 그렇게 밀쳐 넣어질 준비가 되어 있다. 내가 『세계문학이란 무엇인가?』를 이해하고 있다면, 몇몇 텍스트들은 다양한 이유들 때문에 '세계문학'으로서의 자격을 갖는다고 제안하게 된다. 그 이유들 중 하나가 인류에 있는 일종의 원형적인 통일성이다. 우리는 서로 똑같은 이야기들을 말한다. 하지만 이것을 알아차리는 법을 배우기 위해 우리는 역사와 언어들을 배워야 한다고 담로쉬는 말한다. 그저 '과학으로서의 기술'이 아니라 '역사에 관한 휴머니즘적 관념'을 배워야 한다는 것이다. 현재가 자체를 그릇된 약속들 위에다 구축하고 있는 때이니만큼, 그러한 주장은 선택적인 과거에 있는 편평한 놀이터를 가리키는 좋은 신조이다. 물론 나의 요점(또 그람시의 요점)은 그 선택에서 배제되는 것이야말로 하나의 정치체가 제 기능을 하기 위해 부인되어야 하는, 서발턴화의 공간이라는 점이다.

내가 데이비드 담로쉬와 함께 할 가장 좋은 이유란 집단성에 대한 그의 호소이다. 나로서는 미학교육에서의 미학적인 것이라고 할 '철학적-문학적인' 것이란 도래하고자 집요하게 시도하는 집단성을 위한 수단이다. 우리의 이해관계들은 동일하지 않으며 나는 그것들이 함께 할 수 있기를 계속 희망한다. 담로쉬는 이렇게 말한다. "우리가 한두 시기나 민족 전통들을 넘어 우리의 초점을 확장하고 싶다면 어떻게 나아가야 할지 전혀 분명하지 않다. 그렇게 잘 진전하도록 누가 실제로 충분히 잘 알 수 있겠는가?"(WWL, p. 284)

라빈드라나트 타고르는 세계문학 속에서 성공했던 것 같다. 그는 100년 전에 정확하게 〈비교문학〉에 관해 연설해 달라는 요청을 받고서 그 용어를 '세계문학'(bishsho shahitto)으로 바꾸었다. 하나의 구절로서 문자 그대로 번역된 '비교문학'의 벵골어는 우스꽝스럽기 때문이다.[20] 내가 이것을 오언스-초우(Owens-Chow) 논쟁과 관련시킬 시간은 없어서 간단하게 다음과 같이 말하겠다. 좌파 정치에 관심이 없었던 타고르는 그 에세이에서 파업 중인 노동자와 '바제이 코로치'(bajey khoroch) — 문자 그대로 잘못된 낭비인데, 일상 대화에서는 돈의 낭비이며 타고르의 수중에서는 틀림없이 자원의 낭비인 — 라는 두 은유를 제공한다고 말이다. 나는 이 주제에 관한 장문의 벵골어 에세이를 가지고 있지만, 그 에세이는 여행하지 못할 것이다. 나는 이 은유를 일단 여러분의 수중에 던져 넣고서, 아마도 타고르가 정확하게 다음을 암시하고 있다고 시사하겠다. 즉, 유용한 양화로서 '사회적인' 것으로부터 성취되지 못한 현재에다 '세계문학'을 놓는 바람에 마르크스가 실패했던 인간 복지로서의 '사회적인' 것에 이르도록 하는, 차이의 공간 활용(use)을 되돌아보게 하는 방식을 말이다. 그 외에도 이것은 다른 종류의 반전이기도 하다. 우리가 자본의 사회적 생산성에 대한 제대로 된 활용을 이야기하고 있지 않기 때문이다. 내가 용기를 내어 말하자면, 타고르는 그 공간을 채울 일종의 포틀래치(potlatch*미국 북서안 인디언들이 부와 권력을 과시하기 위해 행하는 겨울 축제의 선물 분배 행사를 가리킴)를 제안하고 있는 중이다. 운명이 우리에게 날개를 주는 바람에 우리가 날고 있다고 말하려는 게 아니다. 고도가 버스를 타고서 도착한다는, 『고도를 기다리며』(*Waiting for Godot*)의 한 판본을 우리에게 제시했던 사람은 몬티 파이톤(Monty Python)이다. 우리는 지구적 문학의 풍부함이란 '비디 다이나 파카'(bidhi dayna pakha)라고 말하는 법을 배울 수 있도록 그 경위를 찾아보도록 해 보자.

마지막에 젠더를 사유하는 것은 종종 나의 습관이다. 재생산적 이성애 규범성은 세계적인 것이며, 우리는 그것으로써 만들기와 필요 사이의 공간을 항상 확보해 왔다. 초과로서의 아이는 아버지에게 불멸성을 확신시켜 주었고 어머니는 그 불멸성의 후견인이었다. 여기서 또한 초과로서의 아이는 우리가 상상하고 있는 재코드화와 여성의 일을 지금 바로

20) *Rabindra Racanabali*, vol. 6 (Kolkata: Paschim Banga Sarkar, 1961), pp. 762-781.

여기서도 사유하도록 우리를 도와줄 수 있다.[21] 실로, 세계문학 영역에 있는 문제들 중 하나는, 그것이 종종 젠더화를 수행하지 않는다는 점이다.

젠더는 우리의 첫 번째 추상화 도구이다.

「문화: 페미니즘을 위치 짓기」(5장)에 제공된 문화에 관한 정의를 둘러싼 작업을 살펴보도록 하자. 문화는 신성한 것과 세속적인 것 사이의 협상들과 성들(sexes) 사이의 관계를 지도 그리면서 느슨하게 윤곽 지어진 사람들의 집단에 의해 느슨하게 고수되는, 대체로 인정되지 못한 가정들을 묶어놓은 것이다. 나는 5장과 「서론」에서 젠더-추상화가 '문화'를 제도화하고 지속하는 경위를 설명하고자 노력했다. 나는 그러한 설명의 도움을 받으면서 미학적인 것에 관한 실러의 사색에 나오는, 여성성을 아무런 특징 없이 위치 짓는 폴 드 만의 대목을 읽어 보았다. 나는 이 대목을 인식론적 수행을 위해 상상력을 훈련하고 읽는 우리 작업의 알레고리로 바꾸고자 시도했고 장차 '도래할' 양식으로 성취할 수 있을 거라고 아마도 시사했을 것이다. '여성'이 정체성 없는 하나의 위치가 될 때까지 우리가 이 오랜 이분법을 역전하고 전위하고자 거듭 노력한다면 말이다. 여기서 나는 그 전체 시나리오를 재연할 수는 없다. 여러분이 그러한 움직임들을 상기하기를, 다음을 액티비스트의 읽기 제스처로 셈하기를, 나는 바란다. 즉 바로 이것 또한 '휴머니즘적 역사'라는 그람시의 속기 구절이 오늘날의 맥락에서 확장될 수 있는 경위이자, 장차 '도래할' 기공 많은 양식으로 좋은 세상을 희망하는 새로운 지식인들로서 우리 자신들을 도구화하는 경위라고 말이다. 예전에 내가 썼던 책에서 나는 죽음을 알렸는데 여기서는 절망을 알린다. 우리가 희망해야만 하는 세계문학을 우리는 성취할 수 없다. 삶과 희망은 단순한 이성 진영에 의해 너무 손쉽게 주장되고 있기 때문이다. 그래서 반복하자면, 실러를 방해하는 것은 역사적으로 '젠더화된' 형태를 띤다. 내가 이것을 인문학 계산대 내부에서 일어나는 야만적인 세력 다툼으로 얼마나 자주 기억해야 하는지를 여러분이 알게 된다면 깜짝 놀랄 것이다.

데이비드 담로쉬와 함께 한 나의 산책은 「서론」에서 내가 인용했던 데리다의 『악한들』에 나오는 구절과 더불어 끝내는 편이 적절했을 것이다. 그러나 버소(Verso) 출판사는

21) 그 대표적인 글로는 Wendy Sigle-Rushton and Jane Waldfogel, "Motherhood and Women's Earnings in Anglo-American, Continental European, and Nordic Countries," *Feminist Economics* 13.2 (2007): 55-91 참조.

‘세계문학에 반대하며: 비교문학의 번역 불가능성에 관하여’라고 불리는 책을 지금 원한다. 물론 그러한 바람 또한 그러한 단어들을 주장하는 기계인 출판 사업에 의해 주장되고 있다. 그럼에도 나는 데리다의 다음 말을 인용한다. “예컨대 ‘이치에 맞는’(reasonable)이라는 단어를 번역하는 법은 알려진 채 남아 있으니, 이성의 영예를 지킬 것이다. 또한 합리적인(rational) 것과 이치에 맞는 것 사이의 미미한 차이에 우리의 존경을 표하는 법, 라틴어법을 넘어 … 한 가지 언어보다 많은 언어로 환영하는 법.”[22] 바로 이 과제를 인도-유럽을 넘어 세계의 동의어들로, 세계와 우주 사이의 미미한 차이로 전환함으로써 다른 방법으로가 아니라 바로 그 무한한 노고의 내부로부터 반복하도록 하자. ‘mon korey uribar torey bidhi deyna pakha.’ 그릇된 희망.

22) Derrida, *Rogue: Two Essays on Reason*, trans. Pascale-Anne Brault and Michael Naas (Stanford, CA: Stanford University Press, 2005), p. 159.

23. 비교주의를 다시 생각하기

나는 21, 22장에서 지구화 시대의 미학교육이라는 문제와 관련해 나의 분과학문과 협상한 하나의 샘플을 미진하나마 여러분에게 제시했다. 우리 자신의 견지에 따른 지식 생산을 통한 타자의 통제라는 이슈는 항상 있었던 것 같았다. 그래서 객관적인 근거와 주관적인 근거로서 유럽과, 판관이자 원고로서 유럽 사이의 이중구속을 무시하는 일도 있었던 것 같았다. 23장에서 나는 시대에 대한 내 눈대중에 따른 법칙을 제공한다. 모든 언어가 아이에게 세상에 입문할 준비를 시키는 메커니즘을 갖는다고, 그래서 그 언어들을 등가적인 것이라고 생각해 보라. 또 분과학문적 방법의 텍스트들로부터뿐만 아니라 연구된 자료에 뻗어 나가 있는 기교들로부터 비교주의를 배우도록 해 보라. 23장은 『신문학사』(*New Literary History*)라는 저널의 〈비교문학〉 특집호에 청탁되었던 글이라 분과학문 양식으로 쓰여 있다.

〈비교문학〉에서 우리가 '비교한다'는 것은 무엇인가?

비교문학의 출범에 관해 말할 때, 보통 괴테의 세계문학(Weltliteratur)이 거론된다. 다른 한 편의 이야기는 터키의 스피처(Robert Spitzer*1932-, 미국의 정신과 의사이자 컬럼비아 대학 정신의학 교수를 지냄. 정신적 혼란을 진단하는 '통계 매뉴얼'(DSM)을 만드는 데 크게 기여함. 저서로는 『정신의학 진단에서의 비평적 이슈』(*Critical Issues in Phychiatric Diagnosis*, 1978), 『DSM-III에 관한 국제적 전망』(*International Perspectives on*

*DSM-*Ⅲ, 1998) 등이 있음)과 아우어바흐(Frank Helmut Auerbach*1931-, 독일 태생의 영국화가로 세상에 대한 뛰어난 관찰력과 친밀한 시선을 담고 있는 그의 작품들은 전후 영국 미술계에서 가장 유명한 그룹에 속함. 물감을 두텁게 바르는 임파스토 기법을 주로 씀)이다. 또한 제2차 세계대전 이후에 미국에서 지적으로 우세하게 된 〈비교문학〉 분과의 발흥을 둘러싼 이야기도 있다. 대체로 미국에서 〈비교문학〉이 우세하게 된 것은 전체주의로부터 피난처를 찾고자 한 유명한 유럽 비교주의자들 집단이 미국에 이주한 결과라고 하겠다. 이 집단은 문학연구의 이론적 변형을 함양하고 민족문학연구에 근본적인 변화를 초래하는 데 큰 영향력을 발휘했다. 그러나 비교문학을 비교주의적이라고 생각하는 것은, 비교되는 문학(la lierature comparée)이라는 프랑스의 개념과 좀 관련되어 있다. 그 개념에서 비교란 18세기 프랑스의 기준들을 은연중 참조했던 것이다. 내가 지적했듯이, 이러한 태도는 오늘날 파스칼 카사노바의 연구에 깔려 있는 근본적인 전제들과 일반적인 분과학문 실천에 반영되어 있다.[1] 르네 에티앙블(Rene Etiemble*1909-2002, 프랑스 태생의 에세이 작가, 학자, 소설가, 중동과 아시아 문학의 옹호자. 저서로는 『중국을 아시나요?』(*Connaissons-nous la Chine*, 1964), 『나의 마오주의 40년』(*Quaranteans de mon maoisme,* 1976) 등이 있음)의 『비교는 이성이 아니다』(*Comparaison n'est pas raison*)는 오늘날 유럽-미국에서 진행 중인 많은 것과 여전히 우호적으로 비교될 수 있는 방식으로 그러한 충동과 싸우고자 1968년에 시도했던 셈이다.[2] 그러나 우리가 질문하고 있는 문제들의 견지에서 보자면 그 책은 여전히 〈냉전〉 논리의 국제주의적 측면 내부에 너무 깊숙이 들어가 있다. 그래서 좀 온정주의적인 접근법을 갖고 있으며 인도와 동아시아의 최첨단 언어들 이상으로 나아가지 못한다. 그 논쟁의 결과가 무엇이건, 또 아시아의 고전 전통들의 지위가 무엇이건, 미국 내부에 있는 〈비교문학〉은 유럽 문학의 권역주의(regionalism)에 국한된 상태로 남아 있다. 냉전 이후 〈유럽 중심적 비교문학〉과 지정학적으로 정향된 '지역연구' 사이의 분할은 예전보다 덜 합당했던 것 같았다. 그러나 유럽 전통을 선호하는 비교는 제자리에 그대로 남아 있었다.

---

1) Pascale Casanova, *The World Republic of Letters*, trans. M. B. DeBevoise (Cambridge, MA: Harvard University Press, 2004). 예컨대 이것은 『암흑의 핵심』(*Heart of Darkness*)에 관한 치누아 아체베(Chinua Achebe)의 에세이를 비판하는 힐리스 밀러의 주장을 뒷받침하는 근거였다(J. Hillis Miller, *The Ethics of Reading*, New York: Columbia University Press, 1987).

2) René Etiemble, *Crisis in Comparative Literature*, trans. Herbert Wisinger and Georges Joyaux (East Lansing: University of Michigan Press, 1966).

다른 방식으로 보면, 비교는 편평한 놀이터를 가정하는데 그 놀이터는 그 시각에 함축된 이해관계의 견지에서만 보더라도 결코 편평하지 않다. 달리 말해 비교는 결코 비교하고 대조하는 문제가 아니라 오히려 판단하고 선택하는 문제이다. 그 놀이터가 연속적이지 않을 때, 그 문제는 엄청난 것이 된다. 대부분의 메트로폴리탄 나라들은 그저 최근 수십 년 동안 이민자들의 숫자가 늘어났다는 이유만으로 이 문제를 인정한다. 일정한 수준의 편평함(부인될 때에 욕망하게 되는, 시민권의 회로에 입장하기)은 이미 확립되어 있다. 다른 한편 나는 1970년대에 글을 발간하기 시작하자마자 항상 그래 왔듯이, 이민자들 안에 있는 요구들보다 세계에 대한 감각을 갖고 또 물론 강력한 분과학문적 발의권을 갖고 글을 쓴다. 그러나 나의 위치가 "문화들을 더 큰 근접성 속에 밀쳐 넣기"로부터 발생한 것이 아니라는 단순한 이유 때문에, 나는 나의 위치를 구분하고 싶다. 찰스 베른하이머는 〈비교문학〉이 '서발턴 시각'을 포함하기를 원했다.[3] 내가 정기적으로 지적했듯, 나는 문화를 주고받는 가운데 "박물관에 바리오(barrio*[미국 도시 중] 스페인어를 일상어로 하는 사람들이 사는 지역)를 가져올" 큐레이터 쇼를 도와달라는 요청을 정기적으로 받는다. 이러한 요청은 메트로폴리탄 공간에서의 부인/욕망/요구가 이민 세대의 계급을 교차하는 가운데 부화시키는 공간의 확립에 작동하는 방식조차 오해한 셈이다. 그러한 전이(transference)를 발생시키는 데 필요한 제도적 변화가 어느 정도인가 하는 점이 바로 이슈인 셈이다.

인문학 분과가 이러한 변화를 초래하기를 기대하는 것은 어리석다. 민족 자본은 지구화 중인 국제 자본과 공모한다고 가정되기 때문에, 우리는 복지를 침식시키고 있는 국가들 내부에서 시민권 구조들을 어떻게 확립할 것인가 하는 점에 관해 말하고 있는 중이다. 교육 기계 내부에 있는 인문학 분과가 여기서 할 수 있는 것은 모두 간접적인 것인데, 입학허가에 대한 절대주의적이지 않은 질적 통제나, 건전한 교과과정의 변화 등이다. 그 밖의 다른 곳에서부터 메트로폴리스로 사람들이 꾸준히 유입되는 데 따른 요구들은, 이 집단의 한 섹션이 상대적으로 계급-유동적인 것으로 되어감에 따라, 지난 몇십 년간의 〈비교문학〉에 다음과 같이 반영된다. 즉 지배적인 언어 집단에 속박된 각 문학 전통이 이렇게 다소 유럽

3) Charles Bernheimer, ed., *Comparative Literature in the Age of Multicuturalism* (Baltimore, MD): Johns Hopkins University Press, 1994), p. 44.

중심적인 역사에 의해 생산된 서사들과 대면한다. 그리하여 우리는 〈비교문학〉과 〈동아시아 언어들〉과 대면한다. 또한 〈비교문학〉과 〈남아시아 언어들〉, 〈비교문학〉과 〈중앙/북 아시아 언어들〉이 바로 분기하고 있다. 〈비교문학〉과 〈아랍/페르시아/터키〉는 본연의 오리엔탈리즘([때로 오늘날 이민자 향수와 구분할 수 없는] 동양과 명시적으로 잘 들어맞는 명령들, 시각들, 이데올로기적 편견들에 의해 지배되는 규격화된[혹은 동양화된] 글쓰기, 비전, 연구의 태도) 속으로, 불가리아 연구를 거쳐 〈오스만 연구〉와 〈발칸 연구〉 속으로 흐릿하게 사라져 간다.[4] 각각의 이 언어 집단들에서 근대 시기는 서로 다른 방식으로 저 주된 전통, 즉 프랑스를 통해 여과된 동유럽 이론의 영향을 받으며 '유럽'으로 남은 전통과 관련된다.[5]

여기서 우리는 〈문화연구〉에 관해 말하고 있지 않다. 아주 일반적으로 말해서, 〈유럽중심적 비교문학〉에 대한 정치적 수정이라고 일반적으로 간주되는 〈문화/종족적 연구〉는 거기 함축된 비교를 역전에 의해 합법화한다. 물론 이것은 너무 광범위한 일반화라서, 좀 더 논의를 확장하는 가운데 수정되어야 할 것이다.

〈주류 비교문학〉은 프랑스 이론을 놓고 서로 분할되었다. 이 분야는 단순한 사회주의의 몰락을 통해 독일 이론의 변형에 의해 영향을 받아 왔다. 이러한 환경의 한 가지 결과는 지식인들의 곤경과 비교주의의 발흥이다. 그 결과보다 훨씬 더 눈부신 사회철학적인 결과는 한나 아렌트와 프랑크푸르트 학파였다.

우리가 비교주의에 대한 재사유를 사유할 때, 바로 이 집합을 우리는 고려한다. 〈비교문학〉에서 미국 박사학위를 받은 첫 세대인 우리가 1960년대에 대학원 학생이었을 때, 우리 분과학문에 붙어 있는 '비교주의적'이라는 단어를 잘못 붙여진 이름이라고, 〈비교문학〉에 관한 요점은 오히려 정확하게 '비교하지' 못한 점이라고 주장하면서 일정한 자부심을 느꼈다. 지난 몇 년 동안 우리 중 일부는 〈비교문학〉이 정확하게 비교하지 않는 경위를, 그 비교하지-않음이 무엇인가를 보호할 수 있는 경위를 숙고함으로써 그 분과학문 내부에서 비교주의를 다시 사유하고자 노력하고 있었다.

---

4) Edward W. Said, *Orientalism* (New York: Pantheon, 1994), p. 202.

5) 일반적인 읽기를 위한 이러한 여과하기의 최상의 예는 롤랑 바르트의 다음 글로 남아 있다. Roland Barthes, "Introduction to the Structural Analysis of Narratives," in Stephen Heath, trans., *Image/Music/Text* (New York: Hull and Wang, 1977), pp. 79-124.

내 생각에 1960년대에 우리가 발견했던 해결책은 지금 이 시대를 위한 것은 아니다. 비교문학의 미국 주류에 속했던 우리는 동사 '비교하다'가 제공하는, 어원학적으로 '쌍을 이룰' 뿐만 아니라 등급화에 어떤 암시를 제시하는 곳에서 민족문학들 사이의 친화성을 발견했다. 우리는 원형 이론에서 강한 우방을 발견했는데 그들은 정신분석학적 원형이론에서는 융(C. G. Jung)과 랭(R. D. Laing*1927-1989, 영국 태생의 정신의학자), 문학적-역사적 원형이론에서는 토머스 브라운(Thomas Brown)*1940-, 미국의 심리치료사이자 『영혼의 돌봄』(1992)과 같은 유명한 영적인 책을 쓴 저자. 『약에 대한 영혼의 돌봄』(2010), 『자기 자신의 종교』(2014)로써 칼 융 등의 학자들에게 영향을 주었음)과 노스럽 프라이(Northrop Frye*1912-1991, 캐나다의 문학비평가이자 이론가로 20세기의 가장 영향력 있는 사람들 가운데 한 명으로 꼽힘. 『비평의 해부』(*Anatomy of Criticism*, 1957)로부터 발전시킨 문학비평 이론으로 지속적인 명성을 얻음. 저서로 윌리엄 블레이크를 분석한 『무서운 균형』(*Fearful Symmetry*, 1947), 『비평의 길』(*The Critical Path*, 1971) 등이 있음)였다. 집단 무의식 개념들은 비교와 등급화의 문제를 우리더러 우회하도록 해주었다. 그러한 작업의 노선은 이 책의 22장 「세계문학의 이해관계」에서 내가 논의하고 있었던, 나의 동료이자 친구인 데이비드 담로쉬라는 강한 우승자를 오늘날 나더러 발견하도록 해 주었다. 나는 그의 작업에 크게 감탄하고 그와 함께 하는 작업을 많이 즐겼으니, 이제 그 맥락에서 나의 사유가 그의 사유와 다른 점을 분명하게 밝혀야 하겠다.

초반기에 나한테 특별히 유용했던 것은 바로 토포이(topoi*토포스topos의 복수형, 규칙적으로 나오는 정형을 말함)였다. 토포이는 이미지-서사소-철학소들의 집합인데, 우리를 만들어내는 문학들과 문화들의 역사를 가로질러 역사적 혹은 정신적 무게 없이 여행하는 것처럼 보였다. 우리의 세계를 쓰고 있는 코드 지리학처럼 말이다. 그리스 신 아폴로와 학식의 힌두 여신 사라스와티(Saraswati)는 백조를 친숙한 것으로 공유한다. 여기서 에른스트 로베르트 쿠르티우스(*1886-1956, 독일 태생의 문학연구자, 문헌학자, 로망스 문학비평가)가 우리의 안내자였다.[6] 웰렉은 쿠르티우스를 유럽 애국주의의 맥락에다 두었으니, 그 위대한 학자 쿠르티우스 역시 확장된 사이드(Said)식 의미에서 '오리엔탈리스트'였던 셈이다. 나는 이러한 방식으로 1990년대에 「에코」(Echo)를 썼는데, 그리스 신화에 나오는 인물의 비행위자 목소리 내기 속에서 특히

---

6) Ernest Robert Curtius, *European Literature and the Latin Middle Ages*, trans. Willard R. Trask (1953; reprint, New York: Harper & Row, 1963).

포스트식민성에 있는 여성의 운명에 대한 사유 방식을 찾고자 했다. 나로서는 지금도 그 에세이가 이 책에 수록될 정도로 충분한 설득력을 갖춘 것처럼 보인다. 대학원 학생들로서 우리는 가스통 바슐라르(Gaston Bachelard*1884-1962, 프랑스의 과학 철학자이자 문학비평가. 구조주의의 선구자이며 시론과 이미지론으로도 유명함. 작가의 상상력과 독자성을 최우선으로 중시함으로써 정신분석학적 비평, 마르크스주의 비평과 대립하며 저서로는 『새로운 과학적 정신』(1934), 『공간의 시학』(1957) 등이 있음), 모리스 메를로-퐁티(Maurice Merleau-Ponty*1908-1961, 프랑스의 실존주의 철학자. 사르트르 등과 함께 〈레 탄모데르누〉의 공동 편집자로 식민주의와 자본주의 비판을 펼침. 한반도 전쟁을 계기로 사르트르와 결별하며 마르크스주의와 실존주의를 종합하고자 했음. 저서로는 『휴머니즘과 폭력』(*Humanisme et terreur*, 1947), 『변증법의 모험』(*Les aventures de la dialectique*, 1955) 등이 있음), 조르주 풀레(Georges Poulet*1902-1991, 벨기에 출신의 프랑스 문학 평론가. 존스홉킨스 대학과 취리히 대학에서 프랑스 문학 교수로 지냄. 그는 시간과 공간이 눈앞에서 차지하는 위치와 그 의의를 철학적 시점에서 탐색하는데 저서로는 『인간적 시간의 연구』(1950-1964), 『원의 변용』(1961), 『프루스트적 공간』(1963) 등이 있음)의 위상학적 현상학에 의해 도움을 받고 있었다.[7] 나는 레비나스에게서도 여전히 그러한 궤적들을 인식하는데, 물론 데리다의 작업에서도 그렇다. 데리다의 명석한 위상학적 슬라이드는 실로 우리를 다양한 유럽 텍스트들 사이의 관계들 없는 관계들을 사유하도록 가르친다.

엄격하게 양극화되어 있지 않은, 구조들과 원형-토픽의 결(archtypo-topical texture)을 망라하는 것은 단순한 비교의 자리에서 친화성을 사유하도록 우리를 도와주었다. 오늘날 우리는 친화성의 저 위대한 네트워크들이 배제들을 경유해 작동한다는 것을 알고 있다. 아폴로(Apollo)와 사라스와티(Saraswati)는 배움에 대한 권리를 갖지 않은 자들을 조용히 무시한다. 오늘날의 분할된 세계에서 동일성의 변형태들(varieties)을 발견하는 것은 편평한 놀이터의 그릇된 약속들에 너무 쉽게 굴복하는 것이라는 지적도 있다. 또한 그런 지적이 그다지

---

7) 그 점을 확인하기 위해 우리는 가스통 바슐라르의 책들 및 다른 몇몇 책들을 고려해 봄 직하다. Gaston Bachelard, *The Psychoanalysis of Fire*, trans. Alan C. M. Ross (Boston: Beacon Press, 1964); Bachelard, *Water and Dreams: An Essay on the Imagination of Matter*, trans. Edith R. Farrell (Dallas: Dallas Institute Publications, 1983); Bachelard, *Poetics of Space*, trans. Maria Joles (Boston: Beacon Press, 1958); Maurice Merleau-Ponty, *Phenomenology of Perception*, trans. Colin Smith (London: Routledge & Kegan Paul, 1962); Merleau-Ponty, *The Visible and the Invisible*, trans. Alphonso Lingis (Evanston, IL: Northwestern University Press, 1968); Georges Poulet, *Studies in Human Time*, trans. Elliott Coleman (Baltimore, MD: Johns Hopkins University Press, 1956); Poulet, *The Interior Distance*, trans. Elliot Coleman (Baltimore, MD: Johns Hopkins University Press, 1959); Poulet, *Metamorphoses of the Circle*, trans. Carley Dawson (Baltimore, MD):Johns Hopkins University Press, 1966).

논쟁을 불러일으키는 것도 아니다. 미국은 여전히 세계의 경찰이다.[8] 내가 여러분에게 이것을 새삼 상기시킬 필요는 없겠다.

나는 어머니와 함께 파리의 샤를 드골 공항에 서 있는 중이다. 일주일 동안 나는 학술적인 불어를 신물이 나도록 들었다. 갑자기 나는 북부 뉴욕의 거친 억양으로 나누는 대화를 듣게 된다. 나는 어머니한테 몸을 돌리며 벵골어로 "그 말을 알아듣기 참 어렵네요."라고 대충 말한다. 어머니는 "얘야, 모국어인데 말이냐."라고 말한다. 라즈(Raj*인도에 대한 영국 지배)에 저항하던 전성기에 붙들려 있었던 어머니는 상상적 자비심을 영어로 확장시켰던 셈이다.

나는 전에 이 이야기를 했고 또다시 말할 것이다. 오늘 나는 현상적인 것 이전의 것과 혼합된 언어, 우리가 처음 배우는 언어, '언어 기억'의 메타심리학적 회로를 찍어내는 언어가 있다는 사실을 고수한다.[9] 아이는 부분대상(멜라니 클라인)에 의미를 부여함으로써 시작하는 언어를 발명한다. 부모는 이 언어를 '배운다.' 부모들은 이름 붙여진 하나의 언어를 말하기 때문에, 아이의 언어는 아이의 탄생 이전의 역사, 아이의 죽음 이후에 계속될 역사를 갖는 하나의 이름 붙여진 언어 속에 삽입된다. 아이가 이 언어를 항해하기 시작할 때, 그 언어의 전체 내부 네트워크에, 접합들의 그 모든 가능성에 접근하기 시작하는 셈이다. 이 접합을 나타낼 최선의 은유를 찾아보자면 그것은 특히 컴퓨터 시대에 하는 '기억'이다. 이 기억과 비교하자면, '문화적 기억'은 그 역사적 기록을 사유화하고자 시도하는 서사적 재-기억화의 조야한 개념일 뿐이다.

〈비교문학〉은 이렇게 각 언어가 특별한 방식으로 활성화될 수 있다고 상상하며 습관으로서의 언어의 반영성을 통해 시뮬라크럼을 생산하고자 노력한다. 여기서 우리는 언어화(languaging)의 내용이 아니라 그 움직임들을 번역한다. 우리는 번역 이전의 번역이라는 이렇게 독특한 형식을 〈비교문학〉에서의 '비교'라고 잠정적으로 부를 수 있겠다.

이로써 '나의 언어화된 장소'의 출현이 지니는 자연발생성과 외국어를 배우는 인위적인 노력을 서로 대립시키고자 하는 것은 아니다. 오히려 장소의 언어화에 의해 만나게 되

8) 라틴아메리카에 대한 미국의 정책은 라스 슐츠의 다음 책에 특히 잘 문서화되어 있다. Lars Schulz, *Beneath the United States: A History of U.S. Policy in Latin America* (Cambridge, MA: Harvard University Press, 1998).

9) Alton L. Becke, *Beyond Translation: Essays toward a Modern Philology* (Ann Arbor: University of Michigan Press, 1995), p. 12.

는 주체의 메타심리학적 전자소통적 본성을 강조하고자 한다.[10] 우리가 자연발생적/인위적인 것 사이의 대립을 받아들인다면, 무엇보다 우리 자신의 장소를 아마도 가치 있게 여길 것이며 그리하여 비교주의적인 윤리적 충동을 패배시킬 것이다. 나의 혼성화된 공간으로서 또 다른 장소를 받아들이는 것은 역전에 의한 합법화가 될 수도 있다. 이제 우리는 여기서 혼종적인 것이 이슈가 아니라는 점은 알게 된다. 다른 한편 우리가 처음으로 언어에 거주할 때 역사 앞에서의 무기력을 상기한다면, 이 언어가 또한 주체의 역사에 따라 언어 기억을 각인할 수 있다는 점을 항상 상기하는 가운데 시뮬라크럼을 생산하는 도전을 감지할 수 있을 것이다. 달리 말해, 역사적-문명적 내용의 비교라기보다 언어들 사이의 등가성을 바로 감지할 수 있을 것이다. 에티엔 발리바르는 평등은 차이를 요구하는 반면, 등가성은 차이를 흐리게 한다고 제안하여 왔다. 내전(civil war)은 번역할 수 없음(untranslatability)의 한 극단적인 형태를 가리키는 알레고리적 이름이 될 수 있다는 바로 그 이유 때문에, 〈비교문학〉이 필요로 하는 것은 바로 그러한 '흐리게 하기'(blurring)이다.

나는 문화적 등가성, 즉 문화적 상대주의의 검토되지 않은 둔한 인류학주의를 주장하고 있지 않다. 여러분이 언어를 문화 구성체와 동일한 구조라고 가정하지 않는다면, 그러한 신념으로는 움직일 수 없다. 장소에서 공간으로 가는 격자에 따라 측정되는, 문화 권력에 있는 명백한 불일치는 언어의 상대적인 정교함과 중요성이라는 측면에서 의미가 있다. 그 불일치는 발생했을 법한 것을 항상 기다리는 현재에 있는 수행적 저항과 실체적인 역사적 탐구의 문제가 된다.[11] 바로 그 때문에 우리는 다음을 명심한 채로 남아 있어야 한다. 즉 등가성의 가정은 여전히 싸움을 벌이고 있고 계속 싸워야 하는 포스트식민성과 신식민 권력의 모든 역사적 언어 싸움을 거스른다는 점 말이다. 이것이 토착주의가 아니라는 점을 나는 반복한다. 어느 언어나 언어들도 이 기능을 수행할 수 없다. 이주 상황에서 최초의 언어가 상실된다면 그것은 여전히 하나의 상실이다. 민족주의적 향수 같은 것 때문이 아니라

10) "그 논리학자의 이상(ideal)에 순응하기 위해 포유동물들의 정신적 과정들과 소통 습관들을 기대하는 것은 나쁜 자연사이리라."(Gregory Bateson, *Steps to an Ecology of Mind*, Chicago: University of Chicago Press, 2000, p. 180)

11) 실체적이고 수행적인 참석(constative-performative-attendance) 구조를 위해서는 데리다의 다음 책 참조. Derrida, *Rogues: Two Essays on Reason*, trans. Pascale-Anne Brault and Michael Nass (Stanford, CQ: Stanford University Press, 2005), pp. 151-152.

윤리적 기호현상의 기원에 있는 메타심리학적 구성이 탈활성화되기 때문이다. 나는 그러한 메커니즘을 새로 선택된 '첫 번째' '귀화' 언어 — 제2세대에서 가장 성공적으로 작동하는 — 로 변천시키는 역사적 과정 같은 것이 있다고 생각한다.

그렇다면 비교주의에 관한 우리의 재사유는, 언어로서 언어들이 등가적이라는 점과 더불어 시작된다. 또한 그 깊이 있는 언어 학습은 언어 기억의 시뮬라크럼 속으로 내파하듯 들어가야 한다. 우리가 그런 사실 이후에 감지하는 혹은 아마도 다른 사람들도 우리 안에서 감지하는 이러한 내파를 우리는 기다려야 한다. 그리하여 비교되는 언어학적 전통들을 넘어서는 한 장소를 점유한 것처럼 보이는 비교하는 사람의 위치와 좀 다른 언어와의 관계 속에 우리는 입장하게 된다. 달리 말해, 제국주의가 우리에게 소설을 제공했다는 소리를 나는 익히 들어 왔던 참이다.

그렇다면 〈비교문학〉은 보통 이해되는 식으로 번역을 주장하더라도 관용어의 환원 불가능성을 주장하기 시작한다. 우리가 비교주의를 재사유할 때, 우리는 번역을 부가적인 실천이라기보다 적극적인 실천이라고 생각한다. 그리하여 번역은 가능한 한 가장 광범위한 의미에서의 읽기 자체로서 비교주의의 새로운 정치에 거주하게 된다.

등가성으로서의 비교주의라는 이름으로, 우리는 민족주의적 혹은 민족적 언어에 기반을 둔 읽기를 심각하게 또 지속적으로 해제할 준비가 되어 있다. 우리는 애초에 〈유럽 비교문학〉의 비전에 있던 권역주의적 충동으로부터 너무 멀리 이동하지는 않았다. 우리는 그저 세속적인 미래를 알려왔을 뿐이다. 바로 이러한 과정에서 우리는 비교주의의 수행성이야말로 자본주의 내부에서 성공적으로 경쟁하지 못했던 민족들로 연상되는 언어들을 향한 역사적 부정의를 해제하는 과제와 직면하기를 바란다. 이러한 언어들이 우리 분과학문의 제도적인 도움을 통해 자체들 사이의 상호 관련성을 확립하고자 시도하리라는 첨가된 조건과 더불어 말이다. 이러한 시도는 불가피하게 국가-중심적이고 문화-중심적인 미국 프런티어들의 외부로 우리를 한 단계 더 데리고 갈 것이다.

민족-언어의 경계 외부에 있는, 언어들과 문학들의 서발턴 언어들의 집단성이라는 것은 어려운 개념이다. 다양하게 된 서발턴 언어들 혹은 덜 가르쳐진 언어들을 고립되거나 집단주의적인 페다고지와 정치로부터 끌어내기 위해서는, 〈비교문학〉을 인정되지 못한 배타주의적 비교로부터 구하기 위해서는, 구조적 변화와 인식론적 변화가 요구된다. 여기서 나는 제도적 변화를 향해 오랫동안 지속되어온 노력을 반영하는 어떤 산문을 인용할 것이다. 지구화에 맞서는 저항에 함축된 용어들은 비교문학이라는 분과를 넘어서는 비교를 아우르는 가운데, 실로 우리 시대의 인식적 지형학을 따르는 그 분과를 하찮은 구석(niche)에 두고자 한다. 나는 그렇게 하지 않도록 조심하면서 제도적인 구절들로 나아간다. 그리하여 등가성에 접근할 필요가 있지만 아직은 불가능한 제도적 보증만을 기대할 수 있을 뿐인 두 가지 읽기로써 끝맺고자 한다.

> 우리가 지구화된 세계의 여하한 판본에서건 유럽과 미국을 반드시 포함하기를 원한다고 해도, 그 세계에서 덜 가르쳐진 언어들을 가르치는 철저한 프로그램 없이는 우리의 노력들은 성공할 수 없다는 점 또한 인식하고 있다…. 이렇게 덜 가르쳐진 집단은 불충분한 수준의 통제와 더불어 불충분하게 훈련된 강사들에 의해 몇 학기 동안 가르쳐질 수 있을 뿐이다. 또한 학생들이 전공 과정이나 박사 과정으로 정진할 수 있는 가능성도 전혀 없다. 기성 언어들과 덜 가르쳐진 언어들 사이에 있는 동등함(parity)의 이러한 결핍은 교과과정의 계몽된 지구화라는 바로 그 정신과도 위배된다. 이 결핍은 미국의 모든 대학들에 있는, 언어 선생들과 문학 선생들 사이에 있는 동등함의 결핍과도 걸맞게 된다. … 물론 그 노고는 엄청나다. 그것은 교수진 개발 세미나, 포스트박사 연구원들, 확대된 새로운 충원 절차들, 국가적인 전문적 협회들의 참여를 포괄할 것이다. 통상 덜 가르쳐지는 언어들이 많은 만큼 그것들을 가르치려는 욕구는 첨예하다. 그런데 어느 대학도 그 언어들의 기초를 모두 망라하기를 바랄 수 없는 만큼, 조합 같은 것이 있어야 할 것이다. 원거리 학습 자원들이 주어진다면, 언어 학습의 첫 번째 단계는 쉽사리 공유될 수 있기 때문이다.[12]

하나의 세계를 제공함으로써 지구화를 대리보충하는 인문학에 관해 내가 종종 말하는 것은, 바로 이러한 제도적 변화에 대한 저항이라는 관점에서이다. 우리의 새로운 〈비교

12) 나는 제도권에 대한 관심을 증진하고 싶은 마음에서 「학부 교과과정에서의 번역」("Translation in the Undergraduate Curriculum", ADFL *Bulletin* 41.2, 2009: 26-30)에 이 말들을 또한 포함시켰으며 아마도 이 말들을 무한정 재인용할 것이다.

문학〉의 세속성은 이렇게 지속적이고 끈질긴 노력의 핵심 요소가 될 수 있다. 왜냐하면 '첫 번째' 언어와 다른 언어들 사이의 차이를 보건대, 우리의 새로운 〈비교문학〉을 형식화할 등가성은 결코 완전하게 확립되지 않을 것이기 때문이다. 우리는 세계의 무시된 언어들 사이의 연대를 제자리에 놓으면서 시뮬라크럼의 요소 속에서 작업해야 한다. 그때 오키나와의 문학은 가나의 지혜 노래들과, 『포폴 부』(*Popol Vuh* *마야의 성경으로 과테말라 키체 족의 신화와 종교를 담은 책인데, 16세기 중엽에 키체족의 한 원주민이 라틴어 알파벳을 차용하여 기록한 것으로, 책으로 출판되어 널리 알려진 것은 19세기 중반의 일이다. '포폴'은 '공동체의 책'이라는 뜻이다.)의 역사적 우화들과 함께 할 것이다.

나는 결론을 내리기 전에 방법론적 요점 하나를 제시하고 싶다. 우리는 각인하는 언어의 능력에 의존하는 언어학적 등가성의 가정에서부터 출발한다. 우리는 어쩌다가 기준이 된 하나의 언어와 함께 항상 민족적 제한들을 회피하는 가운데 세계의 서발턴 언어들의 스펙트럼을 가로지르는 깊이 있는 언어 학습을 통해 등가성의 시뮬라크럼을 창조한다. 관용어의 다양성과 특이성은 항상 언어들의 특이성을 상기시키는 것으로 남는다. 구체적인 등가성의 부재는 역사적인 연구를 자극한다. 이러한 절차상의 틀 내부에서 우리는 어떻게 비교주의자로서 읽을 것인가?

지난 몇 년에 걸쳐 나는 학부생들과 대학원생들에게 〈비교문학과 사회〉라는 입문 강좌를 가르치는 동안 분과학문의 방법이라는 측면에서 우리는 빈틈없다는 결론을 도출했다. 관용어에 대한 관심, 텍스트적 분석을 통한 입증, 수사학에서 작동 중인 논리를 고안할 때 필요한 전문성 획득 등에서 말이다. 그러나 비교주의자로서 우리는 우리의 검토 대상에 관한 한 텍스트 자체의 시공간적 폐쇄 외부로, 또 그 텍스트를 결정하는 역사와 지리 외부로 나아가고자 하는 텍스트 자체의 시도라면 무엇이건 인정한다. 그리하여 분과학문적 관습은 그렇지 않으면 피하고자 할 바를 향해 오히려 확장되며, 해당 영역은 많은 방식으로 크게 확장된다.

이제 나는 「희망」이라고 번역되는, 메도루마 슌(Medoruma Shun *오키나와 태생. 작품의 주요 주제는 오키나와 전쟁의 심리적 결과, 오키나와 문화 및 언어에 대한 일본의 절망과 억압, 오키나와에 있는 미국 군인들의 현존 등이다)의 단편소설을 살펴봄으로써 텍스트의 비교주의에 관한 나의 개념을 테스트해 보

겠다.[13)]

「희망」은 "포스트식민적인 오키나와 문학 작품 중 첫 번째"[14)]라고 불려 왔다. 모든 포스트식민성이 그러하듯, 이 소설은 미결정적 미래를 기대한다. 서사 내용과 어긋나는 '희망'이라는 바로 그 제목이 우리에게 그런 감각을 제시해 준다. 이 소설은 그러한 미결정적 미래의 견지에서 〈비교문학〉을 재사유하는 우리의 과제를 어떻게 도와줄 수 있을 것인가?

나 자신의 분과학문적인 책임감에 따라 나는 일본 관용어에 입장하는 어려운 여행을, 또 그 여행과 오키나와 관용어 사이의 관계를 떠맡아야 할 것이다. 나는 아일랜드나 홍콩에서 적절한 차이들을 갖고 그랬듯, 관계들을 고안해야 할 것이다. 그런데 나는 그럴 준비가 제대로 되어 있지 않다. 내가 지금 시도할 수 있는 것은 비교주의를 향한 충동이라는 읽기의 교훈을 그 이야기 자체에 있는 새로운 의미에다 위치시키는 것이다.

그 이야기는 희생과 자살을 다루고 있다. 정치적 갈등의 장면에 따른 희생과 자살이라는 이중적 제스처는 등가성을 인정하고 반응하며 최종적으로 억압을 끝장내라고 정치적 타자에게 간청하는 식으로 최후의 호소력을 갖는 비교주의를 종종 반영한다. 나는 시공간의 폐쇄 외부로 나가고자 시도하는 이러한 종류의 비교주의에 오랫동안 매혹되어 왔다. 그때의 폐쇄란 죽음을 통해 몸을 각인함으로써 역사와 지리학을 해제하는 동안, 식민적이거나 젠더화되어 있거나 혹은 식민적이면서 젠더화되어 있는 억압을 뜻한다.

나는 바로 그러한 장르에 속하는 「희망」이라는 이야기를, 「서발턴은 말할 수 있는가?」(Can the Subaltern Speak?), 팔레스타인의 자살폭격, 비켄 베르베리안(Viken Berberian*레바논의 수도 베이루트 출신의 소설가이자 에세이스트)의 『자전거 선수』(*The Bicyclist*), 산토시 시반(Santosh Sivan*1964-, 인도 출신의 영화 연출가, 영화촬영기사, 배우, 영화 프로듀서로, 45편의 영화와 41편의 다큐멘터리를 완성함. 〈인도 영화 촬영기사 협회〉(ISC)의 창립 회원이며 인도에서 최우수 사진 감독상(DOP)을 수상함)의 〈테러리스트〉(The Terrorist)와 함

13) 이 이야기에 대한 능숙한 설명을 위해서는 이쿠오 신조의 다음 글을 참조. Ikuo Shinjo, "Homoerotikusu no seijiteki haichi to 'reisen': Okinawaeno/kara no manazashi no koso," *Frontiers of Gender Studies* (F-GENS), Annual Report Number 5 (2005), Ochanomizu University. 이 글은 2006년 5월 23-26일에 열린 프린스턴 대학의 〈미국 비교문학 연례 학회〉에서 「동성애자와 냉전의 정치적 형성: 오키나와에서 또 오키나와로부터 시선들의 전쟁」(The Political Formation of the Homoerotics and the Cold War: Battle of the Gazes at and from Okinawa)이라는 제목으로 발표되었다.

14) 『일본 정책 연구소(JPRI) 비평』(*Japan Policy Research Institute (JPRI) Critique*), 6.12 (1999), www.jpri.org/public/crit6.12.html에 인용되어 있음.

께 놓는다. 〈테러리스트〉는 스리랑카에서 있었던 반식민 저항과 젠더를 다루는 영화이다 (18장 「테러」 참조).

(극단의 비교주의는 분과학문적인 방법상의 선택은 아니다. 이것이 재현된다면 우리의 검토 대상에 놓일 수 있다. 극단의 비교주의는 [우리 분과학문보다 더 광범위한 맥락에서 등가성의 교훈에 기초를 둔] 반응이 부인될 때 하는 정치적 제스처이다. 앞에서 나는 「희망」을 포함해 그러한 재현의 몇 가지 예를 제시했다. 23장의 끝부분에서 내가 논의할 영화 〈바마코〉(Bamako*2007년 제1회 시네마 디지털 서울 영화제에서 상영된, 아브데라만 시사코 감독의 작품이다. 그는 다큐멘터리로 시작해 아프리카에서 벌어지고 있는 일상이 제국의 자본주의 세계화 안에서 지금 어떻게 부서져가고 있는지를 영화를 통해 보여준다. 멜레는 바에서 노래하는 카리스마 있는 가수이고, 그녀의 남편 차카는 실직했다. 다른 가족들과 함께 나누어 쓰고 있는 그들 집의 안마당에서 그들의 이혼에 대한 모의재판이 진행된다. 이러한 아프리카 삶의 일상과 함께, 어느 아프리카 시민 대변인이 아프리카가 처한 고통의 원인 제공자로 세계은행과 IMF를 지목하며 소송을 거는 내용이 영화에 나온다. 새로운 아프리카의 권리를 위해 싸우겠다는 의지는 차카에게는 먼 나라 일처럼 보이는데 그는 살해되고 만다.)는 극단의 비교주의를 재현하는 것이 아니라 하나의 가르치는 텍스트이다. 이 영화의 바람은 저항과 민족 사이의 차이라는 교훈이 사람들에 의해 습득되는 것이다. 극단의 비교를 재현하는 다른 예는 색인으로만 나오기는 하지만 내가 15장에서 논의했던 라빈드라나트 타고르의 한 행이다. 타고르는 한 나라의 죽음을 예언하면서, 천 년 동안 인도에서 인권이 부인되었던 사람들에 관해 "(그의 '불운한 나라'에 말을 거는) 당신은 그때 죽음의 잿더미 속에서 그들 모두와 평등해지리라"(mrityumajhe hoe tobe chitabhashshe shpbar shoman)고 말한다. 당신이 반응을 부인하기 때문에 당신과 나를 평등하게 만들어 줄 유일한 것은, 공유되는 죽음이다. 이것은 또한 에르네스토 카르데날(Ernesto Cardenal*1925-, 니카라과의 가톨릭 사제, 시인, 정치가. 루벤 다리오 이후 니카라과가 낳은 최고의 시인으로 초기에는 에로틱한 시로 출발했으나 1956년 독재자 소모사의 암살 이후 정치적 성향을 띤 『영시』(*La hora* 0)를 썼음. 그는 사제의 신분으로 산디니스타(sandinista) 혁명에 참가하였으며 소모사 정권을 무너뜨린 혁명이 성공한 뒤에는 문화부장관을 지냈음. 그의 시는 서류, 기사, 연설문, 인용문 등의 콜라주인데 일회적이고 일상적인 구체적 현실에서의 사건, 인물, 사물들을 조합하는 '외향주의'(exteriorismo) 기법을 사용함)의 시 「마릴린 먼로를 위한 기도」(1965)의 주제이기도 하다. 이 주제는 〈쿠바 영상산업 제작기술연구소〉(the

Instituto Cubano de Arte e Industria Cinematográfico)에 의해 영화로 만들어졌는데, 거기서 비교되는 항목이 마릴린 먼로이다. 한편에는 먼로의 절망적인 삶이 있고, 다른 편에는 아무 반응 없는 장소인 미국 제도의 희생자로서 죽은 수백만 명의 라틴아메리카 아이들이 서 있다. 카르데날은 해방신학자이자 신부인데, 죽음의 와중에 있는 그에게 양편은 신의 눈으로 보면 똑같았으므로 비교란 극단의 등가성인 셈이다. 등가성을 배우고 실천하며 작은 인식소적 변화나 변천을 색인에 집어넣는 작업이 우리에게 주는 교훈은, 극단의 비교를 더 이상 요구하지 않을 세계가 아마 쉽게 올지도 모른다고 말할 수 있다는 것이다.

그렇다면 이중구속이 있다. 윤리(나는 사람을 죽여서는 안 된다)와 정치(나한테 반응을 보이지 않는 사람(들)으로부터 얻는 하나의 '반응'은 공유되는 죽음에서만 획득될 수 있다) 사이에 말이다.

이 책 내내 애써 반복되는 이중구속은 어떤 사람들에게는 위험한 개념처럼 보일지도 모른다. 하지만 이 개념의 만연을 부인하는 것은 실패한 혁명을 유도할 뿐이다. 역설적으로 그 만연을 인정한다고 해서 무제한의 성공을 도출하지도 않는다. 이것이 그 개념의 위험성이다. 나는 「서론」에서 독자에게 이중구속에 대한 자세한 논의를 염두에 두라고 하면서 그러한 역설이 이중구속의 힘과 위험을 결코 모조리 고갈시키지는 않는다는 점을 상기한 바 있다. 우리가 제안할 수 있는 유일한 것은, 극단의 비교주의의 허구 및 실재가 윤리와 정치 사이의 이중구속을 종종 가시화한다는 점이다.[15]

「희망」이 공식처럼 제안하는 것은, 정치적 상황이란 희생의 폭력을 요구한다는 점이다. **"오키나와에 지금 필요한 것은 수천 명의 사람들이 하는 데모나 수만 명이 하는 집회가 아니라 한 미국 아이의 죽음이다."**[16] 하지만 폭력을 윤리적으로 받아들일 수 없다는 점은 그 정치적 주체나 행위자의 파괴를 요구한다. 윤리적인 것의 견인력은 너무나 강해서 그

15) 데리다의 작업 곳곳에 스며들어 있는 이중구속에 대한 인정이야말로 우리로 하여금 해체를 이중구속(이중구속으로서의 실천)의 철학이라고 생각하도록 허용할 수 있다는 점을 시사하는 계기일지도 모른다. 들뢰즈와 가타리의 『안티 오이디푸스』(*Anti-Oedipus*, trans. Robert Hurley, Mark Seem, and Helen R. Lane, Minneapolis: University of Minnesota Press, 1992)에서 정신분열을 좀 더 일반적인 의미에서 생각해 보려는 시도는, 불어판 제목(영어판에서는 부제) '자본주의와 정신분열'로 유도된다.

16) Shun Medoruma, "An Okinawan Short Story," trans. Steve Rabson, *JPRI Critique* 6.12 (1999), www.jpri.org/public/cri6.12.html. 원본의 강조. 모든 인용들은 이 번역본에서 나온다. 번역은 종종 수정됨.

정치적 행위는 의지를 지닌 것으로 묘사될 수 없다. "놀란 작은 생물체의 몸속을 흐르는 액체가 갑자기 독으로 바뀌듯, (바뀌어서) 나의 이러한 행위도 자연스러운 것이고, 이 섬을 위해 일어난 것이라고 난 생각했어." 또한 정치적인 것의 견인력도 너무 강력하여 윤리적인 것을 나타내는 행위 또한 희생이자 파괴이다. 윤리적인 주체를 그 세속적 봉투에 담는 일의 불가능성은 시간의 관리에 의해 텍스트에 다음과 같이 나타나게 된다.

> 내가 트렁크를 **다시 닫았던** 바로 그 순간에, 하늘을 **뒤덮었던** 구름 베일을 **뚫고** 태양이 나타났다. 나는 땀을 흘리고 **있으며** 거위들이 부딪치는 소리를 내는 가운데 **낸다.** 나는 걸어서 숲을 **통과했고** … 집으로 **돌아왔다**. … 에어컨이 작동하지 **않는다.** … 나는 창문을 **내리지만** 땀은 비 오듯 **흘러내린다.** 나는 나하(Naha) 시로 **갔다.** … 나는 내 재킷과 바지에다 가솔린 한 병을 **붓는다.** … 고등학교 학생들 한 무리가 달려 **왔다.**[17]

그 서사가 과거 시제로 진전하는 동안, 땀을 흘리며 희생하는 몸은 현재 시제로 침입한다. 마지막 문장의 언어에 앞서 하나의 대상으로서 서술된 과거에 몸이 다시 입장한다.

지배하는 자들의 편에서 보면 민족주의(정치적인 것)와 책임(윤리적인 것) 사이의 이중구속으로부터 해방되고 싶은 갈망이 있다. 그래서 오에 겐자부로(Oe Kenzaburo* 1935-, 현대 일본 문학의 주요 작가. 『죽은 자의 사치』(1957)로 문단에서 인정을 받고 『사육』(1958)으로 아쿠타가와 상을 받음. 『우리 시대』(1959)로부터 성적 풍토를 주제에 포함시켜 감금 상태로서의 현대를 초월하는 조건을 자유와 연대 등의 과제에서 발굴하고자 시도함. 『늦게 온 청년』(1962), 『성적 인간』(1963) 등의 작품이 있으며 1994년에 소설 『만연원년의 풋볼』로 노벨 문학상을 받음)는 1969년에 "일본인이 아닌 일본인에게 변화의 가능성이 있는 것일까?"[18]라는 구절을 반복한다.

지배자들은 이러한 갈망을 거절할 수도 있고 그 이중구속을 그저 부인할 수도 있다. 〈일본 정책 연구소〉의 한 임원은 다음과 같이 논평한다. "미국인들은 메도루마의 주제와

---

17) 나는 현재 시제와 과거 시제의 유희를 보여주기 위해 시제와 관련된 단어들을 강조했다.

18) Oe Kenzaburo, *Okinawa* (Tokyo: Iwanami Shoten, 1970), p. 16. 내가 이 텍스트를 이용할 수 있도록 해준 신조 이쿠노(Shinjou Ikuno)에게 감사드린다. 짧은 기한에도 불구하고 요약본을 만들어준 노리에 오카(Norie Oka)에게 고마움을 표한다.

음조에 충격을 받은 것 같다." 이것은 선의의 논평이다. 그 임원은 당시 류큐(Ryukyu) 사람들, 특히 류큐 여성들에 대한 미 해군의 범죄 행위를 조목조목 목록으로 만들려고 나서고 있기 때문이다. 하지만 민족주의와 책임을 분리하는 것은 저항을 정치적으로 정확한 것으로 환원시킬 수 있는, 이중구속에 대한 부인 그 자체이다. 「희망」에 나오는 부수적이지만 또한 기민한 계기들 중 하나는, 내가 극단의 비교주의라고 부르는 바에 의해 또 식민주의자로부터의 반응을 요구할 필요성에 의해 그 섬의 모든 주민이 오염된 것은 아니라는 점을 화자가 인식하는 지점이다. 섬사람으로부터 나온 첫 번째 제스처는 텔레비전에서 보던 사람을 보고서 느끼는 순진한 즐거움이다! 마지막 제스처는 대상으로 축소된 그 요원(the agent)을 발로 걷어차는 아이들과 똑같이 순진한 경박성을 보여준다. 이렇게 순진한 두 가지 행위 사이에 겉보기에는 필요 없는 이야기가 놓여 있다. 그 이야기는 소설에서 기억될 때 유용하게 된다. 우리가 등가성의 비교주의를 향해 가는 시간을 표시하면서 읽는 법을 배우고자 한다면 말이다.

그렇지 않고서는 한 예술가가 시위와 사람들 사이의 거리를 지적한다고 하더라도 우리는 그 메시지를 붙잡을 수 없다. 예컨대 아브데라만 시사코(Abderrahmane Sissaco*1961-, 모리타니아 출신의 영화감독이자 프로듀서인데 주로 서아프리카의 말리와 프랑스를 배경으로 지구화, 망명, 사람들의 이동을 주제로 다룸. 영화 〈행복을 기다리며〉(2002)를 감독/제작했으며, 2014년에는 〈팀북투〉(Timbuktu)로 아카데미 영화상 외국어 부문에 후보로 오름)의 영화 〈바마코〉(Bamako, 2006)는 대부분의 정책 지향적인 사람들에 의해 항의 다큐멘터리처럼 정규적으로 읽힌다.

그 영화의 무대는 전통적인 아프리카 주택 지구에서 아프리카 판사들과 변호사들이, 아프리카와 〈세계은행〉 편을 각각 변호하는 두 백인 변호사들과 함께, 아프리카에서 범한 〈세계은행〉의 범죄를 놓고 벌이는 재판이다. 그 재판은 지역 행동의 파편들 내부에, 또 카리스마 있는 가수 남편의 죽음을 둘러싼 빈약한 하부 플롯 내부에 봉쇄되어 있다.

새로운 비교주의는 장소를 접착하는 데 있는 인식소적 불연속성에 관한 영화 담론으로서 이 영화를 읽을 수 있다. 우리는 그 무대화의 많은 부분이 식민적인 동시에 지역적인 언어들의 모형 지도(relief map*기복(起伏) 있는 모형 지도)라는 맥락에 있음을 알아차린다. 그 재판은 선한 백인들의 담론적 실천 쪽으로 차차 기울어 갔던 자들만이 '진실을 말할' 수 있는 공동체라는 틀을 지닌다. 감독은 이것을 지적하고자 아주 매력적인 가수와 함께 하는 하위 플롯을 만들고는 그녀 남편의 죽음에 초점을 맞추더니 그 죽음은 영화의 주된 논지와 거의 아무런 상관도 없음을 명백히 하는 가운데 그 여성 가수와 더불어 영화를 끝맺는다. 여러분이 영화의 그런 틀을 의식적으로 인지한다면, 영화에 나오는 웅변의 하이라이트는 선한 백인 남성들(분명 감독은 그들에게 바로 역할을 주었고 "이제 말해"라고 말했다)이 되며, 우리로 하여금 그것의 문제에 관해 정확하게 사유하도록 만든다. 또한 〈세계은행〉에 대한 '재판'에 접근하는 것은, 자기 나라를 파괴하는 데 협력한 실제 행위자들인 마을의 젊은 남자들에 의해 거절된다. 선한 백인 남성들과 마을의 젊은 아프리카 남성들 사이에 다리를 놓는 행위자들은, 증거가 되기에는 부적절하다고 비난받는 여성과, 또 다른 수준에서 (분명 '토착 화자들'에 의해 반드시 이해되는 것은 아닌 언어로) 발언하는 전통적인 치유자이다. 이러한 틀 구성의 복잡성은 또한 그 영화 내부에 있는 영화의 현존, 즉 과장되게 남의 이목을 끄는 아프리카 웨스턴에서 명백해진다.

〈바마코〉라는 영화 전체는 초국가적 단체들에 대한 저항이 불발하는 이유를 형상화하는 것일 수 있다. 그러나 이것을 이해하기란 불편하고도 대항-직관적이다.

몇몇 이미지들은 저항과 사람들 사이의 분리, 실로 그 불연속성을 영화가 어떻게 나타내는가를 그저 시사하고 있을 뿐이다. 이 영화가 출시되기 직전에 바마코에서 〈세계사회포럼〉이 열렸다는 것은 확실히 의미심장하다. 나는 앞서 말한 나의 요점들을 반복할 터인데 그것들을 다음의 몇몇 이미지들과 연관시키기 위해서이다.

우리는 바마코에 있는 어느 아프리카 주택 지구에서 무대에 올려진, 〈세계은행〉에 대한 상징적 재판을 보고 있는 중이다. 시사코는 그 틀 바깥에 두 사람을 두고 있다. 한 사람은 지구적 항의 시위 중의 음악 세계로 가볍게 여행하는 카리스마 있는 여가수이며, 다른 한 사람은 전통적인 치유자이다(그림 27과 28 참조). 그 두 사람이 영화의 외부에 잠깐 나온 이후, 영화 제목이 스크린에 나타난다.

〈그림 29〉는 영화에 나타나는 여가수의 강력한 현존을 별 뜻 없이 그냥 보여주겠다는 듯이 그녀의 노래하는 모습을 보여준다. 실로 이 장면은 재판의 일부도 아닌데 영화를 진전시키는 데 활용된다. 그 장면에서는 참여중인 아프리카인들은 웃기는 **유럽 계몽**의 측면

을 비판할 수 있을 정도로 **유럽 계몽**과의 충분한 연속성이 성취되고 있었다.

이제 시사코가 그 영화에서 반응 중인 차이 사이를 조심스럽게 구분하는 이미지들로 화제를 돌려보자.

먼저 〈세계은행〉에 맞서 증언하는 선한 백인 남자를 보라(그림 30). 그는 은유로 말하는데 집단적으로 반응하는 청중의 모습이 보인다. 다음으로 증언하는 흑인 여성이 나온다(그림 31). 그녀의 말은 덜 유창한 대신에 그녀는 더 많은 통계 수치를 말한다. 그러한 반응은 더욱 특이하며 덜 공개적이다.

그런 다음 제자리를 벗어나 최종적으로 개입하는 전통적인 치유자가 나온다(그림 32). 마마두 디우프(Mamadu Diouf*컬럼비아 대학의 아프리카 역사 연구의 라이트너 가(Leitner family) 교수. 주로 세네갈의 이슬람에 관한 새로운 전망을 다루는데 저서로는 『관용, 민주주의, 세네갈의 수피파』(2013) 등이 있음)가 옳다고 해도, 여기 아프리카 사람들은 그의 노래를 반드시 이해하는 것은 아니다. 그의 노래는 자신을 위한 절차상의 불만일 수도 있다. 그러한 반응은 개인의 얼굴들을 클로즈업하는 패턴

그림 27
가수가 흉상에 레이스를 두르게 하느라 영화에 끼어든다.

그림 28
치유자가 법정을 떠난다.

그림 29
가수의 역동주의

그림 30
선한 백인 남자

인데 신비하기는 하다. 우리는 반복할 수 있는 차이로서 특이성과 개인 주체 사이의 구별을 명상한다.

한 편의 영화 안에 나오는 아프리카 웨스턴 영화에 대해 순진하면서도 열린 반응을 보여주는 더 많은 예들과 대조하여 보자(그림 33). 이것 또한 재판과는 불연속적이다. 대니 글로버(Danny Glover)가 나오는 아프리카 웨스턴은 〈바마코〉에 끼어 들어가 있지만 〈바마코〉와는 장르상 반대이다. 그 아프리카 웨스턴은 이미 재현상의 불연속성이다. 게다가 어머니와 딸에게서 묘사되는, 그렇게 피비린내 나는 신체의 손상에 느끼는 일종의 순진한 기쁨도 실로 서구의 선심에 대한 비판과 동떨어지며, 재판에 참여중인 '교육받은' 아프리카인들에 의해 재현되는 그러한 폐쇄 내부에 있는 사회적 위치와도 동떨어진다.

과도하게 해부하지 않고서도 그 영화에 백인 여성은 한 명도 나오지 않는다는 점과 〈세계사회포럼〉에 자명한 지구적 페미니스트 연대도 나오지 않는다는 점은 주목될 수 있다. 젠더는 좋든 나쁘든 지구화하는 개입의 전체 스펙트럼을 위한 알리바이이다. 그러한

그림 31
증언하는 흑인 여성

그림 32
노래 부르는 치유자

그림 33
아프리카 웨스턴에 대한 순진한 반응

그림 34

"입 닥쳐."

그림 35

아프리카인들이 확성기의 선을 끊어버린다.

스크린의 작동에 대한 하나의 비판이 여기서 재현되어 왔던가? 내가 언급했듯이, 시사코는 대체로 '유럽 계몽'과 거리를 둔다는 견지에서 흑인 여성에 관한 명명법을 제시하느라 신중을 기한다. 또한 남성 연대의 함축적 가능성은 피부색-계급 노선을 가로지르며, 아프리카 흑인 남성이 백인 유럽인과 합리적인 인식소적 연속성을 성취했던 그 노선을 가로지르며 제시된다. 실제로 부수적으로 나오는 한 사람인 메이트르 라파포르(Meitre Rapaport)가 처형하는 편에 간섭할 때, 그의 백인 동료는 절차를 기다리지 않고 그의 엉덩이 뒤에서 뭔가 제스처를 취하더니 메이트르에게 "입 닥쳐"라고 말한다.

라파포르 씨가 법정 진술을 할 때, 비공식적 전자-거버넌스(이것을 세계-거버넌스와 부디 대조해 보길)의 마을 세계에서 적극 활동 중인 남자들 역시 절차를 기다리지 않고 확성기의 선을 끊어버린다(그림 35).

자본과 젠더 둘 다 재생산적 이성애 규범성에 사로잡혀 있고 젠더를 하나의 도구, 하나의 알리바이, '대리 프롤레타리아트'로 사용하는 만큼, 시사코와 나는 자본보다 더 큰 문제인 젠더 문제로 미끄러져 들어갔다. 접촉에서 벗어나 조직된 좌파 지식인은, 아그네스 헬러와 같은 공격적인 철학자가 여성들에게 깊이 공감하면서도 자신은 "'페미니즘'에 반대한다."고 말하는 이유가 무엇인가를 묻기를, 여성과 퀴어만 젠더 문제를 묻기를 기대한다.

그리하여 우리는 외국어를 학습하는 중에 첫 번째 언어 학습의 인식론적 조건들을 재생산할지라도 우리의 검토 대상들 속에서 비교주의를, 즉 미학교육을 추적한 셈이다. 역사와 정치가 여기서 들어오며, 지식을 통해 권력과 통제에 대한 의지를 비축하기보다 건강하게 상상된 세부사항들이 여기서 들어온다. 교실에서의 유토피아라고나 할까.

프랜츠 보애스(Frantz Boas*1858-1942, 독일계 미국인으로 근대 인류학의 창시자이다. '미국 인류학의 아버지'라고 불린다.)는 한 세기 전에 작업하면서 '원시적인' 장소들의 문화들이 독립적인 기원을 갖는지 혹은 전송(transmission)에 영향을 받는지 결정할 필요성을 지적했다. 비교야말로 유일한 해결책인 것 같았다. 그러한 애초의 인류학적 비교주의 시대는 우리로서는 오래전에 끝난 셈이다. 확실히 우리는 역사적으로 독립적인 기원과, 우리 분과학문으로부터의 산종(dissemination)을 둘러싼 비교주의적 연구 사이의 대조를 배제해서는 안 된다. 그러나 분과학문의 일부로서 그러한 대조를 할 수 있도록, 우리는 장차 '도래할' 인식소적 차이를 기대하며 한 걸음 물러서서 인식론적 차이를 수행해야 한다. 다양화된 메타심리학의 무대에서 언어의 등가성을 잠재적으로 생각하라는 교훈을 수행해야 하겠다.

24.
기호와 흔적

1997년에 어느 유럽 자선 단체에 연설한 「행성을 다시 상상하라는 명령」(이 책의 16장)에서 살펴보았듯, 나는 지구화에 대해 이렇게 생각했다.

> 대항지구화는 모든 곳에 동일한 교환 제도를 부과함으로써 성취된다. 전자 자본의 쇠창살 속에서 우리가 경도와 위도로 망라된 저 추상적인 지구본을 닮은 어떤 것을 성취한다고 말하는 것은 그리 공상만은 아니다. 한때 이 지구본은 적도나 열대지방을 가리키는 실질적인 선들로 그려져 있었는데 지금은 지리학적 정보 체계의 다른 요구들 — 명령들? — 에 의해 더 많이 그려지고 있다. 지구는 우리의 컴퓨터에 있다. 지구는 〈세계은행〉의 로고이며 그곳에 아무도 살지 않는다. 또한 우리는 지구성의 통제를 우리의 목표로 삼을 수 있다고 생각한다. 행성은 대타성(alterity)의 종(species) 안에 있으며 또 하나의 체계에 속한다. 하지만 우리는 행성에 거주하며 실로 우리가 행성이다. 정말로 행성은 지구와의 깔끔한 대조를 순순히 받아들이지 않는다. 나는 "다른 한 편으로"라고 말할 수 없다.

아니시 카푸르(Anish Kapoor* 1954년 인도 뭄바이 태생, 추상적인 생체 표현과 풍부한 색채 및 매끄러운 표면으로 잘 알려진 영국 조각가)는 지구화에 대한 이러한 사유를 덧붙이는 법을 내게 가르쳐주었다. 이것 또한 완전하지는 않겠지만 아무튼 학문적 폐쇄로부터 벗어나는 마지막 두 에세이로써 내가 이 책을 마무리하는 이유이기도 하다. 23장에서 나는 '그림에서의 진실'은 아무런 보장도 없다고 지적했다. 여기서 그러한 상황은 지구적인 것을 해부하려는 우리의 시도와 유사성을 갖는다고 나는 지적한다.

나는 〈기억〉(Memory, 그림 36)을 살을 붙인, 지구에 대한 저 편평해진 1차원적 재현들 중 하나라고 생각할 수 있겠다.

아마 이 그림은 지구적 전쟁의 초기 도구였던 조종 비행선(dirigible)을 더 많이 닮아 있을 터인데, 그 조종 비행선은 사소한 상업적 사업 도구인 소형 비행선(blimp)으로 더 길들여져 있다. 오늘날 우리가 어느 곳을 보건 간에 지구화라는 것이 그 추한 머리를 추켜들고 있으니, 나로 하여금 그림의 대상을 지구와 유사한 어떤 것인 양 계속 생각하도록 해 달라. 내가 이 그림을 처음으로 보았을 때, 그것은 말라붙은 피 색깔이었고 〈나의 붉은 고국〉(My

그림 36

〈기억〉(Memory), 아니시 카푸르(2008), Cor-Ten 강철, 14.5X9X4.5m. 뉴욕 구겐하임 박물관의 솔로몬 R.의 호의. 데이비드 히올드(David Heald)가 찍은 사진.

Red Homeland)의 격렬하게 유혹적인 붉은색보다는 조금 덜 붉었다. 이 그림은 거대한 레오폴드 블룸(Leopold Bloom *20세기 영국 모더니스트 제임스 조이스의 『율리시즈』에 나오는 주인공 이름)이 맛있게 먹으려고 할 짐승이나 새의 내부 기관을 닮아 있다. 나는 색채 상징주의에 관해 하나도 모른다. 하지만 현재의 색채는 좀 더 수수한 노란 고동색이라서, 〈고국〉(Homeland)의 선명한 누런 대변 색도, 〈화이트아웃〉(Whiteout)이나 〈나의 몸 당신의 몸〉(My Body Your Body)의 차가운 흰색도, 짙은 푸른색도 아니라는 것을 알아차릴 수 있다. 물론 그 색채가 거울처럼 빛나는 것도 아니다. 다음 몇 년 동안 〈기억〉이 자체를 산화(酸化, oxidation)에 굴복시킬 테니 말이다. 카푸르의 어법을 빌리자면, 이 대상은 되비추기(mirroring)를 수행하지 않는다. 내가 이음새 없는 작은 내부 — 소인(消印)을 나타내지 않거나 아마 그저 일견(日見)일 뿐인 — 를 들여다보며 하나는 베를린에, 둘은 뉴욕에 있는 작품의 몸체 속에서 관람하는 오프닝을 이해한다면, 그 그림들은 우리에 의해 지구 내부의 세계로서 불가피하게 확보되는 개인의 죽음들로 우리를 인도하는 공허의 그 모든 매혹과 위협과 더불어 깊이를 약속한다. 녹슬어가는 외부나 따로 만들어진 독특한 각 타일(tile)은 제조의 알레고리에 있는 지구화의 보편화 욕망을 비판한다.[1)]

이것은 복수하러 온, '그림에서의 진실'처럼 '보이는' 학파('looks like' school)이기도 한다. 하지만 나도 거기 포함되는 박물관의 일반 관람객에게 비재현적인 것이란 재현적인 것에 대한 적극적인 망각이다. 그러므로 이 '지구/비행선'은 그저 세상의 모든 조야한 거대함을 지니고 있을 뿐이라고, 이것이 요점일 거라고 말하도록 나 자신을 허용한다. 내가 1997년에 지구화 에 관한 생각을 할 때에는 그것을 몰랐다.

〈마르시아스〉(Marsyas, 그림 37a와 37b)의 크기는 누구도 한 번에 그 전체를 다 보지 못한다는 것을 카푸르에게 가르쳤다.

〈기억〉에서 카푸르는 그 계획의 바로 그 부분을 실행했다. 내가 흔적 문제를 들추어낼 때, 상상된 관람객이 그 이음새 없는 내부에서 또한 볼 수 있는 것에 관해 나는 말할 것이다. 그러나 지금은 지명된 오프닝을 통해 관람된 모호한 '나의 세계'에 관해서만 생각하도록 하

---

1) 이 문장과 병행하는 시각 자료를 보기 위해서는 아무쪼록 다음을 참조하기 바람. Germaine Celant, *Anish Kapoor* (Milan: Charta, 1998); Anish Kapoor, *Marsyas* (London: Tate Publishing, 2002); *My Red Homeland* (Malaga: Arte Contemporaneo, 2006).

그림 37a와 그림 37b

〈마르시아스〉(Marsyas), 아니시 카푸르(2002), PVC와 강철. 테이트 모던(Tate Modern)에서의 설치 뷰. 사진: 존 리디(John Riddy). 런던의 테이트의 호의.

고 거기서 멈추도록 하자. 존재가 자체의 역사를 만들지만 그 부분을 선택하지는 않는다.

〈마르시아스〉가 자체의 폐쇄를 회피하고 싶어 한다는 점에 관해서는 많은 사람들이 주목하여 왔다. 마르시아스 사티로스(*로마 신화의 반인반수(伴人伴隨), 숲의 신, 호색가)는 인간의 폐쇄를 벗어나 자신의 게임에서 아폴로 신을 이기겠다는 야망을 지녔다. 이것에 관해서는 나중에 좀 더 말하겠다. 카푸르가 〈기억〉을 기획하던 중에 마르시아스의 교훈을 그 일부로 넣었다는 것이 사실이라면, 또한 척도로서의 몸의 상기라는 그의 교훈을 무대에 올려 왔던 셈이다. 외부보다 좀 더 크고 〈마르시아스〉보다 더 때 이른, 내부에 있는 어떤 것에 대한 개념 또한 그곳에 있다. 이미 2000년에 로랑 뷔진(Laurent Busine*Museum of Contemporary Arts의 관장을 역임한 비디오 아티스트)은 〈우울증〉(Melancholia, 그림 38)에 관해 다음과 같이 쓰고 있다.

이 조각은 다음과 같이 말하는 것을 우리에게 허용하지 않는다. 즉, 원이 사각형에 포함되거나 역으로 사각형이 원에 포함된다고 말이다. 왜냐하면 사각형과 원을 측정함으로써 그 원이 사각형의 변들과 동일한 지름을 갖는 것처럼 보인다면, 우리에게 그것은 그 비전에 아무런 영향도 미치지 못하는 정보와 다름없기 때문이다. …우리는 흑과 백, 어둠과 빛, **남성성과 여성성**, 북반구와 남반구라는 특정한 방식으로 세상을 재정렬하는 형태들 사이에 차이가 있다고 이미 진술하지 않았던가?[2)]

나의 사유는 지구를 지탱한다!
데리다는 이것을 '함입'(invagination)이라고 아름답게 기술해 왔다.

보통 책의 첫 줄이라고 불리는, 이 상위의 혹은 애초의 경계는 그 총체의 내부에 하나의 호주머니를 형성하고 있는 중이다. 그 경계는 함입이라는 형태를 취하고 있으며 그 형태를 통해 그 첫 줄의 특성인 경계선이 분리된다. 그 경계선은 동일한 것으로 남아 있으면서 그 총체를 횡단하면서도 구속한다. … 그곳에는 경계 없는, 즉 틀의 경계 없는 내용만 있으며, 내용 없는 경계만 있다.[3)]

이 개념-은유는 자궁에 속한다.

재생산적 이성애 규범성(친애하는 RHN)은 우리를 이중구속에 놓는다. 그것은 무능하게 하면서도 능력을 갖게 하는, 독이자 약이다. 여기서 나의 최고로 훌륭한 두 선생님을 내가 상기하는 것은 바로 그러한 정신에서이다. 그들은 내게 하나의 작품은 소망을 갖기 마련이라고 가르쳤다. 또 그들은 그 작품을 그러한 소망의 성취로 읽어서는 안 되며 오히려 그 소망하기를 무대화하는 것으로 읽어야 한다고 우리에게 가르쳤다. 나는 앤서니 비들러(Anthony Vidler*1941-, 영국 태생의 저술가인데 뉴욕의 쿠퍼 유니언 대학 건축학과 학장이자 교수를 역임함. 인간존재가 세계 내에 안주하지 못하는 데서 유래된 기괴하고 불쾌한 상황을 지칭하는 기괴함(uncanny)이라는 프로이트의 개념을 빌려와 거주하기의 불가능성을 현대의 대표적인 존재 양식으로 인식하는 가운데 전위건축을 논의함. 『건축적 기괴함 : 현대적 가정에

---

2) Laurent Busine, "Plus belle q'une peau tendue entre un carréet un cercle," in *Anish Kapoor: Melancholia* (Hornu: Arts Contemporains, 2004), pp. 5, 13; 스피박의 번역이자 강조.

3) Derrida, "Law of Genre," *Critical Inquiry* 7.1 (Autumn 1980): 70.

그림 38
〈우울증〉(Melancholia), 아니시 카푸르(2004), PVC와 강철, 680×1120×3600cm.
사진: 필리프 더 고베르(Phillippe De Gobert). MAC, 그랜드 호르누(Grand Hornu)의 호의: 리손(Lisson) 갤러리, 런던.

관한 에세이』(1994), 『당면한 현재의 역사들: 건축의 모더니즘을 발명하기』(2008) 등의 저서가 있음)의 "여성 성기관의 섬뜩함(unhomliness)"을 갖고서 〈마르시아스〉의 함입을 꿰맨다.[4] 그러나 바로 이 섬뜩한(unheimlich) 장소야말로 모든 인간존재들의 예전 집[heim]에, 우리 각자가 한때 또 시작 시점에 살았던 장소에 들어가는 출입구이다.[5]

나는 이 섬뜩함을 꿈의 중심인 그 순진한 충돌과 연결시킨다. 그 충돌은 모든 구멍을, 〈산으로서의 어머니〉(Mother as a Mountain)처럼 허리에 두르는 붉은색의 천을, 〈글래드스톤 갤러리〉의 최근 쇼에서 방구석에 매달려 있던 〈이중 구석〉(Double Corner)과 조화를 이루는 저 설치물들을 갖고서 〈내가 임신할 때〉(When I Am Pregnant)라는 벽에서 일어난다. 거기서 적극 망각된 재현은 거세의 재현일 수밖에 없다.[6]

호미 바바는 카푸르에 관해 좀 놀라운 내용을 썼는데, 그중에 하나는 텅 빔(emptiness)을 재현하는 카푸르의 면모이다. 나는 바바의 그 개념에 약간의 주석을 달아 카푸르는 스

4) Anthony Vidler, *The Architectural Uncanny: Essays in the Modern Unhomely* (Cambridge, MA: MIT Press, 1992).

5) Sigmund Freud, "The Uncanny," in The Standard Edition, vol. 17, trans. James Strachey (New York: Norton, 1961-), p. 245.

6) 많은 예들 중 하나로는 Kapoor, *My Red Homeland*, p. 57 참조.

테판 말라르메의 전통에 따라 '텍스트적 공백'을 함께 조합한다고 말하고자 한다. 그 페이지에 있는 하얀 공간들과 더불어 유추하는 텅 빔과 공백은 문자 보내기(texting)의 흔적에 의해, 즉 공허에 깊이와 심지어 방향까지 제시하는 경계, 환, 가장자리, 해변에 의해 틀 지어진다. 나는 40년 전에 나온 바 있는, 데리다의 다음 지적을 상기한다. "여기서 나에게 사유란 완벽하게 중립적인 이름, 텍스트의 공백, 디페랑스의 미래 시대를 가리키는 불가피하게 미결정적인 색인이다."[7]

여기 지금은 미래로 방향 지어질 한 가지 사유의 흔적을 실어 나른다. 그 공백의 공간에 많은 방향들이 있다.

내가 이 깊어진 공백의 공간을 구멍이라고 부를까? 최근의 그러한 대화에서 카푸르는

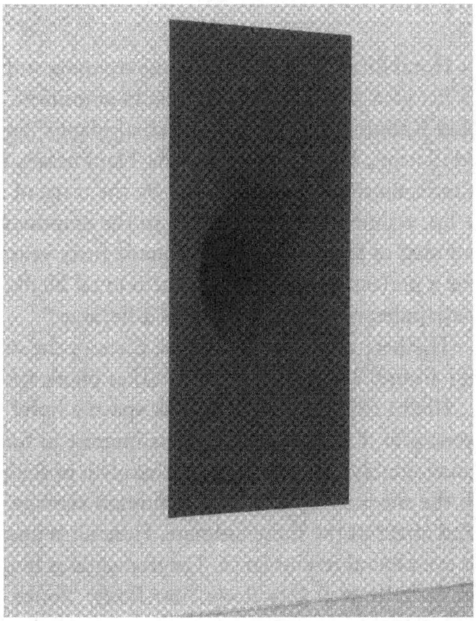

그림 39a

〈나의 몸 당신의 몸〉(My Body Your Body), 아니시 카푸르(1993). 섬유유리와 그림물감. 데이비드 리긴(David Regen)이 찍은 사진. 카푸르와 갤러리의 호의로 찍음.

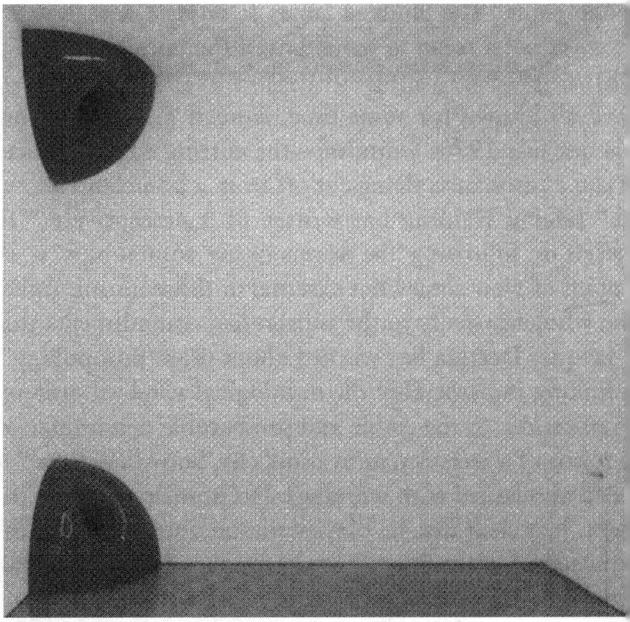

그림 39b

〈이중 구석〉, 아니시 카푸르(2008), 섬유유리와 그림물감. 데이비드 리긴이 찍은 사진. 카푸르와 갤러리의 호의로 찍음.

---

7) 나는 다음의 내 글에서 이 구절에 관해 논평했다. Spivak, "Reading *De La Grammatology*," in Sean Gaston and Ian Maclachlan, eds., *Reading Derrida's* Of Grammatology (London: Continuum, 2011), p. xxxiii.

구멍에 대한 자신의 관심을 다시금 반복했다. 흔적으로서 몸이라는 것이 피할 수 없이 조각(sculpture)의 영웅주의를 가리키는 척도라면, 구멍을-가진-몸은 인간의 서명, RHN, 한정된 생기 있는 것의 그럴듯한 원인과 결과의 가장 오랜 원천이다. 여기서 모든 것은 유추이며, 모든 것은 '~처럼 보이며', 모든 것은 문자 그대로 닮아 있기도 하다. 가짜 벽의 푸른색 덮개 아래에 있는 엄청나게 푸른색 구멍(〈나의 몸 당신의 몸〉)은 한쪽 각도에서 보면 음문(陰門)'처럼 보이며,' 다른 각도에서 보면 '음경처럼' 구부러져 있다. 박물관에서 엿들은 내용이다. 한 우아하게 차려입은 중년 초반의 여성이 안쪽의 배부른 모습('Inwending volle Figur')을 들여다보느라 쭈그리고 앉아 있다. 그 〈이중 구석〉(Double Corner)이 기괴한 것(the uncanny)을 우리에게 상기하고자 방 하나의 왼쪽 구석 꼭대기로부터 쳐다보고 있다(그림 39a와 그림 39b 참조).

하지만 우리 모두 얼마 동안 알고 있었듯, 남자들과 다른 여자들 — 이것은 그저 1970년대의 페미니즘이 아니다 — 이라는 그 날카로운 경계가 문자를 생산한다.[8] 여기에 또한 하나의 반향이 있다. 고국으로부터 잘려진다는 것은 우리에게 하나의 '고국'을 허용한다. 제레미 월드런(Jeremy Waldron*1953-, 뉴질랜드의 법학 및 철학 교수. 뉴욕 대학 법대 교수. 저서로는 『혐오발언의 해악』(*The Harm in Hate Speech*, 2012), 『법의 지배와 재산의 평가』(*The Rule of Law and the Measure of Property*, 2012) 등이 있음)은 그 점에 관해 통찰력 있게 다음과 같이 썼다. "'내 공동체의 규범들'을 따르는 자기 자신을 축하하는 것은, 그 규범들이 구체화하는 실질적인 헌신들에 진심으로 동의한다기보다 그 규범들에 좀 외부적인 하나의 관점을 취할 준비가 되어 있는 셈이다."[9] 자크 데리다는 그런 자세를 '존재학'(ontopology)이라며, "현 존재의 존재론적 가치를 그 존재의 상황, 한 지역성, 한 영토의 토포스, 토착적인 땅, 도시, 일반적인 몸의 안정되고도 제시 가능한 결정항에 확고하게 연결하는 공리학(axiomatics)"[10]이라며 경고했다. 카푸르는 그러한 경고를 유의했으며 공표했다. 그의 고국은 또한 그림물감의 이름이기도 하다. 그가 유럽-미국의 메트로폴리스에 있는 박물관들의 이중구속과 더불어 지구화와 고국 사이에

---

8) 이 대목은 다시 한 번 나의 다음 글을 언급하게 한다. Spivak, "The Letter as Cutting Edge," in *In Other Worlds* (New York: Routlede Classics edition, 2006), pp. 3-19.

9) Jeremy Waldron, "What is Cosmopolitan?," *Journal of Political Philosophy* 8.2 (June 2000): 227-243.

10) Derrida, *Specters of Marx: The State of the Debt, the Work of Mourning and the New International*, trans. Peggy Kamuf (New York: Rutledge, 1994), p. 82.

서 유희를 벌이고 있다는 것은 명백하다. 그는 자신의 쇼에서 해당 도시들의 시장들과 고위 관료들에 의해 다양하게 묘사된다. "칭찬받는 영국 예술가"(Unilever), "지금 런던에 거주하는 인도 출신의 조각가"(Malaga), "영국 예술가"(Nantes) 등으로 말이다. 카푸르에게 스바얌부(Svayambhu)(sui genris*자신의 종에 속하는[of its own kind/genus])는 북부 인도어들에 나오는 근대적 보통 명사인데, 산스크리트 고급 힌두주의에서 대략 뜻하는 프리멈 모바일(Primum Mobile*만물의 원인인 제1 운동자)의 권위는 없다. 오히려 카푸르는 그 장엄한 산스크리트의 엘리트 의미를 서발턴에게 해제하게 하는, 발견된 정령숭배(animist) 대상을 기념한다. 그는 위대한 스바얌(Svayam, 대문자 S를 가진 자기Self)을 바람과 물이 아니라면 재정렬된 박물관 공간으로 선회함으로써 그러한 건방짐을 모방한다. 카푸르의 스바얌브(Svayambh)는 문간들과 다른 통로들을 통과하는 붉은색의 물체에 의해 변경된 의미를 갖는다. 그 아이러니는 외국의 인도 애호가나, 신화 및 정체성의 정치를 급진적으로 부인하는 자의 엄숙함에 이용될 수 없을 것이다. 스튜디오의 교훈으로 돌아갈 시점이다.

많은 사람들이 카푸르의 작업에 관해 의미심장하거나 지시적일 뿐만 아니라 암시적인 것 같다는 점에 주목했다. "그의 원형적-형태들은 재현적이라기보다 암시적이다. … 거기에는 공공연한 상징주의란 없다."[11] 나는 이 지적에 동의하고 싶고, 그 암시를 흔적으로서 다시 쓰고 싶다. 거기에 기호들이 있고, (이 표식을 남겼던 어떤 것을 암시하는) 흔적들이 있을 수 있다. 이 표식은 단어들과 그림/대상들, 언어적인 것과 시각적인 것 사이의 단절이 아니다. 그렇게 보이지만 말이다. 자신의 마지막 작품인 『피네간의 경야』에서 아마 제임스 조이스는 지배적 기호-체계인 언어를 흔적성(traciness) 속에서 취하고자 노력했을 것이다. "하나의 이야기가 지체되고 있는데 빛나는 전철 기관차(shome shunter)가 밀고 나아갈 때, Maltomeetim, alltomatotetam."[12] 비-표현적이고 비-구성적인 예술이 기호 ≠ 흔적의 길을 양방향으로 왕복한다.

아니시 카푸르는 최근에 보스턴에서 "몸이 척도인 것은 어쩔 수 없다."고 말했다. 이것은 흥미로운 의견 교환이었다. 그 질문자의 단어는 '사람'이었다. 카푸르는 조용히 '몸'으

11) Nicholas Baume, ed., *Anish Kapoor: Past, Present, Future* (Cambridge, MA: MIT Press, 2008), p. 22.

12) James Joyce, *Finnegans Wake* (New York: Viking, 1961), p. 336.

로 대체했다. 기호에서 흔적으로 말이다. 그러나 기호들의 보유자인 '사람'이 여전히 끼어든다. 주체는 '시각(vision)의 영역에서 오점'으로 남는다.[13] 그러한 모든 흔적이 결국 기호인 양, 『피네간의 경야』는 무한히 합리화된다. 조이스 자신은 점점 더 많은 수수께끼 같은 기호들로부터 끊임없이 흔적들을 제조하면서 지는 싸움을 하고 있음을 증명하거나, 지기 위해 유희를 벌이고 있는가? 우리는 알 수 없다. '사람'이 '몸'과 간섭하고 있을 뿐이다. '인간적'이라는 형용사는 그 질문자에 대한 예술가의 대답에 함축되어 있었기 때문이다. 즉 "그(사람의) 몸이 척도이다." "그것을 어쩔 수 없다."

그리하여 카푸르의 〈기억〉과 맞닥뜨린 나는 "…처럼 보인다," "…처럼 느낀다."라고 말했던 것이다. 하나의 흔적은 그 추적자인 사람에 의해 유추로써 작업된다. 비-인간들이 그것을 어떻게 하는지 누군들 알겠는가? 흔적의 추적은 동물을 거쳐 정령숭배적인 것과 비정령숭배적인 '세계' 속에서 계속된다. '사람'은 이러한 흔적의 추적에 대해 곧 그 원자가 '분리될' 때까지 일반적인 '대본', '세포 읽기', '다시 행동하는' 세포들이라고 생각할 게 틀림없다. 그러한 분리를 유행하는 불어 partage라고 다시 쓰는 것은 아무 소용 없다. 그러한 '분리'조차도 우리의 포스트-특수성에서는 낡은 뉴스이기 때문이다. "우리"라니? 누가 우리인가?

그리하여 카푸르가 인간적인 것의 아래로, 위로, 거슬러 가고자, 또 거의 감지할 수 없을 정도로 아주 느린 속도로 대량의 붉음(redness) 속을 잘라내면서 모터로 움직이는 무딘 강철 칼을 갖고서 커다란 텅 빈 붉은 설치물을 세우고자, 또 그것을 〈과거, 현재, 미래〉라고 부르고자 노력한다면 여전히 다음을 듣게 될 것이다. 한 연인이 "그러나 여기 이 페인트는 저 날카로운 경계 때문에 정말로 거칠게 칠해져 있지 않다"고 중얼거리는 소리를 말이다. 아, 그러나 재현은 — 그것이 유추적인 추상화만을, 흔적추적(tracing)만을 한다고 해도 — 지는 싸움이다. 혹은 그 예술가는 지기 위해 유희를 벌이고 있단 말인가? 알 수 없다. 카푸르가 말할 때, 가장 두드러지는 것은 그의 겸손함이다. "나는 스스로 대답할 수 없는 오랜 질문들에 관심을 기울인답니다." 흔적의 포착이라는 것은 이 책에서 가장 오랜 문제이다. 다시금

13) Lacan, "Of the Gaze as Objet Petit a," in *The Four Fundamental Concepts of Psychoanalysis*, trans. alan Sheridan (New york: Norton, 1978), p. 53.

하나의 반향이 있다. 데리다의 죽음 앞에 나는 성차에 관한 그의 포획에 관해 썼다. "아들인 나는 어머니의 흔적이며 아버지의 기호이다."[14] 내가 듣기로 '인도계 유대인'이라고 언급되었던 카푸르는 유대인의 요소를 어떻게 할지 나는 알고 싶다.

나는 카푸르의 스튜디오를 통과하며 첫 번째 산책을 하고 난 직후에, 오스트리아의 어느 집단을 대상으로 연설했다. "우리 각자와 우리 집단에게 지구화는 흔적들의 영역에 있는 언어화(languaging)의 섬이라고 생각할 수 있어야 합니다. 정치를 거슬러 가며 지구화를 그저 묘사해 본다면, 그것은 흔적들의 영역에 있는 언어화의 섬입니다."

앞서 내가 인용했던 바로 그 구절이 지금 이곳에 있다. 거기서 나는 지구화와의 그런 연관을 만들지 않았었다. 이제 시각적인 것이 우리에게 가르칠 수 있는 바를 여러분은 보게 된다. 시각적인 것은 데이터와 자본을 통하는 것과는 다른 어떤 방식으로 지구를 이해하는 적절하고도 교정적인 모델을 우리에게 제공한다. 또한 아직도 의미는 항상 기호를 향하기 마련인데 그 교훈은 결코 배워지지 않는다. 그것 또한 피해수습이며, 음악을 위해 너무 많은 것이 주장될 때 기억할 무엇이다.

지구화는 흔적들의 영역에 있는 언어화의 섬이다.

흔적은 하나의 '~임'(isness)이 아님을 항상 기억할 때, 흔적이란 과연 무엇인가? 하나의 기호체계는 의미를 약속한다. 하나의 흔적은 아무것도 약속하지 않는다. 흔적은 이전에 무엇인가가 있었다고 시사하는 것처럼 보이는 무엇이다. 세상의 풍부한 언어들을 생각해 보라. 그런 다음 시각적인 것에 무슨 일이 일어날지 생각해 보라. 내가 서너 주 전에 아니시 카푸르와 함께 있었을 때, 나 스스로 이것에 관해 훨씬 더 조심스럽게 생각해 보기 시작했다. 카푸르는 구겐하임(Guggenheim)을 위해 거대한 조각을 만들고 있었는데 나에게 에세이 하나를 써 달라고 해서 나는 그와 함께 사흘을 보냈다. 나는 아주 영리한 이 남자가 무엇을 원하는지 파악하고자 애쓰다가, 그가 흔적들을 재현하고자 한다는 것을 깨닫기 시작한다. 시간이 흐르면서 점차(Zwischenräume der Zeit) 말이다.[15] 그것은 하나의 기호체계가 아니며 ('흔적'을 가리키는 독일어인) Spur와 비슷하다. 그것은 숲의 땅바닥에 널려 있는 코끼리 배설

14) Spivak, "Notes toward a Tribute to Jacque Derrida," *differences* 16.3 (Fall 2005): 102.

15) Rainer Maria Rilke, *Duneser Elegien* (Leipzig: Insel, 1931).

물과 유사하다. 여기 코끼리들이 있었거나 여러분이 환각에 빠져 있을 수도 있다. 혹은 누군가가 여러분을 유인하고자 그것을 거기 두었을 수도 있다. 혹은 여러분이 잘못해서 코끼리 배설물이 전혀 그렇게 보이지 않거나… "흔적 없는 명세서"일 수도 있다. 하나의 흔적은… 하나의 기호가 아니다. 이것과 관련하여 우리는 대부분의 법체계에 의해 여전히 영예롭게 되는 기성의 가부장적 관습에 대해 불가피하게 다음과 같이 생각한다. 즉, 특히 내가 남자로 인식될 수 있다면 나는 내 아버지의 기호이자 내 어머니의 흔적이라고 말이다. 나의 논의에서 우리에게 중요한 점은, 지구화 과정 중에 있는 인간 주체란 언어화의 섬이라고 생각하는 법을 배워야 한다는 것이다. 분명히 몰개성적이고 기계적인 번역에서는 그 모든 것은 경험화한다. 그럼에도 사실 주인이나 목표를 끊임없이 또 불명확하게 특권화하는, 번역의 일반적인 영역으로서 지구화를 이론화하지 않으면서 말이다. 여기서 언어화의 섬이란, 모니터로서 '최초의' 언어와 더불어 몇몇 언어들과 관용어들을 불균등하게 이해하는 가운데 '이해'가 아무런 보장도 따라잡지(follow) 못하는 흔적들의 전체 영역 내부에 있게 된 것이다. 그것은 다른 '비-표현적' 예술, 다른 '동시적 번역'에 대한 새로운 요청인 셈이다.

흔적들의 대양에 있는 언어의 섬 하나로서 지구화라는 것이 카푸르를 바라보는 내게 보충되었다면, 나는 바로 이러한 지구화에 의해 부인된 양극화로 돌아가야만 한다. 즉, 예술은 시각적인 것이며 말로 된 것이 아니라는 점, 여기서 '언어'는 오로지 은유적으로만 확실히 언어의 규칙에 의해서만 사용될 수 있지 또다시 언어의 한 가지 규칙인 문자 그대로는 사용될 수 없다는 점 말이다. 그때 모든 비-표현적인 예술과 관련된, 시각적인 것에 있는 진리의 문제가 어렴풋이 나타난다. 또한 카푸르의 스튜디오로 걸어 들어간 나를 위해 열린, 지구화에 대한 이러한 이해에서 과연 흔적이란 어떤 것이 될 것인가? 이 질문에 잠시 시간을 할애하도록 하자.

반복하건대, 움직일 때마다 불확실한 해변을 갖는 지구화는 흔적들의 대양에 있는 언어의 한 가지 섬에서 우리를 살도록 만든다. 여기서 '우리'는 구겐하임에서 아니시 카푸르를 관람할 수 있는 자들로부터 글로벌 남반구로부터의 노동 수출의 끝없는 순환에 이르기까지 그 모든 여정 내내 확장된다. 이 엄청나게 큰 집단에 속하는 각 구성원이나 집단성은 하나 혹은 몇 가지 언어들을 이해하며, 소란스런 다른 조직들은 의미로 가득하지만 그 혹은 그녀를 위한 것은 아니라는 점을 확신한다. 여기서 언어와 흔적은 그저 대립되기보다 젠더로 차별화된 명명법 안에 있다.

왜 나는 카푸르의 스튜디오에서 지구화에 대한 이러한 감각을 얻었던 것일까? 이 문제에 비밀스럽게, 또 간접적으로 접근해 보도록 하자.

반복하건대, 좀 더 묵직한 등기부 위에서 언어란 입증 가능한 개념적 의미를 약속하는 체계라고 말하도록 하자. 한 언어의 수행은 신비로 가득하지만 명백한 약속이 항상 거기에 있다는 점을 모두 알고 있다. 이와 대조적으로 하나의 흔적은 도무지 입증할 수 없는 어떤 선차성(anteriority)을 제안하는 것 같다. 흔적에 관한 이렇게 희박한 형상은 뉘앙스를 지닌 인간 행위의 틈들에 잠복해 있다. 위험을 감수하는 정치의 단호함에서부터 그 충만함 속에 있는 철학의 장엄함에 이르는 인간 행위 말이다. 이 책의 「서론」에서 나는 순수이성에 관한 임마누엘 칸트의 철학은 "흔적을 손상시킬 위험을 관리하는 것"일지도 모른다고 제안한 바 있다. 또한 나는 1968년에 데리다가 자신의 분과학문 선배들에게 흔적 사유란 보편화하려는 언어의 건방짐을 억제할 수 있음을 밝혔다고 시사했다. "나는 '흔적'을 경유해 이러한 틀의 폐쇄로부터 벗어나는 한 가지 길을 가리키고자 시도했다. 여기서의 '흔적'은 원인을 갖는 것도 아니고 하나의 효과도 아닌데, 여분의 텍스트적 주석 없이는 그 자체로 필요한 위반을 작동시키기에는 충분하지 못하다."

여기서 지구화의 이러한 보편화 야망은 일종의 위반 자격을 갖게 할 것이다. 데리다는 흔적 사유야말로 그 인식소적 영역에서 그 야망을 억제할 수 있다고 느낀다. 또 그 억제는 자본에 의해 주장되는 인간적 소망들의 허영 영역에서는 하나의 해결책인 셈이다.

어떤 의미에서 비언어적인 시각적인 것은 흔적들에서 항상 소통하기 마련이다. 또 다른 의미에서 그것은 그 알레고리적 범위들과 경향들로 말미암아 언어학성(linguisticity)을 찬탈하도록 항상 유혹을 받는다. 카푸르는 이러한 이중적 모험의 주요 주자이다. 흔적의 자유를 유지하라. 그것과 동시에 여러분이 말로 된 것(the verbal)의 정확성에, 즉 박물관에서 '세속성'을 시도하는 지구화의 불가능한 꿈에, 한두 개의 문을 가진 그 오렌지색 비행선에 이를 수 없는지 살펴보라.

내가 오스트리아에서 직역했던 대로, 카푸르에게 그 배설물이라는 물체(〈피 막대〉)는 있음 직하지 않은 몸의 흔적을 아마도 흔적(spur) 혹은 자취로서 재현할 것이다. 뿐만 아니라 그 물체는 '몸의 글쓰기'이기도 하다. 여러분이 직역을 한다면 거기서 의학적인 것(the medical)을 향해 나아갈 것이다. 그러나 카푸르는 유기체주의자가 아니며, 여기서 '몸이라는 소속'(of the body)은 우연한 것이며 글쓰기로서 배설물은 몰개성적인 것이다. 우리는 인공지능과 전자통신 속에 있으며 시멘트-배설물을 '인쇄하는' 스튜디오의 구석에 있는 컴퓨터화된 기계를 증언하며 언젠가 집을 지을 것이다. 주체의 생산이라고 간주되는 바로 그것에다 비-표현적인 서명을 하는 셈이다. 레비나스는 이것을 다음과 같이 묘사한다.

> 구성적인 재현이면서도 이미 실제로 완벽하게 구성된 것의 즐거움에 의존하는 재현의 가능성은, 내가 원소들에 열중하는 동안 자연의 면전에서 그 위치를 택한 어떤 집에서 회상되는 그 남자의 근본적인 뿌리 뽑힌 성격을 가리킨다. 나는 그 속에 살고 있으며 그것으로부터 살게 된 그 원소들과 또한 맞서고 있기도 하다. 이 세상의 일부를 제한했고 그 일부를 막아버렸던 공적(feat), 또 문과 창문을 경유해 내가 즐기는 원소들에 접근하는 공적은, 사유가 세상보다 나중인 그러한 세계에 선행하는, 사유의 주권성과 여분의 영토성을 실현한다. **이후의 선차성**(anterior posteriority)이다. 분리는 그렇게 '알려지는' 게 아니라 그렇게 생산된다. 기억은 바로 이러한 존재론적 구조를 성취한다.[16]

그렇다면 여기 그 범위가 있다. 한쪽 끝에는 지구화의 위반을 허용하지 않을, 흔적의 구원적인(saving) 취약성이 있으며, 다른 쪽 끝에는 '인간적인' 것을 몰개성적으로 생산하는, 말로 된 것(the verbal)이 갖는 철학적 경계의 통제가 있다. 이것이 카푸르의 공간이다. 이 공간은 합리적이면서 생리학적이며, 흔하지 않은 상식이면서 사이에 있는 무(無)이다. 우리가 지구화에 관해 말하고 있다면, 중립적이라고 하는 예술 공간에서 '인도'라고 불리는 어떤 것을 우리더러 포함하라는 요청은 보통의 일화와 그 종류가 다르다. 적어도 그것은 명백하다.

---

16) Emmanel Lévinas, *Totality and Infinity: An Essay on Exteriority*, trans. Alphonso Lingis (Pittsburgh: Duquesne University Press, 1969), pp. 169-170.

이러한 물건을 지켜보는 것은 도로 표지(signage)로부터, 또 보편화의 유혹으로부터 물러선 관람객의 반영능력을 충분히 발휘할 수 있게 한다. 우리가 윤리적인 것을 향해 그러한 왕복을 실천할 수 있기를 내가 꿈꾸고 있는 셈인가? 도로 표지를 향해, 그리하여 보편적인 것을 향해 나아가려는 그 위반적인 욕망이 다시 정렬되기만 한다면 말이다. 그러한 실천은 관람하기(viewing)를 수행하는 가운데 발생할 수 있다. 나는 행성에 빚진 채 살아간다. 나는 죽어서 매장될 윤회 위의 고장/영상이다. 흔적들을 경유한 공간-토크이다. 『피네간의 경야』는 베를린과 뉴욕에서 "부드러운 아침, 도시들이여! 나는 공간의 흔적을 찾는 중"[17]이라는 메시지를 전한다.

이제 나는 제작(making)을 수행 중인 네트워크들 가운데 두 가지에 관해 좀 더 말하고 싶다. 물론 그 두 가지는 서로 밀착된 채 포옹하고 있다. 관람객이 만드는 만큼 제작자는 많이 관람한다. 하지만 제작자는 윤리(관람의 수행), 관람의 정치(첫 번째 제작 네트워크), 정치(두 번째 제작 네트워크)라는 측면에서 관람객과 다르게 관람한다.

여기서 이 모든 것은 하나의 유추를 출범시키기 위해 하는 변명이다. 그 변명은 다음과 같다.

〈과거, 현재, 미래〉와 〈S-곡선〉을 갤러리에 갖고 오기 위해서는 박물관의 벽을 열어젖혀야 했으며 기념비적인 기중기들을 사용해야 했다. 〈기억〉을 위해서는 바닥을 보강해야 했다. 그러나 각 타일이 따로 왔던 만큼, 벽을 파괴할 필요는 없었다. 박물관 벽의 돌파를 재현하는 〈마르시아스〉는 거대한 기계의 도움을 받아 내부에 설치되어야 했다.

우리는 〈마르시아스〉의 교훈에 관해 말했다. 즉 부드러운 얇은 막이 너무 빡빡하게 펼쳐져 있어 딱딱하게 보이고 (인간의) 몸의 시선에 의해 조각나고 부서진 것처럼 보인다고 말이다. 우리는 흔적-기호 사이의 싸움을 반복하는 그리스 다신론과의 상호텍스트성에 관해 또한 말했다. 그 싸움에서 음악가인 인간 마르시아스는 기호의 대가인 아폴로와 그저 흔적을 갖고 경쟁하다가 지고 만다. 신화에서의 이러한 패배는 지기 위해 하는 놀이와 생산적으로 혼동된다. 껍질이 벗겨져 붉은 막이 펼쳐진 몸, 도망치고 싶은 듯 걸려 있는 거대

17) 조이스에게서 나오는 그 행은 "Soft morning, city! Lsp! I am leafy speafing."(Joyce, *Finnegans Wake*, p. 619)이다.

한 플루트, 거울용 유리를 해치우고자 하는 뒤편의 은박, "기울어 버린 ~하는 진리를 박수 치는 자"[18]를 보면 그렇다. 그러나 〈기억〉은 뒤집어진다. "저드(Judd)는 몸으로 행동했고 지금 나는 그것을 뒤집어야 한다."고 카푸르는 보스턴에서 말했다. 카푸르는 (마르시아스를 연기하는) 아폴로를 연기해야 하며, 그 전체 대상을 조금만 알고/보여주어야 한다. 그리하여 그 작품이 박물관에서는 전적으로 접근할 수 없는 것이 될 수 있도록 말이다. 카푸르는 하나 이상의 의미에서 "척도를 하나의 도구로 만들어 조각의 영웅적인 제안들에 이르도록 측정한다."고 보스턴에서 다시 한 번 지적한다.

B라는 명제가 이성의 척도인 한, A는 영웅적인 것이자 창조자-영웅이라는 인간의 척도이기도 하다. 그 명제로 상승하는 인간은 현실 원리 속에서 출현하는 에고(ego)에 관한 프로이트의 우화인 셈이다. 이것이 일어나도록 하기 위해서는 세밀하고 자세한 메타심리학적 정신 장치가 협착(stricture, 구조화하는 제약)을 통해 꼭 들어맞도록 해야 한다. (지금까지 이 책에서 우리는 이것을 최초 언어의 학습과 연관시켜 왔다.) 제약들이 구조화한다. 정신공간(mindspace, 그것이 무엇이건)이 그 구조화하는 울타리를 횡단할 때, 힘-노선들(force-lines)은 인지할 수 있는 감정들로 변한다. 그때의 에고는 제안의 땅(proposition-land) 속으로 움직인다. 주체는 진술된다. A는 B이다. 프로이트가 했던 유명한 말대로, 분석가가 기호들의 치유 서사로써 그 비뚤어진 주체의 흔적을 추적하는 것은, 억압이 실패할 때뿐이다. 우리는 자체의 균형을 맞추는 정신 장치의 흔적-서명하기(a trace-signing)에 이른다. 그리하여 그 흔적-서명하기는 공적인 교환 중에, 또 그 꿈에 짜여 있는 치유 작업 중에 그 제안에 대한 장악력을 유지할 수 있다. 그 '공적인' 것이 자체와 대화하는 합리적 에고일 때라도 그렇다. "누가 꿈을 꾸는가?"라는 질문에 대답할 수 없다는 것이 그 우화가 지니는 힘을 증명한다.

나는 이 우화에 대한 하나의 유비(analogy)를 조각의 그 영웅적인 제안들을 측정하는 '카푸르'에게서 찾을 수 있다. '카푸르'는 그 작업을 상상한다. 상상력은 고정될 법한 주체를 갖지 않는다는 점은, 가장 덜 진지한 예술 전공 학생에게도 자명한 이치이다. 판권이 그렇듯, 스타-시스템은 이것을 부인하고자 애쓰지만 그 사실은 남는다. "누가 상상하는가?"는 "누가 꿈꾸는가?"라는 불가능한 질문을 공적으로 재현하는 셈이다. 나는 이 유비를 느

18) Derrida, *Glas*, trans. John P. Leavey Jr. and Richard Rand (Lincoln: University of Nebraska Press, 1986), p. 229.

슨하게 유지해야 한다. 그러니 형태의 기하학을 개발하는 데 연루된 엔지니어 회사 에어로트로프(Aerotrope) 회장 크리스토퍼 혼찌-존스(Christopher Hornzee-Jones), 그 작품을 만들고 있는, 네덜란드 강철 회사 센트랄스탈(Centraalstaal) 사람인 알라드 보크마(Allard Bokma), 모든 140 코-텐(Cor-Ten) 강철 타일을 서로 합칠 보강재 작업을 하며 배를 만드는 람메르트 오싱가(Lammert Osinga)를 나더러 부르도록 해 달라. 그리하여 실재(the real)를 제약하는 구조라는 그 제안의 주제를 생산하는 폐쇄들로부터 풀려난다면, 그 지구/비행선은 학교에서 우리가 배우는 '객관적 진리'의 그저 편향적으로 감지된 몇몇 부분에서만 물속을 떠다닐 수 있을 것이다. 하얀 낙하복을 입은 기술자들 군단을, 모든 세부사항에 유의하는 메타심리학적인 것의 집행자라고 부르도록 하자. 에고는 서투르게 수선하고 있을 뿐이다. 에고는 꿈을 기억한다. 〈기억〉은 이제 기념되는 '작업 중인' 제목이었다. 그 조각-공간(그것이 무엇이건)이 자체를 구조화하는 경계를 횡단할 때, 기술성(technicity)이 예술이 된다. 또한 "누가 이것을 만들었는가?"하는 물음은 사진을 괴롭히는 어리석은 작가주의이다. 무의식적인 것은 작업 중인 민주주의에서 투표권을 가질 수 없을지도 모르지만 박물관 이야기를 할 수는 있다. '아니시 카푸르'는 여하한 고유명사만큼 취약하니 더욱 그럴 것이다.

하지만 꿈꾸는 사람과 꿈-작업자들만 '볼' 그 거대한 잘못 생긴 '지구/비행선'은 이제 하이퍼텍스트로 온라인에서 이용 가능하며, 그리하여 조각가의 영웅적인 제안을 패배시키고 데리다의 다음 질문을 재개한다. 프로이트가 인터넷을 알고 있었더라면 정신을 어떻게 만들어냈을 것인가? …

"나는 '나'이며 '나'이다. 모든 피조물은 그 달콤한 외침과 함께 전율한다." 예이츠의 행복한('행복'은 관심 있는 여러분에게는 열락jouissance이다) 이질적 동음반복적 제안은 우리를 계속 나아가게 한다. '시간을 연장한다.'는 이름으로 그 꿈-작업자는 이 구원의 제안으로부터 우리를 풀어낸다. 우리는 환락의 집에서 길을 잃는다. 기술적인 상상하기가 완전하게는 아니더라도 인간적 의미를 파괴함에 따라 가상공간을 창조하는 거울들이 곳곳에 난무한다. 정지된 아날로그 시계가 하루에 두 번 그 정확한 시간을 제시하듯, 정확성-으로서-진리라는 제안에 이르도록 하는 측정하기의 우화 속에 바로 그 특정한 허구 사례가 있다. 또한 우리는 더욱 복잡한 몇몇 비추기(mirrorings)를 통해 가끔 '정확하게' 비추어지는 가운데 우리의 윤곽들, 우리의 위치들에 있는 '실재의 상실'에 의해 놀랄 따름이라 더욱 충격을 받는다. 나는 이것을 읽고 있다. 하지만 보석 장식을 한 그 통속적인 투자가들(옛날의 '문명화된' 엘리트와 좀 다른, 동일한 차이를 지닌)은 그럴 수 있을까? 그들이 나이 먹고 연고 없는 여성(Baubo)인 나를 그 박물관의 개막식에서 단호하게 무시하는데도 말이다. 지금 이 시간에 이르러서야 나는 예술로 하여금 정의를 향해 나아가도록 미학교육의 도움을 받았을 법한 이유를 파악해보라고 여러분에게 요청하는 셈이다.

나는 〈C-곡선〉(C-Curve)에서 갑자기 앞장서서 확장되고 확대된 토대의 조건들에 따라 우연히 측면에서 나를 공격하려는 누구와라도 재치 있게 함께 서서 거울을 벗어나는 제3의 길로 나선 것 같다. 〈S-곡선〉에서는 릴케의 거울 비가에서처럼 결말에서가 아니라 중간에서 나르시스가 자신의 윤곽을 상실한다. 그녀의 눈이 거울 속을 들여다보며 횡단하게 될 때 말이다. 베르나르 추미(Bernard Tchumi*1944-, 스위스의 건축가, 건축 평론가. 취리히 공과 대학 졸업 후 영국 건축협회 건축학교와 프린스턴 대학교 등에서 가르쳤음. 현재 컬럼비아 대학 건축 · 도시 계획 · 보존 대학원 원장임. 저서로는 『이벤트-도시들』(*Event-Cities*, 1994), 『건축 개념들: 빨강은 색이 아니다』(2012) 등이 있음)는 공간을 활성화하는 법을 내게 가르쳤지만 〈C-곡선〉과 〈S-곡선〉은 자체의 견지에서 공간을 활성화한다.

누가 이것을 발생하게 하는가? 잘못된 질문이리라. 차라리 'S'의 다른 측면에 서서, 에코가 나타나 여러분의 목소리를 여러분에게 돌려주고 어쩌다가 여러분이 박물관에서 무보수 연설을 수행하는 그런 잘 어울리는 곡선으로 가라.

곡선이 척도로서의 몸에 관한 것은 아니라는 점을 여러분은 보기 시작한다. 곡선은 저 거울들에 관한 것이다. "Spiegel, noch nie hat man wissend geschrieben, Was ihr in eurem Wesen seid." 릴케는 다른 곳에서 "친숙함은 관람객과 관람되는 것 사이에 있는 거리의 단축을 함축한다."고 말한 바 있다. 그런 릴케는 '시간의 연장'이야말로 조각가의 과제라고 말한 아니시를 기다리고 있었던 셈일까?

연장하고 단축하라. '길고' '짧은' 것은 시간/공간의 단어들이다. 긴 시간/긴 거리, 짧은 시간/짧은 거리. 연장되거나 단축된 시간은 공간에 의해 조율된 시간이다. 그러한 시간은 릴케에 의해 시간의 간극들이라고 묘사된 공간화일까? "오랜만이야?"라는 로리 앤더슨(Lauri Anderson*1947-, 미국 태생의 실험적인 공연 예술가이자 작곡가. 바이올린과 키보드로 다양한 실험적 음악과 록

스타일의 음악을 연구함. 1981년에 싱글 앨범 〈오 슈퍼맨〉(O Superman)을 발매하며, 이후 많은 음악 영화. 〈야! 러그래츠〉(Rugrats), 〈섬씽 와일드〉(Something Wild), 〈윌리엄 S. 버로그〉(William S. Burroughs)에 출연함)의 시간과 공간, 기호와 흔적은 물론 깔끔하게 나누어지지 않는다. 몸이라는 척도만이 아니라 물체들에 의해서도 그렇다. 거울 단계이다. 우리는 〈천 개의 이름들〉(1000 Names)에 있는 성가신 항목을 본다. 그 항목 자체는 충분한 문화 정보를 갖춘 사람에 의해 시장의 코르크 모자와 색조 파우더의 단단한 토루 사이에 있는 십자가로서 인지된다. 그런 다음 일정한 각도에서 보면 그 십자가는 잘 익은 붉은색의 인도 고추나 칠리(chili) 후추처럼 〈S-곡선〉의 상부 경계로부터 매달려 있다. 이것은 그리스 다신론이 아니라 힌두 다신론이다. 대부분의 외국 논평자들은 다시금 고급 힌두 설명을 강조한다. 그러한 설명은 그저 손쉽게 백팔 번뇌를 띄워 올릴 수 있다. 천 개에 관해서는 신성한 아무것도 없다. 일반적으로 놓치게 되는 것은, 구석 상점에 놓여 있는 주석 상자로 된 물체들의 서발턴 모델이다. 이 모델은 "신은 사랑"(God is love)이라는 자리에 "신은 사랑"(God si love)이라고 쓴 인도 사원의 키치를 통해 나타나듯 견본 모음집에 대한 포스터(E. M. Forster*1879-1970, 영국 소설가로 20세기 초반 영국 사회의 위선과 모순을 위트와 아이러니로써 잘 그려냄. 『전망 좋은 방』(*A Room with a View*), 『인도로 가는 길』(*A Passage to India*) 등으로 유명함)의 묘사와 맞아 떨어진다.

나는 런던에 있는 카푸르의 스튜디오에 있던 모형에서 〈기억〉의 꿈-물체(dream-object)를 보았다. 나의 상념은 지구화에 가 있었다. 여러분은 내가 배운 것을, 흔적의 바다에 있는 기호들의 변동하는 섬을 알고 있다.

이번에 배운 것은 가장 잔인한 의미에서 바로 이 물체에, 이 〈기억〉에 적용된다. 지구화에 의해 고양되고 자본시장에서 투자되는 것으로서 모든 예술에 적용되듯 말이다. 이것은 제작의 두 번째 네트워크이자, 두 번째 수행이다. 자본의 회로들은, 추상적인 평균의 회로들은 데이터-형태를 경유해 다양한 변형들을 거쳐 움직인다. 우리가 그 변형들을 추적하고자 신경을 쓴다면 이것이야말로 다양한 종류의 흔적들의 회로이다. 흔적들의 이러한 소용돌이 속에서는 누군가가 어디서건 움직였거나 또 아마 그러지 못했다고만 항상 시사할 뿐, 아무것도 '의미하지'(signify) 못한다. 이것은 정확하게 '흔적 없는 명세서'는 아니다. 내가 앞서 인용했던 그람시는 국가로부터 분리된 농촌의 가난한 사람들이라는 역사가-주체를 위한 자료를 묘사한 기록을 '흔적 없는 명세서'라고 상상했다. 거기서 역사가는 기호들을 찾아내야 한다. 여기서는, 국가에 한정되지 않는 지구의 끝 쪽에서는, 흔적이면 족하다. 흔적이란 보편화할 수 없는 것인데, 오늘날에는 돈이나 상품으로 결코 실현되지 못하는 전체 가상 경제라는 것이 있다. 거기서는 파생물들과 미래들의 교환은 나타나지 않고 있는데 교환에 편승하는 금융자본은 있다. 무용한 은유인 이러한 지형에서 데이터-형태는 아무것도 '의미하지' 못한다. 돈의 실체에 관한 독창적인 마르크스의 논의에서 그렇듯, 데이터-형태도 탈실체화된다. 주어진 것은 텍스트 없는 흔적이다.

이렇게 엄청난 흔적들의 영역 내부에서 하는 작업들 자체가, 관람객과 비평가가 끝없이 탈코드화하는 흔적과 기호의 낡은 게임에, 관람객과 (정확하게는 아니지만) 시각적인 것과 언어적인 것의 낡은 게임에 개입되는 의미의 섬들이다. 그 맥락은 다음과 같은 일반적인 편의들에 의해 제공된다. 즉, "…처럼 보인다, …처럼 느낀다." 일반적인 것으로서 아무 표식 없는 유럽-미국, 도널드 저드(Donald Judd* 1928-1994, 미국의 미니멀리즘 예술가), 솔 르윗(Sol LeWitt*1928-1993, 미국의 개념미술가), 리처드 세라(Richard Serra*1939년 태생, 영문학과 미술을 공부한 미국 미니멀리즘 조각가)에 의해 표시된 존재학, 나의 붉은 고국, 인도계 유태인에 의해 말이다. 또 아핀사(Afinsa), 비 앤드 오 하이텍스(B & O Hightex), 프라다 재단(Fondazione Prada*아니시 카푸르도 참여한 바 있는, 미술과 사업의 협업 재단), 가즈 드 프랑스(Gaz de France*프랑스 석유 회사), 인터라켄(Interlaken*스위스의 관광여행지, 리조트타운 이름), 투미(Tumi*미국 가방 브랜드), 유니레버(Unilever*글로벌 생활용품 제조업체), 유니언 페노사(Union Fenosa*스페인의 전기와 가스 공급업체)와 같은 고유명사들의 섬은 역사 만들기의 시뮬라크럼을 제공한다.

데리다는 하나의 해결책으로서 흔적을 주장하는 데서 이례적인 철학자였다. 흔적을 하나의 기호로 보편화하고, 언어를 원동력으로 생각하는 오랜 문제에 대한 해결책 말이다. 데리다는 자신의 경력 중반에 화가들과 사진작가들과 함께 했고 틀링깃 족(Tlingit*남부 알래스카에 살고 있는 북미 인디언 항해 집단)의 관 제조자들에 의해 그들의 출몰을 기도했다. 아마도 흔적 부류가 기호들에서 소통하는 경위를 배우기 위해 그랬을 것이다. 결국 아무것도 '인간의 아니모 **디페랑스**'(the human-animot différance)에 발을 디딜 정도로 충분하지는 못했다.[19]

나는 아니시 카푸르와 함께 그의 스튜디오를 거닐면서 그가 공개적으로 자기 친구에게 하는 이야기를 들으면서 이 페이지들에서 내가 썼던 내용을 생각하는 법을 배웠다. 박물관에서 그와 함께 여러분이 걸을 때, 의미를 향하지 않는 즐거움을 확인하기 위해 여러분 자신을 흔적 기호를 왕복하는 와중에 있다고 생각하라. 아무것도 충분하지 않을 때까지 아무것도 족하지 않다. (우리가 더 이상 그 내부에 있지 않는) 우리 행성.

19) 반복되는 "그것은 충분하지 않다"(cela ne suffit pas)를 다른 다양한 표현법들로 번역함으로써 영어가 상실하는 바는, 『동물』의 첫 번째 에세이의 마지막에 나오는 레비나스에 대한 논의와, 두 번째 에세이의 서두에 나오는 라캉에 대한 논의가 서로 만나는 지점에서 가장 신랄하게 무대화된다(Derrida, *The Animal That Therefore I Am*, trans. David Wills, New York: Fordham University Press, 2008, pp. 118-119; Derrida, *L'animal que donc je suis*, Paris: Galilee, 2006, pp. 162-163). *'아니모'는 'animal' 과 'password'를 합성시킨 데리다의 용어임.

25.
낮의 껍질을 찾아서

나는 기업화된 대학으로부터 희망 없이 걸어 나와 세상 속으로, 또 분과학문 속으로 발을 내딛는다. 결론에서 나는 시각 자료 속으로 움직이는데 그 이유는 시각 자료가 전자적 지구화보다 더 오랫동안 후원을 받으며 투자회로 안에 있어 왔기 때문이다. 예술가가 앞으로 움직여 나갈 때에도 주의하지 않을 교훈 하나를 제시하면서 나는 엘리트 공간인 갤러리 안으로, 박물관 안으로 움직여 나간다. 실러(Schiller) 시대에도 고전적인 미학교육은 있었다. 하지만 여기서의 읽는 법 배우기야말로 가장 엄밀한 테스트를 받는다. 거기엔 아무런 보장도 없기 때문이다. 괜찮다면, 마지막에 요구되는 냉정함이 여기 있다.

나는 치트로바누 마줌다르(Chittrovanu Mazumdar* 1956년생, 콜카타에 근거를 두고 현대 인도의 예술 활동을 30년 동안 적극적으로 했다. 콜카타와 파리의 예술가들로 된 가계에서 다문화적으로 양육되었으며 그림에 미디어와 기술을 접합시키고자 했고 다양한 스타일과 형식을 실천했다.)의 〈밤의 껍질〉(Nightskin)을 보면서 중간 방에서, 중간에서 시작한다. 이 예술가는 내게 말했다. 여기 있는 모든 것이야말로 하나의 공간, 하나의 구멍, 하나의 틈을 열고 닫는 입술들, 작은 문들, 꽃잎들 부류에 대한 하나의 비전을 갖고 시작되었다고 말이다. 하나의 중간. 괜찮다면 처녀막을 생각하라. 하지만 나는 그렇게 하지 않고, 현상적인 정체성 없는 위치를 생각할 것이다. 모든 정화된 것들이 그 현상의 흔적을 최소한 실어 나르는 만큼, 여기서 흔적이라는 것은 성적으로 여성적인 것이 될 수 있다. 하지만 그것은 하나의 상징으로서가 아니라 흔적으로서 그렇다.

가장 단순하게 기계적인 차원에서 열고 닫히는 입술들은 기원에 있는 것이 아니라 '기원적인' 것이다. 입술들은 중간에 시작하는 쇼를 위해 열리고 닫히는 것으로 무대에 올려져야 한다. 나는 이 제식(ritual)을 수차례 보았으며 그 '입술들'을 느꼈다. 또 우리 스스로 조정할 수 있는 지붕창과 빗장을 지닌 몇몇 창문들을, 공격적이고 위협적인 초기 산업 시대의 기계들에 대다수 놓여 있는 스스로 천천히 열리고 닫혀 비밀스럽게 분노하기를 계속하는 것 같은 불길을 때로 품고 있는 셔터들을 느꼈다. 또한 똑같이 공격적인 땅딸막한 바퀴들 위에서 움직일 수 있는 "굳은 장식용 대못을 박은 금속적인 군대식 견고함"을, 디지털적인 것에 웅크리고 있는 비가시성을 방해하는 행렬 중인 동물-기계들을 느꼈다.[1] 이러한 느낌이야말로 저 열린 입술들로부터 출현하는 동시에 죽음으로서의 삶이라는 자궁 트라우마의 표시를 간직하는 '자연적인' 것의 가상성을 유도한다고 이제 나는 생각할 수 있다. 멜라니 클라인. 첫 번째 방. 그러나 오로지 흔적으로서 그렇다. 이것은 개념적인 예술도 디지털 이상주의도 아니다. 당분간 이것을 '현명한' 예술이라고 부르도록 하자.

모든 시각 예술은 흔적들의 장(場)인데, 특히 관객이 그것에 관해 말해야 할 때, 기호-지위를 향하는 경향을 잘 보여줄 수 있을 것이다. 그렇다면 흔적 주제에 관한 24장의 다음 논의를 인용해 보도록 하자.

> 거기에 기호들이 있고, (이 표식을 남겼던 어떤 것을 암시하는) 흔적들이 있을 수 있다. 이 표식은 단어들과 그림/대상들, 언어적인 것과 시각적인 것 사이의 단절이 아니다. 그렇게 보이지만 말이다. … 흔적의 포착이라는 것이 이 책에서 가장 오래된 문제이다. … 흔적은 하나의 '~임'(isness)이 아님을 항상 기억할 때, 흔적이란 과연 무엇인가? 하나의 기호체계는 의미를 약속한다. 하나의 흔적은 아무것도 약속하지 않는다. 흔적은 이전에 무엇인가가 있었다고 시사하는 것처럼 보이는 무엇이다. … 그것은 숲의 땅바닥에 널려 있는 코끼리 배설물과 유사하다. 여기 코끼리들이 있었거나 여러분이 환각에 빠져 있을 수도 있다. 혹은 누군

1) 내가 때때로 안줌 카티알(Anjum Katyal)의 각주들을 인용하는 것은, 그녀가 이 방들 주변을 나와 함께 산책했기 때문이다(이후 그 내용은 본문 중에 AK와 함께 인용된다).

가가 여러분을 유인하고자 그것을 거기 두었을 수도 있다. 혹은 여러분이 잘못해서 코끼리 배설물이 전혀 그렇게 보이지 않거나… "흔적 없는 명세서"일 수도 있다. 하나의 흔적은… 하나의 기호가 아니다.

여기서 중요한 것은 카푸르와 달리 치트로바누에게 인간의 몸은 척도가 아니라는 점이다. 그는 흔적을 포착하기 위해 그저 인간적인 프로그램과는 다른 길을 가고자 시도하는 중이다. 여기서 인간의 기호현상, 즉 재생산적 이성애 규범성(RHN)을 조직하는 것은 사회적 의미심장함을, 그리하여 젠더화를, 또 '문화' 자체를 생산하는 관절 같은 요소들을 빼앗기는 셈이다. 말로 하는(verbal) 문화비평에서 우리 중 몇몇은 '정체성 없는 위치'에 관해 종종 말한다. 그것은 추상에 대한 경험적인 집착 같은 것을 갖고서, 계속 코드화하는 와중에 있는 추상을 사유하는, 이야기의 다른 끝부분이다. 그 흔적은 '불충분한', '불완전한' 것이라서 흔적에 대한 마르크스 사유를 체계적으로 코드화하는 데로 상승할 수 없는 이야기를 발생시킨다. 그 재현-시리즈는 결코 결론을 내리지 않기 때문이다. 그 사물다움을 버리는 일반적인 등가물은 기호-체계 비슷한 어떤 것이 된다. 하지만 마르크스는 흔적들을 이해하는 데로 우리를 다시 데리고 가야만 한다. 그것만이 우리 삶의 세부적 질을 변형시켜 정신을 불안하게 만들 것이며, 전위주의더러 그 집단적인 정신을 위반하라며 기다리지 않고서 변화를 훈련시킬 것이다.[2] 그람시는 바로 이것에 기반을 두고서 눈부신 정치적 열정을 유도하고자 한다.[3] 니체는 흔적에서부터 기호로 향하는 실제적인(actual) 움직임을 정신의 도덕적 결정항을 은폐한다고 논평함으로써 문제를 복합화한다.

한 … 관습의 전체 역사는 이러한 방식으로 계속 새로운 해석들과 수정들[Zurechtmachungen]의 연속적인 기호-연쇄가 될 수 있다. 그것들의 원인들은 서로 연결되어야 하는 것은 아닌데 오히려 몇몇 경우에는 순수하게 우연한 방식으로 서로를 계승하며 번갈아 나온다.[4]

---

2) Marx, *Capital*, vol. 1, trans. Ben Fowkes (London: Penguin, 1990), pp. 154, 156. 수정된 번역임. 여기서 가치-형태에 관한 마르크스 논의의 이러한 비정통 요약을 이론적으로 확장할 계제는 아니다.

3) Gramsci, *Selections from the Prison Notebooks*, pp. 139-140.

4) Nietzsche, *On the Genealogy of Morals and Ecce Homo*, trans. Walter J. Kaufmann (New York: Vintage Books, 1969), p.

칸트는 흔적들의 장과 같은 어떤 것을 철학화하기의 냉정한 추상들로, 즉 초월적 연역으로 다시 쓴다.[5]

그리하여 치트로바누 또한 급진 전통 속에 있게 되며 사물들, 색채, 그림들과 함께 작업하면서 그 급진 전통과 더불어 더욱 급진적으로 된다. 그는 기회의 약속으로부터 그 흔적을 보호한다. 이것은 정확하게 말해 개념적 예술이 아니다. 그 자체의 시각성, 〈제1실〉에 있는 색채의 파편들, 〈중간 방〉의 구슬프고도 명민하게 빛나는 색채들에 대한 언급조차도 개념적인 것을 재치 있게 부인한다. 여기서 나는 메타심리학적인 것의 신비를 읽기의 알레고리라고 생각할 수 있겠다. 그러나 흔적을 손짓으로 생각하는 것이지 정신분석 체계의 성취된 약속으로 생각하는 것은 아니다.

흔적은 아무런 보장 없이 여행한다. 흔적은 그 주체가 빨아들이는 교훈들을 가르친다. 내가 거의 텅 빈 뉴욕 시 지하철의 더러운 기차를 타고 다니며 이 단어들을 쓰고 있을 때, 그 끔찍한 날에 도시 안으로 진입하다가 9.11에 의해 파괴된 옛날의 9번 기차(나는 1번을 타고 있다)를 기억해낸다. 그 기차와 아주 가까이 있었던 미끈한 벽에 갑자기 하나의 틈이 생기더니 치트로바누의 푸른색이 울려 퍼지며 빛난다. 그때 내 눈의 초점을 기차 바깥에 맞추면서 나는 거친 벽의 압착물에서 때때로 빛나는 붉은색들을 감지하기 시작한다. 나는 그 문들을 열고 닫히는 입술로 느끼며 지하철은 〈밤의 껍질〉(Nightskin)로 추적된다. 이것은 증거에 의거하고 있지 않으며 나는 이 추적에서부터 방들로 돌아가야 한다.

파울라 센굽타(Paula Sengupta*콜카타에 근거를 둔 예술가, 자전적 서사를 사용하며 페미니즘적 관심사에 초점을 둔다.)가 "'실험'/'대안'/'급진적'이라고 하는 것은 당신에게 어떤 의미가 있나요?"라고 묻는다. 치트로바누는 교묘하게 "그것은 정상이라는 뜻 아닌가요?"라고 말한다.[6]

치트로바누에 관해 쓰인 대부분은 그와 프랑스의 관련성을 말해준다. 그의 어머니는 프랑스인이었고, 프랑스 이론 등등이다. 나 자신은 이렇게 민족-국가에 대한 특정한 관심사들을 좀 기이하다고 보며, 그의 인도인다움의 우월성을 입증하기 위해 필수적인 바르트

77. 번역은 수정됨.

5) Immanuel Kant, *Critique of Pure Reason*, trans Paul Guyer and Allen W. Wood (Cambridge: Cambridge University Press, 2000), p. 221.

6) 안줌 카티알에 제공한 미간행 인터뷰임. 다음에 인용된 구절 역시 이 인터뷰에서 나온다.

리하리(Bhartrhari*인도의 힌두교 철학자 · 시인 · 문법학자. 가장 중요한 언어철학 서적의 하나로 평가되는 『바키아파디야』[*Vākyapadīya*, 문장 속의 단어]를 저술함)를 생산하는 척 할 수 없다. ("완벽하게 다른 세상의 이상한 마술"이라는 자신의 프랑스다움에 대한 묘사 또한 감동적이다.) 데리다의 흔적 이야기는 적절한 것 같다. 〈제1실〉에 있는 〈칼리〉(Kali)가 그러하듯 말이다.

일찍이 데리다는 자신을 흔적의 철학자로 생각했다. 나는 데리다의 그 구절을 다음과 같이 종종 인용해 왔다.

> 소쉬르가 말하기를, 하나의 분류체계인 언어가 하늘에서부터 뚝 떨어진 것이 아닌 만큼 차이들은 생산되어 왔으며 그것들은 생산된 효과들이다. 그러나 그 효과들은 원인으로서 하나의 주체나 실질을, 일반적인 사물을, 스스로 디페랑스의 유희를 회피하며, 어딘가에 현존하는 하나의 실존(an existent)을 지니지 않는다. 그러한 현존이 가장 고전적인 양식으로 일반적인 원인 개념에 함축되어 있다면, 우리를 아주 재빨리 무효과(no effect)에 관해 말하도록 유도시킬 원인 없는 하나의 효과에 관해 우리는 말해야 할 것이다. 나는 '흔적'을 경유해 이러한 틀의 폐쇄로부터 빠져나올 한 가지 방식을 나타내고자 시도해 왔다. 이 '흔적'은 하나의 원인을 갖지 않는 만큼 하나의 효과도 아니며, 그 필요한 위반을 텍스트 외부에 작동시킬 만큼 자체로 충분할 수도 없는 그런 것이다.[7)]

이 구절이 가정하는 것은, 철학자 데리다의 단언이 원인을 보여주고자 하는 유혹으로부터 빠져나와 움직이고자 한다는 점이다. 예술가로서 치트로바누는 단단히 억제하고 있다. 열고 닫음이 추적될 때 우리는 처녀막을 생각하게 되지만, 어떠한 연결도 어떠한 연쇄도 일어나지 않으며 어떠한 원인도 보이지 않는다. 실로 거기에는 꽃무늬의 붉은색 공단(satin) 벽들을 지닌 곧추선 관 크기의 폐쇄된 방이 있다. 그 방은 둘러싸는 여성적인 에로틱한 공간의 뉘앙스, 행복해하는 남성 점유자의 뉘앙스, 개념을 확고하게 하려는 관람객에게 도움을 주는 장소(locus)의 뉘앙스로 향기롭다. 모든 것이 좋아 보인다. 우리는 연인의 귀가를 찬양하는 투므리(thumri*근대 인도에서 추구된 자유로운 음악형식)를 들으며 그 귀가와 더불어 쾌

7) Derrida, *Margins of Philosophy*, trans. alan Bass (Chicago: University of Chicago Press, 1982), pp. 11-12. 수정된 번역임.

락을 위한 섹스라는 주제를 확보하는 음악을 들으며, 미학과 성 정치의 많은 변환을 수용하는 가장 쉬운 반복적 선율을 듣는다. 하지만 휘어진(looped) 사운드트랙은 그러한 위로라는 보상과 거의 또는 전혀 관계없는 철학적 명상들을 담고 있다. 독일 시인 릴케로부터 나오는 "빛의 연쇄들, 복도들, 계단들, 왕좌들, 존재 공간들, 황홀의 창들, 억제되지 못한 감정의 격류들"[8]이라는 시행들은 무엇을 하고 있는 것일까? 나는 이 신비한 방을 성적 기호학 속에서 처녀막의 흔적을 명백하게 나타내지 못한 실패를 무대화하는 지점이라고 '읽을' 수 있다. 릴케에게 그 시행들은 "그런 다음 갑자기 거울들이 따로 나온다."로 끝난다. 그 음악은 가능한 한 가장 큰 약속, 오로지 고의적으로 실망시키는 하나의 기호-체계 내부에 있는 의미의 약속과 더불어 공명한다. 그리하여 그 작업의 거친 프로젝트는 실패하는 가운데 성공할 수 있다. 인간이 경고받을 수 있도록 RHN을 명백하게 드러내는 그런 기호-체계에 신경을 쓰지 않겠다며, 반대편의 실패를 무대화하는 오이디푸스는 그렇게 명백한 표상에 탄식한다. "오 결혼, 결혼이여, 네가 우리를 자연 속에 두었다가 다시금 되돌아가게 하는 가운데 그 종자를 역전시켜 아버지들, 형제들, 아이들, 피가 섞인 인척, 신부들, 여자들, 어머니들을 색인으로 만들고 말았구나. 이것은 인간의 행적 중에 일어나는 알 법한 수치스런 일이로구나."[9] 우리에게 상징적인 것을 제공하고 창녀에서부터 고급 창부에 이르기까지, 미동(美童*남색의 대상)에서부터 정부에 이르기까지 교접의 미학에 의미를 부여하고, 근친상간을 수행적 모순 속에서 가능하게 만들면서 인척 기입을 통해 인간적인 것과 동물적인 것을 분리하는 것이 바로 결혼이다. 치트로바누는 이러한 활주에 미달하며 거기 매달려 있다. 이제 우리는 〈제1실〉에 대한 감을 얻기 시작한다. 우리는 그곳에 가지는 못하겠지만 그 장소는 모두 인간과 동물에 관련되어 있다. 그것이 첫 번째 방이지만 우리는 중간에서부터 그곳으로 간다. 여기 〈중간 방〉에서는 처녀막을 추적하면서 음문들이 열리고 닫히는데 그렇다고 지시물(reference)로서 처녀막을 명백하게 드러나는 성차(sexual difference)의 연쇄 속에 공고화하지는 못한다.

---

8) Rainer Maria Rilke, *Duino Elegies*, trans. Edward Snow (New York: North Point Press, 2000), p. 13.

9) *Oedipus the King*, 1403-1407. 스피박의 번역임. 스피박은 당시 강간을 가능하게 만든, 인간의 혈연 기입 때문에 오이디푸스가 결혼을 비난한다는 점을 보여주기 위해 가능한 한 문자 그대로 번역함. 소포클레스는 운명으로서의 신화와 맞선다.

이제 그 〈중간 방〉 주변을 죽 걸어가 보도록 하자. 그곳에는 땅과 가까이 있으면서 밝은 스크린 위에 고리를 만들어내는, 골동품처럼 보이는 기계들이 두 개 있다. 여기서 몇 가지를 말하고자 한다. 즉 데리다에게서는 내부/외부로 코드화되는, 처녀막의 열고 닫음이라는 것이 여기서는 하나의 시각적 매트릭스 속에서 느슨하게 말해 자연/문화로 또한 코드화된다. 여러분이 방을 죽 걸으면서 전위들의 연쇄를, 추상의 수준을 추적해 보라. (이것을 위해 〈제1실〉은 우리를 준비시켜 왔지만 나는 아직 그곳에 갈 준비가 되어 있지 않다.) 문화란 도시-경치, 사람이라고, 또 자연은 꽃, 잎사귀, 물이라고 말하도록 해 보자. 단어의 대장장이인 나(I)는 기호-체계에 대한 비-접근을 모방할 수 있을 뿐이라 그러한 비-접근을 실패처럼 보이도록 만들 수 있다. 바로 그것이 치트로바누의 풍경-다듬기, 말하자면 그의 초(para)-개념성, 그의 대항-직관적인 직관이 지닌 힘이기도 하다. 이 작업에서 수사적-개념적인 기호-체계가 지닌 외관상의 일관성 속으로 가는 길을 획득하는 자는 분명 길을 잃는다.

〈밤의 껍질〉이 설치되는 동안 나는 그 방 주위를 걸어 다녔다. 이 유동(flow) 기계들이 꺼졌을 때는 스위치를 껐을 때의 암흑 상태일 텐데, 아직 그 고리가 작동하고 있지 않았을 때 나는 이 유동 기계들을 보았고, 깨끗하고 맑은 푸른색, 기다림의 고요함이라는 지하철역에서 고요한 호수의 품을 보았다. 내가 또 다른 크고 애처로운 기계들의 여백 중에 '소니'를 보았을 때처럼 말이다. 이 우연한 관람은 그 기계 작업과 일치하는 것 같았다. 기술성의 기적적인 디지털성은 소위 가상성의 경험적 판본을 모방하며 따라서 그 잘못을 보여줄 수 없다. 이것에 맞서는 포스트-보부르(Beaubourg*그리스의 음악가 반젤리스의 앨범 이름) 공공 건축은 교수형을 뒤집어 보여준다. 〈밤의 껍질〉은 여기에도 거기에도 없다. 그것의 장소는 아카(aka) 스타일로 알려진 그 예술가의 의식을 둘러싼 현재의 역사 내부에 있지 않다. 치트로바누는 "나는 문제를 허용한다."고 조용히 말한다.[10] 예이츠가 「라피스 라줄리」(Lapis Lazuli)에서 썼듯이, 이것은 의미를 둘러싼 비-도착의 알레고리이며, 따라서 "그 돌의 모든 탈색"을, 사건들을 포함해 애처로운 기계들의 모든 조야함을 수용할 수 있다. 실패란 없다. 지는 자가 이긴다. 그러나 내가 반복해 왔듯, 여기 도착하기란 어렵다.

이제 우리는 서 있는 기계들을 열고, 반쯤 열고, 반쯤 닫고, 닫기 위한 많은 작은 창문

10) 안줌 카티알이 제공한 미간행 인터뷰임.

그림 40
〈달 그림이 있는 창문을 열어라〉(Open Window with Moon Picture), 치트로바누 마줌다르, 날짜 표시 없음: 〈밤의 껍질〉(2009) 중. 1×1 두바이 예술 갤러리.

들이 갖는 초-개념적인 개념성을 보기 시작한다(그림 40). 출몰하는 그림들, 두 개의 달을 가진 하나의 그림. 자연이 아니라 〈자연〉.

내가 그 쇼 자리에 있었을 때, 이 사진들을 하나의 분리된 시리즈로서 이용할 수 있도록 하자고 제안하는 소리를 들었다. 그 시리즈는 하나의 감탄할 만한 습득물이, 연속성 없는 하나의 시리즈가 될 것이다. 또한 우리는 부자연스런 장미들의 벽들로부터, 편평한 기계의 커다란 얼굴 아래로 흘러내리는 물로부터, 하나의 열고 닫힘의 '자연스런' 끝이라고 할 종-생명(spicies-life)을 '감지하기' 시작한다. '감지하라.' 여기서는 어느 누구도 승리하지 않는다. 인간적이지 않기로 '결정하는' 것은, 그러한 돌진을 거슬러 헤엄치는 것은, 그다지 쉽지 않다. 아마 그 쇼가 무대에 올리고 있는 것도 바로 그것이리라. 전혀 실패가 아니라는 점을 명심하라… 줄넘기처럼 말이다. 〈제3실〉.

우리는 그곳에 나중에 도달할 것이다. 지금 우리는 〈제1실〉로 되돌아가서 확실히 중요한 단어인 땅의 형태에 지나지 않을 때까지 해체되는 죽은 소를 본다(그림 41).

치트로바누는 인간적인 것으로 차차 변하기보다 하나의 동물에 집착하는 끝/기원으로서의 땅을 추적한다. 지금 우리는 신랄하게 결혼을 언급하는 오이디푸스의 언급과 여기 사이에 어떤 연관이 있다는 것을 알고 있다. 그 언급은 오이디푸스의 단순한 동물성을 앗아갔으며 그로 하여금 〈법〉을 깨뜨리도록 만들었으며 근친상간의 이중구속에 의해 속박

그림 41
〈죽은 소〉(Dead Cow), 치트로바누 마줌다르, 날짜 표시 없음: 〈밤의 껍질〉(2009) 중. 1×1 두바이 예술 갤러리.

되도록 만들었다. 헤겔은 안티고네와 함께 다른 길로 간다. 자연의 경제 속에서 시체를 묘사하는 것은 헤겔에게 『사트카르』(*Satkar*)를 찬양하도록 하는 셈이다. 『사트카르』는 동물적인 것과 싸우는, 일반적인(보편적인) 인간의 윤리적 등가성에 관한 이야기이다.

> 이 힘들은 다른 공동체들이며, 개들이나 새들이 그 공동체들의 제단을 그것들의 시체들로써 더럽혔다. 그 다른 공동체들은 그것들에 빚지고 있는 원초적인 개인성으로 돌아감으로써 무의식적 보편성 속에서 소생되지 않았다. 하지만 그 공동체들은 실재의 영역에서 땅위에 남아 있었고, 지금은 자의식적인 효과적 보편성을 신성한 법의 힘으로 받아들이고 있다.[11)]

『트리암바카』(*Tryamvaka*)는 달콤한 냄새가 난다고 『마하므르티윤자야』(*Mahamrtyunjaya*)에서 찬양되고 있다. '아사트크르타'(asatkrta) 몸은 썩을 것이기 때문이다. 워즈워스는 인간

11) Georg Friedrich Hegel, *The Phenomenology of the Mind*, trans. JH. B. Baille (New York: Harper, 1967), p. 495. 수정된 번역임.

의 아이인 루시를 수동적으로 “살아 있는” 존재로, “암석들과 돌들과 나무들과 함께 지상의 낮 여정에 둥글게 굴렀던” 존재로 찬양한다. 윌러스 스티븐스(Wallace Stevens*20세기 미국 시인)가 “육신 속에 있는 불멸의 아름다움”을 쓰고 있을 때, 그는 죽은 동물들을 생각하고 있지 않다. 하지만 치트로바누는 그렇게 하고 있다. “허구화된 다큐멘터리.”(AK) 기호가 흔적이 된다. 허구가 흔적들의 장소가 될 수 있다. 시각적인 것에서보다는 덜하겠지만 말이다.[12)]

이 엄청난 디지털 인쇄물들 중 하나에는 그 시각성을 알리는 색채의 파편들과 함께 점잖고 우아한 고전적 칼리 여신이 측면을 향해 균형을 잡고 있다. 치트로바누가 내게 확신시켜 주었듯, 올곧고 진정한 정통 부족 여신이 아니라 말하자면 하나의 발견된 사물처럼 기이하게 된 여신이 있다(그림 42).

칼리는 달콤한 냄새를 피우며 신성한 법을 나르는 짐꾼이 아니다. 오히려 그녀는 흔적의 짐을 실어 나르는, 인쇄되어 정지 중이며 하늘 가운데 매달려 있는 여신이며, 그저 동물을 신성한 희생 제물로 바쳤을 법한 여신이며, 물론 정교하게 모성을 부여받은 신화적으로 비-재생산적인 여신이다. 다시금 아무것도 응결되지 않는다. 그 여신은 동물적인 것의 지반에 대한 찬양과는 궤도를 벗어난 채로 남아 있다. 이것은 하나의 고리가 아니며 그 이야기는 결말을 갖는다. 그 결말은 모든 것 중에 가장 큰 고리이며, RHN보다 더 큰 생태학적 사이클인데, 우리는 그것을 갖고 의미를 만든다. 그러한 에코생물적인 것 내부에 포함된 우리는 선한 일이나 나쁜 일을 행할 수 있다. 그 책임은 우리에게 있다. 그러나 여러분은 그 커다란 고리에 접근할 수 없다. 그것의 사촌이 행성성이다. 또한 거기서 해체 중인 동물

---

12) 하나의 고백을 하자면 다음과 같다. (나는 영어로 가르쳐야 하기 때문에) 데리다의 영어 번역본을 체크하면서 천천히 데리다를 읽는다. 모든 참고자료를 따라가면서, 나한테 이용 가능하지 않은 언어들로 된 텍스트들을 학식을 갖춘 친구들과 함께 확인하면서, 해체와 대면하는 그 친구들의 가능한 입장들을 종종 베냐민 바에(Benjamin Baer), 에두아르도 카다바(Eduardo Cadava), 브룩 홈즈(Brooke Holmes), 로절린드 모리스(Rosalind Morris)와 함께 설명하면서 말이다. 그래서 이러한 읽기들은 때때로 집단적인 것이기도 하다. 내가 25장을 쓰고 있었을 때, 『동물, 고로 나는 존재한다』(*The Animal That Therefore I Am*)의 50쪽도 채 읽지 못했고, 내가 지금 발견하는 대로, 그 이후의 내용은 데리다의 흔적 사유에 관한 나의 통속적인 고찰을 확증해준다. 오늘 아침에 나는 54쪽에서 56쪽 상단에 이르렀고, 다음 구절을 인용하기 위해 본고의 출간을 멈추지 않을 수 없었다는 것을 말해야만 하겠다. “그러므로 내가 있는(따르는) 그 흔적 속에 있는 동물, 흔적들을 집어 드는(relève 헤겔식의 지양을 번역한) 동물, 그것은 누구인가? 그것은 말하는가? 그것은 불어를 말하는가? 그것이 하나의 선언문에 서명한다고 상상해보라, 일인칭에, 나는, 나는 ~임(je, je suis)에 있는 하나의 흔적이 다른 흔적들 가운데 있다고 상상해보라.” 이것 또한 치트로바누도 공유하고 허용하며 더 큰 자유를 갖고 따르고자 하는 유혹인데, 시각적으로 예술가와 관람객은 인간-이기(being-human)를 공유하며 말로 된 것(the verbal)을 향해 불가피하게 밀어붙이면서 되돌아온다.

그림 42

〈칼리〉(Kali), 치트로바누 마줌다르, 날짜 표시 없음: 〈밤의 껍질〉(2009) 중. 1×1 두바이 예술 갤러리.

은 행성성 속에서 통합을 이룬다. 존재와는 달리.[13]

이것은 〈제1실〉이다.

이제 우리는 〈제3실〉로 옮겨 간다.

여기 RHN으로부터 의미의 비-공고화가 가장 대항-직관적인 것으로 일어나게 되는 인간의 무대에 조용한 팡파르가 울려 퍼진다. 여기서 무대화되는 배움의 위로를 보고 느끼는 법을 관람객은 배우게 된다고 말하도록 하자. 내가 보기에 예술은 교훈적인 것을 위한 시각적 기회들이라고 나는 종종 말해 왔다. 그래서 나는 이 방의 규약들에 의해 특히 위로를 받는다고 느낀다.

우선 모든 스크린을 한 번에 보지 못하는 자명한 불가능성은, 바르트가 '쓸 수 있는 것'(writable)이라고 부르곤 했던 바의 요점을 말하는 개념적 예술가들에 의해 종종 사용되기도 한다.[14] 더 큰 비-개념적 총체들을 우리에게 상기하는 것은 치트로바누의 수중에 있는

---

13) Emmanuel Lévinas, *Otherwise than Being, or, Beyond Essence*, trans. Alphonso Lingis (Pittsburgh: Duquesne University Press, 1998)

14) Roland Barthes, *S/Z*, trans. Richard Miller (New York: Hill and Wang, 1974), p. 4 및 그 외 여러 곳.

개념적 손잡이다. 모든 짤막하고 잘려진 주제의 연쇄를 함께 갖고 오는 단편들이 있다. 베일을 쓴 여성과 쓰지 않은 여성들은, 지금은 텍스트로 된 편집되지 않은 글자들은 우리에게 〈중간 방〉에 있는 작은 방의 철학적 독백을 상기하며, 모든 잃어버린 흔적성을 다시 반복하면서 손짓하고, 손짓하며, 또 손짓한다. "꽃이 피어 있는 물, 외침들, 밤 도시의 불빛들, 한 아기의 울음소리, 홀로 있는 여성, 사이렌들과 교통 소리들, 얼룩진 별들과 문들과 창문들, 애원하는 여성의 목소리, 더러움 속에서 뒹구는 평온한 돼지와 그 자연적 서식지의 음울함, 일기의 단편들"(AK). 또한 제3실은 내가 가장 덜 사랑한 방이다. 나는 제3실을 편안하게 수없이 통과하는 행운을 누렸기 때문이다. 『일리아드』(*Iliad*) 이야기 전체를 말해주거나, 아마 호머에 나오는 아킬레스의 방패처럼 흔적을 좇아가는 교훈의 에크프라시스(ekphrasis *그림이나 조각을 문장으로 기술하는 문학기법)를 갖는 것은 처음 방문한 사람에게 좋은 일이다. 혹은 더 낫게는 크리슈나(Krsna *힌두교의 신)가 동시발생적인 행동을 갉아먹는, 『기타』(*Gita*)에 나오는 비스와루파다르사나(Viswarupadarsana)처럼 말이다. 하지만 흔적 좇기(tracing)가 에크프라시스에 영원히 포획될 수 있을 것인가? 여러분이 돌아가서 그 대답을 스스로 그려보고는 잊어버릴 때 말이다. 왜냐하면 여기 이 시각적인 것에서 읽기의 교훈은 가장 혹독하기 때문이다. 보장은 전혀 없다.

결구

이렇게 불안정한 지형에 있는 … 토대의 실수, 행성성의 공포로부터의 안전, 단순한 휴머니즘 내부의 이중구속은, 이 책의 제목을 지구화할 수 있는 시대의 미학교육이라고 읽는다.

알림

「영문학의 짐」의 1차 판본은 라제스와리 순데르 라잔(Rajeswari Sunder Rajan)이 편집한 『땅의 거짓말』(*The Lie of the Land: English Literary Studies in India,* Delhi: Oxford University Press, 1992, pp. 275-299)에 실려 있다.

「누가 대타성을 주장하는가?」의 1차 판본은 필 마리아니(Phil Mariani)가 편집한 『역사를 재형성하기』(*Remaking History*, Seattle: Bay Press, 1989, pp. 269-292)에 실려 있다.

「'문화적으로 다른' 책을 어떻게 읽을 것인가?」의 1차 판본은 「탈식민화 중인 페미니즘: 포스트식민적 진부함 속으로 다시 한 번 하는 도약」("Feminism in Decolonization: once Again a Leap into the Postcolonial Banal," *differences* 3.3 (1991): 131-170)에 실려 있다. 브라운 대학과 『차이들: 페미니스트 문화연구 저널』이 1991년에 모든 판권을 갖는다. 듀크 대학 출판사의 허가 하에 다시 인쇄됨. 수정된 판본은 「'문화적으로 다른' 책을 어떻게 읽을 것인가?」(How to Teach a 'Culturally Different' Book)라는 제목으로 『식민 담론, 포스트식민 이론』(*Colonial Discourse, Postcolonial Theory*, Francis Barker, Peter Hulme, and Margaret Iversen, eds., [Manchester University Press, 1994], pp. 126-150)에 맨체스터 대학 출판부와 그 책의 편집자들의 허가에 따라 재수록된다.

「이중구속이 끼어들기 시작한다」의 1차 판본은 『역사에 일어난 일: 당대 사유에서의 윤리의 재생』(*What Happens to History: The Renewal of Ethic in Contemporary Thought*, Howard Marchitello ed.), pp. 215-236에 수록된 바 있는데, 2001년의 판권으로 Informa plc의 지부인 테일러와 프란시스 그룹의 허가에 따라 재수록된다.

「문화: 페미니즘을 위치 짓기」의 한 섹션은 자민(Zamyn)이라는 독립적 분석 단체를 위해 「왜 자민은 그 분석의 중심에 '문화'를 놓는가?」로 예전에 나왔다.

「시대를 가르치기」의 1차 판본은 「대립적인 담론」("Oppositional Discourse," *The Journal of the Midwest Modern Language Association* 25.1 (Spring 1992): 3-22)으로 나온 바 있다. 다시 수정된 판본은 『상상력의 탈식민화: 문화, 지식, 권력』(*The Decolonization of Imagination: Culture, knowledge, and Power*, Jan Nederveen Pieterse and Bhikhu Prarekh, eds., London: Zed Books, 1995)의 pp.177-202쪽에 실려 있다.

「행동하는 부분들/정체성 토크」의 1차 판본은 『비평 탐구』(*Critical Inquiry*) 18권 4호(1992년 여름), 770-803쪽에 실렸다. 수정된 판본은 『지리학과 정체성: 정체성의 지정학을 탐색하고 살아가기』(*Geography and Identity: Exploring and Living Geopolitics of Identity*, College Park, MD: Maisonneuve Press, 1996)의 pp.40-72쪽에 실려 있다.

「마르크스주의를 대리보충하기」의 1차 판본은 『마르크스주의는 어디로? 국제적 시각에서의 지구적 위기들』(*Whither Marxism? Global Crises in International Perspective*, eds., Bernd Magnus and Stephen Cullenberg, pp. 109-119)에 실렸으며, 1995년의 판권은 Informa plc의 지부인 테일러와 프란시스 그룹 LLC의 허가에 따라 1995년에 재생된다.

「이론에 남은 것은 무엇인가?」의 1차 출처는 「헤이버스톡 힐 구역에서 미국 교실로, 이론에 남은 것은 무엇인가?」("From Haverstock Hill Flat to U.S. Classroom, What's Left of Theory," in *What's Left of Theory? New Work on the Politics of Literary Theory*, eds. Judith Butler, John Guillory, and Kendall thomas, pp. 1-39)이며, 2000년의 판권은 Informa plc의 지부인 테일러와 프란시스 그룹의 허가에 따라 재생된다.

「에코」의 1차 판본은 『새로운 문학사』 24권 1호(1993년 겨울)에 「문화와 일상 삶」(17-43쪽)으로 실려 있다.

「문화로서의 번역」은 『문화들을 번역하기』(Isabel Carrera Suárez, ed., Oviedo: Dangaroo Press, 1999)의 17-30쪽에, 그 수정된 판본은 『파랄락스』(*parallax*)(2000년 1월-3월)의 13-24쪽에 실려 있다.

「영어로 번역하기」의 1차 판본은 『민족, 언어, 번역의 윤리』(*Nation, Language and the Ethics of Translation*, Sandra Bermann and Michael Wood, eds, Princeton, NJ: Princeton University, 2005, pp. 93-110)에 실려 있다.

「민족주의와 상상력」의 1차 판본은 『상상 중의 민족: 민족주의, 하부 민족주의, 서사에 관한 에세이들』(*Nation in Imagination: Essays on Nationalism, Sub-Nationalism and Narration*, C. Vijaysree, Meenakshi Mukerjee, and Harish Trivedi eds., Hyderabad: Orient Longman, 2007, pp. 1-20)에 실려 있다.

「거주 이방인」의 1차 판본은 『포스트식민주의를 재위치화하기』(*Relocating Postcolonialism*, eds. David Theo Goldberg and Ato Quayson, eds., Oxford; Blackwell, 2002, pp, 1-20)에 실려 있다.

「타고르, 쿠체, 가르치기 장면들에서의 윤리와 정치」의 1차 판본은 『다이아크리틱스』(*Diacritics*) 32.3-4(2004년 가을-겨울호): 17-31쪽에 나와 있다. 더 나중 판본은 『포스트식민 인도: 비평적 독자』(*The Indian Postcolonial: A Critical Reader*, London: Routledge, 2011, pp. 195-213)에 실려 있다..

「행성을 다시 상상하라는 명령」의 (영어와 독어의) 이중언어 판본은 *Willi Goetischel* ed., Vienna: Passagen, 1999에 실려 있다.

「스튜어트 홀과 함께 '순수' 문학 용어로 읽기」의 1차 판본은 「'순수한' 문학 용어로 문화적 질문들을 사유하기」로 『보장 없이: 스튜어트 홀을 기념하며』(*Without Guarantees: In Honor of Stuart Hall*, Paul Giloy, Lawrence Grossberg, and Angela McRobbie, eds., London: Verso, 2000)의 335-357쪽에 실려 있다.

「테러: 9 · 11 이후의 연설」는 컬럼비아 대학의 〈여성과 젠더 연구소〉에 의해 운영되는 페미니즘적 개입들 시리즈

중 「전쟁에 대한 반응들」이라는 주제로 열린 학회에서 처음 발표되었다. 나를 그 학회에 참석하도록 초대해준 로절린드 카멜 모리스(Rosalind Carmel Morris)에게 고마움을 표한다. 이 글의 나중 판본은 『경계 2』(*Boundary 2: An international journal of literature* 31.2(2004), 81-111)에 실렸다. 듀크 대학 출판부가 2004년의 판권을 갖는다. 모든 권리들이 유보되며 듀크 대학 출판사의 허락하에 다시 실림.

「할렘」의 1차 판본은 에두아르도 카다바(Eduardo Cadava)와 아론 레비(Aaron Levy)에 의해 편집된 『시민들 없는 도시들』(*Cities without Citizens*, Philadelphia: Slought Books, 2004, pp. 58-85)에 실렸으며 나중 판본은 『사회적 텍스트』(*Social Text* 81, 22.4 Winter 2004, 113-139)에 실렸다. 가야트리 차크라보르티 스피박이 2004년의 판권을 가지며 모든 권리들이 유보된다. 듀크 대학 출판사의 허락 하에 복사된다. 총천연색 판본이 시걸 북스(Seagull Books)에 의해 출간될 것이다.

「서발턴과 인민에 관한 흩어진 단상들」의 1차 판본은 『포스트식민 연구』(*Postcolonial Studies*)의 8권 4호 중 475-486에 실려 있다. 가야트리 차크라보르티 스피박에게 2005년의 판권이 주어짐.

「세계체계와 크레올」의 1차 판본은 『서사』(*Narrative*) 14.1(January 2006):102-112에 실려 있다.

「세계문학의 이해관계)」의 1차 판본은 터키어 번역으로 『둔야 에데비야티 데이인스』(*Dunya Edebiyati Deyince*)(이스탄불: 바릭Barik, 2009, pp. 35-39)에 실려 있다.

「비교주의를 다시 생각하기」는 『새로운 문학사』(*New Literary History*)의 비교문학 이슈에 의해 원래 위촉되었으며 NLH 40권 3호(2009년 여름)의 609-626쪽에 실려 있다.

「기호와 흔적」의 예전 판본은 도이치 구겐하임에 의해 위촉된 아니시 카푸르(Anish Kapoor)의 조각인 『추억』(*Berlin: Deutsche Guggenheim*, 2008)을 위한 카탈로그 56-75쪽에 실려 있다.

「낮의 껍질을 찾아서」의 예전 판본은 치트로바누 마줌다르의 『날짜 표시 없음: 밤의 껍질』(두바이: 1x1 미술 갤러리, 2009), pp. 17-25에 실려 있다.

역자 후기

『지구화 시대의 미학교육』(*An Aesthetic Education in the Era of Globalization*)은 2012년에 하버드 대학 출판부에서 출간되었다. 저자 스피박이 서문에 밝힌 대로 이 책은 1987년부터 2010년에 이르기까지 23년에 걸쳐 쓴 글들을 한군데 모아 인문학의 본령인 '이중구속'을 찾을 뿐만 아니라 그것을 연출 혹은 해결하는 법을 찾고자 한다. 여기서 '이중구속'이란 온갖 의사소통의 현장에서 펼쳐지기 마련인 서로 상반되는 메시지들, 이구동성의 메시지들에서 비롯된다. 저자는 지구화 시대에 본격적으로 벌어지고 있는 인문학의 사소화와 상상력의 사유화에 맞서 그러한 '이중구속'을 찾아낼 뿐만 아니라 적극 연출하자고 제안한다.

스피박의 그러한 제안은 미국 대학 교실들(텍사스 오스틴, 예일 대학 휘트니 인문학 센터, 버지니아 대학, 컬럼비아 대학, 터프츠 대학)의 세미나로부터, 인도 대학(마티랄에 대한 강연), 알제리(아씨아 제바르에 대한 강연), 스페인의 오비에도에서 열린 〈연방문학 국제학회〉를 아우르는 데로 나아간다. 그러한 탐색과 교육실천 가운데 저자는 컬럼비아 대학 학부의 서사 수업에서 마침내 라빈드라나트 타고르의 소설 『고라』(*Gora*)를 영국 소설 『킴』(*Kim*)과 짝으로 함께 연결하는 새로운 읽기를 15장에서 과감하게 실천한다.

1997년을 기점으로 스피박은 '추방'이라고도 '디아스포라'라고도 생각할 수 없는 '두뇌 유출'과 관련해 이주민 다문화주의를 향하는 〈스티프퉁 디아로지크〉 재단을 출범시키는 강연을 한다(16장). 이 강연에서 스피박은 대의제 민주주의의 계몽주의 모델이 디아스포라의 학문작업을 거부하기 위한 주인-모델이 되고 만 연유를, 그리하여 타자를 책임성 있게 상상하라는 명령을 일소하고 만 연유를 제시한다. 17장은 스튜어트 홀을, 18장은 9·11 테러를, 19장은 할렘을, 20장은 서발턴과 인민의 차이를, 21장과 23장은 비교주의의 핵심에 있는 '이중구속'을 명확하게 밝히는 가운데 분과학문의 죽음을 사유한다. 22장은 이중구속을 명확히 하고 그것을 다른 이중구속들로서 반복하는 서발턴의 노래를 다루며, 24장과 25장의 카탈로그 에세이들은 뉴욕의 미술관과 박물관의 전시물들을 다루며 '흔적'에 서명하고 싶어 하는 욕구 속에 있는 이중구속을 밝혀낸다.

이처럼 23년에 걸친 오랜 시간 동안의 끈질긴 탐사와 숙고의 산물인 25편의 에세이들은 저자의 복잡하고도 복합적인 이론적 실천적 여정들과 함께 하자는, 독자들에 대한 초대이자 격려이기도 할 것이다. 이렇게 진중한 부름에 호응하고 반응하려는 독자들에게 저자가 명확하게 제시하는 "젠더가 마지막 단어이다. 젠더에 있는 단순하면서도 금지하는 이중구속들을 그려보자"라는 최후의 일갈은 잊어버릴 수 없는, 아니 잊어버려서는 안 되는 이론과 실천의 소중한 시금석과도 같다. 이 시금석을 갈고닦아 나갈 우리의 쉽 없는 노고와 노력 가운데 지구 곳곳의 온갖 서발턴들과 함께 하며 밝게 웃을 '다른 세상'을 향한 발걸음을 오늘도, 또 내일도 끈질기게 내디딜 수 있기를 바라는 마음이다.

2017년 1월

태혜숙

찾아보기

나

다

마

바

사

아

자

차

카

타

파

하

기타